Die Genossenschaftsgesetze im Deutschen Reiche.

Mit Einleitung und Erläuterungen
zum
praktischen Gebrauch für Juristen und Genossenschafter

herausgegeben
von

Ludolf Parisius,
Reichstags- und Landtags-Abgeordneten.

Berlin.
Verlag von J. Guttentag (D. Collin).
1876.

Vorwort.

Im Frühjahr 1868 erschien im Verlage von J. Guttentag in Berlin mein Kommentar zum Preußischen Genossenschaftsgesetze vom 27. März 1867. Demselben folgte als Ergänzungsschrift der Kommentar zum Norddeutschen Genossenschaftsgesetze vom 4. Juli 1868, welcher wenige Wochen nach dem Erscheinen der ersteren Schrift das Preußische Genossenschaftsgesetz wieder beseitigte.

Das vorliegende Werk kann ich kaum noch als eine Umarbeitung und Erweiterung jener Schriften bezeichnen. Die genossenschaftliche und juristische Literatur über die Deutschen Erwerbs- und Wirthschaftsgenossenschaften hat sich seit 1868 fast in demselben Verhältniß vermehrt, wie die Zahl der Erwerbs- und Wirthschaftsgenossenschaften. Die genossenschaftliche Gesetzgebung ist durch die Erhebung des Norddeutschen Genossenschaftsgesetzes zum Deutschen Reichsgesetze zu einem vorläufigen Abschlusse gebracht. Es erschien mir daher auch angemessen, mich in dem Kommentar auf die Gesetze im Deutschen Reiche zu beschränken. Das Oesterreichische Genossenschaftsgesetz vom 9. April 1873 ist aber im Anhange abgedruckt. Um den Oesterreichischen Juristen und Genossenschaftern die Vergleichung der vielen aus dem Deutschen Gesetz in das Oesterreichische unverändert oder wenig verändert übergegangenen Bestimmungen zu erleichtern, ist bei den Paragraphen des letzteren auf die entsprechenden Paragraphen des ersteren verwiesen.

Die Landesgesetzgebung hat in den Ausführungsverordnungen zum Genossenschaftsgesetze nicht gerade Erfreuliches geleistet. In den Vorbemerkungen zu den die einzelnen Staaten betreffenden

Abschnitten des zweiten Theils, habe ich die in den Gesetzen, Verordnungen und Instruktionen gemachten Verstöße gegen das Reichsgesetz gerügt.

Wie es zugeht, daß die Einleitung mehr als den vierten Theil des ganzen Werkes umfaßt, ergiebt der Inhalt derselben. Es fehlt noch ganz an einer Geschichte der Deutschen Genossenschaftsbewegung. Grobe Irrthümer schleppen sich von Buch zu Buch und treten auch in Erkenntnissen der Gerichtshöfe und in Verfügungen der Handelsrichter zu Tage. Daß ich in dem Abriß der Geschichte der Deutschen Genossenschaftsbewegung die industrielle Produktivgenossenschaft, die landwirthschaftlichen Genossenschaften und die Baugenossenschaft eingehender als die älteren Arten der Genossenschaften behandelte, bedarf wol keiner Begründung.

Der besonderen Aufmerksamkeit empfehle ich den fünften und letzten Abschnitt der Einleitung, welcher die künftigen Aufgaben der Deutschen Reichsgesetzgebung auf dem Gebiete des Gesellschaftsrechts bespricht. Meine Erfahrungen im Deutschen Reichstage und im Preußischen Abgeordnetenhause schienen mir fast die Pflicht aufzuerlegen, meine Ansichten über eine planmäßigere Fortbildung des Deutschen Gesellschaftsrechtes den Kreisen der juristischen und genossenschaftlichen Praktiker zu unterbreiten, und bei ihnen Zustimmung und Unterstützung zu suchen.

Berlin, 5. März 1876.

Ludolf Parisius.

Inhaltsverzeichniß.

Einleitung.

I. Die Anfänge der deutschen Erwerbs- und Wirthschafts-Genossenschaften.

Die Erwerbs- und Wirthschaftsgenossenschaften, die auf Selbsthülfe gegründeten Assoziationen des kleineren und mittleren Gewerbestandes, — der Handwerker und Arbeiter, haben sich in Deutschland seit einem Vierteljahrhundert aus den winzigsten Anfängen bereits zu einer hohen Bedeutung für das wirthschaftliche Leben der Nation emporgeschwungen; und dennoch ist die Bewegung noch gleichmäßig von Jahr zu Jahr im schnellen unaufhaltsamen Fortschreiten begriffen, so daß sich nicht entfernt vermuthen läßt, wann sie ihren Höhepunkt erreichen wird.

Die Genossenschaftssache ist in Deutschland unauflöslich mit dem Namen eines Mannes verknüpft, welchem auch die ersten deutschen Genossenschaftsgesetze zumeist ihre Entstehung verdanken.

Hermann Schulze, geboren am 29. August 1808 zu Delitzsch in der Provinz Sachsen (Regierungsbezirk Merseburg), verwaltete, nachdem er die höchste juristische Staatsprüfung bestanden hatte und zum Obergerichtsassessor ernannt war, in seiner Vaterstadt mehrere Jahre lang das Amt eines Richters. Von seinen Mitbürgern 1848 in die preußische Nationalversammlung gewählt, wurde er in derselben Vorsitzender der besonderen Fach-Kommission für die Gewerbs- und Handwerksverhältnisse. In dieser Eigenschaft gewann er umfassende und genaue Kenntniß von der Lage der deutschen Handwerker und Arbeiter, von ihren Klagen und Beschwerden und von den Wegen, auf welchen sie Abhilfe erzielen wollten.

Die Nationalversammlung ward aufgelöst. Das preußische Ministerium Manteuffel-Brandenburg fand gut, den Handwerkern, welche ihr Heil in der Rückkehr zu alten Zunftprivilegien suchten, sofort in der Gewerbeordnung vom 2. Januar 1849 Zugeständnisse zu machen, dahingegen die Lohnarbeiter, die mehr der Gewerbefreiheit huldigten und auf dem Wege der Selbsthilfe in Organisirung von Arbeiterverbänden eine Verbesserung ihrer Lage anstrebten, polizeilichen Maßregelungen und Verfolgungen zu unterwerfen. Die siegreiche politische Reaktion hatte in Deutschland ein um so leichteres Spiel, als die Pariser Junischlacht auch in den sogenannten besitzenden Klassen Deutschlands eine blinde Furcht vor Sozialismus und Kommunismus, vor dem „rothen Gespenst“ wachgerufen hatte.

Schulze-Delitzsch hatte erkannt, daß die soziale Bewegung in den Assoziationen die Keime einer gesunden lebenskräftigen Entwickelung auch der politischen Zustände seines Vaterlandes enthalte und begann ohne Säumen auf diesem Gebiete zu organisiren. Seiner Thätigkeit kam es zu Statten, daß die demokratische Partei Preußens, — gegen sein Votum, — im Sommer 1849 in Folge der verfassungswidrigen Oktroirung des Dreiklassen-Wahlgesetzes, sich von der Betheiligung an den Wahlen und damit von dem unmittelbaren politischen Wirken zurückzog. Die Handwerker in den kleinen Städten der Kreise Delitzsch und Bitterfeld waren bereits zu der Einsicht gelangt: „daß die Rückkehr zum Alten und der Schutz des Staates im Gewerbebetriebe von Tag zu Tag unmöglicher werde.“ Hier fielen Schulze's Lehren auf fruchtbaren Boden. Man ließ sich nicht dadurch verblenden, daß die Regierung in der oktroirten Verordnung vom 9. Februar 1849, betreffend die Errichtung von Gewerberäthen, durch Gesellen- und Meisterprüfungen, durch Innungszwang und Abgrenzung der Arbeitsbefugnisse und Beschäftigungsgebiete den Bestrebungen und Forderungen der Zünftler entgegenkam.

Die erste unter Schulze's Leitung gegründete Assoziation war die Kranken- und Sterbekasse zu Delitzsch, welche den kleineren Handwerkern und Arbeitern und deren Familien gegen einen geringen Monatsbeitrag in Erkrankungsfällen ärztliche Hülfe und Arznei, bei Arbeitsunfähigkeit eine fortlaufende Geldunterstützung und in Sterbefällen den Hinterbliebenen einen Beitrag zu den Begräbnißkosten gewährte. Diese Assoziation wurde im August 1849 mit 136 Mitgliedern eröffnet und erhielt den Rest einer während der Theuerung von 1846 bis 1847 gegründeten Hilfskasse mit 100 Thlr. als Stiftungsfond überwiesen. Sonst unterschied sich der Verein von ähnlichen nur insofern, als seine Organisation die demokratischen Grundsätze der Gleichberechtigung Aller und der Allmacht der Generalversammlung unter Ausschließung aller Gönnerschaft in eine streng juristische Form gebracht hatte.

Der Kranken- und Sterbekasse folgte im Herbst 1849 die erste Assoziation von Gewerbtreibenden eines einzelnen Gewerks. Dreizehn Tischlermeister traten mit einem durch Darlehne aufgebrachten Betriebskapitale von 280 Thlr. zu der ersten Rohstoffassoziation, zu der Tischlerassoziation zu Delitzsch zusammen. Ihr folgte Ende 1848 die Schuhmacherassoziation daselbst, welche mit 57 Mitgliedern ihre Thätigkeit begann. Delitzsch war damals ein jeglichen Fabrikbetriebes entbehrendes Landstädtchen von 5000 Einwohnern. Dieselben Versuche wurden gleich darauf in der größten Stadt des Delitzscher Kreises, in der Fabrikstadt Eilenburg, unternommen, wo

Schulze's politischer Freund Dr. med. Bernhardi sen. die Anregung gab und die Leitung der Assoziationen übernahm. Er gründete Ende 1849 den Krankenunterstützungsverein zu Eilenburg, welchem im Frühjahr 1850 die Schuhmacherassoziation und im Herbst 1850 die Schneiderassoziation daselbst folgte.

Da Schulze nicht versäumte, über die Assoziationen und ihre Erfolge in Zeitungen und Broschüren zu berichten, und namentlich die Schuhmacherassoziation zu Delitzsch anfänglich einen glänzenden Aufschwung nahm, so konnte es nicht fehlen, daß viele Handwerker, nicht blos in den Nachbarstädten, sich die Statuten kommen ließen und auf Grund derselben und der eingezogenen Erkundigungen mit gleichen Assoziationen vorgingen. So kamen in den Jahren 1850 bis 1852 zu Bitterfeld, Braunschweig, Wolfenbüttel, Magdeburg, Halberstadt, Halle a/S., Celle Schuhmacherassoziationen zu Stande, von denen die meisten wieder eingingen, einzelne, wie die Wolfenbüttler, noch heute in Blüthe stehen.

Schon im April 1850 gründete Schulze die vierte Assoziation zu Delitzsch, den Vorschußverein. Der Hilferuf der Handwerker war im Jahre 1848 vorzugsweise auf Errichtung von Handwerkerbanken gerichtet gewesen. Man dachte sich darunter Staats- oder Kommunalanstalten, welche den Handwerkern das Kapital billig verschafften, dessen Mangel von ihnen als Hauptgrund ihrer Kalamitäten bezeichnet wurde. In mehreren größeren Orten traten seitdem auf Betrieb wohldenkender Männer aus den wohlhabenderen Klassen, sogenannte Darlehnskassenvereine zusammen. Man sammelte aus Geschenken in Form von einmaligen Zahlungen und monatsweisen Beiträgen und aus zinsfreien Darlehnen mit weiten Kündigungsfristen einen Fond, aus welchem den Bedürftigen Vorschüsse zinsfrei oder gegen geringe Zinsen gewährt wurden. Oefters kamen auch die Kommunen oder größere Humanitätsvereine durch Vorstreckung zinsfreier Darlehne solchen Vereinen zu Hilfe. Die Verwaltung derselben lag in den Händen der Gründer, also solcher Männer, welche selbst keine Vorschüsse beanspruchten noch beanspruchen konnten. Der Delitzscher Vorschußverein unterschied sich von Hause aus von diesen auf Unterstützung durch die wohlhabenden Klassen berechneten Vereinen nur darin, daß die Vorschußsucher gegen Zahlung eines geringen Eintrittsgeldes und einer fortlaufenden Monatssteuer von 1 Sgr. Mitglieder werden und die Vorschüsse angemessen (5 bis 10 Prozent aufs Jahr) verzinsen mußten, und daß bei der Leitung des Vereins selbst kein erheblicher Unterschied zwischen Vorschußentnehmern und Anderen gemacht wurde. Der erste Fond des Vereins bestand in 180 Thlrn. an Geschenken und zinsfreien Darlehen. Die Erfolge des Vereins unterschieden sich wenig von denen anderer Darlehnskassen.

Inzwischen wurde Schulze aus seiner organisatorischen Thätigkeit herausgerissen. Nachdem er am 21. Februar 1850 von den Berliner

Geschworenen in dem sogenannten Steuerverweigerungsprozesse von der Anklage des versuchten Aufruhrs freigesprochen war,*) lag für die Regierung kein gesetzlicher Grund vor, ihn bei der Justizreorganisation zu übergehen. Er erhielt im Herbst 1850 eine Kreisrichterstelle bei dem Kreisgericht zu Wreschen in der Provinz Posen. Durch die Versetzung in eine entfernte Provinz unter eine polnischredende Bevölkerung meinte man den demokratischen Politiker unschädlich zu machen.

Nach dem Muster des Delitzscher Vorschußvereins wurde Ende 1850 von Dr. Bernhardi der Darlehnskassenverein zu Eilenburg gegründet. Derselbe benutzte auf Schulze's Anrathen eine Erfahrung, die inzwischen an den Delitzscher Rohstoffassoziationen gemacht war. Letztere hatten ihren ungenügenden Betriebsfond durch Darlehne verstärkt, welche unter solidarischer Haft aller Mitglieder aufgenommen waren und dabei die außerordentliche Wirksamkeit der solidarischen Haft als Kreditbasis erprobt. Daraufhin wagte man zuerst in Eilenburg, sie auch auf den Vorschußverein anzuwenden. Schulze erhielt Anfang Oktober 1851 die Entlassung aus dem Staatsdienste, welche er verlangte, weil ihm der Justizminister Simons den Urlaub zu einer

---

*) Die Anklage gegen „den Obergerichtsassessor Hermann Schulze zu Delitzsch, 40 Jahre alt, evangelisch, zum zweiten Aufgebot der Landwehr gehörig", lautete auf versuchte Erregung von Aufruhr. Die glänzende Vertheidigungsrede Schulze's trug nach der Meinung der Zeitgenossen viel zur Freisprechung fast aller Angeklagten bei. Die Entlastungszeugen, unter ihnen die achtbarsten Bürger der Stadt Delitzsch, gaben in der Sitzung vom 8. Februar 1850 „ein glänzendes Zeugniß der Rechtschaffenheit seines Charakters, seiner Beliebtheit im ganzen Kreise. Sein ganzes Leben sei eine Reihe edler Thaten gewesen. In der Nothzeit des Winters 1846 zu 1847 sei er der Armuth ein rettender Engel gewesen, indem er durch die zweckmäßige Stiftung eines Hilfsvereins die Noth erheblich gemildert habe. Er habe stets ermahnt, auf der Bahn des Rechts und Gesetzes zu wandeln, und seinem Wirken in Wort und Schrift sei es zu danken, daß die Ruhe in keiner Weise gestört worden." So zu lesen S. 34 der Schrift: „Der Prozeß gegen die 42 steuerverweigernden Abgeordneten der preußischen Nationalversammlung. Authentische Berichte über die Verhandlungen dieses Prozesses mit einer einleitenden Geschichte der Untersuchung von C. Dorn, Advokat-Anwalt beim Königl. Revisions- und Kassationshofe. Berlin 1850." Aus seiner Vertheidigungsrede dürfte an eine Stelle zu erinnern sein, worin er dem sorgfältig aus konservativen Männern ausgesuchten Geschwornengericht erklärte, daß die Angeklagten nichts verleugneten, nichts bereueten, daß sie dem von der Regierung befolgten Systeme feindselig seien, weil sie es für verderblich hielten. „Wähne man doch ja nicht, der augenblickliche Erfolg sei schon der Sieg. So große Bewegungen im geistigen Lebensgebiet, diese Krämpfe und Zuckungen, welche die Gesellschaft bis in ihre Tiefen erschüttern, lassen sich nicht durch ein Gewaltgebot ersticken. Auf das geistige Feld muß der Kampf zurückgeführt werden, von dem man ihn hinweg, der rohen Gewalt in die Hände gespielt hat. Nur im Sittlichen, im Rechtsbewußtsein des Volks kann die Ausgleichung vor sich gehen, welche die nachhaltige Versöhnung in ihrem Gefolge hat. Man endet eine Revolution nur, indem man ihr gerecht wird, am wenigsten aber durch politische Verfolgungen 2c." (A. a. O. Seite 40.)

Reise nach Delitzsch während der Gerichtsferien wiederholt verweigerte. Er ließ sich wieder in seiner Vaterstadt Delitzsch nieder und machte die „Förderung des Assoziationswesens in Deutschland zu seiner Lebensaufgabe.“ Während der Eilenburger Darlehnskassenverein, durch die Erfolge der Solidarhaft verleitet, die Erhöhung der eigenen Fonds des Vereins nicht genügend berücksichtigte und dadurch in seinem Gedeihen zurückgehalten wurde, nahm Schulze nunmehr bei der im Herbst erfolgenden Reorganisation des Delitzscher Vorschuß-verein nicht blos die Solidarhaft auf, sondern brachte sein System „mit der eigenen Kapitalbildung für die Mitglieder durch Einführung der Stammantheile, des Guthabens derselben in der Vereinskasse, dem Prinzip nach zum Abschlusse.“

Auch eine vierte Art der Assoziationen, die der Konsumvereine, entstand damals im Delitzscher Kreise. Schon vor 1848 waren unter Betheiligung der Kommunalbehörden oder größerer Wohlthätigkeitsvereine in mehreren größeren Städten, wie Berlin, Frankfurt a. O., Erfurt, Sparvereine in's Leben gerufen, welche bezweckten, durch wöchentliche Einlagen der Mitglieder während des Sommers, als der Zeit reichlicheren Arbeitsverdienstes, eine größere Summe zusammenzubringen, um damit Gegenstände des täglichen Bedürfnisses für die Gesammtheit im Großen anzukaufen und dann nach den im Voraus gemachten Bestellungen zu vertheilen. Im Juli 1850 wurde unter dem Namen Assoziation ein solcher Sparverein zu Eilenburg gegründet, welcher sich dadurch von den älteren Sparvereinen unterschied, daß „die bevormundende Leitung und Unterstützung von außen her“ fortfiel. Im Herbst 1852 traten dann auch in Delitzsch 36 Familienväter zu einer „Assoziation zur Anschaffung nöthiger Lebensbedürfnisse“ zusammen. Beide Vereine schlossen sich in ihrer Organisation den bei den andern Arten der Delitzscher Assoziationen durchgeführten Grundsätzen an. Doch ging der Eilenburger zum Verkauf an Nichtmitglieder über.

Für die weitere Ausdehnung des Genossenschaftswesens ward nun das im Frühjahr 1853*) erschienene „Assoziationsbuch für deutsche Handwerker und Arbeiter von H. Schulze-Delitzsch“ von hoher Bedeutung. Er trat in diesem Buche dem Handwerker und Arbeiter mit einem vollständigen Assoziations-System gegenüber in der Absicht, „zum praktischen Angriff der Sache anzuregen und das für die erste Organisation Dienliche beizubringen.“ Das Buch enthält neben einer Darstellung der Einrichtungen und Erfolge der 12 in Delitzsch und

*) Das Buch, die erste, das deutsche Genossenschaftswesen in seiner Allgemeinheit behandelnde Schrift Schulze's, erschien in Leipzig im Verlage von Ernst Keil. Dieser hatte auch 1850 Schulze's erste Schrift, die „Mittheilungen über gewerbliche und Arbeiter-Assoziationen“ verlegt, „welche“ — wie Schulze in dem Vorwort zum Assoziationsbuch sagt — „die ersten, rohen Anfänge der in Delitzsch von ihm unter Mitwirkung gleichgesinnter Freunde in das Leben gerufenen Assoziationen behandelten.“.

Umgegend seit dem Sommer 1849 gegründeten Assoziationen*) Statuten aller 4 Arten, sowie mancherlei Formulare für das Geschäftswesen derselben. Schon hier erklärte Schulze indeß diese Arten der Assoziation nur für Vorstufen zum Gewerbebetrieb für gemeinschaftliche Rechnung (Produktiv-Assoziation).

In den nächsten Jahren traten vor allen übrigen Assoziationen die Vorschußvereine schnell durch ihre Erfolge in den Vordergrund. Der Herausgeber der deutschen Gewerbe-Zeitung in Leipzig, F. G. Wieck, eröffnete Anfang 1854 für Schulze's Assoziationen eine stehende Abtheilung des Blattes unter dem Titel: „Die Innung der Zukunft", welche in 8 Nummern alljährlich getrennt bezogen werden konnte. Mehr aber trug zur Verbreitung der Vorschußvereine das zuerst im März 1855 in erster Auflage erschienene Buch Schulze's bei: „Vorschuß- und Kreditvereine als Volksbanken."

Inzwischen wurden indeß die Verwaltungs-Behörden auf das in Polizei-Kodex und Gewerbeordnung nicht vorgesehene Treiben aufmerksam, welches ihnen um so bedenklicher vorkam, als fast überall politische Parteigenossen Schulze's, verfehmte Demokraten von 1848, die ersten Assoziationen ins Leben riefen. In Hannover unterlagen die Vorschußvereine sehr bald der Verfolgung; man erklärte sie für konzessionspflichtig und ertheilte ihnen die Konzession nur unter Bedingungen, welche ein gedeihliches Fortbestehen unmöglich machten. Aehnlich ging man in Preußen an verschiedenen Orten vor. Man verlangte den Vorschußvereinen Konzession ab und verweigerte sie, weil kein Bedürfniß dazu am Orte vorhanden sei**) oder ertheilte sie mit unerträglichen Beschränkungen. Nachdem aber Vereinsleiter, welche es auf Anklage ankommen ließen***), durch alle Instanzen freigesprochen waren, ließ der Minister v. Westphalen in einem Reskript vom 15. September 1856 seine frühere Ansicht über die Konzessionspflicht fallen.

In weiteren Kreisen erweckten V. A. Huber's Reisebriefe (1855) durch ihre Mittheilungen über die französischen und englischen Assoziationen ein Interesse auch für die deutschen Anfänge.†) Bei Gelegenheit des im September 1857 in Frankfurt a. M. tagenden inter-

---

*) Es sind die 2 Kranken-Unterstützungsvereine zu Delitzsch und Eilenburg, die 2 Vorschuß- und 2 Konsumvereine daselbst, die Tischler-Assoziation zu Delitzsch, die Schuhmacher-Assoziationen zu Delitzsch, Eilenburg und Bitterfeld und die Schneider-Assoziationen zu Eilenburg und Delitzsch. Von den Kranken-Unterstützungsvereinen wird nicht ferner die Rede sein, da sie nicht zu den Genossenschaften im Sinne der Genossenschaftsgesetze gehören.

**) So geschehen mit dem Osterfelder Verein in der Provinz Sachsen.

***) Erkenntniß des Stadtgerichts zu Königsberg i. Pr. vom 25. Juni 1856 wider Robert Reuter, Landrath a. D. und 1848 demokratisches Mitglied der preußischen Nationalversammlung.

†) Huber scheint durch seinen Einfluß bei den Konservativen auch dazu beigetragen zu haben, daß Herr von Westphalen die Verfolgungen einstellte.

nationalen Wohlthätigkeitskongresses bot ein vor den deutschen Kongreßmitgliedern gehaltener Vortrag Schulze's über Wesen, Zweck und Resultate der von ihm angeregten Assoziationen den ersten Anlaß zu der seit 1858 alljährlich unter dem Namen „Kongreß deutscher Volkswirthe“ tagenden Wanderversammlung, welche in den ersten Jahren ihres Bestehens dem Genossenschaftswesen regelmäßig einen Theil ihrer Verhandlungen widmete,*) und Schulze-Delitzsch und seine Freunde bewog, für ihre deutschen Assoziationen sich fortan ausschließlich der Bezeichnung „Genossenschaften“ zu bedienen.

Seit 1858 hatte die deutsche Genossenschaftsbewegung die Schwierigkeiten der ersten Anfänge überwunden. Die Ueberzeugung von der Lebensfähigkeit und der bedeutenden Zukunft der Genossenschaften, insbesondere der Vorschußvereine, wurde von Jahr zu Jahr allgemeiner und mußte zuletzt gern oder ungern auch von den mißtrauischen Staatsregierungen getheilt werden.

Pfingsten 1859 traten Abgesandte der Vorschuß- und Kreditvereine, deren damals in Deutschland schon 111 zu zählen waren, in Weimar zu einem ersten Vereinstage zusammen.**) Dieser und spätere „allgemeine Vereinstage der deutschen Genossenschaften“ setzten eine Zentralstelle („Zentralkorrespondenzbureau“) ein, aus welchem sich die „Anwaltschaft“ und später (1864) „der allgemeine Verband der deutschen Erwerbs- und Wirthschaftsgenossenschaften“ mit seinen zur Zeit 31 Unterverbänden und deren alljährlichen Verbandsversammlungen entwickelte. Das Nähere darüber ergeben die alljährlich von Schulze-Delitzsch als Genossenschaftsanwalt herausgegebenen „Jahresberichte über die auf Selbsthülfe gegründeten deutschen Erwerbs- und Wirthschaftsgenossenschaften“ und das aus dem Beiblatt zur Gewerbezeitung hervorgegangene selbständige Wochenblatt „Blätter für Genossenschaftswesen (Innung der Zukunft)“.***)

---

*) Vgl. „Die arbeitenden Klassen und das Assoziationswesen in Deutschland als Programm zu einem deutschen Kongreß, von H. Schulze-Delitzsch.“ (Leipzig, Verlag von Gustav Mayer 1858. II. Auflage 1863 bei Julius Klinkhardt). Während des Drucks dieser Schrift, welche eine Aufforderung zu einem „Kongreß deutscher Volkswirthe“ enthielt, erging eine gleiche Aufforderung an Victor Böhmert, damals Redakteur des Bremer Handelsblattes, als Geschäftsführer des Bremer Komite's zur Verbreitung volkswirthschaftlicher Kenntnisse. Böhmert hatte Anfangs 1855 in Verbindung mit dem Finanzprokurator Hallbauer zu Meißen, wo er damals als Advokat lebte, den ersten Vorschußverein im Königreich Sachsen nach dem Delitzscher Muster ins Leben gerufen.

**) Die Einladung lautete zuerst nach Dresden, aber die Königlich Sächsische Regierung verbot die Zusammenkunft.

***) Die Jahresberichte pro 1859 und die folgenden 15 Jahre sind als selbstständige, in Format und an Seitenzahl stetig anwachsende Schriften im Verlage von G. Mayer, jetzt Julius Klinkhardt in Leipzig, erschienen. Die früheren Jahresberichte „über die deutschen Vorschußvereine“ für die Jahre 1854, 1855, 1856, 1857 und 1858 sind abgedruckt Seite 51—97 des Sammelwerks „die Entwickelung des Genossenschaftswesens in Deutschland. Auszug aus dem Organ des Allgemeinen Verbandes deutscher Erwerbs- und Wirthschaftsgenossenschaften, Blätter für Genossenschaftswesen (früher Innung der Zukunft)

Die gegenwärtige Organisation, an welcher sich ein großer Theil der in Deutschland bestehenden Genossenschaften betheiligt, wird von Schulze in dem Jahresbericht für 1874 kurz dahin geschildert:

„Der allgemeine Verband der auf Selbsthülfe beruhenden deutschen Erwerbs- und Wirthschaftsgenossenschaften, dessen Geschäfte gegenwärtig der Verfasser als besoldeter Anwalt mit förmlich eingerichtetem Bureau führt, beschickt einen jährlich stattfindenden allgemeinen Vereinstag durch Deputirte der dazu gehörigen Vereine, welcher als oberste Instanz, ohne irgend in die Selbstständigkeit der Vereine, in deren spezielle Angelegenheiten einzugreifen, die gemeinsamen Angelegenheiten ordnet. Als Zwischenglieder zwischen diesen Zentralorganen und den einzelnen Vereinen sind sogenannte Unter- oder Provinzial- oder engere Landesverbände gebildet, welche die Vereine deutscher Länder, Provinzen oder gewisser Branchen der Genossenschaften umfassen und die Wahrnehmung von deren Sonderinteressen, sowie die Vermittelung mit den Zentralstellen zu ihrer Aufgabe haben. Indem sie dem allgemeinen Vereinstage durch besondere Versammlungen einestheils vorarbeiten, anderntheils in ihrem Bereiche dessen Beschlüsse zur Geltung bringen, greifen sie lebendig in das Getriebe ein, und die von ihnen gewählten Vorstände bilden als engerer Ausschuß eine Körperschaft, welche dem Anwalt zur Seite steht, um die Verbandsangelegenheiten in der Zwischenzeit zwischen den Vereinstagen zu leiten. So ist, ohne in die freie Bewegung der einzelnen Vereine einzugreifen, ein Mittelpunkt geschaffen zum Austausch der gemachten Erfahrungen, zur Läuterung und Kritik des sich immer mehr anhäufenden Materials, zu Rath und Hülfe jedem Angriff, jeder Verlegenheit der einzelnen Glieder gegenüber, zu machtvollem Zusammenfassen der Einzelkräfte behufs Verfolgung und Wahrung gemeinsamer Interessen; zur Abwehr und geschlossenem Zusammenstehen endlich drohenden Lagen und Gefahren gegenüber. Daran knüpfen sich die werthvollsten Geschäftsverbindungen zwischen den einzelnen Vereinen, in Besorgung von

---

von Schulze-Delitzsch, derzeitigem Anwalt des Allgemeinen deutschen Genossenschaftsverbandes." Berlin 1870 (Otto Janke). Der Jahresbericht pro 1854 behandelt die 5 Vereine Delitzsch, Eilenburg, Zörbig, Düben, Bitterfeld, der pro 1855 außerdem Meißen und Celle, der pro 1856 behandelt 10 Vereine, der pro 1857 bringt eine statistische Tabelle mit 12 Spalten schon von 25 Vereinen, in dem pro 1858 haben sich die Spalten der Tabelle auf 17, und die Vereine auf 45 vermehrt. Aus den späteren Jahresberichten folgen unten Mittheilungen. — Die „Innung der Zukunft" ward zu Anfang 1861 von der Gewerbezeitung losgelöst und erschien als selbstständiges Blatt, zuerst einmal monatlich, im Selbstverlage Schulze's, der Ende März 1862 von Delitzsch nach Potsdam übergesiedelt war, seit 1864 im Verlage von G. Keil allmälig auf 16, 24, 26 Bogen anwachsend. Seit 1865 ist es Wochenblatt. Gegenwärtig erscheint wöchentlich eine Nummer, jährlich 32 Bogen, unter dem Titel: „Blätter für Genossenschaftswesen (Innung der Zukunft XXII. Jahrgang 2c.") Eine Vergrößerung steht zum 1. Januar 1876 wieder bevor.

Kommissionen und Incasso, und besonders in gegenseitiger Kapitalaushülfe, was wiederum eine gegenseitige Kontrole in der Geschäftsgebahrung mit sich brachte und auf die solide Fundirung der Vereine nicht ohne Einfluß blieb. Allerdings ist bisher nur die kleinere Hälfte der Vereine dem Verbande beigetreten und besteht derselbe gegenwärtig aus circa 1150 Vereinen. Indessen kommt sein Wirken, da er in Schriften und Berathungen öffentlich für die Interessen und die Ausbildung des Genossenschaftswesens eintritt, demselben im Ganzen zu Gute, und auch die dem Verbande fremden Vereine profitiren von dieser Seite seiner Thätigkeit, wenn sie auch in die Vortheile der dadurch eröffneten Geschäftsverbindungen natürlich nicht eintreten. Den Zwecken des Verbandes dienen ferner:

a) als Organ in der Tagespresse, die von dem Verfasser gegründete, und gegenwärtig unter Mitwirkung der Herren Parisius und Dr. Schneider (I. Secretär der Anwaltschaft) herausgegebene Wochenschrift: „Blätter für Genossenschaftswesen" (früher Innung der Zukunft) im Verlage von E. Keil in Leipzig, welche der ganzen Entwickelung die unentbehrliche Stütze bietet.

b) die von den verbündeten Vereinen 1864 gegründete*) gegenwärtig mit 3 Millionen Thalern Aktienkapital dotirte Deutsche Genossenschaftsbank von Sörgel, Parrisius & Comp. in Berlin (Kommanditgesellschaft auf Aktien) mit der Bestimmung, den Genossenschaften die Großbankverbindungen zu vermitteln und als Zentralgeldinstitut zu dienen, mit einer im Juni 1871 eröffneten Kommandite in Frankfurt a. Main, welche besonders die Interessen der süddeutschen Genossenschaften wahrzunehmen hat."

Aus dem „Organischen Statut des Allgemeinen Verbandes", welches in allen wesentlichen Punkten auf Schulze's Vorschlägen beruht, heben wir noch Folgendes hervor: Der Anwalt wird auf Kündigung gewählt, die sowohl ihm wie dem Vereinstage mit einer Frist von 6 Monaten freisteht. Die dem Allgemeinen Verbande angehörenden Genossenschaften ordnen sich distriktsweise in besondere, nach Bedürfniß und Zweckmäßigkeit gebildete Landes- und Provinzial-Unterverbände ein. Keine Genossenschaft aber, die dem Allgemeinen Verbande angehört, ist gezwungen, sich bei einem Unterverband zu betheiligen. Die einbezirkten Vereine wählen auf ihrem jährlichen Unterverbandstage, dem der Anwalt oder ein Stellvertreter desselben (als welche nur zu diesem Behufe Dr. Schneider und der Verfasser dieses Buches bestimmt sind) beiwohnt, jedesmal auf ein Jahr einen Verbandsdirektor oder einen geschäftsführenden Verein als Vorort.

Die zum Allgemeinen Verbande gehörigen Genossenschaften sind berechtigt, Förderung mit Rath und That Seitens der Anwaltschaft, wie von den verbundenen Vereinen zu erwarten, sich der

*) Das ursprüngliche Kommanditaktienkapital betrug 270,000 Thlr.

gemeinsam getroffenen Einrichtungen, gegenseitigen Geschäftsverbindungen und Verkehrserleichterungen zu bedienen, insbesondere die Vermittelung der Unterverbände und der Anwaltschaft bei der gegenseitigen Kapitalbeschaffung und Eröffnung von Bankkredit in Anspruch zu nehmen, soweit sie den durch Verbandsbeschlüsse und Instruktionen aufgestellten Bedingungen genügen. Dagegen sind sie verpflichtet, die Interessen des Verbandes zu fördern, in gegenseitige Geschäftsverbindungen mit einander zu treten und sich jede mögliche Erleichterung dabei zu gewähren, die Beiträge zu den Verbandskosten zu zahlen (bei den Vorschußvereinen 1 $^0/_0$ des jährlichen Reingewinns, bei den Konsumvereinen, Rohstoff- und Produktivgenossenschaften 10 Pfennig pro 1000 Mark des Verkaufserlöses, überall unter Einhaltung eines Mindestbetrages von 6 Mark — für die Zukunft 10 Mark — und eines Höchstbetrags von 60 Mark*), mindestens ein Exemplar der Blätter für das Genossenschaftswesen zu halten und alljährlich genaue Rechnungsberichte und nach den ihnen zugesandten Formularen ausgefüllte Tabellen darüber der Anwaltschaft behufs Aufstellung der statistischen Uebersichten einzusenden.

Die Unterverbände sind allmälig von unten auf ohne irgend eine Beschränkung entstanden, ihre Statuten dürfen mit denen des Allgemeinen Verbandes nicht im Widerspruch stehen. Die Unterverbandsdirektoren erhalten seit einigen Jahren aus der allgemeinen Verbandskasse Fahrkosten und Tagegelder für den Besuch des Allgemeinen Vereinstages. Die Verbände senden außerdem auf ihre Kosten (künftighin wahrscheinlich unter Zuschuß aus der allgemeinen Verbandskasse) einen oder mehrere Vertreter zu diesen Vereinstagen. An letzteren können die Mitglieder aller zum Allgemeinen Verbande gehörigen Genossenschaften theilnehmen, bei der Beschlußfassung wirken jedoch nur die Abgeordneten der Vereine und Verbände mit, indem jedem der vertretenen Vereine und Verbände je eine Stimme zusteht. Um die Möglichkeit zu verhindern, daß durch die Vertreter der Vereine derjenigen Landschaften, welche dem Versammlungsort nahe liegen, auf dem allgemeinen Vereinstage verkehrte Beschlüsse durchgesetzt werden, ist noch folgende Bestimmung getroffen: „Wenn zwei Drittheile der anwesenden Deputirten von Unterverbänden gegen einen Beschluß gestimmt haben und in der Minderheit geblieben sind, so muß auf Antrag eines Jeden darunter die Gültigkeit eines solchen Beschlusses bis zum nächsten allgemeinen Vereinstage ausgesetzt und auf diesem

*) Die Baugenossenschaften haben bis auf Weiteres den Mindestbetrag zu entrichten. Die Erhöhung des Mindestbetrages von 6 Mark auf 10 Mark ist auf dem allgemeinen Vereinstage zu München namentlich deshalb beschlossen, weil jede Genossenschaft, welche die mit ihren Rechenschaftsabschlüssen ausgefüllten Tabellenformulare der Anwaltschaft rechtzeitig einsendet, ein Exemplar des „Jahresberichtes" und ein Exemplar der im Selbstverlage des Verbandes erscheinenden „Mittheilungen" über den allgemeinen Vereinstag erhält, — Druckschriften, deren Kostenpreis für den Verband den Betrag von sechs Mark bereits erreicht.

einer nochmaligen Abstimmung unterworfen werden, welche aber alsdann unbedingt entscheidet." Von dieser Bestimmung ist aber noch niemals Gebrauch gemacht. Die Beschlüsse des allgemeinen Vereinstages, welche über die Zweckmäßigkeit und Unzweckmäßigkeit von Einrichtungen bei den Genossenschaften sich aussprechen, gelten nur als Rath und Empfehlung, „indem man auf keinerlei äußere Nöthigung, sondern allein auf das Gewicht der Gründe den Einfluß derselben gestellt wissen will."

Das Organische Statut des Allgemeinen Verbandes erklärt sämmtliche deutsche Genossenschaften, die auf dem Prinzipe der Selbsthilfe der Mitglieder in Wirthschaft und Erwerb beruhen, für befugt, dem Verbande beizutreten. Von geographischen Grenzen ist keine Rede. Außer dem Kreditverein zu Luxemburg, der seit 1866 bis heute Mitglied ist, gehörten auch zeitweise österreichische Genossenschaften demselben an, obschon staatliche Verbotsgesetze ihrem Beitritt entgegenstanden. Auch nach 1866 und bis zu diesem Augenblick führt Schulze die Genossenschaften Oesterreichs diesseits der Leitha in seiner Statistik auf. Es waren vor etwa zehn Jahren plötzlich in Böhmen und Mähren eine bald nach hunderten zählende Menge von Vorschußvereinen und Konsumvereinen durch czechische Agitatoren, wohl meist aus politischen Beweggründen in das Leben gerufen; diese nichtdeutschen Vereine, über deren Leistungen wenig zu erfahren ist, überwiegen an Zahl noch jetzt die deutschen Vereine Oesterreichs.*) Dennoch hat dort gerade nach 1866 die Genossenschaftsbewegung und „der in ihr mächtige nationale Zug mehr und mehr die deutsche Bevölkerung ergriffen." Dies hervorhebend, knüpfte Schulze in seinem Jahresbericht für 1871 daran folgende Erklärung: „Kein Deutscher denkt jemals von der Stammesgemeinschaft mit unsern vielfach bedrängten Brüdern in jenen gesegneten Südostmarken zu lassen, und so hat der Verfasser als Anwalt der deutschen Genossenschaften die Beziehungen zu den durch die staatliche Trennung von uns geschiedenen Vereinen immer aufrecht erhalten, und im gegenwärtigen statistischen Bericht über die deutsche Bewegung gesichert." Eine davon durchaus zu trennende Frage war: ob es angemessen sei, dahin zu wirken, daß die österreichischen Genossenschaften

*) Aehnlich wie die Czechen in Böhmen und Mähren scheinen seit einigen Jahren die Polen in unseren preußischen Provinzen Posen und Westpreußen zu handeln. Sie gründen zur wirthschaftlichen Hebung ihrer Nation Genossenschaften, bei denen sie streng darauf achten, daß dieselben in der Leitung von eifrigen Männern polnischer Nationalität bleiben. Im Uebrigen ahmen unsere Polen die Einrichtungen der deutschen Genossenschaften sorgfältig nach. Sie legen einen sehr bedeutenden Werth auf die Statistik. Der Jahresbericht des polnischen Genossenschaftsanwaltes, Probst Samarzewski in Schroda, für 1873, in riesigem Folio-Formate und splendider Ausstattung, behandelt 74 Genossenschaften. Jedesmal zehn Genossenschaften sind zwei große Folioseiten gewidmet; die Tabelle hat 140 Spalten — abgesehen von den Spalten für die Groschen und Pfennige, die neben den Thalern mitgetheilt werden.

und Verbände sich dem Allgemeinen Verbande anschließen. Diese Frage hat Schulze seit 1866 stets verneint und sich im Gegentheil dafür interessirt, daß eine ähnliche Organisation wie der Allgemeine Verband in Deutsch-Oesterreich zu Stande komme. Dies ist nun endlich, nach Beseitigung vieler persönlicher Streitigkeiten, in befriedigender Weise geschehen. Dem Allgemeinen Deutschen Verbande steht jetzt ein „Allgemeiner Verband der Erwerbs- und Wirthschaftsgenossenschaften in Oesterreich" zur Seite, geleitet von dem bewährten und um das österreichische Genossenschaftswesen hochverdienten Hermann Ziller in Wien als Anwalt. Innerhalb dieses österreichischen Verbandes bestehen bereits mehrere Unterverbände.*) Dem im September 1875 stattgefundenen Vereinstage dieses österreichischen Verbandes hat Schulze-Delitzsch als Gast beigewohnt und hier unter allseitigem Beifall seine Ansichten über die Aufgaben der deutsch-österreichischen Genossenschaften und über ihr Verhältniß zum Allgemeinen Deutschen Verbande entwickelt.

Der gegenwärtige Bestand der zum Allgemeinen Deutschen Verbande gehörenden Genossenschaften ist von Schulze im Jahresbericht pro 1834 auf circa 1150 angegeben. Die letzte veröffentlichte Liste ist den im Herbst 1874 gedruckten „Mittheilungen über den 15. Allgemeinen Vereinstag" beigegeben und umfaßt erst 1112 Genossenschaften, von denen 946 den 30 Unterverbänden und 166 (nämlich 121 Vorschußvereine, 15 Konsumvereine, 24 Rohstoff-, Produktiv- und Magazingenossenschaften und 6 Baugenossenschaften) keinem Unterverbande angehören. Bei dem nachfolgenden Verzeichniß der bestehenden Unterverbände ist das Stiftungsjahr und der Ort, von welchem jetzt die Leitung des Verbandes erfolgt, und außerdem in Klammern der Bestand nach jener zuletzt veröffentlichten Liste beigefügt.

1) Verband der Genossenschaften des Königreich Sachsen, 1861 — Chemnitz. (37 Vorschußvereine.)
2) Verband der Erwerbs- und Wirthschaftsgenossenschaften am Mittelrhein (Reg.-Bez. Wiesbaden, Rheinhessen, Coblenz), 1862 — Wiesbaden. (35 Vorschußvereine und 1 Gewerbehallenverein.)
3) Verband der Vorschuß- und Kreditvereine von Rheinland und Westphalen, 1862 — Bonn. (54 Vorschußvereine.)
4) Verband norddeutscher Genossenschaften (Mecklenburg, Vorpommern mit Rügen), 1863 — Ribnitz. (38 Vorschußvereine.)
5) Verband der Erwerbs- und Wirthschaftsgenossenschaften Schlesiens und der angrenzenden Landestheile, 1863 — Breslau.

*) a) der Unterverband der Vorschußvereine von Wien und den Vorstädten (Vorort Wien),
b) der erste Verband der Landvorschußvereine Nieder-Oesterreichs (Vorort Krems),
c) der Verband der Nordwestböhmischen Vorschußvereine (Vorort Marienbad).

(84 Vorschußvereine, 1 Konsumverein, 6 Rohstoff- und Produktiv- und 3 Baugenossenschaften.)

6) Verband der Genossenschaften in den thüringischen Ländern (einschließlich Regierungsbezirk Erfurt), 1863 — Ilmenau. (57 Vorschußvereine, 3 Produktivvereine.)

7) Verband der Vorschußvereine zu Berlin und Umgegend, 1864 — Berlin. (13 Vorschußvereine.)

8) Verband der Genossenschaften des Regierungsbezirks Magdeburg und des Herzogthums Braunschweig, 1864 — Halberstadt. (33 Vorschußvereine.)

9) Verband der Erwerbs- und Wirthschaftsgenossenschaften im Regierungsbezirk Merseburg und Herzogthum Anhalt, 1864 — Schweinitz. (41 Vorschußvereine.)

10) Verband der Erwerbs- und Wirthschaftsgenossenschaften in der Provinz Preußen, 1864 — Insterburg. (52 Vorschußvereine, 4 Konsumvereine, 1 Rohstoffgenossenschaft, 1 Bauverein und 3 landwirthschaftliche Magazin- oder Rohstoffgenossenschaften.)

11) Verband der deutschen Erwerbs- und Wirthschaftsgenossenschaften der Provinz Posen, 1864 — Gnesen. (26 Vorschußvereine.)

12) Verband hessischer Vorschußvereine, 1864 — Cassel. (22 Vorschußvereine.)

13) Verband der Kredit- und Vorschußvereine in Pommern und den Grenzkreisen der Mark Brandenburg, 1864 — Stettin. (26 Vorschußvereine.)

14) Verband der Genossenschaften in der Preußischen Lausitz, 1864 — Guben. (19 Vorschußvereine.)

15) Verband der Erwerbs- und Wirthschaftsgenossenschaften von West-Brandenburg, 1864 — Brandenburg. (21 Vorschußvereine, 3 Bauvereine.)

16) Verband der wirthschaftlichen Genossenschaften in Württemberg, 1865 — Stuttgart. (5 Vorschußvereine.)

17) Verband der Konsumvereine der Provinz Brandenburg, 1865 — Berlin. (11 Konsum-, 1 Rohstoff-, 2 Produktivgenossenschaften.)

18) Verband der oberbadischen Vorschußvereine, 1866 — Constanz. (24 Vorschußvereine, 1 Magazinverein.)

19) Verband der pfälzischen Genossenschaften, 1866 — Neustadt an der Haardt. (20 Vorschußvereine.)

20) Verein der Vorschuß- und Kreditvereine von Nordwestdeutschland (Schleswig-Holstein, Hansestädte, Oldenburg), 1867 — Altona. (25 Vorschußvereine.)

21) Verband der Konsumvereine der Provinz Sachsen und angrenzenden Provinzen und Staaten, 1867 — Magdeburg. (90 Konsumvereine, 2 Rohstoff- und Magazin-, 10 Produktivgenossenschaften.)

22) Verband der Genossenschaften in den fränkischen Ländern, 1868 — Mellrichstadt. (15 Vorschußvereine.)
23) Verband der unterbadischen Genossenschaften, 1868 — Bruchsal. (28 Vorschußvereine.)
24) Verband der Genossenschaften des Saarbeckens, 1868 — St. Johann-Saarbrücken. (6 Konsumvereine.)
25) Verband der schlesischen Konsumvereine, 1869 — Breslau. (19 Konsumvereine.)
26) Verband der Starkenburger Erwerbs- und Wirthschaftsgenossenschaften, 1870 — Darmstadt. (12 Vorschußvereine.)
27) Verband der Konsumvereine der Lausitz, 1871 — Görlitz. (21 Konsumvereine.)
28) Verband sächsischer Konsumvereine, 1872 (der Verband bestand in Sonderstellung schon seit 1869), — Chemnitz. (29 Konsumvereine.)
29) Verband süddeutscher Konsumvereine, 1872 (der Verband bestand in Sonderstellung schon seit 1867) — München. (33 Konsumvereine.)
30) Verband rheinisch-westphälischer Konsumvereine, Produktiv- und Baugenossenschaften, 1872 — Elberfeld. (6 Konsumvereine, 2 Baugenossenschaften.)
31) Verband deutscher Baugenossenschaften, 1875 — München. (Zahl der Theilnehmer noch unbekannt.)

Die allgemeinen Vereinstage, welche auf die Entwickelung und Ausbreitung des deutschen Genossenschaftswesens bedeutenden Einfluß übten, fanden an folgenden Orten statt: I. 1859 Weimar, II. 1860 Gotha, III. 1861 Halle a./Saale, IV. 1862 Potsdam, V. 1863 Görlitz, VI. 1864 Mainz, VII. 1865 Stettin, VIII. 1866 Kassel, IX. 1867 Quedlinburg, X. 1868 Leipzig, XI. 1869 Neustadt an der Haardt und Konsumvereinstag zu Magdeburg, XII. 1871 Nürnberg, XIII. 1872 Breslau, XIV. 1873 Konstanz, XV. 1874 Bremen, XVI. 1875 München.*)

Von den etwa 3000 Erwerbs- und Wirthschaftsgenossenschaften des deutschen Reichs gehören wenig über $1/3$ zu dem allgemeinen Verbande unter Schulze-Delitzsch' Leitung, und dennoch ist es zweifellos, daß die Bewegung ihren eigentlichen Heerd in diesem Verbande hat. Wenn jetzt, wo die deutschen Genossenschaften das 25jährige Jubiläum des deutschen Genossenschaftswesens feierten, ein Rückblick auf die Vergangenheit angezeigt ist, so ist das Wachsthum der Be-

*) Für die Geschichte der allgemeinen Vereinstage, wie der deutschen Genossenschaftsbewegung überhaupt bietet ein vortreffliches Hilfsmittel die zu München 1875 erschienene Schrift des Direktors des süddeutschen Konsumvereinsverbandes, Fr. X. Pröbst: „Die Grundlehren der deutschen Genossenschaften. Nach den Beschlüssen der allgemeinen Vereinstage systematisch dargestellt und eingeleitet mit einer Skizze der Geschichte des allgemeinen Vereinstages.“

wegung im Allgemeinen zahlenmäßig am übersichtlichsten darzuthun durch die nachfolgende Tabelle, in welcher die Anzahl der einzelnen Genossenschaften, die Schulze in den verschiedenen Gruppen in seinen Jahresberichten namhaft aufführte, aus diesen zusammengestellt ist:

Es sind namhaft gemacht:

Im Jahresbericht für:	1. Vorschuß- und Kreditvereine.	2. Genossenschaften in einzelnen Gewerbezweigen.	3. Konsumvereine.	4. Baugenossenschaften.	Zusammen 1 bis 4.
1860	257	116	?	—	373
1861	364	129	20	—	513
1862	511	148	41	—	700
1863	660	172	66	—	898
1864	890	183	97	—	1170
1865	961	199	157	—	1317
1866	1047	187	199	—	1433
1867	1304	196	316	—	1816
1868	1658	237	555	—	2350
1869	1750	263	627	4	2644
1870	1871	271	739	5	2886
1871	2059	381	827	23	3290
1872	2221	440	902	37	3600
1873	2409	505	973	49	3936
1874	2639	600	1089	55	4384

Aber, „an dem Gedächtnißtage einer Bewegung, welche in verhältnißmäßig kurzer Zeit so erhebliche Resultate ergeben hat, ziemt es sich, daß man sich nicht mit einem Rückblicke auf das Erreichte begnüge.“ So sprach Schulze am 29. August 1875 in seiner Eröffnungsrede zum 16. allgemeinen Vereinstage, um daran die nachfolgende Betrachtung zu knüpfen, die den Geist am besten kennzeichnet, in welchem er die Bewegung begonnen und bis heute unverrückbar fest geleitet hat. „Es gilt vielmehr“, fuhr er fort, „einer Ausschau in die Zukunft, um die letzten Ziele der Bewegung in das Auge zu fassen, sich ihres geistigen Zusammenhangs mit den übrigen Zeitstrebungen bewußt zu werden. Haben wir doch schon sonst bei unserem gemeinsamen Tagen dieser Beziehungen im Einzelnen gedacht. Neben der Wahrung der sittlichen Fundamente des Verkehrs galt uns die Genossenschaft als Schule der Selbstverwaltung für Gemeinde und Staat, und dieser politischen Mission gesellten wir die soziale bei, den Ausgleich des Klassenkampfs, die Versöhnung zwischen Kapital und Arbeit. Aber immer mehr weitet sich der Gesichtskreis, fallen die anfangs gezogenen Schranken, immer entschiedener tritt die materielle Frage der Versorgung der Massen mit der physischen Lebensnothdurft als Bedingung jeder weiteren Entwickelung in den Vordergrund. Und so reiht sich die wirthschaftliche Genossenschaft würdig dem mächtig auf allen Daseinsgebieten emporblühenden freien Vereinswesen ein, mittelst dessen die moderne Gesellschaft ihre unwiderstehliche Initiative übt. Gestützt auf diesen gewaltigen Hebel zieht sie eins nach dem andern von den Gebieten, in welche der Staat mit seinen äußerlichen Machtmitteln nicht reicht, an sich, und ist bemüht, die staatlichen Institutionen selbst immer mehr dem ureigensten Wesen und Bedürfniß der Menschen gemäß zu gestalten. Indem wir somit die Selbsthülfe, die Bethätigung der eigenen Kraft, die Verantwortlichkeit für das eigene Geschick als Wirthschaftsprinzip proklamirten, haben wir es nicht blos mit der materiellen Existenz einzelner Volksklassen, mit beschränkten Privatinteressen zu thun, vielmehr stehen wir mitten in der Gesammtarbeit für die großen Aufgaben unserer Zeit. Gewiß muß uns dies Bewußtsein in unserm Streben ermuthigen, mit einem gewissen Selbstgefühl erfüllen; indessen legt es uns doch auch andererseits die größte Bescheidenheit auf! — Wie schwindet das bisher Geleistete vor dem was noch zu thun übrig bleibt, wenn man die Aufgabe in ihrer vollen Größe erfaßt; wie drängt es sich Jedem auf: daß es nur die Anfänge der Bahn sind, deren Endziele in der Ferne uns winken! — Und wenn es verdienstlich scheint, auch nur die Anfänge der rechten Bahn zu eröffnen, — wie muß doch jeder kleinliche Egoismus, jede persönliche Ueberhebung zurücktreten, wenn sich Alle sagen müssen: daß, um nur auf den Punkt zu gelangen, wo wir uns jetzt befinden, die vereinte Arbeit von Tausenden die Reihe Jahre daher erfordert wurde! — Und das eben, das ist es, was Jeder sich fest einprägen soll, um sich mit dem echten genossenschaftlichen Geiste zu erfüllen: „Mit vereinten Kräften im engen brüderlichen Zusammenschluß den großen Fragen und Interessen des Menschendaseins gegenübertreten!" — Nicht nur, daß der Einzelne sich selber so am Besten dient, indem er lernt, wie erst durch die Einordnung in das Ganze der feste Halt für sein freies individuelles Gebahren gewonnen wird: hilft er, wenn auch im bescheidensten Maße, die großen Gesammtaufgaben, den Kulturfortschritt unseres Geschlechts fördern, von dem Alles ausgeht, und in den Alles zurückgreift, was der Menschheit von je zum Heile gereicht hat. Aber wie nach alledem unsere Arbeit dem inneren Frieden dient, so dient sie auch dem Frieden nach Außen. Ueberall im Auslande erkennt man die Mustergültigkeit der Organisation des deutschen Genossenschaftswesens an, welches zu einer wahrhaft nationalen Institution geworden ist. Da sage ich: ein Volk, welches nicht nur in seinen geistigen Leistungen, in Kunst und Wissenschaft, sondern sogar auf dem von so schweren Zerwürfnissen heimgesuchten Felde des materiellen Erwerbs die höheren humanen Ziele nicht aus den Augen verliert; von dessen politischer Erstarkung hat der Welttheil keine Störung seiner friedlichen Entwickelung zu fürchten! — Und da tritt mir lebhaft ein großes Wort des gestürzten Kaisers in unserem

Nachbarlande vor die Seele, das zugleich eine seiner großen Lügen war: „Das Kaiserthum ist der Friede!“ — Mit besserem Rechte sprechen wir es heute aus: Die Genossenschaft ist der Friede! — Dies die Losung des Tages. Möge sie zugleich mit unseren Organisationen als Friedensgruß deutscher Genossenschafter zu allen Gleichstrebenden weit über die Grenzen unseres Vaterlandes bringen!“

II. Die verschiedenen Arten der Erwerbs- und Wirthschafts-Genossenschaften.

1. Die Vorschuß- und Kreditvereine (Volksbanken).

Die Volksbanken „nach Schulze-Delitzsch's System“ haben sich von dem kleinen Landstädtchen Delitzsch in 15 Jahren nicht blos über ganz Deutschland, sondern auch über ganz Europa verbreitet; man findet sie vereinzelt auch in andern Erdtheilen. Dies konnten die Delitzscher Handwerker und Arbeiter nicht ahnen, welche monatlich 1 Sgr., später 2 Sgr. in die Vorschußkasse steuerten, um aus den dadurch gesparten Guthaben und aus den unter ihrer solidarischen Verhaftung aufgenommenen Darlehnen „die zu ihrem Gewerbs- und Geschäftsbetriebe erforderlichen baaren Geldmittel“ auf drei Monate gegen Schuldschein und Bürgschaft vorgeschossen zu erhalten. Die Erfolge des Delitzscher Vorschußvereins in den ersten Jahren seines Bestehens erscheinen uns jetzt winzig; damals erregten sie allgemeines Staunen. Der Verein hatte

1853 an	175 Mitgl.	bei	195 Thlr.	Guthaben	zu 14⅓ pCt.	Zinsen	8,440 Thlr.
1854 an	210 „	„	795 „	„	„ 10 „	„	15,012 „
1855 an	256 „	„	1673 „	„	„ 10 „	„	19,810 „
1856 an	301 „	„	2787 „	„	„ 10 „	„	24,532 „

ausgeliehen. Den Vereinen zu Delitzsch und Eilenburg, von denen der letztere durch Vernachlässigung der Guthaben-Bildung, namentlich durch gleiche Vertheilung des Reingewinnes nach Köpfen eine wesentliche Abweichung von dem anderwärts als richtig anerkannten Prinzip aufrecht erhielt, folgte 1853 der nur von Handwerkern geleitete Verein zu Zörbig, unweit Delitzsch; 1854 wurden in Eisleben, Peine und Celle, 1855 in Meißen und Bitterfeld Volksbanken begründet. Der viertälteste aller Vereine, die Eisleber Discontogesellschaft, gegründet von Alwin Sörgel (jetzt Direktor der Deutschen Genossenschaftsbank zu Berlin), war der erste Verein, welcher mit Erfolg das Bedürfniß nicht blos der kleinen, sondern aller Gewerbtreibenden seines Wirkungskreises nach Bankkredit auf genossenschaftlichem Wege zu befriedigen suchte. Schon 1856 durch die Bevormundungssucht der Behörden genöthigt, sich zur Handelsgesellschaft umzuformen,*) hat diese Genossen-

*) Man zwang den „Eisleber Vorschußverein“ sich konzessioniren zu lassen, und knüpfte die Ertheilung der Konzession unter Anderem an die Bedingung,

schaft sich bald zu einem respektablen Bankgeschäft entwickelt, und durch frühzeitige Einführung der Wechsel statt der Schuldscheine, und der laufenden Rechnungen (offenen Konten und Kontokorrents) zu der Ausbildung eines streng kaufmännischen Geschäftsbetriebes bei den übrigen Volksbanken wesentlich beigetragen, ohne dabei den gesunden genossenschaftlichen Grundsätzen untreu zu werden. Ihr Geschäftsumsatz an Vorschüssen betrug im ersten Geschäftsjahre 7150 Thlr., im vierten 302,738 Thlr., im zehnten 1,121,186 Thlr., im zwölften 1,870,321 Thlr. u. so fort.

Im Jahre 1855, als erst acht Volksbanken bestanden, prophezeite Schulze, „daß es in nicht ferner Zeit keine Stadt in Deutschland geben werde, welche nicht ein solches Institut nachzuweisen haben würde." Wie schnell das stolze Wort in Erfüllung gehen wird, mag eine Tabelle erweisen, die aus den Jahresberichten Schulze's seit 1859 zusammengetragen ist, und die Verbreitung der Volksbanken über die einzelnen Provinzen und Staaten darstellt.

---

daß zur Kontrahirung eines Anlehens für die Vereinskasse jedesmal die Genehmigung der Polizeibehörde eingeholt werden sollte. Der Verein beschloß deshalb am 13. Oktober 1856, sich aufzulösen, und erstand sofort wieder als Handelsgesellschaft unter der Firma Eisleber Diskontogesellschaft. Bei Einführung des deutschen Handelsgesetzbuches blieb dem Verein nichts übrig, als unter Abstreifung der Solidarhaft Kommanditgesellschaft auf Aktien zu werden. (Vgl. den Aufsatz des Herausgebers: Die ersten zehn Geschäftsjahre eines Vorschußvereins — Innung der Zukunft 1865, Nr. 2.)

	1859.	1860.	1861.	1862.	1863.	1864.	1865.	1866.	1867.	1868.
1) Preußen.										
a. Provinz Sachsen	27	41	57	70	90	97	101	108	111	114
b. Brandenburg	17	24	39	59	78	86	89	97	107	115
c. Schlesien	12	20	31	48	58	78	85	94	99	102
d. Preußen	9	12	16	25	32	47	50	57	64	89
e. Pommern	4	8	14	25	31	41	44	47	48	50
f. Rheinprovinz	2	5	8	10	17	22	26	35	38	51
g. Posen	3	5	11	11	16	23	25	28	34	35
h. Westpfalen	2	5	12	12	13	15	16	15	15	16
(Preußen vor den Annexionen)	76	120	188	260	335	409	436	(481)	(561)	(572)
i. Hannover	12	10	11	13	14	19	20	20	21	22
k. Kurhessen } jetzt Provinz Hessen-Nassau	1	2	4	7	9	12	13	62	65	69
k. Nassau } jetzt Provinz Hessen-Nassau	1	10	16	39	39	41	42			
l. Schleswig-Holstein	1	1	1	2	3	5	5	4	5	12
(Preußen nach den Annexionen)								567	607	675
2) Deutsch-Oesterreich	12	12	15	16	18	118	122	123	279	418
3) Königreich Sachsen	34	40	54	63	91	90	90	94	111	111
4) Württemberg	2	2	3	10	10	31	49	54	55	76
5) Sächsische Herzogthümer	10	12	15	19	31	30	34	42	54	60
6) Baden	5	7	4	6	8	14	16	23	39	52
7) Bayern	4	6	6	6	7	14	22	31	41	45
8) Mecklenburg	8	10	12	23	31	38	38	38	39	39
9) Großherzogthum Hessen	2	4	5	12	24	26	27	27	30	31
10) Anhalt	8	12	13	14	14	15	15	15	15	15
11) Schwarzburg	3	3	6	6	6	7	10	10	10	12
12) Oldenburg	1	2	4	7	6	6	6	6	6	6
13) Reuß	3	3	3	4	4	4	4	5	5	5
14) Freie Städte*)	—	1	2	4	5	5	5	4	5	5
15) Braunschweig	—	—	—	1	2	2	3	4	4	4
16) Lippe und Waldeck	—	—	2	2	2	3	3	3	3	3
17) Luxemburg	—	—	—	—	1	1	1	1	1	1
18) Elsaß-Lothringen	—	—	—	—	—	—	—	—	—	—
In ganz Deutschland . .	183	257	364	511	660	890	961	1047	1304	1558
Ohne Deutsch-Oesterreich und Luxemburg	171	245	349	495	649	771	838	923	1024	1139

*) Frankfurt a. M. ist hier bis 1866 mitgerechnet; von da ab befindet es sich unter Provinz Hessen.

	1869.	1870.	1871.	1872.	1873.	1874.
1) Preußen.						
a. Provinz Sachsen	117	115	116	117	120	123
b. Brandenburg	116	118	120	127	151	152
c. Schlesien	106	117	119	121	125	126
d. Preußen	88	89	102	105	106	116
e. Pommern	51	52	60	60	60	61
f. Rheinprovinz	76	74	85	88	92	104
g. Posen	36	37	57	57	58	67
h. Westfalen	22	26	24	25	24	26
	(612)	(628)	(683)	(700)	(736)	(775)
i. Hannover	25	25	27	27	31	35
k. Nassau	72	73	73	77	79	93
l. Schleswig-Holstein	14	17	22	22	26	30
zusammen	723	743	805	826	872	933
2) Deutsch-Oesterreich	501	592	673	760	881	994
3) Königreich Sachsen	131	133	133	135	137	147
4) Würtemberg	91	96	100	100	102	102
5) Sächsische Herzogthümer	61	58	73	74	78	89
6) Baden	55	54	72	78	79	97
7) Bayern	60	68	73	108	117	127
8) Mecklenburg	39	40	40	40	41	42
9) Großherzogthum Hessen	36	36	37	41	41	42
10) Anhalt	14	14	14	14	14	15
11) Schwarzburg	12	13	15	15	15	16
12) Oldenburg	6	6	6	8	8	8
13) Reuß	5	5	5	5	4	3
14) Freie Städte	4	4	4	5	5	7
15) Braunschweig	5	5	5	5	8	10
16) Lippe und Waldeck	3	3	3	4	4	4
17) Luxemburg	1	1	1	1	1	1
18) Elsaß-Lothringen	—	—	—	2	2	2
	1750	1871	2059	2221	2409	2639
Ohne Deutsch-Oesterreich u. Luxemb.	1239	1278	1385	1460	1527	1644

In 20 Jahren wurden aus den 8 deutschen Volksbanken deren mindestens 2639, während Deutschland, einschließlich Deutsch-Oesterreich, Luxemburg und Elsaß-Lothringen, nicht mehr als 2770 Städte zählt, und man sich weit über Deutschlands Grenzen hinaus unter allen kultivirten Nationen der Delitzscher Erfindung erfreut.

Die Volksbanken sind in Deutschland nicht mehr zu entbehren; sie bilden eine nothwendige Ergänzung des Bankwesens, indem sie die den Großbanken unmögliche Aufgabe übernehmen, Jedermann, auch dem kleinsten Gewerbtreibenden und Arbeiter, denjenigen kurzbefristeten Kredit zu angemessenen Zinsen zu gewähren, welchen der große Gewerbtreibende, der Großhändler und Fabrikant, bei den Großbanken genießt. Die Volksbanken sind ferner berufen, die öffentlichen Sparkassen zu ersetzen. Diese pfuschen, ohne bankmäßig organisirt zu sein, ja ohne etwas anderes als Wohlthätigkeitsanstalten sein zu wollen, mit ihrer Thätigkeit in die den Banken naturgemäß obliegende Aufgaben hinein, unterstützen mit den Sparpfennigen der unbemittelten Volksklassen meist große Fabrikanten und Gutsbesitzer und belasten durch Verwendung des Gewinnes zu kommunalen Zwecken gerade die unbemittelten Steuerzahler unter Entlastung derjenigen Volksklassen, welche ihre Ersparnisse nutzbarer anlegen.*)

Die Hauptgrundsätze, nach denen „die Selbsthülfe in Bezug auf das Bedürfniß von Baarschaft in Gewerbe und Wirthschaft für solche, denen der gewöhnliche Bankverkehr gar nicht oder nur unter erschwerenden Bedingungen zu Gebote steht, in den Vorschußvereinen in's Werk gesetzt wird," giebt Schulze in gedrängter Zusammenstellung dahin an:

1) Die Vorschußsucher sind selbst Träger und Leiter des auf Befriedigung ihres Kreditbedürfnisses gerichteten Instituts, also Mitglieder der Genossenschaft; Risiko und Gewinn desselben sind ihnen gemeinsam.**)

---

*) Man vgl. hierüber Dr. Schneider: „Die Volksbanken, eine nothwendige Ergänzung des deutschen Bankwesens im ersten Heft 5. Jahrganges des Arbeiterfreundes" (Halle 1867). Außerdem hier wie anderwärts Schulze-Delitzsch: „Vorschuß- und Kreditvereine als Volksbanken" Vierte Auflage (Leipzig 1867) und „Vollständige Anweisung für Vorschuß- und Kreditvereine, welche sich unter das preußische Genossenschaftsgesetz stellen wollen" (Leipzig 1868); sowie „Neue vollständige Anweisung für Vorschuß- und Kreditvereine zur Unterstellung unter die deutschen Genossenschaftsgesetze in den Staaten des Norddeutschen Bundes, Bayern, Baden u. s. w., nebst Musterstatut und Motiven 2c." (Leipzig 1870), — zwei Nachträge zu der vierten Auflage der erstgenannten Schrift, von der gegenwärtig die fünfte Auflage bearbeitet wird. Zur oberflächlichen Information über die Vorschußvereine eignet sich eine kleine Schrift: „Vorwärts, Ihr deutschen Genossenschaftsmänner! Sieben Flugblätter für die deutschen Vorschuß- und Kreditvereine, von L. Parisius." Diese Aufsätze sollen zeigen, „was ein guter Vorschußverein leisten kann, — was er leisten muß, sobald er die in den am besten organisirten Vereinen üblichen Geschäftsbranchen sammt und sonders bei sich einführt und nach volkswirthschaftlich richtigen Grundsätzen betreibt. Der Vorschußverein muß dann nicht blos dem städtischen Gewerbetreibenden den ihm nöthigen Kredit beschaffen, er muß auch das Bedürfniß des Landwirths nach Personalkredit vollständig befriedigen; er muß gleich den Schottischen Banken durch laufende Rechnung — Kontokorrent mit Checkbuch — allen Gewerbetreibenden in Stadt und Land das zeitweise überflüssige Geld verwahren und nutzbringend verwalten; er bietet die beste und sicherste Sparkasse für Arbeiter, Dienstboten Kinder 2c.; er muß mit Hilfe des Giroverbandes der deutschen Genossenschaftsbank besser und billiger als die Banquiers den Gewerbetreibenden ihre Geschäftswechsel diskontiren und Zahlungen nach anderen deutschen Plätzen vermitteln. Endlich muß er die wirthschaftliche und sittliche Erziehung seiner Mitglieder dadurch fördern, daß er nach den strengen Grundsätzen Schulze-Delitzsch' nur dem gesunden Kredite dient."

**) Dies ist der Hauptunterschied der „Schulzeschen" Volksbanken von den durch konservative und klerikale Parteiführer ins Leben gerufenen Kreditbanken und Darlehnskassen, namentlich der Gewerbebank von H. Schuster u. Co. in Berlin, unter deren Gründern der Geh. Regierungs-Rath a. D. Wagener die hervorragendste Rolle spielte. In diesen tragen die Vorschußsucher in erster Linie das ganze Risiko, die ganzen Verluste, müssen aber den Gewinn vorzugsweise den mit Kommanditaktien betheiligten Gönnern überlassen. (Vgl. „Konservative und klerikale Vorschußvereine" von L. Parisius in Nr. 44, 45, 46, 48 bis 52 der Blätter für Genossenschaftswesen, 1866, so wie die Aufsätze

2) Der durch die Genossenschaft vermittelte Geldverkehr ist überall auf geschäftlichem Fuße (Leistung und Gegenleistung) geordnet; den Gläubigern werden durch die Vereinskasse, der letzteren durch die Vorschußnehmer bankmäßige Zinsen und Provision nach den Verhältnissen des Geldmarktes gewährt. Die Vorsteher, insbesondere die Kassenbeamten, erhalten für ihre Mühewaltung angemessene Remuneration.

3) Es werden durch Vollzahlung oder durch kleine fortlaufende Beisteuern der Mitglieder Geschäftsantheile (Guthaben) in der Vereinskasse gebildet, nach deren Höhe der Geschäftsgewinn vertheilt und ihnen bis zur Erreichung der festgesetzten Normalsumme zugeschrieben wird, wodurch man, wie durch Aktien, ein stets wachsendes eigenes Kapital für das Vereinsgeschäft erhält.

4) Durch Eintrittsgelder der Mitglieder und durch Gewinnantheile wird ein vorzugsweise zur Deckung von Verlusten bestimmtes Gesammtvermögen der Genossenschaft als Reserve angesammelt.

5) Die außerdem zum vollen Geschäftsbetriebe erforderlichen fremden Gelder werden anlehnsweise auf gemeinschaftlichen Kredit und unter solidarischer Haft aller Mitglieder aufgenommen.

6) Die Zahl der Mitglieder ist unbeschränkt. Der Eintritt steht Allen, welche den allgemeinen Bedingungen des Statuts genügen, offen; ebenso der Austritt, letzterer unter Einhaltung gewisser Kündigungsfristen. —

An den Volksbanken betheiligen sich alle verschiedenen Berufsklassen, nicht bloß Handwerker und Fabrikanten, sondern namentlich Landwirthe, Kaufleute, unselbstständige Arbeiter. Der Jahresbericht für 1874 ergiebt nach der, die Statistik über die Bewegung der Mitgliedschaft und die Eintheilung der Mitglieder nach Berufsklassen enthaltenden Tabellen, daß Ende 1874 in 650 Vorschuß- und Kreditvereinen (davon 649 im deutschen Reich, einer in Luxemburg) 307,922 Mitglieder — gegen 290,809 am Anfang des Jahres — vorhanden waren und von diesen der Klasse der selbstständigen Handwerker 33.8, der der selbstständigen Landwirthe 21.7, der der Kaufleute 10.0, der der Fabrikanten 3.8, der der unselbstständigen Arbeiter 10.4 Prozent, den Aerzten, Apothekern, Lehrern, Künstlern, Schriftstellern, Kirchen-, Staats- und Gemeindebeamten 7.4, den männlichen und weiblichen Rentiers, Pensionären und andern Personen ohne Berufsübung 6.3 Prozent angehörten.

Die Vorschußvereine haben sich durch alle Krisen hindurch im Vertrauen des Publikums erhalten und befestigt. Die letzte große Krisis, welche unter den Aktiengesellschaften die furchtbarsten Verwüstungen angerichtet hat, brachte mehrere größere und kleinere Vorschußvereine zu Fall. Aber in jedem einzelnen Falle des Bankerottes

---

desselben Verfassers „zur Warnung vor schwindelhaften Banken“ in Nr. 19, 1873 und „die Gewerbebank H. Schuster u. Co. und ihre Tochter“ in Nr. 3 1875).

läßt sich nachweisen, daß derselbe nur der Nichtachtung der fort und fort von den Vereinstagen und der Anwaltschaft gegebenen Rathschläge zuzuschreiben ist. Die seltenen Ausnahmen, in denen die Vereine und ihre Leiter den Versuchungen der Schwindelperiode nicht widerstanden haben, werden durch die rückhaltlose Besprechung der Ursachen in den Genossenschaftsblättern und auf den allgemeinen Vereinstagen für die Bewegung im Allgemeinen nicht ohne Nutzen sein.

Die geschäftlichen Erfolge der einzelnen Vorschußvereine lassen sich, soweit sich dieselben an der freiwilligen Statistik Schulze's regelmäßig betheiligen, in den Jahresberichten genau verfolgen. Die Tabelle des Berichts für 1874 enthält in 50 Kolonnen die Abschlüsse von 815 Vorschußvereinen,*) welche bei 411,443 Mitgliedern mit 77,134,767 Mark Geschäftsantheilen und 7,439,349 M. Reservefond, also mit einem eigenen Fonds von 84,574,116 M. und 305,435,780 M. auf Kredit entnommenen Geldern im Jahre 1874 Kredite zum Gesammtbetrage von über 1 1/3 Milliarde Mark, nämlich von 1,355,725,182 M. gewährten. Davon betrafen:

1) auf festes Ziel gewährte Kredite:

856,027,072 M. in 1,219,623 einzelnen Posten und zwar
- a) 521,224,390 M. auf Vorschußwechsel,
- b) 232,147,824 „ auf Diskonten (Geschäftswechsel),
- c) 92,159,279 „ auf Schuldscheine,
- d) 10,495,579 „ auf Hypotheken,

2) gewährte Kredite im Kontokorrentverkehr:

499,698,109 Mark auf 33,186 Konten.

Der Geschäftsertrag dieser 815 Vorschußvereine war an Zinsen und Provisionen 23,704,156 M., an sonstigen Einnahmen, bei Verkauf von Effekten u. dgl. 909,150 M.; die Geschäftsunkosten betrugen an Gehalten und Verwaltungskosten 4,365,275 M., an Zinsen an die Vereinsgläubiger 13,410,229 M. An Verlusten sind 744,201 M. aufgeführt, an Reingewinn 6,480,772 M., wovon 1,238,095 M. den Reservefonds zufielen und 4,928,857 M. als Dividende vertheilt wurden. Am Jahresschluß bestanden die Aktiva der 815 Volksbanken aus folgenden Posten:

12,808,321 M. baarer Kasse,
22,906,189 „ in Werthpapieren,

*) Die Zahl der eingesendeten zu den Aufstellungen im Jahresbericht für 1874 benutzten Rechnungsabschlüsse von Vorschußvereinen sowohl wie von Konsumvereinen ist geringer als im Vorjahre. Dies hat darin seinen Grund, daß die Frist zur Einsendung der Abschlüsse, um die Fertigstellung des Jahresberichts zu dem Ende August stattfindenden Genossenschaftstage zu erwirken, erheblich gekürzt worden ist, und deshalb viele Abschlüsse, die zu spät eingingen, nicht mehr Aufnahme finden konnten (s. Jahresbericht pro 1874 Seite IV).

233,186,464	M.	in Wechseln u. Schuldscheinen der Kunden,	Geschäfts-außen-stände.
14,126,295	„	in Hypotheken,	
96,343,095	„	bei den Kontokorrentinhabern,	
13,205,025	„	bei Banken und Vereinen,	
1,220,119	„	Einnahmeresten 2c.,	
514,488	„	Werth des Geschäftsinventars,	
4,621,383	„	Werth der Grundstücke.	
398,908,398	M.		

Dem stehen gegenüber als Passiva:

77,134,768	M.	Geschäftsantheile (Guthaben der Mitglieder),	
7,439,349	„	Bestand des Reservefonds,	
179,059,152	„	auf kürzestens 3 monatliche Kündigung	Anlehen von Privaten.
115,317,822	„	auf kürzere Kündigung (Spareinlagen und im Kontokorrent),	
11,058,817	„	Anlehen von Banken und Vereinen,	
4,420,057	„	Ausgabereste,	
1,050,161	„	Antezipando-Zinsen,	
3,867,558	„	unvertheilter Reingewinn.	
339,093,445	M.		

Die Zahlen des Jahresberichts für 1874 gewähren einen weit besseren Einblick in die Entwickelung der deutschen Volksbanken, wenn man sie vergleicht mit denen der früheren Jahresberichte. Darnach hat sich, um nur einige der wichtigsten zur Beurtheilung dienenden Gesichtspunkte zu erwähnen, in 16 Jahren von 1859 bis 1874 die Zahl der Vereine, die ihre Abschlüsse für die Statistik einreichten, mehr als verzehnfacht. Bei jedem einzelnen Vereine aber hat sich der Durchschnitt der Mitgliederzahl wie 1 zu 2,16, des eigenen Vermögens wie 1 zu 10, der auf Kredit entnommenen Gelder wie 1 zu 11 und der Gesammtsumme der gewährten Vorschüsse wie 1 zu 10,7 vermehrt. Für jedes einzelne Mitglied vermehrte sich der durchschnittliche Betrag der jährlich empfangenen Vorschüsse von 663 auf 3290 Mark, also wie 1 : 4,96; sein Antheil am Geschäft einschließlich eines entsprechenden Theils vom Reservefond von 44 auf 205 Mark, also wie 1 zu 4,66. Auch die auf Kredit entnommenen Gelder erfuhren, auf den Kopf der Mitglieder berechnet, eine Steigerung von 162 zu 741 Mark, mithin im Verhältniß von 1 zu 4,57. Alles dies beweist die nachfolgende Zusammenstellung:*)

*) Die Vorschußvereine, welche ihre Tabellen einreichten, gehören zum weit überwiegenden Theil dem deutschen Reich an. Seit 1869 bis 1874 sind jedesmal ein Verein aus Luxemburg, und sodann nach der Reihe 29, 18, 27, 10, 10 und 46 Vereine aus Deutsch-Oesterreich dabei, so daß dem deutschen Reiche davon angehörten in der Reihe der letzten sechs Jahre 705, 722, 749, 796, 825 und 768 Vereine. Die Deutsch-Oesterreichischen Vereine, die sich an unserer Statistik betheiligten, sind natürlich deutsche Vereine. Ueber die czechischen Vereine vgl. oben Seite 11 Anmerkung * und die sehr lehrreiche Schrift: „Die Vorschuß- und Kreditvereine (Volksbanken) in Böhmen. Ein Beitrag zur Vereinsstatistik Böhmens. Von Dr. V. John“ (Prag 1870).

Resultate der in Kolonne 2. bezeichneten Volksbanken.

1. Rechnungsjahr.	2. Zahl der Vorschußvereine, welche Abschlüsse eingereicht haben.	3. Mitgliederzahl. a. Gesammtsumme.	3. b. Durchschnittsbetrag f. d. Verein.	4. Gewährte Vorschüsse und Prolongationen. a. Gesammtsumme. Mark	4. b. Durchschnittsbetrag für den einzelnen Vorschußverein. Mark	4. b. Durchschnittsbetrag für jedes Mitglied. Mark	5. Eigner Fond. a. Geschäftsantheile der Mitglieder. Mark	5. b. Reservefond. Mark	5. c. Gesammtsumme von beiden. Mark	5. d. Durchschnittsbetrag f. d. einzeln. Vorschußvereine. Mark	5. d. Durchschnittsbetrag f. d. einzelne Mitglied. Mark	6. Auf Kredit entnommene Gelder. a. Anlehen. Mark	6. b. Spar-Einlagen. Mark	6. c. Gesammtsumme. Mark	6. d. Durchschnittsbetrag für den einzelnen Verein. Mark	6. d. Durchschnittsbetrag für jedes Mitglied. Mark	7. Durchschn. Prozentsatz des eigenen z. fremden Fonds. Proz.
1859	80	18,676	233	12,394,308	154,926	663	738,003	92,535	830,538	10,380	44	1,505,385	1,537,050	3,042,435	37,918	162	27,80
1860	133	31,603	238	25,435,467	191,244	804	1,386,036	200,535	1,586,571	11,928	50	3,209,499	3,967,482	7,176,981	53,951	227	22,10
1861	188	48,760	259	50,628,027	269,298	1038	2,398,125	321,714	2,721,639	14,475	56	5,950,323	7,947,108	13,897,431	73,923	284	19,80
1862	243	69,202	284	71,022,783	292,275	1026	3,598,635	398,679	3,997,314	16,449	57	10,323,099	8,242,731	18,565,830	76,401	268	21,10
1863	339	99,175	263	101,753,944	300,159	996	5,409,609	654,141	6,063,750	19,886	61	16,925,460	10,248,660	27,174,121	80,157	274	22,30
1864	455	135,013	296	144,442,485	317,454	1071	8,877,888	880,383	9,757,271	21,444	72	22,203,951	16,065,795	38,269,746	84,108	283	25,40
1865	493	169,595	340	202,709,709	407,046	1194	13,328,637	1,229,037	14,557,674	29,232	85	33,463,737	19,506,591	52,970,328	106,365	312	27,40
1866	532	193,712	364	255,030,435	479,379	1314	17,319,318	1,669,094	18,988,412	35,691	98	33,507,033	26,179,554	59,686,587	112,191	307	31,80
1867	570	219,358	384	306,078,456	536,979	1395	20,541,093	1,980,162	22,521,255	39,510	102	39,935,007	34,135,710	74,070,717	129,948	338	30,40
1868	666	256,337	385	417,743,379	627,240	1629	28,096,506	2,597,865	30,694,371	46,086	119	52,462,335	48,664,776	101,127,111	151,842	395	30,30
1869	735	304,772	414	544,806,327	791,234	1786	36,235,392	3,525,414	39,760,806	54,096	130	64,945,560	63,161,589	128,107,149	174,294	420	31,03
1870	740	314,656	425	622,854,861	841,695	1977	40,347,456	3,642,525	43,989,981	59,445	139	67,490,157	70,507,329	137,997,486	186,483	438	31,87
1871	777	340,336	438	723,993,453	931,779	2129	46,591,860	4,517,067	51,108,927	65,775	150	102,579,309	73,830,531	176,409,840	227,037	518	28,87
1872	807	372,742	461	1,063,557,600	1,317,915	2851	58,547,301	5,573,286	64,120,587	69,455	171	138,094,077	93,472,116	231,566,193	286,947	620	27,69
1873	834	399,741	479	1,340,199,045	1,606,953	3350	69,751,593	6,843,852	76,595,445	91,839	191	181,586,775	98,673,594	279,260,269	336,042	673	27,33
1874	815	411,443	504	1,355,725,182	1,663,464	3290	77,134,767	7,439,349	84,574,116	103,770	205	190,117,968	115,317,822	305,435,780	448,383	741	27,68

Eine besondere Erwähnung verdient schließlich noch der **Giroverband der deutschen Genossenschaften**, begründet 1867 von der deutschen Genossenschaftsbank von Sörgel, Parrisius u. Co. in Berlin und Frankfurt am Main durch den Direktor Sörgel, und als Schlußstein der Organisation der Kreditgenossenschaften wiederholt von Schulze-Delitzsch bezeichnet. Der Gedanke, die Genossenschaftsbank zu einer Ausgleichstelle für die Forderungen und Gegenforderungen der Genossenschaften zu machen, konnte fruchtbringend erst dann ausgeführt werden, als die Volksbanken untereinander in einen regeren Verkehr traten und sich namentlich das Inkasso der Geschäftswechsel, die sie ihren Mitgliedern diskontirten, kostenfrei oder gegen ganz geringe Vergütung besorgten. Die Genossenschaftsbank bezweckte nun in erster Linie, allen Nebenplätzen, (d. h. denjenigen Orten, in denen keine Filialstelle der preußischen Bank sich befindet), sofern in ihnen Girogenossen, das ist Vorschußvereine, die dem Giroverbande beigetreten sind, ihren Sitz haben, möglichst diejenigen Vortheile zuzuwenden, welche die Bankplätze genießen. Jeder dem Verbande beigetretenen Volksbank wird in Berlin bei der Genossenschaftsbank ein Konto (ohne Kreditgewährung) eröffnet, auf dem sie ein Guthaben von mindestens 100 Thlr. sich erhalten muß. Sie kann dies Guthaben durch Baarsendungen, durch Wechsel auf Berlin oder preußische Bankplätze oder auf Vereinsplätze u. dgl. oder durch Uebertragung des Guthabens eines Dritten von dessen Konto vergrößern oder vergrößern lassen, und kann umgekehrt über das Guthaben durch Uebertragung zu Gunsten eines andern von der Genossenschaftsbank geführten Kontos oder durch Checks, Sichtwechsel oder beorderte Baarsendung verfügen.

Die Genossenschaftsbank überträgt nun Forderung oder Schuld des einen Vereins auf den andern durch eine Buchung. „Der Giroverband regelt das Inkasso von Wechseln auf Bankplätze und solche Orte, an denen Girogenossen wohnen (Giroplätze), vermindert die Arbeit durch Konzentration und schränkt durch die gegenseitige Abrechnung vermittelst der Kontrolstation die Kosten auf ein Minimum ein. Jede zugehörige Genossenschaft hat für alle übrigen Girogenossen nur ein einziges Konto zu führen, braucht, wenn sie Inkasso's besorgt hat, nur zweimal monatlich an bestimmten Tagen an die Genossenschaftsbank zu schreiben, und wenn sie die einkassirten Wechsel nicht auf ihr Guthaben in Abrechnung bringen will, nur zweimal monatlich an die Genossenschaftsbank, nicht an die einzelnen Vereine, zu remittiren."

Wegen der verschiedenen Währung hatte die Genossenschaftsbank bei ihrer Filiale in Frankfurt am Main noch eine zweite Girostelle eingerichtet, so daß eigentlich zwei Giroverbände existiren und jede Volksbank Mitglied eines oder beider Verbände sein kann. Obschon nicht blos Schulze-Delitzsch, sondern auch die allgemeinen Vereinstage den Vereinen den Beitritt zum Giroverbande auf das dringendste empfohlen, fast zur Pflicht gemacht haben,*) so ist doch bis heute erst eine Minderzahl der zum Allgemeinen Verbande gehörenden Vereine bei dem Giroverbande betheiligt (227 in Berlin und 126 in Frankfurt a. M.). Dennoch ist der Umsatz des Giroverbandes ein bedeutender. Im Jahre 1874 empfing die Genossenschaftsbank in Frankfurt a. M. 28,005, in Berlin 39,254, zusammen 67,256 Stück Wechsel im Gesammtbetrage von 7,533,725 Thlrn. Von dem Gesammtumsatze auf einer Seite der Rechnung 11,476,299 Thlr. sind ungefähr ein Viertheil baar und drei Viertheile durch Abgleichung erledigt. (Cirkular der Genossenschaftsbank vom 20. April 1875.)

2. Die Konsumvereine.

Die gleichzeitig mit den Vorschußvereinen von Schulze in's Leben gerufenen „Assoziationen für nöthige Lebensbedürfnisse" zu Delitzsch und Eilenburg fanden wenig Nachfolge und gingen selbst wieder ein. Auch die glänzenden Erfolge der englischen Konsumvereine, durch Hubers Schriften in Deutschland fast eher als in England besprochen, wirkten nicht viel. Die einzigen in den fünfziger Jahren gegründeten und glänzend aufblühenden deutschen Konsumvereine, der zu Zürich (1852) und die zu Hamburg (1852 und 1856), blieben bald auf dem in wenigen Jahren erreichten Standpunkt stehen, weil sie den Mitgliedern durch Vernachlässigung der Kapitalansammlung derselben, abweichend von den englischen Vereinen, den wesentlichsten Sporn zur Anspannung aller Kräfte entzogen. Erst durch die allgemeinen Arbeiter-Bildungsvereine, die nach der Beseitigung des preußischen Ministeriums Manteuffel-Westfalen in und außer Preußen zahlreich entstanden, wurden die unselbstständigen Lohnarbeiter der Industriegegenden und großen Städte, von denen sich an den Vorschußvereinen nur ein nicht bedeutender Theil betheiligt hatte, stärker in die Genossenschaftsbewegung hineingezogen. Noch mehr war dies seit 1863 der Fall. Die Agitationen Lassalles wurden an vielen Orten die Veranlassung, in den Arbeitervereinen über die Erfolge der genossenschaftlichen Selbsthülfe gründlichere Erörterungen anzustellen. Diese Erörterungen hatten praktische Versuche, namentlich die Begründung zahlreicher Konsumvereine zur unmittelbaren Folge. So entstanden seit 1863 in wenigen Jahren hunderte von Konsumvereinen, bald

*) Auf dem Vereinstag in Nürnberg sagte Schulze u. A.: „Wir können mit Hilfe des Giroverbandes in Bezug auf das Inkasso viel mehr leisten, als selbst die preußische Bank, weil sie nur an den bedeutenderen Plätzen Kommanditen oder Agenturen hat. . . . Wer es ernst meint mit dem Genossenschaftswesen, darf sich gegen diese letzten Konsequenzen unserer Prinzipien nicht sträuben; stehen uns nicht dieselben Kapitalien, wie den Großbanken zu Gebot, so bilden wir durch unsere weitverzweigte Verbindung mit einander eine engeschlossene Phalanx, die uns wohl befähigt, die Konkurrenz mit ihnen aufzunehmen. Wer sich vor dieser Vervollkommnung unserer Organisation scheut, steht nicht auf der Höhe des Prinzips" u. s. w. (Mittheilungen über den 12. allg. Vereinstag ꝛc. 1871 S. 36).

lediglich von Arbeitern, oft mit absichtlichem Abschluß gegen Nichtarbeiter, in der Regel aber von vornherein unter hervorragender Betheiligung anderer Berufsklassen gegründet.

Wenn viele der um jene Zeit entstandenen Konsumvereine die mannigfaltigen Schwierigkeiten der ersten Jahre glücklich überwanden und, zuweilen sogar unter Erdrückung eines großen Theils der heimischen Konkurrenten, zu mächtigen genossenschaftlichen Handelsinstituten emporwuchsen, so ist an dem glücklichen Erfolge der Umstand von nicht zu unterschätzendem Einfluß gewesen, daß in diesen deutschen Konsumvereinen mehr als früher die langjährigen Erfahrungen der englischen Konsumvereine, namentlich des ersten derselben, des der Pioniere zu Rochdale, benutzt wurden.

Dieser in vielen seiner Einrichtungen noch heute als Muster auch für Deutschland dringend zu empfehlende Verein (jetzt mit der Firma Rochdale Equitable Pioneers' Society Limited) wurde im Oktober 1844 in der Fabrikstadt Rochdale in Nord-Lancashire unweit Manchester von 28 arbeitslosen Flanellwebern begründet. Durch Spareinlagen von 20 Pfennigen wöchentlich und durch kleine Darlehen brachte man ein Kapital von 28 Pfd. Sterl. = 560 Mark zusammen. Damit wurde ein kleiner Laden gemiethet, in welchem man seit dem 21. Dezember 1844 Eßwaaren, zunächst nur Roggenmehl, Graupen, Butter und Zucker, Jedermann zu marktgängigen Preisen an zwei Abenden in der Woche verkaufte.

Der von den 28 Webern bei Gründung der „Rochdaler Genossenschaft der redlichen Pioniere" für dieselben entworfene Prospekt lautete: „Zweck der Genossenschaft ist, solche Einrichtungen zu treffen, die ihren Mitgliedern sowohl Geldgewinn bringen, als zur Verbesserung ihrer gesellschaftlichen und häuslichen Lage dienen. Zu diesem Behufe soll von den Mitgliedern ein Kapital in Aktien von 1 Pfund Sterling aufgebracht werden, mit welchem folgende Pläne auszuführen sind: 1) Errichtung eines Ladens zum Verkaufe von Lebensmitteln, Kleidung und Materialwaaren; 2) Erbauung oder Ankauf und Einrichtung einer Anzahl Wohnhäuser für die Mitglieder; 3) Fabrikation solcher Artikel, welche der Genossenschaft zweckmäßig erscheinen, um dadurch Mitgliedern Arbeit zu geben, welche wegen ungerechter Herabsetzung des Lohnes oder aus anderen Gründen außer Arbeit sind; 4) Pacht und Kauf von Grundbesitz zur Bearbeitung durch arbeitslose Mitglieder; 5) sobald es thunlich erscheint, wird die Genossenschaft die Erzeugung und Vertheilung der Güter, sowie die Erziehung der Kinder und die Verwaltung des Staats ordnen; 4) zur Beförderung der Nüchternheit soll ein Mäßigkeitsgasthaus in einem der Genossenschaftshäuser gegründet werden."

Vorläufig begnügte man sich mit dem Verkauf von Lebensmitteln aus dem kleinen Laden in der Krötengasse. Der aus dem Verkaufserlöse gezogene Gewinn wurde vierteljährlich vertheilt: zunächst wurden davon die Guthaben (Geschäftsantheile, Aktien) der Mitglieder verzinst, von dem Ueberrest wurden $2\frac{1}{2}$ Prozent zu einem Bildungsfond genommen, $97\frac{1}{2}$ Prozent nach Verhältniß der entnommenen Waaren als Dividende vertheilt. Die Dividenden wurden den Mitgliedern nur gutgeschrieben, nicht ausgezahlt.

Dieselbe Genossenschaft hatte Ende 1874 7639 Mitglieder und ein Mitgliedervermögen von 3,856,280 M. Sie besitzt in der Krötengasse, dem alten Laden gegenüber, ein 1866—1867 für 267,200 M. erbautes vierstöckiges Geschäftshaus mit Geschäftsbureaus, großen Verkaufsläden (Materialwaarengeschäft, Schnittwaarengeschäft, Fleischladen, Schuhwaaren und Pantoffelladen), einen Saal mit 1400 Sitzplätzen, in welchem oft Generalversammlungen von mehr als 2000 Theilhabern abgehalten sind, eine allen Mitgliedern frei zur Verfügung stehende Bibliothek von über 9000 Bänden, allen Alters- und Bildungsstufen angepaßt. Außerdem Nachschlagebibliotheken von je 200 Bänden in dem Zentral-Lesezimmer, welches sich ebenfalls im Genossenschaftshause befindet, sowie in 12 Nebenlesezimmern, in denen Tageszeitungen, Wochenblätter und Vierteljahrsschriften in großer Zahl ausliegen, sämmtliche Klassen und Farben in der Politik, Religion, Wissenschaft und Sozialreform vertretend.

Außer dem Zentralladen hat die Genossenschaft noch 15 Läden. Es werden in allen 16 Läden Materialwaaren, in 14 Läden Fleischwaaren, in 11 Läden Schnittwaaren, in einem Laden selbstverfertigte Kleidungsstücke, in 3 Läden selbstverfertigte Schuhwaaren, in 5 Läden selbstverfertigte Holzpantoffeln verkauft. Im Zentrum der Stadt befinden sich die der Genossenschaft gehörenden Werkstätten und Fabriken, eine Rindschlächterei, eine Schweineschlächterei, eine Tabacksfabrik, eine Bäckerei für Brod, Zwieback und Kuchen u. s. w.

Eine besondere Baugenossenschafts-Abtheilung giebt nach Art der englischen Baugesellschaften den Mitgliedern Darlehne zur Erbauung oder zum Ankauf eines Wohnhauses. Ferner giebt es eine Sparkasse für junge Leute, bei der die fleißigen Sparer mit Extra-Zinsen bedacht werden. Türkische Bäder mit allen möglichen Bequemlichkeiten. Seit 1873 ist auch eine große Fortbildungsschule eröffnet.

Aus der Genossenschaft der redlichen Pioniere sind nach und nach eine Menge anderer selbständiger genossenschaftlicher Unternehmungen in und um Rochdale hervorgegangen, dergestalt, daß das dazu erforderliche Kapital in Aktien von 5 Pfund (100 Mark) vornehmlich von Konsumvereinsmitgliedern und dem Konsumverein selbst aufgebracht worden ist. Die ersten und bedeutendsten dieser Genossenschaften sind:

1) Eine Dampfmahlmühlen-Genossenschaft (The Rochdale District Cooperative corn mill society limited), 1850 begründet, welche im ersten Jahre, wo man mit einer erpachteten Wassermühle das Geschäft begann, mit erheblichem Verlust arbeitete, und dadurch die Muttergenossenschaft gefährdete. Den größten Umsatz hatte diese Genossenschaft 1867: 7,148,800 M. bei 1,780,000 M. Vermögen und

300,000 M. Gewinn; 1874 betrug der Verkaufserlös 4,883,620 M., das Geschäftsvermögen 1,425,880 M., der Reingewinn 129,480 M.

2) Eine Dampfspinnerei (The Rochdale Cooperative Manufacturing Society, limited), 1854 begründet, mit 500,000 Spindeln, 830 mechanischen Webstühlen und 700 Arbeitern. 1873 hatte diese Genossenschaft 1222 Mitglieder und 3,879,340 M. Umsatz. Die Spinnerei hat während der ganzen Zeit der Baumwollennoth niemals ganz stillgestanden. Die Aktien befinden sich meist in den Händen der Arbeiter.

3) Eine Großhandlung für Konsumvereine (Cooperative Wholesale Society limited) zu Manchester. 1864 ist sie von 50 Konsumvereinen, deren Mitglieder 17,545 betrugen, begründet. Jetzt sind 450 Konsumvereine mit 192,457 Mitglieder im Besitz der 17,000 Aktien zu 5 Pfund (100 Mark). 730 Konsumvereine beziehen mehr oder weniger ihre Waaren von der Gesellschaft. 1874 betrug ihr Umsatz 38,310,960 M. Der Thee- und Kaffeehandel betrug im Jahr 1874 2,573,940 M. Die Genossenschaft besitzt eine Menge Zweigniederlassungen und mehrere Fabriken, und hat neuerdings auch ein Bankgeschäft, namentlich für die Genossenschaften, begonnen.

Die Entwickelung der Muttergenossenschaft der Rochdaler Pioniere ergiebt sich aus nebenstehender Tabelle (S. 31).

Aus dem 122sten Vierteljahrsabschluß der Pioniere*) für das zweite Quartal 1875 will ich noch einiges mittheilen, was einen genaueren Einblick in die Besonderheiten der Geschäftsleitung gewährt.

Das Aktivvermögen der Genossenschaft betrug am Abschlußtage, dem 8. Juni 1875, 4,772,060 Mark und war nur zum kleineren Theile in dem eigenen Genossenschaftsgeschäft angelegt. Abgesehen von 8200 M. baarer Kasse und 470,200 M. Bankguthaben zur täglichen Abhebung, steckten 1) im Waarenlager laut Inventur nur 486,490 M.; 2) im Grundeigenthum der Genossenschaft 864,250 M., nämlich 88,190 M. in Land (Baustellen), 358,730 M. in Verkaufsgebäuden, 40,358 M. in festem Inventar und 376,971 M. in Wohnhäusern; 3) in der Baugenossenschaftsabtheilung (ausgeliehenen Baugeldern) 318,807 M., und 4) in Aktienbetheiligung bei andern Genossenschaften und Gesellschaften 1,100,509 M., — darunter 448,376 M. bei der Rochdaler Distriktsmühle, 128,468 M. bei der Rochdaler Spinnerei, 64,500 M. bei der genossenschaftlichen Großhandlung, 360,241 M. und 20,519 M. bei zwei Eisenbahngesellschaften, das Uebrige in kleineren Beträgen bei dem Kohlenhof der Genossenschaft, einer Versicherungsgenossenschaft, einer Zeitungsgenossenschaft (Cooperative News paper Society), mehreren Produktivgenossenschaften für Leinen-, Damast- und Flanellweberei und für Spinnerei;

*) Die Vierteljahrsabschlüsse füllen bei elegantester Ausstattung vier ganz enggedruckte Folioseiten. Auf der ersten befindet sich jedesmal auch das Bild des stattlichen vierstöckigen Genossenschaftshauses an der Ecke der Krötengasse.

Mitglieder.		Geschäftsantheile. Zusammen Mark.	durchschnittlich auf den Kopf. Mark.	Geschäftserlös. Zusammen Mark.	durchschnittlich auf den Kopf. Mark.	Gewinn. Mark.	Pro Mark des Kapitals Pfennig.
1844:	28	560	20	—	—	—	—
1845:	74	3,620	49	14,200	198	440	12
1846:	80	5,040	63	22,920	286	1,600	32
1847:	110	5,720	52	38,480	349	1,440	25
1848:	149	7,940	53	45,520	304	2,340	29
1849:	390	23,860	61	132,220	339	11,220	45
1850:	600	45,780	74	263,580	439	17,600	38
1851:	630	55,700	88	352,660	558	19,800	35
1852:	680	69,420	102	327,040	466	24,120	34
1853:	720	116,960	162	454,000	630	33,480	28
1854:	900	143,440	159	667,280	741	35,260	24
1855:	1400	220,610	157	898,040	641	62,180	28
1856:	1600	258,400	161	1,263,940	789	78,420	30
1857:	1850	302,840	163	1,595,780	862	109,400	36
1858:	1950	363,200	186	1,493,600	760	125,680	34
1859:	2703	541,200	200	2,080,240	770	214,780	39
1860:	3450	754,200	218	3,041,260	881	318,120	48
1861:	3900	858,500	220	3,524,120	903	360,400	42
1862:	3501	769,300	219	2,821,480	805	351,280	45
1863:	4013	987,220	246	3,172,640	788	393,420	39
1864:	4747	1,242,100	260	3,498,740	736	454,340	36
1865:	5326	1,575,560	298	3,924,680	737	503,120	31
1866:	6246	1,999,780	320	4,982,440	797	638,620	31
1867:	6823	2,568,700	377	5,698,200	837	832,380	32
1868:	6731	2,464,660	366	5,818,000	864	749,180	30
1869:	5809	1,868,460	321	4,728,760	815	571,840	30
1870:	5560	1,605,820	288	4,460,420	802	504,180	31
1871:	6021	2,150,000	358	4,930,440	821	580,520	27
1872:	6444	2,658,240	413	5,351,540	829	672,800	25
1873:	7021	3,217,720	459	5,744,240	820	774,580	24
1874:	7639	3,856,280	504	5,977,760	782	813,580	21

5) in Darlehen an Genossenschaften und auf Grundbesitz (Hypotheken) 1,504,621 M., darunter 98,808 M. an die Rochdaler Kornmühle, 304,836 M. an die Rochdaler Spinnereigenossenschaft, 490,212 M. an die genossenschaftliche Großhandlung, 10,250 M. an die Rochdaler Baugenossenschaft, 102,420 M. an eine Papiermühle in Darwen, 2126 M. an eine Buchdruckergenossenschaft und 365,833 M. auf Hypotheken.

Trotzdem auf diese Weise die Geschäftsantheile der Konsumvereinsmitglieder zum größeren Theile in industriellen Genossenschaften und Gesellschaften angelegt waren, und nur zum geringeren Theile im eigenen Geschäft, und trotzdem die Genossenschaft, um der Vortheile der genossenschaftlichen Gesetzgebung theilhaftig zu werden, gezwungen worden ist, die lange Jahre bestandene Solidarhaft der Mitglieder fallen zu lassen und eine society limited, eine Gesellschaft mit beschränkter Haft zu werden, so wahrten doch die Pioniere streng den genossenschaftlichen Charakter, namentlich dadurch, daß sie unter ihre Grundregeln aufnahmen: 1) kein Mitglied darf mehr als 100 Pfd. Sterl. (2000 M.) Geschäftsantheil haben; 2) alle Verwaltungsangelegenheiten entscheidet schließlich die Majorität der vierteljährlichen Generalversammlung; 3) in der Generalversammlung hat jedes Mitglied — gleich viel wie hoch sein Geschäftsantheil ist, — eine Stimme.

Verkauft waren im zweiten Quartal 1875 in den Läden der Genossenschaft für 1,492,128 M. Waaren; außerdem erhielt man an Waarendividende von dem Kohlenhof, der Kornmühle und der genossenschaftlichen Großhandlung 14,444 M. Der Gewinn betrug 184,347 M. Dazu traten Dividenden von der Spinnerei 2139 M., 5 prozentige Kapitaldividende von der Aktienbetheiligung an den verschiedenen Genossenschaften 18,483 M. und 5prozentige Darlehnszinsen von denselben 8,338 M.

Vom Gewinn wurden zunächst die statutenmäßigen Abschreibungen auf das Immobilienkonto gemacht, jährlich 2½ Proz. auf die Verkaufshäuser, 2 Proz. auf die Wohnhäuser, 10 Proz. auf das ständige Inventar. Dann erhielten die Mitglieder auf ihre Geschäftsantheile 5 Proz. feste Kapitalsdividende mit 50,370 M. Von dem nun verbleibenden Nettogewinne zum Betrage von 177,720 M. erhielt vorweg der Bildungsfond 2½ Proz. mit 4443 M.; der Rest wurde zur Vertheilung an die Käufer nach Verhältniß ihrer Dividendenmarken verwendet. Die Dividende betrug auf das Pfd. Sterl. 2 sh. 6 d. (soviel wie 12½ Proz.); es erhielten die Mitglieder auf die von ihnen eingelieferten 67,607 Pfd. Sterl. (1,352,140 M.) Dividendenmarken diesen Betrag voll, die Nichtmitglieder auf 781 Pfd. (15,620 M.) präsentirter Marken nur je 1 sh. 3 d., während 1 sh. 3 d. in den Reservefond flossen, dem auch der bei der Ausgleichung überschießende Betrag mit 3284 M. zufloß.*)

Die Leitung dieser großartigen Genossenschaft mit allen ihren Zweigunternehmungen ruht in Händen von Arbeitern. In Nach-

*) Zu Wohlthätigkeits-Anstalten wurden öfters Zeichnungen aus dem Reservefond gemacht, zufällig im zweiten Quartale 1875 nicht; dafür aber laut Vierteljahrsabschlüssen:

im III. Quartal	1874	für ein Taubstummen-Institut . .	120 M.
„ IV. „	1874	für Royal Albert Asyl für Idioten	420 „
„ I. „	1875	für das Rochdaler Krankenhaus .	420 „
		für das Manchester Augenhospital	420 „
		für die National-Rettungsstationen	21 „
		für das Manchester Krankenhaus .	252 „
		also in einem Jahre zusammen	1953 M.!

ahmung der Rochdaler Pioniere sind in England und Schottland zahlreiche Konsumvereine entstanden, von denen freilich viele wieder zu Grunde gingen, eine große Anzahl aber blüht und gedeiht und regelmäßige Fortschritte aufweist. Der Jahresbericht der Registraturbeamten für die Industrial and provident (cooperative) societies für 1873 giebt uns über die Genossenschaften (Konsumvereine und Produktivgenossenschaften) nachstehende Zahlen:

Es waren

	in England mit Wales	in Schottland	zusammen
1873 neu eingetragen . .	188	39	227
1873 aufgelöst	59	17	76
Ihre Abschlüsse hatten nicht eingereicht	69	66	135
Die Abschlüsse sind veröffentlicht von	790*)	188	978
mit Mitgliedern	340,930	46,371	387,301
Vermögen (Aktien=Kapital) am Schlusse 1873 . .	66,682,080 M.	4,717,160 M.	71,399,240 M.
Verkaufserlös 1873 . .	246,895,600 „	39,304,520 „	286,200,120 „
Reingewinn 1873 . . .	19,174,420 „	3,006,640 „	22,180,460 „

Von diesen Genossenschaften waren bereits viele zu mächtigen Handels= und Fabrikgeschäften erwachsen. 1873 hatten einen Verkaufserlös von mehr als

2 Millionen M.	24†)	(dar. 12 in Lancashire,	6 in Yorkshire,	2 in Durham)
von 1 bis 2 Millionen M.	29	„ 10 „	„ 7 „	„ 4 „ „
von 400,000 bis 1 Mill. M.	85	„ 22 „	„ 7 „	„ 11 „ „
zus. über 400,000 M.	138	(dar. 44 in Lancashire,	20 in Yorkshire,	17 in Durham)

*) Darunter 172 in der Grafschaft Lancaster, 165 in der Grafschaft York und 47 in der Grafschaft Durham.

†) Die 25 größten sind: 1) die Konsumvereinsgroßhandlung in Manchester — Lancashire — 32,767,840 M. Verkaufserlös; 2) der Londoner Beamten=Konsumverein mit 16,388,560 M. Verkaufserlös bei 4452 Mitgliedern; 3) die schottländische Konsumvereinsgroßhandlung in Glasgow mit 7,561,520 M. Erlös und 124 Genossenschaften als Mitgliedern; 4) der Konsumverein mit Dampfmühle in Leeds — Yorkshire — mit 6,246,160 M. Erlös bei 11,365 Mitgliedern; 5) die Rochdaler Pioniere (s. o.); 6) die Kornmühlen=Genossenschaft zu Sowerby Bridge — Yorkshire — mit 5,739,280 M. Verkaufserlös bei 3494 Mitgliedern; 7) der Konsumverein zu Halifax — Yorkshire — mit 5,282,740 M. Verkaufserlös und 7900 Mitgliedern; 8) die Rochdaler Kornmühlengenossenschaft (s. o.); 9) der Konsumverein zu Oldham — Lancashire — 4,272,000 M. Erlös, 4725 Mitglieder; 10) der Konsumverein zu Bury — Lancashire — 4,187,640 M. Erlös mit 6965 Mitgliedern; 11) die Kornmühle zu Oldham — Lancashire — 3,903,220 M. Erlös mit 144 Mitgliedern; 12) die Rochdaler Spinnerei (s. o.); 13) die Kornmühle zu Halifax — Yorkshire — mit 3,608,860 M. Erlös und 2409 Mitgliedern; 14) der Konsumverein zu Accrington — Lancashire — 2,851,880 M. Erlös bei 3159 Mitgliedern, und 15) der Konsumverein zu Blaydon am Tyne — Lancashire — mit 2,444,820 M. Erlös bei 2385 Mitgliedern. Wegen ihrer hohen Mitgliedschaft verdienen noch Erwähnung die Konsumvereine zu Manchester — Lancashire — mit 4754 Mitgliedern (2,063,600 M. Erlös), zu Leicester — Leicestershire — mit 4770 Mitgliedern (2,016,260 M. Erlös), und zu Barnsley mit 3524 Mitgliedern (2,190,880 M. Erlös.) — Da die ersten Konsumvereine, wie

Die deutsche Konsumvereinsbewegung ist im Verhältniß zu der englischen noch sehr jung. Unter denjenigen 178 Konsumvereinen, welche sich an der Statistik Schulze's im Jahresbericht für 1874 betheiligten, ist kein einziger vor dem Jahre 1860 entstanden.*)

Wenn es in vieler Beziehung ein großer Vortheil für die deutschen Konsumvereine war, daß sich an vielen Orten von vornherein Männer der wohlhabenderen und gebildeteren Klassen an deren Gründung in hervorragender Weise betheiligten, so trug dieser Umstand aber anderer Seits wesentlich die Schuld, daß unter dem Namen Konsumvereine vielfach, namentlich in Süddeutschland, Vereine entstanden, welche ihre Thätigkeit darauf beschränkten, mit einzelnen Händlern das Abkommen zu treffen, daß sie dem Vereine für Waaren, die seine Mitglieder von ihnen entnehmen, einen bestimmten Rabatt bewilligen, und sodann den Rabatt nach Abzug der Unkosten an die Mitglieder zu vertheilen. Die Vereinsmitglieder legitimiren sich bei den Händlern durch Vereinsmarken, mit denen sie den Kaufpreis bezahlen. Solche Vereine, die nur „Markengeschäfte" machen, werden Markenvereine genannt. Sie sind aus Frankreich zu uns herübergekommen und würden niemals eine so erhebliche Verbreitung gefunden haben, wenn sie nicht in der ersten deutschen Schrift, die über Konsumvereine erschien, nicht blos als gleichberechtigt mit den eigentlichen Konsumvereinen behandelt, sondern fast ausschließlich dargestellt und empfohlen waren.)**

---

der der Rochdaler Pioniere meist von politisch und religiös Radikalen begründet wurden, konnte es, trotzdem sie grundsätzlich Jedermann ohne Unterschied des politischen und religiösen Glaubens aufnahmen, doch nicht fehlen, daß an vielen Orten konservative Konkurrenzvereine entstanden. Davon erreichte einen Verkaufserlös von mehr als 2 Millionen Mark der zu Oldham — Lancashire — mit 2468 Mitgliedern. Die Rochdale Conservative Industrial cooperative society hatte es 1873 erst auf 622,720 M. bei 1380 Mitgliedern gebracht. Rochdale zählte 1873 65,000 Einwohner.

*) Als ihr Stiftungsjahr verzeichneten einer das Jahr 1860, 3 1861, einer 1862, 5 1863, 10 1864, 16 1865, 15 1866, 16 1867, 34 1868, 16 1869, 8 1870, 10 1871, 21 1872, 15 1873, 6 1874. Unter den bis Ende des Jahres 1866 gestifteten 51 Vereinen brachten es im Jahre 1874 auf mehr als 200,000 Mark Verkaufserlös nur 20, nämlich Elberfeld und Görlitz von 1861, Braunschweiger Beamten-Konsumverein von 1862, Biene-Berlin und Stettin (mit 16 Prozent aus Markenverträgen) von 1863, Magdeburg, Neustadt-Magdeburg (mit 12 Prozent aus Markenverträgen), München (mit 38 Prozent aus Markenverträgen), Rostock und Stuttgart (mit 55 Prozent aus Markenverträgen) von 1864, Carlsruhe (9 Prozent), Königsstadt-Berlin (100 Prozent Markenverträge), Eßlingen (42 Prozent Markenverträge), Freiburg im Breisgau (80 Prozent Markenverträge), Halberstadt und Pforzheim von 1865, Breslau (5 Prozent Markenverträge), Burg bei Magdeburg, Calbe a. S. 14 Prozent Markenverträge) und Lörrach von 1866. Bei denjenigen dieser Vereine, welche mehr als 5 Prozent des Verkaufserlöses aus dem Markengeschäft mit Lieferanten beziehen, ist der Prozentsatz hinzugefügt; die 6 Vereine, deren Namen gesperrt gedruckt sind, schließen Markenverträge ganz aus.

**) Die Konsumvereine, ihr Wesen und Wirken, nebst einer praktischen Anleitung zu deren Gründung und Einrichtung. Auf Veranlassung des ständigen

Bloße Markenvereine bestehen nur noch wenige und meist in kümmerlichster Weise; an vielen Orten haben sie gesunden Konsumvereinen vorläufig den Boden entzogen; die Umwandlung eines Markenvereines in einen eigentlichen Konsumverein vollzieht sich in der Regel recht schwer. Die Erfahrung hat gelehrt, wie richtig Eugen Richter urtheilte, als er 1867 schrieb: „Das bloße Markengeschäft knüpft natürlich bei Weitem nicht ein solches Band um die Mitglieder, wie der gemeinschaftliche Besitz eines Ladens, eigener Vorräthe und das damit verbundene gemeinschaftliche Risiko." *) Wenn man die Entwickelungsstufe, in der sich ein Konsumverein befindet, aus dem jährlichen Verkaufserlöse beurtheilen will, darf man die Einnahmen aus dem Markengeschäft mit Lieferanten jedenfalls nicht mitrechnen. —

Von den eigentlichen Konsumvereinen haben die seit 1863 gegründeten sich mehr und mehr den Hauptgrundsätzen der englischen Vereine angeschlossen; sie verkaufen nur gegen baar und zu den marktgängigen Tagespreisen und vertheilen den Reingewinn, nachdem sie die Geschäftsantheile der Mitglieder angemessen verzinst haben, nach Verhältniß der Waarenentnahme, die durch Dividendenmarken festgestellt wird. Doch giebt es einige in kaufmännischer Beziehung vorzüglich geleitete, schnell zu bedeutenden Geschäftsumsätzen gelangte Vereine, welche an dem Grundsatze festhalten, zu möglichst niedrigen Preisen zu verkaufen, und eine Dividende höchstens auf die Geschäftsantheile oder nach Köpfen, nicht aber nach dem Waareneinkauf zu vertheilen, keinesfalls also, wie es technisch genannt wird, „auf Dividende zu arbeiten.**)

Wie in England gehen die entwickelteren Konsumvereine allmählich auch zur eigenen Produktion über oder befördern dieselbe; sie legen Bäckereien und Schlächtereien an, übernehmen kommissionsweise Verkäufe von Leinen- und Wollenfabrikaten der Produktivgenossenschaften und bilden zufolge ihres Grundsatzes des baaren Waareneinkaufes die beste Kundschaft für Produktivgenossenschaften in solchen Branchen, wo die Fabrikation durch den Brauch ausgedehnter Kreditgewährung besonders gefährdet ist, z. B. in der Cigarrenfabrikation. Einen An-

---

Ausschusses der deutschen Arbeitervereine herausgegeben von Eduard Pfeiffer. Stuttgart 1865. Das Buch hat, trotz der besten Absichten des Verfassers, vielleicht fast ebensoviel geschadet als genützt. Bei der zweiten, wesentlich veränderten und bedeutend vermehrten Auflage (Stuttgart 1869) ist zwar das Buch erheblich verbessert, dennoch empfiehlt es Schulze-Delitzsch nicht.

*) Eugen Richter: Die Konsumvereine. Ein Noth- und Hilfsbuch für deren Gründung und Einrichtung. Berlin 1867. Seite 25. Diese in Veranlassung von Schulze-Delitzsch verfaßte vortreffliche Schrift war das erste praktisch brauchbare Buch über Konsumvereine.

**) So vor allem der Waareneinkaufsverein, Eingetr. Genossenschaft, zu Görlitz, welcher längere Zeit der größte Konsumverein des deutschen Reiches war, bis er im Jahre 1873 durch den Breslauer Konsumverein überflügelt ist. Ferner der Konsumverein zu Rostock.

fang zur Herstellung einer gemeinsamen Großhandlung für Konsumvereine haben die süddeutschen Konsumvereine gemacht, indem sie zu diesem Zwecke die Waareneinkaufsgesellschaft zu Mannheim auf Aktien gründeten. In Norddeutschland hat man bisher ein gleiches vielfach angeregtes Unternehmen noch als verfrüht zurückgestellt*) und sich durch sogenannte Waarenbörsen, — Zusammenkünfte von Konsumvereins-Einkäufern, denen Agenten der Großhändler ihre Proben vorlegen und Anerbietungen machen, — zu helfen gesucht. Die Zeiten, wo Großhändler aus Furcht vor dem Mißfallen ihrer übrigen Kunden die Geschäftsverbindung mit den jungen Konsumvereinen ablehnten, sind schon länger vorüber.

Die Einführung des Genossenschaftsgesetzes ist für viele Konsumvereine, in denen die Furcht vor der Solidarhaft zum Theil durch schiefe Auffassung der Rechtsverhältnisse, zum Theil auch wohl durch politische Strömungen künstlich großgezogen war, ein Prüfstein für die Festigkeit des genossenschaftlichen Bandes gewesen.**) Unter den Konsumvereinen, welche an den gemeinsamen Bestrebungen theilnehmen und Unterverbandstage beschicken, — und die übrigen sind an Bedeutung und Einfluß für die genossenschaftliche Bewegung kaum zu rechnen — sind Meinungsverschiedenheiten über den großen Werth jenes Gesetzes gerade für Konsumvereine nicht mehr vorhanden.

Die Fortschritte des Konsumvereinswesens in Deutschland lassen sich aus der nachfolgenden Tabelle (S. 37) prüfen,***) die aus den Jahres-

*) Auch der Versuch der süddeutschen Konsumvereine scheint sich leider als verfrüht herauszustellen. Er wurde gemacht, als der dortige Verband eben aus der Sonderstellung, in der er sich mehrere Jahre befunden hatte, heraustrat, so daß auf die Beschlüsse der die Mannheimer Großhandlung gründenden Konsumvereine direkt und erfolgreich einzuwirken Schulze-Delitzsch kaum Gelegenheit hatte. Die Bilanz der Gesellschaft vom 25. März 1875 ergab unter den Passivis 120,000 M. Aktienkapital und 175,583 diverse Kreditoren, unter den Aktivis 160,007 M. Waaren, 10,887 M. Kasse, 3361 M. Wechsel, 1699 M. Utensilien und 104,002 M. diverse Kreditoren. Im verflossenen Geschäftsjahr war ein Verlust von 16,139 M. gemacht. Einer demnächst stattfindenden außerordentlichen Generalversammlung liegt ein Antrag des Stuttgarter Konsumvereins auf Auflösung der Gesellschaft vor.

**) Die Seite 35 Anm. * ihrem Titel nach aufgeführte Schrift Eugen Richter's war vor Erlaß des Genossenschaftsgesetzes erschienen. Dies die Veranlassung zu der Schrift: „Anweisung für Konsumvereine zur Unterstellung unter das Genossenschaftsgesetz des Norddeutschen Bundes nebst Musterstatuten und Motiven als Ergänzung zu dem Buche von Eugen Richter: Die Konsumvereine (nach den Materialien der Anwaltschaft deutscher Genossenschaften), von Dr. Fr. Schneider. Berlin 1869." Als eine zweite Ergänzungsschrift der Schrift von Eugen Richter ist folgende Schrift anzusehen: „Die doppelte kaufmännische Buchführung, insbesondere für Konsumvereine, nach einer vollständig bewährten, leicht faßlichen Methode des neuen Konsumvereins, eingetr. Genossenschaft zu Magdeburg, bearbeitet und herausgegeben von Gustav Oppermann, Vorsitzender des Verwaltungsraths des genannten Vereins und Unterverbands-Direktor der Konsumvereine der Provinz Sachsen und angrenzenden Provinzen und Staaten. Berlin 1869."

***) Bei der vorstehenden Tabelle darf man nicht übersehen, daß die

Preußen.	1862	1863	1864	1865	1866	1867	1868	1869	1870	1871	1872	1873	1874
Prov. Sachsen	—	3	4	14	16	18	24	31	31	35	55	62	69
„ Schlesien	6	5	6	10	13	13	15	24	24	28	39	47	59
„ Rheinland	8	14	18	21	25	44	43	43	42	52	52	47	52
„ Brandenburg	8	10	20	24	26	26	30	24	21	28	26	32	37
„ Preußen	2	1	1	5	7	7	12	12	15	17	15	18	19
„ Westfalen	2	6	8	9	10	14	14	13	11	14	14	14	19
„ Hannover	1	2	2	2	4	6	6	8	8	10	14	15	16
„ Hessen-Nassau	—	—	1	3	3	4	4	4	4	4	6	7	7
„ Pommern	—	1	1	1	2	2	3	4	4	6	6	6	6
„ Schleswig-Holstein	6	7	7	7	9	9	5	5	4	4	4	3	3
„ Posen	—	—	—	2	3	1	1	1	1	1	1	2	3
I. Ganz Preußen	33	49	68	98	118	144	157	169	165	199	232	253	290
II. Sachsen	—	4	8	11	13	39	91	98	106	112	125	126	132
III. Bayern	—	—	1	4	11	10	11	17	19	24	33	37	48
IV. Baden	—	—	1	5	5	6	6	11	11	12	16	20	37
V. Sächsische Herzogthümer	4	7	7	9	9	9	12	9	10	15	23	33	35
VI. Württemberg	—	—	3	15	19	19	19	22	21	17	20	18	18
VII. Braunschweig	—	—	2	2	3	3	5	5	5	7	10	11	11
VIII. Anhalt	—	—	—	—	3	3	2	2	2	2	4	6	8
IX. Schwarzburgische Fürstenthümer	—	—	—	1	1	1	1	1	1	2	3	6	8
X. Reußische Fürstenthümer	1	1	—	—	—	—	1	1	1	1	2	5	6
XI. Großherzogthum Hessen	1	2	3	5	6	6	6	7	6	6	5	5	5
XII. Hansestädte	2	2	2	2	2	2	3	3	3	4	4	4	4
XIII. Mecklenburg	—	1	1	1	1	1	3	3	3	3	3	4	4
XIV. Oldenburg	—	—	—	—	1	1	1	1	1	1	1	1	1
XV. Fürstenthum Lippe	—	—	—	—	—	—	—	—	—	—	—	—	1
XVI. Elsaß-Lothringen	—	—	—	—	—	—	—	—	—	—	—	2	2
Deutsches Reich	41	66	96	153	192	244	318	349	354	405	481	531	610
Deutsch-Oesterreich	—	1	1	4	7	72	237	278	385	422	421	442	479
Deutschland	41	67	97	157	199	316	555	627	739	827	902	973	1089

berichten der Anwaltschaft zusammengetragen ist. Die Liste der von der Anwaltschaft seit 1862 namhaft aufgeführten Konsumvereine gewährt ein deutliches und sehr verschiedenartiges Bild von dem Auf- und Absteigen der Konsumvereinsbewegung in den einzelnen Gauen und Landschaften Deutschlands.*) In Betreff Oesterreichs ist hervorzuheben, daß die Czechen in Böhmen und Mähren ihre nationale genossenschaftliche Agitation, die in der Mitte der 60er Jahre begann, nicht auf die Vorschußvereine beschränkt, vielmehr gleichermaßen auf die Konsumvereine ausgedehnt haben.**) Ob daraus andauernd tüchtige Konsumvereine erwachsen werden, muß die Zukunft lehren. In Deutschland läßt sich übrigens schon jetzt übersehen und nachweisen, daß gut verwaltete, regelmäßig Dividende zahlende Konsumvereine das beste Mittel sind, um sozialdemokratischen Irrlehren den Boden in der Arbeiterbevölkerung zu entziehen.

Daß es nicht bei der äußeren Ausdehnung der Bewegung geblieben ist, ergeben die Jahresberichte Schulze's, in denen allmälig in ähnlicher Weise, wie bei den Vorschußvereinen eine von Jahr zu Jahr anwachsende Zahlentabelle entstanden ist.

Die Tabelle des Jahresberichts für 1874 enthält in 32 Kolonnen die Abschlüsse von 178 Konsumvereinen, welche bei 90,088 Mitgliedern mit 2,695,222 M. Geschäftsantheilen und 427,834 M. Reservefond in 358 Vereinslägern einen Verkaufserlös erzielten von

Zahl der wieder eingegangenen Konsumvereine verhältnißmäßig eine weit größere ist, als die der Vorschuß- und Kreditvereine. In Konsumvereinen, die nur gegen baar verkaufen, wirken in den ersten Entwickelungsstufen Mißerfolge auf die Mitglieder, welche das, was ihnen der Verein zunächst bietet, nämlich Waaren gegen baare Bezahlung, sich ebenso gut oder fast ebenso gut anders beschaffen können, leicht so entmuthigend, daß sie sich von dem Verein schnell zurückziehen; der zum Ausharren bereite Rest der Mitglieder wirft dann auch leicht die Flinte in's Korn, wenn in Folge der plötzlichen Abnahme der Kundschaft erhebliche Verluste entstehen und sich zu vergrößern drohen. Demnach ist auch in den Landschaften, wo die Zahl der Konsumvereine stetig angewachsen ist, keineswegs jeder in den älteren Jahrgängen mitgerechnete Verein noch unter den in den späteren Jahrgängen gezählten. Namentlich in solchen Landschaften, wo unter den Konsumvereinen die Eintragung in das Genossenschaftsregister noch nicht als förderlich, fast zum Gedeihen nothwendig erachtet wird, da wird es auch ferner oft vorkommen, daß eine Anzahl Personen in überstürzender Hast zu einem Konsumverein zusammentreten und bei dem ersten unbedeutenden Mißgriff der Verwaltung oder einer anderen Schwierigkeit wieder auseinanderlaufen.

*) Man sieht, wie das Auftreten Lassalles seiner Zeit in Rheinland und Berlin zahlreiche Konsumvereine hervorrief, welche beweisen wollten, daß die ganze Lehre von der Nothwendigkeit der Staatshilfe zur Verbesserung der Lage der Arbeiter eitel Wind sei. Daß diese Konsumvereinsbewegung zunächst nicht überall nachhaltig war, ebensowenig wie die um 1865 begonnene Stuttgarter Agitation für die Markenkonsumvereine, ist nicht zu verwundern. In Schleswig-Holstein gingen die alten Konsumvereine aus den 50er Jahren zu Grunde. Am stetigsten ist jetzt die Bewegung in den Provinzen Sachsen und Schlesien mit Umgebung.

**) Siehe oben S. 11 und S. 24.

22,592,494 M., wovon 19,486,965 M. auf den Erlös im Vereinslager und 3,105,529 M. auf den Erlös im Markengeschäft mit den Lieferanten fielen. Der Geschäftsertrag dieser 178 Konsumvereine betrug 2,186,673 M. im Vereinslager, 208,316 M. aus dem Markengeschäft und 70,816 M. aus anderen Quellen. Die Geschäftsunkosten betrugen an Zinsen an die Vereinsgläubiger 53,159 M., an Verwaltungskosten und Gehältern 1,096,782 M., und an Zinsen auf das Guthaben der Mitglieder (streng genommen auf den Reingewinn zu verrechnen) 108,245 M. An außergewöhnlichen Verlusten sind 15,425 M. gebucht bei einem Reingewinn von 1,215,697 M.

Am Jahresschluß bestanden die Aktiva aus folgenden Posten:

3,309,258	M.	Waarenbestand,
80,405	„	Ausstände für Waaren bei Mitgliedern,
661,779	„	sonstige Vereinsforderungen,
356,288	„	Geschäftsinventar u. dgl.,
2,214,267	„	Grundbesitz,
344,807	„	Kassenbestand
zusammen 6,966,357	M.	Aktiva.

Dem stehen als Passiva gegenüber:

2,695,222	M.	Geschäftsantheile der Mitglieder,
427,834	„	Reservefond,
21,939	„	Dispositionsfond (Bildungsfond),
1,029,917	„	Anlehen und Kautionen,
1,140,724	„	Hypothekenschulden,
840,020	„	Waarenschulden,
841,589	„	noch zu zahlende Geschäftsunkosten und unvertheilter Reingewinn
zusammen 6,959,209	M.	

Man vergleiche auch hier diese Zahlen mit denen der früheren Jahresberichte. Darnach hat sich die Zahl der deutschen Konsumvereine, die ihre Abschlüsse einreichten, in 11 Jahren mehr als vervierfacht. Es vermehrte sich ferner der Durchschnitt der Mitgliederzahl des einzelnen Vereins von 202 auf 506, der Durchschnitt des Verkaufserlöses wie 1 zu 6, und des eigenen Vermögens wie 1 zu 8,7. Im Verhältniß zur Mitgliederzahl vermehrte sich der durchschnittliche Betrag des Verkaufserlöses von 104 zu 251 M., also etwa wie 1 : 2,4, der Antheil am Geschäft, einschließlich eines entsprechenden Theils vom Reservefond von 10 : 34 M., also wie 1 : 3,4; der Durchschnitt der auf Kredit entnommenen Gelder und Waaren, auf den Kopf der Mitglieder berechnet, erfuhr eine etwas geringere Steigerung, nämlich von 11 Mark auf 33, also wie 1 : 3,0. Wie sich dies alles Jahr für Jahr allmälig von 1864 bis 1874 vollzogen hat, weist die nachfolgende Tabelle nach:

1.	2.	3.	Resultate der in Kolonne 3. genannten Vereine.													
			4. Zahl der Mitglieder.		5. Summe des Verkaufserlöses im Jahre.			6. Eigenes Vermögen.					7. Auf Kredit entnommene Gelder und Waaren.			
			a.	b.	a.	Im Durchschnitt b.	c.	a.	b.	c.	d. Durchschnittsbetrag des eignen Fonds		a.	b.		
Rechnungsjahr.	Zahl der der Anwaltschaft bekannten Konsumvereine.	Zahl der Konsumvereine, die den Abschluß einreichten.	Gesammtsumme.	Im Durchschnitt auf jeden Verein.	Gesammtsumme	auf jeden Verein	auf jedes Mitglied	Guthaben der Mitglieder	Reservefond	Gesammtsumme von beiden	für die einzelnen Vereine	pro Kopf	Aufgenommene Anlehen	Schulden für die auf Kredit entnommenen Waaren.	Gesammtsumme von beiden	Durchschnittsbetrag auf den Kopf.
					Mark.	Mark.	Mark.	Mark.	Mark.	Mark.	Mark	Mark.	Mark.	Mark.	Mark.	Mark.
1864	97	38	7,709	202	802,767	21,126	104	64,299	14,736	79,035	2,079	10	49,853	37,908	87,761	11
1865	157	34	6,647	195	925,383	27,217	139	66,678	8,301	74,979	2,205	11	49,587	56,844	106,431	16
1866	199	46	14,083	306	2,479,794	53,908	177	140,946	18,174	159,120	3,459	11	153,186	88,092	241,278	17
1867	316	49	18,884	385	2,903,922	59,265	153	216,558	33,480	250,038	5,102	13	216,210	132,180	348,390	18
1868	555	75	33,656	448	6,372,423	84,965	187	468,732	75,537	544,269	7,256	16	377,151	204,816	581,967	14
1869	627	109	42,286	388	7,126,251	65,377	168	626,151	122,571	748,722	6,869	17	346,026	240,885	586,911	13
1870	739	111	45,761	412	9,007,860	81,152	196	818,805	151,224	970,029	8,739	21	546,378	467,280	1,013,658	22
1871	827	143	64,517	451	13,522,974	94,565	209	1,589,571	221,526	1,811,097	12,665	28	806,928	628,974	1,435,902	22
1872	902	170	72,622	427	15,659,547	92,115	215	1,675,131	258,405	1,933,536	11,314	26	1,259,343	744,540	2,003,883	27
1873	973	189	87,504	463	21,882,408	115,780	250	2,414,127	353,064	2,767,191	14,641	31	2,075,779	925,173	3,000,952	34
1874	1089	178*)	90,088	506	22,592,497	126,811	251	2,695,221	427,833	3,123,054	17,545	34	2,170,641	804,021	2,974,662	33

*) Zur Erklärung der Verminderung gilt das Seite 23 bei der Tabelle der Vorschußvereine Gesagte.

Unter den Gesammtsummen des Verkaufserlöses steckt auch der Erlös aus Lieferantenmarken bei den sogenannten Marken-Konsumvereinen und bei denjenigen Lagervereinen, welche in größerer oder geringerer Ausdehnung daneben noch Markenverträge mit Lieferanten, namentlich für Waaren, die sie nicht in ihren Läden führen, beibehalten haben. Die Statistik der Jahresberichte giebt über Vertheilung der Verkaufssummen unter Ladengeschäft und Markengeschäft erst seit wenigen Jahren die Zahlen. Darnach fielen von dem Verkaufserlöse auf das eigene Geschäft 1870: 84,5, 1871: 90,0, 1872: 87,9, 1873: 86,8, 1874: 86,5 Prozent.

Die Erfolge der englischen haben die deutschen Konsumvereine noch nicht aufzuweisen, immerhin aber sind die Leistungen vieler derselben schon so bedeutend, daß man hoffen kann, die deutsche Konsumvereinsbewegung werde hinter der 20 Jahre älteren englischen in wenigen Jahrzehnten nicht mehr zurückstehen. Die Reihenfolge der deutschen Konsumvereine, geordnet nach dem Verkaufserlöse des eigenen Ladengeschäftes (der Erlös aus Markengeschäften ist in Klammern beigefügt) im Jahre 1874, ist folgende: 1) Breslau 1,696,052 M. Verkaufserlös (99,847 M. aus Marken) bei 9589 Mitgliedern; 2) Görlitz 1,522,172 M. bei 2409 Mitgliedern; 3) Magdeburg 789,693 M. Verkaufserlös (25,466 M. aus Marken) bei 4191 Mitgl.; 4) Konsumverein Biene in Berlin 707,201 M. Verkaufserlös bei 5648 Mitgl.; 5) Neustadt bei Magdeburg 560,909 M. (81,938 M. aus Marken) bei 1622 Mitgl.; 6) München 535,098 M. (352,147 M. aus Marken) bei 2261 Mitgl.; 7) Stuttgart 461,177 M. (558,065 M.) bei 2368 Mitgl.; 8) Carlsruhe 411,274 M. (45,118 M.) bei 1404 Mitgl.; 9) Elberfeld 402,399 M. bei 296 Mitgl.*); 10) Iserlohn 346,863 M. bei 1120 Mitgl.; 11) Pforzheim 314,001 M. bei 1064 Mitgl.; 12) Rostock 305,629 M. bei 748 Mitgl.; 13) Burg bei Magdeburg 278,388 M. (8703 M.) bei 1184 Mitgl.; 14) Stettin 268,023 M. (50,268 M.) bei 1919 Mitgl.; 15) Borsigwerk 264,583 M. bei 82 Mitgl.*); 16) Halberstadt 257,951 M. bei 1452 Mitgl.; 17) Lörrach 250,900 M. bei 252 Mitgliedern. — Zwischen 150,000 bis 200,000 M. folgen dann Meißen, Altliebichau bei Freiburg in Schlesien, Mylau in Sachsen, Braunschweig (Beamten-V.), Hohenlohe-Hütte in Oberschl., Calbe a. S., Selbsthülfe-Berlin, Luckenwalde, Altwasser in Schlesien und Vorsicht-Berlin.

An der Statistik Schulze's über die Bewegung der Mitgliedschaft und die Eintheilung nach Berufsklassen haben sich für 1874 nur 130 Konsumvereine betheiligt, welche zu Anfang des Jahres 58,120, zu Ende des Jahres 63,727 Mitglieder zählten. Unter den verschiedenen Berufsklassen waren am stärksten vertreten die Arbeiter im engern Sinne mit 50,8 Prozent ihrer Mitglieder gegen 48,0 Proz. 1873; dann kommen die selbstständigen Handwerke mit 18,4 Proz. (1873 20,6 Proz.), und die Beamten, Lehrer, Aerzte, Geistliche u. s. w. 11,7 Prozent — unverändert wie im Vorjahre. „Das Zusammenwirken von Mitgliedern der verschiedensten Berufsklassen, welches von Anfang an zu deren schnellem Gedeihen wesentlich beigetragen hat, erhält sich demnach auch in den Konsumvereinen und giebt uns eine Bürgschaft für deren günstige Fortentwickelung.“ (Schulze-Delitzsch Jahresbericht für 1874, S. XV.)

---

*) Eine geringe Zahl Mitglieder trotz großen Umsatzes, insbesondere bei Elberfeld und noch mehr bei Borsigwerk, ist Folge fehlerhafter Einrichtungen.

3. Genossenschaften in einzelnen Gewerbszweigen.

Die unter dieser Bezeichnung von Schulze-Delitzsch zusammengefaßten Arten Genossenschaften, darunter vor allem die Rohstoff-, Werk-, Magazin- und Produktivgenossenschaften, genießen gegenwärtig des Vortheils, dessen sich die Vorschußvereine und Konsumvereine seit langem erfreuten, nämlich einer Unterweisung durch eine ausführliche Schrift. Seit Schulze's Assoziationsbuch (1853), welches alle Arten Genossenschaften behandelte, waren die Einrichtungen von Rohstoff-, Magazin- und Produktivgenossenschaften sachgemäß fast nur in Aufsätzen der Genossenschaftsblätter besprochen. In ausreichendem Maße wird das Bedürfniß nach Unterweisung befriedigt durch das in Leipzig 1873 erschienene Buch: „Die Genossenschaften in einzelnen Gewerbszweigen. Praktische Anweisung zu ihrer Gründung und Einrichtung von Schulze-Delitzsch, derzeit Anwalt des Allgemeinen Deutschen Genossenschaftsverbandes, unter Mitwirkung von Dr. F. Schneider, 1. Sekretär der Anwaltschaft." (408 Seiten).

In den letzten Jahren ist die Landwirthschaft allmählich mehr in die genossenschaftliche Bewegung hineingezogen. Wir werden die landwirthschaftlichen Genossenschaften gesondert besprechen, beginnen aber mit den industriellen Genossenschaften.

A. Rohstoff- und Magazin-Genossenschaften der Handwerker.

Nach dem Vorgange der in Delitzsch gegründeten Rohstoffgenossenschaften der Schuhmacher und Tischler (1849 und 1850) entstanden in der ersten Hälfte der funfziger Jahre in Deutschland überaus zahlreiche Genossenschaften dieser Art, namentlich unter den Schuhmachern, Schneidern und Tischlern. Die kleineren Handwerksmeister, welche sich dazu verbanden, bemerkten schnell, wie groß der Nutzen sei, welchen der gemeinsame Ankauf der Rohstoffe im Großen aus erster Hand ihnen auch dann gewährte, wenn bei dem Ablaß derselben an die Einzelnen in kleineren Partien, zu den Engrospreisen noch ein erheblicher Aufschlag hinzutrat. Sie erhielten bessere Waaren zu billigeren Preisen, und es blieb noch für das Vereinsgeschäft ein nicht unerheblicher Gewinn übrig. Bald begann man in denjenigen Handwerken, „von denen das Publikum das Ausstellen fertiger Artikel in offenen Läden verlangt, zur Gemeinschaft in Magazinirung und Verkauf der von den Einzelnen für ihre Rechnung eingelieferten Waaren zu schreiten." Mehrfach ward damit die Versorgung mit dem nöthigen Arbeitsmaterial verbunden und so Rohstoff- und Magazingenossenschaft vereinigt. In einzelnen Orten thaten sich verschiedene Gewerbe zu gemeinschaftlicher Beschaffung einer zusammenhängenden Reihe von Verkaufsläden zusammen, und es entstanden so auf genossenschaftlichem Wege Gewerbehallen.

Die Rohstoffgenossenschaften blieben indessen sehr bald hinter den Vorschußvereinen zurück. Wenn auch alljährlich neue entstanden, gingen doch auch alljährlich bestehende durch Schuld der Betheiligten zu Grunde. „Man wollte eben," sagt Schulze a. a. O. S. 44, „die alten Zustände und die alte Bequemlichkeit so viel wie möglich retten; der rechte Geist der Gemeinsamkeit, des frischen und ganzen Einlenkens in die neuen Bahnen war noch zu wenig in der Mehrzahl mächtig. Die hiermit zusammenhängende gewerbliche Verkommenheit hatte bei nicht wenigen unter ihnen Platz gegriffen, welche wohl die geschäftlichen Vortheile der neuen Einigung sich zueignen, nicht aber den geschäftlichen Anforderungen genügen mochten. So kam es, daß eine nicht unerhebliche Zahl solcher Genossenschaften nach wenigen Jahren des Gedeihens in Verfall gerieth und nicht ohne mancherlei Verluste ihre Geschäfte zu schließen genöthigt war." Der Hauptfehler, der viele Rohstoffgenossenschaften zu Grunde richtete, und dessenungeachtet immer von neuem begangen wird, ist die Kreditgewährung an die Mitglieder. Diese erschwert die ganze Geschäfts- und Buchführung, und beruht keineswegs auf Nothwendigkeit; gerade Rohstoffgenossenschaften, die sie von vornherein ausschlossen, gelangten zu ungewöhnlicher Blüthe.

In den letzten Jahren scheint die im Rückgang befindlich gewesene Sache der Rohstoffgenossenschaften der Handwerker sich wieder zu heben. Seit 1865, wo die Zahl der der Anwaltschaft bekannten Rohstoffgenossenschaften den bis dahin höchsten Bestand von 143 erreicht hatte, ging sie allmählich zurück auf 122 im Jahre 1869, und 121 im Jahre 1870. Von da an geht es wieder aufwärts, 1872 sind 133, 1873 140 und 1874 155 Rohstoffgenossenschaften in Schulze's Jahresbericht verzeichnet.

Von den 155 Rohstoffgenossenschaften des Jahres 1874 sind mehr als die Hälfte, nämlich 82 Genossenschaften der Schuhmacher (1873 waren es 71 von 140, 1872 70 von 133), 29 der Schneider, 10 der Tischler und Stellmacher, 7 der Schmiede, 5 der Griffelmacher, je 4 der Weber und Buchbinder, je 2 der Bauhandwerker, der Sattler und Tapezierer, der Korbmacher und der Lohgerber, und je eine der Müller, der Handschuhmacher, der Posamentiere, der Photographen, der Töpfer und der Maler.

Als die Hauptpunkte der Organisation der Rohstoffgenossenschaften hebt Schulze im Jahresbericht für 1873 folgende hervor:

„1. Das zum Ankauf der Rohstoffe erforderliche Kapital wird gegen solidarische Haft der sämmtlichen Mitglieder aufgenommen, oder auch die Waaren unter Gesammthaft derselben auf Kredit gekauft;

2. der Verkauf der Waaren aus dem gemeinschaftlichen Lager an die Mitglieder erfolgt mit einem Aufschlage von durchschnittlich 4 bis 8 Proz. über den Einkaufspreis. Von dem durch diesen Preisaufschlag erzielten Ueberschusse werden sämmtliche Geschäftsunkosten, als: die Zinsen an die Gläubiger, die Verwaltungskosten und Gehalt der Beamten, gedeckt, und außerdem in der Regel ein nicht

unbedeutender Nettogewinn erzielt, welcher an die Mitglieder nach Höhe dessen, was jedes einzelne im Laufe des Rechnungsjahres für entnommene Waare in die gemeinschaftliche Kasse gezahlt hat, vertheilt wird;

3. ein eigener Vereinsfond in Geschäftsantheilen der Mitglieder in Reserve (Gesammtvermögen des Vereins) wird überall durch Einbehaltung der Gewinnantheile der Mitglieder, und außerdem meist durch Einzahlung von Monatssteuern der Mitglieder (ganz wie bei den Vorschußvereinen) gebildet;

4. die Beamten, besonders der Lagerhalter und Kassirer und Kontroleur, werden durch eine Tantième vom Verkaufserlöse entschädigt, welche bei reinen Rohstoffgenossenschaften in der Regel 2 bis 3 Proz. im Ganzen beträgt, und wofür der Lagerhalter — insofern es sich nicht um ein Verkaufsmagazin für das Publikum handelt — meist das Lokal zur Aufbewahrung der Vorräthe und deren Ablaß an die Mitglieder mitgewährt. Einschließlich der übrigen Kosten und Spesen nimmt die Verwaltung etwa 3½ bis 4 Proz. in Anspruch, so daß von dem vorstehend erwähnten Aufschlage noch 2 bis 3 Proz. übrig bleiben. Da nun der Umschlag des Betriebskapitals jährlich 2 bis 4mal erfolgt, wodurch sich jener Rest auf 8 bis 10 Proz. erhöht, so ergiebt sich noch ein hübscher Ueberschuß, auch wenn man die Zinsen an die Vereinsgläubiger mit 4 bis 5 Proz. davon abrechnet, sobald nur irgend vernünftig gewirthschaftet wird."

Die statistischen Tabellen in Schulze's Jahresberichten bringen in der Regel nur von wenigen industriellen Rohstoffgenossenschaften die Abschlüsse, die Tabelle im Jahresbericht für 1874 von 10, nämlich von 6 Schuhmacherassoziationen (Berlin, Breslau, Görlitz, Luckenwalde, Mainz und Wismar, sämmtlich von 1859 bis 1862 begründet), zwei Schneiderassoziationen (Magdeburg 1861 und Potsdam 1873), einer Assoziation von Handschuhfabrikanten (Halberstadt 1868) und einer von Kannenbäckern (Grenzhausen 1874). Bis auf drei ältere Schuhmacherassoziationen sind dies lauter eingetragene Genossenschaften. Die größten Umsätze unter ihnen hatte die I. Berliner Schuhmacher-Rohstoff-Assoziation (Eingetr. Genossensch.), welche bei 71 Mitgliedern für 152,769 M. Verkaufserlös hatte und einen Reingewinn von 2070 M. erzielte, und die Rohstoff-Assoziation vereinigter Schneidermeister (Eingetr. Genossensch.) zu Magdeburg, deren Verkaufserlös 142,692 M. bei 47 Mitgliedern einen Reingewinn von 6345 M. brachte. Im Uebrigen ist für Vergleichungen der statistischen Tabelle der verschiedenen Jahre die Zahl der Genossenschaften, welche ihre Abschlüsse einsendeten, zu gering.*)

Die zum Beginn dieses Abschnittes erwähnte Schrift von Schulze-

*) 9 Rechnungsabschlüsse für 1869, 9 für 1870, 12 für 1871, 12 für 1872, 11 für 1873, 10 für 1874.

Delitzsch behandelt die Rohstoffassoziationen sehr eingehend und bringt außer Musterstatuten noch Formulare für Protokolle der Sitzungen und der Generalversammlungen, für den Vertrag mit den Vorstandsmitgliedern, für die Buchführung u. dgl. m. (Seite 42 bis 162.)

Die Magazingenossenschaften der Handwerker bezwecken die Herstellung eines gemeinschaftlichen Verkaufsladens, um darin die von den Mitgliedern in ihrer Werkstatt auf Vorrath gefertigten Waaren für deren Rechnung zum Verkauf auszustellen. Die Magazingenossenschaften verbinden mit ihrer Thätigkeit oft noch ein Rohstoffgeschäft für ihre Mitglieder oder erweitern sich zu Produktivgenossenschaften, indem sie Bestellungen auf nicht vorräthige Waaren annehmen, und die Ausführung nicht blos Mitgliedern auf deren Rechnung übertragen, sondern auch auf gemeinsame Rechnung und Gefahr übernehmen. Die Grenze zwischen den verschiedenen Arten Genossenschaften laufen hier oft ineinander über.

Die Jahresberichte führen Magazingenossenschaften mit und ohne Rohstoffgeschäft namhaft auf:

1869: 32 in gesonderten Gewerken und 7 Industriehallen, zus. 39
1870: 31 „ „ „ „ 7 „ , „ 38
1871: 37 „ „ „ „ 8 „ , „ 45
1872: 36 „ „ „ „ 8 „ , „ 44
1873: 38 „ „ „ „ 8 „ , „ 46
1874: 47 „ „ „ „ 8 „ , „ 55

Die starke Vermehrung des letzten Jahres ist Oesterreich zu danken, im deutschen Reiche ist ein Aufschwung nicht eben zu spüren. Von den im Jahresbericht für 1874 namhaft gemachten Magazingenossenschaften in gesonderten Gewerken gehören 20 den Tischlern, Pianoforte- und Stuhlmachern, 17 den Schneidern, 3 den Schuhmachern, 2 den Tapezierern und je eine den Webern und Tuchmachern, den Waffenschmieden (Waffen- und Gewehrmagazin-Genossenschaft zu Suhl), den Drechslern, den Siebmachern, den Feuerarbeitern (Holzkohlenmagazin der Feuerarbeiter zu München).

Die Rechnungsabschlüsse werden nur von 4 Genossenschaften mitgetheilt, nämlich von 2 Möbelmagazin-Genossenschaften in Magdeburg und Görlitz, von der Gewerbehalle zu Bremen und der Industriehalle zu Mainz. Näheres über die Einrichtung von Magazingenossenschaften bei Schulze a. a. O. (S. 163 bis 238).

B. Genossenschaften für industrielle Produktion.

Die Genossenschaften zum gemeinsamen Gewerbebetrieb traten in Deutschland an Zahl und Erfolgen anfänglich weit zurück hinter den auf Beschaffung der Vorbedingungen zum Gewerbebetrieb gerichteten Vorschuß-, Rohstoff- und Magazingenossenschaften. Die selbstständigen Handwerker waren die Pioniere des Genossenschaftswesens in Deutschland, „weil sie zuerst durch den Nothstand dahin gedrängt wurden, und in den Innungen bereits eine Vorschule, eine Gewöhnung an die Einigung, wenn auch zu anderen Zwecken, durchgemacht hatten." *) Sofort zur gemeinsamen Produktion zu schreiten, wurde erst dann üblicher, als die Handwerksgesellen und die Fabrikarbeiter mehr in die Bewegung gezogen wurden. Namentlich aber zeigte sich seit dem Ende des französischen Krieges eine größere Regsamkeit in den betheiligten Arbeiterkreisen und selbst die ungünstigen wirthschaftlichen Verhältnisse des Jahres 1874 hatten in ihnen bis dahin die Neigung, sich zu Genossenschaften zu vereinigen, noch nicht abgeschwächt.

Schulze-Delitzsch hat die Produktivgenossenschaft, „die Vereinigung einer Anzahl von Kleinmeistern oder von Lohnarbeitern zum Geschäftsbetrieb im Großen auf gemeinsame Rechnung und Gefahr" von Anbeginn seiner Thätigkeit an als die höchste Stufe der Genossenschaft, als den Gipfel des ganzen Systems bezeichnet**), aber stets davor gewarnt:

> „zur Bildung von Produktivgenossenschaften unvorbereitet, ohne eine genossenschaftliche Vorschule und ohne die Anfänge der unerläßlichen Kapitalansammlung zu schreiten."

Der Erfolg hat ihm vollständig Recht gegeben. Die Mißgriffe, welche manchen vielversprechenden Produktivgenossenschaften des früheren Zeitraums verhängnißvoll geworden waren, werden jetzt mehr vermieden. Diejenigen in den letzten Jahren entstandenen Produktivgenossenschaften, welche bei ihrer Einrichtung und Verwaltung Schulze's Rath in Anspruch genommen haben, und zum großen Theil durch genossenschaftlich geschulte Männer umsichtig geleitet werden, gedeihen sichtlich und scheinen schnell und glücklich die gefahrvolle Zeit der ersten Entwickelung zu überwinden. Schulze bezeichnet diese jüngeren Produktivgenossenschaften als besser vorbereitet, die Eröffnung des Geschäfts werde nicht mehr, wie früher oft, übereilt, sondern man suche soviel als möglich dabei die Konjunkturen des Marktes zu benutzen und außerdem die zum Gedeihen unerläßlichen Vorbedingungen zu erfüllen. Man überzeuge sich, Dank seiner unablässigen Mahnungen, in den Kreisen der intelligenten Arbeiter immer mehr, daß zur Gründung und zum Gedeihen einer Produktivgenossenschaft nicht allein ein für die erste Einrichtung und für den Betrieb bis zum muthmaßlichen Absatz der ersten Erzeugnisse ausreichendes Kapital, sondern auch Geschäftskenntniß und genossenschaftlicher Geist unter den Mitgliedern, sowie eine gewisse kaufmännische Bildung und unbedingte Zuverlässigkeit des Charakters der Leiter unerläßlich sei,

---

*) Schulze-Delitzsch: Die Genossenschaften in einzelnen Gewerbszweigen S. 2.

**) Siehe z. B. Assoziationsbuch 1853 S. 10. Trotzdem wurde eine Zeitlang regelmäßig von den Schriftstellern, die offen oder unter heuchlerischer Maske der Genossenschaftsbewegung Steine in den Weg warfen, als bekannte Thatsache hingestellt: daß Schulze ein Gegner der Produktivgenossenschaft sei. Vgl. auch „Die Produktivgenossenschaft und die Vorschußvereine. Ein Flugblatt von H. Schulze-D." (Berlin ohne Jahreszahl — 1865).

solle nicht die Genossenschaft aus Mangel an Kapital oder durch schlechte und unredliche Geschäftsführung nach kurzer Zeit wieder zu Grunde gehen und die Mitglieder mit Verlust ihrer mühsam erworbenen Ersparnisse in gegenseitigem Unfrieden von einander scheiden und durch das Scheitern ihres Versuches zugleich die Bewegung in weiteren Kreisen diskreditiren.*)

Die Jahresberichte Schulze's führen industrielle Produktivgenossenschaften seit 1860 namhaft auf. Es waren ihm bekannt 1860 3, 1861, 2, 1862 18, 1863 22, 1864 28, 1865 26, 1866 29, 1867 43, 1868 46, 1869 60, 1870 67, 1871 90, 1872 130, 1873 160, 1874 189 Produktivgenossenschaften mit und ohne Magazinirung.

Die Produktivgenossenschaften sind, je nach dem Gewerbe, verschiedenartig gestaltet. Sie sind um so leichter herzustellen, je weniger sie an Grund- und Betriebskapital erfordern und je weniger Schwierigkeit der Absatz des Produzirten macht. Zu den Produktivgenossenschaften im weiteren Sinne gehören auch Genossenschaften von Dienstmännern oder Gebirgsführern**), ebenso Genossenschaften, zu denen sich Stubenmaler, Schornsteinfeger, Bauarbeiter oder Handwerksmeister dieser Art vereinigen, um die ihnen übertragenen Arbeiten gewerbsmäßig auf gemeinschaftliche Rechnung auszuführen oder durch ihre Leute ausführen zu lassen. Schwieriger schon wird die Produktivgenossenschaft in solchen Gewerben, die, wie vielfach die Leinweberei, als Hausindustrie betrieben werden, indem der Fabrikant dem mit oder ohne Gehülfen mit eigenem Werkzeug (z. B. Webstuhl) im Hause arbeitenden Handwerker den vielleicht von einem andern Gewerbe zur Weiterverarbeitung zugerichteten Rohstoff übergiebt und später das Fabrikat gegen Zahlung von Stücklohn wieder abnimmt. Am schwierigsten ist die Produktivgenossenschaft in Fabrikationszweigen, die bei großer Arbeitstheilung die Mitwirkung von Arbeitern mehrerer Handwerke erfordern, insbesondere als Großunternehmen in Fabrikgebäuden mit Anwendung von Dampfkraft betrieben werden müssen.

Das Verfahren bei Bildung von Produktivgenossenschaften der letzteren Art ist sehr verschieden; man kann zwei Hauptrichtungen unterscheiden. Bisher traten in der Regel eine nicht sehr große Anzahl Arbeiter zusammen, um in gemeinschaftlicher Werkstätte zu arbeiten und die gefertigten Gegenstände auf gemeinschaftliche Rechnung zu verkaufen. Die Einzelnen gingen demnach von der Absicht aus, ihren

---

*) Schulze Jahresbericht für 1874 S. XIII.

**) Dienstmänner-Genossenschaften bestehen in Graz und Halle a. S. In der sächsischen Schweiz haben sich die konzessionirten Fremdenführer eines Dorfes bei Schandau zu einer Genossenschaft mit drei Kompagnien — Sesselträger, Gepäckträger und Pferdekompagnie — vereinigt. Die einzelnen rücken nach ihrem Dienstalter in die höheren, weniger anstrengenden Kompagnien. Jeder muß das durch Taxe festgestellte Lohn zur Vertheilung abliefern. Die Genossenschaft unterhält die Tragsessel, die Esel und die Pferde.

ganzen Lebensunterhalt durch die Arbeit in der Genossenschaft zu finden und Andere als Genossenschaftsmitglieder in der gemeinschaftlichen Werkstätte nicht zu beschäftigen. Der genossenschaftliche Charakter, welcher Nichtgeschlossenheit der Mitgliederzahl verlangt, blieb zwar insofern gewahrt, als man die Vergrößerung des Geschäftes durch Aufnahme mitarbeitender Mitglieder von vornherein beabsichtigte. Allein diese Absicht scheiterte meist an der natürlichen Entwickelung eines jeden solchen Geschäftes. Während der Einzelunternehmer, je nach den Konjunkturen, die Zahl seiner Arbeiter vergrößert oder verringert, hatte bei einer Produktivgenossenschaft der bezeichneten Art jede ungünstige Konjunktur die Wirkung, daß die Mitglieder nicht voll beschäftigt, also schlimmeren Entbehrungen, wie als unselbstständige Arbeiter, ausgesetzt waren. Traten bessere Konjunkturen ein, so daß die einzelnen Genossenschaftsmitglieder nicht blos beschäftigt waren, sondern auch die bestellten Arbeiten allein nicht bewältigen konnten, so war doch eine Vergrößerung der Genossenschaft durch Aufnahme neuer Mitglieder keineswegs angezeigt. Eine solche würde die Lage der bisherigen Mitglieder in jeder zukünftigen ungünstigen Geschäftsperiode wieder verschlechtern. Ueberdies waren die Opfer und Beschwerden der Gründer während der ersten Geschäftszeit nicht in diejenige Bilanz aufgenommen, auf Grund deren die Verpflichtungen der neuhinzutretenden festgestellt wurden. Jene Opfer und Beschwerden repräsentirten somit ein Geschenk der alten an die neuen Mitglieder. Aber abgesehen davon waren auch ebenbürtige Genossen schwer zu finden, indem die Bücher der Genossenschaft während der ersten Geschäftsjahre Vortheile der Genossenschaftsmitglieder vor unselbstständigen Arbeitern kaum darlegen konnten. Es mußte somit naturgemäß die Schließung der Produktivgenossenschaft und die Beschäftigung unselbstständiger, während günstiger Geschäftsperioden auf Kündigung angenommener Lohnarbeiter Regel werden. Demgemäß verloren Produktivgenossenschaften dieser Art in dem Zeitpunkte, wo der Versuch sich als gelungen herausstellte, mit der Schließung ihrer Mitgliederzahl ein wesentliches Erforderniß jeder Genossenschaft, und wurden Sozietätsgeschäfte mit einer etwas größeren Zahl Gesellschafter, als bei offenen Handelsgesellschaften Regel ist. Mehrfach sind aus einer solchen Produktivgenossenschaft, indem sich die Arbeiter, die in der Genossenschaft die Leitung und den Betrieb eines größeren Fabrikationsgeschäfts vollständig erlernt hatten, von einander trennten und gesondert mit Kaufleuten oder Kapitalisten assoziirten, zwei oder mehrere blühende Fabriken entstanden.

Die andere Richtung ist besonders in den aus Konsumvereinen hervorgegangenen oder von Konsumvereinsmännern begründeten Produktivgenossenschaften Englands eingeschlagen und bietet von vornherein mehr Aussicht auf Erfolg. Soll die Produktivgenossenschaft der Konkurrenz mit dem Einzelunternehmer gewachsen sein, so muß sie über ein gleiches Anlage- und Betriebskapital zu verfügen haben und den

Geschäftsbetrieb dergestalt ordnen, daß sie gegen die von außerhalb drohenden Gefahren die gleichen Schutzmittel besitzt. Erst wenn in diesen Beziehungen die Gleichheit gewahrt ist, kann der Vorzug, welchen der tüchtige Einzelunternehmer durch die vollkommene Freiheit seiner Dispositionen gegenüber den Mehrheitsbeschlüssen einer Genossenschaft besitzt, immerhin aufgewogen werden durch die in der Genossenschaft erreichte Uebereinstimmung der Interessen der Arbeitgeber und Arbeitnehmer. Dem entsprechend haben die englischen Arbeiter gerade in den größten industriellen Unternehmungen den genossenschaftlichen Weg mit Glück versucht. Sie begannen damit, das dazu erforderliche Kapital durch Antheile (Aktien) von 5 Pfund Sterling aufzubringen und erst, nachdem dies Kapital vorhanden war, gingen sie mit der weiteren Organisation vor. Diese englischen Produktivgenossenschaften gestehen keinem ihrer Mitglieder das Recht zu, Beschäftigung in dem Genossenschafts-Etablissement zu beanspruchen. Von dem auf Zeit gewählten Vorstande, welcher seinerseits den Mehrheitsbeschlüssen der Generalversammlung zu gehorchen hat, werden die technischen Leiter der Fabrik als abhängige Beamte angenommen. Diese haben die unbeschränkte Verfügung über die Beschäftigung der Arbeiter, sie können Arbeiter anstellen und entlassen, unbekümmert darum, ob dieselben Genossenschaftsmitglieder sind oder nicht. Allein jeder Arbeiter wird durch Einbehaltung eines Theils seines Arbeitslohnes oder der ihm zugetheilten Lohndividende gezwungen, Theilhaber am Geschäft (Besitzer einer Aktie), also Genossenschaftsmitglied zu werden.

Die deutschen Produktivgenossenschaften werden, wenn sie nach den eingehenden Vorschlägen von Schulze-Delitzsch verfahren, die Klippen beider Richtungen vermeiden. Wie schon auf dem Vereinstage zu Stettin*) 1865 und sodann auf dem diesjährigen Vereinstage zu München (31. August 1875) auf Antrag eines von dem früheren Beschlusse nicht unterrichteten Produktivgenossenschafters, des Vertreters der Breslauer Genossenschaftsbuchdruckerei, durch eine Resolution ausgesprochen ist, empfiehlt es sich für alle Produktivgenossenschaften, sich bei der Aufnahme von Mitgliedern nicht auf die Gewerbsgenossen zu beschränken, sondern auch Mitglieder aus andern Kreisen, namentlich auch aus kaufmännischen Kreisen heranzuziehen, und so nicht blos das materielle Betriebskapital, sondern das zur Verfügung stehende geistige Kapital zu erhöhen. Neben einer solchen Erweiterung des zur Mitgliedschaft geeigneten Kreises macht Schulze (s. Gen. in einzelnen Gew. S. 272 ff.) eingetragene Produktivgenossenschaften auf das Institut der stillen Gesellschafter aufmerksam, welches sich in doppelter Weise anzuwenden empfiehlt. Zunächst für solche Personen, die, ohne mit ihrem Erwerb an die Genossenschaft gewiesen zu sein,

*) Antrag Petri, von Schulze-Delitzsch selbst entworfen, siehe Pröbst a. a. O. S. 205 und Mittheilungen über den VII. allgemeinen Vereinstag u. s. w. S. 78—88.

doch eine Kapitaleinlage daran zu wagen bereit sind, ohne in die Solidarhaft zu treten. Sodann für diejenigen Arbeiter, die zwar der Genossenschaft sofort beitreten, in der Absicht, in deren Etablissement später zu arbeiten, jedoch vorläufig nicht beschäftigt werden können, sondern bei andern Unternehmern einstweilen als Lohn-Arbeiter ausharren müssen. Nach den bisherigen Erfahrungen werden solche Arbeiter, wenn durch das Genossenschaftsregister ihre Theilnahme an einem Konkurrenzgeschäft bekannt wird, in der Regel sofort entlassen. Schulze räth daher, sie zunächst nur als stille Gesellschafter auf Grund eines besonderen Abkommens zuzulassen.

Mit dieser für das Gedeihen der Produktivgenossenschaften überaus wichtigen Frage der Zulassung zur Mitgliedschaft hängt untrennbar die Frage der Gewinnvertheilung zusammen. Unter den deutschen Genossenschaftsmännern wird man mit Schulze auch darin einig sein, als Regel die Vertheilung so zu bewirken, daß nach angemessener Berücksichtigung des Reservefonds zunächst die Geschäftsantheile mit 5 Prozent Zins zu bedenken und sodann der Ueberschuß zur Hälfte als Superdividende ebenfalls den Geschäftsantheilen und zur andern Hälfte als Bonus allen Arbeitern und Beamten nach Höhe der ihnen in dem betreffenden Jahre gezahlten Löhne und Gehalte zu gewähren.*)

Die in Schulze's Jahresbericht namhaft aufgeführten 189 industriellen Produktivgenossenschaften theilen sich nach den Gewerbszweigen folgendermaßen ein: 35 Genossenschaften der Tischler, Instrumentenmacher und verwandter Berufsklassen (davon 18 in Berlin), 30 der Spinner und Weber, 28 der Schneider, 12 der Buch- und Steindrucker, 9 der Schuhmacher, 8 der Cigarrenarbeiter, 8 für Mehlfabrikation und Brodbäckerei, 7 Industrie-, Handels- und Bergbaugenossenschaften, 6 Genossenschaften der Metallarbeiter, je 5 der Buchbinder und Lederarbeiter, der Maschinenbauer und der Bauhandwerker und Steinmetzen, 4 der Schornsteinfeger, je 3 der Vergolder, der Töpfer und für Sprit- und Branntweinfabrikation, je 2 der Uhrmacher, der Bürsten- und Kammmacher, der Maler und Lackierer, der Brauer, der Glaser, für Nähmaschinen und für Zuckerfabrikation, und endlich je eine der Gold- und Silberarbeiter, der Tapezierer, der Granit- und Marmorarbeiter, der Mechaniker, der Bildhauer, der Holzarbeiter, für Waffenfabrikation, für Stärkefabrikation und für persönliche Dienstleistungen.

Bei der Statistik Schulze's betheiligen sich erst wenige Produktivgenossenschaften; die meisten befürchten von der Veröffentlichung geschäftliche Nachtheile. Die Zahl der Rechnungsabschlüsse, welche die Tabelle für Produktivgenossenschaften enthielt, war 1864 2, 1865 1,

*) Vgl. über andere bei französischen, englischen und deutschen Produktivgenossenschaften üblichen Vertheilungsweisen Dr. Aug. Flärl: Die Produktivgenossenschaft und ihre Stellung zur sozialen Frage. München 1872. Seite 120 bis 127.

1866 3, 1867 2, 1868 1, 1869 4, 1870 7, 1871 8, 1872 18, 1873 30, 1874 20.

Trotz dieser geringen Zahl Abschlüsse bietet doch die Tabelle der Jahresberichte mit ihren 28 Kolonnen für diejenigen, welche sich über die Produktivgenossenschaft, diesen Tummelplatz kecker Zukunftsphantasien von Sozialisten in den Kneipen und auf dem Katheder, wirklich ernsthaft unterrichten wollen, schon ein recht werthvolles Material, und es ist fast unglaublich, daß kein einziger der vielen Gelehrten, welche über die Produktivgenossenschaft in ihren Schriften bald unter gönnerhafter Anerkennung, bald unter vornehm absprechender Bekrittelung der Schulze'schen Bestrebungen so Ausführliches drucken ließen, sich bisher auch nur auf eine flüchtige Beachtung dieser nüchternen Zahlenreihen eingelassen hat. Um zu zeigen, daß schon die Zahlen über den Mitgliederbestand, über den Verkaufserlös im Geschäftsjahre und über das Genossenschaftsvermögen, wenn man sie in den verschiedenen Rechnungsabschlüssen der einzelnen Produktivgenossenschaft vergleicht, nützliche Fingerzeige geben, will ich in jenen Beziehungen auf einige der im Jahresbericht für 1874 enthaltenen Rechnungsabschlüsse kurz eingehen.

1) Die zu Freiburg in Schlesien unter der Firma H. Endler u. Comp. 1865 in Ermangelung eines Genossenschaftsgesetzes als offene Handelsgesellschaft begründete Produktivgenossenschaft der Uhrmacher bietet das Beispiel einer glänzend gelungenen Genossenschaft, die aber darüber ihren genossenschaftlichen Charakter verloren hat.

Das Unternehmen, begonnen von 14 Arbeitern am 1. Mai 1865, war von vornherein dadurch bedenklich, daß es auf die Fabrikation eines Luxusgegenstandes, nämlich von Uhrwerken mit Gehäusen, sogen. Regulatoren, gerichtet war. Am Schluß des ersten recht günstigen Geschäftsjahrs konnten die Theilhaber auf die Geschäftsantheile, die pro Kopf 253 Mark betrugen, von 2168 Mark Reingewinn 60 Prozent Dividende vertheilen. Der ganze Betriebsfond bestand damals schon in 6636 Mark, indem die 14 Mann im Stande gewesen waren, neben den 3546 Mark eigenen Vermögens noch 3090 Mark (pro Kopf 220 M.) Darlehn zu erschwingen. Am Schluß des zweiten Geschäftsjahres zeigte sich schon ein bedeutender Fortschritt; man mußte Hülfsarbeiter annehmen und beschäftigte deren 28. Im vierten Geschäftsjahre wurde eine ordentliche Fabrik gebaut; drei Jahre später eine Gehäusefabrik, und diese war bald wieder zu klein. Im fünften Geschäftsjahr wurden die Fabrikate bereits nach Norwegen, Rußland, England, Amerika, Indien exportirt. Im neunten Geschäftsjahre waren die von den ursprünglichen 14 noch vorhandenen 11 Genossen die Herren eines mächtigen Etablissements, in welchem 140 Uhrenfabrikarbeiter 5535 Gehwerke und 2996 Schlagwerke und 44 Tischler mit 31 Polirmädchen 4996 Gehäuse anfertigten. Die Räume der Gehäusefabrik waren unzureichend, man hatte noch 1795 Gehäuse für die verkauften Uhrwerke zukaufen müssen. Am Schlusse des zehnten Geschäftsjahrs kamen auf den Kopf der noch verbliebenen 10 Genossen an Geschäftsantheil und Reservefond 9178 Mark; diese repräsentirten aber keineswegs das Vermögen derselben, denn zu den von der Genossenschaft aufgenommenen Anlehen hatten die Genossen selbst 39,057 Mark beigetragen. Dazu kamen an unvertheiltem Reingewinn 31,604 Mark. Es betrug in diesem zehnten Geschäftsjahre

die Produktion 4153, der Verkauf 4626 Gehwerke,
" " 2944, " " 2597 Schlagwerke,
" " 6353, " " 6365 Gehäuse.

Die Zahlen der in Schulze's Jahresberichten veröffentlichten Tabellen legen dar, wie aus einer unter seinen Rathschlägen nach einem von ihm entworfenen Statut begonnenen kleinen Produktivgenossenschaft nach und nach in 10 Jahren ein Fabriketablissement ersten Ranges geworden ist; ich bringe daraus einen Auszug, wie folgt:

	Zahl der Mitglieder.	Verkaufserlös	Guthaben, Reservefond am Jahresschluß		Gezahlte Arbeitslöhne und Gehalte	Reingewinn	Dividende	Zahl der beschäftigten Arbeiter.		
								Uhrenarbeiter.	Tischler.	Polirerinnen.
		Mark.	Mark.	Mark.	Mark.	Mark.	pCt.			
1865	14	27,492	3,549	—	12,810	2,178	60	?		
1866	14	?	5,946	—	13,035	3,834	$64\frac{1}{2}$	28	—	—
(1867 nicht veröffentlicht.)										
1868	14	61,047	12,555	—	20,256	6,084	?	44	20	—
1869	13	78,840	14,700	900	35,145	5,130	?	80	30	—
1870	11	78,540	16,500	900	29,745	8,622	47	75	30	—
1871*)	11	165,396	21,450	1,761	55,542	27,192	110	125	25	20
1872**)	11	149,265	33,000	7,647	69,462	27,123	$72\frac{2}{3}$	131	30	19
1873	11	261,331	59,400	7,619	134,208	39,132	59(?)	140	44	31
1874	10	243,837	81,279	10,506	131,214	31,604	39(?)	122	48	26

2) Aehnlich, wenn auch in verkleinertem Maßstabe, scheint der Verlauf bei der 1868 begründeten „Bautischlerei, Sarg- und Möbelfabrik Vorwärts, Eingetr. Genossenschaft zu Landeshut" in Schlesien gewesen zu sein, in welcher nach den in den letzten 5 Jahren regelmäßig eingesandten Rechnungsabschlüssen sich die Mitgliederzahl von 6 auf 4 vermindert, der Verkaufserlös allmählich von 21,063 Mark 1870 bis auf 42,990 Mark 1874, und das eigne Vermögen von 17,112 M. auf 22,228 M. vermehrt hat. Vom Reingewinn wurden nach Höhe des Guthabens 1874 $19\frac{1}{2}$ Prozent Dividende vertheilt.

---

*) Der Abschluß steht nicht im Jahresbericht, ist aber behandelt S. 214 der Genossenschaftsblätter, Jahrgang 1871, wo auch Eingehenderes über die Leistungen der Genossenschaft nachzulesen ist.

**) Das Geschäftsjahr lief bis dahin stets vom 1. Mai bis 30. April, da es am 1. Mai begonnen war. Im Jahre 1872 entschloß man sich, das Rechnungsjahr auf das Kalenderjahr zu verlegen. Demnach umfaßt das Rechnungsjahr 1872 nur die acht Monate vom 1. Mai bis 31. Dezember 1872.

3) Mit stets gleicher Mitgliederzahl hielt sich nach den Rechnungsabschlüssen der fünf letzten Jahre die Erste Schneidergenossenschaft, Eingetr. Genossensch., zu München, begründet 1865. Mit der gleichen Zahl von 10 Mitgliedern hat sich ihr Verkaufserlös seit 1870 gestellt auf 29,571 M., 40,353 M., 44,751 M., 57,635 M. und 60,700 M.

4) Recht schlechte Zeiten hat notorisch seit ein paar Jahren die Cigarrenfabrikation zu bestehen. Dies ist natürlich auch an den Abschlüssen zweier Produktivgenossenschaften von Cigarrenarbeitern zu spüren. Beide hatten von vornherein Mitglieder, die nicht im eigenen Geschäft verwendet wurden. Die Produktivgenossenschaft der Cigarrenarbeiter zu Delitzsch, Eingetr. Genossenschaft, 1868 begründet, hat Fabrikgebäude 25,744 M. an Werth, worauf 18,000 M. Hypothekenschulden stehen. Bei der großen Geschäftsstille hat diese trefflich geleitete Genossenschaft 1874 nur einen geringen Reingewinn erzielt, und am Jahresschluß noch für 24,771 M. fertiger Waare und 23,339 M. Rohstoffe zu liegen gehabt. — Auch die 1871 begründete Produktivgenossenschaft der Cigarrenarbeiter zu Magdeburg, Eingetr. Genossensch., ist trotz einer Abnahme der Mitglieder anscheinend tüchtig vorwärts gekommen.

	Delitzsch (1868).				Magdeburg (1871).		
	Mitglieder.	Verkaufserlös.	Eigenes Vermögen.		Mitglieder.	Verkaufserlös.	Eigenes Vermögen.
1871	26	81,033 M.	14,919 M.	1871	—	— M.	— M.
1872	21	95,658 „	19,374 „	1872	31	32,706 „	1434 „
1873	23	123,322 „	25,426 „	1873	26	55,749 „	6134 „
1874	23	90,562 „	31,446 „	1874	21	96,390 „	9924 „

5) Nicht weniger ungünstig dürften die letzten Jahre für die Tuchmacher und Leinweber gewesen sein. Die Tuchmacher-Genossenschaft zu Burg bei Magdeburg, Eingetr. Gen., hat ihren Sitz in einer Tuch-Fabrikstadt, wo die Fabrikation seit Jahren erheblich zurückgegangen ist, wohingegen in Forst in der Niederlausitz, wo die zweite Genossenschaft, der „Tuchmacherverein, Eingetr. Genossensch." (Spinnerei und Weberei) seinen Sitz hat, ein solcher Rückgang nicht zu verspüren war. Der Forster Verein ist anders organisirt, wie der Burgenser, er hatte am Schluß 1874 neben den 19 in der Fabrik beschäftigten noch 31 Tuchmacher als stille Genossenschafter, welche nach und nach in die genossenschaftliche Fabrik einzutreten gedenken. Die Leitung der Fabrik ist einem Kaufmann übertragen. Hiernach die Zahlen der Jahresberichte:

	Burg (1869 begr.).				Forst (1871 begr.).		
	Mitglieder.	Verkaufserlös.	Eigenes Vermögen.		Mitglieder.	Erlös.	Eigenes Vermögen.
1869	51	27,471 M.	9,638 M.	1869	—	— M.	— M.
1870	55	39,078 „	19,476 „	1870	—	— „	— „
1871	68	72,195 „	39,018 „	1871	14	45,105 „	23,241 „
1872	77	63,090 „	39,588 „	1872	?	Abschl. nicht im	Jahresber.
1873	76	72,558 „	42,120 „	1873	17	123,372 M.	32,812 M.
1874	70	63,102 „	40,065 „	1874	19	120,663 „	29,415 „

Die Burgenser haben 16,059 M. Arbeitslöhne und 2,328 M. Gehalt und Tantieme an den Vorstand ausgegeben und 7 1/2 Proz. Dividende an die Mitglieder vertheilt. Die Forster hingegen, welche 3491 M. Färbereilöhne, 9865 M. Spinnereilöhne, 10,808 M. Weberei-, 3080 M. Walk-, 3312 M. Appretirlöhne und 2418 M. Gehalt verausgabten, hatten einen außerordentlichen Verlust von 4027 M. abzuschreiben; sie thaten dies mit „13 Proz. vom Dividenden- und 10 Proz. vom zinsenberechtigten Kapital."

6) Die Produktivgenossenschaft der Weber zu Oberoderwitz, Eing. Gen., beschäftigt sich damit, die auf den Webstühlen ihrer Mitglieder in Oberoderwitz und anderen Weberdörfern der sächsischen Oberlausitz gewebten Leinenwaaren (sogen. Herrnhuter Leinen) zu veräußern, und hat einen besonders großen Absatz an Konsumvereine. Ebenso der Weberverein „Selbsthilfe", Eing. Gen., in Heepen bei Bielefeld, der sogen. Bielefelder Leinwand fertigen läßt und verkauft. Beide Genossenschaften, für die Hausindustrie ihrer Mitglieder von hervorragender Bedeutung, leiden unter der Zeiten Ungunst.

Oberoderwitz 1870 begründet.	Mitglieder.	Verkaufserlös.	Eigenes Vermögen.	Heepen bei Bielefeld (1871).	Mitglieder.	Verkaufserlös.	Eigenes Vermögen.
1872	45	127,377 M.	15,655 M.	1872	122	64,800 M.	9,564 M.
1873	43	116,548 „	10,653 „	1873	120	146,715 „	7,066 „
1874	43	91,180 „	13,311 „	1874	135	97,461 „	13,111 „

7) Die „Genossenschaftsbuchdruckerei zu Breslau Eingetr. Genossensch." hat sich angelegen sein lassen, Nichtbuchdrucker als Mitglieder zu gewinnen und festzuhalten. Sie begann 1870 als Sparverein, eröffnete die Buchdruckerei erst am 1. Juli 1872 und vertheilt die Dividende lediglich auf die Guthaben.

	Mitglieder.	Verkaufserlös.	Eigenes Vermögen.	Reingewinn.	Dividende.
1872 (Halbjahr)	122	8,781 M.	14,889 M.	501 M.	6 2/3 pCt.
1873	120	30,843 „	20,448 „	1,410 „	8 1/3 „
1874	135	36,318 „	25,449 „	2,550 „	10 „

8) Als ein Beispiel, wie verschiedenartig das Genossenschaftsprinzip anwendbar ist, mag schließlich noch der 1871 begründete Braunstein-Handelsverein, Eingetr. Genossensch., zu Gera bei Elgersburg dienen. Dort befindet sich der Braunsteinbergbau, der sich seiner Natur nach nicht zum Großbetriebe eignet, in den Händen vieler meist unbemittelter Bergleute und Bauern, die den Braunstein an Kaufleute der Umgegend abließen, welche aber nur kauften, wenn sie bestimmte Aufträge hatten. Jetzt kauft ihn die Genossenschaft den Mitgliedern ab und bezahlt nach einer bestimmten Preistabelle, um ihn dann auf eigene Rechnung und Gefahr zu verkaufen und den Gewinn bei Verzinsung der Geschäftsantheile unter die Mitglieder nach dem Einkaufe zu vertheilen. Produktivgenossenschaft ist dieser Handelsverein nur, insofern er 3/10 Antheile einer

Grube besitzt. In wenigen Jahren des Bestehens sind dem Verein fast sämmtliche der überhaupt in Betracht kommenden Grubenbesitzer beigetreten.

Die Rechnungsabschlüsse ergeben nun Folgendes:

	Mitglieder.	Verkaufserlös. Mark.	Eigenes Vermögen. (Guthaben u. Reserve) Mark.	Reingewinn. Mark.	Dividende auf den Einkauf. Prozent.
1872 . .	107	103,773	11,253	18,516	24 1/3
1873 . .	114	130,446	19,661	28,047	33 1/3
1874 . .	126	132,000	28,632	30,515	33 1/3

Die industrielle Produktivgenossenschaft wird bei Wiederkehr gesunder wirthschaftlicher Verhältnisse in Deutschland von Jahr zu Jahr eine größere Anzahl tüchtiger Arbeiter in die genossenschaftliche Bewegung hineinziehen. Sie ist eines der wichtigsten Mittel zur sozialen Ausgleichung, aber sie kann nur da gedeihen, wo „unter den Arbeitern selbst Drang und Lust in solchem Grade vorhanden ist, daß sie die Initiative aus sich heraus ergreifen." Der Staat mit seinen Beamten ist am wenigsten geeignet, unreife Unternehmungen hervorzurufen; und wer gar materielle Unterstützung derselben durch den Staat für nützlich erachtet, dem muß man noch jedes Verständniß für die Vorbedingungen genossenschaftlicher Wirksamkeit absprechen. „Begründen, müssen die Genossen", sagt Schulze-Delitzsch treffend *), „das Geschäft selbst, und der Hauptsache nach mit eigenen Mitteln, ehe ihnen fremde Mittel zur Fortführung und Erweiterung desselben zu Gebote gestellt werden. Das Verlangen, daß ihnen die Mittel zum Beginnen von Haus aus, ohne ihr Zuthun, von anderer Seite gegeben werden — wie die Sozialisten dies vom Staat fordern — ist nichts weiter als das Bekenntniß der eigenen Unfähigkeit zu einem solchen Unternehmen. Handwerker und Arbeiter, welche weder den Grad von Einsicht noch die sittliche Kraft haben, um sich die erforderliche Disziplin, die nothwendigen materiellen Opfer, als die Saat der künftigen Ernte, vorher aufzuerlegen, besitzen nicht das Zeug dazu, eine Sache durchzuführen, welche so nachhaltige Anstrengungen erfordert. Dies ist von Allen, welche sich mit diesen Dingen zu schaffen machen, wohl zu beherzigen!" Wenn Schulze-Delitzsch durch die lediglich von Arbeitern bewerkstelligte Gründung einer nicht geringen Zahl existenzfähiger Produktivgenossenschaften „die Haltlosigkeit des sozialistischen Dogma von der Unmöglichkeit solcher Gestaltungen thatsächlich dargethan" erachtet, so warnt er davor, umgekehrt „die Genossenschaft für die herrschende industrielle Form der Zukunft auszugeben." Der mit Intelligenz und Kapital genügend ausgestattete Unternehmer wird schon wegen der unerläßlichen Einheit der Leitung einen großen Vorsprung behaupten. Auch bei einer ver-

*) Die Genossenschaften in einzelnen Gewerbszweigen. S. 271.

hältnißmäßig beschränkt bleibenden Zahl der Produktivgenossenschaften rechnet Schulze auf eine wohlthätige Wirkung. Einmal ersetzt die Produktivgenossenschaft „einigermaßen eine der besten Seiten der alten handwerksmäßigen Betriebsweise, die durch deren unaufhaltsamen Uebergang in die Großindustrie mehr und mehr in Abnahme gerathen ist. Es ist dies die Stellung des Meisters als Unternehmers zu den Arbeitern, den Lehrlingen und Gesellen, vermöge deren die letzteren die Aussicht haben, es bei regelmäßigem Verlauf der Dinge selbst zum Meister zu bringen. Wie sehr dies dazu beitragen mußte, die gesellschaftliche Kluft niemals in der Schroffheit aufkommen zu lassen, wie sie sich zwischen den beiden Klassen in der Fabrikindustrie gestaltet hat, springt in die Augen. Wenn daher die Möglichkeit selbst mittelst der Genossenschaft zur gewerblichen Selbstständigkeit zu gelangen, den tüchtigen Elementen der Arbeiter sich zeigt, wenn sie deshalb sich darauf hingewiesen sehen, auch ihrerseits die Aufgaben und die Stellung des Unternehmers näher in das Auge zu fassen: so kann dies nur zur Verbesserung des ganzen Verhältnisses, zu einer besseren Würdigung der gegenseitigen Leistungen und größeren Mäßigung in den gegenseitigen Anforderungen führen. Aber auch materiell auf die Lohn- und Arbeitsbedingungen der außerhalb der Genossenschaften verbleibenden Arbeiter muß der Bestand von Produktivgenossenschaften günstig zurückwirken, da die Arbeitgeber, um sich ihre tüchtigsten Arbeiter zu erhalten, welche am meisten Drang und Befähigung zu genossenschaftlichen Bildungen besitzen, mehr zu Konzessionen geneigt gemacht werden." *) —

C. Landwirthschaftliche Genossenschaften.

Die Landwirthe verhielten sich gegen die genossenschaftliche Bewegung lange Zeit hindurch ziemlich theilnahmlos. Der kleinere und mittlere Landwirth betheiligte sich zwar an den Vorschußvereinen, allein es gefiel ihm nicht, daß ihm Realkredit versagt wurde. Der allgemeine Vereinstag zu Mainz hatte auf Grund eines eingehenden schriftlichen Berichtes des Herausgebers (abgedruckt aus der Innung der Zukunft in dem Sammelwerke: Die Entwickelung des Genossenschaftswesens S. 476—484) schon im Jahre 1864 es für nicht empfehlenswerth erklärt, die Grundsätze und Einrichtungen der für den persönlichen Kredit bestimmten Vorschuß- und Kreditvereine auf

*) Schulze-Del.: „Die Genossenschaften in einzelnen Gewerbszweigen." S. 275. Dies Buch behandelt die industrielle Produktivgenossenschaft von Seite 265 bis 370, bringt mit ausführlicher Motivirung Musterstatuten für Sparvereine als Vorbereitung zu Produktivgenossenschaften sowie für Genossenschaften mit geringer Mitgliederzahl bei Zweizahl des Vorstandes ohne Ausschuß, und für Genossenschaften mit stärkerer Mitgliederzahl bei Dreizahl des Vorstandes mit Ausschuß; Muster für einen Vertrag mit ihren stillen Gesellschaftern, und für eine Vollmacht zur Vertretung eines Vorstandsmitgliedes und Formulare zur Buchführung.

Institute, welche dem Grundkredit dienen sollen, anzuwenden. Viele der von städtischen Gewerbtreibenden begründeten Vorschußvereine hatten es verstanden, durch besondere Einrichtungen den Landwirthen ihrer Umgebung die Benutzung ihrer Kasse zum landwirthschaftlichen Kredit dergestalt zu erleichtern, daß der Gedanke, die Befriedigung derselben in besonderen landwirthschaftlichen Kreditvereinen zu suchen, bei diesen gar nicht auftauchte. In den fruchtbareren Gegenden Deutschlands mit günstiger Vertheilung des Grundeigenthums war in den kleineren Besitzern, bei denen die Frage nach gesteigertem Grundkredit ganz zurücktrat, eine zahlreiche Klasse landwirthschaftlicher Gewerbtreibenden vorhanden, welche auf Förderung ihres Gewerbes durch ähnliche Genossenschaften, wie sie die industriellen Gewerbe in den Rohstoff- und Magazingenossenschaften besaßen, bedacht sein mußten. An Anregungen dazu hat es auch niemals gefehlt. Aufsätze in landwirthschaftlichen Zeitschriften und besonderen Broschüren*) mahnten die deutschen Landwirthe eifrig, die Genossenschaften der Arbeiter und Handwerker sich zum Muster zu nehmen und in den Versammlungen der über ganz Deutschland verbreiteten landwirthschaftlichen Vereine war das Genossenschaftswesen der Gegenstand zahlreicher Vorträge.

Dennoch läßt sich ein stärkeres Eindringen der genossenschaftlichen Bewegung in die Kreise der Landwirthe erst seit den Jahren 1866 und 1867 wahrnehmen. Erst die Verhandlungen der parlamentarischen Körperschaften in Preußen, der Erlaß des preußischen Genossenschaftsgesetzes und die hohe Anerkennung, welche die preußische Regierung den Genossenschaften spendete, scheinen die Aufmerksamkeit der Landwirthe, die mehr als die Städter auf Anregung der Regierung zu harren pflegen, lebhafter auf das vordem politisch mißliebig gewesene Genossenschaftswesen gelenkt zu haben. Daher bildete das landwirthschaftliche Genossenschaftswesen einen der ersten Gegenstände der Berathung der im Februar 1868 in Berlin tagenden ersten Versammlung des ersten Kongresses norddeutscher Landwirthe. Auf Antrag der Referenten wurde in einer Resolution ausgesprochen, daß die verschiedenen Formen des Genossenschaftswesens vorzugsweise ge-

*) z. B.: „Ueber die Möglichkeit und Zweckmäßigkeit landwirthschaftlicher Assoziationen nebst Vorschlägen zu deren Organisirung" von Dr. Frhr. von der Goltz — Separatabdruck aus dem Wochenblatt der Annalen der Landwirthschaft. Berlin 1863. In dieser Schrift werden schon alle diejenigen Formen landwirthschaftlicher Genossenschaft empfohlen, die jetzt an vielen Orten eingeführt werden. — Weniger praktisch erschien die gleichzeitige Schrift von V. A. Huber: „Das Genossenschaftswesen und die ländlichen Tagelöhner." Nordhausen 1863. Wo das Eigenthum jederzeit theilbar ist, werden englische Genossenschaften landwirthschaftlicher Tagelöhner, die sich ein größeres Gut zu gemeinsamer Bewirthschaftung pachten, weder Nachahmung verdienen noch finden. — Hervorzuheben ist unter den älteren Aufsätzen noch: Anschütz: Der Gesellschaftsvertrag im landwirthschaftlichen Betriebe im Jahrgang 1865 der von Professor Kühn herausgegebenen Mittheilungen des landwirthschaftlichen Instituts der Universität Halle. Berlin 1865.

eignet seien, die Interessen des landwirthschaftlichen Gewerbes zu sichern und zu fördern. Zugleich wurde eine Kommission gewählt, damit diese bestimmte Ansichten und Erfahrungen auf dem genossenschaftlichen Gebiete sammle und dem Kongreß vorlege.*) Der Ausspruch des Kongresses, an dem sich die meisten Leiter der landwirthschaftlichen Vereine und viele andere angesehene Landwirthe betheiligten, veranlaßte rührige landwirthschaftliche Zentralvereine, besondere Abtheilungen für Genossenschaftswesen herzustellen, und durch Wanderlehrer in gewissermaßen agitatorischer Weise Genossenschaften zusammenzubringen. Daß diese Thätigkeit der landwirthschaftlichen Vereine dem Genossenschaftswesen bei den Landwirthen an vielen Orten Eingang verschafft hat, ist durchaus nicht in Abrede zu stellen. Andererseits aber hat man bedauerlicher Weise aus sehr gemischten Motiven vielfach die verkehrtesten Richtungen eingeschlagen und ist dabei verblieben, indem man aus Eigensinn oder Unfehlbarkeitsdünkel alle Erfahrungen des durch seine alljährlichen Vereins- und Unterverbandstage stetig in der Erkenntniß fortschreitenden Genossenschaftsverbandes außer Acht ließ.**)

---

*) Im weiteren Verfolg dieses Beschlusses wurde in Gemäßheit einer auf dem zweiten Kongreß im Februar 1869 angenommenen Resolution der Professor Birnbaum zur Abfassung und Veröffentlichung der Denkschrift beauftragt. Diese liegt vor in der Schrift: „Das Genossenschaftsprinzip in Anwendung und Anwendbarkeit in der Landwirthschaft. Denkschrift im Auftrage des Kongresses norddeutscher Landwirthe, bearbeitet von Professor Dr. Karl Birnbaum, Plagwitz-Leipzig. Leipzig 1870."

**) Der landwirthschaftliche Zentralverein für Rheinpreußen hat dadurch, daß er bei dem Ende 1867 in Saarlouis gefaßten Beschlusse, die sogen. Darlehnskassen nach dem System von Raiffeisen über alle Theile des Vereinsgebietes zu organisiren, hartnäckig beharrte, eine schwere Verantwortlichkeit auf sich geladen. Die „Abtheilung des Vereins für Volkswirthschaft" unter der Leitung zweier so wenig klarer Köpfe wie Raiffeisen und Capaun-Carlowa, hatte, da der Verein 1868 schon 61 Lokalabtheilungen und 18,000 Mitglieder zählte, und sich der Unterstützung aller Behörden erfreute, ein ebenso reiches wie gefährliches Feld der Wirksamkeit. Nimmermehr aber würde man sich am Rhein so sehr auf Irrwegen verloren haben, wenn sich nicht die Professoren Nasse und Held zu wissenschaftlichen Vertheidigern derselben hergegeben hätten. Herrn Professor Adolf Held's Buch: „Die ländlichen Darlehnskassenvereine in der Rheinprovinz und ihre Beziehungen zur Arbeiterfrage. Jena 1869" (Abdruck aus Hildebrand's Vierteljahrsschrift), wird durch seine Erklärungen in dem Streit wider den Regierungsrath Nöll zu Coblenz: „er habe die Raiffeisenschen Vereine beobachtet, und studirt, sich aber an ihrer Einführung und Ausbreitung praktisch nicht betheiligt" nicht aus der Welt geschafft. Aber auch jetzt noch sind ihm Vereine mit unentgeltlicher Verwaltung „auf mehr Gemeinsinn basirt" als andere; den „Verstoß gegen die obersten Prinzipien solider Bankverwaltung," daß auf kurze Frist geliehene Gelder auf lange Frist verliehen werden, nennt er ein „erlaubtes Wagniß;" die Kleinheit der Vereine lobt er, weil sie die „Segnungen des Gemeinsinns" ermöglicht; die Geschäftsantheile, welche Raiffeisen gegen das Gesetz abschaffte, die eigene Kapitalbildung, dieser unentbehrliche Träger unseres Deutschen Genossenschaftswesens, sind ihm eine vielleicht „praktisch wünschenswerthe" aber jedenfalls zur Solidität der Vereine nicht erforderliche „Konzession an den Egoismus des Einzelnen." Auch er hofft

In Schulze's ersten Jahresberichten wurden landwirthschaftliche Genossenschaften nicht erwähnt. Sie tauchten zuerst in dem, um die Mitte 1868 erschienenen Jahresbericht für 1867 auf. Dort wurde mitgetheilt, daß in den letzten Jahren das Genossenschaftswesen auch bei dem landwirthschaftlichen Gewerbebetrieb mehr und mehr Eingang gefunden und daß namentlich in der preußischen Rheinprovinz und im Großherzogthum Hessen für die verschiedenartigsten Zwecke, z. B für den gemeinsamen Bezug von Kunstdünger, von Sämereien, für die Beschaffung von Dreschmaschinen, für Zuchtstiere u. s. w. sich Vereinigungen gebildet hätten, von denen nicht wenige

---

Alles von dem Carlowaschen genossenschaftlichen Rattenkönig, von dem dreifachen Thurmbau ohne Fundamente: unten die gegen das Gesetz eingetragenen Darlehnskassenvereine ohne Geschäftsantheile, — darüber die gegen das Gesetz eingetragene Genossenschaft der Rheinischen Landwirthschaftlichen Genossenschaftsbank zu Neuwied ohne Geschäftsantheile und mit lauter eingetragenen Genossenschaften als Mitgliedern, und als Krönung des Gebäudes die gegen das Gesetz eingetragene Genossenschaft der Deutschen Landwirthschaftlichen Generalbank zu Neuwied ohne Geschäftsantheile und mit der Rheinischen landwirthschaftlichen Genossenschaftsbank und zwei ebenso mißgebildeten eingetragenen Genossenschaften als einzigen Mitgliedern, — vielleicht sogar noch verbunden mit einer Lebensversicherung auf Gegenseitigkeit! —

Man vergl.: a) Schulze-Delitzsch: Die Raiffeisenschen Darlehnskassen in der Rheinprovinz und die Grundkreditfrage für den ländlichen Kleinbesitz. Leipzig 1875. — b) F. W. Raiffeisen: Die Darlehnskassenvereine in Verbindung mit Konsum-, Verkaufs-, Gant- u. s. w. Genossenschaften als Mittel zur Abhülfe der Noth der ländlichen Bevölkerung sowie auch der städtischen Arbeiter. Praktische Anleitung zur Bildung solcher Vereine, gestützt auf 23jährige Erfahrung. 2. Aufl. Neuwied 1872. — c) Die Aufsätze vom Regierungsrath F. Nöll zu Coblenz „Die ländlichen Darlehnskassen in der Rheinprovinz (sog. System Raiffeisen). Einige kritische Bemerkungen" Seite 140—171 im Arbeiterfreund Jahrgang 11. Berlin 1873; — auch im Separatabdruck erschienen. — Die Antwort darauf von Prof. Held, S. 295—313 das. und die Replik von Nöll Seite 392—405 das. — d) O. Beck, Regierungsrath 2c. in Trier — α) Erster Jahresbericht über die Hebung des ländlichen Kreditwesens im Regierungsbezirk Trier. Trier 1873; und β) die ländliche Kreditnoth und die Darlehnskassen im Regierungsbezirk Trier. Zugleich 7. Jahrgang der land- und volkswirthschaftlichen Tagesfragen. Trier 1875. — e) die Streitschriften: Nöll, 2. Heft. Antwort für Herrn Capaun-Carlowa — Berlin 1873 —; Capaun-Carlowa: Zwei Entgegnungen gegen Nöll, und zwei Entgegnungen gegen Schulze-Delitzsch — letztere beide Separatabdrücke aus dem Rheinischen Wochenblatt für Land- und Volkswirthschaft. — f) Ueber die Neuwieder Versammlung vom 24. Mai 1869 siehe Seite 99 der Genossenschaftsblätter von 1869; über die Beschlüsse der Allg. Vereinstage vgl. Pröbst a. a. O. S. 178, ferner „Mittheilungen über den 11. allg. Vereinstag" zu Neustadt a./H. August 1869. S. 26 bis 38.)

Uebrigens hat die Generalversammlung des Landwirthschaftlichen Vereins für Rheinpreußen zu Coblenz vom 30. Juli 1874 auf Antrag der Lokalabtheilung Coblenz den früheren Beschluß über die Form der Kreditgenossenschaften einigermaßen abgeschwächt. (Vgl. Genossenschaftsbl. 1874 Nr. 33.)

Aehnlich wie im Rheinischen Landwirthschaftlichen Verein die Professoren Nasse und Held wirkten in keiner glücklichen Weise in Schlesien die volkswirthschaftlichen Lehrer von Proskau, — Professor Schönberg und von Scheel. Davon weiter unten.

als Genossenschaften organisirt sein würden, während andere des charakteristischen Merkmals der Genossenschaft, eines auf längere Zeit berechneten „Geschäftsbetriebes" entbehrten, noch andere mehr Kompagniegeschäfte als Genossenschaften seien. Seiner Ankündigung gemäß hat Schulze seitdem die landwirthschaftlichen Genossenschaften bei der Statistik berücksichtigt; schon in dem Jahresbericht für 1868 erschienen sie in drei Arten: Rohstoff-, Werk- und Produktivgenossenschaften, denen später noch die Magazingenossenschaften zugetreten sind. Die Vermehrung derselben geht aus folgender Tabelle hervor, in welcher nur diejenigen Genossenschaften gezählt sind, die nach Inhalt der Jahresberichte der Anwaltschaft bekannt geworden und darin mit ihren Namen aufgeführt sind.

	Werkgenossenschaften.	Rohstoffgenossenschaften.	Magazingenossenschaften.	Produktivgenossenschaften.	Zus.
1868	22	14	—	1	37
1869	26	14	—	2	42
1870	29	14	—	2	45
1871	84	28	2	3	117
1872	87	34	4	3	128
1873	99	39	6	6	150
1874	106	52	18	13	189

a) Landwirthschaftliche Werkgenossenschaften.

Diesen Genossenschaften hat Schulze-Delitzsch in seinem Werke über die Genossenschaften in einzelnen Gewerbszweigen das vierte Kapitel (S. 239 bis 265) des zweiten, von den „Genossenschaften zu gemeinschaftlicher Beschaffung der Vorbedingungen und Hilfsmittel für den gewerblichen Einzelbetrieb" handelnden Hauptstückes gewidmet.

In einzelnen Gauen des deutschen Reiches, namentlich in den westlichen Provinzen Preußens, in den süddeutschen Staaten, wo eine große Zersplitterung des Grundeigenthums bei ziemlich hoher Kultur besteht, haben sich Genossenschaften oder ihnen ähnliche Vereinigungen kleiner Landwirthe gebildet, welche die Anschaffung von landwirthschaftlichen Maschinen — vor allem von Dampf- oder Göpeldreschmaschinen, sodann aber auch von Untergrundspflügen, Kroskillwalzen, Säe- und Mähemaschinen, Häckselmaschinen, Kliston'schen Buttermaschinen u. dgl. — auf gemeinschaftliche Rechnung und deren Verleihung an die Mitglieder zur zeitweiligen Benutzung zum Gegenstand haben.

Als Grundzüge der Organisation hebt Schulze in dem Jahresbericht für 1874 hervor:

„1. Das zum Ankauf der Maschinen erforderliche Kapital wird durch Geschäftsantheile (Aktien), welche auf den Namen der Mitglieder lauten, aufgebracht.

2. Die Benutzung der Maschinen wird nach der Zeit (pro

Stunde resp. Tag), oder nach dem Raume (z. B. bei Säemaschinen pro Morgen) bezahlt. Von dem sich ergebenden Ertrage werden die Aktien verzinst, ein Theil zur Bildung eines Reservefonds verwendet, der verbleibende Reingewinn als Superdividende nach Höhe der Aktien vertheilt.

3. Der Besitz je einer Aktie giebt eine Stimme in der Generalversammlung: die Aktien sind nur mit Genehmigung der Generalversammlung veräußerlich; alle Verluste und Haftungen werden nach Verhältniß der Aktien getragen.

4. Die laufenden Geschäfte besorgt ein von der Generalversammlung gewählter Vorstand, der als eine Entschädigung für seine Mühwaltung einen Antheil am Reingewinn bezieht."

Zu den Werkgenossenschaften im weitern Sinne gehören auch die Genossenschaften zur Beschaffung und Unterhaltung von Zuchtvieh (Stiere, Eber, Böcke u. s. w.), deren viele vorkommen.

Schulze entwickelt in seiner Schrift, daß sich für die meisten Werkgenossenschaften wegen ihres einfachen Geschäftsbetriebes und des begrenzten und verhältnißmäßig geringen Kapitals die Form der eingetragenen Genossenschaft nicht eignet, und empfiehlt für die Werkgenossenschaften im engern Sinne zunächst die Vereinigung mit einer landwirthschaftlichen Rohstoffgenossenschaft, andernfalls die Organisation als einfache Gesellschaft. Er bringt dementsprechend in seiner Schrift außer einem Statut eines landwirthschaftlichen Rohstoff- und Werkvereins, eingetr. Genossensch., ein Statut für eine nicht in das Genossenschaftsregister eingetragene, vielmehr nach den Vorschriften des Preußischen Allgemeinen Landrechts als „erlaubte Privatgesellschaft" organisirte Stiergenossenschaft, sowie außerdem den Entwurf eines Vertrages der Stiergenossenschaft mit dem Stierhalter.

Eine statistische Tabelle über die Erfolge der Werkgenossenschaften, von denen keine dem allgemeinen Genossenschaftsverbande angehört, bringt Schulze's Jahresbericht bisher nicht. Auch das Namensverzeichniß der der Anwaltschaft bekannten Werksgenossenschaften giebt wenig Anhalt über die Verbreitung derselben. Schulze selbst hebt im Jahresbericht hervor, daß schwerlich alle in seine Liste aufgenommenen Genossenschaften wirklich als solche zu betrachten seien, namentlich unter dem Rheinischen würden sich landwirthschaftliche Kasinos befinden, die im Wesentlichen andere Zwecke verfolgen und nur gelegentlich einmal für die Mitglieder eine landwirthschaftliche Maschine oder dergl. anschaffen.*) Das Verzeichniß des Jahres-

*) Die meisten Rheinischen Genossenschaften, namentlich auch unter den Genossenschaften zur Beschaffung und Unterhaltung von Zuchtvieh werden wohl kaum genossenschaftlich organisirt sein. Die Verzeichnisse sind zuerst durch die Berichte des landwirthschaftlichen Vereins für Rheinpreußen entstanden. Seit 1870 kamen die registrirten bayrischen Genossenschaften und später einige thüringische und österreichische, sowie die durch die Eintragungen in das Genossenschaftsregister bekannt gewordenen Werkgenossenschaften hinzu.

berichts für 1874 enthält 67 Genossenschaften zur Anschaffung von Maschinen, Geräthen ꝛc., darunter 36 im Rheinland, 2 in Hannover, 1 im Regierungsbezirk Cassel, 7 in Thüringen, 6 im Oldenburgischen Herzogthum Birkenfeld, 11 in Bayern, 4 in Oesterreich. Unter diesen sind die beiden Hannoverschen (die Dampfdreschmaschinengesellschaft zu Garmissen bei Hildesheim und zu Westfeld bei Alfeld), die Hessische (Dampfdreschgen. zu Schenklengsfeld im Amt Landeck), eine Thüringische (Dampfdreschmaschinen-Gesellschaft zu Langenwolschendorf bei Schleiz) und eine Bayrische (Dampfdreschges. zu Bergrheinfeld in Unterfranken) eingetragene Genossenschaften, 10 Bayrische (Dreschmaschinenges. zu Großhaarbach und Hausmanning in Niederbayern, zu Ludwigsstadt in Oberfranken, zu Schleißheim-München, zu Nenstadt an der Aisch, zu Pöcking, Poigham, Nanzig und Tutting in Niederbayern, sowie die Gesellschaft für Dampfdresch- und andere landwirthschaftliche Maschinen zu Weihenstephan) registrirte Gesellschaften mit beschränkter Haft nach dem Bayrischen Genossenschaftsgesetze, zwei Oesterreichische (Genossenschaft der Landwirthe in Eggendorf und Zillingsdorf in Niederösterreich und die Genossenschaft für landwirthschaftliche und gewerbliche Zwecke in Walachisch-Meseritsch) registrirte Genossenschaften mit beschränkter Haftung nach dem Oesterreichischen Gesetze vom 9. April 1873. Die übrigen, darunter die sämmtlichen aus Rheinland und Birkenfeld, haben sich unter kein Genossenschaftsgesetz gestellt. Letzteres ist auch bei allen im Jahresbericht namhaft aufgeführten 39 Genossenschaften zur Beschaffung und Unterhaltung von Zuchtvieh der Fall, die ohne Ausnahme ihren Sitz im Rheinland haben.*)

b) Landwirthschaftliche Konsumvereine (Rohstoffgenossenschaften) und Molkereigenossenschaften.

Der Aufschwung, welchen seit 1867 die Betheiligung des landwirthschaftlichen Gewerbebetriebs an dem Genossenschaftswesen genommen hat, führte zunächst nur selten zu festen, dauernde Lebensfähigkeit verrathenden Genossenschaften. Das große Verdienst des landwirthschaftlichen Vereins in Rheinpreußen, durch Druckschriften und Wanderlehrer überall in der Provinz die kleinen Landwirthe zur Gründung von Genossenschaften aufgemuntert zu haben, würde von

---

Die rheinischen Zuchtviehgesellschaften sind erst seit 1871 aufgeführt, und zwar 1871: 36, 1872: 36, 1873: 39, 1874: 39. Wohl nur durch ein Versehen sind unter den Werkgenossenschaften auch 8 rheinische bezw. Birkenfeld'sche Meliorationsgenossenschaften, nämlich 2 Drainage- und 6 Wiesenbewässerungs-Genossenschaften aufgeführt.

*) Daß es weit mehr Werkgenossenschaften oder denselben ähnliche Gesellschaften in Deutschland giebt, ist auch aus dem oben (S. 58) angeführten 1870 erschienenen Buche von Birnbaum zu ersehen. Derselbe nennt allein aus dem Großherzogthum Hessen 53 Orte, in denen Dampfdreschmaschinen und 11 Orte, in denen andere landwirthschaftliche Maschinen im genossenschaftlichen Wege beschafft seien.

nachhaltigeren Folgen gewesen sein, wenn man sich ebenso wie Schulze und seine Freunde an das nüchterne und kalte Prinzip der Selbsthilfe gehalten und die Ueberflüssigkeit, ja Schädlichkeit der Staats- und Provinzial-Unterstützung gepredigt, überhaupt Wohlthätigkeit und den Schein der Wohlthätigkeit fern gehalten hätte. Statt dessen mißachtete man vollständig die in der deutschen Genossenschaftsbewegung in hunderten von Vereinen erprobte und auf eine vortreffliche und der Pflege würdige Eigenschaft der gesunden Menschennatur zurückzuführende Erfahrung, daß dem Gedeihen einer Genossenschaft nichts hinderlicher ist, als eine wenn auch geringe Vermischung von Selbsthilfe und Wohlthätigkeit, daß selbst der falsche Argwohn, nicht als wirkliche Genossen, sondern als Objekte der Wohlthätigkeit angesehen zu werden, die besten aus wahrer Menschenliebe entsprungenen Absichten oft ganz und gar vereitelt. Das schlimmste war nun, daß man aus dem ersten Fehler, statt ihn zu korrigiren, ein vollständiges System entwickelte und dieses verkehrte, mit einem großen Aufwande von Humanitätsphrasen vertheidigte System nicht etwa blos auf die Kreditgenossenschaften, sondern auf alle andern landwirthschaftlichen Vereinigungen anwendete. Man braucht nur die wichtigsten Abweichungen in der Organisation der Genossenschaften des rheinischen landwirthschaftlichen Vereins von der in den Musterstatuten der Anwaltschaft empfohlenen gegenüberzustellen, um die Merkmale beider Systeme zu finden. Der strenge Appell an die Pflicht, die Aufforderung, alle Kraft anzustrengen, um sich einen Geschäftsantheil, als die unentbehrliche Grundlage jedes Geschäftsbetriebes, heranzusparen, ist am Rhein in das Gegentheil verkehrt: dem „armen Landmann“ wird nachgewiesen, daß solches Sparen nicht wohl möglich sei und er sein Geld besser im eigenen Geschäft verwenden könne; statt der Hinweisung auf die Gefahren der Solidarhaft und darum Mahnung zur Aufmerksamkeit und strengen Kontrolle, — am Rhein der Nachweis, daß die Solidarhaft nicht wohl wirksam werden könne und die Communalbehörden schon die ihrigen vor Verlusten bewahren würden. Dort das Verlangen, den Grundsatz der Leistung und Gegenleistung möglichst durchzuführen, — hier Anpreisen unentgeltlicher Ehrenämter. Dort regelmäßige Vertheilung des Gewinns an die Genossen, — hier Abschaffung der selbstsüchtigen Dividende, Loblieder auf den untheilbaren Fond*) und Ansammlung des Gewinns für die todte Hand zum Besten von Kind und Kindeskind. Dort sorgfältige Abgrenzung der Rechte und Pflichten der Gesellschaftsorgane, strenge Regelung der Verantwortlichkeit, kurze Wahlperioden von Vorstand und Aufsichtsrath, — hier Vermischung der Verwaltungs- und Kontrollfunktionen, lange Wahlperioden der vielköpfigen Genossenschaftsorgane und Abwälzung der Arbeit auf einen nicht zum Vorstande gehörigen, nur

*) Der untheilbare Fond war bei den sozialistischen Genossenschaftern in Frankreich das beliebteste Stichwort.

kontraktlich verantwortlichen Angestellten, also Unklarheit der Verantwortlichkeit. Dort Hervorhebung der gesetzlichen Vorschrift einer geordneten kaufmännischen Buchführung und der Pflicht, sie zu erlernen, — hier Betonung der Unfähigkeit der „schlichten Landwirthe“, andere als einfache und kunstlose Rechnungen zu führen. Dort Nachweis der Nothwendigkeit, die genossenschaftlichen Branchen gesondert zu halten, — hier Neigung, die Geschäfte der Genossenschaft zu vervielfältigen.*)

Auch in andern Provinzen Preußens litt die Art und Weise, wie die landwirthschaftlichen Vereine das Genossenschaftswesen förderten, an ähnlicher Einseitigkeit. So in Schlesien, wo im Frühjahr 1868 der Vortrag eines jungen volkswirthschaftlichen Dozenten der landwirthschaftlichen Akademie Proskau über die Segnungen des Genossenschaftswesens den land- und forstwirthschaftlichen Verein zu Oppeln veranlaßte, eine „Genossenschaftskommission“ einzusetzen. Diese Kommission, zu welcher auch jener Dozent, der Professor Dr. Gustav **Schönberg** gehörte, entwickelte bald eine große agitatorische Thätigkeit für das landwirthschaftliche Genossenschaftswesen, allein die praktischen Leistungen, mit denen sie vor die Oeffentlichkeit trat, waren so mangelhaft und unreif, daß sie eine scharfe Kritik herausforderten.**)

---

*) Diese Gegenüberstellungen ließen sich leicht noch fortsetzen. Der Beweis ihrer Richtigkeit erhellt — ganz abgesehen von den älteren Schriften von Held und Raiffeisen — schon aus einer kleinen Schrift: „Ländliche Kredit- und Konsumvereine von K. v. Langsdorff, Generalsekretär des landw. Vereins im Großherzogthum Hessen. 2. vermehrte Aufl. Neuwied 1871.“ Dieselbe enthält ein neuverbessertes, manches von Schulze Gerügte beseitigendes Raiffeisen'sches Statut nebst Motiven (gemeinschaftlich berathen und formulirt von Langsdorff, Raiffeisen, Held und Thilmany, dem Vereins-Generalsekretär), und ein unter Mitwirkung des Centralvereins zu Stande gebrachtes Statut für „Betriebsmaterial-Beschaffungsvereine“, für mustergiltig erklärt durch eine Versammlung in Kreuznach am 16. Januar 1871. In den diesjährigen Streitschriften Capaun-Carlowa's gewinnt die Sache schon einen komischen Anstrich: er gerirt sich als der Vertreter der christlichen Moralphilosophie, der Nächstenliebe und Selbstverleugnung — gegenüber Schulze als dem Vertreter der Selbstsucht, der gewinnsüchtigen Dividenden-Vertheilung; hier Carlowa, der Menschenfreund, — dort Schulze, der Manchestermann. Uebrigens wäre diese falsche genossenschaftliche Richtung nicht zu solcher Bedeutung gelangt, wenn an der Spitze des Verbandes der rheinisch-westfälischen Kreditvereine ein anderer Mann gestanden hätte, als Fr. Spiethoff, der in Wort und Schrift sich in denselben Humanitätsphrasen bewegte und in Verfassung und Verwaltung der Düsseldorfer Gewerbebank den Grundsätzen und Beschlüssen der Vereinstage in kaum glaublichem Maße zuwider handelte. (Vgl. z. B. Fr. Spiethoff's Rede auf dem Bremer Vereinstage 1874)

**) Man vgl. Blätter für Genossenschaftswesen 1869 in Nr. 2 S. 7 den Aufsatz des Dr. F. Schneider über den Düngerkonsumverein zu Oppeln, Nr. 11 und 12 S. 42 ff. und die Entgegnung des Prof. Schönberg „Landwirthschaftl. Genossenschaftswesen. Ein Wort zur Verständigung.“ Schönberg wies mit Stolz darauf hin, daß in Folge der Bildung jenes Vereins zu Oppeln in kurzer Zeit eine Reihe gleich organisirter Vereine durch die Genossenschaftskommissionen der landwirthschaftlichen Vereine zu Breslau, Creutzburg, Oels, Pitschen, Liegnitz, Winzig-Wohlau, Steinau, Neumarkt, Leobschütz, gebildet oder

Die Genossenschaftskommissionen der kleineren landwirthschaftlichen Vereine Schlesiens waren gewissermaßen nur Unterabtheilungen einer ebenfalls auf Schönberg's Anregung begründeten genossenschaftlichen Kommission des landwirthschaftlichen Zentralvereins. Auch diese ist mit ihren schriftstellerischen Leistungen nicht besonders glücklich gewesen. *)

Einen schnellen großen Aufschwung bekam das landwirthschaftliche Genossenschaftswesen erst seit dem Jahre 1871, als umsichtige, im Genossenschaftswesen geschulte Landwirthe im äußersten Nordosten unter

---

angeregt seien. Mit Recht entgegnete Dr. Schneider, man möge vor allen Dingen erst die Erfolge jener Vereine abwarten. — Später hat Prof. Schönberg das landwirthschaftliche Genossenschaftswesen mit einem Ausspruche beglückt, den viele Schriften ohne Rüge wiederholen. Er stellt als Endziel der Genossenschaftsbewegung hin: „Jedes Dorf muß im Laufe der Zeit, vielleicht im Laufe der Generation, zu einer wirthschaftlichen Genossenschaft werden, welche die gesammte wirthschaftliche Thätigkeit des Einzelnen umfaßt." (Die Landwirthschaft der Gegenwart und das Genossenschaftswesen. Berlin 1868.) Hat der Ausspruch Sinn, so soll danach jedes Dorf eine einzige geschlossene Produktivgenossenschaft bilden; da bedarf es nur noch eines kleinen Schritts, um das Kollektiveigenthum der russischen Sozialdemokratie, die kommunistische Ausbildung der russischen Agrarverfassung als Endziel der genossenschaftlichen Bewegung zu empfehlen. Nur auf dem Boden der Freiheit und des Sondereigenthums gedeihen in Deutschland wirthschaftliche Genossenschaften, das sollte Niemand vergessen, am wenigsten ein Schriftsteller, der schon vor Jahren den Ausspruch wagte: „Ueber das Genossenschaftswesen ist nicht mehr zu diskutiren, es ist nur noch zu organisiren." Die Diskussion, nicht ob Genossenschaften zu organisiren sind, sondern wo und vor allem wie sie zu organisiren sind, thut überall noch recht Noth.

*) Man vgl. die von dem damaligen Schriftführer der Zentralkommission Dr. H. von Scheel (Nachfolger Schönberg's als Lehrer der Volkswirthschaft in Proskau) verfaßte und herausgegebene „Anleitung zur Gründung von Kredit- oder Sparvereinen als Genossenschaften oder Aktiengesellschaften. Herausgegeben von der Genossenschaftskommission des landwirthschaftlichen Zentralvereins für Schlesien. Oppeln 1871", besprochen in den Blättern für Genossenschaftswesen 1871 S. 111 von Dr. F. Schneider. — Herr H. von Scheel, dessen schriftstellerische Thätigkeit auf dem genossenschaftlichen Gebiete sichtbare Erfolge nicht hinterlassen zu haben scheint, hat zwei Jahr später als Professor der Volkswirthschaft in Bern das deutsche Genossenschaftswesen und dessen Begründer in Aufsätzen besprochen, bei deren Durchlesen man nicht weiß, ob man mehr über die Unwissenheit des Verfassers und die Hohlheit seiner Beweisführung, als über die Dünkelhaftigkeit der Darstellungsweise staunen soll. Die sozialdemokratischen Blätter haben diese schriftstellerischen Leistungen mit großem Jubel namentlich deshalb begrüßt, weil der Verfasser sich auch dazu hergibt, mit ihnen in verleumderischen Angriffen auf Schulze's Person zu wetteifern. Daß ein solcher Aufsatz in Brockhaus: Unsere Zeit, deutsche Revue der Gegenwart, Monatsschrift zum Konversationslexikon (siehe daselbst Neue Folge 9. Jahrgang 1. Hälfte Seite 655 bis 670, 801 bis 817, 2. Hälfte S. 168 bis 185) Aufnahme finden konnte, mag durch das hochwissenschaftliche Gewand, in welches er gekleidet ist, entschuldigt werden. Schwer begreiflich aber bleibt es, daß der Herausgeber Rudolf Gottschall und der verantwortliche Redakteur Dr. Eduard Brockhaus weder eine redaktionelle Verwahrung nöthig hielten, noch bis heute für gut befanden, ihren Lesern irgend etwas wahreres über die deutsche Genossenschaftsbewegung mitzutheilen! —

Zuziehung erfahrener genossenschaftlicher Praktiker mit fester Hand und warmem Herzen, ohne alle philantropischen Redensarten, die Sache in die Hand nahmen, sich durch kleine Mißerfolge des ersten Jahres nicht im geringsten abschrecken ließen, sich sofort durch Betheiligung an den genossenschaftlichen Verbänden und Verbandstagen den Beirath der in andern genossenschaftlichen Branchen erfahrenen Männer sicherten, auch ihre Berufsgenossen in landwirthschaftlichen Zeitschriften und landwirthschaftlichen Versammlungen regelmäßig von den Fortschritten der neuen Genossenschaften durch genaue Zahlen in Kenntniß setzten, und durch Austausch der Erfahrungen sich bemühten, vorgekommene Fehler zu vermeiden und späteren Anfängern die schwere Lehrzeit durch Rath und That abzukürzen. Dieser neue Aufschwung datirt von der Gründung der landwirthschaftlichen Magazin-Genossenschaft, Eingetr. Genossensch., in Königsberg in Preußen, und des ländlichen Wirthschaftsvereins, Eingetr. Genossensch. in Insterburg, denen bald der Landwirthschaftliche Konsumverein zu Czerwinsk, Eingetr. Genossensch. im westpreußischen Kreise Marienwerder, und die Milchmagazin-Genossenschaft, Eingetr. Genossensch. zu Insterburg folgten.

Schulze's Jahresberichte für die Jahre 1868, 1869 und 1870 führten regelmäßig unter den Rohstoffgenossenschaften die Namen von 14 landwirthschaftlichen Vereinen in Rheinland auf, welche sich damit beschäftigen, die für den landwirthschaftlichen Betrieb erforderlichen Roh- und Hülfsstoffe, namentlich Saatgetreide und künstlichen Dünger in Großem anzukaufen und an ihre Mitglieder zu vertheilen. Diese Art Vereine gehören, wie Schulze mit Recht ausführt, zu den Rohstoffgenossenschaften, sie selbst nannten sich vielfach Betriebsmaterial-Beschaffungsvereine oder Düngerkonsumvereine. Neuerdings ist neben der zuerst in Insterburg angenommenen Bezeichnung „Ländlicher Wirthschaftsverein", und häufiger als diese, die Bezeichnung Landwirthschaftlicher Konsumverein üblich geworden. In seinem Buche über die Genossenschaften in den einzelnen Gewerbszweigen widmet Schulze ihnen unter der Bezeichnung der landwirthschaftlichen Rohstoffgenossenschaften das dritte Kapitel des zweiten Hauptstücks (Seite 199—239) und theilt ein Musterstatut mit. Da sich keine einzige dieser Genossenschaften als Rohstoffgenossenschaft bezeichnet, werde ich sie im Verlauf dieses Buches landwirthschaftliche Konsumvereine nennen.

Im Jahresberichte für 1871 tauchen zum ersten Male zwei landwirthschaftliche Magazingenossenschaften auf: die oben erwähnte Genossenschaft dieses Namens zu Königsberg und die Milchmagazin-Genossenschaft zu Insterburg. Beide Genossenschaften betreiben vornehmlich die Verwerthung der von ihren Mitgliedern eingelieferten Milch. Sie nannten sich Magazingenossenschaften und werden als solche in allen Jahresberichten neben den industriellen Magazingenossenschaften aufgeführt. Aber wie Schulze in seinem Buche über die Genossenschaften in einzelnen Gewerbszweigen S. 383 mit Recht anführt, ist auch in Ansehung der frisch zum Verkauf gelangenden Milch die Bezeichnung unzutreffend, weil der Verein die eingelieferte Milch nicht nach den Einlieferern getrennt verkauft oder soweit sie unverkauft bleibt, zu Butter und Käse verarbeitet, sondern Handel und Produktion auf gemeinsame Rechnung und Gefahr betreibt. Aus diesem Grunde behandelt sie Schulze gemeinsam mit andern landwirthschaftlichen Produktivgenossenschaften im zweiten Kapitel des dritten Hauptstücks: „Genossenschaften für Handel und Produktion auf landwirthschaftlichem Gebiete" S. 370 bis 404. Sie werden im Nachfolgenden Molkereigenossenschaften genannt werden.

Was nun speziell

a) die landwirthschaftlichen Konsumvereine anlangt, so sind ihrer im Jahresberichte für 1871 nur 27 Rheinische und der Insterburger Ländliche Wirthschaftsverein, Eingetr. Genossenschaft, aufgeführt. 1872 sind neben 27 Rheinischen schon 7 aus der Provinz Preußen, zusammen also 34, aufgeführt. 1873 vermehrt sich die Gesammtzahl auf 39, nämlich 29 Rheinische, 8 Preußische, 2 Schlesische. 1874 endlich sind 52 namhaft gemacht: 31 aus der Rheinprovinz, 11 Prov. Preußen, 3 Schlesien, 1 Prov. Sachsen, 1 Prov. Hannover, 5 Königreich Sachsen. Von den Rheinischen scheint keine einzige in das Genossenschaftsregister eingetragen zu sein, während dies bei fast allen übrigen der Fall ist. Von den letzteren sind mehrere, dem Namen nach zu schließen, auf einen weiteren Wirkungskreis berechnet, so der landwirthschaftliche Konsumverein der Kreise Bitterfeld und Delitzsch, Eingetr. Genossensch., in Delitzsch, der Oberlausitzer landwirthschaftliche Hilfsverein, Eingetr. Genossensch., zu Görlitz, der ländliche Wirthschaftsverein für den Goldberg-Hainauer Kreis, Eingetr. Genossensch., zu Nieder-Adelsdorf (Kreis Goldberg in Schlesien).

An der Statistik haben sich durch Ausfüllung der 25 Kolonnen zählenden Tabelle der Rohstoffgenossenschaften bereits mehrere betheiligt, außer dem Insterburger Vereine (seit 1872) der landwirthschaftliche Konsumverein zu Konitz in Westpreußen, Eingetr. Genossensch., 1873 und 1874, und für das letzte Jahr der ländliche Wirthschaftsverein zu Nieder-Adelsdorf (1874 begründet), sowie die landwirthschaftlichen Konsumvereine zu Czerwinsk (1872 gegründet) und Pr. Holland (1874 begründet).*)

---

*) Daß seit längerer Zeit auch im Großherzogthum Hessen eine große Anzahl Vereine dieser Gattung bestehen, ist bekannt; doch werden diese wohl meistens nicht streng genossenschaftlich organisirt sein. Landwirthschaftliche Konsumvereine als eingetragene Genossenschaften und in Beziehung zu den Bestrebungen des allgemeinen Verbandes deutscher Genossenschaften entstehen jetzt in der genossenschaftlich überaus rührigen Rheinpfalz. Vgl. Bericht über die Verhandlungen des 9. Verbandstages der Pfälzischen Genossenschaften zu Grünstadt am 24. und 25. Juni 1875 S. 26. ff., die Rede des Vorsitzenden

Der Insterburger ländliche Wirthschaftsverein, hervorgegangen auf Anregung des landwirthschaftlichen Zentralvereins für Litthauen und Masuren, dessen Generalsekretär, Gutsbesitzer C. M. Stöckel-Stobingen, Vorsitzender des Wirthschaftsvereins ist, war hauptsächlich zur Beschaffung künstlicher Düngmittel bestimmt. „Die Landwirthschaft Deutschlands bedarf in jährlich steigendem Grade ungeheurer Mengen künstlicher Düngmittel. Für den einzelnen Landwirth ist es unmöglich, eine Prüfung des Gehaltes an Werthstoffen selbst vorzunehmen. Die in Deutschland fast überall eingeführte Praxis, daß die Händler und Fabrikanten Pauschsummen an die landwirthschaftlichen Versuchsstationen zahlen, welche dafür jedem Käufer unentgeltlich eine Analyse des betreffenden Düngmittels liefern, hat nicht dazu geführt, daß das Verlangen danach bei den Landwirthen üblich geworden ist. . . . Diesem Uebelstande sollte der Wirthschaftsverein zu Insterburg abhelfen und hat dies bisher mit Erfolg gethan. Der Vorstand kauft die verschiedenen Düngmittel in großen Posten ein, schließt mit den Fabrikanten feste Verträge über die Garantie für den Gehalt des Düngmittels oder er kauft lediglich nach dem zu ermittelnden Gehalte derart, daß er z. B. für das Pfund Stickstoff oder Phosphorsäure einen bestimmten Preis zahlt. Beim Eintreffen der Waare werden nach den bezüglichen Abmachungen eine oder mehrere Proben entnommen und der chemischen Versuchsstation zur Analyse übergeben. Nach dem Befunde werden die Waaren bezahlt. — — Das Gebiet des Wirthschaftsvereins ist über den ganzen Regierungsbezirk Gumbinnen erweitert, weil solche Genossenschaft nur am Sitze einer Versuchsstation arbeiten kann."*)

Der Verein liefert Maschinen und Geräthe nur auf Bestellung. Seine Geschäftsthätigkeit erhellt aus folgender Tabelle:

	Mitglieder.	Umsatz.	Düngmittel.	Futterstoff.	Diverse.
1872	96	92,940 M.	11,082 Ctr.	2,936 Ctr.	66 Ctr.
1873	123	139,338 „	23,310 „	6,708 „	352 „
1874	149	306,111 „	26,352 „	5,661 „	328 „

Außerdem sind noch Patent-Hufnägel, Stückketten, Säcke, 41 englische Cultivateure, 2 englische Schrotmühlen, 9 englische Häckselmaschinen gekauft. Ende 1874 betrug das Mitgliederguthaben 20,337 M., Reservefond 7959 M., zus. 28,296 M. Die Waarendividende betrug 2½ Prozent und wurde den Mitgliedern bis zur Höhe von 180 M. gutgeschrieben. Vom Reingewinn wurden 432 M.

---

des neubegründeten „landwirthschaftlichen Konsumvereins Alsenz, Eingetr. Genossensch.", Gutsbesitzer Spieß-Schmalfelderhof.

*) Aus einem Aufsatze des Vorsitzenden Stöckel: „Landwirthschaftliche Genossenschaften in der Provinz Preußen", S. 121 bis 130 des von der Gesellschaft für Verbreitung von Volksbildung herausgegebenen deutschen Reichskalenders für 1876. Außerdem sind Mittheilungen über die betreffende Genossenschaft zu finden in den Genossenschaftsblättern 1872 S. 105 u. S. 221, 1874 S. 23 u. s. w. Ueber die Verhandlungen der landwirthschaftlichen Genossenschaften Preußens vom 2. Juni 1875 S. 182 daselbst.

für Bildungszwecke dem landwirthschaftlichen Verein für Litthauen und Masuren überwiesen. Die in den 3 Jahren verkauften 60,744 Ctr. Düngmittel sind durch 239 chemische Analysen geprüft worden, auf je 254 Ctr. kam eine Analyse.

Die landwirthschaftlichen Konsumvereine im engeren Sinn, meist für den näheren Umkreis ihres Geschäftsortes berechnet, befriedigen nach Kräften alle Bedürfnisse ihrer Mitglieder. Nach den Jahresberichten hat der Verein zu Konitz in Westpreußen am Schluß des ersten mit 13 Mitgliedern begonnenen Geschäftsjahres 53, Ende 1874 63 Mitglieder, der Verkaufserlös war 1873: 53,250 M., 1874: 94,521 M. — Der landwirthschaftliche Konsumverein zu Czerwinsk erzielte bei 20 Mitgliedern einen Umsatz von 149,883 M. an 62 verschiedenen Waarengattungen, die ein ziemlich vollständiges Bild dessen geben, was eine ländliche Wirthschaft bedarf.

Die landwirthschaftlichen Konsumvereine werden darauf halten müssen, den Waarenkredit auszuschließen und nur gegen baar zu verkaufen. Die Erörterungen auf dem preußischen Verbandstage beweisen, daß die unbedingte Baarzahlung leider noch Gegner hat.*)

b) Molkereigenossenschaften kamen zuerst im Jahresbericht für 1871 vor; den zwei dort bereits namhaft gemachten Genossenschaften in Königsberg und Insterburg traten im Bericht für 1872 die zu Gumbinnen und Memel hinzu. 1873 sind bereits 5 aus Ostpreußen und eine aus der Provinz Brandenburg aufgeführt, 1874 verdreifacht sich die Gesammtzahl; es treten zu jenen 6 noch 2 aus Ostpreußen, 6 aus Westpreußen und 4 aus Hannover hinzu. In letzterer Provinz wirkt die Lehrerschaft der landwirthschaftlichen Lehranstalt zu Hildesheim erfolgreich für gesunde landwirthschaftliche Genossenschaftsbildung.

Die 28 Kolonnen zählende Tabelle für die Rechnungsabschlüsse der Magazingenossenschaften enthält seit 1872 die Abschlüsse der Königsberger Genossenschaft, für 1874 auch den der Insterburger.

Zu den Molkereigenossenschaften gehören die Käsereien oder Käsereigenossenschaften, welche in den Schweizer Alpen in großer Zahl

*) Seit dem Druck des Jahresberichts für 1874 haben sich ohne Zweifel die ländlichen Konsumvereine in der Provinz Preußen und anderswo stetig vermehrt. Was die Preußischen anlangt, so führt eine Schrift des Direktors des Preußischen Genossenschaftsverbandes E. Guttmann zu Insterburg: „Zusammenstellung der Resultate des Sparkassen- und Genossenschaftswesens der Provinz Preußen" Ende des Jahres 1874 noch 3 landwirthschaftliche Konsumvereine und 4 Molkereigenossenschaften namhaft auf, die in Schulze's Jahresbericht fehlen. Danach würde der Bestand von beiden Arten Genossenschaften in der Provinz Preußen vom Mai 1875 gewesen sein: Reg.-Bez. Gumbinnen 2 Konsumvereine, 6 Molkereigenossenschaften, Reg.-Bez. Königsberg 3 Konsumvereine, 3 Molkereigenossenschaften, Reg.-Bez. Danzig 1 Konsumverein, 3 Molkereigenossenschaften, Reg.-Bez. Marienwerder 8 Konsumvereine, 6 Molkereigenossenschaften; zusammen 14 Konsumvereine und 18 Molkereigenossenschaften.

existiren und für die Alpwirthschaft fast unentbehrlich sind, da die nach Schweizer Art gefertigten Käse, um gut zu werden, sehr groß und schwer (30 bis 200 Pfund) sein müssen, und also die kleinen Viehbesitzer nur durch die Genossenschaft in den Stand gesetzt werden, die gewonnene Milch zu Käse zu verarbeiten. *)

Die landwirthschaftliche Magazingenossenschaft, Eingetr. Genossensch., zu Königsberg, im Juni 1871 eröffnet, hatte zuerst nur den Zweck im Auge, die landwirthschaftlichen Produkte ihrer Mitglieder für deren Rechnung zu verwerthen; erst im Laufe der Zeit entschloß sie sich, landwirthschaftliche Wirthschaftsbedürfnisse, namentlich an Dung- und Futterstoffen für die Mitglieder in guter Qualität bei billigsten Preisen theils auf Lager zu halten, theils auf Bestellung für deren Rechnung zu beschaffen, und außerdem die von den Mitgliedern gelieferte Milch, soweit sie nicht frisch zu verkaufen war, durch technische Verarbeitung zu Butter und Käse zu verwerthen. Die Thätigkeit der Genossenschaft ist also dreifach: a) Kommissionsgeschäft, b) Molkereibetrieb, c) Konsumverein. Die Genossenschaft war von geschulten Genossenschaftern gegründet worden.**) Dies kam ihr zu Statten, als sie bei dem in Deutschland ganz neuen Milchgeschäft Lehrgeld bezahlen mußte und sich im ersten Jahre ein erheblicher Verlust herausstellte. Die Mitglieder entschlossen sich, dies Manko zu tragen und jeder seinen Theil baar zu bezahlen. Seitdem ist die Genossenschaft in erfreulichem Gedeihen geblieben, obschon man sich

---

*) Im Jahresbericht ist seit 1868 unter den Produktivgenossenschaften die Genossenschaft für Käsefabrikation in Bitburg (Reg.-Bez. Trier) aufgeführt, welche ebenfalls zu den Molkereigenossenschaften zu rechnen ist. Sie besteht seit 1866 und hatte nach dem 1870 erschienenen Buche des Prof. Birnbaum 38 Mitglieder, die 100 Kühe besaßen; es wurden täglich 1000 Pfund Milch verarbeitet, die im Sommer einen Käse von 90 Pfund, im Winter von 100 Pfund, aus der Presse gewogen, ergaben. Darnach liegt also eine Käserei nach Schweizer Muster vor. In das Genossenschaftsregister ist sie nicht eingetragen. — In Oesterreich sind, wie ich einem Aufsatze von R. F. Mayer-München (Direktor des Verbandes der Baugenossenschaften) in Nr. 246 vom 18. Sept. 1875 der Bayrischen Handelszeitung entnehme, zufolge einer Anregung des Professor Wilhelmi zu Graz in den Alpenländern, insbesondere in Steiermark, Tyrol und Vorarlberg zahlreiche Molkerei-(Käserei)-Genossenschaften entstanden, welche durch die österreichische Regierung mit Prämien und anderen Maßregeln unterstützt werden. Eine Kommission zu ihrer Besichtigung und Klassifikation hat durch den Grafen K. Belrupt über den Befund von 1874, namentlich in technischer Beziehung, einen Bericht erstattet und veröffentlicht (Wien 1875). Darnach sind besichtigt und geprüft 28 Genossenschaften, davon 6 in Steiermark, 4 in Welschtyrol, 8 in Deutschtyrol und 10 in Vorarlberg.

**) Der erste Vorsitzende der landwirthschaftlichen Magazingenossenschaft, W. Stieren, ist Direktor der 1870 begründeten ländlichen Genossenschaftsbank, Eingetr. Genossensch., zu Königsberg, einem Vorschußverein, der laut Schulze's Jahresbericht 1874 an 161 Mitglieder 1,308,408 M. in 999 Posten auf Vorschußwechsel und 343,935 M. auf 15 Konten in laufender Rechnung auslieh, und wohl hauptsächlich mittlere und größere Besitzer aus der Umgebung von Königsberg zu Mitgliedern hat.

nicht der Ueberzeugung verschließt, daß es nicht rathsam ist, so viel verschiedene Geschäftsarten in einer Genossenschaft zu vereinigen.*)

Ueber die Erfolge der Königsberger Genossenschaft entnehme ich den Jahresberichten die nachfolgenden Zahlen, wobei zugleich zu bevorworten, daß das erste Geschäftsjahr die 19 Monate vom 1. Juni 1871 bis 31. Dezember 1872 umfaßt:

	Mitglieder.	Verkaufserlös a) für Rohstoffe an die Mitglieder verkauft.	b) in der Meierei.	c) im Kommissionsgeschäft.	Zusammen.	Guthaben.	Reservefond.	Werth der Grundstücke.
		Mark.	Mark.	Mark.	Mark.	Mark.	Mark.	Mark.
1871/72	76	21,474	173,739	197,349	392,562	17,409	—	26,565
1873	62	102,591	158,172	163,578	424,341	17,550	993	26,565
1874	68	112,430	168,090	181,915	462,435	17,505	2,187	52,914

Im Molkereigeschäft waren 1874 während des Jahres von den Mitgliedern 1,473,180 Kilogr. (das Kilo etwa gleich einem Liter) Milch eingeliefert, von denen 151,830 Liter frisch, der Rest als abgeschöpfte Milch, Sahne, Butter und Käse verwerthet wurden. Die Mitglieder erhielten pro Kilogramm eingelieferte Milch im Durchschnitt einen Groschen. Das Waarengeschäft betraf hauptsächlich Dung- und Futterstoffe, im Kommissionsgeschäft wurden für Rechnung der Mitglieder die von ihnen gelieferten Produkte, namentlich Getreide, Wolle, Obst, Vieh u. dgl. verkauft. Der Verkauf in der Meierei (168,090 M.) hatte 25,131 M. Ertrag, der Verkauf im Kommissionsgeschäft (181,915 M.) nur 4868 M. Ertrag gegeben.

Die erste reine Molkereigenossenschaft war die zu Insterburg, welche dem Gutsbesitzer Stöckel-Stobingen (Vorsitzenden des Aufsichtsraths) vorzugsweise ihre Einrichtungen verdankt. Sie hat ihr Geschäft mit 10 Mitgliedern angefangen und in dem ersten vom Oktober 1872 bis dahin 1873 reichenden Geschäftsjahr ebenfalls Lehrgeld bezahlen müssen, indem die Mitglieder eine kleine Unterbilanz zu decken hatten. Im zweiten Geschäftsjahre aber, wo bei 21 Mitgliedern für 63,048 M. Waare verkauft wurde, ist ein Gewinn von 3690 M. erzielt. In dem mehrfach erwähnten Aufsatze läßt sich Stöckel über das Wesen und die Bedeutung dieser Genossenschaften dahin aus:

„Sofern die Genossenschaften an Orten bestehen, wo frische Milch abzusetzen ist, verkaufen sie solche und verarbeiten nur den nicht verkäuflichen Theil zu Butter und Käse und verwenden die Molke zur

---

*) Stöckel-Stobingen mahnt in dem S. 68 erwähnten Aufsatze entschieden von einer solchen Vervielfältigung des Geschäfts ab. „Die Molkerei ist ein technisches Gewerbe, dessen Betrieb alle Aufmerksamkeit und gründliche Sachkenntniß erfordert, und wie jede Fabrikation ihr Risiko in sich trägt. Zu einem landwirthschaftlichen Konsumverein, der solches Risiko nicht hat, finden sich weit mehr Mitglieder, als zur Molkereigenossenschaft; es wäre grundsätzlich falsch, wenn an der Molkerei nicht betheiligte Mitglieder die Solidarhaft für das ihrem Interesse nicht dienende Hauptgeschäft trügen."

Schweinemast. Der Vortheil des frischen Milchverkaufs wird meistens durch die entstehenden Kosten für Niederlagen, Verkaufsstellen, Fuhrwerk u. dgl. aufgezehrt, und kann man nach den bisherigen Erfahrungen annehmen, daß Genossenschaften, welche von Haus aus alle Milch verarbeiten, dieselben Resultate erzielen können, wie die in größeren Städten, wo ein größerer Theil Milch frisch verkauft werden kann. Dieser Umstand ist von höchster wirthschaftlicher Wichtigkeit: Durch die Molkereigenossenschaften wird den Landwirthen ein Mittel in die Hand gegeben, die Nachtheile der entfernten Lage fast ganz zu überwinden und aus der Viehhaltung, wenn sonst die örtlichen Verhältnisse diese in ausreichendem Maße gestatten, einen Ertrag zu erzielen, wie er bisher nur auf Gütern in nächster Nähe größerer Städte erreicht werden konnte. Dieser Zweig genossenschaftlicher Arbeit auf landwirthschaftlichem Gebiete wird in Zukunft den bedeutendsten Einfluß auf die Hebung der deutschen Viehzucht und somit der Landeskultur ausüben, denn der Molkereibetrieb liegt in Deutschland sehr im Argen. Für den gemeinschaftlichen Molkereibetrieb ist die eingetragene Genossenschaft eine so in allen Punkten zutreffende Geschäftsform, daß man sie eigens für diesen Zweck nicht passender hätte erdenken können. Die tägliche Einsendung der Milch bedingt die tägliche Verbindung der Mitglieder mit der Genossenschaft, die monatlichen Abzahlungen und Abschlüsse lassen jedem Mitglied sofort Rückgang oder Fortschritt des Geschäfts erkennen, und endlich giebt das Quantum der monatlich, vierteljährlich und jährlich gelieferten Milch den stets gerechten Maßstab für alle Zahlungen an die Mitglieder, für deren Ansprüche an die Ueberschüsse oder Verpflichtungen zu etwaigen Nachzahlungen. — In der Insterburger Milchmagazin-Genossenschaft wurden die Mitglieder-Guthaben zunächst auf 150 Mark festgesetzt. Durch Abzüge von 3 Mark für je 1000 Kilogramm gelieferte Milch wurden diese 150 Mark von allen Mitgliedern binnen Jahresfrist eingezahlt. Um mehr mit eigenem Kapital zu wirthschaften, fordert man jetzt von je 1000 Kilogr. Milch 9 M. Guthabenbeitrag, und wird damit die Guthaben so lange erhöhen, bis alle fremden Gelder abgezahlt sind. Die Auszahlungen an die Mitglieder erfolgen monatlich. Es wird zu diesem Zweck eine Rohbilanz gezogen, etwaige Vorräthe an Molkereiproduktion zu etwa $66^2/_3$ Proz. des Verkaufspreises gerechnet, von der Gesammtsumme, welche als Einnahme verbleibt, 20 Proz. für Geschäftsunkosten abgerechnet und der Rest ausbezahlt. Der beim Jahresabschluß verbleibende Ueberschuß wird nach reichlichen Abschreibungen als Dividende auf je 1000 gelieferte Kilogramm Milch vertheilt. Die Mitgliederguthaben werden in der Höhe, in der sie am Beginn des Rechnungsjahres eingezahlt waren, mit 5 Prozent verzinst."

Schulze macht in seinem Buche (S. 380) auf eine Eigenthümlichkeit dieser Genossenschaften aufmerksam: es ist bei ihnen der Bedarf an Betriebskapital deshalb geringer, weil den Mitgliedern die eingelieferte Milch nicht sofort bezahlt, sondern der Betrag nur nach Quantität und Qualität gutgeschrieben und erst am Schluß des Monats nur auf Grund einer vorläufigen Berechnung und nur unter erheblichem Abzuge Zahlung geleistet wird. Die Genossenschaft erhält somit die Milch von den Mitgliedern auf Kredit. Andererseits freilich ist der Bedarf an Utensilien und Maschinen, wie Buttermaschinen, Göpelwerken, Pumpen, Bassins und Gefäßen so bedeutend, daß das durch Abzüge an den Zahlungen für Milch leicht beizutreibende Guthaben doch nicht auf 150 M., wie zuerst in Königsberg und Insterburg zu halten ist.

Möge Stöckel's Mahnruf, daß die Genossenschaften des landwirthschaftlichen Gewerbes sich unter einander zu provinziellen Verbänden zusammenthun, gleichzeitig aber dem Verbande der anderen wirthschaftlichen Genossenschaften nicht fern bleiben mögen, von den landwirthschaftlichen Genossenschaften beherzigt werden. Es wird — wie schon jetzt die Genossenschafter der Provinz Preußen erkennen, — für sie in hohem Maße förderlich sein.

c. Winzervereine und andere Genossenschaften für Handel und Produktion auf landwirthschaftlichem Gebiete.

Die landwirthschaftlichen Produktivgenossenschaften kommen in Schulze's Jahresberichten, abgesehen von den Molkereigenossenschaften, nur spärlich vor. Der zuerst, wie schon erwähnt, 1868 aufgeführten Bitburger Genossenschaft für Käsefabrikation trat 1869 und 1870 der erste Winzerverein zu Mayschoß im Ahrthale und für 1871 und 1872 eine zweite Winzergenossenschaft des Ahrthals, die zu Walporzheim, hinzu. 1873 erschienen zwei Hopfenbauvereine in Thüringen und der Kaninchenzüchterverein zu Augsburg, Eingetr. Genossensch. Im Jahresbericht für 1874 endlich sind 13 landwirthschaftliche Produktivgenossenschaften genannt, — 8 Winzervereine, 3 Hopfenbauvereine, eine Käserei und ein Kaninchenzüchterverein. Unter den industriellen Genossenschaften werden mehrere eingetragene Genossenschaften für landwirthschaftliche Nebengewerbe namhaft aufgeführt, nämlich zwei Zuckerfabriken *) in Mecklenburg und Thüringen, eine

*) Ueber die Organisation der gedachten, in das Genossenschaftsregister eingetragenen Zuckerfabriken ist mir nichts bekannt. Für Zuckerfabrik-Gesellschaften mit vielen Theilhabern, wie sie seit den 40er Jahren in vielen Dörfern des Magdeburgischen und Braunschweigischen entstanden, und nach Erlaß des Handelsgesetzbuches als offene Handelsgesellschaften in das Handelsregister eingetragen wurden, eignet sich ganz ebenso wie für Molkereigenossenschaften die Form der eingetragenen Erwerbs- und Wirthschaftsgenossenschaft in hohem Maße, — mindestens weit besser als jede einzelne der Gesellschaften des Handelsgesetzbuches. Vor Erlaß des Handelsgesetzbuches pflegte der Sozietätsvertrag in dortiger Gegend folgendermaßen die Verhältnisse der Gesellschaft zu ordnen. Die Zuckerfabrik war, wie ein Bergwerk in 100 Kuxe, so in 100 untheilbare Antheile, sogen. Aktien getheilt. Auf diese wurden zunächst je 1000 Thaler, und später noch Nachschüsse baar eingezahlt. Die 100 Antheile waren unter die betheiligten Rittergutsbesitzer, Domänenpächter und Bauern ungleich

Branntweinbrennerei in der Pfalz und eine Spritfabrik in Oberschlesien.

Darnach können bisher nur die **Winzergenossenschaften** eine gewisse Bedeutung in Anspruch nehmen. Deren sind seit 1871 auf Anregung des vormaligen Abg. Franz Bresgen in Lautershofen im Ahrthale auf der kurzen Wegstrecke von einer Meile sieben entstanden. Sie helfen dem durch die Konkurrenz der Rothweinfabrikanten fast vernichteten Winzerstand an der Ahr erfolgreich auf. Ihr nächster Zweck ist, die eigenen Trauben gemeinsam zu Wein zu keltern, den Wein zu pflegen und ihn mit Umgehung der Weinhändler an die Konsumenten zu verkaufen. Die ältesten Winzervereine zu Mayschoß und Walporzheim, 1864 und 1871, unter Beirath von Schulze-Delitzsch entstanden, haben sich bereits eigene große Keller und Kellerräume erbaut.*)

---

vertheilt. Auf jeden Antheil mußten mindestens 10 Magd. Morgen mit Zuckerrüben bebaut und mindestens 1000 Zentner Rüben geliefert werden. (Bei größeren Fabriken wurden diese Ziffern erhöht.) Dem liefernden Mitgliede wurde sofort ein im Sozietätsvertrage bestimmter niedriger Preis für den Zentner Rüben von der Fabrik ausgezahlt; außerdem erhielt er darauf eine bestimmte Quantität Rückstände (sogen. Masse) als Viehfutter zurück. Lieferte ein Gesellschafter weniger ab, als er verpflichtet war, so wurde die nicht abgelieferte Quantität Rüben von der Fabrik auf seine Rechnung anderweit angekauft. Die Vorsteher wurden alle Jahr gewählt; sie stellten den technischen Direktor an. Zu den wichtigeren Anordnungen mußten die übrigen Gesellschafter ihre Zustimmung geben. Eine Abtretung eines Antheils an ein anderes Mitglied der Gesellschaft oder an einen Dritten war nur mit Zustimmung aller Uebrigen (oder mit Mehrheitsbeschluß) zulässig. In den Sitzungen (Generalversammlung) richtete sich das Stimmrecht nach dem Aktienbesitz, jede Aktie hatte eine Stimme, jedoch öfters mit einer Beschränkung der Stimmenzahl für die Meistbetheiligten. Gewinn und Verlust wurden nach Höhe der Aktien gleichmäßtg vertheilt. –

*) Mayschoß hat für 1870, 1871 und 1872, Walporzheim für 1872 die Tabelle für Schulze's Jahresbericht ausgefüllt. Seitdem sind Abschlüsse von Winzervereinen nicht wieder in demselben veröffentlicht. Die genannten beiden Genossenschaften mußten 1873 aus dem allgemeinen Verbande ausgestoßen werden, weil sie sich weigerten, die ihnen wie allen Genossenschaften dieses Verbandes statutarisch obliegende Verpflichtung zu erfüllen und ein Exemplar des Verbandsorganes, der Blätter für Genossenschaftswesen, zu halten. Die Weigerung, veranlaßt durch eine mißverständliche Auffassung eines Aufsatzes über die Dachauer Banken, in welchem man einen Angriff auf die katholische Religion erblicken wollte, ist wegen ihrer nothwendigen Folgen um so bedauerlicher, als bei dem guten Gedeihen dieser Ahrthal-Genossenschaften, das wohl zum Theil der durch die Unterstellung unter das Genossenschaftsgesetz bedingten strafferen geschäftlichen Leitung zuzuschreiben ist, Aussicht vorhanden war, daß in ihnen der erste Anfang eines künftigen Unterverbandes deutscher Winzergenossenschaften stecken werde. Auch an der Mosel und im Elsaß empfindet man das Bedürfniß zu derartigen Genossenschaften. Der Jahresbericht für 1874 führt außer den 7 Ahrthalgenossenschaften noch den Landskroner Winzerverein, Eingetr. Genossensch. zu Heimersheim am Landskron bei Coblenz auf. — Was die früheren Abschlüsse der Mayschoßer Genossenschaft anlangt, so wuchs während der Zeit vom 20. Juni 1869 bis dahin 1873 die Mitgliederzahl von 46 bis 50; der Verkaufserlös betrug 24,990, 28,110 und 23,700 M., der In-

Da die Winzervereine durch regelmäßige Auffüllungen u. dgl. gewisse, mit der Solidität des Geschäfts verträgliche Veränderungen des Stoffs vornehmen, sind sie nicht reine Handelsgesellschaften, sondern mehr als landwirthschaftliche Produktivgenossenschaften anzusehen. (Vgl. Schulze Genossenschaften in einzelnen Gewerbzweigen S. 371 und Blätter für Genossenschaftswesen 1875 Nr. 7 u. 8. S. 36.)

D. Baugenossenschaften.

Die „Wohnungsfrage", wie man es unschön bezeichnete, stand 1865 auf der Tagesordnung aller Versammlungen, die sich mit Förderung des Wohls der arbeitenden Klassen beschäftigten. Der 6. Vereinstag der deutschen Erwerbs- und Wirthschaftsgenossenschaften zu Mainz hatte 1864 auf Antrag Balzer's von Hamburg beschlossen, die Frage der Gründung von Arbeiterwohnungen auf genossenschaftlichem Wege auf die Tagesordnung des nächsten allgemeinen Vereinstages zu setzen und darüber schriftlichen Bericht zu erfordern. Der wenige Tage darauf stattfindende Kongreß deutscher Volkswirthe zu Hannover hatte auf Antrag des Professor Huber-Wernigerode, der seit 20 Jahren auf diesem Felde thätig gewesen war, und des Präsidenten Lette eine besondere Kommission einzusetzen beschlossen, welche unter allgemeiner Leitung der ständigen Deputation des Kongresses über Einrichtungen und Erfolge der in Deutschland und im Auslande bestehenden Baugenossenschaften, Baugesellschaften und Baubeförderungs-Vereine, sowie über die Einrichtung zweckmäßiger und gesunder Wohnungen genauere Materialien sammeln und sich über die der Bildung jener Vereinigungen entgegenstehenden Hindernisse und über die Mittel und Wege zu deren Beseitigung, ingleichen über die etwa erforderlichen legislativen und administrativen Anordnungen zum Zweck der Herstellung und Erhaltung angemessener und gesunder Wohnungen unterrichten sollte. Auch die Wanderversammlung der Arbeiter-Bildungsvereine, der Arbeiterkongreß zu Leipzig, bei dem sich Huber ebenfalls betheiligte, faßte ähnliche Beschlüsse. Schulze-Delitzsch beauftragte mit Genehmigung des engeren Ausschusses den Herausgeber dieses Buches mit der Berichterstattung für den Genossenschaftstag. Gleichzeitig übernahm ich auf Ersuchen des Präsidenten Lette für die Kommission des volkswirthschaftlichen Kongresses das Material über die in Deutschland bestehenden Baugenossenschaften und gemeinnützigen Baugesellschaften einzuziehen, sowie einen Theil der schriftlichen Berichterstattung für den volkswirthschaftlichen Kongreß.

---

venturwerth des Lagers 15,300, 27,000 und 18,000 M. Der Walporzheimer Winzerverein hatte nach dem ersten vom 1. Oktober 1871 bis Ende 1872 dauernden Geschäftsjahre 42 Mitglieder und ein Lager zum Inventurwerthe von 21,036 M. Ueber den Ausschluß der beiden Genossenschaften vgl. Blätter für Genossenschaftswesen 1873 Nr. 32 S. 150, Nr. 40 S. 181 und Nr. 41 S. 185; außerdem Mittheilungen über den 14. Allgemeinen Vereinstag zu Constanz S. 17. 71.

Der Ausschuß des Vereinstags deutscher Arbeitervereine veranlaßte den Dr. F. A. Lange zu Duisburg (jetzt Professor in Marburg), die Berichterstattung über die Frage der Arbeiterwohnungen für den Vereinstag zu Stuttgart 1865 zu übernehmen. Dieser prüfte auf Huber's Hinweisung das englische System der Baugenossenschaften (Building Societies) und knüpfte den Bericht an eine Bearbeitung des englischen Schriftchens, welches ihm als ein geeignetes Hülfsmittel für den beabsichtigten Zweck erschien.

Der Bericht, den ich für den volkswirthschaftlichen Kongreß über die in Deutschland bestehenden Baugesellschaften und Baugenossenschaften erstattete*), ergab, daß in Deutschland nur eine einzige Baugenossenschaft existirte, die in Hamburg 1862 auf Balzer's Veranlassung gegründet, aus 48 Arbeitern bestand, welche Grund und Boden erworben und darauf für sich 48 Wohnhäuser errichtet hatten. Eine Reihe sogen. gemeinnütziger Baugesellschaften hatte eine im Verhältniß zu den aufgewendeten Mitteln nicht bedeutende Wirksamkeit geübt. Mein Bericht für den allgemeinen Vereinstag der Genossenschaften, abgedruckt in der „Innung der Zukunft" Jahrgang 1865 S. 105 ff. u. 113 ff.**), kam zu dem Ergebniß, daß an sich die Baugenossenschaft geeignet sei, dem Mangel an guten, gesunden Arbeiterwohnungen abzuhelfen, und stellte ziemlich speziell die Grundzüge dar, nach denen Baugenossenschaften zu organisiren sein würden. Ein ausgearbeitetes Statut vorzulegen, erschien mir namentlich wegen des noch mangelnden Genossenschaftsgesetzes nicht angemessen. Auf dem Vereinstage zu Stettin fügte ich dem schriftlichen Referate mündlich den Nachweis hinzu, daß der in der Schrift des Dr. Lange von ihm und L. Sonnemann empfohlene, zu sehr den englischen Verhältnissen angepaßte Weg***) für Deutschland unzweckmäßig sei.

Die hauptsächlichsten meiner Vorschläge hatte ich in zwei Anträgen formulirt, deren erster lautend:

> „Dem Mangel an guten und gesunden Arbeiterwohnungen können in der Regel auf dem Prinzip der Selbsthülfe beruhende Baugenossenschaften abhelfen, sofern dieselben kleine, für je eine Familie bestimmte Häuser bauen und ihren Mitgliedern

---

*) Abgedruckt in dem Arbeiterfreund, Heft 11. Jahrgang 1865 S. 309 ff., daraus aufgenommen in dem Sammelwerk „Die Wohnungsfrage, mit besonderer Rücksicht auf die arbeitenden Klassen." (Berlin 1865.)

**) Daraus übergegangen in Schulze's Sammelwerk: „Die Entwickelung des Genossenschaftswesens in Deutschland" S. 673 bis 683.

***) Die Schrift führt den Titel: „Jedermann Hauseigenthümer. Das bewährteste System englischer Baugenossenschaften für deutsche Verhältnisse bearbeitet uud in seiner Verwendbarkeit für Arbeitergenossenschaften jeder Art nachgewiesen. Mit einer Einleitung von L. Sonnemann. Herausgegeben von Dr. F. A. Lange. Duisburg 1865." In England haben die Baugenossenschaften, wie ich damals schon aussprach und seitdem namentlich in der Schrift „Englische Baugenossenschaften, von Dr. Ernst von Plener. Wien 1873" nachgewiesen ist, den Charakter reiner Spar- und Kreditanstalten angenommen.

gegen ein Kaufgeld, welches durch terminliche, auf eine Reihe von Jahren zu vertheilende Raten amortisirt wird, zum ausschließlichen Eigenthum überlassen",

nach kurzer Empfehlung durch Schulze-Delitzsch ohne weitere Diskussion angenommen wurde. Der zweite Antrag, in welchem ich eine Reihe der von mir in meinem Berichte entwickelten Organisationsgrundsätze formulirt hatte, kam auf meinen eigenen Vorschlag, da kein einziger der Anwesenden darin praktische Erfahrung habe, nicht zur Debatte, sondern wurde durch Uebergang zur Tagesordnung erledigt.*)

Auch der wenige Tage darauf stattfindende volkswirthschaftliche Kongreß zu Nürnberg, auf welchem mir, abgesehen von dem technischen Theile, die Berichterstattung übertragen war, nahm auf meinen Antrag eine Resolution an, in welcher der Baugenossenschaften besonders gedacht wurde.**)

In den folgenden Jahren ist zwar die sogen. „Wohnungsfrage" durch Wort und Schrift auf das allerreichlichste erörtert worden; allein praktische Versuche, wirkliche Baugenossenschaften zu gründen, unterblieben mehrere Jahre hindurch ganz. Erst als das preußische und demnächst auch das norddeutsche Genossenschaftsgesetz im § 1 unter den Genossenschaften auch „die Vereine zur Herstellung von Wohnungen für ihre Mitglieder" aufführte, und durch die Verleihung der Rechtsfähigkeit ein Haupthinderniß für die Entstehung lebensfähiger Baugenossenschaften forträumte, wurden in vielen Städten Deutschlands, in der Regel von geschulten Genossenschaftsmännern, Baugenossenschaften mit gutem Erfolge begründet.

Freilich, als nach dem Kriege von 1870 und 1871 sich in vielen größeren und mittleren Städten Deutschlands eine wirkliche Wohnungsnoth einstellte, wurden die bescheidenen Anfänge von Baugenossenschaften in den Hintergrund gedrängt durch zahlreiche Aktiengesellschaften, von denen man bei den ungeheuren Kapitalien, über die sie verfügten, eine gründliche Beseitigung des Wohnungsmangels hätte erwarten können. Diese Erwartungen gingen nicht in Erfüllung. Unsinnige Spekulationen mit dem Grund und Boden in der Nähe der größeren Städte, Belastung durch ungeheure Gründungskosten und Mißverwaltung und Schwindeleien aller Art haben die über-

---

*) Pröbst: Die Grundlehren 2c. Seite 208.

**) Die hier interessirenden Punkte 2) und 3) lauten: „Den Wohnungsvereinen und Baugesellschaften ist zu empfehlen, daß sie sich auf rein geschäftlichen Betrieb beschränken, mithin Wohlthätigkeit und Unterstützung ausschließen. Für die auf dem Prinzip der Selbsthülfe beruhenden Baugenossenschaften empfiehlt es sich vorzugsweise, kleine Häuser zu bauen und sie ihren Mitgliedern gegen terminweise abzutragendes Kaufgeld zu ausschließlichem Eigenthum zu überlassen." Der erste gegen die Wohnungsvereine und Baugesellschaften gerichtete Theil der Resolution gründete sich auf die durch die Enquête vollkommen erwiesene Thatsache, daß das in den sogen. gemeinnützigen Baugesellschaften mehr oder weniger zur Anwendung gelangte Wohlthätigkeitsprinzip sich als geradezu schädlich herausgestellt hatte.

wiegende Anzahl der Aktien-Baugesellschaften entweder ganz zu Grunde gerichtet oder wenigstens dahin gebracht, alle Bauten einzustellen, zugleich aber die Aktien-Baugesellschaften im Allgemeinen so diskreditirt, daß die Hoffnungen der Wohnungsbedürftigen sich in vermehrtem Grade den Baugenossenschaften zuwenden.

Bei dem Aufschwunge, den die Baugenossenschaften 1871 nahmen, war der Mangel geeigneter Probe- oder Musterstatuten recht fühlbar. Einzelne Baugenossenschaften, wie der Wohnungsverein, Eingetr. Genossensch., zu Halle a. S., legten die von dem Herausgeber in seinem gutachtlichen Referate von 1865 gemachten speziellen Vorschläge ihrem neuen Statut zum Grunde, obschon diese Vorschläge vor Erlaß eines Genossenschaftsgesetzes und ohne Anschluß an praktische Erfahrungen gemacht waren. Endlich Ende Dezember 1871 publizirte die Anwaltschaft den ersten Statutenentwurf für einen „Bauverein, Eingetr. Genossensch.", welcher, wie in der Vorrede hervorgehoben ist, auf den 1865 vom allgemeinen Vereinstag zu Stettin gefaßten oben mitgetheilten Beschluß basirte, auch die von mir als Referenten mit diesem Antrage eingebrachten Vorschläge berücksichtigte, „da der Vereinstag seiner Zeit nicht deshalb, weil er sie für unzweckmäßig hielt, sondern weil er über die ganze Frage nicht genau genug informirt war, über dieselben zur Tagesordnung überging".*)

Seitdem hat jeder der vier späteren allgemeinen Vereinstage sich mit den Angelegenheiten der Baugenossenschaften beschäftigt; durch Mittheilung der Abschlüsse und Besprechung der Statuten der jungen Baugenossenschaften in den Genossenschaftsblättern ist dieser Zweig des Genossenschaftswesens schnell beliebt geworden, und es läßt sich erwarten, daß der im August in München begründete neue Verband deutscher Baugenossenschaften wesentlich zur Förderung der Sache beitragen wird.

Von großer Wichtigkeit ist jedenfalls dazu auch die im Frühjahr erschienene, eine neue Bearbeitung des Statutenentwurfs enthaltende Schrift, deren Titel lautet:

> Mittheilungen über deutsche Baugenossenschaften nebst einem Statut und Motiven von Dr. F. Schneider. Mit einem Vorwort von Dr. H. Schulze-Delitzsch. Leipzig 1875.

Die Jahresberichte von Schulze-Delitzsch bringen eine Liste der Baugenossenschaften seit 1869. Die Liste von 1869 bringt außer zwei österreichischen zwei eingetragene Baugenossenschaften aus Breslau und Darmstadt, von denen erstere nach Art der englischen Baugenossenschaften nur Baugelder verleiht, nicht selber baut, und die zweite sich nur einer kurzen Blüthezeit erfreut hat. 1870 trat eine fünfte hinzu, welche indeß bald wieder eingegangen ist. Der Jahresbericht für 1871 brachte eine Vermehrung von 5 auf 23. Unter den neu hinzugetretenen waren 5 österreichische, 4 Berliner, daneben

*) Blätter für Genossenschaftswesen Nr. 51 und 52 S. 261 ff.

aber auch die seither recht gut entwickelten Vereine zu Halle a. S., Insterburg, München, Neviges. 1872 werden 8 aus Berlin (darunter zwei, wie sich später zeigte, von Schwindlern unter Mißbrauch der ehrlichen Firma begründete), 14 aus andern Städten Preußens, je 2 aus Sachsen, Hessen und Bayern, eine aus Baden und 8 aus Oesterreich aufgeführt. — 1873 sind 49, darunter 15 Berliner und 9 österreichische, namhaft gemacht. Der Jahresbericht endlich für 1874 bringt 55 Baugenossenschaften, davon 1) in Preußen 34, nämlich 3 in Prov. Preußen: Insterburg, Königsberg, Tilsit; 4 in Schlesien: Breslau 2, Cosel, Sagan; 16 in Brandenburg: Berlin 12, Charlottenburg, Forst, Rathenow, Spandau; 3 in Sachsen: Halle, Erfurt, Salzwedel; 6 in Rheinprovinz: Crefeld, Düsseldorf, Elberfeld, Gummersbach, Neuwied, Neviges; je eine in Hannover: Osterode a. Harz und in Nassau: Biebrich-Mosbach. 2) in Bayern 4: München, Nürnberg, Würzburg, Speyer; 3) in Sachsen 2: Leipzig und Meißen; 4) in Thüringen 4: Berka a. Ilm, Bernsdorf, Gotha, Salzungen; 5) in Baden: Pforzheim; 6) in Hessen: Darmstadt; 7) in den Hansestädten: Bremen; 8) in Oesterreich: 8, darunter 5 in Wien nebst Vorstädten.

In dem Jahresberichte für 1874 konstatirt Schulze, daß die Unterstellung unter das Genossenschafsgesetz in diesem Zweige des Genossenschaftswesens am schnellsten allgemein durchgeführt sein wird. „Erwerb, Veräußerung und Belastung von Immobilien für Vereine, die nicht schon auf ihren Gesammtnamen Rechte erwerben und Verbindlichkeiten eingehen können, sind immer mit so großen Gefahren verbunden, daß schon, um sie zu vermeiden, die Eintragung ins Genossenschaftsregister für jede Baugenossenschaft unerläßlich ist.“ Die Herstellung von Einzelwohnungen und der Erwerb eines eigenen Hauses für jedes Mitglied läßt sich wegen der großen Kosten, insbesondere wegen der hohen Preise von Grund und Boden in verkehrsreichen Gegenden nicht ausführen. „Nur wo, wie in Bremen, alte Gewohnheit der Bevölkerung das Alleinwohnen im eigenen Hause als eine Bedingung des Wohlbefindens erfordert, werden die Baugenossenschaften diese Gewohnheit beachten und Einzelwohnungen bauen, ebenso dort, wo die Preise des Bodens solche Häuser noch nicht über das Maß dessen vertheuern, was die Mitglieder bezahlen können und wollen.“ (Schulze a. a. O. S. XVI.) Den Bau von größeren Häusern mit mehreren Wohnungen zum Vermiethen haben 1874 mehrere Vereine, wie Insterburg und München, mit großer Energie fortgesetzt.

Im Allgemeinen darf man bei der Beurtheilung der Leistungen der einzelnen Baugenossenschaften eine Eigenthümlichkeit dieser Genossenschaftsart nicht vergessen: „Die Baugenossenschaft ist in einer Beziehung erheblich verschieden von allen andern bei uns üblichen Genossenschaften. Letztere befriedigen dauernde, sich immer erneuernde Bedürfnisse ihrer Mitglieder, während das Mitglied einer Baugenossenschaft, wenn es durch dieselbe ein Haus zu Eigenthum erworben hat, ein für allemal befriedigt ist, also kein Interesse mehr an der Mitgliedschaft hat. Hieraus folgt auch ferner, daß jede Baugenossenschaft, abweichend von den übrigen Arten Genossenschaften, nach einer Reihe von Jahren segensreicher Thätigkeit aufzuhören genöthigt sein wird, indem dann der Ort, wo sie ihren Sitz hat, mit Wohnungen so ausreichend versehen ist, daß die durch Vermehrung der Einwohner und Zuzug entstehenden Lücken durch die Privatindustrie vollkommen genügend ausgefüllt werden, die Genossenschaft auch in Folge des stärkeren Wohnungsangebots die Preise der kleineren Wohnungen so weit heruntergedrückt hat, daß sie die Konkurrenz mit den Einzelunternehmern, die stets manche Vortheile vor den Genossenschaften voraus haben, schwer bestehen, also nicht mehr mit Vortheil in der Errichtung neuer Häuser fortfahren kann." *)

Eine eigene statistische Tabelle für die Abschlüsse von Baugenossenschaften, jetzt mit 30 Kolonnen, ist in den Jahresberichten Schulze's seit 1872 enthalten. Die Tabelle für 1872 enthält nur 6 Abschlüsse, nämlich der Baugenossenschaften Breslau, Charlottenburg, Darmstadt, Insterburg, München und Neviges. Für 1878 traten noch die Abschlüsse anderer sechs Genossenschaften hinzu: Biebrich-Mosbach, Halle a. S., Leipzig, Rathenow, Spandau, Worms. Für 1874 fehlt von den 12 blos Worms, allein es kommen 9 hinzu, nämlich drei kleine Berliner Arbeitervereine, — Hausgenossenschaft Biene mit 27 Mitgliedern, Bauverein Eintracht mit 15 Mitgliedern, und Hausgenossenschaft Eintracht, ein schon 1866 begründeter Verein von 16 im Konsumverein geschulten Arbeitern, die sich nach 8jährigem Sparen (60,972 M. Guthaben und 1058 M. Reserve) jetzt ein Haus, 5 Stock hoch, für circa 150,000 M. bauen, — sodann Bremen, Kosel i. Oberschlesien, Königsberg i. Pr., Nürnberg, Tilsit und Wien-Fünfhaus; zusammen 20.

Wir stellen das Ergebniß der wesentlichsten Kolonnen zusammen, wie folgt:

	1872	1873	1874
1) Zahl der Genossenschaften	6	12	20
2) Mitgliederzahl	954	1598	2240
3) Herstellungskosten der im Jahr 1874 erbauten Wohnhäuser	Mark. 292,845	Mark. 731,335	Mark. 513,951
4) Verkaufserlös der 1874 verkauften Immobilien	14,874	104,318	315,942
5) Ertrag:			
aus verkauften Immobilien . .	24,978	40,527	36,473
aus den verwertheten Immobilien			74,335
aus anderen Quellen	12,831	28,572	44,454

*) Aus dem Aufsatze des Herausgebers: „Die auf dem Prinzip der Selbsthülfe beruhende Baugenossenschaft" in „die Wohnungsfrage mit besonderer Rücksicht auf die arbeitenden Klassen" u. s. w. Abdruck aus Heft 11 des Arbeiterfreundes. 1865 S. 278.

6) Unkosten:			
Zinsen an Vereinsgläubiger . .	12,603	28,738	68,154
Gehalte, Verwaltungskosten ꝛc. .	5,694	12,322	29,915
7) Reingewinn	29,088	36,894	88,762
8) Verluste	—	75	675
9) Aktiva am Jahresschluß:			
a. Kassenbestand	7,047	19,791	21,552
b. Unbebauter Grund und Boden	189,797	273,716	429,911
c. Werth der fertigen und halbfertigen Gebäude und Baumaterialien .	187,050	929,190	1,818,598
d. Hypotheken und Kaufgelderforderungen	207,831	206,848	636,335
e. Sonstige Forderungen	63,285	96,321	144,767
f. Geschäftsinventar	1,350	12,020	8,729
Summa der Aktiva . . .	656,366	1,537,886	3,054,892
10) Passiva am Jahresschluß:			
a. Geschäftsantheile	278,163	569,264	814,945
b. Reservefond	28,443	17,018	54,107
c. Einlagen stiller Gesellschafter .	unter 10) a. Geschäftsanth.		120,363
d. Anlehen auf mindestens zweijährige Befristung und Hypothekenschulden	68,571	290,208	1,377,430
e. Anlehen auf kürzere Fristen und Kredite für Baumaterialien .	270,483	573,136	597,821
f. Noch zu zahlende Geschäftsunkosten und unvertheilter Reingewinn .	11,706	22,680	78,880
Summa der Passiva . . .	657,366	1,472,306	3,043,546

Von den 20 Baugenossenschaften der Tabelle haben übrigens im Jahre 1874 nur 12 gebaut, unter den übrigen waren mehrere im Besitz bedeutender Wohnhäuser, die in früheren Jahren erbaut waren. Manche wurden wahrscheinlich durch den zeitweisen Mangel an flüssigem Kapital an der gleichmäßigen Fortsetzung der Bauthätigkeit verhindert. Schulze macht im Jahresbericht darauf aufmerksam, daß bei dem kurzen Bestande aller dieser Genossenschaften die eigene Kapitalbildung sehr schnell vor sich geht; es kamen auf den Kopf des Mitgliedes 363 M. Guthaben und 24 M. Reserve. „Aber es gehört eben zu einer ersprießlichen und nachhaltigen Thätigkeit einer Baugenossenschaft so viel Kapital, und zwar so viel unkündbares Kapital, daß die Sorge dafür immer eine wichtige Aufgabe dieser Genossenschaften bilden wird. Die Vereine der Tabelle wenden zu diesem Zweck folgende verschiedene Methoden an:

a) um das eigene Kapital an Geschäftsantheilen schnell in die Höhe zu bringen:
   1. die Zulassung des Erwerbs mehrerer Geschäftsantheile, nach deren Höhe auch die Verluste vertheilt werden;
   2. die Zulassung des Erwerbs mehrerer Geschäftsantheile, aber mit der Bestimmung, daß etwaige Verluste in erster Linie aus den ersten Geschäftsantheilen, der dann noch verbleibende Rest aus den zweiten u. s. w. gedeckt werden;

b) um ein großes Kapital unkündbar zu erhalten:
1. die Zulassung „stiller Gesellschafter" mit Einlagen, die eine Reihe von Jahren unkündbar sind und nach ihrer Höhe an Gewinn und Verlust des Geschäfts wie die Geschäftsantheile theilnehmen;
2. die Gründung eines besonderen auf beschränkter Haft beruhenden Vorschußvereins für die Baugenossenschaft. Dieser letztere Weg kann jetzt freilich nur noch in der Art eingeschlagen werden, daß man dem fraglichen Vorschußvereine die Form einer Aktiengesellschaft giebt." (Schulze a. a. O.)

Von den vorstehend aufgeführten verschiedenen Methoden ist die zu a) 2. die des Bauvereins, Eingetr. Genossensch., zu Insterburg, welcher unter der Leitung von E. Guttmann, Direktor des Verbandes der preußischen Erwerbs- und Wirthschaftsgenossenschaften und des Insterburger Vorschußvereins, dem Wohnungsmangel, den örtlichen Bedürfnissen gemäß, auf genossenschaftlichem Wege abzuhelfen mit der „die Genossenschaftsstadt der deutschen Ostmark"*) kennzeichnenden Thatkraft, Sicherheit und Geschicklichkeit bestrebt ist. Der Bauverein zu Insterburg brachte es auf diese Weise bis zum Schluß 1874 auf

*) Insterburg, eine Stadt mit 14,439 Einw. (1870), hatte Ende 1874 folgende 8 eingetragene Erwerbs- und Wirthschaftsgenossenschaften:

	Gegründet.	Mitgliederzahl.	Geschäftsantheile	Reservefond.	Geschäftsumsatz 1874
			Mark.	Mark.	Mark.
1. Vorschußverein	1860	1,713	426,525	36,714	5,375,199
2. Konsum- und Sparverein,	1866	411	3,423	1,788	41,058
Drei zur Nothstandszeit begründete Produktivgenossenschaften:					
3. Vereinigte Schuhmacher . .	1868	26	6.534	1,452	58,026
4. Vereinigte Tischler	1868	11	4,167	—	6,282
5. Vereinigte Schneider . . .	1868	6	3,984	1,869	17,769
6. Ländlicher Wirthschaftsverein (s. oben)	1872	123	14,913	7,305	307,110
7. Bauverein	1872	238	103,200	13,500	122,924
8. Milchmagazin-Genossenschaft	1872	20	4,500	—	69,240
Summa . . .		2,549	567,246	62,628	5,997,608

Die Zahlen sind hier aus der von Guttmann herausgegebenen „Zusammenstellung der Resultate des Sparkassen- und Genossenschaftswesens der Provinz Preußen Ende des Jahres 1874. Insterburg 1875" entnommen. Keine Stadt Deutschlands kann verhältnißmäßig auch nur annähernd ähnliche Leistungen auf dem Genossenschaftsgebiete nachweisen.

Der Bauverein hat bisher 10 größere Häuser gebaut und davon 4 verkauft. Die drei im Jahre 1874 erbauten Häuser kosten 28,360 M., 34,590 M. und 35,495 M. und haben zusammen 18 Wohnungen; davon haben 7 Wohnungen je 2 Stuben, Küche, Kammer, Keller, Speicher (darunter aber eine außerdem noch eine Backstube und eine noch einen Laden), 8 Wohnungen je eine Stube mehr, also drei Stuben; 2 Wohnungen je zwei Stuben mehr, also 4

ein Guthaben von 111,198 M. bei 10,778 M. Reservefond (9000 Mark Hypotheken, 141,881 M. Anlehen auf kürzere Frist u. s. w.) bei 241 Mitgliedern.

Die Methode zu b) 2. ist in dieser Form bei der aus dem Arbeiter-Bildungsverein zu München hervorgegangenen „Bau- und Spargenossenschaft Arbeiterheim in München" in Anwendung gekommen. Ein „Vorschußverein für Arbeiterheim" trat im Interesse der im Kampf gegen sozialdemokratische Störer in öffentlicher Versammlung (28. Oktober 1871) mit 197 Mitgliedern begründeten Baugenossenschaft zusammen, und ließ sich als registrirte Genossenschaft mit beschränkter Haft nach dem damals noch gültigen bayerischen Genossenschaftsgesetz in das Genossenschaftsregister eintragen, lediglich um der Genossenschaft ein mit vier Proz. verzinsliches, unter der Bedingung richtiger Verzinsung und Amortisation unkündbares, vom siebenten Jahre an mit 2 Proz. jährlich heimzahlbares Kapital von 112,800 Mark zur Verfügung zu stellen.

Die genaue Geschichte der jetzt mit der Vorortschaft des Unterverbandes deutscher Baugenossenschaften betrauten, zu den schönsten Hoffnungen berechtigenden Baugenossenschaft, welche zum Jahresschlusse 1874 bei 261 Mitgliedern bereits 72 Wohnungen vermiethet hatte, ist nachzulesen in einer, den gegenwärtig bestehenden Baugenossenschaften, sowie allen, die solche begründen wollen, dringend zu empfehlenden Schrift: „Die Wohnhäuser der Bau- und Spargenossenschaft Arbeiterheim in München. Nach Entwurf und Ausführung dargestellt nebst einer Geschichte dieser Genossenschaft von Reinhold Hirschberg und Oskar Feierabend. Mit 18 lithographirten Tafeln. München 1875. Verlag von Max Brissel." *)

Stuben, und eine gar 5 Stuben. Die Miethspreise betragen für 3 Wohnungen je 240 M., für 2 Wohnungen je 270 M., für 2 Wohnungen je 300 M., für 2 Wohnungen je 360 M., für 3 Wohnungen je 390 M., für je eine Wohnung 405, 450, 495 M., für 2 Wohnungen je 540 M. und für die theuerste Wohnung 600 M.

*) Der Gesammtertrag der vorzüglich ausgestatteten Schrift ist, wie das Titelblatt besagt, genossenschaftlichen Zwecken gewidmet. Von den Herausgebern ist O. Feierabend der Direktor der Genossenschaft, R. Hirschberg (Direktor der bayerischen Baugesellschaft) steht seit der Gründung der Genossenschaft ihr als technischer Beirath zur Seite, und hat alle Pläne der bisher ausgeführten Bauten entworfen. Der Inhaber der Verlagsfirma ist der stellvertretende Vorsitzende des Aufsichtsraths, Mayer, zugleich Direktor des Baugenossenschafts-Verbandes. Die Schrift bietet „ein anschauliches Bild, was unter verhältnißmäßig schwierigen Bedingungen, besonders bei vielfach hinderlichen baupolizeilichen Vorschriften, in dem Zeitraum von 3 Jahren auf dem Wege der Selbsthülfe geleistet worden ist." In einem Anhange sind abgedruckt der Gesellschaftsvertrag, Instruktion für die Vorstände, Formular für Beitrittserklärung und Antheilschein, Mitgliederbuch, Mieths- und Amortisations-Quittungsbuch, Hausordnung, Miethsvertrag, Miethzins-Quittungsbuch, Wohnungs-Einweisungsschein, Aftermiethsbewilligung, Hausmeister-Instruktion, Vertrag mit dem Hausmeister, allgemeine Vertragsbestimmungen zur Uebernahme von Bauarbeiten und Uebernahmevertrag.

An der Statistik über die Bewegung in der Mitgliedschaft und die Eintheilung der Mitglieder nach Berufsklassen betheiligten sich 1874 17 Baugenossenschaften; in diesen hatten die Mitglieder sich von 1993 auf 1945 vermindert. „Bei den überschwänglichen Erwartungen", sagt Schulze, „die namentlich im Anfang des Bestehens der Baugenossenschaften hier und da von deren Leistungen gehegt worden, kann das nicht überraschen und deutet an sich auf keine ungesunden Zustände hin. Von den verschiedenen Berufsklassen waren die Arbeiter am stärksten betheiligt — mit 26.4 Proz., nächst ihnen die selbstständigen Handwerker, mit 26.0 Proz., dann die selbstständigen Kaufleute mit 13.2 Proz., die Beamten, Aerzte, Lehrer u. s. w. mit 11.9 Proz. An der Baugenossenschaft nahmen also alle Berufsklassen Theil; und es scheint, als ob hier das relative Uebergewicht der stärksten Klasse geringer ist, als in irgend einem andern Zweige des Genossenschaftswesens."

Auch dieser Umstand ist der Entwickelung der Baugenossenschaft günstig. Nicht blos in Insterburg und München, fast in jeder Stadt des deutschen Reichs, wo eine Baugenossenschaft die unerwarteten Schwierigkeiten, die sich ihr entgegenstellen, in stetem ruhigen Fortschreiten glücklich überwindet, — so in Neviges, Speyer, Forst, — sind Männer, die in Vorschuß- oder Konsumvereinen oder in Produktivgenossenschaften Kraft und Geschick bereits bewährt haben, vorzugsweise an der Leitung betheiligt. Dies giebt uns die feste Zuversicht, die deutschen Baugenossenschaftsmänner werden in wenigen Jahrzehnten Jedermann in Deutschland, der die Augen nicht absichtlich verschließt, überzeugt haben, wie sinnlos und verkehrt es ist, bei einer auf natürliche Ursachen zurückzuführenden Erscheinung, wie ein nach Zeiten des Kriegs oder der Kriegsfurcht eintretender Wohnungsmangel in den großen Städten ist, sofort ein wüstes Geschrei nach Staats- und Kommunalhilfe (Enteignung der Baustellen durch Staat oder Kommunen, Wiedereinführung der Erbpacht und dgl.) anzustimmen, — wie es leider anno 1872 sogar in hochgebildeten und hochgelehrten Kreisen Mode war.

Dank den deutschen Genossenschaften wächst täglich die einst so kleine Schaar, welche erkannt hat und weiß, wie unüberwindlich zauberkräftig für Männer kalten Blutes und unerschrockenen Herzens sich das alte Wort erweist: Hilf Dir selbst und Gott wird Dir helfen! —

III. Zur Geschichte des Genossenschaftsgesetzes.

Schulze-Delitzsch hat bei seinen Organisationen die Frage der rechtlichen Form der Genossenschaften mit größter Vorsicht behandelt, um auf der einen Seite jede Einmischung des Staates und seiner Behörden von ihnen abzuhalten und auf der andern Seite den Mangel der rechtlichen Persönlichkeit bei allen Beziehungen zu dritten Personen zu ersetzen. Da seine ersten Schöpfungen in Preußen, und zwar im Gebiete des Allgemeinen Preußischen Landrechts ihren Sitz hatten, so mußte er sich zunächst mit diesem abfinden.

Das Preußische Landrecht behandelt die Sozietäten, die Erwerbsgesellschaften, im 27sten „Vom gemeinschaftlichen Eigenthume" überschriebenen Titel des ersten Theils im dritten Abschnitte als „Gemeinschaften, welche durch Vertrag entstehen." Von diesen Sozietäten unterscheidet es die erlaubten Gesellschaften, welche im 6. Titel des zweiten Theils unter der Ueberschrift „Von Gesellschaften überhaupt, und von Korporationen und Gemeinen insonderheit" behandelt werden. Die erlaubten Gesellschaften — „Verbindungen mehrerer Mitglieder des Staats zu einem gemeinschaftlichen Zwecke, der mit dem gemeinen Wohl bestehen kann" (A. L. R. II, 6. §§ 1 u. 2.) — konnten im absoluten Staate jederzeit verboten werden, blos deshalb, weil sie „andern gemeinnützigen Absichten oder Anstalten hinderlich oder nachtheilig" waren.

Die Märzrevolution beseitigte sofort diese Beschränkungen des Vereinsrechts, zunächst durch § 4 der Verordnung vom 6. April 1848. Derselbe gewährte allen Preußen das Recht, sich zu solchen Zwecken, die den Strafgesetzen nicht zuwiderlaufen, ohne vorgängige polizeiliche Erlaubniß in Gesellschaften zu vereinigen. Diese Bestimmung ist in die Verfassungsurkunde vom 31. Januar 1850 übergegangen. Eine Beschränkung des Vereinsrechts trat nur ein in Betreff der politischen Vereine (Art. 30 der Verfassung) und aller Vereine,

> „welche eine Einwirkung auf öffentliche Angelegenheiten bezwecken"

(Verordnung vom 11. März 1850).

Darnach war es Schulze zur Zeit, wo er die organisatorische Thätigkeit begann, gestattet, seine Genossenschaften dem Staate gegenüber unter den Begriff der erlaubten Privatgesellschaften zu flüchten. Die Rechte und Pflichten der Mitglieder erlaubter Privatgesellschaften sollen nach dem Landrecht in erster Linie nach dem unter ihnen bestehenden Vertrage beurtheilt werden (§ 11 a. a. O.). Die Gesellschaften selbst „stellen im Verhältniß gegen Andere, außer ihnen, keine moralische Person vor und können daher auch, als solche, weder Grundstücke noch Kapitalien auf den Namen der Gesellschaft erwerben", noch unter ihrem Namen klagen oder verklagt werden, haben aber unter sich, „so lange sie bestehen, die inneren Rechte der

Korporationen und Gemeinen", es kann daher ein ausscheidendes Mitglied von dem Gesellschaftsvermögen in sofern einen Antheil fordern, als das Mitglied einer Korporation und Gemeinde dazu berechtigt ist. Eine Ausnahme von dieser Regel bilden Handelsgesellschaften u. s. w. (§§ 13 ff. a. a. O.).

Weiter ist noch hervorzuheben, daß ausdrücklich genehmigte oder privilegirte Gesellschaften an und für sich noch keine besseren Rechte erlangen, als die erlaubten Gesellschaften. Korporationsrechte (die Rechte einer juristischen Person) werden nur solchen konzessionirten Gesellschaften ertheilt, die sich zu einem fortdauernden gemeinnützigen Zwecke verbunden haben (§ 25 ff. a. a. O.); diese Gesellschaften können nur mit besonderer Einwilligung der ihnen vorgesetzten Behörde Grundstücke erwerben, veräußern oder verpfänden, oder ihre Verfassungen ändern, dahingegen ist der Staat jederzeit berechtigt, sie selbst aufzuheben.

Von Handelsgesellschaften kannte das Landrecht nur die offene und die stille Gesellschaft. Erst durch das Gesetz über die Eisenbahnunternehmungen vom 3. November 1838 und sodann durch das Gesetz vom 9. November 1843 wurden Aktiengesellschaften zugelassen, die nur mit landesherrlicher Genehmigung errichtet werden durften, und durch die landesherrliche Genehmigung „die Rechte einer Korporation" oder „die Eigenschaft juristischer Personen erlangten." Die Verfassungsurkunde vom 31. Januar 1850 verordnete zwar im Art. 31, daß ein Gesetz die Bedingungen bestimmen solle, unter welchen Korporationsrechte ertheilt oder verweigert werden; dieses Gesetz fehlt aber noch heute.

Bei dieser Rechtslage war klar, daß die Existenz der Vorschußvereine und Rohstoffassoziationen, — und um diese handelte es sich zunächst, — nur ohne Konzession und ohne korporative Rechte möglich war. Genossenschaften, welche nur mit ihren Mitgliedern Geschäfte machten, waren also, wie Schulze in der 1859 erschienenen zweiten Auflage seines Vorschußvereinsbuches (S. 10) es ausdrückt, „in ihren privatrechtlichen Verhältnissen Dritten gegenüber, unzweifelhaft Sozietäten, etwa nach Art der Handelsgesellschaften, dem Staate gegenüber dagegen erlaubte Privatgesellschaften, die es nicht mit öffentlichen, sondern den allerprivatesten Verhältnissen ihrer Mitglieder (die Vorschußvereine mit der Beschaffung der nöthigen Geldmittel zum Gewerbebetrieb) zu thun haben".

Freilich respektirte die Polizei auch in Preußen keineswegs die Unabhängigkeit der jungen Genossenschaften, allein die Gerichte, deren Entscheidung anzurufen möglich war, gewährten den verlangten Schutz.

Fast noch schwerer, als mit der Polizei fertig zu werden, war es, in dem Verkehr mit dritten Personen den Mangel der rechtlichen Persönlichkeit zu ersetzen. Ein gemeinschaftliches Auftreten aller Mitglieder dem Dritten gegenüber wurde durch eine Vollmacht ermöglicht, welche in dem von allen, auch den neu hinzutretenden Mitgliedern zu unterschreibenden Statut, dem Sozietätsvertrage, enthalten war. Allein dies Statut war eine Privaturkunde. Die erste Vollziehung desselben in beglaubigter Form wäre bei der großen Mitgliederzahl mit kaum zu besiegenden Schwierigkeiten verbunden gewesen, hätte aber auch nichts genützt, so lange nicht gleiche gerichtliche oder notarielle Akte über den jedesmaligen Ein- und Austritt von Mitgliedern aufgenommen wären. Und dies erschien für Vorschußvereine und überhaupt für alle auf zahlreiche Mitglieder berechnete Genossenschaften schon wegen der hohen Kosten geradezu unmöglich. Demnach konnte bei einer Klage der Genossenschaft der Verklagte durch einfaches Bestreiten aller die Prozeßlegitimation der Kläger begründenden Thatsachen die Realisirung der Ansprüche der Genossenschaft hindern oder bis in's Unendliche verzögern. Dieserhalb wurden die Einrichtungen mehr und mehr dahin getroffen, daß bei allen Rechtshandlungen, aus welchen möglicherweise Klagen entstehen konnten, die Genossenschaft als solche aus dem Spiele blieb und einzelne Personen als Kontrahenten vorgeschoben wurden. So ließen z. B. die Vorschußvereine in Schuldscheinen und Wechseln einen ihrer Beamten als Gläubiger erscheinen und sicherten sich gegen diesen oder dessen Erben auf allerlei mehr oder weniger künstliche Weise; außerdem wurden alle Rechtshandlungen vermieden, durch welche die Genossenschaft zum Hypothekenbuch in Beziehung treten könnte.

In den Nachbarstaaten, in welchen zuerst Genossenschaften nach Delitzsch'em Muster gebildet wurden, in Sachsen, Anhalt, Thüringen, gelang es zwar auch, dieselben Formen mit Hülfe der gemeinrechtlichen Juristen aufrecht zu erhalten, allein der Mangel der Rechtsfähigkeit erschwerte den Geschäftsbetrieb doch hinreichend, um manche Vereine zu veranlassen, von wohlwollenden Regierungen unter günstigen Bedingungen die Verleihung der juristischen Persönlichkeit zu erlangen. Indessen traten bei weiterer Ausbreitung des Genossenschaftswesens, bei regerem Verkehr der Genossenschaften unter einander, schon in der letzten Hälfte der funfziger Jahre die Bedenken und Schwierigkeiten immer schärfer hervor. „In jedem Falle bleibt", sagt Schulze-Delitzsch in seinem Buche über die Volksbanken, „die Stellung der Genossenschaften in Ermangelung fester, speziell für sie anwendbarer Rechtsnormen, eine schwankende, von den wechselnden Ansichten der Gerichte, nicht selten von dem guten Willen der Gegenpartei abhängige, und sie sind genöthigt, zu Fiktionen und Umwegen ihre Zuflucht zu nehmen, um nur den nöthigen Rechtsschutz zu erlangen — ein Zustand, der, in jeder Weise mißlich, mancherlei Gefahren, unnütze Kosten und Weitläufigkeiten für sie zur Folge hat."

Bereits dem zweiten Vereinstage der Vorschuß- und Kreditvereine Pfingsten 1860 zu Gotha legte Schulze einen Entwurf zu einem Gesetze vor „zum Behufe der Erleichterung der Legitimation bei Prozessen und Rechtsgeschäften für die Vorschuß- und Kreditvereine, welche auf der Selbsthülfe der Kreditbedürftigen im genossenschaftlichen Wege beruhen." Dieser Entwurf ist dort durchberathen und in der schließlich festgestellten Fassung nebst den Motiven mehrfach veröffentlicht.*) Derselbe benutzte in seinen Vorschlägen die neuere englische Gesetzgebung auf dem Gebiete des Gesellschaftsrechts,**) wonach eine Einregistrirung, bei einem besonderen Registeramte bewirkt, der betreffenden Gesellschaft Korporationsrechte und „perpetuirliche Sukzession" gewährt. Die Vorschuß- und Kreditvereine sollten, ohne Verleihung von Korporationsrechten, durch ein Attest der Ortsbehörde die Beglaubigung ihrer Statuten mit der Wirkung erlangen können, daß denselben vor Gericht und sonst überall in Bezug auf die darin angeordnete Vertretung nach Außen und die Vollmachten ihrer Beamten die Beweiskraft öffentlicher Urkunden beigelegt werde. Zu diesem Behufe sollten die Vereine, wenn sie ein solches Attest beanspruchen wollten, ihr gewissen Normativbestimmungen anzupassendes Statut mit dem betreffenden Antrage überreichen, worauf dann die Ortsbehörde, welcher sonst eine Einmischung in die Genossenschaftsangelegenheiten nicht zustände, ein Attest dahin auszustellen und dem eingereichten Statut anzuhängen habe:

> daß der Verein unter dem bestimmten Namen am Orte bestehe, das vorstehende Statut eingereicht und den Vorschriften des Genossenschaftsgesetzes genügt habe.

Aehnlich sollte bei Aenderungen des Statuts verfahren werden. Ein weiteres Attest der Ortsbehörde sollte bescheinigen, welchen Personen und auf wie lange die Genossenschaftsämter durch Wahl übertragen worden seien u. s. w.

Dieser Gesetzentwurf wurde beim preußischen Abgeordnetenhause nicht eingebracht, weil inzwischen (Session Frühjahr 1861) das Allgemeine deutsche Handelsgesetzbuch vorgelegt war. Mit der demnächst erfolgenden Einführung dieses Gesetzbuches trat an die Genossenschaften zunächst die Frage heran, ob sie zu den Handelsgesellschaften im Sinne desselben gehörten, also gezwungen seien, sich den darin enthaltenen Vorschriften unterzuordnen. Wenngleich diese Frage für die Mehrzahl der bis dahin bestehenden Genossenschaften, namentlich für alle Volksbanken, die nur mit ihren Mitgliedern Geschäfte machten, zu verneinen war, so war doch andrerseits klar, daß die Lage der Genossenschaften durch die Einführung des sie vollständig ignorirenden Handelsgesetzbuches keineswegs gefördert, sondern den Auslegungen der Gerichte und Verwaltungsbehörden gegenüber noch unsicherer geworden war. Somit war die gesetzliche Regelung ihrer Verhältnisse mehr als zuvor geboten.

Das Handelsgesetzbuch schloß die Zahl der Handelsgesellschaften

---

*) z. B. Jahresbericht für 1859 von Schulze-Delitzsch. (Leipzig 1860 Beilage Seite D, 44 ff.)

**) Das Gesetz vom 7. August 1862 (An Act to consolidate and amend the Laws relating to Industrial and Provident Societies) hat diese Gesetze von 1852 und 1855 theils ganz aufgehoben, theils wesentlich verändert.

ab, gewährte aber den von ihm aufgenommenen Gesellschaften, für welche es die Eintragung in das Handelsregister bestimmt, gewisse Rechte, die sonst nur den juristischen Persönlichkeiten zukamen; es erkennt sie als handelsrechtliche Persönlichkeiten an. Die gleichen Rechte konnte die Genossenschaft beanspruchen. „Nur weil die Genossenschaft vermöge ihrer Eigenthümlichkeit unter keine der gesetzlich definirten Gestaltungen unterzubringen ist, und weil sie bei der Abfassung des deutschen Handelsgesetzbuches noch nicht genügend erkannt, auch nicht zu der heutigen bedeutungsvollen Höhe gelangt war, entbehrt sie den gesetzlichen Schutz, welcher ihr so wenig versagt werden darf, wie jeder anderen lebenskräftigen und förderlichen Erscheinung innerhalb des Staates, der nur Wohlthaten nachzurühmen, aber keinerlei Gefahren und Nachtheile zuzuschreiben sind." *)

Von diesen Erwägungen ausgehend, fand Schulze-Delitzsch es mit Recht rathsam, den in seinem früheren Entwurf eingeschlagenen Weg zu verlassen. Statt dessen beanspruchte er und mit ihm die dem allgemeinen Verbande angehörigen Genossenschaften, daß die Gesetzgebung diese als eine besondere und eigenthümliche Art der Gesellschaften anerkenne und — gleichviel ob sie Handelsgeschäfte trieben oder nicht — durch Eintragung in ein vom Handelsgerichte als einen Theil des Handelsregisters zu führendes Genossenschaftsregister und durch die Gewährung der Rechte selbständiger handelsrechtlicher Personen den Handelsgesellschaften gleichstelle. Schulze arbeitete nun, im Anschluß an die Abschnitte des Handelsgesetzbuches über Handelsgesellschaften, den Entwurf eines vollständigen Genossenschaftsgesetzes aus, indem er, — wie er sich in den Motiven ausdrückt — „im Handelsgesetzbuche selbst die Handhabe fand, den Genossenschaften einerseits die den Handelsgesellschaften im Handelsgesetzbuche gebotenen großen Vortheile zu sichern, andererseits aber die für sie unerfüllbaren Bedingungen, an welche die Vortheile geknüpft sind, ihren Verhältnissen anzupassen." **) Seinen

---

*) Lasker in dem Berichte Nr. 55 der Drucksachen des Abgeordnetenhauses.

**) Schulze fügte einen Auszug aus der dritten Auflage seines Buches „Vorschuß- und Kreditvereine als Volksbanken" dem Gesetzentwurf als Motive bei. Hier fährt er an der gegebenen Stelle fort: „Das Handelsgesetzbuch behandelt nämlich in der Aktiengesellschaft eine Art der Vergesellschaftung, welche das mit unsern Genossenschaften gemein hat, daß sie ebenfalls nicht auf bestimmte Personen berechnet, einen steten Wechsel der Mitglieder zuläßt, während sie sich freilich dadurch unterscheidet, daß ihre Mitglieder nur mit bestimmten Kapital-Einlagen, gar nicht mit ihren Personen und übrigem Vermögen haften, weshalb man sie als Kapitalgenossenschaft der unsrigen, als der persönlichen, oder der Arbeitergenossenschaft in gewissem Sinne entgegensetzen kann. Wenn man nun die im Handelsgesetzbuch enthaltenen Bestimmungen über die offene Handelsgesellschaft als diejenigen Rechtsnormen, welche der Stellung unserer Vereine nach Außen, in Bezug auf die persönliche Haftbarkeit ihrer Mitglieder für die Vereinsschulden u. dgl. am meisten entsprechen, mit den Bestimmungen des Gesetzbuchs über die Aktiengesellschaften kombinirt, welche für die inneren Verhältnisse, wie sie sich in jeder Genossenschaft nothwendig gestalten, durchaus passen, z. B. für die

Entwurf legte Schulze zunächst dem Pfingsten 1862 tagenden 4. allgemeinen Vereinstage vor, mit einem Antrage, nach welchem den Vereinen empfohlen wurde, in den einzelnen Staaten, in denen das allgemeine deutsche Handelsgesetzbuch schon in Kraft getreten sei oder künftig eingeführt werde, zur Einführung des Zusatzgesetzes mit den durch die Gesetzgebung der Einzelstaaten bedingten Aenderungen die erforderlichen Schritte zu thun. Zunächst aber wünschte er eine Durchberathung des Entwurfs auf den Unterverbandstagen und dann auf dem allgemeinen Vereinstage des Jahres 1863. Der Vereinstag erklärte jedoch eine nochmalige Prüfung für überflüssig und nicht zweckentsprechend, beauftragte vielmehr den Anwalt, möglichst schon früher in Uebereinstimmung mit dem engeren Ausschusse die erforderlichen Anträge zunächst beim Preußischen Landtage zu stellen.

Demgemäß brachte Schulze-Delitzsch den Gesetzentwurf am 10. März 1863 beim Preußischen Abgeordnetenhause ein. Dasselbe überwies ihn einer Kommission von 14 Mitgliedern zur Vorberathung. In der ersten Kommissionssitzung (14. April 1863) erklärte der Handelsminister, daß die Staatsregierung die bisherige Wirksamkeit der Genossenschaften als wohlthätig und segensreich und die Tendenz des Gesetzvorschlags als eine gemeinnützige anerkenne, allein den darin eingeschlagenen Weg für einen geeigneten nicht erachten könne, weil derselbe zu einer Aenderung der Vorschriften des deutschen Handelsgesetzbuchs führe. Sie werde indeß in der nächsten Sitzungsperiode des Landtags ihrerseits einen Gesetzentwurf vorlegen, und gedenke bei diesem dem früher vom Antragsteller selbst vorgeschlagenen Verfahren sich anzuschließen, nämlich die Beglaubigung der Statuten durch Attest der Verwaltungsbehörde gegen Erfüllung gewisser Normativbestimmungen vorzuschreiben.

Die Kommission, welche die Richtigkeit dieses Verfahrens nicht anerkannte, ließ sich nicht abhalten, den Gesetzvorschlag durchzuberathen. In sieben Sitzungen bis Mitte Mai war sie damit fertig. Inzwischen hatte im Abgeordnetenhause (11. Mai 1863) jener stürmische Auftritt stattgefunden, wo der Präsident die Sitzung schloß, weil der Kriegsminister sich seiner Disziplin nicht unterwerfen wollte. Da man jeden Tag die Auflösung des Hauses erwartete, wurde schleunigst die von der Kommission festgestellte Fassung der Beschlüsse gedruckt. Eine Feststellung des vom Herausgeber als erwählten Referenten zu ferti-

---

Verwaltung, Beschlußfassung, Ein- und Austritt der Mitglieder u. s. w., so genügt man nicht nur dem vorhandenen Bedürfniß vollständig, sondern gewährt auch dem Staate alle Garantien, an welche die Berücksichtigung eines solchen neuen Rechtsinstituts seinerseits vernünftiger Weise gebunden werden kann. Zugleich erreicht man aber auch den großen Vortheil: daß auf solche Weise die ganze Rechtsmaterie über die Genossenschaften in einem einzigen Gesetz erschöpft wäre, welches wie ein zusätzlicher Abschnitt zum Handelsgesetzbuch selbst eine darin übersehene und doch jedenfalls verwandte Gesellschaftsform behandelt."

genden Kommissionsberichtes ward durch die am 27. Mai erfolgte Auflösung des Hauses verhindert.

Die Preußische Regierung ging mit der Regelung dieser Angelegenheit nunmehr auf dem üblichen, aber hier wenig angebrachten Wege vor, durch die Landräthe und Regierungen statistisches Material über die bestehenden Genossenschaften zu beschaffen. Die Jahresberichte der Anwaltschaft enthielten, wie sich die Staatsregierung überzeugen mußte, alljährlich ein weit vollständigeres Material, als sich auf büreaukratischem Wege durch die offizielle Statistik zusammenbringen ließ. Uebrigens erkannten die Behörden die von den Genossenschaften auf die Verhältnisse ihrer Mitglieder geübte Wirksamkeit als eine in hohem Grade wohlthätige und gemeinnützige an. Mochte nun aber die hochgehende politische Bewegung, oder mochten sachliche Bedenken irgend welcher Art daran Schuld sein, — Schulze mußte im Jahresberichte für 1863 (Mitte 1864 geschrieben) mittheilen, daß in der Sache „Seitens der Preußischen Regierung trotz gegebener Zusicherungen, ebensowenig Etwas gethan sei, wie von den Regierungen der übrigen deutschen Staaten."

In der folgenden Session des Preußischen Landtags erklärte am 11. Februar 1865 bei Gelegenheit der Debatten über die von Schulze-Delitzsch und Genossen beantragte Aufhebung der Koalitionsbeschränkungen der Handelsminister Graf Itzenplitz: blos durch Wegräumung der Schranken, welche der Koalitionsfreiheit gezogen sind, könne die Lage der arbeitenden Klassen nicht in erheblichem Maße verbessert werden; man müsse erörtern, inwieweit durch positive Mittel, insbesondere durch Förderung des Genossenschaftswesens jener Erfolg anzustreben sei; man werde zur Erörterung der Fragen eine besondere Kommission einberufen, zu welcher Mitglieder beider Häuser des Landtags und Sachverständige aus den Kreisen der Arbeitgeber und Arbeiter zugezogen werden sollten.

Diese Erklärung hatte für die Genossenschaften wenig Verlockendes; sie fiel in jene Zeit, wo die viel verbreitete Nachricht, die Regierung habe durch Vermittelung des Justizrath Wagener mit den sozialdemokratischen Parteiführern freundliche Beziehungen angeknüpft, allgemeinen Glauben fand. Gleichzeitig klagte man vielfach in Preußen, daß in Provinzialstädten Staatsbehörden mancherlei Chikanen gegen Genossenschaften versuchten. Es war daher gerechtfertigt, daß die zum 21. August 1865 in absonderlicher Zusammensetzung einberufene Kommission zur Berathung der Koalitionsfrage die Aufmerksamkeit des zu gleicher Zeit zu Stettin tagenden 7. Vereinstages der deutschen Genossenschaften erregte. Als die der Kommission vorgelegten, auf das Genossenschaftswesen bezüglichen Fragen bekannt wurden, nahm der Vereinstag am 22. August 1865 einstimmig folgenden, für die Stellung der Genossenschaften zur Staatsförderung charakteristischen Antrag des Herausgebers an.

„Mit Rücksicht auf die von dem preußischen Ministerium der am

21. August 1865 in Berlin zusammengetretenen Kommission für die Arbeiterverhältnisse vorgelegten Fragen:

1. Was kann geschehen, um die auf Selbsthülfe beruhenden Genossenschaften (Vorschuß- und Kreditvereine, Vereine zur Beschaffung von Rohstoffen, Konsumvereine, Produktivassoziationen) zu fördern?
2. Welche dieser Assoziationen können auch unter Fabrikarbeitern Eingang finden und auf welchem Wege würde dies zu erreichen sein?

erklärt der allgemeine Vereinstag der auf Selbsthülfe beruhenden deutschen Erwerbs- und Wirthschaftsgenossenschaften:

I. Die einzige Förderung, welche die Genossenschaften von der preußischen, wie von jeder anderen Staatsregierung beanspruchen, ist:
  a) daß sie sich aller Versuche, die Genossenschaften unter die der polizeilichen Kontrolle unterliegenden Vereine zu stellen, fernerhin enthalte;
  b) daß sie dem Gesetzentwurfe über die endliche Regelung der privatrechtlichen Stellung der Genossenschaften, welcher die Beseitigung der für sie bei der jetzigen Lage der Gesetzgebung vorhandenen Schwierigkeiten in Erwerb, Aufgabe und Verfolgung von Vermögensrechten bezweckt und im Preußischen Abgeordnetenhause in der Session von 1863 von dem Anwalt der Genossenschaften eingebracht ist, nicht länger entgegenstehe, sondern dahin wirke, daß derselbe zum Gesetz erhoben werde.

II. Von den auf Selbsthülfe beruhenden Genossenschaften haben namentlich die Konsumvereine unter den Fabrikarbeitern längst Eingang gefunden. Auch die Vorschuß- und Kreditvereine und die Produktivgenossenschaften erfreuen sich einer wachsenden Betheiligung derselben; ihrer Entwickelung stehen nur die vorher bezeichneten Hindernisse entgegen.

III. Alle Versuche der Staatsregierungen, die auf Selbsthilfe beruhenden Erwerbs- und Wirthschaftsgenossenschaften im Allgemeinen oder innerhalb einer einzelnen Berufsklasse durch positive Einmischung **fördern** zu wollen, müssen als ihnen **schädlich** zurückgewiesen werden."

Der Beschluß wurde veröffentlicht und an die Koalitionskommission gesendet. Die große Mehrheit derselben schloß sich den darin vertretenen Grundsätzen an und sprach den Wunsch auf Erlaß des Genossenschaftsgesetzes aus, im Uebrigen aber möge man den Genossenschaften möglichst freie Bewegung gestatten. (Beschluß vom 3. September 1865.)*)

---

*) Vgl. Mittheilungen über den Stettiner Vereinstag, ferner den Aufsatz des Herausgebers: „Vor zehn Jahren" in Nr. 42 der Genossenschaftsblätter

Jetzt endlich schritt das Preußische Handelsministerium ernstlich ans Werk. Das frühere Bedenken, daß eine Abänderung des deutschen Handelsgesetzbuches nicht zulässig sei, wurde nicht länger aufrecht erhalten, vielmehr ein neuer Gesetzentwurf im Anschluß an die Vorarbeiten Schulze's und der Kommission vom Jahre 1863 ausgearbeitet und in Folge königlicher Ermächtigung vom 2. Februar 1869 von dem Handelsminister Grafen von Itzenplitz dem Herrenhause vorgelegt. Der schon am 23. Februar erfolgte Schluß des Landtages endigte die in der Handelskommission des Herrenhauses begonnene Vorberathung.

Dieser Entwurf war für die Genossenschaften unannehmbar, „insofern er die Anerkennung der Genossenschaften durch die Verwaltungsbehörde, die Oberpräsidenten der Provinz, als Bedingung ihrer Unterstellung unter das Gesetz forderte, ohne welche sie von den Wohlthaten desselben ausgeschlossen wären".*)

Die erste Session der neunten Legislaturperiode des Preußischen Landtages, der ersten nach der Konfliktszeit, war endlich berufen, den Genossenschaften in Preußen die erstrebte Rechtsfähigkeit zu gewähren. Schulze-Delitzsch brachte den Gesetzentwurf in der Fassung der Kommission von 1863 in das Abgeordnetenhaus ein. In der zur Vorberathung desselben erwählten Kommission erklärte der Vertreter der Staatsregierung, der Geheime Regierungsrath Eck (27. Aug. 1866), die Staatsregierung halte die Session nicht für geeignet, den Gesetzentwurf zu berathen, werde aber der nächsten ordentlichen Session ihren Entwurf wieder vorlegen und hoffe, die Kommission werde demnach von der Spezialberathung Abstand nehmen. Letzteres geschah indessen nicht. Nachdem der vom Abgeordneten Lasker erstattete Kommissionsbericht vom 10. September 1866 unmittelbar vor der

---

1875 S. 192; endlich „Verhandlungen der zur Berathung der Koalitionsfrage berufenen Kommission. Nach den amtlichen Protokollen und stenographischen Aufnahmen. Berlin 1865". Unter der Minderheit befand sich der damalige Justizrath Wagener.

*) „Damit wären denn freilich" — sagt Schulze im Jahresbericht für 1867 — „die Genossenschaften aller Früchte des von ihnen gegen die Konzessionirung und Beaufsichtigung der Verwaltungsbehörde so energisch und mit so vielem Erfolg geführten Kampfes beraubt und ihre rechtliche und geschäftliche Selbstständigkeit so gut wie verloren, weshalb sie gegen eine solche Regelung ihrer gesetzlichen Stellung mit aller Kraft ankämpfen werden und müssen, wie sich diese Gesinnung wiederholt in den Reihen ihrer Leiter und Vertreter so auf dem letzten allgemeinen Vereinstage zu Stettin, wie neuerlich in den vom Verfasser veranlaßten Versammlungen der Genossenschaften Berlins vom 29. April und 1. Mai 1866 ausgesprochen hat." Die erste dieser Versammlungen wurde nach einer Rede Eugen Richter's von einem überwachenden Schutzmann ungesetzlicherweise aufgelöst. Der in Berlin in der zweiten Versammlung gefaßte Beschluß lautete: „Die Genossenschaften Berlins sprechen die bestimmte Erwartung aus, daß das Haus der Abgeordneten keinem Gesetzentwurfe seine Zustimmung geben wird, welcher den Verwaltungs-, insbesondere den Polizeibehörden irgend welche Einwirkung auf die Genossenschaften oder Einmischung in deren Angelegenheiten gestattet."

Vertagung des Landtags festgestellt war, brachte die Staatsregierung am 13. November 1866 zufolge königlicher Ermächtigung vom 11. desselben Monats ihren früheren Entwurf mit einigen Abänderungen in das Abgeordnetenhaus ein. Das letztere überwies den ministeriellen Entwurf der zur Berathung des Schulze'schen Antrages eingesetzten Kommission. Diese fand nun, daß die Regierung einige Kommissionsbeschlüsse ihrem neuen Entwurfe angeeignet und dadurch einzelne, wenn auch untergeordnete Streitpunkte beseitigt habe. Hierauf veranlaßte Schulze eine Berathung über die noch bestehenden Meinungsverschiedenheiten. Schulze und seine Freunde entschlossen sich, der Staatsregierung bei mehreren Forderungen nachzugeben, welche sie gegen Mißbrauch der Genossenschaften zu fremden und staatsgefährlichen Zwecken zu stellen für nöthig hielt. Die Kommission erstattete durch Lasker nunmehr den Nachtragsbericht vom 5. Dezember 1866 (Nr. 104 der Drucksachen). Der so zu Stande gekommene neue Kommissionsentwurf wurde mit geringen Abänderungen in den Sitzungen vom 17. und 18. Dezember 1866 vom Abgeordnetenhause angenommen.

Bereits am 29. Januar 1867 erstattete dem Herrenhause dessen Kommission durch den Professor Dr. Dernburg Bericht. Die Staatsregierung hatte in der Kommission eine größere Anzahl Aenderungen nicht zu verhindern vermocht. Die meisten derselben wurden indeß in der Plenarberathung des Herrenhauses wieder beseitigt (4., 5. und 6. Februar 1867). Den übrigen Aenderungen schloß sich das Abgeordnetenhaus bei der nochmaligen Berathung (7. Februar) überall an, schon aus dem Grunde, weil sonst eine Uebereinstimmung beider Häuser des Landtags in dieser Session, deren Schluß auf den 8. Februar 1867 bestimmt war, nicht zu erzielen gewesen wäre. Bei der Schlußberathung stellte Schulze-Delitzsch an die Staatsregierung das Ersuchen, das Gesetz mit seinen Wohlthaten auch den neu einverleibten Ländern zu Theil werden zu lassen.

Das Gesetz ist am 27. März 1867 vollzogen, in dem am 27. April ausgegebenen 34. Stück der Gesetzsammlung publizirt und sodann durch Verordnung vom 12. Juli 1867 in das Gebiet des vormaligen Königreichs Hannover, durch Verordnung vom 12. August 1867 in die Gebiete des vormaligen Kurfürstenthums Hessen, des vormaligen Herzogthums Nassau, der ehemals freien Stadt Frankfurt und in die durch das Gesetz vom 24. Dezember 1866 mit der preußischen Monarchie vereinigten Landestheile, mit Ausnahme der ehemals bayerischen Enklave Kaulsdorf und des Oberamtes Meisenheim und endlich durch Verordnung vom 22. September 1867 in die Herzogthümer Holstein und Schleswig eingeführt worden.*)

*) Die Einführungsverordnungen befinden sich nach der Reihenfolge im 69. Stück (ausgegeben 1. August 1867), im 88. Stück (ausgegeben 11. September 1867) und 102. Stück (ausgegeben am 28. September 1867) der Ge-

Im 57. und letzten Paragraphen des Preußischen Genossenschaftsgesetzes waren die näheren geschäftlichen Anordnungen über die Führung des Genossenschaftsregisters einer von den Ministerien für Handel, Gewerbe und öffentliche Arbeiten und der Justiz zu erlassenden Instruktion vorbehalten. Diese Instruktion ist von dem Justizminister Grafen zur Lippe am 2. Mai 1867 für die alten Provinzen, am 10. August 1867 für das vormalige Königreich Hannover, am 12. September 1867 für Hessen, Nassau, Frankfurt a. M. u. s. w. und am 26. Oktober 1867 für die Herzogthümer Schleswig-Holstein erlassen.*)

Als die Genossenschaften in Preußen das langerstrebte Genossenschaftsgesetz durchsetzten, wurden die Genossenschaften in den andern deutschen Staaten durch den Erfolg zu gleichen Anstrengungen ermuthigt. Auch der neunte allgemeine Vereinstag zu Quedlinburg empfahl ihnen am 5. September 1867 auf Antrag Schulze's, „nach Kräften für den Erlaß eines in den Grundlagen mit dem Preußischen übereinstimmenden Genossenschaftsgesetzes thätig zu sein". Schulze selbst war nicht der Meinung, daß man für die andern Staaten das ganze Preußische Gesetz unverändert abschreiben solle. Dies war inzwischen bereits im Herzogthum Sachsen-Meiningen geschehen, wo die für Förderung des Genossenschaftswesens mit vollem Verständniß wacker eintretende Regierung dem Landtage schon am 10. Mai 1867, wenige Tage nach Verkündigung des Preußischen Genossenschaftsgesetzes, eine mit demselben bis auf die Schlußparagraphen übereinstimmende Vorlage aus eigenem Antriebe gemacht hatte, welche bei gleicher Bereitwilligkeit des Landtages zu dem am 29. Juni vollzogenen, am 8. Juli 1867 publizirten Genossenschaftsgesetze geführt. Schulze seinerseits meinte, man solle noch einige Zeit warten und in Preußen über die Mängel des Gesetzes, insbesondere über die Unzuträglichkeiten und Meinungsverschiedenheiten, die sich bei Anwendung desselben durch die mit den Eintragungen in das Genossenschaftsregister betrauten Gerichte unausbleiblich herausstellen würden, sorgfältig Erfahrungen sammeln, um dann erst die Gesetzgebung des inzwischen gestifteten Norddeutschen Bundes damit zu befassen.**)

Aus diesem Grunde hatte er die erste Session des Norddeutschen Reichstages ohne Antrag vorübergehen lassen. Allein in kurzer Zeit

---

setzsammlung. Abgedruckt sind diese Verordnungen ferner Seite 138 bis 146 meines Kommentars zum Preußischen Genossenschaftsgesetze. In der Anmerkung 255 Seite 141 daselbst ist auch nachgewiesen, daß das Genossenschaftsgesetz seit 1. Juli 1867 im Oberamt Meisenheim und in der Enklave Kaulsdorf galt.

*) Die vier Instruktionen befinden sich im Preußischen Justizministerialblatt Nr. 19, Nr. 33, Nr. 38 und Nr. 43 des Jahrgangs 1867. Außerdem sind sie zusammengestellt und abgedruckt Seite 147 bis 168 meines Kommentars zum Preußischen Genossenschaftsgesetze.

**) Vgl. Mittheilungen über den 9. allgemeinen Vereinstag S. 14 bis 17; Blätter für Genossenschaftswesen 1870 S. 204 in Nr. 51 und 52.

änderte sich sein Entschluß. Wenige Wochen nach Beginn der zweiten Session des Reichstages des Norddeutschen Bundes, am 16. April 1868 beantragte er als Mitglied dieses Reichstags, das Preußische Genossenschaftsgesetz, „mit denjenigen nicht wesentlichen Abänderungen, beziehungsweise Ergänzungen, welche theils durch den erweiterten Geltungsbereich geboten sind, theils durch die bisherige, wenn auch kurze Praxis sich als wünschenswerth erzeigt haben, theils als redaktionelle Verbesserungen erscheinen", in das ganze Bundesgebiet einzuführen. „Die Nothwendigkeit und Dringlichkeit der gesetzlichen Regelung der privatrechtlichen Stellung der Erwerbs- und Wirthschaftsgenossenschaften", so beginnen die Motive seines Antrages (Drucksachen Nr. 60), „ist ebenso, wie ihre Bedeutung für den kleinen Gewerbsstand und die arbeitenden Klassen allgemein anerkannt und hat zu einer Reihe von gesetzgeberischen Arbeiten in mehreren Deutschen Staaten geführt, zu denen das Preußische Genossenschaftsgesetz vom 27. März 1867 den Anstoß gab, welches diese Genossenschaften als kommerzielle Gesellschaften dem im Allgemeinen Deutschen Handelsgesetzbuch aufgestellten System des Gesellschaftsrechts auf diesem Gebiete einordnet. Daß das Preußische, durch die Initiative der Genossenschaften und des Antragstellers, als ihres Anwalts, veranlaßte, der Natur und den Bedürfnissen derselben ebenso, wie den Garantien eines geordneten Verkehrs Rechnung tragende Gesetz in sämmtlichen Bundesstaaten Geltung erlange, liegt nun nicht bloß im Interesse der Genossenschaften, sondern der gesammten Staatsgesellschaft. Man soll eine zu dem Gemeinwohl in so naher Beziehung stehende Bewegung, wie die genossenschaftliche, deren Lebensfähigkeit sich unter ungünstigen Verhältnissen bewährt, und für welche in gemeinsamer Arbeit von nahezu zwei Jahrzehnten Seitens einer Menge einsichtiger Männer sich die geschäftliche Basis und Organisation praktisch herausgebildet hat, **nicht gesetzgeberischen Experimenten Preis geben**, wie sie bereits hier und da in völliger Verkennung der Rechts- und Sachlage zur Vorlage gebracht sind und nur dazu geeignet sein würden, anstatt die Entwickelung der Genossenschaften zu fördern, dieselbe in falsche Bahnen zu drängen."

Schulze forderte vom Reichstage im Namen der Deutschen Genossenschaften Hülfe gegen kurzsichtige partikularstaatliche Minister, welche meinten, aus eigenster Erfindung ein besseres Genossenschaftsgesetz auf ganz anderen Grundlagen schaffen zu können, als auf den vom Vereinstage der Genossenschaften des gesammten Deutschlands als richtig anerkannten Grundlagen des Preußischen Gesetzes. Inzwischen war freilich außer dem Gesetze für Sachsen-Meiningen nur eins für das Großherzogthum Sachsen-Weimar-Eisenach erlassen, welches in Gemäßheit einer dem Landtage am 12. Januar 1868 gemachten und von demselben genehmigten Vorlage, am 8. März 1868 vollzogen und am 17. desselben Monats publizirt war und gleich dem Sachsen-Meiningenschen Gesetze bis auf die dem letzteren nachgebildeten Schlußparagraphen vollständig mit dem Preußischen übereinstimmte.

Nicht dieses Gesetz also zeitigte Schulze's Vorgehen im Reichstage. Die Entwürfe, welche in Bayern, Sachsen und im Großherzogthum Hessen ausgearbeitet waren, trugen die Schuld. Zwar gehörte Bayern nicht zum Norddeutschen Bunde; dieser hatte also keinen unmittelbaren Einfluß auf die Bayerische Gesetzgebung. Immerhin war das Motiv der Rechtseinheit für die Bayerischen gesetzgebenden Faktoren weit stärker, wenn es sich nicht um ein Preußisches, sondern um ein Norddeutsches Gesetz handelte.

Ueber den von 61 Mitgliedern unterstützten Antrag Schulze's wurde in der Reichstagssitzung vom 22. April 1868 auf Vorschlag des Präsidenten Dr. Simson ohne Diskussion beschlossen, ihn in einer besonderen Kommission von 21 Mitgliedern vorberathen zu lassen.*)

Die Kommission berieth unter dem Vorsitze des Abgeordneten Grafen zu Eulenburg (damaligen Regierungspräsidenten zu Marienwerder) in Gegenwart des Geheimen Oberregierungsraths Eck als Kommissarius des Bundeskanzleramts und unter Betheiligung des Antragstellers Schulze-Delitzsch den Antrag in den beiden Sitzungen vom 13. und 14. Mai 1868, nahm ihn mit wenigen Aenderungen an und erstattete schon am 23. Mai durch den Abgeordneten H. Becker-Dortmund, den jetzigen Oberbürgermeister von Cöln, schriftlichen Bericht (Nr. 80 der Drucksachen).

Die Kommission hatte bei ihrer Arbeit absichtlich die gleiche Enthaltsamkeit in Betreff Aenderungen des preußischen Gesetzes geübt, wie der Antragsteller selbst. Der Referent Becker begründete dies bei der in der Sitzung vom 28. Mai 1868 stattgefundenen Berathung mündlich folgendermaßen: „Die Genossenschaften außerhalb Preußens wünschen das Preußische Gesetz zu bekommen. Dies ist die beste Empfehlung für die Vorlage und ich glaube, daß die Kommission recht gethan hat, wenn sie, diesen Gesichtspunkt vor allem im Auge haltend, an dem Preußischen Gesetze zum Zwecke seiner Ausdehnung auf das übrige Bundesgebiet so wenig änderte, als irgend wie zu

*) Den Vorschlag der größeren Kommission motivirte der Präsident Dr. Simson mit den Worten: „Da es sich dabei — so viel ich habe entnehmen können, um Kenntniß der mannigfaltigen Privatrechte der verschiedenen Norddeutschen Bundesstaaten handelt, und es mir nur deshalb wünschenswerth erscheint, eine größere Anzahl von Mitgliedern bei der Berathung in der Kommission zu betheiligen." Das Haus trat dem Vorschlage bei, scheint aber die Motive des Präsidenten für die größere Zahl nicht getheilt zu haben. Denn die erwählten 21 Mitglieder gehörten ohne Ausnahme Preußen und mit der einzigen Ausnahme eines Hannoverschen Kommunalbeamten den alten Provinzen Preußens an. Praktische Juristen waren nur 2 darunter. Es dürfte anzunehmen sein, daß diese Zusammensetzung der Kommission für das Zustandekommen des Gesetzes eher förderlich als nachtheilig gewesen ist.

ändern war, also blos das beseitigte, was nur für Preußische Verhältnisse paßt und nur hinzunahm, was nothwendigerweise hinzuzunehmen war. — — Alle andern Rücksichten, namentlich die der legislatorischen Aesthetik, sind bei der Revision in den Hintergrund getreten.*)

Der Reichstag nahm das Gesetz mit drei von den Abgeordneten Löwe, Lasker und Genossen auf Schulze's Veranlassung beantragten Zusätzen nach den Vorschlägen der Kommission ohne eine weitere Diskussion, als ein paar kurze Bemerkungen des Referenten und des Antragstellers, mit großer Majorität an.

Der Bundesrath überwies den Gesetzentwurf am 6. Juni der in Berlin tagenden Kommission zur Ausarbeitung einer gemeinschaftlichen Zivilprozeßordnung für die Staaten des Norddeutschen Bundes zur gutachtlichen Aeußerung, indem er für fraglich hielt, ob auch die einschlagenden Bestimmungen der einzelnen Gesetzgebungen, namentlich in Betreff eines das Konkursrecht berührenden Zusatzes genügend beachtet wären.

Die aus namhaften Juristen der einzelnen Bundesländer zusammengesetzte Kommission berieth darüber in den Sitzungen vom 12. und 15. Juni und erstattete durch ihren stellvertretenden Vorsitzenden General-Staatsanwalt Grimm schon am 16. Juni dem Bundeskanzleramt ihren Bericht. (Nr. 193 der Drucksachen des Reichstages.) Dieser Bericht wurde dem Reichstage, da die Session Sonnabend den 20. Juni geschlossen werden sollte, vom Bundeskanzleramt am 19. Juni mit der Erklärung überreicht, daß der Bundesrath kein Bedenken trage, dem Gesetzentwurf mit den von der Kommission für die Zivilprozeßordnung vorgeschlagenen Amendements seine Zustimmung zu ertheilen. Weil Niemand widersprach, war es möglich, die Vorlage zu einmaliger Lesung auf die Tagesordnung der letzten Sitzung zu setzen. So ist denn am 20. Juni das Gesetz mit allen vom Bundesrathe vorgeschlagenen Amendements vom Reichstage angenommen. Abänderungsbeschlüsse hätten das Zustandekommen des Gesetzes für das Jahr 1868 unmöglich gemacht.

Bei der Berathung im Plenum des Reichstags erfuhr das Gutachten der Zivilprozeßordnungs-Kommission einen scharfen Angriff durch den Abgeordneten Twesten. In denjenigen Abänderungs-Vorschlägen, von welchen die Kommission selbst sagte, sie hätte davon absehen können, wenn sie in der Lage gewesen wäre, sich im Uebrigen für die unveränderte Annahme des Entwurfes auszusprechen, fand Twesten eine Sammlung von Silbenstechereien und Schulmeistereien. Mit Recht nahm der Bevollmächtigte zum Bundesrath Geh. Ober-Justizrath Dr. Pape die Kommission gegen diese Vorwürfe in Schutz; es sei keine Silbenstecherei, Schreibfehler und Druckfehler, welche den Sinn verändern, zu berichtigen, oder wenn die Durchführung einer einheitlichen Diktion für rathsam erklärt werde, damit nicht durch den

*) Vgl. stenographischen Bericht, 14. Sitzung S. 226.

Gebrauch verschiedener Worte, die dasselbe bezeichnen sollen, auf einen verschiedenen Sinn geschlossen werde. — Zu bedauern ist, daß die Kommission nicht noch mehr auf eine korrekte Abfassung des Gesetzes hingewirkt hat. In dem Kommentar zum Preußischen Genossenschaftsgesetze hatte der Herausgeber eine große Anzahl sinnentstellender Redaktionsfehler gerügt, welche im Preußischen Landtage schwerlich durchgeschlüpft wären, wenn man damals die Zeit zu noch sorgfältigeren Berathungen hätte erübrigen können. Als es sich um schleunige Ausdehnung des Preußischen Gesetzes auf das Norddeutsche Bundesgebiet handelte, wollten Schulze-Delitzsch und die Reichstagskommission aus anzuerkennenden Gründen am Preußischen Gesetze nur dasjenige ändern, was zu ändern sie für unumgänglich nothwendig hielten. Für die Zivilprozeßordnungs-Kommission waren solche Gründe nicht vorhanden. Aber leider sind auch ihr in der Eile eine erhebliche Anzahl Unkorrektheiten entgangen, auch solche, die der Herausgeber in seinem Kommentar gerügt hatte.*)

Das Genossenschaftsgesetz ist am 4. Juli 1866 vollzogen und in der am 15. Juli 1868 zu Berlin ausgegebenen Nr. 24 des Bundesgesetzblattes des Norddeutschen Bundes publizirt. Laut § 73 ist es am 1. Januar 1869 in Kraft getreten.

Wenn Schulze-Delitzsch bei Einbringung des Genossenschafts-Gesetzentwurfs in den Reichstag gehofft hatte, dadurch den gesetzgeberischen Experimenten mindestens in Norddeutschland ein Ende zu machen, so hatte er sich getäuscht. Im Königreich Sachsen ward ein freilich lange vorbereitetes Gesetz über die juristischen Personen, welches auch die Erwerbs- und Wirthschaftsgenossenschaften und zwar mit unbeschränkter und mit beschränkter Haftpflicht und ihre Eintragung in ein Genossenschaftsregister behandelte, in den Tagen vom 21. bis 28. Mai 1868 von den Kammern berathen, und erlangte an demselben Tage (28. Mai) in der von der II. Kammer angenommenen Fassung die Genehmigung der ersten Kammer, an welchem der Norddeutsche Reichstag zum erstenmale das Genossenschaftsgesetz annahm. In dem gesetzgeberischen Wettlauf, welcher nun gleichsam zwischen dem Sächsischen und dem Norddeutschen Genossenschaftsgesetze stattfand, kam das Sächsische Gesetz voran; es wurde bereits am 15. Juni, also an dem Tage, wo die Zivilprozeßordnungs-Kommission ihre Begutachtung über das Norddeutsche Gesetz beendete, von dem Könige vollzogen und am 27. Juni 1868 — sieben Tage bevor der Kaiser das Norddeutsche Genossenschaftsgesetz vollzog — in dem Sächsischen Gesetz- und Verordnungsblatte publizirt.

Somit fand das Gesetz, betreffend die privatrechtliche Stellung der Erwerbs- und Wirthschaftsgenossenschaften vom 4. Juli 1868 in vier Norddeutschen Staaten, in Preußen, in Sachsen-Meiningen, in

*) Vgl. unten die Erläuterungen zu den §§ 21, 29, 31, 36, 37, 38, 47, 66 u. s. w. des Gesetzes.

Sachsen-Weimar-Eisenach und im Königreich Sachsen, besondere Genossenschaftsgesetze vor, an deren Stelle es zu treten bestimmt war. Allein so leicht und einfach, wie der Reichstag und das Bundeskanzleramt sich dieses gedacht haben mochten, erreichte das Gesetz vom 4. Juli 1868 nicht die ihm bestimmte Wirksamkeit. Nach den §§ 66 und 72 sollten die Regierungen die näheren Bestimmungen behufs Ausführung des am 1. Januar 1869 in Kraft tretenden Gesetzes im Verordnungswege erlassen. Es kann keinem Zweifel unterliegen, daß man darunter landesherrliche Verordnungen, Verordnungen, die der Zustimmung der Volksvertretung nicht bedurften, — und keine Ministerial-Verordnungen verstanden hatte.

Aber wie wenig entsprachen die Norddeutschen Regierungen dem in sie gesetzten Vertrauen! Die Reihenfolge der erlassenen Ausführungsverordnungen des am 1. Januar 1869 in Kraft getretenen Gesetzes ist folgende:

1868. 13. Juli — Sachsen: Verordnung des Justizministers, zugleich zur Ausführung des Sächsischen und des Deutschen Gesetzes, beide für gleichberechtigte nebeneinander fortbestehende Gesetze erachtend und dadurch unsägliche Verwirrung hervorrufend, bis endlich durch ein Gesetz vom 25. März 1874 Abhülfe geschaffen wurde;

11. Oktober — Anhalt: Verordnung des Herzogs;

4. November — Lübeck: Verordnung des Senats;

25. November — Bremen: Verordnung des Senats;

25. November — Sachsen-Weimar-Eisenach: Verordnung des Großherzogs, (mit Verstößen gegen das Gesetz, — korrigirt durch großherzogliche Verordnung vom 2. November 1869);

30. November — Hamburg: Verordnung des Senats (mit Verstößen gegen das Gesetz);

9. Dezember — Gotha: Verordnung des herzoglich Sächsischen Staatsministeriums;

12. Dezember — Schwarzburg-Sondershausen: Verordnung des Fürsten;

15. Dezember — Reuß jüngere Linie: Verordnung des Fürsten (mit Verstößen gegen das Gesetz, korrigirt durch fürstliche Verordnung vom 15. November 1869);

15. Dezember — Lauenburg: Verordnung des Staatsministeriums (mit Verstößen gegen das Gesetz);

17. Dezember — Preußen: Verordnung des Justizministeriums (mit Verstößen gegen das Gesetz);

18. Dezember — Sachsen-Altenburg: Verordnung des Herzogs (mit Verstößen gegen das Gesetz);

19. Dezember — Sachsen-Meiningen: Verordnung des Herzogs:

23. Dezember — Lippe: Verordnung des Fürsten;
24. Dezember — Schwarzburg-Rudolstadt: Verordnung des Fürsten (mit Verstößen gegen das Gesetz, korrigirt durch fürstliche Verordnung vom 28. September 1869);
1869. 2. Januar — Mecklenburg-Schwerin } Verordnungen
2. Januar — Mecklenburg-Strelitz } der Großherzöge (mit einem Verstoß gegen das Gesetz, korrigirt durch Verordnung des Staatsministeriums vom 5. März 1869 resp. der Landesregierung vom 9. März 1869 „auf Allerhöchsten Befehl“);
15. Januar — Braunschweig: Verordnung des Herzogs;
20. Januar — Reuß ältere Linie: Verordnung des Fürsten (mit Verstößen gegen das Gesetz, korrigirt durch fürstliche Verordnung vom 27. November 1869);
11. Mai — Oldenburg: Verordnung des Staatsministeriums „im Auftrage des Großherzogs“;
13. Mai — Coburg: Verordnung des herzoglich Sächsischen Staatsministeriums;
20. Mai — Hessen: Verordnung des Justizministers;
11. Dezember — Schaumburg-Lippe: Verordnung des Fürsten, die Ausführung des allgemeinen Deutschen Handelsgesetzbuchs betreffend, worin das Nothdürftigste auch über das Genossenschaftsregister erwähnt ist.

Im Fürstenthum Waldeck unter Preußischer Verwaltung ist überhaupt keine Verordnung erlassen, weder durch den Landesherrn, noch durch den Minister.

Die Ausführungsverordnungen sind abgedruckt und in Betreff der darin enthaltenen Verstöße gegen das Gesetz und soweit sonst erforderlich erläutert im zweiten Theile dieses Buches.

Es erübrigt noch darzustellen, wie die Einführung des Norddeutschen Genossenschaftsgesetzes vom 4. Juli 1868 in die übrigen Theile des Deutschen Reiches stattfand.

In den Süddeutschen Staaten war man darauf bedacht, den zahlreichen Genossenschaften gleiche Vortheile zu verschaffen, wie die Norddeutschen Genossenschaften durch das Gesetz vom 4. Juli 1868 erhalten hatten.

In Bayern*) hatten auf Antrag des Abgeordneten Dr. Völk schon 1865 beide Kammern von der Regierung die Vorlage eines Gesetzentwurfs zur Regelung der privatrechtlichen Stellung der Ge-

*) Vgl. über die Bayerische Genossenschaftsgesetzgebung den Aufsatz des Bezirks- und Handelsgerichtsrath Hauser (München) in Goldschmidt's Zeitschrift für das gesammte Handelsrecht 14. Bd. (1870) Seite 341—368. Ferner Dr. Herrmann v. Sicherer: Die Genossenschaftsgesetzgebung in Deutschland. Kommentar zu dem Reichsgesetze über die privatrechtliche Stellung der Erwerbs- und Wirthschaftsgenossenschaften unter Berücksichtigung des bayerischen Genossenschaftsgesetzes. (Erlangen 1872.) Seite 72—86, Seite 319—324.

nossenschaften erbeten. Auf erneuerte Anregung Völk's legte die Bayerische Regierung am 24. Januar 1868 den verlangten Gesetzentwurf vor. Sie machte darin den wunderlichen Versuch, alle möglichen Arten Vereine, mit Ausnahme der Aktiengesellschaften und der öffentlichen Korporationen, in ein und dasselbe, den Bestimmungen des Handelsgesetzbuchs über Handelsgesellschaften nachgebildete Gesetz zu zwängen. Artikel 1 des Entwurfs eines Gesetzes, die Privatrechtsverhältnisse der Genossenschaften betreffend, lautete: „Vereinigungen zu wirthschaftlichen-, Wohlthätigkeits-, Bildungs-, religiösen und geselligen oder sonstigen erlaubten Zwecken, welche nicht auf einzelne bestimmte Mitglieder beschränkt sind, denen vielmehr unter den in den Satzungen bestimmten Voraussetzungen Jeder beitreten kann, und welche weder Aktiengesellschaften noch öffentliche Korporationen sind (Genossenschaften), erwerben die Rechte juristischer Personen durch die nach Maßgabe des gegenwärtigen Gesetzes erfolgte Eintragung der Genossenschaft in das bei dem betreffenden Bezirksgerichte zu führende Genossenschaftsregister." Ausgenommen wurden von der Gesetzgebung „Bergbaugenossenschaften und Knappschaftsvereine", sowie die „auf besonderen Gesetzen oder Verordnungen beruhenden Pensions- und Unterstützungsvereine für Staats- und öffentliche Diener, Militärpersonen, Geistliche, Notare und Advokaten und sonstige in ähnlichen Verhältnissen stehende Personen und deren Hinterbliebene". Schulze-Delitzsch legte das Verfehlte dieses Versuchs in Nr. 13, 14 und 15 der Blätter für Genossenschaftswesen 1868 ausführlich dar: „Das Zusammenwerfen von Vereinigungen mit so heterogenen Zwecken, behufs Ordnung ihrer privatrechtlichen Zwecke, führt dahin, dem Wesen Aller Gewalt anzuthun und den Bedürfnissen Keiner zu genügen. Soll in einem Gesetze die Aufgabe für alle möglichen Gattungen von Privatvereinen gelöst werden, so müßten zunächst die Vereine zu geschäftlichen Zwecken von den anderen getrennt und jede Gattung in besonderen Abschnitten unter strenger Auseinanderhaltung ihrer Haftbasis Vertretung nach außen u. a. behandelt werden."

Diesen Grundsätzen entsprechend stellte Völk, welchen der zur Vorberathung des Gesetzentwurfs ernannte Ausschuß der Abgeordnetenkammer mit der Berichterstattung beauftragt hatte, bei den Ausschußverhandlungen den Antrag, die für Erwerbs- und Wirthschaftsgenossenschaften geltenden Bestimmungen in einem eigenen, sich eng an das Norddeutsche Gesetz anschließenden Entwurfe zu ordnen, das Gesetz über sonstige Vereinigungen aber abzulehnen. Der Ausschuß trat seinem Berichterstatter darin bei, daß die Vereinigungen, welche nicht Erwerbs- und Wirthschaftszwecke verfolgen, auszuscheiden seien, beschloß aber behufs sofortiger Regelung der privatrechtlichen Verhältnisse derselben ein besonderes Gesetz vorzuschlagen.

Demgemäß legte Völk den Entwurf eines Gesetzes, „die privatrechtliche Stellung von Vereinen" betreffend, vor. Derselbe schloß sich auf das engste an einen von Schulze-Delitzsch für den Norddeutschen Bund ausgearbeiteten Entwurf*) an, und wurde von dem Ausschusse mit wenigen Ausnahmen angenommen. In Betreff der Erwerbs- und Wirthschaftsgenossenschaften beschloß der Ausschuß in Uebereinstimmung mit der Regierung, auch für diejenigen Genossenschaften, welche sich der Solidarhaft nicht unterwerfen, gesetzliche Bestimmungen vorzuschlagen. So entstand der in beiden Kammern zur Annahme gelangte Entwurf, welcher im ersten Hauptstück „die Gesellschaften mit solidarischer Haftpflicht (Genossenschaften)“ und im zweiten Hauptstück „die Gesellschaften mit beschränkter Haftpflicht“ behandelt. Das „Gesetz, die privatrechtliche Stellung der

---

*) Schulze-Delitzsch legte denselben erst nach Vollziehung des Bayerischen Gesetzes, nämlich am 4. Mai 1869, dem Reichstage vor. Bekanntlich sind seine Bemühungen für die gesetzliche Regelung dieser Frage anfänglich am Bundesrath, später auch am Reichstag selbst bisher gescheitert. Unbegreiflich ist es, wenn Endemann in dem Aufsatze: Die Justizgesetzgebung während des Jahres 1869 in Hirth's Annalen des deutschen Reichs, Jahrgang 1870 Bd. III S. 9 dem Bundesrathe anempfiehlt, den vom Reichstag angenommenen Entwurf nicht zu genehmigen und den letzteren angreift, weil er „Vereine, die auf Solidarhaft ihrer Mitglieder in der nämlichen Art der Benutzung ihres Kreditfundamentes gegründet sind, wie die in dem Bundesgesetze von 1868 normirten Wirthschaftsgenossenschaften u. s. w. unter ähnlichen Bedingungen zur Rechtspersönlichkeit gelangen lassen wolle u. s. w.“ Daß nach dem Gesetzentwurf genau wie in dem Bayerischen Gesetze den Vereinsgläubigern für die Verbindlichkeiten des Vereins nur das Vereinsvermögen haften soll, hat Herr Endemann übersehen. Ja zwei Jahre später lobt er den Entwurf Schulze's von 1871, daß er diesesmal den betreffenden Vereinigungen „den Weg zur rechtlichen Anerkennung ihrer Persönlichkeit eröffnen sollte, ohne danach zu fragen, ob sie sich gerade die Solidarhaft nach dem Muster der Genossenschaften angeeignet haben.“ (Hirth's Annalen Jahrgang 1872 S. 132.) Dabei stimmt der die Haftpflicht ordnende § 12 im Entwurf vom 4. Mai 1869 buchstäblich überein mit dem § 15 des Antrages vom 18. April 1871, und des Kommissionsbeschlusses laut Bericht vom 22. Mai 1871 (siehe Anlagen zu den stenographischen Berichten 1869, Aktenstück Nr. 164 S. 526, Nr. 273 — Kommissionsbericht vom 14. Juni 1869 — S. 826, Nr. 280 S. 844; Anlagen 1871 Nr. 45 S. 118, Nr. 151 — Kommissionsbericht vom 22. Mai 1871 — S. 400). Leider bringt auch Dr. Gareis in seinem Aufsatze „Modernes Genossenschafts- und Gesellschaftsrecht“ (in Behrend's: Zeitschrift für Gesetzgebung und Rechtspflege, Bd. V S. 638) unter Berufung auf Endemann's Aufsatz den Vorwurf gegen Schulze-Delitzsch und die Majorität des Reichstages, daß sie „in Ueberschätzung — nicht der Solidarhaft, wohl aber — der Bedeutung dieser Vereine die persönliche und solidarische Haftpflicht der Mitglieder derselben“ statuirt und dadurch die Vertragsfreiheit unnöthig beschränkt hätten, so daß die Ablehnung des Gesetzentwurfs Seitens der höchsten Bundesbehörde durchaus nicht zu bedauern sei. Gareis ahnte also nicht, daß Schulze in der Kommission sowohl des Reichstags von 1869, als des Reichstags von 1871, sowie endlich in der Plenarsitzung des Reichstags vom 19. Juni 1869 (stenographische Berichte 1869 Bd. II S. 1322) auf das Allerentschiedenste gegen die von konservativer und spezifisch juristischer Seite gestellten Anträge auf Solidarhaft aufgetreten ist und deren Verwerfung bewirkt hat. Gareis verließ sich jedenfalls auf Endemann, der damals selbst Reichstagsabgeordneter war, und dem es wohl nicht zur Entschuldigung dienen kann, daß er in der Sitzung vom 19. Juni 1869 laut namentlicher Abstimmung gefehlt hat.

Erwerbs- und Wirthschaftsgesellschaften betreffend", ist am 29. April 1869 vollzogen und am 28. Mai 1869 im Königreich Bayern diesseits des Rheins, und am 10. Juni 1869 in der Rheinpfalz in Wirksamkeit getreten.*)

Mit geringeren Schwierigkeiten kamen zwei andere Süddeutsche Genossenschaftsgesetze zu Stande. Schon am 24. November 1868 legte das Großherzoglich Hessische Ministerium der Justiz der zweiten Kammer einen Gesetzentwurf vor, wodurch das Norddeutsche Gesetz mit einzelnen, durch die Verschiedenheit des Geltungsgebietes gebotenen redaktionelleu Aenderungen in die nicht dem Norddeutschen Bunde angehörigen Theile des Großherzogthums Hessen eingeführt werden sollte. Das Gesetz ist in dieser Fassung von den Kammern angenommen, vom Großherzoge am 4. August 1869 vollzogen worden und in den südlich des Main belegenen Theilen des Großherzogthums am 27. August 1869 in Kraft getreten.**)

Im Großherzogthum Baden legte die Regierung am 28. September 1869 der zweiten Kammer einen Genossenschaftsgesetz-Entwurf vor, welcher sich fast überall dem Norddeutschen Gesetze anschloß, aber doch nicht unterließ, die augenscheinlichen Redaktionsmängel desselben zu verbessern, auch diese Abänderungsvorschläge scharfsinnig und klar motivirte. Beide Kammern***) einigten sich unter einander und mit der Regierung schnell über Annahme des Gesetzes, welches am 11. Februar 1870 vollzogen, am 1. Juni 1870 in Kraft getreten ist.†)

---

*) Siehe Sicherer a. a. O. S. 76. Im Bayerischen Gesetze stimmen mit den §§ des norddeutschen Gesetzes wörtlich überein die Artikel 2., 3., 5. bis 7., 13., 15., 18., 19., 22., 24., 25., 28., 30., 41., 43. bis 46., 49., 50., 55., 58., 65.; nicht erwähnenswerth sind die Aenderungen in den Artikeln 1., 4., 10. bis 12., 14., 16., 20., 23., 34., 39., 40., 42., 47., 48, 52. bis 54., 56., 57., 59. bis 62., 64., 67. bis 69. Die mehr oder weniger erheblichen Abweichungen in den Artikeln 8., 9., 17, 21., 26., 27., 29., 31. bis 33, 35. bis 38., 50., 51., 63., 66. werden bei den entsprechenden §§ des Norddeutschen Gesetzes in den Erläuterungen erwähnt werden. Die §§ 70. bis 73. des letzteren fallen im Bayerischen Gesetze fort. Der zweite Abschnitt des Bayerischen Gesetzes von den Gesellschaften mit beschränkter Haftpflicht, die Artikel 70 bis 80 umfassend, sowie die Schlußbestimmung des Artikels 81 sind im zweiten Theile dieses Buches vollständig abgedruckt.

**) Zufolge Art. 73 dahin lautend: „Das gegenwärtige Gesetz tritt mit dem Tage des Erscheinens im Regierungsblatte in Kraft." Erschienen ist es in Nr. 40 des Großherzoglich Hessischen Regierungsblattes, datirt Darmstadt am 27. August 1869 (Seite 661—680). Das Gesetz ist zwar nicht vollkommen identisch mit dem Norddeutschen Bundesgesetze, wie Sicherer a. a. O. S. 11 irrthümlich behauptet, auch sind die in Goldschmidt's Zeitschrift für das gesammte Handelsrecht Bd. 14 S. 340 aufgeführten Abweichungen der Art. 66., 67., 72. und 73. nicht die einzigen, vielmehr sind auch noch in den Art. 12., 27., 33. und 51. Abweichungen vorhanden. Indessen sind dieselben nicht wichtig genug, um besprochen zu werden.

***) In der zweiten war Weber-Bruchsal, der Direktor des Unterverbandes der Unterbadischen Genossenschaften, Berichterstatter.

†) Das Gesetz ist in Nr. XIII des Gesetz- und Verordnungs-Blattes für das Großherzogthum Baden, ausgegeben in Karlsruhe am 28. Februar 1870

In Württemberg haben sich zwar Regierung und Volksvertretung ebenfalls mit Genossenschaftsgesetz-Entwürfen beschäftigt; die Arbeiten waren indeß noch nicht zum Abschluß gekommen, als der Krieg von 1870 ausbrach.

Die Versailler Verträge über Herstellung des Deutschen Reiches bewirkten, daß das Norddeutsche Genossenschaftsgesetz vom 4. Juli 1868 als Reichsgesetz in Baden, Südhessen und Württemberg vom 1. Januar 1871 an eingeführt und dadurch das Badische Gesetz vom 11. Februar 1870 und das Hessische Gesetz vom 4. August 1869 aufgehoben wurden. Das Bayerische Gesetz vom 29. April 1869 blieb einstweilen noch in Gültigkeit.

Der in Versailles zwischen dem Norddeutschen Bunde, Baden und Hessen einerseits und Bayern andererseits abgeschlossene Vertrag vom 23. November 1870 enthielt für Bayern in Ansehung der Bundesgesetze einen Vorbehalt, der im § 2 des Gesetzes, betreffend die Verfassung des Deutschen Reiches vom 16. April 1871, wiederholt wurde. Der Bayerische Minister von Lutz war einer Einführung des Deutschen Genossenschaftsgesetzes in Bayern durchaus abgeneigt, insbesondere wegen der Genossenschaften mit beschränkter Haftbarkeit, die sich „sehr lebenskräftig" erwiesen haben sollten; er erklärte dies im Reichstage am 31. März 1871 und machte darauf aufmerksam, daß „selbst im Norddeutschen Bunde die Jurisprudenz zu schwanken anfange, und sich bereits erhebliche technische Stimmen für die Zulassung von Genossenschaften mit beschränkter Haftbarkeit aussprechen". Technisch-juristische Stimmen sprachen sich allerdings so aus, namentlich, seit auf dem im August 1869 zu Heidelberg stattgefundenen achten Deutschen Juristentage ein Antrag des Professor Goldschmidt für Zulassung der Genossenschaften mit nur beschränkter Haftpflicht und freiem Austrittsrecht der Genossenschafter angenommen war, auf den wir später zurückkommen. Aber unter den Genossenschaften selbst, soweit sie dem allgemeinen Verbande angehörten, —

(Seite 196 bis 208), verkündet worden. § 71 bestimmte: „Der Tag, an welchem das Gesetz in Wirksamkeit tritt, wird durch landesherrliche Verordnung festgesetzt." Diese Verordnung ist am 5. Mai 1870 ergangen und bestimmte, daß das Gesetz vom 11. Februar 1870 „vom 1. Juni 1870 an" in Wirksamkeit zu treten habe. Gleichzeitig wurde die vom 4. Mai 1870 datirende Justizministerial-Verordnung, den Vollzug des Genossenschaftsgesetzes betreffend, bekannt gemacht. Beide Verordnungen sind in Nr. XXXV des Gesetzes- und Verordnungs-Blatts, ausgegeben den 16. Mai 1870, Seite 415 bis 422 zu finden. — Das Gesetz vom 11. Februar 1870 stimmt mit dem Norddeutschen Gesetze wörtlich überein in den §§ 2., 3., 5., 9., 10., 13. bis 16., 17., 19., 21., 22., 24., 28., 30., 32., 38., 39., 42. bis 47., 49., 50., 57., 58., 60. bis 62., 68.; nicht erwähnenswerth sind die Aenderungen in den §§ 4., 6., 7., 12., 18., 20., 23., 25, 36., 40., 41., 48., 52. bis 54., 56., 59., 63., 65., 67., 69., 71. (statt 72. und 73.). Erheblichere Abweichungen in den §§ 1., 8., 11., 26., 27, 29., 31., 33., 35. bis 37., 51., 64., 66., 70. (für 71.) werden in den Erläuterungen zu den entsprechenden Bestimmungen des Norddeutschen Gesetzes aufgeführt werden.

und darunter befanden sich damals noch ziemlich viele nicht eingetragene Genossenschaften — wurde man von Jahr zu Jahr in seinem Urtheile einiger. Wenige Monate nach jener Erklärung des Ministers Lutz tagte der 12. allgemeine Vereinstag der Deutschen Genossenschaften in einer Bayerischen Stadt, in Nürnberg, und nahm hier am 21. August 1871 mit allen Stimmen gegen die einzige eines Norddeutschen Juristen und eifrigen Juristentagbesuchers einen von Bayerischen Genossenschaftsmännern*) sehr warm empfohlenen Antrag an, dahin lautend:

> Der 12. Vereinstag der Deutschen Erwerbs- und Wirthschaftsgenossenschaften erklärt sich gegen die Personalgenossenschaften mit beschränkter Haftpflicht und spricht sich insbesondere gegen die dahingehenden Bestimmungen des Bayerischen Genossenschaftsgesetzes aus.

Daß man in der Reichsgesetzgebung auf die Ansichten der Genossenschaften über die Genossenschaftsgesetzgebung Werth legte, ergab sich bald nach jenem Ausspruche des Ministers Lutz. Auf Beschwerden Preußischer Genossenschaften gegen Preußische Gerichte erster und zweiter Instanz und gegen den Preußischen Handelsminister legte der Reichskanzler am 8. Mai 1871 dem Reichstage einen Gesetzentwurf zur Deklaration des § 1 des Genossenschaftsgesetzes vor. Derselbe wurde vom Reichstage am 12. und 13. Mai angenommen und bereits

*) Levinger von Speyer, der Vertreter der pfälzischen Genossenschaften, und Pröbst von München, jetzt Direktor des Verbandes süddeutscher Konsumvereine. Die Rheinpfalz, in der das Genossenschaftswesen früher als in dem rechtsrheinischen Bayern aufgeblüht war, hatte durch ihre Einmüthigkeit seiner Zeit wesentlich zur Beseitigung des ersten Bayerischen Genossenschaftsgesetzentwurfes beigetragen; die gegen denselben gerichtete Denkschrift des Pfälzischen Unterverbandes hatte den damaligen Verbandsdirektor Jul. Petersen (seit 1871 Kammerpräsident zu Straßburg) zum Verfasser. — Pröbst wendete sich direkt gegen den Ausspruch des Ministers. Er sagte: „Die beschränkte Haft, wie sie in dem Bayerischen Genossenschaftsgesetze aufgestellt ist, ist keinen Schuß Pulver werth. Es genügt, auf ein paar Bestimmungen hinzuweisen, um zu zeigen wie unverdient das Lob des Herrn Ministers von Lutz ist. Die Haft soll beschränkt sein auf die Einlagen der Mitglieder, ein Minimalsatz für diese Einlagen ist aber nirgends bestimmt, welche Sicherheit soll ein solches Haftobjekt den Gläubigern bieten? Ferner ist in demselben Gesetz von „Mitglieder-Guthaben“ die Rede: der Zusammenhang läßt aber nicht mit Bestimmtheit errathen, ob darunter nicht auch Darlehen von Mitgliedern zu verstehen seien. Dann ist den Verwaltungsbehörden die sehr weitgehende Befugniß eingeräumt, solche registrirte Gesellschaften mit beschränkter Haftpflicht ohne Rekurs aufzulösen, womit der größten Willkür Raum geöffnet ist. All dies macht das Bayerische Gesetz gewiß nicht empfehlenswerth, und es erscheint daher wohl angemessen, daß gegenüber dem Herrn Minister von Lutz eine Versammlung von Fachmännern über den Werth des Bayerischen Genossenschaftsgesetzes die entgegengesetzte Ansicht ausspricht.“ — Der Antrag, der zu diesen Erörterungen Anlaß gab, war nicht von der Anwaltschaft, sondern von dem Preußischen Verbandstage gerade mit Bezugnahme auf die Aeußerungen des Ministers und auf den Umstand, daß man in Bayern tage, gestellt worden. Vgl. Mittheilungen über den 12. Vereinstag rc. 1871 Seite 42—50.

in der zu Berlin am 25. Mai ausgegebenen Nr. 21 des Reichsgesetzblattes 1871 S. 101 als Reichsgesetz vom 19. Mai 1871 vollzogen. (Siehe unten Erläuterungen zu § 1 des Genossenschaftsgesetzes im Ersten Theile.)

Zur weiteren Isolirung Bayerns in der Genossenschaftsgesetzgebung war auf das durch Gesetz vom 9. Juni 1871 mit dem Deutschen Reiche vereinigte Elsaß-Lothringen durch Gesetz vom 12. Juli 1872 die Wirksamkeit des Reichsgesetzes vom 11. Juli 1868 nebst der ebenerwähnten Deklaration vom 19. Mai 1871 ausgedehnt worden und zwar vom 1. Oktober 1872 an.

Als trotz alledem die Bayerische Regierung keine Anstalt machte, die Ausdehnung des Genossenschaftsgesetzes auf Bayern selbst zu beantragen, unternahmen die Bayerischen Genossenschaften einen Petitionssturm auf den Reichstag; 8 eingetragene Münchener Genossenschaften, denen sich 36 Genossenschaften aus dem rechtsrheinischen Bayern anschlossen, sowie alle damals bestehenden Rheinpfälzischen Vorschußvereine, 19 an der Zahl, forderten durch Petitionen vom 11. Mai 1873 Einführung des Reichsgenossenschaftsgesetzes in Bayern. Die Petitionskommission des Deutschen Reichstags beschloß am 30. Mai einstimmig, dem Reichstage zu empfehlen, die Petitionen dem Reichskanzler mit der Aufforderung zu überweisen, er möge noch im Laufe derselben Session die Vorlage eines entsprechenden Gesetzentwurfs veranlassen. Dies half. Die Bayerische Regierung wartete die Verhandlung dieser Petitionen im Plenum des Reichstags nicht ab; schon am 12. Juni konnte der Reichskanzler dem Reichstage einen vom Bundesrath beschlossenen Gesetzentwurf vorlegen, in dessen Motiven ausgesprochen war, daß er das Ergebniß der durch die Petitionen veranlaßten Erwägungen der Königl. Bayerischen Staatsregierung sei. Der Gesetzentwurf ist am 16. und 17. Juni vom Reichstage in dreimaliger Berathung genehmigt. Das Gesetz betreffend die Einführung des Genossenschaftsgesetzes vom 4. Juli 1868 im Königreiche Bayern vom 23. Juni 1873, Seite 146 der am 27. Juni in Berlin ausgegebenen Nr. 16 des Reichsgesetzblatts von 1873, verordnet, daß die Reichsgesetzgebung über Genossenschaften am 1. August 1873 in Bayern in Kraft tritt.

Der 1. August 1873 ist somit der Tag, mit welchem im Deutschen Reiche die Einheit des Rechts für die Erwerbs- und Wirthschaftsgenossenschaften hergestellt war. Das aus dem Preußischen Genossenschaftsgesetze vom 27. März 1867 hervorgegangene Gesetz vom 4. Juli 1868 trat somit in Kraft:

am 1. Januar 1869 im Norddeutschen Bunde,
„ 1. Januar 1871 in Württemberg, Baden und Südhessen,
„ 1. Oktober 1872 in Elsaß-Lothringen,
„ 1. August 1873 in Bayern.

Es erübrigt noch, zu erwähnen, wie die einzelnen Staatsregierungen, in deren Gebiet das Genossenschaftsgesetz später eingeführt wurde, der ihnen in den §§ 66 und 72 auferlegten Verpflichtung zum Erlaß einer Ausführungsverordnung nachgekommen sind:

1) In Württemberg ist „mit höchster Ermächtigung" eine Vollzugsverfügung der Ministerien der Justiz und des Innern am 14. Februar 1871, und außerdem eine Vollzugsverfügung (ohne Erwähnung einer königlichen Ermächtigung) des Justizministers vom 28. Januar 1871 erlassen.

2) In Baden begnügte man sich ebenfalls mit einer ohne Betheiligung des Landesherrn erlassenen Ministerialverordnung vom 11. Februar 1870.

3) In Hessen ist, vermuthlich wegen der fast wörtlichen Uebereinstimmung des früheren Hessischen Genossenschaftsgesetzes vom 4. August 1869 mit dem Deutschen Reichsgesetze, eine Vollzugsverordnung für letzteres überhaupt nicht erlassen.

4) In Elsaß-Lothringen ist die Ausführungsverordnung blos vom Reichskanzler, also ohne Unterschrift des Kaisers, am 28. September 1872 erlassen und erst am 7. Oktober 1872, also nach dem 1. Oktober in Nr. 24 des Gesetzblatts für Elsaß-Lothringen publizirt; auf die Genossenschaften hat auch Bezug die Instruktion vom 28. September 1872 betreffend die Führung des Handelsregisters.

5) In Bayern ist, dem Gesetz entsprechend, eine Königliche Verordnung vom 8. August 1873 in der am 1. September 1873 ausgegebenen Nr. XVI. des Justizministerialblattes, also um einen Monat verspätet, publizirt worden, gleichzeitig mit einer Justizministerialverordnung vom 27. August 1873. —

Die Darstellung der Genossenschaftsgesetzgebung in Oesterreich liegt außerhalb der Aufgaben dieses Buches. Hier nur ein paar thatsächliche Mittheilungen:

Das Gesetz vom 9. April 1873 über Erwerbs- und Wirthschaftsgenossenschaften — enthalten in dem am 17. Mai 1873 ausgegebenen 25. Stück des Reichsgesetzblattes unter Nr. 70 — enthält zum Schluß im § 95 die Bestimmung, daß der Handelsminister, der Minister des Innern und der Justizminister mit dem Vollzug beauftragt sind. Diese haben am 14. Mai 1873 eine Verordnung erlassen, welche die erforderlichen Bestimmungen in Betreff der Anlegung und Führung des Genossenschaftsregisters enthält und in demselben Stück des Reichsgesetzblattes unter Nr. 71 veröffentlicht ist.

Das Oesterreichische Genossenschaftsgesetz ist dem Deutschen nachgebildet. Die eifrigen Bemühungen von Schulze-Delitzsch, im Interesse der Rechtseinheit von Deutschland und Deutsch-Oesterreich zu hindern, daß die im Deutschen Reiche glücklich beseitigte Zulassung von Genossenschaften mit beschränkter Haftpflicht sich in Deutsch-Oesterreich einbürgere, blieben trotz der lebhaften Unterstützung durch die Leiter Oesterreichischer Genossenschaften vergeblich. Demnach können in Oesterreich Genossenschaften entweder mit unbeschränkter oder mit beschränkter Haftung ihrer Mitglieder errichtet werden. Die ersteren müssen in ihrer Firma die Worte „registrirte Genossenschaft mit unbeschränkter Haftung“, die letzteren die Worte „registrirte Genossenschaft mit beschränkter Haftung“ enthalten. Ein wichtiger Unterschied des Oesterreichischen von dem Deutschen Genossenschaftsgesetze besteht darin, daß das erstere obligatorisch ist, daß nämlich alle neubegründeten Genossenschaften sich demselben zu unterwerfen gezwungen sind, während die schon vor Erlaß des Genossenschaftsgesetzes bestandenen Genossenschaften zwar unregistrirt fortbestehen können, aber unter so ungünstigen Bedingungen, daß es geradezu thöricht sein würde, sich nicht unter jenes Gesetz zu stellen.*) Uebrigens hat der dritte Vereinstag des Allgemeinen Verbandes der Erwerbs- und Wirthschaftsgenossenschaften in Oesterreich zu Wien am 6. September 1875 auf Antrag des Ersten Verbandes der Landvorschußvereine Nieder-Oesterreichs einstimmig folgenden Beschluß befaßt:

„Die beschränkte Haftung der Genossenschaften behindert die gedeihliche Entfaltung des Oesterreichischen Genossenschaftswesens und es ist deshalb wegen Abänderung der bezüglichen Bestimmungen des Genossenschaftsgesetzes vom 9. April 1873 eine wohlbegründete Eingabe an die gesetzgebenden Köperschaften zu richten. Die Wahl des Zeitpunktes für die Eingabe bleibt dem Anwalte im Einvernehmen mit dem engeren Ausschusse überlassen.“

Damit entsprechen die Oesterreichischen Genossenschaften der Erwartung, die Schulze-Delitzsch zu ihnen hegte, als er gleich nach Erlaß jenes Gesetzes in dem Jahresbericht für 1872 (Seite 3) aussprach: „Es wird sich nunmehr zeigen, ob und inwieweit die Oesterreichischen Genossenschaften, in Würdigung ihrer wahren Interessen, auf dem Standpunkte verharren, den ihre Führer bis dahin in Wort und Schrift einnahmen, und den eine Anzahl der bedeutenderen Vereine selbst in Petitionen an die gesetzgebenden Versammlungen vertreten hat. Daß dieselben durch die Wahl der unbeschränkten Haftbarkeit sich die Verbindung mit ihren Schwestervereinen in ganz Deutschland am besten sichern würden, was in kommerzieller wie in nationaler Hinsicht bei den jetzigen Zuständen in Oesterreich für sie von doppeltem Werth sein muß, werden sie nicht verkennen.**)“

---

*) Vgl. Hermann Ziller (jetzt Anwalt des allgemeinen Oesterreichischen Genossenschafts-Verbandes): das Genossenschaftsgesetz und die Organisation der Vorschußvereine, Wien 1873 und das Genossenschaftsgesetz und die Organisation der Konsumvereine, Wien 1873 Seite 42 ff. S. 412 ff.

**) Das Oesterreichische Genossenschaftsgesetz ist am 4. März 1872 vom Minister Freihrn. von Lasser im Abgeordnetenhause des Reichsrathes eingebracht und nach Vorberathung eines Ausschusses von 12 Mitgliedern (Berichterstatter Dr. Franz Klier) am 13. und 14. Juni 1872 im Abgeordnetenhause angenommen. Das Herrenhaus überwies den Gesetzentwurf am 19. Dezember 1872 der vereinigten juridischen und politischen Kommission zur Vorberathung (Berichterstatter Dr. Leop. Neumann) und nahm ihn am 29. Januar 1873

IV. Der Begriff der Genossenschaften und ihr rechtlicher Charakter.

1. Die Definition im Genossenschaftsgesetze.

Für die Anwendung der Genossenschaftsgesetze ist besonders wichtig die Frage: Was ist eine Genossenschaft und wie unterscheidet sie sich von anderen Vereinen und Gesellschaften?

Das Preußische Genossenschaftsgesetz vom 27. März 1867 war bestimmt, einer bereits vorhandenen, in der Gesetzgebung nicht berücksichtigten Klasse von Gesellschaften, den Genossenschaften, Rechtsfähigkeit zu verleihen, und das Deutsche Genossenschaftsgesetz vom 4. Juli 1868 bezweckte, das Preußische Gesetz auf das ganze, einer gemeinsamen Gesetzgebung zugängliche Bundesgebiet auszudehnen. Die Gesellschaften, für die und auf deren Betrieb die Deutschen Genossenschaftsgesetze erlassen sind, waren unter einander sehr verschieden. Wenn es sich um die Bestimmung des Begriffs der Genossenschaft handelt, wird man auf ihre Eigenthümlichkeiten kaum zurückgehen können, da das Gesetz einer jeden Gesellschaft, die unter den im Gesetz selbst aufgestellten Begriff der Genossenschaft fällt und den Erfordernissen des Gesetzes genügt, die Rechte zu erwerben gestattet, welche das Genossenschaftsgesetz verleiht.

Die Ueberschrift des Gesetzes vom 4. Juli 1868 hat die Bezeichnung: Erwerbs- und Wirthschaftsgenossenschaft. Dieser Name stimmt nicht genau mit der Definition des § 1 überein: „Gesellschaften von nicht geschlossener Mitgliederzahl, welche

---

mit Abänderungen an. Im Abgeordnetenhause wurden diese Aenderungen bis auf eine am 8. März 1873 genehmigt; durch Beschluß des Herrenhauses vom 8. März 1873 wurde die letzte Differenz beseitigt. Man vgl.: „Das Gesetz vom 9. April 1873 über Erwerbs- und Wirthschaftsgenossenschaften mit Materialien herausgegeben von Dr. Josef Kaserer. Wien 1873." Diese Schrift bringt einen Abdruck der Motive der Vorlage, die Berichte des Abgeordnetenhaus-Ausschusses vom 15. Mai 1872 und 11. Februar 1873, der Herrenhaus-Kommission vom 22. Januar und 16. März 1873, die stenographischen Berichte der Abgeordnetenhaussitzungen vom 13. und 14. Juni 1872 und 8. März 1873 und der Herrenhaussitzung vom 29. Januar 1873. — Für Ausschließung der beschränkten Haft traten im Abgeordnetenhause Dr. Pickert und Fux (Fortschr.), im Herrenhause Dr. Ritter von Hasner (von 1867 bis 1870 Cultus- und Unterrichtsminister resp. Ministerpräsident) ein; für die Prinzipien des Gesetzentwurfes sprachen im Abgeordnetenhause Ritter von Scharschmidt (Centrum), Dr. Kuh (?), Dr. Tomaszczak (Centrum), und der Berichterstatter Dr. Klier (Linke), Dr. Brestel (früher Finanzminister, Linke), im Herrenhause der Berichterstatter Dr. Leop. Neumann (Prof. der Statistik) und der Justizminister Dr. Glaser. — Die vielen Aufsätze, welche Schulze für die Grundsätze des Norddeutschen Gesetzes und zur Widerlegung der zum Theil abentheuerlichen Behauptungen der Gegner (darunter Max Wirth) in der Deutschen Zeitung veröffentlicht hat, sind meistens in den Genossenschaftsblättern wieder abgedruckt. — Der Text des Oesterreichischen Genossenschaftsgesetzes vom 9. April 1873 und der Ausführungsverordnuug vom 14. Mai 1873 ist im Anhange abgedruckt.

die Förderung des Kredits, des Erwerbs oder der Wirthschaft ihrer Mitglieder mittelst gemeinschaftlichen Geschäftsbetriebes bezwecken (Genossenschaften)."

Es ist nöthig, die Entstehung dieser Definition genau zu verfolgen, damit nicht Mängel derselben nicht beabsichtigte Beschränkungen in der Anwendung des Gesetzes bewirken.

Die „Assoziationen" der Arbeiter und des Kleingewerbes" erhielten auf Anregung des zweiten Kongresses deutscher Volkswirthe (1859) in deren Kreisen den Namen „Genossenschaften." Die deutsche Bezeichnung wurde unter ihnen selbst bald als technische eingebürgert. Der allgemeine Sprachgebrauch kehrte sich jedoch nicht daran, sondern wandte den Namen Genossenschaften häufig sowohl auf die mehr oder weniger dem Prinzip der Wohlthätigkeit huldigenden Vereine ähnlicher Art, als auch auf alle anderen, für die Hebung der arbeitenden Klassen thätigen Gesellschaften, namentlich auf die sogenannten Arbeiter- und Handwerkerbildungsvereine, an. In seinem ersten Entwurfe zu einem Genossenschaftsgesetz hatte Schulze-Delitzsch die Begriffsbestimmung dahin gefaßt:

„Diejenigen Vereine, welche die Förderung des Erwerbs oder der Wirthschaft ihrer Mitglieder mittelst genossenschaftlichen Geschäftsbetriebes bezwecken, und wegen der unbeschränkten Zahl, sowie des stetigen Wechsels ihrer Theilnehmer nicht für geschlossene Sozietäten im Sinne der Gesetze geachtet werden können."

Der zweite Vereinstag der Vorschuß- und Kreditvereine (Pfingsten 1860) genehmigte bei Berathung jenes Entwurfes diese Bezeichnung als erschöpfend und zweckmäßig*). Jetzt erschien in der genossenschaftlichen Literatur die Bezeichnung „die auf Selbsthilfe der Betheiligten begründeten deutschen Erwerbs- und Wirthschaftsgenossenschaften des kleinen Gewerbestandes" (z. B. Titel des Jahresberichts für 1860). Mit dem Wachsthum der Vorschußvereine und der Ausdehnung ihrer Geschäfte nach oben hin wurde üblich, statt „des kleinen Gewerbestandes" zu sagen „des kleinen und mittleren Gewerbestandes", oder aber man ließ diese beschränkende Bezeichnung ganz fort. Aus dem Zentralkorrespondenzbüreau der Vorschußvereine wurde die „Anwaltschaft deutscher Erwerbs- und Wirthschaftsgenossenschaften."

Der Gesetzentwurf über die „privatrechtliche Stellung der auf Selbsthülfe beruhenden Erwerbs- und Wirthschaftsgenossenschaften", welchen Schulze am 10. März 1863 dem Preußischen Abgeordneten-

---

*) Der Vereinstag beschloß aber, da nur eine Berathung von Vorschußvereins-Vertretern stattfand, den Entwurf auf die Vorschußvereine zu beschränken. Demgemäß wurde der Eingang des § 1 dahin geändert: „Vorschuß- und Kreditvereine, welche die Befriedigung des Kreditbedürfnisses ihrer Mitglieder auf genossenschaftlichem Wege bezwecken und wegen der unbeschränkten Zahl" u. s. w. Siehe Jahresbericht für 1859 S. 44, 52 ff.

hause vorlegte, enthielt die 1860 approbirte Definition der Genossenschaften. Zu derselben wurden in der Kommission zahlreiche Amendements gestellt. Man fand, daß von „genossenschaftlichem" Geschäftsbetrieb in einer Definition der Genossenschaft nicht geredet werden dürfe, und setzte dafür „gemeinschaftlichen Geschäftsbetrieb auf dem Wege der Selbsthülfe". Ein Amendement, statt „Förderung des Erwerbes und der Wirthschaft der Mitglieder" als den Zweck der Genossenschaft Förderung des „Gewerbes und der Wirthschaft" zu setzen, wurde abgelehnt; dahingegen trotz Widerspruchs des Antragstellers und des zum Referenten bestellten Herausgebers noch „der Kredit" als ein zu fördernder eingefügt.*) Endlich wurde beschlossen, in die Definition eine allseitig als eigenthümlich anerkannte Eigenschaft der bestehenden Genossenschaften aufzunehmen, welche in den verschiedenen Amendements mehr oder weniger zutreffend dahin formulirt wurde:

a) „bei statutarisch geordnetem Rechte des Zu- und Abganges ihrer Mitglieder" — Antrag des Abg. Obertribunalsraths Peter Reichensperger —;

b) „unter unbeschränktem Zu- und Abgange der einzelnen Mitglieder" — Antrag des Abg. Kreisgerichtsraths Wachsmuth —;

c) „bei nicht geschlossener Mitgliederzahl" — Antrag des Herausgebers —.

Nach Annahme der letzteren Fassung lautete die in der Kommission angenommene Definition:

> „Vereine, welche bei nicht geschlossener Mitgliederzahl die Förderung des Kredits, des Erwerbs oder der Wirthschaft ihrer Mitglieder mittelst gemeinschaftlichen Geschäftsbetriebes auf dem Wege der Selbsthülfe bezwecken (Genossenschaften)".

In dem von der Preußischen Staatsregierung 1866 und 1867 dem Landtage vorgelegten Entwurfe ist diese Definition im Wesentlichen beibehalten. Nur die Worte „auf dem Wege der Selbsthilfe" blieben fort. „Die im § 1 enthaltene Definition der Genossenschaft", heißt es in den Motiven, „schließt durch das darin aufgenommene Merkmal, wonach die Förderung des Kredits u. s. w. der Vereinsmitglieder durch gemeinschaftlichen Geschäftsbetrieb bezweckt werden muß, diejenigen Vereine, welche den Charakter von Wohlthätigkeitsinstituten an sich tragen (Unterstützungskassen u. s. w.) von der Kategorie der Genossenschaften aus, ohne daß es zu diesem Zweck noch der

*) Das Oesterreichische Gesetz vom 9. April 1873 über Erwerbs- und Wirthschaftsgenossenschaften hat die Definition zu verbessern sich bemüht, indem es den Eingang des § 1 dahin faßte: „Die Bestimmungen dieses Gesetzes haben Anwendung zu finden auf Vereine von nicht geschlossener Mitgliederzahl, welche die Förderung des Erwerbes oder der Wirthschaft ihrer Mitglieder mittelst gemeinschaftlichen Geschäftsbetriebes oder mittelst Kreditgewährung bezwecken (Erwerbs- und Wirthschaftsgenossenschaften)", u. s. w.

juristisch jedenfalls unklaren Bezeichnung der Genossenschaft, als „„auf Selbsthülfe““ beruhend, bedarf“.

Bei den Berathungen im Preußischen Landtage von 1866 und 1867 und in den Kommissionen desselben sind Versuche, die Definition abzuändern, nicht mehr gemacht worden, und die Definition des Preußischen Genossenschaftsgesetzes ist buchstäblich ebenso in das Norddeutsche Genossenschaftsgesetz übergegangen.

Alle diejenigen Erwerbs- und Wirthschafts-Genossenschaften, welche schon vor dem Erlaß des Preußischen Genossenschaftsgesetzes bestanden, fielen unter die Definition des Gesetzes, gleichviel ob sie nur mit ihren Mitgliedern oder auch mit Dritten Geschäfte machten. Ausgeschlossen aber waren die sogenannten Markenkonsumvereine, weil bei ihnen ein gemeinschaftlicher Geschäftsbetrieb nicht stattfindet. Aus demselben Grunde können Bildungs-, Turn-, Schützen- und Gesangsvereine, Krankenkassen, Wittwenkassen, Alterversorgungs-Vereine, Versicherungsgesellschaften u. dgl. eingetragene Genossenschaften nicht werden.*) Eine Beschränkung der Genossenschaften auf bestimmte Volksklassen („den kleinern und mittleren Gewerbestand“) findet nicht statt; Jedermann kann Genossenschafter sein. Auch in Ansehung des Gegenstandes des Unternehmens ist völlige Freiheit gelassen; alles was Gegenstand einer geschäftlichen Erwerbsthätigkeit sein kann, kann auch den Gegenstand des genossenschaftlichen Unternehmens bilden. Ein Verein von Häuserspekulanten, welcher aus dem An- und Verkauf von Wohnhäusern ein gewinnbringendes Geschäft macht, kann sich der Form der Genossenschaft bedienen, wogegen die sogenannten gemeinnützigen Baugesellschaften, — Vereine, welche von wohlmeinenden Männern zur Verbesserung der Arbeiterwohnungen begründet sind und ihre Absicht dadurch zu verwirklichen streben, daß sie auf ihre Kosten Häuser bauen und an Arbeiter ohne Gewinn vermiethen oder verkaufen, — sich nicht unter das Genossenschaftsgesetz stellen können, weil sie weder Gewinn erzielen wollen noch sonst den Kredit, den Erwerb oder die Wirthschaft ihrer Mitglieder zu fördern bezwecken.**)

---

*) Trotzdem sind mehrere solcher Vereine in die Genossenschafts-Register eingetragen; siehe unten Erläuterungen zu § 1 des Gesetzes.

**) Die Gesetzgebung des Norddeutschen Bundes hat bald nach Erlaß des Preußischen Genossenschaftsgesetzes die zukünftige Entstehung einer besonderen Art Genossenschaften vorgesehen. Im § 2 des Gesetzes vom 25. Oktober 1867, betreffend die Nationalität der Kauffahrteischiffe und ihre Befugniß zur Führung der Bundesflagge heißt es: „Zur Führung der Bundesflagge sind die Kauffahrteischiffe nur dann berechtigt, wenn sie in dem ausschließlichen Eigenthum solcher Personen sich befinden, welchen das Bundesindigenat zusteht. Diesen Personen sind gleich zu achten die im Bundesgebiet errichteten Aktiengesellschaften und Kommanditgesellschaften auf Aktien, in Preußen auch die nach Maaßgabe des Gesetzes vom 27. März 1867 eingetragenen Genossenschaften, sofern diese Gesellschaften und Genossenschaften innerhalb des Bundesgebietes ihren Sitz haben“ u. s. w. Die Voraussicht war eine trügerische. Auf Grund des Preußischen Genossenschaftsgesetzes sind Rhedereigenossen-

Die genossenschaftliche Form eignet sich, wegen der Solidarhaft der Mitglieder, durchaus nicht zu Spekulationsunternehmungen großer Kapitalisten. Daß sich zur Hintergehung des Publikums Schwindler der als besonders vertrauenswürdig geltenden Firma der eingetragenen Genossenschaft bedienen, um Leichtsinnige oder Unvorsichtige, sei es als Genossenschaftsmitglieder, sei es als Geschäftsfreunde einzufangen, ist unvermeidlich; die Entdeckung des Betruges dürfte aber bei Genossenschaften schneller und sicherer erfolgen, wie bei anderen Gesellschaften.

2. Die Erwerbs- und Wirthschaftsgenossenschaft und das Deutsche Handelsgesetzbuch.

Das Römische Recht hatte in Deutschland ein reich entwickeltes Genossenschaftswesen vorgefunden, welches auferbaut war auf der Grundlage der persönlichen Freiheit und des gleichen Rechts aller zu gemeinsamer Arbeit Verbundenen und sich vorzugsweise an den Grund und Boden, an das unbewegliche Eigenthum anschloß. Diese Genossenschaften waren dem Römischen Rechte fremd. Letzteres war das Recht eines Sklavenstaates, eines Staates, in welchem die gemeinsame Arbeit vieler gleichberechtigter Einzelner der Sitte widerstreitet. Wo der vollberechtigte Freie nicht arbeitet, sondern durch die in seinem Eigenthum befindlichen Sklaven, deren Zahl beliebig vermehrt oder vermindert werden kann, arbeiten läßt, ist für die Erwerbsgenossenschaft kein Raum vorhanden. Somit lag dem Römischen Recht der Gedanke durchaus fern, eine Vielheit von Personen als ein selbstständiges rechtsfähiges Einzelwesen anzusehen. Die deutschrechtliche Genossenschaft mußte daher verkümmern, sobald die Rechtspflege den Volksgerichten abgenommen und landesherrlichen Gerichten übertragen wurde, sobald die landesherrliche Gesetzgebung unter dem Einflusse der gelehrten Juristen, der Doktoren der Rechte, sich allmählich über alle Gebiete des Volkslebens erstreckte. Erst der geschichtlichen Forschung unseres Jahrhunderts gelang es, genaue Kenntniß zu geben von den untergegangenen Rechtsinstituten. Inzwischen sind andere genossenschaftliche Bildungen, welche ebensowenig in die Römischen Schablonen passen, in reicher Zahl entstanden. Man kann mit Recht sagen, daß sich von Jahr zu Jahr mehr die Vergesellschaftung durch alle Verhältnisse des Volkslebens hindurchzieht; sie ist ein unentbehrliches Glied unserer wirthschaftlichen Zustände geworden. Dennoch hatte weder die Gesetzgebung noch die

schaften nicht entstanden; auch bislang nicht auf Grund des Deutschen Gesetzes, obschon die Form der Genossenschaft für den gemeinschaftlichen Betrieb des Rhedereigeschäftes sich augenscheinlich gut eignet. Ob übrigens der § 2 des Gesetzes vom 25. Oktober 1867 auch auf Kauffahrteischiffe von Rhedereigenossenschaften, die nach Maßgabe des Gesetzes vom 4. Juli 1868 eingetragen sind, Anwendung finden könnte, mag dahin gestellt bleiben.

Wissenschaft einen ernstlichen Anlauf genommen, die durch das Römische Recht geschaffene Lücke durch Herstellung eines allgemeinen Gesellschaftsrechts auszufüllen.

Der Beginn einer Loslösung der neueren deutschen Rechtsentwickelung von den Anschauungen des Römischen Gesellschaftsrechts läßt sich erst von der Einführung des Allgemeinen Deutschen Handelsgesetzbuchs datiren. Dieses gewährte allen denjenigen Handelsgesellschaften, welche sich den von ihm aufgestellten Formen unterwarfen, eine gesicherte Existenz, wogegen es jeder nicht rezipirten Vergesellschaftung die nothwendige Eigenschaft eines vermögensfähigen Rechtssubjekts vorenthielt. Es schloß zugleich die Zahl der Handelsgesellschafts-Arten völlig ab, und ließ somit alle Erwerbs-Gesellschaften, welche nicht darunter fielen, oder deren Zweck nicht auf Handel gerichtet war, vollkommen schutzlos und in ihrer Existenz preisgegeben den geistreichen oder thörichten Einfällen unwissender oder gelehrter Richter und Polizeibeamten, sowie den besonderen Erfindungen partikularstaatlicher Gesetzmacherei.

Es ist oben bereits entwickelt worden, wie durch das Handelsgesetzbuch die Stellung der Deutschen Erwerbs- und Wirthschaftsgenossenschaft noch mehr gefährdet war als zuvor. In der „eingetragenen Genossenschaft" ist nun aber eine Gesellschaftsform gegeben, welcher sich eine jede, öffentlichen Zwecken fremde, auf privaten Erwerb durch gemeinschaftlichen Geschäftsbetrieb gerichtete Vergesellschaftung zu bedienen befugt ist, gleichviel ob sie Handel treibt oder nicht. Die eingetragene Genossenschaft stellt sich den Handelsgesellschaften ebenbürtig zur Seite, indem sie wie diese, ohne durch das Gesetz zu einer juristischen Person erklärt zu sein, ein wirthschaftlich selbstständiges Verkehrswesen geworden ist, welches Eigenthum und dingliche und andere Vermögensrechte erwirbt und veräußert, klagt und verklagt wird. Die eingetragene Genossenschaft ist keine Handelsgesellschaft, aber sie hat die Rechte und Pflichten des Kaufmanns nach Deutschen Handelsgesetzen.

Wie nothwendig die Ergänzung des Handelsgesetzbuchs durch das Genossenschaftsgesetz war, ergiebt ein Blick auf die einzelnen Handelsgesellschaften. Das Handelsgesetzbuch giebt diesen Namen nur den *Gesellschaften unter gemeinschaftlicher Firma* im Gegensatz zu der *stillen Gesellschaft*, und unterscheidet zwischen den einzelnen Handelsgesellschaften vornehmlich nach der *Haftbarkeit der Mitglieder für die Gesellschaftsschulden*:

a) *Offene* Handelsgesellschaft — *unbeschränkte Solidarhaft* aller Mitglieder;

b) *Kommanditgesellschaft* — *unbeschränkte Haft einzelner* Mitglieder, der persönlich haftenden Gesellschafter, *beschränkte Haft der übrigen*, der Kommanditisten;

c) *Aktiengesellschaft*, in welcher die Personen nur als Repräsentanten *beschränkt haftender Kapitaleinlagen* erscheinen.

Die offene Handelsgesellschaft zu a), bei welcher jedes Mitglied, ohne daß ihm eine Einrede der Theilung oder der Vorausklage zusteht, von den Gesellschaftsgläubigern wegen der Gesellschaftsschulden, für die es solidarisch und mit seinem ganzen Vermögen haftet, in Anspruch genommen werden kann, ist nur auf eine ganz geringe Anzahl Mitglieder berechnet. Denn der Eintritt eines neuen Mitgliedes ist zwar zulässig, aber die Anmeldung desselben ist von sämmtlichen Mitgliedern persönlich oder in beglaubigter Form einzureichen. Ferner kann der Fortbestand der Gesellschaft, auch wenn wegen desselben alle zulässigen Vorsichtsmaßregeln getroffen sind, von der Mehrheit nicht gegen die Willkür einer Minderheit sicher gestellt werden. (Art. 127 und 128).

Da keine andere Handelsgesellschaft mit lauter unbeschränkt haftenden Mitgliedern existirt, so ist der Zusammentritt einer großen Anzahl Personen zu einer Handelsgesellschaft mit unbeschränkter Haft der Mitglieder durch das Handelsgesetzbuch unmöglich gemacht. Erst das Genossenschaftsgesetz gewährt die Möglichkeit, Handelsgesellschaften dieser Art ins Leben zu rufen.*) Freilich ist in der eingetragenen Genossenschaft die Solidarhaft der Mitglieder auf eine Solidarbürgschaft reduzirt, welche erst dann in Kraft tritt, wenn das Genossenschaftsvermögen sich als unzureichend zur Befriedigung der Gläubiger herausgestellt hat. Dies ist aber eine fast nothwendige Folge der nicht geschlossenen Mitgliederzahl. Die vermögensrechtliche Persönlichkeit einer Gesellschaft von hunderten oder tausenden Personen tritt dem einzelnen Mitgliede gegenüber weit bedeutsamer in den Vordergrund, als die einer Gesellschaft von zwei bis zehn Mitgliedern und je größer die Mitgliederzahl, desto geringer ist der Einfluß des einzelnen durch Mehrheitsbeschlüsse gebundenen Mitgliedes auf die Geschäftsführung, desto schwieriger und unbequemer die Regreßklage wegen der von ihm bezahlten Gesellschaftsschulden, desto gesicherter aber auch die Lage des Gesellschaftsgläubigers.**)

---

*) Siehe oben S. 54 über die Braunsteingenossenschaft in Gera bei Elgersberg.

**) Die oben stehenden Ausführungen sind hier der 1867 geschriebenen Einleitung meines Kommentars zum Preußischen Genossenschaftsgesetze entlehnt. Schulze-Delitzsch führt in seinem 1869 erschienenen Werke: „Die Gesetzgebung über die privatrechtliche Stellung der Erwerbs- und Wirthschaftsgenossenschaften mit besonderer Rücksicht auf die Haftpflicht bei kommerziellen Gesellschaften“ die Nothwendigkeit der Verwandlung der alternativen Solidarhaft in eine subsidiäre auf die Verleihung der rechtlichen Persönlichkeit zurück. Er sagt (a. a. O. S. 57 u. 58): „So lange die Genossenschaften bei uns nach ihrem bisherigen Rechtszustande lediglich als eine Vielheit von Mitberechtigten und Mitverpflichteten aus gemeinsamen Geschäftsoperationen in Betracht kamen, entschied sich die Frage über die Folgen der Solidarhaft bei ihnen ganz einfach nach dem in jedem Lande gültigen gemeinen Recht. Was in dieser Hinsicht überhaupt für eine beliebige Mehrzahl von Personen galt, welche in einem vertragsmäßigen Rechtsverhältnisse als Gläubiger oder Schuldner fungirten, das wurde auf die Mitglieder einer Genossenschaft eben-

b) Die **Kommanditgesellschaft** erfordert außer den mit ihren Einlagen haftenden Kommanditisten einen oder mehrere persönlich haftende Gesellschafter, ist aber in Betreff dieser auch nur auf eine ganz kleine Zahl berechnet. Dies geht schon daraus hervor, daß die Vorschriften über Auflösung einer offenen Handelsgesellschaft auch für die Kommanditgesellschaft gelten. Was insbesondere

1. Die gewöhnliche Kommanditgesellschaft anlangt, so ist sie selbst in Betreff der Kommanditisten nicht eben beweglicher als die offene Gesellschaft. Wenn in die bestehende Kommanditgesellschaft ein neuer Kommanditist eintritt, so muß dies nicht blos von sämmtlichen persönlich haftenden Gesellschaftern, sondern auch von allen Kommanditisten zur Eintragung und Bekanntmachung angemeldet werden. Auf eine größere Anzahl Kommanditisten rechnet demgemäß das Handelsgesetzbuch keineswegs.

2. Die **Kommanditgesellschaft auf Aktien** des Deutschen Handelsgesetzbuchs unterlag von vornherein so vielen Beschränkungen, daß eine häufige Anwendung dieser Gesellschaftsform nicht stattfinden konnte. Sie hat überdies ihre wirthschaftliche Berechtigung nur dann, wenn entweder „die Einlage des oder der persönlich haftenden Gesellschafter den Hauptbestandtheil des Gesellschaftskapitals bildet, oder die persönlich haftenden Gesellschafter doch als die eigentlichen Prinzipale des Geschäfts erscheinen, wenn namentlich ihre Persönlichkeit oder ihr sonstiges Vermögen in Betracht gezogen ist. Wo dagegen die persönlich haftenden Gesellschafter mehr als gewählte Vorsteher der Gesellschaft angesehen werden, da ist die Form mißbräuchlich gewählt statt der Form der Aktiengesellschaft". (**Hahn**, Kommentar Bd. I. 2. Aufl. S. 530.) Diese mißbräuchliche Anwendung kam bis zum Gesetz vom 11. Juni 1870 in Preußen häufig vor, weil daselbst das bei den Aktiengesellschaften aufrecht erhaltene Erforderniß der staatlichen Genehmigung ausgeschlossen war. Seitdem jenes

---

falls angewendet, so lange dieselbe nicht als ein rechtsfähiges Ganzes in Betracht kam. — — — Daß die Verleihung der rechtlichen Persönlichkeit an die Genossenschaften, vermöge deren dieselben auf ihren Gesammtnamen Rechte erwerben und Verpflichtungen eingehen, eine völlige Umwandlung des bisherigen Schuldverbandes mit den Gläubigern bewirkt, ist augenfällig. Als rechts- und vermögensfähiges Ganzes tritt die Genossenschaft zwischen ihre Mitglieder und Gläubiger. Mit ihr, als selbstständigem Rechtssubjekt, schließt man die Geschäfte, mit ihr haben es in Folge dessen die Gläubiger zunächst zu thun, nicht mehr mit den einzelnen Mitgliedern; an das Vermögen der Genossenschaft haben sie wegen Erfüllung der eingegangenen Verpflichtungen sich zu halten, nicht an das Privatvermögen der Mitglieder. Wenn dennoch das Gesetz den Mitgliedern die Solidarhaft den Genossenschaftsgläubigern gegenüber auferlegt, obschon dieselbe nach Vorstehendem aus dem mit einem andern Kontrahenten abgeschlossenen Geschäft an und für sich nicht abgeleitet werden kann, so folgt daraus allerwenigstens soviel: daß diese Haft nur **subsidiär** eintreten, und als Aushülfe dienen darf, für den Fall, daß das Vermögen des eigentlichen Verpflichteten, der Genossenschaft zur Deckung solcher Forderungen nicht ausreicht" rc.

Gesetz die staatliche Genehmigung als Erforderniß zur Rechtsbeständigkeit sowohl der Aktiengesellschaft als der Kommanditgesellschaft auf Aktien überall in Deutschland beseitigt hat, ist die letztere nicht mehr beliebt. Ob durch Fortfall mancher Beschränkungen, welche das Handelsgesetzbuch „zur Verhinderung unsolider, ohne die nöthigen materiellen Mittel beabsichtigter oder nur auf Aktienspekulation berechneter Unternehmungen" aufgestellt hat, diese Handelsgesellschaft mehr in Aufnahme kommen würde, dürfte nach den Erfahrungen der letzten Jahre zweifelhaft erscheinen.

c) Die Aktiengesellschaft, die Kapitalgesellschaft des Handelsrechts ist allerdings auf eine weite Ausdehnung angewiesen. Bis zum Gesetz vom 11. Juni 1870 war das Erforderniß der staatlichen Genehmigung dem Aufblühen der Aktiengesellschaften hinderlich gewesen. *) Die folgenden Jahre waren zufolge des Milliardensegens und der dadurch hervorgerufenen Ueberproduktion und Ueberspekulation nicht geeignet, einen Maßstab für die Leistungsfähigkeit einer Gesellschaftsform abzugeben.

Die Aktiengesellschaft, die Assoziation des großen Kapitals, steht an sich der Erwerbs- und Wirthschaftsgenossenschaft, der natürlichen Form für die Assoziation der wesentlich kapitallosen Arbeit, am schroffsten gegenüber. Aber beide haben in Folge der großen Zahl der Betheiligten eine gewisse Gleichgültigkeit gegen die Individualität gemein. Aus diesen Gründen mußte sich die Genossenschaft in ihrer innern Organisation am meisten der Aktiengesellschaft anschließen. Diese selbst ist darin ja auch jenen deutschrechtlichen Genossenschaften am ähnlichsten, welche das Römische Recht vernichtete. Insbesondere erfordert jede Assoziation vieler gleichberechtigter und gleichverpflichteter Einzelpersonen zwei nothwendige Organe: den Vorstand und die Generalversammlung.

---

*) In meinem Kommentar zum Preußischen Gesetze, Einleitung Seite XLVI. (1867), ist von der Aktiengesellschaft gesagt: „Die Begrenzung des Kapitals bietet ihr ein geringeres Hinderniß, als die Staatskonzession und Staatsaufsicht, deren Schädlichkeit nachgerade kaum bestritten wird. An die Aktiengesellschaft muß die Forderung gestellt werden, daß sie ihren Gesellschaftsvertrag und jede wesentliche Abänderung desselben, sowie die Rechnungsabschlüsse veröffentlicht. Dies erfordert die Rechtssicherheit. Ein Rechtssubjekt, welches nur aus Kapitaleinlagen unter Anschluß verantwortlicher Personen besteht, muß gewisse Garantien stellen, damit es nicht auf Privilegirung von Schwindel und Betrug hinauslaufe". Das Gesetz vom 11. Juni 1870 hat die Veröffentlichung der Bilanz (Art. 239) vorgeschrieben. Die Erfahrung der letzten Jahre wird einzelne weitere Garantien wünschenswerth machen. Ungeheure Verluste hat das deutsche Publikum, das seine Ersparnisse in Aktien anlegte oder mit geborgtem Gelde und auf Kredit an der Börse spekulirte, innerhalb dreier Jahre erlitten. Aber der Fortfall der Staatskonzession der Aktiengesellschaften hat keine Schuld daran. Denn gerade an konzessionirten Eisenbahnunternehmungen, der Nordbahn des Fürsten Putbus, und der Pommerschen Zentralbahn der Dreimännerschaft Schuster-Oder-Wagener, ist am meisten erspartes Geld verloren.

Das mehrfach erwähnte Reichsgesetz vom 11. Juni 1870 ist das erste Deutsche Gesetz, welches die vom allgemeinen Deutschen Handelsgesetzbuche und vom Norddeutschen Genossenschaftsgesetze eingeschlagene Bahn zur Befreiung vom Römischen Gesellschaftsrechte weiter verfolgte.*) Daß es die staatliche Genehmigung und Beaufsichtigung nicht nur bei der Kommanditgesellschaft auf Aktien, sondern auch bei der Aktiengesellschaft aufhob, war zugleich ein Einbruch in den bestehenden Rechtsgrundsatz, wonach „die Kreirung einer juristischen Person ohne Staatsgenehmigung nicht stattfindet". Denn die Aktiengesellschaft unterscheidet sich von den übrigen Handelsgesellschaften und von den Erwerbs- und Wirthschaftsgenossenschaften, denen die wesentlichen Rechte der juristischen Person beigelegt sind, eben dadurch, daß in ihr „eine von jeder bestimmten Persönlichkeit der Theilnehmer abgetrennte Gesellschaft als selbstständige Handelsperson ins Leben geführt wird, welche mit Erschöpfung des Gesellschaftsfonds erloschen ist und verschwindet".**) Die Aktiengesellschaft ist also nach der übereinstimmenden Auffassung der Deutschen Regierungen eine wirkliche juristische Person.

Von vielleicht noch größerer Trageweite für die Umgestaltung unseres Gesellschaftsrechts sind zwei andere Bestimmungen des Gesetzes vom 11. Juni 1870:

1) Die Herabsetzung des Mindestbetrages der Aktien, — bei der Kommanditgesellschaft auf Aktien von 200 Thlr. auf 50 Thlr., falls nicht die Landesgesetze nach Maßgabe der besondern örtlichen Bedürfnisse einen geringeren Betrag gestatten, — bei der Aktiengesellschaft von 200 Thlr. auf 50 Thlr., wenn die Aktien auf Namen lauten, mit Ausnahme der Aktien der Versicherungsgesellschaften, und von 200 Thlr. auf 100 Thlr. bei allen Inhaberaktien und den auf Namen lautenden Aktien der Versicherungsgesellschaften. Da vor der Eintragung in das Handelsregister auf die Aktien der Kommanditgesellschaft ein Viertheil des von jedem Kommanditisten gezeichneten Betrages und auf die Aktien der Aktiengesellschaft zehn Prozent, bei Versicherungsgesellschaften zwanzig Prozent des von jedem Aktionär gezeichneten Betrages eingezahlt sein müssen, so bildete fortan für die Verbindung der kleinen Kapitalisten zu Erwerbsgesellschaften, welche die Personalhaft ausschließen, die Höhe der Aktien kein Hinderniß mehr. Denn zu Kommanditgesellschaften auf Aktien genügen 12½ Thlr. (37,50 Mark) Einzahlung auf Aktien von 50 Thlr.

---

*) Vgl. hier und im Folgenden besonders Hugo Keyßner: Die Aktiengesellschaften und die Kommanditgesellschaften auf Aktien unter dem Reichsgesetze vom 11. Juni 1870 (Berlin 1873) und von Hahn: Kommentar zum Deutschen Handelsgesetzbuche Bd. I. 2. Aufl. (Braunschweig 1871.)

**) Aus den Motiven des Preußischen Entwurfs eines Handelsgesetzbuchs nach H. Keyßner: „Die Aktiengesellschaften" u. s. w. siehe vorige Anmerkung.

(150 Mark), zu Aktiengesellschaften 5 Thlr. (15 Mark) Einzahlung auf Aktien, die auf Namen lauten, von 50 Thlr. (150 M.), ferner 10 Thlr. (30 M.) Einzahlung auf Aktien, die auf den Inhaber lauten, von 100 Thlr. (300 M.), endlich 20 Thlr. (60 M.) Einzahlung auf Aktien der Versicherungsgesellschaften von 100 Thlr. (300 M.), um die Eintragung in das Handelsregister zu erwirken.

2) Die Erhebung der nicht Handel treibenden Aktiengesellschaften und Kommanditaktiengesellschaften zu Handelsgesellschaften. Dies ist geschehen durch die neuen Art. 174 und 208 des Handelsgesetzbuchs, in welche der Satz aufgenommen ist:

„Eine Kommanditgesellschaft auf Aktien"
„Eine Aktiengesellschaft"

„gilt als Handelsgesellschaft, auch wenn der Gegenstand des Unternehmens nicht in Handelsgeschäften besteht."

und durch Abänderung des ersten Absatzes des Artikel 5 dahin:

„Die in Betreff der Kaufleute gegebenen Bestimmungen gelten in gleicher Weise in Betreff der Handelsgesellschaften, insbesondere auch der Kommanditgesellschaften auf Aktien und der Aktiengesellschaften".

Demnach giebt es seit der Rechtskraft des Gesetzes vom 11. Juni 1870 im Deutschen Reiche nur noch Handels-Aktiengesellschaften und Handels-Kommanditaktiengesellschaften; die Geschäfte derselben sind unter der Voraussetzung der Artikel 273 und 272 Absatz 2 des Handelsgesetzbuchs Handelsgeschäfte und alle übrigen für Kaufleute aufgestellten Sätze des Handelsgesetzbuchs finden auf sie Anwendung. Wenn diese Erweiterung des Begriffs der Handelsgesellschaften sich auf alle wirklichen Erwerbsgesellschaften beschränkte, so wäre dagegen, meiner Meinung nach, kaum ein berechtigter Einwand zu erheben gewesen. Allein, daß man auch alle anderen in der Form der Aktiengesellschaft und Kommanditaktiengesellschaft auftretenden Vereine, insbesondere die zu gemeinnützigen und geselligen Zwecken begründeten, den Handelsgesellschaften gleichstellte, ward im Deutschen Reichstage mit vollem Recht, wenn auch ohne Erfolg, von Schulze-Delitzsch für höchst bedenklich erklärt. Derselbe behauptete namentlich, daß die Unbeschränkbarkeit der Vollmacht des Vorstandes, die Bestimmungen über die Bilanz, das Verbot des Erwerbs eigener Aktien, für Gesellschaften, die nichts mit dem Handel zu thun haben, nicht geeignet seien. *)

Das Gesetz vom 11. Juni 1870 hat darnach freilich auch allen denjenigen, nicht auf Erwerb, Gewinn oder einen eigentlichen Geschäftsbetrieb abzielenden Vereinen, deren Schulze-Delitzsch, wie bereits erörtert ist, (Seite 103) durch den wiederholt im Reichstage

*) von Hahn, Kommentar Bd. I. S. 535 f. und Stenograph. Berichte über die Verhandlungen des Reichstages des Norddeutschen Bundes I. Legisl. Session 1870 Bd. II. Seite 1057 ff.

eingebrachten Gesetzesvorschlag die Rechts- und Vermögensfähigkeit, unabhängig von der Staatskonzession, verschaffen wollte, die Möglichkeit eröffnet, durch die Annahme der Form der Aktien- oder Kommanditaktiengesellschaft alle Schwierigkeiten ihrer privatrechtlichen Verhältnisse zu beseitigen. Allein dieser Schritt nöthigt ihnen in Ansehung der Vertretung nach Außen eine Organisation auf, die ihren Interessen durchaus widerstreitet. Es trifft hier vollkommen zu, was Schulze-Delitzsch 1869 in seiner Schrift über die Genossenschaftsgesetzgebung, bezüglich des ersten Bayerischen Genossenschaftsgesetzentwurfes ausführte:

„Im Handelsrecht gilt der im Deutschen Allgemeinen Handelsgesetzbuch konsequent durchgeführte Grundsatz:

> daß jede zu einem kommerziellen Geschäftsbetrieb vereinigte Gesellschaft durch die Handlungen ihrer Vertreter, dritten Personen gegenüber, unbedingt verpflichtet wird, und daß alle in dem Gesellschaftsvertrage hierin enthaltenden Beschränkungen, diese Vertreter nur der Gesellschaft gegenüber binden, sie zwar gegen diese regreßpflichtig, nicht aber das abgeschlossene Geschäft ungültig machen, vielmehr alle darin übernommenen Verpflichtungen von der Gesellschaft anerkannt werden müssen.

Der Grund hiervon liegt offenbar in der Rücksicht: daß ein gesunder Kommerz vor allem Einfachheit und Zuverlässigkeit in seinen Rechtsformen erfordert, daß namentlich verwickelte Informationen über die Legitimation der Paziszenten, von welcher die Rechtsverbindlichkeit von deren Geschäftsabschlüssen abhängt, vermieden werden müssen, weil man sonst Hinterziehungen und chikanösen Einwendungen aller Art Eingang schafft, und durch die Unsicherheit der einzelnen Geschäftsabschlüsse die geschäftliche Solidität im Ganzen leidet. Dem will das Allg. Deutsche H.-G.-B. und das darnach eingerichtete Preußisch-Norddeutsche Genossenschaftsgesetz vorbeugen. Hat man sich aus dem darnach von den Gerichten geführten Handels- resp. Genossenschaftsregister über die Personen der Vorstände einmal vergewissert, so soll man ohne alle Gefährde Geschäfte jeder Art mit ihnen abschließen können, welche für die Gesellschaft rechtsverbindlich sind, indem die letztere für eine dabei vorgekommene Ueberschreitung von Befugnissen Seitens der Vorstände nur an deren Personen sich halten kann. Aber wenn der kommerzielle Charakter der eigentlichen Genossenschaften die Anwendung dieses Vertretungsprinzips bei ihnen durchaus angemessen erscheinen ließ, so bleibt es geradezu unerfindlich, wie der (Bayerische) Entwurf dazu kommt, dasselbe auf diejenigen Vereine anzuwenden, welche zu Handelssachen in gar keiner Beziehung stehen, und deren Vorständen — z. B. bei Religionsgesellschaften, Kasino's, Armen- und Bildungsvereinen u. dergl. — eine solche Machtbefugniß einzuräumen. Vielmehr wird hier allen Erfordernissen einer geordneten Verwaltung genügt, wenn in den Satzungen die Vertretungsbefugniß der Vorstände u. s. w. vollmachtsmäßig auf bestimmte Akte, Geschäfte gewisser Art, oder bis zu einem gewissen Belaufe beschränkt, und bei wichtigen Beschlüssen die Mitwirkung anderer Vereinsorgane zur Rechtsgiltigkeit erfordert wird, wie dies u. a. bei Gemeinden und Korporationen die Regel bildet. Wirklich fehlt es an jedem inneren Grunde, hiervon bei den nicht kommerziellen Vereinen abzugehen und sie Gefahren auszusetzen, deren Vorbeugung eine stetige, detaillirte, Zeit und Geld raubende Controle erfordert, wie sie von kaufmännisch organisirten Verwaltungen gehandhabt werden muß."*)

Doch ganz abgesehen von dieser übermäßigen Ausdehnung des Begriffs der Handelsgesellschaft, hat das Gesetz vom 11. Juni 1870

---

*) Schulze-Delitzsch a. a. O. Seite 11 u. 12.

durch die unbedingte Zulassung aller auch nicht Handel treibenden Erwerbsgesellschaften zur Aktien- und Kommanditaktiengesellschaft, durch Herabsetzung des Minimalbetrages der Aktien und durch Fortfall der Staatskonzession allen denjenigen Juristen und genossenschaftlichen Theoretikern, welche für Erwerbs- und Wirthschaftsgenossenschaften mit beschränkter Haftpflicht von der Gesetzgebung die gleiche bevorzugte Rechtsstellung eingeräumt verlangten, die den Handelsgesellschaften durch das Handelsgesetzbuch, den eingetragenen Genossenschaften durch das Genossenschaftsgesetz gewährt worden ist,*) die wichtigsten, von der Schwierigkeit der Unterstellung unter das Handelsgesetzbuch hergenommenen Beweisgründe fortgenommen. Schulze-Delitzsch hatte in seinem zur Klärung der Streitfrage geschriebenen Buche**) den Erlaß eines Ausnahmegesetzes verwerflich erklärt, wodurch „Vereine, die ihrem Wesen nach zu den Personalgenossenschaften gehören und deshalb nicht im Stande sind, die erforderlichen Garantien der Kapitalhaft zu bieten, davon entbunden werden." Er verlangte von den Genossenschaften, daß sie bei einem Uebergange zur beschränkten Haft sich nach dem von Aktiengesellschaften handelnden Abschnitte des Allg. Deutschen H.-G.-Buchs konstituiren, „und es kann sich" — fuhr er fort — „daher lediglich hierbei noch fragen: ob und worin dies Gesetz etwa, nicht im speziellen Interesse der bezeichneten Genossenschaften, sondern im gemeinsamen Interesse aller unter dasselbe fallenden Gesellschaften mit beschränkter Haft, einschließlich der Genossenschaften, einer Verbesserung fähig und bedürftig sei." Im Anschluß hieran entwickelte er sodann, daß vor allem die Konzessionirung der Aktiengesellschaften fortzufallen habe.

Schulze-Delitzsch hatte seine Schrift für die Juristen, — weniger auf den Lehrstühlen der Universitäten, als in den an der Gesetzgebung betheiligten Ministerien und Landtagen geschrieben. Gewiß hat er Viele von der Richtigkeit der Ansichten überzeugt, die er stand-

---

*) So formulirt zutreffend Sicherer a. a. O. S. 97 die Streitfrage. Seine Darlegung der Haftpflicht nach Bayerischem und Sächsischem Recht und seine Ausführungen gegen Schulze-Delitzsch, den er „im Interesse der Freiheit" eifrig bekämpft (S. 81—101), wirken erheiternd auf denjenigen Leser, der sich nicht blos unter den Theoretikern bewegt hat. Herr von Sicherer versteigt sich (1872) zu dem Schlußworte: „Es ist daher ein wirkliches Verdienst der Landesgesetzgebung, neben den eingetragenen Genossenschaften des Deutschen Reichsgesetzes auch Genossenschaften mit beschränkter Haftpflicht Anerkennung verschafft zu haben, und ein gerechtfertigter Wunsch, daß die Reichsgesetzgebung in möglichster Bälde hierin den Landesgesetzgebungen nachfolge." Nach Beseitigung der Bayerischen und Sächsischen Gesetze wird Herr von Sicherer nicht mehr daran zweifeln, daß sein Wunsch niemals in Erfüllung gehn wird.

**) Die Gesetzgebung über die privatrechtliche Stellung der Erwerbs- und Wirthschaftsgenossenschaften mit besonderer Rücksicht auf die Haftpflicht bei kommerziellen Gesellschaften. (Berlin 1869). S. 90—92.

haft über die Aufgaben der Deutschen Gesetzgebung in Ansehung der privatrechtlichen Stellung der Genossenschaften vertreten hat. Aber unter den auf dem achten Deutschen Juristentage im Sommer 1869 versammelten Juristen hatte er die Mehrzahl noch nicht für sich gewonnen. Am 27. August 1869 berieth die erste und zweite Abtheilung des Juristentages zu Heidelberg über den Antrag des Hof- und Gerichtsadvokaten Dr. Heinr. Jacques zu Wien, dahin lautend: „Der Deutsche Juristentag spricht als seine Ueberzeugung aus: Die Gesetzgebung über Erwerbs- und Wirthschaftsgenossenschaften soll auf nachfolgenden Grundlagen beruhen: 1) auf dem Grundsatze, daß es zur Errichtung einer Genossenschaft staatlicher Genehmigung nicht bedürfe; 2) auf dem Grundsatze obligatorischer Solidarbürgschaft der Genossenschaftsmitglieder.“ Der erste Antrag ward ohne Diskussion einstimmig angenommen. Ueber den zweiten Antrag berichtete einer der hervorragendsten Handelsrechtslehrer, Professor Dr. Goldschmidt (jetzt Rath am Reichsoberhandelsgericht und Reichstagsabgeordneter). Derselbe erklärte sich gegen den Antrag und für eine Ergänzung des Norddeutschen Genossenschaftsgesetzes für diejenigen Genossenschaften, welche nicht geneigt sind, sich unter dem Prinzip der unbeschränkten Haftbarkeit zu bilden. Er berief sich dabei auf England und Frankreich, welche seit Jahren Erwerbs- und Wirthschaftsgenossenschaften mit beschränkter und unbeschränkter Haftbarkeit zuließen, ferner auf die Erfahrungen von Sachsen und Bayern, sowie darauf, daß die Deutschen Konsumvereine sich gegen die Zwangspflicht zur unbeschränkten Haft erklärt hätten, — also nicht blos Theoretiker, sondern die Interessenten selber. — Heute wissen wir freilich, daß wir von den Genossenschaften in England und Frankreich, in Bayern und Sachsen nur vollgültige Beweise für die gegentheilige Meinung hernehmen könnten.*) Goldschmidt stellte folgende Grundzüge für die gesetz-

*) Ueber den nachtheiligen Einfluß der Einführung der beschränkten Haft auf die Genossenschaftsbewegung in England und Frankreich bieten Schulze's Jahresberichte, die Mittheilungen über die Allgemeinen Vereinstage und viele Aufsätze in den Genossenschaftsblättern ein reiches Material. Ueber die Meinung der Konsumvereine siehe oben Seite 36. Der dritte Verbandstag Süddeutscher Konsumvereine (nicht „der Deutschen Konsumvereine,“ wie Sicherer a. a. O. S. 99 irrthümlich angiebt) in Mannheim hatte, wie der erste Verbandstag „Sächsischer Konsumvereine“ zu Chemnitz am 27.—29. März 1869 sich allerdings gegen die Solidarhaft ausgesprochen. Daß inzwischen die früheren Gegner der Solidarhaft, — so weit sie noch im Genossenschaftswesen thätig sind — sich vollständig bekehrt haben, ist bereits erwähnt (S. 36). So beschloß der VII. Verbandstag „Süddeutscher Konsumvereine“ zu Eßlingen am 1. und 2. Juni 1873 einstimmig, „den Vereinen wiederholt dringend die Stellung unter das Genossenschaftsgesetz ans Herz zu legen.“ Die Theoretiker werden sich doch endlich überzeugen müssen, daß mit der Phrase der Freiheit die Frage nicht zu entscheiden ist (wie Dr. Jacques auf dem Juristentage mit Recht sagte). Auf den neuerdings sogar von Professor Gierke in Goldschmidt's Zeitschrift für das Handelsrecht (Bd. 20. 1875 S. 301) wiederholten Vorwurf, Schulze und die sonstigen Gegner der von ihm, Sicherer und Andern ver-

liche Regelung der privatrechtlichen Stellung der Genossenschaften mit beschränkter Haft auf:

1) Jeder Genossenschafter ist zu einem gewissen Minimalbeitrag verpflichtet, und hat jedenfalls einen Theil desselben, ein Viertel, sogleich baar einzuschießen; ob aber auch den Rest, oder ob dies nur eventuell, nach Bedürfniß geschehen soll, kann den Statuten überlassen bleiben; es ist sehr wohl zulässig, daß in dieser Beziehung auch eine bloße Garantiehaft übernommen werden könne.

2) Der Minimalbeitrag kann zwar erhöht, aber nicht vermindert werden.

3) Der Austritt und demzufolge auch die Rückziehung des eingeschossenen Beitrags und die Befreiung von der Beitragspflicht ist zulässig, aber letzteres beides darf erst stattfinden, wenn seit dem Austritt eine längere, zur Abwickelung der betreffenden Kreditoperation regelmäßig dienende Zeit verflossen ist; es würde sich ein Zeitraum von zwei Jahren vom Zeitpunkt des Abschlusses der dem Austritt folgenden Bilanz empfehlen. Die Statuten, nicht das Gesetz, mögen bestimmen, ob die Veräußerung der Geschäftsantheile zulässig ist.

4) Alle Jahr, oder besser noch alle Halbjahr werde die Bilanz veröffentlicht, ebenso die Zahl der gegenwärtigen Mitglieder, wie der bereits ausgeschiedenen, aber noch haftenden Mitglieder.

5) Die Genossenschaft ist verpflichtet, die noch ausstehenden Antheile, desgleichen die bereits zurückgezahlten, aber doch noch den Gläubigern haftenden, zum Zweck der Befriedigung der Gläubiger einzuziehen beziehungsweise wieder einzuziehen.

Nach längerer Diskussion, in welcher namentlich der Antragsteller Jacques die Ansichten Schulze's geistvoll vertheidigt hatte, wurden folgende Anträge angenommen:

a) [Amendement Gneist] Es ist wünschenswerth, daß für die Verpflichtungen der Genossenschaft jeder einzelne Genossenschafter solidarisch und mit seinem ganzen Vermögen einstehe. Die darauf bezügliche Bestimmung des Norddeutschen Bundesgesetzes erscheint als angemessen.

---

tretenen Meinung seien nicht ganz frei von einer gewissen Neigung zur Bevormundung des wirthschaftlichen Lebens, kann man nur entgegnen: Das wirthschaftliche Leben läßt sich nicht nach den in der Studirstube ersonnenen juristischen Formeln regeln; mit lebendigen Menschen von Fleisch und Blut, nicht mit „juristischen Personen“ hat zu rechnen, wer das wirthschaftliche Leben durch gute Gesetze fördern will; Schulze-Delitzsch und seine Freunde haben die von den Theoretikern dekretirte besondere Berücksichtigung der Genossenschaften mit beschränkter Haft durch die Deutsche Gesetzgebung von Anfang an unablässig bekämpft, weil sie — nicht aus Büchern, sondern aus langjähriger Beobachtung zahlreicher Genossenschaften die unerschütterliche Ueberzeugung gewonnen hatten, daß der Sieg der Gegner die gesunde wirthschaftliche Bewegung — zum schweren Schaden Deutscher Nation, auf Jahrzehnte hemmen oder auf verderbliche Abwege leiten könnte. Alle namhaften Genossenschaftsmänner — und darunter auch viele Juristen — theilen heute diese Ueberzeugung.

b) Es steht jedoch prinzipiell der Bildung von Genossenschaften mit nur beschränkter Haftpflicht und freiem Austrittsrecht der Genossenschafter Nichts entgegen, sofern dafür Sorge getragen wird, daß den Genossenschafts-Gläubigern ein jeder Zeit bestimmtes und bekanntes Minimal-Kapital haftet.*) —

Ob in den Vorschlägen Goldschmidt's noch dieser oder jener enthalten ist, welcher sich bei einer künftigen Revision der Bestimmungen des Handelsgesetzbuchs über die Aktiengesellschaften nützlich verwerthen läßt, mag dahingestellt bleiben. Keinesfalls wird nach Erlaß des Gesetzes vom 11. Juni 1870 die Gesetzgebung dem Plane jemals wieder näher treten, das Deutsche Genossenschaftsgesetz durch einen besondern Abschnitt von den Erwerbs- und Wirthschaftsgenossenschaften mit beschränkter Haft zu ergänzen.

3. Ist die Erwerbs- und Wirthschaftsgenossenschaft eine juristische Person?

Der Verfasser hatte es in seinem Kommentar zum Preußischen Genossenschaftsgesetze absichtlich verschmäht, sich auf den Streit einzulassen, ob die Genossenschaft eine juristische Person sei oder nicht.**) Wenn gegenwärtig die Frage hier behandelt wird, so geschieht es nur, weil einzelne Schriftsteller an die unrichtige Entscheidung derselben praktische Folgerungen bedenklicher Art knüpfen.

Die Beantwortung jener Frage hängt lediglich davon ab, was man unter einer juristischen Person versteht? Darüber herrscht keineswegs Einverständniß, sondern große Meinungsverschiedenheit, ja sogar wie Gierke (in Goldschmidt's Zeitschrift Bd. 20. S. 302) mit Recht hevorhebt, „ein Wanken aller Grundmauern, die völlige Rathlosigkeit".

Ebensowenig wie das Handelsgesetzbuch in Ansehung der Handelsgesellschaften, enthält das Genossenschaftsgesetz in Ansehung der Genossenschaften die Bestimmung, daß sie juristische Personen seien oder Korporationsrechte — die Rechte juristischer Personen — haben sollen. In den gedruckten und mündlich vorgetragenen Motiven der Preußischen Regierung, in den Berichten der Preußischen Landtagskommission, in den Reden der um das Genossenschaftsgesetz vorzugsweise verdienten Volksvertreter bei dem Erlaß des Preußischen Genossenschaftsgesetzes, in den amtlichen — mündlichen oder schriftlichen — Aeußerungen der Vertreter der gesetzgebenden Faktoren beim Erlaß des Norddeutschen Genossenschaftsgesetzes, — überall wird man vergebens nach Aussprüchen suchen, daß die bestehenden Erwerbs- und Wirthschaftsgenossenschaften vor Erlaß des Gesetzes juristische Personen seien oder

*) Vgl. Verhandlungen des achten Deutschen Juristentages. Herausgegeben von dem Schriftführer-Amt der ständigen Deputation. II. Band (Berlin 1870). S. 60—93.

**) Parisius Kommentar zum Preuß. Ges. Seite 50 Anmerk. 51.

durch das Gesetz werden sollten. Im Gegentheil ist mit Vorbedacht und Sorgfalt jeder Ausdruck vermieden, welcher dahin gedeutet werden könnte, und dies ist um so bezeichnender, als gerade damals unter den rechtswissenschaftlichen Schriftstellern der Streit, ob die einzelnen Handelsgesellschaften juristische Personen seien, am heftigsten entbrannt war. Einig hingegen war man darin, daß jede Genossenschaft, sobald sie sich in das, einen Theil des Handelsregisters bildende Genossenschaftsregister eintragen ließe, dadurch ein wirthschaftlich selbstständiges Verkehrswesen, eine „handelsrechtliche Persönlichkeit“ werden solle. Einig war man ferner darin, daß man das Institut der „Eingetragenen Genossenschaft“ sicher stellen müsse gegen Eingriffe der Staatsgewalt, wie sie bei juristischen Personen in jedem Deutschen Staate nach Landesgesetzen oder nach der üblichen Auslegung des gemeinen Rechts möglich war.*)

Alle diese Vorsicht der gesetzgebenden Faktoren konnte nicht berechnet sein auf Gelehrte**), welche jeden Verein, der als solcher als Eigenthümer und dinglicher Berechtigter, als Gläubiger und Schuldner, als Kläger und Verklagter erscheint, — auch gegen die Absicht des Gesetzgebers***) für eine juristische Person erklären. Denn

---

*) Man vgl. auch Dr. J. Völk Vortrag vom 21. Februar 1869 als Berichterstatter des ersten Ausschusses der Bayerischen Abgeordnetenkammer über den Entwurf des Genossenschaftsgesetzes (Beilage CXCVIII S. 335 ff. der Stenograph. Berichte). Völk entwickelte, daß in Bayern der Begriff der juristischen Person nicht durch einen bestimmten Gesetzartikel des Zivilrechts feststehe, im gemeinen Recht aber unter den bedeutendsten Rechtslehrern Streit darüber bestehe, was zur Entstehung einer juristischen Person erforderlich sei, welches die Rechte der Mitglieder auf das Vermögen seien und wie die juristische Person ihre Endschaft erreiche. Er brachte dafür lange Stellen aus Savigny, Bluntschli, Sintenis, Windscheid bei, und knüpft daran folgende Bemerkungen: „Wenn hiernach der Begriff einer „juristischen Person“ nicht gesetzlich feststeht, wenn unter den angesehensten Rechtsgelehrten bis in die jüngste Zeit Streit darüber entsteht, unter welchen Voraussetzungen eine juristische Person überhaupt bestehe, wenn ferner bei juristischen Personen, welche von einer Personenmehrheit dargestellt werden, Zweifel darüber bestehen, in welchem Rechtsverhältniß diese Personen zu dem Vermögen stehen, ob die physischen Personen oder nur die juristische, abgelöst von den Personen, das Subjekt des Vermögens sei, wenn nicht feststeht, wer über das Vermögen, wer über den Fortbestand oder die Auflösung, und im Falle der letzteren wieder über das vorhandene Vermögen, und in welcher Weise zu entscheiden habe, wenn hiernach durch neue Bestimmungen unübersehbar in bestehende Rechte der bereits vorhandenen Vereinigungen und juristischen Personen eingegriffen würde, so erschiene als in hohem Grade bedenklich, den juristisch-technischen Ausdruck: „juristische Person“ in den betreffenden Gesetzen zu gebrauchen. Es konnte dies um so mehr unterlassen werden, als den Bedürfnissen der fraglichen Vereinigung dadurch vollkommen abgeholfen werden konnte, wenn ihnen ohne technische Bezeichnung lediglich dem Inhalte nach jene Rechte zugetheilt wurden, welche sie im Rechts- und Verkehrsleben zur Erreichung ihrer Vereinszwecke brauchen.“

**) Wie Anschütz u. Völdernorf Kommentar zum A. D. H. G. B. Bd. II S. 6 ff.

***) Aus dem von Lasker verfaßten Bericht der 14. Kommission des

folgerichtig müssen diese die gleiche Eigenschaft, auch der Genossenschaft, wie der offenen Handelsgesellschaft zusprechen.

Indessen hilft eine so weite Auffassung des Begriffs der juristischen Person über keinerlei Schwierigkeiten fort, weil sie weder von der Gesetzgebung noch von der Rechtsprechung getheilt wird. Unsere Untersuchung kann sich nur auf die Frage beziehen, ob die eingetragene Genossenschaft zu den juristischen Personen, das ist „zu den vermögensfähigen künstlich angenommenen Subjekten" des Römischen Rechts gehört, insbesondere zu den „Korporationen" desselben, zu jenen „Gesellschaften, die eine sichtbare Erscheinung haben in einer Anzahl einzelner Mitglieder, die als ein Ganzes zusammengefaßt eben die juristische Person bilden"*), nicht aber, ob sie eine neue Art moderner oder Deutscher Korporationen bilden, auf welche

---

Preußischen Abgeordnetenhauses über Schulze-Delitzsch' Entwurf des Genossenschaftsgesetzes vom 10. September 1866 (Aktenstück Nr. 55 Bd. I der Anlagen zu den stenographischen Berichten S. 242) ist folgende zutreffende Ausführung über die Absicht des Gesetzgebers hervorzuheben: „Mißverständlich hat man die Genossenschaften mit öffentlichen Vereinen in Zusammenhang gebracht oder in Vergleich gestellt; mit diesen haben sie nur die äußerlichste Form, den Ursprung und die Methode ihrer Entwickelung gemein. Selbst diese äußere Aehnlichkeit ist bedingt durch die ungeschützte Rechtsstellung der Genossenschaften; ihr Ausschluß aus den das Handelssystem regulirenden Gesetzen zwingt sie noch heute, sich der Form zu bedienen, in denen die öffentlichen Vereine sich bewegen. Verschieden aber von diesen ist der ganze Inhalt ihrer Existenz. Sie haben nichts Anderes, als den ihnen eigenthümlichen Geschäftsbetrieb zum Ziele, und treten keine Linie breit aus dem Gebiete des Privatrechtes. Die Genossenschaft hat nichts zu schaffen mit milden Absichten und sie hat deshalb streng ausgeschlossen jeden Beisatz einer wohlthätigen Zuwendung, wie sie sonst als Altersversorgung, in der Einrichtung von „Familienhäusern," in der Gewähr unverzinslicher Vorschüsse, in einer ungeschäftsmäßigen Feststellung der Rückzahlung und milder Nachsicht, vermischt mit geschäftlichen Formen vorzukommen pflegte. Die einzelne Genossenschaft erhebt sich nicht über die Absicht einer geschäftlichen Beihülfe für ihre Mitglieder und läßt das öffentliche Wohl im polizeilichen Sinne, wie überhaupt die Fürsorge für eine Gesammtheit außer dem Bereiche ihres Wirkens. Ihr Weg führt in die Entwickelung nicht zur Gestaltung von Korporationen im Sinne des öffentlichen Rechtes und sie nimmt keine der Privilegien in Anspruch, welche die Rechtsanschauung den befördernden Organen des öffentlichen Wohles einräumt, so wie sie andererseits die damit zusammenhängenden Einschränkungen und Maßregeln der Aufsicht durch die Staatsbehörde nicht anders als analog den anderen handelsrechtlichen Persönlichkeiten zu dulden braucht und ohne Abbruch an Schwungkraft dulden kann. Der Privatverkehr ist der Boden, in welchem die Genossenschaft wurzelt, strenge Geschäftsmäßigkeit ist ihre Methode und sie verlangt von den Gesetzen nur eine ausdrückliche Anerkennung der juristischen Einheit, welche jedem einzelnen „Vereine" in seiner Eigenschaft als Handelsgesellschaft inne wohnt, ferner die ausdrückliche Uebertragung der Grundsätze, welche die Verwandtschaft mit den beiden Hauptklassen der Vergesellschaftung rechtfertigt, und eine Feststellung der abweichenden Grundsätze, welche aus ihren Eigenthümlichkeiten im Leben sich gebildet haben, und dann der Rücksicht des Gesetzgebers sich aufdrängen."

*) Savigny: System des heutigen Römischen Rechts Bd. II. Berlin 1840. S. 206, 213 ff.

die im Römischen Recht und in den Deutschen Partikularrechten niedergelegten Lehren und Vorschriften über juristische Personen nur in soweit anzuwenden, als es im Genossenschaftsgesetz ausgesprochen ist.

Nach Römischem Recht konnte kein Verein ohne staatliche Genehmigung zur juristischen Person werden. Von diesem wichtigen Rechtssatze sagt Savigny, daß er noch im heutigen Recht bestehe. Und in der That ist jenes Erforderniß nicht blos im Preußischen Landrecht (siehe oben S. 85 ff.), sondern in fast allen Deutschen Partikularrechten ausgesprochen und bis in die neueste Zeit hinein im Gebiete des Gemeinen Rechts von den Gerichtshöfen und der Rechtswissenschaft und den Rechtslehrern fast durchgängig festgehalten.*)

In Deutschland freilich kam der Rechtssatz erst sehr langsam zur Geltung. Denn hier gab es im Mittelalter überall zahlreiche Verbände, Gilden, Brüderschaften, Vereine zu geselligen und gewerblichen Zwecken und andere Genossenschaften, die, entstanden ohne staatliche Genehmigung, nicht entfernt an die Nothwendigkeit derselben glaubten und dennoch unter ihrem Namen Eigenthum erwarben und veräußerten, klagten und verklagt wurden, also von ihren Mitgliedern sowohl wie von Anderen für selbstständige rechtsfähige Einzelwesen geachtet wurden. Nur in wenigen kleineren Territorien erhielt sich, sei es blos durch die Rechtsprechung, sei es unter Anerkennung derselben durch neuere Gesetze, für alle oder einzelne Klassen der Vereine, die Rechtsanschauung, daß die übereinstimmende Absicht der zu einem erlaubten Zweck Zusammentretenden genüge, um ein selbstständiges Rechtssubjekt herzustellen.**)

---

*) Vgl. Stobbe, Handbuch des Deutschen Privatrechts Bd. I. (Berlin 1871) Seite 340 ff., Sicherer a. a. O. S. 36 ff., v. Gerber System des Deutschen Privatrechts 10. Aufl. Jena 1870 S. 123 ff. und Andere.

**) „Nach der Rechtsprechung der Obergerichte des vormaligen Herzogthums Nassau sind Vereine, welche nicht, wie die Römische Societas auf eine von Anfang an bestimmte Zahl von Mitgliedern berechnet sind und nicht mit dem Tode eines Mitgliedes erlöschen, zu deren Wesen vielmehr die unbeschränkte und wechselnde Zahl der Mitglieder, die Feststellung des Vereinswillens nach Mehrheitsbeschlüssen und die Ausführung dieser Beschlüsse, so wie die Disposition über das Gesellschaftsvermögen durch einen Vorstand gehört, als besondere Rechtssubjekte behandelt, und zur Erwerbung von Forderungen und zur Verhandlung vor Gericht durch ihren Vorstand als berechtigt angesehen worden." So heißt es in dem Urtheil des Kgl. Appellationsgerichts v. 23. Oktober 1868 in Busch' Archiv Bd. 18. S. 104. Von zahlreichen übereinstimmenden Erkenntnissen sind die näheren Angaben zu finden bei Sicherer a. a. O. S. 40 Anmkg. 14. — Das Reichs-Oberhandelsgericht hat durch Entscheidung vom 1. Dezember 1871 (Entscheidungen des Reichs-Oberhandelsgerichts Bd. IV. S. 200) dieselbe Frage, welche die Norddeutschen Gerichte zu Gunsten der nicht eingetragenen Genossenschaften entschieden haben, behandelt in einem Prozeß wider eine zahlungsunfähige Feuerversicherungsgesellschaft auf Gegenseitigkeit in Nürnberg, im Gebiete des gemeinen Rechts. Es heißt in dem Urtel: schon längst habe sich die Ueberzeugung ergeben, „daß sich im Gebiete des Vereinswesens der römisch-rechtliche Begriff der Societas nicht überall in voller Strenge durchführen lasse, da für die vielgestaltige und

Abgesehen von solchen Ausnahmen wurde sonst überall den ohne staatliche Mitwirkung zu Stande gekommenen freien Vereinigungen die Rechtsfähigkeit abgesprochen. Meinte ein Verein, ohne dieselbe nicht gedeihen zu können, so ließ er sich durch besonderen Akt der Landesregierung Korporationsrechte oder die Rechte einer juristischen Person ertheilen. Da in den einzelnen Staaten, ja in einem und demselben Staate die Grundsätze über Ertheilung dieser Rechte in willkürlichster Weise von einander abwichen, und vor Ertheilung derselben in der Regel die Prüfung der Statuten und die Erledigung der dem Gutdünken des prüfenden Beamten entsprossenen Ausstellungen stattfand, so entstand allmählich eine wunderbare Buntscheckigkeit in der Organisation der mit Korporationsrechten versehenen Vereinigungen, und diese wirkte auf die Wissenschaft insoweit zurück, als bald keine einzige der früher allgemein angenommenen Eigenschaften der Korporationen übrig ist, deren Nothwendigkeit nicht unter Hinweis auf bestehende Korporationen bestritten werden kann.

Aus dieser Verwirrung wird nicht eher herauszukommen sein, als bis in einem Deutschen Reichsgesetzbuche die Lehre von den juristischen Personen unter Beseitigung der bestehenden partikularrechtlichen Vorschriften in vollem Umfange behandelt und neu geordnet wird. Bis dies geschehen, und damit für das Deutsche Reich der Begriff der juristischen Person und seine Anwendbarkeit auf die bestehenden Vereine mit Korporationsrechten und ohne solche festgestellt ist, dürfte den Gerichtshöfen anzurathen sein, bei ihren

---

formenreiche Entwickelung des Vereinslebens in Deutschland dieser enge Begriff nicht genügte Bei Vereinigungen gewisser Art, welche nach ihren Zwecken, nach der Art ihrer Verfassung und Verwaltung, insbesondere nach der Stellung, welche die einzelnen Mitglieder der Gesammtheit gegenüber einnehmen, und nach dem Auftreten dieser Gesammtheit im Verkehre, sich thatsächlich den Korporationen im Sinne des Römischen Rechtes nähern, wendete daher das Deutsche Gewohnheitsrecht vielfach die für diese geltenden Grundsätze an, auch wenn ein Akt der Staatsgewalt, welcher die juristische Persönlichkeit förmlich verlieh, nicht vorlag" u. s. w. Demnächst wurde die Frage, ob jene gleich einer Korporation organisirte und so im Geschäftsverkehre auftretende Gesellschaft gemeinrechtlich unter ihrem Gesammtnamen vor Gericht belangt werden könne? vom Reichs-Oberhandelsgericht bejaht. — Der § 20 des Züricher Zivilgesetzbuches lautet: „Rein privatrechtliche Korporationen, welche zu einem wissenschaftlichen oder künstlerischen oder sonst einem gemeinnützigen oder zu einem erlaubt geselligen Zwecke gebildet werden, bedürfen zu ihrer Entstehung lediglich der in den Korporationsstatuten festzustellenden Uebereinkunft mehrerer Korporationsmitglieder." Fick (Ueber Begriff und Geschichte der Aktiengesellschaften in Goldschmidt's Zeitschrift für das gesammte Handelsrecht 1862 Bd. V. S. 18) sagt, diese Bestimmung habe den faktischen Zustand, der im Kanton Zürich schon seit Jahrhunderten bestand, sanktionirt, keineswegs aber neues Recht geschaffen. Die Zahl solcher privatwillkürlich gebildeten Korporationen sei sehr groß und deren Anerkennung als juristische Personen habe noch niemals irgend einen Uebelstand herbeigeführt. „Sie kaufen, verkaufen, besitzen Grundeigenthum, führen Prozesse ganz so wie man dies in anderen Staaten nur den durch constitutio personalis geschaffenen Körperschaften gestattet."

Entscheidungen über eingetragene Genossenschaften wie über Handelsgesellschaften die Streitfrage, ob sie juristische Personen seien, möglichst bei Seite zu lassen.

Für die eingetragene Genossenschaft muß man bei sorgfältiger Prüfung ihres Wesens zu dem Ergebniß kommen:

> **Die eingetragene Genossenschaft ist ein selbstständiges Rechtssubjekt, entbehrt aber wesentliche Eigenschaften der juristischen Personen des Römischen Rechts und kann daher nicht zu ihnen gerechnet werden.**

1) Daß zur Entstehung der juristischen Personen, nicht aber zur Entstehung eingetragener Genossenschaften, staatliche Genehmigung oder Anerkennung erforderlich ist, und daß das Reichsgesetz vom 11. Juni 1870 in Ansehung der Aktiengesellschaft gegen diesen Rechtsgrundsatz verstößt, ist bereits erörtert.

2) Die Auflösung der einmal begründeten juristischen Personen kann „nicht durch die Willkür der gegenwärtigen Mitglieder allein bestimmt werden, sondern es ist auch dazu die Genehmigung der höchsten Gewalt nöthig." *) Dagegen wird die eingetragene Genossenschaft, ebenso wie die Aktiengesellschaft jederzeit durch einen Beschluß aufgelöst. (§ 34 des Genossenschaftsgesetzes.)

3) Juristische Personen „können durch den einseitigen Willen des Staates, wider den Willen der Mitglieder aufgehoben werden, wenn sie der Sicherheit oder dem Wohl des Staates nachtheilig werden" (Savigny a. a. O.), Genossenschaften nur durch gerichtliches Erkenntniß wegen gesetzwidriger Handlungen oder Unterlassungen, die das Gemeinwohl gefährden, oder wegen Verfolgung anderer als der im Genossenschaftsgesetz bezeichneten geschäftlichen Zwecke. (§. 35 d. G. G.)

4) Das Vermögen einer untergegangenen Korporation fällt an den Staat,**) das einer aufgelösten Genossenschaft wird unter die Mitglieder vertheilt. (§ 47 des G. G.)

5) „Die Forderungen und Schulden der juristischen Person betreffen lediglich sie selbst als künstliche Einheit: die einzelnen Mitglieder werden davon gar nicht berührt." (Savigny a. a. O. S. 295.) Für die Verbindlichkeiten der Genossenschaften haften alle Mitglieder solidarisch und mit ihrem ganzen Vermögen. (§ 3 Nr. 12 u. § 12 des G. G.)

Wenn in Betreff dieses Unterschiedes ausgeführt wird,***) daß nur eine Solidarbürgschaft der Genossenschafter vorliege, da ja in erster Linie das „Korporationsvermögen der Genossenschaft" und erst

---

*) Savigny System des heutigen Römischen Rechts Bd. II. S. 279.

**) Die allgemeine Geltung dieses Satzes ist sehr bestritten. Vgl. Ach. Renaud: Das Recht der Aktiengesellschaften. 2. Aufl. Leipzig 1875. S. 180.

***) Vgl. z. B. Stobbe a. a. O. S. 358; Wilckens: Der juristische Charakter der Erwerbs- und Wirthschaftsgenossenschaften. Von der Heidelberger Juristenfakultät gekrönte Preisschrift (1873) S. 46.

in subsidium die einzelnen Mitglieder in Anspruch genommen werden können, so ändert dies in der Sache nichts. Das Gesetz erkennt ausdrücklich die Genossenschafter als die solidarisch Verpflichteten an und behandelt die Bestimmung, daß die Gläubiger sich erst an das Gesellschaftsvermögen halten müssen und nur wegen der Ausfälle auf die Solidarverpflichteten zurückgehen können, blos als eine aus praktischen Gründen gebotene Einschränkung.

6) Ueberhaupt sind die Beziehungen des Korporationsmitgliedes zur Korporation oder des Aktionärs zur Aktiengesellschaft weit lockerer als die des Genossenschafters zum Genossenschaftsvermögen.

Bei den Korporationen pflegen die Mitglieder entweder jedes vermögensrechtlichen Interesses zu entbehren, oder dieses ist nur ein untergeordnetes und nebensächliches im Vergleich zu andern Ursachen der Vereinigung, keinesfalls ist ein vermögensrechtliches Interesse des Einzelnen in einem früher oder später realisirbaren Antheile an dem Gesammtvermögen dargestellt.

Bei der Aktiengesellschaft ist die Mitgliedschaft lediglich an den Besitz der veräußerlichen Aktie gebunden; die Aktie ist, trotzdem sie über einen Geldbetrag lauten muß, nur eine Quote vom Aktienkapital und gibt dem Aktionär das Recht, nach diesem Verhältniß an der auf die Gesammtheit des Aktienkapitals zu vertheilenden Dividende und ebenso bei Auflösung der Gesellschaft an dem nach der Liquidation zu vertheilenden Gesellschaftsvermögen theilzunehmen, dagegen läßt sich aus ihr ein anderes Forderungsrecht gegen die Gesellschaft während ihres Bestehens nicht geltend machen.

In der Genossenschaft ist jeder Genossenschafter zum Besitz oder Erwerb eines Geschäftsantheils verpflichtet; dieser gleicht in einer Beziehung der Aktie: wenn man ihn durch das Gesellschaftskapital dividirt, dessen Höhe zwar nicht ein für allemal feststeht, aber beim Ende jeder Geschäftsperiode aus dem Geschäftsabschluß zu ersehen ist, so stellt der sich ergebende Bruch den zur Vertheilung der Dividende, soweit sie überhaupt auf die Geschäftsantheile fällt, so wie zur Vertheilung des Gesellschaftsvermögens bei Auflösung der Genossenschaft dienenden Maßstab dar. Aber daneben ist der Geschäftsantheil noch diejenige Summe, welche die Genossenschaft dem Genossenschafter bei dem ihm jederzeit unter Einhaltung der statutarischen oder gesetzlichen Kündigungsfrist freistehenden Austritt baar auszuzahlen hat, widrigenfalls sie zur Auflösung schreiten muß.

Danach gilt dem Genossenschafter der Geschäftsantheil als ein seiner Höhe nach jederzeit bestimmtes, wenn auch nicht sofort realisirbares Forderungsrecht, dessen Betrag er seinem Vermögen zurechnet, — welches sich bei seinem Austritt zur Kompensation mit Forderungen der Genossenschaft an ihn eignet, — durch dessen Beschlagnahme er zum Ausscheiden aus der Genossenschaft genöthigt werden kann. Man beachte hier den Unterschied des Geschäftsantheils von der Aktie, deren Werth nur durch den Kourszettel zu bestimmen, aber sofort realisirbar ist, — die zur Kompensation mit Gegenforderungen der Aktiengesellschaft nicht verwendet werden kann, — aber ein vollkommen freies Exekutionsobjekt für die Privatgläubiger des Aktionärs bietet.

7) „Durch den Wechsel einzelner, ja selbst aller individuellen Mitglieder wird das Wesen und die Einheit der Korporation nicht affizirt." Dieser Satz Savigny's mag nicht blos bei Aktiengesellschaften, sondern auch bei eingetragenen Genossenschaften zutreffen. Allein es tritt bei letzteren jedenfalls die Persönlichkeit der Mitglieder weit stärker hervor, als bei Korporationen und bei den Aktiengesellschaften:

a) Der Vorstand einer Korporation wird in der Regel ein Mitgliederverzeichniß besitzen, er ist aber an sich nicht verpflichtet, es dritten Personen, insbesondere Gläubigern u. s. w. vorzulegen. Der Vorstand einer Aktiengesellschaft kann von dem jeweiligen Mitgliederbestande niemals zuverlässige Kenntniß haben; er würde dies nur können, wenn die Aktienbesitzer ihre Aktien bei ihm deponirt hätten. In Betreff der Genossenschaft steht es Jedermann frei, sich aus dem Beilagebande zum Genossenschaftsregister ein von Vierteljahr zu Vierteljahr vervollständigtes Mitgliederverzeichniß anzufertigen.

b) Wie man Mitglied einer bestehenden Korporation wird, bestimmt lediglich deren Statut; Mitglied einer Aktiengesellschaft wird man durch Erwerb einer Aktie; bei der Genossenschaft ist schriftliche Beitrittserklärung erforderlich. Die strengere Form ist bei letzterer schon deshalb nothwendig, damit der Gesammtbestand der den Genossenschaftsgläubigern solidarisch verhafteten Mitglieder für jeden einzelnen Tag festgestellt werden kann.

c) Die Vorsteher einer Korporation und auch einer Aktiengesellschaft brauchen weder selbst Mitglied der Gesellschaft noch von den Mitgliedern derselben gewählt zu sein. Die Vorsteher der Genossenschaft müssen Genossenschafter und aus der unmittelbaren oder mittelbaren Wahl der Genossenschafter hervorgegangen sein.

d) Durch die Vorschrift, daß ein Höchstbetrag des Geschäftsantheils für jeden einzelnen Genossenschafter im Genossenschaftsvertrage enthalten sein muß, in Verbindung mit der Vorschrift, daß in der Generalversammlung jeder Genossenschafter eine und nur eine Stimme hat, sind Genossenschaft und Genossenschafter gegen den überwiegenden Einfluß großer Kapitalisten gesichert. Die Aktiengesellschaft, deren Aktien in beliebiger Zahl in einer Hand sein können und in der Regel je eine Stimme gewähren, verhält sich in Ansehung des Schutzes der Minderheit durchaus gleichgültig.

e) Jede Korporation kann auch in einem einzigen Mitgliede fortdauern. Ob der Tod aller Mitglieder die Korporation nothwendig auflösen müsse, ist streitig. Savigny verneint es, wenn der Korporation ein dauernder Zweck von öffentlichem Interesse zum Grunde liegt*).

*) Savigny a. a. O. S. 280. Andere, z. B. Stobbe Handbuch des Deutschen

Die Aktiengesellschaft wird nicht davon berührt, wenn sämmtliche Aktien in einer Hand vereinigt werden; dahingegen hört sie auf, wenn das gesammte Gesellschaftsvermögen verloren gegangen ist, oder wenn die Aktien durch Auslosung und Heimzahlung weggefallen sind*).

Die Genossenschaft wird nicht aufgelöst, wenn ihr gesammtes Vermögen verloren gegangen ist.**) Dahingegen wird man annehmen müssen, daß sie aufhört, wenn ihre Mitgliederzahl unter drei herabgesunken ist. Denn dann ist, auch dem nur aus einem Mitgliede bestehenden Vorstande gegenüber, der Genossenschaft unmöglich, die Bestellung des Vorstandes durch Mehrheitsbeschluß zu widerrufen (§ 17 des Genossenschftsges.), — ein Recht, auf welches zur Sicherung der solidarisch verhafteten Genossenschafter nicht verzichtet werden kann. Es gilt also für die Genossenschaft der in seiner Ausdehnung auf den Fortbestand von Korporationen mit Recht bestrittene Satz des Römischen Rechts: tres faciunt Collegium.***) Ob zum Fortbestand der Genossenschaft nicht außer dem Vorstande, gleichviel aus wie viel Mitgliedern er besteht, noch ein ferneres Mitglied erforderlich ist, mag dahingestellt bleiben.

Privatrechts Bd. I. 1871 S. 359 bejahen es. Stobbe sagt: „Die Korporation hört auf, wenn ihre sämmtlichen Mitglieder fortgefallen sind, so daß keine Personeneinigung mehr besteht. Gegenüber der von Einzelnen vertheidigten Ansicht, daß öffentlichrechtliche Korporationen durch Wegfall aller ihrer Mitglieder nicht aufhören, so lange noch die Möglichkeit besteht, daß zu ihnen wieder Personen gehören, ist zu entgegnen, daß wenn die realen Subjekte verschwunden sind, die ideale Persönlichkeit selbst nicht mehr existirt, also auch gar keine Möglichkeit besteht, daß sie durch das Zutreten von neuen Personen neues Leben gewinnt."

*) Vgl. v. Hahn a. a. O. S. 664 (Erläuterungen zu Art. 242 des A. D. H. G. Buchs); ferner Renaud a. a. O. § 86 S. 794 ff. § 89 S. 822 ff. Renaud nimmt an, daß der Aktienverein nicht blos aufhört, wenn sämmtliche Aktien amortisirt sind, sondern auch schon, wenn „nur noch Ein Aktionär mit Einem Aktienrechte vorhanden ist, da eine Wiederherstellung des Substrats der Aktienkorporation hier als unmöglich sich darstellt."

**) Endemann: Das Recht der Aktiengesellschaften 2c. S. 125 und Rosenthal: Die Kredit-, Erwerbs- und Wirthschaftsgenossenschaften 2c. S. 44, nehmen irrthümlich an, daß schon die Ueberschuldung des unmittelbaren Vermögens die Genossenschaft vernichtet, weil sie ihr die wirthschaftliche Selbstständigkeit entziehe. Das ist durchaus nicht der Fall. Genossenschaften, die sehr geringes Betriebskapital gebrauchen, werden vielleicht durch eine Ueberschuldung noch nicht einmal in Verlegenheit gerathen; man ersetzt die abgeschriebenen Geschäftsantheile oder erhöht sie und deckt auf diese Weise sofort die Mehrschulden.

***) Vgl. Savigny a. a. O. S. 276. Das Sprüchwort rührt her aus den Pandekten L. 85. de Verborum Significatione (50, 16).

V. Die künftigen Aufgaben der Deutschen Reichsgesetzgebung auf dem Gebiete des Gesellschaftsrechts.

Bei der Besprechung der Stellung, welche die Erwerbs- und Wirthschaftsgenossenschaften zum Deutschen Handelsgesetzbuche und zu den Gesellschaften des Handelsrechtes einnehmen, und bei Beantwortung der Frage, ob die Erwerbs- und Wirthschaftsgenossenschaften juristische Personen sind, haben wir bereits ausgeführt, daß wir in Betreff der Gesellschaften des Deutschen Handelsrechtes wie überhaupt der sogenannten Erwerbs-Gesellschaften auf dem Gebiete des Handels und der Industrie eine durchgreifende Umwandlung des Gesellschaftsrechts nicht für geboten erachten, daß aber ein allgemeines Reichsgesetz über die juristischen Personen dringend erforderlich sei. Wir haben ferner den von Schulze-Delitzsch in den Reichstag seit 1869 mehrmal eingebrachten Gesetzesentwurf, betreffend die privatrechtliche Stellung von Vereinen, und das Schicksal desselben erwähnt. Dieser Gesetzentwurf sollte denjenigen nicht auf Erwerb gerichteten „Vereinigungen zu einem in den Gesetzen nicht verbotenen Zwecke, welche nicht auf einzelne bestimmte Mitglieder beschränkt sind," die Möglichkeit gewähren, auf ihren Antrag die Rechtsfähigkeit zu erhalten.*) Diesen Vortheil sollten insbesondere genießen alle zu geselligen, künstlerischen, wissenschaftlichen oder sonst gemeinnützigen Zwecken gestifteten Vereine, z. B. Ressourcen oder Kasinos, Kunstvereine, Singvereine, Turnvereine, Arbeiter- oder Handwerker-Bildungsvereine, Schützenvereine, politische, kirchliche und religiöse Vereine, Gewerkvereine, landwirthschaftliche Vereine.

Ausgeschlossen hingegen sollten außer Handelsgesellschaften und Erwerbs- und Wirthschaftsgenossenschaften sein: alle Vereine, welche auf Erwerb, Gewinn oder einen eigentlichen Geschäftsbetrieb abzielen, ferner alle Versicherungsgesellschaften, so wie die gewerblichen Hülfskassen und die Innungen. Durch ein Reichsgesetz, welches sich im Allgemeinen mit den juristischen Personen, deren Entstehen und Untergehen beschäftigt, würde ein Reichsgesetz, das die durch den

*) Der Berichterstatter der Reichstagskommission von 1869 Dr. Bähr (Obertribunalsrath) sagt treffend: „Der Entwurf will, daß der für die Verfolgung gemeinsamer Interessen durchweg üblichen, vom allgemeinen Rechtsbewußtsein längst anerkannten Form der Vereinsschließung auch die Anerkennung des positiven Rechtes nicht länger vorenthalten bleibe. Er bringt den Satz zur Geltung, daß die Rechtsfähigkeit (juristische Persönlichkeit) eines Vereins nicht ein Geschenk des Staates, sondern ein Erzeugniß des Willens der Betheiligten sei, daß deshalb die Mitwirkung des Staates nicht in einer willkürlich zu versagenden Verleihung, sondern nur in einer das Vorhandensein der Rechtsbedingungen bestätigenden Anerkennung zu bestehen habe, und daß demgemäß diese Mitwirkung nicht von den Verwaltungsbehörden, sondern von dem Gerichte zu üben sei. Hierin liegt die tiefgehende Bedeutung des Entwurfes und es ist dieser Fortschritt der Rechtsentwickelung mit Freuden zu begrüßen."

Schulze'schen Entwurf zu treffenden Vereine behandelt, keineswegs überflüssig, wenn gleich weniger dringlich.*)

In neuester Zeit hat der Bundesrath auf einem freilich sehr beschränkten Gebiete des Gesellschaftsrechts die gesetzgeberische Initiative ergriffen, — durch den dem gegenwärtig tagenden Reichstage vorgelegten Gesetzentwurf „über die gegenseitigen Hülfskassen." Mit diesem Ausdruck werden die Krankenkassen der gewerblichen Arbeiter bezeichnet, einschließlich derjenigen, in Ansehung derer ein Beitrittszwang der Arbeiter und eine Zuschußpflicht der Arbeitgeber begründet ist oder durch Ortsstatut künftig begründet werden soll. Wenn das Gesetz zu Stande kommt, beabsichtigt man, weitere Entwürfe zur Regelung des gewerblichen Hülfskassenwesens vorzulegen.**)

---

*) Vgl. Gierke Genossenschaftsrecht Bd. I. 4. u. 5. Periode: Die freien Genossenschaften, den Abschnitt I. „das Genossenschaftswesen für geistige, sittliche und soziale Zwecke" § 64 (Seiten 865—882), § 65 (Seiten 882 bis 907), „das moderne freie Vereinswesen für politische, religiöse, geistige, sittliche und soziale Zwecke." Darin sind behandelt die politischen Vereine (Bildungs- und Agitations-V.), die religiösen Vereine (für Erbauung, für innere und äußere Mission, Prediger-V., Bibelgesellschaften, kirchliche Reform.-V., kirchliche Genossenschaften für Erziehung, sittliche Besserung, Krankenpflege und Wohlthätigkeit), Vereine mit wissenschaftlichen Zwecken (Gelehrten-V., Kongresse der Aerzte, Juristen, Volkswirthe u. s. w., Bildungs-V. der unteren Klassen), Vereine für Beförderung der Kunst (Künstler- und Kunst-V., Musik- und Theater-V., Gesang-V., Liedertafeln, Architekten-V.), Vereine für Handel, Gewerbe, Industrie und Verkehr (z. B. Handelstag, Gewerbe- und Industrie-V., Apotheker-V., V. Deutscher Müller, Schiffer-V., berg- und hüttenmännische V., Eisenbahn-V., Post-V.), land- und forstwirthschaftliche Vereine (Waldbau-, Weinbau-, Gartenbau-, Pferdezüchter-, Bienenwirthe-, Hopfenbau-, Seidenbau-, Akklimatisations-V.), Sprachvereine, Vereine für den Schutz der Person oder des Eigenthums (Rechtsschutz-V., Gesundheitspflege-V., V. für Rettung Schiffbrüchiger), Vereine für Interessenvertretung eines Standes, einer Berufsklasse, eines Geschlechts (z. B. V. für die Wahrung der Interessen des Grundbesitzes, Schriftsteller-V., Zentral-V. für das Wohl der arbeitenden Klassen, Frauenschutz-V., V. für Beförderung der Erwerbsfähigkeit des weiblichen Geschlechts), Vereine auf dem Gebiete der Sitte und Sittlichkeit (z. B. Mäßigkeits-V., V. gegen Thierquälerei, V. gegen Verarmung und Bettelei, V. für Kleinkinderbewahranstalten, Kindergärten, Mägdeherberge); ferner V. zu hauptsächlich geselligen Zwecken (Erholungsgesellschaften, Krieger-V., Landsmanns-V., Freimauerlogen, Studentenverbindungen, Jünglings-V., Gesellenverbrüderungen); endlich Wohlthätigkeits-Vereine (Armenpflege-V., Krippen-V., V. für Verwundetenpflege, für arme Wöchnerinnen u. s. w.).

**) „Dem Schutze der arbeitenden Klassen gegen die mit dem Eintritt von Krankheit, Alter oder Tod verbundenen Bedrängnisse ist eine Reihe von Organisationen gewidmet, welche im Wesentlichen auf dem Grundsatze gegenseitiger Versicherung beruhen. Sie werden in ihren verschiedenen Richtungen durch die Krankenkassen, die Altersversorgungskassen, die Sterbekassen, die Witwen- und Waisenkassen repräsentirt. Die Entwickelung derselben ist bisher eine sehr ungleiche gewesen. Während die Krankenkassen, zum Theil unter der bestimmenden Einwirkung der gewerblichen Gesetzgebung, zu ausgedehnter Verbreitung gelangt sind, ist die Verbreitung der Sterbekassen eine beschränkte geblieben und die Entwickelung der Alterversorgungs- sowie der

Die Krankenkassen, die Altersversorgungskassen, die Sterbekassen und die Witwen- und Waisenkassen der gewerblichen Arbeiter gehören zu den Versicherungsgesellschaften auf Gegenseitigkeit, welche sämmtlich, mögen sie Jedermann aufnehmen oder ihre Wirksamkeit auf einzelne Klassen der Bevölkerung beschränken, auf eine gesetzliche Regelung Anspruch zu machen haben. Alle Tage treiben hier aus kräftiger Wurzel neue Gebilde menschlicher Vereinigung empor, oft urwüchsig und kerngesund und in auffälliger Uebereinstimmung mit den genossenschaftlichen Gestaltungen alter Deutscher Art.*) Die Reichsgesetzgebung wird sich der schwierigen Aufgabe nicht entschlagen können, dem gesammten Versicherungswesen auf Gegenseitigkeit den erforderlichen Rechtsschutz angedeihen zu lassen, gleichviel ob die Betheiligten zu ihrem oder ihrer Angehörigen Besten bei Erkrankung und Arbeitsunfähigkeit oder im Todesfalle Fürsorge treffen, oder sich gegen Eigenthumsverlust durch Unglücksfälle aller Art — Feuersbrunst, Ueberschwemmung, Seestürme, Hagelschlag, Viehsterben — versichern wollen.**) Die Reichgesetzgebung wird um so mehr eintreten müssen, als der Anlauf, den man in einzelnen Deutschen Staaten zur gesetzgeberischen Regelung genommen hat, wenig Nachahmungswerthes schuf,

---

Witwen- und Waisenkassen fast noch in den ersten Anfängen begriffen. Das Bedürfniß einer gesetzlichen Regelung wird gleichwohl für alle Kassen anerkannt werden müssen." u. s. w. So lautet der Anfang der Motive jenes Gesetzentwurfs (Drucksachen Nr. 15. Deutscher Reichstag 2. Legislaturperiode III. Session 1875). Der Entwurf wollte den durch die höhere Verwaltungsbehörde zugelassenen „gegenseitigen Hülfskassen" die Rechte einer juristischen Person verleihen. Auf Antrag des Herausgebers sind jedoch in der zur Vorberathung des Gesetzentwurfs gewählten Kommission Bestimmungen zum Beschluß erhoben, nach denen die Kasse unter ihrem Namen Rechte erwerben und Verbindlichkeiten eingehen, Eigenthum und andere dingliche Rechte an Grundstücken erwerben, vor Gericht klagen und verklagt werden kann, und für alle Verbindlichkeiten der Kasse den Kassengläubigern nur das Vermögen der Kasse haftet. Man vgl. Gierke a. a. O. Bd. I. § 67: „Die Schicksale der alten Gewerbsgenossenschaften", insbesondere S. 915—943. § 68 „Die genossenschaftlichen Organisationen der modernen Gewerbegesetze" Seite 949 bis 964, vor allem aber aus § 70 Seite 1058—1065.

*) In dem Aufsatze: „Die Kuhkasse zu Hanum in der Altmark" (Vierteljahrsschrift für Volkswirthschaft und Kulturgeschichte von Faucher und Michaelis, Bd. 12. 1865. S. 30) habe ich treu nach der Natur eine nach den vortrefflichsten Grundsätzen von plattdeutschen Kleinbesitzern gegründete und geleitete Viehversicherung auf Gegenseitigkeit geschildert, eine Genossenschaft, die um jede obrigkeitliche Einmischung unmöglich zu machen, auf geschriebene Satzungen — und damit wohlbewußt auf Prozeßfähigkeit verzichtet. Die Aehnlichkeit mit den Genossenschaften alter Deutscher Art zeigt sich bei jener Kuhkasse in dem Zwang, zu der genossenschaftlichen Mitgliederversammlung bei Geldbuße zu erscheinen, in der ein für allemal erfolgten Festsetzung der Tage für diese Quartalversammlungen (Sonntag nach Lichtmessen, nach Maitag, nach St. Jakobstag und nach Martini), in der Einrichtung, die Geldbußen in der Quartalversammlung zu vertrinken, in der alljährlich abwechselnden Nutzung des Genossenschaftskapitals u. dgl.

**) Vgl. Gierke a. a. O. im § 70 („Die Personalgenossenschaft für wirthschaftliche Zwecke") den Abschnitt über die Garantiegenossenschaften S. 1049—1065.

und manche Vereine, die der Konzession bedurften oder der mangelnden Rechtsfähigkeit halber um Ertheilung der Korporationsrechte einkamen, über die Unfähigkeit der Verwaltungsbehörden, vom grünen Tisch lebensvolle Gestaltungen zu beurtheilen, böse Erfahrungen aufweisen können.*)

Am zerstörendsten wirkte das Römische Recht auf diejenigen Deutschen Genossenschaften, die mit dem Grund und Boden unlösbar verknüpft waren. Da es den Begriff des genossenschaftlichen Eigenthums nicht kannte, wurde jede weitere Entwickelung jener Genossenschaften unterbrochen; man schloß höchstens in Ansehung ihrer die von dem „gemeinschaftlichen Eigenthum" sonst unzertrennliche Theilungsklage aus. Die alte Agrarverfassung freilich wäre auch ohne das Römische Recht und den Polizeistaat mit Beseitigung der Naturalwirthschaft zu Grunde gegangen. Sie hätte nicht fortbestehen können in einer Zeit, wo der Landmann die Erzeugnisse seines Ackerbaus und seiner Viehzucht auf Eisenbahnen und Dampfschiffen hunderte und tausende von Meilen weit zur Erzielung eines besseren Verkaufspreises versenden kann, und wo der von der Scholle befreite landwirthschaftliche Arbeiter eines höheren Ertrages seiner Arbeit willen ebensoweit in die Welt zieht. Markgenossenschaften und Feldmarksgemeinheiten, Gemeindeweiden und Gemeindewaldungen, — in Natur theilbare Besitzthümer am Grund und Boden, legten der neuen land- und forstwirthschaftlichen Entwickelung keine Hindernisse in den Weg. Denn diese führte dahin, eine bessere Verwerthung des Rechts am Grund und Boden durch das ausschließliche Sondereigenthum erfolgen zu lassen. Die Auseinandersetzungs-Behörden, welche die reale Theilung der nicht vom Staate und der politischen Gemeinde in Besitz genommenen Gemeinheiten, die Ablösung der das freie Eigenthum schädigenden Grundlasten und die Zusammenlegung der Grundstücke der einzelnen Eigenthümer zur bessern Bewirthschaftung zu bewirken hatten, vermittelten einen großartigen Kulturfortschritt. In vielen Gegenden des Vaterlandes datirt die Hebung des Ackerbaues und der Viehzucht von den „Separationen," den mit Konsolidation verbundenen Gemeinheitstheilungen.

Anders aber, wo die Beschaffenheit des genossenschaftlichen Rechtes eine Theilung des betheiligten Grund und Bodens nicht zuließ, oder

---

*) Ueberall hier gilt der treffliche Ausspruch Gierke's (a. a. O. S. 962): „Staatliches Organisiren und Reguliren wird da, wo Bedürfniß und Bedingungen eines genossenschaftlichen Lebens fehlen, ein solches nicht erwecken; es wird aber da, wo genossenschaftlicher Geist vorhanden ist, dessen volle Entfaltung eher verkümmern als fördern, wenn es ihm, sei es auch ohne direkten Zwang, eng begrenzte und unselbständige Lebensformen anzuweisen sucht". Gesetze, welche genossenschaftliche Institute dergestalt regeln, daß ihre Entstehung und Einrichtung von höherem Willen abhängt und daß sie jederzeit einer Auflösung durch die Verwaltungsbehörde unterworfen werden können, werden, — gleichviel wie ihr sonstiger Inhalt beschaffen ist, — stets mehr schädlich als nützlich wirken.

wo das geschaffene Sondereigenthum zu seinem Schutze gegen Naturereignisse oder zur besseren Ausnutzung gemeinsame Maßregeln und gemeinschaftliche Anlagen und deshalb die Begründung genossenschaftlicher Verbindungen nothwendig oder wenigstens dringend wünschenswerth machte. Hier zeigte es sich vielfach deutlich, daß das Römische Recht und die in der Gesetzgebung und Verwaltung Deutscher Staaten thätigen Römischen Juristen gar nicht fähig waren, die Deutschen Institutionen auch nur zu verstehen. Man braucht blos die wichtigsten Arten jener alten Genossenschaften, soweit sie noch existiren, sowie der von Einzelstaaten, insbesondere von Preußen, an ihrer Statt systematisch ausgebildeten Zwangsgenossenschaften einer vergleichenden Prüfung zu unterziehn, um den unheilvollen Einfluß des Römischen Rechts auf das Deutsche Gesellschaftsrecht und seine Fortbildung würdigen zu lernen.

Bei der Gewerkschaft, der alten Bergwerks-Genossenschaft, ist das Bergwerkseigenthum, die Zeche oder Grube, in 128 ideelle Theile oder Kuxe zerlegt, deren jeder wie die Aktie in der Aktiengesellschaft ein selbstständiger, der Veräußerung und Vererbung unterliegender Vermögenstheil des Eigenthümers ist und die Mitgliedschaft in der Gewerkschaft und das Stimmrecht in der Gewerkenversammlung begründet. Der Kux ist sonst sehr verschieden von der Aktie: die Aktie lautet auf einen die Einlage des Aktionärs darstellenden bestimmten Geldbetrag, — der Kux hat keinen Nominalwerth, sondern stellt nur einen aliquoten Theil des gewerkschaftlichen Vermögens dar. Auf die volleingezahlte Aktie giebt es keine Nachzahlung; ihr Verhältniß zum gesammten Aktienkapital giebt den Maßstab ab für Vertheilung des Reingewinns, welcher nach der Jahresbilanz sich als Ueberschuß der Aktiva über die Passiva aber erst ergiebt, nachdem das Aktienkapital als vollständig vorhanden nachgewiesen und unter die Passiva gesetzt ist. Nach dem Maßstab des Kuxes hat der Gewerke die für den Grubenbetrieb erforderlichen Beiträge, die Zubuße, zu leisten; nach demselben Maßstab empfängt er Kapital, Zinsen und Zubuße in der Form des zu vertheilenden Reingewinns, der Ausbeute, zurück; diese wird nicht durch eine den Werth des Bergwerkseigenthums und die Einzahlungen auf Kuxe mitberücksichtigende Bilanz ermittelt, sondern besteht in dem Ueberschuß des Erlöses der Bergwerksprodukte über die voraussichtlichen Betriebskosten des nächsten Jahres.*)

---

*) Die Motive zum Preußischen Gesetzentwurf, die Mobilisirung der Kuxe betreffend, vom 21. Juni 1861 (Drucksachen des Preuß. Abgeordnetenhauses Nr. 61) sagen über die jährliche Bilanz und Dividendenvertheilung der Aktiengesellschaften Folgendes: „Diese Einrichtungen können auf den Bergwerksbetrieb keine Anwendung finden. Der Bergbau erfordert ein nicht im Voraus zu berechnendes Kapital. Er bedarf laufender Zuschüsse, da in jedem Stadium des Betriebes die Nothwendigkeit neuer Anlagen hervortreten kann. Das Anlagekapital wandert in den laufenden Zubußen in die Grube und kehrt

Diese einfache und praktische Form genossenschaftlicher Kapitalbeschaffung, passend für alle gewagten industriellen Unternehmungen, deren Kapitalbedarf nicht im Voraus auf längere Zeit festzustellen ist, — wurde bei der Bergbaugewerkschaft dadurch gänzlich zerstört, daß man dieselbe für eine zufällige Gemeinschaft und den Kux für ein beliebig theilbares Immobile erklärte, welches durch hypothekarische Eintragung mit Schulden belastet, und wie ein Grundstück im Exekutionswege versteigert werden konnte. Nachdem „der Staat die lebendige Genossenschaft zu der Leiche einer zufälligen Gemeinschaft gemacht hatte, mußte er sich entschließen, die Thätigkeit, zu welcher die Genossenschaft entstanden war, selbst zu übernehmen." *) Er that dies in Preußen durch die Bergordnungen des vorigen Jahrhunderts. Er entsetzte die Gewerkschaften der Verwaltung ihres Bergwerkseigenthums fast vollständig und übertrug den Betrieb und den Haushalt der Gruben der speziellen Leitung einer Staatsbehörde, des Bergamts, welches Schichtmeister und Steiger anstellte und entließ, die Höhe ihres Lohnes bemaß, die Preise der Bergwerksprodukte festsetzte und den Betrag der zu vertheilenden Ausbeute und der zu zahlenden Zubuße bestimmte. Als sich dieses System als unhaltbar gezeigt hatte, und man (seit 1851) dasselbe durch die Gesetzgebung zu beseitigen begann, war die Gewerkschaft bei den Bergmännischen Produzenten so in Mißkredit gekommen, daß dieselben bei neuen Unternehmungen meist die an und für sich gar nicht passende Form der Aktiengesellschaft oder Aktienkommanditgesellschaft wählten und dadurch zu schweren Verlusten zufolge Irrthums und Schwindels Anlaß gaben. Die neue Gesetzgebung, das im ganzen Preußischen Staate gültige allgemeine Berggesetz vom 24. Juni 1865, hat die alte Deutsche Gewerkschaft in verbesserter Gestalt wieder ins Leben zu rufen unternommen: die Gewerkschaft erhielt Rechtspersönlichkeit,

---

mit dem erzielten Gewinn in dem disponiblen Ertrage der geförderten Produkte zurück, um vielleicht nach wenigen Jahren wieder als Zubuße in den Bau zu wandern. Dieser Umlauf kann sich während der Betriebszeit mehrmals wiederholen. Wollte man also für ein Bergwerk das während der ganzen Betriebszeit aufzuwendende Kapital zum voraus aufbringen, so würde man das Mehrfache des wirklich erforderlichen Betriebskapitals in Vorrath halten müssen. Wollte man den disponiblen Erlös der Produkte nicht eher vertheilen, bis die Bilanz einen Reingewinn nachweist, so würde man das für längere Zeit entbehrlich gewordene Betriebskapital ohne Noth zurückhalten. Außerdem wird die Ziehung der Bilanz in diesen Fällen illusorisch, weil der Werth der unterirdischen Anlagen lediglich von ihrer künftigen ungewissen Ertragsfähigkeit abhängt. Für den Bergbau sind daher die aus dem Bedürfnisse erzeugten und durch Jahrhunderte bewährten Einrichtungen des gewerkschaftlichen Haushalts noch jetzt als die zweckmäßigsten zu bezeichnen." — Vgl. Klostermann's Kommentar zum Allgemeinen Berggesetz für die Preußischen Staaten vom 24. Juni 1865. Berlin 1866 und den Aufsatz von Otto Michaelis: „Die Bergbaugenossenschaft" S. 85 des 4. Bandes Jahrgang 1863 der Vierteljahrsschrift für Volkswirthschaft und Kulturgeschichte.

*) Michaelis a. a. O. S. 90.

die Zahl der Kuxe wurde auf 100 oder 1000 festgestellt, der Kux zu einer beweglichen Sache erklärt, die Staatseinmischung auf eine Staatsaufsicht beschränkt, die Selbstverwaltung der Gewerkschaft zurückgegeben.

Der künftigen Reichsgesetzgebung wird es obliegen, die Preußische Berggesetzgebung mit den durch die Erfahrung gebotenen Verbesserungen auf das Reich auszudehnen, außerdem aber die industrielle Gewerkschaft als eine gleichberechtigte Form der Handelsgesellschaften neben den Aktien- und Aktienkommanditgesellschaften zuzulassen.*)

Von den Genossenschaften, welche unter dem Namen der Wassergenossenschaften zusammengefaßt werden, sind die Deichgenossenschaften uralt. Sie hatten von Anbeginn an mehr den Charakter von Zwangsgenossenschaften, insofern als jeder, der „binnen dem Damm" gesessen ist,**) den schützenden Deich zu erhalten und zu bessern gezwungen ist, bei Verlust seines Grundstücks. Die Deichgenossenschaften haben „in den für das korporative Leben trübsten Zeiten sich genossenschaftlichen Gemeinsinn und damit eine genossenschaftliche Verfassung erhalten." (Gierke a. a. O. S. 111). Allmählich indeß wurden sie mehr und mehr zu Staatsanstalten, die Deichlast zur Staatslast, die Deiche selbst Staatseigenthum.

---

*) Die Grundzüge für Herstellung der industriellen Gewerkschaft würden in Folgendem bestehen: Zerleguug der Unternehmung in 100 oder 1000 auf Namen lautende nicht theilbare gleiche Kuxe, auf welche bis zur Betriebseröffnung eine bestimmte Geldsumme einzuzahlen ist, Verpflichtung des Gewerken (des Kuxbesitzes) darauf später zu den Betriebskosten und zur Erfüllung der Gesellschaftsverpflichtungen nach den Beschlüssen der Gewerkschaft verhältnißmäßige Zubuße zu leisten, unter Ausschluß der persönlichen Haft für die Verbindlichkeiten der Gewerkschaft und unter Berechtigung des Gewerken, seinen Kux der Gewerkschaft behufs Verkaufs zu überlassen und dadurch der Pflicht zu weiterer Zubuße enthoben zu werden; jährliche Vertheilung der Ausbeute wie bei der Gewerkschaft des Bergrechts, also ohne Konservirung eines bilanzmäßigen Anlagekapitals, nur mit Zurückbehaltung des nöthigen flüssigen Betriebsfonds; genossenschaftliche Organisation mit Vorstand, Aufsichtsrath und Gewerkenversammlung analog der eingetragenen Genossenschaft; ebenso Rechtspersönlichkeit der Gewerkschaft nach Anmeldung und Eintragung in ein dem Genossenschaftsregister nachgebildetes, ebenfalls einen Theil des Handelsregisters bildendes Register für die industriellen Gewerkschaften. — Man wird sich bei näherer Prüfung leicht überzeugen wie eine solche Nachbildung der Bergbaugesellschaft sich vorzüglich eignet für große und gewagte industrielle Unternehmungen, bei denen ein bedeutendes Anlagekapital verwendet wird, entweder zu Anlagen, die bei Auflösung der Gesellschaft in der Regel werthlos sind, oder ausschließlich zur Beschaffung einer Kundschaft. Als Beispiele mögen dienen die Eisenbahngesellschaft, die Kanalbaugesellschaft, die Gesellschaft zum Fischfang auf hoher See, Unternehmungen bei großen Industrieausstellungen, die Gesellschaft zur Herstellung einer größeren Zeitung u. dgl. Daneben würde die industrielle Gewerkschaft für manche andere große Fabrikunternehmungen mindestens ebenso gut wie die Aktiengesellschaft passen, z. B. für die Zuckerfabrik, siehe S. 73.

**) Wie der Sachsenspiegel sagt, vgl. Anschütz a. a. O. S. 148.

In Preußen setzte das Deichgesetz vom 28. Januar 1848 gar nicht mehr die Möglichkeit voraus, daß der Deich und die Deichgenossenschaft ihre Entstehung den Besitzern der durch den Deich geschützten Grundstücke zu verdanken haben. Im § 11 jenes Gesetzes heißt es:

> Ist es zur Abwendung gemeiner Gefahr oder zur erheblichen Förderung der Landeskultur erforderlich, Deiche und dazu gehörige Sicherungs- und Meliorationswerke anzulegen, zu erweitern, oder zu erhalten, so sollen die Besitzer sämmtlicher der Ueberschwemmuug ausgesetzten Grundstücke zur gemeinsamen Anlegung und Unterhaltung der Werke unter landesherrlicher Genehmigung vereinigt werden. Zuvor sind jedoch alle Betheiligte, — — mit ihren Anträgen zu hören.

Also nicht blos zum Schutz gegen Ueberschwemmung, sondern auch zur Förderung der Landeskultur können Grundbesitzer gegen ihren einstimmigen Willen nach dem Gutbefinden der Behörden zur Anlegung von Deichen gezwungen werden. Erst wenn das ohne ihr Zuthun gefertigte Statut landesherrlich vollzogen ist, erhalten sie gewisse Rechte, indem das Statut nach § 15 bestimmen soll:

> f) das Recht der Deichgenossen, persönlich oder durch Abgeordnete bei der Verwaltung der Deichangelegenheiten mitzuwirken.

Freilich war man nicht gewillt, ihnen damit ein wirkliches Mitbestimmungsrecht zu gewähren, denn selbst Streitigkeiten über die Fragen, ob ein Grundstück deichpflichtig ist, oder wie die Deichlast zu vertheilen ist, sind mit Ausschluß des Rechtsweges, von den Verwaltungsbehörden zu entscheiden (§ 22). In Betreff der bestehenden Deiche erklärt das Gesetz zwar, daß die vorhandenen Deichordnungen und Statuten in Kraft bleiben sollen, schreibt aber denjenigen, „bei denen es erforderlich erscheint," eine Revision vor und macht jede Abänderung und Aufhebung von der landesherrlichen Genehmigung abhängig.

Die Bestimmungen über Deichgenossenschaften waren übrigens nicht der erste gesetzgeberische Versuch, im absolutistischen Preußen Zwangsgenossenschaften als Institute der beglückenden Gründungsthätigkeit der Staatsregierung einzuführen. Das Gesetz über Benutzung der Privatflüsse vom 28. Februar 1843 behandelte in seinem dritten Abschnitt Genossenschaften zu Bewässerungsanlagen:

> „§ 56. Wenn Unternehmungen zur Benutzung des Wassers, deren Vortheile einer ganzen Gegend zu Gute kommen, nur durch ein gemeinsames Wirken zu Stande zu bringen und fortzuführen sind, so können die Betheiligten zu gemeinsamer Anlegung und Unterhaltung der erforderlichen Wasserwerke durch landesherrliche Verordnung vereinigt werden."

Auch hier ist, nachdem die Betheiligten mit ihren Anträgen und Erinnerungen gehört worden, ein landesherrlich vollzogenes Statut zu erlassen, welches die innere Verfassung des Verbandes regelt (§ 57). Auch hier ist ferner gar nicht an die Möglichkeit einer Genossenschaft aus dem freien Entschlusse der Betheiligten gedacht. Zwar wird der Minister des Innern ermächtigt, das Statut für den Fall zu genehmigen und zur Ausführung zu bringen, daß eine Genossenschaft unter freiwilliger Zustimmung aller Betheiligten zu Stande gekommen sei; allein damit ist immer nur die Zustimmung zu den von den Behörden gemachten Plänen und Vorschlägen gemeint.*) Uebrigens entstand auf Grund des Gesetzes vom 28. Febr. 1843 erst im Jahre 1850, also nach dem Erlaß des Gesetzes über das Deichwesen, die erste Bewässerungs-Zwangsgenossenschaft.**)

Durch Artikel 2 des Gesetzes vom 11. Mai 1853 wurden die Bestimmungen des Gesetzes vom 28. Febr. 1843 über die Bildung von Genossenschaften zu Bewässerungsanlagen auch auf Genossenschaften zu Entwässerungsanlagen ausgedehnt, jedoch mit der Beschränkung, daß „Genossenschaften für Drainanlagen für jetzt nur bei freiwilliger Zustimmung aller Betheiligten gebildet werden sollen."

Auch wenn man die wirthschaftlichen Erfolge der drei bezeichneten Preußischen Gesetze, welche eine große Menge mit Staatsunterstützung oder Staatsdarlehnen aus besonderen Meliorationsfonds beglückte Zwangsgenossenschaften hervorriefen, im Großen und Ganzen als segensreiche ansehen will, so läßt sich doch nicht leugnen, daß anderer Seits dadurch in manchen Gegenden***) viele einzelne Grundbesitzer vollkommen ruinirt sind, ohne einen Anspruch auf Schadenersatz gegen die Staatsregierung geltend machen zu können, ja ohne auch nur gegen willkürliche und gesetzwidrige Handlungen der dabei betheiligten Beamten zum Rechtswege verstattet zu werden. Schon aus diesem Grunde bedarf diese Gesetzgebung dringend der Reform, wie dies auch Seitens des Preußischen Abgeordnetenhauses und des Ministeriums seit Jahren anerkannt ist.†)

---

*) Aehnliche Gesetze bestehen in vielen deutschen Staaten. In der Regel ist darnach der Staat nur bei einem Antrage der Mehrheit berechtigt, die Minderheit zur Betheiligung zu zwingen; der bedingungslose Zwang ist blos in Preußen und Sachsen für den Staat begründet. Vgl. Gierke a. a. O. Seite 977.

**) Meliorations-Sozietät der Bocker Heide. — Statut vom 24. Juli 1850.

***) Z. B. für den Obrabruch wurde in der Justizkommission des Abgeordnetenhauses 1869 bezeugt, daß die Besitzungen vieler Kolonisten in Folge zu starker Entwässerung subhastirt werden mußten und daß sich zu den in Flugsand verwandelten entwässerten Grundstücken keine Käufer fanden.

†) Das Abgeordnetenhaus hat am 30. Oktober 1872 auf meinen Antrag fast einstimmig beschlossen: die Staatsregierung aufzufordern, in der nächsten Session einen Gesetzentwurf vorzulegen, wodurch die Vorschriften betreffend die Entwässerungs- und Bewässerungs-Zwangsgenossenschaften (Ges. v. 28. Febr. und 11. Mai 1853) dahin abgeändert werden, daß 1) Genossenschaften, welche die Erhöhung des wirthschaftlichen Ertrages der einbezirkten Grundstücke zum Zwecke haben, nur dann gegründet werden, wenn die Mehrzahl der Inter-

Von der rechtlichen Stellung der Zwangsgenossenschaft ist in allen drei Gesetzen nichts erwähnt. Dahingegen fehlt in den landesherrlich vollzogenen Statuten wol nur selten oder gar nicht die Bestimmung, daß der Genossenschaft Korporationsrechte ertheilt sind. Solche Bestimmung fehlt immer bei den nur durch Ministerialreskript genehmigten Meliorationsgenossenschaften, welche durch freiwillige Zustimmung aller Betheiligten zu Stande gekommen sind. Diese sind im Gebiete des Allg. Preußischen Landrechts erlaubte Privatgesellschaften ohne Korporationsrechte und ohne Rechtspersönlichkeit, — gewiß eine sonderbare Erscheinung bei Zwangsgenossenschaften.*)

Zur Herstellung einer andern Art Zwangsgenossenschaften, ebenfalls ohne ihnen im Voraus die Rechtsfähigkeit zu sichern, lieferte das Fischereigesetz für den Preußischen Staat vom 30. Mai 1874 die gesetzliche Grundlage. Nach den Bestimmungen der §§ 9 und 10 dieses Gesetzes können die Berechtigten eines größeren Fischereigebietes auf Grund eines landesherrlich zu genehmigenden Statuts (bei freiwilliger Uebereinkunft aller Berechtigten genügt die Genehmigung des vereinbarten Statuts durch den Oberpräsidenten der Provinz, liegt der Bezirk in mehreren Provinzen, des Ministers für landwirthschaftliche Angelegenheiten) vereinigt werden: 1) Behufs geregelter Aufsichtsführung und gemeinschaftlicher Maßregeln zum Schutze des Fischbestandes — nach Anhörung der Berechtigten über die Genossenschaftsbildung und das Statut und sofern einer widerspricht, auch der Kreisstände, — 2) außerdem auch Behufs gemeinschaftlicher Bewirthschaftung und Benutzung der Fischwasser, auf Antrag eines und mit Zustimmung aller Berechtigten. Statt der Zustimmung der Berechtigten genügt die Zustimmung der Kreisstände, wenn es sich bei der Binnenfischerei

essenten — nach der Fläche und dem Grundsteuer-Reinertrage des betheiligten Besitzes berechnet, — es beantragen; — 2) die den Beitritt weigernden Grundbesitzer in ihren Rechten besser als bisher geschützt werden; — 3) über alle streitigen Privatrechte, soweit nicht gesetzlich oder statutarisch Schiedsgerichte eintreten, der Rechtsweg gestattet wird. — Die Nr. 2 u. 3 lauteten in derjenigen Fassung, in welcher der Antrag 1869 zuerst von Schulze-Delitzsch, der damals noch dem Abgeordnetenhause angehörte, und mir mit Unterstützung der Fortschrittspartei eingebracht wurde, dahin: „daß 2) Grundbesitzer zum Beitritt zu einer solchen Genossenschaft nicht gezwungen, vielmehr nur bei vorwiegenden Gründen des öffentlichen Wohles dem Expropriationsverfahren unterworfen werden dürfen, und 3) über alle Streitfragen der Rechtsweg gestattet wird." Der Justizkommission gingen diese Beschränkungen der Staatsgewalt zu weit.

*) Auf die in den neuen Provinzen Preußens bestehenden Wassergenossenschaften hier einzugehen, ist für den Zweck dieser Darstellung nicht nöthig. Aus demselben Grunde gehen wir hier auch nicht ein auf die Wiesenordnung für den Kreis Siegen vom 28. Oktober 1846 (Gesetzsammlung Seite 485 bis 508) und die dadurch geschaffenen Genossenschaften, die Wiesenverbände. Sie sind ebenfalls Zwangsgenossenschaften, die aus den Besitzern gemeinschaftlich zu bewässernder Wiesen bestehen. Der Antrag auf gemeinschaftliche Bewässerungsanlagen muß von einem Viertel der Grundstücksbesitzer gestellt werden.

in der Beschränkung auf die genossenschaftlichen nicht geschlossenen Gewässer um eine Genossenschaft zwischen den ausschließlich berechtigten Besitzern der anliegenden Grundstücke handelt, und der selbstständige Fischereibetrieb des Einzelnen mit einer wirthschaftlichen Nutzung der Gewässer unvereinbar ist.

Der Fischbestand der Deutschen Binnengewässer ist durch die unwirthschaftliche Ausübung der Fischerei fast vernichtet. Sowohl die natürliche Hegung, als die künstliche Zucht der Fische erfordern, daß die Wanderung der Fische vom Gebirgsbach zum Meer und vom Meer zum Gebirgsbach, die Wanderung der edlen Fische zum Laichplatz und der jungen Brut derselben vom Laichplatz heim ungestört und ungehindert erfolge, und daß auch sonst der Fischbestand in jedem einzelnen Fischereireviere des gesammten Stromgebietes verständige Pflege finde. Bei der Abhängigkeit aller einzelnen Theile eines und desselben Stromgebietes von einander ist nur so eine den Fischereiberechtigten in erster Linie zu gut kommende Vermehrung des Fischbestandes möglich. Angesichts dieser Thatsache ist es, wenn irgend wo, so hier angezeigt, die Berechtigten zu zwingen, sich zur Genossenschaft zu vereinigen. Allein eine Ausdehnung des Genossenschaftszweckes bis zur gemeinschaftlichen Bewirthschaftung der Fischgewässer, mit andern Worten der Machtspruch der Staatsgewalt gegen den Fischer, daß er seinen selbstständigen Gewerbebetrieb aufgebe und Mitglied einer Produktivgenossenschaft werde, dürfte doch zur nothwendigen Voraussetzung die durch das Gesetz gesicherte Vermögens- und Rechtsfähigkeit der Genossenschaft haben. Diese ist aber im Fischereigesetz vom 30. Mai 1874 nicht vorgesehen. Dasselbe beschränkt sich darauf vorzuschreiben, daß die Genossenschaft „durch einen von sämmtlichen Berechtigten nach näherer Vorschrift des Statuts zu wählenden Vorstand vertreten wird."*) Die Fischereigenossenschaft unterscheidet sich übrigens von den vorher behandelten Zwangsgenossenschaften darin, daß bei letzteren als die eigentlichen Träger der Mitgliedschaft die berechtigten und verpflichteten Grundstücke anzusehen sind, während bei der Fischereigenossenschaft die Mitgliedschaft an die Berechtigung zur Ausübung der Fischerei in einem bestimmten Reviere gebunden ist, und diese Berechtigung zwar an den Besitz eines Grundstücks geknüpft sein kann, aber nicht nothwendig geknüpft zu sein braucht.

In der eben erwähnten Beziehung treten auf die Seite der Deich- und Entwässerungs- und Bewässerungs-Genossenschaften die Waldgenossenschaften, welche als die neueste Art Zwangsgenossenschaften in Preußen entstehen werden auf Grund des Gesetzes vom

---

*) Man vgl. den Aufsatz „Ueber den Entwurf eines Normalstatuts für Fischereigenossenschaften in Preußen von Ludolf Parisius" Nr. 345 bis 354 des Korrespondenzblattes des Deutschen Fischereivereins. Jahrgang 1875 bei Zirkular Nr. 6 vom 18. Okt. 1875.

6. Juli 1875 (Ges. Sammlung S. 416), Schutzwaldungen, sowie Waldgenossenschaften betreffend.*)

Dieses für den ganzen Umfang des Preußischen Staats gültige Gesetz ordnete schon im Regierungsentwurfe, unter Anschluß an das System der bisherigen Zwangsgenossenschaften, sorgfältig die Bedingungen, unter denen Waldbesitzer zu einer Waldgenossenschaft „vereinigt werden," sowie die Vertheilung der Beiträge unter die Genossenschafter; allein es brachte kein Wort über die Vermögens- und Rechtsfähigkeit der Waldgenossenschaft, welcher Korporationsrechte zu ertheilen oder zu verweigern sich die Staatsregierung nach Bedürfniß des einzelnen Falles vorbehalten wollte, und außer der Vorschrift, daß das Statut „die innere Organisation der Genossenschaft und ihre Vertretung nach außen" enthalten müsse, kein Wort über diese, für jede gesunde Genossenschaftsbildung so wichtigen Gegenstände. Ein Fortschritt zu freieren Anschauungen war aber in denjenigen Vorschriften des Entwurfs zu finden, welche die Entstehung der Zwangsgenossenschaft von dem Anschluß der Mehrzahl aller Betheiligten, nach dem Katastral-Reinertrage der Grundstücke berechnet, an dem auf Vereinigung der Forstgrundstücks-Eigenthümer zu einer Waldgenossenschaft gerichteten Antrage eines Besitzers oder der Gemeinde beziehungsweise des Kommunalverbands oder der Landespolizeibehörde abhängig machten und als die alles regelnde und ent-

*) In Preußen bestehen bereits einige Waldgenossenschaften, auf Grund eines besondern Waldkulturgesetzes für den Kreis Wittgenstein vom 1. Juni 1854. „Im Kreise Wittgenstein" — beginnt der § 1 des Gesetzes — „können in jedem Gemeindebezirke alle diejenigen Grundstücke, welche im Flurbuche als Außenländereien bezeichnet und bisher nicht zum regelmäßigen Fruchtbau benutzt worden sind, — — Behufs ihrer Benutzung zur Waldkultur auf den Antrag auch nur eines der dabei betheiligten Eigenthümer zu einem Ganzen vereinigt werden." Die übrigen Eigenthümer sind zu hören, und wenn nicht die Mehrzahl der Betheiligten, nach dem Katastral-Reinertrag berechnet, der Vereinigung widerspricht, so ist dem Antrage Folge zu geben. Die Eigenthümer der vereinigten Grundstücke bilden eine Waldgenossenschaft, welcher die Rechte einer juristischen Person zustehen und auf welche das Eigenthum dieser Grundstücke übergeht. Der Waldgenosse erhält an Stelle der Grundstücke einschließlich deren Holzbestandes eine oder mehrere auf seinen Namen lautende Holzaktien. Alle Holzaktien einer Waldgenossenschaft sind von gleichem Werthe. Ihre Zahl wird bei der Bildung der Genossenschaft ein für allemal festgesetzt. Die Holzaktien sind untheilbar, können aber unter Umschreibung des Eigenthums in dem Lagerbuche weiter veräußert werden. Die Waldgenossen haben nach Verhältniß der Zahl der Holzaktien zu den Kosten der ersten Kultivirung, der Erhaltung und Verwaltung des Waldes, sowie zu den sonstigen Lasten beizutragen und andererseits ihren Antheil an den Nutzungen des Waldes in Geld und in Natur zu empfangen. Danach ist die Holzaktie einer Wittgensteiner Waldgenossenschaft am ähnlichsten dem Kux einer Bergbaugewerkschaft. In Betreff der Expropriation des betheiligten Grundbesitzes zu Gunsten der Genossenschaft dürften diese Wald-Zwangsgenossenschaften einzig in ihrer Art dastehen. Das Gesetz enthält überdies in Ansehung der inneren Organisation und der Vertretung nach außen ziemlich eingehende und zugleich klare und praktische Vorschriften.

scheidende Behörde statt der Landesregierung den **Kreisausschuß** unter dem Namen des Waldschutzgerichtes einsetzten. Die Möglichkeit, daß sich die Besitzer von Waldgrundstücken oder Parzellen, die sich zur Beforstung eignen, zu einer Waldgenossenschaft freiwillig zusammenthun und unter Ausschluß alles Zwanges ihre Angelegenheiten in freier Selbstbestimmung durch Mehrheitsbeschlüsse ordnen könnten, war in dem Gesetzentwurfe nirgends in Betracht bezogen.

In der zur Vorberathung des Gesetzentwurfs gewählten Kommission des Abgeordnetenhauses versuchte der derselben angehörende Herausgeber dieses Buches das System des Entwurfes zu durchbrechen. In erster Linie beantragte ich, diesen Theil der Vorlage abzulehnen und „die Staatsregierung aufzufordern, dem Landtage den Entwurf eines besonderen Gesetzes über freie und Zwangs-Waldgenossenschaften vorzulegen, durch welches den Waldgenossenschaften die den Handelsgesellschaften und Erwerbs- und Wirthschaftsgenossenschaften zustehenden Rechte einer selbstständigen Persönlichkeit unter gewissen Normativbestimmungen gewährt werden, und gleichzeitig die Verhaftung der Waldgenossen und ihrer Grundstücke für die Verbindlichkeiten der Waldgenossenschaft geregelt wird.“ Wie sich Aehnliches auch ohne die Unterlage eines die freien Waldgenossenschaften umfassenden Gesetzes nothdürftig erreichen ließe, versuchte ich in zweiter Linie durch eine große Anzahl von Anträgen darzuthun, welche natürlich den gewiß tüchtigen forsttechnischen Theil der Vorlage unangetastet ließen. In der Kommission fanden die meisten meiner Vorschläge sehr geringe Unterstützung. Uebrigens hatte die Kommission in Gemeinschaft mit den Vertretern der Regierung diesen Theil der Vorlage doch bedeutend verbessert. Als Vorbedingungen der Zwangsvereinigung wurden schon von der Kommission hingestellt:

1) daß die forstmäßige Benutzung neben einander oder vermengt gelegener Waldgrundstücke oder Flächen oder Heideländereien n u r durch das Zusammenwirken aller Betheiligten zu erreichen ist,

2) daß ein Antrag von einem der schon oben genannten dazu Berechtigten gestellt ist,

3) daß im Fall das Zusammenwirken „nur auf die Einrichtung und Durchführung einer gemeinschaftlichen Beschützung oder anderer der forstmäßigen Benutzung des Genossenschaftswaldes förderlichen Maßregeln gerichtet ist,“ die Mehrheit der Betheiligten nach dem Katastral-Reinertrage der Grundstücke berechnet, dem Antrage zustimmt, daß jedoch außerdem diese Mehrheit mindestens ein Drittel der Betheiligten, nach der Kopfzahl berechnet, ausmachen muß, falls das Zusammenwirken „zugleich auf die gemeinschaftliche forstmäßige Bewirthschaftung des Genossenschaftswaldes nach einem einheitlich aufgestellten Wirthschaftsplane“ gerichtet ist;*)

---

*) In der dritten Lesung im Abgeordnetenhause ist noch die weitere Bedingung (§ 25) hinzugekommen, daß das Statut die Zustimmung der nach

4) daß das Waldschutzgericht oder ein Verwaltungsgericht höherer Instanz entschieden hat, die Waldgenossenschaft sei nach dem Statut zu begründen. —

Bei der zweiten Berathung im Plenum nahm ich die wichtigsten der von mir in der Kommision ohne Erfolg gestellten Anträge wieder auf. Hier gelang es mir durch die Unterstützung der Abg. Miquel und Haenel, für einen die Frage der Rechtspersönlichkeit der Zwangs-Waldgenossenschaft in der von mir gewünschten Weise ordnenden Antrag die Mehrheit zu gewinnen. Demgemäß ist in dem Gesetz vom 6. Juli 1875 durch folgende §§:

> § 42. Die Waldgenossenschaft kann unter ihrem Namen Rechte erwerben und Verbindlichkeiten eingehen, Eigenthum und andere dingliche Rechte an Grundstücken erwerben, vor Gericht klagen und verklagt werden. Ihr ordentlicher Gerichtsstand ist bei dem Gerichte, in dessen Bezirk sie ihren Sitz hat.
>
> § 43. Für die Verbindlichkeiten der Waldgenossenschaft haftet das Vermögen derselben. Insoweit daraus Gläubiger der Waldgenossenschaft nicht befriedigt werden können, muß der Schuldbetrag durch Beiträge aufgebracht werden, welche von dem Vorstande nach dem im Statute festgesetzten Theilnahmemaße auf die Mitglieder umzulegen sind.

zum ersten Mal in Preußen die Rechtspersönlichkeit einer Zwangsgenossenschafts-Art in ähnlicher Weise wie bei der Gewerkschaft, den Handelsgesellschaften und den Erwerbs- und Wirthschaftsgenossenschaften geregelt.*) Das ist ein kleiner, aber immerhin wichtiger Schritt zur Umkehr des Preußischen Zwangsgenossenschaftswesens nach der Richtung der alten deutschrechtlichen Genossenschaften hin.

Nach dieser Uebersicht über die wichtigsten Preußischen Zwangsgenossenschaften wird es nicht schwer zu prüfen sein, wo und in welcher Weise die Gesetzgebung reformirend einzuwirken hat. Zunächst muß Jedermann fragen, ob denn nicht auf allen diesen Gebieten die eigene Initiative der betheiligten Grundbesitzer eintreten und die Zwangsgenossenschaft in der Regel unnöthig machen könnte? Sollte

---

demselben Maßstabe zu berechnenden Mehrheit der Betheiligten erhalten hat; in der Kommission war dies verworfen.

*) Zufolge der Annahme der §§ 42 und 43 in zweiter Berathung (61. Sitzung v. 4. Mai 1875) war eine Revision der vorher gefaßten Beschlüsse erforderlich. Eine freie Kommission, bestehend aus den Abg. Haenel, Miquel, Bening, Mühlenbeck und Parisius, vereinbarte mit den Kommissarien der Regierung noch 32 Anträge, die in der dritten Berathung angenommen wurden. (Vgl. Stenogr. Berichte 66. Sitzung v. 11. Mai 1875). Unter diesen Anträgen befand sich auch die unumgänglich nothwendige Bestimmung über die Vollmacht des Vorstandes; in Gemäßheit eines meiner abgelehnten Anträge zweiter Lesung wurde beschlossen, als letzten Absatz des § 26 anzunehmen: „Jede Genossenschaft muß einen Vorstand haben, welcher dieselbe in allen ihren Angelegenheiten, auch in denjenigen Geschäften und Rechtshandlungen, für welche nach den Gesetzen eine Spezialvollmacht erforderlich ist, in den durch das Statut festzusetzenden Formen vertritt."

der genossenschaftliche Trieb gar nicht vorhanden sein, soweit dabei der Grund und Boden in Frage kommt? oder wie ist es zu erklären, daß die freieste, jede Staatseinmischung ängstlich ausschließende Selbsthülfe auf allen Gebieten des Personal-Genossenschaftswesens von Jahr zu Jahr eine staunenswerthere Leistungsfähigkeit nachweist, dahingegen bei der Assoziation des Grundbesitzes nur der starre Zwang des Staates, — die Zwangsgenossenschaft unter Staatsleitung, etwas leistet, und von strebsamen Betheiligten erbeten wird? und wie läßt sich dies zusammenreimen mit der Thatsache, daß gerade die Genossenschaften des Grundbesitzes in den allerverschiedenartigsten Gestalten viele Jahrhunderte hindurch das ganze deutsche Leben durchzogen und ihm ein eigenartiges Gepräge aufdrückten? —

Wir meinen solche Fragen dahin beantworten zu müssen:

> Freie Genossenschaften, deren Träger nicht Personen, sondern Grundstücke sind, können in Deutschland nicht wohl entstehen, jedenfalls nur durch Glückszufall gedeihen, weil die Gesetze den ihnen unentbehrlichen Bedingungen gesunden Lebens und ungestörten Wirkens unübersteigliche Hindernisse entgegenstellen.

Beispiele aus dem Gebiete des Allgemeinen Preußischen Landrechts entnommen, werden die Richtigkeit dieses Satzes überzeugend nachweisen.

Gesetzt, die Gutsbesitzer eines bestimmten Wiesenthales wollen sich zur Entwässerung, — oder zur Ent- und Bewässerung ihrer Wiesen genossenschaftlich vereinigen. Ihre Besprechungen führen zu einem erfreulichen Ergebniß. Sammt und sonders sind sie über die Anlagen, die nach den Voranschlägen der Techniker zu machen sind, über deren Ausführung und Unterhaltung, über die Vertheilung der Kosten und Lasten, und über die Organisation der Genossenschaft mit einander einig; sie sind auch von dem großen Nutzen des Unternehmens für jeden einzelnen Theilhaber fest überzeugt, verhehlen sich dessen ungeachtet aber nicht, daß der Plan in Folge der eigenthümlichen Bodenbeschaffenheit insoweit etwas gewagt ist, als es im Laufe der Zeit leicht vorkommeu kann, daß er bei der Ausführung einmal oder mehrmal umgeändert werden muß. Schon dieser Umstand würde es nicht rathsam erscheinen lassen, für die zu bildende Genossenschaft von der Staatsregierung Korporationsrechte zu erbitten, da die Regierung, wenn sie dieselben ertheilt, sich das Recht vorbehalten muß, die Genehmigung zu allen erheblichen Aenderungen des Plans und zu allen und jeden Aenderungen des Statuts zu ertheilen oder zu versagen. Aber auch wenn ein solches Bedenken nicht zur Sprache kommen sollte, — die Urheber des Planes meinen, gleichviel aus welchen Gründen, der Erfolg des Unternehmens sei nur dann im Voraus für gesichert anzusehen, wenn jegliche Einmischung der Regierung ferngehalten werde. Sie versuchen also, ihren Plan durch eine freie

Genossenschaft zu verwirklichen. Zu diesem Behufe schließen sie vor dem Notar oder vor dem Richter einen Sozietätsvertrag ab, Inhalts dessen sie sich Behufs Ausführung des Unternehmens zu einer erlaubten Privatgesellschaft vereinigen.*) Wenn sie hierbei mit Sorgfalt und Vorsicht verfahren, insbesondere den gleichzeitig zu erwählenden Vorstehern eine ausreichende Vollmacht zu allen möglicherweise vorkommenden Rechtsgeschäften, sowie zur Vertretung in Prozessen ertheilen, und jeder Einzelne zur Sicherung der Gesellschaft für die übernommenen dauernden Lasten und wiederkehrenden Geld- und Naturalleistungen die Eintragung im Grundbuch beantragt, wenn ferner bei keinem Einzigen der betheiligten Eigenthümer eine Legitimationsschwierigkeit in Ansehung seines Besitzes oder bereits eine Ueberschuldung desselben vorhanden ist, wenn endlich der Notar oder der Richter, der den Vertrag aufnimmt, seiner Seits unter voller Beherrschung des schwierigen, zu zahlreichen Streitfragen Anlaß gebenden Stoffes keine durch die Gesetze ermöglichte Vorsichtsmaßregel verabsäumt, — unter allen diesen Voraussetzungen ist es möglich, daß die Genossenschaft ins Leben tritt und ihr Unternehmen in Gang bringt und gedeihlich fortführt, letzteres aber auch nur so lange, als keine erhebliche Aenderung in dem Unternehmen selbst und in dem Mitgliederbestande vorkommt, und die Genossenschaftsmitglieder unter einander in Einigkeit verharren. Andernfalls aber wird das ganze Unternehmen schwer gefährdet. Die Erben eines verstorbenen Mitgliedes durch einen Prozeß zu zwingen, nicht blos die Beiträge aus dem ursprünglichen Vertrage zu leisten, sondern auch selbst die Rechte eines Mitgliedes auszuüben und den Pflichten desselben nachzukommen, und sich an neuen Vollmachtsertheilungen und statutändernden Beschlüssen zu betheiligen, dürfte oft schon große Schwierigkeiten machen. Nicht die Gesellschaft als solche, sondern nur die Gesammtheit der Mitglieder erscheint in Prozessen als Klägerin oder Verklagte. Gegen die Vorsteher, die als ihre Vertreter nur durch Statuten und Generalversammlungsbeschlüsse legitimirt sind, wird der Einwand mangelnder Legitimation stets mit einiger Aussicht auf Erfolg erhoben werden. Denn mindestens tritt eine starke Verzögerung ein, es sei denn daß der Einwand durch beglaubigte Urkunden zurückgeschlagen werden kann, daß also zu den Generalversammlungen stets ein Notar zugezogen ist.

Weit schlimmer ist es für die Gesellschaft, wenn ein Mitglied sein Grundstück veräußert, und der Erwerber tritt nicht in die Genossenschaft, sondern läßt es auf Zwangsmaßregeln ankommen. Der neue Besitzer steht mit der Gesellschaft dann persönlich in keinem Rechtsverhältniß; er ist in dem der Gesellschaft günstigsten Falle durch die seinem Grundstück auferlegte Grundgerechtigkeit in seinen Verfügungen beschränkt und muß die im Grundbuch eingetragenen

---

*) Allg. Landrecht Th. II Tit. 6 §§ 11 ff., vgl. auch oben Seite 85.

dinglichen Rechte respektiren. Durch eine Eintragung im Grundbuch auf Grund eines Sozietätsvertrages jeden Besitznachfolger zu nöthigen, Mitglied einer der Rechtsfähigkeit entbehrenden Gesellschaft zu werden, ist nicht möglich. Eine Statutbestimmung, wodurch jedes Mitglied verpflichtet wird, bei Veräußerung seines Grundstücks dem Erwerber die Verpflichtung aufzuerlegen, in seine Rechte und Pflichten gegen die Gesellschaft einzutreten, ist zwar möglich, aber sie gewährt der Gesellschaft immer nur das Recht, von dem früheren Besitzer, der der Verpflichtung nicht nachkam, Schadensersatz zu fordern; ein obligatorisches Verhältniß zwischen der Gesellschaft und dem neuen Erwerber entsteht dadurch nicht. Hat die Gesellschaft gegen ihn nur durch die Eintragung im Grundbuch Rechte, so ist sie, wenn unvorhergesehener Weise wichtige Veränderungen nothwendig werden, nicht im Stande, dieselben gegen ihn durchzuführen. Da er nicht Mitglied ist, so kann sie gegen ihn in keiner Weise geltend machen, daß sie die inneren Rechte einer Korporation hat; ihre Verfassung geht ihn nichts an. Weigert er sich seinen unzweifelhaften Verpflichtungen nachzukommen, so kann er noch leichter als die Erben verstorbener Mitglieder mit einiger Geschicklichkeit durch Angriffe auf die Legitimation der Kläger und ihrer Vertreter den Prozeß in die Länge ziehen. Die Gesellschaft aber kann dadurch, daß sie verhindert wird, rechtzeitig die zur Erreichung des Gesellschaftszwecks nöthigen Bauten, Schutzanlagen und sonstigen Veranstaltungen überhaupt oder auch nur auf dem Terrain eines einzelnen betheiligten Grundstücks umzuändern, schwer beschädigt und in ihrem Bestande tief erschüttert werden.

Es ist kaum nöthig, der Verlegenheiten zu erwähnen, in welche die Gesellschaft gerathen kann, wenn die Sozietäts-Beiträge und -Lasten im Grundbuche eines überschuldeten Grundstücks eingetragen sind und weil sie kein Vorrecht vor den früher eingetragenen Forderungsrechten haben, bei einer Zwangsversteigerung ausfallen und gelöscht werden.

Der Mangel der Rechtspersönlichkeit wird sich ferner als ein erhebliches Hinderniß herausstellen, wenn die Gesellschaft Grundstücke oder Hypothekenkapitalien zu erwerben genöthigt ist. Die Grundstücke namentlich müssen auf den Namen aller Mitglieder der Gesellschaft eingetragen werden, und jede Besitzveränderung Seitens eines Mitgliedes, sei es durch dessen Tod oder durch Veräußerung eines betheiligten Grundstücks, erfordert Eintragungen, die oft bedeutende Kosten und Weitläufigkeiten verursachen.

Nach allem dem ist es nicht zuviel behauptet, daß ein guter Hausvater, — wenn ihm die Schwierigkeiten wahrheitsgetreu dargethan werden, die bei verschiedenen, von seinem Einfluß unabhängigen Ereignissen, ohne daß ein Unglücksfall eintritt, der Genossenschaft erwachsen können, sich gewiß hüten wird, eine Genossenschaft gründen zu helfen, von der er sich zwar Nutzen verspricht, die er aber, wenn es sein muß, auch wie bisher entbehren kann. Ein vorsichtiger Mann wird von dem Plane schon dann zurücktreten, wenn er sich überzeugt, es giebt kein sicheres Mittel, die künftigen Erwerber jedes einzelnen für das Unternehmen nothwendigen Grundstücks durch die bei Errichtung der Genossenschaft abgegebenen Erklärungen der zeitweiligen Besitzer auch gegen ihren Willen eine Reihe von Jahren unter denselben Bedingungen wie ihre Vorbesitzer an die Mitgliedschaft zu fesseln.

Was von einer Ent- und Bewässerungsgenossenschaft gilt, gilt in allen diesen Beziehungen genau ebenso von jeder andern freien Genossenschaft auf den von den Zwangsgenossenschaften beherrschten Gebieten. Es gilt, wenn sich die Besitzer einer in viele Parzellen getheilten bewaldeten Bergkuppe oder einer mit öden Flächen und Heideländereien untermischten Forst zu einer freien Waldgenossenschaft Behufs gemeinschaftlicher forstmäßigen Bewirthschaftung, oder die fischereiberechtigten Adjazenten eines Stroms oder eines See's, zu einer Fischereigenossenschaft Behufs gemeinschaftlicher Benutzung der Fischwasser vereinigen; es gilt, wenn sich die Besitzer einer Feldflur zur genossenschaftlichen Drainage, — ja, wenn sich, wie so oft im Mittelalter geschehen, die Hausbesitzer einer oder mehrerer Straßen zur Herstellung und Unterhaltung eines den Wasserbedarf für ihre Grundstücke liefernden Brunnens freiwillig als Genossenschaft zusammenthun. Denn es sind vorher keine Bedenken hervorgehoben, die nur bei der einen oder der andern Art Genossenschaften zutreffen, und denjenigen Bedenken, die hier aus dem Geltungsgebiete des Allgemeinen Preußischen Landrechts und der Grundbuchordnung vom 5. Mai 1872 vorgebracht sind, lassen sich zum Theil dieselben, zum Theil andere Bedenken aus den verschiedenen Gebieten des gemeinen Rechts und des Französischen Rechts und der besonderen Hypothekenordnungen an die Seite stellen.

Hiernach dürfte hinreichend dargethan sein, daß hier die Gesetzgebung in ähnlicher Weise helfen muß, wie sie bei den Erwerbs- und Wirthschaftsgenossenschaften zu helfen hatte. Zur Förderung der mit dem Grund und Boden verknüpften freien Genossenschaften bedarf es eines Gesetzes, betreffend die Genossenschaften des Grundbesitzes oder die „Grundstücks-Genossenschaften." Mit diesem Namen dürften im Allgemeinen die Gesellschaften von Grundbesitzern zu belegen sein, welche sich zu wirthschaftlichen Zwecken unter der Verabredung vereinigen, daß die Mitgliedschaft an den Besitz bestimmter Grundstücke gebunden ist, und Rechte und Pflichten des Genossenschafters unverändert auf den jedesmaligen Besitznachfolger übergehen sollen.

Das Gesetz über die Grundstücks-Genossenschaften könnte in vieler Beziehung dem über die Erwerbs- und Wirthschaftsgenossenschaften nachgebildet werden, wenn schon die vielen und bedeutenden Verschiedenheiten beider Arten Genossenschaften zu berücksichtigen sind. Nachfolgend sollen nur einige Grundzüge des Gesetzes, wie wir es uns denken, hervorgehoben werden.

Die Grundstücks-Genossenschaft wird in den meisten Fällen auf eine bestimmte, begrenzte Grundfläche, und insofern auf eine geschlossene Mitgliederzahl berechnet sein; jedenfalls muß ihr gestattet sein, demgemäß durch das Statut die Mitgliedschaft zu beschränken oder solche Beschränkung künftigen Gesellschaftsbeschlüssen vorzubehalten. — Zur Gründung einer Grundstücks-Genossenschaft bedarf es eines schriftlichen Statuts und eines Namens, der von dem Gegenstand der Unternehmung entlehnt sein und die zusätzliche Bezeichnung „Grundstücks-Genossenschaft" enthalten muß, sowie der Eintragung in das Grundbuch. Das Grundbuch widmet einer jeden Genossenschaft ein besonderes Grundbuchblatt, zu welchem das Statut und die statutenändernden Beschlüsse einzureichen, Veränderungen im Vorstande und in der Mitgliedschaft anzuzeigen sind u. dgl. Außerdem wird auf dem Grundbuchblatt jedes zur Genossenschaft gehörenden Grundstücks ein Vermerk eingetragen, daß dasselbe an der zu bezeichnenden Genossenschaft betheiligt ist. Diese Eintragungen bewirken Folgendes: 1) Jeder Besitznachfolger wird ohne Weiteres Mitglied der Genossenschaft und tritt in die Rechte und Pflichten des Vorbesitzers, gegenüber der Genossenschaft ein.*) 2) Die Anlagen, welche im Dienste der statutarischen Zwecke der Genossenschaft auf den Grundstücken vorhanden sind, werden während der Dauer der Genossenschaft behandelt, wie Veranstaltungen auf Grund einer den übrigen betheiligten Grundstücken zustehenden Servitut. 3) Das Grundstück haftet für die laufenden Beiträge und für Beitragsrückstände mit dem Unterschiede, daß die laufenden Beiträge und die zweijährigen Rückstände — soweit sie einen durch das Gesetz zu bestimmenden Prozentsatz des Katastral-Reinertrages nicht überschreiten — ein Vorzugsrecht vor den bis dahin eingetragenen Hypotheken, Grundschulden und sonstigen Verpflichtungen genießen, dahingegen die jene Grenze überschreitenden Beträge, sowie die mehr als zweijährigen Rückstände ohne ein solches Vorzugsrecht sind.**)

---

*) Davon unabhängig würde der Vorbesitzer für die Beitrags-Rückstände aus seiner Besitzzeit als selbstschuldnerischer Bürge verhaftet bleiben.

**) Der Prozentsatz des Katastralreinertrages, — die Grenze, bis zu welcher die laufenden Beiträge und die zweijährigen Beitragsrückstände ein Vorzugsrecht vor den früheren Intabulaten genießen, muß übrigens der gleiche bleiben, auch wenn das Grundstück bei mehren Grundstücks-Genossenschaften betheiligt ist. Eine solche Grenze überhaupt festzustellen, ist unbedingt nöthig, um den Realkredit des Grundbesitzes nicht zu schädigen. — Bei den Preußischen Zwangsgenossenschaften haben die Beiträge das Vorzugsrecht der „gemeinen Lasten". Bei der Vertheilung der Kaufgelder eines subhastirten Grundstücks unter die Realgläubiger kommen die zweijährigen Rückstände der zur Erfüllung der Deichpflicht erforderlichen Beiträge und Leistungen vor den Staatslasten zur Hebung, unmittelbar nach diesen aber die Rückstände aus den beiden letzten Jahren von den auf dem Grundstück haftenden gemeinen Lasten, zu denen u. A. alle Abgaben und Leistungen gehören, welche an Meliorationsgenossenschaften oder andere gemeinnützige unter der Autorität des Preußischen Staats bestehende Institute u. s. w. zu gewähren sind (Konkursordg.

Die Grundstücks-Genossenschaft muß, gleich der Erwerbs- und Wirthschaftsgenossenschaft, Vermögens- und Rechtsfähigkeit besitzen, und ähnlich wie diese, mit Vorstand und Generalversammlung organisirt sein. Doch liegt keinerlei Bedürfniß dazu vor, die Grundstücks-Genossenschaft, wie die Handelsgesellschaften und die eingetragene Genossenschaft, durch die Handlungen ihrer Vertreter, dritten Personen gegenüber, unbedingt zu verpflichten (vergl. Seite 121).

Anders als bei der Erwerbs- und Wirthschaftsgenossenschaft ist auch die Frage über die Dauer der Grundstücks-Genossenschaft zu behandeln. Ist dieselbe auf bestimmte Dauer und nicht über 20 bis 30 Jahre hinaus geschlossen, so wird man ihr in der Regel ohne Bedenken gestatten können, das Ausscheiden von Mitgliedern zugleich mit den betheiligten Grundstücken, ohne zuvor eingeholte Genehmigung der Genossenschaft, gänzlich zu verbieten. Auf noch längere Zeit oder auf unbestimmte Dauer die Grundstücke zu binden, dürfte bei den reißenden Fortschritten, welche heut zu Tage, Dank den naturwissenschaftlichen Forschungen, die Landwirthschaft macht, bedenklich erscheinen, obschon in dem Recht der Mehrheit der Genossenschaft, die Auflösung auch vorher zu beschließen, gewiß ein Sicherungsmittel gegen die Möglichkeit gegeben ist, daß freie Grundstücks-Genossenschaften der Landwirthschaft zum Schaden, statt zur Förderung gereichen. Vielleicht empfiehlt es sich, hier zwischen den einzelnen Arten von Grundstücks-Genossenschaften zu unterscheiden und für gewisse landwirthschaftliche Genossenschaften — deren nähere Bestimmung Sache der landwirthschaftlichen Technik ist, — wenn sie auf länger als zehn Jahre oder auf unbestimmte Dauer begründet werden, im Gesetze ausdrücklich vorzuschreiben, daß sie ihren Mitgliedern von zehn zu zehn Jahren*)

---

vom 9. Mai 1855 §§ 47 ff.). Das Fischereigesetz vom 30. Mai 1874 enthält nichts über die Beiträge zu Fischereigenossenschaften. In dem Gesetz vom 6. Juli 1875 ist für die Waldgenossenschaften das Verhältniß der zu den Genossenschaftslasten erforderlichen Beiträge zu den Grundstücken sehr vorsichtig geordnet: Für die Verbindlichkeiten der Waldgenossenschaft haftet deren Vermögen; soweit daraus ihre Gläubiger nicht befriedigt werden können, muß der Schuldbetrag durch Beiträge aufgebracht werden, welche von dem Vorstande nach dem im Statut festgesetzten Theilnahmemaße auf die Mitglieder umzulegen sind. (§ 43.) Die Beitragspflicht zu den Genossenschaftslasten ruht auf den zur Genossenschaft gehörigen Grundstücken und ist den öffentlichen gemeinen Laster gleich zu achten. Bei Parzellirungen müssen die Genossenschaftslasten auf alle Trennstücke verhältnißmäßig vertheilt werden. Rückständige Beiträge können auch von den Pächtern und sonstigen Nutzungsberechtigten der verpflichteten Grundstücke, vorbehaltlich ihres Regresses an den eigentlich Verpflichteten im Wege der administrativen Exekution beigetrieben werden. (§ 29). Die den Eigenthümern der zur Genossenschaft gehörenden Grundstücke auferlegten Beschränkungen und Lasten sind unter Hinweis auf die näheren Bestimmungen des Statuts im Grundbuche einzutragen. (§ 39).

*) In Analogie der Bestimmungen der Preußischen Gemeinheitstheilungsordnung vom 7. Juni 1821 §§ 27 und 28: „Verträge und Willenserklärungen, wodurch Gemeinheitstheilungen ausgeschlossen werden, sind in Rücksicht der

auf vorgängige Kündigung den Austritt gestatten müssen, wogegen für andere Genossenschaften, namentlich für die zur Forstwirthschaft und Bewirthschaftung des Wassers, für die Waldgenossenschaften und Fischereigenossenschaften und dgl. — nicht die geringste Ursache zu einer solchen Beschränkung der Vertragsfreiheit vorliegt.

Diese Andeutungen mögen genügen, darzuthun, welchen Inhalt etwa ein Gesetz für freie Grundstücks-Genossenschaften haben müßte.*)

Wenn ein solches Gesetz existirte, könnte die Zwangsgenossenschaft auf ein kleines Gebiet beschränkt werden. Doch würde es zu weit führen, hier zu untersuchen, wie sich dann das Verhältniß der Zwangsgenossenschaft zu der freien Grundstücks-Genossenschaft am passendsten gesetzlich regeln ließe.

Uebrigens darf man sich nicht verhehlen, daß schon für ein Preußisches, mehr noch für ein Deutsches Gesetz über freie Grundstücks-Genossenschaften die große Verschiedenheit des Pfand- und Hypothekenrechts mancherlei Hindernisse darbietet. Indessen diese sind zu überwinden, wie für Preußen sich wohl schon bei dem Erlaß des alle Provinzen umfassenden Gesetzes vom 6. Juli 1875 über Schutzwaldungen und Waldgenossenschaften gezeigt hat. Die gesetzgebenden Faktoren sind im Deutschen Reiche zur Zeit bei der größeren Aufgabe beschäftigt, eine Deutsche Konkursordnung herzustellen, trotz der schwer wiegenden „Gegensätze des materiellen Rechts auf dem Gebiete des Pfand- und Hypothekenrechts, welche nicht allein in den verschiedenen Deutschen Staaten, sondern oft auch in den einzelnen Provinzen desselben Staates obwalten und unmittelbar bestimmend für die Konkursordnung sind.“**) Möge die Deutsche Konkursordnung schnell zu Stande kommen und ihr bald ein einheitliches Deutsches Pfand- und Hypothekenrecht nachfolgen! Inzwischen könnte in Preußen vielleicht der Versuch gemacht werden, ein Gesetz über freie Grundstücks-Genossenschaften herzustellen. Sicherlich würde dann bald ein ver-

---

Aecker und der damit in Verbindung stehenden Nutzungen, nur auf so lange Zeit verbindlich, als nach der bestehenden Fruchtfolge und Schlageintheilung der gemeinschaftlich benutzten Grundstücke zur zweimaligen Abnutzung aller Schläge erforderlich ist; in Rücksicht anderer Gegenstände dauert ihre Verbindlichkeit nur zehn Jahre. Mit Ablauf dieser Zeitpunkte steht es jedem frei, seine Befugniß auf Gemeinheitstheilung geltend zu machen. Machen besondere örtliche Verhältnisse längere Fristen nöthig, so können solche nur unter Genehmigung der Landes-Polizeibehörde mit rechtlicher Wirkung, jedoch auch in diesem Falle nur für eine bestimmte Reihe von Jahren festgesetzt werden.“

*) Die Realkreditgenossenschaften bedürfen ein besonderes Gesetz; wir haben ihrer hier nicht gedacht, weil Schulze-Delitzsch damit umgeht, in der nächsten Session einen Gesetzentwurf über ihre privatrechtliche Stellung als Antrag dem Deutschen Reichstage vorzulegen.

**) Motive zu dem Entwurfe der Konkursordnung und dem Entwurf des Einführungsgesetzes. Drucksachen des Deutschen Reichstags, II. Session 1874, Anlage zu Nr. 200 Seite 7.

bessertes Deutsches Gesetz das Preußische verdrängen, wie seiner Zeit das Preußische Gesetz über die Erwerbs- und Wirthschaftsgenossenschaften durch das erheblich verbesserte Norddeutsche Gesetz verdrängt wurde.

Jedenfalls wird das wiedererstandene Deutsche Reich sich der Aufgabe nicht entziehen, den durch das Römische Recht und den territorialen Polizeistaat zerstörten Genossenschaften Deutschen Rechts, sofern sie in einer unserer gegenwärtigen Kultur entsprechenden Umformung auftreten, die zum fröhlichen Wachsen und Gedeihen erforderliche Lebensluft zu sichern.

Erster Theil.

Das Genossenschaftsgesetz des Norddeutschen Bundes und dessen Einführung in die übrigen Theile des Deutschen Reiches.

Erstes Buch.

Das Gesetz betreffend die privatrechtliche Stellung der Erwerbs- und Wirthschaftsgenossenschaften vom 4. Juli 1868 nebst dem, die Deklaration des § 1. dieses Gesetzes betreffenden Reichsgesetze vom 19. Mai 1871.

Gesetz,

betreffend

die privatrechtliche Stellung der Erwerbs- und Wirthschafts-Genossenschaften.

Vom 4. Juli 1868.*)

Wir Wilhelm, von Gottes Gnaden König von Preußen ꝛc. verordnen im Namen des Norddeutschen Bundes, nach erfolgter Zustimmung des Bundesrathes und des Reichstages, für das ganze Gebiet des Bundes, was folgt:

Abschnitt I.

Von Errichtung der Genossenschaften.

Vorbemerkung.

Der erste Abschnitt (§§ 1—8) enthält nur unwesentliche Aenderungen des entsprechenden ersten Abschnittes des Preußischen Genossenschaftsgesetzes

---

*) Das Gesetz ist in Nr. 24 des Bundesgesetzblattes des Norddeutschen Bundes, ausgegeben zu Berlin den 15. Juli 1868 publizirt und laut § 73 am 1. Januar 1869 in Kraft getreten.

Die Entstehungsgeschichte des Gesetzes ist in der Einleitung Seite 85 ff. dargestellt. Dort ist Seite 110 auch über die Abweichung der in der Gesetzesüberschrift enthaltenen Bezeichnung „Erwerbs- und Wirthschafts-Genossenschaften" von der Begriffsbestimmung des § 1 nachzulesen.

vom 27. Mai 1867. Er stellt die Grundbedingungen für die Errichtung eingetragener Genossenschaften auf. Zur Errichtung ist

a) die Verfolgung des im § 1 bezeichneten Zwecks,

b) die Beobachtung der gesetzlichen Formen — §§ 2 und 3 —

erforderlich. Ueber die dritte in den Gesetzentwürfen des Ministeriums geforderte Grundbedingung: die Anerkennung Seitens des Staats (§ 4 des Entwurfs) und deren Beseitigung im Abgeordnetenhause vergl. Einleitung Seite 39 und Erläuterungen zu § 4 und § 35.

§. 1.

Gesellschaften von nicht geschlossener Mitgliederzahl, welche die Förderung des Kredits, des Erwerbes oder der Wirthschaft ihrer Mitglieder mittelst gemeinschaftlichen Geschäftsbetriebes bezwecken (Genossenschaften), namentlich:

1) Vorschuß- und Kreditvereine,
2) Rohstoff- und Magazinvereine,
3) Vereine zur Anfertigung von Gegenständen und zum Verkauf der gefertigten Gegenstände auf gemeinschaftliche Rechnung (Produktivgenossenschaften),
4) Vereine zum gemeinschaftlichen Einkauf von Lebensbedürfnissen im Großen und Ablaß in kleineren Partien an ihre Mitglieder (Konsumvereine),
5) Vereine zur Herstellung von Wohnungen für ihre Mitglieder,

erwerben die im gegenwärtigen Gesetze bezeichneten Rechte einer „eingetragenen Genossenschaft" unter den nachstehend angegebenen Bedingungen.

(Preuß. Ges. § 1.)

I. Zur Geschichte des § 1.

Der § 1 ist wörtlich aus dem § 1 des Preußischen Gesetzes übernommen. Wie in letzterem die Definition im Eingange des § 1 entstanden ist, darüber siehe Seite 110 bis 114 der Einleitung.

a) Statt „namentlich" kam „beispielsweise" in Frage. Im Kommissionsbericht des Preuß. Abgeordnetenhauses (Nr. 55 Seite 15 der Drucksachen) heißt es darüber: „Die fünf benannten Vereinsarten sollen nur erläuternde Beispiele sein, aber nicht die Reihe positiv abschließen. Mit Rücksicht hierauf wurde im ersten Satze „„namentlich"" als der passendere Ausdruck gewählt und auch dem vorgeschlagenen „„beispielsweise"" vorgezogen".

b) Statt „Vorschuß- und Kreditvereine" wurde im Preußischen Abgeordnetenhause von Konservativen beantragt zu setzen: „Vereine, welche Darlehne an ihre Mitglieder geben (Vorschuß- und Kreditvereine)". Durch dies Amendement sollte nach Absicht der Antragsteller bewirkt werden, daß diese Vereine sich auf Darlehne an ihre Mitglieder beschränken müßten. Auch wenn der Antrag angenommen wäre, so würde diese Absicht nicht erreicht sein, indem das voraufgegangene Wort „namentlich“ es verhindert, eine Gesellschaft, welche nach der Eingangs des § 1 aufgestellten Definition eine Genossenschaft ist, von der Wohlthat des Gesetzes auszuschließen. Das Amendement wurde in der Kommission des Herrenhauses wieder aufgenommen und mit denselben unklar-konfusen Phrasen begründet: „Lege man den Vereinen diese Beschränkung nicht auf, so mache man sie zu Volksbanken; hierdurch würden die Arbeiter bei jeder Krisis des Verkehrs in unmittelbare Mitleidenschaft gezogen“. Im Plenum des Herrenhauses wurde der Zusatz-Antrag mit einer kleinen Abänderung nochmals aufgenommen und nach längerer Debatte, in welcher er namentlich von dem Regierungs-Kommissar (Geh. Regierungsrath Eck) treffend bekämpft wurde, abgelehnt. Der Aufstellung, wonach ein Vorschußverein, der Banquier-Geschäfte treibe, aus dem Gesetze ausscheiden müsse, entgegnete der Regierungs-Kommissar: Wenn eine Genossenschaft an Nichtmitglieder Darlehne gäbe, Banquier- und damit Handelsgeschäfte treibe, so habe dies keine andere Folge, als daß die Genossenschaft als Banquier Gewerbesteuer zahlen müsse; aus dem Rahmen des vorliegenden Gesetzes trete sie dadurch nicht hinaus. Hierdurch bestätigte derselbe auch die Ausführung Schulze-Delitzsch's, daß die Genossenschaft, deren Thätigkeit auf ihre Mitglieder beschränkt bleibt, der Gewerbesteuer in Preußen nicht unterliegt. (Vergl. Sitzung des Abgeordnetenhauses vom 18. Dezember 1866. Stenographische Berichte Bd. II., Seite 1257.)

c) Statt: „Rohstoff- und Magazinvereine“ wurde (in gleicher Absicht wie zu Nr. 1) im Preußischen Abgeordnetenhause beantragt, zu setzen: „Vereine, welche Rohstoffe ankaufen und an ihre Mitglieder ablassen und gefertigte Waaren ihrer Mitglieder auf gemeinschaftliche Rechnung verkaufen (Rohstoff- und Magazinvereine)“. Die Worte: „auf gemeinschaftliche Rechnung“ ließ der Antragsteller fallen, weil Schulze-Delitzsch ihm bemerklich machte, daß die Mitglieder der meisten Magazinvereine die von ihnen auf gemeinschaftliche Rechnung gefertigten Waaren in das gemeinschaftliche Magazin liefern, wo sie ausgestellt und für eigene Rechnung dessen, der sie gefertigt hat, verkauft werden; wenn man die Waaren für gemeinschaftliche Rechnung verkaufe, so wäre dies eine Produktiv-Assoziation; da müsse man sie aber erst kaufen von denen, die sie gefertigt haben, oder man müsse sie gemeinschaftlich produziren. Der Zusatz-Antrag ist mit Recht verworfen. Vor der Ausschließung solcher Rohstoff-Assoziation, welche auch an Nichtmitglieder verkaufen, und solcher Magazinvereine, welche von Nichtmitgliedern gefertigte Waaren verkaufen, würde auch im Falle der Annahme des Antrages das Wörtchen „namentlich“ geschützt haben.

d) „Konsumvereine“.*) Die Definition der Konsumvereine ist aus

*) Der von der Badischen Regierung im Sept. 1869 den Kammern vorgelegte Gesetzentwurf ließ den § 1 unverändert bestehen, indem er in den Motiven unter Bezugnahme auf meinen Kommentar zwar die Begriffsbestimmung der Produktivgenossenschaften und Konsumvereine als zu eng erklärte, aber von einer Aenderung Umgang nahm, weil das Wort „namentlich“ vor den etwaigen Nach-

dem Entwurfe von 1863 leider unverändert in den Preußischen Regierungsentwurf und von da zunächst in das Preuß. Gesetz und von diesem in das Bundesgesetz übergegangen. Die Worte „an ihre Mitglieder", welche so in das Gesetz hineingekommen sind, fehlten in Schulze-Delitzsch' erstem Entwurf von 1862, obschon damals im Gegensatz zu den Englischen alle in Deutschland bestehenden Konsumvereine nur an Mitglieder verkauften. Auch der Herausgeber hatte in den von ihm als Referenten der Kommission des Abgeordnetenhauses von 1863 gestellten Abänderungs-Vorschlägen im Hinblick auf die Englischen Konsumvereine keine Abänderung dieses Satzes beantragt. Die Kommission nahm jedoch die Worte „an ihre Mitglieder" auf. Sie wieder zu streichen, lag dringende Veranlassung in dem Umstande, daß viele Deutsche Konsumvereine an Nichtmitglieder verkaufen.

In der Reichstagskommission wurde denn auch bemerkt: die Stelle des Gesetzes, welche von den Konsumvereinen rede, sei mehrfach so aufgefaßt, als ob Konsumvereine, welche auch an Nichtmitglieder verkaufen, von diesem Gesetze ausgeschlossen seien, und daran der Vorschlag geknüpft, die Worte „an ihre Mitglieder" zu streichen. Es wurde aber fast einstimmig unter Hinweisung auf das Wort „namentlich" im Eingange anerkannt, daß „diese Auslegung zu eng sei", u. s. w. (Drucksachen Nr. 80 S. 4.)

e) „Vereine zur Herstellung von Wohnungen". Baugenossenschaften wurden in dem Kommissions-Entwurf von 1863, obschon sie bei den Berathungen ausdrücklich als unter das Gesetz fallend genannt wurden, unter den Beispielen des § 1 nicht aufgeführt, weil in ganz Deutschland keine einzige Baugenossenschaft existirte. In den Motiven des Ministerial-Entwurfes heißt es darüber: „Die unter Nr. 5 erwähnten genossenschaftlichen Vereine zur Beschaffung von Wohnungen ihrer Mitglieder bestehen in Preußen bis jetzt allerdings noch nicht. Die wichtige Aufgabe, eine Verbesserung der Wohnungsverhältnisse der kleinen Leute herbeizuführen, ist vielmehr bisher ausschließlich von Aktienvereinen, den sogenannten gemeinnützigen Baugesellschaften zu lösen versucht. Es ist indeß auch dieses Zweckes als eines genossenschaftlichen gedacht worden, weil derselbe, wie auch das Beispiel Englands zeigt, zur Förderung auf genossenschaftlichem Wege besonders sich eignet." (Vergl. in der Einleitung den Abschnitt II. D von den Baugenossenschaften S. 75—85.)

f) „Eingetragene Genossenschaft". Ueber die Entstehung dieser Bezeichnung s. unten die Bemerkungen zur Geschichte des § 2 Absatz 2 S. 174.

---

theilen der ungenaueren Ausdrucksweise genügend schütze. Die Kommission der zweiten Kammer aber schlug unter Bezugnahme auf die später zu ererwähnende Entscheidung des Kreisgerichts zu Brandenburg vor, in Nr. 4 des § 1 die Worte „gemeinschaftlichen" und „an ihre Mitglieder" und in Nr. 5 die Worte „für ihre Mitglieder" zu streichen. Diese Veränderungen und außerdem die Hinzufügung des eingeklammerten Wortes „Baugenossenschaften" in Nr. 5 sind denn auch in das Gesetz vom 11. Febr. 1870 übergegangen. (Beilagen zu den Protokollen der Sitzung der zweiten Kammer vom 28. Sept. 1869 S. 23 und vom 25. Nov. 1869 — Kommissionsbericht des Abg. Weber S. 5 — und der Sitzung der 1. Kammer vom 22 Januar 1870 S. 2.)

II. Erläuterungen zu § 1.

1) Nicht geschlossene Mitgliederzahl. Der häufige Wechsel der Mitglieder und damit auch der Mitgliederzahl ist ein wesentlicher und charakteristischer Unterschied der Genossenschaften von den Handelsgesellschaften. Das Französische Gesetz vom 24. Julius 1867 sur les sociétés nennt die Genossenschaften sociétés à capital variable, legt also bei der Unterscheidung der Genossenschaften von den übrigen Gesellschaften das Hauptgewicht auf die Veränderung des Genossenschaftsvermögens, welche beim Zugange eines Mitgliedes zur Genossenschaft und beim Austritt alter Mitglieder aus derselben stattfindet. Die „Bedingungen des Ein- und Austritts der Genossenschafter" muß das Statut enthalten (§ 3), doch kann der Austritt nicht verboten und dem Austretenden sein Antheil am Geschäfte nicht verweigert werden. (§§ 38 u. 39.)

2) Der Zweck derjenigen Gesellschaft von nicht geschlossener Mitgliederzahl, welche sich als Genossenschaft charakterisirt, muß gerichtet sein

a) „auf Förderung des Kredits, des Erwerbes oder der Wirthschaft ihrer Mitglieder",

b) auf Erreichung dieses Zieles „mittelst gemeinschaftlichen Geschäftsbetriebs".

Die Genossenschaft verfolgt wirthschaftliche Zwecke durch wirthschaftliche Mittel; die wirthschaftlichen Zwecke sollen dem Interesse der Mitglieder dienen und das wirthschaftliche Mittel ist gemeinschaftlicher Betrieb eines Geschäfts. Eine Gesellschaft, welche andere Zwecke verfolgt oder welche das Gleiche durch andere Mittel zu erreichen bezweckt, ist keine Genossenschaft. Eine Genossenschaft welche andere als die geschäftlichen Zwecke des § 1, d. i. als „die Förderung des Kredits, des Erwerbs und der Wirthschaft ihrer Mitglieder" verfolgt, kann auf Betreiben der Staatsgewalt durch gerichtliches Erkenntniß aufgelöst werden (§ 35), und die Vorsteher einer Genossenschaft, deren Handlungen auf andere, als jene geschäftlichen Zwecke gerichtet sind, verfallen in Strafe (§ 27).

3) „Förderung des Kredits, des Erwerbes oder der Wirthschaft (ihrer Mitglieder)".

Der Zweck der Gesellschaft muß unmittelbar hierauf gerichtet sein. Es sind schon deshalb die Bildungsvereine ausgeschlossen, obschon dieselben sich bewußt sind, daß sie ihre Mitglieder durch Belehrung erwerbsfähiger machen. *) Ein Bildungsverein, der für seine Mitglieder eine Darlehnskasse

*) Treffend und scharf drückt sich Sicherer dahin aus: „Der Zweck der Gesellschaft, nicht nur das Mittel zum Zwecke, muß ein wirthschaftlicher (materieller) sein. Schon durch dieses Merkmal sind von der Anwendung des vorliegenden Gesetzes Vereinigungen ausgeschlossen, welche ideale Zwecke verfolgen und die materiellen Güter nur als Mittel zur Erreichung dieser Zwecke benützen, somit religiöse Zwecke oder Zwecke der Belehrung, der Unterhaltung, der Wohlthätigkeit u. s. w., wie z. B. Gesellenvereine, Arbeiterbildungsvereine, landwirthschaftliche Vereine in ihrer gegenwärtigen Organisation u. s. w. Allerdings können auch solche Vereine einen gewissen, ja sogar einen großen Einfluß auf die wirthschaftliche Förderung ihrer Mitglieder ausüben; aber dieses ist nur mittelbare Wirkung, nicht unmittelbarer Zweck". (Sicherer a. a. O. Seite 144.)

unterhält, ist darum noch keine eintragungsfähige Genossenschaft. Anders aber, wenn ein Bildungsverein einen Vorschußverein dergestalt gestiftet hat, daß der Vorschußverein eine selbstständige Gesellschaft ist, gleichviel ob er nur Mitglieder des Bildungsvereins oder auch Andere aufnimmt. Ein solcher Vorschußverein ist eintragungsfähig.*) Daß es andererseits keinem Vorschußverein oder Konsumverein gesetzlich verboten ist, einen Theil des Reingewinnes für Bildungszwecke zu verwenden, insbesondere Lesezimmer, Bibliothek, Fortbildungsschule u. dergl. zu unterhalten, wird bei den §§ 27 u. 35 erörtert werden.

Wie mit den Bildungsvereinen, verhält es sich mit den Unterhaltungsgesellschaften. Ein Kasino kann nebenbei für die Mitglieder Lebensbedürfnisse oder Wein im Großen einkaufen und in kleinen Posten verkaufen, — es wird dadurch noch kein eintragungsfähiger Konsumverein. Anders aber liegt die Sache, wenn ein Kasino einen selbstständigen Konsumverein begründet, oder wenn ein selbstständiger, eingetragener Konsumverein für seine Mitglieder regelmäßige Unterhaltungsabende einrichtet. Beides verträgt sich unbedenklich mit § 1 des Genossenschaftsgesetzes.

Wohlthätigkeitsvereine, — Kranken-, Alterversorgungs- Witwen- und Waisenkassen, Begräbnißvereine, Sterbekassen auf Gegenseitigkeit u. dgl. — bezwecken nicht, den Kredit, den Erwerb oder die Wirthschaft ihrer Mitglieder zu fördern, sondern sie gegen Unglücksfälle sicher zu stellen, sie können daher zum Genossenschaftsregister nicht zugelassen werden. Umgekehrt würde eine Gesellschaft, welche ein Krankenhaus, eine Irrenheilanstalt, eine Kaltwasserheilanstalt oder dgl. herzustellen und zu verwalten unternimmt, um daraus Gewinn für die Mitglieder zu ziehen, ebenso wie andere reine Erwerbsgesellschaften sich der genossenschaftlichen Form bedienen können.

Die Assoziationsdruckereien, welche in der Form von Genossenschaften durch die Sozialdemokraten in mehreren Städten errichtet sind, zunächst um ihre Parteiblätter zu drucken, sind mit Recht in das Genossenschaftsregister einzutragen, obschon sie ohne Zweifel mittelbar dazu bestimmt sind, die sozial-demokratische Agitation zu fördern. Sie deshalb auszuschließen, würde ebenso ungesetzlich sein, als wenn man eine Genossenschaft lediglich deshalb nicht eintragen wollte, weil sie mit Schulze-Delitzsch (siehe Seite 15) eine Schule der Selbstverwaltung für Gemeinde und Staat sein und

*) Vor dem Genossenschaftsgesetz entstand mancher Vorschußverein auf diese Weise; neuerdings sind aus Gewerkvereinen manche Produktivgenossenschaften hervorgegangen. Es braucht kaum bemerkt zu werden, daß die Aufrechthaltung der engen Verbindung einer Genossenschaft mit der nicht auf wirthschaftliche Zwecke gerichteten Vereinigung der ersteren schadet und der letzteren nichts nützt. — Eine eingetragene Genossenschaft der oben bemerkten Art ist die laut Bekanntmachung des Altonaer Gerichts am 27. Januar 1875 in das Genossenschaftsregister eingetragene „Vorschußkasse des Kommunalvereins in Ottensen, Eingetr. Genossenschaft". Kaum begreiflich ist es, daß in Wahrheit ein in das Genossenschaftsregister eingetragener Bildungsverein existirt: „Der Bildungsverein zu Werdau in Sachsen, eingetragene Genossenschaft".

die Versöhnung zwischen Kapital und Arbeit, — den Ausgleich des Klassenkampfes fördern wollte.

4) — „ihrer Mitglieder."

Wenn eine Anzahl Fabrikbesitzer sich vereinigen, und mit ihrem Kapital einen Laden errichten, um ihren Arbeitern die Lebensbedürfnisse gut und billig zu verschaffen, ohne einen andern Gewinn als mäßige Verzinsung des Anlagekapitals zu beabsichtigen, so ist diese Assoziation nicht eintragungsfähig, weil die Gesellschaftsmitglieder nicht die eigene Wirthschaft und den eigenen Erwerb, sondern die Wirthschaft der Arbeiter zu fördern bezwecken. — Daß aus diesem Grunde die sogenannten gemeinnützigen Baugesellschaften nicht eintragungsfähig sind, ist bereits Seite 113 erörtert. — Ein anderes Beispiel bieten die Berliner Volksküchen, die ihr Essen zu Jedermanns Verfügung stellen zu einem Preise, bei dem sich das Anlagekapital mäßig verzinst. Die Mitglieder des Vereins sind nicht diejenigen, welche das preiswürdige Essen verzehren und dadurch sparen, sondern Personen aus besseren Gesellschaftsklassen; der Vereins-Zweck ist Förderung der Wirthschaft anderer Personen.

„Der Kaninchen-Züchter-Verein zu Augsburg, Eingetr. Genossenschaft" hat nach der öffentlichen Bekanntmachung des Gerichts, zum Zweck „Förderung und Verbreitung der Kaninchenzucht". Daß dadurch zugleich der Erwerb oder die Wirthschaft der Mitglieder gefördert werden soll, geht aus der Bekanntmachung nicht hervor. Wenn der Verein selbst im gemeinschaftlichen Geschäftsbetrieb Kaninchen züchtet und an andere Züchter zur Zucht beziehungsweise an Liebhaber zum Verspeisen verkauft, so liegt allerdings eine reine Produktivgenossenschaft vor. (Genossenschafts-Blätter Nr. 12 1864 Seite 56 und Nr. 14 Seite 67).

5) „mittelst gemeinschaftlichen Geschäftsbetriebs".

Dieses Merkmal der Begriffsbestimmung einer Genossenschaft giebt zu mancherlei Bedenken Anlaß. Sicherer (a. a. O. S. 150) versteht darunter „mittelst gemeinschaftlichen Abschlusses von Rechtsgeschäften" und beruft sich zum Beweise auf Anschütz und Völdernborff und ein Urtel des H. A. G. zu Nürnberg — beides, wie ich meine irrthümlich. Jene Worte aber bedeuten: „mittelst gemeinschaftlichen Betriebs eines Geschäfts" — nicht, „von Geschäften" oder „von Rechtsgeschäften".

Endemann (Deutsches Handelsrecht. 3. Aufl. 1876, Seite 867) erläutert die Worte dahin: „Soll heißen: durch einen Betrieb, der im Namen und auf Rechnung der Genossenschaft als solcher geübt wird." Er fügt aber hinzu: „Auch diese Definition ist zu bemängeln." — Mindestens dürfte sie nicht vollständig sein, da sie den schwierigen Ausdruck „Geschäft" gar nicht erläutert. Dieser ist hier analog dem Ausdruck „Handelsgeschäft" in den Artikeln 22 u. 23 des Deutschen Handelsgesetzbuchs gebraucht, in denen die Bedingungen erörtert sind, unter denen derjenige, welcher ein bestehendes Handelsgeschäft durch Vertrag oder Erbgang erwirbt, die Firma fortführen darf. (Vergl. auch Art. 16 des D. H.-G.-B.)

Von „Handelsgeschäft" konnte hier im § 1 des Genossenschaftsgesetzes keine Rede sein, weil unter den bestehenden genossenschaftlichen Geschäften manche an sich nicht als Handelsgeschäfte im Sinne des Art. 22 des H.-G.-B.

erscheinen. Die Genossenschaft kann wie der Einzelkaufmann ein bestehendes Geschäft kaufen, oder sich neu etabliren, — ein neues Geschäft eröffnen. Jedenfalls muß sie eine Niederlassung, ein „Etablissement" haben, um sich als ein nach wirthschaftlichem Erwerb strebendes, nicht vorübergehend, sondern kontinuirlich bestehendes Individuum darzustellen, welches allerdings im eigenen Namen und auf eigene Rechnung, dabei aber doch als Vertreter der Mitgliedschaft arbeitet.*) Darnach sind freilich, wie es in den Motiven der Preußischen Gesetzesvorlage von 1866 und 1867 richtig ausgeführt war (siehe oben Seite 112) und auch Anschütz u. Völderndorff hervorheben, durch das Merkmal des gemeinschaftlichen Geschäftsbetriebs alle Wohlthätigkeitsinstitute völlig ausgeschlossen; ebenso die Bildungs- und Unterhaltungsvereine, — die Industrielle Partnerschaft, bei der das „Geschäft" der Fabrikherr ganz selbstständig und allein betreibt, ohne Mitwirkung der Arbeiter, die an dem im Geschäfte verwendeten Vermögen allerdings betheiligt sind.**)

Auch die Versicherungsgesellschaften auf Gegenseitigkeit haben keinen gemeinschaftlichen Betrieb eines Geschäfts. Wenn dennoch in Bayreuth in Oberfranken eine „Oberfränkische Versicherungsgesellschaft, Eing. Genoss.", in Charlottenburg ein „Feuerversicherungsverein, Eing. Genoss." und in Dömitz in Mecklenburg eine „Schiffsversicherungsgenossenschaft, Eing. Genoss."

---

*) Auf eine neue Definition wollen wir uns nicht einlassen. Das Schwergewicht fällt auf „Geschäft". v. Hahn a. a O. (Seite 105) erläutert das Wort „Handelsgeschäft" im Artikel 22 des D. H.-G.-B. dahin: „Unter Handelsgeschäft ist hier der Inbegriff aller Rechtsverhältnisse zu verstehen, welche mit dem Betrieb des Handelsgewerbes in Beziehung stehen, die Aktiv- und Passivforderungen aus Handelsgeschäften, das Eigenthum an den vorhandenen Waaren als Objekten beabsichtigter Handelsgeschäfte und an den über frühere Handelsgeschäfte aufgenommenen Urkunden, den Handelsbüchern mit den dazu gehörigen Belegen. Ferner kann dazu gerechnet werden Eigenthum und dingliches Recht an den Handlungs- namentlich Fabriklokalitäten oder die obligatorischen Rechte in Bezug auf dieselben" . . . . „Geht nun die Gesammtheit oder der größere Theil dieser Rechtsverhältnisse auf eine andere Person über, so bezeichnet man das als Uebergang des Geschäfts" 2c. Man vergl. ferner Endemann a. a. O. § 15 Wesen des Geschäfts, § 16 das Etablissement, § 17 die rechtliche Natur des Geschäfts Seite 62 bis 75. Die Auseinandersetzung beginnt mit den Sätzen: „Das Geschäft ist diejenige Anstalt, welche den gewerbsmäßigen oder kaufmännischen Betrieb des Handels bezweckt und ermöglicht. Der Begriff desselben weist einmal hin auf die für die Handelsthätigkeit bestimmten Mittel, sowohl an Kapital, stehendem und umlaufendem, als auch an Arbeitskraft, mag Kapital und Arbeitskraft nur die des Inhabers oder von Dritten dem Geschäft zugeführt sein; sodann aber auch auf den Erfolg dieser Thätigkeit. Das Geschäft schafft sich einen gewissen Umkreis, ein Gebiet des Bezugs und Absatzes, tritt durch Bezug und Absatz in den Verkehr mit Andern. Die Summe dieser Verkehrsbeziehungen, wenn sie nicht sofort realisirt worden, kommt als Aktiv- oder Passivbestand zur Erscheinung. Das Geschäft ist ein Komplex nicht blos der für den Handel bestimmten todten Produktivmittel, sondern zugleich der in wirthschaftlicher Bewegung befindlichen Kapitale und Arbeitskräfte." 2c. — Aehnlich Anschütz u. Völderndorff a. a. O. Seite 193.

**) Anderer Meinung v. Sicherer a. a. O. S. 151, wie aus der zu engen Auffassung des Ausdruckes „Geschäftsbetriebes" für ihn nothwendig.

bestehen, so läßt sich nur bedauern, daß manche Gerichte bei Prüfung der zur Eintragung angemeldeten Gesellschaften mit wenig Umsicht und mit wenig Verständniß des Gesetzes verfahren.*) Auch die vortreffliche, zu Berlin domizilirende „Genossenschaft Deutscher Bühnenangehörigen, Eing. Genoss." dürfte nur durch einen Fehler des Richters zur Eintragung gelangt sein.

Eignet sich eine Landesprodukten- und Waaren-Börse zur Eintragung in das Genossenschaftsregister? Die Börse soll nur dazu dienen, den Mitgliedern einen Vereinigungspunkt zum Abschlusse ihrer Geschäfte zu gewähren und dadurch ihnen den gegenseitigen Verkehr zu erleichtern. Sie thut dies nicht durch „gemeinschaftlichen Geschäftsbetrieb," kann also nicht eingetragen werden. (Entscheidg. des Bayrischen Handelsappellationsgerichts vom 10. Januar 1870, in Busch Archiv Bd. 24 S. 287).

Von den sogen. Markenkonsumvereinen sagten bereits die Motive des Regierungsentwurfs des Preußischen Genossenschaftsgesetzes vom 2. Februar 1866 (Drucksachen, Herrenhaus Nr. 10 S. 25) zu § 1, daß sie „nicht hierher gehören, weil bei denselben ein gemeinschaftlicher Geschäftsbetrieb ihrer Mitglieder überhaupt nicht stattfindet." Dagegen erklären Anschütz und Völdernborff, ob diese Vereine einzutragen seien, oder nicht, sei eine rein thatsächliche Frage (a. a. O. Seite 53) und Sicherer fügt hinzu, „da ja auch bei diesen ein gemeinschaftlicher Abschluß von Rechtsgeschäften, von Einkäufen u. s. w. vorkommen kann." (a. a. O. Seite 152). Reine Markenkonsumvereine kaufen eben keine Waaren — darin irrt Sicherer —, keinesfalls betreiben sie „ein Geschäft": die Preisermäßigungen, welche sie durch Verträge mit bestimmten Gewerbtreibenden für ihre Mitglieder vermitteln, beziehen sich noch auf kein bestimmtes Rechtsgeschäft, sondern stellen sich nur als ein Versprechen dar, welches die Gewerbtreibenden den Vereinsmitgliedern für den Fall im Voraus geben, daß diesen belieben sollte, ihnen Waaren abzukaufen. (Siehe oben Seite 34 u. 35).

6) „bezwecken."

Es ist unnöthig, den Zweck der Genossenschaft im Genossenschaftsvertrag aufzuführen; der § 3 schreibt nichts davon vor, verlangt dahingegen, daß der Gesellschaftsvertrag „den Gegenstand des Unternehmens" enthalten müsse, und § 4 verordnet das gleiche für den zu veröffentlichenden Auszug des Gesellschaftsvertrages. Trotzdem haben nicht blos sehr viele Genossenschaften, insbesondere unter den außerhalb des allgemeinen Verbandes stehenden, in ihrem Statut kein Wort von dem Gegenstand des Unternehmens, vielmehr nur kürzere oder längere Mittheilungen über den Zweck der Genossenschaft, sondern man findet auch bei zahlreichen Veröffentlichungen der Gerichte über neueingetragene Genossenschaften Statut-Auszüge, die nur den Zweck der Genossenschaft, nicht den Gegenstand des Unternehmens enthalten. Das ist ohne Zweifel ein Verstoß gegen § 4 des Gesetzes, denn beide Dinge sind an sich nicht identisch, können vielmehr verschieden sein.

---

*) Anderer Meinung ist Sicherer a. a. O. S. 152., weil die wirthschaftliche Förderung der Mitglieder mittelst gemeinschaftlichen Abschlusses von Rechtsgeschäften bewirkt werde.

Die einzelnen Musterstatuten des Allgemeinen Verbandes haben zu dem Fehler keine Veranlassung gegeben. Scharf unterschieden sind Zweck und Gegenstand in dem Konsumvereinsstatut, welches von mir unter Zugrundelegung des Richter'schen für Konsumvereine, die nur an Mitglieder verkaufen, entworfen und von dem Norddeutschen Konsumvereinstage zu Berlin im November 1867 durchberathen und genehmigt ist. In demselben behandelt § 1 Firma und Zweck und § 3 den Gegenstand des Unternehmens. — „Der unter der Firma „Konsumverein . . . zu . . ., eingetragene Genossenschaft," bestehende Konsumverein bezweckt, seinen Mitgliedern unverfälschte Lebensmittel von guter Qualität gegen sofortige Baarzahlung zu beschaffen und ihnen aus dem dabei erzielten Gewinn Kapital zu sammeln." (§ 1). „Der Gegenstand des Unternehmens ist der Einkauf von Lebensbedürfnissen aller Art und Verkauf derselben an die Mitglieder." (Schneider, Anweisung für Konsumvereine 2c. Seite 2 und 6.)

Wie gefährlich für die Genossenschaften es ist, andere als geschäftliche Zwecke in dem Statut anzugeben, und wie sehr daher die Gerichte verpflichtet sind, bei der Prüfung der Statuten einzutragender Genossenschaften sorgfältig und streng zu verfahren, wird bei § 27 und § 35 erläutert werden. Wenn Anschütz u. Völdernbdorff, denen sich Sicherer (S. 145) anschließt, die Behauptung aufstellen: „Verfolgt ein zu der Kategorie der einzutragenden Genossenschaften gehörender Verein neben seinen wirthschaftlichen Zwecken auch noch Wohlthätigkeits-, Unterhaltungs- oder Bildungszwecke, so wird dadurch an der rechtlichen Natur der Genossenschaft selbst nichts geändert", so dürfte dieser Satz doch leicht zu Mißverständnissen führen können. In der rechtlichen Natur einer bereits eingetragenen Genossenschaft, wird dadurch, daß sie wirthschaftliche und andere Zwecke in sich vereinigt, allerdings nichts geändert; vor der Eintragung aber hat die Genossenschaft die Rechte einer eingetragenen Genossenschaft nicht und ist es lediglich nach den landesrechtlichen Vorschriften zu beurtheilen, ob es gestattet ist, sich zu wirthschaftlichen und anderen Zwecken miteinander zu verbinden. Wichtiger aber ist die Frage: ob der Handelsrichter verpflichtet oder auch nur berechtigt ist, eine Genossenschaft, welche nach ausdrücklichen Bestimmungen ihres Statuts als Gesellschaft neben den wirthschaftlichen Zwecken noch andere Zwecke verfolgt, in das Genossenschaftsregister einzutragen. Diese Frage ist zu verneinen. Denn da nach § 35 eine Genossenschaft lediglich deshalb, weil sie „andere, als die im gegenwärtigen Gesetze (§ 1) bezeichneten geschäftlichen Zwecke verfolgt", aufgelöst werden kann und vom zuständigen Gericht, sobald die Verwaltungsbehörde Klage erhebt, aufgelöst werden muß, so ist schon aus diesem Grunde der Richter gar nicht berechtigt, die Eintragung einer Genossenschaft zu bewirken, die sich schon nach dem Statut als ungeeignet zur Eintragung erweist.

Unbedenklich zulässig ist es übrigens, daß eine eingetragene Genossenschaft den durch rein geschäftliche Zwecke zusammengeführten Mitgliedern, ohne daß sie ein statutarisches Recht darauf haben, Nebenleistungen gewährt (Unterhaltung, Bildung, Unterstützung in Noth und Unglück u. dgl. anlangend), die außerhalb der Gesellschaftszwecke liegen, aber in Gesellschaften jeder Art vorkommen.

Beispiele von dem, was man nicht alles als Zweck der Genossenschaft in das Statut schreiben soll, ließen sich in Menge anführen. Am reichhaltigsten pflegen daran die von Handwerkern begründeten Rohstoff- und Produktivgenossenschaften zu sein. So hat die Münchener Tapeziergenossenschaft, Eingetr. Genoss. nach öffentlichen Bekanntmachungen folgenden Zweck: „Errichtung und Haltung eines Verkaufsmagazins, sodann alle zur Hebung des Kredits des Einzelnen förderlichen Anstalten, Schaffung einer seinerzeitigen Kranken-Unterstützungs- und Sterbekasse, und Errichtung eines Rohmaterialienlagers."

Aehnlich in andern Bayerischen Meistervereinen (vgl. Gen.-Bl. 1872. Seite 224). Die Erste Schreinergenossenschaft zu Freising in Oberbayern giebt im Gesellschaftsvertrage vom 22. u. 30. Januar 1873 Folgendes als **Zweck** des Unternehmens an: „1) Vertretung der gewerblichen Interessen nach Innen und Außen. 2) Geordnete Verwaltung und nützliche Anwendung des gemeinsamen Vermögens. 3) Sorge für geregelte Zustände in Bezug auf die Verträge und Dienstverhältnisse zwischen Genossen, ihren Gehilfen nnd Lehrjungen. 4) Förderung und Erleichterung der gewerblichen Fortbildung unter den Lehrjungen und Gehilfen. 5) Anschluß an den allgemeinen Gewerbeverein. Erstrebung schiedsrichterlicher Entscheidung künftiger Rechtsstreitigkeiten in Genossenschaftsangelegenheiten innerhalb gesetzlicher Grenzen. 7) Gründung, Unterhaltung, Leitung und Ueberwachung genossenschaftlicher Nebenanstalten, eines gemeinsamen Verkaufslagers für Möbel und sonstige einschlägige Schreinerartikel, Tapezierartikel, Fortführung des Sargturnus und sonstiger auf den Grundsätzen genossenschaftlicher Selbsthilfe beruhenden Einrichtungen."

7) Zu Ziffer 3: Produktivgenossenschaften.

Angemessener wäre gewesen, auch hier und bei der folgenden Ziffer 4. statt der Definition nur den Namen der Genossenschaftsart wie bei Ziffer 1. und 2. zu setzen. Die Definition ist zu eng für den Sprachgebrauch. Es ist z. B. kein Grund ersichtlich, eine genossenschaftliche Färberei, in welcher nur Gegenstände für Andere gefärbt, also **bearbeitet** werden, nicht als Produktivgenossenschaft anzusehen, obschon dabei weder „eine Anfertigung von Gegenständen" noch „ein Verkauf der gefertigten Gegenstände" vorliegt. Ebenso wäre es mit einer genossenschaftlichen Mühle, sobald in derselben nur Lohnmüllerei betrieben, also das von Mahlgästen zugeführte Getreide gegen Lohn vermahlen würde. Auch vom Landwirth pflegt man nicht zu sagen, daß er Gegenstände **anfertigt**, trotzdem ist der Ausdruck „Produzent" für ihn allgemein gebräuchlich, und Genossenschaften, welche Ackerbau und Viehzucht gemeinschaftlich betreiben, würde man wol kein Bedenken tragen, landwirthschaftliche Produktivgenossenschaften zu nennen. Auch auf den vorher erwähnten Kaninchenzüchter-Verein und die Winzergenossenschaften (Seite 75) paßt die Definition nicht.

Der Prümer Lohmühlenverein, Eingetr. Gen., mit dem Zweck, den Mitgliedern „den nothwendigen Bedarf an gemahlener Lohe zum Betriebe der ihnen gehörigen Gerbereien zu beschaffen" wird von Dr. **Schneider** bezeichnet als eine „nur für den eigenen Bedarf der Mitglieder produzirende Produktivgenossenschaft, wie sie bisher in Deutschland noch nicht bestanden habe." (Genoss.-Blätter 1875 Nr. 1. Seite 3). Da in ihr jeder Genossenschafter das Recht hat, nach einer bestehenden und beschlossenen Reihenfolge, zu seinem

Bedarf ein gewisses Quantum Lohe auf der gemeinschaftlichen Mühle mahlen zu lassen, ist von einem „Verkauf der gefertigten Gegenstände auf gemeinschaftliche Rechnung" keine Rede.

8) „erwerben die im gegenwärtigen Gesetze bezeichneten Rechte" . . .

Diese Ausdrucksweise ist im Preußischen Gesetz mit Rücksicht auf die vielen vor der Herrschaft dieses Gesetzes bereits vorhandenen Genossenschaften gewählt, denen die Rechtsfähigkeit verschafft werden sollte. Sie wurden also nicht als untergegangen, sondern nur als mit erweiterten Rechten ausgestattet und in gewissem Sinne als identisch mit der eingetragenen Genossenschaft gedacht. „Diese Identität ist aber, da die eingetragene Genossenschaft, wenn gleich die ehemaligen physischen Vereinsgenossen dieselben geblieben sind, allerdings ein neues Rechtssubjekt bildet, nur von dem gesammten in das Vermögen des letzeren aufgehenden vermögensrechtlichen Bestande des alten Vereins, d. h. nur im objectiven Sinne zu verstehen." So der IV. Senat des Preußischen Obertribunals in einem Urtel vom 17. November 1870, worin die Genossenschaft für eine juristische Person erklärt und zugleich dem Schuldner eines Vorschußvereins, der sich später in eine eingetragene Genossenschaft umgewandelt hat, die Befugniß abgesprochen wurde, der letzteren den Einwand mangelnder Aktivlegitimation entgegenstellen. (Striethorst Archiv für Rechtsfälle, Band 80 Seite 54.)

Vorbemerkung zum Gesetz vom 19. Mai 1871.

Nach der Entstehungsgeschichte des § 1, wie sie in den Erläuterungen dargestellt ist, konnte darüber kein Zweifel sein, daß der gemeinschaftliche Geschäftsbetrieb, durch welchen die Genossenschaft die Förderung des Erwerbes oder der Wirthschaft ihrer Mitglieder bezweckt, nicht, wie bei den meisten Vorschußvereinen in einer Summe von Verträgen der Genossenschaft mit ihren eigenen Mitgliedern zu bestehen braucht, daß vielmehr jene Förderung ebenso gut durch Geschäfte mit Nichtgenossenschaftern erfolgen kann, und bei einer wichtigen Art Genossenschaft, bei der Produktivgenossenschaft, in der Regel erfolgt. Um so überraschender erschien es daher, als Preußische Gerichte, zuerst das Kreisgericht zu Brandenburg, die entgegengesetzte Meinung zur Geltung zu bringen suchten. Das Kreisgericht zu Brandenburg verweigerte eine Statutänderung, wonach der Brandenburgische Vorschußverein den An- und Verkauf von Staatspapieren auch für Rechnung von Nichtmitgliedern zu bewirken beschlossen hatte, in das Genossenschaftsregister einzutragen, weil diese Bestimmung „mit dem im § 1 des Gesetzes ausgesprochenen Zweck derartiger Gesellschaften, welche lediglich den internen Geschäftsbetrieb der Mitglieder selbst verfolgen und dadurch deren Kredit und Erwerb herbeiführen sollen, nicht übereinstimmen". — Auf eine Beschwerde bestätigte das Kammergericht zu Berlin die Verfügung des Kreisgerichts: „Ein An- und Verkauf von Staatspapieren auch für Rechnung von Nichtmitgliedern bezwecke nicht die Förderung der Interessen der einzelnen Mitglieder der Gesellschaft als solcher, sondern das der Gesammtheit unabhängig von dem der einzelnen Mitglieder. Die von der Generalversammlung beschlossene Statutänderung überschreite daher die den Genossenschaften durch das Gesetz gesteckte Kompetenz". (Blätter für Gen. Wes. 1869 Nr. 44). Dieselbe Erfahrung wurde auch in anderen Preußischen Provinzen gemacht. Der Iserlohner Konsumverein, Eingetragene Genossenschaft, beschloß auch an Nichtmitglieder zu verkaufen. Der Handelsminister Graf Itzenplitz, dessen eigener Kommissar Geh. Eck im Landtage seiner Zeit die Bedenken der Gegner so treffend widerlegt hatte, führte in einem Bescheid auf eine Beschwerde der Iserlohner Händler über die Arnsberger Regierung aus, daß das freisprechende Urtel des Kreisgerichts Iserlohn irrig sei, und die Regierung gegen den Iserlohner Konsumverein, sofern er nicht freiwillig vom Verkauf an Nichtmitglieder abgehe, von Neuem ein gerichtliches Verfahren einleiten und nöthigenfalls auch die höheren Instanzen angehen solle ꝛc. Der Iserlohner Konsumverein beschwerte sich über den Preußischen Handelsminister beim Bundeskanzleramt, erhielt aber unterm 14. Novbr. 1869 die korrekte Antwort, da die endgültige Entscheidung der Frage, welche Geschäfte eine Genossenschaft zu betreiben gesetzlich befugt sei, den Gerichten überwiesen, müsse das Bundeskanzleramt Anstand nehmen, in eine Erörterung der Frage einzutreten. (Siehe Blätter für Gen. Wes. 1869 Nr. 47, 48 S. 187 und Nr. 49 S. 196.) Ein Versuch der Kreisgerichtskommission Sömmerda, den dortigen Konsumverein, Eingetr. Genoss., der an Nichtmitglieder verkaufte, weil er Handelsgeschäfte betreibe, also als Handelsgesellschaft anzusehen sei, durch Strafandrohung nach Art. 5 des Einführungsgesetzes zum Handelsgesetzbuch zu zwingen, sich in das Handelsregister (im Gegensatz zum Genossenschaftsregister) eintragen zu lassen, wurde durch eine Verfügung des Kreisgerichts zu Erfurt vom 11. Januar 1870 beseitigt. (Blätter für Gen. Wes. 1870 Nr. 10 S. 39.) Petitionen an den Reichstag wurden zwar in der Kommission derselben für begründet gefunden, kamen aber im Plenum nicht zur Sprache. Schulze-Delitzsch interpellirte hierauf am 19. Mai 1870 den Bundeskanzler, ob er von den Entscheidungen Preußischer Gerichte und Verwaltungsbehörden, welche dem Wortlaute des Bundesgesetzes vom 4. Juli 1868, so wie den von den Vertretern der Bundesregierungen und im Reichstage bei Erlaß des Gesetzes abgegebenen Erklärungen zuwider den Genossenschaften den Geschäftsverkehr mit Nichtmitgliedern untersagen, Kenntniß genommen, und ob und was er zur Verhütung der daraus entstehenden Vermögensschädigungen und Rechtsverwirrungen für geeignet gefunden habe oder finden möchte? — Auf die Begründung dieser Interpellation erklärte der Präsident des Bundeskanzleramts Staatsminister Delbrück, daß das Bundeskanzleramt mit der vom Interpellanten vorgetragenen Auffassung des Gesetzes einverstanden sei, und sprach zugleich die Hoffnung aus, daß die Verhandlung im Reichstage dahin wirken werde, der richtigeren Auffassung des Gesetzes Eingang zu verschaffen und ein weiteres legislatives Einschreiten entbehrlich zu machen. (Stenograph. Berichte S. 1053 ff. Sitzung vom 20. Mai 1870). Diese Hoffnung ging nicht in Erfüllung. Als der Konsum- und Sparverein zu Elberfeld, der an Jedermann verkauft, sich in das Genossenschaftsregister eintragen lassen wollte, ward er am 17. August 1870 vom Handelsgericht zu Elberfeld abgewiesen. Auf Berufung hat das Appellationsgericht zu Cöln am 25. Januar 1870 durch Beschluß den abschläglichen Bescheid bestätigt und darin weitläufig ausgeführt, daß nach der Wortfassung des § 1 es unerlaubt sei, daß Konsumvereine auch an Nichtmitglieder Waaren verkaufen. Zwar werde durch das Wort „namentlich" klargestellt, daß die angeführten vier nicht unbedingt die alleinigen Genossenschaftsarten sein sollten, die unter das Gesetz subsummiren. Allein es müsse eine Beziehung stattfinden zwischen dem Geschäftsbetriebe der Mitglieder und dem Geschäftsbetriebe der Genossenschaft; diese Beziehung aber werde im vorliegenden Fall vermißt. Der Elberfelder Verein wendete sich gleichzeitig an den Reichstag und das Reichskanzleramt. Der Reichstag nahm am 29. April 1871 auf mündlichen Bericht der Petitionskommission (Berichterstatter Albrecht) den Antrag an: die Petition dem Reichskanzler mit dem Ersuchen zu überweisen, dem Reichstage schleunigst und jedenfalls noch im Laufe der Session eine Gesetzesvorlage zu machen. Minister Delbrück erklärte in der Diskussion, daß im Bundeskanzleramt bereits aus Veranlassung derselben Petition ein Gesetzentwurf ausgearbeitet sei. (Stenographische Berichte der 26. Sitzung vom 29. April 1871 S. 461—463.) Der Gesetzentwurf wurde am 8. Mai eingebracht und vom Reichstage in der 33. und 34. Sitzung (12. und 13. Mai 1871) in erster, zweiter und dritter Berathung ohne alle Debatte angenommen. (Vgl. Stenogr. Berichte S. 653 und 673; Anlagen Nr. 101 S. 296.) Demnach ist das am 19. Mai 1871 vollzogene Gesetz in Nr. 21 des Reichsgesetzblattes, ausgegeben zu Berlin den 25. Mai 1871 unter Nr. 639 publizirt (Seite 101). Es lautet:

Gesetz, betreffend die Deklaration des §. 1. des Gesetzes vom 4. Juli 1868. (Bundesgesetzbl. des Norddeutschen Bundes S. 415). Vom 19. Mai 1871.

Wir Wilhelm, von Gottes Gnaden Deutscher Kaiser, König von Preußen ꝛc. verordnen im Namen des Deutschen Reichs, nach erfolgter Zustimmung des Bundesrathes und des Reichstages, was folgt:

Einziger Paragraph.

Die im §. 1. des Gesetzes vom 4. Juli 1868. (Bundesgesetzbl. S. 415.) bezeichneten Gesellschaften verlieren den Charakter von Genossenschaften im Sinne des gedachten Gesetzes dadurch nicht, daß ihnen die Ausdehnung ihres Geschäftsbetriebes auf Personen, welche nicht zu ihren Mitgliedern gehören, im Statute gestattet wird.

Urkundlich unter Unserer Höchsteigenhändiger Unterschrift und beigedrucktem Kaiserlichen Insiegel.

Gegeben Berlin, den 19. Mai 1871.

(L. S.) **Wilhelm.**

Fürst v. Bismarck.

§. 2.

Zur Gründung der Genossenschaft bedarf es:

1) der schriftlichen Abfassung des Gesellschaftsvertrages (Statuts);

2) der Annahme einer gemeinschaftlichen Firma.

Die Firma der Genossenschaft muß vom Gegenstande der Unternehmung entlehnt sein und die zusätzliche Bezeichnung „eingetragene Genossenschaft" enthalten.

Der Name von Mitgliedern (Genossenschaftern) oder anderen Personen darf in die Firma nicht aufgenommen werden. Jede neue Firma muß sich von allen an demselben Orte oder in derselben Gemeinde bereits bestehenden Firmen eingetragener Genossenschaften deutlich unterscheiden.

Zum Beitritt der einzelnen Genossenschafter genügt die schriftliche Erklärung.

(Preuß. Ges. § 2.)

I. **Zur Geschichte des § 2.**

Der § 2 stimmt wörtlich mit § 2 des Preuß. Gesetzes überein.

a) Außer den zur Gründung der Genossenschaft verlangten beiden Erfordernissen — des schriftlichen Vertrages und der Firma, war in der Kommission des Abgeordnetenhauses von 1863 von mehreren Seiten vorgeschlagen, als drittes Erforderniß eine Mindestzahl der Mitglieder festzustellen. Auch die Regierung hat sich mit der Frage beschäftigt: „Da die Nothwendigkeit der gesetzlichen Regelung der Genossenschaftsrechte zum Theil darin ihren Grund hat, daß der Geschäftsverkehr der Genossenschaften durch die große Anzahl ihrer Mitglieder sehr erschwert zu werden pflegt, so ist die Frage entstanden, ob die Geltung dieses Gesetzes nicht überhaupt auf solche Vereinigungen zu beschränken sei, bei denen eine größere Anzahl von Theilnehmern wirklich vorhanden ist. Dies würde die Feststellung einer zur Bildung anerkannter" (statt „eingetragener", vgl. die Erläuterungen § 4) „Genossenschaften erforderlichen Minimalzahl von Mitgliedern nothwendig gemacht haben. Für die Abmessung solcher Zahl läßt sich aber kein allgemein zutreffender Maßstab treffen." — Bei den Anträgen in der Kommission von 1863 wurden für und gegen die Feststellung einer Minimalzahl wesentlich andere Gründe vorgebracht. Man meinte durch solche Feststellung einer Minimalzahl (die Anträge schwankten zwischen 10 und 24) zu verhindern, daß sich einige wenige Personen als Genossenschaft statt als offene Handelsgesellschaft oder als Kommanditgesellschaft eintragen ließen, um das Vertrauen, welches die Genossenschaften zu genießen pflegten, zu einer Täuschung Unerfahrener auszubeuten. Da solche Vorkommnisse dem Kredit der wirklichen Genossenschaften erheblich schaden würden, läge es gerade im Interesse der Genossenschaften, sie durch Feststellung einer Minimalzahl von Mitgliedern zu erschweren. Im Hinblick auf die Produktivgenossenschaften, welche der gesetzlichen Regelung am meisten bedürften, aber oft mit sehr geringer Mitgliederzahl beginnen, verwarf die Kommission die betreffenden Anträge, indem sie in der jährlichen Veröffentlichung der Mitgliederzahl (vergl. § 25 des Ges.) ein ausreichendes Schutzmittel fand.

In England müssen mindestens sieben Personen die Genossenschaft bilden, welche auf die Vortheile des Genossenschafts-Gesetzes vom 7. August 1862 Anspruch machen will.

b) Statt der schriftlichen Abfassung des Gesellschaftsvertrages verlangte der Preußische Regierungsentwurf notarielle oder gerichtliche Abfassung, „um den in seinen Folgen wichtigen Genossenschaftsvertrag authentisch festzustellen", und berief sich auf den Vorgang des Art. 208 des Hand.-Ges.-Buchs, welcher dieselbe Form für Aktiengesellschaften vorschreibt. Bei den Verhandlungen in der Kommission und im Plenum des Abgeordnetenhauses wurde neben dem Hinweis auf die größere Sicherheit, für die strengere Form auch noch geltend gemacht, daß dem instrumentirenden Beamten Gelegenheit gegeben werde, „die nicht immer rechts- und geschäftskundigen Interessenten auf einzelne vielleicht unangemessene oder unklare Vorschriften des Vertragsentwurfs aufmerksam zu machen, und ihnen deren Beseitigung zu empfehlen". Einverstanden erklärte sich die Regierung mit einem eventuellen Amendement, wonach für die bereits bestehenden Genossenschaften die schriftliche Abfassung des Gesellschaftsvertrages genügen solle, weil es thatsächlich für Genossenschaften von Tausenden von Mitgliedern unmöglich sein würde, die Form des bestehenden Statuts umzuändern, indem nach Auslegung einzelner Gerichte in dem korrespondirenden Falle des Art. 174 des Hand.-Ges.-Buchs alle Gesellschafter den Vertrag notariell oder gerichtlich abgeschlossen haben müßten und es nicht genüge, daß einzelne Mitglieder sich notariell oder gerichtlich zu dem Inhalte des Vertrages bekennen.

Die Mehrheit des Preußischen Abgeordnetenhauses hielt die schriftliche Abfassung des Gesellschaftsvertrages für vollkommen ausreichend. „Das Prinzip der Solidarhaft stelle die Genossenschaft näher der offenen Handels- und der gewöhnlichen Kommanditgesellschaft; für beide gelte der mündliche Begründungsvertrag. Zur bessern Sicherheit wolle man dennoch für die Genossenschaft die schriftliche Form einräumen, weil dieselbe leicht zu bewirken sei und zur Feststellung der nothwendigen Vorbedingungen für die Eintragung dienlich sei. Weiter zu gehen verbiete das Interesse der Genossenschaften. Eine nicht zu unterschätzende Bürgschaft liege darin, daß die Vorsteher den Vertrag zur Eintragung beim Handelsgericht einreichen müssen; die Fälschung würde mit der schwersten Strafe dieses Verbrechens, bis zu zehn Jahren Zuchthaus belegt werden (§. 252 des Strafgesetzbuchs)." (Vergl. Bericht Nr. 55 der Drucksachen des Abgeordnetenhauses S. 15. Stenograph. Berichte der Sitzung vom 18. Dez. 1866, S. 1259—1261).

c) Zweiter Absatz. Die Eigenthümlichkeit, daß die Firma der Genossenschaft die zusätzliche Bezeichnung „Eingetragene Genossenschaft" enthalten muß, ist auf die Kommission des Preußischen Abgeordnetenhauses von 1863 zurückzuführen, welche auf Antrag des Herausgebers den Zusatz „Einregistrirte Genossenschaft" beschloß. Die Anregung dazu bot die Englische Vorschrift, daß in dem Namen jeder Gesellschaft mit beschränkter Haftung das letzte Wort

„limited" lauten muß, und ein analoger Vorschlag in einem Entwurfe des Dr. Enyrim (Nr. 2 der Innung der Zukunft von 1862). Der Ministerial-Entwurf von 1866 schlug den Zusatz „Anerkannte Genossenschaft" vor, welchen die Kommission des Abgeordnetenhauses durch „Eingetragene Genossenschaft" ersetzte. — Bei den Kommissions-Berathungen des Allgemeinen Deutsch. Handelsgesetzbuchs wurde von einer Seite empfohlen, „die Aufnahme der Bezeichnung als Aktiengesellschaft in die Firma der Aktiengesellschaft selbst vorzuschreiben." Man hielt aber zur Vermeidung von Täuschungen für das Geeignetste, durch den Namen das Wesen der Aktiengesellschaft (welches darin bestehe, daß keine Person mit ihren Vermögen, sondern nur das Aktienkapital hafte) deutlich zu bezeichnen. Durch die Aufnahme der zusätzlichen Bezeichnung: „Eingetragene Genossenschaft" in die Firma der Genossenschaft soll umgekehrt die unter dem Gesetz stehende Genossenschaft als eine aus vielen solidarisch haftenden Personen zusammengesetzte rechtsfähige Gesellschaft dem Publikum gewissermaßen empfohlen, und demselben Vorsicht im Verkehr mit allen Genossenschaften, welche in ihrer Firma jenen Zusatz nicht führen, angerathen werden.

d) der zweite Satz des dritten Absatzes stimmt genau mit Art. 20 des Hand.-Ges.-Buchs.

e) Zum letzten Satze wurde in der Kommission des Reichstags folgende Hinzufügung vorgeschlagen: „oder Unterschreibung des Gesellschaftsvertrages (Statuts). Zur Feststellung der Unterschrift genügt die Beglaubigung oder das Zeugniß des Vorstandes." Schulze-Delitzsch erklärte sich dagegen. Der Bericht der Kommission vom 23. Mai 1868 (Nr. 80 der Drucksachen des Norddeutschen Reichstags Seite 4) sagt darüber: „Erwidert wurde, die Unterschreibung des Gesellschaftsvertrages sei auch eine schriftliche Beitrittserklärung, brauche also hier nicht besonders hervorgehoben zu werden; der Zusatz aber, betreffend die Beglaubigung der Unterschriften durch den Vorstand, würde in dem Falle, daß Jemand seinen Eintritt in eine Genossenschaft und die Ertheilung seiner Unterschrift bestreite, zu den bedenklichsten Folgen führen. Der Zusatz wurde mit allen gegen drei Stimmen abgelehnt." Im Plenum ist er nicht wieder aufgenommen.

II. Erläuterungen zu § 2.

1) „schriftlichen Abfassung des Gesellschaftsvertrages (Statut)".

Die Stellung der Genossenschaften zu den Handelsgesellschaften in Ansehung der Form, in welcher der Gesellschaftsvertrag zu schließen ist, ergiebt sich für die Zeit der Entstehung des Gesetzes und für die Gegenwart aus folgender Zusammenstellung:

1) offene Handelsgesellschaft — formlos (Art. 85 des Hand.-Ges.-Buchs).
2) Kommanditgesellschaft — formlos (Art. 150 des Hand.-Ges.-Buchs).
3) Genossenschaft — schriftliche Form.
4) Kommanditgesellschaft auf Aktien nach dem Handelsgesetzbuche a) gerichtliche oder notarielle Urkunde; Aktienzeichnung schriftlich; b) staatliche Genehmigung (Artikel 174), vorbehaltlich der Dispensation durch

die Landesgesetze (Art. 206). In Preußen war die Dispensation erfolgt (Art. 10 des Einf.-Ges. vom 24. Juni 1861). — Mit der Novelle vom 11. Juni 1870 ist die staatliche Genehmigung fortgefallen.

5) Aktiengesellschaft nach dem Handelsgesetzbuch a) gerichtliche oder notarielle Urkunde; Aktienzeichnung schriftlich; b) staatliche Genehmigung (Art. 208), vorbehaltlich der Dispensation durch die Landesgesetze (Art. 249). In Preußen war die staatliche d. h. landesherrliche Genehmigung beibehalten (Art. 12. des Einf.-Ges.) — Mit der Novelle vom 11. Juni 1870 ist die staatliche Genehmigung fortgefallen.

Zur Vergleichung möge noch dienen:

6) die Gewerkschaft im Preußischen Bergrecht. Sie bedarf keines Statuts; es steht ihr aber frei, ihre besondere Verfassung durch ein notarielles oder gerichtliches Statut zu regeln, welches der Zustimmung von $^3/_4$ aller Antheile und der Bestätigung des Ober-Bergamts bedarf (§ 94 des Allg. Berggesetzes vom 24. Juni 1865).

Die schriftliche Abfassung eines Vertrages wird erst durch die Unterschrift vollendet. Der Gesellschaftsvertrag muß also unterzeichnet werden. Dies wird in der Regel in der konstituirenden Generalversammlung geschehen; denn man kann an den weiteren Schritten bis zur Eintragung der Genossenschaft in das Genossenschaftsregister, insbesondere an der Wahl der Vorstände doch nicht diejenigen theilnehmen lassen, welche sich weigern, das Statut zu unterschreiben. Auch könnte die Bestimmung des letzten Absatzes dieses § 2 dahin aufgefaßt werden, daß sie sich blos auf neu beitretende Mitglieder der bereits eingetragenen Genossenschaft bezieht. In diesem Falle wäre es unbedingt nothwendig, daß alle Mitglieder, die bis zur Einreichung des Vertrages beim Gerichte hinzutreten, den Vertrag unterschreiben. Dies empfiehlt Schulze-Delitzsch in allen seinen Schriften, namentlich in den Kapiteln über die zu so vielen Streitfragen Anlaß gebende Umleitung eines bestehenden Vereins in eine eingetragene Genossenschaft. (Schulze-Delitzsch: Neue vollständige Anweisung, Seite 6. 7; Genossenschaften in einzelnen Gewerbszweigen, Seite 11; ferner: Die Unterschrift des Statuts in die Mitgliederliste bei Umleitung schon bestehender Genossenschaften nach dem Preuß. Genossenschaftsgesetze, S. 372 in: Die Entwickelung des Genossenschaftswesens 2c. aus Genoss.-Blättern 1868 Seite 9). —

2) „einer gemeinschaftlichen Firma".

In Betreff der Firma — „des Namens, unter dem ein Kaufmann im Handel seine Geschäfte betreibt und die Unterschrift abgiebt" (Art. 16 des H. G. Buchs) — ist die Genossenschaft im Wesentlichen der Aktiengesellschaft gleichgestellt — vergl. Art. 18 des H. G. Buchs. Der Genossenschaft ist ausnahmslos, der Aktiengesellschaft in der Regel eine reine Sachfirma vorgeschrieben und die Aufnahme von Personennamen verboten. Bei allen andern Handelsgesellschaften hingegen sind namenlose Firmen ausgeschlossen.

3) Absatz II.: „vom Gegenstande der Unternehmung entlehnt."

Darnach sind die Hauptbezeichnungen bei Vorschußvereinen: Vorschuß-, Kredit-, Kreditkassen-, Darlehns-, Darlehnskassen-, Spar- und Vorschuß-, Diskontoverein, Darlehns-, Vorschuß-, Kredit-, Gewerbe-, Handwerker-, Volks-,

Genossenschafts**bank**, Kreditgesellschaft, Darlehns-, Vorschußkasse; dazwischen allerlei Zusammensetzungen, wie Gewerbevorschußkassenverein. Bei **Konsumvereinen** sind neben Konsum- und Spar- und Konsumverein noch Waareneinkaufs-, Haushaltungs- und Lebensbedürfnißverein, sowie Einkaufsgesellschaft gebräuchlich. Die **Rohstoff-Assoziationen**, die **Magazingenossenschaften** und die gewerblichen **Produktivgenossenschaften** pflegen noch das Gewerbe zu bezeichnen, — zuweilen geschieht dies in einer wenig verständlichen Weise. So wird „der Lederkonsumverein selbstständiger Schuhmacher, Eing. Genoss." zu Dresden doch wohl eine Schuhmacher-Rohstoffgenossenschaft sein. — Ueber die bunte Benennung der **landwirthschaftlichen** Genossenschaften vergl. man Seite 62 u. folg. Bei den **Baugenossenschaften** sind die Bezeichnungen Bauverein, Baugenossenschaft, Hausgenossenschaft, Baugesellschaft, Wohnungsverein die üblichsten.

Zusätze zur Bezeichnung des Sitzes der Genossenschaft oder des ihr bestimmten örtlich begrenzten Wirkungskreises sind Regel, — daher Gemeinde, Stadttheil, Stadt, Kreis, Landschaft dem Namen nach beigefügt.

Zuweilen wird eine andere Gesellschaft oder eine begrenzte Klasse Gewerbtreibender genannt, für welche die Genossenschaft vorzugsweise oder ausschließlich bestimmt oder aus welchen die Genossenschaft hervorgegangen ist. Beispiele bieten: „Spar- und Vorschußkasse des christlich-sozialen Vereins zu Hedersleben, Eing. Genoss."; „Vorschußkasse des Kommunalvereins zu Ottensen, Eing. Gen."; „Spar- und Vorschußkasse des Handwerkervereins, Eing. Gen. zu Schroda" (Polnischer Verein); „Konsumverein der Leipziger Gastwirthe. Eing. Gen."; „Produktivgenossenschaft des Ortsvereins selbstständiger Schuhmacher zu Breslau, Eing. Gen."; „Konsumverein der Eisenbahn-Beamten und -Arbeiter, Eing. Gen. zu Leipzig"; „Konsumverein der Beamten der Magdeburg-Halberstädter Eisenbahngesellschaft, Eing. Gen. zu Berlin"; „Eisenbahn-Konsumverein, Eing. Gen. zu Zwickau*)"; „Darlehnsverein der Versicherten der Deutschen Lebens-, Pensions-, und Renten-Versicherungsgesellschaft auf Gegenseitigkeit zu Potsdam, Eing. Gen." (jetzt aufgelöst); ja es giebt sogar eine zu Berlin ins Genossenschaftsregister eingetragene Hausbaugenossenschaft der Odd Fellow, des über Deutschland sich ausbreitenden Amerikanischen Freimaurerordens.

Allegorische Zusätze sind beliebt bei den Konsumvereinen, deren Mitglieder vorzugsweise Arbeiter sind: Selbsthülfe, Anker, Hoffnung, Glückauf, Fortuna, Fortschritt, Germania, Ameise, Biene, Vorsicht u. s. w.; ebenso bei den industriellen Produktivgenossenschaften: Concordia, Eintracht, Union, Freundschaft, Einigkeit, Vereint Vorwärts, Selbsthülfe, Fortuna, Hoffnung, Vorwärts, Harmonia, Arion bei (Pianofortemachern), Germania, Silesia u. s. w.

---

*) Sprachlich eigenthümlich sind die Zusammensetzungen des Wortes Konsumverein; bestehende Firmen, welche einzeln genannt oder gelesen nicht auffallen, geben nebeneinander gestellt ein absonderliches Bild von der Fortbildung der Sprache durch das Firmenwesen: Eisenbahnkonsumverein, Arbeiterkonsumverein, Bierkonsumv., Beamtenkonsumv., Lederkonsumv., Düngerkonsumv.

4) „**Die zusätzliche Bezeichnung.**"

In dem Wortlaut ist deutlich und klar ausgedrückt, daß die Bezeichnung „eingetragene Genossenschaft" nicht durch Einschiebung anderer Worte verändert werden darf. Der Handelsrichter des Stadtgerichts zu Berlin verstieß also gegen das Gesetz, als er einen (inzwischen wieder aufgelösten) Vorschußverein unter der Firma „Friedrichstädtische Volksbank. Eingetragene Diskonto- und Spargenossenschaft" in das Genossenschaftsregister eintrug.

Der Ausdruck „zusätzliche Bezeichnung" ist mit Rücksicht auf das Englische Gesetz gewählt (s. oben zur Geschichte § 2 zu c. S. 175), wonach das letzte Wort der Firma limited lauten muß. Diese Bestimmung sollte hier nicht verändert werden, das Wort „zusätzlich" trifft auch genau mit der Absicht des Antragstellers überein. Danach ist eine Firma nicht gestattet, welche hinter den Worten „eingetragene Genossenschaft" noch ein oder mehrere andere Worte enthält. So die Firma „Volksbank, eingetragene Genossenschaft, mit dem Sitze in Süchteln", welche das Handelsgericht in Gladbach 1874 eingetragen hat. Auch die Firma: „Vorschußverein Mixstadt. Eingetragene Genossenschaft (Towarzystwo pożyczkowe Mixstadt zapisana spólka ludowa)," — eingetragen am 12. Sept. 1874 vom Kreisgericht Kempen, ist unzulässig, da nicht die Polnische Uebersetzung, sondern die deutschen Worte „Eingetragene Genossenschaft" die letzten Worte der Firma ausmachen müssen. Das nicht gerechtfertigte Verlangen Polnischer Vorschußvereine, sie mit einer Firma zuzulassen, welche die deutschen Worte: „Eingetr. Genossenschaft" gar nicht enthält, und statt dessen mit einer Polnischen Uebersetzung dieser Worte schließt, scheint von den Preußischen Gerichten überall zurückgewiesen zu sein. Daher finden sich Firmen wie „Spólka pożyczkawa w Lubawie, Vorschußverein zu Löbau, eingetragene Genossenschaft" oder noch einfacher „Bank ludowy w Pierzchowicach, eingetragene Genossenschaft". Daß die Firma, abgesehen von der zusätzlichen Bezeichnung, nicht Deutsch zu sein braucht, sondern einer anderen lebenden Sprache angehören kann, nicht aber einer todten Sprache, wie der Hebräischen, dürfte keinem Zweifel unterliegen. (Vergl. Art. 32 des Hand.-Ges.-Buchs.)

5) **Absatz III.** „Der Name von Mitgliedern oder andern Personen darf in die Firma nicht aufgenommen werden." Gegen diese Bestimmung, entlehnt von der gleichen für Aktiengesellschaften erlassenen Bestimmung des Art. 18 des H.-G.-Buchs wird, soweit es die Namen von Mitgliedern anlangt, selten gefehlt. Das Fürstl. Schleizische Justizamt, welches die „Kommandit-Dampfdresch-Maschinen-Gesellschaft Christian Heinrich Lautenschläger in Langenwolschendorf und Genossen, Eingetr. Genossenschaft", in das Genossenschaftsregister eintrug, und bekannt machte, der Fond der Gesellschaft bestehe in 35 auf den Namen lautenden Aktien zu je 300 Mk. und 1500 Mk. baares Darlehn von den Mitgliedern dieser Gesellschaft, sämmtliche Mitglieder hafteten persönlich und solidarisch für die Passiven der Gesellschaft, — (Blätter für Genoss. 1875 Nr. 10 S. 48) — dieses Justizamt dürfte keine Nachfolge finden.

Schwieriger ist die Bestimmung anzuwenden in Ansehung der Namen von „andern Personen". Der Zweck der Bestimmung ist, irrige Auffassungen über die Mitgliedschaft oder die Haft „anderer Personen" zu verhindern. Es kann sich also nur um solche Personen handeln, deren Mitgliedschaft möglich ist, andernfalls hat „das Wort, welches an sich ein Personennamen ist, in Bezug auf die Firma diese Bedeutung verloren". (v. Hahn, Kommentar zum H.-G.-B. I. S. 91, Anschütz u. Völdernborff Kommentar Bd. I. S. 158.) Aus diesem Grunde hat das Kreisgericht zu Schrimm mit Recht die „Spar- und Vorschußkasse des Gewerbevereins unter dem Schutze des heiligen Josef in Xions" ins Genossenschaftsregister eingetragen, da an die leibhaftige Mitgliedschaft des längstverstorbenen heiligen Josef nicht zu denken war. In gleicher Weise existirt ein „St. Josef-Spar- und Kreditverein in Markt Zeuln, eingetr. Genoss." (Oberfranken), und eine „Spar- und Dahrlehnskasse der Ackerbaugesellschaft unter dem Schutze des heiligen Stanislaus, eingetr. Genossenschaft" zu Kurnik, — gleich dem Verein zu Xions ein Polnischer Vorschußverein. Wenn man der Töne Meister Arion, den heidnischen Schutzpatron der Musiker, für eine geschichtliche Person hält, gehört hierher auch die „Flügel- und Pianofortefabrik Arion, eingetragene Genossenschaft" zu Berlin.

Dahingegen hat mit vollem Recht der Handelsrichter des Berliner Stadtgerichts einem „Konsumverein Schulze-Delitzsch" die Eintragung versagt. Die Eintragung fand Statt, als die Firma in „Konsumverein nach Schulze-Delitzsch" geändert wurde. Hier ist zwar der Name einer lebenden Person in der Firma, ebenso wie in der Firma der eingetragenen Genossenschaft des Konsumvereins der Grube Kronprinz Friedrich Wilhelm Geislautern zu Ernsdorf bei Saarlouis; allein aus der Art der Verbindung der Namen mit den übrigen, die Bezeichnung des Gegenstandes enthaltenden Worten der Firma, ergiebt sich deutlich, daß von einer Mitgliedschaft Schulze-Delitzsch' oder des Kronprinzen Friedrich Wilhelm nicht die Rede sein kann. Beide Firmen waren also zulässig.

6) **Absatz IV.** „zum Beitritt der einzelnen Genossenschafter."

Bereits oben in der Erläuterung Nr. 1. zum ersten Absatz dieses § 2 haben wir auf die Möglichkeit einer Mißdeutung dieser Bestimmung Bezug genommen. Die Frage ist: Bezieht sich dieser Absatz nur auf den Beitritt „der einzelnen Genossenschafter" zu der bereits eingetragenen Genossenschaft, oder genügt die schriftliche Beitrittserklärung auch in Betreff der noch nicht eingetragenen Genossenschaft in der Zwischenzeit zwischen der schriftlichen Abfassung des Statuts (Absatz 1.) und der Eintragung (§. 4.)? Wir halten letzteres für zweifellos. Schon nach Fassung des Satzes, nach der Stellung desselben in dem Gesetze, wie in dem Gesetzentwurfe der Preußischen Regierung von 1866, welchem er seine Entstehung verdankt, und endlich nach den Motiven im letzterwähnten Entwurfe ist kaum eine Meinungsverschiedenheit darüber zulässig. Die Motive begründen, weshalb der Genossenschaftsvertrag notariell oder gerichtlich abgeschlossen werden solle, und fahren fort: „Zum Beitritt der einzelnen Mitglieder würde diese Form zu beschwerlich und kostspielig sein. Es ist deshalb zum Beitritt der einzelnen Genossen die schriftliche Form in ähnlicher Art, wie die schriftliche Zeichnung der Aktien für genügend angenommen worden." (Ges.-Entw. vom 2. Februar 1866, Drucksachen des Herrenhauses Nr. 10 Seite 26).

Die Zweifellosigkeit der Rechtsfrage spricht in keiner Weise gegen die großen Vorzüge des von Schulze-Delitzsch empfohlenen Verfahrens. (siehe oben Erläut. zu 1.)

7) „Genügt". — —

Was darnach nicht nöthig ist, darüber siehe oben zur Gesch. des § 2 zu e) S. 175. Der Hinweis ist nicht überflüssig, denn ein Amtsrichter zu Celle verweigerte die Eintragung eines Vorschußvereins, bevor nicht eine öffentliche Beglaubigung der Unterschriften der Mitglieder vorliege; später beschränkte er die Forderung auf die Beglaubigung von 5, schließlich von 3 Unterschriften (Gen.-Blätter 1868 Seite 176). Das Amtsgericht zu Konstanz ferner verlangte, daß die einer Genossenschaft beitretenden Genossenschafter ihre Beitrittserklärung entweder auf dem Amtsgericht zu Protokoll geben oder in beglaubigter Form einreichen müßten. Es ist aber vom Appellationssenat des Kreis- und Hofgerichts zu Konstanz schnell rektifizirt. (Beschluß vom 30. April 1872, siehe Gen. Bl. 1872 Seite 108).

8) „Die schriftliche Erklärung".

Es bedarf keiner Ausführung, daß der beitretende Genossenschafter nicht die ganze Erklärung selbst „schreiben" muß, sondern daß seine Unterschrift unter der Beitrittserklärung genügt. Die Genossenschaften halten sich daher geschriebene oder gedruckte Formulare, lassen diese unterschreiben und vereinigen sie in einem besonderen Buche.

Schulze-Delitzsch empfiehlt*) folgendes Formular einer Beitrittserklärung zu einer bereits eingetragenen Genossenschaft:

> „Nachdem ich der unter der Firma . . . . . hier bestehenden Genossenschaft als Mitglied beigetreten bin, unterwerfe ich mich in allen Stücken dem von der am . . . . . . stattgehabten Generalversammlung angenommenen und mir seinem ganzen Inhalte nach wolbekannten (revidirten) Statut (Gesellschaftsvertrag).
>
> X . . . . den . . . . N. N.

Ausreichend ist für eine bereits eingetragene Genossenschaft schon folgendes Formular:

> Ich erkläre hierdurch meinen Beitritt zu dem unter der Firma: „Volksbank zu X., Eingetragene Genossenschaft" hierselbst bestehenden Vorschußvereine.
>
> X . . . den . . . N. N.

Bei Genossenschaften kommen zuweilen Analphabeten, also Personen, die Schreibens und Lesens unkundig, oder nur ihren Namen schreiben, aber sonst Geschriebenes nicht lesen können, als Mitglieder vor. Diese müssen ihre Beitrittserklärung in beglaubigter Form abgeben, also im Gebiete des Preußischen Landrechts vor dem Richter oder vor Notar und Zeugen (vergl. Allg. Landrecht, Tit. 5, §§ 172 u. flg.). In Preußischen Kreisen, wo die Genossenschaften auch Mitglieder enthalten, welche der Deutschen Sprache unkundig sind, wie im Großherzogthum Posen und in Oberschlesien, wird zwar die Abfassung des Gesellschaftsvertrages blos in Deutscher Sprache zu erfolgen brauchen,

*) Die Genossenschaften in einzelnen Gewerbszw. Seite 37.

die Beitrittserklärung der Nichtdeutschen muß aber in deren Sprache niedergeschrieben sein. Die Vorschußvereine der östlichen Provinzen haben öfters auch jüdische Mitglieder, welche weder Deutsch noch Polnisch zu lesen und ihren Namen nur in jüdischen (Hebräischen) Schriftzügen zu schreiben verstehen. Ein von einem solchen Mitgliede in Hebräischen Lettern unterschriebener Wechsel hat zwar nach der, nicht ganz unbestritten gebliebenen Auslegung, welche das Obertribunal dem Art. 94 der allgem. Deutsch. Wechsel-Ordnung giebt, eine gültige Namensunterschrift. (Vergl. Borchardt's Wechsel-Ordnung, vierte Aufl., Zus. 645. S. 433.) Auf die Unterzeichnung der Deutsch oder in einer andern lebenden Sprache geschriebenen oder gedruckten Beitrittserklärung paßt aber dieser Rechtsgrundsatz nicht. Hier sind die Juden, welche in Ansehung der lebenden Sprache Analphabeten sind, mit ihrer Hebräischen Unterschrift genau wie andere Analphabeten zu behandeln. (Vergl. Präj. des Obertribunals vom 11. Februar 1837, Entsch. Bd. 2 S. 164.). Ob durch eine von ihnen in Hebräischen Lettern geschriebene und unterschriebene, in Deutscher Sprache abgefaßte Beitrittserklärung die Mitgliedschaft erworben werden kann, ist mindestens zweifelhaft, so daß wir von der Zulassung einer derartigen Beitrittserklärung entschieden abrathen müssen.

§. 3.

Der Gesellschaftsvertrag muß enthalten:

1) die Firma und den Sitz der Genossenschaft;
2) den Gegenstand des Unternehmens;
3) die Zeitdauer der Genossenschaft, im Falle dieselbe auf eine bestimmte Zeit beschränkt sein soll;
4) die Bedingungen des Ein- und Austritts der Genossenschafter;
5) den Betrag der Geschäftsantheile der einzelnen Genossenschafter und die Art der Bildung dieser Antheile;
6) die Grundsätze, nach welchen die Bilanz aufzunehmen und der Gewinn zu berechnen ist, und die Art und Weise, wie die Prüfung der Bilanz erfolgt;
7) die Art der Wahl und Zusammensetzung des Vorstandes und die Formen für die Legitimation der Mitglieder des Vorstandes und der Stellvertreter derselben;
8) die Form, in welcher die Zusammenberufung der Genossenschafter geschieht;
9) die Bedingungen des Stimmrechts der Genossenschafter und die Form, in welcher dasselbe ausgeübt wird;
10) die Gegenstände, über welche nicht schon durch einfache Stimmenmehrheit der auf Zusammenberufung erschienenen Genossenschafter, sondern nur durch eine größere Stimmen-

mehrheit oder nach anderen Erfordernissen Beschluß gefaßt werden kann;

11) die Form, in welcher die von der Genossenschaft ausgehenden Bekanntmachungen erfolgen, sowie die öffentlichen Blätter, in welche dieselben aufzunehmen sind;

12) die Bestimmung, daß alle Genossenschafter für die Verbindlichkeiten der Genossenschaft solidarisch und mit ihrem ganzen Vermögen haften.

I. **Zur Geschichte des § 3.**

Der § 3 weicht von dem § 3 des Preußischen Gesetzes nur in der Ziffer 7) ab, indem zum Schluß die Worte „und der Stellvertreter derselben" hinzugefügt sind (vgl. unten zu c S. 184). In Ziffer 5) befand sich der Druckfehler „Beitrag" statt „Betrag". Derselbe ist mit einem Druckfehler zu § 63 berichtigt in Nr. 19 des Bundesgesetzblattes, ausgegeben 14. Juni 1869, und zwar, wie die Akten des Reichstages ergeben, auf einen von Schulze-Delitzsch und dem Vorstand des Darlehnskassenvereins zu Gera an den Bundeskanzler gerichteten Antrag. —

Der § 3 ist den Art. 175 und 209 des H.-G.-Buchs nachgebildet, namentlich dem letzteren, welcher die Erfordernisse des Gesellschaftsvertrages der Aktiengesellschaft enthält. Von den einzelnen Erfordernissen hat die Genossenschaft die zu 1) 2) 3) 8) 11) mit der Aktien-Kommanditgesellschaft und der Aktiengesellschaft, die zu 6) 9) 10) und im Wesentlichen auch das zu 7) mit der Aktiengesellschaft gemeinsam. (Vgl. Art. 175 und 209 des H.G.-Buchs). Im Einzelnen ist über Entstehung des § 3 Folgendes zu bemerken:

a) Zu Ziffer 2 (Gegenstand des Unternehmens).

Der Preußische Regierungsentwurf vom 2. Febr. 1866 hatte im Gegensatz zu dem Entwurf der Kommission des Abgeordnetenhauses von 1863 und zu den Artikeln 175 und 209 des H.G.-Buchs hier als zweites Erforderniß „den Zweck der Genossenschaft" hingestellt, anscheinend „um spätere Strafbestimmungen (§§ 27 und 35 des Entw.) vorzubereiten" (Bericht Nr. 55, S. 16). Die Kommission des Abgeordnetenhauses stellte den Ausdruck des Handelsgesetzbuchs wieder her, der sodann auch in dem Regierungsentwurf vom 11. Nov. 1866 belassen wurde. (Vergl. im Uebrigen die Erläuterungen zu dieser Ziffer).

b) Zu Ziffer 5 (Geschäftsantheile).

Der Gesellschaftsvertrag einer Kommanditgesellschaft auf Aktien muß statt dessen „die Zahl und den Betrag der Aktien oder Aktienantheile" (Art. 175 Nr. 5 des H.G.-Buchs) und der Gesellschaftsvertrag der Aktiengesellschaft „die Höhe des Grundkapitals und der einzelnen Aktien oder Aktienantheile" u. s. w. (Art. 209. des H.G.-Buchs) enthalten. Bei diesen beiden Arten der Handelsgesellschaften steht also durch den Gesellschaftsvertrag fest: 1) die Höhe des Grundkapitals (bei der Kommanditgesellschaft auf Aktien bestehend in den Einlagen der persönlich haftenden Gesellschafter plus dem Aktienkapital der Kommanditisten); 2) die Höhe, der Betrag der einzelnen Aktien oder Aktienantheile.

Daß in ersterem Punkte die Genossenschaft abweicht, ist klar. Sie unterscheidet sich von jenen Handelsgesellschaften durch die Ungeschlossenheit des Umfanges, indem sie „nicht bloß in der Personenzahl, sondern auch in der Höhe des Kapitals keine feste Grenze erfordert und ohne Gefahr für die Existenz ein Steigen und Fallen erträgt, zum Theil sogar begünstigt." (Bericht des Abg.-Hauses Nr. 55, S. 5.)

Die Abweichung in Betreff des zweiten Punktes liegt weniger klar vor. Aktien sind die Einheiten, in welche das Vermögen einer Gesellschaft vertheilt wird behufs Ueberlassung an die einzelnen Gesellschafter; Aktienantheile sind die Bruchtheile, in welche von vorn herein jene Einheiten wieder zerlegt sind. In dem Begriff der Aktie liegt also die Gleichheit in der Höhe derselben.*) Anders bei den Geschäftsantheilen der Genossenschaften. Da das Genossenschafts-Kapital steigt und fällt, je nach dem Eintritt oder Austritt der Genossenschafter, so könnte es gleichgültig scheinen, ob der Vertrag überhaupt der Kapitalbetheiligung des Einzelnen eine Grenze setzt oder nicht. Dem ist

---

*) Sicherer a. a. O. Seite 171 erklärt gegen die obige, wörtlich meinem Kommentar zum Preußischen Genossenschaftsgesetz Seite 13 entlehnte Ausführung: „Von der Aktie insbesondere unterscheidet sich der Geschäftsantheil weder dadurch, daß der Begriff der Aktie, wie Parisius behauptet, die gleiche Höhe voraussetzt; — denn das Grundkapital der Aktiengesellschaft kann auch in eine Anzahl von ungleichen Theilen zerlegt (Renaud, das Recht der Aktiengesellschaften S. 68 f.) und umgekehrt kann für die Geschäftsantheile der gleiche Betrag festgesetzt werden". Ob es richtig ist, daß das Aktienkapital in eine Anzahl „von ungleichen Theilen" zerlegt werden kann (warum nicht in lauter ungleiche Theile?), mag dahingestellt bleiben. Der Umstand, daß ein paar Gesellschaften existiren, die ihr Kapital in zwei Sorten Aktien (die eine zu 1000 Thlr. u. 500 Thlr., die andere zu 5000 fl. u. 1000 fl. — also in Aktien und halben oder $1/_5$-Aktien) zerlegt haben, spricht nicht gegen die Regel und gegen den Begriff, für dessen, meines Erachtens, richtige Bestimmung Renaud, der allerdings „eine Theilung des Stammkapitals in gleiche Theile" als „nicht zum Wesen der Aktiengesellschaft gehörend" bezeichnet, gewichtige Autoritäten, wie die Nürnberger Konferenz und Thöl anführt (Renaud 2. Aufl. Seite 90 u. 94). Daß ferner für die Geschäftsantheile „der gleiche Betrag" festgesetzt werden kann, ist auch richtig; es ist allerdings nicht unmöglich, daß eine Genossenschaft z. B. den Geschäftsantheil auf zehn Mark festsetzt, Mitglieder nur gegen Zahlung dieses Betrages aufnimmt, und Verminderung und Vermehrung des Betrages verbietet. Aber wer in aller Welt wird behaupten, daß der Mangel eines Verbots ein solches, der ganzen Entwickelung und Bestimmung der Genossenschaften widersprechendes Verfahren zu einem für den Begriff der Geschäftsantheile entscheidenden machen könnte? — — Wenn Sicherer nun in demselben Satze den Unterschied des Geschäftsantheils von der Aktie darin findet, „daß die Zahl der Aktien zum voraus bestimmt ist, sodann durch die Art der Bildung beider Einlagen", so mag in letzterer Beziehung eine Verschiedenheit sich feststellen lassen. Aber sie liegt nicht darin, worin sie Sicherer findet, indem er fortfährt: „Die Aktie kann nur durch Einzahlung aus dem Privatvermögen des Aktionärs, der Geschäftsantheil auch durch Einbehaltung von Dividenden gebildet werden". Er meint nämlich, wie er auf der folgenden Seite 173 darlegt, es sei zulässig, daß eine Genossenschaft gar keine Einzahlungen fordere, sondern die Entstehung der Geschäftsantheile von der künftigen Vertheilung von Dividenden abhängig mache. Daß diese Meinung unmittelbar gegen das Gesetz verstößt, wird unten in den Erläuterungen zu Ziffer 5 nachgewiesen werden.

aber nicht so. Wäre einzelnen Mitgliedern eine übermäßig hohe Betheiligung gestattet, so könnte die Genossenschaft durch den Austritt eines einzelnen Mitgliedes in Gefahr kommen und somit, da sie das Ausscheiden nicht verbieten kann, niemals fest und sicher über ihre Mittel zum Geschäftsbetriebe disponiren. Die Nichtgeschlossenheit der Mitgliederzahl bedingt also eine Maximalgrenze für die Betheiligung des Einzelnen. Dem entsprechend hatte der erste Entwurf Schulze's, beziehungsweise der Kommission des Preußischen Abgeordnetenhauses von 1863 den betreffenden Passus dahin gefaßt:

„den Normalbetrag der durch Voll- oder Theilzahlungen oder terminliche Einlagen, sowie durch die Zuschreibung von Dividenden zu bildenden Geschäftsantheile der einzelnen Mitglieder und den niedrigsten Satz der terminlichen Einlagen".

Richtiger wäre gewesen, statt Normalbetrag „Höchstbetrag" zu setzen.

Seitdem hatte die genossenschaftliche Bewegung namentlich in den Konsumvereinen aus sich heraus eine noch buntere Mannigfaltigkeit in der Behandlung der Geschäftsbetheiligung der Genossenschafter entwickelt. Als daher der Preußische Regierungsentwurf vom 2. Februar 1866 die auch in das Norddeutsche Gesetz übergegangene Fassung vorschlug, wurde dieselbe allseitig für eine Verbesserung erachtet. (Siehe Erläuterung zu Ziffer 5.)

c) Zu Ziffer 7 (Vorstand).

Die entsprechende Ziffer 7 des Art. 209 des H.G.-Buchs hat als Erforderniß für den Gesellschaftsvertrag der Aktiengesellschaften: „die Art der Bestellung und Zusammensetzung des Vorstandes und die Formen für die Legitimation der Mitglieder desselben und für die Beamten der Gesellschaft." Die Kommission des Preußischen Abgeordnetenhauses änderte den entsprechenden Vorschlag des Schulze'schen Entwurfs, worin die Legitimationsfrage unberührt gelassen war, auf Antrag des Herausgebers mit Uebereinstimmung Schulze's dahin ab, daß „Wahl" für „Bestellung" gesetzt, somit jede andere Art der Bestellung des Vorstandes ausgeschlossen wurde. — Bestimmungen über den Legitimationspunkt fehlten in den Regierungs- und Kommissionsentwürfen des Abgeordnetenhauses. Erst im Plenum des letzteren ist auf den auch von Schulze warm empfohlenen Antrag des Abgeordneten Rechtsanwalt Sommer beschlossen worden, die in das Preußische Gesetz aufgenommenen Worte „und die Formen für die Legitimation der Mitglieder des Vorstandes" hinzuzufügen (Stenogr. Bericht der Sitzung vom 18. Dezember 1866 S. 1263). Für den Antrag wurde geltend gemacht: Wenn das Gesetz weder die Formen der Legitimation bestimme, noch diese Bestimmung ausdrücklich dem Gesellschaftsvertrage überlasse, so würden die Handelsrichter wahrscheinlich notarielle Abfassung der Wahlprotokolle oder wenigstens Unterzeichnung derselben durch alle Genossenschafter, die bei der Wahl mitgewirkt haben, verlangen, während gegenwärtig die Protokolle die Anwesenden gar nicht namhaft aufführten und nur von dem Vorstande und dem Schriftführer unterzeichnet zu werden pflegten. Aus dieser Motivirung ergiebt sich, daß hier nur von den Formen der nach §. 8 erforderlichen Legitimation gegenüber dem Handelsrichter, der die Eintragung in das Genossenschaftsregister zu verfügen hat, die Rede sein kann. Die Eintragung in dieses Register legitimirt die Mitglieder des Vorstandes dritten Personen gegenüber vollständig.

Der Zusatz „und der Stellvertreter derselben" ist zum Preußischen Gesetze, wo diese Worte fehlten, auf Schulze's Antrag vom Reichstage gemacht „weil es für wünschenswerth erachtet wurde, die Erwählung und Legitimation der Stellvertreter des Vorstandes durch die Statuten sicher zu stellen". Diesem Zusatze entspricht eine Aenderung im § 23. (Bericht der Reichstagskommission. Drucksachen Nr. 80 S. 4.)

d) Zu Ziffer 11 (Bekanntmachungen).

Die Ziffer 11, mit Ziffer 8 des Art. 175 und Ziffer 11 des Art. 209 des H.-G.-Buchs übereinstimmend, war in den Preußischen Regierungsentwürfen fortgelassen, dahingegen war in einem § 55 zur Aufnahme sowohl der von den Organen der Genossenschaft, als auch der vom Handelsgerichte zu erlassenden Bekanntmachungen das Regierungs-Amtsblatt bestimmt, weil „dasselbe von allen Lokalbehörden gehalten werden muß und deshalb den betheiligten Genossenschaften überall zugänglich ist". (Motive S. 36.) „In der Kommission des Abgeordnetenhauses fand diese Art der Veröffentlichung keinen unbedingten Vertheidiger. Man hielt sie für sich allein nicht ausreichend und neben der Insertion in andern Blättern überflüssig und zu kostspielig. Im Ausliegen der Amtsblätter bei den Behörden sah man keinen Zusammenhang mit der wünschenswerthen Publizität, und es wurde überdies das wesentliche Hinderniß betont, daß das Amtsblatt zu selten erscheine und die Insertion zu umständlich sei, um dem oft eiligen Bedürfniß der Veröffentlichung zu genügen". (Bericht Nr. 55, S. 14 und 16.) Auch in der Kommission des Herrenhauses nahm man Abstand, die Wiederaufnahme der Bestimmung des Regierungsentwurfs zu empfehlen (Bericht Nr. 132, S. 8).

e) Abgelehnte Anträge.

Im Preußischen Abgeordnetenhause wurde konservativer Seits beantragt, hinter Nr. 11 des Entwurfs einzuschieben:

„12) die Bestimmung, daß durch baare Einzahlungen und Zuschreibungen aus dem Reingewinn ein Genossenschaftsvermögen gebildet werde, welches mindestens dem dritten Theile des Nominalbetrages der sämmtlichen Geschäftsantheile gleichkommt, und daß dasselbe nur in Staatspapieren und bankmäßigen Wechseln angelegt werden darf;

13) die Bestimmung, daß die Gesammtsumme aller Verbindlichkeiten niemals den dreifachen Betrag der Gesammtsumme aller Geschäftsantheile und des Genossenschaftsvermögens übersteigen darf".

Darnach sollten also nach zwei Richtungen hin Normativ-Bestimmungen eingefügt werden

in Nr. 12 zum Schutz der Genossenschafter: über Bildung eines Reservefonds (der hier und in Nr. 13 konfuser Weise Genossenschaftsvermögen genannt wird);

in Nr. 13 zum Schutz des Publikums: über eine für die Vorschußvereine empfehlenswerthe und denselben von allgemeinen Genossenschaftstagen empfohlene Begrenzung der Kreditaufnahme.

Beides ist mit Recht abgelehnt. Was speziell den Reservefond anlangt, so hat derselbe für Genossenschaften mit Solidarhaft eine andere wirthschaftliche Bedeutung, als bei Gesellschaften ohne Solidarhaft. (Vergl. Erläuterungen zu § 39 und die Verhandlungen des Abgeordnetenhauses in den Sitzungen vom 16. und 18. Dezbr. 1866.)

In der Kommission des Herrenhauses wurde ein ähnliches Amendement gestellt, wonach nur für Vorschuß- und Kreditvereine eine Normativbestimmung über den Reservefond erlassen werden sollte. Es sollte als Nr. 13 am Schluß des § 3 eingefügt werden:

„13) für Vorschuß- und Kreditvereine die Bestimmung, daß dieselben verpflichtet sind, mindestens 3 pCt. der jährlichen Dividende zur Bildung eines Reservefonds zurückzulegen und damit so lange fortzufahren, bis dieser Fonds den fünften Theil aller Genossenschaftsantheile beträgt".

Aus den Motiven geht hervor, daß unter der unverständlichen Bezeichnung „3 pCt. der Dividende" nichts anderes als 3 pCt. desjenigen Reingewinnes gemeint sind, welcher sonst als Dividende vertheilt werden könnte. Der ähnlich schiefe Ausdruck „Genossenschaftsantheile" wird wohl „Geschäftsantheile" bedeuten sollen. Die Regierungs-Kommissarien wendeten gegen dieses Amendement treffend ein, „daß dasselbe der Vertragsfreiheit widerstreite; daß die Genossenschaften selbst im Stande seien, zu beurtheilen, was ihnen fromme; daß solche Bestimmungen auch nicht bei offenen Handelsgesellschaften vorkämen". Die Kommission in ihrer Mehrheit stimmte dennoch dem Amendement zu. Im Plenum nahm sich der Referent Professor Dernburg des Reservefonds warm an; weil ihm aber die „3 pCt. der Dividende" zu gering vorkamen und er fürchtete, wenn sie im Gesetz stünden, würden die Genossenschafter niemals höhere Prozente zum Reservefonds geben, so beantragte er seinerseits zu beschließen:

„13) für Vorschuß- und Kreditvereine die Bestimmung über die Bildung des Reservefonds und den Betrag der Prozente der jährlichen Dividende, welche zu dessen Ansammlung verwendet werden sollen".

und außerdem im § 4 als Nr. 7 einzufügen:

„7) die Bestimmungen über den Reservefonds".

Wenn diese Bestimmungen publizirt würden, meinte er, würden die Gründer, um dem Publikum Vertrauen einzuflößen, für einen recht hohen Reservefonds Sorge tragen. Das Amendement ist abgelehnt und dadurch das Preußische Gesetz vor einer Bestimmung bewahrt worden, die an sich nicht erheblich, durch ihre mangelhafte Fassung bei jedem Juristen und jedem Genossenschafter Anstoß erregen mußte.

II. Erläuterungen zu § 3.

1) „Der Gesellschaftsvertrag muß enthalten".

Was bedeutet dieses „Muß?" Keinesfalls, daß der Gesellschaftsvertrag nichtig ist, wenn er über den einen oder andern Punkt nichts enthält. Denn die Genossenschaft kann ja uneingetragen bestehen. Die Folge jenes Mangels ist nur, daß das Handelsgericht die Eintragung in das Genossenschaftsregister so lange zu versagen hat, bis die Ergänzung des Gesellschaftsvertrages stattgefunden hat. Ist eine Genossenschaft, deren Gesellschaftsvertrag unvollständig ist, in das Genossenschaftsregister eingetragen, so kann das Handelsgericht die Vervollständigung des Vertrages nicht mehr erzwingen (vergl. § 66); auch schadet die Unvollständigkeit des Vertrages an sich nicht der rechtlichen Wirkung desselben. Anders verhält es sich mit Abänderungsbeschlüssen in Ansehung des Gesellschaftsvertrages einer bereits eingetragenen Genossenschaft, diese haben vor der Eintragung überhaupt keine rechtliche Wirkung. (Vergl. § 6.)

2) Zu Ziffer 1 (Firma und Sitz).

Ueber die Firma vgl. Erläuterungen zu § 2 Ziffer 7). Sitz der Genossenschaft bedeutet deren Niederlassung, wenn nur eine vorhanden ist, sonst deren Hauptniederlassung im Gegensatz zu den Zweigniederlassungen. Das Geschäftslokal, in welchem sich die Kasse und die Buchführung befinden und der Vorstand den gemeinschaftlichen Geschäftsbetrieb leitet, bildet das entscheidende Kennzeichen, — der Ort, wo die Werkstätten oder die Verkaufsläger*) sind, ist gleichgültig. Der Sitz der Genossenschaft ist entscheidend für den ordentlichen Gerichtsstand derselben (§ 11) und für das Handelsgericht, welches die Eintragung in das Genossenschaftsregister zu bewirken hat. (§ 4. § 6.)

3) Ziffer 2 (Gegenstand des Unternehmens).

Die Verstöße der Genossenschaften, die im Statut nur den Zweck der Genossenschaft, nicht den Gegenstand des Unternehmens aufführen, und der Handelsgerichte, welche, auch wo Zweck und Gegenstand nicht zusammenfallen, die Genossenschaften eintragen und den Zweck veröffentlichen, sind bereits gerügt (vgl. oben Erläut. zu § 1 Seite 167 und zur Gesch. des § 3, S. 182).

Schulze's Musterstatut für Vorschußvereine bezeichnet als Gegenstand des Unternehmens „den Betrieb eines Bankgeschäftes behufs gegenseitiger Beschaffung der in Gewerbe und Wirthschaft nöthigen Geldmittel auf gemeinschaftlichen Kredit". Ueber die Bezeichnung in dem älteren Musterstatut für Konsumvereine**) siehe oben Seite 168.

Schulze's Musterstatut für Rohstoffvereine enthält im § 1 die Bestimmung: „Gegenstand des Unternehmens ist der Einkauf der zum Betriebe des .... gewerbes erforderlichen Rohstoffe, Werkzeuge und Geräthe für gemeinschaftliche Rechnung und Verkauf derselben an die Mitglieder"; das für Magazinvereine: „Gegenstand des Unternehmens ist der Verkauf der von den einzelnen Mitgliedern für eigene Rechnung eingelieferten ....-Waaren

---

*) Dies ist unter Umständen von großer Wichtigkeit. So z. B. hat der Allgemeine Arbeiter-Konsumverein Lörrach, Eingetr. Genossenschaft, Verkaufslokale in Stetten; Lörrach, die Badische Stadt und Stetten, das Schweizerische Dorf, grenzen hart an einander.

**) In dem neuen Musterstatut des Dr. Schneider war im § 1 der Zweck benannt, jedoch unter der Ueberschrift „Gegenstand des Unternehmens", so daß ein Zweifel nicht Platz greifen konnte. In den Verbesserungen, die Dr. Schneider in Nr. 12 der Gen. Blätter 1875 Seite 53 vorschlägt, ist im § 1 das bedenkliche Wort „Zweck" ausgemerzt: „Die Unterzeichneten bilden unter der Firma: Konsumverein zu .... Eingetr. Genossenschaft, einen Verein zur Beschaffung unverfälschter und guter Waaren für den persönlichen und Haushaltungsbedarf seiner Mitglieder gegen sofortige Baarzahlung und zur Ansammlung eines Kapitals für dieselben aus dem dabei erzielten Ueberschusse".

in einem zu diesem Zwecke errichteten gemeinsamen Magazin"; das für landwirthschaftliche Rohstoffvereine (Konsumvereine): „Gegenstand des Unternehmens ist der Einkauf der zum Betriebe der Landwirthschaft erforderlichen Roh- und Hilfsstoffe, namentlich Kunstdünger und Saatgut, sowie Werkzeuge, Geräthe u. dergl. für gemeinschaftliche Rechnung und Verkauf derselben an die Mitglieder"; in dem für landwirthschaftliche Rohstoff- und Werkvereine lauten die letzten Worte des bis dahin übereinstimmenden Statuts „Geräthe, Maschinen u. s. w. für gemeinschaftliche Rechnung und deren Verkauf oder Verleihung an die Mitglieder".

Endlich lautet die Bestimmung in Schulze's Musterstatut für Genossenschaften für industrielle Produktion: „Gegenstand des Unternehmens ist die Anfertigung und der Verkauf von ...... auf gemeinsame Rechnung und Gefahr".*)

Die Genossenschaften sollten auf die Fassung der statutarischen Bestimmung vom Gegenstand des Unternehmens besondere Sorgfalt verwenden; eine zu weite Fassung kann zufälligen Mehrheiten der Mitglieder die Möglichkeit eröffnen, eine Erweiterung des Geschäftsbetriebes auf fernliegende Zwecke durchzusetzen, — eine zu enge Fassung aber macht Abänderungen des Statuts nöthig, die durch die Veröffentlichung in den Zeitungen kostspielig werden.**)

4) Zu Ziffer 3 (Zeitdauer).

Eine Genossenschaft kann hiernach statutarisch auf eine bestimmte Zeit beschränkt sein. Die Regel ist die Errichtung auf unbestimmte Dauer. Dies liegt auch im Wesen der Genossenschaft, welche sich „gegen die Individualität, selbst gegen den Beitritt und das Ausscheiden einzelner Mitglieder, verhältniß-

*) Für Molkerei-Genossenschaften ist eine Fassung in Schulze's Buch: Die Genossenschaften in einzelnen Gewerbzweigen, deren Musterstatuten S. 115, 154, 222, 257 und 325 die obigen Mittheilungen entnommen sind, nicht vorgeschlagen. Nach den Veröffentlichungen hat die Molkerei Ellerwalde, Eingetr. Genossenschaft (Kreisgericht Marienwerder) zum Gegenstand des Unternehmens: Gemeinschaftliche Verwerthung der von den Mitgliedern produzirten Milch, — die Milch-Magazingenossenschaften zu Grumbkoweiten, Eingetr. Genoss. (Kreisgericht Pillkallen) zum Zweck, ein Molkereigeschäft für gemeinschaftliche Rechnung der von ihren Theilnehmern für eigene Rechnung und Gefahr einzuliefernden Milch zu betreiben, — die Molkereigenossenschaft in Ochtersum, Eingetr. Genossenschaft (Amtsgericht Hildesheim) den Zweck, durch gemeinschaftlichen Betrieb und Kredit die Milch der Milchkühe der Genossenschafter zu verwerthen". —

**) Beispiele: Der Konsumverein zu Schreiberhau, Eingetr. Genoss. (Kreisgericht Hirschberg) hat neben der Beschaffung guter preiswürdiger Lebensbedürfnisse für die Mitglieder gegen Baarzahlung u s. w. auch „Förderung der intellektuellen und moralischen Bildung der Mitglieder". Der Neuenahrer Winzerverein, Eingetr. Genoss., dessen Gegenstand Pflege und Verkauf selbstgezogener Weine ist und der sich aber wegen des durch die Weinverfälschung verdorbenen Geschmacks der Konsumenten zur Zeit noch vorbehalten zu müssen meint, trotz des Prinzips der „reinen Naturweine" eine Zugabe von reinem Kolonial-Kandis-Zucker zur Traubenmaische zu machen, hat nach der Bekanntmachung als Gegenstand des Unternehmens bestimmt: „Hebung des Winzerstandes und Verkauf selbstgezogener reiner Naturweine; es darf indessen ein mäßiger Zusatz von Prima-Kolonial-Kandis geschehen". Vergl. Blätter für Gen. Wesen 1875 Nr. 2.

mäßig gleichgültig verhält" (Kommissionsbericht des Preuß. Abg. Hauses von 1867, Drucksachen Nr. 55 S. 4). Schulze-Delitzsch schlägt in seinen Anleitungen den Magazingenossenschaften und den Genossenschaften für industrielle Produktion vor, zunächst nur auf eine bestimmte Anzahl Jahre zusammenzutreten, (bei den Magazingenossenschaften auf etwa 5 bis 6 Jahr) und die Mitglieder durch lange Kündigungsfristen bis dahin möglichst zu fesseln, da man sich mit der Beschaffung des Geschäftslokals, dessen öfterer Wechsel zu vermeiden, durch Miethsverträge vorsehen müsse. (Schulze Gen. in einzelnen Gew. Seite 165 u. 288 und § 2 der Musterstatuten Seite 184 u. 326). Auch bei Baugenossenschaften kann die Beschränkung auf eine bestimmte Zeit leicht in Frage kommen (siehe Einleitung Seite 80).

5) Zu Ziffer 4 (Ein- und Austritt).

Da die zur Eintragung geeigneten Genossenschaften von nicht geschlossener Mitgliederzahl sein müssen, so hat der Gesellschaftsvertrag die Bedingungen des Ein- und Austritts der Genossenschafter zu enthalten. In Betreff des Eintritts neuer Mitglieder liegt es freilich in der Macht der Genossenschaftsorgane, die Genossenschaft thatsächlich geschlossen zu halten. Denn es ist unmöglich, eine Genossenschaft zu zwingen, Personen, die ihr nicht gefallen, aufzunehmen; nur den sozialistischen Weltverbesserern könnte so etwas in den Sinn kommen, wie Schulze mit Recht sagt.*) Eine besonders strenge Prüfung bei Aufnahme neuer Mitglieder erscheint vor Allem für die kleineren Produktivgenossenschaften geboten. Schulze empfiehlt hier, der Generalversammlung die Aufnahme zu übertragen.

Es ist dabei vorausgesetzt, daß es sich um Mitglieder handelt, die für die Genossenschaft arbeiten und dadurch ihren Lebensunterhalt finden wollen. (Siehe Einleitung Seite 48.) — Am gleichgültigsten verhält sich der Konsumverein gegen die persönlichen Eigenschaften der den Beitritt Wünschenden, hier ist zuweilen kaum eine formelle Aufnahme durch den Vorstand vorgeschrieben. „Die Mitgliedschaft wird erworben durch schriftliche Beitrittserklärung; jede unbescholtene selbstständige rechtsfähige Person kann Mitglied werden;" — so verordnet z. B. § 4 der Satzungen des Lebensbedürfnißvereins in Karlsruhe, Eing. Gen. Bei den Vorschußvereinen ist man etwas wählerischer: „Erworben wird die Mitgliedschaft durch Unterschrift des Statuts oder schriftliche Beitrittserklärung, nach vorgängiger förmlicher Aufnahme Seitens des Vorstandes und Ausschusses (Aufsichtsraths); aufnahmefähig sind alle Personen, welche sich durch Verträge verpflichten können; dem Abgewiesenen steht nur die Berufung an die Generalversammlung offen". So lautet der § 49 in Schulze's Musterstatut für Vorschuß- und Kreditvereine in der „Neuen Vollständigen Anweisung".

Neu eintretende Mitglieder haben in der Regel ein Eintrittsgeld zu zahlen, bei Konsumvereinen pflegt es sich bis zu einer kleinen Einschreibegebühr (in Karlsruhe z. B. 12 Kreuzer für ein „Satzungs-, Marken- und Kontobüchlein) zu ermäßigen. In Vorschußvereinen ist oft bei anwachsendem Reservefond ein Bestreben nach übermäßiger Erhöhung des Eintrittsgeldes

*) Schulze, Genoss. in einz. Gewerbszweigen S. 280.

ersichtlich. Dem gegenüber hat der allgemeine Vereinstag zu München am 31. August 1875 beschlossen: „Es ist den Vorschuß- und Kreditvereinen zu empfehlen, 1) das Eintrittsgeld für beitretende Mitglieder nicht in einer Höhe festzusetzen, welche den unbemittelten Klassen den Beitritt erschwert, 2) in keinem Falle aber höher als sechs Mark anzusetzen. 3) Jedenfalls ist es unrichtig, das Eintrittsgeld von der Höhe des Reservefonds oder der Geschäftsantheile abhängig machen zu wollen".*)

Ueber die Bedingungen des Austritts siehe die §§ 38 u. 39.

6) Zu Ziffer 5 (Geschäftsantheile).

Aus dem Wortlaut dieser Ziffer, aus der Geschichte ihrer Entstehung und aus dem Begriff des Geschäftsantheils, der nicht wie die Aktie von der Gleichheit der Beträge ausgeht, ergiebt sich als zweifellos: a) daß jeder Genossenschafter einen Geschäftsantheil besitzen muß, und b) daß das Gesetz für das Statut irgend eine Begrenzung der Geschäftsantheile, nicht aber gleiche Maximal- oder Minimalbeträge für alle Mitglieder oder eine und dieselbe Weise für Entstehung der Antheile vorschreibt. Uebertragbarkeit an andere Mitglieder, Kündbarkeit von Geschäftsantheils-Quoten sind nicht verboten.

Daß die Ziffer 5 Geschäftsantheile vorschreibt, noch irgend zu betonen, würde in hohem Maße befremdend sein, wenn nicht die Erfahrungen der Raiffeisenschen Darlehnskassen-Vereine vorlägen. Diese schafften prinzipiell die Geschäftsantheile ab, — wie nicht zu bezweifeln ist, mit Billigung ihrer zahlreichen Rathgeber aus dem Kreise der Nationalökonomen, Verwaltungsbeamten und Juristen. Raiffeisen selbst fügt dem Abdruck des Genossenschaftsgesetzes in der zweiten Auflage seiner Schrift (Seite 337 beim § 3 Ziffer 4) die Bemerkung bei:

> „Es ist damit selbstredend nicht vorgeschrieben, daß überhaupt Geschäftsantheile gebildet werden müssen, daß diese nicht gleich Null sein können."

Ob das Preußische Kreisgericht zu Neuwied ebenso deduzirt, — ist mir nicht bekannt; die Thatsache aber steht fest, daß es eine große Anzahl Genossenschaften ohne Geschäftsantheile in das Genossenschaftsregister eingetragen hat, und daß viele Rheinische Gerichte, die mit Führung des Handelsregisters betraut sind, ebenso verfuhren.

Um den Begriff des Geschäftsantheils klarzustellen, ist zu erwähnen, daß bei den Genossenschaften in der Regel die Ausdrücke: Geschäftsantheil, Guthaben, Stammantheil als ganz gleichbedeutend gebraucht werden, daß das Genossenschaftsgesetz im § 47 auch einmal Guthaben als identisch mit Geschäftsantheil anwendet, daß aber im Sinne dieses Gesetzes nicht von „mehreren" Geschäftsantheilen eines und desselben Genossenschafters geredet werden darf, vielmehr die durch den Austritt realisirbare Gesammtbetheiligung des einzelnen Mitgliedes am Genossenschaftsvermögen Geschäftsantheil heißt. Das Verhältniß des Geschäftsantheils hat sich nun in den einzelnen Genossenschaftsarten folgendermaßen entwickelt:

---

*) Siehe Pröbst a. a. O. Seite 132; ferner den Aufsatz des Herausgebers aus dem Jahre 1865 in „Die Entwickelung des Genossenschaftswesens in Deutschland rc." Seite 360 ff.; Mittheilungen über den Vereinstag zu München Seite 16 u. 84 ff.

A. Die älteren Vorschußvereine pflegten nur den Höchstbetrag der Geschäftsantheile zu bestimmen (20, 30, 50, 100 Thlr.) und den Mitgliedern die Pflicht aufzuerlegen, darauf baare Einlagen, deren niedrigsten Satz (etwa 2½, 5 oder 10 Sgr.) das Statut feststellte, so lange allmonatlich zu machen, bis dadurch und durch die Dividenden der Vollbetrag der Geschäftsantheile erreicht war. Darüber hinaus wurde keine Zahlung angenommen. Oft erlosch auch die Verbindlichkeit zu den Monatsbeiträgen, die meist durch Boten abgeholt wurden, schon wenn die Hälfte oder zwei Drittel des Höchstbetrages erreicht war; die zweite Hälfte oder das letzte Drittel mußte dann, sofern keine Ergänzung durch freiwillige Zahlung stattfand, bloß durch Einbehaltung der Dividenden erwachsen. Die wirkliche Höhe der einzelnen Geschäftsantheile schwankte somit zwischen der niedrigsten Monatseinlage (z. B. 2½ Sgr.) und dem Höchstbetrage (z. B. 100 Thlr.).

Das Bedürfniß, ein stärkeres Gesellschafts-Kapital, ein schnelleres Anwachsen also der Einzelbetheiligung, zu erzielen, ohne die Gleichberechtigung zu verletzen, führte, namentlich bei größern Vereinen, bald zu Abweichungen. Sehr beliebt wurde es, Mitgliedern, welche das Maximum des Geschäftsantheils erreicht hatten, zu gestatten, einen „zweiten Geschäftsantheil," ein zweites Guthaben, von demselben oder von einem noch höheren Maximalbetrage durch Einzahlungen und durch Zurückbehaltung der Dividenden zu erwerben. Die Frage des „doppelten Guthabenmaximums," die Frage also, ob der Vorschußverein „die Grenze der Berechtigung mit der Grenze der Verpflichtung zusammenfallen" lassen, oder „neben dem obligatorischen Maximum noch ein darüber hinausgehendes fakultatives Maximum stellen" soll, hat die größeren Vereine lebhaft beschäftigt. Um ferner die Vorschuß entnehmenden Mitglieder zu nöthigen, mit ihren Geschäftsantheilen innerhalb des Maximums nicht zurückzubleiben, wurde vielfach eingeführt, daß von allen Vorschüssen oder von Vorschüssen einer gewissen Höhe (mindestens 50 oder 100 Thlr.) 1 oder 2 pCt. zur Verstärkung des noch nicht vollgezahlten Geschäftsantheils zurückbehalten und gutgeschrieben werden sollten. Und wo der doppelte Geschäftsantheil bereits bestand, fanden diese Abzüge bei allen jenen Vorschüssen oder wieder, sofern die letzteren einen weiter gerückten Minimalsatz überstiegen, auch bis in den zweiten Geschäftsantheil hinein statt, so daß für die Entnehmer bedeutenderer Vorschüsse, also für diejenigen Mitglieder, welche das Risiko des Vereins erheblich erhöhen, der zweite Geschäftsantheil obligatorisch wurde. (Vergl. Blätter für Genossenschaftswesen, 1866, Nr. 5 und Nr. 12).

Es konnte nicht zweifelhaft sein, daß alle diese Einrichtungen sich mit dem § 3 Ziffer 4 des Genossenschaftsgesetzes vereinigen ließen. Schulze's Musterstatut schlug sehr einfache Bestimmungen vor:

§ 58. Der Geschäftsantheil jedes Mitgliedes wird auf einen Höchstbetrag von . . . Thalern fixirt, welcher jedoch durch einfachen Gesellschaftsbeschluß jederzeit erhöht werden kann. Dieser Antheil kann sogleich beim Eintritt vollgezahlt oder durch einzelne Nachzahlungen ergänzt werden, welche jedoch zum Mindesten allmonatlich . . . . Sgr. betragen müssen.

§ 59. Außerdem wird bis zur Erreichung des Höchstbetrages bei dem Geschäftsantheil jedes Mitgliedes auch noch die auf dasselbe fallende Dividende vom Reingewinn einbehalten, und nebst allen auf den Antheil gemachten Einzahlungen jedesmal am Jahresschlusse in einem besonderen Konto demselben gutgeschrieben".

Das sogen. doppelte Guthaben ist bei den Vorschußvereinen noch mehr in Aufnahme gekommen, seitdem man die „Guthabenbeleihung", — das Ausleihen von Geldern innerhalb der Höhe des Geschäftsantheils ohne alle Sicherstellung, — als verkehrt erkannt und fast überall abgeschafft hat.

B. Bei den Konsumvereinen hat man in Deutschland anfänglich die Geschäftsantheile ebenso gebildet und begrenzt, wie bei den Vorschußvereinen. Die Erfahrung lehrte bald, daß in dieser Beziehung die gleichmäßige Behandlung beider Arten Genossenschaften unzuträglich sei. Man schloß sich deshalb mehr und mehr den Englischen Mustern an. Die Pioniere von Rochdale stellten zunächst die Verpflichtung für ihre aus armen Flanellwebern bestehenden Mitglieder hin, daß jeder einen Antheil (Aktie) von 1 Pfund (20 Mark) durch Wochenzahlungen von mindestens 2½ Pence und Einbehaltung der Dividende erwerben müsse. Später wurde die Verpflichtung auf 5 Pfund erhöht und den Mitgliedern zugleich das Recht höherer Betheiligung zugestanden. Als jedoch nach einigen Jahren das Anwachsen der Mitglieder und ihres Kapitals mit der Ausdehnung des Geschäfts eine größere Stetigkeit angenommen hatte, wurde die Kapitalbetheiligung der Mitglieder in einer noch heute mit geringen Abweichungen bei den Englischen Konsumvereinen bestehenden Weise dahin festgestellt:

Es wird unterschieden zwischen übertragbaren und kündbaren Aktien (shares) von je 1 Pfund. Jedes Mitglied muß von den ersteren eine von dem Verein durch Vollzahlung oder Ratenzahlungen von 2½ Schilling (2½ Mark) vierteljährlich und durch Zuschreibung der Dividenden erwerben. Die Ratenzahlungen, mit Ausnahme der ersten von einem Schilling, können bei regelmäßiger Waarenentnahme ganz unterbleiben. Die kündbaren Aktien entstehen durch Zuschreibung vom Gewinnantheil; Einzahlungen sind darauf nicht gestattet. Sie sind nicht übertragbar, können aber mit statuarisch bestimmten Fristen gekündigt werden. Der Gewinn wird demnach auch nur in ganzen Pfunden (Aktien) ausgezahlt. Da die übertragbaren Aktien nicht gekündigt werden können, so muß sie ein ausscheidendes Mitglied an ein anderes Mitglied verkaufen. Jedes Mitglied muß eine übertragbare Aktie halten; es darf niemals mehr als zusammen 200 Aktien beider Art (200 Pfund) besitzen. (Diese Höchstbetheiligung des Einzelnen ist auch durch das Gesetz vom 11. August 1862 vorgeschrieben.) Beide Arten Aktien, die übertragbaren und die kündbaren, erhalten 5 pCt. jährlicher Zinsen zugeschrieben, aber immer nur, wenn sie vollbezahlt sind, also nach ganzen Pfunden. Der Gewinn wird unter die Vereinsmitglieder nach Verhältniß ihrer Einkäufe vertheilt. Bei Geldüberfluß kann die Genossenschaft Aktien der meistbetheiligten Mitglieder zurückkaufen. Diese können dann zwar ihr Geld der Kasse lassen, sie erhalten aber davon keine Zinsen. Von Deutschen Konsumvereinen haben Manche dieses Englische Verfahren nachzuahmen gesucht. Sie gaben Antheilscheine von gleichem Betrage aus. Praktische Schwierigkeit entstand häufig bei ihnen, wie bei andern auf Kapitalansammlung bedachten Konsumvereinen dadurch, daß sie in Bälde an ständigem Geldüberfluß krankten. Erst auf einer weiteren Entwickelungsstufe, wenn die Vereine durch Vermehrung der Läden, durch Uebergang zur Produktion (Bäckerei) und durch Erwerb eigenen Grundbesitzes die ihnen zufließenden Mittel zu nutzen verstanden, konnten sie die allmähliche Erhöhung der Geschäftsantheile unbesorgt anstreben.

Die Musterstatuten sind noch von der Furcht vor Geldüberfluß beeinflußt. Darnach soll der Normalbetrag des Geschäftsantheils 5 Thaler beziehungsweise 20 Mark betragen, jedes Mitglied muß darauf bei seinem Eintritte mindestens 5 Sgr. (eine Mark) einzahlen und nachher monatlich 25 Pf. entrichten, bis der Geschäftsantheil voll einbezahlt ist; die Generalversammlung kann aber beschließen, die Zahlung der Monatsbeiträge zeitweise auszusetzen oder ganz abzuschaffen. (Letzterer Beschluß ist bei schnell sich entwickelnden Konsumvereinen die Regel.) Ueber den Normalbetrag hinaus werden die Dividenden als Spareinlagen gutgeschrieben und dem entsprechend behandelt.

Besondere Maßnahmen hat bei Konsumvereinen, die bei jährlichen, nicht vierteljährlichen Geschäftsabschlüssen regelmäßig gute Dividende vertheilen, aber den Normalbetrag der Geschäftsantheile ziemlich hoch halten müssen, die Erfahrung veranlaßt, daß viele Mitglieder, um die Dividende sofort zu erlangen, am Jahresschluß ausscheiden, in der Absicht bald darauf wieder einzutreten. So z. B. der Konsumverein Neustadt Eingetr. Genoss. (bei Magdeburg). Dieser hat 75 Mark Normalbetrag der Geschäftsantheile; darauf einzuzahlen beim Eintritt mindestens 1 Mark, spätere baare Einzahlungen nicht vorgeschrieben; beträgt der Geschäftsantheil 15 Mark, so kann durch Generalversammlungsbeschluß bestimmt werden, den Mitgliedern, die es wünschen, die Dividende zur Hälfte baar auszuzahlen, und zur Hälfte den Geschäftsantheilen zuzuschreiben; Personen, die bereits Vereinsmitglieder gewesen, aber freiwillig ausgeschieden sind, haben, wenn sie wieder eintreten wollen, den ganzen früheren Betrag des Geschäftsantheils einzuzahlen, es sei denn, daß besondere Gründe den Vorstand veranlassen, sie mit geringerer Einzahlung aufzunehmen.

Die Englische Einrichtung der zweierlei Geschäftsantheile, die Kündbarkeit der einen Art, die Uebertragbarkeit der andern Art, sofern das Mitglied mehrere Einheiten derselben besitzt, — das alles ist auch bei unseren eingetragenen Genossenschaften gesetzlich zulässig. Das einzige, was als durch die §§ 13, 16 u. 39 des Gesetzes verboten erscheint, ist, daß ausscheidenden Mitgliedern die Zurückzahlung des Stammantheils verweigert wird.

Unzulässig erscheint die bei Deutschen Konsumvereinen hin und wieder getroffene Bestimmung, wonach der ganze Geschäftsantheil des Konsumvereinsmitgliedes lediglich aus Dividenden erworben werden kann, somit das neueintretende Mitglied zunächst gar nichts einzuzahlen braucht und bis zur ersten Dividendenvertheilung gar keinen Stammantheil besitzt. — Wenn Sicherer (a. a. O. Seite 173) gegen diese von mir in dem Kommentar zum Preuß. Genossenschaftsgesetze (Seite 15) ebenso aufgestellte Meinung erklärt: Der Wortlaut des Gesetzes gebe keinen Anlaß, eine solche Bestimmung für unzulässig zu erklären, da die Statuten nur die Art der Bildung eines Geschäftsantheils überhaupt, nicht aber eine bestimmte Art vorschreiben müssen, so übersieht er, daß die Zahlung von Dividende etwas durchaus ungewisses ist, daß mancher Konsumverein es in der That niemals zu Dividendenvertheilungen gebracht hat, — daß also nach seiner Auslegung der Ziffer 5 das Statut die Entstehung eines Geschäftsantheils des einzelnen Genossenschafters von einem zukünftigen Ereigniß, dessen Eintreten durchaus ungewiß ist, abhängig machen darf. Das liefe doch fast auf Raiffeisen's Theorie, daß der Betrag auch gleich Null sein dürfe, hinaus. Das Gesetz verlangt, daß das Statut Bestimmungen enthalten müsse, über den Betrag*) der Geschäftsantheile — nicht von Geschäftsantheilen — der einzelnen Genossenschafter — nicht einzelner Genossenschafter. Ein klarerer Wortlaut ist nicht denkbar.

C. Vor Erlaß des Genossenschaftsgesetzes hatten die Statuten einzelner Rohstoffassoziationen die Vorschrift, daß jedes Mitglied auf den Geschäftsantheil einen bestimmten Geldbetrag (nicht mehr und nicht weniger) einmal oder eine gewisse Anzahl mal, oder allmonatlich unbegrenzt einzahlen muß, und daß außerdem unbegrenzt die Dividende gutgeschrieben wird. Sofern die Einzahlungen der Summe nach bestimmt sind, kann man annehmen, daß der Vorschrift des § 3 Ziffer 5 genügt sei, auch wenn keine Maximalgrenze für die Geschäftsantheile hingestellt ist. Da jede Genossenschaft die Maximalgrenze von beliebiger Höhe festsetzen kann, liegt freilich kein sachlicher Grund vor, die Festsetzung zu unterlassen und sich auf die Gunst einer immerhin nicht ganz zweifellosen Auslegung des Gesetzes zu verlassen. — Schulze-Delitzsch empfiehlt den Rohstoffassoziationen neben den Geschäftsantheilen (nach dem Musterstatut von 100 Thlr. Normalbetrag, worauf sofort 1 Thlr. einzuzahlen, und Zinsen und Dividenden einzubehalten sind) noch Bildung von Garantiekapitalien (Normalbetrag 200 Thlr., monatliche Einzahlungen von mindestens 15 Sgr.), mit dem rechtlichen Charakter von Darlehnen, die von den Genossenschaftern während der Mitgliedschaft nicht gekündigt werden dürfen.**)

D. Für Magazinvereine schlägt Schulze in seinen Musterstatuten einen Geschäftsantheil von 10 Thlr. vor, auf welchen beim Eintritt mindestens 2 Thlr. und ferner allmonatlich mindestens 10 Sgr. bis zur Erfüllung des Betrages einzuzahlen sind. (Schulze a. a. O. Seite 192).

E. Bei den Genossenschaften für industrielle Produktion „mit dem leitenden Gedanken: dieselbe möglichst unter Benutzung der Hilfsmittel der neueren Industrie ins Große zu treiben," tritt die Beschaffung eines ausreichenden Betriebskapitals in den Vordergrund. Der Geschäftsantheil ist deshalb sehr hoch gegriffen, — „Summen von 200 bis 300 Thlr. kommen gleich Anfangs vor", dazu noch monatliche Zahlungen beziehungsweise Lohnabzüge zu deren Erhöhung. (Vgl. Schulze a. a. O. Seite 291 ff.).

---

*) Betrag gleich summa nach Grimm's Wörterbuch.

**) Vgl. über die sinnreiche und in vielen Rohstoffassoziationen eingeführte Einrichtung und deren Begründung für diese Art der Genossenschaften Schulze-D.: die Genossenschaften in einzelnen Gewerbszweigen Seite 56 bis 62.

F. Für landwirthschaftliche Konsumvereine oder landwirthschaftliche Rohstoffgenossenschaften, wie sie Schulze-Delitzsch mit mehr Recht bezeichnet, schlägt derselbe die Einführung von Garantiekapitalien neben den Geschäftsantheilen, genau wie bei den industriellen Rohstoffgenossenschaften vor, und zwar Geschäftsantheile von 50 Thlr. — sofort einzuzahlen darauf 3 Thlr. — und Garantiekapitalien von vorläufig 100 Thlr. — mindestens vierteljährlich 2 Thlr. —. (Schulze a. a. O. Seite 209 bis 213 u. 232 ff.).

G. Ueber die Geschäftsantheile bei Molkereigenossenschaften vgl. Einleitung S. 72 u. 73.

H. In Ansehung der Baugenossenschaft ist bereits in der Einleitung Seite 81 im Allgemeinen verschiedener Methoden erwähnt, welche die Baugenossenschaften anwenden, um das eigene Kapital an Geschäftsantheilen in die Höhe zu bringen. Das Musterstatut der Anwaltschaft schließt sich der ersten Methode an:*) Jedes Mitglied muß mindestens einen, und kann höchstens 20 „Geschäftsantheile", — sagen wir lieber Genossenschaftsantheile haben; auf jeden Genossenschaftsantheil muß beim Eintritt eine im Mindestbetrage festgestellte Einzahlung gemacht und sodann monatlich ein gleichermaßen nach unten hin begrenzter Beitrag postnumerando entrichtet werden; außerdem wird bis zur Erreichung des Betrages eines Genossenschaftsantheils die Dividende einbehalten; der zweite und dritte Genossenschaftsantheil kann mit Genehmigung des Vorstandes und Aufsichtsrathes an ein anderes Mitglied übertragen werden.

Die zweite Methode ist zuerst in Insterburg erprobt: man läßt ebenfalls mehrere Genossenschaftsantheile zu und vertheilt den Gewinn auf alle nach deren Höhe gleichmäßig, etwaige Verluste hingegen, zu deren Deckung die Geschäftsantheile in Anspruch genommen werden müssen, werden in erster Linie aus den ersten Genossenschaftsantheilen, und erst nach deren Verbrauch aus den zweiten, dann aus den dritten Genossenschaftsantheilen und so fort gedeckt werden.

Gegen die gesetzliche Zulässigkeit dieser Methoden waltet ein Zweifel nicht ob.

7) Zu Ziffer 6 (Bilanz).

Für die Bilanz sind die Artikel 29—31 des Handelsgesetzbuchs von Bedeutung (vergl. §. 11 des Gesetzes). Darnach „hat jeder Kaufmann bei dem Beginne seines Gewerbes seine Grundstücke, seine Forderungen und Schulden, den Betrag seines baaren Geldes und seine andern Vermögensstücke anzugeben und einen das Verhältniß des Vermögens und der Schulden darstellenden Abschluß zu machen; er hat demnächst in jedem Jahr ein solches Inven-

*) Diese Methode war in meinem Berichte für den Genossenschaftstag zu Stettin 1865 bereits im Wesentlichen in Vorschlag gebracht (vgl. oben S. 77 und den Bericht Jahrg. 1865 der Innung der Zukunft Seite 105, abgedruckt in Schulze's Entwickelung des Genossenschaftswesens in Deutschland S. 677). Ganz genau angeschlossen hat sich an meine damaligen Vorschläge das Statut des am 26. Sept. 1871 gegründeten Halle'schen Wohnungsvereins, Eingetr. Genoss.

tar und eine solche Bilanz seines Vermögens anzufertigen. Bei der Aufnahme des Inventars und der Bilanz sind sämmtliche Vermögensstücke und Forderungen nach dem Werthe anzusetzen, welcher ihnen zur Zeit der Aufnahme beizulegen ist. Zweifelhafte Forderungen sind nach ihrem wahren Werthe anzusetzen, uneinbringliche Forderungen aber abzuschreiben". Wo ein großes Waarenlager ist, genügt es, die Inventur desselben alle zwei Jahre aufzunehmen, u. s. w. Die Vorschrift des Art. 30, wonach Inventur und Bilanz von allen persönlich haftenden Gesellschaftern zu unterzeichnen ist, findet auf Genossenschaften keine Anwendung; es erscheint aber angemessen, in den Gesellschaftsvertrag eine Bestimmung darüber aufzunehmen, wer Inventur und Bilanz zu unterschreiben hat. Ueber die Prüfung der Bilanz vergl. § 10 und § 28 des Ges. und die Erläuterungen derselben.

Die Grundsätze, nach welchen der Gewinn „zu berechnen ist", nicht aber Vorschriften über die Vertheilung des Gewinns, muß der Gesellschaftsvertrag enthalten. (Vergl. § 9 des Ges.)

8) Zu Ziffer 7 (Vorstand).

Die oben zu e) gemachten Mittheilungen über Entstehung dieser Bestimmung legen klar, daß nicht durch Zufall, sondern mit vollem Bedacht die Wahl des Vorstandes vorgeschrieben ist. „Es kann kein erbliches oder durch Behörden zu besetzendes Amt werden, auch durch Reihenfolge oder Loos (was bei kleinen Produktiv- oder Rohstoffgenossenschaften denkbar wäre) darf die Person der Vorsteher nicht bestimmt werden." Diese Bemerkung in meinem Kommentar zum Preußischen Genossenschaftsgesetze (S. 17) war nicht überflüssig, denn der „Prümer Lohmühlenverein, Eingetr. Genoss.", eine in den Erläuterungen zu § 1 S. 169 bereits erwähnte Produktivgenossenschaft, hat in ihrem Statut die Vorschrift: „Der Vorstand besteht aus einem nach bestimmter Reihenfolge wechselnden männlichen Mitgliede der Genossenschaft, dem sogenannten Mühlenmeister und zwei von der Generalversammlung gewählten sonstigen Mitgliedern derselben. Der Vorstand wechselt alle Jahr". Die Einrichtung des Reihevorstehers mag gewisse Vorzüge haben, — obschon nicht begreiflich ist, wie man mit ihr die stets unvorsichtige und deshalb zu vermeidende Vorschrift, daß schon die Unterschrift eines Vorstandsmitgliedes die Genossenschaft verpflichtet, aufrechterhalten mag, — keinesfalls durfte das Handelsgericht zu Trier den Reihevorsteher eintragen. (Gen. Blätter 1875 Nr. 1 Seite 3.)

Ueber die Legitimation des Vorstandes und der Stellvertreter enthalten Schulze-Delitzsch' Musterstatuten sorgfältige Bestimmungen.*)

---

*) Z. B.: „Die Legitimation der Vorstandsmitglieder wird durch das über die Wahlverhandlung aufzunehmende Protokoll der Generalversammlung geführt." — „Die Wahlen sind sofort beim Handelsgericht, unter Einreichung zweier Abschriften des Wahlprotokolls durch sämmtliche Mitglieder des Vorstandes in Person anzuzeigen unter Erklärung über Annahme der Wahl u. s. w."
Sodann über die Stellvertreter:
„Für den Fall der dauernden Behinderung, des Ausscheidens, oder des Todes eines der Vorstandsmitglieder hat der Aufsichtsrath wegen der nöthigen Stellvertretung sofort Fürsorge zu treffen und in den letzten beiden

9) Zu Ziffer 8 (Form der Zusammenberufung der Genossenschafter.)

Die regelmäßig an bestimmten Tagen stattfindenden Quartalversammlungen der alten germanischen Genossenschaften haben sich bei den Englischen Konsumvereinen noch in voller Wirksamkeit erhalten. Man bringt dort die Geschäftsführung in die größte Regelmäßigkeit dadurch hinein, daß die Tage, an denen das Eine oder das Andere vorgenommen wird, durch das Statut für immer festgestellt sind. Die Rochdaler Pioniere haben sich dabei auch ein treffliches Erinnerungsmittel gesichert. Im Dezember jeden Jahres erhält jedes Mitglied den Almanach der Pioniere auf das folgende Jahr. Derselbe besteht aus einem zur Wandausschmückung geeigneten großen, gut ausgestatteten Blatte, welches in der Mitte einen Kalender auf das ganze Jahr und ringsum allerlei Nachweisungen, Rathschläge und Belehrungen in Betreff der Rochdaler Genossenschaft enthält. Bei den einzelnen Kalendertagen ist nun alles verzeichnet, was den Genossenschaftern als solchen von Wichtigkeit ist. So z. B. jeden ersten Montag im Monat ist um 7½ Uhr Generalversammlung, im Januar, April, Juli und Oktober zugleich Quartalsversammlung zur Erstattung des Quartalberichts, zur Genehmigung des Abschlusses u. s. w., in denen des Januar und Juli zur Wahl der Beamten, in denen des April und Oktober zur Wahl des Bibliothekkomités; jeden dritten Montag im Januar, April, Juli, Oktober ist die ¼ jährliche Versammlung zur Auswahl der Zeitungen für die großen Lesesäle und zum Verkauf der alten Zeitungen. Am zweiten Dienstag im März, Juni, September und Dezember ist Inventurtag (Stocktaking); am Montag zuvor ist letzter Ablieferungstag für die Rechnungsbücher und Dividendenmarken, am Donnerstag zuvor letzter Tag für Einzahlungen auf Guthaben. Am zweiten Sonnabend im Januar, April, Juli, Oktober ist Quartalversammlung der Corn mill society (Dampfmahlmühlengenossenschaft), am letzten Sonnabend in denselben Monaten Quartalsversammlung der Manufacturing society (Dampfspinnereigenossenschaft), die der Wholesale society (Konsumvereins-Großhandlung) endlich am dritten Sonnabend im März, Juni, September, Dezember.*)

Daß auch von Deutschen Genossenschaften in gleicher Weise ein für allemal Zeit, Stunde, Ort und Tagesordnung für die ordentlichen Generalversammlungen durch das Statut festgesetzt werde, ist durch die Ziffer 7 des § 3 nicht

---

Fällen die Nachwahl zu veranlassen. Die Anzeige solcher vom Ausschuß interimistisch ernannten Stellvertreter beim Handelsgericht geschieht durch die letztern selbst mit den noch verbliebenen alten Mitgliedern des Vorstandes gemeinschaftlich in Person, unter Ueberreichung zweier Abschriften des bezügl. Aufsichtsrathsbeschlusses zur Legitimation. . . . . . Ebenso wird beim Aufhören der Stellvertretung der Rücktritt der Stellvertreter und Wiedereintritt der behindert gewesenen Vorsteher oder der Eintritt neugewählter durch den Vorstand insgesammt beim Gericht angemeldet." (Schulze-Del.: Genossenschaften in einzelnen Gewerbszweigen Seite 115 u. 117.)

*) Vgl. Einleitung Seite 29 ff. Statutänderungen und alle besonderen Anträge scheinen bei den Pionieren in außerordentlichen Generalversammlungen erledigt zu werden. Das Statutenbuch von 1869 trägt auf dem Titel eine Notiz,

verboten; freilich ist es nur möglich, wenn die Genossenschaft ihr eigenes Versammlungshaus besitzt.

Vor dem Genossenschaftsgesetz war bereits die Bekanntmachung durch die Zeitung die übliche Form für die Zusammenberufung der Genossenschafter. Bei kleinen Konsumvereinen pflegte man sich mit einer Bekanntmachung durch Aushang im Verkaufslokale zu begnügen, bei Rohstoffgenossenschaften und bei kleineren Vorschußvereinen kamen allein oder neben der Zeitungsannonze noch Umlauf und besondere Einladungszettel vor. Das Genossenschaftsgesetz läßt für die Form der Zusammenberufung volle Freiheit. Die Genossenschaften mit zahlreicher Mitgliedschaft thun jedenfalls gut daran, in dieser Beziehung die Gültigkeit der Generalversammlungsbeschlüsse nur von der leicht nachweisbaren Zeitungsbekanntmachung abhängig zu machen; für kleine Genossenschaften mit geringer Mitgliederzahl ist das Zeitungsinserat zu kostspielig und leicht zu ersetzen, auch die Sicherung des Beweises bequem zu erzielen.

Von den Musterstatuten haben die für Vorschußvereine*), für Baugenossenschaften, für landwirthschaftliche Genossenschaften nur die Einladung zur Generalversammlung durch einmaliges Zeitungsinserat. Die Musterstatuten für Konsumvereine erfordern zur Berufung der Generalversammlung einmalige Einrückung in die zu den Bekanntmachungen des Vereins bestimmte Zeitung und Aushang in den Verkaufslokalen. Die betreffende Nummer der Zeitung muß mindestens 24 Stunden vorher ausgegeben sein. Der Aushang in den Verkaufslokalen muß drei Tage vor dem Versammlungstage angeheftet sein, was durch ein schriftliches Attest eines Mitgliedes des Verwaltungsrathes nachgewiesen wird. Die Gültigkeit der Generalversammlung wird dadurch nicht beeinträchtigt, daß Aushänge vorzeitig abgenommen oder abgerissen oder verloren gegangen sind.**)

Für die industrielle Produktivgenossenschaft mit geringerer Mitgliederzahl empfiehlt Schulze-Del. in erster Linie Aushang im Geschäftslokal der Genossenschaft, in der Regel 2 Tage vor der Versammlung, und falls nicht sämmtliche Genossenschafter im Lokal beschäftigt sind, außerdem schriftlichen, von den Eingeladenen zu unterzeichnenden Umlauf; für industrielle Produktivgenossenschaften mit stärkerer Mitgliederzahl empfiehlt er dieselbe Form oder einmalige Insertion (vgl. „Genossenschaften in einzelnen Gewerbszweigen" Seite 282 bis 284, wo die Vorzüge des Aushangs und Umlaufs bei diesen Genossenschaften vor der bloßen Insertion überzeugend ausgeführt sind).

Den Rohstoff- und Magazingenossenschaften von geringer Mitgliederzahl und engen Grenzen empfiehlt Schulze ebenfalls den Aushang im Geschäftslokal oder schriftlichen Umlauf statt der Insertion.

---

daß dieses Statut in den Special Meetings vom 18., 26. und 30. Oktober 1868 angenommen ist, ein Nachtrag ist in dem Special General Meeting vom 11. Dezember 1871 angenommen.

*) „Dabei bleibt unbenommen, nebenher noch durch Umlauf oder besondere Zettel einzuladen", heißt es in Schulze's Musterstatut für Vorschußvereine. (§ 38 des Statuts).

**) Die letzten beiden Sätze waren von mir in den Kommentar zum Preuß. Genossenschaftsgesetze Seite 18 Anm. 24 empfohlen worden.

10) Zu Ziffer 9 (Stimmrecht).

Zu den Bedingungen des Stimmrechts gehört vor Allem, ob jeder Genossenschafter ohne Unterschied, wie hoch sein Geschäftsantheil ist, eine Stimme hat, oder unter welchen Bedingungen ein ungleiches Stimmrecht der Genossenschafter stattfindet (vergl. § 10 des Gesetzes und Erläuterungen). Ferner, ob gesetzliche Vertreter (z. B. Vormünder, Väter für Minderjährige, Ehemänner für Frauen u. dgl.) und ob Bevollmächtigte zuzulassen sind. Die Genossenschaften nehmen aus Gründen, die keiner Auseinandersetzung bedürfen, in der Regel nur selbständige, großjährige Männer und Frauenspersonen, unter Ausschluß der Ehefrauen, als stimmberechtigte Mitglieder auf. Nur die Konsumvereine kümmern sich meist wenig um Alter und Geschlecht, da es ihnen, sofern sie nur gegen baar verkaufen, nicht darauf ankommt, ob eine einklagbare Verpflichtung des einzelnen Genossenschafters zu Stande kommt. Stellvertreter und Bevollmächtigte werden gar nicht zugelassen.*) Endlich würde zu den Bedingungen des Stimmrechts auch gehören, wenn Genossenschafter bei gewissen Abstimmungen, z. B. bei Anträgen über ihre Ausstoßung, oder sobald sie sonst ein besonderes, dem Interesse der Genossenschaft entgegenstehendes Interesse haben, nicht mitstimmen dürfen.

Die Form, in welcher das Stimmrecht der Genossenschafter ausgeübt wird, pflegte, abgesehen von Wahlen, vor dem Genossenschaftsgesetz nicht in den Genossenschaftsstatuten vorgesehen zu sein. Die ganzen Verhandlungen, einschließlich der Abstimmungen, wurden meist nach „allgemeinem parlamentarischen Brauch" geleitet. Nur kamen namentliche Abstimmungen nicht vor; auch wurde statt Aufstehen und Sitzenbleiben das Handaufheben üblich. Seither sind fast überall in den Musterstatuten und anderweit einfache Bestimmungen, wie ich sie auch in meinem Kommentar zum Preußischen Gesetz vorschlug, aufgenommen. Der Inhalt derselben ist folgender: Die Abstimmung erfolgt durch Handerheben mit Probe und Gegenprobe. Erklärt der Vorsitzende den Ausfall der Abstimmung für unentschieden, so muß er durch zwei von ihm aus den Anwesenden ernannte Stimmzähler die Zählung vornehmen lassen, ebenso wenn zehn Mitglieder darauf antragen. Ueber Ausschließung von Mitgliedern wird schriftlich abgestimmt**). Die Wahlen erfolgen durch Stimmzettel nach absoluter Mehrheit. Wird diese Mehrheit im ersten Wahlgange nicht erreicht, so kommt von denen, welche die meisten Stimmen haben, die doppelte Zahl der noch zu Wählenden auf die engere Wahl und wird mit den engeren Wahlen in derselben Art so lange fortgefahren, bis für alle zu Wählenden eine absolute Mehrheit erreicht ist. Bei Stimmengleichheit entscheidet das Loos.

---

*) Kurz und bündig lauten z. B. die Bestimmungen des Statuts des „Konsumverein Neustadt, Eing. Genoss.: „In der Generalversammlung hat jedes anwesende Vereinsmitglied eine Stimme. Die in der Generalversammlung erscheinenden Mitglieder haben sich beim Eintritt durch ihr Geschäftsantheilsbuch zu legitimiren."

**) Sofern nicht, wie bei den meisten Konsumvereinen, die Ausschließung durch gemeinschaftlichen Beschluß von Vorstand und Aufsichtsrath erfolgt.

11) Zu Ziffer 10 (Stimmenmehrheit).

Die Fassung dieses, wörtlich mit Ziffer 11 (früher 10 des Art. 209) des H. G. Buchs übereinstimmenden Satzes, läßt keinen Zweifel darüber aufkommen, daß „die einfache Stimmenmehrheit der auf Zusammenberufung erschienenen Genossenschafter“ für alle Gegenstände zur Beschlußfassung ausreicht, wenn das Statut gar nichts darüber enthält. Durch den Wortlaut ist auch klar gestellt, daß nur auf Zusammenberufung die Mehrheit der Genossenschafter zu beschließen befugt ist; eine noch so große Mehrheit, die ohne statutenmäßige Zusammenberufung sich zusammengethan hat, kann Beschlüsse, welche die Genossenschaft binden, überhaupt nicht fassen. —

Die Musterstatuten treffen übrigens sämmtlich erschwerende Bestimmungen für gewisse Gegenstände. Anträge auf Auflösung bedürfen zu ihrer Annahme einer Mehrheit von mindestens $^2/_3$ der Anwesenden und falls nicht die Mehrheit (bei Vorschußvereinen $^1/_3$) aller Mitglieder an der Beschlußfassung Theil nimmt, der wiederholten Annahme in einer mit angemessenem Zwischenraum zur Erledigung der Tagesordnung anzuberaumenden Generalversammlung; bei den Magazin- und industriellen Produktivgenossenschaften sogar einer Mehrheit von $^2/_3$ aller Mitglieder, während für den Konsumverein schon die Beschlußfassung von $^3/_4$ der in zwei mit angemessener Frist anzuberaumenden Generalversammlungen Anwesenden genügen soll. Anträge auf Abänderung und Ergänzung des Statuts werden blos in Konsumvereinen mit Erschwerungen gar nicht berücksichtigt, in den industriellen Produktivgenossenschaften wird für sie sogar eine Mehrheit von $^5/_6$ der gesammten Genossenschafter verlangt, bei den übrigen Arten Genossenschaften werden sie den Anträgen auf Auflösung gleich behandelt. Gegen andere als diese Beschlußfassungen ist zum Schutz der Minderheit nur noch in den Musterstatuten für Magazin- und für industrielle Produktivgenossenschaften Vorsorge getroffen. Den Magazingenossenschaften schlägt Schulze vor, den Ausschluß von Mitgliedern und die Entlassung von Mitgliedern vor Ablauf der einjährigen Kündigungsfrist ebenso wie Statutänderungen zu behandeln; den Produktivgenossenschaften räth er, nicht blos zu diesen beiden Gegenständen, sondern auch zur Erhöhung der Geschäftsantheile und zur Aufnahme neuer Mitglieder die Einwilligung von $^2/_3$, beziehungsweise $^5/_6$ und zur Verlängerung der Genossenschaft über die vertragsmäßige Zeit gar die Einwilligung aller Genossenschafter zu verlangen.

Natürlich ist es nicht leicht, für die schwierigeren und auf das Geschick des einzelnen Genossenschafters einflußreicheren Arten Genossenschaften eine Regel aufzustellen, und wenn schon im Allgemeinen selbst so sorgfältige Musterstatuten, wie die Schulze'schen demjenigen, der sich über die Motive zu unterrichten verschmäht, sogar gefährlich werden können,*) so ist dies hier

---

*) Schulze selbst warnt deshalb vor Schriften, in denen man seine Musterstatuten ohne die Motive nachgedruckt hat; vergl. die Warnung vor einer „angeblich zum praktischen Gebrauch für die Genossenschaften von einem Mitgliede des Reichstages bearbeiteten Ausgabe des Genossenschaftsgesetzes“ in dem Aufsatze: „Die wichtigsten Schriften über und für Genossenschaften“. (Nr. 35 vom 27. August 1875 der Blätter für Genossenschaftswesen.)

ganz besonders der Fall. Schon manche Genossenschaft ist daran zu Grunde gegangen, daß sie von wichtigen statutarischen Bestimmungen gute mit zu wenig oder schlechte mit zu viel Schutzmauern gegen abändernde Mehrheitsbeschlüsse umgeben hat. Es ist daher jeder neuentstehenden Genossenschaft anzurathen, bei den Erwägungen, zu denen sie Ziffer 10 des § 3 zwingt, ihre besonderen lokalen und persönlichen Verhältnisse nur in Verbindung mit den von Schulze in den Motiven seiner Musterstatuten niedergelegten Erfahrungen zu berücksichtigen.

12) Zu Ziffer 11 (Form der Bekanntmachungen und öffentlichen Blätter).

Ueber die Form der Bekanntmachung enthalten die Musterstatuten ziemlich übereinstimmende Vorschriften: Alle Bekanntmachungen und Erlasse in Angelegenheiten der Genossenschaft ergehen unter deren Firma und sind mindestens von zwei Vorstandsmitgliedern zu unterzeichnen. Die Einladungen zu den Generalversammlungen, sofern sie nicht vom Vorstande ausgehen, erläßt der Vorsitzende des Aufsichtsraths mit der Zeichnung u. s. w.

Daß die Bestimmung, der Gesellschaftsvertrag „müsse enthalten . . die öffentlichen Blätter" rc. noch einer Erläuterung bedarf, beweist die Veröffentlichung des Handelsgerichts Coblenz, betreffend die Winzervereine zu Neuenahr und zu Heimersheim an der Landskron im Ahrthale — Eing. Genoss. — (Vgl. Gen.-Blätt. 1875 Nr. 2). Darnach bedienen sich zur Veröffentlichung ihrer Erlaße beide Genossenschaften „derjenigen Blätter, in deren Leserkreis ihnen vorzüglich Absatz ihrer Weine in Aussicht steht." Daß die Genossenschaft dort ihre Handelsartikel ausbietet, ist sehr natürlich; aber ihre genossenschaftlichen Veröffentlichungen, insbesondere der Bilanz, der Zahl der Genossenschafter (§ 26 des Gesetzes) wird sie doch nur in solche Blätter ergehen lassen, die im Kreise ihrer Mitglieder gelesen werden. Es scheint somit bei Abfassung des Statuts eine irrthümliche Auffassung von dem vorgewaltet zu haben, was das Gesetz unter den „von der Genossenschaft ausgehenden Bekanntmachungen" versteht. Keinesfalls durfte das Handelsgericht dies ungerügt lassen und sich an der Verletzung der klaren gesetzlichen Vorschriften dadurch betheiligen, daß es nicht die Namen der Blätter, sondern nur das Versprechen, die Genossenschaft werde in den Blättern ihrer voraussichtlichen hauptsächlichen Wein-Absatzgebiete inseriren, öffentlich bekannt macht. Darnach könnte nebenbei bemerkt, die Genossenschaft jeder Zeit ihre Publikations-Blätter ohne Statutänderung vertauschen, ohne daß — entgegen der Absicht des § 7 — Mitglieder oder Gläubiger der Genossenschaft davon etwas erfahren.

In den Musterstatuten wird es in der Regel für genügend angesehen, wenn die Genossenschaft sich zur Veröffentlichung ihrer Bekanntmachungen nur eines, im Statut namhaft zu machenden Blattes bedient. Es ist aber noch ein Zusatz dringend zu empfehlen, des Inhalts, daß für den Fall, daß jenes Blatt eingeht, der Vorstand befugt ist, mit Genehmigung des Aufsichtsraths bis zur nächsten Generalversammlung ein anderes Blatt an dessen Stelle zu bestimmen.

13) Zu Ziffer 12 (Solidarhaft).

Diese Bestimmung ist die wichtigste des Gesetzes von denjenigen, welche auf das Rechtsverhältniß der Genossenschaft und ihrer Mitglieder zu Dritten sich beziehen. Danach muß jeder Genossenschafter für die Schulden der Genossenschaft mit seinem ganzen Vermögen eintreten, und jeder Gläubiger der Genossenschaft kann sich nöthigen Falls an jedes Mitglied der Genossenschaft wegen seiner ganzen Forderung halten. Die außerdeutschen Genossenschaftsgesetze, sowie das Oesterreichische lassen auch eine beschränkte Haft der Genossenschafter für die Genossenschaftsschulden zu. Das Deutsche Gesetz schließt eine solche aus. Dies allein entspricht, wie Schulze-Delitzsch in seinem Buche „Die Gesetzgebung über die privatrechtliche Stellung rc." schlagend nachweist, der Natur und dem Wesen der eigentlichen Genossenschaften, d. h. der Personalgenossenschaften mit wechselnder Mitgliederzahl und wechselndem Gesellschaftsvermögen. Wer sich darüber noch nicht klar ist, möge sich aus jener Schrift unterrichten.

Hier ist noch nöthig, das Verhältniß des § 3 Nr. 12 zu dem § 12 Absatz 1 und zum § 51 Absatz 5 zu erörtern. Alle drei Bestimmungen sind wörtlich dem Gesetzentwurf der Preußischen Regierung vom 2. Februar 1866 entlehnt (§§ 3, 12, 51); dieser Entwurf wiederum hat die Bestimmungen der §§ 12 und 51, erstere wörtlich, letztere mit einer beim § 51 näher zu erwähnenden Abweichung, dem Kommissionsentwurfe von 1863 entnommen, wohingegen § 3 Nr. 12 neu eingefügt ist. Die Vorschrift des § 51, — wonach die Berechtigung der Gläubiger, wegen des Ausfalls ihrer Forderungen, sobald der über das Vermögen der Genossenschaft eröffnete Konkurs (Falliment) beendet ist, die ihnen solidarisch haftenden Genossenschafter in Anspruch zu nehmen, davon abhängig gemacht wird, daß die Forderungen im Konkursverfahren (Falliment) angemeldet und verifizirt sind, — ist augenscheinlich für Abfassung des Gesellschaftsvertrages gleichgültig. Sie regelt nur, wie das Recht der Genossenschaftsgläubiger aus der konstituirten beziehungsweise gesetzlichen Solidarhaft geltend gemacht werden kann. Die Verschiedenheit des § 3 Nr. 12 und des § 12, insofern nach letzterem die solidarische Haft gegen die Genossenschafter nur bei nicht ausreichendem Genossenschaftsvermögen eintritt, während ersterer §, ohne jener Beschränkung zu erwähnen, die Bestimmung der solidarischen Haft aller Genossenschafter in den Gesellschaftsvertrag aufzunehmen befiehlt, giebt zu folgenden Fragen Anlaß:

1. Genügt es, in den Gesellschaftsvertrag die Bestimmung genau nach Inhalt des § 12 aufzunehmen?

2. Sind die rechtlichen Folgen verschieden, je nachdem die eingetragene Genossenschaft in ihrem Gesellschaftsvertrage bei Feststellung der Solidarhaft die Beschränkung des § 12 des Gesetzes aufnimmt oder fortläßt?

3. Ist es rechtlich zulässig, daß eine eingetragene Genossenschaft durch eine Bestimmung ihres Gesellschaftsvertrages die Einschränkung des § 12 beseitigt, so daß der Gläubiger der Genossenschaft wegen seiner ganzen Forderung sofort jeden Genossenschafter in Anspruch nehmen kann, auch wenn ausreichendes Genossenschaftsvermögen vorhanden ist?

Im Abgeordnetenhause hatte Prof. Glaser beantragt, den vorerwähnten Zusätzen die Nr. 12 in einer mit § 12 übereinstimmenden Fassung folgen zu lassen. Aus seiner nicht besonders klaren Begründung ging hervor, daß er darin eine materielle Aenderung nicht sah. Schulze-Delitzsch erklärte das

Amendement, welches dasselbe wie das Gesetz sage, für überflüssig, der Inhalt desselben brauche nicht hier nochmals besonders erwähnt zu werden. Freiherr von Vincke, indem er augenscheinlich die Bestimmung des § 12 ganz übersah, meinte, die Sache werde dadurch nur weitläufiger; für das Publikum würde jedenfalls angenehm sein, ohne jede Prinzipalverpflichtung sofort in der Solidarhaft eine genügende Deckung zu haben. Eine dritte Meinung äußerte der Referent Lasker. Ihm schien das Amendement Glaser auf einem Irrthum zu beruhen: „Richtig ist, daß die Eventualhaft im § 12 des Kommissions-Entwurfs als materielles Recht eingeführt wird, aber es ist keineswegs die Absicht des Gesetzes, alle Genossenschaften an die nur eventuelle Solidarhaft zu binden, sondern das Gesetz will nur das unerläßliche Minimum der Solidarhaft feststellen. Wir können aber die Nr. 12 des § 3 nicht nach dem Vorschlage des Amendements Glaser abändern, wenn wir nicht die Bestimmung der Kommissions- und Regierungsvorlage dahin abändern wollen, daß den einzelnen Genossenschaften verboten wäre, eine ausgedehntere Solidarhaft einzugehen."

Uns scheint die Ansicht des Referenten, der zu Folge von den obigen Fragen die zu 2) und 3) zu bejahen sein dürften, nicht richtig. Weder Schulze's Antrag von 1863, noch der Entwurf der Kommission von 1863 schrieb den Genossenschaften vor, eine Bestimmung über die Solidarhaft in das Statut zu setzen. Die Solidarhaft mit der Beschränkung des jetzigen ersten Absatzes des § 12 sollte stets eintreten; Abänderungen durch den Gesellschaftsvertrag sollten nicht zulässig sein.*)

So hat es auch die Preußische Staatsregierung aufgefaßt. Sie sagt in den Motiven zum Gesetzentwurfe (S. 24), jene Kommission habe als leitenden Grundsatz aufgestellt:

> „daß die Solidarhaft der Genossen auf eine Solidarbürgschaft reduzirt werde, welche dann in Kraft tritt, wenn das Vermögen der Genossenschaft zur Befriedigung ihrer Gläubiger nicht ausreicht."

Eine Abweichung hiervon beabsichtigte die Staatsregierung durch den § 3 keineswegs. Die Motive lauten zu § 3:

„Der § 3 ist im Wesentlichen dem Art. 209 des Handelsgesetzbuches nachgebildet. Abweichend von dem Inhalte des letzteren ist im § 3 statt der Bestimmung über die Höhe des Grundkapitals und der Aktien, die Verpflichtung der Genossenschafter zur Solidarhaft (§ 3 Nr. 11) unter die Grundbedingungen des Genossenschaftsvertrages aufgenommen. Die solidarische Haftbarkeit der einzelnen Genossenschafter für die von der Genossenschaft kontrahirten Schulden bildet die Basis der Kreditfähigkeit der in Preußen bestehenden Genossenschaften und damit zugleich die Grundursache der von den letzteren bisher erzielten Erfolge. Eine vertragsmäßige Abänderung des Prinzips der Solidarhaft ist daher den Genossenschaften — als das Wesen der letzteren alterirend — nicht gestattet. Die unbedingte gesetzliche Feststellung jenes Prinzips entspricht

*) Vergl. §§ 11 und 15 im Kommissions-Entwurf von 1863, Drucksachen Nr. 168, II. Session 1863. Die Fassung des § 12 beruht auf einem Antrage des Herausgebers.

den Interessen der Genossenschaften selbst, wie der mit ihnen kontrahirenden Gläubiger. Zugleich wird dadurch einer mißbräuchlichen Benutzung des Genossenschaftsgesetzes zur Umgehung der für Gründung von Aktiengesellschaften erforderlichen Staatsgenehmigung (durch Bildung von Genossenschaften mit beschränkter Haftbarkeit) vorgebeugt."

Zu § 12 aber:

„Im § 12 ist das Rechtsverhältniß der einzelnen Genossenschafter in Beziehung auf ihre Verhaftung für die Genossenschaftsschulden gegen dritte Personen bestimmt. Die bestehenden Genossenschaften haben, wie schon oben angeführt ist, als Grundsatz angenommen, daß die einzelnen Genossenschafter für die Schulden der Genossenschaft solidarisch haften. Diese Solidarhaft ist im § 12 beibehalten, indessen dadurch, daß den Genossenschaftsgläubigern die Verpflichtung auferlegt wird, ihre Befriedigung zunächst aus dem Genossenschaftsvermögen zu suchen, in die zweite Linie gerückt worden. Die solidarisch verpflichteten Genossenschafter erhalten dadurch den Genossenschaftsgläubigern gegenüber statt der Stellung der Hauptschuldner die Stellung der Bürgen. Diese veränderte Rechtslage der einzelnen Genossenschafter steht damit im Einklang, daß den Genossenschaften selbst jetzt Rechtsfähigkeit beigelegt wird. Da die letzteren nunmehr die ihnen bis jetzt fehlende Befugniß erhalten sollen, die Träger von Verbindlichkeiten zu werden, so erscheint es gerechtfertigt, daß sie für die Erfüllung dieser von ihnen kontrahirten Verbindlichkeiten zunächst zu haften, dieselben als Hauptschuldner mit ihrem (dem Genossenschafts-) Vermögen zu vertreten haben, während nur im Falle der Insuffizienz der letzteren die Genossenschaftsgläubiger wegen des Ausfalls das Privatvermögen der einzelnen Gesellschaftsmitglieder in Anspruch nehmen können. Die Sicherheit der Genossenschaftsgläubiger wird hierdurch nicht beeinträchtigt, da ihnen das Vermögen aller Genossenschafter nach wie vor verhaftet bleibt. Sie erhalten nur einen Schuldner mehr, die Genossenschaft selbst, gegen welche sie zunächst ihre Ansprüche zu richten haben, während ihnen seither — so lange der Genossenschaft als solcher die Rechtsfähigkeit fehlte — nur die einzelnen Genossenschafter als Verpflichtete gegenüberstanden."

Aus alledem ergiebt sich als Antwort auf die vorstehend aufgeworfenen Fragen:

zu 1) Jeder Genossenschaft steht frei, in ihren Gesellschaftsvertrag die Bestimmung über die Solidarhaft nach der Fassung des § 3 oder nach der Fassung des § 12 aufzunehmen;

zu 2) Die rechtlichen Folgen sind in beiden Fällen dieselben;

zu 3) Es ist unzulässig, die prinzipale Solidarhaft der Genossenschafter durch den Gesellschaftsvertrag einzuführen; die Solidarbürgschaft ist ein essentiale des neuen Rechtsinstituts, der eingetragenen Genossenschaft. (Vergl. das Verbot des § 9 des Gesetzes.) Will die Genossenschaft einem Dritten gegenüber eine Verbindlichkeit übernehmen, bei welcher neben ihr, der juristischen Person, einzelne oder alle Genossenschafter als wirkliche Korrealverpflichtete eintreten, so kann dies nur durch eine besondere Erklärung der letzteren geschehen. Eine solche Korrealverpflichtung einzugehen, kann der einzelne Genosse nicht durch Gesellschaftsbeschluß gezwungen werden.

Die vorstehenden, schon in meinem Kommentar zum Preußischen Gesetze enthaltenen Ausführungen sind bereits 1868 von Berliner Genossenschaften, welche die Bestimmung über die Solidarhaft, entsprechend der Fassung des § 12, in ihre Gesellschaftsverträge aufgenommen hatten, gegen den Handelsrichter des Berliner Stadtgerichts, der deshalb die Eintragung verweigerte, im Beschwerdewege mit Erfolg geltend gemacht, indem das Stadtgericht angewiesen ist, die Eintragung zu bewirken.

§. 4.*)

Der Gesellschaftsvertrag muß bei dem Handelsgerichte, in dessen Bezirk die Genossenschaft ihren Sitz hat, nebst dem Mitgliederverzeichnisse durch den Vorstand eingereicht, vom Gerichte in das Genossenschaftsregister, welches, wo ein Handelsregister existirt, einen Theil von diesem bildet, eingetragen und im Auszuge veröffentlicht werden.

Der Auszug muß enthalten:

1) das Datum des Gesellschaftsvertrages;
2) die Firma und den Sitz der Genossenschaft;
3) den Gegenstand des Unternehmens;
4) die Zeitdauer der Genossenschaft, im Falle dieselbe auf eine bestimmte Zeit beschränkt sein soll;
5) die Namen und den Wohnort der zeitigen Vorstandsmitglieder;
6) die Form, in welcher die von der Genossenschaft ausgehenden Bekanntmachungen erfolgen, sowie die öffentlichen Blätter, in welche dieselben aufzunehmen sind.

Zugleich ist bekannt zu machen, daß das Verzeichniß der Genossenschafter jeder Zeit bei dem Handelsgerichte eingesehen werden könne.

Ist in dem Gesellschaftsvertrage eine Form bestimmt, in welcher der Vorstand seine Willenserklärungen kund giebt und für die Genossenschaft zeichnet, so ist auch diese Bestimmung zu veröffentlichen. (Preuß. Ges. § 4.)

---

*) Die nachfolgenden im Sommer 1867 geschriebenen, diesem § 4 als Anmerkung 31 (Seite 24) beigefügten Ausführungen meines Kommentars zum Preußischen Genossenschaftsgesetze haben leider auch in ihrem letzten Theile ihre Berechtigung noch nicht verloren, weshalb ich sie hier unverändert wiedergebe:

„Der Regierungsentwurf hatte zwischen diesem und dem vorigen § eine Bestimmung, wonach ein Antrag auf Anerkennung der Genossenschaft vom Vorstande an den Oberpräsidenten der Provinz unter Beifügung des Gesellschaftsvertrages und eines Verzeichnisses der Genossenschafter zu richten sei und der Oberpräsident die Anerkennung durch Attest aussprechen sollte.

I. **Zur Geschichte des § 4.**

Der § 4 stimmt mit dem § 4 des Preuß. Gesetzes im 2. 3. u. 4. Absatze wörtlich überein; nur der erste Absatz enthält drei bereits von Schulze-Delitzsch beantragte Abweichungen von dem Preußischen § 4, dessen erster Absatz lautet:

„Der Gesellschaftsvertrag muß bei dem Handelsgerichte (Art. 73 des Einführungsgesetzes zum Allgemeinen Deutschen Handelsgesetzbuche vom 24. Juni 1861), in dessen Bezirk die Genossenschaft ihren Sitz hat, in das Genossenschaftsregister, welches einen Theil des Handelsregisters bildet, eingetragen und im Auszuge veröffentlicht werden."

Eine gleiche Genehmigung sollte nach einem folgenden § die Bedingung der Gültigkeit eines jeden den Gesellschaftsvertrag abändernden Beschlusses sein. Die Motive führten darüber aus:

Die Sicherheit des mit den Genossenschaften kontrahirenden Publikums erfordere, daß die rechtliche Existenz der Genossenschaft unzweifelhaft festgestellt werde. Namentlich die für die Staatsregierung erhebliche Frage, ob die Genossenschaft nicht unerlaubte Nebenzwecke zum Gegenstande ihrer statutarischen Festsetzungen gemacht habe, erheische, daß die Feststellung durch Prüfung und Anerkennung des Staates geschehe. Die Frage, ob ein die Anerkennung als Genossenschaft beanspruchender Verein seinem Zwecke nach zu den im § 1 bezeichneten Kategorien gehöre, sei wesentlich administrativer Natur; die Entscheidung derselben werde daher nicht den Gerichten, sondern den Administrativbehörden übertragen. Unter den letzteren seien die Ober-Präsidenten gewählt, um eine größere Gleichförmigkeit in der Behandlung der derselben Provinz angehörigen Genossenschaften herbeizuführen.

Um diesen Punkt und die damit zusammenhängenden Bestimmungen über anderweitige amtliche Einwirkung (vgl. § 27) drehten sich die erheblichsten Differenzen zwischen der Kommission des Abgeordnetenhauses und dem Ministerium. Für das Anerkennungsrecht des Oberpräsidenten wurde nichts anderes geltend gemacht, weder in der Kommission noch im Abgeordnetenhause, als die alten landläufigen Redensarten, mit denen Büreaukraten und Absolutisten jede Bevormundung, jeden Eingriff der Staatsgewalt in den wirthschaftlichen Verkehr von jeher zu rechtfertigen suchten (vergl. namentlich Glaser S. 1214 der stenographischen Berichte).

Gegen den Hinweis auf die nothwendige staatliche Genehmigung für Aktiengesellschaften (Art. 208 des Handelsgesetzbuchs) wurde von den Gegnern jener Bestimmung hervorgehoben, daß in den sehr industriell entwickelten Ländern England und Belgien für Aktiengesellschaften eine staatliche Genehmigung nicht gefordert werde, und daß man dieselbe, wo sie bestehe, wie in Preußen, nur aus der beschränkten Haftbarkeit der Aktionäre herleite; man meine den nur auf den Antheilen basirenden Kredit durch eine vorangehende Kontrolle der Behörde zu schützen. Bei den Kommandit-Gesellschaften, wo neben den Kommanditisten mit beschränkter Haftbarkeit nur noch Einer oder einige Wenige mit ihrem ganzen Vermögen haften, schreibe das Gesetz weder Bestätigung noch Anerkennung vor; um so weniger passe diese für die Genossenschaft, welche für alle Mitglieder die Solidarhaft begründe.

Nachdem im Abgeordnetenhause das von den Genossenschaften in vielen Petitionen als völlig unannehmbar bezeichnete Anerkennungsrecht des Oberpräsidenten fast einstimmig abgelehnt war, erklärte der Handelsminister in der Kommission des Herrenhauses, gegen den Fortfall dieses Anerkennungsrechts keine Schwierigkeiten erheben zu wollen, da die Einmischung des Staats in gewerbliche Unternehmungen allerdings mit manchen Bedenken verbunden sei und die Genossenschaften ohnehin auch bei Versagung der Anerkennung durch den Oberpräsidenten fortbestehen und nur der Vortheile des neuen Gesetzes

Schulze-Delitzsch hatte in seinem Gesetzentwurf, wodurch er gleichsam „einen zusätzlichen Abschnitt" zum Handelsgesetzbuch selbst, über eine darin übersehene, und jedenfalls verwandte Gesellschaftsform in's Leben rufen wollte, die Eintragung in das Handelsregister ohne nähere Bezeichnung vorgeschlagen. Ein den drei ersten Abtheilungen des Handelsregisters in Preußen: Firmenregister, Prokurenregister, Gesellschaftsregister (vgl. Instruktion vom 12. Dezember 1861) entsprechendes Genossenschaftsregister als ferneren Theil des Handelsregisters zu bilden, wurde zuerst von der Abgeordnetenhaus-Kommission von 1863 auf Antrag des Herausgebers angenommen. Die Motive des Preußischen Regierungsentwurfs vom 2. Februar 1866, welcher sich hier dem Kommissionsentwurfe von 1863 anschloß, besagen darüber: „Für die Veröffentlichung der Firmen der Genossenschaft, der Personen ihres Vor-

---

entbehren würden. In der Kommission des Herrenhauses sprach sich zwar keine Stimme für Anerkennung durch den Oberpräsidenten aus, man versuchte indeß die Staatsbeeinflussung durch zwei Anträge wieder hineinzubringen des Inhalts:

a. die Königl. Regierung ist befugt, einen Kommissar zu bestellen, der das Recht hat, den Versammlungen der Genossenschaftsorgane beizuwohnen und von den Büchern, Rechnungen und sonstigen Schriftstücken, sowie ihren Kassen und Anstalten Einsicht zu nehmen;
b. zur Vermittelung des Geschäftsbetriebes der Genossenschaften, welche dies in Anspruch nehmen, wird die Königl. Staatsregierung eine Zentralkasse einrichten und diese mit einem Betriebsfonds von zwei Millionen Thalern dotiren. (Bericht 132 S. 11.)

Diese von der Staatsregierung energisch bekämpften Anträge wurden schließlich mit geringer Mehrheit verworfen. Aus der Diskussion ist ein wesentlicher Umstand zu vermerken: Ein Appellationsgerichtspräsident und ein früherer Oberpräsident erachteten es für unzweifelhaft, daß die Regierung schon jetzt das Recht habe, die Bücher einer Genossenschaft durch einen Kommissar einsehen, etwaige Unordnungen aufdecken und nach Maßgabe des Befundes weiter verfügen zu lassen. Die Staatsregierung hat hierüber keine Erklärung abgegeben. Mit Recht hat aber ein anderer Oberpräsident a. D. (v. Kleist-Retzow) dem widersprochen: Die Regierung dürfe einen Kommissar in Gesellschaften nur senden, wenn bestimmte polizeiliche oder kriminelle Gründe vorliegen.

Die Frage des Oberaufsichtsrechts des Staates ist auch in Zukunft für die Genossenschaften von Wichtigkeit. Ueber dieses Recht haben Preußische Behörden öfters Anschauungen, die durch die Gesetze nicht zu begründen sind, aus dem absoluten Staate zurückbehalten, und der Mangel der Privatanklage und die Kompetenzkonfliktsgesetze hindern, daß eine bessere Einsicht Platz greife. Mit dem Aufsichtsrecht verhält es sich folgendermaßen. Die Instruktion zur Geschäftsführung der Regierungen vom 23. Oktober 1817 (Gesetz-Sammlung Seite 248) überwies der ersten Abtheilung der Regierung im § 2 Nr. 5 „das gesammte Kommunalwesen, insoweit dem Staate eine Einmischung darüber vorbehalten worden; ferner die Aufsicht über alle Korporationen, Gesellschaften, Verbindungen, öffentliche Institute und Anstalten, sofern selbige nicht bloß einen gewerblichen Zweck haben; folglich auch über die Brand- und andere Versicherungsanstalten und -Gesellschaften". Genossenschaften könnte man hier höchstens unter die „Gesellschaften, sofern selbige nicht bloß einen gewerblichen Zweck haben" unterbringen wollen. Dagegen sprechen aber im Allgemeinen schon die Vorschriften, welche dieselbe Instruktion in dem § 7 den Regierungen ertheilt:

„Es muß daher bei allen ihren Ansichten, Vorschlägen und Maßregeln

standes und der im Genossenschaftsvertrage etwa bestimmten besonderen Form, in welcher der Vorstand seine Erklärungen in verbindender Art auszustellen hat, sprechen dieselben Gründe, aus welchen diese Veröffentlichung bei den Firmen der kaufmännischen Gesellschaften durch das Handelsregister im Handelsgesetzbuch vorgeschrieben ist. Da das Handelsregister lediglich für die in Gemäßheit des letztern Gesetzes zu publizirenden Bekanntmachungen bestimmt ist, so ist zur Unterscheidung der Genossenschaften von den Handelsgesellschaften ein besonderes, dem Handelsregister nachgebildetes Genossenschaftsregister vorgeschrieben." Bei dieser Gegenüberstellung ist zu übersehen, daß das Genossenschaftsregister einen Theil des Handelsregisters bilden soll, also vielmehr dem Gesellschaftsregister korrespondirt. Das Gleiche ist noch öfter von der Preußischen Regierung übersehen worden.

Im Besonderen ist über die Entstehung des § 4 noch Folgendes erwähnenswerth:

a) Der Bericht der Reichstagskommission vom 23. Mai 1868 sagt über die Veränderungen:

„Im § 4 ist der Eingang geändert, indem 1) der Hinweis auf das Preußische Einführungsgesetz zum Allgemeinen Deutschen Handelsgesetzbuche gestrichen und 2) hinzugefügt ist, daß mit der Anmeldung der Genossenschaft das Mitgliederverzeichniß zu überreichen ist. Diese letztere Bestimmung war schon in dem Entwurfe des Preußischen Genossenschaftsgesetzes, aber in einem anderen Zusammenhange vorhanden, und ging verloren, indem das Abgeordnetenhaus den § 4 des Entwurfs, der von der Oberaufsicht des Oberpräsidenten handelt, strich, ohne an geeigneter Stelle eine andere Bestimmung über die Vorlegung des Mitgliederverzeichnisses aufzunehmen. (L. Parisius, das Gesetz, betreffend die privatrechtliche Stellung der Erwerbs- und Wirthschaftsgenossenschaften. Berlin, Verlag von J. Guttentag. 1868. Seite 30.)" Wer sich näher über jenen Verlust unterrichten will, möge die eben zitirte Stelle meines Kommentars zum Preußischen Gesetz nachlesen.

---

der Grundsatz leitend sein, Niemanden in dem Genuß seines Eigenthums, seiner bürgerlichen Gerechtsame und Freiheit, so lange er in den gesetzlichen Grenzen bleibt, weiter einzuschränken, als es zur Beförderung des allgemeinen Wohles nöthig ist; einem Jeden innerhalb der gesetzlichen Schranken die möglichst freie Entwickelung seiner Anlagen, Fähigkeiten und Kräfte in moralischer sowohl als physischer Hinsicht zu gestatten, und alle dagegen noch obwaltenden Hindernisse bald möglichst auf eine legale Weise hinwegzuräumen".

Uebrigens werden die meisten Genossenschaften zu den Gesellschaften zu zählen sein, die bloß einen gewerblichen Zweck haben. Die Vorschußvereine, welche nur an Mitglieder ausleihen, treiben zwar selbst kein Gewerbe, aber sie bezwecken, ihren Mitgliedern die Vorbedingungen ihres Gewerbebetriebes zu verschaffen, nämlich das Geld, was sie zu ihrem Gewerbebetriebe nöthig haben. Das Aufsichtsrecht über die Gesellschaften, wie es in der Instruktion vom 23. Oktober 1817 ausgesprochen war, ist durch Art. 29—31 der Verfassung und durch das Gesetz vom 11. März 1850 erheblich eingeschränkt. Danach sind alle Gesellschaften, welche keine Korporationsrechte haben, keine Einwirkung auf öffentliche Angelegenheiten bezwecken (§ 2 des Ges. vom 11. März 1857) und deren Zwecke den Strafgesetzen nicht zuwiderlaufen, jeder Aufsicht der Regierung enthoben, es sei denn, daß eine solche Aufsicht durch ein Spezial-Gesetz vorgeschrieben sei". - - — - -

b) Der Bericht der Reichstagskommission erwähnt nicht der dritten Abweichung, der Einschiebung der Worte „wo ein Handelsregister existirt". Diese erschien nothwendig, weil dazumal in zwei Norddeutschen Ländern, in Schaumburg-Lippe mit 8,05 □Meilen und Lauenburg mit 19 □Meilen das Allgemeine Deutsche Handelsgesetzbuch noch nicht eingeführt war (vgl. unten Erläuterungen).

II. Erläuterungen zu § 4.

1. **Absatz I.** „bei dem Handelsgerichte".

Da Handelsgerichte auch in Preußen nur in wenigen Landestheilen existiren, war im Preußischen Gesetze vom 27. März 1867 hier auf den Artikel 73 des Einführungsgesetzes zum H.-G.-Buche vom 24. Juni 1861 verwiesen, da in diesem Artikel Bestimmung getroffen ist, welche Gerichte in Preußen dort, wo keine besonderen Handelsgerichte bestehen, an deren Stelle treten. In den Verordnungen vom 12. Juli, 12. Aug. u. 22. Sept. 1867 betreffend die Einführung des Genossenschaftsgesetzes in die mit der Preußischen Monarchie m Jahre 1866 vereinigten Territorien (siehe meinen Kommentar zum Preuß. Gesetz S. 138—146) war jene Hinweisung aufgehoben, da ja in den annektirten Territorien das Einführungsgesetz nicht galt. Eine Bestimmung, welches Gericht an Stelle des Handelsgerichts überall, wo dieses Gesetz von dem Handelsgerichte spricht, einzutreten habe, war nur für diejenigen Länder nöthig, wo das Handelsregister gar nicht vorhanden war. (Vgl. zur Gesch. b und unten Erläuterung S. 215.) Sie ist auf Vorschlag der Zivilprozeß-Kommission im § 70 entstanden (man vgl. diesen).

2. „nebst dem Mitgliederverzeichnisse".

Das Handelsgesetzbuch verlangt von den Handelsgesellschaften, daß der Eintritt und Austritt der persönlich haftenden Gesellschafter durch diese selbst sofort beim Handelsgericht angemeldet und durch das Handelsregister veröffentlicht werden. Eine solche Bestimmung wäre für die Genossenschaft, von welcher im Gegensatz zu den auf eine ganz geringe Anzahl persönlich haftender Gesellschafter berechneten Handelsgesellschaften ein regelmäßiger Wechsel des Mitgliederbestandes begriffsmäßig vorausgesetzt wird, nicht durchzuführen. Da aber ein Jeder, der mit der Genossenschaft in geschäftlichen Verkehr tritt, in den Stand gesetzt sein muß, ohne Verzug und ohne Kosten zu prüfen, welche Personen zur Zeit die Genossenschaft bilden, also für die Verpflichtungen derselben solidarisch verhaftet sind, so ist die öffentliche Auslegung einer möglichst vollständigen, von verantwortlichen, ihrem Namen nach durch die Handelsgerichtsblätter bekannt gemachten Vorstehern herrührenden, vom Handelsrichter regelmäßig kontrollirten Liste der Genossenschafter nothwendig. Die Grundlage derselben bildet das behufs Eintragung der Genossenschaft eingereichte Mitgliederverzeichniß dieses § 4. Dieses Verzeichniß, gleichsam die Stammrolle, ist nach Absatz 2 des § 25 regelmäßig durch das Handelsgericht zu berichtigen und zu vervollständigen nach den am Schlusse jedes Quartals zu machenden Ab- und Zugangs-Anzeigen und dem alljährlich im Januar einzureichenden alphabetisch geordneten Namensverzeichniß (§ 25 Abs. 1). Ueber diejenigen Veränderungen, welche im laufenden Quartale im Mitgliederbestande eingetreten sind, kann man sich nur durch Erkundigung bei dem Vorstande unterrichten, — das Handelsregister nebst seinen Beilagebänden giebt darüber keinen Aufschluß.

3. „durch den Vorstand eingereicht“.

Die Genossenschaft muß darnach bereits vollständig konstituirt sein, insbesondere einen gewählten Vorstand haben, bevor die Eintragung erfolgen kann.

Es dürfte angemessen sein, hier gleich im Allgemeinen eine Frage zu erörtern, die bei mehreren §§ wiederkehrt. Die Pflichten des Vorstandes dem Handelsgericht gegenüber, namentlich zur Darlegung von Thatsachen, die für die eingetragene Genossenschaft und deren Verkehr von Wichtigkeit sind, geben mehrfach zu der Streitfrage Anlaß,

> ob dabei der Vorstand in Person zu fungiren resp. im Behinderungsfalle notariell oder gerichtlich beglaubigte Urkunden einzureichen habe, — oder ob bei einzelnen Geschäften die Form des Privatschreibens genüge?

Der Handelsrichter kommt hier nur als Handelsregister-Behörde in Betracht (vgl. Erläuterung S. 213); es werden die durch das Handelsgesetzbuch gegebenen Regeln auch für den Verkehr zwischen der Genossenschaft und deren Vertretern einerseits und dem Handelsrichter andererseits in diesen mehr formellen Fragen, insoweit für maßgebend zu erachten sein, als das Genossenschaftsgesetz nicht selbst abweichende Bestimmungen trifft. Für das Handelsregister gilt nun die Regel, daß alle zur Eintragung in das Handelsregister bestimmten Anmeldungen entweder persönlich vor dem Handelsgericht erklärt, oder in beglaubigter Abschrift bei dem Handelsgericht einzureichen sind. (v. Hahn, Kommentar 2. Aufl. S. 75). Das Genossenschaftsgesetz ordnet dies ausdrücklich an:

a. in den §§ 18 und 23 für die Anmeldung der Bestellung von Vorstandsmitgliedern und deren Stellvertretern,

b. in § 41 für die Anmeldung von Liquidatoren zur Eintragung in das Genossenschaftsregister.

c. Blos vom Einreichen (nicht Anmelden) des Gesellschaftsvertrages (nebst dem Mitgliederverzeichniß) behufs Eintragung ist im § 4 die Rede; allein da dies nur unter gleichzeitiger Anmeldung der Bestellung des Vorstandes geschehen kann, so muß die Bestimmung des § 18 schon deshalb auch hier Anwendung finden.

d) Ebenso bei der Anmeldung der Statutänderungen unter Ueberreichung von Abschriften (§ 6) und der Anmeldung der Zweigniederlassungen Behufs Eintragung (§ 9); denn hier ist ausdrücklich das gleiche Verfahren wie bei den Eintragungen des § 4 vorgeschrieben.

e) Angemeldet durch den Vorstand zur Eintragung soll die Auflösung der Genossenschaft werden, wenn sie nicht eine Folge der Konkurseröffnung ist (§ 36). — An und für sich ist dies ein so wichtiger Akt, daß wenn irgend wo, so hier der Handelsrichter sich sorgfältig von der Wahrheit der einzutragenden Thatsache unterrichten muß. Aber abgesehen davon dürfte bereits durch die Wahl des Ausdruckes „anmelden“ für dargethan gelten, daß das Gesetz die gleiche Form wie in den vorher genannten §§ fordert.

f) Von einem Antrage auf Eröffnung des Konkurses über das Vermögen der Genossenschaft, von den Liquidatoren bei dem Handelsgerichte zu stellen, ist im § 48 die Rede. Da der Handelsrichter auf den Antrag, bevor er ihm stattgiebt, erst eine gründliche Untersuchung der Thatsachen vornehmen, und zu diesem Behuf die Betheiligten vorladen muß, so ist die Form des Antrages von keiner Bedeutung, und die gleiche Form wie bei der „Anmeldung" nicht erforderlich.

g) Darnach bleibt nur der Fall des § 25 übrig, wonach der Vorstand dem Handelsgerichte 1) am Schlusse jedes Quartals über den Eintritt und Austritt von Genossenschaftern „schriftlich Anzeige zu machen" und 2) alljährlich im Januar ein vollständiges, alphabetisch geordnetes Verzeichniß der Genossenschafter einzureichen hat. In Betreff beider hält Schulze-Delitzsch die persönliche Ueberreichung durch den gesammten Vorstand für nöthig und bemerkt, es sei mit diesen Anzeigen sehr genau zu nehmen, weil auf Grund derselben die Eintragung in das Genossenschaftsregister und Ausstellung von Legitimations- und andern Attesten unter öffentlichem Glauben erfolge. (Genoss. i. einz. Gewerbszweigen S. 19.)

Schon früher hat er diese Ansicht ausführlich begründet in dem Aufsatze „Die Ueberreichung der auf den Mitgliederstand bezüglichen Listen und Anzeigen an das Handelsgericht" rc. (Blätter für Gen. Wesen 1869 S. 169; daraus in dem Sammelwerke: Die Entwickelung rc. Seite 378 ff.). Er führt darin mit Recht aus, daß die Liste der Mitglieder in dem als Theil des Registers zu erachtenden Beilageband zu verwahren und deshalb von gleicher Wichtigkeit wie andere anzumeldenden Thatsachen sei, sowie daß die Genossenschaften selbst das größte Interesse daran hätten, wenn Jedermann sich von dem Eintritt und Austritt Solcher, deren Vermögens- und sonstige Verhältnisse für ihn bei seinen Geschäften mit der Genossenschaft maßgebend sein würden, jederzeit durch Einsicht der dem Register beigegebenen Listen oder auch durch handelsgerichtliche Atteste Kenntniß verschaffen könne. Man kann Schulze in allen diesen Punkten zustimmen, und doch zu einem andern Ergebniß kommen. Denn es kann nicht fraglich sein: wenn der von ihm vertretenen Meinung der Wortlaut des Gesetzes entgegensteht, so ist seine ganze Beweisführung schon aus diesem Grunde nur de lege ferenda von Werth. Dies glaube ich aber behaupten zu müssen. Die Ausdrücke: „anmelden" von Thatsachen und „einreichen" von Schriftstücken laufen, wie vorher dargethan, durch das ganze Gesetz Ein einziges Mal, oben im § 25, werden in einem und demselben Satz „schriftlich Anzeige machen" und „einreichen" einander gegenüber gestellt; in dieser Gegenüberstellung ist „schriftlich" — nicht „schriftliche" — „Anzeige machen" gar nicht anders aufzufassen, als im Gegensatz zu dem nach Wortlaut und Sprachgebrauch als persönliche Aushändigung zu verstehenden „Einreichen". Niemand wird, wenn ihm vorgeschrieben ist, schriftlich Anzeige zu machen, leicht auf den Gedanken verfallen, daß darunter zu verstehen sei, er habe die Anzeige zu Hause zu schreiben und dann persönlich zu Protokoll zu übergeben. Uebrigens hat es auch seinen guten Grund, wenn man das vollständige alphabetische Jahresverzeichniß, welches auch nach meiner Auffassung vom Vorstande persönlich dem Handelsgerichte zu übergeben ist, wichtiger behandelt, als die vierteljährlichen Ab- und Zugangslisten. Denn um den Eintritt neuer Genossenschafter brauchen sich vorsichtige Dritte, welche mit der Genossenschaft in Geschäftsverbindung stehen, nicht groß zu kümmern, da die neuen Mitglieder durch ihren Eintritt in die Solidarhaft für die alten Verpflichtungen nur die Sicherheit erhöhen. Den Austritt von Mitgliedern aber sollen vorsichtige Genossenschaften überhaupt nur zum Jahresschluß oder richtiger zum Schluß einer Geschäftsperiode zulassen. Es bleiben somit nur noch die durch Ausstoßung und durch den Tod ausgeschiedenen Genossenschafter übrig, und deren werden so wenige sein, daß ihrerhalb alle Vierteljahr den gesammten Vorstand auf das Handelsgericht ziehen zu lassen, sich kaum verlohnt.

Könnte noch über die Auslegung der betreffenden Worte ein Zweifel sein, so würde er durch die Entstehungsgeschichte des § 25 völlig beseitigt:

Der erste von Schulze-Delitzsch dem Preußischen Abgeordnetenhause eingereichte Entwurf vom 10. März 1863 behandelte im § 4 die Eintragung ins Handelsregister und die dazu erforderlichen Anmeldungen. Nachdem im letzten (achten) Absatz des § 4 bemerkt war, daß die Anmeldungen „beim Gericht durch die Vorstände oder Vertreter in Person" erfolgten, „oder durch Ueberreichung eines beglaubigten Aktes", kam

> § 5. Der Vorstand ist ferner verbunden, am Schlusse jedes Quartals über den Eintritt und Austritt von Mitgliedern dem Gericht, jedoch nur schriftlich, Anzeige zu machen, welches darnach die Mitgliederliste berichtigt und jedem Interessenten zur Einsicht stellt.
>
> Endlich muß derselbe auch binnen drei Monaten nach Ablauf des Rechnungsjahres die vollständige Mitgliederliste und Geschäftsbilanz in der dazu bestimmten Zeitung veröffentlichen und das betreffende Exemplar des Blattes dem Gericht zugehen lassen."

Man sieht, daß nach diesem Antrage die vierteljährlich, „jedoch nur schriftlich" zu machenden Anzeigen hier in den Gegensatz gestellt wurden zu den voraufgehenden „Anmeldungen in Person oder durch beglaubigten Akt," daß somit der Ausdruck gerade zu dem Behufe ausgesucht sein muß, um die Abweichung zu konstatiren.

In der Abgeordnetenhaus-Kommission von 1863 hatte ich als Referent in metallographirten Abänderungsanträgen eine Theilung des § 4 unter anderer Ordnung des darin Behandelten beantragt, dem sich dann ein § 8 statt jenes § 5 anschloß, dahin:

> „§ 8. Der Vorstand ist verbunden, dem Handelsgerichte am Schlusse jedes Quartals über den Eintritt und Austritt von Mitgliedern schriftliche Anzeige zu machen und alljährlich im Monat Januar ein vollständiges alphabetisch geordnetes Mitgliederverzeichniß einzureichen.
>
> Der Vorstand muß ferner in den ersten sechs Monaten jeden Geschäftsjahrs die Bilanz des verflossenen Geschäftsjahres und die gegenwärtige Zahl der Mitglieder, sowie die Zahl der seit der letzten Bekanntmachung aufgenommenen und ausgeschiedenen Mitglieder in den zu den Bekanntmachungen der Genossenschaft bestimmten Blättern veröffentlichen und das Exemplar des betreffenden Blattes dem Gerichte einreichen."

Die Kommission genehmigte meinen Antrag in beiden Theilen, schob aber entsprechend der Schulze'schen Vorlage noch einen Absatz dazwischen: „Das Handelsgericht berichtigt und vervollständigt danach die Mitgliederliste.“ (Antrag Laßwitz).

Der nun folgende Gesetzentwurf, der der Preußischen Regierung vom 2. Februar 1866, hat dem § 8 des Kommissionsentwurfs von 1863 eine andere Stelle gegeben, den letzten Absatz mit nur formellen Aenderungen in einen § 26 gebracht, und an den beiden andern nichts weiter geändert, als dreimal „Genossenschafter“ für „Mitglieder“ gesetzt und „schriftlich Anzeige“ für „schriftliche“ Anzeige. So entstand der § 25 des Entwurfs vom 2. Febr. 1866, welcher buchstäblich unverändert und nirgends angefochten durch alle Stadien der Gesetzgebung in Preußen und später im Norddeutschen Bunde glücklich bis in das Deutsche Genossenschaftsgesetz gelangt ist.

Der Gedanke des Schulze'schen Entwurfs von 1863, daß die Quartalanzeigen „jedoch nur schriftlich“ zu machen seien, hat bei den späteren Aenderungen keine Anfechtung erleiden sollen, — wenigstens ist in den Akten des Abgeordnetenhauses und Reichstages auch nicht eine entfernte Andeutung dafür zu finden.

Soviel über die Rechtsfrage. Uebrigens hat bei den meisten Gerichten, — wenn ich recht unterrichtet bin — sich von vornherein die Praxis dahin gebildet, daß die Ab- und Zugangs-Anzeigen vierteljährlich vom Vorstande der Genossenschaften brieflich übersandt werden; auch mit dem Jahresverzeichniß ist dies vielfach der Fall.

4. „Genossenschaftsregister, welches .... einen Theil von diesem“ (Handelsregister) „bildet“.

Das Handelsregister „hat den Zweck, die über gewisse Thatsachen und Rechtsverhältnisse abgegebenen Erklärungen zu beurkunden und zur öffentlichen Kenntniß zu bringen. Auch die Zeichnung der Firma und der persönlichen Unterschrift ist eine solche Erklärung. Sie geht dahin, daß man in der angegebenen Weise zu zeichnen pflege und zeichnen werde. Die Registerbehörde hat daher nur die Identität des persönlich Anmeldenden zu konstatiren und zu prüfen, ob die bei der Anmeldung zu übergebenden Urkunden die im Handelsgesetzbuch vorgeschriebene Beschaffenheit haben und äußerlich fehlerfrei sind. Ob das Rechtsverhältniß, über welches die Erklärungen abgegeben sind, zur Zeit der Anmeldung wirklich bestanden habe, beziehungsweise durch die abgegebene Erklärung zu Stande gekommen sei, und ob dasselbe später noch bestehe, ist, soweit dazu noch das Vorhandensein anderer Umstände erforderlich ist, ... aus dem Handelsregister nicht ersichtlich“. So v. Hahn a. a. O. S. 71. Im Allgemeinen kann man als die Wirkung handelsregisterlicher Eintragungen und Veröffentlichungen hinstellen, daß „in den Fällen, in welchen durch dieselben ein bestehendes und gehörig veröffentlichtes Rechtsverhältniß abgeändert oder aufgehoben werden soll, der Dritte die Aenderung oder das Erlöschen gegen sich gelten lassen muß, sofern nicht die Umstände die Annahme begründen, daß er diese Thatsachen weder gekannt habe, noch habe kennen müssen“. (Makower, Allgem. Deutsche Handelsrecht 6. Aufl. 1875 Seite 55.)

Dadurch, daß das Genossenschaftsregister zu einem Theil des Handelsregisters (siehe oben S. 207) und die Genossenschaften zu Kaufleuten (§ 11) erklärt sind, ist die Stellung der Genossenschaften zum Genossenschaftsregister und den Eintragungen in dasselbe durchaus klargestellt.

In formeller Beziehung folgt aus dem Verhältniß des Genossenschaftsregisters zum Handelsregister folgendes:

I. Alle Bestimmungen des Allgemeinen Deutschen Handelsgesetzbuchs über das Handelsregister und dessen Führung gelten auch für das Genossenschaftsregister und können von den Landesregierungen nicht durch Ausführungsverordnungen (§ 72 des Genossenschaftsgesetzes) abgeändert werden. Dahin gehören insbesondere die Bestimmungen der Artikel 12 bis 14 des H.-G.-Buchs. Nach diesen ist das Handelsregister öffentlich. Jeder ist berechtigt, es während der gewöhnlichen Dienststunden einzusehen; jeder ist berechtigt, gegen Erlegung der Kosten von den Eintragungen eine einfache oder beglaubigte Abschrift zu fordern; das Handelsgericht hat die Eintragungen durch eine oder mehrere Anzeigen in öffentlichen Blättern ohne Verzug bekannt zu machen; das Handelsgericht hat alljährlich im Monat Dezember die öffentlichen Blätter zu bestimmen, in welchen im Laufe des nächsten Jahres diese Bekanntmachungen erfolgen sollen u. s. w.

II. Auch die sämmtlichen in den Einführungsgesetzen und Ausführungsvorschriften zum Handelsgesetzbuche für das Handelsregister erlassenen Verfügungen gelten für das Genossenschaftsregister, soweit sie auf das letztere anwendbar und nicht durch das Genossenschaftsgesetz und die Ausführungsverordnungen zu demselben ausgeschlossen sind; es ist nicht nöthig, daß dies in den Ausführungsverordnungen ausdrücklich vorgeschrieben ist.*)

III. Weder durch Verordnungen der Landesregierungen, noch durch Landesgesetze dürfen innerhalb desjenigen Spielraumes, den das Handelsgesetzbuch und das Genossenschaftsgesetz für die Gesetzgebung und Verwaltung der Einzelstaaten in Ansehung des Genossenschaftsregisters gelassen haben, Anordnungen getroffen werden, welche die Eigenschaft des Genossenschaftsregisters als eines Theils des Handelsregisters irgendwie alteriren. Es ist daher ein Verstoß gegen das Reichsgesetz, wenn gestattet wird, daß andere Beamte, als diejenigen, denen die Führung des Handelsregisters übertragen ist, das Genossenschaftsregister führen, oder daß andere öffentliche Blätter zur Bekanntmachung der Eintragungen in das Genossenschaftsregister ausgewählt werden, als für die Eintragungen in die übrigen Theile des Handelsregisters bestimmt sind.**)

Zum Handelsregister gehören „nicht blos die tabellarischen, vom Gericht

---

*) Vgl. Sicherer a. a. O. Seite 187.

**) Daß in beiden Punkten die Instruktion des Preußischen Justizministers Leonhardt vom 17. Dezember 1868 betreffend die Führung der Genossenschaftsregister gröblich verstößt, wird im zweiten Theile des Buches näher erörtert werden. Den gleichen Verstoß hatte der Preußische Justizminister Graf zur Lippe durch seine Verordnungen zum Preuß. Genossenschaftsgesetz vom 27. März 1867 begangen; ich hatte dies in meinem Kommentar zum Preuß. Genossenschaftsgesetze mehrfach (S. 28, 151 ff.) getadelt. Allein um die Literatur scheint man sich im Justizministerium dazumal wenig gekümmert zu haben.

bewirkten Aufzeichnungen, sondern auch die Unterlagen und Belege dieser Aufzeichnungen, sowie diejenigen Dokumente, deren Errichtung vor dem Handelsgericht bez. Einreichung an dasselbe im Interesse der Publizität vorgeschrieben ist, insbesondere die eigenhändige Zeichnung der Firma durch den Prinzipal, den Prokuristen" (die Genossenschaftsvorsteher und deren Stellvertreter), die Liquidatoren. Gewöhnlich werden diese Dokumente einen Theil der als Unterlagen und Belege der Eintragungen erscheinenden schriftlichen Anmeldungen oder der über die mündlichen Anmeldungen aufgenommenen Protokolle bilden. Sie können aber auch als besondere Schriftstücke vorkommen." (v. Hahn a. a. O. Seite 74.)

5. „wo ein Handelsregister existirt".

Es ist oben (zur Geschichte b Seite 209) schon erwähnt worden, daß diese Einschaltung nothwendig war, weil zur Zeit des Erlasses des Genossenschaftsgesetzes das Allgemeine Deutsche Handelsgesetzbuch noch nicht in allen Ländern des Norddeutschen Bundes, namentlich nicht in Lauenburg und Schaumburg-Lippe eingeführt war. Lediglich für diese Staaten war auch der § 8 nothwendig, weil ohne den Hinweis auf die Bestimmungen des H.-G.-Buchs diese dort für das Genossenschaftsregister nicht maßgebend werden konnten (Reichstags-Drucksachen Nr. 80 Seite 5). Durch das Gesetz vom 5. Juni 1869*), welches das Allgemeine Deutsche Handelsgesetzbuch zum Bundesgesetz erklärte, ist dasselbe mit dem 2. Januar 1870 auch in Schaumburg-Lippe eingeführt worden, nachdem es im Herzogthum Lauenburg bereits seit 1. Januar 1869 zufolge Gesetzes vom 2. Oktober 1868 in Gültigkeit getreten war. Damit haben der betreffende Zwischensatz im § 4 und der § 8 des Genossenschaftsgesetzes jede Bedeutung verloren.

6. „eingetragen . . . werden".

Was Anschütz und Völdernborff (a. a. O. Bd. II. S. 426 und S. 484 bei Art. 176 und 210) bei der Eintragung der Aktienkommandit- und der Aktiengesellschaft hervorheben, gilt auch für die Genossenschaft. Zwar soll der Gesellschaftsvertrag im ganzen Umfange in das Genossenschaftsregister eingetragen werden, damit der ganze Vertrag Jedermann zur Einsicht zugänglich werde. Die Eintragung erfolgt aber in der Weise, daß das Original des Vertrages bei der Anmeldung beigebracht und eine gleichzeitig übergegebene vollständige Abschrift (Abdruck) desselben zu den Akten genommen oder einem besondern Beilageband des Registers einverleibt wird. Im Register selbst erfolgt nur eine auszugsweise Eintragung und eine Verweisung auf das Blatt der Akten oder des Beilagebandes, wo sich der vollständige Vertrag befindet.

Wie weit das Recht und die Pflicht des Handelsrichters bei Prüfung der Anmeldung einer Genossenschaft sich erstrecke, darüber dürfte eine allgemeine Regel sich schwer fixiren lassen. Klar ist, daß der Handelsrichter dieselbe nicht eintragen darf, wenn sie nach Inhalt ihres Gesellschaftsvertrages keine derjenigen Gesellschaften ist, die nach der Begriffsbestimmung des § 1

*) Das Handelsgesetzbuch ist Reichsgesetz geworden, indem das Gesetz vom 5. Juni 1869 am 1. Januar 1871 in Baden, Südhessen und Württemberg, und am 13. Mai 1871 in Bayern in Wirksamkeit getreten ist (Hahn a. a. O. XL.)

zur Eintragung zugelassen werden sollen, oder wenn die Erfordernisse des § 2 nicht beachtet sind, oder wenn ihr Gesellschaftsvertrag von den im § 3 aufgeführten Bestimmungen eine oder die andere nicht enthält, oder wenn sie bei der Regelung der im § 3 vorgeschriebenen Punkte gegen Vorschriften des Genossenschaftsgesetzes verstößt. Ebenso wenig ist umgekehrt zweifelhaft, daß den Handelsrichter die Frage, ob eine oder die andere der im § 3 angegebenen Bestimmungen zweckmäßig ist, durchaus nichts angeht, daß er vielmehr seine Prüfung des Vertrages nur vom rechtlichen Standpunkte aus vorzunehmen hat. Die Frage spitzt sich hiernach dahin zu:

> Ist der Handelsrichter berechtigt oder verpflichtet, einer an sich zur Eintragung geeigneten Genossenschaft, welche in den Bestimmungen des Gesellschaftsvertrages den Erfordernissen der §§ 2 und 3 des Gesetzes genügt, die Eintragung zu versagen, lediglich deshalb, weil in dem Gesellschaftsvertrage andere Bestimmungen enthalten sind, welche gegen das Genossenschaftsgesetz oder andere Gesetze verstoßen?

Meiner Ansicht nach ist der Richter zu einer Prüfung der Rechtsgültigkeit jeder einzelnen Bestimmung des Gesellschaftsvertrages durchaus nicht verpflichtet; denn das Handelsregister soll nur Thatsachen darlegen und hat für die Rechtsgültigkeit eingetragener Vertragsbestimmungen gar nicht einzustehen. Andererseits aber halte ich den Richter für berechtigt, auch die übrigen Bestimmungen des Gesellschaftsvertrages zu prüfen; findet er bei dieser Prüfung ungesetzliche Bestimmungen, welche erheblich sind für das Rechtsverhältniß der Genossenschaft als solcher zu dritten Personen, so ist er nicht blos berechtigt, sondern auch verpflichtet, die Eintragung zu versagen. Dahingegen gehen den Richter diejenigen Bestimmungen des Statuts, welche sich nur auf die Rechtsverhältnisse der Genossenschafter unter einander beziehen, nichts an.

Darnach würde ich z. B. den Handelsrichter nicht für berechtigt halten, einer Genossenschaft die Eintragung zu versagen, wenn er Statutbestimmungen findet, wonach auch solche Personen Mitglieder werden dürfen, die sich gar nicht verpflichten können, und wenn er gleichzeitig aus den Unterschriften ersieht, daß von dieser Bestimmuug mehrfach Gebrauch gemacht ist, daß also die Genossenschaft Mitglieder besitzt, die an den Gesellschaftsvertrag gar nicht gebunden sind, weil sie zum Abschluß desselben unfähig waren.*) Anders aber, wenn diese Personen in den Vorstand gewählt worden sind. Dann mußte der Handelsrichter die Eintragung versagen. Demnach verstieß z. B. der Amtsrichter gegen das Gesetz, welcher in das Genossenschaftsregister bei dem Verein der Nagelschmiede zu Steinbach-Hallenberg, Eingetr. Genossensch., drei Vorstandsmitglieder eintrug, die gar nicht Mitglieder der Genossenschaft waren (Gen.-Blätter 1874 S. 252.)

Schulze-Delitzsch geht in dieser schwierigen Frage noch weiter. Die Ausführungs-Verordnung von Sachsen-Altenburg vom 18. Dezember 1868 hatte die Bestimmung, daß Genossenschaften, deren Statuten den Erfordernissen in den §§ 1 bis 3 des Genossenschaftsgesetzes genüge, jeder Zeit berechtigt

---

*) Man vgl. das bei Sicherer a. a. O. Seite 180 besprochene Erkenntniß des Nürnberger H.-A.-Gerichts vom 15. Novbr. 1869.

seien, die Eintragung als „eingetragene Genossenschaften" zu beantragen. (Siehe die Verordnung in Thl. II dieses Buchs.) Schulze erklärte in Nr. 14 der Gen.-Blätter 1869 Seite 53 diese Bestimmung für unrichtig. Die Eintragung würde seiner Ansicht nach „auch dann zu verweigern sein, wenn das Statut irgend einem andern Paragraphen des Gesetzes widerspricht, wenn es z. B. entgegen dem § 38 den Mitgliedern den Austritt aus der Genossenschaft untersagte*), oder wenn es entgegen dem § 28 dem Aufsichtsrath die Ueberwachung der Geschäftsführung des Vereins entziehen wollte, oder wenn es nicht gemäß § 29 eine Bestimmung enthielte, wie der Aufsichtsrath sich zur Prozeßführung gegen den Vorstand bei Gericht zu legitimiren hat u. dgl. § 5 der V.O. geht also nicht weit genug, wenn er den Genossenschaften nur die Beobachtung der §§ 1 bis 3 des Gesetzes im Statut zur Vorschrift macht, und hätten dort vielmehr die Worte „in §§ 1--3" fortfallen sollen. Man kann sich hier nicht damit begnügen, zu sagen, einer Prüfung des Statuts Seitens des Gerichts in allen diesen Punkten bedürfe es nicht, weil das Statut selbstverständlich insoweit keine Gültigkeit habe, als es dem Gesetze widerspreche, und daß in den Punkten, wo ein solcher Wiederspruch vorhanden, an Stelle des Statuts die Vorschrift des Gesetzes einträte; denn trifft dies schon bezüglich der eben erwähnten, in § 29 Al. 1 aufgestellten Erfordernisse nicht zu, wenn der fragliche Punkt im Statut überall nicht berührt ist, so würde es auch noch in manchen andern Punkten nicht zutreffen; jedenfalls würde die Sicherheit des geschäftlichen Verkehrs der Genossenschaft mit dem Publikum sehr darunter leiden, wenn letzteres nicht die Gewißheit hätte, daß die gerichtlich geprüften Statuten der Genossenschaften wenigstens allen gesetzlichen Anforderungen genügen."

7. „im Auszuge veröffentlicht werden".

Der Preußische Regierungsentwurf vom 2. Februar 1866 wollte nach einem besonderen § 55 diese Veröffentlichungen nicht durch die jährlich für das Handelsregister zu bestimmenden Blätter, sondern durch die Regierungs-Amtsblätter erlassen wissen (Vgl. oben zur Geschichte des § 3. d Seite 185). Nachdem dieser § 55 beseitigt ist, darf die Veröffentlichung, da das Genossenschaftsregister einen Theil des Handelsregisters bildet, nur in denjenigen öffentlichen Blättern erfolgen, welche nach Art. 64 des H.-G.-Buchs von jedem Handelsgerichte für seinen Bezirk alljährlich im Monat Dezember für alle Handelsregister-Bekanntmachungen des nächstfolgenden Jahres zu bestimmen sind. Keine Landesregierungs-Verordnung und kein Landesgesetz darf dies ändern und darf gestatten, oder anordnen, daß die Veröffentlichung der Eintragungen in das Genossenschaftsregister in andern Blättern oder nur in einem oder dem andern jener Blätter erfolge. (Vgl. oben S. 214.)

Einen Einfluß haben die Landesregierungen auf die Auswahl der Blätter nur so weit, als er durch den letzten Absatz des Art. 14 des H.-G.-Buchs gestattet ist, welcher lautet: „In wie fern die Gerichte bei der Wahl der zu bestimmenden Blätter an Weisungen höherer Behörden gebunden sind, ist nach den Landesgesetzen zu beurtheilen." Diese Vorschrift ist ein Kompromiß zwischen

---

*) Dieser Fall verstößt auch gegen § 1 des Ges.

zwei verschiedenen Ansichten, indem man einerseits im Hinblick auf Amtsblätter, die in einzelnen Staaten für alle Bekanntmachungen der Gerichte bestehen, den Landesregierungen überlassen wollte, durch generelle Weisungen, die Wahl der Blätter zu beeinflussen, anderer Seits die Aufnahme einer dieser Auffassung entsprechenden Bestimmung als mit dem innern Staatsrecht einzelner Länder unvereinbar bekämpfte, und lediglich den Handelsgerichten die Wahl überlassen wollte. (Vgl. v. Hahn a. a. O. Seite 77).

Zur Zeit der Entstehung des Handelsgesetzbuchs mochte die Bestimmung des Art. 14 angemessen sein; im Jahre 1875 sollte man von Reichs wegen dazu thun, die Handelsregister-Veröffentlichungen nutzbarer zu machen. Durch die Einrichtung des „Zentral-Handelsregisters für das Deutsche Reich", Beilage des Deutschen Reichs- und Königl. Preußischen Staatsanzeigers, ist der Weg dazu hinreichend angezeigt. Schon jetzt haben viele Mittel- und Norddeutschen Regierungen, denen diese Befugniß zustand, vorgeschrieben, daß die handelsregisterlichen Bekanntmachungen außer in andern Blättern im Reichsanzeiger erfolgen, Sachsen und Hessen-Darmstadt lassen besonders redigirte Auszüge in diesem Blatte veröffentlichen, und der Preußische Justizminister, der zu etwas Weiterem nicht befugt war, hat den Handelsgerichten öfters empfohlen, bei der Wahl der Blätter auch den Reichsanzeiger zu berücksichtigen. Nur die Süddeutschen Staaten verhalten sich vollständig spröde gegen das Blatt, welches rein offiziell und nicht berufen ist, politische Propaganda zu machen. Nachdem der Reichsanzeiger durch Reichsgesetz zum Publikationsblatt für alle Veröffentlichungen der Zettelbanken, für die Eintragungen in das Markenregister, und jetzt auch für die Eintragungen in das Musterregister erhoben ist, sollte die Reichsgesetzgebung ihn auch dergestalt zum Publikationsblatt für die Eintragungen in die sämmtlichen Handelsregister des Deutschen Reiches ernennen, daß daneben je nach Lage der Landesgesetzgebung ein oder zwei vom Handelsgerichte oder ein von der Landesregierung und ein vom Handelsgerichte zu bestimmendes Blatt dieselben Bekanntmachungen bringen müßten.*)

Bei den begründeten Beschwerden eingetragener Genossenschaften über unnütze Steigerung der Insertionskosten (siehe nachfolgend Erläuterung zu 8) ist auf eine für Aktiengesellschaften gemachte Bemerkung in Anschütz und Völdernborff's Kommentar Bd. II. S. 485 hinzuweisen: Den Auszug fertigt der Handelsrichter an, allein es ist dabei nicht ausgeschlossen, daß die Parteien denselben „bereits bei der Anmeldung formgerecht einreichen". Durch einen Auszugsentwurf mit knapper Wortfassung könnten Genossenschaften gewiß bei vielen Gerichten erhebliche Ersparnisse erzielen, da der Handelsrichter, der den Auszug in weitschweifiger Formulirung veröffentlicht, dies nicht thut, um der Genossenschaft Kosten zu verursachen, und demnach keinen Anstoß daran nehmen kann, wenn man ihm einen Entwurf des von ihm zu fertigenden Schriftstücks vorlegt.

8. **Absatz II.** „Der Auszug muß enthalten".

Diese Worte sind eine vom Handelsrichter zu beobachtende Vorschrift, der

*) Welche Staaten den Reichsanzeiger zum Handelsregister-Blatt erhoben haben, ist im zweiten Theile mitgetheilt.

zu Folge er nicht die Befugniß hat, dem Auszuge noch mehr Inhalt zu geben. Thut er es dennoch, so wird freilich keine andere Wirkung erzielt, als daß der Genossenschaft unnütze Kosten erwachsen. Allein als man bei den analogen Vorschriften in den Artikeln 176 u. 210 des H.-G.-Buchs, in denen über die Veröffentlichung von Auszügen bei Aktienkommanditgesellschaften und Aktiengesellschaften, die Anordnungen getroffen sind, eine Ausnahme von dem Grundsatz beschloß, daß die Eintragungen in das Handelsregister ihrem ganzen Inhalt nach in öffentlichen Blättern bekannt zu machen seien (Art. 13), that man dies lediglich „mit Rücksicht auf die außerordentlichen Kosten, welche eine Inserirung der vollständigen Gesellschaftsverträge in öffentliche Blätter verursachen würde, und darauf, daß das Publikum hinreichend gesichert sei, wenn nur die hauptsächlichsten Vertragspunkte publizirt würden, der übrige Inhalt sich aber aus dem Handelsregister würde ersehen lassen". (v. Hahn a. a. O. bei Art. 231 Seite 605.) Wie viel mehr als bei reichen Aktienkommanditgesellschaften und Aktiengesellschaften tritt die Rücksicht auf den Kostenpunkt bei eben begründeten Personal-Genossenschaften hervor, für welche das Gesetz Kostenfreiheit zu bewilligen Veranlassung fand! (Vgl. § 69.) Es ist daher unverantwortlich und verdient ernste Rüge, wenn Handelsgerichte bei Eintragungen in das Genossenschaftsregister aus Unkenntniß oder Nachlässigkeit in die Veröffentlichungen eine Menge Dinge hineinschreiben, von denen im § 4 des Genossenschaftsgesetzes keine Rede ist. Wie oft fliegen da bei Produktivgenossenschaften und Konsumvereinen die mühsam ersparten, ja abgedarbten Sparpfennige armer Arbeiter thalerweis auf Insertionskosten fort, welche zu erheblichem Theile vom Handelsrichter durch Vernachlässigung von Gesetzesvorschriften verschuldet sind. Wer sich davon überzeugen will, wie sehr ein nachlässiges Verfahren hier eingerissen ist, braucht nur ein paar Wochen lang die im Reichsanzeiger enthaltenen Veröffentlichungen über Eintragungen in das Genossenschaftsregister durchzusehen und mit dem Genossenschaftsgesetz zu vergleichen und er wird finden, daß ein erheblicher Prozentsatz der Handelsgerichte in dieser Beziehung Fehler macht. Wie drückend diese gesetzwidrige Kostenerhöhung von den Genossenschaften empfunden wird, ergeben die Verhandlungen des 16. Allgemeinen Vereinstages (München Ende August 1875 — vgl. Mittheilungen über denselben Seite 59 ff.*)

---

*) Zur Verhandlung kam ein Antrag des Unterverbandes der Konsumvereine der Provinz Brandenburg (vertreten durch den Verbandsdirektor Hunger-Berlin, einem Arbeiter): „Der allgemeine Vereinstag wolle beschließen, die Anwaltschaft zu beauftragen, Material darüber zu sammeln, inwieweit a) die Handelsrichter, wie in manchen Fällen geschehen, in ihren amtlichen Veröffentlichungen über das Maß dessen hinausgehen, was das Genossenschaftsgesetz vorschreibt; b) die Gerichte zu den amtlichen Veröffentlichungen mehr Blätter wählen, als das Interesse der einzelnen Genossenschaften und des mit ihnen verkehrenden Publikums erfordert." In der Debatte wurden von Vertretern aus den Preußischen Provinzen Brandenburg, Schlesien, Pommern und aus Baden und dem Königreich Sachsen im Sinne des ersten Theiles des Antrags Klagen vorgebracht; man ging indessen mit Rücksicht auf die von Schulze-Delitzsch als Anwalt gegebene Erklärung, er werde Gelegenheit nehmen, bei den betreffenden Behörden geeignete Schritte zur Abstellung der gerügten Uebelstände zu thun, — zur Tagesordnung über. Schulze hatte

Wenn wir im Nachfolgenden einige Beispiele für ungehörige Erweiterung des zur Veröffentlichung gelangenden Auszuges aus Gesellschaftsverträgen eingetragener Genossenschaften bringen, so wollen wir dabei bevorworten, daß die Genossenschaften durch vorsichtige, knappe Fassung ihrer Statuten möglichst im Anschluß an die Schulze'schen Musterstatuten, im Ganzen genommen wohl mehr sparen würden, als sie durch jene Fehler der Handelsgerichte verlieren; denn wenn sie in ihrem Statut auf den Gegenstand des Unternehmens zehn bis zwanzig Druckzeilen verwenden, statt zwei bis drei, und wenn sie für verschiedene Arten von Bekanntmachungen ohne ersichtlichen Grund oder aus reiner Liebhaberei für Besonderheiten lauter verschiedene Formen feststellen, in welchen die Bekanntmachungen erfolgen sollen, so können sie dem Handelsrichter nicht vorwerfen, daß die Inserate einen so großen Raum einnehmen. Dazu kommt noch, daß von dem oben (Erläuterung zu 7) empfohlenen Verfahren, den Auszug formulirt bei der Anmeldung zu überreichen, sehr selten Gebrauch gemacht wird, obschon es als „meistens üblich" bei Aktienkommanditgesellschaften und Aktiengesellschaften bezeugt wird.*)

Unter den Fehlern der Handelsgerichte bei Veröffentlichungen von Eintragungen neu angemeldeter Genossenschaften heben wir nach Notizen aus den Jahren 1874 und 1875 folgende hervor:

a) Obschon nach Ziffer 4 die Zeitdauer der Genossenschaft nur dann im Auszuge enthalten sein soll, wenn sie auf eine bestimmte Zeit beschränkt sein soll, stößt man sehr oft auf die Bemerkung: Die Dauer der Genossenschaft ist unbestimmt, oder ist unbeschränkt oder dergleichen. So z. B.: Kreisgericht Beuthen O/S., betreffend Konsum- und Sparverein zu Lipine Eing. Gen.; — Kreisgericht Greifswald, betreffend Vorschußverein zu Lassan, Eing. Gen.; — Kreisgericht Pillkallen, betreffend Milchmagazin-Genossenschaft Grumbkowkeiten, Eing. Gen.

b) Außer den Namen und dem Wohnort der zeitigen Vorstandsmitglieder — Ziffer 5 — wird fast regelmäßig deren Titel oder Gewerbe sehr sorgfältig verkündet. Schlimmer ist es, wenn zugleich über die Zusammensetzung des Vorstandes, wo möglich noch über die Legitimation in Gemäßheit § 3 Ziffer 7 oft viele Zeilen lange Mittheilungen inserirt werden. So z. B. das Handelsgericht Trier, betreffend Prümer Lohmühlenverein, Eing. Gen. (zugleich mit dem Fehler zu a); — Handelsgericht Coblenz, betreffend Landskroner Winzerverein zu Heimersheim, Eing. Gen. und sonst noch oft; — Handelsgericht Köln, betreffend Kerpener Spar- und Darlehns-Kassen-Verein, Eing. Gen. — und in der verschwenderischesten Weise betreffend Bergisch-Gladbacher Kredit- und Sparverein, Eing. Gen.; — Stadtgericht Berlin, betreffend Pianofortefabrik Concordia, Eing. Gen. oder Berliner Odd-Fellow-Hallen-

den Antrag sehr berechtigt gefunden; ihm seien schon aus verschiedenen Vereinen Beschwerden zugekommen, aus denen sich eine unangemessene Belastung der Vereine mit Kosten ergebe; wenn z. B. kleine Vereine 17 bis 20 Thlr. Insertionskosten bezahlen sollten, so müsse man in der That auf Abhilfe bedacht sein rc.

*) Dr. Puchelt, Reichsoberhandelsgerichtsrath, Kommentar zum Allgem. Deutschen Handelsgesetzbuch. Leipzig 1874. Anmerkung zu Art. 174, Seite 307.

Bauverein, Eing. Gen. (zugleich mit Fehler zu a); — Kreisgericht Delitzsch, betreffend Landwirthschaftlichen Konsumverein der Kreise Delitzsch und Bitterfeld, Eing. Gen.; — Kreisgericht Wetzlar, betreffend Spar- und Leihkasse in Niederkleen (von dem nothwendigen Zusatze in der Firma „Eing. Gen." ist nichts publizirt; zugleich mit Verstoß zu a); — Kreisgericht Neuwied, betr. Unkeler Spar- und Darlehnskassenverein, Eing. Gen. (zugleich mit Fehler zu a); — Amtsgericht Hannover, betreffend Odd-Fellow-Hallen-Baugesellschaft zu Hannover, Eing. Gen.

c) Nicht selten wird über „die Form, in welcher die Zusammenberufung der Genossenschafter erfolgt" — § 3 Ziffer 8 — mancherlei mitgetheilt. Z. B. Handelsgericht Elberfeld, betreffend Grünewalder Konsum- und Sparverein, Eing. Gen. (zugleich Verstoß zu a), ebenso betreffend Elberfelder Hauserwerb- und Bauverein, Eing. Gen.; — Handelsgericht Gladbach, betreffend die schon früher wegen der ungesetzlichen Firma erwähnte Volksbank, Eing. Gen. mit dem Sitze in Süchteln; — Kreisgericht Eisleben, betreffend Vorschußvereine für Mansfeld und Umgegend, Eing. Gen.; — Kreisgericht Friedeberg i. N/M., betreffend Woldenberger Kreditverein, Eing. Gen. (zugleich mit Verstößen zu b u. dgl. — mindestens um 18 Zeilen zu lang!)

d) Mit dem Betrag der Geschäftsantheile und der Art der Bildung derselben — § 3 Ziffer 5 — den Auszug des § 4 zu belasten ist nach Pröbst' Mittheilungen in den Gen.-Blättern (Jahrgang 1874 Seite 56) eine nicht seltene Liebhaberei Bayerischer Gerichte. In Norddeutschland begegnet man derselben seltener: das Fürstlich Schwarzburgische Justizamt Gehren hat bei Eintragung des Vorschuß- und Sparvereins zu Langewiesen, Eing. Genoss., veröffentlicht: „Inhaber der Firma sind die Mitglieder. Die Geschäftsantheile der einzelnen Mitglieder werden durch Stammantheile von 240 Mrk. und bis zu diesem Betrage durch monatliche Einzahlungen gebildet, resp. bis zu dieser Höhe ergänzt."

e) Die Aufsichtsrathsmitglieder werden, da der Aufsichtsrath nicht obligatorisch ist, in den §§ 3 und 4 gar nicht erwähnt, dennoch kommt es öfter vor, daß das Handelsgericht bei Eintragung der Genossenschaft gleich die Namen der Aufsichtsrathsmitglieder veröffentlicht, so z. B. das Kreisgericht Soldin betreffend den Vorschußverein zu Bernstein, Eing. Genoss.

f) Recht überflüssig ist es auch in den Auszug hineinzusetzen, was die Genossenschaft thun wird, wenn ihr Publikationsblatt eingeht (zu Ziffer 6); dieses thun viele Gerichte, namentlich die Rheinischen Handelsgerichte, die überhaupt bei diesen Publikationen sich nicht vortheilhaft auszeichnen.

g) Auch Unterlassungen kommen bei den Veröffentlichungen recht oft vor. Die Kreisgerichtsdeputation zu Rathenow veröffentlicht z. B. die Eintragung einer Genossenschaft unter der laufenden Nr. 4 ihres Genossenschaftsregisters: „Kol. 2 Firma der Genossenschaft: Rathenower Badeanstalt." Die Publikation ist unrichtig, denn in der That lautet die Firma des von erfahrenen Genossenschaftsmännern gegründeten Unternehmens „Rathenower Badeanstalt, Eingetragene Genossenschaft." *)

*) Diese Genossenschaft, deren Unternehmen zum Gegenstande hat „die

Ob es ebenso nur ein Versehen des Gerichtes ist, wenn im Genossenschaftsregister des Amtsgerichts zu Alfeld unter Nr. 1 eine Genossenschaft eingetragen gemeldet wird unter der Firma: „Dampf-Dresch-Maschinen-Gesellschaft zu Westfeld“ oder ob diese Werkgenossenschaft das Versehen begangen hat, ihrer Firma den nothwendigen Zusatz „Eing. Genossensch.“ vorzuenthalten, ist mir nicht bekannt. Doch ist ersteres zu vermuthen, denn das betreffende Amtsgericht hat nicht nur in dem Auszuge absonderliche Mittheilungen über den Vorstand aufgenommen, sondern auch unterlassen, der Vorschrift des dritten Absatzes des § 4 zu genügen. Die Bekanntmachung, daß das Verzeichniß der Genossenschafter jeder Zeit eingesehen werden könne, ist öfters vergessen; so vom Kreisgericht Delitzsch bei der zu b) erwähnten Genossenschaft und vom Kreisgericht Minden betreffend den Rohstoffverein der Schuhmacher zu Minden, Eing. Genoss., ferner vom Amtsgericht Hildesheim bei der Veröffentlichung des Auszugs mit der sonderbaren Firma „Molkereigenossenschaft in Ochtersum, eingetragene Genossenschaft in Ochtersum“.*)

Eine andere Unterlassung enthält die Veröffentlichung aus dem Genossenschaftsregister zu Frankfurt a. M. vom 2. Nov. 1874 betreffend die „Spar- und Leihkasse zu Niederrad eingetragene Genossenschaft.“ Ueberflüssiger Weise wird mitgetheilt, daß die Dauer der Genossenschaft unbestimmt sei und Mit-

---

Beschaffung von warmen, kalten und medizinischen Bädern“ ist ein Beispiel für das Seite 164 über genossenschaftliche „Krankenhäuser, Kaltwasserheilanstalten oder dergl.“ Gesagte.

*) Diese Bekanntmachung hat den großen Vorzug der Kürze, ist aber sonst ein Muster wie es nicht zu machen ist. Sie lautet:

Hildesheim. Bekanntmachung. Nachstehendes: Auf Fol. 3 des hiesigen Genossenschaftsregisters ist heute eingetragen die Firma: „Molkereigenossenschaft in Ochtersum, eingetragene Genossenschaft in Ochtersum,“ und hat den Zweck, durch gemeinschaftlichen Betrieb und Kredit die Milch der Milchkühe der Genossenschaft zu verwerthen.

Sie gilt auf unbestimmte Zeit und wird durch einen Vorstand von 3 Personen und 1 Ersatzmann vertreten; die Zeichnung erfolgt durch den Vorsitzenden und ein Mitglied des Vorstandes. Bekanntmachungen und Erlasse erfolgen unter der Firma, werden vom Vorstande unterzeichnet und in der . . . Zeitung veröffentlicht. Die zeitigen Vorstandsmitglieder sind: . . . . Vorsitzender, ... Stellvertreter des Vorsitzenden, . . . Rechnungsführer, . . . Ersatzmann, sämmtlich in Ochtersum. Wahlprotokoll mit Statut vom 5. Juni d. J. ist hinterlegt. Eingetragen zufolge Verfügung vom 19. Juni am 21. Juni 1875. Der Aktuar . . . wird damit veröffentlicht.

Hildesheim, den 21. Juni 1875. Königl Amtsgericht Abthlg. V.

Wie viel Verstöße gegen § 4 u. das Genossenschaftsgesetz überhaupt, stecken in der Bekanntmachung? Streng genommen ist jede der 6 Nummern des zweiten Absatzes und auch der dritte Absatz des § 4 verletzt.

Als ein Curiosum sei hier noch die Publikation des Kreisgerichts Wollstein über den Vorschußverein, Eing. Gen. mit dem Sitz Rackwitz erwähnt. In den Auszug aus dem Gesellschaftsvertrage hat der Handelsrichter sonderbarer Weise die allgemeinen Eingangsparagraphen (nach Schulze's Musterstatut) von dem Fond der Genossenschaft (eigentliches Vereinsvermögen, und Mitgliedervermögen u. s. w.) und von den Organen der Genossenschaft (Vorstand, Ausschuß, Generalversammlung) aufgenommen, und so 17 ganz und gar überflüssige Zeilen inserirt.

glieder nur dispositionsfähige Einwohner von Niederrad sein können. Schließlich wird, vermuthlich zur Erledigung von Ziffer 6 des § 4, wörtlich veröffentlicht: „Die Bekanntmachungen erfolgen in Niederrad in ortsüblicher Weise durch die Schelle oder durch den Vereinsdiener." Die Schelle und der Vereinsdiener, jeder für sich, sollen also die öffentlichen Blätter ersetzen. Wie sich der Handelsrichter die Veröffentlichung der Bilanz denkt, zu der die Vorsteher nach § 26 des Gesetzes genöthigt sind, ob er meint, daß sie auszuschellen oder vom Vereinsboten mündlich herumzusagen sei, hat er leider nicht verrathen.

Diese Beispiele, die beliebig verzehnfacht werden könnten, werden genügen, darzuthun, daß der Zustand der Register-Veröffentlichungen ein trauriger ist. Möglich wäre es, daß eine größere Aufmerksamkeit der Handelsrichter auf diesen für das größere Publikum wahrlich wichtigen Gegenstand schon erzielt würde, wenn eine Beschwerdeinstanz direkt an das Reichsoberhandelsgericht geschaffen würde. Hätte man im Reichsanzeiger die Bekanntmachungen aus dem ganzen Reiche beisammen, so würde das Bedürfniß der einheitlichen Beschwerdeinstanz in Sachen des Handelsregisters noch deutlicher nachzuweisen sein.

9) **Absatz III.** „jeder Zeit bei dem Handelsgerichte eingesehen werden könne".

Nach Art. 12 des H.-G.-Buchs ist die Einsicht des Handelsregisters „während der gewöhnlichen Dienststunden" einem Jeden gestattet. Damit sollte, wie v. Hahn a. a. O. S. 75 aus den Protokollen mittheilt, „nur ein Minimum, das Jeder verlangen könne, festgesetzt und hierdurch eine Garantie für die Oeffentlichkeit der Register gegeben sein, während es sich von selbst versteht, daß in dringenden Fällen die Einsicht auch außer den Dienststunden zu gestatten sei."

Umgekehrt kann hier mit dem Worte „jeder Zeit" nicht gemeint sein, in jeder Stunde zur Nacht- und Tageszeit; vielmehr ist unter diesem, schon aus Schulze-Delitzsch' Entwurf von 1863 herrührenden Ausdrucke wohl nichts anderes zu verstehen, als unter jenem Worte des Art. 12 des Handelsgesetzbuchs.

10) **Absatz IV.** „eine Form bestimmt".

Der vierte Absatz, wörtlich entnommen dem Art. 210 des H.-G.-Buchs (Aktiengesellschaften) bezieht sich auf § 18 des Gesetzes, welches seinerseits mit Art. 229 des H.-G.-Buchs übereinstimmt. Nach dem Wortlaute kann kein Zweifel darüber sein, daß die Veröffentlichung der Form, in welcher der Vorstand zu zeichnen hat, auch dann nothwendig sein muß, wenn der Gesellschaftsvertrag lediglich diejenige Form feststellt, welche das Gesetz für den Fall vorschreibt, daß der Gesellschaftsvertrag nichts darüber bestimmt hat.

§. 5.

Vor erfolgter Eintragung in das Genossenschaftsregister hat die Genossenschaft die Rechte einer eingetragenen Genossenschaft nicht.

(Preuß. Gesetz § 5.)

I. Zur Geschichte des § 5.

Der § 5 stimmt wörtlich mit dem § 5 des Preußischen Gesetzes überein. Dieser rührt aus dem Regierungsentwurf vom 2. Februar 1866 her. „Der Zeitpunkt der Eintragung in das Genossenschaftsregister bestimmt den Zeitpunkt, von welchem ab der Genossenschaft die Rechte einer anerkannten (statt eingetragenen) Genossenschaft zustehen. Einer Bestimmung über die Rechtsverhältnisse der Genossenschaften vor diesem Zeitpunkt, wie solche in dem Artikel 211 des Handelsgesetzbuchs für die Aktiengesellschaften getroffen ist, bedarf es nicht, weil die Genossenschaften als Gesellschaften auch ohne staatliche Genehmigung existiren können, und ihre Rechte in diesem Falle sich nach den allgemeinen Gesetzen über den Sozietätsvertrag richten." So in den Motiven des Regierungsentwurfs, der noch die Anerkennung der Genossenschaften durch den Staat verlangte. (Regierungs-Entw. Nr. 10 Drucksachen, Herrenhaus S. 27.)

II. Erläuterungen zu § 5.

1) „Vor erfolgter Eintragung".

Dieser Paragraph ist den Artikeln 178 und 211 des Handelsgesetzbuchs nachgebildet, wonach vor erfolgter Eintragung in das Handelsregister die Kommanditgesellschaft auf Aktien, resp. die Aktiengesellschaft als solche nicht besteht. Die Eintragung, nicht die Veröffentlichung des Auszuges des Gesellschaftsvertrages (§ 4) bestimmt den Zeitpunkt, wo die Genossenschaft die Rechte dieses Gesetzes erwirbt.

2) „Ueberleitung der Genossenschaften".

Bei der Ueberleitung der bestehenden Genossenschaften in die Form der eingetragenen Genossenschaften stellen sich mancherlei Schwierigkeiten und Bedenken heraus. Da zur Zeit die Zahl der älteren, nicht eingetragenen Vorschuß-, Rohstoff- und Konsumvereine Deutschlands noch immer nach hunderten zählt, so ist es nicht zu vermeiden, auf diesen in meinem Kommentar zum Preußischen Gesetz weitläufig erörterten Gegenstand näher einzugehen.

Das Gesetz enthält keine Bestimmungen darüber, wie jene Ueberleitung zu erfolgen hat. Der Richter wird aber bei Anwendung desselben auf Genossenschaften, welche schon früher bestanden, nicht außer Augen lassen dürfen, daß das Preußische Gesetz nach der übereinstimmenden Absicht der gesetzgebenden Faktoren in erster Linie bestimmt war, den vielen bereits bestehenden Genossenschaften möglich zu machen, ohne erhebliche Schwierigkeiten die Rechtsfähigkeit zu erwerben, und daß bei dem Norddeutschen Gesetz die gleiche Absicht obwaltete. Soviel im Allgemeinen. Was nun die einzelnen Erfordernisse der Ueberleitung anlangt, so ist Folgendes hervorzuheben:*)

---

*) Die Genossenschaften finden alle einschlagenden Fragen eingehend er-

I. Die Genossenschaft, welche sich unter das Gesetz stellen will, muß ein neues Statut annehmen. Abänderungen einzelner Paragraphen des ohne Rücksicht auf die Eintragung in ein Genossenschaftsregister entworfenen Gesellschaftsvertrages in Form von Zusätzen genügen nicht. Denn das Gesetz stellt an den Gesellschaftsvertrag selbst die Anforderungen des § 3 und es ist mindestens zweifelhaft, ob es auch gestattet ist, von vornherein einen mit dem Gesetze nicht übereinstimmenden Gesellschaftsvertrag und eine Anzahl Abänderungen desselben, welche die Uebereinstimmung erst hervorbringen, zugleich einzutragen. Eine neue Redaktion des ganzen Gesellschaftsvertrages ist daher nothwendig.

II. Der Beschluß über Annahme des neuen Gesellschaftsvertrages muß statutenmäßig, d. h. in Gemäßheit der im alten Statut über Abänderung desselben enthaltenen Bestimmungen zu Stande kommen. Denn die Genossenschaft muß im eigenen Interesse ängstlich bedacht sein, alle ihr bisher anklebenden Rechte und Pflichten sich auch in der neuen Verfassung unverkürzt zu bewahren. Sie muß deshalb im Eingang des neuen Gesellschaftsvertrages den historischen Verlauf der Sache klar legen. Freilich in dieser Beziehung hat der § 71 des Gesetzes die Lage der Genossenschaften, wie sie nach dem Preußischen Gesetze bestand, wesentlich verbessert. (Siehe § 71 u. Erläuterungen.)

III. Der neue Gesellschaftsvertrag muß in der Generalversammlung, in welcher er angenommen wird, unterzeichnet werden. (Siehe oben Erläuterung zu § 2 Seite 176.)

IV. Vorstand und Aufsichtsrath sind, sobald der neue Gesellschaftsvertrag angenommen ist, auf Grund desselben neu zu wählen, auch wenn in Betreff dieser Vereinsorgane der neue Gesellschaftsvertrag nur die Bestimmungen des alten Statuts wiederholen sollte. Denn da die „jeweiligen Mitglieder des Vorstandes" sofort nach ihrer Bestellung anzumelden (§ 18 des Ges.) und Namen und Wohnort der „zeitigen Vorstandsmitglieder" bei der Eintragung der Genossenschaft zu veröffentlichen sind (§ 4 des Ges.), so liegt dem Handelsrichter die Prüfung der Legitimation der Vorstandsmitglieder, und zwar lediglich auf Grund des neuen Gesellschaftsvertrages ob. Auf frühere Wahlprotokolle kann er sich schon deshalb nicht verweisen lassen, weil die rechtliche Stellung der Vorstandsmitglieder einer eingetragenen Genossenschaft wesentlich verschieden ist von derjenigen der Vorstandsmitglieder nicht eingetragener Genossenschaften, und weil ferner die Bestimmungen des neuen Gesellschaftsvertrages über „die Formen für die Legitimation der Mitglieder des

---

örtert in den Seite 170 aufgeführten Aufsätzen und Schriften von Schulze-Delitzsch. In der demnächst erscheinenden 5. Auflage seines zuletzt 1867 aufgelegten Buches „Vorschuß- und Kreditvereine als Volksbanken" werden ohne Zweifel für diese Vereine, ebenso wie dies für die Genossenschaften in einzelnen Gewerbszweigen in der betreffenden Schrift Seite 11 geschehen ist, die Rathschläge in Gemäßheit der bei hunderten von Handelsgerichten gemachten Erfahrungen, dergestalt kurz zusammengefaßt sein, daß eine Genossenschaft, welche sich darnach genau richtet, begründete Beanstandungen Seitens der Registerbehörden nicht wird zu befürchten haben.

Vorstandes" nicht rückwirkend anwendbar sind auf die Mitglieder des Vorstandes der nicht eingetragenen Genossenschaft. Aus diesem Grunde würde die Genossenschaft der Neuwahl des Vorstandes und Aufsichtsrathes nicht schon dadurch aus dem Wege gehen, daß sie in dem neuen Gesellschaftsvertrag setzt:

„Der bisherige Vorstand und Aufsichtsrath fungiren noch bis zum .... (Datum) u. s. f."

Um dies zu erreichen, wurde mindestens nöthig sein, im Gesellschaftsvertrage den Namen jedes einzelnen Vorstandsmitgliedes aufzuführen und ihre Unterwerfung unter die Bestimmungen des Genossenschaftsgesetzes ausdrücklich auszusprechen. Aber auch dann bleibt die Frage immer noch so zweifelhaft, daß man die Neuwahl als nothwendig bezeichnen muß.

V. Ob als Mitglieder der eingetragenen Genossenschaft alle Mitglieder der alten Genossenschaft so lange anzusehen sind, als sie nicht ausgeschieden oder ausgestoßen sind,*) — oder ob man als solche nur die Unterzeichner des Gesellschaftsvertrages und aller nach dessen Vollziehung abgegebener Beitrittserklärungen anzusehn hat, mag dahingestellt bleiben. Den Handelsrichter geht das Verhältniß der Mitglieder der uneingetragenen Genossenschaft zu einander nichts an, und die Genossenschaft muß jede Möglichkeit abschneiden, daß juristische Streitfragen über die Legitimation ihre Eintragung verzögern; sie muß sich die Sicherheit verschaffen, daß die Verpflichtung jedes Mitgliedes fortan klar, deutlich und unzweifelhaft sei. Aus diesem Grunde muß die Genossenschaft gleich in derselben Generalversammlung, in welcher das neue Statut angenommen und unterzeichnet ist, den Beschluß fassen, alle Mitglieder, welche nicht binnen einer kurzen Frist ihre Unterschrift leisten, ohne Weiteres auszuschließen. In das dem Handelsgerichte zugleich mit dem Gesellschaftsvertrage zu überreichende Mitgliederverzeichniß werden Mitglieder, welche Statut oder Beitrittserklärung noch nicht unterschrieben haben, nicht aufgenommen.**)

VI. Der eingetragenen Genossenschaft ist zu empfehlen, zur Klarstellung aller Rechtsverhältnisse das alte Geschäft allmählich vollständig zu liquidiren. Bei den Volksbanken z. B. müssen alle ausstehenden Forderungen von denjenigen Genossenschaftsbeamten, auf deren Namen als nomineller Gläubiger bisher die Wechsel, Schuldscheine, Hypotheken u. s. w. geschrieben waren, der Genossenschaft als solcher durch Indossament und Zession übereignet werden. Die Schuldscheine über die von der Volksbank aufgenommenen Darlehne, bisher von den Vorstandsmitgliedern auf Grund der Statuten mit solidarisch verbindlicher Kraft für alle Mitglieder ausgestellt, die Sparbücher, welche eine gleiche Generalverpflichtungs-Formel enthalten, müssen eingezogen werden und neue Urkunden der gleichen Art von dem Vorstande der eingetragenen Ge-

*) Vgl. meinen Kommentar zum Preußischen Genossenschaftsgesetz S. 32, wo diese Ansicht festgehalten war.

**) Das ganze Verhältniß, betreffend die Mitgliederschaft zur alten und neuen Genossenschaft, hat in der That bei der Ueberleitung der Genossenschaften weit weniger Schwierigkeiten bereitet, als diese befürchteten. Künstliche Aushilfsmittel, deren auch ich Seite 32 des Kommentars zum Preußischen Gesetze einige vorschlug, sind daher durchaus zu vermeiden.

nossenschaft unter deren Firma ausgestellt werden. Dies liegt zunächst im Interesse aller Gläubiger. Denn diesen konnten, sobald sie aus einem Schuldscheine Mitglieder der Volksbank, welche den Schuldschein nicht selbst unterschrieben hatten, als solidarisch verpflichtet in Anspruch nehmen wollten, von den Verklagten erhebliche Einwendungen in Betreff ihrer Passivlegitimation entgegengesetzt werden. Mit dem Interesse der Gläubiger trifft das der sämmtlichen früheren Vereinsmitglieder und namentlich der Unterzeichner der Schuldurkunden zusammen. Sie alle müssen wünschen, daß die auf ihnen lastende Solidarhaft in die Solidarbürgschaft der §§ 12 und 51 des Gesetzes mit der kurzen Verjährung des § 63 desselben verwandelt werde.

Bei den andern Arten Genossenschaften, namentlich Konsumvereinen und Rohstoffassoziationen, wird in gleicher Weise die Erneuerung der Miethsverträge, der Verträge mit den Lagerhaltern, der Kautionsurkunden u. dgl., dem Interesse beider Theile entsprechen.

3) Die Eintragung ist nicht rückgängig zu machen.

Folgerichtig müßte einer Genossenschaft auch die Befugniß zustehen, die Eintragung in das Genossenschaftsregister rückgängig zu machen und dann nach allgemeinen Landesgesetzen fortzubestehen.*) Dem entsprechend hatte der Herausgeber in der Preußischen Abgeordnetenhaus-Kommission von 1863 Bestimmungen vorgeschlagen, wie ein solches Recht geltend zu machen sei, daß dazu namentlich, im Fall der Gesellschaftsvertrag nichts Anderes bestimme, ein Beschluß der Generalversammlung und ein Antrag des gesammten Vorstandes gehöre und dergl. Die damalige Kommission hielt eine derartige Bestimmung nicht für erforderlich. Der Antrag ist auch später von keiner Seite wieder aufgenommen. Er war aus der durch die Geschichte der Deutschen Genossenschaftsbewegung erklärlichen Besorgniß entsprungen, die Verwaltungsbehörden könnten durch Chikanen eingetragenen Genossenschaften die Lust erwecken, auf alle Vortheile des Gesetzes zu verzichten und in den unsichern Zustand erlaubter Privatgesellschaften zurückzukehren. Inzwischen sind die

---

*) Anschütz und Völderndorff führen a. a. O. Bd. II. § 26, Seite 57 f. aus, daß kein gesetzliches Hinderniß für die Genossenschaft vorhanden sei, sich als solche aufzulösen, ihre Firma im Genossenschaftsregister löschen zu lassen und sich nachher als nicht eingetragene Genossenschaft von Neuem zu konstituiren und den früheren Betrieb fortzusetzen. Nur könne die Löschung nicht auf Beschluß und Antrag, sondern nur auf den Nachweis der Auflösung erfolgen und ziehe die Liquidation nach. Nun, daß dieselben Personen, welche eine eingetragene Genossenschaft bilden, diese auflösen und sich sodann wieder zu einer Genossenschaft unter anderer Firma und in anderer Rechtsform vereinigen können, ist zweifellos. Aber dann wird die Genossenschaft eben nicht fortgesetzt. Recht kann man aber den genannten Kommentatoren nicht geben, wenn sie anführen, eine eingetragene Genossenschaft könne in ihren Statuten im Voraus für die Mitglieder bindend die Bestimmung treffen, daß der Betrieb in Form der nicht eingetragenen Genossenschaft nach erfolgter Auflösung und Liquidation der eingetragenen zufolge Gesellschaftsbeschlusses fortzusetzen sei. Dies ist einfach deshalb nicht zulässig, weil das Gesetz Mangels einer anderen Bestimmung nur die Auflösung und Liquidation zuläßt und die Fortsetzung des genossenschaftlichen Betriebs einer aufgelösten, todten Genossenschaft einen unlösbaren Widerspruch enthält.

Genossenschaften im Deutschen Reiche zu einer so unentbehrlichen Institution geworden, daß es keiner Staatsregierung einfallen wird, sich mit ihnen in feindlicher Absicht zu befassen.

§ 6.

Jede Abänderung des Gesellschaftsvertrages muß schriftlich erfolgen und dem Handelsgerichte unter Ueberreichung zweier Abschriften des Genossenschafts-Beschlusses angemeldet werden.

Mit dem Abänderungsbeschlusse wird in gleicher Weise wie mit dem ursprünglichen Vertrage verfahren. Eine Veröffentlichung desselben findet nur insoweit statt, als sich dadurch die in den früheren Bekanntmachungen enthaltenen Punkte ändern.

Der Beschluß hat keine rechtliche Wirkung, bevor derselbe bei dem Handelsgerichte, in dessen Bezirk die Genossenschaft ihren Sitz hat, in das Genossenschafts-Register eingetragen worden ist.

(Preuß. Ges. § 6).

I. **Zur Geschichte des § 6.**

Der § 6 stimmt mit § 6 des Preußischen Gesetzes überein, nur ist im ersten Absatze auf Vorschlag der Zivilprozeßkommission „Genossenschafts-Beschlusses" statt Gesellschaftsbeschlusses gesagt und im letzten Absatze durch Zufall als vorletztes Wort „worden" eingeschoben.

In der Reichstagskommission wurde zum ersten Absatze bemerkt, „die Ueberweisung zweier Abschriften habe keinen rechten Sinn; es könne eine Abschrift genügen. Hierauf wurde entgegnet, es sei anzuerkennen, daß diese „zwei Abschriften" aus dem ersten Regierungsentwurfe, welcher die Mittheilung der Statuten-Aenderungen an die Oberpräsidenten vorschreiben wollte, herstammen, und daß jetzt eine Abschrift wohl genügen könnte; indessen habe sich doch auch für die zweite Abschrift eine ganz gute Verwendung herausgestellt; indem der eintragende Richter sie mit einer Bescheinigung über die erfolgte Eintragung der Genossenschaft zurückgebe, werde sie für den Vorstand zum Beweismittel über die Erfüllung einer gesetzlichen Vorschrift." (Reichstags-Drucksachen Nr. 80 Seite 4.)

Der § 6 ist den Artikeln 198 und 214 des Handelsgesetzbuchs nachgebildet. Die beiden ersten Absätze sind dem Preußischen Kommissionsentwurfe von 1863, der letzte Absatz dem Preußischen Regierungsentwurf von 1866 entlehnt. Es ist nicht richtig, daß die zwei Abschriften aus dem Regierungsentwurfe herstammen; sie beruhen auf einem vom Herausgeber in jener Kommission gestellten Antrage und erklären sich aus dem von der Kommission ebenfalls angenommenen Vorschlage über die Anmeldung der Genossenschaft zur Eintragung. Diese sollte unter Ueberreichung des Gesellschaftsvertrages in zwei Exemplaren erfolgen, von denen das eine bei den Gerichtsakten verbleiben und das andere mit dem Attest: daß ein gleichlautendes Exemplar dem Handelsgerichte eingereicht sei, zurückgegeben werden sollte. Der Regierungsentwurf von 1866 hatte in beiden Punkten die zwei Exemplare aufgenommen, nicht aber die Vorschrift über die Verwendung des zweiten Exemplars, so daß allerdings erklärlich, weshalb die Kommission von 1867 mit der Regierungs-Anerkennung auch dies zweite Exemplar des Gesellschaftsvertrages herauswarf. Die zwei Abschriften der abändernden Beschlüsse ließ sie freilich nur aus Versehen stehen.

II. Erläuterungen zu § 6.

1. **Absatz I.** „Jede Abänderung des Gesellschaftsvertrages".

Die Abänderung des Gesellschaftsvertrages geschieht selbstverständlich durch einen Beschluß der statutenmäßig zusammenberufenen Generalversammlung. Ob dieser Beschluß „mit einer größeren Stimmenmehrheit, oder nach anderen Erfordernissen" gefaßt werden muß, als ein gewöhnlicher Beschluß, hängt lediglich vom Statut ab. Hat dieses keine Bestimmung darüber, so gilt die Regel des § 3 Ziffer 10: es entscheidet „die einfache Stimmenmehrheit der auf Zusammenberufung erschienenen Genossenschafter." Man kann allenfalls darüber streiten, ob dies bei einer Genossenschaft auch dann der Fall sein würde, wenn der § 3 Ziffer 10) nicht vorhanden wäre, ob also die Regel, daß die Beschlüsse durch Stimmenmehrheit entschieden werden, so sehr im Wesen der Genossenschaft liegt, daß eine Ausnahme durch das Statut festgestellt sein müßte; allein dieser Streit ist nach dem klaren Wortlaut des § 3 Ziffer 10) wirklich müßig. Wenn v. Sicherer a. a. O. Seite 191 bis 195 sich bemüht zu beweisen, daß „wie die unbedeutendste so auch weitreichendste Abänderung des Gesellschaftsvertrages," so lange derselbe keine Bestimmung enthält, an die Einwilligung der sämmtlichen Genossenschafter gebunden ist, so genügt es auf zwei Punkte seiner Beweisführung etwas zu entgegnen: Die von ihm verworfene Auslegung des mit § 3 Ziffer 10) übereinstimmenden § 209 Ziffer 11) des H.G.-Buchs wird von Makower (a. a. O. Seite 194), Anschütz u. Völderndorff (a. a. O. S. 491), Endemann (das Deutsche Handelsrecht III. Aufl. S. 303), v. Hahn (a. a. O. S. 638), Puchelt (a. a. O. S. 384) und am allerschlagendsten in neuester Zeit von demjenigen Rechtslehrer, auf den Sicherer sich beruft, von Renaud (das Recht der Aktiengesellschaften II. Aufl. Seite 492 ff.) vertreten. Wenn Sicherer speziell für die Genossenschaft geltend macht, daß hier im § 6, sowie im § 34 nur einfach von einem Beschlusse der Genossenschaft die Rede sei (im Gegensatz von Art. 214 des H.G.-Buchs und § 3 Nr. 10 des Genossenschaftsges.), so beweist dies höchstens, daß im Preußischen Abgeordnetenhause und später im Deutschen Reichstage Niemand auf den Gedanken der Möglichkeit einer solchen Auslegung, wie sie Sicherer vertheidigt, verfallen ist.

2. „unter Ueberreichung zweier Abschriften".

Eine Beglaubigung der Abschriften ist nicht vorgeschrieben. Sie ist überflüssig, weil die Anmeldung von dem Vorstande in Person oder durch notariell oder gerichtlich beglaubigte Erklärung erfolgen muß (vgl. § 8 Ges.). Dies gewährt um so mehr hinreichende Garantie gegen Betrug oder Fälschung, als der Beschluß in das Protokollbuch eingetragen sein muß, welches nach § 33 des Ges. von jedem Genossenschafter und von der Staatsbehörde, also der Polizei, jederzeit eingesehen werden kann.

3. **Absatz II. „als sich dadurch die in den früheren Bekanntmachungen enthaltenen Punkte ändern".**

Der zweite Satz des zweiten Absatzes des § 6 stammt aus dem ersten, dem Preußischen Abgeordnetenhause vorgelegten Gesetzentwurfe von Schulze-Delitzsch. Der entsprechende Artikel 214 Abs. 2 des H.-G.-Buchs sagte von einem Beschluß der Generalversammlung einer Aktiengesellschaft, welcher eine Abänderung der Bestimmungen des Gesellschaftsvertrages zum Gegenstande hat:

> „Ein solcher Beschluß ..... muß in gleicher Weise, wie der ursprüngliche Vertrag in das Handelsregister eingetragen und im Auszuge veröffentlicht werden (Art. 210, 212).*)

Trotzdem diese Bestimmung doch nicht anders zu deuten ist, als daß eine Veröffentlichung *gar nicht* stattfindet, wenn die in Art. 210 für den Auszug bestimmten Punkte sich *nicht ändern*, so haben viele Handelsgerichte den Brauch, auch in diesem Falle zu veröffentlichen, welche Paragraphen — unter Bezeichnung deren Ziffer — abgeändert sind. Wenn gleich dies Verfahren gesetzlich nicht gerechtfertigt ist, so erschien es immerhin vorsichtig, daß Schulze, um es bei Genossenschaften unmöglich zu machen, noch ausdrücklich den jeden Zweifel ausschließenden Zusatz vorschlug, der jetzt den zweiten Satz des zweiten Absatzes bildet. Allein auch dieser Zusatz ist vielfach von den Richtern nicht respektirt. Nach dem, was oben in Erläuterung 7 zu § 4 mitgetheilt ist, kann dies nicht Wunder nehmen. Aber, daß das Kammergericht zu Berlin das abweichende Verfahren als richtig bestätigen würde, und die Gründe des in den Blättern für Genossenschaftswesen wörtlich abgedruckten Reskriptes vom 18. Juni 1870, konnte kein an der Gesetzgebung Betheiligter voraus sehen. Der Fall war folgender: Der Vorschußverein zu Joachimsthal, Eing. Gen. änderte diejenigen Bestimmungen des Statuts, welche die Höhe der den Vorstehern bewilligten Tantièmen, das Stimmrecht der Mitglieder, die Höhe und Dividendenberechtigung der Geschäftsantheile betrafen. „Daß durch diese Aenderungen einer der nach § 4 des Gesetzes allein zur Veröffentlichung kommenden 7 Punkte auch nur entfernt berührt wurde, konnte Niemand im Ernste behaupten". Dennoch verfügte das Kreisgericht zu Angermünde die Veröffentlichung und auf Beschwerde hielt das Kammergericht zu Berlin die Verfügung aufrecht.

„Allerdings" — heißt es in dem Reskript vom 18. Juni 1870 — „ist der Abänderungsbeschluß vom 23. Juni 1870 nach § 6 des Ges. v. 4. Juli 1868 nur in soweit öffentlich bekannt zu machen, als sich dadurch einer der Punkte der früheren Bekanntmachung ändert. Allein dies Letztere ist auch

---

*) Ohne irgend ein Motiv sind durch die Novelle vom 11. Juni 1870 die Worte „im Auszuge" (die auch im Art. 198 stehen, der von der Veröffentlichung eines den Kommanditgesellschaftsvertrag abändernden Vertrages spricht) verloren gegangen; von Hahn hebt mit Recht hervor, daß diese Streichung von keiner materiellen Bedeutung ist, da aus den Worten: „in gleicher Weise, wie der ursprüngliche Vertrag" deutlich hervorgeht, daß der Beschluß *nur dann*, bez. *nur so weit* zu veröffentlichen ist, als sein Inhalt, wenn er dem ursprünglichen Vertrage angehörte, zu veröffentlichen wäre (v. Hahn a. a. O. Seite 619).

hier der Fall gewesen, denn es wird nunmehr der Gesellschaftsvertrag nicht mehr **lediglich** durch das Statut vom 30. April 1868 gebildet, sondern aus den Bestimmungen dieses Statuts und der Beschlüsse vom 23. Januar 1870, und es war deshalb diese Aenderung den Interessenten durch eine öffentliche Mittheilung bekannt zu machen, ohne welche dieselben in dem Glauben belassen sein würden, daß das Statut vom 30. April 1868 nach wie vor maßgebend geblieben wäre". — Schulze-Delitzsch hat in dem Aufsatze: „Die öffentliche Bekanntmachung von Statutänderungen eingetragener Genossenschaften durch die Handelsgerichte" — Gen.-Blätter 1870 Nr. 29 Seite 114 — den Widersinn dieser Ausführung nachgewiesen. Es genügt darauf hinzuweisen, daß sie mit dem Wortlaut des Gesetzes absolut unvereinbar ist. Stände im Gesetze: „**die**" — statt „**eine**" — Veröffentlichung desselben findet „**in allen Fällen, aber**" nur in soweit statt, als sich dadurch die in der früheren **Bekanntmachung** enthaltenen Punkte ändern, — so wäre jene Auslegung möglich, um eine unlogische Gesetzesstelle zu deuten. Die gegenwärtige vollkommen klare Fassung dürfte aber für so kühne Deutungen, wie in jenem Reskripte enthalten sind, kaum einen Vorwand bieten. Eine weitere Beschwerde gegen das Kammergerichtsreskript war nach der Preußischen Gesetzgebung nicht möglich, allein es dürfte kein einziger Handelsrichter im Kammergerichtsbezirk vorhanden sein, der sich nach dem Reskripte richtet.

Wenn in der Fassung des zweiten Satzes des § 6 Absatz II ein bedenklicher Anreiz zu ungehöriger Ausdehnung der Veröffentlichungen stecken sollte, so könnte es höchstens für diejenigen Handelsgerichte sein, welche bei der Bekanntmachung über die Eintragung des Gesellschaftsvertrages selbst, den Auszug gesetzwidrig ausgedehnt haben; diese könnten aus dem bezeichneten Satze des § 6 den Schluß ziehen, daß nun für die ganze Lebenszeit der Genossenschaft hindurch alle Abänderungen der in den früheren Bekanntmachungen gesetzwidriger Weise enthaltenen Punkte ebenfalls veröffentlicht werden müßten. Doch werden sie zu erwägen haben, daß das Gesetz nicht beabsichtigen kann, wegen der ohne Verschulden einer Genossenschaft stattgefundenen Fehler der Registerbehörde die Genossenschaft wiederkehrend abzustrafen. Bei der Veröffentlichung von Statutänderungen werden übrigens, auch außerhalb des Bezirkes des Berliner Kammergerichts ähnliche Fehler, wie sie bei § 4 gerügt sind, kaum weniger zahlreich begangen.*)

---

*) Das Maßloseste an Insertionskosten-Verschwendung aus den Taschen eingetragener Genossenschaften, was mir bisher vorgekommen ist, finde ich bei dem Kreisgericht Falkenberg in Oberschlesien in Betreff des Vorschußvereins zu Falkenberg O/S. E. G. und des Vorschußvereins zu Friedland O/S. Diese Vereine hatten im März beziehungsweise Juni 1875 ihre Statuten in Betreff des Vorstandes und Aufsichtsrathes geändert, und Neuwahlen von Vorstand und Aufsichtsrath vorgenommen. Die Statutänderungen betrafen in dem einen Fall keinen einzigen, in dem andern Falle fast keinen der im § 4 aufgeführten Punkte; der Handelsrichter aber veröffentlichte neben den Namen der neu gewählten Vorsteher nicht blos ungehöriger Weise die Namen der Aufsichtsrathmitglieder, sondern ließ auch sämmtlich geänderte §§ des Statuts wörtlich inseriren. 60 bis 70 Druckzeilen **zu viel**, — vielleicht gar in 3 Zeitungen à 30 Pf. die Zeile wie beim Reichsanzeiger — da kostet die Aenderung von

4. **Absatz III.** „keine rechtliche Wirkung".

Dieser letzte Absatz des § 4, aus dem Preußischen Regierungsentwurf von 1866 stammend, ist keine Verbesserung des ursprünglichen Schulze'schen Entwurfs, auch wenn er den Artikeln 198 und 214 des Handelsgesetzbuchs entlehnt ist. Das Handelsgesetzbuch, welches für Aktiengesellschaften und Aktienkommanditgesellschaften die staatliche Genehmigung forderte und demgemäß verordnete, daß vor erfolgter Genehmigung und Eintragung in das Handelsregister, diese Gesellschaften als solche nicht existiren sollten, verfuhr ganz konsequent, wenn es für Beschlüsse, die den Gesellschaftsvertrag abändern, zu ihrer rechtlichen Wirkung ebenfalls staatliche Genehmigung und Eintragung in das Handelsregister verordnete. Denn die Aktiengesellschaft und die Aktienkommanditgesellschaft hatten die rechtsfähige Existenz eben nur unter der Voraussetzung des bestimmten genehmigten Gesellschaftsvertrages erlangt. Wenn nun der Preußische Regierungsentwurf, welcher den Genossenschaften die Rechte dieses Gesetzes erst nach Anerkennung durch den Oberpräsidenten verwilligen wollte, zur Rechtsgültigkeit auch für jeden den Gesellschaftsvertrag abändernden Beschluß die Anerkennung durch den Oberpräsidenten und die Eintragung in das Genossenschaftsregister verlangte, so ließ sich dies allerdings begründen. Denn die Anerkennung des Oberpräsidenten war auch nur unter der Voraussetzung des bestimmten Gesellschaftsvertrages ertheilt und wenn sie auch weit geringere Bedeutung für die auch ohne sie existirenden Genossenschaften hatte, als die Konzession für jene Handelsgesellschaften, so durfte der Genossenschaft doch nicht das Recht eingeräumt werden, sie durch statutändernde Beschlüsse thatsächlich zu beseitigen. Allein dieser Grund fiel vollständig fort, als die Anerkennung der Genossenschaften durch den Oberpräsidenten nicht in das Preußische und nicht in das Norddeutsche Gesetz aufgenommen wurde. Der ganze Gesellschaftsvertrag bindet auch vor der Eintragung die Mitglieder der Genossenschaft, und nur gewisse Rechte, namentlich Dritten gegenüber, entstehen erst mit der Eintragung. Wozu nach Beseitigung des Vorschlages der Oberpräsidial-Anerkennung die den Gesellschaftsvertrag abändernden Beschlüsse so lange ohne jede rechtliche Wirkung, also auch für die Mitglieder sein sollen, bis die Beschlüsse in das Genossenschaftsregister eingetragen sind, dafür ist kein Grund ersichtlich, auch in den Kommissionen und Plenarsitzungen der beiden Häuser des Preußischen Landtags und des Norddeutschen Reichstages nicht vorgebracht. —

Die Folgen dieser Bestimmung können für die Genossenschaft in einzelnen Fällen recht unbequem werden, indessen lassen sie sich bei einiger Vorsicht überwinden.

---

nur drei Statutparagraphen und die Neuwahl des Aufsichtsraths dem Vorschußverein zu Falkenberg O/S. Eing. Gen. ungesetzlicher Weise vielleicht 18 bis 20 Thlr. Insertionskosten; hätte er 15 §§ geändert, hätten es 100 Thlr. werden können.

§. 7.

Bei jedem Handelsgerichte, in dessen Bezirk die Genossenschaft eine Zweigniederlassung hat, muß diese Behufs der Eintragung in das Genossenschafts-Register angemeldet werden, und ist dabei Alles zu beobachten, was die §§. 4. bis 6. für das Hauptgeschäft vorschreiben.

(Preuß. Gesetz § 7.)

I. Zur Geschichte des § 7.

Der § 7. stimmt wörtlich mit dem Preußischen Gesetze überein. Er ist dem Entwurfe von 1863 entlehnt, und entspricht den Artikeln 86, 152 und 212 des H.G.-Buchs. Der Preußische Regierungsentwurf hatte die Bestimmung nicht aufgenommen, weil er annahm, Zweigniederlassungen seien immer als selbstständige Genossenschaften aufzufassen. Da aber mehrere Genossenschaften damals bereits „Zweigniederlassungen" an fremden Orten hatten, deren Nutzen bezeugt wurde, so lag kein genügender Grund vor, der Genossenschaft eine Ausdehnung ihrer Wirksamkeit nach dieser Richtung hin abzuschneiden.

II. Zur Erläuterung des § 7.

1) „Eine Zweigniederlassung".

Die Frage, wann eine Zweig-Handelsniederlassung als vorhanden anzunehmen ist, bereitet den Handelsrechts-Schriftstellern und Handelsgerichten einige Schwierigkeit. Die Frage, was eine Zweigniederlassung einer Genossenschaft sei, wird in Betreff solcher Genossenschaften, die keinen Handel betreiben, sondern nur mit ihren Mitgliedern Geschäfte machen, noch weit schwieriger zu beantworten sein. Es muß hier um so mehr darauf näher eingegangen werden, als manche Genossenschaften Nebenetablissements oder andre Einrichtungen haben, welche schon jetzt oder doch bei weiterer Ausbildung derselben leicht als Zweigniederlassungen aufgefaßt werden könnten, obschon sie es keineswegs sind.

Mit Zweig-Handelsniederlassungen sind zunächst nicht zu verwechseln die völlig getrennten selbstständigen Geschäfte (Häuser) eines und desselben Inhabers. Stehen verschiedene Etablissements desselben Inhabers in geschäftlichem Zusammenhang mit einander, so kann das eine „ein kaufmännisch unselbstständiges untergeordnetes Glied (Nebenetablissement) des andern (Hauptetablissements) bilden." Dann liegt keine Zweigniederlassung sondern nur eine Hülfsniederlassung vor. Diese hat weder Firma noch gesonderte Buchführung. Die Zweigniederlassung hat die Firma der Hauptniederlassung, sie hat zwar keine von dieser vollkommen getrennte Existenz, aber eine gewisse kaufmännische Selbstständigkeit; eine zur Führung dieses Geschäfts berechtigte Person schließt am Orte der Zweigniederlassung die Rechtsgeschäfte wirksam ab, eine gesonderte Buchführung und die spezielle Eintragung der Firma als Zweigniederlassung macht das Verhältniß zum Hauptetablissement äußerlich erkennbar. (Nach Anschütz und Völdernborf a. a. O. S. 173 ff. Vgl. Makower's Kommentar Anmerkung 16 zu Art. 21 des Handelsgesetzbuchs. Endemann § 16. Puchelt a. a. O. S. 47.)

Sind diese Kennzeichen die richtigen für die Entscheidung der Frage, ob im gegebenen Falle eine Zweig-Handelsniederlassung vorhanden sei oder nicht, so wird man nach ihnen auch die Frage bei allen denjenigen Genossenschaften zu beantworten haben, welche wirklich Handel treiben, namentlich bei allen Produktivgenossenschaften. Bei den übrigen Genossenschaften wird analog eine nach ähnlichen Kennzeichen festzustellende gewisse Selbstständigkeit des eigentlich genossenschaftlichen Geschäftsbetriebes die Zweigniederlassung von dem Hülfsetablissement unterscheiden. Der Vorschußverein zu Luckau z. B. errichtete vor vielen Jahren in mehreren niederlausitzischen Städten Zweigkassen mit gesondertem Vorstande und Ausschusse; jede solche Kasse nahm nicht nur Spareinlagen und Darlehne für den Gesammtverein, der sich demnächst niederlausitzische Kreditgesellschaft nannte, in Empfang, sondern bewilligte auch durch seinen Ausschuß Vorschüsse, zahlte dieselben aus, und prolongirte sie; die überflüssigen Gelder wurden nach Luckau abgeführt, von ebendaher umgekehrt der Geldbedarf gedeckt. Die Bücher wurden gesondert geführt, so daß die Zweigkasse in den Büchern zu Luckau als Debitor und Kreditor vorkam und umgekehrt. Es ist augenscheinlich, daß hier Zweigniederlassungen vorhanden waren. Die weitere Entwickelung der Niederlausitzischen Kreditgesellschaft bestätigte dies. Da sie im Verkehr mit den Zweigkassen den Mangel der Rechtsfähigkeit härter empfand, als andere Volksbanken, so verwandelte sie sich in eine Kommanditgesellschaft auf Aktien und ließ nun alle Zweigkassen, soweit sich diese nicht loslösten und selbstständige Vorschußvereine wurden, als Zweig-Handelsniederlassungen in das Handelsregister eintragen.

Dem gegenüber waren schon vor dem Genossenschaftsgesetz bei einigen größeren Vorschußvereinen sogenannte Filialvereine eingeführt, die namentlich darauf berechnet waren, den geschäftlichen Verkehr der Volksbank mit den Landleuten zu erleichtern und fruchtbarer zu machen. Das hervorragendste Beispiel von Filialen, die nicht Zweigniederlassungen sind, bot damals wie noch jetzt der Bonner Kreditverein Eing. Gen. (Ende 1874: 8996 Mitglieder), der in vielen Ortschaften (1869 waren es nach den Mittheilungen des Direktor Holtbuer auf dem allgemeinen Vereinstage 133) Agenturen organisirt hat; der sogen. Filialverein wählt einen Filialausschuß, dem die Aufgabe zufällt, die Stammliste der Mitglieder zu führen, Eintrittsgelder und Monatsbeiträge zu erheben, und an die Kasse in Bonn abzuführen, die Gesuche um Vorschuß aufzunehmen, und sich gutachtlich über die Sicherheit der Vorschußsuchenden und ihrer Bürgen zu äußern, sowie den Bürgschaftsschein von dem Bürgen unter Bescheinigung der Echtheit der Unterschrift vollziehen zu lassen und beim Vorstande einzureichen u. s. w. Diese Filialvereine waren und sind keine Zweigvereine, denn von einer Selbstständigkeit des eigentlich genossenschaftlichen Geschäftsbetriebes, sowie von einer gesonderten Buchführung ist bei ihnen keine Rede; sie sind nur lokale Begutachtungs-Ausschüsse, welche über die Kreditgewährung keine Entscheidung zu treffen haben. — Eine gründliche Untersuchung über die verschiedenen Abstufungen der Agenturen und Filialanstalten ist von Dr. Schneider in den Gen.-Blättern 1871 Nr. 7. u. 8. 15. u. 16. 22. 23. u. 24. 49. u. 51. u. 52. veröffentlicht worden. Er behandelt darin die Vertrauensmänner-Einrichtung des Insterburger Vorschußvereins

Eing. Gen. (Ende 1874: 1713 Mitgl.), die mit den Mitgliedern keine Verbindung unterhaltenden Lokalausschüsse bei der Gewerbebank zu Gotha Eing. Gen. (1874: 2525 Mitglieder), die Lokalabtheilungen bei dem Vorschußverein zu Dodenau Eing. Gen. (Mitgl. 321) und bei dem Vorschußverein Wiesbaden Eing. Gen. (Mitglieder Ende 1874: 4088), die Vertreter und Bezirksausschüsse des landwirthschaftlichen Kreditvereins für Schwaben und Neuburg Ein. Gen. zu Augsburg (Mitglieder Ende 1874: 5567), die Filialkassen des Wechselburger Kreditvereins Eing. Gen. (Mitglieder Ende 1874: 978), die in das Genossenschaftsregister eingetragene Zweigniederlassung, welche die Gewerbebank Eing Gen. in Crefeld (Mitgl. 1874: 1395) in Uerdingen besitzt und endlich die ebenfalls eingetragenen Zweigniederlassungen, welche der Landsberger Kreditverein Eingtr. Gen. in Landsberg a. W. in den Städten Arnswalde, Driesen und Woldenberg unterhielt und von denen die in Arnswalde unter der Firma „Spar- und Vorschußkasse zu Arnswalde, Kommandite des Landsberger Kreditvereins Eing. Gen." noch heute besteht, während die zu Driesen seit 1. Januar 1873 in Folge freundschaftlicher Uebereinkunft mit dem Landsberger Kreditverein das Filialverhältniß gelöst und sich als selbstständiger Vorschußverein konstituirt hat. (Die Zweigniederlassung zu Woldenberg scheint schon früher aufgehoben zu sein.) Der Landsberger Kreditverein war der erste, welcher Zweigniederlassungen in das Genossenschaftsregister eintragen ließ; seine Filialen, die schon seit 1863 bestanden, hatten eine besondere Verwaltung durch zwei Prokuristen, von denen der eine als Spezialdirektor, der andere als Spezialrendant fungirte, und einen besonderen Verwaltungsrath; Prokuristen und Verwaltungsrath wurden in einer besondern Generalversammlung der der Zweigniederlassung angehörenden Mitglieder gewählt. Bei Ueberleitung des Vereins in eine eingetragene Genossenschaft wollte die Arnswalder Filiale los von dem Hauptverein; da eine Einigung nicht erzielt wurde, erklärten fast alle Mitglieder der Filiale in einer Generalversammlung ihren Austritt und konstituirten sofort einen neuen Vorschußverein. Die Muttergenossenschaft hielt die Filiale aufrecht und führte gegen den Kreditverein, Eing Gen. Prozeß.*) Ende 1874 hatte der letztere 816, die Arnswalder Filiale des Landsberger Vereins 341 Mitglieder, der Landsberger Kreditverein 1190 Mitglieder.

Da eine Zeitlang unter größeren Vorschußvereinen die Neigung zur Gründung von Zweigniederlassungen vielfach hervortrat, so stellte Schulze-Delitzsch für dieselben gewisse Grundsätze auf, die auf dem Vereinstage zu Breslau am 19. Aug. 1872 zur Berathung kamen und angenommen wurden. Darin ist zunächst ausgesprochen, es widerstreite den genossenschaftlichen Prinzipien, Zweigvereine an Orten zu errichten, wo die zur Existenz eines selbstständigen Vereins erforderlichen Elemente vorhanden sind; es müsse daher bei der Organisation der Zweigvereine Alles vermieden werden, was die spätere Loslösung derselben vom Hauptvereine, behufs ihrer selbstständigen Konstituirung erschwert. „Unbeschadet der gesetzlich feststehenden Einheit und Untrennbarkeit des Hauptvereins und der Zweigvereine nach Außen, wenn es

---

*) Vgl. den die Entscheidungsgründe mittheilenden Aufsatz in Nr. 42 Seite 162 der Genossenschaftsblätter von 1868.

sich um die gemeinsame Haftpflicht gegen dritte Personen aus den von jedem einzelnen der zugehörigen Vereine legal abgeschlossenen Geschäfte handelt: ist innerhalb des Kreises der Vereine, in ihrem Verhältniß unter einander eine Theilung der Geschäfte und des Risiko einzuführen, vermöge deren jeder Verein für Verluste bei den ihm separat überlassenen Operationen den übrigen gegenüber zunächst aus seinen Mitteln aufkommen muß, wogegen er aber auch den dabei erzielten Gewinn für sich behält". Unter den ferneren Vorschlägen ist hervorzuheben, daß von den gemeinsamen Organen der Vorstand und Aufsichtsrath die Oberaufsicht über die spezielle Geschäftsführung der Zweigvereine und außerdem die Verwaltung der besonderen Angelegenheiten des Hauptvereins hat. In der Generalversammlung haben alle Mitglieder der verbundenen Vereine gleichmäßig eine Stimme Den Zweigvereinen werden die einfacheren Kreditgeschäfte im Kreise ihrer Mitglieder bis zu einem gewissen Belange, die Einkassirung von Beiträgen, die Annahme von Anlehen und Spareinlagen innerhalb bestimmter Grenzen übertragen. Die Geschäftsführung bei den Zweigvereinen wird durch Beamte geführt und deren Befugnisse in Vertretung des Vereins durch Vollmacht bestimmt, welche der Vorstand ausstellt, der in Gemeinschaft mit dem Aufsichtsrath auch diese Beamte ernennt, jedoch Vorschläge des Zweigvereins entgegennimmt. Zur lokalen Kontrolle über die Geschäftsführung wählen die Mitglieder eine Anzahl Vertrauensmänner aus ihrer Mitte, welche sich nach Art der Ausschüsse konstituiren u. s. w., während die eigentliche Oberaufsicht bei den Organen der Zentralstelle bleibt. Eine Versammlung der Mitglieder der Zweigvereine findet nur zur Wahl der Vertrauensmänner und zur Beschlußnahme über Einbringung von Anträgen bei der Zentralstelle statt. —

Die Grundsätze, welche der allgemeine Vereinstag über Zweigniederlassungen der Vorschußvereine aufgestellt hat, weichen danach in Ansehung der Gewinn- und Verlustvertheilung von demjenigen ab, was ich in meinem Kommentar für das Preußische Genossenschaftsgesetz als allgemeine Regel auszusprechen für nöthig befunden hatte: „Bei Zweigniederlassungen von Genossenschaften sind die Mitglieder am Orte oder im Geschäftsbezirk der Zweigniederlassung wirkliche gleichberechtigte Mitglieder der ganzen Genossenschaft; der Gewinn und Verlust der Zweigniederlassung wird der Uebersicht halber besonders berechnet werden müssen; vertheilt aber wird er nicht gesondert, sondern mit dem Gewinn und Verlust des Gesammtgeschäfts". (Kommentar zum Preuß. Gesetz S. 39).

Die Hinneigung für Zweigniederlassungen hat sich in den letzten Jahren, — und mit vollem Recht — bei den Vorschußvereinen verloren. Statt dessen hat man mehr und mehr das System der Vertrauensmänner-Kollegien zur stärkeren Heranziehung der Landbevölkerung ausgebildet. In dieser Hinsicht ist besonders beachtenswerth das im Auftrage des 10. Verbandstages des Preußischen Unterverbandes (1873) erstattete Gutachten des Vorschußvereins Insterburg über die Behandlung der Kreditgesuche ländlicher Mitglieder und die Errichtung von Filialen Seitens der Vorschußvereine, — im Auszuge veröffentlicht in Nr. 15 der Gen.-Blätter von 1874 Seite 69 ff. — sowie die darüber auf dem 11. Verbandstag der Genossenschaften der Provinz Preußen im Mai 1874 zu Christburg stattgefundene Verhandlung. Letztere führte zu einem Beschlusse, der auch für andere Provinzen oder Landschaften Deutschlands maßgebend werden dürfte. Er lautet:

„1) Zur zweckmäßigen Erledigung der Darlehnsgesuche ländlicher Mitglieder erscheint im Bezirke des diesseitigen Verbandes die Errichtung von Filialen — Zweigniederlassungen — nicht geboten. Wo dieselben aus lokalen Bedürfnissen errichtet werden, ist die Annahme der von dem Breslauer Vereinstage ausgesprochenen Grundsätze empfehlenswerth.

2) Ebenso wenig wird den Vereinen die Errichtung von Lokalausschüssen mit getrennter Verwaltung und besonderer solidarischer Haftbarkeit ihrer Mitglieder empfohlen. Derartige Errichtungen führen leicht zu Verstößen gegen den genossenschaftlichen Geist und zu rechtlichen Widersprüchen.

3) Die Darlehnsgesuche ländlicher Mitglieder können dagegen, wo die Kenntniß des Verwaltungsrathes bezüglich der Verhältnisse der ländlichen Mitglieder nicht mehr ausreicht, durch ein organisirtes System von Vertrauensmännern, welche aus der Zahl der Mitglieder vom Verwaltungsrath zu ernennen sind, zweckmäßig erledigt werden.

4) Die kollegialische Berathung über die Verhältnisse der ländlichen Mitglieder in regelmäßigen Zusammenkünften von Vertrauensmännern ist jeder andern Form bei weitem vorzuziehen, und daher überall, wo persönliche und lokale Verhältnisse es gestatten, auf die Bildung solcher Vertrauensmänner-Kollegien hinzustreben.

5) Eine derartige Organisation kann der Ausbreitung des Genossenschaftswesens, des Sparsinnes in den Kreisen ländlicher Bevölkerung und der Verbreitung von Volksbildung höchst förderlich werden."*)

Andere eingetragene Genossenschaften, als Vorschußvereine, haben von dem § 7 des Gesetzes noch keinen Gebrauch gemacht. Errichtet ein Konsumverein in einer anderen Gemeinde einen Verkaufsladen mit einem besonders eingesetzten Verkäufer (Lagerhalter, Lagerverwalter), so ist, falls der letztere dieselben Befugnisse hat, als der Lagerhalter in dem Hauptverkaufsladen, eine Zweigniederlassung nicht vorhanden. Denn das Verkaufen der Waaren ist nur ein kleiner Theil des genossenschaftlichen Geschäftsbetriebs. Wollte ein Konsumverein eine wirkliche „Zweigniederlassung" im Sinne des Gesetzes gründen, so würde dazu außer dem besonderen Laden vor allem ein besonderer Vorstand gehören, der nicht blos befugt wäre, den Laden aus dem Centrallager des Hauptvereins versorgen zu lassen, sondern auch selbstständige Einkäufe, wenn auch nicht aller, so doch einzelner Waarensorten zu machen, der ferner verpflichtet wäre, für das Zweiggeschäft vollständig gesonderte Bücher zu führen

*) Der Schluß der Resolution, welcher ausspricht, daß solche Organisation für die Wirksamkeit der genossenschaftlichen Grundkreditbank zu Königsberg wünschenswerth sei, ist nur von provinzieller Bedeutung. Vgl. Genossenschaftsblätter Nr. 32. 1874 Seite 151. Ueber die Durchführung der Organisation des Vertrauensmänner-Instituts geben die Insterburger Vorschläge in dem obenerwähnten Gutachten wichtige Fingerzeige (Gen.-Blätt. 1874 Nr. 15).

2) „**angemeldet werden.**"

Die Eintragung der Zweigniederlassung findet nach Artikel 21 des Handelsgesetzbuchs „nicht statt, bevor nachgewiesen ist, daß die Eintragung bei dem Handelsgerichte der Hauptniederlassung geschehen ist." —

3) „**Alles zu beobachten, was die §§ 4 bis 6 für das Hauptgeschäft vorschreiben.**"

Zur Befolgung der Vorschriften der §§ 4 u. 6 kann das Handelsgericht nach § 66 des Gesetzes den Vorstand der Genossenschaft durch Ordnungsstrafen anhalten, — nicht aber zur Befolgung des § 7. In den Entwürfen von Schulze-Delitzsch und der Abgeordnetenhaus-Kommission waren alle drei §§ in dieser Beziehung gleich behandelt. Der Preußische Regierungsentwurf von 1866 hatte den von den Zweigniederlassungen handelnden § 7 ganz verworfen. Als das Abgeordnetenhaus von 1866 in dieser Beziehung die Schulze'schen Vorlagen wiederherstellte, unterließ es, in dem unter die Schlußbestimmnngen aufgenommenen von den Ordnungsstrafen handelnden § 54 den § 7 einzufügen. Ohne Zweifel war dies nur ein Versehen. Allein dies Versehen ist in den späteren Stadien der Gesetzgebung, wo der Ordnungsstrafen-Paragraph — jetzt § 66 — mehrfach ergänzt ist, weder im Preußischen Landtage, noch im Deutschen Reichstage, weder von der Preußischen Regierung, noch vom Bundesrath, noch von der Zivilgesetz-Kommission zur Sprache gebracht, so daß man annehmen kann, ein Bedürfniß zur Verbesserung des Versehens liegt durchaus nicht vor.

§. 8.

Das Genossenschaftsregister ist öffentlich, und gelten hierbei die im Allgemeinen Deutschen Handelsgesetzbuch in Bezug auf das Handelsregister gegebenen Bestimmungen.

Erläuterungen zu § 8.

Ueber die Entstehung und Bedeutung dieses § 8 ist das Erforderliche Seite 215 unter Erläuterung 5) zu § 4 gesagt. — Obschon sie vollkommen überflüssig war, hatten das Bayrische Gesetz vom 29. April 1869 und das Badische Gesetz vom 11. Februar 1870 eine analoge Bestimmung aufgenommen. Das Bayrische Gesetz bezeichnete als gültig „die im Handelsgesetzbuch und im Einführungsgesetze zu demselben", — das Badische „die im allgemeinen Deutschen Handelsgesetzbuch, so wie die in Artikel 18. und 27. des Einführungsgesetzes vom 6. August 1862" in Bezug auf das Handelsregister gegebenen Bestimmungen.

Abschnitt II.

Von den Rechtsverhältnissen der Genossenschafter unter einander, sowie den Rechtsverhältnissen derselben und der Genossenschaft gegen Dritte.

Vorbemerkung.

Die Anordnung, wonach Abschnitt II. die Rechtsverhältnisse der Genossenschafter unter einander, sowie die Rechtsverhältnisse derselben und der Genossenschaft gegen Dritte, und Abschnitt III. den Vorstand, den Aufsichtsrath und die Generalversammlung, also die Organe der Genossenschaft insbesondere behandelt, weicht von der Anordnung des Handelsgesetzbuchs, namentlich bei der offenen Handelsgesellschaft, ab. (Vgl. Zweites Buch, Erster Titel, Zweiter und Dritter Abschnitt des Handelsgesetzbuches.) Jedenfalls erleichtert die Anordnung des Gesetzes die Uebersicht und das Verständniß.

In dem Abschnitt II. sind erheblichere Abänderungen des Preußischen Genossenschaftsgesetzes nur in den §§ 9, 11 und 12 (§§ 8, 10, 11 des Preußischen Gesetzes) vorgekommen. Darunter geht die anderweitige Bestimmung über Gewinn- und Verlust-Vertheilung in Absatz 2 des § 9 (§ 8 des Preuß. Gesetzes) blos diejenigen Genossenschaften an, welche im Statut darüber Nichts bestimmt haben. Die Aenderungen im § 11, Absatz 3 (§ 10, Absatz 3 des Preuß. Gesetzes) und im § 12, Absatz 1 (§ 11, Absatz 1 des Preuß. Gesetzes) sind mehr formalen Inhalts. Der Zusatz des § 12, Absatz 4 kam bis zum Gesetze vom 1. Dez. 1869 auch den Frauenspersonen in Preußischen Genossenschaften zu statten. — Außerdem sind in §§ 13 und 16 (§§ 12 und 15 des Preuß. Gesetzes) Mängel der Redaktion beseitigt.

§. 9.

Das Rechtsverhältniß der Genossenschafter unter einander richtet sich zunächst nach dem Gesellschaftsvertrage. Letzterer darf von den Bestimmungen der nachfolgenden Paragraphen nur in denjenigen Punkten abweichen, bei welchen dies ausdrücklich für zulässig erklärt ist.

In Ermangelung einer anderen Bestimmung des Gesellschaftsvertrages wird der Gewinn unter die Genossenschafter nach Höhe von deren Geschäftsantheilen vertheilt, ebenso der Verlust, soweit diese Antheile zusammen zu dessen Deckung ausreichen, wogegen ein nach Erschöpfung des Genossenschaftsvermögens noch zu deckender Rest gleichmäßig nach Köpfen von sämmtlichen Genossenschaftern aufgebracht wird.

Genossenschafter, welche auf ihre Geschäftsantheile die ihnen statutenmäßig obliegenden Einzahlungen geleistet haben, können von anderen Genossenschaftern nicht aus dem Grunde, weil letztere auf ihre Antheile mehr eingezahlt haben, im Wege des Rückgriffs in Anspruch genommen werden, sofern nicht der Gesellschaftsvertrag ein Anderes festsetzt.

(Preußisches Gesetz § 8 und § 48.)

I. **Zur Geschichte des § 9.**

a) **Absatz I.** stimmt wörtlich mit dem ersten Absatz des § 8 des Preußischen Gesetzes überein, welcher ebenso wie der zweite Absatz desselben dem Inhalte nach schon in Schulze's ersten Antrage von 1863 enthalten war. Die Fassung des Preußischen § 8 rührte im Wesentlichen aus der Abgeordnetenhaus-Kommission von 1863 her.

b) **Absatz II.** im Preußischen Gesetz lautete:

„Der Gewinn und Verlust wird in Ermangelung einer anderen Bestimmung des Gesellschaftsvertrages unter die Genossenschafter nach Köpfen vertheilt."

Die von Schulze-Delitzsch selbst beantragte Aenderung wird im Bericht der Reichstagskommission folgendermaßen begründet:

„Daß in Ermangelung anderer Vertragsbestimmungen Gewinn und Verlust einer Gesellschaft sich nach Verhältniß des Antheils am Gesellschaftsvermögen vertheilt, entspricht den allgemeinen Rechtsgrundsätzen; daß aber wenn der Verlust das Gesellschaftsvermögen übersteigt und die Genossenschafter mit ihrem übrigen eigenen Vermögen für die Deckuug eintreten sollen, die Vertheilung der aufzubringenden Deckung nach Köpfen zu geschehen hat, folgt — soweit eben die Statuten nichts Anderes bestimmen — aus dem Grundsatze der Solidarhaft." (Reichstags-Drucksachen Nr. 80, Seite 5.)

Die Zivilprozeß-Kommission hat nur gegen einen Ausdruck Bedenken erhoben, welcher demgemäß geändert ist; statt „nach Aufopferung des Gesammtbetrages derselben" (der Geschäftsantheile) ist gesetzt „nach Erschöpfung des Genossenschaftsvermögens," was allerdings korrekter ist. Die Kommission hielt es auffallender Weise für zweifelhaft, „ob nicht der Gedanke ausgedrückt werden solle, daß bei den jährlichen Vertheilungen — im Gegensatze zu der schließlichen Auseinandersetzung — nur die Geschäftsantheile, nicht auch der Reservefonds und das sonst vorhandene Vermögen zu berücksichtigen seien," und machte für diesen Fall eventuelle Vorschläge.

c) **Absatz III.** Der § 9 entspricht dem zweiten Satze des § 48 des Preußischen Gesetzes und dieser lautete: „Im Fall der Auflösung der Genossenschaft kann kein Genossenschafter wegen des etwaigen geringeren Betrages der statutenmäßigen Einzahlung auf seinen Geschäftsantheil von anderen Genossenschaftern, welche auf ihre Antheile mehr eingezahlt haben, im Wege des Rückgriffs in Anspruch genommen werden."

In dem Entwurfe der Preußischen Regierung war ein solcher Satz nicht enthalten; er wnrde in der Kommission des Abgeordnetenhauses von 1866, entsprechend einer in der Fassung mangelhafteren Bestimmung des Kommissionsentwurfes von 1863 mit Genehmigung von Schulze eingeschoben. Der Bericht (Drucksachen Nr. 55 Seite 20) weist darauf hin, daß die Statuten der Genossenschaften meist eine Maximalsumme, beispielsweise von 20, 50 oder 100 Thlrn. festsetzten, über welche hinaus kein Mitglied mit Einzahlungeu zugelassen, oder mindestens nicht zum Dividendengenuß verstattet werde. Auf diesen Geschäftsantheil müßte jedes Mitglied eine im Mindestsatz bestimmte kleinere Summe sofort und nachher monatliche Beiträge, etwa nicht unter 5 Sgr. einzahlen. Am Ende des Geschäftsjahres werde vom Reingewinn auf jeden vollen Thaler die Dividende berechnet, aber nicht ausbezahlt, sondern so lange gutgeschrieben, und zum Geschäftsantheil zugerechnet, bis das statutarisch festgestellte Maximum, worauf außerdem jedes Mitglied jederzeit Einzahlungen machen könne, vollständig erreicht sei. „Es könnte nun" fährt der Bericht wörtlich fort, „nach dem bestehenden Rechte zutreffend erscheinen, den „Geschäftsantheil", so lange er noch nicht gezahlt ist, analog wie die zugesicherte Einlage des stillen Gesellschafters, Kommanditisten oder Aktionärs (Art. 165, 219, 255 Alinea 2 des Handelsgesetzbuches) zu behandeln, und demnach im Falle des Bedürfnisses und auch zum Zwecke der Ausgleichung unter den Mitgliedern eine Nachzahlung zu fordern. Dies ist jedoch nicht der Zweck der Geschäftsantheile; das Mitglied soll, außer seiner Solidarhaft gegen Dritte, zu keiner andern Leistung, als zu den Minimalbeiträgen und zum Aufsparen des Gewinnes bis zur Ergänzung des Geschäftsantheiles angehalten werden. Geht ein Mitglied über das knappere Maß der Beitragspflicht hinaus, so erlangt er in der verhältnißmäßig erhöhten Dividende den entsprechenden Vortheil, übernimmt aber damit auch das Risiko des größeren Verlustes, wenn die Genossenschaft das Vermögen vermindert; ein Rückgriff an die andern Mitglieder steht ihm nicht zu, sofern diese mit den übernommenen Beiträgen rückständig sind."

Von der Reichstagskommission wurde jene Bestimmung an diese Stelle gerückt, aber dabei auch Schulze's Antrag, durch Hinzufügung der Worte „sofern nicht der Gesellschaftsvertrag ein Anderes festsetzt," die Vertragsfreiheit gewahrt. Schulze hatte bei Entwurf eines Musterstatuts für Rohstoffgenossenschaften (vgl. Erläuterungen Seite 247) den Fehler jener, nur die Vorschußvereine ins Auge fassenden Bestimmung entdeckt. Die Zivilprozeß-Kommission hat die Fassung wesentlich geändert; sie motivirt dies folgendermaßen: „Die in Antrag gebrachte Fassung soll außer Zweifel stellen, daß dann, aber auch nur dann, wenn der Genossenschafter diejenigen Einzahlungen, welche zu der betreffenden Zeit fällig waren, geleistet hat, der Rückgriff ausgeschlossen sein soll, selbst wenn von ihm nach dem Statut in späteren Terminen noch fernere Zahlungen zu leisten waren." Diese Motivirung ist nicht deutlich; „zu leisten gewesen sein würden" — nämlich wenn die Genossenschaft sich inzwischen nicht aufgelöst hätte — werden die letzten Worte heißen müssen.

II. Erläuterungen zu § 9.

1) **Absatz I.:** „nur in denjenigen Punkten abweichen".

Der zweite Satz des ersten Absatzes spricht abweichend von den §§ 90 u. 157 des Handelsgesetzbuchs, denen der erste Satz entlehnt ist, nicht die subsidiäre Geltung der Gesetzesbestimmungen bei prinzipieller Geltung des Gesellschaftsvertrages aus, sondern beschränkt die prinzipielle Geltung des Gesellschaftsvertrages auf solche Bestimmungen, bei welchen das Gesetz Abweichungen für zulässig erklärt. Dies ist ganz folgerichtig. Die Genossenschaften müssen für die erlangte Rechtsfähigkeit gewisse Normativbestimmungen konzediren. Es ist möglich, daß unter denjenigen Bestimmungen, von denen nicht abgewichen werden darf, einzelne sind, von denen Abweichungen zu gestatten, im Interesse der freien Entwickelung des Genossenschaftswesens wünschenswerth ist. Aber umgekehrt ist vielleicht auch unter den der Vereinbarung der Genossenschafter überlassenen Gegenständen der eine oder der andere, bei welchem der Ausschluß der Vertragsfreiheit nützlich wäre. Erst eine längere Erfahrung wird über die Zweckmäßigkeit der Vorschrift entscheiden können.

2) „bei welchen dies ausdrücklich für zulässig erklärt ist."

Das Gesetz erklärt ausdrücklich Abweichungen für zulässig in folgenden Punkten:

a) Vertheilung von Gewinn und Verlust (§ 9, Absatz 2);
b) Verbot des Rückgriffs auf Genossenschafter, die auf ihre Geschäftsantheile weniger, aber ihren statutenmäßigen Obliegenheiten genügend eingezahlt haben (§ 9 Absatz 3);
c) Stimmrecht des einzelnen Genossenschafters (§ 10 Absatz 2);
d) Zahl der Vorstandsmitglieder (§ 17);
e) Zeichnung des Vorstandes für die Genossenschaft (§ 18);
f) Bestellung eines Aufsichtsrathes (§ 28);
g) Vollmacht zum Geschäftsbetrieb und zur Vertretung (§ 30);
h) Berufung der Generalversammlung (§ 31 Abs. 1);
i) Zahl der Genossenschafter, auf deren Antrag eine Generalversammlung berufen werden muß (§ 31 Absatz 3);
k) Kündigungsfrist und Zeitpunkt des Austritts eines Genossenschafters (§ 38 Abs. 2);
l) Endigung der Mitgliedschaft durch den Tod (§ 38 Absatz 2);
m) Ausschließung von Ansprüchen der ausgetretenen und ausgeschlossenen Genossenschafter, sowie der Erben verstorbener Genossenschafter an den Reservefond und an das sonst vorhandene Vermögen der Genossenschaft (§ 39 Abs. 2);
n) Uebertragung der Liquidation an den Vorstand (§ 40);
o) Gemeinschaftliche Vornahme der zur Liquidation gehörenden Handlungen durch mehrere Liquidatoren (§ 42);
p) Oeffentliche Versteigerung unbeweglicher Sachen bei der Liquidation (§ 43 Abs. 2);
q) Vertheilung der bei der Liquidation verbleibenden Ueberschüsse (§ 47 b. u. c).

3) **Absatz II.**

Das Preußische Gesetz hatte die oben (zur Geschichte des § 9 zu b) mitgetheilte Bestimmung, wonach Gewinn und Verlust beim Mangel einer statutarischen Vorschrift nach Köpfen zu vertheilen sei, dem Art. 109 des Handelsgesetzbuchs entlehnt, der dieselbe Vertheilung von Gewinn und Verlust in Ermangelung einer andern Vereinbarung für die Gesellschafter der offenen Handelsgesellschaft vorschreibt. Die Vertheilung des Art. 109 ist aber, trotz des übereinstimmenden Wortlauts eine wesentlich andere, als die durch den § 8 des Preußischen Genossenschaftsgesetzes angeordnete. Denn nach Art. 106 des H.G.-Buchs müssen jedem Gesellschafter zunächst von seinem Antheile am Gesellschaftsvermögen vier Prozent Zinsen gutgeschrieben werden; vor Deckung dieser Zinsen ist kein Gewinn vorhanden; werden sie nicht gedeckt oder nicht ganz gedeckt, so hat die Gesellschaft mit Verlust gearbeitet — der Verlust entsteht also oder wird vermehrt durch jene Zinsen.*) Eine gleiche Bestimmung existirte aber für die Genossenschaften nicht. Ueberhaupt eine Festsetzung zu treffen, erschien nothwendig. Freilich soll bei der Kommanditgesellschaft und der stillen Gesellschaft beim Mangel einer Vereinbarung die Betheiligung an Gewinn und Verlust nach richterlichem Ermessen, nöthigenfalls unter Zuziehung von Sachverständigen festgestellt werden. (Art. 162 und 254 des H.-G.-Buchs.) Allein eine solche Bestimmung würde für Genossenschaften wegen der größeren Mitgliederzahl ganz unpassend sein. Man meinte daher, die Nachahmung des Art. 109 entspreche am meisten dem Prinzip der Solidarhaft, in welchem die Genossenschaften mit den offenen Handelsgesellschaften übereinkamen. Dabei war übersehen, daß in § 46 zu b) des Preußischen Gesetzes (§ 47 des Deutschen) nicht dieselben Grundsätze für die Vertheilung der bei der Liquidation nach Befriedigung der Gläubiger übrigbleibenden, aber nicht zur Deckung der Geschäftsantheile ausreichenden Beträge festgestellt waren.**) Dazu kam endlich noch, daß die Gewinnvertheilung während des Bestandes der Genossenschaft in keiner der vorhandenen Arten der Genossenschaften nach Köpfen stattfand, die Bestimmung des Preußischen Gesetzes, die maßgebend sein sollte, beim Mangel einer statutarischen Bestimmung, also etwas ganz neues schuf, statt dasjenige vorzuschreiben, was dem Brauche der Genossenschaften am meisten entsprach.

Freilich war in Wirklichkeit keine große Gefahr vorhanden, daß diese Gesetzesbestimmungen zur Anwendung kommen würden, da für die Genossenschaft die Frage der Vertheilung von Gewinn und Verlust viel zu wichtig ist, als daß sie bei Berathung des Gesellschaftsvertrages übersehen werden könnte. Immerhin galt es, die auch nur eventuell in Wirksamkeit tretende Bestimmung

*) Bei Berathung des Art. 109 des H.G.-Buchs ist man sehr getheilter Ansicht gewesen, ob es nicht vorzuziehen sei, ein anderes Prinzip für Theilung des Gewinnes als für Theilung des Verlustes festzustellen. Ob nicht namentlich der Gewinn nach Köpfen und der Verlust nach Verhältniß der Antheile am Gesellschaftsvermögen zu vertheilen sei.

**) Vgl. Kommentar zum Preuß. Ges. Anmkg. 128 Seite 119 und unten die Erläuterung zu § 47.

mit den übrigen Grundsätzen des Gesetzes in Einklang zu bringen. Eine einfache Aenderung dahin, daß statt nach Köpfen, nach Höhe der Geschäftsantheile die Vertheilung von Gewinn und Verlust subsidiarisch zu bestimmen sei, wie dies früher von Auerbach*) vorgeschlagen war, paßte für eine Gesellschaft mit Solidarhaft und ungleichen Geschäftsantheilen gar nicht, da bei ihr eine Vermuthung für eine gewisse Gleichstellung der Personen unbedingt vorhanden war. Um zu klaren und einfachen Bestimmungen zu gelangen, mußte man sich vor allem vergegenwärtigen, daß das Gesetz das Prinzip der Solidar**bürgschaft** an Stelle der reinen Solidar**haft** einführe. Für den Fall der Auflösung der Genossenschaft verlangt nun das Prinzip der Solidarbürgschaft die kopfweise Vertheilung nur der nach Absorbirung des gesammten Genossenschaftsvermögens verbleibenden Verluste. Die Gewinnvertheilung aber muß sich in der Regel nach dem Risiko, nach der Verlustvertheilung richten. Darnach war es nothwendig, die Gewinn- und Verlustvertheilung während des Geschäftsbetriebes der Genossenschaft von der nach der Auflösung derselben zu sondern.

Das Ergebniß mußte nun folgendes sein:

A. Verlust. 1) Während des Geschäftsbetriebes entscheidet die Bilanz am Schluß jeder Geschäftsperiode, ob Gewinn gemacht oder Verlust entstanden ist. Der Verlust vermindert das Gesellschaftsvermögen, und muß, insofern und insoweit dazu nicht statutengemäß ungetheilt aufbewahrtes Sondervermögen der Genossenschaft als solches verwendet wird, den Geschäftsantheil, das heißt die buchmäßige durch Austritt realisirbare Gesammtbetheiligung des einzelnen Genossenschafters am Gesellschaftsvermögen gleichmäßig vermindern. Würde das ganze Gesellschaftsvermögen nach der Bilanz durch Verluste aufgezehrt, und bliebe noch ein Betrag zu decken, so würde die Genossenschaft, wenn sie fortbestehen wollte, genöthigt sein, entweder von den Mitgliedern die Baardeckung zu fordern durch Einschüsse, welche nunmehr, da beim Mangel alles Gesellschaftsvermögens kein Genossenschafter mehr einen Geschäftsantheil besitzt, folgerichtig von gleicher Höhe sein würden, oder den End-Abschluß der Bücher vorzunehmen, mindestens also in den Geschäftsbüchern die Uebertragungen vom Gewinn- und Verlustkonto dadurch auszuführen, daß das gesammte Gesellschaftsvermögen, und damit also alle Geschäftsantheile abgeschrieben und jeder Genossenschafter auf seinem Konto mit dem gleichen Betrage belastet würde, und endlich das Bilanzkonto in Soll und Haben vollständig ausgeglichen würde.

2) Löst sich die Genossenschaft auf, und stellt sich bei der Liquidation ein Verlust heraus, so wird dieser das Gesellschaftsvermögen und damit die Betheiligung der Genossen an demselben verhältnißmäßig vermindern; bleibt nach Abschreibung des ganzen Gesellschaftsvermögens noch ein Minus, so erfolgt in Folge der Solidarbürgschaft die Deckung zu ganz gleichen Theilen,

---

*) Auerbach's Ausführungen (Goldschmidt's Zeitschrift für das gesammte Handelsrecht Bd. 7. 1864. S. 361), eingehend besprochen in meinem Kommentar zum Preuß. Ges. Seite 41, fassen nur die Vorschußvereine ins Auge und gründen sich auf den Irrthum, daß die Höhe der Geschäftsantheile der einzelnen Genossenschafter sich vornehmlich richte nach deren Vermögen.

das heißt kopfweise. Demnach ist in beiden Fällen die Verlustvertheilung dieselbe.

B. Gewinn. 1) Ergiebt während des Geschäftsbetriebs am Schluß einer Rechnungsperiode die Bilanz der Genossenschaft einen Gewinn, so vermehrt derselbe das Gesellschaftsvermögen, muß also, wenn der Gesellschaftsvertrag nichts anderes bestimmt, auf die einzelnen Antheile, aus denen sich das Gesellschaftsvermögen zusammensetzt, nach Verhältniß ihrer Höhe vertheilt werden.

2) Liquidirt die Genossenschaft, so müssen nach Deckung aller Schulden die Geschäftsantheile, wie sie beim Beginn der letzten Geschäftsperiode, also in Folge des letzten zur Ausführung gelangten Geschäftsabschlusses auf den das Kapitalkonto der Genossenschaft darstellenden Konten der Genossenschafter gebucht stehen, zur Auszahlung gelangen. Von dem verbleibenden Ueberschuß ist der nach einer Bilanz der letzten Rechnungsperiode sich ergebene Reingewinn statutenmäßig zu vertheilen. Was dann noch übrig bleibt, ist nichts anderes als unvertheilt gebliebener, aufgesparter Gewinn der Vorjahre. Diesen, in Ermangelung einer andern Bestimmung des Gesellschaftsvertrages nach der gegenwärtigen Höhe der Geschäftsantheile zu vertheilen, liegt gar kein Grund vor; weit mehr entspricht eine kopfweise Vertheilung jener aus dem Prinzip der Solidarbürgschaft hervorgehenden Bestimmung, wonach die durch das Vermögen der Genossenschaft nicht gedeckten Verluste ebenfalls kopfweise aufgebracht werden.

Aus solchen Erwägungen gingen die Aenderungen des Preußischen Gesetzes in Betreff der Vorschriften über Gewinn- und Verlust-Vertheilung hervor, wie sie die §§ 9 und 47 des Deutschen Gesetzes enthalten. Nur ist dabei das Versehen vorgekommen, daß die im § 47 c. enthaltene Vorschrift über die Gewinnvertheilung bei der Liquidation im § 9, der den allgemeinen Grundsatz über die Gewinnvertheilung enthält, völlig unbeachtet läßt, so daß zwischen beiden §§ ein nicht zu lösender Widerspruch bleibt.*)

Bei den verbreitetsten Arten der Genossenschaften sind die üblichen Bestimmungen über Betheiligung an Gewinn und Verlust folgende:

A. Vorschußvereine. Der Gewinn wird, abgesehen von Zuschüssen zum Reservefond, auf die Geschäftsantheile, d. h. nicht nach ihrem im Lauf der Jahre zu erreichenden Höchstbetrage, sondern nach ihrem wirklichen Bestande bei Beginn des Geschäftsjahres vertheilt. Der Verlust wird in erster Linie vom Reservefond getragen; erst nach dessen Aufopferung von den Geschäftsantheilen der Mitglieder nach Verhältniß der Höhe derselben abgeschrieben, und wenn auch die Geschäftsantheile nicht mehr zur Deckung sämmtlicher Schulden ausreichen, wird der Rest des zu deckenden Verlustes auf die Mitglieder, vermöge ihrer solidarischen Haft, kopfweise vertheilt. So in Schulze's Vorschuß- und Kreditvereine als Volksbanken, 4. Aufl. S. 92 u. ff. In der

---

*) Im Bayrischen Gesetze vom 29. April 1869 war unter Verweisung auf die Ausführungen in meinem Kommentar zum Norddeutschen Gesetze Seite 10 und 33, auf Antrag des Berichterstatters Dr. Völk in dem zweiten Absatz hinter den Worten „wird der Gewinn unter die Genossenschafter" — eingeschoben: „vorbehaltlich der Bestimmung im Artikel 47 lit. c." — und dadurch der Widerspruch beseitigt.

Neuen Vollständigen Anweisung rc. ist noch der § 47 c fast wörtlich aufgenommen, so daß nunmehr Gewinn und Verlust genau nach den vorher entwickelten Grundsätzen des Gesetzes vertheilt werden.

B. Konsumvereine. Der Gewinn wird in England, wie jetzt bei fast allen Vereinen Deutschlands, an die Mitglieder nach dem Waarenbezuge innerhalb der Rechnungsperiode (des Geschäftsquartals) vertheilt. Die vorzugsweise aus zugeschriebenen Zinsen und Dividenden gebildeten Geschäftsantheile erhalten aus dem Reingewinn nur vorweg „Zinsen." Eug. Richter rühmte in seiner Schrift über Konsumvereine S. 70 mit Recht die Vortrefflichkeit dieser eigenthümlichen Art der Gewinnvertheilung. „Einmal wird durch die Verzinsung der Antheile eine Vergütung für deren Ungleichheit gewährt, anderntheils giebt die Gewinnvertheilung nach dem Waarenbezug den Mitgliedern einen außerordentlichen Reiz, diesen Waarenbezug dem Verein in möglichst ausgedehnter und stetiger Weise zu Theil werden zu lassen. Da dieser Waarenbezug in den Grenzen des Haushaltungsbedarfs gehalten wird, so ist auch dafür gesorgt, daß diese Art der Gewinnvertheilung sich nicht allzusehr von dem Prinzip der Gleichheit unter den Mitgliedern entfernt."

Für Vertheilung der Verluste schlug Richter a. a. O. S. 60 vor, dieselbe von den Geschäftsantheilen zu gleichen Theilen abzuschreiben. Zur Motivirung sagte er S. 71 Folgendes: „Dasselbe Prinzip wie für die Gewinnvertheilung auch der Verlustvertheilung zum Grunde zu legen, geht aus praktischen Gründen nicht an. Stände nämlich am Rechnungsabschluß ein Verlust zu befürchten, so würde das Mitglied sich der Entnahme von Waaren aus dem Verein schon deshalb enthalten, um seinen Verlustantheil nicht zu vergrößern; auch würde nach größeren Verlusten es kaum ein Mittel geben, den Gesammtbetrag der von einem Mitglied entnommenen Waaren richtig festzustellen. Man ist daher genöthigt, für die Verlustvertheilung das der Gewinnvertheilung und dem ganzen Wesen des Vereins zunächst entsprechende Prinzip der Vertheilung nach Köpfen anzunehmen."

Inzwischen führte die Erfahrung doch zu andern Ergebnissen. Die in dem Normalstatut von 1867 getroffenen Bestimmungen wurden mit geringen Aenderungen auch später beibehalten. Man wird sie mit den durch die Münzänderung nöthig gewordenen Verbesserungen dahin zu formuliren haben:

„Vom Reingewinn erhalten zunächst die Mitglieder als Kapitaldividende auf jede volle Mark ihres Geschäftsantheils am Schluß des vorhergehenden Geschäftsquartals einen Pfennig (4 Prozent) zugeschrieben, sodann werden die durch Verträge oder durch besondere Beschlüsse der Generalversammlung den Beamten des Vereins, sowie den Vorstands- und Verwaltungsrathsmitgliedern vom Reingewinn etwa zugesicherten Tantièmen berichtigt. Einen Theil des hierauf verbleibenden Ueberschusses, jedoch nicht über 5 Prozent, — je nach Beschluß der Generalversammlung, erhält der Reservefond, welcher ungewöhnliche Verluste zu tragen bestimmt ist. Vom Ueberrest werden $^1/_{30}$ zu einem für die Förderung von Kenntnissen über Genossenschaftswesen und Erweckung genossenschaftlichen Sinnes unter den Mitgliedern bestehenden Depositions-Fond und $^{29}/_{30}$ den Geschäftsantheilen der Mitglieder nach Verhältniß der von ihnen in der betreffenden Rechnungsperiode durch das Vereinslager bezogenen Waaren als Einkaufsdividende vorgeschrieben."

„Sollten in Folge von Verlusten Abschreibungen von den Geschäftsantheilen erforderlich sein, so erfolgen sie nach Verhältniß der Höhe der Geschäftsantheile. Soweit Verluste durch den Reservefond und die Geschäftsantheile nicht gedeckt werden, sind sie auf alle Mitglieder gleichmäßig zu vertheilen." —

Diese Bestimmungen haben zur Voraussetzung, daß zu den Geschäftsantheilen kein Mitglied mehr als 5 Sgr. baar einzuzahlen verpflichtet ist, und daß im Uebrigen die Geschäftsantheile nur durch Zuschreibung von Zinsen und Dividende entstehen. (Vgl. oben Seite 192.)

Bei den Konsumvereinen ist demnach die Verlustvertheilung genau nach den Vorschlägen des Gesetzes regulirt; der Fall des § 47 c) ist in den Musterstatuten nicht besonders berücksichtigt.

C. Rohstoffgenossenschaften. Bei den Rohstoffgenossenschaften wurde vor Erlaß der Genossenschaftsgesetze der Geschäftsgewinn an die Mitglieder nach Höhe des während des Geschäftsjahres entnommenen Waarenbetrags vertheilt, wohingegen die Geschäftsantheile nur verzinst wurden, d. h. eine zinsenmäßig auf einen Höchstbetrag fixirte Dividende vorweg erhielten. Die Verluste wurden in der Regel kopfweise vertheilt, beziehungsweise von den Geschäftsantheilen abgeschrieben.

Schulze-Delitzsch hat nun zunächst in seinem Normalstatut für Rohstoffgenossenschaften, die sich unter das (Preußische) Genossenschaftsgesetz stellen wollen (Blätter für Genossenschaftswesen 1867 Nr. 23 u. 24) besondere Vorschläge gemacht, die ihn zuerst auf die Nothwendigkeit der Aenderung des § 48 des Preuß. Ges. (§ 9 Abs. 3 des Deutschen Gesetzes, vergl. oben zur Geschichte zu § 9 c) und ferner Erläuterungen 5 S. 252) führten und in dem Buche: „Genossenschaften in einzelnen Gewerbszweigen" weiter ausgebildet und verbessert sind. (Seite 56 bis 62.) An der Vertheilung des Gewinns auf den Waareneinkauf hielt er fest, weil den Rohstoffgenossenschaften, wollen sie gedeihen, vor allem um Mitglieder zu thun ist, die vom Vereinslager kaufen.

In Ansehung der Verlustvertheilung war um so größere Vorsicht geboten, als so viele Rohstoffgenossenschaften in Folge grober Fehler der Verwaltung zu Grunde gegangen und dabei oft diejenigen Mitglieder, die am wenigsten Schuld tragen, am härtesten mit betroffen sind (vergl. Einleitung Seite 43). Die Schwierigkeit lag nun darin, daß das Waarenlager, welches sich weit langsamer als beim Konsumverein umsetzt, von vornherein ein größeres Betriebskapital, also starke „Mitgliederbeiträge" erforderte, und daß ferner die Verluste oftmals durch die Waarenkreditirung entstanden sind, auf welche die meisten Rohstoffgenossenschaften trotz aller übelen Erfahrungen nicht verzichten zu können meinen. Schulze's Vorschläge laufen nun auf folgende Punkte hinaus:

a) Es wird ein starker Reservefond (bis 10 Prozent vom Betriebskapital an Geschäftsantheilen und Garantiekapitalien) durch Eintrittsgelder und 10 bis 20 Prozent Betheiligung vom Reingewinn angesammelt und erhalten.

b) Die Geschäftsantheile werden, abgesehen von 1 Thlr. beim Eintritt, nur aus Zuschreibungen an Zinsen und Dividende gebildet, und bis auf den Betrag von 100 Thlr. gebracht, der durch einfachen Gesellschaftsbeschluß erhöht werden kann. Darauf wird nach vollen Thalern, vom Reinertrage vorweg, an Stelle der Dividende, soweit dieser Ertrag dazu ausreicht, ein jährlicher Zins von höchstens 5 Prozent vertheilt.

c) Jedes Mitglied ist verpflichtet, zur Vermehrung der Betriebsmittel ein unkündbares Garantiekapital vorzustrecken und darauf monatlich mindestens 15 Sgr. einzuzahlen; der Normalbetrag des Garantiekapitals ist 200 Thlr., kann jedoch jederzeit durch einfachen Gesellschaftsbeschluß erhöht werden. Die Garantiekapitalien sind Darlehen, die mit 5 Prozent jährlich verzinst werden, während der Mitgliedschaft unkündbar sind und zugleich als Kaution für den seinen Inhabern gewährten Waarenkredit dienen.

d) Verluste werden nun, wie bei den Vorschußvereinen und Konsumvereinen, soweit sie nicht aus dem Geschäftsertrage des Rechnungsjahrs gedeckt werden können, dem Reservefond, dann den Geschäftsantheilen nach Verhältniß zu der Höhe derselben abgeschrieben und nach Erschöpfung der Geschäftsantheile auf die Mitglieder gleichmäßig nach Köpfen vertheilt.

e) In Betreff der Gewinnvertheilung ist noch zu erwähnen, daß nach der Dotirung des Reservefonds und nach Gewährung von 5 Prozent an die Geschäftsantheile, der Rest unter die Mitglieder nach Verhältniß ihrer Waarenentnahme während des Geschäftsjahres als Dividende vertheilt wird. „Diese Zahlungen kommen bei der Berechnung jedoch nur nach vollen Thalern in Ansatz, und kreditirte Beträge nur soweit, als sie mit pünktlicher Einhaltung der Frist und innerhalb des betreffenden Geschäftsjahrs eingegangen sind." (§§ 55, 56 bis 66, 81 des Musterstatuts Seite 114 u. folg. in: „Die Genossenschaften in einzelnen Gewerbzweigen" ꝛc.)

D. Für die Magazingenossenschaften schlägt Schulze (a. a. O. S. 194) die Gewinnvertheilung dahin vor, daß vom Geschäftsgewinn zunächst die Geschäftsantheile bis zu 5 Prozent verzinst und der Ueberrest den Mitgliedern auf die Beträge, welche sie auf Lagergelder und Verkaufsprozente gezahlt haben, zurückgewährt werden. Dabei ist zu bemerken, daß Schulze für diese Genossenschaften einen Reservefond nicht vorschlägt. Die Vorschläge in Betreff der Verluste bieten nichts Abweichendes dar.

E. Bei den Genossenschaften für industrielle Produktion hat die Frage der Vertheilung von Gewinn und Verlust ihre besondere Geschichte, namentlich in Frankreich und England. Die Deutschen Produktivgenossenschaften vor Erlaß des Preußischen Genossenschaftsgesetzes waren zu gering an Zahl oder gingen so schnell wieder zu Grunde, als daß man von ihnen Erhebliches berichten könnte. Kleinere Produktivgenossenschaften mit geringer Mitgliederzahl, welche sämmtlich in gemeinschaftlicher Werkstätte beschäftigt waren, pflegten den Reingewinn nach Verzinsung des Geschäftskapitals kopfweise zu vertheilen, d. h. den Mitgliedern gutzuschreiben, und dabei die üblichen guten Stücklöhne zu zahlen. Schulze-Delitzsch hatte damals in einem der Form der offenen Handelsgesellschaft angepaßten Musterstatut (Innung der

Zukunft 1865 Seite 53), im Interesse der schnelleren Kapitalbildung durch Beiträge, die Vertheilung des Reingewinnes, nach Abzug von 10 Prozent für den Reservefond, lediglich auf die Geschäftsantheile nach deren Höhe vorgeschlagen.

In Frankreich, wo die Produktivgenossenschaften aus den sozialistischen Bewegungen, aus der Feindschaft der Arbeit gegen das Kapital hervorgegangen waren, und wo dieselben nur arbeitende Mitglieder kannten, nahm man ursprünglich vom Reingewinn $^1/_{10}$ bis $^1/_5$ zu einem untheilbaren Kapital (fond indivisible oder inalinéable), welches sich als Stiftung für die arbeitende Klasse in der immerwährenden Genossenschaft von Geschlecht zu Geschlecht vererben sollte, $^1/_{10}$ bis $^2/_5$ zum Reservefond, und der Ueberrest wurde unter die Arbeiter, gleichviel ob sie Mitglieder oder Hülfsarbeiter, Lohnarbeiter der Genossenschaft (auxiliaires) waren, nach Verhältniß der Arbeitstage vertheilt. — In der ersten Hälfte der sechsziger Jahre hatten die Französischen Genossenschaften die sozialistischen Besonderheiten in der harten Schule der Erfahrung mehr und mehr abgestreift. Die im August 1865 von einem aus Schriftstellern, Juristen und praktischen Genossenschaftsmännern zusammengesetzten Komité ausgearbeiteten Musterstatuten mit Einleitung gaben davon Zeugniß. (Beilage zu Nr. 10 der Association.) Die Mehrheit der Kommission war dafür, zur Produktivgenossenschaft auch nicht arbeitende, nur mit Kapital betheiligte Mitglieder zuzulassen. Ueber Vertheilung des Gewinns konnte man sich nicht einigen und stellte 4 Vorschläge zur Auswahl:

1) Dem Genossenschaftskapital sind nur 6 Prozent Zinsen zuzuschreiben, der Rest ist unter die Mitglieder nach Verhältniß der von ihnen während der Rechnungsperiode empfangenen Löhne zu vertheilen.
2) $^1/_5$ ist zur Tantième für den Vorstand (gérance) und Beamte nach Verhältniß des Gehalts, $^1/_5$ zum Reservefonds zu verwenden; $^3/_5$ erhalten die Mitglieder im Verhältniß zu den während des Jahres empfangenen Löhnen und Zinsen. (Auf 200,000 Frks. Genossenschaftskapital, wovon zu 5 Prozent 10,000 Frks. Zinsen gezahlt werden, den gleichen Antheil wie auf 10,000 Frks. Löhne.)
3) Der Ueberschuß der Aktiva über die Passiva stellt die Ergänzung des Arbeitslohns und den Unternehmergewinn dar, und ist demgemäß unter diese beiden Elemente verhältnißmäßig zu theilen. Das Verhältniß der während des Geschäftsjahrs verausgabten Löhne zu den während derselben Zeit gemachten andern Ausgaben bildet den Maßstab.
4) Die Statuten müssen einen bestimmten Prozentsatz des Reingewinns für die Arbeit und einen bestimmten Prozentsatz für das Kapital festsetzen. Den passenden Prozentsatz für die einzelne Genossenschaft zu finden, muß deren Einsicht überlassen bleiben.

In allen vier Fällen erhalten die nicht der Genossenschaft als Mitglieder angehörigen Arbeiter, die travailleurs auxiliaires, da sie für Verluste nicht verantwortlich sind, von dem Antheil, welcher auf sie als Ergänzung des Arbeitslohns fallen würde, wenn sie Mitglieder wären, nur die Hälfte, während die andere Hälfte zum Reservefond kommt. Verluste werden von den Geschäftsantheilen im Verhältniß ihrer Höhe abgeschrieben. Der Krieg von 1870 und die Herrschaft der Pariser Kommune haben die Produktivgenossenschaften Frankreichs, allem Anscheine nach, fast sämmtlich vernichtet, so daß von praktischen Französischen Erfahrungen auf diesem Gebiete nicht mehr die Rede sein kann.

Bei den Englischen Produktivgenossenschaften (vgl. Einleitung S. 49) hat die Frage der Gewinnvertheilung früher auch viel Aufregung verursacht. In einer der ersten großen Produktivgenossenschaften, in der Spinnerei der Pioniere von Rochdale — Rochdale Cooperative Manufacturing Compagnie — gab man den Arbeitern anfänglich einen nicht sehr erheblichen Antheil am Reingewinn, welcher nach halbjährlichem Abschlusse vertheilt wurde. Nach Abzug aller Geschäftsunkosten, worunter neben den ortsüblichen Arbeitslöhnen auch 5 Prozent Zinsen für die Geschäftsantheile sich befanden, wurden vom Ueberschuß zunächst die üblichen Abschreibungen vom Inventar gemacht und ein Beitrag zum Reservefond genommen, dann aber der Rest als Dividende für Kapital und Arbeit dergestalt verwendet, daß auf jedes Pfund gezahlten Arbeiterlohns derselbe Gewinn, wie auf jedes Pfund Kapital, vertheilt wurde. Diese Bestimmung wurde indeß in wenigen Jahren, trotzdem die Abänderung des Statuts eine Majorität von drei Viertel erforderte, nach hartem Kampfe wieder abgeschafft, da nur dem Kapital, nicht auch der Arbeit, die ja nicht an Verlusten theilnehme, der Gewinn gebühre. Auch die meisten andern Produktivgenossenschaften Englands, welche anfänglich dies Rochdaler Muster nachgeahmt hatten, sollen später dazu übergegangen sein, dem Kapital den ganzen Gewinn zuzubilligen. (Vergl. Huber „Konkordia", Heft 8. 1861 S. 37 und Ed. Pfeiffer „Ueber Genossenschaftswesen" 1863 S. 94 ff.)

Die industriellen Produktivgenossenschaften, welche in Deutschland neuerdings in großer Zahl sofort als eingetragene Genossenschaften entstehen, werden sich meist nach Schulze's neueren Musterstatuten, insbesondere nach den Vorschlägen seines Buches richten, von denen er berichtet, daß sie sich „bereits mehrfach praktisch bewährt haben."*) Nach diesen Vorschlägen sind, wie Schulze sagt, „Kapital und Arbeit, als die unentbehrlichen Faktoren jeder Produktion, gleich gesetzt, und zunächst der Arbeit der gewöhnliche Lohn, dem Einlagekapital der gewöhnliche Zins ausgeworfen, wie beide, abgesehen von der Anlage in eignen Unternehmungen marktgängig sind. Erst wenn die Beträge beider, als unvermeidliche Anlagen, ebenso wie andere Geschäftsunkosten durch die Geschäftseingänge gedeckt sind, und alsdann noch Ueberschüsse bleiben, kann von weiteren Verwendungen, von einem eigentlichen Geschäftsgewinn die Rede sein. Dieser Gewinn wird dann dergestalt zwischen Arbeit und Kapital getheilt, daß: 1) die Inhaber der Geschäftsantheile, außer dem ihnen gewährten üblichen Zins, die eine Hälfte des Gewinnes; 2) die Arbeiter (einschließlich der Beamten) außer den ihnen gewährten üblichen Löhnen und Gehalten, die andere Hälfte davon zugetheilt erhalten. Und wie bei dem Kapital die Höhe der von den Einzelnen darauf

---

*) Schulze: Die Genossenschaften in einzelnen Gewerbszweigen 1873 Seite 293 ff.

gemachten Einlagen, so bildet bei den Arbeitsleistungen die Höhe der dafür an die Einzelnen bezahlten Löhne oder Gehalte den natürlichen Maßstab bei der Vertheilung, da man voraussetzen muß, daß diese Höhe den Leistungen nach Qualität und Quantität entspricht, indem ja die betreffenden Festsetzungen in der Hand der Genossenschaft selbst liegen." Hervorzuheben ist noch, daß Schulze-Delitzsch bei der Lohndividende keinerlei Unterschied zwischen Mitgliedern und Nichtmitgliedern macht.

Aus diesen Erwägungen sind nun im Musterstatut Bestimmungen folgenden Inhalts hervorgegangen:

a) Ein Reservefond (bis zu 10 Prozent des Mitgliedervermögens) wird aus Eintrittsgeldern, deren Höhe von Zeit zu Zeit durch Gesellschaftsbeschlüsse festzustellen ist, und aus Betheiligung am Reingewinn (nicht unter 5 Prozent und nicht über 10 Prozent von der Generalversammlung festzusetzen) angesammelt und in der Normalhöhe erhalten.

b) Die Geschäftsantheile werden gebildet durch eine bedeutende Einzahlung und durch starke monatliche Einsteuern und Zuschreibung der Dividenden.

c) Vom Reingewinn erhält zunächst der Reservefond 5 bis 10 Prozent; demnächst wird den Mitgliedern nach Höhe ihrer Geschäftsantheile ein Zins bis zu 5 Prozent gewährt und der alsdann sich ergebende Ueberschuß zur Hälfte ebenfalls auf der Mitglieder-Guthaben als Superdividende, zur andern Hälfte unter die von der Genossenschaft beschäftigten Arbeiter und Beamten, einschließlich der Mitglieder, nach Höhe der an jeden derselben in dem betreffenden Jahre gezahlten Löhne und Gehalte, als sogenannter Bonus vertheilt. (§ 55 des Musterstatuts a. a. O. S. 337.)

d) Sowohl Zins als Superdividende werden nur nach vollen Thalern des Geschäftsantheils gewährt. „Außerdem wird:

der Zins nach vollen Monaten berechnet, innerhalb welcher die betreffenden Bestände während des Jahres in der Vereinskasse gestanden haben; dagegen

die Superdividende nur auf diejenigen Bestände gewährt, welche das ganze Rechnungsjahr hindurch genutzt worden sind, so daß die innerhalb desselben aufgesammelten Beiträge erst im nächstkünftigen Jahre dabei berücksichtigt werden;

an dem Bonus haben alle noch am Schlusse des Jahres beschäftigte Arbeiter Antheil, sobald ihre Beschäftigung innerhalb desselben mindestens sechs Monate gedauert hat". (§ 56 a. a. O.)

Besondere Bestimmungen für die Verlustvertheilung sind nicht getroffen.

F. Für landwirthschaftliche Konsumvereine (Rohstoffgenossenschaften), denen Schulze-Delitzsch ebenfalls Garantiekapitalien einzuführen vorschlägt, (s. oben Seite 195) will er vom Gewinne zunächst dem Resevefond, bis er die Normalhöhe von 5 Prozent der Geschäftsantheile und Garantiekapitalien erreicht hat, 5 Prozent zubilligen. Vom Ueberschuß sollen sodann die Geschäftsantheile bis 5 Prozent Zinsen erhalten, hierauf ein Theil, jedoch nicht über 5 Prozent je nach Beschluß der Generalversammlung dem Dispositionsfond für gemeinnützige Zwecke überwiesen und das Uebrige als Dividende nach Verhältniß der Waarenentnahme vertheilt werden. Die Bestimmung über

Verluste bietet nichts Abweichendes dar. (Vergl. Schulze a. a. O. Musterstatut §§ 60 u. 69 Seite 234 u. 236)

G. Für landwirthschaftliche Handels- und Produktivgenossenschaften ist die Vertheilung des Gewinns mit 5 Prozent Zins auf die Geschäftsantheile und mit dem Rest auf die zur Verwerthung eingelieferten Produkte angemessen. (Vgl. oben S. 72 u. Schulze a. a. O. Seite 402).

H. In dem Statut für Baugenossenschaften des Dr. Schneider (a. a. O. Seite 56 § 84) ist vorgeschlagen, vom Reingewinn zunächst den Mitgliedern und stillen Gesellschaftern auf ihre Geschäftsantheile und Einlagen einen Zins von 4 Prozent als Dividende zu gewähren, sodann vom Ueberschusse die dem Vorstand und sonst den Beamten etwa zugesicherten Tantièmen in Abzug zu bringen und von dem dann verbliebenen Rest dem Reservefond, so lange derselbe noch nicht den Normalbetrag erreicht hat, mindestens 10 Proz. zuzuschreiben und höchstens 4 Prozent für gemeinnützige, namentlich Bildungszwecke zu verwenden, das Uebrige aber als Superdividende an die Mitglieder und stillen Gesellschafter zu vertheilen.

Ueber die Verlustvertheilung siehe oben Seite 195.

4) „ebenso der Verlust, soweit diese Antheile zusammen zu dessen Deckung ausreichen."

Der zweite Absatz des § 9 hat auch einen erheblichen Widerspruch beseitigt, der zwischen dem entsprechenden Absatz im § 8 des Preußischen Gesetzes und § 46 Absatz II (jetzt § 47 Abs. II) daselbst herrschte. Vgl. darüber Erläuterungen zu § 47 sowie meinen Kommentar zum Preußischen Genossenschaftsgesetze Seite 119 Anmerk. 128 und meinen Kommentar zum Norddeutschen Gesetze Anm. 20 Seite 10 und Anmerk. 25 Seite 32.

5) **Absatz III** „die ihnen statutenmäßig obliegenden Einzahlungen geleistet haben."

Ueber die Entstehung dieses dritten Absatzes und die Veränderung, welche im Deutschen Gesetze mit der betreffenden Stelle des Preußischen Gesetzes vorgenommen ist, vgl. man oben **zur Geschichte** § 9 c). Der Satz ist durch die mehrfachen Aenderungen, die ihm widerfahren sind, im Inhalte geändert, ohne in der Form erheblich verbessert zu werden. In Schulze's erstem Gesetzentwurfe besagte der auch in den Kommissionsentwurf übergegangene entsprechende Satz: Wenn zur Deckung der Passiva auf die Geschäftsantheile der Mitglieder zurückgegriffen werden muß, gilt allgemein der „Grundsatz, daß kein Mitglied wegen des solchergestalt im Geschäft verlorenen höheren Geschäftsantheils an Andere, deren Geschäftsantheile niedriger waren, einen Regreßanspruch zu machen berechtigt ist." (§ 34 Schulze's Entwurf, § 36 Kommissionsentwurf). Diese Bestimmung war, meines Erachtens, darin klar, daß sie jede nachträgliche Abrechnung zweier Genossenschafter über ihre verschieden hohen Geschäftsantheile und jede Untersuchung, ob etwa der Eine der Genossenschaft gegenüber verpflichtet gewesen wäre, noch mehr einzuzahlen, völlig verbot. Daß der zweite Satz des § 48 im Preußischen Gesetze etwas Anderes besagen sollte, ist nur aus den Schlußworten in dem Bericht der Abgeordnetenhaus-Kommission zu vermuthen, an sich aber ziemlich unwahrscheinlich. Es war demnach verboten, daß ein Genossenschafter von einen andern Genossenschafter in Anspruch genommen werde „wegen des etwaigen geringeren Betrages der statutenmäßigen Einzahlung auf seinen Geschäftsantheil.“ Sollte dies heißen

weil die Summe, die er auf seinen Geschäftsantheil zufolge der statutarischen Bestimmung eingezahlt hat,

oder

weil die Summe, die er auf seinen Geschäftsantheil in statutenmäßiger Höhe eingezahlt hat, geringer war u. s. w.?

Gemeint ist, glaube ich, das Erstere.

Die Zivilprozeßkommission hat die zweite Auffassung treffen wollen. Nach der jetzigen Bestimmung ist nicht zu bezweifeln, daß der Rückgriff im § 9 Abs. III. nur ausgeschlossen ist gegen Genossenschafter, welche die Einzahlungen in statutenmäßiger Höhe geleistet haben.

Aber wie steht es mit den andern Genossenschaftern, mit denen nämlich, welche mit einzelnen ihrer Einzahlungen im Rückstande geblieben sind? Soll nicht gegen diese der Rückgriff beschränkt sein auf den Betrag dessen, womit sie wirklich rückständig geblieben sind? Im Gesetz ist dies nicht gesagt, obschon es wahrscheinlich Absicht des Gesetzgebers war, auch dieses auszudrücken. Um es an einem Beispiel klar zu machen: Normalguthaben der Genossenschafter ist 1000 Mark, monatliche Einzahlung 10 Mark. Von drei Genossenschaftern hat A 1000 M., B 100 M., C 100 M. B ist 5 Monat früher als C eingetreten und müßte nach den Statuten schon 150 M. haben. Nach der Bestimmung des Kommissionsentwurfes von 1863 hatte A keinen Rückgriff weder gegen B noch gegen C. Nach dem Preußischen Gesetze war entweder dasselbe gemeint, oder aber, daß A gegen C keinen, gegen B nur wegen 50 M. einen Rückgriff habe. Im jetzigen § 9 ist nur ausgesprochen, daß A gegen C keinen Rückgriff habe, daraus folgt, daß gegen B ein Rückgriff gestattet ist, — aber wegen 50 Mark? oder wegen 900 Mark? —

6) „im Wege des Rückgriffs in Anspruch genommen werden.“

Ueber die schließliche Auseinandersetzung unter den Genossenschaftern sind die Bemerkungen in Hahn's Kommentar über die von den Liquidatoren bei einer offenen Handelsgesellschaft heibeizuführende schließliche Auseinandersetzung unter den Gesellschaftern zu vergleichen.*) Eine Schwierigkeit ergiebt sich für die letzte bei Vollendung der Liquidation zu ziehende Bilanz nur noch dann, wenn einer oder mehrere Genossenschafter auf Grund des § 48 den zur Deckung des Ausfalles erforderlichen Betrag zur Vermeidung des Konkurses baar eingezahlt haben. In dem einfacheren Falle, wo nur ein Genossenschafter den betreffenden Ausfall deckt, kann dieser einen Regreß an alle übrigen Genossenschafter geltend machen, und zwar gegen Jeden auf Höhe seines Passiv-Saldo's, d. h. wegen desjenigen Betrages, welcher sich nach Abschluß der Bücher, nachdem also auch der Verlust dem Konto jedes einzelnen Genossenschafters zur Last geschrieben ist, auf diesem Konto als dessen Schuld ergiebt. Ist nun im

---

*) v. Hahn a. a. O. zu Art. 142. Erste Aufl. 1873 Seite 342 bis 346; Zweite Aufl. 1871 Seite 467—471. Die Auseinandersetzungen sind in beiden Auflagen ganz verschieden, aber beide lehrreich.

Regreßfalle nicht jeder Genossenschafter fähig, die ihn betreffende Regreßsumme zu zahlen, so ist dieser Ausfall wiederum auf alle übrigen Genossenschafter einschließlich desjenigen, welcher die Regreßklage anstellte, zu vertheilen.

Haben mehrere Genossenschafter jenen ersteren Ausfall zur Vermeidung des Konkurses gedeckt, so bilden sie unter sich eine zufällige Gemeinschaft und können daher zusammen, oder, wenn sie sich getheilt haben, auch einzeln die erforderlichen Regreßklagen anstellen.

§. 10.

Die Rechte, welche den Genossenschaftern in Angelegenheiten der Genossenschaft, insbesondere in Beziehung auf die Führung der Geschäfte, die Einsicht und Prüfung der Bilanz und die Bestimmung der Gewinnvertheilung zustehen, werden von der Gesammtheit der Genossenschafter in der Generalversammlung ausgeübt.

Jeder Genossenschafter hat hierbei Eine Stimme, wenn nicht der Gesellschaftsvertrag ein Anderes festsetzt.

(Preuß. Gesetz § 9.)

I. Zur Geschichte des § 10.

§ 10 ist dem § 9 des Preußischen Gesetzes gleich, — mit zwei unerheblichen Abweichungen:

a) Im Preußischen Gesetze war zufolge einer Redaktions-Nachlässigkeit „Genossen" gesetzt. Auf einen „die größere Genauigkeit und die Einheitlichkeit der Redaktion bezweckenden" Vorschlag der Zivilprozeß-Kommission wurde dafür „Genossenschafter" gesetzt.

b) Im Preußischen Gesetz steht im zweiten Absatz nicht „Eine" (Stimme), sondern „eine". Die Aenderung ist nach Ausweis der Reichstagsakten im Reichstage nicht vorgenommen; es liegt also nur ein Druckfehler vor, der bei dem Druck des Bundesgesetzblattes verübt ist. Die Aenderung ist von keiner Bedeutung, da die neue Lesart die Möglichkeit, durch Gesellschaftsvertrag einzelnen Genossenschaftern das Stimmrecht zu entziehen, nicht ausschließt.

Diese Möglichkeit auszuschließen, beabsichtigte man seiner Zeit für das Preußische Gesetz in der Kommission des Herrenhauses. Dort wurde zum zweiten Absatze des § 10 — wie es in dem Bericht (Nr. 132 der Drucksachen S. 9) wörtlich heißt, Folgendes bemerkt: Diese Bestimmung lasse sich einerseits dahin verstehen, daß einzelne Genossenschafter, je nach ihrer größeren Betheiligung mit Kapitaleinlagen, mehrere Stimmen in der Generalversammlung erhalten könnten. Dies erscheine durchaus als zweckmäßig und ein solcher Modus unter Umständen sehr empfehlenswerth. Es lasse aber die Bestimmung des Alinea auch die Deutung zu, daß der Genossenschaftsvertrag einzelnen Genossen das Stimmrecht schlechthin entziehen könne. Eine solche Klausel des Gesellschaftsvertrages erscheine der solidarischen Haftung der Genossen gegenüber als inkongruent. Es wurde das Amendement gestellt, anstatt des 2. Absatzes zu setzen:

Jeder Genossenschafter hat hierbei mindestens eine Stimme.

Andererseits wurde von den Regierungs-Kommissarien die Vertragsfreiheit betont und die Ausschließung Einzelner vom Stimmrecht hiernach für zulässig erklärt. Das Amendement wurde mit 9 gegen 4 Stimmen verworfen. Der Paragraph darauf einstimmig angenommen. — Im Plenum des Herrenhauses ist das Amendement nicht wieder aufgenommen.

II. **Erläuterungen zu § 10.**

1) „Die Rechte, welche den Genossenschaftern in Angelegenheiten der Genossenschaft . . . zustehen".

Der § 9 stimmt überein mit dem Art. 224 des Handelsgesetzbuchs, welcher das Gleiche für Aktiengesellschaften verordnet. Der einzelne Genossenschafter kann gleich dem Aktionär in Angelegenheiten der Genossenschaft keinerlei Rechte ausüben; dies können nur die statutenmäßigen Organe der Genossenschaft. Als solche sind der Vorstand und die Generalversammlung durch das Gesetz für nothwendig erklärt, der Vorstand, der allein die Genossenschaft im Verkehr mit Dritten vertritt, und die Generalversammlung, in welcher die Gesammtheit der Genossenschafter die hauptsächlichsten dem Einzelnen in Angelegenheiten der Genossenschaft zustehenden Rechte ausübt. Der einzelne Genossenschafter als solcher hat auf die Führung der Geschäfte keinen Einfluß, er kann nicht einmal Einsicht in die Bilanz fordern, geschweige denn sie selbstständig prüfen, er kann über die Vertheilung des Gewinns nichts bestimmen. Er ist lediglich auf die ihm in den Generalversammlungen zustehende Einwirkung beschränkt.

Die Rechte der Mitglieder sind in den einzelnen Arten der Handelsgesellschaften sehr verschieden.

In der offenen Handelsgesellschaft kann jeder Gesellschafter, auch wenn er nicht in dem Geschäftsbetriebe der Gesellschaft thätig ist, sich persönlich von dem Gange der Gesellschaftsangelegenheiten unterrichten; er kann jederzeit in das Geschäftslokal kommen, die Handelsbücher und Papiere der Gesellschaft einsehen und auf ihrer Grundlage eine Bilanz zu seiner Uebersicht anfertigen (Art. 105).

Der Kommanditist hat diese Rechte nicht. Er kann nur eine abschriftliche Mittheilung der jährlichen Bilanz verlangen und die Richtigkeit derselben unter Einsicht der Bücher und Papiere prüfen. Auch kann das Handelsgericht auf seinen Antrag, wenn wichtige Gründe dazu vorliegen, die Mittheilung einer Bilanz oder sonstiger Erklärungen nebst Vorlegung der Bücher und Papiere zu jeder Zeit anordnen (Art. 160). Genau dieselben Rechte, wie der Kommanditist, hat der (Deutsche) stille Genossenschafter (Art. 253). In der Kommanditgesellschaft auf Aktien stehen sie dem Kommanditisten nur mit der Beschränkung zu, daß sie bloß die Gesammtheit derselben in der Generalversammlung ausüben darf (Art. 186).

Es ist fraglich, ob es wirklich geboten war, die Genossenschafter der gleichen Bestimmung zu unterwerfen, wie die Aktionäre bei der Aktiengesellschaft und der Kommanditgesellschaft, — ob es nicht angemessener gewesen wäre, den solidarisch haftenden Genossenschaftern das Recht des stillen Gesellschafters oder Kommanditisten zur eigenen Prüfung der Bilanz durch Einsicht der Bücher und Papiere zuzugestehen. Das Englische Genossenschaftsgesetz vom 7. August

1862 verordnet in Nr. 22, daß jedes Mitglied die Bücher und Mitgliederliste zu jeder passenden Stunde in dem Bureau der Genossenschaft einsehen darf; ferner in Nr. 24, daß jedes Mitglied unentgeltlich eine Abschrift des Jahresabschlusses vom Kassirer oder Schriftführer der Genossenschaft fordern kann.

Die Mitgliederliste der eingetragenen Genossenschaften Deutschlands kann jeder Zeit auf dem Handelsgerichte eingesehen werden, und ob man soweit gehen dürfte, jedem Mitglied zu allen Stunden die Einsicht in die Bücher zu gestatten, möchte zweifelhaft sein. Aber der Genossenschaft die Pflicht aufzuerlegen, jedem Mitglied auf Erfordern einen Abdruck des Jahresabschlusses auszuhändigen, dürfte gar keinem Bedenken unterliegen. Schon jetzt geschieht dies bei einem nicht geringen Theile der Genossenschaften, und viele, namentlich größere Vorschußvereine und Konsumvereine Deutschlands suchen ihren besondern Stolz darin, durch einen gründlichen mit reichem statistischen Material ausgerüsteten Jahresbericht die Verhältnisse der Genossenschaft nach allen Richtungen hin klarzustellen.

2) „werden von der Gesammtheit der Genossenschafter in der Generalversammlung ausgeübt."

Die Generalversammlung wird gebildet durch die Gesammtheit der Genossenschafter, die Befugnisse der Generalversammlung bestimmen Gesetz und Statut. Das Statut der Genossenschaft muß in Ansehung der Generalversammlung die im § 3 zu Ziffer 8) 9) u. 10) aufgeführten Gegenstände enthalten. Das Genossenschaftsgesetz bestimmt über die Funktionen der Generalversammlung Folgendes: Sie hat im Allgemeinen die Interessen der Genossenschaft zu wahren (§ 31 Abs. 2). Insbesondere hat sie die Jahresrechnung und die Bilanz zu prüfen und die Gewinnvertheilung anzuordnen (§ 28 Abs. 3), Beschränkungen des Vorstandes festzusetzen, für den Umfang seiner Befugniß, die Genossenschaft zu vertreten (§ 21), den Aufsichtsrath zu wählen, wenn ein solcher nach dem Gesellschaftsvertrag besteht (§ 28); sie kann Vorstandsmitglieder und Beamte entlassen (§ 17 u. 28), die Führung von Prozessen gegen die Mitglieder des Vorstandes und Aufsichtsraths beschließen und Bevollmächtigte zu den Prozessen gegen die Mitglieder des Aufsichtsraths wählen (§ 29), sie kann endlich die Auflösung beschließen und die Liquidation an andere Personen als den Vorstand übertragen (§ 34 u. § 40); sie fungirt noch während der Liquidation fort, kann namentlich von der öffentlichen Versteigerung der zu veräußernden unbeweglichen Sachen entbinden (§ 43, § 46).*)

Da mindestens alljährlich eine Bilanz zu prüfen ist (§ 26), so muß auch mindestens einmal jährlich eine Generalversammlung stattfinden.

3) **Absatz II.**

Das Gesetz stellt nur die Regel der Stimmberechtigung des einzelnen Genossenschafters auf, läßt aber dem Gesellschaftsvertrag volle Freiheit, die Bedingungen des Stimmrechts anders zu ordnen.

„Von der ihnen hier gestatteten „Vertragsfreiheit" werden die Genossen-

---

*) Vgl. v. Hahn Kommentar; Erläuterungen zu Art. 224 S. 639 u. v. Sicherer Seite 212 u. 213, Rosenthal a. a. O. Seite 25, Endemann § 128 894 ff.

schaften schwerlich Gebrauch machen. Der bei Aktiengesellschaften und Kommandit-Gesellschaften auf Aktien übliche Brauch der Vorstands- und Aufsichtsrathsmitglieder, durch Blanko-Vollmachten oder -Indossamente der Aktionäre, welche auf Dienstmänner oder zu Dienstmannsthätigkeit sich hergebende Personen ausgefüllt werden, sich die Mehrheit in den Generalversammlungen dergestalt zu sichern, daß die schwindelhafteste, spitzbübischeste Verwaltung Jahre lang durch glänzende Vertrauensvoten geehrt werden kann, — dieser Brauch oder richtiger gesagt dieser Unfug wird trotz des § 10 bei den Genossenschaften, keinen Eingang finden.*) „Chaque associé n'a qu'une voix, quel que soit le chiffre de sa commandite" (Modèles de Statuts pour les associations de crédit mutuel, Art. 22); „At all meetings of the society, each member shall have one vote only" (Rules of the Rochdale equitable Pioneers' Society limited, 39); „in der Generalversammlung hat jedes anwesende Mitglied eine Stimme, eine Uebertragung der Stimme auf einen Andern ist nicht gestattet", (siehe oben Erläuterung 10 zu § 3 Ziffer 9 Seite 199) — so lauten regelmäßig die Bestimmungen, welche Deutsche, Französische oder Englische Genossenschaften in ihren Statuten über das Stimmrecht der Mitglieder in den Generalversammlungen haben. Eine Genossenschaft, welche davon abweichend auch nur Vertretung der Abwesenden zuläßt,**) oder wohl gar, wie einzelne Herrenhausmitglieder warm empfahlen, Genossenschaftern mit größerer Kapitalbetheiligung mehr als eine Stimme zubilligt oder Genossenschaftern, deren Geschäftsantheil nicht eine gewisse Höhe erreicht, gar kein Stimmrecht einräumt, wird in der öffentlichen Meinung, soweit sie von den bei der Deutschen Genossenschaftsbewegung Betheiligten beeinflußt wird, stets einer groben Versündigung gegen das genossenschaftliche Prinzip der Gleichberechtigung Aller beschuldigt werden. Selbst für Genossenschaften mit Zweigvereinen hat der allgemeine Vereinstag gemäß den Vorschlägen von Schulze-Delitzsch die allgemeine Generalversammlung nur mit gleicher Stimmberechtigung jedes einzelnen Genossenschafters zugelassen (siehe oben Erläuterung 1 zu § 7 S. 236).

Es kann keinem Zweifel unterliegen, daß hier einer jener Punkte vorliegt, bei denen die Beschränkung der Vertragsfreiheit dem Interesse der Genossenschaften durchaus nicht widerstreitet.

Da die Generalversammlung aus der „Gesammtheit der Genossenschafter" besteht, so ist anzunehmen, daß auch diejenigen unter ihnen, die durch statu-

---

*) Diese Sätze sind wörtlich schon in dem Kommentar zum Preußischen Gesetze enthalten, also 1867 geschrieben. Seitdem sind zwar einzelne Genossenschaften, ebenso wie viele Aktiengesellschaften, durch Mißverwaltung ihrer Jahre lang die Generalversammlungen beherrschenden Vorstände schmählich zu Grunde gegangen; allein in allen mir bekannten Fällen hatte das Statut keine das allgemeine Stimmrecht der Genossenschafter einschränkenden Vorschriften.

**) Ausnahmen sprechen nicht gegen, sondern für die Regel. Genossenschaften eignen sich nicht zur Ausdehnung über ein weites Gebiet. Wo man zu einer Gesellschaft, deren Mitglieder über eine Provinz oder einen Staat verstreut wohnen, dennoch die Form der eingetragenen Genossenschaft gewählt hat, wird man unter Umständen der Gerechtigkeit halber nicht umhin können, auch Stellvertretung zuzulassen oder die Generalversammlung aus Repräsentanten zusammenzusetzen.

tarische Bestimmung vom Stimmrecht ausgeschlossen sind, nicht behindert werden dürfen, der Generalversammlung beizuwohnen, an der Berathung theilzunehmen und Anträge zu stellen.

Eine ebenfalls praktische Frage ist, ob auch andere als Genossenschafter der Generalversammlung als Theilnehmer beiwohnen dürfen, insbesondere ob der Gesellschaftsvertrag Nichtgenossenschaftern die Befugniß ertheilen darf, in Generalversammlungen mitzuberathen, Anträge zu stellen und mitzubeschließen. Diese Frage geht die bei Baugenossenschaften besonders hervortretenden stillen Gesellschafter an. Mehrere Baugenossenschaften haben stillen Gesellschaftern das Recht zugestanden, den Generalversammlungen der Genossenschaft mit berathender Stimme beizuwohnen, und das Gleiche schlägt Dr. Schneider in dem Musterstatut § 68 vor.*) Daß dies gestattet sei, statutarisch festzustellen, kann wol nicht zweifelhaft sein; das gleiche Recht kann sogar die Generalversammlung, wenn der Gesellschaftsvertrag es nicht etwa verbietet, jedem Dritten einräumen, wie dies auch thatsächlich z. B. in Betreff der Person des Anwaltes oder des Verbandsdirektors oft geschieht; eine Generalversammlung kann sich ihre Information, ihre Vorbereitung der Beschlüsse herholen, woher sie will. Anders aber steht es mit dem Recht in der Generalversammlung Anträge zu stellen und Beschlüsse zu fassen. Beides ist nicht gestattet. Es widerstreitet dem Begriff einer Genossenschaft, über ihre eigenen Angelegenheiten nicht selbst zu beschließen, sondern andere beschließen zu lassen. Ueberdies ist es mit Abs. 1 des § 10 und § 3 Ziffer 9 nicht wol zu vereinigen. Wer nicht mit beschließen darf, kann die Beschließenden auch nicht zwingen, über einen Antrag, der von Niemandem aufgenommen wird, einen Beschluß zu fassen. —

§. 11.

Die eingetragene Genossenschaft kann unter ihrer Firma Rechte erwerben und Verbindlichkeiten eingehen, Eigenthum und andere dingliche Rechte an Grundstücken erwerben, vor Gericht klagen und verklagt werden.

Ihr ordentlicher Gerichtsstand ist bei dem Gerichte, in dessen Bezirk sie ihren Sitz hat.

Genossenschaften gelten als Kaufleute im Sinne des Allgemeinen Deutschen Handelsgesetzbuches, soweit dieses Gesetz keine abweichenden Vorschriften enthält.

(Preuß. Gesetz § 10.)

I. Zur Geschichte des § 11.

a) Die ersten beiden Absätze sind wörtlich dem Preußischen Gesetze § 10 entlehnt und stimmen überein mit Art. 111 und Art. 164 des Handelsgesetzbuchs, welche das Gleiche für die offene Handelsgesellschaft und für die

*) Dr. Schneider „Mittheilungen über Deutsche Baugenossenschaften" rc. S. 16, 17, 27—30, 52.

Kommanditgesellschaft vorschreiben; zu vergleichen die ähnliche Bestimmung im Art. 213 von der Aktiengesellschaft.

b) „Eigenthum und andere dingliche Rechte an Grundstücken erwerben".

In Preußen konnten nach Allgemeinem Landrecht nur Gesellschaften mit Korporationsrechten als „moralische Personen" Grundstücke und Kapitalien auf ihren Namen erwerben, Handelsgesellschaften und erlaubte (nicht mit Korporationsrechten privilegirte) Privatgesellschaften konnten es nicht (vgl. Thl. II Tit. 6 § 13 Allg. Landrechts). Das Nähere, wie nach Erlaß des Handelsgesetzbuchs im Gebiete des Allgemeinen Landrechts bei Eintragung von Grundstücken, Gerechtigkeiten, dinglichen Rechten und Hypothekenforderuugen auf den Namen von Handelsgesellschaften in das Hypothekenbuch zu verfahren sei, bestimmte der Art. 23 des Einführungsgesetzes vom 24. Juni 1861 in Verbindung mit dem 7. Abschnitt (§§ 102—105) der Instruktion vom 12. Dezember 1861. In dem Kommissionsentwurfe von 1863 war vorgeschlagen, die Gültigkeit jenes Art. 23 des Gesetzes vom 24. Juni 1861 auch für Genossenschaften auszusprechen. Diese Bestimmung wurde in den Regierungsentwurf von 1866 und in das Preußische Gesetz nicht aufgenommen, dahingegen wurde entsprechend dem § 3 jenes Art. 23 in dem letzten Satz des § 19 (im Deutschen Gesetz § 20) bestimmt, daß die Vorstandsmitglieder beim Hypothenbuch durch ein Attest des Handelsgerichts legitimirt werden. (Vergl. § 20 dieses Gesetzes.)

c) Der dritte Absatz des Preußischen Gesetzes § 10 lautete:

„Die in Betreff der Kaufleute im Allgemeinen Deutschen Handelsgesetzbuche und in dem Einführungsgesetze vom 24. Juni 1861 (Gesetz-Sammlung S. 449) gegebenen Bestimmungen gelten in gleicher Weise in Betreff der Genossenschaften, soweit dieses Gesetz keine abweichenden Vorschriften enthält".

Er war dem Artikel 5 des H.-G.-Buchs nachgebildet, welcher die Gültigkeit der in diesem Gesetzbuche in Betreff der Kaufleute gegebenen Bestimmungen für die Handelsgesellschaften ausspricht. Die Motive des Preußischen Regierungsentwurfes enthalten darüber Folgendes:

„Wiewohl die Genossenschaften ihrem Hauptzwecke nach größtentheils keine Handelsgesellschaften sind, so läßt sich doch nicht vermeiden, daß sie im geschäftlichen Verkehr auch Handelsgeschäfte vornehmen. Es würden dann auf sie die Vorschriften des Handelsgesetzbuchs insoweit Anwendung finden, als die Artikel 276, 277 dieselben auf diejenigen Handelsgeschäfte ausdehnen, welche von Nichtkaufleuten vorgenommen werden. Diese Vorschriften reichen aber nicht aus, um eine gleichmäßige rechtliche Beurtheilung der Genossenschaften in allen Landestheilen herbeizuführen. Dies tritt namentlich in dem für die Kreditoren sowohl, als für die Genossenschafter wegen ihrer Solidarhaft wichtigen Falle hervor, wenn die Genossenschaft zur Erfüllung ihrer Verbindlichkeiten durch Insolvenz außer Stand gesetzt werden sollte. Nimmt man auch an, daß in den Bezirken des Landrechts und des gemeinen Rechts über das von einer anerkannten Genossenschaft als solcher erworbene Vermögen der Konkurs eröffnet werden könne, so würde doch eine gleiche Behandlung der Genossenschaften im Bezirke des Appellationsgerichtshofes zu Köln nicht möglich sein. Denn das dort geltende Recht kennt das Fallit-Verfahren (Konkurs) überhaupt nur bei Kaufleuten (Artikel 437, Rheinisches Handelsgesetzbuch); die Einleitung desselben würde also gegen die Genossenschaften nicht stattfinden. Soll in dieser Beziehung ein gleiches Recht geschaffen werden, so ist es nothwendig, die Vorschriften des Handelsgesetzbuchs in ähnlicher Art, wie dies im Artikel 5 des Handelsgesetzbuchs rücksichtlich der Handelsgesellschaften geschehen ist, auch auf die Genossenschaften für anwendbar zu erklären, soweit der vorliegende Gesetzentwurf keine Abweichungen davon festsetzt. Diese Bestimmung ist deshalb im § 11, letztes Alinea, aufgenommen und bildet die Grundlage für die im V. Abschnitt enthaltenen Vorschriften über das Liquidations- und Konkursverfahren."

Nach Schulze-Delitzsch' Entwurf sollte sich der § 11 des Norddeutschen Gesetzes im dritten Absatze vom § 10 des Preußischen Gesetzes nur darin unterscheiden, daß der Hinweis auf die Bestimmungen des Einführungsgesetzes zum Allgemeinen Deutschen Handelsgesetzbuche als nur für Preußen passend gestrichen wurde. So beschloß es auch der Reichstag bei der ersten Berathung. In der Kommission desselben war ein Vorschlag, dafür hinter die Worte „die in Betreff der Kaufleute im Allg. Deutschen Handelsgesetzbuche" zu setzen: „und in den dasselbe in den einzelnen Bundesstaaten ergänzenden Bestimmungen", mit allen gegen drei Stimmen abgelehnt worden. Die Zivilprozeß-Kommission schlug nun die gegenwärtige Fassung vor und führte zur Motivirung an: „Die Fassung ist gewählt, um außer Zweifel zu stellen, daß auch diejenigen hinsichtlich der Kaufleute bestehenden Bestimmungen, welche in den verschiedenen Einführungsgesetzen zum Handelsgesetzbuch enthalten sind, auf die Genossenschaften Anwendung finden sollen." Ob dieser Zweck überall erreicht wird, könnte zweifelhaft erscheinen. Im Reichstage wurden in dieser Beziehung keine Bedenken erhoben. Dagegen sprach der Mecklenburgische Abg. Wachenhusen in der Sitzung vom 20. Juni 1868 die Befürchtung aus, daß die Behörden aus der gegenwärtigen Fassung, während die frühere es ausschloß, ein Recht folgern würden, die Genossenschaften zur Handelsklassensteuer (Gewerbesteuer) heranzuziehen. Der Bundesbevollmächtigte Geheime Ober-Justizrath Dr. Pape setzte hierauf auseinander, weshalb der § 10 die kleine Aenderung erlitten habe, und fügte hinzu, er glaube aber nicht, daß aus dieser veränderten Fassung auch nur entfernt ein Schluß auf die Entscheidung derjenigen Fragen gezogen werden könne, welche Wachenhusen hervorgehoben habe. (Drucksachen des Reichstags Nr. 80 Seite 6 und Nr. 193 Seite 3. Stenographische Berichte Seite 585.) —

II. Erläuterungen zu § 11.

1) **Absatz I** „unter ihrer Firma Rechte erwerben und Verbindlichkeiten eingehen."

Die eingetragene Genossenschaft ist ein selbstständiges Rechtssubjekt, eine handelsrechtliche Persönlichkeit, entbehrt aber — wie ich in der Einleitung Seite 125 bis 133 auszuführen versucht habe — „wesentliche Eigenschaften der juristischen Personen des Römischen Rechts, und kann daher nicht zu ihnen gerechnet werden." Uebrigens ist der Streit, ob juristische Personen oder nicht, ein ziemlich müßiger, da man mit jeder Beantwortung der Frage zu den gleichen Ergebnissen kommen kann. Es gilt noch heute meine Bemerkung im Kommentar zum Preuß. Ges. Anmk. 51: „Die Genossenschaft hat fortan nicht bloß thatsächlich, sondern gesetzlich, wie jede Handelsgesellschaft, Eigenthum, dingliche und andere Rechte und Berechtigungen und ebenso Verbindlichkeiten jeder Art, sie hat ihr eigenes von dem der einzelnen Genossenschafter getrenntes Vermögen, ihre Firma bleibt auch beim Wechsel aller Personen das berechtigte und verpflichtete Rechtssubjekt, mit anderen Worten, die Genossenschaft ist ein besonderes wirthschaftlich selbständiges Verkehrswesen — gleichviel ob die Theorie sie zu einer juristischen Person erheben will oder nicht."

2) „vor Gericht klagen und verklagt werden."

Die eingetragene Genossenschaft kann unter ihrer Firma vor Gericht klagen und verklagt werden, d. h. sie muß unter ihrer Firma vor Gericht klagen, wenn es sich um ihr eigenes Vermögen, um ihre Rechte handelt; sie muß unter ihrer Firma verklagt werden, wenn sie ihren Verpflichtungen nicht nachkommt. Sobald die Genossenschaft eine handelsrechtliche Persönlichkeit ist, so ist es unzulässig, daß die einzelnen Mitglieder oder die Gesammtheit der Mitglieder statt der Genossenschaft klagen, denn die letztere ist das von dem wechselnden Mitgliederbestande unabhängige Rechtssubjekt. Wollte auf der anderen Seite ein Gläubiger der Genossenschaft nicht diese, sondern einen oder mehrere der solidarisch verhafteten Mitglieder verklagen, so würden ihn die Verklagten mit Recht auf die Genossenschaft als den ihm in erster Linie verhafteten Schuldner verweisen. (Vgl. Erläuterung 13 zu § 3 Seite 201 ff. und den nachfolgenden § 12 mit Erläuterungen.

3) **Absatz II.** (Vgl. Erläuterung 2 zu Ziffer 1, § 3 oben Seite 187).

Die Genossenschaft, welche Zweigniederlassungen besitzt, hat nur an dem Ort der Hauptniederlassung den ordentlichen Gerichtsstand. Also auch für die, gegen die Gesellschaft unter ihrer Firma angestellten Klagen aus einem Geschäft, welches zum Betrieb einer Zweigniederlassung gehört, ist das Gericht des Sitzes der Genossenschaft ordentlicher Gerichtsstand. Makower macht in seinem Kommentar zum Handelsgesetzbuch (Anmerk. 39 zu § 111 daselbst S. 132) darauf aufmerksam, daß die etwa geltenden prozessualischen Vorschriften, wonach für die Klagen aus Ansprüchen an Zweigniederlassungen an den Orten derselben besondere Gerichtsstände bestehen, nicht beseitigt wären; da die Preußische Allgem. Gerichtsverordnung solche Vorschriften nicht enthalte, könnte im Bezirk derselben am Orte der Zweigniederlassung ein Gerichtsstand nur begründet sein, wenn nach dem Prozeßrechte ein außerordentlicher Gerichtsstand stattfinde, z. B. forum contractus oder gestae administrationis (§§ 148, 154 Thl. I Tit. 2 A. G.=O.).

4) **Absatz III.** „Genossenschaften."

Genossenschaften, nicht Genossenschafter sollen als Kaufleute u. s. w. gelten. Also die eingetragene Genossenschaft als solche, nicht der einzelne Genossenschafter bekommt durch das Gesetz alle Rechte und Pflichten eines Kaufmanns. Bei der offenen Handelsgesellschaft sind alle, bei der Kommanditgesellschaft die persönlich haftenden Gesellschafter Kaufleute im Sinne des Handelsgesetzbuchs;

der Aktionär, der Kommanditist und der stille Gesellschafter werden durch ihre Betheiligung an der Handelsgesellschaft noch nicht Kaufleute. Wenn nun die Vorstandsmitglieder einer Aktiengesellschaft, bei welcher der Gegenstand des Unternehmens in Handelsgeschäften besteht, blos durch den Betrieb der Handelsgeschäfte für die Gesellschaft noch nicht Kaufleute werden, so kann man dies noch weniger von den Vorstandsmitgliedern der Genossenschaft annehmen, da das Gesetz für die letztere, wenn sie nicht wirklich Handelsgeschäfte betreibt, die Eigenschaft eines Kaufmanns nur fingirt *)

5) „gelten als Kaufleute im Sinne des Allgemeinen Deutschen Handelsgesetzbuchs" **).

---

*) Diesen meinem Kommentar zum Preußischen Gesetze entlehnten Ausführungen entspricht das Präjudiz des Strafsenats des Preußischen Obertribnnals Nr. 360 vom 9. Nov. 1874: „Hat eine eingetragene Genossenschaft ihre Zahlungen eingestellt, so kann ein Mitglied des Vorstandes derselben, welches sich solcher Handlungen oder Unterlassungen schuldig gemacht hat, wie sie in den §§ 281 Nr. 1—4 und 283 Nr. 1—3 des Reichs-Strafgesetzbuchs bezeichnet sind, wegen derselben nicht auf Grund der §§ 281 u. 283 des Reichs-Strafgesetzbuchs wegen Bankerutts bestraft werden." Es ist nämlich die „Zahlungseinstellung eines Kaufmanns nicht eine nur objektive Voraussetzung der Strafbarkeit; das Subjekt des Deliktes muß vielmehr ein Kaufmann, und zwar derjenige Kaufmann sein, welcher die Zahlungen eingestellt hat; die im § 281 unter 1—4 und im § 283 unter 1—3 verpönten Einzelhandlungen müssen das Verhältniß des die Zahlungen einstellenden Kaufmannes zu seinen Gläubigern berühren. Als ein Kaufmann, welcher jenen Strafbestimmungen unterliegt, kann also nicht Jemand aus dem Grunde allein angesehen werden, weil er für die Erfüllung der alleinigen kaufmännischen Pflichten eines bestimmten kaufmännischen Geschäftes, also für die Buchführung, Zeichnung der Bilanz, Inventur, u. s. w. rechtlich verantwortlich ist; es muß vielmehr noch hinzutreten, daß er für die kaufmännischen Verbindlichkeiten dieses Geschäftes, also den Gläubigern gegenüber verhaftet ist. Ist dies nicht der Fall, so ist die Zahlungseinstellung nicht eine Einstellung seiner Zahlungen. Die Mitglieder einer eingetragenen Genossenschaft haften allerdings solidarisch und mit ihrem ganzen Vermögen für die Verbindlichkeit der Genossenschaft. Aber diese Haftbarkeit ist nur eine subsidiarische und besteht während des Geschäftsbetriebes der Genossenschaft nicht, gelangt vielmehr erst nach der durch die Eröffnung des Konkurses bedingten Auflösung der Genossenschaft zur Wirksamkeit. Die Zahlungsverbindlichkeit der Genossenschafter ergiebt sich erst dann, wenn in dem Konkurse die Insuffizienz des Vermögens der Genossenschaft festgestellt ist; eine Nichterfüllung der aus der subsidiarischen Haftbarkeit entspringenden Verbindlichkeit kann daher zur Zeit der Zahlungseinstellung noch nicht behauptet werden. Die Vorstandsmitglieder einer eingetragenen Genossenschaft haben in Beziehung auf die Erfüllung der Verbindlichkeiten derselben, gegenüber den Gläubigern, keine andern Verpflichtungen als jeder andere Genossenschafter; sie sind das Organ der Genossenschaft, haben die Pflicht der Vertretung derselben und der Geschäftsführung, werden aber durch die für die Genossenschaft eingegangenen Verbindlichkeiten nicht in größerem Umfange als die übrigen Genossenschafter persönlich haftbar. Die Zahlungseinstellung der Genossenschaft kann daher nicht als eine Zahlungseinstellung der Vorstandsmitglieder angesehen werden." (Entscheidungen des Obertribunals Bd. 73 1875 Seite 379—384). Man vgl. auch Anm. 21 Seite 17 meines Kommentars zum Preußischen Gesetze, wo das Gleiche für das Preußische Strafgesetzbuch erklärt war.

**) Die Erläuterungen 5 sind mit geringen Ergänzungen meinem Kommentar zum Preußischen Genossenschaftsgesetze Seite 52 bis 57 entlehnt. Seitdem hat namentlich von Sicherer in seinem oft zitirten Kommentar („Die

Die Genossenschaft erhält diejenigen Rechte und Pflichten, welche das Deutsche Handelsgesetzbuch und die Einführungsgesetze für die Kaufleute festsetzen. Die Tragweite dieser Bestimmung richtig zu beurtheilen, ist schwierig. Geht man die Bestimmungen des Handelsgesetzbuches durch, so werden bei vielen Artikeln, in denen der Kaufmann nicht besonders erwähnt, vielmehr nur von Handelsgeschäften die Rede ist, Zweifel entstehen, ob und auf welche Genossenschaftsgeschäfte sie anwendbar sind, oder mit anderen Worten, welche Geschäfte der Genossenschaft als Handelsgeschäfte im Sinne des Handelsgesetzbuchs anzusehen sind. Sodann sind in vielen Artikeln des „Von den Handelsgeschäften im Allgemeinen“ überschriebenen ersten Titels des vierten Buches des Handelsgesetzbuchs Rechtsfolgen davon abhängig gemacht, daß „ein Kaufmann“, sei es schlechthin, oder „im Betrieb“ oder „in Ausübung seines Handelsgewerbes“ das Subjekt des Rechtsverhältnisses ist, oder auch daß ein Kaufmann ein „Handelsgeschäft“ abschließt. Wenn diese verschiedenen Ausdrücke schon dann Schwierigkeiten bereiten, wenn es sich um ihre Anwendung auf wirkliche Kaufleute handelt, so müssen diese Schwierigkeiten wachsen, wenn an Stelle der wirklichen Kaufleute eingetragene Genossenschaften treten.

Soweit die Genossenschaften bisher schon Handelsgeschäfte im Sinne des Deutschen Handelsgesetzbuchs betrieben haben, hat natürlich das Gesetz nichts geändert. Allein diese Frage lag nur klar bei den Produktivgenossenschaften. Die industriellen Produktivgenossenschaften treiben gewerbsmäßig Handwerk oder Fabrikation und stehen in allen einschlagenden Beziehungen, je nach Umfang des Geschäfts, dem Handwerker oder dem Fabrikanten vollkommen gleich. In Betreff anderer Arten Genossenschaften sind die Meinungen verschieden.

a. Was die Volksbanken anlangt, so treiben diese Banquiergeschäfte, indem sie bankmäßigen Kredit gewähren und vermitteln. Das Ausstellen, Indossiren, Akzeptiren von Wechseln, das Kontokorrentgeschäft, die Annahme von Depositen, das Lombardgeschäft, sind Banquiergeschäfte. Eine nicht eingetragene Volksbank betreibt nur dann Handelsgeschäfte, wenn sie ihr Banquiergeschäft gewerbemäßig betreibt (Art. 272 des Handelsgesetzbuchs). Was unter gewerbemäßig im Sinne des Handelsgesetzbuchs, namentlich im Sinne der Artikel 271 und 272 zu verstehen sei, darüber sind die handelsrechtlichen Schriftsteller nicht einig. Wenn man mit dem vorzüglichsten Kommentator des Handelsgesetzbuches, mit v. Hahn (a. a. O. Band I. zu Artikel 4 Seite 22) das Kennzeichen des gewerbemäßigen Betriebes von Handelsgeschäften nur darin findet, „daß der Wille nicht durch die Gelegenheit zum vortheilhaften Abschluß eines oder mehrerer Handelsgeschäfte bestimmt erscheint und

---

Genossenschaftsgesetzgebung in Deutschland, Kommentar“ ꝛc. Erlangen 1872) die Frage, ob die Genossenschaften Handelsgeschäfte betreiben? gründlich erörtert, und dabei auch die landwirthschaftlichen Produktivgenossenschaften, die landwirthschaftlichen Konsumvereine, die Werkgenossenschaften, die Magazinvereine der Handwerker und die Baugenossenschaften berücksichtigt. Da sich hinsichtlich dieser Arten Genossenschaften die Frage leichter beantworten läßt, so wird die Hinweisung auf die Ausführungen Seite 121 bis 135 des Sicherer'schen Buches hier genügen.

daß nicht die Absicht vorliegt, einzelne bestimmte Handelsgeschäfte abzuschließen, sondern daß der Wille von vornherein auf den Abschluß von ganzen Reihen von Handelsgeschäften, welche eine zusammengehörige Masse bilden, gerichtet ist"; so muß man mit ihm auch alle Geschäfte der Volksbanken, wie „aller derartiger nicht auf Realisirung von Gewinn durch den Unternehmer gerichteten Anstalten" zu den Handelsgeschäften rechnen (v. Hahn a. a. O. Bd. II. Seite 33 zu Artikel 272). Indessen steht diese Ansicht ziemlich vereinzelt da. Wir nehmen mit den meisten Handelsrechtslehrern (z. B. Anschütz und Völdernsdorf Anmerk. 4 zu Art. 4 Seite 36; Makower Anmerk. 6 zu Art. 4 Seite 12; Goldschmidt Handbuch des Handelsrechts Bd. I. S. 335), deren Definitionen von „gewerbemäßig" unter einander sehr verschieden sind, doch die eine allen ihren Definitionen gemeinsame Voraussetzung als nothwendig an, daß die Absicht auf Erwerb eines Einkommens gerichtet sein muß. Dies ist bei Volksbanken, die nur mit ihren Mitgliedern Banquiergeschäfte machen, nicht der Fall. (Vergl. Schulze-Delitzsch Ausführungen a. a. O. Seite 22; anderer Meinung ist Auerbach a. a. O. Seite 12 ff.; zweifelhaft läßt die Frage Kreisrichter Lesse im Abgeordnetenhause Sitzung vom 17. Dezember 1866, S. 1266 stenograph. Berichte).

b. Rohstoffassoziationen. Der Kauf von Waaren, um dieselben „weiter zu veräußern", gehört nach Art. 271 zu den absoluten Handelsgeschäften. Die Weiterveräußerung der zu diesem Zwecke angeschafften Waaren ist aber nur, wenn sie „gewerblich" d. h. von einem Kaufmann geschieht, ein Handelsgeschäft. (Art. 273.) Daraus folgt: der Einkauf der Rohstoffe bei Rohstoffgenossenschaften ist ein Handelsgeschäft, da die Absicht stets auf Weiterveräußerung — ob an Mitglieder oder Dritte ist gleichgültig — gerichtet ist, der Verkauf aber ist kein Handelsgeschäft. (Vergl. die sich widersprechenden Erkenntnisse des Appellhofes zu Cöln vom 16. Dez. 1862 und 19. Nov. 1863 in Goldschmidt's Zeitschrift Bd. 7 S. 481 und Bd. 8 S. 613).

c. Bei Konsumvereinen, welche nur an Mitglieder verkaufen, liegt die Sache genau wie bei den Rohstoffassoziationen. Konsumvereine, welche an Jedermann verkaufen, betreiben immer ein Handelsgewerbe, bei ihnen ist die Weiterveräußerung der Waaren ein Handelsgeschäft.

Durchaus verändert wird die Sachlage für eingetragene Genossenschaften. Eingetragene Volksbanken, für welche fortan alle Bestimmungen des Handelsgesetzbuchs in Betreff der Kaufleute, das heißt der gewerbemäßig Handel betreibenden Personen (Artikel 4) gelten sollen, treiben ihre Banquiergeschäfte als Handelsgeschäfte, weil nach dem letzten Absatze des Artikel 272 und nach Artikel 273 Banquiergeschäfte auch alsdann Handelsgeschäfte sind, wenn sie von einem Kaufmanne im Betriebe seines Handelsgewerbes, d. h. von einem Kaufmanne als solchen gemacht werden. Wenn der § 11 des Genossenschaftsgesetzes den eingetragenen Genossenschaften die Rechte und Pflichten eines Kaufmanns beilegt, so macht er den genossenschaftlichen Geschäftsbetrieb zu einem gewerbmäßigen Handelsgeschäfts-Betrieb; denn „„die Begriffe „gewerbemäßig Handelsgeschäfte betreiben" und „Kaufmann sein" decken einander vollständig."" (Vgl. von Hahn a. a. O. Bd. II, Vorbemerkung II zum zweiten Abschnitt, Buch IV. Tit. 1. S. 58—75). Aus denselben Gründen bekommt bei einer eingetragenen Rohstoffassoziation und bei einem eingetragenen Konsumverein die Weiterveräußerung der zu diesem Zweck angeschafften Waaren an die Mitglieder durch das Gesetz den Charakter des Gewerblichen und wird demnach Handelsgeschäft im Sinne des Handelsgesetzbuchs. Hieraus folgt weiter, daß wenn in Artikeln des vierten Buchs des Handelsgesetzbuchs von Geschäften die Rede ist, welche ein Kaufmann „in Ausübung seines Handelsgewerbes" vornimmt oder „die auf seiner Seite Handelsgeschäfte" sind (z. B. Artikel 288 und 290), die Bestimmungen dieser Artikel auch für alle Geschäfte gelten, welche eingetragene Genossenschaften innerhalb ihres genossenschaftlichen Unternehmens machen. —

Von denjenigen im Genossenschaftsgesetz nicht besonders erwähnten Bestimmungen des Handelsgesetzbuchs, welche nach § 11 auf eingetragene Genossenschaften Anwendung finden, heben wir folgende als wichtig hervor:

I. Firma. Die Artikel 26 und 27 schützen die Genossenschaft im ausschließlichen Besitz ihrer Firma.

II. Handelsbücher. Die Genossenschaft ist zur Führung von Handelsbüchern verpflichtet. (Art. 28 bis 40 des Handels-Ges.-B.) Aus den Büchern müssen die Geschäfte und die Lage des Genossenschaftsvermögens vollständig zu ersehen sein. Die empfangenen Geschäftsbriefe sind aufzubewahren; von den abgesandten Geschäftsbriefen ist eine Kopie in ein Kopirbuch einzutragen. Vor dem Beginn des Geschäfts und später alle Jahre*) sind Inventar und Bilanz des Vermögens anzufertigen. (Vgl. oben Erläuterung zu Ziffer 6 § 3 S. 195.) Die Bücher müssen in einer lebenden Sprache und mit den Schriftzeichen einer solchen geführt werden; sie sind einzubinden und zu foliiren und dürfen keine ungehörig leeren Stellen und keine Durchstreichungen und Rasuren zeigen. Bücher, Geschäftsbriefe, Inventare und Bilanzen sind zehn Jahre lang aufzubewahren.

III. Beweiskraft der Handelsbücher. Ordnungsmäßig geführte Handelsbücher der Genossenschaft liefern bei Streitigkeiten in Handelssachen mit einem Kaufmann oder einer anderen eingetragenen Genossenschaft einen unvollständigen Beweis, welcher durch einen Eid oder andere Beweismittel ergänzt werden kann; der Richter hat jedoch über das Maß der Beweiskraft die Entscheidung, namentlich auch dann, wenn die Handelsbücher beider Theile nicht übereinstimmen. (Art. 34.)

Bei Streitigkeiten gegen Nichtkaufleute dienen die Handelsbücher nur zur Unterstützung anderer Beweise; der Richter hat zu ermessen, ob ordnungsmäßig geführten Büchern und Handelssachen in dem Maße Beweiskraft beizulegen sei, daß der einen oder anderen Partei der Eid auferlegt werde.

Das richterliche Ermessen entscheidet über die Beweiskraft unregelmäßig geführter Handelsbücher. (Art. 35.)

Es besteht in Ansehung der Handelsbücher die Editionspflicht nach den

*) Die Bestimmung des Art. 29 des H.-G.-Buchs Abs. II: „hat der Kaufmann ein Waarenlager, dessen Inventur nach der Beschaffenheit des Geschäfts nicht füglich in jedem Jahre geschehen kann, so genügt es, wenn das Inventar des Waarenlagers alle zwei Jahre aufgenommen wird" — dürfte für Genossenschaften sehr selten anwendbar sein.

Artikeln 37 bis 40 des Handelsgesetzbuchs. (Ueber die Beweiskraft der Handelsbücher vgl. namentlich von Hahn's Kommentar, Bd. I. S. 126 bis 146.)

IV. Prokuristen und Handlungsbevollmächtigte. Die eingetragene Genossenschaft kann sich gleich einem Kaufmann durch Prokuristen und Handlungsbevollmächtigte vertreten lassen. Die in das Handelsregister (Prokuristenregister) einzutragende Prokura kann mehreren Personen gemeinschaftlich ertheilt werden — Kollektivprokura — und ist jederzeit widerruflich. Der Prokurist zeichnet die Firma per procura und ist zu allen gerichtlichen und außergerichtlichen Handlungen ermächtigt, welche der genossenschaftliche Geschäftsbetrieb mit sich bringt. Die Beschränkung der Prokura ist Dritten gegenüber ohne rechtliche Wirkung (Artikel 41 bis 46 und 52 bis 56 des Handelsgesetzbuchs).

In Betreff der besonderen Bevollmächtigten einer eingetragenen Genossenschaft gelten die Sätze, welche in den Artikeln 47—56 in Betreff der Handlungsbevollmächtigten niedergelegt sind. — (Ueber die Prokuristen und die abweichende Ansicht Schulze's über deren Zulässigkeit vgl. Erläuterungen zu §§ 17 und 29.)

V. Handlungsgehülfen. Die eingetragene Genossenschaft kann Handlungsgehülfen (Handlungsdiener, Handlungslehrlinge), also solche Personen haben, welche in dem genossenschaftlichen Geschäftsbetriebe angestellt sind, um kaufmännische Dienste zu leisten. Auf diese Gehülfen finden die Artikel 57 bis 64 des H.-G.-Buchs Anwendung.

VI. Auslegungsregeln. Auf die Geschäfte der eingetragenen Genossenschaft sind die im Handelsgesetzbuche für Handelsgeschäfte vorgeschriebenen Auslegungsregeln anzuwenden. Dergleichen sind namentlich in den Artikeln 278 bis 281, abweichend z. B. von Bestimmungen des Preußischen Allgemeinen Landrechts, vorgeschrieben. (Vergl. Makower a. a. O. Anmerkungen zu jenen Artikeln Seite 240 bis 243.)

VII. Kaufmännische Zinsen. Die eingetragene Genossenschaft hat die den Kaufleuten eigenthümlichen Rechte auf Zinsen — Artikel 289 bis 292 des Handelsgesetzbuchs —; besonders wichtig darunter ist das Recht vom Saldo bei Kontokorrenten mit Kaufleuten oder mit anderen eingetragenen Genossenschaften Zinsen zu nehmen. (Art. 291.)

VIII. Pflicht Aufträgen zu antworten. Die eingetragene Genossenschaft ist verpflichtet, auf erhaltene Aufträge bei bestehender Geschäftsverbindung ohne Verzug zu antworten, widrigenfalls das Schweigen als Uebernahme des Auftrages gilt. (Art. 323, vgl. auch die Art. 318—322 des H.-G.-Buchs.)

IX. Kaufmännisches Pfandrecht. Die eingetragene Genossenschaft genießt bei ihren Geschäften mit Kaufleuten oder andern eingetragenen Genossenschaften die Vortheile, welche den Kaufleuten in Betreff Bestellung von Faustpfändern und deren Veräußerung in den Artikeln 309 bis 311 des Handelsgesetzbuchs eingeräumt sind.

X. Kaufmännisches Retentionsrecht. Die eingetragene Genossenschaft hat das den Kaufleuten in den Artikeln 313 bis 316 des Handelsgesetzbuchs eingeräumte Zurückbehaltungsrecht (Retentionsrecht). Sie kann also wegen einer fälligen Forderung gegen einen Kaufmann oder eine eingetragene Genossenschaft aus einem Geschäfte, welches auch auf Seiten des Schuldners als Handelsgeschäft erscheint, alle beweglichen Sachen und Werthpapiere des Schuldners zurückbehalten, welche mit dessen Willen auf Grund von Handelsgeschäften in ihren Besitz gekommen sind und sich noch in ihrem Gewahrsam befinden. — So ist z. B. vom Reichs-Oberhandelsgericht mit Recht angenommen, daß der Vertrag, wodurch eine Eingetragene Genossenschaft einen selbstständigen Kaufmann als Kassirer annimmt und letzterer diese Stellung als Nebengeschäft übernimmt, ein beiderseitiges Handelsgeschäft sei, — daß demnach die Forderungen der Genossenschaft als Prinzipal gegen den seine Pflichten verletzenden Kassirer aus einem Handelsgeschäft entspringen, — daß die Hypothekeninstrumente, welche der Genossenschaft, also einem Kaufmann, zur vertragsmäßigen Deckung für die Defekte, das ist zur Sicherung für eine im Handelsbetrieb entstandene Forderung, verpfändet wurden, auf Grund eines Handelsgeschäfts in den Besitz der Genossenschaft gelangt sind, daß daher auf solche Hypothekeninstrumente das kaufmännische Retentionsrecht der Art. 313 ff. des H.G.-Buchs anwendbar sei. (Entscheidg. d. R. Oberhandelsgerichts vom 28. Mai 1872 Bd. VI. S. 195.)

XI. Münndliche Form der Verträge. Bei allen, Handelsgeschäften gleichzuachtenden Geschäften der eingetragenen Genossenschaft ist die Gültigkeit der Verträge durch schriftliche Abfassung oder andere Förmlichkeiten nicht bedingt. (Art. 317 des H.-G.-Buchs.)

XII. Stille Gesellschaft. Die eingetragene Genossenschaft kann stille Gesellschafter annehmen, also einzelne Personen oder Handelsgesellschaften oder eingetragene Genossenschaften sich mit einer Vermögenseinlage gegen Antheil an Gewinn und Verlust bei ihrem Geschäftsbetrieb betheiligen lassen; sie kann sich selbst beim Handelsbetrieb eines Andern oder beim Geschäftsbetrieb einer andern eingetragenen Genossenschaft mit einer Einlage als stiller Gesellschafter betheiligen. In beiden Fällen finden die Bestimmungen der Artikel 250 bis 265 des Handelsgesetzbuchs Anwendung.

Das Recht der eingetragenen Genossenschaft, stille Gesellschafter anzunehmen, ist für zwei Arten der Genossenschaften außerordentlich förderlich geworden, für Produktivgenossenschaften und Baugenossenschaften, wie dies schon in der Einleitung Seite 49 u. 82 erwähnt ist, (vgl. auch Erläuterungen zu § 9 S. 252.) Dahingegen entwickelt Dr. Schneider in einem Aufsatze in Nr. 39, 40. Jahrgang 1869 der Gen.-Blätter (Seite 153—156) mit vollem Recht, daß die Zulassung stiller Gesellschafter zu eingetragenen Vorschußvereinen überall zu verwerfen sei. Wenn in dem Aufsatze aber die Behauptung aufgestellt wird, Niemand könne gleichzeitig Mitglied und stiller Gesellschafter einer eingetragenen Genossenschaft sein, so kann dies nicht zugestanden werden. Es kann Jemand gleichzeitig nicht blos Mitglied, Gläubiger und Schuldner, sondern auch stiller Gesellschafter einer und derselben eingetragenen Genossenschaft sein, eben weil diese Kaufmann im Sinne des Allgemeinen Deutschen Handelsgesetzbuchs ist. — Da der stille Gesellschafter in Betreff der Prüfung der Bilanz erheblich mehr Rechte als der Genossenschafter hat (vgl. oben Erläuterungen zu § 10), so ist der Fall denkbar, daß Jemand, an dessen Mitgliedschaft einer Genossenschaft außerordentlich viel gelegen ist, um deshalb in die Genossenschaft einzutreten kein Bedenken trägt, weil die Genossenschaft ihn gleichzeitig als stillen Gesellschafter annimmt und ihm so das Recht gewährt, sich zur Sicherung gegen die Gefahren der Solidarhaft einen genauen Einblick in die Bücher und Papiere der Genossenschaft zu verschaffen, während er dies als Genossenschafter nur durch Beschlüsse der Generalversammlung durchzusetzen im Stande ist.

Das Recht der Genossenschaft, sich als stille Gesellschaft bei andern Genossenschaften zu betheiligen, kann in Zukunft in mehrfacher Beziehung wirksam werden, z. B. wenn die Deutschen Konsumvereine durch das starke Anwachsen der aus Dividenden angesparten Geschäftsantheile dazu übergehen sollten, Produktivgenossenschaften mit dem erforderlichen Betriebskapital zu unterstützen, wie dies die Englischen Konsumvereine thun.*) (Vergl. oben Einleitung S. 30.) Wo überhaupt die wechselseitigen freundlichen Beziehungen der verschiedenen Arten Genossenschaften untereinander zu gegenseitiger Förderung durch Austausch überflüssigen Kapitals führen, da wird die stille Gesellschaft oft die geeignetste Form dafür sein.

Die von mir früher ausgesprochene Vermuthung, daß in Zukunft nach dieser Richtung hin die Mitgliedschaft eingetragener Genossenschaften bei andern eingetragenen Genossenschaften von erheblicher Bedeutung werden könne, hatte zu ihrer Voraussetzung die Ansicht, daß die Befugniß eingetragener Genossenschaften, wie aller Handelsgesellschaften einer andern Genossenschaft Mitglied zu werden, rechtlich zweifellos sei.**) Diese Ansicht ist falsch. Ich muß entgegen meiner früheren Meinung jetzt die Rechtsüberzeugung aussprechen, daß eine solche Befugniß nicht vorhanden ist. Die Genossenschaft hat zu ihrer begriffsmäßigen Voraussetzung, ebenso wie die offene Handelsgesellschaft, natürliche Personen, wirkliche Menschen als Mitglieder, indem von den Mitgliedern nicht blos die Betheiligung mit einer Vermögenseinlage verlangt wird, sondern auch Sorgfalt und Thätigkeit. Von

*) Das Englische Genossenschaftsgesetz vom 7. August 1862 hatte die Bestimmung, daß kein Mitglied an dem Genossenschaftsvermögen einen größeren Antheil als 200 Pfd. (4000 Mark) haben dürfe. Das Ergänzungsgesetz vom 20. August 1867 beschränkte dies dahin, daß kein einzelner Genossenschafter diesen Betrag überschreiten, dahingegen eine Genossenschaft als solche sich bei einer andern mit jedem beliebigen Betrage betheiligen darf. Es ist dabei hervorzuheben, daß durch das Gesetz vom 7. August 1862 bei den Englischen Genossenschaften die beschränkte Haft eingeführt ist.

**) Vergl. meinen Kommentar zum Preuß. Ges. S. 12. v. Sicherer (S. 171) und Koch (S. 436 Band III. der 1875 erschienenen von Förster, Johow, Hinschius, Achilles und Dalcke bearbeiteten fünften Ausgabe) und Andere traten meiner Ansicht bei. Endemann a. a. O. Seite 883 Anmerk. 1 zu § 181 erklärte: „Ob juristische Personen an einer Genossenschaft Theil nehmen können, fragt sich. Können diese so, wie es das Wesen der letztern erheischt, Personalkredit einsetzen? Die Haft mit ihrem ganzen Vermögen gewiß, aber gewiß nicht den Kredit individueller Persönlichkeit, Arbeitskraft u. s. w., wie dies wenigstens ursprünglich in der Idee der Genossenschaft lag". — Schulze-Delitzsch hat wiederholt juristische Bedenken gegen die Zulassung von Genossenschaften als Genossenschafter geäußert.

der offenen Handelsgesellschaft des H.-G.-Buchs ist dieses ausdrücklich ausgesprochen, es soll nach Art. 86 „Namen, Vornamen, Stand und Wohnort jedes Gesellschafters" angemeldet werden und nach Art. 94 hat jeder Gesellschafter in den Angelegenheiten der Gesellschaft „den Fleiß und die Sorgfalt anzuwenden, welche er in seinen eigenen Angelegenheiten anzuwenden pflegt". Im Genossenschaftsgesetz ist Aehnliches nicht ausgesprochen; es erklärt sich dies aus der Thatsache, daß die Genossenschaft zwar „mit der offenen Handelsgesellschaft die Arbeit mit vereinten Kräften zu einem gemeinsamen Zwecke unter Solidarschaft aller Genossen" gemein hat, aber den anonymen Gesellschaften darin ähnlich ist, daß sie sich „gegen die Individualität, selbst gegen den Beitritt und das Ausscheiden einzelner Mitglieder verhältnißmäßig gleichgültig verhält".*) Diese verhältnißmäßige Gleichgültigkeit gegen die Personen geht aber keineswegs so weit, wie bei der Aktiengesellschaft, die jeden Besitzer einer Aktie, auch wenn er lediglich beabsichtigt, die Gesellschaft zu ruiniren, als Mitglied zulassen muß. Die Genossenschaft verweigert Personen, die ihr nicht gefallen, die Aufnahme und stößt, die ihr schädlich sind, aus. Wenn während der Jahre langen Vorverhandlungen bis zur Publikation des Gesetzes weder in den Kommissions- noch in den Plenarsitzungen der drei bei der Preußischen und bei der Norddeutschen Gesetzgebung betheiligten parlamentarischen Körperschaften der Möglichkeit gedacht ist, daß die Genossenschaft andere Mitglieder als einzelne Menschen aufnehme, so sprechen außerdem direkt dagegen die Absätze 2 und 3 des § 38, nach welchen die Mitgliedschaft durch den Tod erlischt und die Genossenschaft „in jedem Falle einen Genossenschafter wegen des Verlustes der bürgerlichen Ehrenrechte ausschließen" kann. Daraus folgt, daß das Gesetz nur sterbliche Menschen, welche wegen Vergehens strafrechtlich verfolgt und zum Verlust der bürgerlichen Ehrenrechte verurtheilt werden können, als Genossenschafter ins Auge gefaßt hat. Indirekt geht das Gleiche aus § 17 vor, nach welchen der Vorstand nur aus der Zahl der Genossenschafter zu wählen ist. Es würde widersinnig sein, für möglich zu halten, daß eine juristische Gesellschaft oder eine Korporation oder eine eingetragene Genossenschaft zum Vorsteher gewählt werde. Vorsteher kann nur eine einzelne Person sein, welche im Stande sein muß, auf der Stelle Entschlüsse zu fassen und gefaßte Entschlüsse zu ändern und demgemäß sofort zu handeln.

Gleich nach dem Erlaß des Genossenschaftsgesetzes haben viele Genossenschaften von dem vermeintlichen Rechte, andere Genossenschaften als Mitglieder aufzunehmen, Gebrauch gemacht. Namentlich war es Sitte, daß kleine Rohstoff- oder Produktivgenossenschaften, um Kredit in laufender Rechnung von Vorschußvereinen zu genießen, die nur mit Mitgliedern Geschäfte machten, selbst Mitglieder des Vorschußvereins wurden. Daß von Handelsgerichten ihnen Hindernisse in den Weg gelegt worden seien, ist nicht bekannt geworden. Ebenso wenig ist früher von einem Mißbrauch, der mit jenem vermeintlichen Recht genossenschaftlicher Seits getrieben worden, etwas in die Oeffentlichkeit ge-

*) Aus dem von Lasker verfaßten Kommissionsbericht von 1867 Drucksachen Nr. 55 Seite 20.

kommen. Neuerdings erst haben die vom landwirthschaftlichen Zentralverein für Rheinpreußen mit Hülfe der Rheinischen Handelsgerichte großgezogenen Raiffeisenschen Darlehnskassenvereine die Mitgliedschaft eingetragener Genossenschaften bei eingetragenen Genossenschaften in einer Weise auf die Spitze getrieben, daß dadurch die Unrichtigkeit der auch von mir früher vertretenen Ansicht handgreiflich erwiesen wird. Die Raiffeisenschen Darlehnskassenvereine gründeten eine Rheinische landwirthschaftliche Genossenschaftsbank Eing. Gen., wie sie ohne Geschäftsantheile, deren Genossenschafter sammt und sonders — eingetragene Genossenschaften sind. Man muß zugestehn: ist einer Genossenschaft gestattet, Mitglied einer andern zu werden, so ist es ganz folgerichtig zu schließen, daß dann auch eine Genossenschaft existenz- und eintragungsfähig sei, deren sämmtliche Mitglieder eingetragene Genossenschaften sind. Bis zu dem Unsinn, eingetragene Genossenschaften zu Vorstehern zu wählen, verstieg man sich nicht, sondern man wählte nur Mitglieder der Mitglieder zu Vorstehern — und das Kreisgericht zu Neuwied trug diese trotz § 17 des Genossenschaftsgesetzes in das Genossenschaftsregister ein. Nun wurde der Fehler in die zweite Potenz erhoben: Die Rheinische landwirthschaftliche Genossenschaftsbank zu Neuwied Eing. Gen. und zwei ähnlich mißgebildete Institute zu Iserlohn und Worms gründeten die Deutsche Landwirthschaftliche Generalbank zu Neuwied Eing. Gen, ohne Geschäftsantheile, und mit diesen drei Genossenschaften als einzigen Mitgliedern und mit Nichtmitgliedern als Vorstehern. Und auch auf diesem Wege fehlte doch nicht die Unterstützung des Handelsrichters von Neuwied. Die Deutsche landwirthschaftliche Generalbank ist wirklich eingetragen und ist gewürdigt worden, eine vom landwirthschaftlichen Ministerium eingesetzte Enquête-Kommission über die Raiffeisenschen Darlehnskassenvereine zu unterstützen und der Arbeit jener Kommission zur offiziellen Veröffentlichung Bemerkungen beizufügen. So ist der „genossenschaftliche Rattenkönig", wie Schulze-Delitzsch die Neuwiedschen Gründungen treffend bezeichnet, fertig geworden; er wird das Verdienst beanspruchen können, die Deutschen Genossenschaften vor Abwegen gewarnt und zur Klärung der Rechtsanschauungen durch eine sonderbare demonstratio ad oculos beigetragen zu haben.*)

XIII. In **Preußen** und einigen andern Deutschen Ländern werden die eingetragenen Genossenschaften als Kaufleute auch zur Wahl der **Handelskammern** und zur Bestreitung der Kosten derselben herangezogen, in Preußen auf Grund des Gesetzes vom 24. Febr. 1870, welches im § 5 ausdrücklich der Genossenschaften erwähnt. (Vgl. Mittheilungen über den Allg. Vereinstag zu München 1875 Seite 52 und 53.)

6) Einen **vierten Absatz** hat der § 11 im **Badischen** Genossenschaftsgesetze vom 11. Febr. 1870, betreffend Ausschluß der Anwendung der Vorschrift des L. R. S. 2074 Absatz 1 auf die Faustpfandverträge zwischen Vorschuß- und Kreditvereinen und ihren Mitgliedern. Vgl. unten die Vorbemerkung zum **Badischen Gesetz vom 3. April 1872.**

*) Vgl. Erläuterungen zu § 17, sowie oben Einleitung Seite 58 und 59 und Erläuterungen 61 zu Ziffer 5 des § 3 Seite 190.

§. 12.

Insoweit die Genossenschaftsgläubiger aus dem Genossenschaftsvermögen nicht befriedigt werden können, haften ihnen alle Genossenschafter, ohne daß diesen die Einrede der Theilung zusteht, für die Ausfälle solidarisch und mit ihrem ganzen Vermögen. Diese Solidarhaft kann von einem Genossenschaftsgläubiger nur geltend gemacht werden, wenn im Falle des Konkurses die Voraussetzungen des §. 51. vorliegen, oder wenn die Eröffnung des Konkurses nicht erfolgen kann.

Wer in eine bestehende Genossenschaft eintritt, haftet gleich den anderen Genossenschaftern für alle von der Genossenschaft auch vor seinem Eintritte eingegangenen Verbindlichkeiten.

Ein entgegenstehender Vertrag ist gegen Dritte ohne rechtliche Wirkung.

Die einer Genossenschaft beigetretenen Frauenspersonen können in Betreff der dadurch eingegangenen Verpflichtungen auf die in den einzelnen Staaten geltenden Rechtswohlthaten der Frauen sich nicht berufen.

(Preuß. Gesetz § 11.)

I. **Zur Geschichte des § 12.**

a) Der **erste Absatz** des § 12 ist nach den Vorschlägen der Zivilprozeß-Kommission an die Stelle des ersten Absatzes des § 11 des Preußischen Gesetzes getreten. Dieser, dem Kommissionsentwurfe von 1863 entlehnt, (siehe oben Seite 202) lautet wörtlich:

„Für alle Verbindlichkeiten der Genossenschaft, insofern zur Deckung derselben im Falle der Liquidation oder des Konkurses das Vermögen der Genossenschaft nicht ausreicht, haften alle Genossenschafter solidarisch mit ihrem ganzen Vermögen."

Die Kommission erhob gegen diese Bestimmung folgende Bedenken: „Der § 12, Absatz 1 spricht ohne Einschränkung die Solidarhaft aus, obgleich sie nach § 51 nur eine *eventuelle* ist, welche der Regel nach erst nach beendetem Konkurse eintritt. Ferner wird neben dem Konkurse die Liquidation genannt; das ist deshalb nicht genau, weil im Falle der Insuffizienz die Liquidation zum Konkurse führen soll, wie denn auch § 51 voraussetzt, daß Konkurs eingetreten sei, da er nur den Fall des *beendigten Konkurses* behandelt. Sodann ist der Fall unberücksichtigt geblieben, wo aus irgend einem Grunde *Konkurs nicht eröffnet werden* oder wo die Zulässigkeit der Eröffnung in Zweifel gezogen werden kann, z. B. weil es an einer Masse fehlt, oder weil nicht mehrere konkurrirenden Gläubiger vorhanden sind, sondern nur einer. Zur Beseitigung dieser Mängel wird die veränderte Fassung des Absatzes 1 vorgeschlagen, welche zugleich mit Rücksicht auf die Gebiete des gemeinen Rechts die Einrede der Theilung ausdrücklich beseitigt."

b) Der **zweite** und **dritte Absatz** des § 12 sind dem § 11 des Preußischen Gesetzes entlehnt und entsprechen den Artikeln 113 und 166 des Handelsgesetzbuches. Im zweiten Absatze ist jedoch vom Reichstage nach Schulze's Entwurf das Wort „auch" ohne besondere Motivirung eingeschoben, was keinesfalls nöthig war.

c) Der **vierte Absatz** des § 12 fehlte im Preußischen Gesetze. Er verdankt seine Aufnahme einem Antrage der Reichstagskommission, welche in ihrem Berichte (Drucksachen Nr. 80, S. 6) darüber sagt: „In dem Gebiete des gemeinen Rechts ist der Betheiligung von Frauen an einer Genossenschaft das gegenwärtig fast überall für werthlos erachtete Senatusconsultum Vellejanum im Wege. Es wurde deshalb beschlossen, dem § 12 folgenden Zusatz zu geben u. s. w."

II. Erläuterungen zum § 12.

1) **Absatz 1.** Ueber das Verhältniß dieses Absatzes zum § 3 Nr. 12 und zum § 51 vgl. die Erläuterungen 13 zu § 3, oben S. 201 bis 205. — Der Gläubiger einer eingetragenen Genossenschaft kann nur gegen diese, nicht auch gegen einzelne der solidarisch haftenden Genossenschafter seine Ansprüche im Prozesse verfolgen. Klagte er dennoch gegen einen einzelnen Genossenschafter, so würde er auf den Einwand der Vorausklage abgewiesen werden müssen. Ist gegen die eingetragene Genossenschaft die Exekution fruchtlos vollstreckt, so liegt eine Zahlungseinstellung der Genossenschaft vor, die den Konkurs derselben zur Folge hat; der Gläubiger muß dann erst das Ergebniß des Konkurses abwarten, er ist bei Verlust seines Anspruches an die einzelnen Genossenschafter verpflichtet, seine Forderung im Konkurse anzumelden und verifiziren zu lassen, und erst nach Beendigung des Konkurses, welcher den Konkurs über das Vermögen der einzelnen Genossenschafter nicht nach sich zieht, kann er wegen des Ausfalls einzelne oder alle ihm solidarisch haftenden Genossenschafter in Anspruch nehmen. (§ 51.)

Diese Bestimmungen begründen den wesentlichsten Unterschied, welcher zwischen der Genossenschaft und der offenen Handelsgesellschaft in Betreff des Verhältnisses der Mitglieder und ihres Privatvermögens zu den Gesellschaftsgläubigern besteht. In der offenen Handelsgesellschaft, bei welcher die wirkliche Solidarhaft ihrer Mitglieder im Gegensatz zur Solidarbürgschaft besteht, kann der Gesellschaftsgläubiger gegen die Gesellschaft oder gegen einen einzelnen Gesellschafter klagen. Im ersteren Falle kann die Exekution, auch wenn genügendes und disponibles Gesellschaftsvermögen vorhanden ist, auf Antrag des Klägers sofort in das Privatvermögen des einzelnen Gesellschafters vollstreckt werden; eine Sonderung des Gesellschaftsvermögens von dem Privatvermögen der einzelnen Gesellschafter ist der Gesellschaftsgläubiger erst bei Eröffnung des Konkurses über das Gesellschaftsvermögen, welcher den Konkurs über das Privatvermögen jedes Gesellschafters nach sich zieht, anzuerkennen verpflichtet. (Art. 122 des Handelsgesetzbuchs, Art. 36 des Preußischen Einführungsgesetzes vom 24. Juni 1861. Preußische Konkursordnung vom 8. Mai 1855 §§ 287 u. 288.)

Im Anschluß an diese Grundsätze ist auch die Frage der Kompensation einer Gesellschaftsschuld mit einer Forderung des einzelnen Gesellschafters zu entscheiden. Klagt der Gesellschaftsgläubiger gegen die offene Handelsgesellschaft, so kann diese eine Forderung des einzelnen Gesellschafters nicht zur Kompetenz benutzen, ebensowenig wie im gleichen Falle die Genossenschaft eine Forderung eines Genossenschafters; sie muß die Forderung erst für sich erwerben, um damit kompensiren zu können. Klagt der Gesellschaftsgläubiger aber (was bei der Genossenschaft überhaupt unzulässig ist) gegen einen einzelnen Gesellschafter, so kann dieser nicht bloß mit einer Gesellschaftsforderung kompensiren, sondern auch mit der Privatforderung, welche ihm an den Kläger zusteht. — Ueber den Unterschied der unbeschränkten Solidarhaft von der Solidarbürgschaft vergl. Auerbach in dem Aufsatze „die deutschen Genossenschaften" in Goldschmidts Zeitschrift Bd. 7, S. 19 ff., S. 364; außerdem vergl. Endemann: Das Deutsche Handelsrecht § 38 S. 162 bis 168, in Verbindung mit den dort zitirten Stellen aus Anschütz und Völderndorff und v. Hahn's Kommentaren, Kuntze: Prinzip und System der Handelsgesellschaften in Goldschmidt's Zeitschrift Bd. 6 S. 217 u. S. 220—228, v. Sicherer a. a. O. S. 226 u. ff.

2) „oder wenn die Eröffnung des Konkurses nicht erfolgen kann."

Vgl oben zur Geschichte des ersten Absatzes a). Die Zivilprozeßkommission hat namentlich § 306 der Preußischen Konkursordnung vom 9. Mai 1855 berücksichtigen zu müssen gemeint: „Die Eröffnung des Konkurses kann unterbleiben, wenn bei dem Gericht bekannt ist, daß der Gemeinschuldner ein den Kosten des Konkursverfahrens entsprechendes Vermögen nicht besitzt." u. s. w. Ueber das Verhältniß des Art. 1267 der Bayerischen Prozeßordnung zum § 12 des Genossenschaftsgesetzes siehe v. Sicherer a. a O. S. 228 Anm. 2.

3) **Absatz II u. III.** Siehe oben zur Geschichte unter b.)

Der neu eintretende Genossenschafter übernimmt die Solidarbürgschaft für die vor seinem Eintritt eingegangenen Verbindlichkeiten der Genossenschaft in gleicher Weise, wie für die bestehenden Gesellschaftsverbindlichkeiten das neue Mitglied einer offenen Handelsgesellschaft die Solidarhaft und der neue Kommanditist einer Kommanditgesellschaft die beschränkte Haft seiner Einlage übernimmt. In allen drei Fällen kann sich das neue Mitglied durch einen Vertrag mit den bisherigen Mitgliedern diesen gegenüber decken; allein gegen Dritte hat ein solcher Vertrag keine Wirkung. Diese Sätze sind folgerichtig für jede Gesellschaft, welche ein wirthschaftlich selbstständiges Verkehrswesen ist.

4) **Absatz IV.**

Schulze-Delitzsch bemerkt Seite 25 seiner „Neuen vollständigen Anweisung" 2c. zu diesem Absatze: „Jede selbstständige Frauensperson wird nunmehr einfach durch ihre Unterschrift Mitglied einer Genossenschaft, und muß bei verheiratheten Frauen nur die Genehmigung des Ehemannes hinzutreten, welche am füglichsten unmittelbar zu der unter dem Statut oder der Beitrittserklärung befindlichen Namensunterschrift der Frau in folgender Form bewirkt wird:

Auguste Hunold
geborene Pöge
mit meiner Genehmigung als Ehemann
Friedrich Hunold."

In Preußen sind inzwischen durch das Gesetz vom 1. Dezember 1869 (Ges.-S. 1869

S. 1169) die Vorschriften des gemeinen Deutschen Rechts, des Allgemeinen Landrechts für die Preußischen Staaten und der provinziellen oder statutarischen Rechte, welche über die Interzessionen der Frauen besondere Bestimmungen enthalten, aufgehoben. Es können also Frauen nicht blos einfach durch ihre Unterschrift Mitglieder einer Genossenschaft werden, sondern auch durch einfache schriftliche Erklärung der Genossenschaft gegenüber Bürgschaft übernehmen und zwar Ehefrauen auch für ihre Ehemänner. Es muß in Preußen aber bei Ehefrauen immer die Genehmigung von deren Ehemännern hinzutreten, und zwar auch wenn die Frau sich für ihren Mann selbst verbürgt.

Auch in den meisten andern Deutschen Staaten sind die „geltenden Rechtswohlthaten der Frauen" seit Erlaß des Genossenschaftsgesetzes beseitigt worden, da man sie mit der Reichstagskommission für werthlos erachtete. So in Sachsen-Gotha durch Gesetz vom 6. August 1869, in Sachsen-Meiningen durch Gesetz vom 14. Dezember 1869, in Oldenburg durch Gesetz vom 15. März 1870, in Lübeck durch Gesetz vom 21. März 1870, in Braunschweig durch Gesetz vom 5. April 1870, in Bremen durch Gesetz vom 6. Mai 1870, in Hamburg durch Gesetz vom 3. Juni 1870, in Bayern durch Gesetz vom 14. Januar 1871, in Sachsen-Weimar-Eisenach durch Gesetz vom 20. Dezember 1871, in Waldeck durch Gesetz vom 10. Januar 1872, in Schaumburg-Lippe durch Gesetz vom 20. März 1872. — Zu hoffen ist, daß ein Reichsgesetz die Stellung der Frauenspersonen im Obligationenrecht ordnen werde. —

v. Sicherer hebt a. a. O. S. 232 mit Recht hervor, daß der letzte Absatz über die rechtliche Natur der solidarischen Haftung gesetzgeberisch nichts feststellt. — Ueber die Frage, ob und mit welchen Wirkungen sich bisher Frauen an einer eingetragenen Genossenschaft im Gebiete des Preußischen Landrechts betheiligen konnten, vergl. man den Aufsatz des Herausgebers: „Genossenschafterinnen und das Königliche Kreisgericht zu Lübben" in Nr. 38 und 39, Seite 150 der Blätter für Genossenschaftswesen, 1867.

Vorbemerkung
zu den §§ 13 bis 16 des Gesetzes.

In den §§ 13—16 „sind die Rechtsverhältnisse der Privatgläubiger der einzelnen Genossenschafter in Beziehung auf das von diesen in die Genossenschaft eingelegte Vermögen und ihre Anforderungen an die Genossenschaft bestimmt. Hierbei sind die Art. 119 bis 121, 126 des Handelsgesetzbuchs zum Grunde gelegt". (Motive des Preußischen Regierungsentwurfs vom 11. Nov. 1866. Nr. 86 der Drucksachen S. 23.) Die für die offene Handelsgesellschaft gegebenen Bestimmungen jener Artikel sollen nach Art. 169 und 170 auch für die Kommanditgesellschaft und die Bestimmung des Art. 126 nach Art. 263 auch zu Gunsten des Privatgläubigers eines stillen Gesellschafters gelten. — Es ist fraglich, ob es angemessen war, diese Bestimmungen ohne eingehende Prüfung von den Handelsgesellschaften auf die Genossenschaften zu übertragen, noch dazu, da sie in der Kommission zur Berathung des Handelsgesetzbuchs erst bei der dritten Lesung angenommen sind. Die Praxis wird vielleicht in Zukunft auf mannigfaltige, durch die Unterschiede der Genossenschaft von den Handelsgesellschaften hervorgerufene Bedenken stoßen. —

§. 13.

Die Privatgläubiger eines Genossenschafters sind nicht befugt, die zum Genossenschaftsvermögen gehörigen Sachen, Forderungen oder Rechte, oder einen Antheil an denselben zum Behufe ihrer Befriedigung oder Sicherstellung in Anspruch zu nehmen. Gegenstand der Exekution, des Arrestes oder der Beschlagnahme kann für sie nur dasjenige sein, was der Genossenschafter selbst an Zinsen und an Gewinnantheilen zu fordern berechtigt ist und was ihm im Falle der Auflösung der Genossenschaft oder des Ausscheidens aus derselben bei der Auseinandersetzung zukommt.

(Preuß. Gesetz § 12.)

I. Zur Geschichte des § 13.

Der § 13 stimmt mit § 12 des Preuß. Gesetzes überein; nur ist ein Druckfehler berichtigt und durch Einschiebung der Worte „im Falle der Auflösung der Genossenschaft oder des Ausscheidens aus derselben" auf Vorschlag der Zivilprozeßordnungs-Kommission „klar gestellt, daß auch der Fall des Ausscheidens eines Gesellschafters, ohne daß die Gesellschaft aufgelöst werde, einbegriffen sei". (Reichstags-Drucksachen Nr. 193 Seite 4.)

II. Erläuterungen zu § 13.

1) „des Arrestes oder der Beschlagnahme."

Im Art. 119 des Handelsgesetzbuches, welcher dem § 13 zum Muster gedient hat, ist „neben dem Arrest auch der Beschlagnahme Erwähnung gethan, weil beide Ausdrücke in den verschiedenen Staaten nicht gleichbedeutend gebraucht würden". So in den Protokollen (v. Hahn a. a. O. Seite 390).

2) „an Zinsen und an Gewinnantheilen."

Wenn Exekution und Arrest „an Zinsen und an Gewinnantheilen" gestattet wird, so sind mit den Zinsen des Art. 119 des Handelsgesetzbuchs diejenigen 4 Prozent gemeint, welche nach Art. 106 dem Gesellschafter in der offenen Handelsgesellschaft von seinem Antheile am Gesellschaftsvermögen vor der Gewinnberechnung gutgeschrieben werden müssen. Da für Genossenschaften eine gleiche Bestimmung nicht existirt, so würde es angemessener gewesen sein, im vorliegenden § 13 die Worte „an Zinsen und" zu streichen.

Bei den meisten Genossenschaften werden die Gewinnantheile erst ausbezahlt, wenn der Genossenschafter bereits den statutenmäßig vorgeschriebenen Höchstbetrag des Geschäftsantheils erreicht hat. (Vergl. oben Anmerkung 20 und 47.) Sollte nun ein Privatgläubiger eines Genossenschafters, dessen Geschäftsantheil noch unvollständig ist, den Gewinnantheil desselben auf Grund des § 13 als Exekutions- oder Arrestobjekt in Anspruch nehmen, so wird die Genossenschaft dennoch nicht verpflichtet sein, den Gewinnantheil vor dem Ausscheiden des Genossenschafters an den Gläubiger auszuzahlen. Denn in Folge jener Statutbestimmung ist dieser Gewinnantheil sofort bei seinem Entstehen in den Vermögensbestand der Genossenschaft übergegangen, und kann davon nur durch „die Auseinandersetzung“ beim Ausscheiden des Genossenschafters gelöst werden.

3) „im Falle der Auflösung der Genossenschaft oder des Ausscheidens aus derselben.“

Nöthig war dieser Zusatz der Zivilprozeßkommission nicht; er ist wohl nur vorgeschlagen, weil man im § 16 ein in Beziehung stehendes Versehen des Preußischen Gesetzes zu verbessern hatte. (Vgl. oben zur Gesch. des § 13 und später zur Gesch. des § 16.)

§. 14.

Die Bestimmung des vorigen Paragraphen gilt auch in Betreff der Privatgläubiger, zu deren Gunsten eine Hypothek oder ein Pfandrecht an dem Vermögen eines Genossenschafters kraft des Gesetzes oder aus einem anderen Rechtsgrunde besteht. Ihre Hypothek oder ihr Pfandrecht erstreckt sich nicht auf die zum Genossenschaftsvermögen gehörigen Sachen, Forderungen und Rechte, oder auf einen Antheil an denselben, sondern nur auf dasjenige, was in dem letzten Satze des vorigen Paragraphen bezeichnet ist.

Jedoch werden die Rechte, welche an dem von einem Genossenschafter in das Vermögen der Genossenschaft eingebrachten Gegenstande bereits zur Zeit des Einbringens bestanden, durch die vorstehenden Bestimmungen nicht berührt.

(Preuß. Ges. § 13.)

Zur Geschichte des § 14.

Der § 14 stimmt wörtlich überein mit § 13 des Preußischen Gesetzes. Dieser rührt her aus einem von mir in der Kommission von 1863 gestellten und von der Kommission verworfenen Antrage, den der Regierungsentwurf von 1866 aufnahm. Der § 14 ist eine Nachbildung des Art. 120 des H.-G.-Buchs.

§. 15.

Eine Kompensation zwischen Forderungen der Genossenschaft und Privatforderungen des Genossenschaftsschuldners gegen einen Genossenschafter findet während der Dauer der Genossenschaft weder ganz noch theilweise statt. Nach Auflösung der Genossenschaft ist sie zulässig, wenn und soweit die Genossenschaftsforderung dem Genossenschafter bei der Auseinandersetzung überwiesen ist.

(Preuß. Gesetz § 14.)

Zur Geschichte des § 15.

Der § 15 stimmt wörtlich überein mit § 14 des Preußischen Gesetzes. Er ist dem Artikel 121 des H.-G.-Buchs nachgebildet. Man vergl. auch die

Erläuterungen dieses Artikels in den verschiedenen Kommentaren, insbesondere bei von Hahn a. a. O. S. 382—388.

§. 16.

Hat ein Privatgläubiger eines Genossenschafters nach fruchtlos vollstreckter Exekution in dessen Privatvermögen die Exekution in das demselben bei der demnächstigen Auseinandersetzung zukommende Guthaben erwirkt, so ist er berechtigt, die Genossenschaft mag auf bestimmte oder unbestimmte Zeit eingegangen sein, Behufs seiner Befriedigung, nach vorher von ihm geschehener Aufkündigung, das Ausscheiden jenes Genossenschafters zu verlangen.

Die Aufkündigung muß mindestens sechs Monate vor Ablauf des Geschäftsjahres der Genossenschaft geschehen.

(Preuß. Gesetz § 15.)

I. **Zur Geschichte des § 16.**

Der § 16 stimmt mit § 15 des Preußischen Gesetzes bis auf die Verbesserung eines Redaktionsfehlers im Absatz I wörtlich überein.

a) **Absatz I.** Beim Preußischen Gesetz hieß es im Vordersatz „bei der demnächstigen Auflösung." Diese Worte waren (entgegen den Beschlüssen der Abgeordnetenhauskommission von 1863) durch ein Versehen aus dem Art. 125 des Handelsgesetzbuchs in den Regierungsentwurf von 1866 und von da, ohne daß von irgend einer Seite darauf aufmerksam gemacht wäre, in das Gesetz übergegangen. (Vgl. meinen Kommentar zum Preuß. Ges. S. 60). Dieser sinnentstellende Redaktionsfehler war auch in Schulze's Entwurf für den Reichstag und in dem Entwurf der Reichstagskommission unverletzt bestehen geblieben und erst der Zivilprozeßordnungs-Kommission war es vorbehalten, die Aenderung: bei der demnächstigen Auseinandersetzung „als Konsequenz der zu § 13 vorgeschlagenen" zu empfehlen.

b) **Absatz II.** Der Schlußsatz des § 16 ist in der Kommission und im Plenum des Herrenhauses lebhaft angefochten. Man fand den Widerspruch mit § 38 nicht gerechtfertigt: Nach § 38 könne der Genossenschafter regelmäßig nach vierwöchentlicher Aufkündigung vor dem Schluß des Geschäftsjahres austreten. Nach § 16 hingegen solle der Gläubiger sechs Monate vor Ablauf des Geschäftsjahres kündigen müssen. Nun verstehe es sich nach allgemeinen Grundsätzen (Rechtsgrundsätze nannte es der Berichterstatter Prof. Dernburg im Plenum!) von selbst, daß der Gläubiger mindestens eben so viele Rechte haben müsse, als sein Schuldner (!?). Daher rechtfertige sich der Verbesserungsantrag, in § 16 statt 6 Monate „vier Wochen" zu setzen. Historisch erkläre sich der Widerspruch dadurch, daß der § 16 des Gesetzes „wörtlich" dem Artikel 126 des Handelsgesetzbuchs nachgebildet sei, welcher wiederum mit Artikel 124 in Verbindung stehe" u. s. w. — Die Regierungskommissarien führten in der Kommission und im Plenum an: Eine Inkongruenz gegen den § 38 liege nicht vor, da der Gläubiger nicht mindestens, sondern höchstens eben so viel Recht haben müsse, als der Genossenschafter; es sei aber im Interesse des Gläubigers nothwendig, daß ein- für allemal der Gleichmäßigkeit des Verfahrens wegen eine bestimmte Frist festgestellt werde, wenn der Gläubiger den Genossenschafter zwinge, aus der Genossenschaft auszutreten, um sich an sein Vermögen zu halten. Der Gläubiger werde übrigens dann besser gestellt als der Genossenschafter, wenn diesem statutarisch eine längere als sechsmonatliche Kündigungsfrist auferlegt sei.

II. Erläuterungen zu § 16.

1) **Absatz I.** „nach fruchtlos vollstreckter Exekution".

Der Privatgläubiger eines Genossenschafters kann nach §§ 13 und 14 im Wege der Exekution oder des Arrestes, ohne daß zuvor in andere Vermögensstücke des Genossenschafters Exekution versucht wäre, dasjenige mit Beschlag belegen, was seinem Schuldner „bei der Auseinandersetzung" zukommt, möge diese zufolge seines Todes, oder Ausscheidens oder zufolge Auflösung der Genossenschaft erfolgen. Um jedoch „die Auseinandersetzung" wirklich herbeizuführen, wird er die Exekution in das Privatvermögen des Genossenschafters nach § 16 vollstrecken lassen und wenn sie fruchtlos ausfällt, mit weiteren Exekutionsanträgen gegen sein Guthaben vorzugehen haben.

Im Gebiete der Allgemeinen Gerichtsordnung in Preußen verfährt der Gläubiger am besten, wenn er sich das seinem Schuldner bei der demnächstigen Auseinandersetzung desselben mit der Genossenschaft zukommende Guthaben in Gemäßheit des Gesetzes vom 4. Juni 1822 in Anrechnung auf seine Forderung und bis zum Betrage derselben zur eigenen Einziehung resp. Einklagung mit dem Rechte eines Assignatars gerichtlich überweisen läßt. Auf Grund dieser, von dem Gerichte sowohl dem zu Exequirenden als auch dem Vorstande der Genossenschaft (§ 2 a. a. O.) von Amts wegen bekannt zu machenden, Urkunde kann der Gläubiger sodann in Vertretung seines Schuldners die Mitgliedschaft desselben in der Genossenschaft bei dem Vorstande der letztern gemäß § 16 dieses Gesetzes mit der Wirkung kündigen, daß der Schuldner mit Ablauf des Geschäftsjahres als aus der Genossenschaft ausgeschieden betrachtet werden muß. (§ 38.) Der Vorstand der Genossenschaft hat sodann zufolge § 39 den Geschäftsantheil des Schuldners, „wie er sich aus den Büchern ergiebt", festzustellen und spätestens 3 Monate nach Ablauf des Geschäftsjahres an den Gläubiger zahlen zu lassen.

2) „das Ausscheiden jenes Genossenschafters zu verlangen."

In den Rechten der Genossenschaft zu dem Geschäftsantheil eines Genossenschafters wird durch Beschlagnahme desselben auf Antrag eines Privatgläubigers des Genossenschafters oder durch die Aufkündigung der Mitgliedschaft zu Gunsten dieses Privatgläubigers, nichts geändert. Der Geschäftsantheil bleibt bis zur Auseinandersetzung im Genossenschaftsvermögen; der Gläubiger erlangt unmittelbar gegen die Genossenschaft durch jene Exekutionsmaßregeln kein weiteres Recht, als daß er die Auseinandersetzung und sodann die Ausantwortung des sich ergebenden Guthabens verlangen kann. Die Sonderrechte des Genossenschafters in Betreff seines eignen Geschäftsantheils ruhen gewissermaßen während der Beschlagnahme, wohingegen er an den allgemeinen allen

Genossenschaftern in Angelegenheiten der Genossenschaft zustehenden Befugnissen (§ 10 des Gesetzes) keine Einbuße erlitten hat. Wollte z. B. ein Mitglied einer Volksbank, dessen Geschäftsantheil mit Beschlag belegt ist, nach der Beschlagnahme einen Vorschuß haben, so kann ihm dieser gewährt werden; es fragt sich jedoch, ob sein Guthaben, welches vor der Beschlagnahme für alle seine aus Vorschüssen oder Bürgschaften entstandenen Verbindlichkeiten auch ohne ausdrückliche Verpfändung haftet, für den neuen Vorschuß verpfändet werden kann? Wir meinen: Ja, jedoch vorbehaltlich der prioritätischen Rechte jenes Privatgläubigers, welche durch neue Sonderverpflichtungen seines Schuldners in keiner Weise gekürzt werden können.

Abschnitt III.

Von dem Vorstande, dem Aufsichtsrathe und der Generalversammlung.

Vorbemerkung.

Der Preußische Regierungsentwurf vom 2. Februar 1866 sagte in seinen Motiven in Betreff dieses dritten Abschnittes im Allgemeinen Folgendes:

„Bei der Redaktion des dritten Abschnittes ist in Uebereinstimmung mit dem Handelsgesetzbuche der Grundsatz angenommen:

1) daß jede Genossenschaft einen Vorstand habe;
2) daß dieser Vorstand öffentlich bekannt gemacht werden muß;
3) daß derselbe allein die Genossenschaft nach Außen hin vertritt und alle Arten der Rechtsgeschäfte mit verbindlicher Kraft für die Genossenschaft vornehmen darf;
4) daß diese gesetzlichen Befugnisse zwar der Genossenschaft gegenüber beschränkt werden können, eine solche Beschränkung aber gegen dritte Personen keine rechtliche Wirkung äußert.

Die auf diese Grundsätze basirten §§ 17 bis 23 [im Preußischen Gesetz §§ 16 bis 22] entsprechen den Bestimmungen über die Befugnisse und Verpflichtungen, welche das Handelsgesetzbuch dem Vorstande einer Aktiengesellschaft in den Artikeln 227 bis 233 und 239 beilegt" u. s. w.

In dem ganzen, die §§ 17 bis 33 umfassenden dritten Abschnitte des Norddeutschen Gesetzes sind nur wenige Aenderungen des entsprechenden Abschnittes des Preußischen Gesetzes (§§ 16 bis 32) vorgekommen. Insbesondere sind die Ergänzungen in den §§ 18, 23, 28 und 32 nicht von großer Bedeutung.

§. 17.

Jede Genossenschaft muß einen aus der Zahl der Genossenschafter zu wählenden Vorstand haben. Sie wird durch denselben gerichtlich und außergerichtlich vertreten.

Der Vorstand kann aus einem oder mehreren Mitgliedern

bestehen, diese können besoldet oder unbesoldet sein. Ihre Stellung ist zu jeder Zeit widerruflich, unbeschadet der Entschädigungsansprüche aus bestehenden Verträgen.

(Preuß. Gesetz § 16.)

I. **Zur Geschichte des § 17.**

Der § 17 stimmt mit dem § 16 des Preußischen Gesetzes genau überein, mit Ausnahme eines Wortes: **Stellung** ist als Druckfehler in das Gesetz hineingerathen; es muß **Bestellung** heißen, wie im Preußischen Gesetze, entsprechend Artikel 227 des Handelsgesetzbuchs. Nach Ausweis der Reichstagsakten stand in dem von Schulze-Delitzsch beim Reichstag am 16. April 1868 eingebrachten Antrage ganz richtig Bestellung. Aber schon in dem Abdruck des Antrages (Nr. 60 der Drucksachen Seite 9) erscheint der Druckfehler „Stellung" und schleppt sich nun, von Niemandem gerügt, anscheinend unbemerkt, durch alle Schriftstücke bis zum Bundesgesetzblatte hindurch.

Im Bayerischen Genossenschaftsgesetze war „Bestellung" wiederhergestellt.

II. **Erläuterungen zu § 17.**

1) **Absatz I** „aus der Zahl der Genossenschafter zu wählenden Vorstand."

Der § 17 des Gesetzes weicht in zwei Punkten von dem entsprechenden Artikel 227 des Handelsgesetzbuchs ab:

a. Der Vorstand der Genossenschaft muß gewählt werden; auf welche Weise der der Aktiengesellschaft bestellt wird, bestimmt das Handelsgesetzbuch nicht.

b. Die Mitglieder des Vorstandes der Genossenschaft müssen Genossenschafter sein; die Mitglieder des Vorstandes der Aktiengesellschaft „können Aktionäre oder Andere sein."

In der Kommission des Herrenhauses wurde der Antrag gestellt, durch Fortlassung der Worte „zu wählenden" es zu ermöglichen, „daß die Stifter einer Genossenschaft, welche etwa bei dieser Stiftung humane Zwecke verfolgten, sich einer Wahl nicht zu unterziehen brauchten." Die Kommission verwarf den Antrag, nicht weil sie diese, schließlich auf den Gründer-Unfug bei Aktiengesellschaften hinauslaufende Möglichkeit nicht zulassen wollte, sondern weil die Gründer dasselbe dadurch erreichen könnten, daß sie sich zunächst zu Vorständen wählten und dann erst Andere als Theilnehmer zuzögen.

Beispiele, daß Genossenschaften trotz der ausdrücklichen Vorschrift des Gesetzes Nichtgenossenschafter zu Vorstehern wählen und Handelsrichter sie eintragen, sind bereits mitgetheilt. (Vgl. Erläuterungen zu § 4 Seite 216 und zu § 11 Seite 270)*). Ebenso ein Beispiel, daß eine Genossenschaft das

---

*) Am 2. Dezember 1875 hat Schulze-Delitzsch beim Deutschen Reichstag eine Interpellation eingereicht, welche heute, am 19. Januar 1876 zur Verhandlung gekommen ist, und sich in dem ersten Theile auf die ungesetzlichen Eintragungen des Kreisgerichts zu Neuwied und anderer Gerichte bezieht. Die Frage Schulze's an den Reichskanzler war dahin gerichtet, ob die hohe Reichsregierung davon Kenntniß erhalten habe, daß Seitens Königlich Preußischer Gerichte, insbesondere des Kreisgerichts Neuwied den ausdrücklichen

Amt eines Vorstandsmitgliedes Reihe herum gehen läßt. (Vgl. Erläuterung 8 zu § 3, Ziffer 7 Seite 196), und der Handelsrichter ebenfalls den Verstoß gegen § 17 übersieht.

Das Gesetz bestimmt nirgends, wie und von wem die Wahl des Genossenschaftsvorstandes vorzunehmen sei, „die Art der Wahl" soll vielmehr nach § 3 Nr. 7 der Gesellschaftsvertrag enthalten. Anfänglich war bei den Genossenschaften unbeschränkte direkte Wahl durch die Generalversammlung Regel. Wo in größeren Genossenschaften Vorstandsmitgliedern zugleich die technische Leitung, die eigentliche Geschäftsführung überwiesen ist, hat die unbeschränkte direkte Wahl durch die Generalversammlung ihre großen Bedenken. Namentlich wenn mit dem Amte ein angemessener Gehalt verbunden ist, liegt die Gefahr nahe, daß unfähige Personen gewählt werden. Deshalb aber die Wahl dem Aufsichtsrath zu übertragen, ist ebenso bedenklich. Der 14. allgemeine Vereinstag zu Konstanz hat demgemäß in Anlaß eines von einem Konsumverein ausgegangenen Antrages denjenigen Genossenschaften, welche die Periode der ersten Entwickelung zurückgelegt haben, unter Anderm empfohlen, „die Mitglieder des Vorstandes nur auf Vorschlag des Aufsichtsrathes durch die Generalversammlung erwählen zu lassen". Dies ist dahin zu verstehen, daß der Aufsichtsrath der Generalversammlung, die durch Stimmzettel oder Kugelung die Entscheidung zu geben hat, nur eine Person, und wenn diese von der Mehrheit der Generalversammlung verworfen ist, so lange andere geeignete Personen vorzuschlagen hat, bis eine derselben die Mehrheit erlangt hat. Weniger zweckmäßig haben andere Genossenschaften (Vorschußvereine, Konsumvereine) der Generalversammlung nur das Wahlrecht unter drei vom Aufsichtsrath gleichzeitig vorgeschlagenen Personen zugebilligt. Hier liegt es in der Macht des Aufsichtsrathes, neben demjenigen, dessen Wahl er wünscht, zwei durchaus ungeeignete oder unbeliebte Personen vorzuschlagen und so das Wahlrecht der Generalversammlung illusorisch zu machen. Vor dem Genossenschaftsgesetze war es, namentlich bei Konsumvereinen gebräuchlich, daß die Generalversammlung eine so große Anzahl Personen, als den Vorstand und den Aufsichtsrath bilden, ohne Unterscheidung ihrer Funktionen in einem Wahlgange wählte, und die Gewählten in einer besonders anberaumten Sitzung die Funktionen unter sich vertheilten, indem sie zuerst die einzelnen Vor-

---

Bestimmungen des Gesetzes entgegen: a) derartige Genossenschaften, namentlich Kreditvereine, welche in ihren Gesellschaftsverträgen keine Vorschriften über Betrag und Bildung von Geschäftsantheilen der einzelnen Genossenschafter enthalten, vielmehr die Bildung dieser Antheile geradezu ausschließen, durch Eintragung in die Genossenschaftsregister die im Gesetz garantirten Rechte einer eingetragenen Genossenschaft verleihen? b) Personen als Vorstände solcher Genossenschaften in die bezüglichen Register eintragen, welche gar nicht Mitglieder derselben sind? u. s. w.

Der Präsident des Reichskanzleramts Minister Delbrück antwortete sehr ausführlich. Er stellte zunächst die Gründe dar, welche das Kreisgericht zu Neuwied bei seinen absonderlichen Verfügungen leiteten, um sodann diese Gründe ebenso gründlich zu widerlegen. Für ein gesetzgeberisches Einschreiten schien ihm die Sache noch nicht reif zu sein. Schulze-Delitzsch wird demnach zu prüfen haben, ob er ein deklaratorisches Gesetz beim Reichstage einbringen soll oder auf welchem andern Wege Abhülfe zu schaffen ist.

standsmitglieder in besondern Wahlgängen wählten und die übrig bleibenden dann den Aufsichtsrath bildeten. Diese Mischung von mittelbarer und unmittelbarer Wahl war nur zu billigen, so lange Vorstand und Aufsichtsrath noch nicht streng geschieden waren (siehe unten).

2) „Sie wird durch denselben gerichtlich und außergrichtlich vertreten."

Eine vollständige Aenderung in der üblichen Organisation der Genossenschaften wurde durch das Genossenschaftsgesetz bewirkt, indem es die Stellung der Genossenschaftsorgane zu einander und zur Genossenschaft selbst, vor allem die Stellung des Vorstandes zur letzteren regelte. Vor dem Genossenschaftsgesetze übertrug die Generalversammlung die statutenmäßige Verwaltung einem, aus dem Vorstande und den Beisitzern bestehenden Ausschusse. Der Vorstand war für die Beschlüsse der Generalversammlung und des Ausschusses die ausführende Behörde. Er verpflichtete die Genossenschaft, d. h. jedes einzelne Mitglied, Dritten gegenüber nur soweit er in den Grenzen seiner Vollmacht handelte. — Dies wurde vollkommen anders. „Die Zulassung der Genossenschaften zu den Rechten der Handelsgesellschaften, ihre Einbürgerung in den gesetzlich anerkannten Verkehr hat auch zur Folge, daß sich dieselben den in den Gesetzen, wie in den allgemeinen Handelsbräucheu an sie herantretenden Anforderungen fügen müssen, welche theils als Erleichterungen, theils als Garantien dieses Verkehres, namentlich zum Schutze des mit ihnen in Geschäftsbeziehung tretenden Publikums gelten. Darunter steht der im allgemeinen Deutschen Handelsgesetzbuch konsequent durchgeführte Grundsatz obenan: daß jede zum Geschäftsbetriebe vereinigte Gesellschaft durch ihre Vorstände dritten Personen gegenüber unbedingt vertreten und verpflichtet wird." (Schulze-Delitzsch, Blätter für Genossenschaftswesen pro 1867, Nr. 22.) Sobald die Genossenschaften unter die Handelsgesellschaften des Handelsgesetzbuchs eingereiht werden sollten, mußten ohne Zweifel in Betreff ihrer innern Organisation die Bestimmungen des Handelsgesetzbuchs über Aktiengesellschaften, als die am meisten den deutschrechtlichen Genossenschaften oder den Korporationen mit ihren Generalversammlungen, Mehrheitsbeschlüssen und wechselnden Vertretern analog gestalteten Handelsgesellschaften, nachgebildet werden. Es blieb, wie Schulze mit Recht hervorhebt, demzufolge nichts weiter übrig, als auf den Vorstand der Genossenschaft die Bestimmungen der Artikel 230 u. ff. des Handelsgesetzbuchs über den Vorstand der Aktiengesellschaften zu übertragen: Der Vorstand wurde fortan neben der Generalversammlung das einzige nothwendige Organ der Genossenschaft. Er hat die Genossenschaft nach außen zu vertreten. Obschon er in seinen Befugnissen zur Vertretung der Genossenschaft durch Gesellschaftsvertrag und Generalversammlungsbeschlüsse beliebig beschränkt sein kann, so haben diese Beschränkungen Dritten gegenüber keine rechtliche Wirkung. Dafür ist er aber auch den Prokuristen des Handelsgesetzbuchs in Ansehung der Bestellung und Abberufung gleichgestellt, seine Bestellung ist zu jeder Zeit widerruflich.

Die Bestimmung, daß die Vollmacht des Vorstandes einer Aktiengesellschaft, jetzt auch einer eingetragenen Genossenschaft, unbeschränkbar ist, ging aus demselben Grundgedanken hervor, aus welchem die Prokura (Artikel 43) und die Vertretungsbefugniß des offenen Handelsgesellschafters (Art. 116) unbeschränkbar hingestellt sind. „Um dem mit der Gesellschaft in Rechtsverhältnisse Tretenden die nöthige Sicherheit zu verschaffen, erachtete man es für erforderlich, ihn der Prüfung zu überheben, ob ein Geschäft dem Zweck der Gesellschaft entspreche, ob dessen Abschluß durch den Vorstand dem Statut oder einem Beschluß der Generalversammlung zuwiderlaufe oder nicht.... Man setzte fest, daß demjenigen, welcher aus einem Geschäft, welches der Vorstand im Namen der Gesellschaft (Art. 230) mit ihm abgeschlossen, der Gesellschaft gegenüber Rechte geltend machte, die Einrede, daß er gewußt habe oder hätte wissen müssen, daß der Vorstand über seine statutarischen Befugnisse hinausgegangen sei oder einem Beschluß der Generalversammlung zuwider gehandelt habe, nicht entgegen gesetzt werden kann". (von Hahn a. a. O. § 2 der Anmerkung zu Art. 231 des Handelsgesetzbuchs S. 646.)

Daß diese große Umwandlung in der Stellung der Genossenschaftsorgane zu einander sich bei den langjährig bestehenden Genossenschaften erst ganz allmählich vollzog, und an den bisherigen Einrichtungen und Gewohnheiten auf Widerstand stieß, war nicht zu verwundern. Schulze-Delitzsch hat für die strengen Grundsätze, welche er von vornherein für die sich unter das Genossenschaftsgesetz stellenden Vorschußvereine aufstellte, erst nach und nach die volle Zustimmung der Genossenschaften erhalten, eine Zustimmung, welche um so rückhaltloser und allgemeiner wurde, je öfter es sich gezeigt hat, daß Vereine, die gegen Schulze's Mahnungen verkehrte Einrichtungen festhielten oder gar einführten, später dadurch tief beschädigt an den Rand des Abgrundes gerathen oder vollständig zu Grunde gegangen sind.

Die eingetragene Genossenschaft mit der solidarischen Haft ihrer Mitglieder hat weit mehr Ursache, als die Aktiengesellschaft, geeignete Vorkehrungen zu treffen, damit nicht die Unbeschränkbarkeit der Vorstandsvollmacht den Genossenschaftern verderblich werde. Schulze suchte gegen den Mißbrauch dieser Befugnisse wirksame Hülfsmittel nach verschiedenen Richtungen hin. In seinen Musterstatuten verlangte er zunächst strengste Scheidung der Verwaltung der Genossenschaftsangelegenheiten von der Kontrole derselben. Dem Aufsichts- oder Verwaltungsrath (Ausschuß) wurden seine Pflichten bei Ueberwachung der Verwaltung des Vorstandes auf das Genaueste vorgeschrieben, aber die Einmischung in die Geschäftsführung des Vorstandes streng verboten, also auch nicht „die Mitvornahme eigentlicher Verwaltungsmaßregeln überwiesen, die er soweit sie seiner Genehmigung unterliegen, wohl verhindern, nicht aber mit in das Werk setzen darf. Wie sollte sonst dem Vorstand die Verantwortlichkeit für Maßregeln aufgebürdet werden, welche möglicherweise gegen seinen Willen vorgenommen sind, weil er durch den Ausschuß dabei überstimmt ist?"

Dem entsprechend ward auf Schulze's Antrag auf dem 11. Allg. Vereinstage zu Neustadt an der Hardt (1873) beschlossen:

„Der Vereinstag erklärt: Die Vorstände eingetragener Genossenschaften können bei der Verwaltuug der Genossenschaftsangelegenheiten, an die Genehmigung der Ausschüsse und Generalversammlungen mit der in § 21 des Genossenschaftsgesetzes bezeichneten Wirkung gebunden werden; dagegen entspricht jede definitive Vornahme verantwortlicher Verwaltungsmaßregeln Seitens der letzteren weder der Vorschrift des Gesetzes noch den Prinzipien einer geordneten Geschäftsführung."*)

Eine zweite ebenso wichtige Garantie suchte Schulze in der gegenseitigen Kontrole der Vorstandsmitglieder unter einander, welche dadurch zu erzielen ist, daß der Vorstand aus drei Mitgliedern besteht, von denen mindestens zwei alle verpflichtenden Urkunden zeichnen müssen. Schulze empfiehlt ferner dringend, auch bei Genossenschaften von bedeutendem Umfange niemals mehr als drei Vorstandsmitglieder zu bestellen, vielmehr, statt die Zahl derselben zu verstärken, lieber Beamte zu bestimmten Funktionen (Kassirer, Buchhalter) anzustellen, jedoch die Zeichnung stets ausschließlich den Vorstandsmitgliedern vorzubehalten. Ein Theil dieser Grundsätze wurde in Folge Schulze's Antrag dem Vereinstag zu Neustadt an der Hardt durch einstimmigen Beschluß ohne Diskussion dahin bestätigt:

„Der allgemeine Vereinstag erklärt es für durchaus verwerflich, die Zeichnung für den Verein in der Weise zu ordnen, daß die Minorität der zur Zeichnung Berechtigten (Vorständen und Prokuristen) den Verein gegen den Willen der Majorität verpflichten können."**)

*) Dieser Antrag Schulze's war namentlich veranlaßt durch das von Fr. Spiethoff entworfene Statut der Düsseldorfer Gewerbebank. Diese hatte auch Vertreter entsandt, welche aber gegen die Resolution sprachen und stimmten. Der Verein blieb bei seiner verkehrten Organisation, welche die Hauptschuld daran trägt, daß eine wüste Wirthschaft zu einem so traurigen Ende führen konnte.

**) Vgl. Mittheilungen rc. S. 41. Schulze begründete seinen Antrag folgendermaßen: „Die erste Kontrolmaßregel, welche im Interesse jedes Vereins nothwendig ist, ist die, daß man nicht eine Person allein zur Zeichnung für den Verein berechtigt, sondern mindestens zwei, weil sonst die Gefahren der Solidarhaft für die Mitglieder zu groß werden würden. Nun sprechen aber gewichtige Gründe dafür, daß man mehr als zwei Vorstandsmitglieder, überhaupt mehr, als zur Zeichnung für den Verein gerade ausreichend sind, einsetzt, weil man andernfalls, wenn eins der zwei Vorstandsmitglieder behindert wäre, so lange keine rechtsgültigen Geschäfte für den Verein vornehmen könnte, bis nicht ein zweites Vorstandsmitglied an Stelle des Behinderten gewählt und als solches dem Handelsgericht angemeldet und ins Genossenschaftsregister eingetragen wäre. Man kann jetzt nicht mehr wie früher von vornherein einen Stellvertreter einsetzen mit der Bestimmung, daß derselbe nur dann in Wirksamkeit zu treten habe, wenn eins der Vorstandsmitglieder behindert ist. Das Genossenschaftsgesetz läßt aus guten Gründen dies nicht zu. Man hat es deshalb fast allgemein für zweckmäßig gefunden, übereinstimmend mit den Musterstatuten drei Vorstandsmitglieder einzusetzen, von denen immer zwei für den Verein zeichnen. Man kann jedoch auch mehr als drei Vorstandsmitglieder bestimmen, muß dann aber mindestens verlangen, daß immer nur die Majorität derselben durch ihre Unterschrift den Verein verpflichten kann. Man kann nicht einer Minorität, z. B. von fünfen zweien, das Recht zur Vertretung des Vereins einräumen; denn dies würde bei Meinungsverschiedenheiten innerhalb des Vorstandes dahin führen, daß die Minorität gegen den ausdrücklichen Willen der Majorität des Vorstandes die Gesellschaft verpflichtete. Ebenso wäre es widersinnig, wenn man neben drei Vorständen zwei Prokuristen einsetzte und bestimmte, daß ein Vorstandsmitglied zusammen mit den beiden Prokuristen für den Verein zeichnen könnte, da offenbar auch dann die Möglichkeit vorhanden wäre, daß die Majorität des Vorstandes die entgegengesetzte Disposition will. — — — In der That hat man bei manchen Vereinen auf eine so unerhörte Weise organisirt."

Die Frage, ob die eingetragene Genossenschaft ihre Vertretung durch Prokuristen und Handlungsbevollmächtigte noch neben dem Vorstande beschließen kann, ist bereits in den Erläuterungen zu § 11 bejaht worden (oben S. 266). Die Zulassung von Prokuristen ist vielfach bestritten worden. Schulze-Delitzsch selbst hat dies, insbesondere in seinem Aufsatze „Beamte, Bevollmächtigte und Prokuristen in den Vorschußvereinen" Seite 87 bis 93 der Neuen vollständigen Anweisung 2c. aus Gründen gethan, die ich nicht für zutreffend halte und beim § 30 erwähnen werde. Uebrigens erklärt er die Frage für eine zweifelhafte und tritt nur, und mit vollem Recht dagegen auf, daß ein praktisches Bedürfniß für Zulassung von Prokuristen in den Genossenschaften vorliege.

Andere juristische Bedenken gegen die Zulassnug von Prokuristen sind hier zu erörtern. Die Zulassung von Prokuristen ist auch für Aktiengesellschaften bestritten. Bei dem Artikel 234 des Handelsgesetzbuchs, wodurch „die Vertretung der Gesellschaft in Bezug auf die Geschäftsführung auch" — d. h. neben dem Vorstande — „sonstigen Bevollmächtigten oder Beamten der Gesellschaft zugewiesen werden kann" ist der Prokuristen nicht Erwähnung geschehen, weil erfahrungsmäßig Aktiengesellschaften keine Prokuristen bestellten. Da aber der Text des Handelsgesetzbuchs durchaus nichts von der Ausschließung der Prokuristen bei Aktiengesellschaften enthält, und ein anderes Hinderniß ihrer Bestellung nicht entgegensteht, so gehört dieselbe zu den durch Art. 5 des Handelsgesetzbuchs den Aktiengesellschaften gewährten kaufmännischen Rechten.

In Preußen konnte in der Praxis ein Zweifel um so weniger aufkommen, als die Ministerial-Instruktion vom 12. Dezember 1861 im § 40 des ersten Theils über die Anmeldung einer Prokura, wenn der Prinzipal eine Aktiengesellschaft ist, Vorschriften enthält. Das Genossenschaftsgesetz hat den Art. 234 des H.-G.-Buchs wörtlich im § 30 aufgenommen und dem Vorstande der Genossenschaft dieselben Befugnisse und dieselben Verpflichtnngen auferlegt, welche das H.-G.-Buch dem Vorstande einer Aktiengesellschaft beilegt. Endlich sind der Genossenschaft die kaufmännischen Rechte durch § 11 analog jenem Art. 5 des H.-G.-Buchs gewährt worden. Es dürfte daher kein Bedenken obwalten, genau aus denselben Gründen, wie für die Aktiengesellschaft, auch der Genossenschaft das kaufmännische Recht Prokuristen zu bestellen, zuzusprechen. Der Unterschied zwischen Prokuristen, Handelsbevollmächtigten im engeren Sinne und Beamten oder einfachen Bevollmächtigten läßt sich am kürzesten mit v. Hahn (§ 15 der Anmerkung zu Art. 40 Band 1 S. 160 des Kommentars) dahin kennzeichnen: „Der Prokurist hat eine vom Gesetz ihrem Umfange nach festgesetzte unabänderliche Vollmacht; der Umfang der Vollmacht des Handlungsbevollmächtigten ist von dem Gesetze festgestellt, kann aber von dem Vollmachtgeber verändert werden; der Umfang der Vollmacht des einfach Bevollmächtigten hängt lediglich von der Feststellung durch den Vollmachtgeber ab."

Sehr bestritten war es bisher, ob die Prokura für eine Aktiengesellschaft oder Aktienkommanditgesellschaft in der Weise stattfinden dürfe, daß die Gültigkeit der Zeichnung der Firma Seitens des Prokuristen von der Mitzeichnung Seitens eines Vorstandsmitgliedes beziehungsweise eines persönlich haftenden

Gesellschafters abhängig gemacht werde. Diese Streitfrage war für die Genossenschaften besonders wichtig. Denn wenn diese Art Kollektivprokura bei Aktiengesellschaften und Aktienkommanditgesellschaften unzulässig wäre, so würde sie es auch für die eingetragene Genossenschaft sein. Dann aber hätte die ganze Befugniß Prokuristen zu bestellen, für die Genossenschaften gar keinen Werth. Denn darüber ist kaum ein Zweifel gestattet, daß wenn man Prokuristen bei Genossenschaften zuläßt, dies doch nur mit der Beschränkung geschehn dürfe, daß der Prokurist nur in Verbindung mit einem Vorstandsmitgliede die Genossenschaft vertreten und per procura zeichnen soll. Jene Frage ist nun aber durch eine Reihe Erkenntnisse des Reichsoberhandelsgerichts bejaht worden, so daß die Zulässigkeit einer gleichen Beschränkung der Prokura auch für die Genossenschaften nicht mehr anzuzweifeln sein dürfte.*)

3) **Absatz II.** „Der Vorstand kann aus einem oder mehreren Mitgliedern bestehen".

Daß im Allgemeinen Schulze-Delitzsch entschieden gegen ein einziges Vorstandsmitglied und für die Wahl von dreien auftritt, ist bereits erörtert. Soweit die Genossenschaften sich an dem allgemeinen Genossenschaftsverbande betheiligen, gehn sie allmählich zu einer mehr übereinstimmenden Organisation über. Die von mir in meinem Kommentar des Preußischen Gesetzes Seite 68 bis 77 gegebene Darstellung der bisherigen Organisation der einzelnen Genossenschaften in den drei Hauptarten nebst Vorschlägen für die Umformung derselben hat keinen praktischen Werth mehr, da inzwischen durch die Musterstatuten der Anwaltschaft und durch die Erörterungen auf den allgemeinen Vereinstagen und auf den Unterverbandstagen, sowie durch die Schriften von Schulze-Delitzsch und Dr. Schneider ein besseres und vollständigeres Material zur Informirung über die einschlagenden Fragen gegeben ist.**)

Es ist hier noch mitzutheilen, wie nach den Musterstatuten der Vorstand der einzelnen Genossenschaftsarten gebildet wird.

A. Für Vorschußvereine sind drei Vorstandsmitglieder, Direktor, Kassirer, Kontroleur, empfohlen, die in der Generalversammlung auf Vorschlag des Ausschusses in getrennten Wahlakten auf 3 Jahr aus den Mitgliedern nach absoluter Stimmenmehrheit mittelst Stimmzettel zu wählen

*) Urtel vom 2. Nov. 1872 (Bd. VII der Entscheidungen des R.-Oberhandelsgerichts Seite 412), vom 4. Jan. 1873 (Bd. VIII S. 337) und vom 15. Febr. 1873 (Bd. IX S. 71). Vergl. ferner von Hahn S. 650, Makower S. 211 und S. 185, Renaud: Das Recht der Aktiengesellschaften, 2. Auflage S. 640, Endemann a. a. O. S. 125 u. s. w. Die von dem Reichsoberhandelsgericht gebilligte Ansicht habe ich in meinem Kommentar für das Preuß. Ges. S. 71 ebenfalls vertreten.

**) Gleich nach Erlaß des Preußischen Genossenschaftsgesetzes schien die Gefahr vorhanden zu sein, daß viele bestehende Genossenschaften sich wegen der Schwierigkeit, welche die Regelung der Verhältnisse zwischen Vorstand und Aufsichtsrath unvermeidlich mit sich brachte, nicht unter das Gesetz stellen würden. Es schien mir deshalb angezeigt zu sein, in eingehender Weise die verschiedenen gesetzlich zulässigen Arten der Geschäftsvertheilung darzustellen, damit die Schwierigkeit, die zufällig gerade der in erster Linie empfohlenen Art entgegenstand, nicht zum Vorwand benutzt werden konnte, sich der Eintragung ganz zu entziehen.

sind. „Erhält der Vorgeschlagene die Majorität nicht, so muß der Ausschuß in derselben oder in einer anderen Versammlung weitere Vorschläge machen".

Der 14. Allgem. Vereinstag zu Constanz hat, wie hier gleich erwähnt werden mag, nicht blos den Vorschußvereinen, sondern allen denjenigen Genossenschaften, welche die Periode der ersten Entwickelung zurückgelegt haben, empfohlen, die Vorstandsmitglieder ebenso wie die Mitglieder des Aufsichtsraths auf mehrjährige Dauer zu wählen und einen Wechsel in den Personen derselben nur theilweise eintreten zu lassen. Mehrfach, auch von Schulze, ist jedoch dabei hervorgehoben, daß öfters, wenn ein Vorstandsmitglied auf längere Zeit an die Genossenschaft gefesselt werden soll, die Anstellung auf gegenseitige sechsmonatliche Kündigung das geeignetste Mittel ist.

Die Musterstatuten enthalten ferner detaillirte Bestimmungen über die Obliegenheiten der einzelnen Vorstandsmitglieder, über die Angelegenheiten, bei denen der Vorstand die Genehmigung des Ausschusses (Aufsichtsraths) einzuholen, beziehungsweise welche Vorstand und Ausschuß in gemeinschaftlicher Sitzung zu entscheiden haben.*) Die Zeichnung sollte durch 2 Mitglieder erfolgen.

B. Konsumvereine. Das ältere Normalstatut schlug einen Vorstand von vier Mitgliedern vor: den Geschäftsführer, dessen Stellvertreter und zwei Beisitzer. Die Zeichnung für den Verein soll dadurch geschehn, daß zu der Firma desselben der Direktor und sein Stellvertreter oder einer dieser Beiden und ein Beisitzer des Vorstandes ihre Unterschriften hinzufügen.

Das neue Musterstatut des Dr. F. Schneider hatte ähnliche Bestimmungen. In neuerdings gemachten Verbesserungsvorschlägen wird auf die Dreizahl zurückgegangen. Danach soll der § 3 lauten:

„Der Vorstand besteht aus a) dem Geschäftsführer, b) dessen Stellvertreter, c) dem Beisitzer, und wird in der Generalversammlung auf Vorschlag des Verwaltungsraths in drei getrennten Wahlgängen auf je drei Jahre aus den Mitgliedern nach absoluter Stimmenmehrheit mittelst Stimmzettel gewählt. Erhält der Vorgeschlagene die Majorität nicht, so muß der Verwaltungsrath in derselben oder in einer andern Versammlung weitere Vorschläge machen. Ein Mitglied des Vorstandes scheidet alljährlich aus und wird durch Neuwahl ersetzt. In den ersten beiden Jahren entscheidet hierüber das Loos, welches vor der Wahl in der Sitzung des Verwaltungsraths durch den Vorsitzenden aus der Hand des Schriftführers gezogen wird, später die Zeit des Eintritts der Einzelnen, wonach sich die dreijährige Dauer ihrer Funktion regelt. Die Wiederwahl derselben Person nach Ablauf der Wahlperiode ist zulässig. Lagerhalter, Lieferanten, Agenten oder Konkurrenten des Vereins, sowie die Mitglieder des Verwaltungsraths können nicht Mitglieder des Vorstandes sein."

---

*) Außer vielen andern Aufsätzen Schulze's ist hier besonders das von ihm bei der Statutenrevision des Vorschußvereins zu Breslau Eingetr. Gen. gegebene Gutachten in Nr. 17 Seite 77 — 80 der Blätter für Genossenschaftswesen Jahrgang 1875 zu würdigen. Eine zusammenfassende Berücksichtigung werden die reichen praktischen Erfahrungen, die gerade auf diesem Gebiete in den letzten Jahren gemacht sind, in Schulze's neuer Auflage seines größeren Buches über die Vorschußvereine finden.

Daneben soll ein Verwaltungsrath aus 7 Mitgliedern bestehen, der auf drei Jahre dergestalt gewählt wird, daß alljährlich 2, im dritten Jahre 3 Mitglieder ausscheiden. (Nr. 12 Jahrgang 1875 S. 53 der Genossenschaftsblätter).

C. Für Rohstoffgenossenschaften schlägt Schulze (Genoss. in einzelnen Gewerbszweigen S. 115) drei Vorstandsmitglieder: Obmann Lagerhalter und Kassirer vor, alle drei in getrennten Wahlakten auf beiderseits halbjährliche Kündiguhg aus den Mitgliedern in der Generalversammlung zu wählen.

D. Das Musterstatut für Magazingenossenschaften bestimmt, daß der Vorstand aus Obmann, Kassirer und Magazinhalter besteht und in der Generalversammlung in getrennten Wahlakten zunächst auf ein Jahr, nach dessen Ablauf aber für die ganze übrige Dauer des Vertrages aus den Mitgliedern nach absoluter Stimmenmehrheit gewählt wird (a. a. O. S. 185).

E. Bei den Genossenschaften für industrielle Produktion theilt Schulze-Delitzsch zweierlei Musterstatuten mit: 1) für Genossenschaften mit geringer Mitgliederzahl. Der Vorstand besteht hier nur aus dem Obmann und dem Kassirer, die das erste Mal auf ein Jahr, später auf zwei Jahr gewählt werden. Die Zeichnung hat rechtliche Wirkung nur, wenn sie von beiden Vorstandsmitgliedern geschehen ist, oder von einem derselben und einem für den Behinderungsfall des andern dazu Bevollmächtigten. In Betreff dieser Persönlichkeit bestimmt § 18 des Statuts, daß für den Fall dauernder Behinderung eines der Vorstandsmitglieder behufs Wahl eines Stellvertreters, beziehungsweise Ersatzmannes eine Generalversammlung zu berufen ist; daß dagegen für Fälle nur vorübergehender Verhinderung der Vorstand mit Bewilligung der Generalversammlung im Voraus einen Bevollmächtigten schriftlich mit der Stellvertretung des Verhinderten und der Zeichnung für denselben beauftragen kann. „Der Anzeige eines solchen Bevollmächtigten beim Handelsgericht bedarf es nicht." — 2) für Genossenschaften mit stärkerer Mitgliederzahl wird die Dreizahl für den Vorstand beibehalten: Obmann, Lagerhalter, Kassirer, in der Generalversammlung auf beiderseits halbjährige Kündigung zu wählen. (Schulze a. a. O. Seite 326 und 339.)

F. Für landwirthschaftliche Rohstoffvereine sind drei Vorstandsmitglieder: Geschäftsführer, Stellvertreter desselben und Kassirer, wählbar auf drei Jahre, vorgeschlagen; ebenso

G. für landwirthschaftliche Handels- und Produktivgenossenschaften, zunächst auf ein Jahr, nach dessen Ablauf für weiter zu bestimmende Zeit.

H. Für Baugenossenschaften ist im Musterstatut neben Vorstand, Aufsichtsrath und Generalversammlung noch ein viertes Organ, die Baukommission vorgeschlagen. Der Vorstand besteht aus dem Geschäftsführer, dem Kassirer und dem Baukontroleur und wird in der Generalversammlung auf Vorschlag des Aufsichtsrathes in getrennten Wahlakten auf drei Jahre gewählt.. Die Baukommission besteht aus dem Baukontroleur als Vorsitzenden und einer Anzahl Beisitzer, welche auf drei Jahr gewählt werden. Sie kann mit Zustimmung des Vorstands zu einzelnen Arbeiten auch einen technischen Sachverständigen hinzuziehen, der nicht Mitglied des Vereins zu sein braucht. (Vgl. Dr. Schneider a. a. O. S. 38.)*)

4) „diese können besoldet oder unbesoldet sein".

Der von Schulze-Delitzsch stets empfohlene Grundsatz „Leistung und Gegenleistung" ist bei den Genossenschaften, die sich an dem allgemeinen Verbande betheiligen oder doch eine ähnliche Richtung einschlagen, soweit durchgedrungen, daß man eine angemessene Besoldung des verantwortlichen Vorstandes für nothwendig hält.**) So weit die Vorstandsmitglieder ihr Amt als Nebenbeschäftigung betreiben, pflegt die Besoldung in geringen Tantièmen vom Umsatz oder von der Bruttoeinnahme oder vom Reingewinn zu bestehen. Zu einem festen Gehalt muß übergegangen werden, sobald ein Vorstandsmitglied die Geschäftsführung für die Genossenschaft zu seinem Lebensberuf macht, oder wenigstens durch die ihm übertragenen Funktionen so stark in Anspruch genommen wird, daß er daneben kein Geschäft für eigene Rechnung treiben kann. Statt des festen Gehalts können auch Tantièmen beibehalten werden, wenn man gleichzeitig einen Mindestbetrag, der zum Lebensunterhalt ausreicht, in fester Summe garantirt. Für die Vorschußvereine ist auf dem allgemeinen Vereinstage zu Bremen (1874) eine Resolution gefaßt, die der Tantièmenhetze der Vorstände, welche zu übermäßigen Risikos führt, entgegentreten sollte, und deshalb den Vorschuß- und Kreditvereinen dringend empfahl: „sobald Charakter und Umfang der Vereinsgeschäfte zu bankmäßiger Entwickelung drängen und Zeit und Kraft der bei der Verwaltung betheiligten Vorstandsmitglieder und Kassenbeamten in einem Grade in Anspruch nehmen, welcher lohnende Nebenbeschäftigungen ausschließt, denselben ein auskömmliches, der Mühewaltung entsprechendes, festes Gehalt zu gewähren, dagegen die Tantièmen von Gewinn oder Umsatz zu beschränken".***) Auf Unterverbandstagen hat man mehrfach

---

*) Das Bayerische Gesetz vom 29. April 1869 hatte bei diesem Paragraphen noch einen Zusatz für nöthig befunden, der einen besonderen dritten Absatz ausmachte: „Besteht der Vorstand nur aus einem Mitgliede, so muß in dem Gesellschaftsvertrage wegen der etwa nöthig werdenden Stellvertretung Vorsorge getroffen werden." Dieser Zusatz war „der Deutlichkeit wegen" von dem Ausschuß der zweiten Kammer vorgeschlagen, in welchem er mit 8 Stimmen gegen die des Referenten Völk angenommen war. (Beilage CXCVIII, Vortrag des Referenten S. 328 und Protokoll des I. Ausschusses v. 16. Jan. 1869 S. 348.) Es war jedenfalls ein sehr überflüssiger Zusatz.

**) Der Konsumvereins-Verbandstag zu Magdeburg 1869 hat den Grundsatz in dem Beschluß ausgedrückt: „Im Interesse einer gesunden Entwickelung der Konsumvereine ist es geboten, mehr und mehr von dem Prinzip der freiwilligen Arbeit zurückzutreten und nach dem Grundsatz: Leistung bedingt Gegenleistung — die Vereinsvorstände und Vereinsbeamten zu besolden". Pröbst: Die Grundlehren der Deutschen Gen., bemerkt (S. 221) ganz richtig, was der Beschluß von den Konsumvereinen erkläre, gelte bedingungslos von allen Genossenschaften.

***) Ein Antrag Lotternoser-Schultze (Greifswald), — nach welchem die Tantièmen auf alle Fälle soweit zu beschränken, daß sie nicht die Hälfte des festen Gehalts überschreiten, erhielt keine Mehrheit, obschon sich Schulze-Delitzsch dafür ausgesprochen hatte. Ebenso ein Antrag Schenk-Wiesbaden, wonach eine Tantième nur vom Reingewinn zu gewähren, die in ihrem Ertrage in der Regel den bewilligten festen Gehalt nicht übersteigen solle. — Die Mehrheit hielt augenscheinlich eine genauere Festsetzung nicht für angemessen.

noch speziellere Grundsätze aufgestellt, so z. B. im Juni 1874 zu Christburg auf dem 11. Verbandstage der Erwerbs- und Wirthschaftsgenossenschaften der Provinz Preußen, ebenfalls blos für Vorschußvereine: „Der Verbandstag empfiehlt den Vereinen, die Entschädigung ihrer Beamten hauptsächlich durch feste Gehälter und daneben durch Tantièmen zu gewähren, welche letzteren von dem erzielten Reingewinne, jedoch nach Abzug des durch den An- und Verkauf von Werthpapieren erlangten Ueberschusses zu berechnen ist".

5) „zu jeder Zeit widerruflich".

Das Beispiel der „Spar- und Leihkasse in Niederkleen, Eingetr. Gen." (Kreisgerichtsbezirk Wetzlar) lehrt, daß es auch Vorschußvereine giebt, die ihren Kassirer auf Lebensdauer wählen. Dessenungeachtet kann er nach dieser Bestimmung des § 17 jeder Zeit beseitigt werden. (Vergl. Blätter für Genossenschaftswesen 1875 Nr. 2 S. 8.)

§. 18.

Die jeweiligen Mitglieder des Vorstandes müssen alsbald nach ihrer Bestellung zur Eintragung in das Genossenschaftsregister angemeldet werden. Die Anmeldung ist durch den Vorstand unter Beifügung seiner Legitimation entweder in Person zu bewirken, oder in beglaubigter Form einzureichen. Zugleich haben die Mitglieder des Vorstandes ihre Unterschrift vor dem Handelsgerichte zu zeichnen oder die Zeichnung ebenfalls in beglaubigter Form einzureichen.

(Preußisches Gesetz § 17.)

Erläuterung zu § 18.

Der § 17 des Preußischen Gesetzes war dem Artikel 228 des Handelsgesetzbuchs nachgebildet.

„Der § 18, welcher von der Anmeldung zum Genossenschaftsregister handelt, ist etwas ausführlicher, als der entsprechende § 17 des Preuß. Gesetzes gefaßt. Es ist indessen nichts Anderes in denselben aufgenommen, als was in Betreff der Meldung zum Genossenschaftsregister durch § 3 der Preußischen Ministerial-Instruktion vorgeschrieben ist." (Reichstags-Drucksachen Nr. 80 S. 6.)

Redaktionsfehler, welche der § 17 des Preußischen Gesetzes enthielt (vgl. meinen Kommentar zum Preuß. Gen.-Ges. Seite 78) sind im Deutschen Gesetz verbessert worden.

§. 19.

Der Vorstand hat in der durch den Gesellschaftsvertrag bestimmten Form seine Willenserklärungen kund zu geben und für die Genossenschaft zu zeichnen. Ist nichts darüber bestimmt, so ist die Zeichnung durch sämmtliche Mitglieder des Vorstandes erforderlich. Die Zeichnung geschieht in der Weise, daß die Zeichnenden zu der Firma der Genossenschaft oder zu der Benennung des Vorstandes ihre Unterschrift hinzufügen.

(Preuß. Gesetz § 18.)

Erläuterungen zu § 19.

Der § 19 ist wörtlich übereinstimmend mit § 18 des Preußischen Gesetzes und dieser mit Art. 229 des H.-G.-Buchs. Zu diesem Artikel heißt es im Kommentar von Anschütz und Völderndorff Seite 521: „Der Artikel läßt es unbestimmt, ob einzelnen Mitgliedern die Befugniß zur Zeichnung der Firma ganz entzogen werden kann. Auf die Zulässigkeit einer solchen Ausschließung scheinen die Worte im Art. 235 hinzudeuten: „„wenn dieselbe (die Zustellung) an ein Mitgtied des Vorstandes, welches zu zeichnen oder mitzuzeichnen befugt ist, geschieht."" Aus diesen Worten könnte geschlossen werden, daß es auch solche Vorstandsmitglieder geben könne, welche von der Befugniß zur Zeichnung und somit von der Vertretung ausgeschlossen sind. Die Auffassung steht jedoch nicht nur mit der Natur der Sache, sondern auch mit dem Art. 228 im Widerspruche. Denn der letztere Artikel schreibt ganz allgemein vor, daß die jeweiligen, also sämmtliche Mitglieder des Vorstandes ihre Unterschrift vor dem Handelsgerichte zn zeichnen haben, und es ist wenigstens bei dieser Bestimmung die Möglichkeit nicht vorausgesetzt worden, das jemand Vorstand sein könne, ohne zur Zeichnung oder zur Mitzeichnung der Firma befugt zu sein. Sodann aber widerspricht es dem Begriffe des Vorstandes, wenigstens im Sinne des H.-G.-Buchs, wenn diese Bezeichnung auf solche Personen angewandt wird, welche zur Vertretung der Gesellschaft Dritten gegenüber, oder doch zur wichtigsten Funktion in dieser Vertretung, zur Zeichnung der Firma unfähig sein sollen."

Die ganze Ausführung trifft auch auf Genossenschaften zu, da die angezogenen Worte des Art. 235 mit denen des § 24 und die des Art. 228 mit denen des § 18 übereinstimmen. Die Motive des Regierungsentwurfs des Badischen Genossenschaftsgesetzes haben daher vollkommen Recht, wenn sie zu § 24 bemerken: „Da es eine wesentliche Eigenschaft des Vorstandes ist, daß seine Handlungen die Genossenschaft berechtigen und verpflichten (§ 20), so kann es keine Vorstandsmitglieder geben, die nicht befugt sind, entweder zu zeichnen oder mitzuzeichnen. Der Satz: „welches zu zeichnen oder mitzuzeichnen befugt ist" hat aber die Bedeutung, klarzustellen, daß die Behändigung an solche Mitglieder des Vorstandes genügt, welche auch nur zur Mitzeichnung befugt sind. (§ 19.)" — (Siehe den Entwurf vom 25. Sept. 1869 in der Beilage zum Protokoll der 3. öffentl. Sitzung der 2. Kammer vom 28. Sept. 1869 Seite 25).

Diese Erörterungen sind keineswegs überflüssig, denn es kommen, wie die öffentlichen Bekanntmachungen ergeben, öfter Verstöße vor. So z. B. hat laut Bekanntmachung des Kreisgerichts zu Frankfurt a/O. der Vorschußverein zu Müncheberg Eing. Genoss. (Genossenschaftsvertrag vom 17. Oktober 1874) nicht weniger als 12 Vorstandsmitglieder, darunter einen Vorsitzenden, einen Stellvertreter desselben, der zugleich Kontroleur und Schriftführer ist und einen Kassirer. „Der Vorsitzende zeichnet in der Weise, daß der Vorsitzende (oder dessen Stellvertreter) **und** der Rendant zu der Firma der Genossenschaft ihre Unterschrift hinzufügen. Die zur Zeichnung befugten Vorstandsmitglieder vertreten die Genossenschaft vor und außer Gericht." Also von 12 Vorstandsmitgliedern sind 9 völlig von der Zeichnung ausgeschlossen und dabei ist nicht einmal für die Vertretung des einen zur Zeichnung befugten Vorstandsmitgliedes, des Rendanten oder Kassirers gesorgt, so daß, wenn dieser verhindert ist, überhaupt keine Zeichnung möglich ist.

In Hamburg hat das Handelsgericht die „St. Pauli Spar- und Vorschußbank" zur Eintragung zugelassen und bekannt gemacht: „Der Vorstand der Genossenschaft besteht aus einem Direktor, welcher in Verhinderungsfällen durch den Präses des Aufsichtsrathes vertreten wird, einem Kassirer und einem Buchhalter. Zur Zeichnung der Firma der Genossenschaft sind ermächtigt der Direktor — eventuell der Präses des Aufsichtsrathes — in Gemeinschaft mit dem Kassirer oder Buchhalter." Die Zeichnung durch den Vorsitzenden des Aufsichtsraths und ein Vorstandsmitglied ist unzulässig, da die strenge Trennung von Vorstand und Aufsichtsrath im § 28 vorgeschrieben ist. Wenn kein Vorstandsmitglied zum Aufsichtsrathsmitglied bestellt werden darf, so darf auch ein Aufsichtsrathsmitglied nicht als Vorstandsmitglied fungiren und zeichnen (siehe unten § 28).

Der Handelsrichter des Berliner Stadtgerichts hat eine Genossenschaft mit dem „Zweck: Betrieb eines Nutzholzgeschäfts zur Förderung der Interessen ihrer Mitglieder" und der Firma „Vereinigte Stellmachermeister Berlins Eing. Genoss."*) in das Genossenschaftsregister eingetragen und dabei bekannt gemacht: „Der zeitige Vorstand (Vorsteher, Direktor) ist der Obermeister der Stellmacherinnung R. zu Berlin. Die Zeichnung der Genossenschaft geschieht dadurch, daß die Zeichnenden zu der Firma ihre Namensunterschrift hinzufügen. — Rechtliche Wirkung hat die Zeichnung nur, wenn dieselbe vom Vorsteher und dem Vorsitzenden des Aufsichtsraths oder von einem derselben und einem von dem Aufsichtsrath bestellten Prokuristen (Stellvertreter) geschehen ist. — Der zeitige Vorsitzende des Aufsichtsraths ist der Stellmachermeister F. zu Berlin." Es folgt dann weiter die Bekanntmachung: „Die vorgenannte Genossenschaft hat dem Stellmachermeister S. zu Berlin Kollektivprokura in der Art ertheilt, daß derselbe zur Zeichnung der Firma nur in Gemeinschaft mit dem Vorsteher der Genossenschaft oder dem Vorsitzenden des Aufsichtsraths berechtigt ist. Dies ist in unserm Prokurenregister unter Nr. 2634 eingetragen worden." — Die Ungesetzlichkeit dieser Statutbestimmungen, die dem Aufsichtsraths-Vorsitzenden die Mitzeichnung mit dem einzigen Vorstandsmitgliede oder mit einem Prokuristen übertragen, ohne ihn sonst zur Vertretung des Vorstandes zuzulassen, bedarf in Bezug auf § 19

---

*) Auch die Firma dieser Genossenschaft entspricht dem Gesetz nicht, da die Firma nach § 12 „vom Gegenstand der Unternehmung entlehnt sein muß." Wäre die Genossenschaft eine Produktivgenossenschaft, hätten sich die Stellmachermeister vereinigt zum gemeinschaftlichen Betriebe der Stellmacherei, so wäre gegen die Firma kein Bedenken zu erheben. Aber da der Gegenstand eine Rohstoffassoziation, ein Nutzholzhandel ist, so durfte der Handelsrichter diese Firma nicht zulassen.

und § 28 keines Nachweises. (Vgl. Genossenschaftsblätter 1873 Seite 223 den Aufsatz des Dr. Schneider: „Das Berliner Handelsgericht und das Genossenschaftsgesetz)."

§. 20.

Die Genossenschaft wird durch die vom Vorstande in ihrem Namen geschlossenen Rechtsgeschäfte berechtigt und verpflichtet. Es ist gleichgültig, ob das Geschäft ausdrücklich im Namen der Genossenschaft geschlossen worden ist, oder ob die Umstände ergeben, daß es nach dem Willen der Kontrahenten für die Genossenschaft geschlossen werden sollte.

Die Befugniß des Vorstandes zur Vertretung der Genossenschaft erstreckt sich auch auf diejenigen Geschäfte und Rechtshandlungen, für welche nach den Gesetzen eine Spezialvollmacht erforderlich ist. Zur Legitimation des Vorstandes bei allen, das Hypothekenbuch betreffenden Geschäften und Anträgen genügt ein Attest des Handelsgerichts, daß die darin zu bezeichnenden Personen als Mitglieder des Vorstandes in das Genossenschaftsregister eingetragen sind.

(Preuß. Gesetz § 19.)

Erläuterungen zu § 20.

Der § 20 stimmt wörtlich mit § 19 des Preußischen Gesetzes überein.

1) **Absatz I.** Der erste Absatz des § 20 stimmt mit Art. 230 des H.-G.-Buchs (vom Vorstand einer Aktiengesellschaft) überein, welcher wiederum dem Art. 52 Absatz 1 und 2 (vom Prokuristen und Handlungsbevollmächtigten) und dem Art. 114 Absatz 2 (von dem zur Vertretung einer offenen Handelsgesellschaft befugten Gesellschafter) gleichkommt.

2) **Absatz II.** Der erste Satz des zweiten Absatzes ist für das Preußische Gesetz dem Art. 12 § 6 des Preußischen Einführungsgesetzes zum H.-G.-Buche vom 24. Juni 1861 nachgebildet. Der letzte Satz stimmt mit Art. 23 § 3 desselben Gesetzes überein. Vgl. dazu oben zur Geschichte des § 11 b) S. 259 und Erläuterung zu § 19.

§. 21.

Der Vorstand ist der Genossenschaft gegenüber verpflichtet, die Beschränkungen einzuhalten, welche in dem Gesellschaftsvertrage oder durch Beschlüsse der Generalversammlung für den Umfang seiner Befugniß, die Genossenschaft zu vertreten, festgesetzt sind. Gegen dritte Personen hat jedoch eine Beschränkung des Vorstandes, die Genossenschaft zu vertreten, keine rechtliche Wirkung. Dies gilt insbesondere für den Fall, daß die Vertretung sich nur auf gewisse Arten von Geschäften erstrecken oder nur unter gewissen Umständen oder für eine gewisse Zeit oder an einzelnen Orten stattfinden soll, oder daß die Zustimmung der Generalversammlung, eines Aufsichtsrathes oder eines anderen Organs der Genossenschafter für einzelne Geschäfte erfordert ist.

(Preuß. Gesetz § 20.)

I. Zur Geschichte des § 21.

Der § 20 des Preußischen Gesetzes stimmte mit Artikel 231 des Handelsgesetzbuchs im Wesentlichen überein. Abgesehen davon, daß Genossenschaft statt Gesellschaft und Genossenschafter statt Aktionär gesetzt ist, kamen bloß folgende Abweichungen vor: Im zweiten Satz des Artikels 231 heißt es: „Gegen dritte Personen hat jedoch eine Beschränkung der Befugniß des Vorstandes"; im dritten Satz: „daß die Vertretung sich nur auf gewisse Geschäfte oder Arten von Geschäften" und ferner „daß die Zustimmung der Generalversammlung, eines Verwaltungsraths, eines Aufsichtsraths". Es wird nichts nützen nach den Gründen dieser in den Motiven zum Preußischen Regierungsentwurf nicht erwähnten Abweichungen zu forschen. Sie fallen unter die zahlreichen Nachlässigkeiten bei Redigirung des Entwurfs. Obschon von mir in dem Kommentar zum Preuß. Gesetze auf dieselben ausdrücklich aufmerksam gemacht worden ist, sind sie doch bei Erlaß des Norddeutschen Gesetzes unangefochten bestehen geblieben; nur ist zwischen „einer Generalversammlung" und „eines Aufsichtsraths" am Schlusse des § 21 das fehlende Komma ergänzt. Bis auf dieses Komma ist also § 21 völlig übereinstimmend mit § 20 des Preußischen Gesetzes. —

Im Bayerischen Gesetz vom 29. April 1869 war auf den durch Berufung auf meinen Kommentar zum Preuß. Gesetze motivirten Antrag des Referenten Völk der Art. 21 genau übereinstimmend mit Art. 231 des Handelsgesetzbuchs hergestellt, weil „der letztere Artikel genauer und korrekter redigirt und nicht zu ersehen, warum von der Fassung des letzteren abgewichen worden ist." (Beilage CXCVIII S. 328).

II. Erläuterungen zu § 21.

Ueber das Verhältniß des Artikel 231 zu Artikel 43 und Artikel 116 des Handelsgesetzbuchs siehe Erläuterungen zu § 17, 2. Seite 282. —

1) „oder eines anderen Organes".

Daß außer Generalversammlung und Aufsichtsrath noch andere Organe der Genossenschafter durch Gesellschaftsvertrag oder Beschluß der Generalversammlung existiren können, wird hier ausdrücklich ausgesprochen. Sonst könnte es nach der Fassung der §§ 9 und 28 zweifelhaft sein. Die mit der Geschäftsführung betrauten Bevollmächtigten oder Beamten der Genossenschaft im § 30 sind keine solche „Organe der Genossenschafter". Wir würden dahin z. B. eine Untersuchungskommission rechnen, welche von einer Generalversammlung bei vorgekommenen Unordnungen eingesetzt würde. Dadurch, daß hier „die Genossenschafter" (im Artikel 231 des Handelsgesetzbuchs „die Aktionäre") dem Vorstand gegenübergestellt werden, ist die Möglichkeit ausgeschlossen, die Worte „der Genossenschafter" für gleichbedeutend mit „der Genossenschaft" zu halten.

Demgemäß ist z. B. die Baukommission in dem Musterstatut für Baugenossenschaften (siehe Erläuterung zu § 17 S. 288) Organ der Genossenschaft, aber nicht der Genossenschafter. Es ist daher auch der Aufsichtsrath für befugt erklärt, Mitglieder der Baukommission wegen Nichterfüllung ihrer Obliegenheiten bis zur Entscheidung der Generalversammlung von ihrem Amte zu suspendiren u. dgl.

2) „oder daß die Zustimmung ... für einzelne Geschäfte erforderlich ist".

Für Beschränkungen dieser Art das Richtige zu treffen, ist außerordentlich schwierig. Hier gerade ist die Erfahrung die beste Lehrmeisterin. Es ist deshalb denjenigen, welche über die Statuten einer neu sich bildenden Genossenschaft berathen, auf das Dringendste zu empfehlen, wenn irgend wo, so in den Bestimmungen über die Begrenzung der Befugnisse der einzelnen Gesellschaftsorgane die von Schulze-Delitzsch und den allgemeinen Vereinstagen autorisirten und nach den Erfahrungen der Gegenwart immerwährend verbesserten Musterstatuten als maßgebend zu erachten und davon nicht ohne die triftigsten Gründe abzuweichen. — Das Gesetz gestattet, die nur der Genossenschaft, nicht Dritten gegenüber zulässigen Beschränkungen so weit gehen zu lassen, daß dem Vorstande jede selbstständige Geschäftsdisposition genommen wird. Daß dies genau ebenso schädlich, wenn nicht noch schädlicher ist, als wenn die Befugnisse des Vorstandes fast gar nicht beschränkt sind, hat die Erfahrung hinreichend gelehrt. Fast überall, wo in Genossenschaften Vorsteher aus niedriger Habsucht, fernab von den eigentlichen Zielen der Genossenschaft, den Kredit derselben zu den wahnsinnigsten Spekulations-Unternehmungen gemißbraucht haben, waren dieselben, auf ihre eigene Veranlassung, statutarisch in ungehöriger Weise durch den Aufsichtsrath beschränkt. Die Vertheilung der Verantwortlichkeit auf viele Köpfe scheint daher verkehrte Bestrebungen der eigentlichen Leiter eher zu fördern, als zu hindern.

In welcher Weise in den neueren Musterstatuten schwierigerer Arten Genossenschaften die Beschränkung der Befugnisse des Vorstandes stattfindet, wollen wir an ein paar Beispielen zeigen:

a) Erwerb, Veräußerung und Belastung von Grundeigenthum hat bei Rohstoffgenossenschaften und industriellen Produktivgenossenschaften lediglich die Generalversammlung selbstständig zu beschließen, also auch auf Antrag eines Mitgliedes gegen die Ansicht vom Vorstand und vom Aufsichtsrath, während bei Konsumvereinen*) und Magazingenossenschaft Vorstand und Ausschuß dazu nur die Genehmigung der Generalversammlung einzuholen haben, somit Uebereinstimmung aller drei Genossenschaftsorgane zu jenen Handlungen nöthig ist. Bei Baugenossenschaften hat der Vorstand die Genehmigung einzuholen des Aufsichtsraths bei Abschluß der Verträge wegen Verkaufs der Vereinshäuser, und bei Abschluß aller andern Verträge, deren Objekt eine gewisse Summe überschreitet, — der Generalversammlung bei Erwerb von Grundeigenthum, dessen Werth eine gewisse Summe übersteigt, bei Veräuße-

---

*) Bei Konsumvereinen nur nach den Verbesserungsvorschlägen des Dr. Schneider in seinem Aufsatze in Nr. 12 der Blätter für Gen.-Wesen, den wir in den Erläuterungen zum § 21 überall zum Grunde legen.

rung von Grundeigenthum an Nichtmitglieder und bei Feststellung der Verzinsungs- und Tilgungstabelle für die allmähliche Bezahlung der den Mitgliedern verkauften Grundstücke.

b) Zur Aufnahme von Darlehnen ist bei Magazingenossenschaften stets die Genehmigung der Generalversammlung vom Vorstand und Aufsichtsrath einzuholen. Bei Vorschußvereinen, Konsumvereinen, Rohstoffgenossenschaften, Produktivgenossenschaften hat die Generalversamlung selbstständig den Höchstbetrag zu beschließen, welchen die die Genossenschaft belastenden Darlehne nicht überschreiten dürfen, bei Baugenossenschaften außerdem den Höchstbetrag, welchen die Einlagen der stillen Gesellschafter insbesondere nicht überschreiten dürfen. Innerhalb der Grenze dieses Höchstbetrages hat bei den Baugenossenschaften der Vorstand nur die Genehmigung des Aufsichtsrathes einzuholen bei Feststellung der Bedingungen für die aufzunehmenden Kredite, wohingegen bei Vorschußvereinen, Konsumvereinen, Rohstoffgenossenschaften die Genehmigung des Aufsichtsraths sich überhaupt auf die Aufnahme von Darlehnen zu erstrecken hat und bei Produktivgenossenschaften über jedes einzelne Darlehen in einer gemeinschaftlichen Sitzung des Vorstandes und des Ausschusses, wo den Mitgliedern beider Organe das Stimmrecht zusteht, zu entscheiden ist.

c) Von einzelnen die besonderen Genossenschaftsarten ausschließlich angehenden Beschränkungen des Vorstandes sind als Beispiele folgende zu erwähnen:

Bei Vorschußvereinen soll die Generalversammlung den Höchstbetrag bestimmen, den die bei einem einzelnen Mitgliede gleichzeitig ausstehenden Kredite nicht überschreiten dürfen.*)

Bei Konsumvereinen soll der Vorstand die Genehmigung des Aufsichtsraths einholen zur Anschaffung neuer, d. h. länger als ein Jahr nicht auf Lager geführter Artikel; in gemeinschaftlicher Sitzung haben Vorstand und Aufsichtsrath zu beschließen „über Ausverkauf nicht gangbarer Artikel und deren Nichtwiederanschaffung,“ die Genehmigung der Generalversammlung ist einzuholen über die Zahl der Verkaufslokale, über Ausdehnung des Geschäfts auf neue Zweige des Waarenhandels, über Anlegung von Vereinsgeldern außerhalb des Waarenverkaufsgeschäfts.

Bei Rohstoffgenossenschaften haben Vorstand und Ausschuß in gemeinschaftlicher Sitzung zu entscheiden über den Betrag der für die Genossenschaft einzukaufenden Rohstoffe und Materialien, über die Verkaufspreise der auf Lager gekommenen Rohstoffe und Materialien.

Bei Magazingenossenschaften haben Vorstand und Ausschuß in

*) Durch Nichtaufnahme einer solchen Statutbedingung und dadurch, daß der Höchstbetrag weit über das Maaß des nach dem Zweck des Vereins und seinen wirthschaftlichen Kräften Zulässigen festgesetzt ist, ist mancher Verein tief beschädigt oder gar zum Bankerutt gebracht. Man vgl. die Beschlüsse des 14. Vereinstages (Constanz 1873) auf Schulze's Anträge in den Mittheilungen und bei Pröbst a. a. O. S. 146. Schulze stellt als Regel hin, daß das einzelne Risiko eines Vereinsschuldners niemals den Betrag des Reservefonds überschreiten dürfe, damit nicht beim Bankerutt eines Einzigen schon die Geschäftsantheile der Mitglieder in Anspruch genommen werden müßten.

gemeinsamer Sitzung über die Annahme und die Verkaufspreise der in das Magazin gelieferten Waaren unter Zuziehung des Einlieferers, der sein Fabrikat jederzeit zurücknehmen kann, zu bestimmen, und die Genehmigung der Generalversammlung einzuholen bei Bestimmung der Lagergelder und der Verkaufsprozente, welche die Mitglieder für die in das Lager gelieferten Waaren zu zahlen haben.

Bei industriellen Produktivgenossenschaften haben Vorstand und Ausschuß in gemeinsamer Sitzung zu beschließen über die Höhe der Summe und die Bedingungen zum Zwecke des Einkaufs der erforderlichen Rohstoffe und Materialien, über die Verkaufspreise der fertigen Artikel und die den Abkäufern zu gewährenden Kredite, über Aufstellung eines Tarifs über Art und Höhe der Arbeitslöhne. Die Generalversammlung hat zu beschließen über Höchstbetrag der einzukaufenden und gleichzeitig im Lager bewahrten Stoffe, sowie über den Höchstbetrag der darin anzulegenden Gelder.

Bei landwirthschaftlichen Konsumvereinen (Rohstoffgenossenschaften) hat der Vorstand die Genehmigung des Ausschusses einzuholen zur Berufung des Vereinschemikers und Feststellung des mit ihm zu schließenden Vertrages.

Bei landwirthschaftlichen Rohstoff- und Werkvereinen hat der Vorstand die Genehmigung des Ausschusses zur Einführung neuer Verkaufsgegenstände für das Rohstoffgeschäft einzuholen, und es unterliegt der Beschlußfassung der Generalversammlung die Anschaffung von Maschinen und Geräthen, welche zur Verleihung an die Mitglieder bestimmt sind, und die Veräußerung derselben.

Bei Baugenossenschaften haben Vorstand und Aufsichtsrath die Genehmigung der Generalversammlung einzuholen zur Feststellung des Formulars für die mit den stillen Gesellschaftern abzuschließenden Verträge; in gemeinschaftlicher Sitzung haben Vorstand und Aufsichtsrath über Annahme oder Abänderung der von der Baukommission vorgelegten Baupläne und über die Zulassung von Aftervermiethungen in jedem einzelnen Falle zu beschließen; die Genehmigung des Ausschusses hat der Vorstand einzuholen zum Abschluß der Verträge über den Bau der Vereinshäuser, sowie zu baulichen Veränderungen, welche Miether an Vereinshäusern vorzunehmen wünschen) und zum Abschluß von Verträgen wegen Vermiethung der Vereinshäuser.

§. 22.

Eide Namens der Genossenschaft werden durch den Vorstand geleistet.

(Preuß. Gesetz § 21.)

Erläuterungen zu § 22.

Dieser § 22 stimmt buchstäblich mit § 21 des Preußischen Gesetzes überein. Im Handelsgesetzbuche ist das Gleiche im Art. 232 für die Aktiengesellschaft bestimmt. Dadurch ist die Möglichkeit ausgeschlossen, daß Beamte der Genossenschaft, auch wenn sie Mitglieder sind, Namens der Genossenschaft Eide zu leisten haben. „Ob und wiefern im einzelnen Falle der Eid von allen Mitgliedern des Vorstandes zu leisten“, ist als dem Prozeßrecht angehörend, eine offene Frage und nach dem maßgebenden Landesprozeßrecht zu entscheiden. Dies gilt namentlich von dem Falle, wenn Eins der mehreren zur Eidesleistung berufenen Vorstandsmitglieder den Eid verweigert, während die Anderen den Eid leisten. (So Puchelt a. a. O. zum Art. 232 Seite 434 nach einem Erkenntniß des R.-O.-H.-Gerichts vom 11. Febr. 1873.) Durch Erkenntnisse hoher Gerichtshöfe ist auch — und mit Recht ausgesprochen, daß ein dem Vorstande einer Aktiengesellschaft auferlegter Eid denjenigen Personen abzunehmen ist, welche zur Zeit des Schwörungstermins Mitglieder des Vorstandes sind, — also auch den seither neu eingetretenen, nicht aber den seither ausgetretenen. Ausgetretenen Vorstandsmitgliedern kann kein Eid zugeschoben werden, man kann sie aber als Zeugen vernehmen.

Alle diese Grundsätze gelten für Genossenschaften ebenso gut, wie für Aktiengesellschaften. Vgl. außer Puchelt a. a. O. auch Makower a. a. O. S. 210 und Sicherer a. a. O. S. 251.

§. 23.

Jede ganze oder theilweise Aenderung im Personal des Vorstandes muß von dem ganz oder theilweise erneuten Vorstande gemeinschaftlich in Person oder in beglaubigter Form dem Handelsgerichte zur Eintragung in das Genossenschaftsregister und öffentlichen Bekanntmachung angemeldet und dabei wegen Einreichung der Legitimation und Zeichnung Seitens der neu Eintretenden das in §. 18. Verordnete beobachtet werden.

Dasselbe gilt für den Fall, daß interimistische Stellvertreter eines oder mehrerer Vorstandsmitglieder gewählt werden.

Dritten Personen kann die Aenderung nur insofern entgegengesetzt werden, als in Betreff dieser Aenderung die in Artikel 46. des Allgemeinen Deutschen Handelsgesetzbuches in Betreff des Erlöschens der Prokura bezeichneten Voraussetzungen vorhanden sind.

(Preuß. Gesetz § 22.)

I. Zur Geschichte des § 23.

a) **Absatz I.** Das Preußische Gesetz hatte den ersten Absatz seines § 22 dem Art. 233 des Handelsgesetzbuchs nachgebildet, indem es nur für Aenderung des Vorstandes die Eintragung u. s. w. verordnete. Das Norddeutsche Gesetz erweiterte den ersten Absatz erheblich und schob den zweiten Absatz ein. „Es soll damit“ — sagt der Bericht (Reichstags-Drucksachen Nr. 80 Seite 6) — „dem Zweifel vorgebeugt werden, wer die Veränderung im Vorstande anzumelden habe, wenn der Vorstand suspendirt worden ist. Die Preußische Ministerial-Instruktion entscheidet sich dafür, daß der suspendirende Ausschuß für die Anmeldung zu sorgen habe. Es dürfte sich aber empfehlen, die Anmeldung, wie wenn eine ganz neue Genossenschaft entstanden ist, durch den neuen Vorstand vornehmen zu lassen." Mit diesen Worten empfahl die Reichstagskommission einen Abänderungsantrag Schulze's, an welchem sie nur unbedeutende Fassungs-Aenderungen vorschlug. Die Zivilprozeßkommission hat ihrerseits bloß bei dem zweiten Absatze eine kleine Aenderung vorgeschlagen (siehe zu b), im Uebrigen die im Entwurfe enthaltene Modifikation für nicht bedenklich erachtet.

b) **Absatz II.** Der Reichstag hatte den zweiten Absatz nach Schulze's und der Kommission Vorschlag dahin angenommen: „Dasselbe gilt für den Fall, daß die nur interimistische Stellvertretung eines oder mehrerer Vorstandsmitglieder stattfindet." Die Zivilprozeßkommission schlug dagegen die in das Gesetz aufgenommene Fassung vor und bemerkte dazu: „Wie anzunehmen ist, geht die Absicht dahin, daß die Veröffentlichung, welche Absatz 1 vorschreibt, schon dann eintreten soll, wenn die Wahl eines interimistischen Stellvertreters erfolgt, nicht erst dann, wenn derselbe in Thätigkeit tritt. Diesem Gedanken ist ein unzweifelhafter Ausdruck gegeben." Diese Unterscheidung ist uns zu fein, wenn wir auch die größere Korrektheit der jetzigen Fassung anerkennen. Meint denn die Zivilprozeßkommission, daß die Absetzung eines Vorstandsmitgliedes oder des ganzen Vorstandes dergestalt beschlossen wird, daß sie erst Tage, Wochen oder Monate nach dem Beschluß stattfindet? Die interimistischen Stellvertreter werden stets auf der Stelle einzutreten haben.

c) **Absatz III.** ist unverändert aus dem Preußischen Gesetz § 22, wo er den zweiten Absatz bildete, hierher übertragen worden.

II. Erläuterungen zu § 23.

1) **Absatz I.** Die Nothwendigkeit einer Abänderung des ersten Absatzes des Preußischen Gesetzes (siehe vorher zur Gesch. a) ist nicht in Abrede zu stellen. Die im § 28 (§ 27 des Preuß. Gesetzes) dem Aufsichtsrathe der Genossenschaft zugetheilte eigenthümliche Befugniß „Vorstandsmitglieder und Beamte vorläufig bis zur Entscheidung der demnächst zu berufenden Generalversammlung von ihren Befugnissen zu entbinden und wegen einstweiliger Fortführung der Geschäfte die nöthigen Anstalten zu treffen" machte eine Bestimmung darüber erforderlich, wer die Anmeldung dieser Thatsache vorzunehmen habe. Ob die hier in das Gesetz aufgenommene Bestimmung gerade die geeignetste und ob sie ausreichend ist, muß dahingestellt bleiben. Wenn vom Aufsichtsrathe „interimistische Stellvertreter" des Vorstandes bestellt sind, welche also bis zur Generalversammlung genau in die Rechte und Pflichten der Vorstandsmitglieder treten, ist gewiß vorzuziehen, daß diese Stellvertreter die Anmeldung unter Ueberreichung der Legitimationsurkunden (§ 3 Nr. 7) vornehmen. Wie aber, wenn der Aufsichtsrath inzwischen nur Prokuristen oder Handlungsbevollmächtigte bestellt (vgl. Erläuterungen zu § 28 S. 320), wer soll dann die Anmeldung bewirken? — Aus den voraufgeführten Motiven der Reichstagskommission ist nichts darüber ersichtlich. Schulze-Delitzsch hat die Motive seines Antrags in seiner Neuen vollständigen Anweisung Seite 25 dahin niedergelegt: „Bei der größeren Zahl der Verwaltungsrathsmitglieder erschien deren Zusammenbringung zu einem gerichtlichen oder sonst beglaubigten Akte, der die Theilnahme der Gesammtheit voraussetzt, oft mit großen Schwierig-

keiten und bestenfalls mit Verzögerungen in Ordnung einer Angelegenheit verbunden, welche die augenblickliche Erledigung erfordert, will man nicht einem Stillstande des Vereinsgeschäfts ausgesetzt sein. Ferner erschien diese Ausnahme von der sonst überall durchgeführten Regel, wonach neu eintretende Vorsteher sich stets selbst dem Gericht präsentiren, auch schon deshalb nicht gerechtfertigt, weil für die Richtigkeit einer solchen Anzeige nur der Vorstand, nicht der Ausschuß im Gesetz verantwortlich gemacht ist." — Nach diesen Motiven könnte man freilich annehmen, daß in dem gegebenen Falle keinesfalls der Aufsichtsrath die Prokuristen oder Handlungsbevollmächtigten anmelden dürfe, und so kann man weiter zu der von Sicherer gemachten Schlußfolgerung gelangen, daß auch schon hiernach dem Aufsichtsrathe die Nothwendigkeit auferlegt sei, wenn der gesammte Vorstand suspendirt ist, einen neuen Vorstand zu bestellen; „die Bestellung eines Prokuristen oder eines Handlungsbevollmächtigten zur einstweiligen Fortführung der Geschäfte würde nicht ausreichen." (Sicherer a. a. O. S. 254). —

2) „zur Eintragung in das Genossenschaftsregister und öffentlichen Bekantmachung angemeldet".

Einzelne Handelsgerichte haben die Meinung vertreten, daß „eine ganze oder theilweise Aenderung im Personal des Vorstandes" nicht vorliege, wenn dieselben Vorstandsmitglieder vor Ablauf ihrer Wahlperiode wiedergewählt werden, daß also in diesem Falle weder Anmeldung noch Veröffentlichung vorgeschrieben sei. So sehr auch der Wortlaut des § 23 für diese Ansicht spricht, so haben mit Recht überall, wo die Frage unter Genossenschaftern zur Sprache gekommen ist, diese selbst, unter Zustimmung Schulze's sich für die strengere Ansicht entschieden, daß die Anmeldung auf jeden Fall stattfinden müsse; unterlasse das Gericht die Veröffentlichung, so sei der Verein jeder Verantwortlichkeit dafür enthoben. Es kann nicht zweifelhaft sein: die Genossenschaften haben dadurch, daß in ihrem zum Genossenschaftsregister einzureichenden Gesellschaftsvertrage über die Art der Wahl und Zusammensetzung des Vorstandes (§ 3, Nr. 7) und daher auch über die Amtsdauer desselben Bestimmungen enthalten sind, welche jeder Dritte einzusehen befugt ist, die Verpflichtung überkommen, durch regelmäßige Anmeldung der Wiederwahlen dem das Register mit Anlagebänden einsehenden Dritten die Möglichkeit zu gewähren, daraus eine klare Kenntniß über die jeweiligen Vorstandsmitglieder zu erhalten. Denn wenn er im Gesellschaftsvertrage von 1870 liest, daß alle 2 Jahre die Vorstandsmitglieder neu gewählt werden, und er findet seit 1870 keine Anmeldung von Vorstandsmitgliedern, so wird er mit Fug und Recht vermuthen dürfen, daß eine Nachlässigkeit des Vorstandes obwalte.

Nicht so zweifellos steht es mit der öffentlichen Bekanntmachung. Der Zweck derselben erscheint hinreichend erfüllt, wenn nur die wirklichen thatsächlichen „Aenderungen im Personal" veröffentlich werden. Eine Vergleichung mit § 6 des Gesetzes, wonach Statutenänderungen zwar stets anzumelden, aber nur insoweit zu veröffentlichen sind, „als sich dadurch die in den früheren Bekanntmachungen enthaltenen Punkte ändern" führt dahin, daß wenn dementsprechend auch jede wesentliche Aenderung in dem Rechtsverhältniß der

Genossenschaft zu den Vorstandsmitgliedern, — und darunter fällt jede durch Beschluß oder Wiederwahl erfolgte Veränderung der Amtsdauer derselben — beim Handelsgerichte anzumelden ist, doch nur jede wirkliche **thatsächliche** Aenderung in dem früher öffentlich bekannt gemachten Personalbestande des Vorstandes öffentlich bekannt zu machen ist. Sind früher streng nach der Vorschrift des § 4 Ziffer 5 nur „die Namen und der Wohnort der zeitigen Vorstandsmitglieder" bekannt gemacht, was für ein Interesse kann vorliegen, die Thatsache, daß genau dieselben Personen die zeitigen Vorstandsmitglieder sind, nach Jahr und Tag wiederum bekannt zu machen? Wer mit der Genossenschaft in Geschäftsverbindung steht, fühlt sich vollkommen sicher, wenn er sich darauf verlassen kann, daß er in den Handelsregisterblättern die thatsächliche Veränderung im Personal zu lesen bekommt; die Frage wie lange die Amtsdauer der einzelnen bestimmten Person für die Zukunft festgesetzt ist, kann ihn geschäftlich gar nicht interessiren, da ja die Bestellung jedes Vorstandsmitgliedes trotz eines Kontraktes jederzeit widerruflich ist.

Diese einfachen Schlußfolgerungen würden in der Praxis gewiß überall dahin führen, die Veröffentlichungen entsprechend einzuschränken, wenn nicht sehr viele Handelsgerichte gewohnt wären, Ueberflüssiges in das Register einzutragen und bekannt zu machen. Nach dem Gesetz bedarf es bei der Bestellung des Vorstandes nur einer Eintragung, die z. B. folgendermaßen lautet:

> „Den Vorstand bilden Hans Schmidt, Geschäftsführer, Wilhelm Lehmann, Kassirer, Peter Müller, Baukontroleur, sämmtlich zu Z."

und einer Veröffentlichung dahin, daß diese Eintragung im Genossenschaftsregister bei Nr. 4 Bauverein zu Z. Eingetragene Genossenschaft zufolge Verfügung vom 5. Febr. 1875 bewirkt sei. Wird dahingegen die Amtsdauer der neugewählten Vorstandsmitglieder eingetragen und veröffentlicht, so muß folgerichtig auch die Wiederwahl eingetragen und veröffentlicht werden und man liest dann Veröffentlichungen, wie die des Kreisgerichts zu Querfurt: „Zu Vorstandsmitgliedern des Vorschußvereins zu Querfurt" [hier fehlt aus Versehen: Eingetr. Gen.] auf die Zeit vom 1. Jan. 1875 bis ult. Dezbr. 1877 sind der Rentier . . . als Direktor, der Kaufmann . . . als Kassirer und der Oekonom . . . als Kontroleur, sämmtlich zu Q. wiedergewählt worden" u. s. w.

Ebenso überflüssig ist es, das Datum der Generalversammlung, in welcher die Wahl stattgefunden hat, einzutragen und zu veröffentlichen; ist es dennoch geschehen, so muß folgerichtig auch Eintragung und Veröffentlichung stattfinden, sobald das aus der Wahl dieser bestimmten Generalversammlung hervorgegangene Rechtsverhältniß durch die Beschlüsse einer andern Generalversammlung erneuert ist.

Treten bei einem mehrköpfigen Vorstande Veränderungen dadurch ein, daß ein Vorstandsmitglied ausscheidet und ersetzt wird, so bedarf es zwar nur der Eintragung und Veröffentlichung dieser Veränderung; allein, wenn ein solcher theilweiser Wechsel zum zweiten Male vorkommt, so ist es der Uebersichtlichkeit halber durchaus angemessen, nun die sämmtlichen Vorstandsmitglieder wieder namhaft zu machen; man kann dies sogar für nothwendig halten, wenn zur Zeichnung für die Genossenschaft mehrere Vorstandsmitglieder mitzuwirken haben.*)

Ueberflüssig jedenfalls ist es, wenn die Ursachen des Ausscheidens einzelner Vorstandsmitglieder (Versetzung, Krankheit u. dergl.) eingetragen und veröffentlicht werden; doch wird dies in der Regel auf Wunsch der Betheiligten geschehen; einem solchen Wunsche nicht nachzukommen, liegt allerdings kein Grund vor.

3) **Absatz II.** „interimistische Stellvertreter".

Die interimistischen Stellvertreter können bestellt werden bei zeitweiliger Behinderung eines Vorstandsmitgliedes, wenn dieselbe so lange dauert, daß eine Vertretung durch andere Vorstandsmitglieder nicht angeht, ferner beim Ausscheiden oder der Suspendirung oder dem Tode eines Vorstandsmitgliedes. In Schulze's Musterstatuten sind darüber genaue Bestimmungen, z. B. die §§ 19 u. 20 in dem Statut für Rohstoffgenossenschaften (a. a. O. S. 117): „§ 19. Bei kurz vorübergehenden Verhinderungen des Kassirers oder Lagerhalters versieht der Obmann deren Geschäfte, während der Kassirer solchenfalls für den letzteren eintritt. § 20. Für den Fall der dauernden Behinderung, des Ausscheidens oder des Todes eines der Vorstandsmitglieder hat der Aufsichtsrath wegen der nöthigen Stellvertretung sofort Fürsorge zu treffen und in den letzten beiden Fällen die Nachwahl zu veranlassen" und so fort, wie oben Seite 196 und 197 in der Anmerkung abgedruckt.

4) **Absatz III.** „in Artikel 46 des Allgemeinen Deutschen Handelsgesetzbuchs".

Der Artikel 46 des Handelsgesetzbuchs lautet:

> Wenn das Erlöschen der Prokura nicht in das Handelsregister eingetragen und öffentlich bekannt gemacht ist, so kann der Prinzipal dasselbe einem Dritten nur dann entgegensetzen, wenn er beweist, daß es letzterem beim Abschlusse des Geschäfts bekannt war.
>
> Ist die Eintragung und Bekanntmachung geschehen, so muß ein Dritter das Erlöschen der Prokura gegen sich gelten lassen, sofern nicht durch die Umstände die Annahme begründet wird, daß er das Erlöschen beim Abschlusse des Geschäfts weder gekannt habe, noch habe kennen müssen.

---

*) Unbedingt nothwendig ist es bei vielköpfigen Vorstandsmitgliedern und bei großer Verschiedenheit der Chargen. So z. B. ist es nach dieser Richtung hin durchaus in Ordnung, wenn das Landgericht zu Saarbrücken Ende 1874 in Betreff des Spar-, Vorschuß- und Konsumvereins der Grube Reden-Merchweiler Eing. Gen. veröffentlicht, daß „zu Vorstandsmitgliedern 1) Berginspektor . . . zu . . . zum Direktor, 2) Steiger . . . zu . . . zum ersten, 3) Knappschaftsältester . . . zu . . . zum zweiten Stellvertreter des Direktors, 4) Bergmann . . . zu . . . zum Buchhalter, 5) Bergmann . . . zu . . . zum ersten, 6) Steiger . . . zu . . . zum dritten Beisitzer gewählt, dagegen die übrigen Vorstandsmitglieder, nämlich a) Oberschichtmeister . . . zu . . . Rendant, b) Inspektionssekretär . . . daselbst Schriftführer, c) Knappschaftsältester . . . zu . . . zweiter Beisitzer in ihren resp. Eigenschaften wiedergewählt sind." — Wenn eine Genossenschaft sich den Luxus von 10 Vorstandsmitgliedern statt dreier erlaubt, so kann sie sich über die Nothwendigkeit potenzirter Insertionskosten-Beträge nicht beklagen.

Es sind die verschiedenen Fälle zu unterscheiden, wie folgt:

Der Dritte, welcher mit Personen, die früher zur Vertretung der Genossenschaft berechtigte Vorstandsmitglieder derselben waren, ein Geschäft abschließt,

I. weiß, daß jene Vertretungsbefugniß aufgehört hat. Dann bindet das Geschäft die Genossenschaft nicht, die Eintragung in das Genossenschaftsregister und Veröffentlichung mag erfolgt sein, oder nicht;

II. er weiß es nicht und

1) die Eintragung und Veröffentlichung ist nicht erfolgt, so ist die Genossenschaft verpflichtet;

2) die Eintragung und Veröffentlichung ist erfolgt, so ist die Genossenschaft

a. verpflichtet, wenn durch die Umstände die Annahme begründet wird, daß jener die Aenderung des Vorstandes „nicht habe kennen müssen",

b. nicht verpflichtet, wenn durch die Umstände diese Annahme nicht begründet wird.

Ueber die Beweislast ist für den Fall, daß die Eintragung und Veröffentlichung nicht erfolgt ist, im Gesetze bestimmt, daß die Genossenschaft dem Dritten seine Wissenschaft von der Aenderung des Vorstandes beweisen muß. Für den umgekehrten Fall ist über die Beweislast nichts festgestellt. Im Uebrigen vergl. man Hahn a. a. O. S. 60 bis 66 und Anschütz u. Völderndorff a. a. O. S. 343 Anmerkung zum Artikel 46 und Erläuterung 2. Titels ersten Buchs.

§. 24.

Zur Behändigung von Vorladungen und anderen Zustellungen an die Genossenschaft genügt es, wenn dieselbe an ein Mitglied des Vorstandes, welches zu zeichnen oder mitzuzeichnen befugt ist, geschieht.

(Preuß. Gesetz § 23.)

Erläuterungen zu § 24.

§ 24 ist mit § 23 des Preuß. Gesetzes identisch. Vgl. Erläuterung zu § 19 S. 291.

1) „Zur Behändigung".

Der § 24 unterscheidet sich von dem entsprechenden Artikel 235 des H.-G.-Buchs dadurch, daß nach letzterem die Behändigung von Vorladungen und anderen Zustellungen für die Aktiengesellschaft auch an einen „Beamten der Gesellschaft, welcher dieselbe vor Gericht zu vertreten berechtigt ist", geschehen darf. Dies ist hier vermuthlich nur deshalb fortgelassen, weil eine Genossenschaft solche Beamte in der Regel nicht besitzen wird. Aber sie kann sich dieselben in Zukunft anschaffen. Es ist klar, daß die Behändigung an einen ausdrücklich dazu vom Vorstande oder der Generalversammlung oder durch das Statut bevollmächtigten Beamten ebenfalls genügt.

2) „anderen Zustellungen".

Was versteht das Gesetz unter dem Ausdruck: „Behändigung von anderen Zustellungen," nämlich anderen als Vorladungen? — Die

Motive des unverändert gebliebenen Preußischen Regierungsentwurfs enthalten über diesen Paragraphen keine Sylbe. Aus der Vergleichung mit dem Art. 235 des Handelsgesetzbuchs könnte man schließen, daß es sich nur um Zustellungen der Gerichte, namenlich in Prozessen handelt, und daß Zustellungen von anderen Behörden oder gar von Privatpersonen nicht gemeint sind. Der Artikel 235 des Handelsgesetzbuchs entspricht nämlich wieder den Artikeln 117 und 167. Art. 117 bestimmt in Betreff der offenen Handelsgesellschaft:

> Die Gesellschaft wird vor Gericht von jedem Gesellschafter gültig vertreten, welcher von der Befugniß, die Gesellschaft zu vertreten, nicht ausgeschlossen ist.
>
> Zur Behändigung von Vorladungen und anderen Zustellungen an die Gesellschaft genügt es, wenn dieselbe an einen der zur Vertretung befugten Gesellschafter geschieht.

Artikel 167 besagt im ersten Absatz, daß die Kommanditgesellschaft durch die persönlich haftenden Gesellschafter vertreten wird, und fügt dann als zweiten Absatz wörtlich den zweiten Absatz des Artikel 117 hinzu. Man wird kaum bezweifeln können, daß in beiden Artikeln nur die Behändigung von gerichtlichen Erlassen, von Zustellungen im Prozeß hat berücksichtigt werden sollen. Die Bestimmung des ersten Absatzes beider Artikel mußte bei dem entsprechenden Artikel 235 in der Lehre von der Aktiengesellschaft wegfallen, weil die gerichtliche Vertretung der Aktiengesellschaft durch den Vorstand schon im Artikel 227 ausgesprochen war. In der Konferenz zur Berathung des Handelsgesetzbuchs war bei den Verhandlungen über alle drei Artikel überall nur von Zustellungen im Prozeß die Rede, und auch die Kommentatoren sprechen nur von solchen. (Vgl. Hahn, Koch, Makower a. a. O.) Für den § 24 unseres Gesetzes wird aber die Sache zweifelhafter, da in demselben gerade derjenige Satz weggelassen ist (vgl. vorige Anmerkung), welcher eine unmittelbare Beziehung auf die Vertretung vor Gericht enthält, und da ferner durch die Einschiebung des § 23 zwischen ihm und dem § 22 auch die Reihenfolge sich nicht für die einschränkende Auffassung geltend machen läßt. — Eine Vergleichung mit den frühern Entwürfen läßt die Frage ebenfalls zweifelhaft. In Schulze's erstem Entwurf war ausdrücklich gesagt (§ 22): „Zur Behändigung der Vorladungen und anderer Zustellungen an den Verein von Gerichten und Behörden wie von Privatpersonen genügt es" u. s. w. In der Kommission des Abgeordnetenhauses von 1863 wurde statt dessen im strengeren Anschluß an das Handelsgesetzbuch auf Antrag des Herausgebers ein Paragraph mit drei Absätzen beschlossen, von denen der zweite und dritte wörtlich mit den jetzigen §§ 22 und 24 übereinstimmen, der erste aber lautete: „Die Genossenschaft wird durch den Vorstand vor Gericht vertreten."

Wenn es sich nun im gegenwärtigen § 24 nicht bloß um „Aushändigung von Zustellungen" der Gerichte, sondern auch von denen anderer Behörden und Privatpersonen handeln sollte, wofür wir uns fast entscheiden möchten, so darf doch nicht außer Acht gelassen werden, daß unter „auszuhändigenden Zustellungen" nach dem Sprachgebrauche nur schriftliche Mittheilungen, Meinungsäußerungen, Erklärungen zu verstehen sind, nicht etwa geldwerthe Papiere und Dokumente oder Geld oder Waaren u. dgl. Auch die dem Artikel 144 des Handelsgesetzbuchs entlehnte Schlußbestimmung des § 49: „Zustellungen an die Genossenschaft geschehen mit rechtlicher Wirkung an einen der Liquidatoren" kann andere Gegenstände nicht umfassen.

§. 25.

Der Vorstand ist verbunden, dem Handelsgerichte am Schlusse jedes Quartals über den Eintritt und Austritt von Genossenschaftern schriftlich Anzeige zu machen und alljährlich im Monat Januar ein vollständiges, alphabetisch geordnetes Verzeichniß der Genossenschafter einzureichen.

Das Handelsgericht berichtigt und vervollständigt danach die Liste der Genossenschafter.

(Preuß. Gesetz § 24.)

I. **Die Geschichte** des § 25, der unverändert aus dem Preußischen Gesetze (§ 24) übernommen wurde, ist in der Erläuterung zu § 4 Seite 212 u. 213 bereits mitgetheilt. Der Preuß. Regierungsentwurf von 1866 motivirt diesen und den folgenden § 26 dahin: „Die in diesen §§ vorgeschriebene Anzeige über den Ab- und Zugang der Mitglieder und Veröffentlichung der Bilanz hat ihren Grund in dem Interesse der Kreditoren, damit diese einestheils über die Vermögenslage der Genossenschaft Kenntniß erhalten, anderntheils für den Fall einer Geltendmachung der Solidarbürgschaft im Stande sind, diejenigen Personen zu ermitteln, gegen welche sie ihre desfallsigen Rechte auszuführen haben.

II. **Erläuterungen zu § 25.**

1. **Absatz I.** „am Schlusse jedes Quartals".

Es ist hier natürlich das Kalenderquartal gemeint. Dies bemerken wir mit Bezug auf diejenigen Konsumvereine, welche vierteljährlich abschließen, aber nicht am letzten Tage des Quartals, sondern an einem ein für allemal feststehenden Tage der Woche. (Siehe oben Erläuterungen zu § 9 Seite 246) So enthält das ältere Konsumvereins-Musterstatut die Bestimmung (§ 11): „Der Rechnungsabschluß erfolgt vierteljährlich an dem dem Schluß des Kalenderquartals zunächst liegenden Sonntage." Darnach ist das Rechnungsquartal bald länger bald kürzer.

2. „schriftlich Anzeige zu machen".

Wir haben bereits Seite 211 ff. dargethan, daß Schulze's Auslegung dieser Bestimmung dahin, daß die schriftliche Anzeige von dem Vorstande beim Handelsgericht in Person oder mittelst beglaubigten Attestes geschehen müsse, rechtlich unhaltbar sei.

3. {„Verzeichniß der Genossenschafter".
Absatz II. „Liste der Genossenschafter".}

Ueber das Verhältniß des alphabetisch geordneten Jahresverzeichnisses zu der Liste der Genossenschafter, das ist zu der Stammrolle des § 4, ist das Erforderliche schon in den Erläuterungen zu § 4 Seite 209 gesagt. Das Formular der Stammrolle enthält nach den Ausführungsverordnungen mit Recht eine Kolonne, worin der Tag des Ausscheidens vermerkt werden soll.

Der Tag des Eintritts ist für die Stammrolle mit Bezug auf § 12 Absatz 2 gleichgültig. Wer mit der Genossenschaft in Geschäftsverbindung treten will, wird, um sich von dem gegenwärtigen Mitgliederbestande zu überzeugen, das im letzten Januar überreichte alphabetische Verzeichniß und die seitdem eingegangenen Quartalsanzeigen nachsehen. Wer hingegen prüfen will, ob ein bestimmter, bereits ausgeschiedener Genossenschafter für eine Schuld der Genossenschaft noch haftet, muß die Stammrolle nachschlagen.

Eine durchaus zutreffende Auseinandersetzung über den Zweck dieser Bestimmungen in einem Beschluß des Appellationsgerichts zu Cassel vom 10. März 1870 unter Billigung des vom dortigen Kreisgerichte eingeschlagenen, völlig richtigen Verfahrens ist zu finden Seite 448 bis 452 Bd. 18 von Busch's Archiv für Theorie und Praxis des A. D. H.-G.-Buchs.

Genossenschaften mit großer Mitgliederzahl werden für das Mitgliederverzeichniß und die Ab- und Zugangslisten dieses § 25, für die Zahlen-Veröffentlichungen des § 26 und für viele andere zwar nicht gesetzlich vorgeschriebene, aber zum Gedeihen der Genossenschaft kaum minder wichtige statistische Arbeiten eine außerordentlich große Unterstützung finden, wenn sie dem Aufsatze: „Ueber Führung von Mitgliederlisten" in Nr. 33 der Gen.-Blätter 1874 Seite 159 Folge leisten und außer dem „gebundenen Mitgliederverzeichniß" noch ein sogen. „fliegendes Mitglieder-Register" (feste Zählkarten mit 16 Kolonnen) anlegen.

§. 26.

Der Vorstand ist verpflichtet, Sorge zu tragen, daß die erforderlichen Bücher der Genossenschaft geführt werden. Er muß spätestens in den ersten sechs Monaten jedes Geschäftsjahres eine Bilanz des verflossenen Geschäftsjahres, die Zahl der seit der vorjährigen Bekanntmachung aufgenommenen oder ausgeschiedenen, sowie die Zahl der zur Zeit der Genossenschaft angehörigen Genossenschafter veröffentlichen.

(Preuß. Gesetz § 25.)

I. Zur Geschichte des § 26.

Der § 26 stimmt genau mit dem § 25 des Preußischen Gesetzes überein. Den ersten Satz hatte der Preuß. Regierungsentwurf von 1866 wörtlich dem Art. 239 des H.-G.-Buchs entlehnt und zwischen dem, oben S. 212 abgedruckten § 8 des Kommissionsentwurfs von 1866 eingeklemmt. Ueber das dabei vorgekommene formelle Versehen, siehe die nachfolgenden Erläuterungen.

II. Erläuterungen zu § 26.

1) Daß kein Absatz zwischen den beiden unvorsichtig zusammengekoppelten Sätzen des § 26 vorhanden ist, hat mit Beziehung auf § 66, in welchem „§ 26 Absatz 2" angezogen wird, seine besondere Leidensgeschichte.

Der § 54 des Preußischen Gesetzes (jetzt § 66) legte dem Handelsrichter die Pflicht auf, den Vorstand der Genossenschaften zur Befolgung gewisser Vorschriften des Gesetzes anzuhalten. Bei der Anführung der einzelnen Paragraphen war in dem Preußischen Regierungsentwurfe ungenau verfahren, ohne daß es im Abgeordnetenhause zur Sprache gekommen war. In der Kommission und im Plenum des Herrenhauses fand indeß eine spezielle Prüfung statt. Die Absicht der Regierungsvorlage in der Kommission des Abgeordnetenhauses war gewesen, „daß die Kontrole des Handelsrichters sich lediglich beziehen solle auf diejenige Amtsübung des Handelsrichters, welche schon in den allegirten Paragraphen erwähnt ist, oder wo eine Publikation stattfinden solle; während es nicht Absicht gewesen ist, dem Handelsrichter eine Kontrole zu gewähren auch über die inneren Angelegenheiten der Genossenschaft.“ (Lasker's mündlicher Bericht über den Gesetzentwurf nach den Beschlüssen des Herrenhauses, erstattet in der Sitzung vom 7. Februar 1867 S. 1956 der stenographischen Berichte.) Im Herrenhause wurden mehrere Ungenauigkeiten bei den Allegaten, diesem Prinzipe entsprechend, abgeändert. Man bemerkte in der Kommission desselben auch, daß der § 25 (jetzt 26) falsch zitirt sei, da nicht der ganze § 25, sondern nur der zweite Satz gemeint wäre. Aber „andererseits wurde die Kontrole über die Buchführung als auf Formalien bezüglich für zulässig und der Aufgabe des Handelsgerichts . . . entsprechend bezeichnet,“ und der betreffende Antrag mit 7 gegen 3 Stimmen abgelehnt. *)

Der Antrag wurde im Plenum des Herrenhauses nicht wieder aufgenommen. Lasker sagte darüber in seinem mündlichen Berichte vor dem Abgeordnetenhause (stenographische Berichte S. 1957): „Im § 25 sind zwei verschiedene Gegenstände behandelt — in dem ersten Satze die Buchführung, für welche der Vorstand zu sorgen hat. Es könnte nun scheinen, als ob dem Handelsrichter gleichfalls eine Kontrole über die Buchführung eingeräumt werden solle, eine Kontrole, die praktisch wol nicht durchführbar wäre. Es ist die einstimmige Ansicht der Kommission gewesen, daß sie wenigstens nicht die Meinung mit dem Allegat verbunden haben will, daß die Kontrole des Handelsrichters sich auf die Buchführung erstrecke. Ich kann es aber nicht verschweigen, daß, da nun einmal der § 25 ohne die Erwähnung des zweiten Satzes allegirt ist, in der späteren Judikatur es zweifelhaft sein könnte, ob nicht dem Handelsrichter auch eine Kontrole über die Buchführung zustehe. Wir sind aber nicht in der Lage, der Judikatur vorzugreifen, und können auch mit Rücksicht auf den nahe bevorstehenden Schluß der Session keine Abänderung mehr bewirken, ohne das Gesetz zu gefährden.“

Natürlich versuchte Schulze-Delitzsch im Norddeutschen Reichstage das Versehen zu beseitigen; er hatte in seinem Antrage bei dem Zitat § 26 (früher 25) die Worte „Absatz 2“ hinzugefügt, und gleichzeitig aus dem zweiten Satz des § 26 einen besonderen Absatz gemacht, so daß die Buchführung in dem ersten Absatze von der Kontrole des Handelsrichters befreit wurde. Schulze's Antrag ist angenommen, aber durch irgend eine Flüchtigkeit sind schon bei der Zusammenstellung, welche dem Reichstagsberichte beigefügt ist und darnach auch in dem Gesetz die beiden Sätze des § 26 wieder zu *einem Absatz* verbunden — so daß der § 26 gar keinen zweiten Absatz besitzt.

---

*) Drucksachen des Herrenhauses Nr. 132 Seite 16. Vergl. auch Erläuterungen zu § 66, wo einzelne Korrekturen des Herrenhauses erwähnt werden.

Es fragt sich nun, was Rechtens ist? — Ich zweifle keinen Augenblick, daß nach dieser Entstehungsgeschichte die Worte des § 66: „§ 26 Absatz 2" nur verstanden werden dürfen: „§ 26 Satz 2." *)

2) „erforderlichen Bücher".

Welche bestimmten Bücher der Kaufmann, also auch die eingetragene Genossenschaft zu führen hat, darüber enthält das Deutsche Handelsgesetzbuch, im Gegensatz zu anderen Gesetzgebungen, wie z. B. dem Code de commerce, keine Vorschriften. Würde der § 66, dem Wortlaut entsprechend, dahin verstanden, daß das Handelsgericht den Vorstand durch Ordnungsstrafen von Amtswegen auch anzuhalten habe, „dafür Sorge zu tragen, daß die erforderlichen Bücher geführt werden", so würde vor Allem der Richter genöthigt sein, sich mit der kaufmännischen Buchführung genau bekannt zu machen. Denn ohne ein ausreichendes Verständniß derselben (und dieses dürften nach unsern Erfahrungen wenige Richter besitzen) kann Niemand beurtheilen, ob die geführten Bücher die „erforderlichen" sind, d. h. ob man aus ihnen die Handelsgeschäfte und die Lage des Vermögens der Genossenschaft vollständig ersehen kann. (Artikel 28 des Handelsgesetzbuchs.) Eine gute Uebersicht über das Wesentlichste der kaufmännischen Buchführung findet sich bei Anschütz und Völderndorff a. a. O. S. 215—230.

3) „eine Bilanz des verflossenen Geschäftsjahres".

Genossenschaften, welche in kürzeren Zeiträumen — halbjährlich oder vierteljährlich — abschließen, werden die Wahl haben, entweder alljährlich eine Bilanz des durch Summirung der verflossenen Geschäftsperioden gefundenen Jahres, oder in abgekürzter Frist jedesmal nach Ablauf einer Geschäftsperiode deren Bilanz vor Ablauf der nächstfolgenden zu veröffentlichen. —

Für die Solidität einer Genossenschaft, wie jeder Gesellschaft, sind „die Grundsätze, nach welchen die Bilanz aufzunehmen und der Gewinn zu berechnen st" (oben § 3, siehe auch Erläuterung dazu S. 196) von größter Bedeutung. iDas Handelsgesetzbuch hatte diese Grundsätze festzustellen, für Aktiengesellschaften dem Statut überlassen: bei Fortfall der Konzessionspflicht aber sind im Art. 239.a gewisse allgemeine Grundsätze aufgestellt, die freilich schon aus dem Begriff der Bilanz folgen.

Die Musterstatuten der Anwaltschaft enthalten sehr genaue Bestimmungen

---

*) Das Bayerische sowol wie das Badische Genossenschaftsgesetz hatten das von mir bereits in meinem Kommentar zum Norddeutschen Gesetz Anmerkung 92 zu § 66 gerügte Versehen berichtigt und den § 26 in zwei Absätze zerlegt. Das Bayerische Gesetz hatte nach dem dortigen Regierungsentwurf einen dritten Absatz hinzugefügt, dahin lautend: „Die Bücher der Genossenschaft sind während zehn Jahren vom Tage des darin geschehenen letzten Eintrags an aufzubewahren." Mit Recht weisen die Motive des Badischen Regierungsentwurfs darauf hin, daß dies bereits aus Abs. 3 des § 11 verglichen mit Art. 13 des H.-G.-Buchs folge. Ein folgender vierter Absatz des Bayerischen Gesetzes, auch der Initiative der Regierung entsprossen, enthält ebenfalls etwas überflüssiges: „Zur Entlastung des Vorstandes bei Ablegung der Rechnung können nicht Personen bestellt werden, welche an der Geschäftsführung Theil genommen haben, wohl aber Personen, welchen die Aufsicht über die Geschäftsführung zusteht."

über die Bilanz, auch die Vereinstage haben mehrfach Veranlassung genommen, gewisse Grundsätze äußerster Solidität durch Resolutionen zu empfehlen.

Als Beispiel aus den Musterstatuten führen wir den § 53 des Musterstatuts für die Produktivgenossenschaften an: „§ 53. In der Bilanz werden als Aktiva aufgestellt: 1. der baare Kassenbestand; 2. der Rohstoff- und Materialienwerth nach dem Einkaufspreise; 3. die fertigen Waaren nach ihren Herstellungskosten; 4. der Preis der Utensilien nach Abschreibung von . . . Prozent pro anno; 5. die ausstehenden Forderungen; 6. etwaige Immobilien ebenfalls nach dem Ankaufspreise, beziehungsweise den Herstellungskosten und Verwendungen; — sämmtliche Gegenstände unter 2 bis 6 jedoch niemals über den wirklichen derzeitigen Werth, wobei unsichere Ausstände auf diesen zu reduziren und völlig uneinziehbare ganz auszuscheiden sind.

„Dagegen kommen als Passiva in Ansatz: 1. die Geschäftsantheile der Mitglieder; 2. der Reservefond; 3. die etwa aufgenommenen fremden Gelder; 4. etwaige Schulden der Genossenschaft für auf Kredit gekaufte Waaren; 5. etwa noch zu deckende Geschäftskosten. Der Ueberschuß der Aktiva über die Passiva bildet den Reingewinn".

Als Beispiel jener Resolutionen der Vereinstage mag der Beschluß des 14. Vereinstags (Constanz 1873) gelten: „Es empfiehlt sich bei der Bilanzaufstellung für Baugenossenschaften die vermietheten Immobilien zu dem Herstellungskostenpreise, jedoch nicht höher anzusetzen, als zu dem durch jeweilige gewissenhafte Schätzung zu ermittelnden wahren, jederzeit realisirbaren Werthe".

Für Vorschußvereine ist auf den trefflichen Aufsatz von Sörgel: „Einige praktische Bemerkungen über den Schluß der Bücher am Ende des Geschäftsjahres und über die Jahresrechnung der Kreditgenossenschaften" in Schulze-Delitzsch „Vollständige Anweisung rc." (Leipzig 1868) Seite 63 bis 84, zu verweisen. (Vergl. auch den Aufsatz der Anwaltschaft „die Inventur der Vorschußvereine am Jahresschluß" in Gen.-Blätter 1873 Nr. 50 S. 253.

4) „die Zahl der zur Zeit der Genossenschaft angehörigen Genossenschafter".

In Schulze's erstem Entwurf war statt der Veröffentlichung der Zahlen über Ab- und Zugang und Bestand der Genossenschafter und statt der alljährlichen Einreichung eines alphabetischen Verzeichnisses derselben (§ 24) die Veröffentlichung der vollständigen Mitgliederliste vorgeschlagen. (Siehe oben S. 112.) Die Rücksicht auf die bedeutenden Insertionskosten veranlaßte die Kommission des Abgeordnetenhauses von 1863, davon zu Gunsten der jetzt bestehenden Vorschrift abzuweichen. Viele Vorschußvereine lassen alljährlich ein alphabetisches Mitgliederverzeichniß zugleich mit Jahresrechnung, Bilanz und Gewinn- und Verlustberechnung drucken und tauschen es mit den benachbarten Vereinen aus, um zu kontroliren, ob einzelne Personen gleichzeitig mehreren gleichartigen Vereinen angehören. Dieser gute Brauch verdient in Folge der Bestimmungen der §§ 25 u. 26 einer noch allgemeineren Verbreitung unter den Vorschußvereinen.

5) „veröffentlichen".

Einige Preußische Handelsgerichte haben an die eingetragenen Genossenschaften ihres Bezirks Aufforderungen erlassen, „durch Einreichung der Belagsexemplare der bezüglichen öffentlichen Blätter den Nachweis zu führen, daß die im § 26 des Gen.-Ges. vorgeschriebene Veröffentlichung der Jahresbilanz ordnungsmäßig, d. h rechtzeitig und in allen durch Statut für die Bekanntmachungen des Vereins auserfehenen Blättern erfolgt sei." Diese gerichtlichen Aufforderungen sind bei mehren Genossenschaften auf entschiedenen Widerstand gestoßen, weshalb sich Schulze-Delitzsch veranlaßt sah, die Frage: „Sind eingetragene Genossenschaften verpflichtet, dem Handelsgericht ihre veröffentlichte Jahresbilanz einzureichen?" eingehend in den Genossenschafts-Blättern (1871 Nr. 43 u. 44 S. 169) zu erörtern. Er kommt mit Recht zu einer Verneinung der Frage nach § 26; „dagegen ist andererseits", fährt er fort, „das Handelsgericht auf Grund des § 66 des Gen.-Ges. verpflichtet, auch auf die Befolgung des § 26 Al. 2 Seitens der Vorstände Acht zu geben und zu dem Behufe auch berechtigt, nicht nur auf eine ihm in glaubhafter Weise zugegangene Nachricht von der Uebertretung des fraglichen Paragraphen, sondern nach Befinden auch aus eigener Initiative durch Verfügung an den Vorstand letzteren zum Nachweis der rechtzeitigen Veröffentlichung der Bilanz aufzufordern, da man dem Gericht nicht zumuthen kann, durch das Lesen der von den Genossenschaften zu ihren Bekanntmachungen bestimmten öffentlichen Blätter sich von der Befolgung des § 26 Al. 2 des Ges. zu überzeugen." Schulze-Delitzsch räth sodann den Vorständen an, auf solche Aufforderungen der Handelsgerichte die Belagsblätter den Gerichten zur Kenntnißnahme einzureichen, da ihre Weigerung nur zu ihrer Vorladung Behufs Vorlegung der Exemplare, und zuletzt zu Ordnungsstrafen führen würde. — Das ist alles vollkommen richtig. In Betreff der Befugniß der Handelsgerichte ist aber doch hervorzuheben, daß sie zwar die Kontrole in der angeführten Art ausüben dürfen, daß sie aber keinesfalls berechtigt sind, ein für allemal die Vorlegung der Veröffentlichungen zu verlangen. Wenn es dazu noch eines Argumentes bedürfte, so würde durch den Hinweis auf die Entstehung des betreffenden § 26, siehe S. 212, darzuthun sein, daß die Abgeordnetenhauskommission von 1863 ausdrücklich die Einreichung des Belagsexemplares an das Handelsgericht vorschlug, daß aber der Preußische Regierungsentwurf von 1866, indem er diesen Theil des sonst aufgenommenen § strich, wohlbewußt eine solche Kontrolmaßregel für überflüssig ansah und absichtlich darauf verzichtete.

§. 27.

Mitglieder des Vorstandes, welche in dieser ihrer Eigenschaft außer den Grenzen ihres Auftrages oder den Vorschriften dieses Gesetzes oder des Gesellschaftsvertrages entgegen handeln, haften persönlich und solidarisch für den dadurch entstandenen Schaden.

Sie haben, wenn ihre Handlungen auf andere, als die in dem gegenwärtigen Gesetze (§. 1.) erwähnten geschäftlichen Zwecke gerichtet sind, oder wenn sie in der Generalversammlung die Erörterung von Anträgen gestatten oder nicht hindern, welche

auf öffentliche Angelegenheiten gerichtet sind, deren Erörterung unter die Landesgesetze über das Versammlungs- und Vereinsrecht fällt, eine Geldbuße bis zu 200 Thalern verwirkt.

(Preuß. Gesetz § 26.)

I. **Zur Geschichte des § 27.**

a) **Absatz I.** stimmt wörtlich mit dem ersten Absatz des § 26 des Preuß. Gesetzes.

b) **Absatz II.** des § 26 des Preußischen Gesetzes enthielt eine der Konzessionen, welche die Genossenschaften durch ihre in der Kommission des Abgeordnetenhauses befindlichen Mitglieder und insbesondere durch ihren Anwalt Schulze-Delitzsch der Staatsregierung machten, um das Zustandekommen des Gesetzes zu erwirken. Der Preußische Regierungsentwurf hatte ursprünglich eine noch viel weiter gehende Bestimmung:

„Sie haben, wenn ihre Handlungen auf einen andern als den im Gesellschaftsvertrage bezeichneten Zweck der Genossenschaft gerichtet sind, oder wenn sie in den Generalversammlungen die Erörterung von Anträgen gestatten oder nicht verhindern, welche auf einen andern als in dem Gesellschaftsvertrage bezeichneten Zweck der Genossenschaft gerichtet sind, eine Geldbuße bis zu 200 Thaler verwirkt."

Zur Begründung dieser Bestimmung hieß es in den Motiven, daß es sowohl im öffentlichen Interesse, als auch im eigenen Interesse der Genossenschaft selbst liege, daß der Verfolgung anderer als der statutenmäßigen Zwecke durch den Vorstand möglichst wirksam vorgebeugt werde. Die Staatsregierung, welche keine speziellere Ueberwachung der Geschäftsführung der Genossenschaften und ihrer Vorstände sich vindizire, müsse wenigstens dagegen gesichert sein, daß die einmal anerkannten Genossenschaften demnächst ihre Thätigkeit und ihre Vereinsfonds anderen, als den im Statut bezeichneten, vielleicht sogar dem eigentlichen Gebiete des Genossenschaftswesens ganz fremden Zwecken zuwenden u. s. w. Die Kommission des Abgeordnetenhauses beschloß anfänglich, den ganzen Satz zu streichen. Gegen die Uebertretung von strafrechtlicher Tragweite schütze das allgemeine Straf- und das speziellere Vereinsgesetz. Ein Spezialstrafgesetz dürfe nicht anders erlassen werden, als bis ein gefühlter, durch den Schutz der allgemeinen Gesetze nicht zu unterdrückender Mißbrauch dargethan sei. Es liege aber kein einziger Fall eines solchen Mißbrauchs vor. Die Kommanditgesellschaft sei keinen derartigen Bestimmungen unterworfen. Die Genossenschaft habe sich keiner Handlungsweise schuldig gemacht, welche ein erhöhtes Mißtrauen rechtfertige. (Vergl. Bericht Nr. 55 der Drucksachen, S. 13. u. 14.) — Als nun später die Staatsregierung durch Vorlegung des Entwurfs vom 11. November 1866 die Kommission zu nochmaliger Prüfung der Streitpunkte veranlaßte, erklärte sich, wie es in dem Nachtragsbericht (Nr. 104 der Drucksachen, S. 2) vom 5. Dezember 1866 heißt, der Antragsteller bereit, in einem gewissen Umfange den Schutz einer besondern Strafbestimmung gegen den befürchteten Mißbrauch der Genossenschaft zu fremden und staatsgefährlichen Zwecken zuzulassen, wenn durch diese Konzession das Zustandekommen des Gesetzes gefördert werde. Zwar sei erfahrungsmäßig ein solcher Mißbrauch nicht entfernt zu besorgen, aber eben deshalb fürchte er von der prinzipiell ungerechtfertigten Strafbestimmung keinen materiellen Nachtheil für die Genossenschaften, und er wolle nicht aus bloßer Wahrung des Prinzips einen unbedingten Widerstand leisten, sofern dieser den Erlaß des Gesetzes verzögere. Nur dürfe die Strafbestimmung nicht so gefaßt sein, daß sie ausgedehnt werden könne auf unbedeutende und gleichgültige Handlungen, welche das öffentliche Wohl gar nicht interessiren. — Dem entsprechend wurden in der Kommission drei, als der Regierung gebrachte Opfer am Prinzip erscheinende Beschlüsse gefaßt, von denen der erste in der Aufnahme des zweiten Absatzes des § 26 bestand.

Als nun die Ausdehnung des Preußischen Genossenschaftsgesetzes über den Norddeutschen Bund in Frage kam, hat Schulze-Delitzsch sich vergeblich bemüht, die Streichung des Absatzes durchzusetzen. Der Bericht der Reichstagskommission sagt hier: „Bei § 27 entstand eine längere Diskussion darüber, ob der zweite Absatz nicht in allen Bundesstaaten durch die mit hinreichenden Vorsichtsmaßregeln ausgestattete Gesetzgebung über das Vereinswesen u. s. w. überflüssig gemacht und als ein das vorliegende Gesetz wenig zierender Ausdruck des Mißtrauens gegen das Genossenschaftswesen zu streichen sei. Das Bedürfniß dieser besondern Strafbestimmung wurde fast einstimmig in Zweifel gezogen; jedoch wurde auch vielfach anerkannt, daß die Strafbarkeit für den Vorstand, nicht lediglich deshalb, weil in der Versammlung irgend Jemand sich Ungehörigkeiten erlaube, sondern nur, wenn der Vorstand nicht mit allem ihm zu Gebote stehenden Mitteln einer solchen Ausschreitung begegne, eintrete; ferner wurde unter Bezugnahme auf die Verhandlungen des Preußischen Abgeordnetenhauses über das Genossenschaftsgesetz sehr nachdrücklich die Befürchtung geäußert, daß der Versuch, den zweiten Absatz dieses Paragraphen zu streichen, das Zustandekommen des Gesetzes gefährden könne, und darum schließlich von der Streichung Abstand genommen." (Drucksachen Nr. 80 Seite 7.) Zur Ergänzung des Berichtes theilt Schulze in den Blättern für Genossenschaftswesen (1868 Nr. 23 Seite 89) mit, der Vertreter des Bundeskanzleramtes habe jede solche Aenderung für eine das Zustandekommen des Gesetzes gefährdende Maßregel erklärt. —

Danach hielt auch der Reichstag es für gerathen, die Bestimmung mit den durch die Sache gebotenen Aenderungen anzunehmen.*)

---

*) Der Absatz 2 des § 26 des Preußischen Gesetzes lautet:
„Sie haben, wenn ihre Handlungen auf andere als die in dem gegenwärtigen Gesetze (§ 1) erwähnten geschäftlichen Zwecke gerichtet sind, oder wenn sie in der Generalversammlung die Erörterung von Anträgen gestatten, oder nicht verhindern, welche auf keinen geschäftlichen Zweck, sondern auf öffentliche Angelegenheiten (§ 1 der Verordnung über die Verhütung eines die gesetzliche Freiheit gefährdenden Mißbrauchs des Versammlungsrechtes vom 11. März 1850) gerichtet sind, eine Geldbuße bis zu 200 Thalern verwirkt.

Der § 1 der Verordnung vom 11. März 1850 lautet in seinem ersten Absatze: „Von allen Versammlungen, in welchen öffentliche Angelegenheiten erörtert oder berathen werden sollen, hat der Unternehmer mindestens 24 Stunden vor dem Beginn der Versammlung, unter Angabe des Ortes und der Zeit derselben, Anzeige bei der Ortspolizeibehörde zu machen. Diese

II. Erläuterungen zu § 27.

1) **Absatz I.**

„Die im § 27 ausgesprochene Haftbarkeit der Vorstandsmitglieder für den Nachtheil, der aus der Ueberschreitung ihrer Befugnisse entsteht, entspricht der Vorschrift des Alinea 2, Artikel 241 des Handelsgesetzbuchs." (Motive des Preußischen Regierungsentwurfs.) Der § 28 giebt den Weg an, auf welchem diese Bestimmung vorkommenden Falls geltend zu machen ist.

Bei der Uebereinstimmung dieses Absatzes mit dem zweiten Absatz des Art. 241 kann auf die vielen Erläuterungen hingewiesen werden, welche von den juristischen Schriftstellern zu letzterem Artikel gemacht sind. Ob die Verantwortlichkeit der Mitglieder des Vorstandes nur der Genossenschaft gegenüber anzunehmen ist, wie v. Hahn a. a. O. S. 662 bei der analogen Bestimmung des Art. 241 behauptet, oder ob auch die Haftbarkeit nach Außen geregelt werden soll (Puchelt a. a. O. S. 446, Anschütz u. Völdernborff S. 533), ist zweifelhaft. Doch möchte ich mich der letzteren Meinung anschließen, insbesondere nach den sehr gründlichen Ausführungen von Renaud a. a. O. Seite 603 u. folgende. — Der Genossenschaft haften die Vorstandsmitglieder noch über den § 27 hinaus: „Sie stehen ihr einmal für die gehörige, d. h. mit aller Sorgfalt vorzunehmende Erfüllung der ihnen obliegenden Funktionen ein; sie haften ferner für allen Schaden aus der Unterlassung von Handlungen, die sie hätten vornehmen sollen, sowie endlich für den Schaden aus einer Ueberschreitung der Grenzen ihrer Vollmacht." (Renaud S. 603.) Nicht jede Pflichtwidrigkeit der Vorstandsmitglieder giebt den Genossenschaftsgläubigern ein Klagerecht; wo es ihnen zusteht, können sie es erst geltend machen, wenn sie weder aus dem Vermögen der Genossenschaft noch aus der Solidarhaft der Mitglieder Befriedigung erlangt haben; es erhält also für sie nur Werth, wenn inzwischen die Vorstandsmitglieder rechtzeitig ausgeschieden und sich dadurch der Haft als Genossenschafter entzogen haben. (Vgl. Sicherer S. 259.)

2) „**Mitglieder des Vorstandes**".

Behörde hat darüber sofort eine Bescheinigung zu ertheilen." — Was unter „öffentlichen Angelegenheiten" zu verstehen sei, darüber sind seit 25 Jahren die verschiedenartigsten, mehr kulturgeschichtlich als juristisch interessanten Entscheidungen ergangen.

Im Bayerischen Gesetz vom 29. April 1869 lautete der zweite Absatz: „Sie sind, wenn sie in der Generalversammlung die Erörterung von Anträgen gestatten oder nicht hindern, welche auf keine geschäftlichen Zwecke, sondern auf öffentliche Angelegenheiten gerichtet sind, wegen Vergehens an Geld bis zu dreihundert Gulden zu bestrafen."

Im Badischen Gesetze vom 11. Febr. 1870 war der ganze Absatz gestrichen, — schon auf Antrag der Regierung, die in den Motiven ihrer Vorlage (Beilage zum Protokoll der 3. öffentlichen Sitzung der 2. Kammer v. 28. Sept. 1869, Seite 26) sagte, zur Aufnahme einer Strafbestimmung für den Fall, wenn die Handlungen auf andere u. s. w. als die geschäftlichen Zwecke gerichtet sind, liege ein ausreichender Grund nicht vor. „Sind die Handlungen der Vorstände strafbarer Art, so bietet das Str.-G.-Buch und das Gesetz vom 2. Novbr. 1867 das Vereins- und Versammlungsrecht betr., das für alle Arten von Vereinen gilt, die nöthigen Mittel zum Einschreiten." Die weitere Strafbestimmung sei für Baden inhaltlos, da das zitirte Gesetz vom 2. Nov. 1867 zwischen politischen und anderen Vereinen nicht mehr unterscheide.

Besteht der Vorstand aus mehreren Mitgliedern, so können nur diejenigen Vorstandsmitglieder haften, welchen ein Versehen zur Last fällt; für den Schaden, welcher durch einen Majoritätsbeschluß des Vorstandes verursacht wird, haften nur die Mitglieder, die zu dem Beschlusse mitwirkten (Renaud S. 605, Makower a. a. O. S. 215).

3) **Absatz II.**

Die Ausnahme-Strafbestimmungen des Genossenschaftsgesetzes (§ 27,2 und § 35) werden den Deutschen Genossenschaften stets anstößig bleiben. Die Erfahrung lehrte, daß sie völlig überflüssig sind. Sie gingen hervor aus dem Mißtrauen der Preußischen Regierung gegen die Demokratie von 1848, und wären gewiß nicht in das Norddeutsche Gesetz aufgenommen, wenn damals bereits das Gesetz vom 11. Juni 1870, welches die Aktien- und Aktien-kommandit-Gesellschaften von der Konzessionspflicht befreit hat, zu Recht bestanden hätte. Auf einen Antrag des Preußischen Genossenschaftsverbandes beschloß der Allgemeine Vereinstag zu Nürnberg (1871) einstimmig, den Anwalt zu ersuchen, auf Aufhebung der gedachten Strafbestimmungen im Wege der Gesetzgebung hinzuwirken, da eine zu enge Auffassung jener §§ die Genossenschaften schädigen könne. Aus der Verhandlung ergab sich, daß bis dahin im ganzen Deutschen Reiche noch kein einziger Fall eines Strafverfahrens vorgekommen war. Schulze-Delitzsch hat, gewiß mit Recht, bisher unterlassen, durch einen Antrag im Reichstage die Abänderung des Gesetzes zu beantragen. Die gegenwärtigen Zeitströmungen dürften einem solchen Antrage ungünstig sein.

Praktische Bedenken wurden gegen die Strafparagraphen vom genossenschaftlichen Standpunkte erst erhoben, als viele Unterverbandstage und zuletzt auch der allgemeine Vereinstag zu Nürnberg (1871) den Genossenschaften empfahlen, nach dem Vorgange der Rochdaler Pioniere einen Theil ihres Reingewinnes für Volksbildungszwecke zu verwenden. In mehreren Aufsätzen Schulze's und in den Verhandlungen zu Nürnberg (Mittheilungen S. 68—72) ist freilich dargethan, daß die Besorgniß, die Strafparagraphen dieses Gesetzes könnten auf eine Verhandlung über einen Antrag, betreffend eine derartige Verwendung für anwendbar erklärt werden, fast wie eine Beleidigung der Deutschen Gerichtshöfe zu erachten ist*). Trotzdem jetzt ein großer Theil der zum allg. Verbande gehörenden Genossenschaften jenem Nürnberger Beschlusse nachkommt, ist noch keine Behörde dagegen eingeschritten. Das einzige Verfahren auf Grund der Strafbestimmungen, von welchem bisher etwas bekannt geworden, ist die in München gegen die I. Münchener Genossenschafts-Buchdruckerei Eing. Gen. geführte Untersuchung vom Jahre 1875 (vgl. unten Erläuterungen zu § 35).

4) „geschäftlichen Zwecke".

Die „in dem gegenwärtigen Gesetze (§ 1) erwähnten geschäftlichen Zwecke" sind Förderung des Kredits, des Erwerbes oder der Wirthschaft der Genossenschafter mittelst gemeinschaftlichen Geschäftsbetriebes." Daß alle auf andere Zwecke gerichtete Handlungen der Vorsteher für strafbar erklärt sind, ist un-

---

*) Vergl. Blätter für Gen. Wesen 1870, Aufsätze von Schulze-Delitzsch in Nr. 3 u. 4 S. 9 u. Nr. 22 S. 85, 1871 Nr. 29 S. 114, sowie den Aufsatz des Herausgebers 1871 Nr. 31 S. 123.

gefährlich, so lange man es mit wohlwollenden oder wenigstens nicht mißgünstigen Behörden zu thun hat. Andernfalls aber läßt sich manche durchaus gleichgültige oder harmlose Handlung der Vorsteher eines großen Vereins zu einer Anklage benutzen.

5) „gestatten oder nicht hindern".

In Betreff des zweiten Punktes, durch welchen sich die Mitglieder des Vorstandes strafbar machen können, kommt die Sache dadurch eigenthümlich zu stehen, daß nach den meisten Statuten nicht ein Vorstandsmitglied, sondern der Vorsitzende des Aufsichtsrathes die Generalversammlung beruft und leitet. (Vgl. auch § 43 von Schulze's Musterstatut für Vorschußvereine.) Wie sollen die Vorstandsmitglieder es nun anfangen, die Erörterung auf öffentliche Angelegenheiten gerichteter Anträge durch die Generalversammlung zu verhindern, wenn sie selbst kein Recht haben die Versammlung zu schließen? Sollen sie etwa Polizei herbeiholen? —

Ein Antrag, für den Fall, daß nicht Mitglieder des Vorstandes, sondern andere Genossenschafter an Stelle derselben die Versammlung zu leiten berufen sind, diese zu bestrafen, war in der Reichstagskommission vom Präsident Dr. Lette gestellt, wurde aber abgelehnt (Reichstagsakten, Protokoll vom 13. Mai 1868.)

Schulze-Delitzsch hatte in dem Entwurf für den Reichstag die betreffende Stelle dahin geändert, „wenn sie in der Generalversammlung die Erörterung von Anträgen veranlassen oder ihr nicht entgegentreten." Aber die Kommission kehrte im Wesentlichen zu der Fassung des Preußischen Gesetzes zurück; bei dieser Gelegenheit ging, jedenfalls unabsichtlich, von dem Worte „verhindern" im Preuß. Gesetze für das Deutsche Gesetz die erste Sylbe verloren.

6) „auf öffentliche Angelegenheiten gerichtet sind, deren Erörterung unter die Landesgesetze über das Versammlungs- und Vereinsrecht fällt".

Ob dieser Ausdruck für die übrigen Staaten Deutschlands glücklicher ist, als für Preußen, mag unerörtert bleiben. In denjenigen Staaten, in denen wie in Baden (siehe oben zur Gesch. S. 313) solche öffentlichen Angelegenheiten gar nicht in den Gesetzen vorkommen, fällt die ganze Strafbestimmung zusammen. Ebenso wird die Bestimmung beseitigt werden, wenn einmal ein Reichsgesetz über das Vereins- und Versammlungsrecht erscheint, die Landesgesetze aufhebt, und diese Bestimmung nicht ausdrücklich erneuert.

Wie gefährlich gerade der dem Preußischen Vereinsgesetze vom 11. März 1850 entlehnte Ausdruck der „öffentlichen Angelegenheiten" ist, beweist das am Sitz der Anwaltschaft vom Kreisgericht zu Potsdam (Kommissarius für Uebertretungen) wider die beiden Vorsteher des Konsumvereins „Selbsthülfe Eing. Gen." daselbst gefällte Urtheil, vom 21. Juli 1874, Inhalts dessen dieselben zu einer Geldstrafe auf Grund des Vereinsgesetzes verurtheilt worden sind, weil sie eine Versammlung des Konsumsvereines, in der über Einführung des Fleischmehls unter den Verkaufsgegenständen des Vereins berathen werden sollte, ohne zuvorige rechtzeitige polizeiliche Anmeldung abgehalten hatten. Nach diesem Erkenntniß ist die Berathung über Einführung des Fleischmehls eine Berathung über eine öffentliche Angelegenheit, weil dieser Begriff „nicht auf eigentliche Staatsinteressen im Gegensatz zu allen Privatinteressen, mithin nicht auf Angelegenheiten politischen und religiösen Inhalts beschränkt werden kann, vielmehr alle die Gesammtheit berührenden allgemeinen Angelegenheiten umfaßt und insbesondere das Gebiet der sozialen Interessen in sich schließt." (Siehe den Aufsatz der Anwaltschaft in Nr. 36 Seite 173 der Blätter für Genf.=Wesen.)

§. 28.

Der Gesellschaftsvertrag kann dem Vorstande einen Aufsichtsrath (Verwaltungsrath, Ausschuß) an die Seite setzen, welcher von den Genossenschaftern aus ihrer Mitte, jedoch mit Ausschluß der Vorstandsmitglieder, gewählt wird.

Ist ein Aufsichtsrath bestellt, so überwacht derselbe die Geschäftsführung der Genossenschaft in allen Zweigen der Verwaltung. Er kann sich von dem Gange der Angelegenheiten der Genossenschaft unterrichten, die Bücher und Schriften derselben jederzeit einsehen, den Bestand der Genossenschaftskasse untersuchen und Generalversammlungen berufen. Er kann, sobald es ihm nothwendig erscheint, Vorstandsmitglieder und Beamte vorläufig, und zwar bis zur Entscheidung der demnächst zu berufenden Generalversammlung, von ihren Befugnissen entbinden und wegen einstweiliger Fortführung der Geschäfte die nöthigen Anstalten treffen.

Er hat die Jahresrechnungen, die Bilanzen und die Vorschläge zur Gewinnvertheilung zu prüfen und darüber alljährlich der Generalversammlung Bericht zu erstatten.

Er hat eine Generalversammlung zu berufen, wenn dies im Interesse der Genossenschaft erforderlich ist.

(Preuß. Gesetz § 27.)

I. **Zur Geschichte des § 28.**

a) Der § 28 enthält außer einer Ergänzung des ersten Absatzes keine weitere Abweichung von dem entsprechenden § 27 des Preuß. Gesetzes, als daß, Dank der „die Einheitlichkeit des Ausdrucks" mit Recht schätzenden Zivilprozeßkommission, zweimal Genossenschaft für Gesellschaft und einmal Genossenschaftskasse für Gesellschaftskasse gesetzt ist.

b) Der erste Absatz schloß im Preußischen Gesetz § 27 mit den Worten: „an die Seite setzen." Der Bericht der Reichstagskommission (Drucksachen Nr. 80 Seite 7) sagt über den Zusatz: „Im § 28 ist in dem ersten Absatz ausdrücklich gesagt, daß Niemand zugleich im Vorstande und in dem, den Vorstand beaufsichtigenden Verwaltungsrathe sitzen solle. Das sollte sich freilich von selbst verstehen; es ist aber mehrfach nicht beachtet worden. Sogar in dem sehr brauchbaren Kommentar von Parisius S. 71 ist die Ansicht geäußert, der Vorsitzende des Aufsichtsraths könne gleichzeitig Vorstandsmitglied sein. Die Kommission hält deshalb die vorgeschlagene Ergänzung zum § 27 des Preußischen Gesetzes für angemessen."

Meine sehr kurze und wie ich einräume, juristisch nicht haltbare Deduktion ging dahin: Da der Aufsichtsrath kein nothwendiges Organ der Genossenschaft sei, so sei es jedenfalls zulässig, den Vorsitzenden des Aufsichtsraths zugleich als Vorstandsmitglied fungiren zu lassen. Die von Schulze in seiner Vollständigen Anweisung Seite 44—49 dagegen geltend gemachten Gründe sind überzeugend. Inzwischen ist die Streitfrage durch die Gesetzesänderung beseitigt.

c) Während der erste Satz des zweiten Absatzes bis auf die letzten drei Worte „und Generalversammlungen berufen" genau dem Artikel 225 resp. Artikel 193 des Handelsgesetzbuches entlehnt ist, bildet der Rest des Absatzes einen aus den früheren Entwürfen Schulze's und der Kommission des Abgeordnetenhauses vom Jahre 1863 entnommenen, den Genossenschaften im Gegensatz zu den Gesellschaften des Handelsgesetzbuchs eigenthümlichen Zusatz. Die Kommission des Abgeordnetenhauses von 1866 motivirte denselben in ihrem Berichte folgendermaßen: „Der Aufsichtsrath ist zur Kontrole des Vorstandes bestellt. Die Natur der Genossenschaften bringt es mit sich, daß keine gleich sichere Garantie wie bei Aktiengesellschaften für die geeignete Auswahl und Tüchtigkeit der Vorstandsmitglieder gegeben ist. Das Amt pflegt meist eine Mußebeschäftigung zu sein und der ursprüngliche Eifer nimmt zuweilen zwischen der Wahl und der nächsten Generalversammlung ab. Die Erfahrung hat, nach dem Zeugniß der Antragsteller und einzelner Kommissionsmitglieder, die erwähnten Sätze bestätigt" u. s. w.

II. Erläuterungen zu § 28.

1) Im Allgemeinen.

Der Aufsichtsrath ist kein nothwendiges Organ der Genossenschaft. Er stand darin dem Aufsichtsrath der Aktiengesellschaft des H.-G.-Buchs im Gegensatz zu dem der Aktienkommanditgesellschaft gleich; seit der Novelle vom 11. Juni 1870 aber wird der Aufsichtsrath für jede Aktiengesellschaft verlangt.

Der Aufsichtsrath ist bestimmt, die Gesammtheit der Genossenschafter, wie sie in der Generalversammlung organisirt ist, dem Vorstande gegenüber zu vertreten und an Stelle der Generalversammlung, unter deren Aufsicht die ganze Führung der Geschäfte des Vereins zu überwachen. Der Aufsichtsrath erscheint seinem Wesen nach als eine verkürzte Generalversammlung, „als ein Gesellschafts-Ausschuß, welcher vor jener, außer der geringeren Zahl von Mitgliedern und der größeren Leichtigkeit des Zusammentretens, noch eine gewisse Stetigkeit in der Zusammensetzung und die Möglichkeit einer mit Rücksicht auf Geschäftskenntnisse und Erfahrung zu machenden Bestellung voraus hat".*)

Der Aufsichtsrath, ein ständiger Ausschuß der Generalversammlung, ist immer ein mit Stimmenmehrheit beschließendes Kollegium von Genossenschaftern, darf also niemals weniger als drei betragen. Bei der Aktiengesellschaft ist

*) Renaud a. a. O. S. 626.

dies ausdrücklich bestimmt (Art. 209 Nr. 6 der H.-G.-Buchs mit den Aenderungen der Novelle), aber es gilt auch für die Genossenschaft (vgl. Seite 133).

Der Wirkungskreis des Aufsichtsrathes ist durch das Gesetz insoweit bestimmt, als die ihm in den §§ 28 u. 29 zuertheilten Rechte und Pflichten ihm weder durch den Gesellschaftsvertrag noch durch Gesellschaftsbeschlüsse entzogen werden dürfen, also auch keiner besondern Erwähnung im Gesellschaftsvertrage bedürfen. Darüber hinaus kann der Wirkungskreis des Aufsichtsraths durch den Gesellschaftsvertrag ausgedehnt sein, indem ihm einzelne in der Kompetenz der Generalversammlung liegende Rechte übertragen sind. Soweit der Generalversammlung statutarisch vorbehalten werden kann, den Vorstand in seinen Funktionen zu beschränken, soweit kann dem entsprechend die Wirksamkeit des Aufsichtsrathes erweitert werden. Die Hauptgrenze bildet die Bestimmung des Gesetzes (§ 21), daß die Beschränkungen des Vorstandes zur Vertretung der Genossenschaft gegen dritte Personen keine rechtliche Wirkung haben. Steht dahingegen der Generalversammlung, welche die Bestellung des Vorstandes jeder Zeit widerrufen kann, das Recht zu, innerhalb des durch Gesetz und Statut nicht ausgeschlossenen Gebietes, dem Vorstande hinsichtlich seiner Geschäftsführung Anweisungen zu ertheilen, welche er innezuhalten verpflichtet ist, so kann die Generalversammlung — immer innerhalb der Schranken des Gesetzes und Statutes — dieses Recht auch ihrem Ausschusse, dem Aufsichtsrathe, übertragen. Statut und Generalversammlung können daher, wie bereits oben in den Erläuterungen zu § 21 ausgeführt ist, dem Vorstand jede selbstständige Geschäftsdisposition nehmen, und ihn gewissermaßen zu einer Exekutivbehörde des Aufsichtsrathes machen, — freilich immer nur mit Rechtsunwirksamkeit dritten Personen gegenüber. Eine solche Beschränkung des Vorstandes zu Gunsten des Aufsichtsrathes darf aber niemals so weit gehen, dem Aufsichtsrath oder Mitgliedern desselben die Geschäftsführung selbst oder einen Theil derselben zu übertragen, ausgenommen in dem Falle des § 29. Denn sonst würde die vom Gesetze verbotene Vereinigung der Funktion eines Vorstands- und Aufsichtsrathsmitgliedes in einer und derselben Person stattfinden.

Danach muß man zu dem Ergebniß kommen: nach dem Gesetz sind statutarische Bestimmungen, wonach der Vorstand die Beschlüsse des Aufsichtsraths in allen wichtigen Angelegenheiten zu befolgen und auch gegen seine Ueberzeugung auszuführen hat, nicht verboten, sofern nur diese Beschlüsse nicht etwa selbst ein Theil der wirklichen Geschäftsführung sind.

Ganz unabhängig von dieser Frage ist die Frage, wie die Befugnisse des Vorstandes und des Aufsichtsrathes der Genossenschaft zu begrenzen, angemessen sei. In dieser Beziehung verweise ich auf Schulze's Schriften, in denen überall diese für das Gedeihen jeder Genossenschaft höchst wichtige Frage eingehend erörtert ist,*) und auf die Beispiele in den Erläuterungen zu § 21.

Welche Art Beschlüsse des Aufsichtsraths ein Theil der Geschäftsführung selbst bilden, also gesetzlich ungeeignet sein würden, in dem Statute als den

---

*) Besonders beherzigenswerth ist Schulze's Aufsatz „Die Vorstände und Ausschüsse in den Vorschußvereinen“ S. 78 ff. der Neuen vollständigen Anweisung.

Vorstand gegen seine eigene Meinung bindend hingestellt zu werden, ist eine rein thatsächliche und im einzelnen Falle oft sehr schwierige Frage. Ein paar Beispiele zur Erläuterung:

a) Bei einem Vorschußverein, also bei einem genossenschaftlichen Bankgeschäft zur Beschaffung der den Mitgliedern in Gewerbe und Wirthschaft nöthigen Geldmittel, ist es ebenso angemessen, wie gesetzlich gestattet, wenn die Generalversammlung den Höchstbetrag sämmtlicher den Verein belastender Anlehen und den Höchstbetrag der bei einem einzelnen Mitgliede gleichzeitig ausstehenden Kredite bestimmt (Musterstatut § 48); dahingegen ist es zwar gesetzlich gestattet, aber unangemessen, für jedes einzelne Darlehnsgeschäft, welches die Genossenschaft als Gläubigerin und Schuldnerin macht, den Vorstand zur Abschließung des Geschäfts nur nach vorher eingeholter Genehmigung des Aufsichtsraths zu ermächtigen, und endlich ist es unangemessen und zugleich ungesetzlich, wenn der Aufsichtsrath den Vorstand zwingen kann, gegen sein ausgesprochenes Veto von Jemandem unter den bestimmten Bedingungen ein Darlehn für die Genossenschaft aufzunehmen oder einem Genossenschafter einen bestimmten Kredit zu geben, mit andern Worten die einzelnen Darlehnsverträge für die Genossenschaft als Gläubigerin und als Schuldnerin abzuschließen. Das letztere ist ungesetzlich, weil der Geschäftsbetrieb des eingetragenen Vorschußvereins in Aufnahme und Gewährung von Darlehnen besteht, also die essentiellen Funktionen des Vorstandes, die nicht dem Aufsichtsrath übertragen werden dürfen, Abschluß dieser Rechtsgeschäfte sind.*)

b) Bei einen Konsumverein, also bei einem genossenschaftlichen Waarengeschäft zur Beschaffung guter Waaren für den persönlichen und Haushaltungsbedarf der Mitglieder, ist es angemessen und gesetzlich gestattet, die Bestimmung der Zahl der Vereinskaufläden von der Genehmigung der Generalversammlung, — und Einkäufe von so großen Posten Waaren, daß ein ungewöhnlicher Vorrath

*) Eine gegentheilige Ansicht hatte ich in meinem Kommentar zum Preuß. Gesetze Anmerk. 88 Seite 88 vertreten. Das Rechtsverhältniß wird verdunkelt, wenn wie in den neuen Statuten des Vorschußvereins zu Breslau Eing. Gen. „die gemeinschaftliche Beschlußnahme des Vorstandes und Aufsichtsraths erforderlich ist zur Gewährung von Krediten an die Mitglieder“. Dies ist vielleicht gesetzlich nicht verboten, so lange der mehrköpfige Vorstand als solcher über das einzelne Geschäft seinen Willen nicht ausspricht, — also sein abweichendes Votum nicht zu Protokoll giebt. Aber es heißt, wie Schulze in Nr. 17 der Blätter für Gen.-Wesen 1875 Seite 79 nicht mit Unrecht sagt, eine gesunde Organisation auf den Kopf stellen. Das Organ, welches die Verwaltung kontroliren soll, wird so unmittelbar in dieselbe verflochten, daß thatsächlich eine unkontrolirte Verwaltung entsteht. Schulze sagt: Die Stellung der Aufsichtsrathsmitglieder verbessert sich wesentlich, „wenn statt der Bewilligung ihnen die Genehmigung der Kreditgesuche überwiesen wird. Indem ihnen dadurch die Verantwortlichkeit für die über die Kreditfähigkeit der Gesuchsteller und die angebotenen Sicherheiten anzustellendeu Recherchen abgenommen wird, welche dem Vorstande verbleibt, behalten sie doch ihren Einfluß auf Verhinderung leichtsinniger Kreditgewährungen, da ohne ihre Zustimmung kein Kredit bewilligt werden kann. Sie machen dann die Geschäfte nicht, aber sie können sie hindern: ein Mehr ist mit dem Wesen der Kontrole nicht vereinbar. Die Haftpflicht des Aussichtsraths beschränkt sich alsdann auf die Fälle, wo er der ihm gesetzlich obliegenden Pflicht der Kontrole nicht gehörig nachkommt.“

bleibt, von der Genehmigung des Aufsichtsraths abhängig zu machen; es ist zwar gesetzlich gestattet, aber unangemessen, wenn der Aufsichtsrath zu jedem Waarenankauf die Genehmigung ertheilen muß, es würde aber sogar ungesetzlich sein, wollte man dem Aufsichtsrath das Recht einräumen, den Einkauf selbst zu besorgen, also mit einem bestimmten Lieferanten über Menge, Beschaffenheit und Preis u. s. w. der zu liefernden Waare den Vertrag zu schließen.

2) **Absatz I.** „von den Genossenschaftern aus ihrer Mitte.... gewählt wird“.

Die Genossenschafter d. h. die Generalversammlung derselben wählt den Aufsichtsrath. Da derselbe die Generalversammlung gegenüber dem Vorstande zu vertreten hat und Sonderrechte der Generalversammlung gegenüber nicht besitzt, vielmehr nur eine verkürzte Generalversammlung ist, so ist die Generalversammlung berechtigt, den auf bestimmte Zeit gewählten Aufsichtsrath oder einzelne Mitglieder desselben schon vor Ablauf der Zeit wieder von ihren Befugnissen zu entbinden. Fraglich ist nur, ob dies auch der Fall ist, wenn der Gesellschaftsvertrag ausdrücklich das Gegentheil ausspricht. Ich würde die Wirksamkeit einer solchen Statutbestimmung nicht anerkennen, obschon das Gesetz eine ähnliche Bestimmung wie die des § 17 für den Vorstand, nicht für den Aufsichtsrath beliebt hat.*)

3) **Absatz II.** „Vorstandsmitglieder und Beamte vorläufig... von ihren Befugnissen entbinden“.

Die Befugniß, Vorstand und Beamte zu suspendiren, kann dem Aufsichtsrathe, wo er einmal besteht, nicht durch das Statut entzogen werden. Er hat diese Befugniß unbeschränkt; die bloße Ueberzeugung von der Nothwendigkeit des Schrittes genügt. Es ist also nicht nöthig, daß die Vorstandsmitglieder oder Beamte gegen Gesetz oder Statut oder gegen berechtigte Beschlüsse der Generalversammlung oder des Aufsichtsraths gehandelt haben, oder daß sie innerhalb ihrer Kompetenz durch Handlungen oder Unterlassungen absichtlich oder fahrlässig die Genossenschaft beschädigt haben, — schon die einfache Ueberzeugung von ihrer Unfähigkeit berechtigt den Aufsichtsrath, Vorstand und Beamte zu suspendiren. Aber er muß sofort die Generalversammlung berufen, die zu entscheiden hat.

Fraglich könnte es erscheinen, ob das Statut die Befugniß des Aufsichtsrathes auch auf die definitive Absetzung ausdehnen darf. Da die definitive Entscheidung der Generalversammlung ausdrücklich vorbehalten ist, so dürfte die Frage zu verneinen sein. Daraus folgt ferner, daß die Generalversammlung die Absetzung auch dann aufheben kann, wenn die suspendirten Personen sich

---

*) Uebrigens haben Schulze's neuere Musterstatuten regelmäßig Bestimmungen über Enthebung der Ausschußmitglieder von ihrem Amte. Diese kann jederzeit durch Beschluß der Generalversammlung erfolgen auf Antrag des Vorstandes oder des Ausschusses oder einer bestimmten Anzahl Genossenschaftsmitglieder, sobald die Ausschußmitglieder die Disposition über ihr Vermögen oder die bürgerlichen Ehrenrechte verloren, oder ihre Verpflichtungen gegen die Genossenschaft nicht erfüllen, oder mit der Genossenschaft es zu einem Prozeß kommen lassen, oder einer Unredlichkeit gegen dieselbe sich schuldig machen.

Handlungen zu Schulden kommen ließen, welche auch ohne besondere Bestimmung nach allgemeinen gesetzlichen Bestimmungen die Genossenschaft ermächtigen würden, von dem Anstellungsvertrag sofort zurückzutreten.

Solche untergeordneten Beamten, bei deren Anstellung nach dem Statut die Generalversammlung gar nicht mitzusprechen hat, welche vielmehr vom Vorstand, sei es nach dessen freiem Ermessen, sei es mit Genehmigung des Aufsichtsraths angestellt worden sind, müssen natürlich auch auf demselben Wege wieder definitiv abgesetzt werden dürfen, ohne daß dazu die Mitwirkung der Generalversammlung erforderlich ist. Bei diesen Beamten tritt somit die Bestimmung des § 28 nur dann ein, wenn der Vorstand sie zu entfernen verweigert; der Aufsichtsrath kann sie gegen den Willen des Vorstandes nicht absetzen, wohl aber suspendiren, und muß dann die definitive Entscheidung der Generalversammlung überlassen.

Wenn in Dr. Schneider's Musterstatut für Konsumvereine (Gen.-Blätter Nr. 12 1875 Seite 54) die Bestimmung aufgenommen ist, daß Vorstand und Aufsichtsrath in gemeinschaftlicher Sitzung, aber in getrennten Abstimmungen, über Suspension von Beamten, deren Anstellung an die Genehmigung der Generalversammlung gebunden ist, zu entscheiden haben, so kann diese Bestimmung dem Rechte des Aufsichtsraths, auch ohne Zuziehung des Vorstandes diese Beamten zu suspendiren, in keiner Weise Eintrag thun. Es ist dies auch keinesfalls beabsichtigt.

4) „und wegen einstweiliger Fortführung der Geschäfte die nöthigen Anstalten treffen".

Welches sind die vom Aufsichtsrath wegen einstweiliger Fortführung der Geschäfte zu treffenden nöthigen Anstalten? — Es kann sich nur darum handeln, Personen zu ermächtigen, dieselben Geschäfte zu führen, welche den suspendirten Vorstandsmitgliedern oder Beamten oblagen, und zwar bloß bis zum Zeitpunkt, wo die Generalversammlung entscheidet. Man wird unterscheiden müssen:

Bei Suspendirung von Vorstandsmitgliedern kann möglicherweise, wenn noch mehrere Vorstandsmitglieder im Amte geblieben sind, welche schon an sich befugt sind, für die Genossenschaft zu zeichnen, eine Vereinbarung mit diesen dahin genügen, daß die Geschäfte des oder der suspendirten Vorstandsmitglieder einstweilen von ihnen mitversehen werden. Andernfalls hat der Aufsichtsrath interimistische Stellvertreter (§ 3 Nr. 7 u. § 23) zu wählen.

Ob bei Suspendirung des gesammten Vorstandes es genügt, Prokuristen oder Handlungsbevollmächtigte oder einfache Bevollmächtigte zu bestellen, ist sehr zweifelhaft. Der Vorstand ist ein nothwendiges Organ der Genossenschaft und ohne einen Vorstand, dessen Mitglieder bloß interimistisch das Amt versehen können, ist die Existenz einer Genossenschaft nicht wol denkbar. Sind nur die Geschäfte einzelner Vorstandsmitglieder fortzuführen, so kann der Aufsichtsrath Prokuristen anstellen, Handlungs- oder andere Vollmachten ertheilen dergestalt, daß die Prokura oder die Vollmachten aufzuheben, der demnächst zu berufenden Generalversammlung überlassen bleibt.

In gleicher Weise wird der Aufsichtsrath bei Suspendirung eines Beamten zu verfahren haben, freilich mit der Einschränkung, daß er für einen Beamten, der zu zeichnen oder mitzuzeichnen nicht befugt war, keinen Prokuristen anstellen, also die Rechte des in voller Wirksamkeit fortbestehenden Vorstandes nicht schmälern darf. Uebrigens nimmt der Aufsichtsrath alle diese Handlungen aus der durch das Gesetz ihm gegebenen Machtbefugniß vor, ohne die Genehmigung des Vorstandes einzuholen und gleichviel welche Befugnisse über Ertheilung von Vollmachten und Anstellung von Beamten ihm der Gesellschaftsvertrag einräumt oder abspricht.

5) **Absatz III.** „die Jahresrechnungen".

Der dritte Absatz des § 28 ist wörtlich dem Artikel 225, beziehungsweise Artikel 193 des H.-G.-Buchs entlehnt. Es ist dabei übersehen worden, daß der jährliche Abschluß keineswegs bei allen Arten Genossenschaften üblich ist. Für Konsumvereine wird, nach Vorgang der Pioniere von Rochdale und anderer Englischer Konsumvereine, vierteljährlicher Abschluß auch in den Musterstatuten dringend empfohlen. In England haben die Produktivgenossenschaften meistens das Halbjahr als Geschäftsperiode eingeführt. — Darnach hätte hier der Bezeichnung des Jahrs auch noch der Hinweis auf kürzere Geschäftsperioden beigefügt werden müssen. Bei § 23 war es nicht nöthig, da dort nur eine Verpflichtung der Genossenschaft Dritten gegenüber berücksichtigt wird. — Die Motive zum Entwurf des Badischen Gesetzes wiesen auf meine Bedenken hin, fügten aber hinzu: „Es versteht sich wol von selbst, daß unter den Jahresrechnungen die Abschlußrechnungen über die letzte Geschäftsperiode zu verstehen sind".

6) **Absatz IV.** Der vierte Absatz des § 28, wörtlich dem Artikel 225 des Handelsgesetzbuchs entnommen, machte die Einschiebung der aus dem Kommissionsentwurfe von 1867 herrührenden Worte: „und Generalversammlungen berufen" in den zweiten Absatz vollkommen überflüssig. Oder aber der vierte Absatz des § 28 mußte im Hinblick auf diese Einschiebung und auf den § 31 Absatz 1 und 2 des Gesetzes gestrichen werden. Daß alle drei Bestimmungen neben einander stehen geblieben sind, ist augenscheinlich nur die Folge eines Versehens.

§. 29.

Der Aufsichtsrath ist ermächtigt, gegen die Vorstandsmitglieder die Prozesse zu führen, welche die Generalversammlung beschließt, und die Genossenschaft bei Abschließung von Verträgen mit dem Vorstande zu vertreten. Wegen der Form der Legitimationsführung hat der Gesellschaftsvertrag das Erforderliche zu bestimmen.

Wenn die Genossenschaft gegen die Mitglieder des Aufsichtsrathes einen Prozeß zu führen hat, so wird sie durch Bevollmächtigte vertreten, welche in der Generalversammlung gewählt werden. Jeder Genossenschafter ist befugt, als Intervenient in einen solchen Prozeß auf seine Kosten einzutreten.

(Preuß. Gesetz § 28.)

I. **Zur Geschichte des § 29.**

a) Der erste Absatz schloß im entsprechenden § 28 des Preuß. Gesetzes mit den Worten, „welche die Generalversammlung beschließt." Ueber die beiden Zusätze und deren Entstehung siehe unten bei den Erläuterungen. Der Preußische Regierungsentwurf von 1866, welchem der § 28 des Preuß. Gesetzes wörtlich entlehnt war, sagte darüber in den Motiven: „Die Rechte des Aufsichtsraths sind auf die innere Kontrole der Verwaltung beschränkt, und es ist ihm nur da eine Vertretung der Genossenschaft übertragen, wo dieselbe Rechte gegen den Vorstand geltend zu machen hat, also durch diesen nicht vertreten werden kann. Die Prozeßführung gegen Mitglieder des Aufsichtsraths ist dem Vorgange des Handelsgesetzbuches in Artikel 226 und 195, Alinea 1 gemäß in die Hände der Generalversammlung gelegt."

b) Der zweite Absatz unterscheidet sich vom zweiten Absatz des § 28 des Preußischen Gesetzes dadurch, daß gegen Ende des letzteren: „in den Prozeß" gesetzt war, welches jetzt „in einen solchen Prozeß" abgeändert ist. In welcher Absicht diese Aenderung gemacht ist, ist unten erläutert.

II. **Erläuterungen zu § 29.**

1) Im Allgemeinen.

Die Bestimmungen des Handelsgesetzbuchs über die Prozesse der Aktionäre in der Aktiengesellschaft und der Kommanditisten in der Kommanditgesellschaft auf Aktien gegen die Mitglieder des Vorstandes, beziehungsweise gegen die persönlich haftenden Gesellschafter und gegen die Mitglieder des Aufsichtsrathes (Art. 226 und 194 und 195), weichen in mehreren Beziehungen erheblich von den Bestimmungen des § 29 ab:

a) Der Aufsichtsrath in jenen Handelsgesellschaften kann, wenn es sich um seine „eigene Verantwortlichkeit handelt, ohne und selbst gegen die Beschlüsse der Generalversammlung" gegen die Mitglieder des Vorstandes oder gegen die persönlich haftenden Gesellschafter klagen (Art. 194 Absatz 3). —

Die Stellung des Aufsichtraths in der Genossenschaft ist eine wesentlich andere, als die des Aufsichtsraths in Kapitalgesellschaften; zu einer Uebertragung jener Bestimmungen auf die Genossenschaft liegt kein hinreichender Grund vor.

b) Der Generalversammlung der Aktionäre und Kommanditisten ist ausdrücklich freigestellt, wenn sie sich bei Prozessen gegen die Vorstandsmitglieder und persönlich haftenden Gesellschafter nicht vom Aufsichtsrath vertreten lassen will, sich dazu Bevollmächtigte zu wählen (Art. 195). Da in dem § 29 dieses Recht der Generalversammlung der Genossenschafter nicht ausdrücklich abgesprochen ist und der im Art. 194, vielleicht mit Bezug auf die im Art. 195 folgende Ausnahme gewählte und von Art. 194 in § 29 übergegangene Ausdruck „ermächtigt" dem Aufsichtsrathe keineswegs ein ausschließliches Recht auf die Vertretung der Genossenschaft in jenen Prozessen zuspricht, so wird man annehmen müssen, daß die Genossenschaft ebenfalls das Recht hat, sich dazu besondere Bevollmächtigte außerhalb des Aufsichtsraths zu wählen, welche dann unter die Bevollmächtigten des § 30 des Gesetzes fallen.

c) Der Art. 195 hat „gegen die möglichen Chikanen der persönlich haftenden Gesellschafter oder des Aufsichtsraths" (Hahn a. a. O. S. 419) ein Schutzmittel dadurch geschaffen, daß ausnahmsweise auf Antrag auch das Handelsgericht die Bevollmächtigten ernennen kann. Für eine so weitgehende Fürsorge ist bei Genossenschaften kein Bedürfniß vorhanden.

2) **Absatz I.** „welche die Generalversammlung beschließt".

Hahn a. a. O. S. 568 macht zu derselben Bestimmung im Art. 194 zwei erwähnenswerthe Bemerkungen: „Prozesse, welche die Generalversammlung beschließt, sind nicht nur solche, in welchen die Kommanditisten als Kläger auftreten, sondern auch solche, in welchen sie die Rolle der Beklagten haben." — „Dasselbe, was von der Führung von Prozessen gilt, muß auch von der Stellung von Anträgen aller Art an das Gericht gelten."

3) Mit den zwei Zusätzen, welche der erste Absatz des Preußischen Gesetzes erhielt, verhält es sich folgendermaßen:

a) „Der § 29 dehnt die Vollmacht des Aufsichtsrathes aus auf Schließung von Verträgen mit dem Vorstande und sieht die Legitimation zu Prozessen mit dem Vorstande vor," sagt die Reichstagskommission (Drucksachen Nr. 80, Seite 8). Der Zusatz in Betreff der Abschließung von Verträgen war nicht nöthig. Denn wo der Gesellschaftsvertrag nichts darüber besagt, ist es Sache der Generalversammlung, den Aufsichtsrath zu bevollmächtigen oder andere Bevollmächtigte zu ernennen. Auch bei der Aktiengesellschaft des Allgemeinen Deutschen Handelsgesetzbuches hat man keine entsprechende Bestimmung.

b) Der zweite Zusatz lautete in Schulze's Antrag: „Wegen der Form der Legitimationsführung bei derartigen Prozessen" u. s. w. Die Nothwendigkeit eines solchen Zusatzes kann ich auch nicht zugestehen. Der Prozeß führende Aufsichtsrath einer eingetragenen Genossenschaft hat sich wegen seiner Legitimation in der Klage einfach auf das Protokollbuch der Genossenschaft zu berufen. Die Zivilprozeßkommission beantragte ihrerseits, die Worte „bei derartigen Prozessen" zu streichen, „weil auch in Beziehung auf andere Rechtsgeschäfte die Bestimmung einer Form für die Legitimationsführung als wünschenswerth erscheint" (Reichstags-Drucksachen Nr. 193, Seite 6). Darnach hat der Gesellschaftsvertrag auch über die Legitimationsführung des Aufsichtsraths bei der Abschließung von Verträgen und anderen Rechtsgeschäften mit dem Vorstande das Erforderliche zu bestimmen. Eine überflüssige Vorsorglichkeit, für keine andere Art Gesellschaft getroffen.

4) **Absatz II.** „gegen die Mitglieder des Aufsichtsrathes einen Prozeß".

Die Verantwortlichkeit pflichtvergessener Aufsichtsrathsmitglieder ist in den letzten Jahren unter den Genossenschaftern in Wort und Schrift vielfach erörtert worden. So auch auf dem allgemeinen Vereinstag in Bremen 1874, wo eine Resolution dahin gefaßt wurde: „a) Es ist den verbundenen Genossenschaften zu empfehlen, die Ersatzpflicht des Aufsichtsraths zum Schadenersatz, wenn derselbe seinen Kontrolfunktionen nicht ordnungs- und instruktionsmäßig genügt, durch ausdrückliche Bestimmungen in den Statuten festzusetzen. b) Den Kommissionen des Aufsichtsraths kann eine angemessene Entschädigung für ihren Zeitaufwand und ihre Bemühungen gewährt werden. „In der Diskussion

(Mittheilungen Seite 56) erörterte Schulze die Frage, wie weit die culpa des Aufsichtsraths gehen müsse, damit er für den durch den Vorstand angerichteten Schaden haftbar werde, und erklärte es für zweckmäßig, den Aufsichtsrath durch die Statuten auf seine Ersatzpflicht aufmerksam zu machen. Um den Aufsichtsrath in Anspruch zu nehmen, müsse die Genossenschaft beweisen: 1) daß ein Schaden entstanden ist, 2) daß der Vorstand denselben nicht decken kann, und 3) daß, wenn der Aufsichtsrath seine Kontrole pflichtmäßig geübt hätte, der Schaden vermieden worden wäre.

5) „als Intervenient".

Daß die Befugniß jedes Genossenschafters, auf seine Kosten zu interveniren, das Recht, vom Prozeßgegner Erstattung zu beanspruchen, nicht ausschließt, versteht sich von selbst, auch wenn es nicht von der Kommission zur Berathung des Handelsgesetz-Entwurfs beim Art. 194 ausdrücklich in den Protokollen angemerkt wäre. (Siehe z. B. Puchelt a. a. O. Seite 343.)

6) „in einen solchen Prozeß".

Bei dem letzten Satz dieses Absatzes ist die gute Absicht des Antragstellers Schulze-Delitzsch, einen Fehler in der Ausdrucksweise des entsprechenden § 28 des Preuß. Gesetzes zu verbessern, durch unglückliche Schreib- und Druckfehler, vornehmlich aber durch die Unachtsamkeit oder Flüchtigkeit der Zivilprozeßkommission nicht blos völlig vereitelt, sondern in das Gegentheil verkehrt. Wie ich in meinem Kommentar zum Preußischen Gesetze S. 93 nachgewiesen,*) hätte der letzte Satz des § 28 des Preuß. Gesetzes einen besonderen Absatz bilden müssen. Dadurch, daß er in Folge eines Redaktionsfehlers dem zweiten Absatze angehängt wurde, war die Schlußfolgerung gestattet, daß die Intervention von Genossenschaftern, entgegen den entsprechenden Bestimmungen des Handelsgesetzbuchs auf die im zweiten Absatz behandelte Art der Prozesse beschränkt werden sollte. Schulze-Delitzsch wollte die Zweideutigkeit beseitigen und machte daher in seinem Entwurf für den Reichstag aus dem letzten Satz einen besondern Absatz und setzte, da dies durch die von ihm beantragten Einschiebungen in den ersten Absatz geboten war, statt der Worte „in den Prozeß", der Deutlichkeit halber „in den vorerwähnten Prozessen". Die Reichstagskommission nahm den Antrag an. Durch einen Schnörkel, dessen Urheber ich nicht nachweisen kann, in dem für die Druckerei bestimmten

*) Die betreffende Stelle lautet: „Daraus, daß der letzte Satz dieses Paragraphen nicht einen besonderen Absatz bildet, sondern dem zweiten Absatz angehängt ist, würde nach den üblichen Regeln der Auslegungskunst zu schließen sein, daß diese Befugniß nur für die Prozesse, welche im zweiten Absatz behandelt werden, gelten soll. Dafür würde ferner sprechen, daß übereinstimmend mit dem ersten Satz des zweiten Absatzes vom Eintritt „in den Prozeß" die Rede ist, während im ersten Absatz Prozesse — im Plural — erwähnt werden. Letzterer Auslegungsgrund fällt freilich fort, sobald man den Art. 194 ansieht, in welchem von drei Sätzen des § 28 der erste und dritte unmittelbar mit einander verbunden sind. Da durch das ganze Gesetz hindurch Redaktionsfehler vorkommen, und irgend ein sachlicher Grund nicht zu finden ist, welcher die Beschränkung der Intervention nur auf die eine Art des Prozesses rechtfertigen könnte, so wird man die Befugniß der Intervention den Genossenschaftern auch bei den Prozessen gegen die Vorstandsmitglieder zugestehen müssen."

Exemplare wurde aber zunächst wieder der Schlußsatz mit dem zweiten Absatz zusammengeschweißt, und durch Druckfehler aus „in den vorerwähnten Prozessen" schlank weg „in den vorerwähnten Prozeß" gemacht. Die Zivilprozeß-kommission entdeckte an diesem Ausdruck irgend einen Schönheitsfehler und schlug statt dessen „in einen solchen Prozeß" vor. „Der Grund — sagte sie — für diese blos die Ausdrucksweise betreffende Aenderung ergiebt sich von selbst." So haben denn nun die bei der Gesetzfabrikation Betheiligten den zweiten Absatz des § 28 des Preußischen Gesetzes, zu dessen wirklicher Verbesserung ein Antrag Schulze's vorlag, gewiß ohne die Folgen ihrer Handlungen zu ahnen, wesentlich verschlechtert. Denn nachdem sie für das Wort „den" die Worte „einen solchen" ganz unmotivirt substituirten, ist die Intervention der Genossenschafter wirklich auf die Prozesse des zweiten Absatzes beschränkt.*)

§. 30.

Der Betrieb von Geschäften der Genossenschaft, sowie die Vertretung der Genossenschaft in Beziehung auf diese Geschäftsführung, kann auch sonstigen Bevollmächtigten oder Beamten der Genossenschaft zugewiesen werden. In diesem Falle bestimmt sich die Befugniß derselben nach der ihnen ertheilten Vollmacht, sie erstreckt sich im Zweifel auf alle Rechtshandlungen, welche die Ausführung derartiger Geschäfte gewöhnlich mit sich bringt.

(Preuß. Gesetz § 29.)

I. Zur Geschichte des § 30.

Der § 30 ist wörtlich übereinstimmend mit § 29 des Preußischen Gesetzes und dieser ist aus dem Artikel 234 des H.-G.-Buchs übernommen.

II. Erläuterungen zu § 30.

1) „auch sonstigen Bevollmächtigten oder Beamten".

Bereits zu § 17 Seite 285 ist die neben dem Vorstande zulässige dreifache Vertretung der Genossenschaft, und der wesentliche Unterschied der drei Klassen von Bevollmächtigten besprochen, auch die Zulässigkeit der Prokuraertheilung nachgewiesen. In letzterer Beziehung ist noch hinzuzufügen: Schulze-Delitzsch legt dem § 30, insbesondere in den Worten „der Betrieb von Geschäften," nicht

---

*) Der Hergang ist nach den Akten des Reichstags und des Preußischen Abgeordnetenhauses schon so in meinem Kommentar für das Norddeutsche Gesetz geschildert. Unter Hinweis auf meine Ausführungen hatten das Bayerische Gesetz auf Antrag der Kommission und das Badische Gesetz schon nach dem Regierungsentwurfe das gerügte Versehen verbessert, den letzten Satz zu einem besondern Absatz gemacht und darin statt: „in einen solchen Prozeß" gesetzt „in den im gegenwärtigen Artikel" (Bayern) oder „Paragraphen" (Baden) „bezeichneten Prozessen". — In den Prozessen statt in die Prozesse ist trotz dem Handelsgesetzbuche, dem Preußischen Gesetze, und dem Deutschen Gesetze, doch wol sprachlich das Richtigere. Darin muß man Schulze-Delitzsch und den Bayerischen und Badischen Gesetzgebern Recht geben.

„der Geschäfte", und „in Beziehung auf diese Geschäftsführung," nicht „die Geschäftsführung" eine Bedeutung unter, die er nicht beanspruchen kann. Er meint, die Wortfassung des § 30 spräche in Verbindung mit § 19 des Gen.-Gesetzes gegen die Zulassung von Prokuristen, indem zu den „sonstigen Bevollmächtigten" unmöglich „Prokuristen" gerechnet werden könnten. Diese Gründe sind nicht zutreffend; denn der Text des § 30 sagt nur: „die Befugniß der Beamten bestimmt sich nach der ihnen ertheilten Vollmacht. Daraus folgt, daß, wenn ihnen Prokura ertheilt ist, ihre Befugniß auch den Umfang hat, welcher in der Prokura liegt" (v. Hahn Seite 651).*) — Im Handelsgesetzbuch steht der Art. 234 unmittelbar nach den Bestimmungen über den Vorstand (Art. 227 bis 233, entsprechend den §§ 17—23 des Gesetzes), so daß durch den Ausdruck „auch sonstigen Bevollmächtigten oder Beamten" diese Bevollmächtigten oder Beamten in Gegensatz zu den Vorstandsmitgliedern gestellt werden. Durch die Einfügung des § 30 hinter die Bestimmungen über den Aufsichtsrath gewinnt es fast den Anschein, als ob die Mitglieder des Aufsichtsrathes oder die Bevollmächtigten des § 29 diejenigen Personen wären, auf welche sich jene Worte beziehen sollen.

2) „kann .... zugewiesen werden".

Die Fassung „kann zugewiesen werden" läßt die Deutung nicht zu, daß solches nur durch den Gesellschaftsvertrag geschehen könne. Der Preußische Entwurf zum Handelsgesetzbuche besagte dies allerdings. In seiner jetzigen Fassung sprechen der Art. 234 des Handelsgesetzbuchs und der § 30 des vorliegenden Gesetzes aus, daß Vertreter einer Aktiengesellschaft und einer Genossenschaft mit beschränkter Vollmacht „sowohl durch statutarische Bestimmung, als auch durch Beschluß der Generalversammlung oder eines sonst kompetenten Organs der Gesellschaft resp. Genossenschaft bestellt werden können." (Vgl. Hahn a. a. O. Bd. I. S. 649.) Ein Gleiches ist mit den Prokuristen der Fall. Der Vorstand der Genossenschaft, als der nach Außen unbeschränkbare Vertreter derselben, kann Prokuristen ernennen, Handlungsbevollmächtigte oder einfache Bevollmächtigte annehmen, er kann Beamte anstellen mit Prokura oder Handlungsvollmacht oder einfacher Vollmacht. Sind ihm diese Handlungen durch Statut oder Beschluß der Generalversammlung verboten oder nur unter Zustimmung des Aufsichtsraths oder der Generalversammlung gestattet, so macht die Ueberschreitung seiner Befugnisse ihn verantwortlich, aber nicht jene Handlungen Dritten gegenüber ungültig.

Der Aufsichtsrath der Genossenschaft kann, falls seine Rechte nicht durch das Statut oder die Generalversammlung nach dieser Richtung hin erweitert

---

*) Vergl. außerdem Renaud Seite 641, der in der zweiten Auflage seines Werkes seine frühere Ansicht, daß Aktiengesellschaften die Zulassung von Prokuristen nicht gestattet sei, aufgegeben hat; Makower Seite 211, Puchelt Seite 436, Anschütz und Völderndorff Seite 527, v. Sicherer Seite 267. Die Motive des Badischen Gesetzes sagen zutreffend, die Absicht des Art. 239 des H.-G.-Buchs gehe dahin, festzustellen, daß, obwohl die Vertretung nach Außen dem Vorstande (Art. 227 des H.-G.-Buchs, § 17 des Genoss.-Ges.) und zwar in unbeschränkbarer Weise (Art. 231, Abs. 2 des H.-G.-B., § 2 des Gen.-Ges.) obliegt, gleichwohl auch sonstige Vertreter mit beschränkter Vertretungsbefugniß aufgestellt werden können.

sind, nur in dem Falle des § 28 Absatz 2 eine gleiche Handlung rechtsgültig vornehmen.

Der Prokurist ist nach Art. 42 des Handelsgesetzbuchs Handlungsgehülfen und Bevollmächtigte anzustellen und zu entlassen befugt. Selbstverständlich kann die Genossenschaft ihren Prokuristen auch in dieser Hinsicht, zwar nicht nach Außen, Dritten gegenüber, aber doch in Ansehung des zwischen ihr und ihm bestehenden Rechtsverhältnisses beschränken, so daß der Prokurist bei Ueberschreitung dieser Beschränkung schadensersatzpflichtig wird. (Art. 43.) Einen Prokuristen kann der Prokurist nicht anstellen. (Art. 53.)

Der Handlungsbevollmächtigte einer Genossenschaft, also auch der Beamte, welcher nicht Prokurist ist, kann ohne Einwilligung des Vorstandes oder der Generalversammlung keine Vollmacht ertheilen. (Art. 53.)

Der Widerruf der Prokura und Vollmacht ist jeder Zeit unbeschadet der Rechte aus den bestehenden Dienstverträgen gestattet. (Art. 54.) Wer aber zu widerrufen berechtigt ist, das bedarf keiner Darlegung. Daß im Gegensatz zu dem Handelsgesetzbuche der Aufsichtsrath der Genossenschaft zeitweilig dazu berechtigt ist, ergiebt der § 28 Absatz 2.

In Ansehung der Form, in welcher die Prokuristen und Bevollmächtigten bestellt werden, vgl. Art. 41, 47 und Art. 347 des Handelsgesetzbuchs, und Hahn a. a. O. Bd. I S. 164 und Bd. II 1. Aufl. S. 141, Anschütz und Völdernndorf a. a. O. zu jenen Artikeln, namentlich S. 316 und S. 351 ff. Genossenschaften oder deren Organe werden sich in der Regel behufs möglichster Klarstellung der Rechtsverhältnisse in Betreff aller Bevollmächtigten oder Beamten der schriftlichen Vollmachtsertheilung bedienen.

3) „erstreckt sich im Zweifel auf alle Rechtshandlungen" 2c.

Wie bereits in den Erläuterungen zu § 17 Seite 248 dargethan worden, ist den Genossenschaften, welche neben den Vorstandsmitgliedern, — was überhaupt weder nöthig, noch wünschenswerth ist, noch einen Prokuristen bestellen, dringend zu empfehlen, demselben nur Kollektivprokura mit einem Vorstandsmitgliede zu ertheilen. Bei Anstellung von Handlungsbevollmächtigten, die ja nach Art. 48 ebenfalls für die Genossenschaft zeichnen, ist die Vollmacht darauf zu beschränken, daß sie nur gemeinschaftlich mit einem Vorstandsmitgliede zeichnen dürfen. Da sie zur Aufnahme von Darlehnen und zum Eingehen von Wechselverbindlichkeiten einer speziellen Vollmacht bedürfen, ist diese Beschränkung nach außen wirksam, auch ohne daß sie bekannt gemacht wird.

Wie Prokuristen und Handlungsbevollmächtigte zu zeichnen haben, schreiben Art. 44 und 48 des Handelsgesetzbuchs vor. Hat der Prokurist mit einem Vorstandsmitgliede Kollektivprokura, so wird die Zeichnung z. B. lauten:

Vorschußverein zu Stallupönen. Eingetragene Genossenschaft.
Heinrichs. p. p. B. Fischer.

Ist B. Fischer nur Handlungsbevollmächtigter, so darf er nicht „p. p.", das ist: „per procura" seinem Namen beifügen, sondern er hat sich eines das Vollmachtsverhältniß ausdrückenden Zusatzes zu bedienen, also z. B.:

Vorschußverein zu Stallupönen. Eingetragene Genossenschaft.
Heinrichs. In Vertretung:
B. Fischer.

§ 31.

Die Generalversammlung der Genossenschafter wird durch den Vorstand berufen, soweit nicht nach dem Gesellschaftsvertrage oder diesem Gesetze auch andere Personen dazu befugt sind.

Eine Generalversammlung der Genossenschafter ist außer den im Gesellschaftsvertrage ausdrücklich bestimmten Fällen zu berufen, wenn dies im Interesse der Genossenschaft erforderlich erscheint.

Die Generalversammlung muß sofort berufen werden, wenn mindestens der zehnte Theil der Genossenschafter in einer von ihnen zu unterzeichnenden Eingabe an den Vorstand unter Anführung des Zweckes und der Gründe darauf anträgt. Ist in dem Gesellschaftsvertrage das Recht der Berufung einer Generalversammlung einem größeren oder geringeren Theile der Genossenschafter beigelegt, so hat es hierbei sein Bewenden.

(Preuß. Gesetz § 30.)

I. Zur Geschichte des § 31.

a) **Absatz I.** und **II.** sind, bis auf die, im Norddeutschen Gesetze hinzugefügten Worte „oder diesem Gesetze" (im ersten Absatz), dem Preußischen Gesetze entlehnt; Absatz I. stimmte mit Artikel 187 und 236, Absatz II. mit dem jedesmaligen ersten Absatze der Artikel 188 und 237 des Handelsgesetzbuchs überein. Die erwähnte Aenderung im ersten Absatze ist auf Schulze's Antrag erfolgt, mit Rücksicht darauf, daß nach § 28 dieses Gesetzes der Aufsichtsrath stets das Recht hat, eine Generalversammlung der Genossenschafter zusammenzuberufen, gleichviel ob es ihm im Gesellschaftsvertrage zugesprochen oder gar abgesprochen wird.

b) **Absatz III.** hat wieder seine besondere Leidensgeschichte. Er entspricht dem letzten Absatze im § 30 des Preußischen Gesetzes, nur sind auf Antrag der Zivilprozeßkommission mit Recht zum Zweck der Einheitlichkeit der Ausdrucksweise „Mitglied der Genossenschaft" und „Genossenschaftsglieder" in „Genossenschafter", — und „Genossenschaftsvertrage" in „Gesellschaftsvertrage" verwandelt.

Im Preußischen Regierungsentwurfe von 1866 fehlte der letzte Absatz ganz. Er ist im Preußischen Herrenhause auf Antrag der Kommission hinzugefügt. Es wurde laut Bericht (Nr. 132 der Drucksachen S. 11) in der Kommission für den betreffenden Vorschlag „angeführt, daß das Deutsche Handelsgesetzbuch bei den Aktiengesellschaften, wie bei den Kommanditaktiengesellschaften im Artikel 188 und 237 analoge Bestimmungen getroffen hat, daß die Vorschriften des Handelsgesetzbuches über Aktiengesellschaften dem Entwurfe des Genossenschaftsgesetzes überhaupt als Norm gedient haben, daß aber das Bedürfniß einer entsprechenden gesetzlichen Bestimmung bei den

Genossenschaften noch mehr hervortrete, als bei den Aktiengesellschaften. Solle die Solidarhaft der Mitglieder eine Bürgschaft für das Unternehmen werden, so müsse man dem Einzelnen auch Mittel geben, auf den Gang der Geschäfte irgendwie einzuwirken". Sachlich ließ sich gegen die Uebertragung der in dem zweiten Absatz der Art. 188 und 237 des Handelsgesetzbuchs enthaltenen Bestimmungen auf die Genossenschaft durchaus nichts erinnern; im Gegentheil würden wir sie für eine wirkliche Verbesserung des Gesetzes halten. Leider beschränkte sich die Arbeit der Uebertragung nicht auf Abänderung des Nothwendigen, sondern es haben durch absichtliche und vielleicht unabsichtliche Zusätze und Streichungen diejenigen Sätze, welche den betreffenden Bestimmungen des Handelsgesetzbuchs analog sein sollen, eine so merkwürdige Gestalt bekommen, daß man sie für Jedermann als Beispiel, wie Gesetze nicht gemacht werden sollen, hinstellen kann. Wenn man, wie man es anscheinend beabsichtigte, die Bestimmungen des Handelsgesetzbuchs nur mit den unbedingt nothwendigen Abänderungen in das Gesetz übertragen wollte, so müßte der Zusatz etwa dahin lauten:

„Die Generalversammlung muß auch dann berufen werden, wenn dies vom zehnten Theile der Genossenschafter in einer von ihnen unterzeichneten Eingabe unter Angabe des Zwecks und der Gründe verlangt wird. Ist in dem Gesellschaftsvertrage das Recht, die Berufung einer Generalversammlung zu verlangen, einem größeren oder einem geringeren Theile der Genossenschafter beigelegt, so hat es hierbei sein Bewenden".

Das Merkwürdige ist nun, daß der Antrag, wie er in der Kommission gestellt und laut des Berichtes (Drucksachen Nr. 132 Seite 11) daselbst angenommen wurde, wenn er auch nicht ganz korrekt und der sonstigen Sprache des Gesetzes völlig angemessen war, so doch mehrere unangenehme Abweichungen nicht enthielt, welche sich in dem Texte des Preuß. Gesetzes hier finden. Und doch ist im Herrenhause angeblich der Kommissionsantrag angenommen! Das Räthsel löst sich auf, wenn man mit dem eigentlichen Berichte die „Zusammenstellung der Beschlüsse des Hauses der Abgeordneten mit den Vorschlägen der Fünfzehnten Kommission des Herrenhauses" vergleicht, welche, dem Brauche der parlamentarischen Körperschaften entsprechend, als nicht unterschriebene Anlage dem von den Kommissionsmitgliedern unterzeichneten Berichte angedruckt ist. In dieser möglicherweise vom Referenten, Prof. Dernburg selbst, wahrscheinlich aber von einem von ihm beauftragten Abschreiber gefertigten Zusammenstellung sind nun eine Anzahl Verbalhornisirungen des Antrages enthalten, welche dadurch, daß der Präsident des Herrenhauses bei der Abstimmung den Antrag nicht nach dem authentischen Wortlaut jenes Berichts, sondern nach dem in der Zusammenstellung zur Abstimmung brachte und keiner der Herrenhaus-Mitglieder oder der Vertreter der Staatsregierung auf die Verschiedenheiten aufmerksam machte, auch in das Gesetz hineingelangt sind. Um möglichst zu hindern, daß die Absonderlichkeiten der Fassung zu künstlichen Interpretationen Anlaß geben, werden wir den Absatz ganz speziell prüfen müssen:

1. Aus „in einer von ihnen unterzeichneten Eingabe" hat der Zu-

sammensteller „zu unterzeichnenden Eingabe" gemacht, was also nicht dahin zu deuten ist, als ob die Unterzeichnung erst später stattzufinden habe.

2. Die Bestimmung, daß die Eingabe „an den Vorstand" zu richten ist, enthält schon der Kommissionsantrag. Die entsprechenden Artikel des Handelsgesetzbuchs haben mit Rücksicht auf den ersten Absatz, wonach „auch andere Personen" die Generalversammlung berufen können, keine Bestimmung darüber, bei wem der Antrag zu stellen ist. Ein derartiger Antrag, welcher in der Regel die Absicht, über die Geschäftsleitung Beschwerde zu führen, voraussetzt, gehört naturgemäß vor diese andern Personen, namentlich vor den Aufsichtsrath, wo ein solcher existirt. Daß er gerade bei Genossenschaften nur vor den Vorstand zugelassen wird, ist durchaus nicht zu billigen.

3. „Anführung" statt „Angabe" ist eine gleichgültige stylistische Verschönerung des Abschreibers.

4. Der letzte Satz des Kommissionsantrages war, abgesehen von den bloß gegen den Sprachgebrauch des Gesetzes verstoßenden Ausdrücken „Genossenschaftsvertrag" statt „Gesellschaftsvertrag" und „Genossenschaftsmitglieder" statt „Genossenschafter" vollkommen korrekt. Durch den gesetzgebenden Abschreiber hat er eine den beabsichtigten Sinn entstellende Gestalt bekommen. Der Abschreiber änderte nämlich die Worte: „das Recht, die Berufung einer Generalversammlung zu verlangen," schlank weg ab in: „das Recht der Berufung einer Generalversammlung". Da nun nach dem ersten Absatze des § 31 das Recht, die Generalversammlung zu berufen, nach dem Gesellschaftsvertrage „auch andern Personen" zustehen kann, so würde der letzte Satz nach dem Wortlaute dahin zu deuten sein: daß es gestattet ist, im Gesellschaftsvertrage das in der Regel dem Vorstande zustehende Recht der Berufung der Generalversammlung auch einem Bruchtheile der Genossenschafter zu übertragen. Dahingegen würde eine Bestimmung des Gesellschaftsvertrages, wonach der Vorstand verpflichtet sein soll, dem Antrage von weniger als einem Zehntel der Genossenschafter auf Berufung der Generalversammlung stattzugeben, nach § 9 dieses Gesetzes nicht zulässig sein. Das wäre die Deutung nach dem Wortlaut. Wir hoffen indeß, daß die Entstehungsgeschichte dieser Bestimmung die Gerichte vorkommenden Falls veranlassen wird, derselben trotz des Wortlauts diejenige Deutung zu geben, welche der angeblich angenommene Antrag der Herrenhaus-Kommission vor seiner Verstümmelung durch den Abschreiber hatte.

Diese sinnentstellenden Fehler des Preuß. Gesetzes sind bei Abfassung des Bundesgesetzes leider nicht blos vom Reichstage und Bundesrathe, sondern auch von der Zivilprozeßkommission unangetastet gelassen und so in das Bundesgesetz übergegangen.*)

---

*) Das Bayerische Gesetz vom 29. April 1869 hatte unter Hinweis auf die von mir gerügten Redaktionsmängel den letzten Absatz folgendermaßen gefaßt: „Die Generalversammlung muß auch dann berufen werden, wenn mindestens der zehnte Theil der Genossenschafter in einer von ihnen unterzeichneten Eingabe unter Anführung des Zweckes und der Gründe darauf anträgt. Ist in dem Gesellschaftsvertrage das Recht, die Berufung einer Generalversammlung zu verlangen, einem geringeren Theile der Genossenschafter beigelegt, so hat es dabei sein Bewenden." — Abgesehen von den Redaktionsverbesserungen war hier durch Fortlassung der Worte „größern

II. Erläuterungen zu § 31.

1) **Absatz I.** „Die Generalversammlung der Genossenschafter".

Zu den §§ 31 bis 33 besagen die Motive des Preuß. Regierungsentwurfs: „Die Bestimmungen über die Berufung der Generalversammlung, ihre Befugnisse und Beschlüsse sind hauptsächlich in dem Gesellschafts-Vertrage zu treffen. Es sind deshalb in den §§ 30 und 31 [jetzt §§ 31 und 32] nur allgemeine Normen über die Zusammenberufung der Generalversammlung, die Vorbereitung und den Gegenstand ihrer Beschlüsse aufgestellt, welche einer näheren Motivirung nicht bedürfen; es ist dann im § 32 [jetzt § 33] die Verpflichtung des Vorstandes zur Ausführung des Gesellschaftsvertrages und der Beschlüsse der Generalversammlung ausgesprochen".

2) **Absatz II.** „wenn dies im Interesse der Genossenschaft erforderlich erscheint".

Es ist jedenfalls nur ein zufälliger Unterschied zwischen dieser Vorschrift und der des letzten Absatzes des § 28. Dort ist dem Aufsichtsrath vorgeschrieben, er soll eine Generalversammlung berufen, wenn es im Interesse der Genossenschaft „erforderlich ist". Dies kann nicht bedeuten, daß eine gerichtliche Entscheidung darüber eingefordert werden kann, ob die berufene Generalversammlung in der That erforderlich war oder ob es im Interesse der Genossenschaft nicht besser gewesen wäre, sie hätte nicht stattgefunden. Der Aufsichtsrath wird also für einen Irrthum in der Beurtheilung der Nothwendigkeit einer Generalversammlung wegen deren Kosten nicht verantwortlich zu machen sein.

Da die Generalversammlung nach dem folgenden § 32 über Anträge, die nicht auf der öffentlich bekannt gemachten Tagesordnung gestanden haben, nicht beschließen darf, so ist es wichtig, daß die Zusammenberufung der Generalversammlung nicht von der Willkür des Vorstandes abhängt. Bei einzelnen von Schwindlern in betrügerischer Absicht begründeten Genossen-

oder" vor den Worten „geringeren Theile" die Möglichkeit ausgeschlossen, daß der Gesellschaftsvertrag das Recht, die Berufung einer Generalversammlung zu verlangen, nur einem größeren als dem zehnten Theile der Mitglieder bewilligt. Das Bayrische Gesetz wahrte also das betreffende Recht in jedem Falle für den zehnten Theil. Der Bericht der Kommission, deren Vorschlag hier vorliegt, sagt darüber: „Zwar enthalten auch die Art. 188 und 237 des H.-G.-Buchs die in das Preußische Gesetz aufgenommenen Bestimmungen, allein die eminente Betheiligung der Genossenschafter, welche Folge der Solidarhaft ist, erfordert die Ausdehnung der Rechte und die Sicherung derselben in hervorragender Weise, auch wenn sie der Zahl nach in der Minderheit sind, während sie doch je nach ihren Vermögensverhältnissen mit größerer reeller Haftung betheiligt sind." Daß diese Ausführung zutreffend ist, wird man namentlich im Hinblick auf neuerliche Vorkommnisse in einzelnen Genossenschaften anerkennen müssen; bei einer zukünftigen Revision des Genossenschaftsgesetzes wird man gut thun, auf den Text des Bayerischen Art. 31 zurückzugehen.

Im Badischen Gesetz war nach den Motiven des Entwurfs unter Hinweis auf meinen Kommentar im letzten Satze ebenfalls „das Recht der Berufung einer Generalversammlung" nach meinen Vorschlägen geändert. „Von einer weitergehenden Abänderung des dritten Absatzes ist, seiner mangelhaften Fassung ungeachtet im Interesse thunlichster Anschließung an das Norddeutsche Gesetz Umgang genommen worden." (Reg.-Vorlage S. 26).

schaften haben sich diese Vorschriften bewährt. Gegen einen seine Pflicht vernachlässigenden Vorstand hat der Aufsichtsrath in dem Recht der Berufung einer Generalversammlung ein wichtiges Droh- und Schreckmittel zur Hand, — gegen einen böswilligen Vorstand ist die schärfere Waffe, — die Suspendirung vom Amte auch die bessere Waffe.

Der einzelne Genossenschafter hat gegen eine schlechte Verwaltung stets in der Generalversammlung, welche Vorstand und Aufsichtsrath absetzen kann, einen weit besseren Schutz als der Aktionär, indem letzterer sich mit der Verwaltung, wenn er nicht niedergestimmt werden will, in eine nur mit großen Geldmitteln zu führende Wettbewerbung um die Stimmen einlassen muß. Je schlechter, ja je spitzbübischer die Verwaltung einer Aktiengesellschaft ist, desto schwieriger ist oft der Kampf gegen sie, denn desto lieber benutzt jeder ehrliche Aktionär jede günstige Gelegenheit, durch Verkauf seiner Aktien aus aller Verbindung mit der Gesellschaft herauszukommen. Anders in der Genossenschaft. Hier hilft die Flucht aus der Genossenschaft nichts wegen der im Hintergrund lauernden Solidarhaft; hier ist es demnach auch leichter, unter der Mitgliedschaft für eine berechtigte Opposition Theilnehmer zu finden.

Die Ansetzung einer Generalversammlung kann der einzelne Genossenschafter nicht erzwingen. Wendet er sich an den Vorstand mit dem Antrage auf Berufung einer Generalversammlung und diesem erscheint es im Interesse der Genossenschaft nicht erforderlich, so kann er über den Vorstand sich aus diesem Grunde nicht beim Handelsrichter beschweren; er kann aber sich an den Aufsichtsrath wenden, damit dieser prüfe und wenn er es für erforderlich findet, aus eigenem Rechte die Generalversammlung anberaumen. Auch gegen den Aufsichtsrath kann der einzelne Genossenschafter keine Beschwerde an den Handelsrichter ergehn lassen. Der vom Vorstand und Aufsichtsrath abschläglich beschiedene Genossenschafter hat die Anberaumung der Generalversammlung in seiner Hand, wenn der gesetzlich oder statutarisch dazu bestimmte Theil der Genossenschafter seinem Antrage beitritt. Mit demselben kann er aber nur an den Vorstand gehen, nicht an den Aufsichtsrath; zögert der Vorstand, oder weigert er sich gar, so muß der Aufsichtsrath dieser Pflichtwidrigkeit halber gegen den Vorstand einschreiten. Allein die Genossenschafter können gegen den Vorstand die Hülfe des Handelsrichters anrufen, der den Vorstand von Amtswegen durch Ordnungsstrafen zur Befolgung der Vorschriften des § 31 Absatz 3 anhalten soll. So verordnet der § 66 des Genossenschaftsgesetzes infolge eines Zusatzes, der im Preußischen Herrenhause für das Preußische Gesetz in Abweichung von dem Prinzipe, daß dem Handelsrichter über innere Angelegenheiten der Genossenschaft keine Kontrole zustehe, beschlossen wurde. „Zur Begründung" — hieß es in dem Bericht der Kommission des Herrenhauses S. 16 — „wurde angeführt, daß es sich hier um Erzwingung einer formellen Maßregel handle, daß der Ausweg, die Genossenschafter auf eine Zivilklage gegen den Vorstand zu verweisen, um die Berufung einer Generalversammlung herbeizuführen, ein weit aussehender und nicht zum Ziele führender sei, daß diese Bestimmung den sonstigen Anordnungen des § 54 [jetzt § 66] entspreche."

3) „das Recht der Berufung".

Siehe die Bemerkungen zur Geschichte des § 30.

§. 32.

Die Berufung der Generalversammlung hat in der durch den Gesellschaftsvertrag bestimmten Weise zu erfolgen.

Der Zweck der Generalversammlung muß jederzeit bei der Berufung bekannt gemacht werden. Ueber Gegenstände, deren Verhandlung nicht in dieser Weise angekündigt ist, können Beschlüsse nicht gefaßt werden; jedoch die Beschlüsse über Leitung der Versammlung, sowie über Anträge auf Berufung einer außerordentlichen Generalversammlung ausgenommen.

Zur Stellung von Anträgen und zu Verhandlungen ohne Beschlußfassung bedarf es der Ankündigung nicht.

(Preuß. Gesetz § 31.)

I. Zur Geschichte des § 32.

Der § 31 des Preußischen Gesetzes stimmte buchstäblich mit den Artikeln 238 und 189 des Handelsgesetzbuchs überein. Für das Norddeutsche Gesetz beantragte Schulze den § 31 insoweit zu ändern, als eine ausdrückliche Bestimmung dahin, daß Beschlüsse „über Leitung der Versammlung und Handhabung der Geschäfte“ auch ohne Ankündigung gefaßt werden könnten, in denselben aufzunehmen sei. Die Reichstags-Kommission strich „und Handhabung der Geschäfte.“ Nun lautete die betreffende Stelle: „Hiervon sind jedoch die Beschlüsse über Anträge auf Berufung einer außerordentlichen Generalversammlung, sowie über Leitung der Versammlung ausgenommen.“ Die Zivilprozeßkommission beantragte „Absatz 2 Zeile 4 zu setzen: „„jedoch die Beschlüsse über Leitung der Versammlung, sowie über Anträge auf Berufung einer außerordentlichen Generalversammlung ausgenommen,““ in der Voraussetzung, daß nicht von der Leitung der erst zu berufenden außerordentlichen Versammlung, sondern von der Leitung der bereits zusammengetretenen Versammlung die Rede ist.“ Von einer Fortlassung der nicht in Zeile 4, sondern in Zeile 3 der Zusammenstellung stehenden Worte „hiervon sind“ war keine Rede. (Reichstags-Drucksachen Nr. 193 Seite 4 und Seite 9.) Daß die Worte „hiervon sind“ in der Zusammenstellung Nr. 195 der Drucksachen und sodann im Bundesgesetzblatt fortgeblieben sind, dürfte hiernach nur als ein Druckfehler zu bezeichnen sein.

II. Erläuterungen zu § 32.

1) Im Allgemeinen.

Die Beschlüsse, welche eine gehörig, d. h. in der durch den Gesellschaftsvertrag bestimmten Weise (vgl. § 3 Nr. 8) berufene Generalversammlung faßt, sind bindend für alle Genossenschafter, insbesondere auch für den Vorstand und Aufsichtsrath, sofern

1) der Gegenstand der Berathung und Beschlußfassung im Voraus bei der Berufung „angekündigt,“ also öffentlich bekannt gemacht ist,
2) die Beschlußfassung über diesen Gegenstand nicht durch den Gesellschafts-

vertrag der Generalversammlung ausdrücklich entzogen ist, in welchem Falle die betreffende Bestimmung des Gesellschaftsvertrages zuvor abgeändert werden müßte.

2) **Absatz II.** Eine Nothwendigkeit für das Deutsche Gesetz, den mit den Artikeln 189 und 238 des H.-G.-Buchs wörtlich übereinstimmenden § 31 des Preußischen Gesetzes abzuändern, war nicht vorhanden. Ist denn bei Kommanditgesellschaften auf Aktien und bei Aktiengesellschaften jemals empfunden, daß jene Artikel mangelhaft sind, weil sie die Beschlüsse über Leitung der Versammlung nicht denen auf Berufung einer außerordentlichen Versammlung gleichstellen? Warum soll für die Generalversammlungen der Genossenschaften solche besondere Vorsorge getroffen werden? Das Recht über ihre eigene Leitung Beschlüsse zu fassen, hat jede Versammlung. —

Im **Bayrischen** Gesetz vom 29. April 1869 war zum Schluß des zweiten Absatzes aus den von mir geltend gemachten Gründen auf Antrag des Referenten **Völk** der § 31 des Preußischen Gesetzes wieder hergestellt worden.

§. 33.

Der Vorstand ist zur Beobachtung und Ausführung aller Bestimmungen des Gesellschaftsvertrages und der in Gemäßheit desselben von der Generalversammlung gültig gefaßten Beschlüsse verpflichtet und dafür der Genossenschaft verantwortlich.

Die Beschlüsse der Generalversammlung sind in ein Protokollbuch einzutragen, dessen Einsicht jedem Genossenschafter und der Staatsbehörde gestattet werden muß.

(Preuß. Gesetz § 32.)

I. Zur Geschichte des § 33.

Der § 33 stimmt wörtlich mit § 32 des Preußischen Gesetzes überein.

a) **Der erste Absatz** ist im Wesentlichen dem ersten Entwurfe Schulze's entlehnt.

b) Daß der **Staatsbehörde** die Einsicht in das **Protokollbuch** zu gestatten ist, war eine Forderung des Preußischen Regierungsentwurfs von 1866. In den Motiven dieses Entwurfs heißt es (S. 30): „Da die Staatsregierung die Generalversammlungen nicht unter ihre Kontrole gesetzt hat, so ist es erforderlich, ihr die Mittel zur Erlangung der Ueberzeugung zu gewähren, daß die Generalversammlungen nicht zu Verhandlungen benutzt werden, welche außerhalb des Zweckes der Genossenschaft liegen. Deshalb ist die Führung eines Protokollbuches über die Beschlüsse und Gestattung der Einsicht desselben durch die Staatsbehörde im letzten Satz des § 32 [jetzt § 33] vorgeschrieben".

Die Kommission des Abgeordnetenhauses strich die Worte „und der Staatsbehörde". Als aber das Kompromiß zunächst innerhalb der Kommission geschlossen wurde, (siehe Seite 94 und 312) war die Wiedereinfügung der betreffenden Worte das zweite der drei Opfer, die man der Regierung zu bringen sich entschloß. Der Nachtragsbericht der Kommission meinte, es geschehe dies „in Konsequenz“ der zu § 28 gemachten Konzession.*)

II. **Erläuterungen zu § 33.**

1) **Absatz I.** ist aus dem alten Entwurfe Schulze's geblieben, und spricht das, was in dem später eingeschobenen § 21 für die Befugniß des Vorstandes zur Vertretung der Gesellschaft gesagt ist, ganz allgemein, auch für alle inneren Angelegenheiten der Genossenschaft aus: Der Vorstand ist an alle in Gemäßheit des Gesellschaftsvertrages gültig gefaßten Beschlüsse der Generalversammlung gebunden. Er muß ihr darin gehorchen. Meint er, ein Beschluß der Generalversammlung sei gegen den Gesellschaftsvertrag und befolgt ihn deshalb nicht, so ist zweierlei möglich. Entweder die Generalversammlung erkennt dies an und nimmt den Beschluß zurück oder ändert die entgegenstehenden Bestimmungen des Gesellschaftsvertrages. Oder aber sie erkennt es nicht an und setzt den Vorstand nach § 17 des Gesetzes ab. Gegen die Absetzung kann der Vorstand niemals etwas einwenden; wäre kein genügender Grund zur Absetzung vorhanden, so kann dies nur ein Recht auf Entschädigung begründen.

2) „der Genossenschaft verantwortlich“.

Der Vorstand muß darnach für den Schaden aufkommen, welcher für die Genossenschaft entsteht, wenn er die Bestimmungen des Gesellschaftsvertrages und die Beschlüsse der Generalversammluug zu beobachten und auszuführen unterläßt.

3) **Absatz II.** „der Staatsbehörde“.

Unter der Staatsbehörde ist hier die Polizei aller Instanzen, nicht das Handelsgericht verstanden, wie sich aus den übereinstimmenden Aeußerungen in den Berichten und Verhandlungen ergiebt. Die Ausführung dieser Bestimmungen aber ist unter die Aufsicht des Handelsgerichts gestellt. Vgl. § 66 und die Erläuterungen dazu.

---

*) Das Bayerische Gesetz vom 29. April 1869 und das Badische Gesetz vom 11. Febr. 1870 hatten die Worte „und der Staatsbehörde“ nicht. In beiden Ländern hatte bereits die Regierung in ihren Entwürfen diesen Strich gemacht. — Das Gesetz für die nicht dem Norddeutschen Bunde angehörenden Theile des Großherzogthums Hessen vom 4. August 1869 hatte statt der Worte „der Staatsbehörde“ gesetzt „der Verwaltungsbehörde“. Motive dieser Aenderung sind aus den Landtags-Drucksachen nicht ersichtlich. —

Abschnitt IV.*)

Von der Auflösung der Genossenschaft und dem Ausscheiden einzelner Genossenschafter.

§. 34.

Die Genossenschaft wird aufgelöst:

1) durch Ablauf der im Gesellschaftsvertrage bestimmten Zeit;

2) durch einen Beschluß der Genossenschaft;

3) durch Eröffnung des Konkurses (Falliments).

(Preuß. Gesetz § 33.)

I. **Zur Geschichte des § 34.**

a) Der § 34 stimmt wörtlich überein mit § 33 des Preußischen Gesetzes.

b) Die Beifügung des Wortes „Falliment" (§§ 34, 47, 48, 51, 52. — Preuß. Gesetz §§ 33, 47, 50) sollte für das Preußische Gesetz den Artikel 17 des Einführungsgesetzes zum Allgemeinen Deutschen Handelsgesetzbuche ersetzen, welcher lautet: „Wo das Handelsgesetzbuch von dem Konkurse spricht, ist darunter auch das Falliment des Rheinischen Handelsgesetzbuchs zu verstehen". Das Falliment ist aber in diesem Gesetzbuche das dem kaufmännischen Konkurse gleichende Debitverfahren gegen Kaufleute.

c) Die Kommission des Preußischen Abgeordnetenhauses hatte in Gemäßheit der früheren Entwürfe noch einen vierten Auflösungsgrund hinzugefügt:

„4) durch einen mit Gründen zu versehenden Beschluß des Handelsgerichts auf Antrag eines Mitgliedes der Genossenschaft nach fruchtlos vollstreckter Exekution in das Vermögen derselben."

Zur Motivirung war gesagt worden (Bericht S. 18): Die Aufnahme dieses Grundes sei zum Schutze der Genossenschafter für billig erachtet. Diese seien vermöge der Solidarhaft auf das Dringendste dabei betheiligt, daß die Genossenschaft nicht zu Lasten der Mitglieder das Geschäft fortsetze, sobald eine gedeihliche Wirksamkeit nicht mehr wahrscheinlich sei. Zwar sei es dem Vorstande zur Pflicht gemacht, im Falle der Zahlungseinstellung den Konkurs eröffnen zu lassen, indessen könne das Schicksal der Mitglieder nicht davon abhängig gemacht werden, ob der Vorstand seine Pflicht thue. Das Mittel der Konkurseröffnung würde übrigens beim guten Willen des Vorstandes dennoch nicht anwendbar sein, wenn nicht eine flüssige Summe vorhanden sei, welche zur Herbeiführung des Konkursverfahrens ausreiche (§ 306 der Konkursordnung vom 8. Mai 1855), und dieser Fall verdiene um so mehr Beachtung, als die fruchtlose Exekution den Mangel an liquid zu machenden Mitteln in sich schließe u. s. w.

---

*) Der IV. Abschnitt §§ 34 bis 39 enthält nur im § 39 erhebliche Aenderungen des Preußischen Gesetzes (§§ 33 bis 38).

Als später das mehrerwähnte Kompromiß mit der Staatsregierung geschlossen wurde, ließ die Kommission den Zusatz, dem sie eine weittragende Bedeutung nicht beilegte, wieder fallen. „Der Vertreter des Justizministeriums legte dieser Bestimmung" — heißt es in dem Nachtragsbericht (Nr. 104 der Drucksachen) „eine prinzipielle Wichtigkeit bei und sprach sich sehr entschieden gegen dieselbe aus, weil sie das Interesse der anderen Genossenschafter beeinträchtige."

II. Erläuterungen zu § 34.

1) „die Genossenschaft wird aufgelöst".

Die drei hier aufgeführten Auflösungsgründe sind nicht die einzigen. Zum Beispiel der Tod aller Genossenschafter löst unzweifelhaft die Genossenschaft auf, es sei denn, daß durch den Gesellschaftsvertrag festgesetzt sei, „daß die Mitgliedschaft durch den Tod nicht erlischt". (§ 38.)

In der Einleitung (S. 133) ist bereits ausgeführt, daß die Genossenschaft aufhören müsse, wenn ihre Mitgliederzahl unter drei herabgesunken ist, und daß es zweifelhaft sei, ob zum Fortbestande der Genossenschaft nicht außer dem Vorstande, gleichviel aus wie vielen Mitgliedern er besteht, noch ein ferneres Mitglied erforderlich sei.

Diese Fragen sind keineswegs Doktorfragen. Schon jetzt kommen Fälle vor, in denen eingetragene Genossenschaften gewissermaßen einschlafen; Auflösungsanträge werden von der Generalversammlung abgelehnt, man liquidirt unter der Hand; Generalversammlungen werden nicht mehr abgehalten, Mitgliederverzeichnisse nicht mehr eingereicht, Bilanzen nicht mehr veröffentlicht; Vorstandsmitglieder sterben, — es werden keine Stellvertreter gewählt. Freilich ist alles dies nur möglich, wenn das Handelsgericht von dem § 66 des Gesetzes keinen Gebrauch macht.

Auch in dem schlimmeren Falle, der mehrfach in den letzten Jahren vorgekommen ist, wo einige Schwindler sich zu einer eingetragenen Genossenschaft zusammenthun, deren Vorstand bilden, und ehrliche Leute nicht blos als Geschäftskunden, sondern auch als Mitglieder einfangen, um sie auszuplündern, und wenn dann die letzteren unter einer sehr geringen Mitgliederzahl keine Generalversammlungsmehrheit herausbekommen können und deshalb die Mitgliedschaft kündigen und ausscheiden, — auch in einem solchen Falle können die oben aufgestellten Fragen praktisch werden.

2) Zu Ziffer 1) „durch Ablauf der . . . Zeit".

Daß die Genossenschaft mit dem Ablauf dieser Zeit wirklich ohne Weiteres aufhört, daß also ein Auflösungsbeschluß nicht mehr erforderlich ist, versteht sich von selbst. Ebenso daß eine Genossenschaft einen den Gesellschaftsvertrag abändernden Beschluß über die Fortsetzung der Genossenschaft rechtzeitig fassen und eintragen lassen und dadurch den Fortbestand erwirken kann. (Vergl. §§ 3, 6 des Gesetzes und Erläuterungen dazu — Seite 188 und 229.) *)

---

*) von Sicherer's Ausführungen a. a. O. S. 273 u. 274, daß im Mangel einer statutarischen Vorschrift zu einem Fortsetzungsbeschluß im Fall der Ziffer 1) und zu einem Auflösungsbeschluß im Fall der Ziffer 2) Einstimmigkeit erforderlich sei, sind bereits in den Erläuterungen zu § 6 Seite 229 hinreichend widerlegt.

3) Zu Ziffer 2) „durch einen Beschluß der Genossenschaft“.

Ein Beschluß „der Genossenschaft“ kann nur bedeuten ein Beschluß „der Generalversammlung“ und dieser wird wie alle Beschlüsse der Generalversammlung in das Protokollbuch eingetragen. Dadurch erledigen sich wol die Bedenken, welche v. Sicherer darüber anregt, ob der Beschluß mündlich oder schriftlich erfolgen müsse.

Der Auflösungsbeschluß ist sofort gültig, nicht erst nach der Eintragung in das Genossenschaftsregister, wie § 6 für die Abänderungen des Gesellschaftsvertrages vorschreibt. Dieses folgt schon daraus, daß in dem § 36, welcher dem § 6 korrespondirt, von einer Vertagung der rechtlichen Wirkung, im Gegensatz zum § 6, nichts gesagt ist. (Vergl. auch Erläuterung 4 zu § 6 Seite 232.)

§. 35.

Wenn eine Genossenschaft sich gesetzwidriger Handlungen oder Unterlassungen schuldig macht, durch welche das Gemeinwohl gefährdet wird, oder wenn sie andere, als die im gegenwärtigen Gesetze (§. 1.) bezeichneten geschäftlichen Zwecke verfolgt, so kann sie aufgelöst werden, ohne daß deshalb ein Anspruch auf Entschädigung stattfindet.

Die Auflösung kann in diesem Falle nur durch gerichtliches Erkenntniß auf Betreiben der höheren Verwaltungsbehörde erfolgen. Als das zuständige Gericht ist dasjenige anzusehen, bei welchem die Genossenschaft ihren ordentlichen Gerichtsstand hat.

Das Erkenntniß ist von dem zuständigen Gerichte demjenigen Gerichte, welches das Genossenschaftsregister führt, zur Eintragung und Veröffentlichung nach §. 36. mitzutheilen.

(Preuß. Gesetz § 34.)

I. Zur Geschichte des § 35.

a) Dieser § 35 stimmt mit § 34 des Preußischen Gesetzes überein, nur stand im zweiten Absatze „der Bezirksregierung“ statt „der höheren Verwaltungsbehörde.“

b) Die Aufnahme dieses § 35 in das Gesetz ist die letzte und erheblichste der drei Konzessionen, welche die Kommission des Preußischen Abgeordnetenhauses der Staatsregierung insofern gemacht hat, als sie die Bestimmung desselben nicht für nützlich, sondern für schädlich erachtete, und dennoch dem Abgeordnetenhause deren Annahme empfahl. Der § 35 stimmt mit dem § 5 Artikel 12 des Preußischen Einführungsgesetzes zum Deutschen Handelsgesetzbuche vom 24. Juni 1861, welcher Gleiches für die Aktiengesellschaften anordnet, überein, jedoch mit dem Unterschiede, daß nur die das Gemeinwohl gefährdenden Handlungen und Unterlassungen, nicht auch die Verfolgung anderer Zwecke eine Auflösung der Aktiengesellschaft ohne Entschädigung zur Folge haben kann. Die Preußische Regierung hatte eine ähnliche Bestimmung zur

Aufnahme in das Deutsche Handelsgesetzbuch selbst in ihrem Entwurfe vorgeschlagen, nur sollte an Stelle der Gefährdung des Gemeinwohls der grobe Mißbrauch ihres Rechts zur Auflösung der Aktiengesellschaft durch richterliches Urtel führen. Die Kommission zum Entwurf des Handelsgesetzbuchs überließ dies aber den Landesgesetzgebungen und ordnete im letzten Absatz des Art. 242 des Handelsgesetzbuchs nur an, daß der über die Auflösung der Aktiengesellschaften handelnde Vierte Abschnitt des dritten Titels auf Fälle der Auflösung oder Konzessionszurücknahme nach dem in den einzelnen Staaten geltenden Recht, ebenfalls Anwendung finde.

c) Das Bayerische Gesetz hatte auf Vorschlag seiner Kommission das Verfahren nur zugelassen, „wenn eine Genossenschaft andere, als die im gegenwärtigen Gesetze (Art. 1) bezeichneten geschäftlichen Zwecke verfolgt", und statt der Zivilklage ein vom Staatsanwalt zu betreibendes gegen den Vorstand gerichtetes Strafverfahren beliebt, und für das Verfahren sowie bezüglich der Rechtsmittel die für die Untersuchung und Aburtheilung der Vergehen geltenden Vorschriften anwendbar erklärt.

Im Badischen Gesetz war auf Vorschlag der Regierung der § 35 gestrichen und an seiner Stelle auf § 4 des Gesetzes vom 21. Novbr. 1867, das Vereins- und Versammlungsrecht betreffend, verwiesen; nach dieser Bestimmung war eine Auflösung nur möglich, wenn ein Verein den Strafgesetzen oder der Sittlichkeit zuwiderläuft, den Staat oder die öffentliche Sicherheit gefährdet.

II. Erläuterungen zu § 35.

1) Absatz I.

Im Allgemeinen vgl. man Erläuterungen zu § 27 Seite 314. Die eingetragene Genossenschaft ist insoweit schlechter gestellt als die Aktiengesellschaft (siehe oben zur Geschichte b), als bei ihr die Auflösung auch ausgesprochen werden kann, sobald sie andere als die im § 1 bezeichneten geschäftlichen Zwecke verfolgt. Der ursprüngliche Entwurf des Preußischen Ministeriums hatte statt dessen gar „wenn sie andere als die im Gesellschaftsstatut bezeichneten Zwecke verfolgt" und motivirte den § 35 einfach durch die exorbitante Behauptung, daß eine Genossenschaft, welche sich jener das Gemeinwohl gefährdenden rechtswidrigen Handlungen oder Unterlassungen schuldig macht, oder „die im Statut ihr gesetzten Grenzen durch Verfolgung anderer Zwecke überschreite, keinen Anspruch auf Fortdauer machen könne." Also eine handelsrechtliche Persönlichkeit muß vernichtet werden, sobald sie nach der Meinung des Gerichts dem Zwecke, den sie in einer schriftlichen Urkunde ankündigte, zuwiderhandelt, ohne diese Urkunde zuvor abzuändern!

Durch den § 35, auch in seiner jetzigen Gestalt, ist das Gedeihen der einzelnen eingetragenen Genossenschaft von dem Belieben der Regierung abhängig gemacht. Denn schon durch einen Antrag auf Auflösung würden die meisten Genossenschaften, namentlich jede Volksbank, tief erschüttert werden.

2) „eine Genossenschaft".

Die Genossenschaft selbst muß sich gesetzwidrig verhalten haben, wenn die Auflösung begründet sein soll. Handlungen oder Unterlassungen des Vorstandes oder Aufsichtsrathes haben nicht diese Folge, sonst hätte dies ausdrücklich ausgesprochen werden müssen. Wenn es „keine dehnbareren Begriffe giebt", als „die überwiegenden Gründe des Gemeinwohls", wie seiner Zeit die Kommission zum Entwurf des Handelsgesetzbuchs anerkannte, so ist doch der Begriff „Gefährdung des Gemeinwohls" genau ebenso dehnbar. Sobald also die Genossenschaft sich einer gesetzwidrigen Handlung oder Unterlassung schuldig macht, so schwebt sofort das Damoklesschwert über ihrem Haupt. Ueber den Ausdruck „über andere als die im gegenwärtigen Gesetze (§ 1) bezeichneten geschäftlichen Zwecke" vergl. Erläuterungen zu § 27 S. 314.

3) **Absatz II.** „durch gerichtliches Erkenntniß" 2c.

Das Verfahren ist ein ordentlicher Prozeß, welchen die Verwaltungsbehörde gegen die Genossenschaft anzustellen hat. Wenn die Verwaltungsbehörde eine Klage auf Auflösung gegen die Genossenschaft auf Grund des § 35 anstellt, so kann die Klage im Gebiete der allgemeinen Gerichtsordnung wegen mangelnder Begründung ebenso zurückgewiesen werden, wie jede andere Zivilklage. Darin liegt allerdings ein erheblicher Schutz, welcher da fortfällt, wo der Prozeßordnung die Zurückweisung der Klage per decretum unbekannt ist.

Auch in Bayern ist nach Einführung des Gesetzes (siehe zur Gesch. c.) nur das Prozeßverfahren gestattet. Dagegen ist in dem einzigen Falle, in welchem überhaupt der § 35 angewendet ist, gefehlt worden. Das Königl. Bezirksgericht München l./J. hat in einem großen Sozialisten-Strafprozeß am 9. Juni 1875 nicht blos drei Personen „eines Vergehens gegen das Genossenschaftsgesetz" schuldig befunden, sondern auch erkannt: daß die unterm 8. Oktober 1874 beim Königl. Handelsgericht angemeldete und in das Register eingetragene I. Münchener Genossenschaftsbuchdruckerei Eing. Gen. ohne Anspruch auf Entschädigung gerichtlich aufgelöst sei. Die Gründe des mir vorliegenden Erkenntnisses sind sehr dürftig; die ein halb Jahr zuvor gegründete Genossenschaft habe den angegebenen Zweck „Errichtung einer Druckerei mit Buchhandel verbunden" nicht ernstlich meinen können. „Zum ersten Beginne eines solchen Geschäfts gehören baare Mittel, — mindestens 1200 fl., die nicht vorhanden und nach der Art und Weise der Erwerbung der Antheilsscheine auch in langer Zeit nicht zu beschaffen waren. Es sind auch aus den ursprünglich angemeldeten 33 Genossen nur 72 geworden und die Beiträge stiegen bis jetzt nur auf circa 300 fl. Es hat sich deshalb die Ueberzeugung gebildet, daß diese Genossenschaft nur die Fortsetzung des aufgegebenen Preßvereines ist und daß ihr Zweck ausschließend die Erhaltung des Parteiblattes „Zeitgeist" ist, welchem Zwecke sicher auch die letzte Verhandlung der Genossen und der das gleiche anstrebenden Sozialdemokraten im Gasthause zum Rheingold galt, was die damals konfiszirten Briefe bekunden. Die Vorstände der Genossenschaft haben daher offenbar vom Anfange an andere Zwecke verfolgt, als die im Genossenschaftsgesetz erwähnten, und sind demnach M. E., R. und O. nach § 27 dieses Gesetzes schuldig und strafbar. Die Königl. Polizeidirektion München als nach der Verordnung vom 8. August 1873 zuständige höhere Verwaltungsbehörde hat unterm 2. April l. J. den Antrag gestellt, diese Genossenschaft richterlich aufzulösen, welchem Antrage, da diese Genossenschaft nichts als ein politischer Verein ist, stattzugeben war." u. s. w.

Wir haben diese Gründe wörtlich mitgetheilt, um darzulegen, wie gefährlich der § 35, — namentlich gegenüber einem sich irrthümlich für kompetent erklärenden Strafgericht ist. Wenn die Höhe des eigenen Vermögens nach der nicht einmal durch Sachverständige bestätigten Meinung des Richters unzureichend ist, um das Geschäft zu beginnen, so soll daraus schon hervorgehen, daß die Genossenschaft andere als geschäftliche Zwecke verfolgt? Und dann, war es wirklich undenkbar, daß die von 33 Genossen schon auf 72 gebrachten Mitglieder sich nicht binnen wenigen Wochen auf 100 vermehren und auf den Kopf noch 7 Gl. (12 Mk.) als eigenes Vermögen und zugleich 200 Gulden als Darlehn aufzunehmen und so die 1200 fl. beschaffen konnten? — Wir meinen, in einem Zivilprozeß würde kein Richter so geringe Indizien für ausreichend erachten, eine handelsrechtliche Persönlichkeit durch Urtelsspruch zu vernichten.

§. 36.

Die Auflösung der Genossenschaft muß, wenn sie nicht eine Folge des eröffneten Konkurses ist, durch den Vorstand zur Eintragung in das Genossenschaftsregister angemeldet werden; sie muß zu drei verschiedenen Malen durch die für die Bekanntmachungen der Genossenschaft bestimmten Blätter bekannt gemacht werden.

Durch die Bekanntmachung müssen die Gläubiger zugleich aufgefordert werden, sich bei dem Vorstande der Genossenschaft zu melden.

(Preuß. Gesetz § 35.)

Erläuterungen zu § 36.

1) Der § 36 ist der § 35 des Preußischen Gesetzes. Der Preußische Regierungsentwurf sagte über diesen Paragraphen in den Motiven: „Erfolgt die Auflösung durch den Willen der Genossenschaft oder durch Erkenntniß, so erfordert das Interesse der Gläubiger, daß diese davon Kenntniß erhalten, um ihre Rechte wahrzunehmen. Es ist deshalb für diesen Fall eben so wie im Artikel 243 des Handelsgesetzbuches bei der Auflösung der Aktiengesellschaften nicht allein die Eintragung der Auflösung der Genossenschaft in das Genossenschaftsregister, sondern auch öffentliche Bekanntmachung und Aufforderung der Gläubiger zur Geltendmachung ihrer Ansprüche vorgeschrieben.“ Außer dem Artikel 243 sind auch Artikel 129, Artikel 171 und Artikel 201 des Handelsgesetzbuchs zu vergleichen.

2) **Absatz I.** „wenn sie nicht eine Folge des eröffneten Konkurses ist“.

Bei Auflösung durch Konkurseröffnung kann natürlich die Eintragung in das Handelsregister nicht durch den Vorstand, als Vertreter des Konkursschuldners angemeldet werden. Vgl. § 37.

3) „muß . . . durch den Vorstand . . . angemeldet werden“.

Der entsprechende Art. 243 des Handelsgesetzbuchs fügt noch hinzu „bei Ordnungsstrafe“. Dies war hier unnöthig, da die Ordnungsstrafe im § 66 behandelt wird, der sich auch auf § 36 bezieht. Wie v. Hahn a. a. O.

Seite 668 aufmerksam macht, kann die Unterlassung der Eintragung der Auflösung auch eine zivilrechtliche Wirkung haben, wenn nämlich der Vorstand im Namen der Genossenschaft weiter handelt. Die persönliche und solidarische Verantwortlichkeit des Vorstandes folgt aus § 27 Absatz 1.

4) „bekannt gemacht werden".

Außer der hier vorgeschriebenen dreimaligen Bekanntmachung der Auflösung, welche von den Organen der Genossenschaft auszugehen hat, und nach § 66 unter Ordnungsstrafe gestellt ist, findet eine zweite Bekanntmachung statt, nämlich die im § 6 vorgeschriebene vom Handelsgerichte vorzunehmende Bekanntmachung der über die Auflösung im Handelsregister erfolgten Eintragung. Die erstere ist zur Sicherung der Gläubiger nothwendig und kann in ganz anderen Blättern erfolgen, als die letztere.

5) **Absatz II.**

Die Uebertragung dieser Bestimmung des zweiten Absatzes des Artikel 243 des H.-G.-Buchs ist hier nicht ohne Aenderung erfolgt. Jener lautet:

„Durch diese Bekanntmachung müssen zugleich die Gläubiger aufgefordert werden, sich bei der Gesellschaft zu melden."

Die Meldung muß im Fall des Artikels 243 ohne Zweifel bei den Liquidatoren erfolgen, als Vertretern der Aktiengesellschaft, denen auch alle Zustellungen zu machen sind (Artikel 224 und Artikel 144 des Handelsgesetzbuchs), und zu Liquidatoren können nach Artikel 244 durch den Gesellschaftsvertrag oder durch den Beschluß der Aktionäre auch andere Personen als der Vorstand bestellt werden. Da nun letztere Bestimmung nach § 40 auch für die Genossenschaft eingeführt ist, so ist unbegreiflich, weshalb die Genossenschaftsgläubiger aufgefordert werden sollen, sich nicht bei der Genossenschaft, d. h. bei den Liquidatoren, sondern bei dem Vorstande der Genossenschaft zu melden. Da die Abweichung in den Motiven des Preußischen Gesetzes nicht erwähnt ist, wird man sie wol zu jenen mehrfach vorgekommenen, unangenehmen Redaktionsfehlern rechnen müssen, von denen es bedauerlich ist, daß die Kommissionen des Abgeordnetenhauses und des Herrenhauses sie unverändert bestehen ließen. Noch mehr zu bedauern ist, daß die Gesetzesstelle mit dem Redaktionsfehler unverändert vom Preußischen in das Deutsche Gesetz übernommen ist.*)

§. 37.

Die Konkurseröffnung ist vom Konkursgerichte von Amtswegen in das Genossenschaftsregister einzutragen. Die Bekanntmachung der Eintragung durch eine Anzeige in den im §. 4. Nr. 6. bestimmten Blättern unterbleibt. Wenn das Genossenschaftsregister nicht bei dem Konkursgerichte geführt wird, so

*) Das Bayerische Gesetz vom 29. April 1869 hatte auf Vorschlag seiner Kommission den hier gerügten Fehler verbessert und dem zweiten Absatz noch einen dem Abs. 2 des Art. 202 des Handelsgesetzbuchs entsprechenden Zusatz beigefügt. — Die Motive zum Entwurf des Badischen Gesetzes vom 11. Febr. 1870 begnügen sich mit einer Zustimmung zu meiner Ausführung.

ist die Konkurseröffnung von Seiten des Konkursgerichtes dem Handelsgerichte, bei welchem das Register geführt wird, zur Bewirkung der Eintragung unverzüglich anzuzeigen.

(Preuß. Gesetz § 36.)

Erläuterungen zu § 37.

Der § 37 stimmt wörtlich mit § 36 des Preuß. Gesetzes überein. Die Motive des Regierungsentwurfes besagen über letzteren: „Bei der Auflösung der Genossenschaft durch Konkurseröffnung wird die Konvokation der Gläubiger durch das Konkursgericht bewirkt; es bedarf deshalb in diesem Falle nur der Eintragung der Auflösung in das Genossenschaftsregister."

Der § 37 ist eine Nachbildung des Artikels 13 des Preußischen Einführungsgesetzes zum Allgemeinen Deutschen Handelsgesetzbuche vom 24. Juni 1861, die aber in den ersten beiden Sätzen zwei wenig glückliche Abweichungen enthält. Der Antrag Schulze's von 1866 hatte die von der Kommission des Abgeordnetenhauses von 1863 auf Vorschlag des Herausgebers angenommene Fassung, welche an jenem Artikel 13 nur die Worte Handelsgesellschaft und Handelsregister in Genossenschaft und Genossenschaftsregister verwandelt hatte:

> „Wird über eine Genossenschaft der Konkurs eröffnet, so ist dies von Amtswegen in das Genossenschaftsregister einzutragen.
>
> Die Bekanntmachung der Eintragung durch eine Anzeige in öffentlichen Blättern unterbleibt."

Der Regierungsentwurf änderte in Gemäßheit seiner übrigen Bestimmungen Zweierlei.

a) Er fügte hinzu, daß die Konkurseröffnung vom Konkursgerichte „dem Oberpräsidenten anzuzeigen", da diesem ja die Anerkennung der Genossenschaft übertragen werden sollte.

b) Statt „in öffentlichen Blättern" setzte er „im Amtsblatt", weil er in einem besonderen § 55 unter den Schlußbestimmungen vorgeschrieben hatte, daß alle Bekanntmachungen, sowohl die von Seiten des Vorstandes oder sonstiger Organe der Genossenschaft als die nach Inhalt des Gesetzes vom Handelsgericht zu erlassenden, durch das Amtsblatt der Bezirksregierung erfolgen sollten.

Die Kommission des Abgeordnetenhauses mußte in Konsequenz ihrer übrigen Beschlüsse beide Aenderungen wieder streichen. Statt nun aber den Text des Schulze'schen Antrages, den der Ministerialentwurf im letzten Satze des § 37 unverändert gelassen hatte, einfach in den beiden ersten Sätzen wiederherzustellen, nahm sie auf die Fassung jenes Antrages keine Rücksicht.

Zu a. Bei der Fortstreichung der Anzeige an den Oberpräsidenten ließ sie die Worte „Vom Konkursgerichte" stehen. Diese Worte waren jedenfalls überflüssig und könnten überdies zu der falschen Auffassung Anlaß geben, als ob der Konkursrichter, der Kommissarius des Konkurses, und von den Konkursakten aus die Eintragung in das Genossenschaftsregister vornehmen solle, eine Auffassung, die freilich in der Ministerialinstruktion vom 2. Mai 1867 (ebenso jetzt in der Instruktion vom 17. Dezember 1868) durch die Anordnung einer von den Konkursakten zu den Akten über das Genossenschaftsregister zu machenden Anzeige beseitigt wird.

Zu b. beging die Kommission ein erheblicheres Versehen, indem sie für „im Amtsblatt“ statt „in öffentlichen Blättern“ herzustellen, „in den § 4 Nr. 6 bestimmten Blättern“ setzte. Ursprünglich stand statt „im § 4 Nr. 6“ in der den Berichten beigefügten Zusammenstellung „im § 4—6“ und man hätte annehmen können, daß mit diesem, wenn auch nicht eben geschickten Ausdrucke diejenigen Blätter gemeint seien, in welchen das Handelsgericht die Eintragungen gemäß § 4 und § 6 des Gesetzes veröffentlicht. Allein da in dem Hauptbericht selbst (Drucksachen Nr. 55 S. 19) deutlich und klar gesagt ist:

„Das Amtsblatt ist durch die im Vertrage bezeichneten Blätter ersetzt“,

so hatte der Berichterstatter Lasker ganz Recht, wenn er bei der Berathung im Plenum erklärte: daß ein Druckfehler vorläge und es § 4 Nr. 6 heißen müsse. Wo der Irrthum auch stecken mag, ob in den Motiven zum Bericht und dieser Bemerkung des Berichterstatters oder bei dem Beschlusse der Kommission, jedenfalls wurde nun etwas ganz anderes in den § 37 hineinkorrigirt als beabsichtigt wurde. Denn Eintragungen werden niemals in den im § 4 Nr. 6 bestimmten Blättern bekannt gemacht, der Zusatz war also überflüssig.

Der sinnentstellende Redaktionsfehler, wie überhaupt die hier (wie in meinem Kommentar zum Preußischen Gesetze S. 103) gerügte mangelhafte Fassung des § 37 ist leider unangefochten in das Norddeutsche Gesetz übergegangen.

Was nun aber Rechtens ist, erscheint zweifelhaft. Man vergleiche nur §§ 36 und 37 des Gesetzes mit den entsprechenden Artikeln 243 des Handelsgesetzbuchs und Artikel 13 des Preußischen Einführungsgesetzes zum Handelsgesetzbuche. Lägen diese Bestimmungen gar nicht vor, so wäre nach Artikel 12—14 des Handelsgesetzbuchs und § 4 des Genossenschaftsgesetzes die Auflösung einer Aktiengesellschaft und einer Genossenschaft in allen Fällen zur Eintragung in das Handelsregister anzumelden und müßte der Handelsrichter die Eintragung der Auflösung in den im Artikel 14 des Handelsgesetzbuchs bezeichneten Blätter bekannt machen. Das Handelsgesetzbuch in Verbindung mit dem Einführungsgesetz stellen zwei Abweichungen für die Aktiengesellschaft fest:

1) Bei Auflösung der Aktiengesellschaft außer dem Falle des Konkurses muß neben jener Bekanntmachung der im Handelsregister stattgefundenen Eintragung durch die Blätter des Artikels 14 des Handelsgesetzbuchs noch eine dreimalige Bekanntmachung — nicht der Eintragung, sondern der Auflösung und nicht in den Blättern des Artikels 14, sondern in den durch den Gesellschaftsvertrag festgestellten und nach Artikel 210 bekannt gemachten Gesellschaftsblättern erfolgen. Artikel 243.

2) Bei Auflösung der Aktiengesellschaft durch Konkurs hat nicht nur die durch die Sonderbestimmung des Artikels 243 für die andern Auflösungsarten festgestellte dreimalige Bekanntmachung der Auflösung in den Gesellschaftsblättern nicht stattzufinden, sondern es fällt auch die ordentliche Be-

kanntmachung der Eintragung der Auflösung in die Handelsregister-Blätter fort. Letzteres spricht der Artikel 13 des Einführungsgesetzes aus, ersteres braucht er nicht zu erwähnen, da ja die Sonderbestimmung des Artikels 243 ausdrücklich nicht für die Auflösung durch Konkurs eingeführt ist.

Die Entwürfe des Genossenschaftsgesetzes beabsichtigten nach den Motiven des Ministerialentwurfs und nach den keiner Mißdeutung fähigen Beschlüssen der Kommission von 1863 genau dasselbe anzuordnen. Daß die Kommission von 1866 etwas von den Entwürfen Abweichendes anordnen wollte, ist in keiner Weise ersichtlich. Die Bestimmung zu 1) ist dem § 36 konform. Statt in Gemäßheit der Bestimmung zu 2) die Bekanntmachung der Eintragung in den Handelsregister-Blättern zu verbieten, verbietet im § 37 diese Bekanntmachung in den Gesellschaftsblättern, obschon in diesen niemals Eintragungen bekannt gemacht werden. Findet nun trotzdem die Bekanntmachung der Eintragung in den Handelsregister-Blättern statt? — Wer sich an den Wortlaut des Gesetzes hält, muß die Frage bejahen; denn diese Bekanntmachung ist durch §§ 4 und 6 des Gesetzes in Verbindung mit Artikel 12—14 des Handelsgesetzbuchs angeordnet und durch keine Ausnahme-Bestimmung untersagt. Dennoch möchten wir die Frage verneinen, indem wir annehmen, der zweite Satz des § 37 habe nur Sinn, wenn man eine irrthümliche Bezeichnung der Blätter annimmt, also statt § 4 Nr. 6 „§ 4 und § 6" oder bloß „§ 6" liest*).

§. 38.

Jeder Genossenschafter hat das Recht, aus der Genossenschaft auszutreten, auch wenn der Gesellschaftsvertrag auf bestimmte Zeit geschlossen ist.

Ist über die Kündigungsfrist und den Zeitpunkt des Austritts im Gesellschaftsvertrage nichts festgesetzt, so findet der Austritt nur mit dem Schluß des Geschäftsjahres nach vorheriger, mindestens vierwöchentlicher Aufkündigung statt. Ferner erlischt die Mitgliedschaft durch den Tod, sofern der Gesellschaftsvertrag keine entgegengesetzten Bestimmungen enthält.

In jedem Falle kann die Genossenschaft einen Genossenschafter aus den im Gesellschaftsvertrage festgesetzten Gründen, sowie wegen des Verlustes der bürgerlichen Ehrenrechte, ausschließen.

(Preuß. Gesetz § 37.)

I Zur Geschichte des § 38.

Der § 38 stimmt mit dem § 37 des Preußischen Gesetzes bis auf das in demselben fehlende Wort „einen" in der ersten Zeile des dritten Absatzes überein.

*) Das Bayerische Gesetz sowie das Badische hatten den von mir gerügten Fehler durch eine andere Fassung des Paragraphen, insbesondere durch Fortlassung des Hinweises auf § 4 Nr. 6, beseitigt.

a) **Absatz I.**

Die Entstehung des § 38, im Preußischen Gesetze § 37, ist für die Auslegung von Wichtigkeit. Es ist nöthig, auf die früheren Entwürfe zurückzugehen.

Schulze's Entwurf von 1863 und der der Kommission des Abgeordnetenhauses vom selben Jahre erklärten den Ausschluß durch die Genossenschaft aus den im Gesellschaftsvertrag festgestellten Gründen in jedem Falle für zulässig. Außerdem unterschieden sie zwischen Genossenschaften von unbestimmter und bestimmter Dauer. Durch den Tod sollte die Mitgliedschaft bei den Genossenschaften der ersten Art stets erlöschen, bei den Genossenschaften von bestimmter Dauer hingegen sollten die Erben bis zum Ablauf verpflichtet bleiben, es sei denn, daß der Gesellschaftsvertrag anders bestimme oder ein Beschluß der Genossenschaft sie entließe. Der freiwillige Austritt sollte nur bei den Genossenschaften von unbestimmter Dauer gestattet sein und zwar nach den im Gesellschaftsvertrage bemessenen Kündigungsfristen.

Der Regierungsentwurf von 1866 beseitigte die Unterscheidung zwischen Genossenschaften von unbestimmter und bestimmter Dauer. „Der Austritt einzelner Mitglieder", heißt es in den Motiven S. 31, „ist dem Prinzip des § 1 gemäß allgemein gestattet, gleichviel, ob der Gesellschaftsvertrag auf bestimmte oder unbestimmte Zeit geschlossen ist. Die näheren Bestimmungen darüber sind zunächst dem Gesellschaftsvertrage zu überlassen. In Ermangelung derselben empfiehlt es sich, den Austritt nur mit dem Schluß eines Geschäftsjahrs mit einer angemessenen Kündigungsfrist zuzulassen und als solche ist eine vierwöchentliche angenommen. Ebenso ist der Tod in Ermangelung entgegenstehender Vertragsbestimmung, den allgemeinen Grundsätzen über Gesellschaftsverträge gemäß, als ein Grund des Erlöschens der Mitgliedschaft angenommen worden. Das Recht der Ausschließung der Mitglieder aus bestimmten im Statut vorgesehenen Gründen ist als Ausfluß des Vertragsrechtes anerkannt."

Der Vorschlag des Regierungsentwurfes ist mit zwei Zusätzen, welche zuerst im Herrenhause beschlossen wurden, in das Gesetz übergegangen. Der erste Absatz lautete im Entwurf nur:

„Jeder Genossenschafter hat das Recht, aus der Genossenschaft auszutreten."

Die Kommission des Abgeordnetenhauses sagte darüber in ihrem Berichte (Drucksachen Nr. 55 S. 19):

„Wenn das Mitglied für eine bestimmte Zeit zur Theilnahme sich ausdrücklich verpflichtet hat, so gilt natürlich die vertragsmäßige Festsetzung. Verschieden hiervon ist jedoch der Fall, wenn der Gesellschaftsvertrag für die Dauer der Gesellschaft eine bestimmte Frist festgestellt, das später beigetretene Mitglied aber sich nicht geäußert hat. Nach den Regeln des gewöhnlichen Rechtes würde die Vertragsfrist gegen den Beitretenden gelten. Der Antragsteller [Schulze] sprach sich für die Beibehaltung der allgemeinen Regel aus [NB. de lege ferenda]. Die Mehrheit der Kommission schloß sich der abweichenden Bestimmung des Regierungsentwurfs an. Es läge nicht im

Wesen der Genossenschaft, auf das Verbleiben einzelner Mitglieder einen zu großen Werth zu legen" u. s. f.

Die Kommission faßte also den ersten Absatz des von ihr unverändert angenommenen Paragraphen des Regierungsentwurfs dahin auf, daß er den Austritt aus einer Genossenschaft mit bestimmter Dauer denjenigen Genossenschaftern, welche den Gesellschaftsvertrag mit abgeschlossen haben, keineswegs gestatte. Das Abgeordnetenhaus nahm den ganzen § 37 ohne Diskussion an.

In der Kommission des Herrenhauses wurde auf die Zweideutigkeit des ersten Satzes und auf den Widerspruch zwischen den Motiven der Regierungsvorlage und des Kommissionsberichtes des Abgeordnetenhauses aufmerksam gemacht und die Frage aufgeworfen, ob bestimmt werde, daß jeder Genossenschafter alljährlich austreten könne, auch wenn der Gesellschaftsvertrag das Gegentheil enthalte, oder ob der jährliche Austritt unzulässig sei, wenn der Gesellschaftsvertrag über diesen Punkt nichts bestimme. Die Kommission entschied sich für eine Veränderung des Satzes. Der Referent Prof. Dernburg trug darauf an, dem ersten Satze hinzuzufügen:

„wenn der Genossenschaftsvertrag nicht auf eine bestimmte Zeit geschlossen ist,"

und dann einen langen besonderen Paragraphen einzufügen, in welchem fünf ziemlich phantasiereich zusammenkomponirte Fälle aufgeführt werden, in welchen „jeder Genossenschafter vor Ablauf der für ihre Dauer (sic!) bestimmten Zeit oder bei Genossenschaften von unbestimmter Zeit ohne vorgängige Aufkündigung" sollte austreten können. Dieser auch sonst wenig konzinn gefaßte Antrag wurde abgelehnt, dahingegen der Antrag angenommen, dem ersten Satze hinzuzufügen:

„auch wenn der Genossenschaftsvertrag auf bestimmte Zeit geschlossen ist."

Ueber diesen Antrag, in welchem der die Zusammenstellung fertigende Schreiber — diesmal mit Glück — Genossenschaftsvertrag in Gesellschaftsvertrag änderte, fand im Plenum des Herrenhauses eine erregte Diskussion statt, die mit Annahme desselben in namentlicher Abstimmung endigte. Der Regierungskommissar Geh. Ober-Reg.-Rath Eck erklärte darin den Antrag für überflüssig, weil die Fassung des Regierungsentwurfes, trotz der entgegengesetzten Meinung der Kommission des Abgeordnetenhauses, klar und deutlich die von der Regierung ausgesprochene Absicht wiedergäbe: den Genossenschaftern den Austritt aus der Genossenschaft innerhalb jedes Jahres zu ermöglichen, auch wenn der Gesellschaftsvertrag auf längere Zeit geschlossen sei. Durch den Antrag werde der Zweck größerer Deutlichkeit überdies nicht erreicht, denn der Gegensatz dazu, daß ein Genossenschafter durch seinen Vertrag auf längere Zeit als auf ein Jahr sich verbinden könne, liege nicht darin, daß ein auf bestimmte Zeit geschlossener Vertrag für nicht bindend erklärt werde. Es müsse eventuell eine andere Fassung gewählt werden, als es in jenem Amendement geschehen, es müsse heißen: „Auf längere Zeit als ein Jahr." Denn ein Vertrag, der auf kürzere Zeit als auf ein Jahr geschlossen ist, sei auch auf bestimmte Zeit geschlossen, u. s. w. (Stenographische Berichte über die Sitzung vom 6. Februar 1867 S. 403).

Diese Erklärung hat die Kommission des Abgeordnetenhauses von ihrer Meinung nicht abzubringen vermocht. Der Abgeordnete Lasker sagte in seiner mündlichen Berichterstattung: Die Kommission halte die im Herrenhause vorgenommene Abänderung des ersten Satzes für lediglich redaktionell. Sowohl nach dem jetzigen Beschlusse des Herrenhauses, wie nach dem früheren Beschlusse des Abgeordnetenhauses sei Rechtens: „Wenn eine Genossenschaft für eine bestimmte Zeit konstituirt ist, aber der Genossenschafter hat sich nicht für seine Person ausdrücklich verpflichtet, eine bestimmte Zeit in der Genossenschaft zu bleiben, so kann er jeder Zeit kündigen und nach vierwöchentlicher Kündigungsfrist mit Ablauf des laufenden Geschäftsjahres austreten. Wenn aber der Genossenschafter sich für eine bestimmte Zeit verpflichtet hat, so kommt ihm die Klausel des Gesetzes nicht zu Gute." (Stenogr. Bericht Bd. III. Seite 1956. 67. Sitzung vom 7. Februar 1867.)

Hiernach ist also eine und dieselbe Bestimmung des Preußischen Gesetzes von der Preußischen Staatsregierung, vom Herrenhause und vom Abgeordnetenhause verschieden gedeutet worden. Dennoch ging dieser Absatz I. unverändert in das Norddeutsche Gesetz über. Die Zivilprozeßkommission dehnte zwar ihre sehr genaue Prüfung auf diesen § aus, aber sie fand sich nur veranlaßt, vorzuschlagen, man möge in der ersten Zeile des dritten Absatzes das Wörtlein „einen" vor „Genossenschafter" einschieben. „Es war eine zu starke Kakophonie zu beseitigen," sagt der Bericht vom 16. Juni (Drucksachen des Reichstags Nr. 193 Seite 4). Wir hätten gewünscht, die Zivilprozeßkommission hätte statt dessen die Dunkelheit des ersten Absatzes dieses Paragraphen beseitigt. Klarheit des Gedankens geht vor Wohlklang.*)

b) **Absatz III. „einen".**

Der Reichstag hat den eben erwähnten Antrag der Zivilprozeßkommission angenommen.

c) „sowie wegen des Verlustes der bürgerlichen Ehre".

Diese Worte sind zufolge eines zuerst in der Kommission des Herrenhauses (vom Grafen Brühl) gestellten Antrages in das Gesetz gekommen. Man meinte, die Genossenschaften würden sich scheuen, den Verlust der bürgerlichen Ehrenrechte als einen Grund der Ausschließung in ihr Statut zu setzen. Denn ein solcher Passus, welcher die Voraussetzung enthalte, daß ein Genossenschafter zu Zuchthaus verurtheilt werden könne, würde vom Beitritt zur Genossenschaft abschrecken.

---

*) Das Bayerische Gesetz hatte die Zweifel, zu denen der erste Absatz nöthigt, durch eine Aenderung beseitigt, dahin lautend: „Zum Austritte ist jeder Genossenschafter berechtigt, sofern er nicht auf bestimmte Zeit beigetreten ist." — Das Badische Gesetz änderte an der Fassung nichts. Die richtige Auslegung, meinen die Motive des Regierungsentwurfs, werde „wohl die sein, daß sowohl die Mitglieder, welche den Gesellschaftsvertrag abgeschlossen haben, als auch diejenigen, welche später beigetreten sind, nach Maßgabe des Paragraphen aus der Genossenschaft austreten können, mag diese auf bestimmte oder unbestimmte Zeit eingegangen sein, daß sich aber einzelne Mitglieder gültigerweise persönlich für eine bestimmte Zeit zur Theilnahme verpflichten können." (a. a. O. S. 28.)

II. Erläuterungen zu § 38.

1) **Absatz I.** „hat das Recht, aus der Genossenschaft auszutreten".

Der wesentlichste Unterschied der Genossenschaft von der offenen Handelsgesellschaft, die nicht geschlossene Mitgliederzahl, bedingt gesetzliche Bestimmungen über das Ausscheiden der Genossenschafter, welche von denen des Handelsgesetzbuchs erheblich abweichen. Das Ausscheiden eines einzelnen Gesellschafters aus der offenen Gesellschaft hindert den Fortbestand derselben unter den übrigen Gesellschaftern nur dann nicht, wenn darüber vorher, sei es durch den Gesellschaftsvertrag oder später, eine Uebereinkunft stattgefunden hat. (Artikel 127.) In diesem Falle erfolgt die Endigung der Mitgliedschaft namentlich:

a) durch den Tod, wenn nicht der Vertrag bestimmt, daß die Erben eintreten (Artikel 123 Nr. 2);

b) durch freiwilligen Austritt

bei Gesellschaften, die auf unbestimmte Dauer eingegangen sind, nach bloßer Aufkündigung sechs Monate vor Ablauf des Geschäftsjahrs (Artikel 123 und 124),

bei allen Gesellschaften ohne Kündigungsfrist aus erheblichen Ursachen, welche im Fall des Widerspruchs das Gericht zu prüfen hat (Artikel 125);

c) durch Ausschluß aus erheblichen Ursachen (Artikel 128).

Die Genossenschaft, welche „gegen das Ausscheiden von Mitgliedern verhältnißmäßig gleichgültig sich verhält" (Lasker's Bericht Nr. 53 der Drucksachen S. 4), erfordert statutarische oder gesetzliche Bestimmungen über alle diese drei Arten des Ausscheidens.

Die statutarischen Bestimmungen waren bei den Deutschen Vorschuß- und Kreditvereinen ursprünglich dem freien Austritt allzu günstig. Nach dem revidirten Delitzscher Statut (Schulze, Vorschuß- und Kreditvereine als Volksbanken. Zweite Auflage 1859) hörte die Mitgliedschaft durch den Tod und nach schriftlicher Kündigung mit dem ersten Tage des demnächst folgenden Monats auf. — Der allgemeine Vereinstag zu Mainz im August 1864 empfahl indessen auf Schulze's Antrag den Vorschußvereinen in ihre Statuten Bestimmungen dahin aufzunehmen: Der Austritt ist nur am Schlusse des Geschäftsjahres und nur nach 4—6 Monate vorausgegangener schriftlicher Kündigung zulässig; im Falle des Todes scheiden die Erben ohne Kündigung mit Ablauf des Rechnungsjahres aus; die Ausschließung endet sofort die Mitgliedschaft (vgl. „Mittheilungen über den sechsten allgemeinen Vereinstag der Deutschen Erwerbs- und Wirthschaftsgenossenschaften zu Mainz am 14. bis 17. August 1864 u. s. w. (S. 16 ff.). Diese Empfehlung hat die meisten Vorschußvereine zu entsprechender Aenderung der Statuten veranlaßt.

Die neueren Musterstatuten haben für alle Arten Genossenschaften so ziemlich die gleichen Bestimmungen; nur in Ansehung der Kündigungsfrist bei dem freiwilligen Austritt weichen sie von einander ab. Im Musterstatut für Rohstoffgenossenschaften der Handwerker lautet die betreffende Bestimmung:

„Außerdem steht den Mitgliedern der Austritt aus der Genossenschaft am Ende des Rechnungsjahres nach rechtzeitiger schriftlicher Aufkündigung bei dem Vorstande frei; doch muß die Kündigung mindestens vier Monate vor dem Jahresschlusse erfolgen, widrigenfalls der Kündigende erst mit dem Ende des nächstfolgenden Jahres von der Mitgliedschaft entbunden werden kann."

Aehnlich und ebenfalls mit viermonatlicher Kündigungsfrist lauten die Bestimmungen für Vorschußvereine und für landwirthschaftliche Konsumvereine, sechsmonatliche Kündigung ist für Baugenossenschaften vorgeschlagen, neunmonatliche Kündigung unter der Voraussetzung vierteljährlicher Rechnungsabschlüsse für Konsumvereine, einjährige Kündigung für die landwirthschaftlichen Produktivgenossenschaften und für die auf eine bestimmte Zeit geschlossenen Magazingenossenschaften, zweijährige für industrielle Produktivgenossenschaften.*)

2) „auch wenn der Gesellschaftsvertrag auf bestimmte Zeit geschlossen ist".

Nach der oben zu I. b) dargestellten Entstehungsgeschichte dieser Bestimmung ist deren Auslegung um so zweifelhafter, als Herrenhaus, Abgeordnetenhaus und Staatsregierung das Preußische Gesetz verschieden gedeutet haben. Meiner Meinung nach ist die Auslegung des Regierungskommissars Eck die richtige. Das im § 38 Absatz 1) dem Genossenschafter ohne Vorbehalt zugesprochene Recht, in jedem Jahre auszuscheiden, kann ihm durch keine Bestimmung des Gesellschaftsvertrages genommen werden, indem der § 9 dem entgegensteht. Freilich bleibt insofern eine Unklarheit, als nirgend ausgesprochen ist, daß jeder Genossenschafter dadurch in den Stand gesetzt werden soll, spätestens innerhalb oder am Schluß des nach seinem Eintritt folgenden nächsten Geschäftsjahres wieder auszuscheiden. Denn die Kündigungsfrist festzustellen ist in erster Linie dem Gesellschaftsvertrage überlassen. Gegen die Festsetzung einer mehrjährigen Kündigungsfrist dürfte aber doch mit Recht geltend gemacht werden, daß eine solche Ausdehnung derselben der Absicht des Gesetzgebers widerspreche. Jede Genossenschaft hat im Voraus ihre zukünftige Lebenszeit in eine Reihe von Geschäftsperioden einzutheilen, von denen jede mit einer Inventur des Genossenschaftsvermögens und einer Gewinn- und Verlustvertheilung endigt (§ 3 Nr. 3 und 6). Hat der Gesellschaftsvertrag die Dauer der Genossenschaft auf eine bestimmte Zahl solcher Geschäftsperioden festgesetzt, und ist dennoch dem Genossenschafter durch das Gesetz gestattet, nach Aufkündigung auszuscheiden, so scheint daraus zu folgen, daß derselbe am Schlusse jeder Geschäftsperiode in den Stand gesetzt werden soll, sich zu entschließen, nur noch die nächste Geschäftsperiode der Genossenschaft anzugehören, d. h. die Kündigungsfrist darf die Dauer einer Geschäftsperiode nicht übersteigen. Ebenso ist es bei einer Genossenschaft von unbestimmter Dauer, also bei einer solchen Genossenschaft,

*) „Der freiwillige Austritt eines Mitgliedes vor Ablauf der im Statut bestimmten Zeit, auf welche die Genossenschaft eingegangen ist, kann nur mit dem Ende eines Geschäftsjahres und nach einer mindestens zwei Jahre vorher beim Vorstande eingereichten schriftlichen Kündigung zugelassen werden." (§ 37 des Statuts S. 330).

welche auf eine unbestimmte Zahl von Geschäftsperioden eingegangen ist. Wenn der Gesellschaftsvertrag eine Kündigungsfrist vorschreibt, welche die Dauer einer Geschäftsperiode übersteigt, so wird dadurch die Dauer der Genossenschaft auf mehr als eine Geschäftsperiode im Voraus bestimmt; sie bekommt also für eine gewisse Anzahl Geschäftsperioden den Charakter einer Genossenschaft von bestimmter Dauer.

Ist diese Auslegung richtig, so dürfte die Bestimmung der Musterstatuten der industriellen Produktivgenossenschaften (s. vorher Erläuterung 1), wonach dem Austritt eines Genossenschafters eine mindestens zweijährige Kündigungsfrist voraufgehen muß, unzulässig sein. Ob die neunmonatliche Kündigungsfrist bei Konsumvereinen mit vierteljährlichem Rechnungsabschluß zulässig ist, darüber siehe die folgende Erläuterung.

3) **Absatz II.** „nur mit dem Schluß des Geschäftsjahrs".

Hier ist wiederum irrthümlich angenommen, daß jede Genossenschaft als ihre Geschäftsperiode das Jahr gewählt hat. Bei Genossenschaften mit halbjährlichen oder vierteljährlichen Geschäftsperioden ist es zweifelhaft, ob der Austritt am Schluß jeder Geschäftsperiode gestattet werden soll oder nur einer solchen, deren Schluß für den Fall, daß die Genossenschaft Geschäftsjahre eingeführt hätte, mit dem Schlusse eines solchen Geschäftsjahres zusammenfallen würde. Die erste Ansicht dürfte der Absicht des Gesetzgebers am nächsten kommen; darnach wäre hier Geschäftsjahr mit Geschäftsperiode identisch. Da aber streng genommen der Wortlaut dem entgegen ist, wird der Richter in Fällen, in denen es sich um die Zulassung der Bestimmung eines Gesellschaftsvertrages handelt, zu Gunsten der Vertragsfreiheit, andern Falls zu Gunsten des Rechts des einzelnen Genossenschafters entscheiden können, — ohne sich einer Inkonsequenz schuldig zu machen.

4) „mindestens vierwöchentliche Aufkündigung".

Mindestens sechs Monate „vor Ablauf des Geschäftsjahrs" muß der Privatgläubiger eines Genossenschafters dessen Mitgliedschaft kündigen. (§ 16.)

5) „Ferner erlischt die Mitgliedschaft".

Die Mitgliedschaft erlischt nur durch Austritt — auf eigene oder auf Kündigung eines Gläubigers — durch Tod und durch Ausschließung. Andre Veränderungen in der Person des Mitgliedes haben darauf keinen unmittelbaren Einfluß, namentlich nicht Handlungsunfähigkeit oder Konkurs. (Vgl. Rosenthal a. a. O. Seite 43 und Endemann § 185 Seite 905.)

6) „durch den Tod, sofern der Gesellschaftsvertrag keine entgegengesetzten Bestimmungen enthält".

Der Gesellschaftsvertrag kann nicht soweit gehen, die Erben zu zwingen in die Genossenschaft mit der Solidarhaft ihres eigenen Vermögens einzutreten, und ebensowenig kann er die Genossenschaft nöthigen, die Erben als Genossenschafter aufzunehmen, gleichviel ob sie ihrer Qualifikation nach dazu geeignet sind.

Es kann nach der oben erörterten Entstehungsgeschichte des § 30 wol kaum etwas anderes aus der Bestimmung geschlossen werden, als daß dem Gesellschaftsvertrage überlassen wird, zu bestimmen, es solle der Geschäftsantheil, beziehungsweise der Nachlaß eines verstorbenen Mitgliedes noch eine gewisse Frist hindurch, insbesondere bis zum Schluß des Geschäftsjahres in Ansehung der Rechte und Pflichten zur eingetragenen Genossenschaft, genau so angesehen werden, als sei der Erblasser noch am Leben. Außerdem kann bestimmt werden, daß einer oder mehrere Erben des Verstorbenen auch nachher in Bezug auf Eintrittsgeld, Zins- und Dividendengenuß u. dergl. gewissermaßen in der Mitgliedschaft sukzediren, sofern sie zur Aufnahme in die Genossenschaft geeignet befunden werden. Man vergl. v. Hahn a. a. O. Anmerk. zu Art. 123 S. 423. Die Musterstatuten schlagen übereinstimmend nur eine Bestimmung dahin vor: „Die Mitgliedschaft hört durch den Tod auf, aber erst mit Ablauf des Rechnungsjahres, innerhalb dessen derselbe erfolgt, und sind die Erben bis dahin noch an die Mitgliedschaft gebunden."

7) **Absatz III.** „die Genossenschaft einen Genossenschafter .... ausschließen".

Daß die Genossenschaft ihr Ausschließungsrecht dem Vorstande oder dem Vorstande und Aufsichtsrathe abtreten kann, dürfte nicht zweifelhaft sein. Eine solche Bestimmung findet sich zuweilen in großen Vorschuß- oder Konsumvereinen; die Musterstatuten kennen nur Ausschluß durch die Generalversammlung.

Die Genossenschaften haben in ihren Statuten oft recht eingehende Bestimmungen über die Ausschließung; oft ist streng unterschieden, in welchen Fällen sie stattfinden muß, z. B. wenn der Genossenschafter den Verein oder einen Bürgen beschädigt, ferner in welchen Fällen die Ausschließung vom Vorstande oder Aufsichtsrath bei der Generalversammlung beantragt werden muß, z. B. wenn der Genossenschafter, welcher der Genossenschaft etwas verschuldet, es zur Klage kommen läßt, und endlich in welchen Fällen außerdem die Ausschließung beantragt und beschlossen werden kann, z. B. „wegen Verletzung der Mitgliedpflichten oder ehrenrührigen Handlungen." Die Genossenschaften pflegen also nicht weniger als Korporationen ständischer Art bedacht zu sein, daß Mitglieder, welche sich der Genossenschaft unwürdig gezeigt haben, schleunigst ausgestoßen werden. (Vgl. Auerbach a. a. O. in Goldschmidt's Zeitschrift Bd. 7. Seite 350.)

Je enger in einer Genossenschaftsart die Beziehungen des Genossenschafters zur Genossenschaft sind, desto strenger pflegen die Bestimmungen über die Ausschließung zu sein. So heißt es z. B. in Schulze's Musterstatuten für landwirthschaftliche Rohstoff- oder Konsumvereine: „Verloren wird die Mitgliedschaft bei Nichterfüllung der statutenmäßigen Verpflichtungen durch Gesellschaftsbeschluß, welcher vom Vorstande insbesondere alsdann beantragt werden muß, wenn Mitglieder länger als sechs Monat mit dem Vierteljahrsbeitrag zum Garantiekapital im Rest bleiben oder die bürgerlichen Ehrenrechte verlieren." Bei Baugenossenschaften wird ebenfalls Nichterfüllung der sonst durch Vertrag übernommenen Verpflichtungen gegen den Verein mit Ausschließung bedroht, diese muß auch dann vom Vorstande beantragt werden, wenn Mitglieder es zur gerichtlichen Klage kommen lassen oder in Konkurs gerathen. In dem Musterstatut für industrielle Produktivgenossenschaften, bei denen die Mitarbeit der Genossenschafter vorausgesetzt wird, soll der Ausschluß vom Vorstand oder einer Anzahl Mitglieder beantragt werden können bei Unredlichkeit gegen die Genossenschaft; wegen Nichterfüllung statutenmäßiger Verpflichtungen; wegen eingetretener rechtlicher Unfähigkeit zur selbstständigen Vemögensverwaltung, sowie „wegen anhaltender Krankheit oder aus anderen Ursachen, welche das Mitglied zu den ihm obliegenden Geschäften der Genossenschaft unfähig machen." Der vom Herrenhaus beschlossene Zusatz (siehe zur Gesch. S. 349) ist von untergeordneter Bedeutung.

§. 39.

Die aus der Genossenschaft ausgetretenen oder ausgeschlossenen Genossenschafter, sowie die Erben verstorbener Genossenschafter bleiben den Gläubigern der Genossenschaft für alle bis zu ihrem Ausscheiden von der Genossenschaft eingegangenen Verbindlichkeiten bis zum Ablauf der Verjährung (§. 63.) verhaftet.

Wenn der Gesellschaftsvertrag nichts Anderes bestimmt, haben sie an den Reservefonds und an das sonst vorhandene Vermögen der Genossenschaft keinen Anspruch, sind vielmehr nur berechtigt zu verlangen, daß ihnen ihr Geschäftsantheil, wie er sich aus den Büchern ergiebt, binnen drei Monaten nach ihrem Ausscheiden ausgezahlt werde.

Gegen diese Verpflichtung kann sich die Genossenschaft nur dadurch schützen, daß sie ihre Auflösung beschließt und zur Liquidation schreitet.

(Preuß. Gesetz § 38.)

I. **Zur Geschichte des § 39.**

a) Der § 38 des Preußischen Gesetzes ist nur in dem ersten Absatz unverändert übernommen. Die Abänderungen des zweiten und dritten Absatzes siehe unten. Der § 38 des Preußischen Gesetzes, dem Regierungsentwurf von 1866 entlehnt, wird in den Motiven (S. 31) folgendermaßen begründet: Nach dem für andere Gesellschaftsformen, z. B. die offene Handelsgesellschaft geltenden Rechte bestünden die Folgen des Austritts, des Todes oder der Ausschließung darin, daß der Ausgeschiedene für die bisherigen Verpflichtungen der Gesellschaft verhaftet bleibe und daß er an dem zur Zeit seines Ausscheidens vorhandenen Vermögen einen seinem Theilnahmerecht entsprechenden Antheil habe, also nach diesem Verhältnisse sowohl an einem vorhandenen Gewinne als einem eingetretenen Verluste partizipire. Die Verpflichtungen der Genossenschafter in Beziehung auf die Schulden der Genossenschaft seien abweichend von dem gewöhnlichen Gesellschaftsrechte geregelt (§ 12). Für die Ausscheidenden werde später eine weitere Abweichung durch Einführung einer besonderen Verjährungsfrist vorgeschlagen. Auch in Beziehung auf die Theilnahme an dem vorhandenen Genossenschaftsvermögen würden abweichende Bestimmungen von den Regeln der Theilung des Gesellschaftsvermögens durch die Eigenthümlichkeiten der Genossenschaften motivirt. Der Zweck der Genossenschaften sei in der Regel ein dauernder und erfordere zu seiner Ausführung die Ansammlung besonderer Fonds, welche während des Bestehens der Genossenschaft zur Vertheilung an die einzelnen Genossenschafter nicht bestimmt seien. Es erscheine deshalb auch nicht angemessen, ausscheidenden oder ausgeschlossenen Mitgliedern ein Recht auf Theilung des Genossenschaftsvermögens einzuräumen und dadurch das Fortbestehen der Genossenschaft zu gefährden. Um zugleich weitläufige Berechnungen zu vermeiden und andererseits auch den Ausscheidenden gerecht zu werden, scheine sich der von der Kommission des Abgeordnetenhauses (vom Jahre 1863) vorgeschlagene Weg als zweckmäßig zu empfehlen u. s. w.

b) **Absatz II.** Im Preußischen Gesetze hieß es: „daß ihnen der eingezahlte Geschäftsantheil nebst den zugeschriebenen Dividenden." *)

Dies war ein falscher Ausdruck, den schon Auerbach in seinem Aufsatz in Goldschmidt's Zeitschrift Bd. VII. S. 376. 1864 bei Besprechung des Kommissionsentwurfes von 1863 berichtigt hatte: „Nicht der eingezahlte Geschäftsantheil", — sagte er — „der sich sogar durch verhältnißmäßig mitzutragenden Verlust vermindert haben kann, nebst den zugeschriebenen Dividenden, sondern der auf Kapitalkonto gutgeschriebene, welcher die Jahresdividenden bis zum Abgange in sich begreift, ist herauszuzahlen."

Wie im Deutschen Gesetze die Verbesserung entstanden ist, darüber erfährt man aus dem Bericht der Reichstagskommission Folgendes: „„Bei § 39 wurde bemerkt, es könnte ein Zweifel darüber entstehen, was unter „Geschäftsantheil" zu verstehen sei; das Preußische Gesetz suche ihn zu beseitigen, indem es sage: „der eingezahlte Geschäftsantheil nebst den zugeschriebenen Dividenden"; dieser Ausdruck passe aber nicht auch für den Fall, daß in Folge von Verlusten Abschreibungen stattgefunden hätten. Der Antragsteller hatte beantragt, das Wort „eingezahlte" und die Worte: „nebst zugeschriebener Dividende" zu streichen. Ein Mitglied schlug vor, zu sagen: „ihr Geschäftsantheil, wie er sich durch den jüngsten Rechnungsabschluß feststellt". Die Kommission hielt weder das Eine, noch das Andere für ausreichend, und zog vor, zu sagen:

---

*) Außerdem wurde im Deutschen Gesetz ein grammatikalischer Fehler, der sich unbemerkt in das Preußische Gesetz eingeschlichen hatte, berichtigt. Im Preußischen Gesetz hieß es: „haben sie an dem Reservefonds und an dem sonst vorhandenen Vermögen der Genossenschaft keinen Anspruch". —

In meinem Kommentar zum Deutschen Gesetz hatte sich im unmittelbaren Anschluß an den korrigirten grammatikalischen Fehler, von mir unbemerkt, ein sinnentstellender Druckfehler eingefunden: „der Genossenschafter" statt „der Genossenschaft." Sonderbarer Weise hat Sicherer a. a. O. Seite 283 ebenfalls „der Genossenschafter"; er läßt sich über den Sinn und Bedeutung des Satzes nicht aus, bemerkt aber in einer Anmerkung: „Der Artikel 39 des Bayerischen Gesetzes hat . . . in Abs. 2 statt „der Genossenschafter" gesetzt: „die Genossenschaft". Dieses Zusammentreffen läßt sich wohl nur so erklären, daß von Sicherer beim Textabdruck meinen Kommentar benutzte, auf dessen buchstäbliche Genauigkeit er sich sonst überall verlassen konnte, und im Vertrauen auf dieselbe eine kontrolirende Vergleichung mit dem Bundesgesetzblatt gerade hier unterließ.

„ihr Geschäftsantheil, wie er sich aus den Büchern ergiebt."" (Drucksachen Nr. 80 Seite 8.)

c) **Absatz III.** Das Preußische Gesetz lautete hier: „Gegen diese Verpflichtung, auch wenn sich das Vermögen der Genossenschaft bei dem Austritt oder der Ausschließung eines Genossenschafters vermindert hat, kann sich" u. s. w. Der Zwischensatz war in dem Regierungsentwurf von 1866 eingeschoben worden und hatte seitdem unangefochten alle Stadien der Preußischen Gesetzgebung passirt. Ich hatte in meinem Kommentar zum Preuß. Gesetze S. 114 u. 115 nachgewiesen, daß der stylistisch inkorrekt eingefügte Zwischensatz seinem Inhalte nach undeutlich sei. Der Reichstag ließ diesen Absatz dennoch unangetastet stehen. Die Zivilprozeßkommission aber schlug mit Recht vor, den Zwischensatz zu streichen. „Man ging davon aus", sagte sie in ihrem Berichte (Reichstags-Drucksachen Nr. 193 Seite 4), „nach dem Gesetze könne der Fall, wo sich das Vermögen der Genossenschaft bei dem Austritte eines Genossenschafters noch ferner vermindert habe, nicht oder nur so selten vorkommen, daß die zur Streichung empfohlenen Worte nur geeignet seien, irre zu führen. Ihre Weglassung sei jedenfalls unschädlich, denn wenn unbedingt ausgesprochen werde, die Genossenschaft könne sich nur dadurch schützen, daß sie die Auflösung beschließe und zur Liquidation schreite, so sei damit die Unzulässigkeit des Einwandes der Genossenschaft, ihr Vermögen habe sich bei dem Austritt oder der Ausschließung des Genossenschafters vermindert, klar ausgesprochen." Diese Gründe sind zwar im ersten Theile unklar, indessen das Resultat derselben war, da der Reichstag den Vorschlag annahm, eine erhebliche Verbesserung.

II. Erläuterungen zu § 39.

1) **Absatz I.** Wie v. Sicherer a. a. O. Seite 283 mit Recht bemerkt, verfügt dieser Absatz dasselbe, was sich aus allgemeinen Rechtsgrundsätzen von selbst ergeben würde. „Selbstverständlich haften die Erben verstorbener Genossenschafter für die Verbindlichkeiten der Genossenschaft nicht nur mit dem von ihrem Erblasser ererbten, sondern auch mit ihrem eigenen Vermögen, sofern sie nicht die Erbschaft mit der Rechtswohlthat des Inventars angetreten haben."

2) **Absatz II.** Die Fassung dieses Satzes ist auch, nachdem der erheblichste Fehler des Preußischen Gesetzesparagraphen 38 verbessert worden, durchaus nicht schön. In meinem Kommentar zum Preußischen Gesetz S. 112 ist dargethan, wie dieselbe, nicht ohne mein eigenes Mitverschulden, durch einen von mir in der Kommission von 1863 gestellten Abänderungsantrag zu Schulze's Entwurf zu Stande gekommen ist. Man hatte damals vorzugsweise Vorschußvereine ins Auge gefaßt, indem die andern Arten von Genossenschaften noch zu wenig entwickelt waren. Bei den Vorschußvereinen kam es nicht vor, daß ausscheidenden Mitgliedern von ihrem buchmäßigen Guthaben Abzüge in Form eines Austrittsgeldes gemacht werden. Dahingegen räumten einzelne Vorschußvereine freiwillig ausscheidenden Mitgliedern oder wenigstens den Erben verstorbener Mitglieder einen Anspruch auf einen Antheil an dem Reservefonds ein. Dieses sollte noch ferner zugelassen, aber keineswegs die Vertragsfreiheit

so weit ausgedehnt werden, daß das beim Ausscheiden vorhandene buchmäßige Guthaben ganz oder theilweise zurückbehalten, gleichsam zum Besten der Genossenschaft konfiszirt werden darf. Letzteres scheint nach dem Wortlaut der Fassung, gegen die Absicht der Antragsteller gestattet zu sein. Für diesen Fall würde dadurch auch das von Deutschen Konsumvereinen nach Vorgang Englischer Konsumvereine vielfach an Stelle des Eintrittsgeldes eingeführte Austrittsgeld geschützt werden, das in einem nach dem Maximalbetrage hin begrenzten Theil des Geschäftsantheiles besteht, während dieses andernfalls, unberührt von abweichenden Bestimmungen des Gesellschaftsvertrages, unverkürzt ausgezahlt werden muß.

Die Frage ist auf dem Vereinstag zu Bremen gelegentlich verhandelt worden, und hier, wie anderwärts, hat sich namentlich Schulze-Delitzsch für die mit der Absicht des Entwurfs zusammentreffende Deutung erklärt, wonach die in den Eingangsworten des Satzes gestattete Abänderung durch Gesellschaftsvertrag sich lediglich auf den Reservefond und das sonst vorhandene Vermögen der Genossenschaft, nicht aber auf die Geschäftsantheile bezieht. Neuerdings hat sich auch das Reichsoberhandelsgericht für diese Interpretation des § 39 erklärt. Es hat, wie Schulze-Delitzsch in Nr. 30 Seite 137 der Gen.-Blätter 1875 mittheilt, das R.O.H.-Gericht zu Leipzig am 13. März 1875 in Sachen der Volksbank zu Creuznach (Eingetr. Genoss.) wider ein ausgeschlossenes Mitglied entschieden: „daß der § 55 des Gesellschaftsstatuts, welcher auf gewisse Handlungen eines Mitgliedes d e s s e n A u s s c h l u ß u n t e r V e r l u s t s e i n e s G e s c h ä f t s a n t h e i l s s e t z t, ungültig sei, weil er gegen das Verbot des § des Genossenschaftsgesetzes eine Aenderung der Bestimmungen des § 39 enthält, welche darin nur in Bezug auf den Reservefond u. s. w, nicht aber in Bezug auf die Geschäftsantheile zugelassen sei".*)

3) „B i n n e n d r e i M o n a t e n n a c h i h r e m A u s s c h e i d e n a u s g e z a h l t w e r d e n".

Bei dem ersten Entwurfe des Preußischen Genossenschaftsgesetzes ging die

*) Der II. Senat des Reichs-Oberhandelsgerichts hat sich über den Begriff des „Geschäftsantheils, wie er sich aus den Büchern ergiebt" schon früher in einem Kassationsurtel der Elberfelder Gewerbebank, Eing. Genoss., contra Nauß vom 18. Dezbr. 1872 ausgesprochen. Die Entstehungsgeschichte des § 39 ergebe . . ., daß jener Ausdruck gewählt sei, um . . . „den Gedanken zur Geltung zu bringen, daß das austretende Mitglied seinen Geschäftsantheil nur in dem Umfange zu fordern habe, wie er sich infolge der zugeschriebenen Dividenden und der abgeschriebenen Verluste gestalten und als Resultat der Geschäftsführung der Genossenschaft, durch die Bücher nachgewiesen werde."

In dem betreffenden Falle hatte der Kassationsverklagte als Mitglied der eingetragenen Genossenschaft am 1. Nov. 1870 seinen Austritt erklärt und sodann auf Rückerstattung seines eingezahlten Geschäftsantheils geklagt. Die Genossenschaft berief sich auf ihren Beschluß: sämmtliche Geschäftsantheile durch die erlittenen Verluste für absorbirt zu erklären und demnach neue Antheile auszuschreiben. Kläger entgegnete, jener Beschluß sei nichtig; nach § 39 des Ges. v. 4. Juli 1868 könne die Genossenschaft sich nur dadurch schützen, daß sie sich auflöse oder liquidire; auf eine Prüfung der Bilanz brauche er sich nicht einzulassen; er sei einfach Gläubiger der Genossenschaft. Das verurtheilende Erkenntniß wurde kassirt. (Entscheidungen des R.-O.-H.-Gerichts Bd. VIII. S. 274).

Absicht des Antragsstellers Schulze dahin, die Auszahlungsfrist (im Entwurfe von 1863 „vier Wochen nach dem Ausscheiden") nur „in Ermangelung einer im Gesellschaftsvertrage bestimmten Frist" gesetzlich zu fixiren. Dies ist nach der richtigen Deutung des Absatz II, bestätigt durch das eben zu 2) erwähnte Urtel des R.O.H.-Gerichts, nun nicht ausgesprochen, vielmehr ist es nicht gestattet, durch den Gesellschaftsvertrag die Frist so auszudehnen, daß sie nicht innerhalb jener drei Monate nach dem Ausscheiden fällt.

In den Musterstatuten ist dies bei den ausgestoßenen Mitgliedern nicht hinreichend beachtet. Als Beispiel für die statutarischen Bestimmungen mögen die betreffenden Sätze aus den Statuten der Rohstoffvereine, der Baugenossenschaften und der Konsumvereine dienen:

a) Bei den Rohstoffgenossenschaften lautet die Bestimmung nach S. 125 von Schulze-Delitzsch: „Die Genossenschaften in einzelnen Gewerbszweigen":

„§ 50. Ausgeschiedene Mitglieder (§ 49 u. 50), ebenso die Erben eines Verstorbenen — können nur den Betrag ihrer Geschäftsantheile und Garantiekapitalien, sowie die Zinsen und Dividenden des zuletzt abgelaufenen Rechnungsjahres, sonst aber keinen Antheil an dem Gesellschaftsvermögen fordern. Dasselbe gilt von dem Ausgeschlossenen, welcher jedoch auch kein Anrecht an Dividende und Zinsen seines Geschäftsantheils aus demjenigen Jahre hat, in welches der Ausschluß fällt. Die Auszahlung selbst erfolgt in allen diesen Fällen im dritten Monat nach dem Schluß des Rechnungsjahres, in oder mit welchem die Endigung der Mitgliedschaft stattgefunden hat".

Hier mußte also statt dessen gesagt werden:

„Die Auszahlung selbst erfolgt in den beiden ersten Fällen im dritten Monat nach dem Schluß des Rechnungsjahres, mit welchem die Erledigung der Mitgliedschaft stattgefunden hat, im letzten Falle im dritten Monate nach dem Tage des über die Ausstoßung gefaßten Gesellschaftsbeschlusses". Oder kürzer: „Die Auszahlung erfolgt im dritten Monate nach der Endigung der Mitgliedschaft".

b) In dem Musterstatut für Baugenossenschaften (Dr. Schneider a. a. O. Seite 48) lautet der erste Absatz des § 55: „Ein ausgeschiedenes Mitglied — und dasselbe gilt für die Erben eines Verstorbenen — kann nur den Betrag seines Geschäftsantheils oder seiner Geschäftsantheile*), wie sich dieselben im Moment der Endigung der Mitgliedschaft nach Ausweis der Bücher des Vereins herausstellen, einschließlich der Dividende des abgelaufenen Jahres, sonst aber keinen Antheil an dem Gesellschaftsvermögen fordern. Insbesondere hat der Ausgeschlossene kein Anrecht an die Dividende des laufenden Jahres, in welches der Ausschluß fällt." Dann folgt der zweite Absatz: „Die Auszahlung der Geschäftsantheile an die Ausgeschiedenen erfolgt" und nun so fort, wie oben. Dann noch zwei Sätze: „Doch werden von diesem Geschäftsantheil, soweit nicht in erster Linie die schon auf den Kaufpreis geleisteten Kapitalzahlungen dazu ausreichen, die durch die Baukommission ermittelten Kosten für Reparatur etwaiger Beschädigung des Grundstücks in Ab-

*) Dies ist nicht ganz korrekt ausgedrückt; vgl. oben S. 190 u. 195.

zug gebracht. Soweit diese Kapitalzahlungen und der Geschäftsantheil zur Deckung dieser Forderungen des Vereins nicht ausreichen, sind dieselben erforderlichen Falls im Wege der Klage einzutreiben."

c) Nach dem ältesten Musterstatut für Konsumvereine sollte in allen Fällen der Geschäftsantheil drei Wochen nach Ablauf desjenigen Kalenderquartals, in welchem oder mit Ablauf dessen die Mitgliedschaft ihr Ende erreicht, ausgezahlt, und bei der Rückzahlung 10 Sgr. von dem Geschäftsantheil zum Reservefond abgezogen werden. Hier konnte eine Gesetzwidrigkeit nur dann vorkommen, wenn der Ausschluß eines Mitgliedes innerhalb der ersten drei Wochen stattfindet. *)

In dem zweiten Musterstatut des Dr. Schneider sind die Bestimmungen wenig verändert; nur ist noch hinzugefügt, daß die Geschäftsantheile der durch Tod oder Ausschluß ausscheidenden Mitglieder vom Austrittsgelde befreit sind. Dies letztere war konsequent, weil das Austrittgeld eine Art Strafe sein sollte, indem viele Mitglieder aus Konsumvereinen austreten, um ihren durch Dividenden herangesparten Geschäftsantheil schnell in die Hände zu bekommen. Die Bedenken gegen die Zulässigkeit der Austrittsgelder haben den Dr. Schneider veranlaßt, in seinem Aufsatze über Verbesserungen des Musterstatuts Genoss.-Blätter Nr. 12. 1875, die Verwandelung des Austrittsgeldes in ein Eintrittsgeld vorzuschlagen, dieses soll erst beim Ausscheiden kompensirt werden, aber auch gegen die ausgestoßenen Mitglieder und gegen die Erben des durch Tod Ausgeschiedenen.

4) **Absatz III.** Da die Genossenschaft jederzeit ihre Auflösung beschließen kann, so ist der letzte Absatz des § 39 nur von Bedeutung in Ansehung des Klagerechts des Ausscheidenden und der Liquidation der Genossenschaft. Ein ausgeschiedener Genossenschafter tritt (abgesehen von seiner Haftpflicht gegenüber den Gläubigern der Genossenschaft), vom Tage seines Ausscheidens an, der Genossenschaft und den in derselben verbleibenden Genossenschaftern als Gläubiger gegenüber. Er muß also verlangen können, daß ihm dasjenige Guthaben, welches ihm nach dem Gesellschaftsvertrage oder dem Gesetze bei seinem Ausscheiden zukommt, berechnet und an dem vertragsmäßigen oder gesetzlichen Fälligkeitstermine ausgezahlt werde. Gegen diese Verpflichtung soll der Auflösungsbeschluß schützen, d. h. diese Verpflichtung, abzurechnen und auszuzahlen, tritt nicht ein, oder wenn sie durch Ablauf jener Frist bereits eingetreten war, wird sie wieder suspendirt, sobald die Genossenschaft ihre Auflösung beschließt. Es ist somit anzunehmen, daß die Klage des Ausgeschiedenen oder, wenn bereits vor dem Auflösungsbeschlusse erkannt war, der Exekutionsantrag von der in Liquidation getretenen Genossenschaft durch einen Einwand beseitigt werden kann.

---

*) Nach dem ersten von mir verfaßten Entwurfe sollten 25 Prozent des Geschäftsantheils, aber niemals mehr als 1 Thlr. im Fall der Ausstoßung und im Fall des freiwilligen Ausscheidens zurückbehalten werden, im letzteren Fall jedoch nur, wenn der Austritt nicht wegen zwingender äußerer Gründe, wie Aenderung des Wohnsitzes und dgl. erfolgt. Ob solche Gründe vorhanden sind, sollte der Vorstand entscheiden unter Vorbehalt der Berufung an die Generalversammlung.

Für den weiteren Verlauf ist der Umstand erheblich, ob der Tag des Ausscheidens eines Mitgliedes mit dem Ablauf einer Geschäftsperiode der Genossenschaft zusammenfällt oder nicht.

a. Fallen beide zusamnen, so ist zu unterscheiden:

1) Der Auflösungsbeschluß erfolgt, nachdem die Bilanz gezogen ist, und die Generalversammlung über die Vertheilung des Gewinnes oder Verlustes bereits Beschluß gefaßt hat. Dann tritt der Ausgeschiedene mit seinem durch diesen Beschluß rechnungsmäßig festgestellten Guthaben lediglich in die Stelle eines Gläubigers und hat gleich jedem andern Gläubiger nach § 47 a aus dem Genossenschaftsvermögen seine Befriedigung zu erhalten, gleichviel welche Irrthümer der letzten Bilanz (z. B. bei Abschätzung des Werthes der Außenstände) sich bei der Liquidation herausstellen.

2) Erfolgt der Auflösungsbeschluß, bevor der Abschluß und die Gewinnvertheilung stattfand, aber nach dem Tage des Ausscheidens, so muß bei der Liquidation unzweifelhaft nach Befriedigung sämmtlicher eigentlichen Gläubiger ein Abschluß über die letzte Geschäftsperiode gemacht werden, da an den Verlusten der spätern Zeit der ausgeschiedene Genossenschafter keinen Antheil haben kann. (Vgl. § 47 b. und c.)

3) Erfolgt der Auflösungsbeschluß nach der Kündigung, aber noch vor dem Tage des Ausscheidens, so ist zwischen Demjenigen, der die Mitgliedschaft bereits gekündigt hatte und den übrigen Genossenschaftern natürlich gar kein Unterschied.

b. Fällt der Tag des Ausscheidens eines Mitgliedes nicht mit dem Tage des Ablaufs einer Geschäftsperiode zusammen, so kann der Fälligkeitstermin des Guthabens nach oder vor dem Tage des Ablaufs der nächsten bei dem Ausscheiden noch nicht begonnenen Geschäftsperiode stattfinden. Im ersteren Falle ist der ausscheidende Genossenschafter in Ansehung der neuen Geschäftsperiode mit dessen Gewinn ebenso zu behandeln wie der mit dem Schluß der Geschäftsperiode ausgeschiedene (zu a). In Betreff derjenigen Geschäftsperiode aber, in welcher der Austritt stattfindet, wird in beiden Fällen die Theilnahme des Ausscheidenden an dem sich bei der Liquidation ergebenden Verluste durch den dritten Absatz des § 39 festgestellt, während sie sonst nicht stattgefunden hätte, es sei denn, daß der Gesellschaftsvertrag es ausdrücklich bestimmte.

Hiernach wird nicht bezweifelt werden, daß dieser Absatz von geringer Bedeutung sein würde, wenn das Ausscheiden nur am Schluß einer Geschäftsperiode zulässig wäre.

Abschnitt V.

Von der Liquidation der Genossenschaft.

Vorbemerkung.

Der fünfte Abschnitt mit seinen §§ 40—62 hat erhebliche Abänderungen des Preußischen Genossenschaftsgesetzes (Abschnitt V. §§ 39—50) nur im § 51 (§ 50 des Preuß. Gesetzes), wo Lücken in Betreff des Konkursverfahrens ausgefüllt werden, und in den §§ 52—62, welche ein Verfahren zur Vertheilung der von den Mitgliedern einer insuffizienten Genossenschaft zufolge der Solidarbürgschaft zu leistenden Zuschüsse einführen.

Die Motive des Preußischen Regierungsentwurfs sagen im Allgemeinen über diesen fünften Abschnitt (S. 32) Folgendes: „Der fünfte Abschnitt handelt von der Liquidation der Genossenschaft. Die Abwickelung der Geschäfte einer aufgelösten Gesellschaft durch ein Liquidationsverfahren ist in den allgemeinen gesetzlichen Vorschriften über den Gesellschaftsvertrag nicht begründet. Dagegen hat das Handelsgesetzbuch darüber bei der Auflösung kaufmännischer Gesellschaften zweckmäßige, sowohl den Gläubiger als den Gesellschafter sichernde Vorschriften. Es empfiehlt sich deshalb, dieselben auch auf die Genossenschaften auszudehnen und für diese die Vorschriften anzuwenden, welche in den Art. 244 ff. und beziehungsweise Art. 133 bis 139, 144, 145 des Handelsgesetzbuchs für die Handels-Aktiengesellschaften gegeben sind. Nach diesen Grundsätzen sind die §§ 40 bis 51 (im Preuß. Gesetze §§ 39—50) entworfen. Abweichende Bestimmungen enthalten die §§ 47 und 48 [jetzt §§ 48 und 49] u. s. w."

§. 40.

Nach Auflösung der Genossenschaft außer dem Falle des Konkurses erfolgt die Liquidation durch den Vorstand, wenn nicht dieselbe durch den Gesellschaftsvertrag oder einen Beschluß der Genossenschaft an andere Personen übertragen wird. Die Bestellung der Liquidatoren ist jederzeit widerruflich.

(Preuß. Gesetz § 39.)

Erläuterungen zu § 40.

1) Der § 40 ist gleich § 39 des Preußischen Gesetzes und entspricht dem ersten und dritten Absatze des Art. 244, womit auch die Art. 133, 134 und 205 des H.-G.-Buchs zu vergleichen sind.

Die Genossenschaft in Liquidation ist dasselbe Rechtssubjekt, wie die Genossenschaft; die Organisation besteht bis zur völligen Abwickelung aller Gesellschaftsangelegenheiten fort; Vorstand, Aufsichtsrath, Generalversammlung funktioniren nach wie vor, der Vorstand sogar neben den Liquidatoren.

2) „jederzeit widerruflich".

Wer die Bestellung der Liquidatoren zu widerrufen hat, ob dazu außer der Generalversammlung auch der Aufsichtsrath befugt ist, hängt lediglich vom Gesellschaftsvertrage ab (vgl. § 48).

§. 41.

Die Liquidatoren sind von dem Vorstande beim Handelsgerichte zur Eintragung in das Genossenschaftsregister anzumelden; sie haben ihre Unterschrift persönlich vor dieser Behörde zu zeichnen oder die Zeichnungen in beglaubigter Form einzureichen.

Das Austreten eines Liquidators oder das Erlöschen der Vollmacht eines solchen ist gleichfalls zur Eintragung in das Genossenschaftsregister anzumelden.

(Preuß. Gesetz § 40.)

Erläuterungen zu § 41.

§ 41 stimmt genau mit § 40 des Preuß. Gesetzes. Vgl. Art. 135 Abs. 1 u. 2 und Art. 244 des H.-G.-Buchs.

1) **Absatz I.** Die Bestimmung, daß eine Zeichnung der Unterschriften stattfinden muß, gilt auch dann, wenn die Vorstandsmitglieder zugleich die Liquidatoren sind. Auch später eintretende Liquidatoren müssen durch den Vorstand angemeldet werden. (v. Sicherer a. a. O. S. 268.)

2) **Absatz II.** „Das Erlöschen der Vollmacht" eines Liquidators umfaßt alle anderen Fälle des Aufhörens der Liquidirungsbefugniß, also auch die Beendigung der Liquidation u. dgl. Siehe v. Hahn S. 456 und Puchelt S. 228.

§. 42.

Dritten Personen kann die Ernennung von Liquidatoren, sowie das Austreten eines Liquidators oder das Erlöschen der Vollmacht eines solchen nur insofern entgegengesetzt werden, als hinsichtlich dieser Thatsachen die Voraussetzungen vorhanden sind, unter welchen nach Artikel 25. und 46. des Allgemeinen Deutschen Handelsgesetzbuches hinsichtlich einer Aenderung der Inhaber einer Firma oder des Erlöschens einer Prokura die Wirkung gegen Dritte eintritt.

Sind mehrere Liquidatoren vorhanden, so können sie die zur Liquidation gehörenden Handlungen mit rechtlicher Wirkung nur in Gemeinschaft vornehmen, sofern nicht ausdrücklich bestimmt ist, daß sie einzeln handeln können.

(Preuß. Gesetz § 41.)

Erläuterungen zu § 42.

Der § 42, welcher genau übereinstimmt mit § 41 des Preuß. Gesetzes, ist im ersten Absatz wörtlich gleich dem letzten Absatz des Art. 135, im zweiten Absatz mit Artikel 136 des Handelsgesetzbuchs.

§. 43.

Die Liquidatoren haben die laufenden Geschäfte zu beendigen, die Verpflichtungen der aufgelösten Genossenschaft zu erfüllen, die Forderungen derselben einzuziehen und das Vermögen der Genossenschaft zu versilbern; sie haben die Genossenschaft gerichtlich und außergerichtlich zu vertreten, sie können für dieselbe Vergleiche schließen und Kompromisse eingehen. Zur Beendigung schwebender Geschäfte können die Liquidatoren auch neue Geschäfte eingehen.

Die Veräußerung unbeweglicher Sachen kann durch die Liquidatoren, sofern nicht der Gesellschaftsvertrag oder ein Beschluß der Genossenschaft anders bestimmt, nur durch öffentliche Versteigerung bewirkt werden.

(Preuß. Gesetz § 42.)

Erläuterungen zu § 43.

1) § 43 ist buchstäblich übereinstimmend mit § 42 des Preußischen Gesetzes; nur ist durch einen Zufall „unbeweglicher Sachen“ statt „von unbeweglichen Sachen“ gesetzt.

Mit den beiden Absätzen des § 43 ist der entsprechende Artikel 137 des Handelsgesetzbuchs zu vergleichen.

2) **Absatz I.** „neue Geschäfte“.

Ueber die Nothwendigkeit der neuen Geschäfte, zu deren Eingehung die Liquidatoren begriffsmäßig nicht befugt sein würden, haben die Liquidatoren allein zu entscheiden, sofern die neuen Geschäfte „zur Beendigung schwebender Geschäfte“ dienen. Man vgl. die Auseinandersetzungen über diese Beschränkung der Liquidatoren und das daraus erwachsende Verhältniß Dritter zu den Geschäften der in Liquidation befindlichen Genossenschaft bei v. Hahn II. Aufl. S. 458 in den Anmerkungen zu § 137.

3) **Absatz II.** Im Gegensatz zu allen übrigen Gegenständen des Gesellschaftsvermögens, bei deren Veräußerung die Liquidatoren freie Hand haben, dürfen sie die Veräußerung von „unbeweglichen“ Sachen ohne besondere Autorisation nur durch „öffentliche Versteigerung“ vornehmen. Die öffentliche Versteigerung braucht nicht gerichtlich stattzufinden. Der Ausdruck „Veräußerung“ kann hier nicht „Verpfändung“ umfassen; insofern bei dieser eine öffentliche Versteigerung nicht vorgeschrieben sein kann, sind dabei also die allgemeinen Grundsätze maßgebend. Zur Verpfändung der Immobilien für ein neu aufgenommenes Darlehn müssen also die Liquidatoren befugt sein, „wenn sie zur Aufnahme des Darlehns befugt waren, für eine bestehende Schuld, sobald dieselbe erfolgt, um die Exekution abzuwenden.“

§. 44.

Eine Beschränkung des Umfanges der Geschäftsbefugnisse der Liquidatoren (§. 42.) hat gegen dritte Personen keine rechtliche Wirkung.

(Preuß. Gesetz § 43.)

Erläuterung zu § 44.

§ 44 stimmt buchstäblich mit § 43 des Preußischen Gesetzes überein; das Zitat ist daher falsch, es muß § 43 heißen. Ebenso lautet § 138 des Handelsgesetzbuchs. Im Bayerischen und Badischen Gesetze war das Zitat berichtigt.

§. 45.

Die Liquidatoren haben ihre Unterschriften in der Weise abzugeben, daß sie der bisherigen, nunmehr als Liquidations-Firma zu bezeichnenden Firma ihren Namen beifügen.

(Preuß. Gesetz § 44.)

Erläuterungen zu § 45.

1) Der § 45 stimmt buchstäblich mit § 44 des Preußischen Gesetzes überein, nur ist durch einen Zufall „Unterschriften" aus „Unterschrift" geworden; § 44 des Preußischen Gesetzes war von Artikel 139 des Handelsgesetzbuchs abgeschrieben, wobei blos „nunmehr" statt „nun" gesetzt war.

2) „als Liquidationsfirma zu bezeichnenden Firma".

Die Firma der Genossenschaft, welche mit den Worten „Eingetragene Genossenschaft" schließen muß, bekommt also nun einen weiteren Zusatz, der die Firma als Liquidationsfirma bezeichnet. Sie wird also z. B. lauten: „Xer Vorschußverein, Eingetragene Genossenschaft. In Liquidation".

§. 46.

Die Liquidatoren haben der Genossenschaft gegenüber bei der Geschäftsführung den von der Generalversammlung gefaßten Beschlüssen Folge zu geben, widrigenfalls sie der Genossenschaft für den durch ihr Zuwiderhandeln erwachsenen Schaden persönlich und solidarisch haften.

(Preuß. Gesetz § 45.)

Erläuterungen zu § 46.

Im § 46 sind dem § 45 des Preuß. Gesetzes die Worte „widrigenfalls sie der Genossenschaft für den durch ihr Zuwiderhandeln erwachsenen Schaden persönlich und solidarisch haften", auf Antrag Schulze's hinzugefügt, wodurch nichts geändert wird, da diese Haftung bereits aus allgemeinen Rechtsgrundsätzen gefolgert werden muß.

Man vergl. Artikel 140 des Handelsgesetzbuchs und unten § 49 dieses Gesetzes.

§. 47.

Die bei Auflösung der Genossenschaft vorhandenen und die während der Liquidation eingehenden Gelder werden, wie folgt, verwendet:

a) es werden zunächst die Gläubiger der Genossenschaft je nach der Fälligkeit ihrer Forderungen befriedigt und die zur Deckung noch nicht fälliger Forderungen nöthigen Summen zurückbehalten;

b) aus den alsdann verbleibenden Ueberschüssen werden die Geschäftsantheile an die Genossenschafter zurückgezahlt. Reicht der Bestand zur vollständigen Deckung nicht aus, so erfolgt die Vertheilung desselben nach Verhältniß der Höhe der einzelnen Guthaben, wenn der Gesellschaftsvertrag nicht anders bestimmt;

c) aus dem nach Deckung der Schulden der Genossenschaft, sowie der Geschäftsantheile der Genossenschafter (§. 39.), noch verbleibenden Bestande wird zunächst der Gewinn des letzten Rechnungsjahres an die Genossenschafter nach den Bestimmungen des Gesellschaftsvertrages gezahlt. Die Vertheilung weiterer Ueberschüsse unter die Genossenschafter erfolgt in Ermangelung anderer Vertragsbestimmungen nach Köpfen.

(Preuß. Gesetz § 46.)

I. **Zur Geschichte des § 47.**

a) § 47 entspricht dem § 46 des Preußischen Gesetzes. Der Eingang und a) sind wörtlich beibehalten. Zu b) ist zunächst wie im § 39 der unkorrekte Ausdruck: „die eingezahlten Geschäftsantheile einschließlich der denselben zugeschriebenen Dividenden früherer Jahre" beseitigt und dafür der vollkommen ausreichende Ausdruck „die Geschäftsantheile", das ist die buchmäßigen Geschäftsantheile, substituirt. Sodann ist durch Hinzufügung der Worte „wenn der Gesellschaftsvertrag nicht anders bestimmt" ausdrücklich „hervorgehoben, daß der Gesellschaftsvertrag Bestimmungen darüber treffen könne, wie im Falle der Auflösung das Genossenschaftsvermögen vertheilt werden solle." So drückt sich der Bericht der Reichstagskommission aus (Drucksachen Nr. 80 Seite 9) — nicht ganz zutreffend, weil zu allgemein.

b) Der Absatz c) entspricht dem letzten Absatze des § 46 des Preuß. Gesetzes. Die Kommission des Reichstages hat den letzteren nur durch Verweisung auf den § 39, „der den Begriff des Geschäftsantheils feststellt" verändert.

c) Die Motive des Preuß. Regierungsentwurfes sagen über diesen von dort unverändert in das Preußische Gesetz übergegangenen Paragraphen Folgendes:

„Der § 46 [jetzt 47] setzt die Verwendung der bei Auflösung der Genossenschaft vorhandenen Gelder in Gemäßheit der von der 19. Kommission des Abgeordnetenhauses im § 35 des von derselben redigirten Entwurfes gefaßten Beschlüsse dahin fest, daß in erster Linie die Bezahlung der Geschäftsantheile der Genossen (Einlagen und Dividenden früherer Geschäftsjahre) erfolgt und aus dem etwaigen Ueberschusse der Gewinn des letzten Geschäftsjahrs nach den Bestimmungen des Genossenschaftsvertrages ermittelt und vertheilt wird. Der dann noch vorhandene Bestand, der also z. B. aus dem Reservefonds oder aus dem Erlös der für die Zwecke der Gesellschaft erworbenen Immobilien rc. sich ergeben haben kann, wird in Ermangelung besonderer darauf bezüglicher Bestimmungen des Vertrags unter die bei Auflösung der Genossenschaft vorhandenen Genossenschafter nach der Kopfzahl vertheilt."

II. Erläuterungen zu § 47.

1) „wie folgt verwendet".

Die in diesem § 47 vorgeschriebene Vertheilung, vornehmlich auf die Vorschläge Schulze's zurückzuführen, entspricht vollkommen dem Bedürfniß. Nur ist auch hier übersehen, daß viele Konsumvereine nicht das „Rechnungsjahr" haben, sondern in kürzeren Geschäftsperioden abschließen.

Zu vergleichen sind die entsprechenden Artikel des Handelsgesetzbuchs, welche für die einzelnen Handelsgesellschaften die Vertheilung bei der Liquidation regeln: Artikel 141, 142, 202, 203 und 245. Der § 47 enthält nicht bloß eine Instruktion für die Liquidatoren, sondern es können auch die Genossenschafter auf Ausführung gegen die in Liquidation befindliche Genossenschaft klagen.

2) **Zu a.** „die Gläubiger der Genossenschaft".

Darüber, mit welchem Zeitpunkt ein ausgeschiedener Genossenschafter in Betreff seiner fälligen Forderung vollständig in die Reihe der Gläubiger der Genossenschaft tritt, vergleiche man oben die Anmerkungen zu § 39. Auerbach (a. a. O. S. 378) erinnert, daß hier wohl aus Art. 202 Absatz 2 und 3, resp. Art. 205 Absatz 3 der Satz am Platze wäre: „Letzteres (nämlich die Reservirung der betreffenden Summen) muß auch in Ansehung der unerhobenen Schuldbeträge, sowie der streitigen Forderungen geschehen".

3) **Zu b.**

Der von mir bei dem § 46 des Preußischen Gesetzes in der Anmerkung 128 meines Kommentars eingehend nachgewiesene Widerspruch mit § 8 — jetzt § 9 — ist durch Abänderung des letzteren beseitigt, wie dies bereits bei § 9 Seiten 240, 243 bis 254 erörtert ist.

4) **Zu c.** „des letzten Rechnungsjahres".

Das „letzte Rechnungsjahr" ist diejenige bei der Auflösung der Genossenschaft bereits vollendete Geschäftsperiode, in Betreff derer noch kein Abschluß gemacht, keine Uebertragung von Gewinn- oder Verlustkonto auf das Kapitalkonto der Mitglieder stattgefunden hat. Das Gesetz geht davon aus, daß an dem Gewinn einer Geschäftsperiode nur die Guthaben der Genossenschafter beim Beginn derselben Geschäftsperiode, nicht also die innerhalb derselben gemachten Einzahlungen, mit andern Worten die Aktivsaldos beim letzten Buchabschluß Theil nehmen, und daß die Auflösung nur nach Vollendung einer Geschäftsperiode in Folge der Inventur, aber vor dem vollendeten Abschlusse, also vor der Ab- und Zuschreibung auf den Kapitalkonti's der Genossenschafter stattfindet. Sobald also die Auflösung nach vollendetem Geschäftsabschlusse der letztverflossenen Geschäftsperiode stattfinden sollte, so ist die Unterscheidung zwischen den früheren Jahren und dem „letzten Rechnungsjahre", wie sie in diesem Paragraphen gemacht wird, nicht zutreffend; es ist dann nämlich kein „letztes Rechnungsjahr" im Sinne der Nr. c. dieses Paragraphen vorhanden.

5) „in Ermangelung anderer Vertragsbestimmungen nach Köpfen".

Der Bericht der Kommission des Preußischen Abgeordnetenhauses von 1866 enthält zur Begründung dieses Satzes Folgendes:

„Abweichend von der allgemeinen Regel (Art. 245 des Handelsgesetzbuchs) ist die Vertheilung der Ueberschüsse nach Köpfen, statt im Verhältniß zu den Geschäftsantheilen. Die erste Theilungsart empfiehlt sich als die einfachere, da es sich immer nur um kleine Kapitalien und meist um viele Köpfe handelt. Ein erheblicher Kapitals-Erwerb ist ohnehin nicht der vermuthliche Zweck der Mitgliedschaft".

Diese Bemerkung trifft nicht ganz zu. Der Solidar-Bürgschaft der Genossenschafter, welche erst eintritt, wenn das Vermögen der Genossenschaft vollständig aufgezehrt ist, entspricht die Vertheilung der Ueberschüsse nach Köpfen, während bei der Aktiengesellschaft die Vertheilung des gesammten Gewinns nach den Geschäftsantheilen, und bei der offenen Handelsgesellschaft nach Köpfen (Art. 109 des Handelsgesetzbuchs) folgerichtig Regel sein mußte.

Es ist dies schon oben in den Erläuterungen zu § 9, im Besonderen auf S. 245 erörtert, ebenso wie der Widerspruch, in welchem sich dieser Satz c des § 47 mit dem § 9 befindet und wie das Bayerische Gesetz vom 29. April 1869 den Widerspruch beseitigt hatte. Daß übrigens in einem Rechtsstreite um einen bei der Liquidation sich ergebenden Ueberschuß der im Schlußsatze des § 47 behandelten Art der Richter diesem Satze als dem spezielleren den Vorzug vor dem § 9 geben und die Vertheilung nach Köpfen, nicht nach der Höhe der Geschäftsantheile, für vorgeschrieben erachten muß, bedarf kaum der Erwähnung.

§. 48.

Die Liquidatoren haben sofort beim Beginn der Liquidation eine Bilanz aufzustellen. Ergiebt diese oder eine später aufgestellte Bilanz, daß das Vermögen der Genossenschaft (einschließlich des Reservefonds und der Geschäftsantheile der Genossenschafter) zur Deckung der Schulden der Genossenschaft nicht hinreicht, so haben die Liquidatoren bei eigener Verantwortlichkeit sofort eine Generalversammlung zu berufen und hier-

auf, sofern nicht Genossenschafter binnen acht Tagen nach der abgehaltenen Generalversammlung den zur Deckung des Ausfalles erforderlichen Betrag baar einzahlen, bei dem Handelsgerichte die Eröffnung des Konkurses (Falliments) über das Vermögen der Genossenschaft zu beantragen.

(Preuß. Gesetz § 47.)

I. Zur Geschichte des § 48.

Derselbe ist gleich dem § 47 des Preuß. Gesetzes, nur ist in dem letzten Satze vor dem Worte „des Konkurses" das Eigenschaftswort: „kaufmännischen" gestrichen.

Die Motive des Preußischen Regierungsentwurfs von 1866 sagen S. 33 über ihn: „Der § 47 [jetzt 48] enthält eine Abweichung von den allgemeinen Vorschriften über die Konkurseröffnung, welche in § 37 des von der Kommission des Abgeordnetenhauses von 1863 aufgestellten Entwurfs in Vorschlag gebracht ist und sich aus Zweckmäßigkeitsgründen empfiehlt" u. s. w.

II. Erläuterungen zu § 48.

1) Im Allgemeinen.

Bei Aktiengesellschaften hat der Vorstand, sobald das Vermögen der Gesellschaft nicht mehr die Schulden deckt, davon sofort dem Gerichte behufs Eröffnung des Konkurses Anzeige zu machen (Art. 240 des Handelsgesetzbuchs.) Die Motive des Preußischen Regierungsentwurfes und die Kommission des Abgeordnetenhauses von 1866 nahmen, — wie ich meine, irrthümlich — an, daß jene Vorschrift auch ohne besondere Bestimmung in Folge § 10 des Gesetzes auf eingetragene Genossenschaften anwendbar sein würde. Jedenfalls erschien es angemessen, eine ähnliche Bestimmung auch für die Genossenschaften zu erlassen. Da nun aber sämmtliche Genossenschafter persönlich und solidarisch für einen etwaigen Ausfall haften, so liegt es in ihrem Interesse, zur Vermeidung des kostspieligen und weitläufigen Konkurses den zu befürchtenden Ausfall im Voraus zu decken, und dadurch die Unterbilanz zu beseitigen. Dies ist der Grund, weshalb hier die sofortige Berufung einer Generalversammlung vorgeschrieben und dadurch ein Zwischenstadium zwischen der Entdeckung der Unterbilanz und dem Antrage auf Konkurseröffnung eingeschoben ist, von welchem in der Regel ein günstiger Erfolg erwartet werden kann. Diese ungewöhnliche Vorschrift entspricht nicht bloß dem Interesse der Genossenschafter, sondern auch dem der Gläubiger, welche die Weiterungen des Konkurses fast noch mehr zu scheuen haben, als jene. Da die Bedenkfrist nur 8 Tage beträgt, so wird durch die Verzögerung eine Gefährdung der Gläubiger nicht herbeigeführt.

2) „Ergiebt diese oder eine später aufgestellte Bilanz".

Aus dieser Vorschrift dürfte zu folgern sein, daß die Liquidatoren verpflichtet sind, im Fortgange der Liquidation durch regelmäßige Bilanzen zu prüfen, ob eine zur Konkursanmeldung nöthigende Ueberschuldung, in Folge von Verlusten bei der Einziehung von Forderungen und der Versilberung des Vermögens nachträglich ersichtbar geworden ist.

3) „bei eigener Verantwortlichkeit".

Die Liquidatoren können zu denjenigen Handlungen, welche dieser § 48 vorschreibt, durch Ordnungsstrafen angehalten werden. Davon unabhängig, wird ihnen noch die „eigene Verantwortlichkeit" aufgebürdet, falls sie es verabsäumen, die Generalversammlung zu berufen oder die Eröffnung des Konkurses zu beantragen. Endemann a. a. O. S. 911 meint: was das heißen soll, sei unklar; jedenfalls sei irgend eine privatrechtliche Haft gegenüber der Genossenschaft gemeint. Nicht gegenüber der Genossenschaft, sondern den einzelnen Genossenschaftern machen sich die Liquidatoren regreßpflichtig, falls sie entweder durch Nichteinberufung der Generalversammlung den wohlhabenderen und zufolge der Solidarbürgschaft besonders stark interessirten Genossenschaftern die Gelegenheit nehmen, den kostspieligen Konkurs durch Einzahlung zu vermeiden, oder aber durch nicht rechtzeitige Anmeldung des Konkurses anderweitige Verluste herbeiführen.

§. 49.

Ungeachtet der Auflösung der Genossenschaft kommen bis zur Beendigung der Liquidation im Uebrigen in Bezug auf die Rechtsverhältnisse der bisherigen Genossenschafter untereinander, sowie zu dritten Personen, die Vorschriften des zweiten und dritten Abschnitts dieses Gesetzes zur Anwendung, soweit sich aus den Bestimmungen des gegenwärtigen Abschnitts und aus dem Wesen der Liquidation nicht ein Anderes ergiebt.

Der Gerichtsstand, welchen die Genossenschaft zur Zeit ihrer Auflösung hatte, bleibt bis zur Beendigung der Liquidation für die aufgelöste Genossenschaft bestehen. Zustellungen an die Genossenschaft geschehen mit rechtlicher Wirkung an einen der Liquidatoren.

(Preuß. Gesetz § 48.)

I. Zur Geschichte des § 49.

§ 49 des Deutschen Gesetzes unterscheidet sich vom § 48 des Preußischen Gesetzes nur dadurch, daß der in letzterem § vorhandene Mittelsatz „Im Fall der Auflösung" u. s. w. nach § 9 Absatz III transportirt ist. (Vgl. oben § 9 und zur Gesch. des § 9 c. S. 940 und Erläuterung 5. und 6. Seite 252 bis 254).

II. Erläuterungen zu § 49.

1) Der **erste Absatz** des § 49 stimmt ziemlich wörtlich mit dem ersten Absatz des Art. 144 des Handelsgesetzbuchs, welcher von der Kommission zur Berathung des Handelsgesetzbuchs erst bei der dritten Lesung beschlossen wurde, da man annahm, daß vom Augenblick der Auflösung der Gesellschaft an, alle für das Rechtsverhältniß der Gesellschafter unter einander und zu dritten Personen geltenden Rechtssätze nicht mehr anwendbar sein sollten.

Im Art. 144 ist statt „sowie zu dritten Personen" gesetzt „sowie der Gesellschaft zu dritten Personen". Ob die statt der Worte „der Gesellschaft" zu substituirenden Worte „der Genossenschaft" im § 49 absichtlich fortgeblieben sind, oder ob ein Flüchtigkeitsfehler bei der Redaktion vorliegt, ist nicht zu entscheiden.

2) „die Vorschriften des zweiten und dritten Abschnitts ... ein Anderes ergiebt".

Welche Bestimmungen des zweiten und dritten Abschnitts auch für die Genossenschaft in Liquidation anwendbar und welche ausgeschlossen sind, ist leicht zu untersuchen.

Was zunächst den zweiten Abschnitt anlangt, so können der zweite Absatz des § 12 und des § 16 nicht angewendet werden, weil dazu die Voraussetzungen fehlen. Alle übrigen Bestimmungen sind anwendbar.

In Ansehung des dritten Abschnittes muß hervorgehoben werden, daß der Aufsichtsrath, wo ein solcher bestellt ist, und die Generalversammlung bis zur Vollendung der Liquidation in Thätigkeit verbleiben. Die Befugnisse des Vorstandes hingegen hören, wenn andere Personen als Liquidatoren bestellt worden sind, gänzlich auf.

3) Der **Absatz II** entspricht genau dem zweiten und dritten Absatz des Artikels 144 des Handelsgesetzbuchs. Ueber den Ausdruck „Zustellungen" vgl. man Erläuterungen zu § 24 Seite 303.

§. 50.

Nach Beendigung der Liquidation werden die Bücher und Schriften der aufgelösten Genossenschaft einem der gewesenen Genossenschafter oder einem Dritten in Verwahrung gegeben. Der Genossenschafter oder der Dritte wird in Ermangelung einer gültigen Uebereinkunft durch das Handelsgericht bestimmt.

Die Genossenschafter und deren Rechtsnachfolger behalten das Recht auf Einsicht und Benutzung der Bücher und Papiere.

(Preuß. Gesetz § 49.)

I. Zur Geschichte des § 50.

Der § 49 des Preußischen Gesetzes entlehnte die Vorschriften des Artikels 145 des Handelsgesetzbuchs. Schulze ließ den § 49 als § 50 in seinem beim Reichstage eingebrachten Antrage unverändert bestehen. Jetzt findet sich im ersten Absatz „gültigen" Uebereinkunft statt „gütlichen", wie im Preußischen Gesetze. Das Bayerische und das Badische Gesetz hatten „gütlichen" wiederhergestellt. Und mit Recht. Denn die Reichstagsakten ergeben, daß beim ersten durch das Reichstagsbureau besorgten **Abdruck** des geschrieben übergebenen Antrages im Druck plötzlich „gültigen" auftaucht. Dieses Wort hat sich dann, unbemerkt von dem Bureau, der Reichstagskommission, dem Reichstage, dem Bundesrathe und der Zivilprozeßkommission, durch die ganzen Akten hindurch bis in das Bundesgesetzblatt geschlichen. Bei der dem Kommissionsberichte beigegebenen Gegenüberstellung des Preußischen Gesetzes und des Kommissionsentwurfes steht dort „gütlichen", hier „gültigen", aber ohne daß durch Fettdruck die Verschiedenheit hervorgehoben ist. Nach alledem wird man es als Druckfehler ansehen müssen.

II. **Erläuterungen zu § 50.**

1) **Absatz I.** Nach Art. 33 des Handelsgesetzbuchs sind Kaufleute verpflichtet, ihre Handelsbücher während zehn Jahren von dem Tage der in dieselben geschehenen letzten Eintragung an gerechnet, aufzubewahren, ebenso die empfangenen Handelsbriefe, sowie Inventare und Bilanzen. Diese nach § 11 (siehe oben Seite 265) auch für Genossenschaften gültige Bestimmung wird (wie durch Art. 145 für offene Handelsgesellschaften und Art. 246 für Aktiengesellschaften) in der Ausführung durch § 50 gesichert. Die Aufbewahrung findet selbstverständlich auf Kosten der Genossenschaft statt.

2) **Absatz II.** „behalten das Recht". Dies ist streng genommen nicht richtig ausgedrückt. Der Gesellschafter in der offenen Handelsgesellschaft hat das Recht, jederzeit in das Geschäftslokal zu kommen, die Handelsbücher und Papiere der Gesellschaft einzusehen (Art. 105), er behält das Recht also nach Art. 145. Der Genossenschafter aber hat dasselbe Recht während des Bestehens der Genossenschaft nicht (vgl. oben § 10 und Erläuterungen S. 255); es kann also nicht gesagt werden, daß er es nach der Auflösung behalte. Der Fehler wäre leicht zu verbessern gewesen; es brauchte nur „haben" statt „behalten" gesetzt werden.

§. 51.

Ueber das Vermögen der Genossenschaft wird auch außer dem Falle des §. 48. der Konkurs (Falliment) eröffnet, sobald sie ihre Zahlungen vor oder nach ihrer Auflösung eingestellt hat. Das Verfahren dabei bestimmen die Landesgesetze.

Die Verpflichtung zur Anzeige der Zahlungseinstellung liegt dem Vorstande der Genossenschaft und, wenn die Zahlungseinstellung nach Auflösung der Genossenschaft eintritt, den Liquidatoren derselben ob.

Die Genossenschaft wird durch den Vorstand beziehungsweise die Liquidatoren vertreten. Dieselben sind persönlich zu erscheinen und Auskunft zu ertheilen in allen Fällen verpflichtet, in welchen dies für den Gemeinschuldner selbst vorgeschrieben ist. Dieselben sind berechtigt, gegen jede angemeldete Forderung, unabhängig von dem Vertreter (Kurator, Verwalter) der Konkursmasse Widerspruch zu erheben. Dieser Widerspruch hält die Feststellung der Forderung im Konkurse und ihre Befriedigung aus der Konkursmasse nicht auf. Ein Zwangs-Akkord (Konkordat) findet nicht statt.

Der Konkurs (Falliment) über das Genossenschaftsvermögen zieht den Konkurs (Falliment) über das Privatvermögen der einzelnen Genossenschafter nicht nach sich.

Der Beschluß über Eröffnung des Konkurses (resp. die Er-

klärung des Falliments) hat die Namen der solidarisch verhafteten Genossenschafter nicht zu enthalten. Sobald der Konkurs (Falliment) beendigt ist, sind die Gläubiger berechtigt, wegen des Ausfalles an ihren Forderungen, jedoch nur, wenn solche bei dem Konkursverfahren (Falliment) angemeldet und verifizirt sind, einschließlich Zinsen und Kosten, die einzelnen, ihnen solidarisch haftenden Genossenschafter in Anspruch zu nehmen.

Die Genossenschafter können, wenn sie wegen solcher Ausfälle verklagt werden, nur gegen solche Forderungen Einwendungen machen, bei welchen der oben erwähnte Widerspruch (Absatz 3.) von dem Vorstande, beziehungsweise den Liquidatoren vor der Verifikation erhoben ist.

(Preuß. Gesetz § 50.)

I. **Zur Geschichte des § 51.**

a) Der entsprechende § 50 des Preußischen Gesetzes ist erheblich abgeändert und ergänzt:

b) Im ersten Absatze ist die Bezeichnung „kaufmännisch" vor „Konkurs" gestrichen; sodann sind die im Preuß. Gesetze angezogenen Gesetzesstellen fortgelassen, und statt dessen die Landesgesetze über das Verfahren in Bezug genommen.

c) Der zweite Absatz ist dem Preußischen Gesetz entlehnt; er stimmt überein mit der Preußischen Konkursordnung vom 8. Mai 1855, welche das Gleiche anordnet für den Konkurs über das Vermögen von Aktiengesellschaften.

d) Die ersten beiden Sätze des dritten Absatzes, ebenfalls dem Preuß. Gesetze entlehnt, geben die §§ 284 u. 285 der Preußischen Konkursordnung vom 8. Mai 1855 wieder.

Der dritte und vierte Satz dieses Absatzes, sowie der sechste Absatz bilden eine wesentliche Verbesserung des Preuß. Gesetzes, welche wir Schulze-Delitzsch verdanken. In der Kommission des Reichstags fanden die von ihm entwickelten Gründe allgemeinen Anklang. Wir entnehmen denselben Folgendes: „In Folge der solidaren Haftbarkeit für die Ausfälle, welche die Genossenschaftsgläubiger an ihren Forderungen im Konkurse über das Genossenschaftsvermögen erleiden, haben die Genossenschafter das größte Interesse an der Feststellung der Forderungen. Wenn ihnen nun im Konkursverfahren selbst keine direkte Einwirkung hierauf gestattet wird, dies vielmehr regelmäßig in den Händen des Verwalters der Masse liegt, und der Vorstand der Genossenschaft nur, wie jeder Kridar, zu dessen Information mitzuwirken hat, so lag es nahe, den Genossenschaftern zu gestatten, ohne in den Gang des Konkurses störend einzugreifen, sich gegen einzelne Forderungen ihre Einwendungen für den Fall vorzubehalten, daß sie nach Beendigung des Konkursverfahrens behufs der vollständigen Deckung derselben herangezogen werden. — — — Dazu kommt noch, daß die außerordentlich wichtigen Bestimmungen des nachfolgenden § 52 gerade dadurch mit gestützt werden, daß bei den ohne Widerspruch im Konkurs festgestellten Forderungen — und diese werden voraussichtlich die große Mehrzahl bilden — ein Fundament mehr für das daselbst angebahnte Exekutivverfahren gewonnen ist." (Drucksachen des Reichstags Nr. 80 Seite 9.) Die Zivilprozeß-Kommission hat nur in dem letzten Absatze statt des nicht ganz korrekten Ausdrucks „bei Einklagung dieser Ausfälle" vorgeschlagen, zu setzen: „wenn sie wegen solcher Ausfälle verklagt werden." Sonst hat sie die gemachten Vorschläge für nicht bedenklich erachtet.

Der letzte Satz des dritten Absatzes lautete im § 50 des Preuß. Gesetzes: „Ein Akkord (Konkordat) kann nicht geschlossen werden." Die jetzige Fassung ist ein Vorschlag der Zivilprozeßkommission: „Die Aenderung soll außer Zweifel stellen, daß der Akkord nur insoweit ausgeschlossen sein soll, als er auch für die nicht einwilligenden Gläubiger Wirkung hat."

e) Der vierte Absatz des § 51 unterscheidet sich vom § 50 des Preußischen Gesetzes nur durch das auf Vorschlag der Zivilprozeßkommission geänderte „Genossenschaftsvermögen" statt „Gesellschaftsvermögen".

f) Der fünfte Absatz des § 51 ist wörtlich übereinstimmend mit dem Preuß. Gesetze.

g) Die große Verschiedenheit, welche bisher in Deutschland in Betreff des Konkurses (Falliment, Gant) herrscht, legten für die besonderen Gesetze der einzelnen Staaten beim § 51 Abänderungen nahe. Im Bayerischen Gesetze vom 29. April 1859 waren im dritten Absatze die Genossenschafter neben den Liquidatoren für berechtigt erklärt, gegen jede angemeldete Forderung Widerspruch zu erheben; dem entsprechend war auch im letzten Absatz hinter den Worten „den Liquidatoren" eingeschoben „oder Genossenschaftern". Ein Bedürfniß zu dieser Aenderung scheint mir nicht vorzuliegen.

Für das Badische Gesetz war in sorgfältiger Motivirung durch den Regierungsentwurf vorgeschlagen worden, den dritten Satz dahin zu fassen:

> „Die Genossenschaft wird durch den Vorstand, beziehungsweise die Liquidatoren, vertreten. Dieselben sind verpflichtet, persönlich zu erscheinen und sich Namens des Gemeinschuldners nach Maßgabe der Prozeßordnung über die Anmeldungen der Gläubiger zu erklären.
>
> Ein Zwangsakkord (Konkordat) findet nicht statt.

und den letzten Absatz:

> „Die Existenz der Schuld, sowie die Thatsache, daß dieselbe nicht durch die Genossenschaft getilgt worden ist, gilt dem auf Zahlung eines Ausfalles belangten Mitglied gegenüber, vorbehaltlich anderweiter Einreden, als rechtskräftig entschieden."

Die dem Reichstage vorgelegten Entwürfe der Deutschen Konkursordnung und des Einführungsgesetzes dazu erwähnen diesen § 51 unter denjenigen Vorschriften, welche mit Einführung der Konkursordnung beseitigt werden würden.

II. Erläuterungen zu § 51.

1) Absatz I.

Die Eröffnung des Konkurses im Falle der Zahlungseinstellung ist eine Folge der kaufmännischen Rechte. Dahingegen ist die materielle Unzulänglichkeit des Vermögens, insoweit sie noch nicht zur Zahlungseinstellung führt, außerhalb der Liquidation kein Konkursgrund. Diese Abweichung von der Bestimmung über die Aktiengesellschaft rechtfertigt sich durch die Solidarhaft, da die Gläubiger durch die materielle Unzulänglichkeit des Gesellschaftsvermögens noch nicht mit Verlusten bedroht sind. Die Genossenschaft ist vielmehr in dieser Beziehung der offenen Handelsgesellschaft gleichzustellen. Dagegen liegt es wegen der nur eventuellen Haftbarkeit und der Stellung der Mitglieder zur Genossenschaft nicht in der Natur der Sache, daß, wie bei einer offenen Handelsgesellschaft, der Konkurs über das Gesellschaftsvermögen auch den über das Privatvermögen der Mitglieder nach sich ziehe. (Bericht der Kommission des Preußischen Abgeordnetenhauses Drucksachen Nr. 55 von 1866, S. 21.)

2) **Absatz II.**

Wie Sicherer a. a. O. Seite 300 mit Recht hervorhebt, findet die im § 48 ausgesprochene privatrechtliche Verantwortlichkeit der Liquidatoren, da sie sich nur auf den Fall der Ueberschuldung ohne Zahlungseinstellung bezieht, auf die Verpflichtung der Liquidatoren, die Zahlungseinstellung anzuzeigen, keine Anwendung.

3) **Absatz III.**

Ueber die Entstehung des 3. u. 4. Satzes ist oben Hinreichendes mitgetheilt.

4) **Absatz IV. und V.**

„Da die Genossenschaften nur für den Ausfall als Solidarbürgen haften, so zieht der Konkurs über das Genossenschaftsvermögen die gleichzeitige Eröffnung des Konkurses über das Vermögen der einzelnen Genossenschafter nicht nach sich. Um aber die subsidiarische Verpflichtung der Genossenschafter nicht zu erschweren, ist es erforderlich, daß alle Genossenschaftsgläubiger ihre Befriedigung aus dem Genossenschaftsvermögen suchen. Es kann ihnen deshalb nicht gestattet werden, die Geltendmachung ihrer Rechte bei dem Konkurse über das Genossenschaftsvermögen zu unterlassen, vielmehr sind sie zu dem Rückgriff auf die einzelnen Genossenschafter wegen ihres Ausfalls nur dann für berechtigt zu erachten, wenn sie ihre Forderungen beim Konkurse angemeldet und verifizirt haben. Diese Bestimmungen sind in Alinea 4 und 5 des § 51 aufgenommen. Hierbei ist noch in Erwägung gezogen, ob es nicht für angemessen zu erachten sei, den Gläubigern Atteste über ihren beim Konkurse resp. Fallitverfahren erlittenen Ausfall vom Konkursgerichte ertheilen zu lassen. Da indeß die Ertheilung solcher Atteste dem rheinischen Fallitverfahren nicht entspricht und durch die Ausfallsatteste die Forderung selbst gegen den in Anspruch zu nehmenden Genossenschafter nicht für verifizirt angenommen werden kann, weil die Anmeldung und Verifizirung der Forderung im Konkurse nur gegen die Genossenschaft, nicht gegen die einzelnen Genossenschafter gilt, so ist hiervon abstrahirt worden." (Motive des Regierungsentw. S. 29.) Die Ausfallsatteste waren in der Kommission von 1863 vom Herausgeber in dem von ihm als Referenten gestellten Antrage, welcher § 40 des damaligen Entw. wurde, auf besondere Empfehlung des Kommissars des Justizministerii aufgenommen und von Auerbach a. a. O. S. 383 ebenfalls für nothwendig erachtet. Daß der Genossenschaftsgläubiger sein Klagerecht gegen die Mitglieder gänzlich verliert, sobald er im Konkurse seinen Anspruch nicht angemeldet, oder nicht bis zur Anerkennung betrieben hat, wurde in der Kommission des Abgeordnetenhauses von 1866 von einer Seite als eine über das unmittelbare Bedürfniß hinausgehende Strenge gerügt. „Im Gegensatz hierzu" — heißt es im Bericht — „wurde das weit höhere Interesse der mit ihrem ganzen Vermögen verpflichteten Genossenschafter hervorgekehrt; dieses gebiete, im Konkurse den gesammten Umfang der Verpflichtungen genau zu ermitteln." Auerbach hält auch noch eine Veröffentlichung der Solidarschuldner für erforderlich. Diese würde oft geradezu unmöglich sein, weil bei Genossenschaften, welche mit zahlreichem und oft wechselndem Mitgliederbestande eine Reihe von Jahren bestehen, bei den einzelnen ausgefallenen Forderungen die Solidarschuldner zum Theil verschieden sein werden. Es muß Sache des ausfallenden Gläubigers sein, sich aus den zu den Akten des Genossenschaftsregisters übergebenen Mitgliederlisten die ihm solidarisch haftenden Genossenschafter selbst herauszusuchen.

Ueber das Verhältniß des vorletzten Absatzes des § 51 zu § 3 Nr. 12 und § 12 vergl. die Erläuterungen zu diesen Paragraphen oben Seite 201 ff. u. 271 ff.

Vorbemerkungen zu §§ 52 bis 62.

Die §§ 52 bis 62 des Gesetzes sind die wichtigste Errungenschaft, welche die deutschen Genossenschaften der Beharrlichkeit ihres Anwaltes Schulze-Delitzsch, zugleich in seiner Thätigkeit als Reichstagsmitglied verdanken. Schon in seinem ersten Gesetzentwurfe hatte Schulze-Delitzsch ein besonderes Verfahren zur Realisirung der Solidarhaft im Falle der Insuffizenz vorgeschlagen, das denjenigen Bestimmungen nachgebildet war, welche die Königlich Sächsische Regierung zu Ende der fünfziger Jahre mehreren Volksbanken, zuerst dem Kreditverein zu Meißen auf Betreiben seines verdienstvollen Gründers, des Finanzprokurator Hallbauer bei Verleihung der Korporationsrechte zugestanden hatte.

Die betreffenden Bestimmungen bildeten den § 36 des Schulze'schen Entwurfs und sind in meinem Kommentar zum Preußischen Gesetze S. 124 Anm. 132 abgedruckt. In der Kommission des Preußischen Abgeordnetenhauses von 1863 machte sich zwar überwiegend die Ansicht geltend, daß es „wünschenswerth sei, derartige Bestimmungen in das Gesetz aufzunehmen" (Protokoll vom 24. April 1863 in den Akten des Abgeordnetenhauses); schließlich ließ man dieselben aber fallen, weil man die Schwierigkeiten, welche sich aus der Organisation der Gerichte in den verschiedenen Landestheilen dabei ergeben, für überwiegend erachtete.

Bei den Verhandlungen, welche schließlich zum Erlaß des Preußischen Genossenschaftsgesetzes führten, ließ Schulze einstweilen jenen Plan fallen, in der Absicht, darauf bei erster gelegener Zeit zurückzukommen. Er that dies in seinem Entwurfe für den Norddeutschen Bund. Der § 52 seines Entwurfs lautete mit den kleinen Aenderungen, welche daran in der Reichstagskommission beziehungsweise im Reichstage mit Zustimmung des Antragstellers vorgenommen wurden, wie folgt:

„Sobald das Konkursverfahren (Falliment) zur Schlußvertheilung gediehen ist, wird durch den Vorstand oder, im Falle besondere Liquidatoren an dessen Stelle getreten sind, durch diese eine Generalversammlung der bisherigen Genossenschafter berufen zur Verhandlung über die Beschaffung der zur Deckung der Gläubiger wegen ihrer im Konkurs erlittenen Ausfälle erforderlichen Summe.

Zu diesem Behufe ertheilt das Konkursgericht dem Vorstande, beziehungsweise den Liquidatoren, sobald der Schlußvertheilungsplan feststeht, ein Attest über den Stand der Masse, auf dessen Grund der Vorstand, beziehungsweise die Liquidatoren, die zur vollen Befriedigung der Gläubiger fehlende Summe auf alle einzelnen, der Genossenschaft bei der Auflösung angehörigen, sowie die früheren noch haftbaren Mitglieder (§§ 39 und 53) vertheilen und diesen Vertheilungsplan vor der Generalversammlung zur Kenntniß dieser Mitglieder bringen.

Wird in Folge eines von der Generalversammlung gefaßten Beschlusses innerhalb 8 Tagen die erforderliche Summe zu Händen des Vorstandes, beziehungsweise der Liquidatoren, eingezahlt, so hat es hierbei sein Bewenden. Ist dies nicht der Fall, so beantragen der Vorstand, beziehungsweise die Liquidatoren bei dem persönlichen Gerichte der Genossenschaft gegen die säumigen Mitglieder die Exekution, indem sie dem Antrage das Attest des Konkursgerichts, das Verzeichniß der Mitglieder und eine Abschrift oder einen Abdruck des Gesellschaftsvertrages (Statuts), sowie des der Generalversammlung vorgelegten Vertheilungsplans beifügen. Das Gericht erläßt hierauf die Zahlungsaufforderung mit 3- bis 8tägiger Frist und vollstreckt auf ferneren Antrag gegen die Säumigen die Exekution.

Im Falle die Exekution bei einzelnen Mitgliedern fruchtlos bleibt, wird der dadurch an der aufzubringenden Summe entstandene Defekt von Neuem durch den Vorstand, beziehungsweise die Liquidatoren, unter die übrigen solventen Mitglieder vertheilt, und durch das Gericht auf Antrag in derselben Weise beigetrieben, auch damit so lange fortgefahren, bis vollständige Deckung erfolgt ist.

Den einzelnen Genossenschaftern stehen gegen diese Beitreibung nur solche Einwendungen zu, welche entweder das der Umlage zu Grunde gelegte Vertheilungsprinzip oder die Richtigkeit der Berechnung, oder ihre auf der Mitgliedschaft in der Genossenschaft beruhende Haftbarkeit allen oder einzelnen der zur Einforderung gelangenden Forderungsreste gegenüber, betreffen. Dergleichen Einwendungen müssen, bei Vermeidung der Präklusion, vor Ablauf der Zahlungsfrist dem Gerichte angemeldet werden, welches im abgekürzten Verfahren, wie solches bei Einwendungen in der Exekutionsinstanz nach den Landesgesetzen stattfindet, darüber entscheidet. Die Genossenschaft als Provokatin, wird dabei vom Vorstande, beziehungsweise den Liquidatoren vertreten.

Die Zahlung der ausgeschriebenen Beträge erfolgt an den Vorstand, beziehungsweise die Liquidatoren, welche auch die Vertheilung der eingegangenen Gelder an die Gläubiger zu bewirken haben.

Insofern die Konkurseröffnung ohne vorgängige Liquidation stattgefunden hat, kann die Berufung der Generalversammlung außer vom Vorstande, auch von den nach dem Gesellschaftsvertrage sonst dazu befugten Personen ausgehen, und in dieser Versammlung die Vertretung der Genossenschaft in dem ganzen

Verfahren durch andere sofort zu erwählende Bevollmächtigte an der Stelle des Vorstandes, beschlossen werden, ohne daß der Antrag hierauf vorher auf die Tagesordnung zu bringen ist.

Bis zur Beendigung des im Vorstehenden angeordneten Verfahrens kommen ungeachtet der Auflösung der Genossenschaft, wie im Falle der Liquidation (§ 49 Absatz 1) in Bezug auf die Rechtsverhältnisse der bisherigen Genossenschafter untereinander, wie gegen Dritte die Vorschriften des zweiten und dritten Abschnittes dieses Gesetzes zur Anwendung.

Uebrigens wird durch das vorstehende Verfahren an dem Rechte der Genossenschaftsgläubiger, wegen der im Konkurs an ihren Forderungen erlittenen Ausfälle die Genossenschafter solidarisch in Anspruch zu nehmen, Nichts geändert."

Der Bericht der Reichstagskommission (Drucksachen Nr. 80 Seite 11 und 12) fand in dem § 52 „die wichtigste und folgenreichste Ergänzung des Preußischen Gesetzes, welche als ein dringendes Bedürfniß für die gedeihliche Entwickelung der Genossenschaften, ja geradezu als eine Forderung des Gemeinwohls von der Kommission anerkannt ist." — Derselbe motivirte aufs Eingehendste, wie die darin vorgeschlagene exekutivische Zwangsumlage unter den Genossenschaftern allen Gefahren, welche bei Geltendmachung der Solidarhaft der einzelnen Genossenschafter durch die im Konkurse nicht vollständig befriedigten Genossenschaftsgläubiger erwachsen, ohne jeden Eingriff in die Rechte Dritter und ohne Verletzung irgend eines Rechtsgrundsatzes vorbeuge.

Der Reichstag nahm den § 52 ohne Diskussion an. Die Zivilprozeßkommission schlug statt dessen die Einschiebung der §§ 52—62 vor. Ihr Bericht (Reichstags-Drucksachen Nr. 193 S. 1 ff. u. Seite 5) besagt darüber folgendes:

„Der Gedanke, welcher dem § 52 zum Grunde liegt, ist ein durchaus zu billigender. Allein der Zweck, diejenigen Genossenschafter, welche von den Gesellschaftsgläubigern für das Ganze ihrer Forderungen in Anspruch genommen sind, möglichst bald zur Wiedererlangung des für ihre Mitgenossenschafter Gezahlten zu verhelfen, kann auf dem in dem Entwurfe vorgezeichneten Wege aus mehreren Gründen nicht in angemessener Weise erreicht werden. Zuvörderst ist der Fall übersehen, daß das Gesellschaftsvermögen sich als unzureichend erweist, ohne daß Konkurs eröffnet ist, und eröffnet werden kann.

Sodann sind die in dem Entwurfe proponirten Vorschriften, so weit sie sich auf das Exekutionsverfahren beziehen, mit den gerichtlichen Institutionen einzelner Rechtsgebiete, namentlich des Gebietes des Rheinischen, sowie des Hannoverschen Rechts nicht ohne erhebliche Aenderungen vereinbar. Die vorgeschlagene Beschränkung der Einwendungen gegen die exekutivische Beitreibung führt zu einer Verkürzung des materiellen Rechts. In Ansehung des prozessualischen Verfahrens sind Prozedurarten zum Vorbilde genommen, welche in einigen Rechtsgebieten unbekannt sind. Insbesondere hat dabei der Mandatsprozeß, sowie die besondere Behandlung der privilegirten Einreden in der Exekutionsinstanz vorgeschwebt.

Die in Antrag gebrachten Vorschriften würden nach dieser Richtung einer Vervollständigung bedürfen, welche auf schwer zu beseitigende Hindernisse stößt.

Dem Vorschlage, daß bei Einleitung des Verfahrens die Generalversammlung thätig sein soll, steht entgegen, daß derselben eine wesentliche Einwirkung weder beigelegt wird, noch füglich beigelegt werden kann, und zwar um so weniger, als von ihr angemessene Beschlüsse in dem betreffenden Stadium kaum zu erwarten sind. Zu dem Zwecke aber, um auf gütlichem Wege die Erreichung des Zieles zu versuchen, kann auch ohne gesetzliche Bestimmung eine Generalversammlung berufen werden.

Die zusätzlich beschlossene Fiktion des Fortbestehens der Genossenschaft, ähnlich wie im Falle der noch schwebenden Liquidation, erscheint endlich als unhaltbar, weil die Anwendbarkeit der betreffenden Vorschriften in dem Falle, wo die Genossenschaft nicht allein aufgelöst, sondern auch das Gesellschaftsvermögen realisirt und vertheilt ist, sich nur in sehr beschränktem Maße anerkennen läßt, jene Fiktion daher nur geeignet ist, Zweifel hervorzurufen und irre zu führen.

Bei ihren diesen Gegenstand betreffenden Vorschlägen, wie solche in den §§ 52—61 enthalten sind, ist die Kommission davon ausgegangen, daß die Repartition derjenigen Summe, welche zur Deckung der von den Gläubigern im Konkurse erlittenen Ausfälle erforderlich ist, auf die einzelnen Genossenschafter sich dem Konkursverfahren naturgemäß anschließe; daß das Konkursgericht und insbesondere derjenige Richter, welcher das Konkursverfahren geleitet habe, bei seiner besondern Kenntniß von der Lage der Sache vorzugsweise geeignet sei, den von dem Vorstande resp. den Liquidatoren einzureichenden Vertheilungsplan zu prüfen und nach einer summarischen Kognition festzustellen. Dieser Feststellung sei die Wirkung beizulegen, daß auf Grund derselben die einzelnen Genossenschafter zur Zahlung ihres Beitrages im Wege der Exekution angehalten werden könnten. Die auf diesem Wege herbeigeführte Ausgleichung unter den Genossenschaftern sei aber in dem Sinne nur als eine vorläufige zu behandeln, daß es dem einzelnen Genossenschafter vorbehalten bleibe, demnächst den Vertheilungsplan im Wege der Klage anzufechten, und dabei alle im materiellen Rechte begründeten Einwendungen ohne Beschränkung geltend zu machen.

Der § 59 hat die Ausfüllung der bereits angedeuteten Lücke zum Zwecke, er sieht den Fall vor, wo Gläubiger Ausfälle erlitten haben, ohne daß ein Konkurs eröffnet worden ist, oder eröffnet werden kann.

Der § 60 trifft Vorsorge für den Fall, daß der Vorstand seine Obliegenheit nicht erfüllen kann oder versäumt. Die in diesem Paragraphen enthaltene Vorschrift wird zum genügenden Ersatz für die im dem Reichstagsentwurfe vorgeschlagene Bestimmung über die fernere Anwendbarkeit der vor Auflösung der Genossenschaft maßgebenden Grundsätze dienen".

Soweit der Bericht der Kommission zur Ausarbeitung des Entwurfs einer Zivilprozeßordnung für die Staaten des Norddeutschen Bundes vom 16. Juni 1868. Der Reichstag nahm am 20. Juni 1868 mit einer kleinen Aenderung im § 62 die ganzen Vorschläge der Zivilprozeßkommission an.

Das Bayerische Gesetz vom 29. April 1869 und das Badische Gesetz vom 11. Febr. 1870 haben dieselben Bestimmungen mit unerheblichen Aenderungen aufgenommen.

§. 52.

Nachdem das Konkursverfahren (Falliment) so weit gediehen ist, daß der Schlußvertheilungsplan feststeht, liegt dem Vorstande ob, eine Berechnung (Vertheilungsplan) anzufertigen, aus welcher sich ergiebt, wie viel jeder Genossenschafter zur Befriedigung der Gläubiger wegen der im Konkurs erlittenen Ausfälle beizutragen habe.

Wird die Zahlung der Beiträge verweigert oder verzögert, so ist der Vertheilungsplan von dem Vorstande dem Konkursgericht mit dem Antrage einzureichen: den Vertheilungsplan für vollstreckbar zu erklären. Dem Antrage ist eine Abschrift oder ein Abdruck des Gesellschaftsvertrages und ein Verzeichniß der Ausfälle der Gläubiger, sowie der nach dem Plane zu einem Beitrage verpflichteten Genossenschafter beizufügen.

Erläuterungen zu § 52.

1) **Absatz I.** „soweit gediehen ist“.

Das Bedenklichste bei dem Verfahren der §§ 52 bis 62 beruht weniger auf Mängel dieser Bestimmungen als auf Fehler des Konkursverfahrens. Bei den wenigen Konkursen, die über das Vermögen eingetragener Genossenschaften bisher eröffnet sind, hat eine starke Ueberschuldung stattgefunden. Hätte der künftige Ausfall sofort annähernd ermittelt, auf die solidarisch verhafteten Genossenschafter vertheilt und im Wege der Exekution (§ 55) beigetrieben werden können, so würde Niemand gegen das Verfahren Einwendungen erhoben haben. Aber die Aussicht, erst nach einer Reihe Jahren — einen Geldbetrag zahlen zu müssen, der von Jahr zu Jahr, nicht blos durch Zinsen und Kosten, sondern durch eintretende Zahlungsunfähigkeit mitverhafteter Genossen bis zu einer nicht vorherzusehenden Höhe anwächst, ist ein Hinderniß für die geschäftlichen Unternehmungen, für die Unternehmungslust und für den Kredit vieler Betheiligter. Es ist deshalb leicht erklärlich, daß sich, je länger der Konkurs dauert, desto mehr solidarisch Verpflichtete der Erfüllung ihrer Verpflichtungen zu entziehen suchen und dadurch ihre Mitgenossen benachtheiligen. Diese Kalamität ist auf dem allgemeinen Vereinstage zu München unter Hinweis auf den Konkurs einer Genossenschaft in Ehrenbreitstein, der sechs Jahre bis zur Beendigung gebraucht hat, und auf den um dieselbe Zeit eröffneten Konkurs der Bank für Handel und Industrie Eing. Gen. in Coblenz, der nach 6 Jahren noch nicht beendet ist, zur Sprache gebracht worden. Schulze-Delitzsch hat mit Recht auf die Reichs-Konkursordnung hingewiesen, deren Erlaß im Werke sei und manches bessern werde. Indessen dürfte von ihr allein eine vollständige Abhülfe schwer zu erwarten sein, da verwickelte Konkurse auch bei der vollkommensten Konkursordnung leicht bis zu ihrer Vollendung ein bis zwei Jahre in Anspruch nehmen könnten. Es dürfte daher eine künftige Revision des Genossenschaftsgesetzes auch diesen Punkt nicht unerwogen lassen. Eine wesentliche Abhülfe würde schon geschaffen sein, wenn der Vorstand der Genossenschaft verpflichtet würde, schon nach dem ersten Prüfungstermin auf Grund einer Bilanz, die unter Zuziehung des Aufsichtsraths oder, wo ein solcher nicht besteht, durch die Generalversammlung gewählter Delegirter, einen vorläufigen Umlageplan aufzustellen und nach den §§ 52 bis 58 prüfen zu lassen und auszuführen. Ein zweiter definitiver Umlageplan würde dann nach dem festgestellten Konkurs-Vertheilungsplan stattfinden.

2) „wie viel jeder Genossenschafter zur Befriedigung der Gläubiger . . . beizutragen habe".

Die Motive des Badischen Gesetzentwurfes (Beilage zum Protokoll vom 28. Sept. 1869 Seite 31) behaupten unter Bezugnahme auf den § 52 des vom Reichstage vorgelegten Entwurfs (s. oben Vorbemerkung S. 375 ff.) und auf Schulze's ursprünglichen Gesetzentwurf von 1863*), Folgendes:

„Die durch den Wortlaut nicht entschiedene Frage, ob bei diesem Ausgleichungsverfahren auch die vor Auflösung der Genossenschaft ausgeschiedenen, aber den Gläubigern noch haftbaren Mitglieder nach Maßgabe dieser Haftbarkeit beizuziehen seien, wird nach dem dargestellten geschichtlichen Hergang, wie nach dem oben angeführten hauptsächlichen Zweck des Verfahrens ohne Zweifel bejaht werden müssen. Dem Gläubiger, oder dem, durch dessen Befriedigung an seine Stelle getretenen Genossenschafter gegenüber sind alle noch haftbaren ausgeschiedenen, wie die gebliebenen Genossenschafter aus dem gleichen Grunde zur Zahlung verpflichtet. Dabei scheint aber das Gesetz das rechtliche Verhältniß zwischen den ausgeschiedenen Genossenschaftern und der fortbestandenen Genossenschaft beziehungsweise den gebliebenen Mitgliedern und die Frage, ob nicht den Ersteren für nach ihrem Austritt in Folge ihrer Haftbarkeit bezahlte Schulden voller Ersatz gebühre und demnach auch der auf sie repartirte Schuldbetrag ihnen nicht zur Last bleiben sollte, nicht in Rechnung gezogen zu haben. Der Austrag dieser Frage bleibt der Wissenschaft und der Rechtsprechung vorbehalten."

Zu dem entgegengesetzten Ergebniß kommt v. Sicherer a. a. O. Seite 309, indem er Folgendes ausführt: „Zu einem Beitrage verpflichtet und demnach in den Vertheilungsplan aufzunehmen sind nur diejenigen Genossenschafter, welche zur Zeit der Auflösung der Genossenschaft angehörten, nicht die ausgeschiedenen oder ausgeschlossenen Mitglieder, auch wenn den letzteren gegenüber die Verjährungsfrist nach den §§ 63 ff. des Gesetzes noch nicht abgelaufen sein sollte. Denn der Ablauf oder Nichtablauf der Verjährungsfrist berührt nur das Rechtsverhältniß der Genossenschaftsgläubiger zu den Genossenschaftern; das Umlageverfahren dagegen berührt lediglich das Regreßverhältniß der Genossenschafter unter einander. Nun hat sich aber der ausgeschiedene oder ausgeschlossene Genossenschafter wegen seines Antheiles an den be-

*) „Nach Prüfung des eingereichten oder im Konkursverfahren festgestellten Vermögensstatuts setzt das Gericht den Betrag derjenigen Summe, die zur vollen Befriedigung der Vereinsgläubiger erforderlich ist, durch Dekret fest und vertheilt dieselbe auf sämmtliche haftbare, gegenwärtige und frühere Mitglieder des Vereins gleichmäßig." (Siehe meinen Kommentar zum Preuß. Gesetze S. 124.)

stehenden Verbindlichkeiten der Genossenschaft schon im Zeitpunkte seines Ausscheidens oder seines Ausschlusses mit den übrigen Genossenschaftern auseinandergesetzt, so zwar, daß, wenn derselbe später von einem Genossenschaftsgläubiger auf Bezahlung einer Genossenschaftsschuld belangt würde, er den vollen Ersatz einer gesammten Auslage von den übrigen Genossenschaftern beanspruchen könnte."

Wir müssen v. Sicherer Recht geben, jedoch mit einer wichtigen Beschränkung, nämlich nur in Betreff derjenigen ausgetretenen oder ausgeschlossenen Genossenschafter, welche sich bereits mit den übrigen Genossenschaftern oder richtiger mit der fortbestehenden Genossenschaft auseinandergesetzt haben. Diese Auseinandersetzung findet durch die nächste auf den Austritt folgende Bilanz und deren Genehmigung und Ausführung durch die Organe der Genossenschaft statt. (Siehe oben S. 360 Erläuterung zu Abs. III § 39.) Ist vor dieser „Auseinandersetzung" die Auflösung oder Konkurseröffnung erfolgt, so nehmen die ausgeschlossenen und ausgeschiedenen Genossenschafter der letzten Geschäftsperiode an dem ganzen Verfahren in derselben Weise Theil, wie diejenigen Genossenschafter, welche gekündigt haben, aber den Austritt nicht bewirken konnten, weil die Auflösung vor Ablauf der Kündigungsfrist eintrat.*)

§. 53.

Bevor das Gericht über den Antrag Beschluß faßt, sind die Genossenschafter mit ihren etwanigen Erinnerungen gegen den Plan in einem Termine zu hören. Mit Abhaltung des Termins wird, wenn das Konkursgericht ein Kollegialgericht ist, ein Mitglied des letzteren (Richterkommissar) beauftragt. Bei der Vorladung der Genossenschafter ist eine Mittheilung des Planes nicht erforderlich; es genügt, daß derselbe drei Tage vor dem Termine zur Einsicht der Genossenschafter bei dem Gerichte offen liegt und daß dies denselben bei der Vorladung angezeigt wird. Von dem Termine ist auch der Vorstand in Kenntniß zu setzen. Die nochmalige Vorladung eines Betheiligten, welcher in dem Termine nicht erscheint, ist nicht erforderlich. Werden Erinnerungen erhoben, so ist das betreffende Sach- und Rechtsverhältniß in dem Termine thunlichst insoweit aufzuklären, als zur vorläufigen Beurtheilung der Erheblichkeit der Erinnerungen erforderlich ist.

Erläuterungen zu § 53.

1) Im Allgemeinen.

Das Verfahren, welches nach den §§ 52 bis 56 Seitens des Gerichts

---

*) Man vgl. auch den Aufsatz von Pröbst in den Bl. für Gen.-Wesen 1873 Nr. 9 u. 10 „Die Haftung der ausgeschiedenen Genossenschafter." Pröbst bekämpft die Ausführung von Sicherer's vom praktisch genossenschaftlichen Standpunkte, ohne jene Unterscheidung zu machen.

eingeschlagen wird, hat insofern nur eine vorläufige Wirkung, als der Beschluß, daß der Vertheilungsplan für vollstreckbar zu erklären, zwar zur Eintreibung der Beiträge im Exekutionswege ausreicht und durch kein Rechtsmittel anzufechten ist, aber der Plan selbst durch die im § 56 gestattete ordentliche Klage eines Genossenschafters wieder in seinen Positionen erschüttert und verändert werden kann. Die Wirkung eines den Vertheilungsplan abändernden rechtskräftigen Urtels besteht in der Nothwendigkeit, einen Nachtrags-Vertheilungsplan anfertigen zu lassen, mit welchem ebenso verfahren wird, wie mit dem ersten Plane. (Vgl. Erläuterungen zu § 57.)

2) „Bei der Vorladung der Genossenschafter".

Es ist also jeder Genossenschafter einzeln schriftlich vorzuladen. Die Erinnerungen, welche erhoben werden, können auch dahin gehen, daß der betreffende, in den Listen des Genossenschaftsregisters Aufgeführte nicht Mitglied ist. Das R.O.H.-G. hat durch einen Bescheid vom 24. Mai 1873 einen Beschwerdeführer abgewiesen, der in jenem Termine erschienen war, aber keine Einwendungen erhob und erst in der Exekutionsinstanz bestritt, daß er Genossenschafter sei, indem sein Name unter dem Statut gefälscht sei. Der Bescheid spricht es aus, daß auch derjenige, welcher bestreitet Genossenschafter zu sein, wenn er in dem Vertheilungsplan als Genossenschafter berücksichtigt ist, wie „jeder Genossenschafter" nach § 56 befugt ist, den Vertheilungsplan im Wege der Klage anzufechten. (Entscheidungen des R.O.H.-G. Bd. IX. S. 296 in der Anmerkung.)

§. 54.

Nach Abschluß des im §. 53. bezeichneten Verfahrens unterzieht das Gericht auf Grundlage der beigebrachten Schriftstücke und der von dem Richter aufgenommenen Verhandlungen den Vertheilungsplan einer näheren Prüfung, berichtigt den Plan, soweit nöthig, und erläßt hierauf den Beschluß, durch welchen derselbe für vollstreckbar erklärt wird. Das Gericht kann vor Abfassung des Beschlusses von dem Vorstand jede nähere Aufklärung und die Beibringung der in dem Besitze desselben befindlichen, zur Erledigung von Zweifeln dienenden Urkunden fordern.

Im Gebiete des Rheinischen Rechts wird der Beschluß in der Rathskammer auf den Vortrag eines Berichterstatters gefaßt.

Gegen den Beschluß ist ein Rechtsmittel nicht zulässig.

Erläuterungen zu § 54. „berichtigt den Plan".

In dem Liquidationsverfahren betreffend den Konsum- und Sparverein zu Wiesbaden Eing. Gen. erhob ein Genossenschafter gegen die Exekution, die wegen des nach dem Vertheilungsplan von ihm zu zahlenden Beitrags vollstreckt werden sollte, den Einwand, daß er eine diesen Beitrag übersteigende liquide Darlehnsforderung an die Genossenschaft habe und wollte diese kompensiren, da die Beiträge der Genossenschaft auch zur Deckung seiner Forderung umgelegt worden seien. Die ersten Instanzen wiesen ihn ab, da er seinen Kompensationsantrag in dem Termine zur Erklärung über den Repartitionsplan hätte geltend machen müssen.

Der II. Senat des R.O.H.-Gerichts verwarf die Beschwerde durch den Bescheid vom 26. April 1873. In den Entscheidungsgründen heißt es: Der Beschwerdeführer verlange mit Unrecht, daß er vor den andern Gläubigern des Vereins schon jetzt zum Vollen durch Aufrechnung seine Befriedigung erlange, habe vielmehr zur Zeit nur gleich den übrigen Gläubigern ratirliche Befriedigung, je nach dem Betrage der wirklich eingehenden Beiträge der Genossenschaftsmitglieder, und erst nach Maßgabe einer nach § 57 des Reichsgesetzes bevorstehenden zweiten Repartition der gegenwärtigen Ausfälle seiner Zeit vollständige Befriedigung zu erwarten. — Der Bescheid des R.O.H.-Gerichts ist im vorliegenden Falle ohne Zweifel richtig, da der Beschwerdeführer in jenem Termine den Kompensationseinwand hätte erheben müssen, und sein Einwand sich für die Exekutionsinstanz nicht eignet. Allein die vorher mitgetheilte Ausführung erscheint um so bedenklicher, wenn man daraus schließen muß, das R.O.H.-Gericht sei der Meinung, der Kompensationseinwand des Beschwerdeführers hätte, wenn er in dem Termine zur Erklärung über den Repartitionsplan vorgebracht wäre, nicht berücksichtigt werden dürfen. Jener Bescheid beachtet nicht 1) daß der Repartitionsplan von der Voraussetzung ausgeht, es werde durch die einkommenden Gelder jeder Gläubiger für seine Forderung mit Zinsen und Kosten nicht ratirlich, sondern voll befriedigt werden; 2) daß das ganze Repartitionsverfahren die Gläubiger absolut nichts angeht, diese vielmehr nach § 62 (vgl. unten Erläuterungen dazu) sich wegen der im Konkurse erlittenen Ausfälle, oder wenn die Konkurseröffnung, wie in dem betreffenden Falle, wegen Mangels einer flüssigen Aktivmasse nicht erfolgen kann, wegen ihrer ganzen Forderungen jeden beliebigen Genossenschafter in Anspruch nehmen können. (§ 62.)

Die Sache läßt sich am besten an einem Beispiel klarlegen:

In einer Genossenschaft sind 22 Genossenschafter, die Ueberschuldung beträgt 2200 Mark. Die noch nicht befriedigten Gläubiger sind:

Y. mit	1800	Mark,
ein Genossenschafter A. mit . . .	200	„
und Z. mit	200	„
zusammen	2200	Mark.

Z. hat den Genossenschafter B. mit Klage bedroht, und ist deshalb von diesem befriedigt worden; B. tritt also an Stelle von Z. Die Liquidatoren stellen den Vertheilungsplan auf und legen ihn vor. Im Termine erscheinen A. und B. und beanspruchen mit den auf sie fallenden Beiträgen mit je $\frac{2200}{22} = 100$ M. zur Kompensation zugelassen zu werden. Der Richter muß diese Einwendung berücksichtigen, da ja dadurch die Lage der übrigen Genossenschafter nicht schlechter, sondern besser wird, indem Zinsen und Kosten erspart werden. Der Vertheilungsplan wird also dahin geändert werden, daß nur 2000 M. auf 20 Genossen vertheilt und A. und B. ausgelassen werden. Gesetzt nun, von den 20 Genossen seien 2 zahlungsunfähig und es gingen nur 1800 M. ein, so werden diese mit je 90 Prozent auf 2000 M. vertheilt:

Y. erhält	. . . .	1620 Mark,
A. „	. . . . .	90 „
B. „	. . . . .	90 „
zusammen	. .	1800 Mark.

Es sind nun noch zu decken 200 M. — nämlich:

Y.	. . . .	180 Mark,
A.	. . . .	10 „
B.	. . . .	10 „
Summa	. . .	200 Mark.

Jetzt kommt der zweite Vertheilungsplan, bei welchem die zwei zahlungsunfähigen Genossenschafter nicht berücksichtigt werden, wohl aber A. und B. Von den 20 Genossen fallen auf jeden 10 M. A. und B. verlangen wieder Kompensation und erklären sich wegen ihrer Restforderung befriedigt. Es werden somit auf 18 Genossenschafter 180 M. vertheilt. Gesetzt nun, von diesen 18 seien 4 zahlungsunfähig, so daß nur 140 M. einkämen, so würde wegen der Restforderung des Y. von 40 Mark noch eine dritte Vertheilung nöthig sein. Diesmal werden die 40 Mark auf jene zahlungsfähigen 14 und auf A. und B., also auf 16 Genossenschafter vertheilt, so daß jeder 2,50 M. zu zahlen hat.

Das Gesammtergebniß ist somit:

Die zahlungsfähig gebliebenen 14 (ohne A. und B.) haben baar gezahlt, Jeder 100 + 10 + 2,50 = 112,50, zusammen 112,50 × 14 = ...	1575 M.
4 bei d. zweiten Vertheilung Zahlungsunfähige je 100 M., zus. 100 × 4 =	400 „
A. und B. je 2,50 M., zusammen 2,50 × 2 = ...	5 „
Summa	1980 M.
Davon erhält Y. seine Forderung mit	1800 „
A. und B. je 90 M., zusammen	180 „
Kompensirt wurden bei A. und B. je 110 Mark	220 „
Summa	2200 M.

A. und B. haben Jeder, wenn man von seiner Forderung von 200 M. die erhaltenen 90 M. abzieht und die baar bezahlten 2,50 M. hinzuzählt, 112,50 M. Beitrag geleistet, also genau so viel wie die Zahlungsfähigsten ihrer Genossen.

Daß bei diesem Beispiel Zinsen und Kosten nicht mitgerechnet sind, thut der Richtigkeit der Darstellung keinen Eintrag.

Gesetzt nun, der Gläubiger Z. wäre von B. nicht **vor** der Aufstellung und Prüfung des Vertheilungsplanes, sondern unmittelbar nachher befriedigt, so dürfte B. — da der Vertheilungsplan, wenn er vollständig ist, die zu befriedigenden Gläubiger, als deren Mandatare die Liquidatoren fungiren, enthalten muß — zur Kompensation befugt sein, wenigstens im Gebiete der Preußischen Gerichtsordnung, sowie der in dem R.O.H.-Gerichtsbescheide angezogenen Preußischen Prozeßordnung vom 24. Juni 1867.

§. 55.

Eine Ausfertigung des Planes, sowie des Beschlusses, durch welchen derselbe für vollstreckbar erklärt ist, wird dem Vorstande mitgetheilt.

Die Urschrift oder eine zweite Ausfertigung ist bei dem Gerichte zur Einsicht der Genossenschafter offen zu legen; sämmtliche Genossenschafter sind hiervon in Kenntniß zu setzen.

Der Vorstand ist befugt und im Falle der Weigerung oder Zögerung verpflichtet, die Beiträge, welche nach dem für vollstreckbar erklärten Vertheilungsplane von den einzelnen Genossenschaftern zu zahlen sind, im Wege der Exekution beitreiben zu lassen.

§. 56.

Jeder Genossenschafter ist befugt, den Vertheilungsplan im Wege der Klage anzufechten; die Klage ist gegen die übrigen betheiligten Genossenschafter zu richten; diese werden in dem Prozesse von dem Vorstande vertreten. Für die Klage ist das Gericht zuständig, bei welchem die Genossenschaft ihren allgemeinen Gerichtsstand hatte (§. 11.). Durch die Anstellung der Klage und die Einleitung des Prozesses wird die Exekution nicht gehemmt.

Erläuterungen zu § 56.

1) „jeder Genossenschafter ist befugt“.

Für diese Klage der Genossenschafter gegen den Vertheilungsplan hätte eine Präklusivfrist bestimmt werden müssen. Die Genossenschafter haben das lebhafteste Interesse daran, endlich darüber ins Klare zu kommen, wie hoch ihre Verpflichtung aus der Solidarhaft sich stellt.

2) „gegen die übrigen betheiligten Genossenschafter zu richten“.

Die „bei dem Vertheilungsplane betheiligten“ Genossenschafter scheint gemeint zu sein. Bequemer wäre es, auch in Ansehung der Kostenvertheilung, wenn gegen die „eingetragene Genossenschaft in Liquidation“ geklagt würde. Endemann a. a. O. (Seite 916 Anmerkung 24) macht darauf aufmerksam, daß gegen den Vorstand sich die Klage nicht richten dürfe, daß er aber ein Zwangsmandat der Genossenschafter hat, die weder selbst auftreten, noch einen andern Vertreter bestellen können.

§. 57.

Ist die Exekution gegen einzelne Genossenschafter fruchtlos, so hat der Vorstand den dadurch entstehenden Ausfall in einem anzufertigenden neuen Plane unter die übrigen Genossenschafter zu vertheilen. Das weitere Verfahren bestimmt sich nach den Vorschriften der §§. 52—56.

Erläuterung zu § 57.

Im Reichstage (am 20. Juni) hob der Abgeord. Oberappellationsgerichts-Rath Dr. Bähr hervor, daß „nach der dermaligen Konstruktion des Verhältnisses der Fall des § 57 nicht bloß dafür gegeben sein würde, wenn die Exekution gegen einzelne Genossenschafter fruchtlos ist, sondern auch, wenn etwa in Gemäßheit des § 56 ein Genossenschafter nachträglich eine ganze oder theilweise Befreiung von seiner Verpflichtung durch die gerichtliche Klage erwirkt und nun der dadurch entstehende Ausfall vertheilt werden muß." Der Geh. Ober-Justizrath Dr. Pape entgegnete, er glaube, nach allgemeinen Grundsätzen verstehe es sich von selbst, daß unter den geeigneten Voraussetzungen der betreffende Fall vollständig demjenigen gleich behandelt werden müsse, in welchem die Exekution in das Vermögen eines Genossenschafters sich als fruchtlos erweise. (Stenogr. Berichte Sitzung vom 20. Juni 1868 Seite 586.)

§. 58.

Der Vorstand ist zur Erhebung der von den Genossenschaftern zu entrichtenden Beiträge berechtigt und zur bestimmungsmäßigen Verwendung derselben verpflichtet.

§. 59.

Wenn das Vermögen der Genossenschaft zur Befriedigung der Gläubiger sich als unzureichend erweist, ohne daß die Eröffnung des Konkurses erfolgen kann (§. 12.), so kommen in Ansehung der Einziehung der zur Deckung der Ausfälle erforderlichen Beträge die Bestimmungen der §§. 52—58. in entsprechender Weise mit der Maaßgabe zur Anwendung, daß an Stelle des Konkursgerichts das Gericht tritt, bei welchem die Genossenschaft ihren allgemeinen Gerichtsstand hatte.

§. 60.

Wenn der Vorstand die ihm nach den §§. 52—59. obliegenden Verpflichtungen zu erfüllen außer Stande ist oder deren Erfüllung versäumt, so kann das Gericht auf den Antrag eines betheiligten Genossenschafters einen oder mehrere Genossenschafter oder auch andere Personen mit den Verrichtungen des Vorstandes beauftragen.

Erläuterung zu § 60: „auf den Antrag eines betheiligten Genossenschafters".

Da die Gläubiger das ganze Verfahren streng genommen überhaupt nichts angeht, kann auch nur ein betheiligter Genossenschafter das Gericht ersuchen, gegen den Vorstand einzuschreiten.

§. 61.

Sind an die Stelle des Vorstandes Liquidatoren getreten, so gelten die Bestimmungen der §§. 52—60., insoweit sie den Vorstand betreffen, für die Liquidatoren.

§. 62.

Durch das in den §§. 52—61. angeordnete Verfahren wird an dem Rechte der Genossenschaftsgläubiger, wegen der an ihren Forderungen erlittenen Ausfälle die Genossenschafter solidarisch in Anspruch zu nehmen, nichts geändert.

Erläuterungen:

§ 62 enthält den letzten Absatz des § 52 von Schulze's Entwurf. Im Reichstage machte Abgeord. Dr. Bähr darauf aufmerksam, er betrachte es als selbstverständlich, daß wenn einzelne Genossenschafter nach der ihnen obliegenden Solidarpflicht in Gemäßheit des § 62 Genossenschaftsgläubiger bezahlt haben, sie in Beziehung auf die nach § 53 eintretende Verwendung der zu erhebenden Beiträge ganz an die Stelle der von ihnen befriedigten Gläubiger treten. Geh. Rath Pape stimmte ihm für den Bundesrath bei. (Stenogr. Berichte Sitzung vom 20. Juni 1868 Seite 586.)

Abschnitt VI.

Von der Verjährung der Klagen gegen die Genossenschafter.

Vorbemerkung.

Der VI. Abschnitt hat nur eine erhebliche Abweichung von den Bestimmungen des Preuß. Gesetzes (§§ 51—53). Im § 63 ist eine Kontroverse, welche über den Beginn der Verjährung entstanden war, durch einen Zusatz zum § 51 des Preuß. Rechts abgeschnitten.

In den Motiven des Preußischen Regierungsentwurfs vom 2. Febr. 1866 heißt es in Betreff dieses Abschnitts: „Das Handelsgesetzbuch hat für die Klagen, welche aus Ansprüchen gegen eine offene Handelsgesellschaft herrühren, zu Gunsten der Gesellschafter eine fünfjährige Verjährung eingeführt. Diese Verjährung läuft, sofern die Forderungen nicht später fällig werden, vom Zeitpunkte der Auflösung der Gesellschaft oder des Ausscheidens, beziehungsweise der Ausschließung des Gesellschafters aus der Gesellschaft und wird durch Rechtshandlungen, welche gegen die Gesellschaft oder einen anderen Gesellschafter vorgenommen werden, nicht unterbrochen (Art. 146, 148 des Handelsgesetzbuchs). Die Sicherstellung der Genossenschafter gegen die Ansprüche, welche aus den Forderungen an die Genossenschaft gegen sie geltend gemacht werden können, begründet rücksichtlich ihrer ebenfalls die Einführung einer kürzeren Verjährungsfrist, und die Bestimmung derselben erscheint um so nothwendiger, als die Kreditoren in der Regel aus dem Ausscheiden einzelner Genossenschafter keine Veranlassung nehmen werden, ihre Forderungen gegen die Genossenschaft geltend zu machen, und die hieraus entstehende Verzögerung die einzelnen Genossenschafter der Gefahr eines Regresses für einen außer aller Berechnung liegenden Zeitraum aussetzen würde. Die Stellung der einzelnen Genossenschafter, den Gesellschaftsgläubigern gegenüber, unterscheidet sich aber von derjenigen der Gesellschafter bei der offenen Handelsgesellschaft sehr wesentlich dadurch, daß die letzteren wegen jeder fälligen Gesellschaftsschuld sofort in Anspruch genommen werden können, während die Genossenschafter nur wegen des Ausfalls, den die Gläubiger der Genossenschaft bei dem Liquidationsverfahren oder dem Konkurse erleiden, verhaftet sind. Es ist also nothwendig, daß jeder Gläubiger der Genossenschaft zunächst sein Recht gegen diese verfolge, um demnächst die subsidiarisch haftenden Genossenschafter in Anspruch nehmen zu können. Daraus folgt, daß die Rechtshandlungen, welche gegen die Genossenschaft vorgenommen werden, zugleich als eine Rechtsverfolgung gegen den einzelnen Genossenschafter anzusehen, und deshalb, abweichend vom Art. 148 des Handelsgesetzbuchs, die Verjährung gegen die einzelnen Genossenschafter zu unterbrechen geeignet sind." Mit diesem Unterschiede und mit Abkürzung der Verjährungsfrist auf zwei Jahre u. s. w. seien die Vorschriften des Handelsgesetzbuches über die Verjährung der Klagen gegen die Gesellschafter bei der offenen Handelsgesellschaft auch auf die Genossenschafter übertragen.

§. 63.

Die Klagen gegen einen Genossenschafter aus Ansprüchen gegen die Genossenschaft verjähren in zwei Jahren nach Auflösung der Genossenschaft oder nach seinem Ausscheiden oder seiner Ausschließung aus derselben, sofern nicht nach Beschaffenheit der Forderung eine kürzere Verjährungsfrist gesetzlich eintritt.

Die Verjährung beginnt mit dem Tage, an welchem die Auflösung der Genossenschaft in das Genossenschaftsregister eingetragen oder das Ausscheiden, beziehungsweise die Ausschließung des Genossenschafters dem Handelsgerichte angezeigt ist. Wird die Forderung erst nach diesem Zeitpunkte fällig, so beginnt die Verjährung mit dem Zeitpunkte der Fälligkeit. Bei kündbaren Forderungen tritt die Kündigungsfrist der Verjährungsfrist hinzu, ohne daß gekündigt zu sein braucht.

Ist noch ungetheiltes Genossenschaftsvermögen vorhanden, so kann dem Gläubiger die zweijährige Verjährung nicht entgegengesetzt werden, sofern er seine Befriedigung nur aus dem Genossenschaftsvermögen sucht.

(Preuß. Gesetz § 51.)

I. Zur Geschichte des § 63.

a) Der erste Absatz des § 63, übereinstimmend mit § 51 des Preußischen Gesetzes, entspricht dem ersten Absatz des Art. 146 des Handelsgesetzbuches mit der einzigen Abweichung, daß die Verjährungsfrist — in Gemäßheit eines Vorschlages der Preußischen Abgeordnetenkommission vom Jahre 1863 — von fünf auf zwei Jahre herabgesetzt ist. „Die Verkürzung erschien annehmbar, weil dem ausgeschiedenen Mitgliede viel daran liege, möglichst schnell aus der zweifelhaften Lage zu kommen, der Gläubiger aber selten nur von der Klage gegen das einzelne ausgeschiedene Mitglied Gebrauch mache." (Bericht der Kommission des Abgeordnetenhauses von 1866, Nr. 55 der Drucksachen.)

b) Vom zweiten Absatze sind die ersten beiden Sätze ihrem Inhalte nach aus Artikel 146 des Handelsgesetzbuchs übertragen. Der dritte Satz ist auf Schulze's Antrag vom Reichstage dem § 51 des Preuß. Gesetzes hinzugefügt (siehe unten Erläuterungen).

c) Der letzte Absatz des § 63 stimmt mit dem Preußischen Gesetz; nur ist auf Vorschlag der Zivilprozeßkommission an Stelle von „Gesellschaftsvermögen" das Wort „Genossenschaftsvermögen" eingefügt. Damit ist übereinstimmend Art. 147 des Handelsgesetzbuchs. Der betreffende Satz war in den Entwurf der Kommission des Preußischen Abgeordnetenhauses von 1863 aufgenommen, wurde aber, als „bei der Genossenschaft nicht zutreffend", in dem Regierungsentwurf vom 2. Februar 1866 fortgelassen. Die Kommission von 1866 erklärte dies nicht für gerechtfertigt, „da selbst nach Auflösung der Genossenschaft noch ungetheiltes Vermögen sich vorfinden kann". Der Entwurf der Preußischen Regierung vom 11. November 1866 nahm nun ebenfalls den Satz auf.

II. Erläuterungen zu § 63.

1) **Absatz I** „aus Ansprüchen gegen die Genossenschaft".

Es verjähren nur die Klagen aus Ansprüchen gegen die Genossenschaft, also nicht die Klagen aus Regreßansprüchen der einzelnen Genossenschafter gegen einander oder der Genossenschaft gegen den ausgeschiedenen oder ausgeschlossenen Genossenschafter.

2) „sofern nicht . . . eine kürzere Verjährungsfrist gesetzlich eintritt".

von Hahn a. a. O. S. 480 sagt von diesem Satze im Art. 146 des H.-G.-Buchs, er sei nicht ganz korrekt. Es solle damit der selbstverständliche Satz ausgesprochen werden, daß durch die in dem Artikel eingeführte Verjährung der frühere Eintritt einer Verjährung aus andern Gründen (namentlich auch, weil die Verjährung schon vor Auflösung der Gesellschaft zu laufen begonnen hatte) nicht ausgeschlossen wird. Nicht aber bilde das Nichteintreten einer Verjährung aus andern Gründen die Voraussetzung des Eintritts der neuen Verjährung. Der Gesellschafter könne nämlich aus verschiedenen Gründen, namentlich auch wegen der Bestimmungen des Art. 148 Abs. 1 und des Art. 149 ein Interesse haben, sich statt auf die schon früher eingetretene anderweite Verjährung auf die des Art. 146 zu berufen. — Dies dürfte auch für die Genossenschafter zutreffen, wobei zu erwähnen ist, daß Art. 148 Abs. 1 dem § 64 Abs 1 und Art. 149 dem § 65 des Genossenschaftsgesetzes korrespondirt.

Das Bayerische Gesetz hatte dem ersten **Absatz** zur Verdeutlichung am Schlusse noch hinzugefügt: „oder eine bereits angefangene Verjährung früher vollendet wird."

3) **Absatz II.** „Wird die Forderung erst nach diesem Zeitpunkte fällig" u. s. w.

Für eine erst später fällige Forderung soll der Fälligkeitstermin den Anfang der Verjährung bilden, „weil", wie es in den Motiven des Preußischen Regierungsentwurfs heißt, „der Kreditor sich bis dahin in der rechtlichen Unmöglichkeit befindet, seine Forderung zu verfolgen". In dem Entwurfe Schulze-Delitzsch's vom Jahre 1862 war der spätere Fälligkeitstermin als Anfangspunkt der Verjährung auf „fest befristete Forderungen" beschränkt. Es waltete dabei wol die Absicht ob, dem Zweifel, welcher bei den kündbaren Forderungen über den Anfangspunkt der Verjährung entstehen könnte, von vornherein zu begegnen. Die Kommission des Abgeordnetenhauses strich diesen ganzen Satz, in der Meinung, die zweijährige Frist sei lang genug auch für die fest befristeten Forderungen, welche erst später fällig werden und für die kündbaren Forderungen. Der Regierungsentwurf stellte ihn genau nach Inhalt des Artikel 146 des Handelsgesetzbuchs wieder her. Demgemäß war die Lage der Genossenschafter in Preußen allen solchen Ansprüchen gegenüber, abgesehen von der um drei Jahre kürzeren Frist und der bei § 64 zu erwähnenden Abweichung, dieselbe, wie die der Gesellschafter bei einer offenen Handelsgesellschaft im Falle des Art. 146.

Es war nun das Bedenken angeregt, ob nicht zufolge der Bestimmung des zweiten Satzes dieses Absatzes die ausscheidenden Genossenschafter allen denjenigen Gläubigern, deren Forderungen an die Genossenschaft ungekündigt fortbestehen, nach wie vor verhaftet bleiben, und zwar bis zwei Jahre nach Ablauf der mit der wirklich erfolgten Kündigung begonnenen Kündigungsfrist. In einem Aufsatze des Dr. Richard Schultze von Greifswald in Nr. 45 der „Blätter für Genossenschaftswesen" von 1867 ist dies namentlich für das Rechtsgebiet des gemeinen Rechts nachzuweisen versucht und als eine große Gefahr für die Vorschußvereine dargestellt, da diese ihre Geschäfte zum größten Theile mit kündbaren Darlehnen machen. Wenn diese Bedenken auch vielleicht nicht gerechtfertigt waren, so war es doch wünschenswerth, sie für das Genossenschaftsgesetz des Norddeutschen Bundes auf alle Fälle auszuschließen. Schulze's Entwurf für den Reichstag nahm daher als Zusatz zum § 51 des Preußischen Gesetzes den Satz auf: „Bei kündbaren Forderungen tritt die Kündigungsfrist der Verjährungsfrist hinzu". Die Kommission des Reichstages empfahl diesen Zusatz; „im Gebiete des Preußischen Landrechts könnte man den Satz für selbstverständlich halten; indessen ist er auch hier nicht immer unangefochten geblieben; jedenfalls empfiehlt sich dessen Aufnahme, um mindestens für die übrigen Rechtsgebiete einen Zweifel zu beseitigen".

Demnach beginnt bei kündbaren Forderungen die Verjährung mit Ablauf der Kündigungsfrist von dem Tage an gerechnet, an welchem die Kündigung zuerst möglich war. Unter den Juristen existiren über den Beginn der Verjährung einer erst nach vorhergegangener Kündigung zahlbaren Schuldforderung vorzugsweise drei verschiedene Meinungen:

1) Die Verjährung beginnt erst nach wirklich geschehener Kündigung und Ablauf der Kündigungsfrist.
2) Die Verjährung beginnt mit dem Ablauf der Kündigungsfrist von dem Tage an gerechnet, wo die Kündigung zuerst möglich war.
3) Die Verjährung beginnt mit dem Tage, wo die Kündigung zuerst möglich oder zulässig war.

Für das Gebiet des Allg. Preußischen Landrechts kann die erste Meinung kaum in Frage kommen; die zweite wird in Uebereinstimmung mit mehrfachen Entscheidungen des Obertribunals (Plenarbeschluß vom 5. Januar 1838, Entscheidungen Bd. III. S. 165 und Präj. 681, vom 29. Mai 1839, Plenar-Beschluß vom 2. Dezbr. 1867) allgemein als die richtige angesehen, und nur einzelne juristische Schriftsteller, wie Koch (vergl. Glosse im Allg. Landrecht, Anmerkung 65 zu Tit. 9 Theil I. A.L.R. in der 6. Ausgabe Seite 512) entscheiden sich für die dritte, den Schuldnern noch günstigere Meinung. Im Gebiete des gemeinen Rechts gehen die Meinungen der Gerichtshöfe und der juristischen Schriftsteller mehr auseinander, während die rheinisch-französischen Juristen sich ebenfalls zu der vorerwähnten Ansicht des Obertribunals bekennen, welche weniger aus besonderen Bestimmungen des Allgem. Landrechts als aus Zweck und Grund der Klagverjährung im Allgemeinen gerechtfertigt worden ist.

Das Genossenschaftsgesetz des Norddeutschen Bundes hat für seinen Bereich also die zweite Meinung als die richtige und gültige hingestellt. Im Plenum des Reichstages wurde zum dritten Satze dieses Absatzes im Wege der Amendirung (— Drucksachen Nr. 85 —) auf Anregung Schulze's noch der Zusatz „ohne daß gekündigt zu sein braucht“ beschlossen, damit die, wenn auch entfernte Möglichkeit beseitigt würde, daß ein Gericht die Auslegung beliebe, es sei erst die Kündigung nöthig, um die kürzere Verjährungsfrist zu begründen (die Meinung bei 1 oben). Die Zivilprozeßkommission fand diese Aenderung nicht bedenklich; weder bei den Anträgen des Bundesraths, noch bei der Berathung im Reichstage ist ein Angriff auf den letzten Zusatz gemacht, und derselbe demnach wiederholt bei der zweiten Verhandlung des Gesetzes vom Reichstage angenommen. Allein er fehlte in der Zusammenstellung Nr. 175 der Drucksachen und auch im publizirten Gesetz selbst. Es beruhte dies auf einem Druckfehler. In der Nr. 19 des Bundesgesetzblattes vom Jahre 1869 ist derselbe berichtigt.

§. 64.

Die Verjährung zu Gunsten eines ausgeschiedenen oder ausgeschlossenen Genossenschafters wird nicht durch Rechtshandlungen gegen einen anderen Genossenschafter, wohl aber durch Rechtshandlungen gegen die fortbestehende Genossenschaft unterbrochen.

Die Verjährung zu Gunsten eines bei der Auflösung der Genossenschaft zu derselben gehörigen Genossenschafters wird nicht durch Rechtshandlungen gegen einen anderen Genossenschafter, wohl aber durch Rechtshandlungen gegen die Liquidatoren, beziehungsweise gegen die Konkursmasse, unterbrochen.

(Preuß. Gesetz § 52.)

Erläuterungen zu § 64.

Der § 64 ist mit § 52 des Preuß. Gesetzes übereinstimmend.

1) **Absatz I.**

Der erste Absatz des § 64 entspricht dem ersten Absatz des Art. 148 des Handelsgesetzbuchs mit der in der Vorbemerkung S. 387 besprochenen Abweichung, welche von der Kommission des Preußischen Abgeordnetenhauses vom Jahre 1863 nicht für nöthig gehalten war. Es muß anerkannt werden, daß das Prinzip der Solidarbürgschaft im Gegensatz zu der Solidarhaft des Gesellschafters in der offenen Handelsgesellschaft eine einfache Uebertragung des Art. 148 des Handelsgesetzbuchs auf die Genossenschaft unmöglich macht. Denn da der Gläubiger ein Forderungsrecht gegen den ausgeschiedenen Gesellschafter erst nach der Liquidation oder nach dem Konkurse zur Geltung bringen und mancher Prozeß leicht zwei Jahre lang hingezogen werden kann, so würde eine Genossenschaft, aus welcher sich die zahlungsfähigen, kreditwürdigen Mitglieder zurückgezogen haben, im Stande sein, den Anspruch des Gläubigers, der vielleicht nur wegen der ausgeschiedenen Genossenschafter mit der Genossenschaft in Geschäftsverbindung trat, illusorisch zu machen. Dennoch dürfte fraglich sein, ob es nicht angemessener gewesen wäre, dem Gläubiger in einer besonderen Vorschrift das Recht zu wahren, durch eine direkt gegen den ausgeschiedenen Genossenschafter gerichtete Handlung die Verjährung zu unterbrechen. Denn außer der Streitverkündigung in dem gegen die Genossenschaft anzustrengenden Prozesse (§ 3 Tit. 17 der Preuß. Prozeßordnung) dürfte ihm z. B. im Gebiete der Allgem. Gerichtsordnung kaum ein Mittel zu diesem Zwecke zu Gebote stehen. Wenn statt dessen allgemein alle Rechtshandlungen gegen die fortbestehende Genossenschaft die Verjährung zu Gunsten des ausgeschiedenen Genossenschafters unterbrechen, so liegt auf der andern Seite für den Gläubiger die Möglichkeit vor, den Eintritt der Verjährung in Ansehung aller ausgeschiedenen Genossenschafter regelmäßig zu hintertreiben. Zu den Rechtshandlungen würde z. B. im Gebiete des Allgem. Landrechts die Einziehung von Zinsen gerechnet werden können (vgl. § 570 Tit. 9 Thl. I Allgem. Landr. und die Anmerkungen dazu in Koch's Glosse). Vielleicht würde die Absicht des Gesetzgebers bei Einführung dieser kurzen Verjährungsfrist besser erreicht werden, wenn nur eine Klage gegen die Genossenschaft die Verjährung zu Gunsten des ausgeschiedenen Genossenschafters unterbräche.

2) **Absatz II.**

Der zweite Absatz des § 64 stimmt mit dem zweiten Absatze des Art. 148 des H.-G.-Buchs überein, nur sind die Worte „beziehungsweise gegen die Konkursmasse" eingefügt. Nach dem Wortlaute müßte man annehmen, als ob Rechtshandlungen gegen die Liquidatoren, beziehungsweise gegen die Konkursmasse die Verjährung zu Gunsten eines schon vor der Auflösung der Genossenschaft ausgeschiedenen Genossenschafters nicht unterbrächen, so daß ein Genossenschaftsgläubiger kein Mittel hätte, die Vollendung der Verjährung gegen diese Genossenschafter während der Liquidation oder des Konkurses zu verhindern. Dies ist indessen der Absicht des Gesetzgebers so sehr widersprechend, daß wir die immerhin gewagte Interpretation nach der gegentheiligen Meinung für angezeigt erachten.

Die Verfasser des Badischen Gesetzentwurfs veranlaßte meine vorstehende Ausführung, die bereits im Kommentar des Preußischen Gesetzes stand, zu dem auch angenommenen Vorschlage, im ersten Absatz des Entwurfes die Worte „oder die Liquidatoren beziehungsweise die Gantmasse" einzufügen, um so „einen erheblichen Mangel des Norddeutschen Gesetzes zu beseitigen, da zweifellos Rechtshandlungen, welche gegen die Liquidatoren oder gegen die Gantmasse vorgenommen werden, die Verjährung auch hinsichtlich der vor Auflösung der Genossenschaft ausgeschiedenen Mitglieder unterbrechen müßten".

§. 65.

Die Verjährung läuft auch gegen Minderjährige und bevormundete Personen, sowie gegen juristische Personen, denen gesetzlich die Rechte der Minderjährigen zustehen, ohne Zulassung der Wiedereinsetzung in den vorigen Stand, jedoch mit Vorbehalt des Regresses gegen die Vormünder und Verwalter.

(Preuß. Gesetz § 53.)

Erläuterungen zu § 65.

Der § 65 stimmt wörtlich mit § 53 des Preußischen Gesetzes und mit Art. 149 des Handelsgesetzbuchs überein.

Das Badische Gesetz hatte den § 65 dahin verkürzt: „Die Verjährung läuft auch gegen Minderjährige und Mundlose, vorbehaltlich ihres Rückgriffs auf ihre Vormünder." In den Motiven war auf die landrechtliche Bestimmung 2278 hingewiesen und ferner bemerkt, daß in Baden juristische Personen in Ansehung der Verjährung keine Privilegien haben. (L. R. S. 2227.)

Schlußbestimmungen.

§. 66.

Das Handelsgericht hat den Vorstand der Genossenschaft, beziehungsweise die Liquidatoren, zur Befolgung der in den §§. 4. 6. 18. 23. 25. 26. Absatz 2. §. 31. Absatz 3. §. 33. Absatz 2. §§. 36. 41. 48. 52—59. 61. enthaltenen Vorschriften von Amtswegen durch Ordnungsstrafen anzuhalten.

Das hierbei zu befolgende Verfahren ist von den Regierungen der einzelnen Bundesstaaten in den nach §. 70. zu erlassenden Ausführungs-Verordnungen zu bestimmen.

(Preuß. Gesetz § 54.)

Erläuterungen zu § 66.

1) **Der erste Absatz** des § 66, entsprechend dem ersten Absatze des § 54 des Preußischen Gesetzes, ist in mehrfacher Weise vervollständigt und berichtigt. Bei § 26 Seite 307 ist ausführlich erörtert, weshalb es „§ 26. Satz 2." statt „§ 26 Absatz 2" heißen muß, und bei § 31 Seite 333 ist die Entstehung und Bedeutung des Zitates vom § 31 Absatz 3 dargethan.

Auch das Zitat des § 33 Absatz 2 hätte einer Revision bedurft. Beabsichtigt ist nur, es unter die Kontrole des Handelsrichters zu stellen, daß den Genossenschaftern und der Staatsbehörde die Einsicht in das Protokollbuch der Generalversammlungen gestattet werde. Daß der Handelsrichter beauftragt werden sollte, den Vorstand von Amtswegen durch Ordnungsstrafen zur Eintragung der Beschlüsse der Generalversammlungen in das Protokollbuch anzuhalten, ist durchaus nicht beabsichtigt. Indessen muß man dem Handelsgericht zu Cassel, welches von einer Genossenschaft die Vorlegung des Protokollbuchs behufs Kontrolirung der Eintragung der Generalversammlungsbeschlüsse verlangte, darin Recht geben, daß der Wortlaut des Gesetzes die von ihm behauptete Auslegung unterstützt. An sich aber ist eine derartige Kontrole so sehr im Widerspruch mit den sonstigen Geschäften eines Gerichts überhaupt und eines Handelsgerichts insbesondere, daß die Absicht des Gesetzgebers in einem Falle, wo es sich um willkürliche Handlungen des Gerichts handelt, doch für die Richter bestimmend sein sollte. (Vgl. Seite 152 Nr. 32 Jahrgang 1873 der Genossenschaftsblätter, Bericht des Verbandsdirektor Stück über den Hessischen Verbandstag zu Fulda vom 15. Juli 1873.)

2) **Absatz II.**

Da das Deutsche Handelsgesetzbuch bei Erlaß des Genossenschaftsgesetzes noch nicht überall eingeführt war, so konnte das Verfahren, welches die Einführungsgesetze für die durch das Handelsgesetzbuch angedrohten Ordnungsstrafen anordnen, hier nicht für maßgebend erklärt werden, wie dies im Preußischen und demnächst auch im Bayerischen und Badischen Genossenschaftsgesetze geschehen war.*)

---

*) Im Preußischen Gesetze waren die Bestimmungen des Artikels 5 des Einführungsgesetzes zum Allg. Deutschen Handelsgesetzbuche vom 24. Juni 1866, im Bayerischen die der Artikel 10 bis 24 des Einführungsgesetzes vom 10. Novbr. 1861 für maßgebend erachtet.

Im Badischen Gesetz vom 11. Februar 1870 war, entsprechend dem Regierungsentwurf, die Bezugnahme auf § 4, der sich auf die Anmeldung des Gesellschaftsvertrags zur Eintragung in das Genossenschaftsregister bezieht, gestrichen worden. Hierauf ist dem ersten Absatz folgender Satz beigefügt: „Für das hierbei zu befolgende Verfahren sind die Artikel 20—26 des Einführungsgesetzes zum Handelsgesetzbuche maßgebend." Ein zweiter Absatz bestimmt sodann, daß das Amtsgericht gegen den Vorstand einer Genossenschaft, welche ohne die Eintragung erwirkt zu haben, ihrem Geschäftsnamen den Zusatz „eingetragene Genossenschaft" beifügt, sowie gegen den Vorstand einer eingetragenen Genossenschaft, die sich einer ihr nicht zustehenden Firma bedient, und der in Art. 28 des Einführungsgesetzes zum Handelsgesetzbuch bezeichneten Weise von Amtswegen einzuschreiten hat. Man muß dem Verfasser der Motive des Badischen Gesetzes darin Recht geben, daß diese Bestimmung durch §§ 1, 5 u. 71 des Gesetzes geboten sind, wonach es in dem Belieben einer

3) „§ 70".

Es muß § 72 statt § 70 heißen. Der Fehler ist laut Reichstagsakten bei der Schlußredaktion in das Gesetz gekommen, ob als Redaktionsfehler oder als Druckfehler mag dahingestellt bleiben. Eine Berichtigung durch das Gesetzblatt hat bisher nicht stattgefunden.

§. 67.

Unrichtigkeiten in den nach den Vorschriften des gegenwärtigen Gesetzes dem Vorstande obliegenden Anzeigen oder sonstigen amtlichen Angaben werden gegen die Vorstandsmitglieder mit Geldbuße bis zu 20 Rthlr. geahndet.

(Preuß. Gesetz § 55.)

Zur Geschichte des § 67.

Der § 67 ist gleich dem § 55 des Preußischen Gesetzes, der aus dem Regierungsentwurf stammt. Die Motive desselben lauteten: „Unrichtige Anzeigen des Vorstandes sind wegen des dabei obwaltenden Interesses der Genossenschaft sowohl, als der Kreditoren der Genossenschaft mit Geldbuße bis zu 20 Thlrn. bedroht, wenn durch die Unrichtigkeit auch kein Strafgesetz verletzt ist" ꝛc. (Drucksachen des Preußischen Abgeordnetenhauses von 1867 Nr. 86 Seite 30.)

Im Bayerischen Gesetze waren 25 Gulden Ordnungsstrafe angedroht.

§. 68.

Durch die im §. 67. enthaltene Bestimmung wird die Anwendung härterer Strafen nicht ausgeschlossen, wenn dieselben nach sonstigen Gesetzen durch die Handlung begründet werden.

(Preuß. Gesetz § 56.)

Zur Geschichte des § 68.

Der § 68 ist aus dem Preußischen Gesetz (§ 56) unverändert übernommen und stammt aus dem Entwurf der Preußischen Regierung.

§. 69.

Die Eintragungen in das Genossenschaftsregister erfolgen kostenfrei.

(Preuß. Gesetz § 57.)

I. Zur Geschichte des § 69.

Der § 69 stimmt mit dem ersten Satze des § 57 des Preußischen Gesetzes überein. Die Motive des Regierungsentwurfes zu diesem § lauten: „Zur Förderung der Genossenschaften ist den Eintragungen in das Genossenschafts-

---

Genossenschaft steht, sich unter das Genossenschaftsgesetz zu stellen, die Genossenschaft vor erlangter Eintragung die Rechte einer Genossenschaft nicht hat, die Eintragung aber nur bewirkt werden darf, wenn die Statuten den gesetzlichen Vorschriften entsprechen. Eine andere Frage freilich ist, ob nicht durch § 11 Absatz 1 die Führung einer falschen Firma in Gemäßheit des Art. 26 des H.-G.-Buchs bereits unter Strafe gestellt ist.

register Kostenfreiheit zugestanden. Die geschäftliche Anordnung über die Führung dieser Register muß den Ressortministern vorbehalten bleiben." Die Kommission des Abgeordnetenhauses war nicht ohne Bedenken in Betreff der Kostenfreiheit. Es heißt darüber in dem Berichte (Drucksachen Nr. 55 S. 22): „Weder der Antragsteller, noch die Kommission ist gesinnt, irgend ein Vorrecht für die Genossenschaft zu beanspruchen. Da sie jedoch mit der Prüfung des ehemaligen Regierungsentwurfes sich befaßten, so hielten sie sich nicht gezwungen, die für die Eintragung angebotene Kostenfreiheit abzulehnen. Es liegt im öffentlichen Interesse, die Genossenschaften zu ermuntern, wenn sie einmal die übrigen Erfordernisse erfüllen, daß sie durch Eintragung sich unter die Herrschaft dieses Gesetzes stellen. Unzweifelhaft werden die Genossenschaften ihren eigenen Vortheil zu würdigen wissen. Wenn aber die Königliche Staatsregierung durch Kostenfreiheit den Antrieb vermehren und ihre Theilnahme für die Entwickelung des Genossenschaftswesens ausdrücken will, so darf die Landesvertretung dem beistimmen, ohne das fiskalische Interesse strenger wahren zu müssen, als die Staatsregierung. In England ist den Genossenschaften durchweg Freiheit von Stempel und Kosten gewährt. Nur darf aus der kleinen Gunst kein Einmischungsrecht hergeleitet werden; gegen einen solchen Preis verzichten die Genossenschaften gern auf jede Bevorzugung."

II. Erläuterungen zu § 69.

1) „Die Eintragungen in das Genossenschaftsregister."

Ueber den Umfang der Kostenfreiheit sind in den einzelnen Staaten verschiedene Anschauungen hervorgetreten. In dem zweiten Theile werden diejenigen Bestimmungen von Ausführungsverordnungen, welche gegen das Gesetz verstoßen, gerügt werden.

Nur ein wichtiger allgemeiner Gesichtspunkt soll hier erörtert werden. Die Bestimmung mehrerer Ausführungsverordnungen (z. B. § 18 der Preußischen Instruktion), daß der besondere Beilageband ein Theil des Registers ist, läßt es nicht zweifelhaft, daß die Verhandlungen über Aufstellung und Berichtigung des Mitgliederverzeichnisses ebenso wie die Eintragungen in das Genossenschaftsregister kostenfrei erfolgen. Eine ähnliche Bestimmung ist in anderen Ausführungsverordnungen nicht vorhanden. Das Handelsgericht zu Coburg hat für Anfertigung, Ergänzung und Berichtigung des gerichtlichen Mitgliederverzeichnisses des Konsumvereins Eing. Gen. zu Coburg Sporteln verlangt. Eine Beschwerde hat das Appellationsgericht zu Eisenach mit vollem Recht für begründet erklärt. Es führt aus, daß nach Inhalt des § 69 nicht blos die den Gerichten obliegenden Eintragungen in die Genossenschaftsregister, sondern auch die dieselben vermittelnden und vorbereitenden Handlungen sportelfrei sein sollten, da die im Gesetz beabsichtigte Begünstigung und Förderung der Genossenschaften ihren Zweck verfehlen würde, wenn die Sportelfreiheit lediglich auf die Thatsache der Eintragung und die desfallsige Bemühung des Gerichts beschränkt bliebe. Das Mitgliederverzeichniß, wenn es auch nicht in das Genossenschaftsregister eingetragen würde, gehöre doch zu den Vorlagen, welche dem Handelsgericht behufs Eintrags der Genossenschaft vorgelegt werden müssen; es bilde gewissermaßen ein Zubehör des Genossenschaftsregisters; bei Veröffentlichung des Eintrags müsse nach § 4 des Gesetzes auch bekannt gemacht werden, daß das Verzeichniß der Genossenschafter jederzeit beim Handelsgericht eingesehen werden könnte. (Blätter für Genossenschaftswesen 1875 Nr. 9 S. 48.)

2) Das Bayerische Gesetz hatte genau spezialisirt, was tax- und stempelfrei sei: die Genossenschaftsregister und die Einträge in dieselben, die Anmeldungen der bestellten Vorstände und Liquidatoren, die nach Art. 25 einzureichenden Mitgliederverzeichnisse und die zu erstattenden Anzeigen, sowie die über deren Vorlage stattfindenden Beurkundungen, endlich die zum Zwecke der vorgeschriebenen Veröffentlichungen zu fertigenden Auszüge aus den Satzungen und dem Genossenschaftsregister.

§. 70.

Wo dieses Gesetz von dem Handelsgerichte spricht, tritt in Ermangelung eines besonderen Handelsgerichts das ordentliche Gericht an dessen Stelle.

Zur Geschichte des § 70.

§ 70 ist neu auf Vorschlag der Zivilprozeßkommission eingefügt. Deren Bericht sagt darüber: „Diese zusätzliche Vorschrift ist aus dem Grunde für angemessen erachtet, aus welchem eine entsprechende Bestimmung im Artikel 3 des Handelsgesetzbuches aufgenommen ist.“ (Drucksachen Nr. 193 Seite 5.)

§. 71.

In dem Vermögensstande einer schon bestehenden Genossenschaft wird durch deren Eintragung in das Genossenschaftsregister nichts geändert.

Auf nicht eingetragene Genossenschaften kommen die Bestimmungen dieses Gesetzes nicht zur Anwendung.

I. **Zur Geschichte des § 71.**

§ 71 ist neu. Auf Schulze-Delitzsch' Anregung wurde von Dr. Löwe und Genossen, nachdem der Bericht der Reichstagskommission bereits erschienen war, für die Verhandlung im Plenum die Einschiebung eines Paragraphen (§ 60) beantragt und angenommen, dessen erster Absatz jetzt den ersten Absatz des § 71 bildet, und dessen zweiter Absatz lautete:

„Uebrigens ist eine Genossenschaft, welche die Rechte einer „eingetragenen Genossenschaft“ nicht in Anspruch nimmt, nicht genöthigt, sich unter das gegenwärtige Gesetz zu stellen.“

Die Zivilprozeßkommission schlug vor: „§ 60 des Entwurfs zu streichen, eventuell statt des zweiten Absatzes zu sagen: Auf nicht eingetragene Genossenschaften kommen die Bestimmungen dieses Gesetzes nicht zur Anwendung.“ Da der Bundesrath sich dem eventuellen Vorschlage anschloß und der Reichstag ohne Erörterung den Vorschlag annahm, so ist daraus der § 71 geworden. (Vgl. des Herausgebers Aufsatz in Nr. 30 der Genossenschaftsblätter 1868 S. 118.) Zur Beurtheilung beider Theile des so entstandenen § 71 sind die Motive der Zivilprozeßkommission zu ihrem obigen Antrage wesentlich. Zum ersten Absatze lauten sie:

„Diese Vorschrift soll, wie es scheint, der rückwirkenden Kraft des Gesetzes entgegentreten. Allein bei einem Gesetze, wie das vorliegende, ist eine derartige Bestimmung, wenn sie etwas Mehreres sein soll, als was sich ganz von selbst versteht, bedenklich. Die Genossenschafter können die Einwirkung des Gesetzes dadurch verhindern, daß sie die Genossenschaft nicht eintragen lassen. Daß aber die Eintragung, wenn sie erfolgt, an den vermögensrechtlichen Verhältnissen der Genossenschaft nichts ändere, kann so unbedingt nicht gesagt, es muß die gehörige Unterscheidung zwischen den verschiedenen möglichen Fällen und die Lösung der dabei entstehenden Fragen der Rechtsprechung überlassen werden. Außerdem könnte die Fassung zu dem Irrthume verleiten, als erkenne das Gesetz die bestehenden Genossenschaften, auch abgesehen von deren Eintragung, als selbstständige Rechtssubjekte an".

Und zum zweiten Absatz:

„Die Fassung dieser Bestimmung läßt unberücksichtigt, daß die Genossenschaft durch die Eintragung nicht blos Rechte erwirbt, sondern auch Verpflichtungen überkommt, und daß es nicht von ihr abhängt, sich unter das Gesetz zu stellen, sondern daß das Gesetz sie ergreift, sobald die rechtlichen Voraussetzungen seiner Anwendbarkeit vorliegen.

Daß das Gesetz auf nicht eingetragene Gesellschaften keine Anwendung findet, geht schon aus § 5 hervor. Da derselbe jedoch nur von den Rechten, nicht auch von den Verpflichtungen spricht, so könnte der mögliche Zweifel allenfalls noch ausdrücklich ausgeschlossen werden durch die eventuell vorgeschlagene Bestimmung."

II. Erläuterungen zu § 71.

1) **Absatz I.** trifft in das schwierige Gebiet der Ueberleitung bestehender Genossenschaften in die rechtliche Form der eingetragenen Genossenschaften. Das Preußische Gesetz enthielt darüber direkt keine Vorschriften. Der § 5 (siehe Seite 224 ff.) ließ noch immer zu Deutungen Raum, welche den Genossenschaften gefährlich werden konnten. Der erste Absatz des § 71 bestimmt nun, daß jede eingetragene Genossenschaft, welche vordem als nicht eingetragene existirt hat, in Ansehung aller Vermögensrechte — gleichviel ob Aktiva oder Passiva in Betracht kommen — als Rechtsnachfolgerin der alten Genossenschaft anzusehen ist. Da die Genossenschaft erst durch ihre Eintragung in das Register vermögensrechtliche Person wird, vorher rechtlich nur eine durch Vertrag verbundene Personenmehrheit ist, so kann man allerdings behaupten, nach dem ersten Absatz des § 71 übe die Eintragung einer Genossenschaft die Wirkung aus, daß jener Personenmehrheit für die Zeit vor der Eintragung die Eigenschaft eines selbstständigen Rechtssubjekts fingirt werde. (Vgl. auch § 1 Erläuterung Nr. 8 Seite 170.)

2) **Absatz II.** ist in seiner jetzigen Fassung vollkommen klar. Allein er drückt augenscheinlich etwas anderes aus, als der von Schulze angeregte Antrag von Dr. Löwe und Genossen beabsichtigte. Schulze wollte es unmöglich machen, daß künftighin irgend eine Deutsche Regierung auf den Einfall kommen und durch ein Gesetz oder eine Verordnung die bestehenden oder sich in Zukunft bildenden Genossenschaften ihres Landes zwingen kann, „sich unter das Genossenschaftsgesetz zu stellen," oder wie es § 1 des Gesetzes

nennt, „die Rechte einer eingetragenen Genossenschaft zu erwerben," das heißt unter Erfüllung aller Erfordernisse dieses Gesetzes die Eintragung in das Genossenschaftsregister zu beantragen. Was die Zivilprozeßkommission (siehe oben zur Gesch.) hiergegen anführt, ist nicht zutreffend. Allerdings hängt es lediglich von der Genossenschaft ab, sich dem gemeinen Recht zu entziehen und dem durch das Genossenschaftsgesetz geschaffenen Sonderrecht zu unterstellen.

3) Bayern und Baden.

Im Bayerischen Gesetz war aus den von der Norddeutschen Zivilprozeßkommission erhobenen Bedenken der ganze § 71 gestrichen worden. Im Badischen wurde nur der erste Absatz gestrichen, entsprechend der Regierungsvorlage, in deren Motiven das Bedenken der Zivilprozeßkommission abgedruckt und dann fortgefahren wurde: „Die dergestalt beanstandete Bestimmung soll ausdrücken, daß jede eingetragene Genossenschaft, welche vordem als nicht eingetragen existirt hat, in Ansehung aller Vermögensrechte, der Aktiven und Passiven, als Rechtsnachfolgerin der alten Genossenschaft anzusehen ist, ohne daß es hierzu einer Uebertragung durch einen besonderen Rechtsakt bedürfte. Die von der Zivilprozeßkommission angeregten Bedenken sind gegründet und es empfiehlt sich deshalb der Strich des in seiner Allgemeinheit völlig unbestimmten und entbehrlichen ersten Absatzes. Stimmen die Statuten bestehender Genossenschaften mit den Vorschriften des Gesetzes nicht überein, so müssen diese Genossenschaften, bevor sie sich unter das Gesetz stellen, Statutenänderungen vornehmen und unter Umständen das alte Geschäft liquidiren. Die Erwägung, wie die Ueberleitung bestehender Genossenschaften in die neue Form zu bewerkstelligen sei, muß den Betheiligten überlassen bleiben; gesetzliche Bestimmungen können, bei der Verschiedenartigkeit der hierbei in Betracht kommenden thatsächlichen Verhältnisse, in dieser Hinsicht nicht getroffen werden."

§. 72.

Die näheren Bestimmungen Behufs Ausführung dieses Gesetzes werden von den Regierungen der einzelnen Bundesstaaten im Verordnungswege erlassen.

Erläuterungen zu § 72.

Schulze-Delitzsch schlug vor, die Regierungen schlechthin zu verpflichten, zu diesem Gesetze binnen drei Monaten die Ausführungsverordnungen zu erlassen. Die Reichstagskommission nahm statt dessen die §§ 72 und 73 an. — In der Reichstagssitzung vom 20. Mai stellte der Abg. Lesse an den Bundesrath die Anfrage, ob es in seiner Absicht liege, zur Ausführung des Gesetzes eine Instruktion zu erlassen, behufs einheitlicher Führung des Genossenschaftsregisters. Der Geh. Ober-Justizrath Dr. Pape erklärte hierauf, der Bundesrath sei über diese Frage noch nicht in Berathung getreten.

Die Ausführungsverordnungen sind, nach dem Alter geordnet, S. 100 der Einleitung aufgeführt. Daselbst ist behauptet worden, es könne keinem Zweifel unterliegen, daß man im Gesetze unter den von den Regierungen im Verordnungswege zu erlassenden „Ausführungsbestimmungen" landesherrliche Verordnungen — im Gegensatz der Ministerialverordnungen verstanden habe.

Inzwischen ist die Angelegenheit von Schulze-Delitzsch im Deutschen Reichstage zur Sprache gebracht, in Bezug auf die im zweiten Theil dieses Buches vollständig abgedruckte Preußische Ministerial-Instruktion, die zur Ausführung des Genossenschaftsgesetzes am 17. Dez. 1868 erlassen und mittelst Allgemeiner Verfügung vom gleichen Tage den Gerichten zur Kenntnißnahme und Nachachtung mitgetheilt, und zwar auf Grund der §§ 66 u. 72 des Gesetzes. Eine Beschwerde gab dem Königl. Appellationsgericht zu Hamm Veranlassung zur Erörterung der Frage:

> ob die in der Ministerial-Instruktion allegirten gesetzlichen Bestimmungen über das Straffestsetzungs-Verfahren in Handelssachen auf das Verfahren in Genossenschaftssachen mit gesetzverbindlicher Kraft anzuwenden seien?

Das Ergebniß dieser Erörterung ist in einem Aufsatze des Appellationsgerichts-Raths Rintelen daselbst in Bd. 2 von des Obertribunals-Raths Johow Jahrbuch für Endgültige Entscheidungen der Preußischen Appellationsgerichte (Berlin 1873) Seite 259 bis 265 dargestellt. Der wesentlichste Inhalt der Ausführung ist folgender:

Vor Erlaß des Bundesgesetzes vom 4. Juli 1868 war die Anwendbarkeit jener Vorschriften der Einführungsgesetze zum Handelsgesetzbuche durch § 54 des Preuß. Genossenschaftsgesetzes vom 27. März 1867 und § 5 der Einführungsverordnungen vom 12. August und 22. September 1867 ausdrücklich ausgesprochen. Die sich auf die gesetzliche Ermächtigung des § 57 des Preuß. Genossenschaftsgesetzes gründenden Ministerial-Instruktionen vom 2. Mai, 10. August, 25. September und 26. Oktober 1857 hatten deshalb rechtsverbindlichen Charakter.*) Seitdem ist aber das das Genossenschaftswesen regelnde Bundesgesetz ergangen. Nach Art. 2 der Verfassung des Deutschen Reiches gehen die Reichsgesetze den Landesgesetzen vor. Das Bundesgesetz ist nach § 2 des Gesetzes vom 16. April 1871 in Verbindung mit Artikel 80 Nr. I. 10 der Reichsverfassung zum Reichsgesetze erklärt. Dieses Reichsgesetz hat das ganze Preußische Gesetz aufgehoben nebst allen dazu ergangenen Instruktionen. Aus §§ 54, 57 des Preußischen Gesetzes und § 5 der anderweiten Einführungsverordnungen läßt sich also weder die Anwendbarkeit der Bestimmungen der Einführungs-Gesetze und -Verordnungen zum Handelsgesetzbuche auf das in Rede stehende Verfahren noch die verbindliche Kraft der neuen Instruktion herleiten. Diese Instruktion leistet den §§ 66 und 72 des Reichsgesetzes kein Genüge. Ministerial-Instruktionen sind nicht Verordnungen der Regierungen der Bundesstaaten. Das Reichsgesetz hat unmöglich bestimmen wollen, daß Prozeßvorschriften im bloßen

---

*) Der rechtsverbindliche Charakter auch dieser Ministerialinstruktion steht nicht über allen Zweifel fest. Denn nach § 57 des Genossenschaftsgesetzes vom 27. März 1867 sind „die näheren geschäftlichen Anordnungen über die Führung des Genossenschaftsregisters einer von den Ministern für Handel, Gewerbe und öffentliche Arbeiten und der Justiz zu erlassenden Instruktion vorbehalten". Die auf Grund dieser Ermächtigung veröffentlichten Instruktionen sind ohne Mitwirkung des Handelsministers, einseitig vom Justizminister erlassen. Vergl. meinen Kommentar zum Preuß. Gesetz Anmerk. 33, 35 und 166.

Verwaltungswege gegeben würden, vielmehr in Rücksicht auf die Mannigfaltigkeit der Prozeßprinzipien der einzelnen Bundesstaaten und der Verfahrungsarten überhaupt eine eigene Normirung — als „selbstverständlich" unthunlich — abgelehnt, und dieselbe den Regierungen der einzelnen Bundesstaaten überlassen, mit der Maßgabe, daß dieselbe im Verordnungswege zu erfolgen habe. Hiermit hat aber nur gesagt sein sollen, daß es zur Feststellung keines förmlichen Gesetzes bedürfe, daß vielmehr die Mitwirkung der einzelnen Landesvertretungen hierbei ausgeschlossen sein solle, indem die rechtsverbindliche Kraft der Verordnungen ihre Quelle in der durch das Reichsgesetz erfolgten Delegation habe. Unter Verordnungen der Regierungen der einzelnen Bundesstaaten können demnach nur Akte der Staatsregierungen als solcher verstanden werden, und zwar in derartiger Form, wie sie nach den Verfassungen der Einzelstaaten zur Begründung der rechtsverbindlichen Kraft erforderlich ist. — —

Nach Preußischem Verfassungsrechte steht das Recht zum Erlasse von Ausführungsverordnungen nur dem Könige zu (Art. 45 der Verf.-Urkunde). Wenn diese Gewalt einer einzelnen Staatsbehörde übertragen werden soll, so bedarf es dazu doch jedesmal eines besonderen Gesetzes, oder Königlichen Erlasses. Ohne solchen haben namentlich Ministerial-Instruktionen lediglich für den Geschäftsbetrieb verbindliche Kraft. Indem nun §§ 66 u. 72 wegen des in Rede stehenden Verfahrens auf die von den Regierungen der einzelnen Bundesstaaten zu erlassenden Verordnungen verwiesen haben, hätte es eines Königlichen Erlasses bedurft, um den Justizminister in den Stand zu setzen, eine das prozessualische Verfahren regelnde Instruktion zu ertheilen. In §§ 66, 67 liegt eine Delegation nur an die höchste Staatsgewalt, nicht aber an den Ressortminister. Da eine Delegation seitens der ersteren an den letztern nicht geschehen, so entbehrt die Ministerial-Instruktion der verbindlichen Kraft in Bezug auf das prozessualische Verfahren. — —

Gegen die Folgerichtigkeit dieser Sätze läßt sich schwerlich etwas einwenden. Darnach ist die Preußische Regierung der ihr nach § 66 und 72 des Reichsgesetzes vom 4. Juli 1868 obliegenden Verpflichtung bisher nicht nachgekommen. —

In dem zur Erörterung stehenden Falle fand das Königl. Appellationsgericht einen Ausweg im § 4 des Gesetzes. „Man vereinigte sich dahin, daß in Preußen das Genossenschaftsregister, weil hier überall ein Handelsregister existirt, ein Bestandtheil des Handelsregisters, also selbst Handelsregister, und aus diesem Grunde ganz nach den für letzteres gegebenen Vorschriften, mit den durch die Besonderheit des Genossenschaftswesens gebotenen Modifikationen zu behandeln sei. Das Straffestsetzungs-Verfahren erheische keinerlei Modifikationen und sei deshalb in vollem Umfange auf die Erzwingung derjenigen Handlungen anzuwenden, zu denen das Handelsgericht gemäß § 66 von Amtswegen durch Ordnungsstrafen anzuhalten habe. In diesem Sinne sei denn auch die Ministerial-Instruktion aufzufassen; dieselbe habe gar nicht bezweckt (?), selbst Vorschriften über das prozessualische Verfahren aufzustellen, sondern lediglich, soweit sie sich auf dieses beziehe, die im Verwaltungswege zugelassenen Erläuterungen zu geben. Hieraus erkläre sich auch, daß die Bestimmungen des Einführungsgesetzes vom 24. Juni 1861 und der Verordnung vom 5. Juli 1867 lediglich allegirt seien." — — Zum Schluß führt der Verfasser gegen seine jedenfalls irrige Meinung von der Absicht des Justizministers selbst ungelöste Bedenken auf und wünscht Deklaration oder nachträgliche Verordnung.

Soweit der Aufsatz des Appellationsgerichtsraths Rintelen. Schulze-Delitzsch hat nun in der bereits oben Seite 280 besprochenen Interpellation an den Reichskanzler auch die Frage gestellt, ob er von jenem Erkenntniß des Appellationsgerichts zu Hamm Kenntniß erhalten habe und was er zur Sicherung der Ausführung des Gesetzes zu thun gedenke.

Bei der Verhandlung der Interpellation am 19. Januar 1876 ist der Präsident des Reichskanzleramts, Staatsminister Dr. Delbrück, über diesen Theil der Interpellation sehr schnell durch die Erklärung hinweggegangen, es walte ein Mißverständniß ob: Das Preußische Appellationsgericht zu Hamm habe „weder in der Judikatur noch in der Dekretur die Rechtsgültigkeit der erwähnten Ministerialverordnung in Frage gestellt;" es liege nur ein Aufsatz eines Mitarbeiters der Zeitschrift von Johow vor. —

Formell mag die Erklärung insofern begründet sein, als das Appellationsgericht zu Hamm in dem beregten Falle wahrscheinlich weder in einem Erkenntniß noch in einer Verfügung die Gründe ausgeführt hat, über die man sich in der Diskussion eines von einem Mitgliede des Kollegiums bei Gelegenheit einer Beschwerdesache erhobenen Rechtsbedenkens einigte. Diese Gründe bedurften keiner Verkündung. In der Sache selbst wird dadurch aber nichts geändert.

Außer in Preußen hat man noch in Sachsen, in Gotha, in Lauenburg, in Oldenburg, in Coburg, in Hessen, in Württemberg, in Baden und in Elsaß-Lothringen sich mit Ministerialverordnungen begnügt. Man vergl. Theil II. die abgedruckten Verordnungen.

§. 73.

Das gegenwärtige Gesetz tritt mit dem 1. Januar 1869. in Kraft.

Urkundlich unter Unserer Höchsteigenhändigen Unterschrift und beigedrucktem Bundes-Insiegel.

Gegeben Schloß Babelsberg, den 4. Juli 1868.

(L. S.) **Wilhelm.**

Gr. v. Bismarck-Schönhausen.

Zweites Buch.

Die Einführung des Genossenschaftsgesetzes des Norddeutschen Bundes in die übrigen Theile des Deutschen Reichs.

I.

Die Einführung des Gesetzes vom 4. Juli 1868 in Baden, Südhessen und Württemberg und die Erhebung desselben zum Reichsgesetze.

---

1) Das Protokoll, betreffend die Vereinbarung zwischen dem Norddeutschen Bunde, Baden und Hessen über Gründung des Deutschen Bundes vom 15. November 1870 (Bundesgesetzblatt 1870 S. 650 f.) besagt im Eingange, daß sich die Bevollmächtigten jener Staaten über die anliegende Verfassung des Deutschen Bundes verständigt haben, und daß diese Verfassung mit dem 1. Januar 1871 in Wirksamkeit treten solle.

Der **Artikel 80** dieser Verfassung lautet nun, so weit er hier interessirt, wörtlich folgendermaßen:

„Die nachstehend genannten, im Norddeutschen Bunde ergangenen Gesetze werden zu Gesetzen des Deutschen Bundes erklärt und als solche von den nachstehend genannten Zeitpunkten an in das gesammte Bundesgebiet mit der Wirkung eingeführt, daß, wo in diesen Gesetzen von dem Norddeutschen Bunde, dessen Verfassung, Gebiet, Mitgliedern oder Staaten, Indigenat, verfassungsmäßigen Organen, Angehörigen, Beamten, Flagge u. s. w. die Rede ist, der Deutsche Bund und dessen entsprechende Beziehungen zu verstehen sind, nämlich

I. vom Tage der Wirksamkeit der gegenwärtigen Verfassung an:

— — — 10) das Gesetz, betreffend die privatrechtliche Stellung der Erwerbs- und Wirthschaftsgenossenschaften vom 4. Juli 1868.“

2) Der Vertrag zwischen dem Norddeutschen Bunde, Baden und Hessen einerseits und Württemberg andererseits vom 25. November 1870 bestimmt im Artikel I., daß Württemberg der der Verhandlung vom 15. November beigefügten Verfassung dergestalt beitritt, daß alle in dieser Verfassung enthaltenen Bestimmungen auf Württemberg volle Anwendung finden, jedoch mit den in dem folgenden Artikel enthaltenen Maßgaben. Unter letzteren befindet sich keine Bestimmung, die mit dem Gesetz vom 4. Juli 1868 in Beziehung steht.

Darnach trat somit das Norddeutsche Genossenschaftsgesetz am 1. Januar 1871 in Baden, Südhessen und Württemberg in Wirksamkeit.

3) In dem Vertrage betreffend den Beitritt Bayerns zur Verfassung des Deutschen Bundes vom 23. November 1870 ist der Artikel 81 der Verfassung ohne Abänderung des Inhalts in den Artikel 79 umgewandelt; zugleich ist aber in § 8 ausgesprochen, daß die Erklärung der im Norddeutschen Bunde ergangenen Gesetze zu Bundesgesetzen für das Königreich Bayern, der Bundesgesetzgebung vorbehalten bleibt, und die Uebergangsbestimmung des nunmehrigen Artikel 79 auf Bayern keine Anwendung findet.

II.

Die Einführung des Reichsgesetzes vom 4. Juli 1868 in Elsaß-Lothringen durch das Gesetz vom 12. Juli 1872.

Durch Gesetz vom 9. Juni 1871 sind Elsaß und Lothringen mit dem Deutschen Reiche auf immer vereinigt. Dasselbe Gesetz verordnete, daß die Verfassung des Deutschen Reichs in Elsaß und Lothringen am 1. Januar 1873 in Wirksamkeit trete und bis dahin der Kaiser bei Ausübung der Gesetzgebung an die Zustimmung des Bundesrathes gebunden, die Zustimmung des Reichstages aber, abgesehen von der Aufnahme von Anleihen oder der Uebernahme von Garantien, nicht erforderlich sei (Reichsges.-Bl. 1871 S. 212).

In Elsaß-Lothringen galt bei seiner Vereinigung mit dem Deutschen Reiche das Französische Genossenschaftsgesetz, bestehend in dem die Artikel 48 bis 54 umfassenden Dritten Titel (Dispositions particulièrement aux sociétés à capital variable) des Gesetzes vom 24. Juli 1867 über die Gesellschaften (Loi sur les sociétés).*)

---

*) Ein Abdruck des ganzen Gesetzes und eine Beurtheilung desselben, namentlich auch des genossenschaftlichen Theiles befindet sich in Dr. Franz Mittermaier's Aufsatz über die Französische Handelsgesetzgebung von 1867 Seite 98—175 vom Beilageheft zu Bd. XII Goldschmidt's Zeitschrift. Schulze-Delitzsch hat in seinem Buche: „Die Gesetzgebung über die privatrechtliche Stellung“ 2c. die Französische Gen.-Gesetzgebung eingehend beleuchtet (besonders S. 16—18) und im Anhang S. 148 und 149 den Titel III jenes Gesetzes vom 24. Juli 1867 wörtlich mitgetheilt.

Das deutsche Genossenschaftsgesetz ist daselbst eingeführt durch das nachfolgende Gesetz vom 12. Juli 1872, welches nebst den Anlagen desselben S. 511 bis 528 des Gesetzblattes für Elsaß-Lothringen 1872 Nr. 18 (ausgegeben zu Berlin den 21. Juli 1872) abgedruckt ist. Es lautet folgendermaßen:

(Nr. 88.) Gesetz, betreffend die privatrechtliche Stellung der Erwerbs- und Wirthschafts-Genossenschaften.

Vom 12. Juli 1872.

Wir Wilhelm, von Gottes Gnaden Deutscher Kaiser, König von Preußen rc.

verordnen im Namen des Deutschen Reichs, nach erfolgter Zustimmung des Bundesrathes, für Elsaß-Lothringen, was folgt:

Die Wirksamkeit des anliegenden Reichsgesetzes vom 4. Juli 1868, betreffend die privatrechtliche Stellung der Erwerbs- und Wirthschafts-Genossenschaften, und der dazu ergangenen, gleichfalls anliegenden Deklaration vom 19. Mai 1871 wird vom 1. Oktober 1872 an auf Elsaß-Lothringen ausgedehnt.

Urkundlich unter Unserer Höchsteigenhändigen Unterschrift und beigedrucktem Kaiserlichen Insiegel.

Gegeben Bad Ems, den 12. Juli 1872.

(L. S.) **Wilhelm.**

Fürst v. Bismarck.

III.

Die Einführung des Reichsgesetzes vom 4. Juli 1868 in Bayern durch Gesetz vom 23. Juni 1873.

In der Einleitung Seite 105 bis 107 ist bereits dargestellt, wie die Regierung in Bayern trotz ihrer Neigung, die Bayerische Sondergesetzgebung auch auf dem genossenschaftlichen Gebiete aufrecht zu erhalten, endlich dem Verlangen der Bayerischen Genossenschaften, als diese in einem Petitionssturm Hilfe vom Reich forderten, nachzugeben sich entschloß und so durch Gesetz vom 23. Juni 1873 das Reichgenossenschaftsgesetz vom 4. Juli 1868 auch in Bayern eingeführt wurde.

Das Gesetz vom 23. Juni 1873 ist in Nr. 16 des Reichsgesetzblattes, ausgegeben zu Berlin am 27. Juni 1873, unter Nr. 937 (Seite 146) publizirt. Es lautet:

Gesetz, betreffend die Einführung des Gesetzes des Norddeutschen Bundes über die privatrechtliche Stellung der Erwerbs- und Wirthschafts-Genossenschaften vom 4. Juli 1868 im Königreiche Bayern.

Vom 23. Juni 1873.

Wir Wilhelm, von Gottes Gnaden Deutscher Kaiser, König von Preußen 2c.

verordnen im Namen des Deutschen Reichs, nach erfolgter Zustimmung des Bundesrathes und des Reichstages, was folgt:

§. 1.

Das Gesetz des Norddeutschen Bundes vom 4. Juli 1868, betreffend die privatrechtliche Stellung der Erwerbs- und Wirthschafts-Genossenschaften, tritt nebst dem Reichsgesetze vom 19. Mai 1871, betreffend die Deklaration des §. 1 des Gesetzes vom 4. Juli 1868, am 1. August 1873 im Königreiche Bayern in Kraft.

Die vor dem 1. August 1873 nach Vorschrift des bayerischen Gesetzes vom 29. April 1869, betreffend die privatrechtliche Stellung der Erwerbs- und Wirthschafts-Gesellschaften, vollzogenen Einträge von Genossenschaften in das bisher geführte besondere Genossenschafts-Register gelten als Einträge in das Genossenschafts-Register im Sinne der §§. 4 bis 8 des norddeutschen Gesetzes vom 4. Juli 1868.

§. 2.

Für die rechtlichen Verhältnisse der auf Grund des bayerischen Gesetzes vom 29. April 1869, betreffend die privatrechtliche Stellung der Erwerbs- und Wirthschafts-Gesellschaften, vor dem 1. August 1873 eingetragenen „registrirten Gesellschaften" bleiben die Bestimmungen des letzterwähnten Gesetzes maßgebend.*)

Urkundlich unter Unserer Höchsteigenhändigen Unterschrift und beigedrucktem Kaiserlichen Insiegel.

Gegeben Schloß Babelsberg, den 23. Juni 1873.

(L. S.) **Wilhelm.**

Fürst v. Bismarck.

---

*) Die Bestimmungen des ersten Hauptstücks des Bayerischen Gesetzes vom 29. April 1869 sind, so weit sie von dem Norddeutschen Gesetze abweichen, bei den entsprechenden §§ des letzteren aufgeführt. Das zweite Hauptstück des Gesetzes vom 29. April 1869, der die Gesellschaften mit beschränkter Haftpflicht, die „registrirten Gesellschaften" behandelt (Artikel 70 bis 81), wird im zweiten Theil des Buches vollständig abgedruckt werden. Dort finden sich in der Einleitung auch Erläuterungen dieses Gesetzes vom 23. Juni 1873.

Zweiter Theil.

Die in den einzelnen Deutschen Staaten erlassenen Gesetze und Verordnungen über die Erwerbs- und Wirthschaftsgenossenschaften, insbesondere zur Ausführung des Genossenschaftsgesetzes vom 4. Juli 1868.

I. Preußen mit Lauenburg.

A. Einleitung.

1. Preußen.

Nachdem das Norddeutsche Genossenschaftsgesetz am 4. Juli 1868 erlassen und der 1. Januar 1869 als der Anfangspunkt seiner Wirksamkeit bezeichnet war, würde die Preußische Regierung sich um die Genossenschaften des Deutschen Reichs verdient gemacht haben, wenn sie recht frühzeitig ihre Ausführungsverordnung festgestellt und darin die beim Preußischen Genossenschaftsgesetze gemachten Erfahrungen sorgfältig niedergelegt hätte. Aber leider erschien sie erst kurz vor dem 1. Januar 1869 auf dem Platz und mit einer Verordnung, die nach Form und Inhalt sehr viel zu wünschen übrig ließ.

Die allgemeine Verfügung und Instruktion des Justizministers vom 17. Dezember 1868, abgedruckt in dem zu Berlin am 25. Dezember 1868 herausgegebenen Justizministerialblatt, ist

1) keine Regierungsverordnung im Sinne der §§ 66 und 72, wie dies in den Erläuterungen zum § 72 des Genossenschaftsgesetzes oben Seite 400 bereits nachgewiesen ist.*)

2) Sie verstößt ebenso wie ihrer Zeit die Ministerial-Instruktionen zum Preußischen Genossenschaftsgesetz vom 27. März 1867, mehrfach gegen die Bestimmung des § 4, wonach das Genossenschaftsregister einen Theil des Handelsregisters bildet. Sie ignorirt diese Bestimmung vollständig und richtet ein ganz besonderes Genossenschaftsregister ein, indem sie freilich in der Hauptsache die einschlagenden Vorschriften des Handelsgesetzbuchs und der Einführungsgesetze zu demselben wiederholt.

Ungesetzlich ist es demnach:

a) wenn nach § 6 der Instruktion der Justizminister ausnahmsweise auch gestattet, andere Beamte mit den auf Führung des Genossenschaftsregisters sich beziehenden Geschäften zu betrauen, als diejenigen, denen „die Führung des Handelsregisters übertragen ist;“

---

*) Die Nothwendigkeit der landesherrlichen Verordnung war auch in dem 1870 erschienenen 19. Bande von Busch Archiv für Theorie und Praxis des Allg Deutschen Handelsrechts nachgewiesen in einem Aufsatze von Dr. Friedr. Zimmermann, Hofgerichtsrath zu Gießen: „Ueber die Ausführung des Genossenschaftsgesetzes“ S. 452 ff. Zimmermann sagt: „Eine bloße Instruktion an die Gerichte ist ungenügend, weil nach § 66 des Gesetzes von den Handelsgerichten Ordnungsstrafen gegen den Vorstand der Genossenschaft und bezw. die Liquidatoren ausgesprochen werden sollen und das hierbei zu befolgende Verfahren von den Regierungen der einzelnen Bundesstaaten näher bestimmt werden soll, was in einer lediglich die Beamten verpflichtenden Instruktion nicht gültig geschehen kann, sondern eine landesherrliche Verordnung erfordert.

b) wenn nach § 2 der Instruktion dem Handelsgericht gestattet wird, in andern öffentlichen Blättern, als in denen, welche in Betreff der Eintragungen in das Handelsregister gewählt sind, die Eintragungen in das Genossenschaftsregister zu veröffentlichen.

Es ist auffallend, daß man bei der wiederholten Prüfung der gesetzlichen Bestimmungen im Preußischen Justizministerium diese Versehen nicht bemerkt hat. Irgend ein Grund dafür, die Eintragungen in das Genossenschaftsregister anderwärts zu veröffentlichen, als in den Handelsregister-Blättern, ist weder ersichtlich noch denkbar. Im Gegentheil würde, auch wenn das Gesetz es nicht ausdrücklich verordnete, die Ersparung von Arbeit und Insertionskosten die Gerichte veranlassen müssen, dieselben Blätter auszuwählen und Handelsregister und Genossenschaftsregister auch durch dieselben Beamten bearbeiten zu lassen. (Vgl. oben Erläut. zu § 4 S. 214.)

3) Die Instruktion verstößt gegen § 72 des Genossenschaftsgesetzes, indem sie im § 43 verordnet, daß für die Benachrichtigung der Betheiligten von der Eintragung und Zurückweisung der Eintragungsgesuche 2 Sgr. 6 Pf. oder 9 Kreuzer Schreibgebühren für jeden angefangenen Bogen anzusetzen seien. (Vgl. oben § 72 und Erläuterungen dazu und später die Erläuterungen zu der Elsaß-Lothringischen Ausführungsverordnung.)

2. Lauenburg.

Das Allgemeine Deutsche Handelsgesetzbuch war beim Erlaß des Genossenschaftsgesetzes noch nicht in das Herzogthum Lauenburg eingeführt (vergl. die Erläuterungen zu § 4 des Gesetzes vom 4. Juli 1868). Dies ist erst geschehen durch das in Nr. 81 des zu Ratzeburg am 28. Oktober 1868 ausgegebenen „Offiziellen Wochenblattes für das Herzogthum Lauenburg“ (S. 474 ff.) abgedruckte „Gesetz, betreffend die Einführung des Allgemeinen Deutschen Handelsgesetzbuchs in das Herzogthum Lauenburg,“ vom 21. Oktober 1868, und zwar zum 1. Januar 1869.

Das Einführungsgesetz ist den Preußischen Einführungsgesetzen ganz getreu nachgebildet. Von dem Genossenschaftsregister schweigt es. Dafür hat es zu Schluß des § 10 den Satz: „Die näheren geschäftlichen Anordnungen über die Führung des Handelsregisters bleiben einer von Unserm Ministerium für das Herzogthum Lauenburg den Gerichten zu ertheilenden Instruktion vorbehalten.“ (S. 476 a. a. O.)

In Nr. 96 des Offiziellen Wochenblattes, ausgegeben zu Ratzeburg den 19. Dezember 1868, ist nun an erster Stelle (von S. 835—846) die nachfolgend mitgetheilte Verfügung und Instruktion vom 15. Dezember 1868 zur Ausführung des Genossenschaftsgesetzes und sodann an zweiter Stelle die einen Tag früher — vom 14. Dezember 1868 — datirte „Verfügung und Instruktion vom 14. Dezember 1868, betreffend die Ausführung des Gesetzes vom 21. Oktober 1868 über die Einführung des Allgemeinen Deutschen Handelsgesetzbuchs in das Herzogthum Lauenburg“ (S. 847 bis 890), erschienen.

Man hat sich bei diesen Verfügungen und Instruktionen so mechanisch an die Preußischen Muster gehalten, daß man in beiden Schriftstücken die Bestimmung des § 4 des Gesetzes, wonach das Genossenschaftsregister einen

Theil des Handelsregisters bildet, vollständig ignorirt hat. Bei der Instruktion für das Genossenschaftsgesetz konnte man freilich die Instruktion des Preußischen Justizministers vom 17. Dezember 1868 nicht benutzen, weil diese noch nicht erlassen war; man verarbeitete also in ähnlicher Weise wie die Verfasser der letztgedachten Instruktion die zu dem Preußischen Genossenschaftsgesetze vom 27. März 1867 erlassenen Instruktionen vom 2. Mai, 10. August, 25. September und 26. Oktober 1867*). Dabei verfuhr man nun so wenig vorsichtig, daß man sogar eine Bestimmung daraus aufnahm, die zu einer gegentheiligen Vorschrift in § 23 des Genossenschaftsgesetzes Veranlassung gegeben hatte (vergl. § 21 der Lauenburger Instruktion). Im Uebrigen wurden alle dieselben Fehler gemacht, die der Preußische Justizminister in seiner Instruktion zum Deutschen Genossenschaftsgesetze begangen hatte.

Hinsichtlich der Veröffentlichung der Registereintragungen ist noch folgendes hervorzuheben: Nach § 10 der Instruktion vom 14. Dezember 1868 betreffend die Führung des Handelsregisters (Lauenburger Offizielles Wochenblatt Seite 852) sind „unter die nach Art. 13 des H.G.-Buchs für die Bekanntmachungen zu wählenden öffentlichen Blätter der Preußische Staatsanzeiger" aufzunehmen. In dem entsprechenden § 2 der Instruktion vom 15. Dezember 1868 zum Genossenschaftsgesetze ist eine gleiche Bestimmung nicht enthalten, so daß danach die Berücksichtigung des Preußischen Staatsanzeigers für die Verkündigung der Eintragungen in das Genossenschaftsregister nicht beabsichtigt zu sein scheint. Die Lauenburgischen Gerichte haben indessen unter Würdigung des § 4 des Genossenschaftsgesetzes stets die gleichen Blätter für beide Register bestimmt.

Die Preußische und die Lauenburgischen Verordnungen und Verfügungen lauten nun wie folgt:

B. Die Verfügungen und Instruktionen: 1) des Preußischen Justizministers vom 17. Dezember 1868, 2) des Lauenburgischen Ministeriums vom 15. Dezember 1868 zur Ausführung des Genossenschaftsgesetzes.

Num. 86.

Allgemeine Verfügung und Instruktion

vom 17. Dezember 1868,

zur Ausführung des Gesetzes vom 4. Juli 1868, — betreffend die privatrechtliche Stellung der Erwerbs- und Wirthschafts-Genossenschaften.

Bundesgesetzblatt des Norddeutschen Bundes von 1868 S. 415—433.

Nachdem das Gesetz, betreffend die privatrechtliche Stellung der Erwerbs- und Wirthschafts-Genossenschaften vom 4. Juli 1868 (Bundesgesetzblatt des Norddeutschen Bundes von 1868 S. 415—433) in Gemäßheit des Artikels 2 der Verfassung des Norddeutschen Bundes an die Stelle des Genossenschafts-

---

*) Abgedruckt mit Erläuterungen in meinem Kommentar zum Preußischen Genossenschaftsgesetze S. 147—168.

Gesetzes vom 27. März 1867 (Ges.-Samml. von 1867 S. 561—615) und der Einführungs-Verordnungen desselben in den verschiedenen Provinzen der Preußischen Monarchie vom 12. Juli 1867 (Ges.-Samml. S. 1189, 1190), vom 12. August 1867 (Ges.-Samml. S. 1449, 1450) und vom 22. September 1867 (Ges.-Samml. S. 1634) getreten ist, wird auf Grund der §§. 66 und 72 desselben unter Aufhebung der Instruktionen vom 2. Mai, 12. August, 25. September und 26. Oktober 1867 (Just.-Minist.-Bl. S. 135, 252, 336, 379) die nachstehend abgedruckte Instruktion über die Führung des Genossenschafts-Registers und Festsetzung der Ordnungsstrafen den Gerichten zur Kenntnißnahme und Nachachtung mitgetheilt.

Berlin, den 17. Dezember 1868.

Der Justiz-Minister.
Leonhardt.

An sämmtliche Gerichtsbehörden.
I. 5806. G. 58. Vol. III.

— Lauenburg. — **Verfügung und Instruktion** vom 15. Dezbr. 1868 zur Ausführung des Bundesgesetzes, betreffend die privatrechtliche Stellung der Erwerbs- und Wirthschafts-Genossenschaften vom 4. Juli 1868.

Unter Bezugnahme auf die Bestimmung des § 72 des Bundesgesetzes, betreffend ꝛc. (Bundesgesetzblatt S. 415) wird den Gerichtsbehörden des Herzogthums Lauenburg in Ansehung der Führung der Genossenschafts-Register die nachstehend abgedruckte Instruktion zur Kenntnißnahme und Befolgung mitgetheilt.

Berlin, den 15. Dezember 1868.

Königlich Preußisches Herzoglich Lauenburgisches Staatsministerium.
von Bismarck.

Instruktion des Justiz-Ministers
vom 17. Dezember 1868,
betreffend die Führung der Genossenschafts-Register.

§. 1.

Das Genossenschafts-Register (§. 4 des Gesetzes vom 4. Juli 1868) hat den Zweck, diejenigen Rechtsverhältnisse einer eingetragenen Genossenschaft (§. 2 a. a. O.), welche für deren kaufmännischen Verkehr von erheblichem Interesse sind, in möglichster Vollständigkeit und in zuverlässiger Weise zur öffentlichen Kenntniß zu bringen.

— Lauenburg — Instruktion des Königl. Preußischen Herzoglich Lauenburgischen Staatsministeriums vom 15. Dezember 1875, betreffend die Führung des Genossenschafts-Register im Herzogthum Lauenburg.

§ 1 wie § 1, nur „Bundesgesetzes“ statt „Gesetzes.“

§. 2.

Das Genossenschafts-Register ist öffentlich (§. 8 des Gesetzes vom 4. Juli 1868). Die Oeffentlichkeit wird in doppelter Weise zur Geltung gebracht; einmal ist die Einsicht desselben während der gewöhnlichen Dienststunden einem

Jedem gestattet; auch kann von den Eintragungen in dasselbe auf Verlangen eine einfache oder zu vidimirende Abschrift (Attest, Auszug) gegeben werden, welche sowohl die Eintragung und deren Inhalt unmittelbar bezeugt, als auch zugleich sich darauf erstreckt, ob und wie weit eine die Wirksamkeit der Eintragung berührende Thatsache oder Veränderung eingetragen sei. Findet sich eine solche Thatsache eingetragen, so ist auch der vollständige Inhalt der betreffenden Eintragung in das Attest aufzunehmen.

In gleicher Form hat das Gericht auf Verlangen ein Attest darüber zu ertheilen, daß eine bestimmte Eintragung in das Genossenschafts-Register nicht erfolgt, oder eine auf dessen Inhalt sich beziehende Thatsache oder Aenderung nicht eingetragen sei. Sodann ist regelmäßig jede Eintragung durch eine oder mehrere Anzeigen in öffentlichen Blättern bekannt zu machen.

Jedes Handelsgericht hat für seinen Bezirk alljährlich im Dezember die öffentlichen Blätter zu bestimmen, in welchen im Laufe des nächstfolgenden Jahres die Eintragungen in das Genossenschafts-Register bekannt gemacht werden sollen. Der Beschluß ist durch den Anzeiger des Regierungs-Amtsblattes, beziehungsweise das zur Publikation amtlicher Anordnungen bestimmte Regierungsblatt, und durch die vom Handelsgericht bezeichneten Blätter ein oder mehrere Male zu veröffentlichen.

Geht eins dieser Blätter im Laufe des Jahres ein, so ist demselben ein anderes zu substituiren, und öffentlich bekannt zu machen. Für die in der Zwischenzeit erfolgenden Bekanntmachungen genügt die Einrückung in die noch bestehenden Blätter.

— Lauenburg — § 2 Absatz 1 wie § 2, jedoch ohne den Hinweis.

§ 2 Absatz 2 wie § 2.

§ 2 Absatz 3 wie § 2, nur lautet der Eingang des zweiten Satzes: „Der Beschluß ist durch das offizielle Wochenblatt und durch die vom Handelsgericht" ꝛc.

§ 2 Absatz 4 wie § 2.

Hinzugefügt Absatz 5: „Für das Jahr 1869 ist die Veröffentlichung jenes Gerichtsbeschlusses sogleich durch das offizielle Wochenblatt zu bewirken."

§. 3.

Jede zur Eintragung in die Genossenschafts-Register bestimmte Anmeldung muß entweder persönlich vor dem Handelsgericht (§§. 4 und 70 des Gesetzes) erklärt, oder in beglaubigter Form bei dem Handelsgericht eingereicht werden.

Die Anmeldung gilt als vor dem Handelsgericht erklärt, wenn sie von einem dazu bestellten Richter des Handelsgerichts, im Bezirk des Appellationsgerichts zu Cöln von dem Sekretair des Handelsgerichts aufgenommen ist.

Unter beglaubigter Form ist die gerichtliche oder notarielle Form zu verstehen.

In der Provinz Hannover kann die Beglaubigung durch jeden Beamten der freiwilligen Gerichtsbarkeit geschehen.

Geschieht die Anmeldung durch einen Bevollmächtigten, so hat dieser eine gerichtliche oder notarielle Vollmacht beizubringen.

Dieselben Formvorschriften gelten in Bezug auf die Zeichnung oder Einreichung einer Unterschrift, welche nach Vorschrift des Genossenschafts-Gesetzes bei dem Handelsgericht bewirkt werden soll.

— Lauenburg § 3 — Absatz 1: „Jede zur Eintragung in die Genossenschaftsregister bestimmte Anmeldung muß entweder persönlich vor dem zuständigen Gericht erklärt oder bei demselben in gerichtlicher oder notarieller Form eingereicht werden."

Abs. 2 u. 3 wie § 3 Abs. 5 u. 6.

§. 4.

Die in dem Genossenschafts-Gesetze vorgeschriebenen Eintragungen in das Genossenschafts-Register sollen zwar nur auf Anmeldung der Betheiligten erfolgen; es haben jedoch die Gerichte, welchen die Führung des Genossenschafts-Registers obliegt, die Betheiligten in den Fällen des §. 66 des Gesetzes durch Ordnungsstrafen anzuhalten, daß die erforderlichen Anmeldungen erfolgen und die formellen Vorschriften befolgt werden.

Die auf das im Artikel V. des Einführungs-Gesetzes zum Allgemeinen Deutschen Handelsgesetzbuch vom 24. Juni 1861 und §§. 11 ff. der Einführungs-Verordnung vom 5. Juli 1867 (Ges.-Samm. S. 1133) vorgeschriebene Verfahren bezüglichen reglementarischen Anordnungen sind in den §§. 31 bis 40 gegeben.

Es wird jedoch darauf aufmerksam gemacht, daß sich Genossenschaften ohne die Rechte einer „eingetragenen Genossenschaft" bilden können. Die Genossenschaften sind deshalb im Fall des §. 4 des Gesetzes nur dann zur Anmeldung der Eintragung anzuhalten, wenn sie sich der Firma einer „eingetragenen Genossenschaft" bedienen wollen.

— Lauenburg — § 4 Abs. 1. u. 3 wie § 4.

Abs. 2: Für das hierbei zu befolgende Verfahren sind die in den §§ 11 bis 18 des Einführungsgesetzes zum Allgemeinen Deutschen Handelsgesetzbuch vom 21. Oktober 1868 getroffenen Bestimmungen maßgebend und beziehen sich hierauf die reglementarischen Anordnungen der §§ 26 bis 36.

§. 5.

Die Genossenschafts-Register werden in dem Bezirk des Appellationsgerichts zu Cöln von den Handelsgerichten und bis zum Erlasse eines Gesetzes über die Errichtung und Organisation der Handelsgerichte

1) in der Provinz Hannover von den Amtsgerichten,
2) in Frankfurt a. M. von der ersten Abtheilung des Stadtgerichts,
3) in Königsberg und Danzig von den dortigen Kommerz- und Admiralitäts-Kollegien, in Stettin, Elbing und Memel von den für Handelssachen bestehenden Abtheilungen der Kreisgerichte,
4) in den übrigen Theilen der Monarchie von den Stadt- oder Kreisgerichten

geführt.

Bei den Stadt- und Kreisgerichten gehört die Führung desselben vor die erste Abtheilung und, wenn diese aus mehreren Abtheilungen besteht, vor diejenige, welche die Civilprozeßsachen bearbeitet.

Ist in dem Bezirk eines Kreisgerichts eine ständige Deputation errichtet, so hat letztere für ihren Sprengel das Genossenschafts-Register zu führen.

Die Kreisgerichts-Kommissionen in den älteren Provinzen der Monarchie und die Amtsgerichte bleiben mit der im ersten Alinea dieses Paragraphen bestimmten Ausnahme von der Führung der Genossenschafts-Register ausgeschlossen.

Die zu Eintragungen in die Genossenschafts-Register bestimmten Anmeldungen und Zeichnungen der Unterschriften können jedoch auch vor Gerichts-Kommissarien und Amtsgerichten erfolgen, welche die darüber aufzunehmenden Protokolle an das Kreisgericht zur weiteren Veranlassung einzusenden haben.

— Lauenburg — §. 5: Das Genossenschafts-Register wird bis zum Erlasse eines Gesetzes über die Errichtung und Organisation der Handelsgerichte von den ordentlichen Gerichten der ersten Instanz geführt.

§. 6.

Die auf Führung der Genossenschafts-Register sich beziehenden Geschäfte werden bearbeitet:

1) in Hannover von dem Amtsrichter unter Mitwirkung des Aktuars, bei den mit mehreren Amtsrichtern besetzten Amtsgerichten von demjenigen Amtsrichter, welchem die Führung des Handels-Registers obliegt;
2) in Frankfurt a. M. von der ersten Abtheilung des Stadtgerichts und den Wechsel-Notaren nach den in den §§. 3 und 5 des Einführungs-Gesetzes zum Allgemeinen Deutschen Handelsgesetzbuch für die freie Stadt Frankfurt a. M. vom 17. Oktober 1862 für die Führung der Handels-Register gegebenen Vorschriften; insbesondere haben die Wechsel-Notare die den Sekretairen in dieser Instruktion auferlegten Geschäfte wahrzunehmen;
3) in den übrigen Theilen der Monarchie von dem dazu bestellten Richter unter Mitwirkung eines Sekretairs (Aktuars).

In der Regel sind hierzu die nämlichen Beamten zu bestimmen, denen die Führung der Handels-Register übertragen ist. Die Ernennung derselben erfolgt vor Beginn des neuen Geschäftsjahrs für dessen Dauer, und wird zugleich mit der im §. 2 Alinea 3 vorgeschriebenen Veröffentlichung bekannt gemacht. Wenn im Laufe des Jahres ein Wechsel nöthig wird, so ist dieser durch einmalige Einrückung in die zur Veröffentlichung der Eintragungen in das Genossenschafts-Register bestimmten Blätter zur öffentlichen Kenntniß zu bringen.

§. 7.

Dem mit der Bearbeitung der auf Führung des Genossenschafts-Registers sich beziehenden Geschäfte beauftragten Richter liegt insbesondere ob:

1) die Aufnahme der zur Eintragung in das Genossenschafts-Register bestimmten Anmeldungen, sowie die Aufnahme der Verhandlungen über die vor Gericht erfolgenden Zeichnungen der Unterschriften; er kann sich hierbei der Hülfe eines Sekretairs (Aktuars) bedienen;

   in den Landestheilen, in welchen die Führung der Genossenschafts-

Register den Kollegialgerichten obliegt, ist der beauftragte Richter durch Anschlag an Gerichtsstelle dem Publikum bekannt zu machen;

2) die Verfügungen auf die zum Protokoll genommenen oder schriftlich eingehenden Anmeldungen, insbesondere die Anordnung der zulässigen Eintragungen und der vorgeschriebenen Veröffentlichungen;

3) die Ueberwachung der genauen und vollständigen Erledigung der angeordneten Eintragungen und Veröffentlichungen, sowie der Einreichung der Verzeichnisse der Genossenschaftsmitglieder (§. 28 des Gesetzes);

4) die Verfügung auf sonstige Gesuche und Anträge, welche die Führung des Genossenschafts-Registers betreffen, insbesondere auf Gesuche um Ertheilung von Abschriften und Attesten;

5) die Bearbeitung der Generalien, namentlich in Beziehung auf die die öffentlichen Bekanntmachungen betreffenden Vorschriften;

6) die Verfügung rücksichtlich des im §. 66 des Gesetzes und im Artikel 5 des Einführungs-Gesetzes zum Deutschen Handelsgesetzbuch vom 14. Juni 1861, beziehungsweise §§. 11 ff. der Einführungs-Verordnung vom 5. Juli 1867 vorgeschriebenen Verfahrens; wird jedoch zur Verhandlung oder Entscheidung über die Festsetzung von angedrohten Strafen ein Audienztermin anberaumt, so bestimmt der Gerichtsvorstand (Vorsitzende der Abtheilung) den Richter, welcher als Referent zu fungiren hat.

Diese Bestimmung findet in den Landestheilen keine Anwendung, in welchen das Einführungs-Gesetz zum Allgemeinen Deutschen Handelsgesetzbuch vom 14. Juni 1861 und die Verordnung vom 5. Juli 1867 nicht publizirt sind.

§. 8.

Rücksichtlich der Nothwendigkeit des Vortrages der Verfügungen im Kollegium, der Revision und Zeichnung der Verfügungen, sowie der Vollziehung der Reinschriften bewendet es bei der in den §§. 10 und 11 des Geschäfts-Regulativs für die Gerichte I. Instanz vom 18. Juli 1850 (Just.-Min.-Bl. S. 232) beziehungsweise in den §§. 8 und 9 des Geschäfts-Regulativs für die Gerichte I. Instanz vom 15. August 1867 enthaltenen Anordnungen. Als Kommissarius mit selbstständiger Wirksamkeit ist der die Angelegenheiten des Genossenschafts-Registers bearbeitende Richter nicht anzusehen.

§. 9.

Der Sekretair (Aktuar) hat:

1) die Eintragungen in das Genossenschafts-Register, den ergangenen Verfügungen gemäß, zu bewirken;

2) für die geschäftsmäßige Erledigung aller richterlichen Verfügungen zu sorgen;

3) die vorgeschriebenen Verzeichnisse zu führen (§. 28 der Instruktion);

4) das Genossenschafts-Register, sowie die Zeichnungen der Unterschriften während der gewöhnlichen Dienststunden einem Jeden auf Ansuchen zur Einsicht vorzulegen.

§. 10.

Zu dem Genossenschafts-Register ist dauerhaftes Papier zu benutzen; es ist mit einem haltbaren Einbande zu versehen und zu foliiren.

Der Sekretair (Aktuar) hat die Zahl der Folien auf dem ersten Blatte unter seiner Unterschrift zu bemerken.

— Lauenburg § 6 — wie § 10, nur „Der Richter hat" 2c.

§. 11.

Zu dem Genossenschafts-Register werden besondere Akten gehalten.

Zu diesen Akten gelangen nach der Zeitfolge alle zur Eintragung bestimmten Anmeldungen nebst den dazu gehörenden Urkunden, insbesondere diejenigen, welche die Zeichnungen von Unterschriften enthalten, die auf die Eintragungsgesuche erlassenen Verfügungen und die Nachweisungen über die erfolgten Bekanntmachungen; doch können für jede Genossenschaft besondere Akten angelegt werden.

In den älteren Provinzen der Monarchie und Schleswig-Holstein sind die Verhandlungen und Verfügungen, welche sich darauf beziehen, daß das Gericht auf Grund des §. 66 des Gesetzes eingeschritten ist, zu besonderen Akten zu nehmen.

Sind dieselben in einzelnen Fällen umfangreich, oder wird die Anberaumung eines Audienztermins nöthig, so sind Spezialakten zu bilden.

— Lauenburg — § 7 wie § 11. Nur im Eingange des Absatz 3 „Die Verhandlungen 2c. sind".

§. 12.

Bei jeder Eintragung in das Genossenschafts-Register ist anzugeben:

1) das Datum der richterlichen Verfügung, durch welche die Eintragung verordnet ist;
2) das Datum der Eintragung;
3) die Stelle der betreffenden Akten, wo sich die richterliche Verfügung befindet.

Jeder Eintragungsvermerk ist von dem Sekretair (Aktuar) unter Beifügung seines Amtscharakters zu unterschreiben.

Nach erfolgter Eintragung muß er in den Akten neben der richterlichen Verfügung die Erledigung derselben und den Tag, an welchem die Erledigung bewirkt ist, unter seiner Unterschrift bemerken.

— Lauenburg — § 8 Absatz 1 wie § 12.

Absatz 2: Jeder Eintragungsvermerk ist von dem Richter zu unterschreiben.

Absatz 3 wie in § 12, nur: „muß in den" .... „bewirkt ist, bemerkt werden".

§. 13.

— Lauenburg §. 9. —

Die öffentliche Bekanntmachung einer Eintragung muß ohne Verzug, sobald dieselbe geschehen ist, und ohne daß eine andere Eintragung abgewartet werden darf, veranlaßt werden.

§. 14.

— Lauenburg §. 10. —

Derjenige, welcher eine Eintragung nachgesucht hat, ist von derselben besonders in Kenntniß zu setzen.

Im Fall der Ablehnung einer Eintragung sind die Gründe derselben den Betheiligten mitzutheilen.

§. 15.

— Lauenburg §. 11. —

Ist die Auflösung einer Genossenschaft in das Genossenschafts-Register eingetragen, so sind alle auf die aufgelöste Genossenschaft bezüglichen Vermerke roth zu unterstreichen.

Ist dies in Betreff des größten Theils des Registers geschehen, so kann dasselbe behufs Anlage eines neuen Registers in der Art geschlossen werden, daß darin auf der ersten und letzten Seite der Vermerk eingetragen wird:

„Dieses Register ist behufs Anlage eines neuen Registers geschlossen.“

In das neue Register sind alsdann alle nicht roth unterstrichenen Eintragungen aus dem alten Register zu übernehmen; diese Uebernahme ist bei jeder einzelnen Eintragung unter Hinweis auf die betreffende Nummer des früheren Registers durch den Zusatz zu erwähnen:

„übertragen aus dem früheren Register Nr. .....“

§. 16.

Die Anmeldungen zur Eintragung in das Genossenschafts-Register gehören zu den schleunigen Sachen, welche auch während der Gerichtsferien stattfinden und zu erledigen sind.

— Lauenburg — § 12 wie § 16, nur „welche ohne Aufschub zu erledigen sind“.

§. 17.

Das Genossenschafts-Register ist zur Kassation nicht geeignet.

Die zu demselben gehörigen Akten unterliegen der Kassation nach Ablauf von dreißig Jahren, von der Zeit an gerechnet, wo alle Eintragungsvermerke, worauf sich die Akten beziehen, im Genossenschafts-Register roth unterstrichen sind.

— Lauenburg — § 13 wie § 17 Abs. 1.

§. 18.

Das Genossenschafts-Register wird nach dem beigedruckten Formular A. geführt.

Zu diesem Register ist, sobald eine im Bezirk des Gerichts ihren Sitz habende Genossenschaft eingetragen werden soll, behufs Aufnahme der diese Genossenschaft betreffenden Gesellschaftsverträge und der dieselben abändernden Verträge und Beschlüsse ein besonderer, als Theil des Registers anzusehender Beilageband anzulegen. Die Anlegung eines solchen Beilagebandes hat der Sekretair (Aktuar) auf dem ersten Blatte des Hauptregisters unter seiner Unterschrift zu vermerken. Zu diesem Beilagebande sind die vom Vorstande der Genossenschaft einzureichenden Verzeichnisse der Genossenschafter zu nehmen.

— Lauenburg — § 14 wie § 18, nur „Richter“ statt „Sekretair (Aktuar)“.

§. 19.

— Lauenburg §. 15. —

Die Eintragung der Genossenschaft erfolgt nach der Zeitfolge der Anmeldungen in das Genossenschafts-Register des Gerichts, in dessen Bezirk dieselbe ihren Sitz hat.

§. 20.

— Lauenburg §. 16. —

Jede Genossenschaft wird auf einer besonderen Seite des Registers eingetragen. Insoweit eine Seite zu der ersten Eintragung nicht ausreicht, sind die folgenden Seiten in ununterbrochener Reihenfolge zu derselben zu verwenden; auch ist, wenn nachträgliche Eintragungen, welche einen erheblichen Raum in Anspruch nehmen, vorauszusehen sind, hierfür eine genügende Anzahl von Blättern freizulassen.

§ 21.

Die Eintragung erfolgt auf Anmeldung des Vorstandes der Genossenschaft und des von demselben einzureichenden schriftlichen, nach §. 3 des Gesetzes abgefaßten Gesellschaftsvertrages.

Der Anmeldung hat der Vorstand das Verzeichniß der zur Zeit der Anmeldung zur Genossenschaft gehörenden Genossenschafter nach dem Formular B. beizufügen.

— Lauenburg — § 17 wie § 21, nur ist der augenscheinliche Druckfehler im ersten Satze dahin verbessert: „der Genossenschaft und nach **Beibringung des**".

§. 22.

Die Eintragung der Genossenschaft in das Genossenschafts-Register wird mittelst Aufnahme des Gesellschaftsvertrages bewirkt.

Bei der Aufnahme des Gesellschaftsvertrages ist in der Art zu verfahren, daß in das Hauptregister nur ein Auszug, welcher

1) das Datum des Gesellschaftsvertrages;
2) die Firma und den Sitz der Genossenschaft;
3) den Gegenstand des Unternehmens;
4) die Zeitdauer der Genossenschaft, im Falle dieselbe auf eine bestimmte Zeit beschränkt sein soll;
5) den Namen und Wohnort der zeitigen Vorstandsmitglieder;
6) die Form, in welcher die von der Genossenschaft ausgehenden Bekanntmachungen erfolgen, sowie die öffentlichen Blätter, in welche sie aufzunehmen sind,

enthält, einzutragen ist.

Ist in dem Gesellschaftsvertrage eine Form bestimmt, in welcher der Vorstand seine Willenserklärung kundgiebt und für die Genossenschaft zeichnet, so ist auch diese Bestimmung in das Hauptregister aufzunehmen; dagegen ist eine vollständige Abschrift oder ein vollständiger Abdruck des Gesellschaftsvertrages, welche von dem Sekretair (Aktuar) zu beglaubigen sind, zu dem im §. 18 bezeichneten Beilageband zu nehmen. Der Original-Gesellschaftsvertrag bedarf nach §. 2 des Gesetzes keiner Beglaubigung, und ist, wenn er behufs

Beglaubigung der Abschrift oder des Abdrucks eingereicht worden, dem Vorstande auf Verlangen zurückzugeben.

In dem Hauptregister ist die Stelle des Beilagebandes zu bezeichnen, wo die Abschrift oder der Abdruck des Gesellschaftsvertrages sich befindet. Die Firma der Genossenschaft wird in der zweiten Kolonne, der Sitz derselben in der dritten Kolonne vermerkt; der übrige Inhalt ist mit Hinweisung auf den Beilageband in die vierte Kolonne des Hauptregisters einzutragen.

— Lauenburg — § 18, Abs. 1. 2. 4. wie § **22**. In Abs. 3 im ersten Satz „Richter" statt „Sekretair." Der zweite Satz ist fortgefallen.

§. 23.

Die Eintragung eines Beschlusses der General-Versammlung, welcher die Fortsetzung der Genossenschaft oder eine Abänderung der Bestimmungen des Gesellschaftsvertrages zum Gegenstande hat, erfolgt auf Grund der Anmeldung des Vorstandes und nach Beibringung des schriftlich abgefaßten Beschlusses, welcher in Gemäßheit des §. 6 des Gesetzes in einer zweifachen Abschrift einzureichen ist.

Der Beschluß ist nach Maaßgabe des §. 22 in das Hauptregister im Auszuge, in den Beilageband vollständig aufzunehmen.

Ist durch den Beschluß die Firma oder der Sitz der Genossenschaft geändert, so wird die erstere Aenderung in die zweite, die letztere in die dritte Kolonne des Registers eingetragen.

— Lauenburg — § 19 wie § **23**, nur fällt im ersten Absatz der Schluß „welcher in" ꝛc. fort, und lautet der Hinweis im zweiten Absatz § **17**.

§. 24.

In die vierte Kolonne des Registers sind ferner mittelst kurzen Vermerks einzutragen:

1) die jeweiligen Mitglieder des Vorstandes der Genossenschaft; vor der Eintragung eines Mitgliedes des Vorstandes hat dasselbe seine Unterschrift vor dem Gericht zu zeichnen, oder die Zeichnung in beglaubigter Form einzureichen;
2) die Auflösung der Genossenschaft und falls dieselbe eine Folge der Eröffnung des Konkurses über die Genossenschaft ist, die Eröffnung des Konkurses;
3) die nach der Auflösung eintretenden Liquidatoren, das Austreten eines Liquidators oder das Erlöschen der Vollmacht eines solchen.

Ein Liquidator hat vor der Eintragung seine Unterschrift vor Gericht zu zeichnen, oder die Zeichnung in beglaubigter Form einzureichen.

Eine Beschränkung des Umfanges der Geschäftsbefugnisse des Vorstandes oder eines Liquidators kann nicht eingetragen werden.

— Lauenburg — § 20 wie § **24**, nur ist im Absatz 1 zu 1) und im Absatz 2 hinter „beglaubigter Form" als Klammer eingeschoben „(§. 3)"

§. 25.

Die im § 24 bezeichneten Eintragungen erfolgen, auf Anmeldung des Vorstandes, auf Grund des nach §. 23 vorzulegenden Beschlusses der General-Versammlung der Genossenschaft

Die Eintragung der Konkurseröffnung geschieht von Amtswegen, sobald die Konkurseröffnung zur Anzeige gelangt. Ist der Konkurs von dem Gericht selbst eröffnet, so ist hiervon zu den Akten über das Genossenschafts-Register unverzüglich Anzeige zu machen.

Ebenso erfolgt die Eintragung der Auflösung einer Gesellschaft im Falle des §. 35 des Gesetzes ex officio, sobald dem Handelsgericht das mit dem Atteste der Rechtskraft versehene Urtel von dem kompetenten Gericht zugestellt wird.

— Lauenburg — § 21.

Absatz 1. u. 2.: Die im § 20 bezeichneten Eintragungen erfolgen, auf Anmeldung des Vorstandes, auf Grund des vorzulegenden Beschlusses der Generalversammlung der Genossenschaft.

Ist der gesammte Vorstand durch den Verwaltungsrath suspendirt (§. 28 des Gesetzes), so erfolgt die Anmeldung zur Eintragung durch den Verwaltungsrath.*)

Abs. 3. u. 4. wie § **25** Abs. 2 u. 3.

§. 26.

— Lauenburg §. 22. —

Für die Eintragung einer Genossenschaft in das Genossenschafts-Register des Gerichts, in dessen Bezirk dieselbe nicht ihren Sitz, sondern eine Zweigniederlassung hat, gelten die vorstehenden Bestimmungen mit der Maaßgabe:

daß die Eintragung in das Genossenschafts-Register des Gerichts der Zweigniederlassung nicht stattfindet, bevor durch ein Attest des Gerichts des Sitzes der Genossenschaft nachgewiesen ist, daß die Eintragung in das Genossenschafts-Register des letzteren Gerichts erfolgt ist.

§. 27.

— Lauenburg §. 23. —

Ist die Verlegung des Sitzes einer Genossenschaft nach einem Orte außerhalb des Bezirks des Gerichts in das Genossenschafts-Register eingetragen und besteht im Bezirk des Gerichts auch keine Zweigniederlassung, so ist in Beziehung auf die Führung des Registers die Genossenschaft als erloschen anzusehen.

§. 28.

Der Sekretär (Aktuar) hat zu dem Genossenschafts-Register ein nach den Firmen geordnetes alphabetisches Verzeichniß der darin eingetragenen Genossenschaften unter Bezugnahme auf die Nummer im Register zu führen und in das Verzeichniß der Genossenschafter (§. 21) die Namen der neu hinzutretenden Genossenschafter nachzutragen und den Tag des Ausscheidens der ausgetretenen oder ausgeschlossenen Genossenschafter in der Kolonne 4 zu bemerken.

— Lauenburg — § 24 wie § **28**, nur lautet der Eingang: der Richter hat ꝛc. und dann der Hinweis „§ 17“.

*) Hier hat der Verfasser der Lauenburgschen Instruktion die Preußische Ministerialinstruktion vom 2. Mai 1867, zum Preußischen Genossenschaftsgesetze vom 27. März 1867, welche sein Modell war, unüberlegt abgeschrieben. Der zweite Absatz steht im Widerspruch mit § 23 des Gesetzes. (Vgl. oben S. 298 die Erläuterungen.)

§. 29.

Soll eine Eintragung in das Hypothekenbuch, oder in Schleswig-Holstein die Eintragung von Grundstücken, Gerechtigkeiten, dinglichen Rechten und Hypothekenforderungen in die Schuld- und Pfand-Protokolle auf den Namen der Genossenschaft erfolgen, so muß die vorherige Eintragung der Genossenschaft in die Genossenschafts-Register nachgewiesen werden, §. 11 des Gesetzes. Außerdem ist nach den allgemeinen, für jeden Landestheil geltenden Grundsätzen der Nachweis zu liefern, daß gerade für die Gesellschaft erworben, und diese die Eigenthümerin oder Berechtigte geworden sei.

— Lauenburg —

§ 25. Die Eintragung von Grundstücken, Gerechtigkeiten, dinglichen Rechten und Hypothekenforderungen in die Schuld- und Pfand-Protokolle auf den Namen einer Genossenschaft darf erst geschehen, wenn die Eintragung der Genossenschaft in das Genossenschafts-Register nachgewiesen worden ist.

§. 30.

Die Festsetzung der Ordnungsstrafen nach §. 66 des Gesetzes erfolgt in Hannover nach den allgemeinen, für die Festsetzung von Ordnungsstrafen geltenden Vorschriften, in dem zum vormaligen Kurfürstenthum Hessen, dem vormaligen Herzogthum Nassau, der Stadt Frankfurt a. M. und den vormals Bayerischen und Großherzoglich Hessischen Landestheilen, mit Ausnahme der Enklave Kaulsdorf und des Oberamts Meisenheim, nach den für die Festsetzung von Ordnungsstrafen bei unterlassener Anmeldung der Eintragungen in die Handelsregister geltenden Vorschriften.

In den übrigen Landestheilen kommen folgende Vorschriften mit der Maaßgabe zur Anwendung, daß die in den folgenden Paragraphen allegirten Vorschriften des Einführungs-Gesetzes zum Allgemeinen Deutschen Handelsgesetzbuch vom 14. Juni 1861 auf die Provinzen, in welchen dasselbe publizirt ist, die Vorschriften der Einführungs-Verordnung vom 5. Juli 1867 (Ges.-Samml. S. 1133) auf Schleswig-Holstein sich beziehen.

— Lauenburg —

§ 26. Hat das Gericht gegen die Mitglieder des Vorstandes der Genossenschaft, beziehungsweise gegen die Liquidatoren, auf Grund des § 66 des Gesetzes einzuschreiten, so kommen folgende Vorschriften zur Anwendung.

§. 31.

Das Gericht hat gegen den Betheiligten einzuschreiten, auch wenn derselbe in dessen Bezirk nicht den Wohnsitz hat.

Hält das Gericht vor dem Einschreiten noch eine nähere Ermittelung für nöthig, so hat es dieselbe nach Maaßgabe des Artikels 5 §. 8 des Einführungs-Gesetzes vom 14. Juni 1861, beziehungsweise §. 18 der Einführungs-Verordnung vom 5. Juli 1867 zu bewirken.

— Lauenburg — § 27 wie § 31 — nur lautet der Hinweis:

„nach Maaßgabe des § 18 des Einführungsgesetzes des Allg. Deutschen Handelsgesetzbuchs vom 21. Oktober 1868“.

§. 32.

Die Verfügung, mittelst welcher das Einschreiten beginnt,

Art. 5 §. 1 Gesetz vom 14. Juni 1861,

§. 11 Verordnung vom 5. Juli 1867,

und jede dieselbe erneuernde Verfügung,

Art. 5 §. 2 und §. 6 Abs. 3 Gesetz vom 14. Juni 1861,

§. 12 und §. 16 Abs. 3 Verordnung vom 5. Juli 1867,

ist dem Betheiligten nach den Vorschriften über die Insinuation gerichtlicher Verfügungen in Civilprozessen zuzustellen, und der Behändigungsschein zu den Akten zu bringen.

— Lauenburg — § 28 wie § 32, nur lauten die Hinweise „(§ 11. a. a. O.)“ und „(§ 12. u. § 16. Abs. 3.)“

§. 33.

Wird die angedrohte Ordnungsstrafe festgesetzt, weil innerhalb der bestimmten Frist weder die Verfügung erledigt, noch Einspruch dawider erhoben ist, so hat es bei dieser Festsetzung sein Bewenden, auch wenn in Folge Erneuerung der Verfügung der Betheiligte später sich rechtfertigt.

Art. 5 §. 2 Gesetz vom 14. Juni 1861,

§. 12 Verordnung vom 5. Juli 1867.

— Lauenburg — § 29 wie § 33, nur lautet der Hinweis am Schluß „(§ 12 a. a. O.).“

§. 34.

Wenn aus dem rechtzeitig eingegangenen Einspruche des Betheiligten, allenfalls nach näheren Ermittelungen,

Art. 5 §. 8 Gesetz vom 14. Juni 1861,

§. 18 Verordnung vom 5. Juli 1867,

dessen Rechtfertigung sich ergiebt, so hat das Gericht die Verfügung aufzuheben und den Betheiligten davon in Kenntniß zu setzen.

— Lauenburg — § 30 wie § 34 bis auf den Hinweis „(§ 18 a. a. O).“

§. 35.

Die Anberaumung des Audienztermins findet statt in Folge Einspruchs, welcher zur Rechtfertigung des Betheiligten nicht für genügend befunden ist.

Art. 5 §. 3 Gesetz vom 14. Juni 1861,

§. 13 Verordnung vom 5. Juli 1867.

— Lauenburg — § 31 wie § 35 bis auf den Hinweis „(§ 13 a. a. O.).“

§. 36.

Der Audienztermin wird ohne Rücksicht auf das Maaß der Strafe vor dem Kollegium oder einer Deputation desselben anberaumt.

§. 14 Geschäfts-Regulativ für die Gerichte erster Instanz vom 18. Juli 1850 (Just.-Minist.-Bl. Seite 232 ff.),

§. 10 Geschäfts-Regulativ für die Gerichte erster Instanz vom 15. August 1867.

Der Betheiligte ist zu dem Termin nach den Vorschriften über die Ladung zu Audienzterminen in Civilprozessen vorzuladen.

Die Verhandlung im Termin wird durch eine mündliche Darstellung der

Sachlage von einem aus den Mitgliedern des Gerichts zu bestellenden Referenten eingeleitet. Das weitere Verfahren bestimmt sich nach den Vorschriften über die Verhandlung und Entscheidung der zur mündlichen Verhandlung gediehenen Civilprozesse mit den Abweichungen, welche aus der Natur der Sache und daraus sich ergeben, daß das Gericht befugt ist, bis zur schließlichen Entscheidung neue Thatsachen und Beweise zuzulassen, auch von Amtswegen nähere Ermittelungen des Sachverhältnisses und Beweiserhebungen unter Benachrichtigung des Betheiligten zu beschließen, sowie mit der Beweisaufnahme, insbesondere der Abhörung von Zeugen im Audienztermin selbst zu verfahren.

Art. 5 §§. 3 und 8 Gesetz vom 14. Juni 1861,
§§. 13 und 18 der Verordnung vom 5. Juli 1867.

— Lauenburg —

§ 32. „Der Betheiligte ist zu dem Termine nach den Vorschriften über die Ladung zu Audienzterminen in Civilprozessen vorzuladen. Das Verfahren bestimmt sich nach den Vorschriften über die Verhandlung und Entscheidung der Civilprozesse mit den Abweichungen, welche aus der Natur" — — und so fort wörtlich wie §. 36 bis auf den Hinweis: „(§§ 13 und 18 a. a. O.)."

§. 37.

Die schließliche Entscheidung, wohin auch diejenige gehört, welche gegen den Betheiligten im Fall des Nichterscheinens im Audienztermin erlassen wird (Art. 5 §. 4 Gesetz vom 14. Juni 1861, §. 14 Verordnung vom 5. Juli 1867), ergeht in der Form des Erkenntnisses; sie wird nach den Vorschriften über die Publikation und Insinuation der Erkenntnisse in Civilprozessen den Betheiligten publizirt und insinuirt; die zu Gunsten des Betheiligten erfolgende Entscheidung ist in der Weise abzufassen, daß die Aufhebung der die Strafe androhenden Verfügung ausgesprochen wird.

— Lauenburg — § 33 wie § 37, nur lautet der Hinweis „(§ 14. a. a. O.)"

§. 38.

Wenn der Betheiligte sich nicht gerechtfertigt hat, die Verhältnisse sich aber später dergestalt geändert haben, daß die Verfügung dadurch erledigt erscheint, so wird gleichwohl die angedrohte Strafe festgesetzt, und es unterbleibt nur die Erneuerung der Verfügung.

Art. 5 §. 4 des Gesetzes vom 14. Juni 1861,
§. 14 Verordnung vom 5. Juli 1867.

— Lauenburg — § 34 wie § 38, nur lautet der Hinweis „(§ 14. a. a. O.)"

§. 39.

Wird von dem Betheiligten gegen die verurtheilende Entscheidung Beschwerde an das Appellationsgericht erhoben, so gehört die Verhandlung und Entscheidung vor den Civil-Senat oder vor eine Deputation desselben, ohne Rücksicht auf das Maaß der festgesetzten Strafe.

§. 21 des Geschäfts-Regulativs für die Appellationsgerichte vom 17. September 1850 (Just.-Minist.-Bl. S. 323),
§. 17 des Geschäfts-Regulativs für die Appellationsgerichte vom 14. August 1867.

Die Bestimmungen der §§. 36 bis 38 kommen auch im Beschwerdeverfahren zur Anwendung.

Art. 5 §. 5 des Gesetzes vom 14. Juni 1861,

§. 15 Verordnung vom 5. Juli 1867.

— Lauenburg —

§ 35. Die Bestimmungen der §§ 32 bis 34 kommen auch im Beschwerde-Verfahren zur Anwendung (§ 15. a. a. O.)

§. 40.

Die festgesetzten Ordnungsstrafen werden von den Gerichten zu den Salarienkassen eingezogen, welchen sie verbleiben.

— Lauenburg —

§ 36. Die festgesetzten Ordnungsstrafen werden in gleicher Art, wie die Gerichtskosten, zu den betreffenden Kassen eingezogen, welchen sie verbleiben.

§. 41.

Das Strafverfahren im Falle des §. 27 des Genossenschafts-Gesetzes richtet sich nach den Vorschriften über Untersuchung und Bestrafung von Vergehen.

Art. XV. des Einführungsgesetzes zum Strafgesetzbuch vom 14. April 1851 (Ges.-Samml. S. 39 ff.),

§§. 39 ff. der Verordnung vom 3. Januar 1849 (Ges.-Samml. S. 14 ff.),

Art. 46 bis 51 des Gesetzes vom 5. Mai 1852 (Ges.-Samml. S. 209 ff.),

Art. VIII. Abs. 3 der Verordnung, betreffend das Strafverfahren vom 25. Juni 1867, und §. 11 der Strafprozeß-Ordnung (Ges.-Samml. S. 921).

— Lauenburg —

§ 37. Das Strafverfahren im § 27 des Genossenschaftsgesetzes richtet sich nach den bestehenden Vorschriften über die Untersuchung und Bestrafung von polizeilichen Uebertretungen.

§. 42.

Im Bezirke des Appellationsgerichtshofes zu Cöln finden die §§. 6 bis 9, 12 und 14, 36, 37, 39 und 40 keine Anwendung. An die Stelle derselben treten die in den §§. 119, 120 und 121 Nr. 1 bis 6 der Instruktion vom 12. Dezember 1861, betreffend die Führung der Handelsregister (Just.-Minist.-Bl. von 1861 S. 329), gegebenen Vorschriften mit den aus der Verschiedenheit des Gegenstandes sich von selbst ergebenden Modifikationen.

§. 43.

Die Eintragungen in die Genossenschafts-Register und die Zurückweisung der Eintragungsgesuche erfolgen gebühren- und stempelfrei. Für die Benachrichtigung der Betheiligten von der Eintragung und die Zurückweisung der Eintragungsgesuche sind 2 Sgr. 6 Pf. oder 9 Kreuzer Schreibgebühren für jeden angefangenen Bogen anzusetzen.

Im Uebrigen kommen in den Landestheilen, in welchen das Einführungsgesetz vom 14. Juni 1861, resp. die Verordnung vom 5. Juli 1867 gilt, für den Ansatz der Kosten und Stempel die Vorschriften der Verordnung vom 27. Januar 1862 (Ges.-Samml. S. 33), in den übrigen Landestheilen die bestehenden Vorschriften zur Anwendung.

Berlin, den 17. Dezember 1868.

Der Justiz-Minister.
Leonhardt.

— Lauenburg —

§. 38. Die Eintragungen in die Genossenschafts-Register und die Zurückweisungen der Eintragungsgesuche erfolgen gebühren- und stempelfrei. Für die Benachrichtigung der Betheiligten von der Eintragung und Zurückweisung der Eintragungsgesuche sind 2 Sgr. 6 Pf. Kopialien für jeden angefangenen Bogen zum Ansatz zu bringen.

Im Uebrigen kommen für den Ansatz der Kosten und Stempel die bestehenden Vorschriften zur Anwendung.

Berlin, den 15. Dezember 1868.

Königlich Preußisches, Herzoglich Lauenburgisches Staats-Ministerium.
von Bismarck.

Anlage A.

Genossenschafts-Register.

1.	2.	3.	4.
Laufende Nr.	Firma der Genossenschaft.	Sitz der Genossenschaft.	Rechtsverhältnisse der Genossenschaft.

Anlage B.

Verzeichniß der Genossenschafter.

1.	2.	3.	4.
Laufende Nr.	Vor- und Zuname. Stand und Gewerbe.	Wohnort.	Tag des Ausscheidens.

II. Bayern.

A. Einleitung.

Die Bayerische Staatsregierung hatte ihren Einfluß bei Erlaß des das Deutsche Genossenschaftsgesetz in Bayern einführenden Gesetzes vom 23. Juni 1873 (siehe oben Seite 406) mit Recht darauf verwendet, die Einführung so schonend wie möglich für die auf Grund des Gesetzes vom 29. April 1869 begründeten Genossenschaften zu machen. Sie hat dabei auch nicht unterlassen, das was dazu nöthig war, ausdrücklich gesetzlich feststellen zu lassen.

So ist im Gesetz vom 23. Juni 1873 ausgesprochen:

1) daß für die rechtlichen Verhältnisse der bis zum 1. August 1873, als dem Einführungstage des Deutschen Genossenschaftsgesetzes eingetragenen „registrirten Gesellschaften", die Bestimmungen des Bayerischen Gesetzes maßgebend bleiben. Denselben bleibt es dabei „unbenommen, sich jederzeit im Wege einer freiwilligen Aenderung ihrer Statuten der veränderten Rechtsgrundlage anzubequemen und als Genossenschaften mit Solidarhaft nach Maßgabe des Norddeutschen Gesetzes vom 4. Juli 1868 eintragen zu lassen." (Motive des Gesetzentwurfs, Drucks. Nr. 176 des Reichstags IV. Session 1873.)

2) Daß die Eintragungen in das bisher in Bayern auf Grund des Gesetzes vom 29. April 1869 geführte besondere Genossenschaftsregister als Eintragungen „in das Genossenschaftsregister im Sinne der §§ 4 bis 8 des Norddeutschen Gesetzes" gelten. Ein Gleiches hätte streng genommen auch in Preußen, sowie in allen Staaten, welche ein dem Preußischen ähnliches Genossenschaftsgesetz bereits hatten, durch Gesetz oder durch Königliche Verordnung auf Grund des Gesetzes vom 4. Juli 1868 ausgesprochen werden müssen. In Bayern war das freilich noch nöthiger auszusprechen, als „zwischen dem Bayerischen Genossenschaftsregister und dem des Norddeutschen Gesetzes" — wie es in den Motiven heißt — „die rein äußerliche Verschiedenheit obwaltet, daß ersteres als ein vom Handelsregister vollständig getrenntes selbstständiges Register besteht", während das Genossenschaftsregister nach § 4 des Norddeutschen Gesetzes als ein Theil des Handelsregisters behandelt wird.*)

Weniger korrekt verfuhr die Bayerische Staatsregierung in Ansehung der Zeit des Erlasses der Ausführungsverordnungen. In den Motiven des erwähnten Gesetzes hieß es: „Anlangend den Einführungstermin, so empfiehlt sich die Verschiebung bis zum 1. August 1875 mit Rücksicht auf die Nothwendigkeit, inzwischen noch einige Vollzugsvorschriften zu erlassen." Diese Nothwendigkeit lag allerdings vor; allein die Vollzugsverordnungen:

1) die Königliche Verordnung vom 8. August 1873, —
2) die Bekanntmachung des Staatsministeriums der Justiz vom 27. August 1873,

---

*) „Da, wo (wie in Bayern überall) eigene Handelsgerichte vorhanden sind," heißt es in den Motiven des Reichsgesetzes. Davon steht im § 4 des Genossenschaftsgesetzes kein Wort. Man könnte vermuthen, es liege ein Druckfehler vor, und solle „Handelsregister", statt „Handelsgerichte" heißen, allein „eigene" Handelsregister hat keinen Sinn.

wurden einen Monat zu spät, in der am 1. September 1853 zu München ausgegebenen Nr. XVI des Justizministerialblattes für das Königreich Bayern publizirt.

In Nachfolgendem sind zunächst unter B. die Vorschriften des Bayerischen Genossenschaftsgesetzes vom 29. April 1869, betreffend die Gesellschaften mit beschränkter Haftpflicht mitgetheilt, weil diese Vorschriften auf die zahlreichen „registrirten Gesellschaften mit beschränkter Haftpflicht", so lange dieselben existiren, Anwendung finden.

Zu den unter C. und D. folgenden, vorerwähnten Vollzugsverordnungen ist noch Folgendes zu bemerken:

1) Die Verordnung vom 8. August 1873 ordnet mehrere Punkte, die bereits im Bayerischen Gesetze vom 29. April 1869 entsprechend geordnet waren, insbesondere regulirt sie im § 3 die Kostenfrage in Uebereinstimmung mit § 69 des Bayerischen Gesetzes (vgl oben Seite 397) zweckentsprechend.

2) Da nach § 35 des Bayerischen Gesetzes der Staatsanwalt die Auflösung der Genossenschaft durch gerichtliches Erkenntniß zu betreiben hatte, so sind im § 1 der Verordnung vom 8. August 1873 die nach dem Deutschen Gesetze dazu bestimmten „höheren Verwaltungsbehörden" namhaft gemacht. Um so weniger ist es zu erklären, daß dessen ungeachtet das in den Erläuterungen zu § 35 (S. 341) besprochene Auflösungsverfahren zu München im Strafprozesse statt im Zivilprozesse stattfand, da auch darin das Bayerische durch das Deutsche Gesetz abgeändert ist.

B. Die Vorschriften des Bayerischen Genossenschaftsgesetzes vom 29. April 1869 betreffend die Gesellschaften mit beschränkter Haftpflicht.

Gesetz,

die privatrechtliche Stellung der Erwerbs- und Wirthschaftsgesellschaften betreffend.

Ludwig II., von Gottes Gnaden König von Bayern, Pfalzgraf bei Rhein, Herzog von Bayern, Franken und Schwaben ꝛc.

Wir haben nach Vernehmung Unseres Staatsrathes, mit Beirath und Zustimmung der Kammer der Reichsräthe und der Kammer der Abgeordneten beschlossen und verordnen, was folgt:

— — — — — — — — — — — — — — — — — —

Zweites Hauptstück.

Von den Gesellschaften mit beschränkter Haftpflicht.

Artikel 70. Gesellschaften, welche zwar unter den Art. 1 des gegenwärtigen Gesetzes fallen, welche aber die Bestimmung, daß alle Gesellschafter für die Verbindlichkeiten der Gesellschaft solidarisch und mit ihrem ganzen Vermögen haften, nicht in ihren Gesellschaftsvertrag aufnehmen, sondern bestimmen, daß jeder Gesellschafter nur mit einer bestimmten Einlage und wiederkehrenden Beiträgen bis zu einer bestimmten Höhe haftet, erwerben die in den nachfolgenden Artikeln bezeichneten Rechte einer „registrirten Gesellschaft“ unter den nachstehend angegebenen Bedingungen.

Artikel 71. Zur Gründung einer solchen Gesellschaft bedarf es

1) der schriftlichen Abfassung des Gesellschaftsvertrages (Statuts),
2) der Annahme einer gemeinschaftlichen Firma.

Die Firma muß von dem Gegenstande der Unternehmung entlehnt sein und die zusätzliche Bezeichnung: „registrirte Gesellschaft mit beschränkter Haftpflicht“ enthalten.

Der Name von Mitgliedern (Gesellschaftern) oder anderen Personen darf in die Firma nicht aufgenommen werden. Jede neue Firma muß sich von allen an demselben Orte oder in derselben Gemeinde bereits bestehenden Firmen eingetragener Genossenschaften oder registrirter Gesellschaften deutlich unterscheiden.

Zum Beitritte der einzelnen Gesellschafter genügt die schriftliche Erklärung.

Artikel 72. Die Bestimmungen der Artikel 3 Ziff. 1 bis 11, Artikel 4 bis 8, Artikel 10, 11, Artikel 13 bis 38, Artikel 39 Abs. 2 und 3, Artikel 40 bis 46, Artikel 48 bis 50, Artikel 51 Abs. 1 bis 4, Artikel 67 bis 69 des gegenwärtigen Gesetzes finden auch auf die Gesellschaften mit beschränkter Haftpflicht Anwendung.

Gleiches gilt von der Bestimmung des Artikels 66 mit Ausnahme der dort im ersten Absatze vorkommenden Hinweisung auf die Vorschriften der Artikel 52 bis 59 und Artikel 61.

Ebenso findet hier die Anwendung der Artikel 9 und 47 lit. c statt, jedoch mit der Beschränkung, daß eine Vertheilung des Gewinnes und Verlustes nach Köpfen — soweit nicht der Gesellschaftsvertrag etwas anderes bestimmt — ausgeschlossen ist.

Artikel 73. Der Gesellschaftsvertrag muß auch Bestimmung über die Größe der Einlagen und der wiederkehrenden Beiträge enthalten, bis zu welchen jeder Gesellschafter für die Verbindlichkeiten der Gesellschaft haftet, ferner Bestimmung über die Bildung des Geschäftsantheils und die Art der Erhebung der Beiträge.

Artikel 74. Das in Art. 4 bezeichnete Register ist für die Gesellschaften mit beschränkter Haftpflicht bei dem Handelsgericht gesondert zu führen.

Die dortselbst angeordnete Bekanntmachung muß auch die Bestimmung über die Größe der Einlagen und der wiederkehrenden Beiträge enthalten, bis zu welchen jeder Gesellschafter für die Verbindlichkeiten der Gesellschaft haftet, ferner Bestimmung über die Bildung der Geschäftsantheile und die Art der Erhebung der Beiträge.

Artikel 75. Im Falle des Ausscheidens eines Gesellschafters dauert die vertragsmäßige Haftung desselben noch zwei Jahre nach Ablauf des Geschäftsjahres, in welchem das Ausscheiden erfolgt ist, fort.

Diese Haftung erstreckt sich auf alle Verbindlichkeiten, welche von der Gesellschaft bis zum Ausscheiden des Gesellschafters eingegangen waren.

Vor dem Erlöschen dieser Haftung darf der Geschäftsantheil des ausgeschiedenen Gesellschafters und das sonst demselben auf Grund des Gesellschaftsvertrages gebührende Guthaben nicht hinausbezahlt werden.

Artikel 76. Im Gesellschaftsvertrage ist zu bestimmen, ob und unter welchen Voraussetzungen der Geschäftsantheil eines Gesellschafters an einen Anderen übertragen werden kann.

Jedenfalls bleibt der ausscheidende Gesellschafter subsidarisch in derselben Weise verhaftet, wie dieses im Art. 75 für den Fall des Ausscheidens eines Gesellschafters angeordnet ist.

Artikel 77. Ergibt sich aus einer Bilanz (Artikel 26), daß die Hälfte des Betrages der Geschäftsantheile der zur Zeit der Bilanzerrichtung der Gesellschaft angehörenden und in Gemäßheit des Artikels 75 noch in Haftung stehenden Mitglieder verloren gegangen ist, so muß der Vorstand unverzüglich eine Generalversammlung berufen und dieser, sowie der nach Verordnung zuständigen Verwaltungsbehörde Anzeige erstatten.

Die Verwaltungsbehörde kann in diesem Falle von den Büchern der Gesellschaft Einsicht nehmen und nach Befinden der Umstände die Auflösung der Gesellschaft verfügen.

Artikel 78. Ergibt sich, daß das Vermögen der Gesellschaft nicht mehr die Schulden deckt, so muß der Vorstand hievon dem Gericht behufs der Eröffnung der Gant Anzeige machen.

Artikel 79. Mitglieder des Vorstandes, welche den in den Artikeln 75 Abs. 3, 77 und 78 enthaltenen Anordnungen entgegenhandeln, haften persönlich und solidarisch für den hiedurch entstandenen Schaden.

Artikel 80. Die Unterlassung der in Art. 77 und 78 vorgeschriebenen Anzeigen ist, vorbehaltlich der Bestimmungen des Strafgesetzbuchs, an den schuldtragenden Mitgliedern des Vorstandes als Vergehen mit Geld bis zu tausend Gulden zu bestrafen.

Schlußbestimmung.

Artikel 81. Gegenwärtiges Gesetz tritt mit dem Tage der Verkündung im Gesetzblatt, beziehungsweise Amtsblatt der Pfalz in Wirksamkeit.

Gegeben München, den 29. April 1869.

Ludwig.

Fürst von Hohenlohe. von Pfretzschner. von Gresser. von Schlör.
Frhr. von Pranckh. von Lutz. von Hörmann.

Nach dem Befehle Seiner Majestät des Königs:
Der Generalsekretär des Staatsrathes,
Seb. von Kobell.

C. Die königliche Verordnung vom 8. August 1873.

E.-Nr. 9216. Nr. 40.

Ludwig II. von Gottes Gnaden König von Bayern, Pfalzgraf bei Rhein, Herzog von Bayern, Franken und in Schwaben ꝛc. ꝛc.

Wir finden Uns bewogen, im Hinblick auf die §§. 66 und 72 des Reichsgesetzes über die privatrechtliche Stellung der Erwerbs- und Wirthschafts-Genossenschaften vom 4. Juli 1868 zum Vollzuge desselben zu verordnen, was folgt:

§. 1. Als diejenigen höheren Verwaltungsbehörden, von denen im Falle des §. 35 des Reichsgesetzes vom 4. Juli 1868 die Auflösung der Genossenschaft zu betreiben ist, werden die Distriktspolizeibehörden, in München die Polizeidirektion, bestimmt.

§. 2. Für das im Falle des §. 66 Abs. 1 des Reichsgesetzes vom 4. Juli 1868 zu beobachtende Verfahren sind die in den Art. 10 bis 24 des Einführungsgesetzes zum Handelsgesetzbuche vom 10. November 1861 getroffenen Bestimmungen mit den im Art. 7 des Einführungsgesetzes zur Prozeßordnung in bürgerlichen Rechtsstreitigkeiten vom 29. April 1869 enthaltenen Abänderungen derselben maßgebend.

§. 3. Zur näheren Ausführung des §. 69 des Reichsgesetzes vom 4. Juli 1868 bestimmen Wir, daß sowohl die Genossenschaftsregister und die Einträge in dieselben, als auch die Anmeldungen der bestellten Vorstände und Liquidatoren, die nach §. 25 des erwähnten Reichsgesetzes einzureichenden Mitgliederverzeichnisse und die zu erstattenden Anzeigen, sowie die über deren Vorlage stattfindenden Beurkundungen, endlich die zum Zwecke der vorgeschriebenen Veröffentlichungen zu fertigenden Auszüge aus den Satzungen und dem Genossenschaftsregister tax- und stempelfrei zu behandeln sind.

Im Uebrigen sind in Beziehung auf Stempel, Taxen und sonstige Gebühren die allgemeinen gesetzlichen Bestimmungen in Anwendung zu bringen.

§. 4. Ueber die Führung der Genossenschaftsregister und über die Veröffentlichung der Eintragungen in dieselben hat Unser Staatsministerium der Justiz die näheren Bestimmungen zu treffen.

Schloß Berg, den 8. August 1873.

Ludwig.

v. Pfeufer. Dr. v. Fäustle. Berr.

Königliche Allerhöchste Verordnung.

Den Vollzug des Reichsgesetzes v. 4. Juli 1868 über die privatrechtliche Stellung der Erwerbs- und Wirthschaftsgenossenschaften betr.

Auf Königlichen Allerhöchsten Befehl der Generalsekretär: Ministerialrath v. Schebler.

D. Die Bekanntmachung des Staatsministeriums der Justiz vom 27. August 1873.

E.-Nr. 10351. Nr. 41.

Bekanntmachung.
Staatsministerium der Justiz.

Auf Grund des §. 4 der Allerhöchsten Verordnung vom 8. August l. Js., den Vollzug des Reichsgesetzes vom 4. Juli 1868 über die privatrechtliche Stellung der Erwerbs- und Wirhschafts-Genossenschaften betr., wird über die Führung der Genossenschafts-Register Folgendes bestimmt:

§. 1. Bei jedem Handelsgerichte ist ein Register der eingetragenen Genossenschaften neben dem Firmen- und Gesellschafts-Register als dritte Abtheilung des Handels-Registers zu führen.

Die Bestimmungen über Form und Führung der Handels-Register, über die Art der Veröffentlichung der Eintragungen in dieselben und die Wahl der zu diesem Zwecke zu benützenden Blätter finden auch auf die Genossenschafts-Register Anwendung.

§. 2. Die Anlage der Register hat, wie bisher, nach dem Muster des Gesellschafts-Registers (Anlage B der Bekanntmachung vom 30. April 1862, betreffend die Führung der Handels-Register, Reggs.-Bl. S. 581) zu geschehen.

Selbstverständlich richtet sich jedoch der Inhalt des Titelblattes nach der Art der Gesellschaft; ferner hat die Ueberschrift von Spalte 6 zu lauten: „Vorstände der Gesellschaft" und sind die Spalten 8 und 9 in eine Spalte mit der Ueberschrift: „Ziffer der Spezialakten" zu vereinigen.

§. 3. In das Genossenschafts-Register sind aus dem Gesellschaftsvertrage regelmäßig nur einzuzeichnen:

1) die Firma;
2) der Ort, wo die Gesellschaft ihren Sitz hat, und die Orte, wo sich ihre etwaigen Zweig-Niederlassungen befinden;
3) das Datum des Gesellschafts-Vertrages;
4) der Gegenstand des Unternehmens;
5) die Bestimmungen über die Dauer der Gesellschaft;
6) die Namen und Vornamen, der Stand und Wohnort der zeitigen Vorstands-Mitglieder und die etwaigen Bestimmungen des Gesellschafts-Vertrages über die Form, in welcher der Vorstand seine Willensmeinung kundgibt und für die Gesellschaft zeichnet;
7) die Bestimmungen des Gesellschafts-Vertrages über die Form, in welcher die von der Gesellschaft ausgehenden Bekanntmachungen erfolgen sollen, sowie die öffentlichen Blätter, in welche dieselben aufzunehmen sind;

   endlich
8) der Betrag der Geschäftsantheile der einzelnen Genossenschafter und die Art der Bildung dieser Antheile.

Dagegen ist der Gesellschafts-Vertrag in Original oder in vollständiger beglaubigter Abschrift zu den in §. 5 bezeichneten Spezialakten zu nehmen.

§. 4. Die bisher nach Maßgabe des bayerischen Gesetzes vom 29. April 1869, betreffend die privatrechtliche Stellung der Erwerbs- und Wirthschafts-Gesellschaften, geführten Genossenschafts-Register sind auch fernerhin zu benützen und als Genossenschafts-Register im Sinne des §. 4. des Reichsgesetzes vom 4. Juli 1868 über die privatrechtliche Stellung der Erwerbs- und Wirthschafts-Genossenschaften nach den gegenwärtigen Vorschriften fortzuführen.

§. 5. Für jede Genossenschaft muß ein „Spezialakt" nach Vorschrift des §. 34 der Bekanntmachung vom 30. April 1862, betreffend die Führung der Handelsregister, angelegt werden.

In die Spezialakten der Genossenschaften ist als erste Nummer die nach gesetzlicher Vorschrift evident zu haltende Liste der Gesellschafter einzulegen.

§. 6. In die durch §. 42 der mehrerwähnten Bekanntmachung vom 30. April 1862 vorgeschriebenen Verzeichnisse sind auch die Firmen der eingetragenen Genossenschaften, deren Vorstände und Liquidatoren unter Verweisung auf Band und Ziffer der betreffenden Register einzutragen.

§. 7. Die Bestimmungen der Bekanntmachung vom 23. September 1869, betreffend die Führung der durch das Gesetz über die privatrechtliche Stellung der Erwerbs- und Wirthschafts-Gesellschaften vom 29. April 1869 vorgeschriebenen Register (Reggs.-Bl. S. 1789) treten für die „eingetragenen Genossenschaften" im Sinne dieses Gesetzes außer Kraft.

Neue Eintragungen registrirter Gesellschaften mit beschränkter Haftpflicht in das bisher für dieselben bestimmte Register sind vom 1. August 1873 an gesetzlich ausgeschlossen. Solche Eintragungen jedoch, welche sich auf die Verhältnisse der vor dem 1. August 1873 eingetragenen, registrirten Gesellschaften beziehen, erfolgen auch fernerhin noch gemäß den Bestimmungen der Bekanntmachung vom 23. September 1869.

München, den 27. August 1873.

Auf Seiner Majestät des Königs Allerhöchsten Befehl.

Dr. v. Fäustle.

Durch den Minister
der Generalsekretär,
statt dessen
der k. Rath u. geh. Sekr.
Böhm.

Die Führung der Genossenschafts-Register betr.

III. Sachsen.

A. Vorbemerkungen.

In der Einleitung (Seite 99) ist bereits das Gesetz vom 15. Juni 1868, die juristischen Personen betreffend, erwähnt, welches in dem Gesetz- und Verordnungsblatt für das Königreich Sachsen am 27. desselben Monats publizirt wurde, obschon es auch die Erwerbs- und Wirthschaftsgenossenschaften mit unbeschränkter und beschränkter Haft und ihre Eintragung in die Genossenschaftsregister behandelte.

Das Genossenschaftsgesetz vom 4. Juli 1868 war für das ganze Gebiet des Norddeutschen Bundes gegeben, also auch für das Königreich Sachsen. Da dasselbe am 1. Januar 1869 im ganzen Norddeutschen Bunde Gültigkeit erlangte, so war mit diesem Tage das Sächsische Gesetz vom 15. Juni 1868, soweit es sich auf Erwerbs- und Wirthschaftsgenossenschaften und deren Eintragung in ein Genossenschaftsregister bezieht, für aufgehoben zu erachten.

Die Königlich Sächsische Regierung war anderer Meinung. Dies ergab sich schon aus der von ihr am 23. Juli 1868 erlassenen Verordnung des Justizministers „zur Ausführung des Gesetzes vom 15. Juni 1868, die juristischen Personen betreffend, und des Bundesgesetzes vom 4. Juli 1868, betreffend die privatrechtliche Stellung der Erwerbs- und Wirthschaftsgenossenschaften“ vom 23. Juli 1868. Sie ließ den Erwerbs- und Wirthschaftsgenossenschaften die freie Wahl, ob sie sich mit beschränkter Haftpflicht der Mitglieder unter das Sächsische Gesetz oder mit unbeschränkter Haftpflicht der Mitglieder entweder unter das Deutsche Gesetz oder unter das Sächsische Gesetz stellen wollten. Dabei führten gewisse partikularistische Neigungen Sächsischer Beamten dahin, auf die Genossenschaften an vielen Orten dahin einzuwirken, daß sie es für nützlicher erachteten, sich unter das Sächsische Gesetz zu stellen, als unter das anscheinend von oben scheel angesehene Deutsche Gesetz.

Schulze-Delitzsch trat mit aller Entschiedenheit gegen die Sächsischen Sonderbestrebungen auf. Zunächst in seiner Ende 1868 erschienenen Schrift „Die Gesetzgebung über die privatrechtliche Stellung der Erwerbs- und Wirthschaftsgenossenschaften mit besonderer Rücksicht auf die Haftpflicht bei kommerziellen Gesellschaften“ (Berlin 1869), in welcher er in schlagendster Weise die Inkompetenz des Sächsischen Gesetzes in Bezug auf die „eingetragenen Genossenschaften“ (Seite 16 bis 24) nachwies. Sodann durch die im Reichstage am 1. Juni 1869 gestellte und am 3. desselben Monats beantwortete Interpellation, worin er den Bundeskanzler befragte, welche Schritte er gegenüber diesem, dem Artikel 2 der Bundesverfassung zuwiderlaufenden Vorgehen der Sächsischen Staatsregierung zu thun gedenke?*)

*) Die Motive der gedruckten Interpellation lauteten: „Nach Art. 2 der Norddeutschen Bundesverfassung gehen die Bundesgesetze den Landesgesetzen

Der Minister Delbrück antwortete, daß man die Frage Seitens des Bundeskanzleramtes zunächst in Gemeinschaft mit der Sächsischen Regierung erörtern werde.

Indessen blieb Jahre lang alles beim Alten. Als das Gesetz vom 23. Juni 1873, welches das Reichs-Genossenschaftsgesetz in Bayern einführt, im Reichstage zur Berathung kam, nahm der Abg. Dr. Braun in der Sitzung vom 16. Juni 1873 Veranlassung, in scharfer Weise das „illoyale Verfahren" der Sächsischen Regierung zu erwähnen, welche den an die Zeit der Leges barbarorum erinnernden Zustand aufrecht erhalte, wonach in einem Lande zweierlei Recht gilt für einen und denselben Gegenstand und die nämlichen Menschen. Der Bundesrathsbevollmächtigte für das Königreich Sachsen, Geh. Justizrath Held, trat den Vorwürfen entgegen; über die Streitfrage sei die Bundes-Prozeßkommission gutachtlich gehört worden; sie haben sich in zwei Gruppen gespalten, „in eine allerdings der sächsischen Ansicht ungünstige Majorität und in eine der Sächsischen Ansicht günstige Minorität." Ein praktisches „Bedürfniß" zu einer Aenderung sei nicht hervorgetreten, doch sei eine Enquête veranlaßt. Inzwischen mochte die eingehende Erwiederung Schulze's im Reichstage und die Ankündigung desselben, es werde in nächster Zeit irgend wie auf eine Abhülfe zum Besten der Genossenschaften selbst und zur Herstellung einer einheitlichen Gesetzgebung des Reichs Bedacht zu nehmen sein, seinen Eindruck nicht verfehlen. (Stenogr. Berichte Sitzung 16. Juni 1873.) Dazu kam, daß auch unter den Sächsischen Genossenschaften sich immer mehr die Ueberzeugung von der Unhaltbarkeit dieses Zustandes verbreitete.

Schon im Dezbr. 1873 legte die Sächsische Regierung dem Landtage einen Gesetzentwurf zur Abhülfe vor. In den Motiven desselben heißt es wörtlich: „Wenn es nach Artikel 2 der Reichsverfassung auf der einen Seite nicht

---

vor, so daß die bei Erlaß eines Bundesgesetzes bestehenden Landesgesetze über denselben Gegenstand, so weit sie mit ersteren in Widerspruch stehen, außer Giltigkeit treten. Dies ist rücksichtlich derjenigen Abschnitte des bezeichneten Sächsischen Gesetzes der Fall, welche die privatrechtlichen Verhältnisse der in dem Bundesgesetze qualifizirten „Erwerbs- und Wirthschafts-Genossenschaften" regeln. Da die Königl. Sächsische Staatsregierung auch gegenwärtig noch das von ihr erlassene Gesetz, dem entgegen, in allen seinen Theilen aufrecht erhält, so erscheint es dringend geboten, über die Stellung der Bundesbehörden zu einem solchen Vorgange Seitens der Regierung eines Einzelstaates volle Klarheit zu erlangen. Einmal wird nämlich bei Zulassung eines derartigen Verfahrens im Allgemeinen die Forderung einheitlicher Fortbildung des Rechts innerhalb der Grenzen der Bundes-Verfassung im Bundesgebiete, welche Wissenschaft und Praxis gleichmäßig aufstellen, wesentlich alterirt. Dies fällt aber bei einer dem Gebiet des Handels- und Kommerz-Rechtes angehörigen Materie, wie die des Genossenschaftswesens es unzweifelhaft ist, doppelt in das Gewicht, da hier das Bedürfniß einheitlicher Rechtsgrundsätze so stark hervortritt, daß es sogar unter der Herrschaft des alten Deutschen Bundes zu einer gemeinsamen Gesetzgebung führte. Andererseits sind auch die bez. Genossenschaften in dem betreffenden Bundeslande selbst im hohen Grade dabei interessirt, daß, zur Vermeidung jeder Rechtsunsicherheit, die bewährte Frage klar entschieden, und ihnen Gewißheit darüber verschafft werde, welche gesetzliche Normen sie bei ihrer Organisation zu Grunde zu legen haben, ohne sich der Gefahr auszusetzen, die Grundlagen ihrer Verfassung irgendwie angefochten zu sehen."

zweifelhaft ist, daß die Bestimmungen des in Rede stehenden Landesgesetzes in Ansehung aller Aktiengesellschaften durch das Reichsgesetz vom 11. Juni 1870 (vgl. dessen § 1, Art. 208), ingleichen in Betreff der Erwerbs- und Wirthschaftsgenossenschaften von ungeschlossener Mitgliederzahl durch das Bundesgesetz vom 4. Juli 1868 insoweit ihre Geltung verloren haben, als dieselben mit diesen letzteren Gesetzen nicht vereinbar sind, so kann doch in Betreff einzelner dieser Bestimmungen Meinungsverschiedenheit obwalten, ob sie mit denen der Reichsgesetze vereinbar seien oder nicht, und ob sie daher neben denselben noch in Kraft bestehen oder durch dieselben außer Wirksamkeit gesetzt worden seien . . . . . Ob dem Gesetze vom 15. Juni 1868, in Ansehung der Erwerbs- und Wirthschaftsgenossenschaften von nicht geschlossener Mitgliederzahl, über welche das Bundesgesetz vom 4. Juli 1868 Bestimmungen trifft, durch letzteres derogirt worden sei, ist bekanntlich Streitfrage. Die auf dessen Wortfassung und Entstehungsgeschichte sich stützende und der Vorschrift in § 15 der Ausführungsverordnung vom 23. Juli 1868 zu Grunde liegende Annahme, daß dies nicht der Fall sei, von welcher schon bei der Publikation des gedachten, während und unter Berücksichtigung der Verhandlungen über den Entwurf des Bundesgesetzes zur Verabschiedung gelangten Landesgesetzes ausgegangen worden ist, hat derartigen Genossenschaften den Erwerb der juristischen Persönlichkeit unter den in demselben festgesetzten Bedingungen und der in demselben vorgeschriebenen Form der Eintragung in ein öffentliches Register bisher ermöglicht. Während die Beurtheilung der dadurch in der Vergangenheit entstandenen Rechtsverhältnisse für den Streitfall lediglich den Gerichten anheimfällt, erscheint es im Interesse der Rechtssicherheit nicht rathsam, auch in Zukunft noch auf Grund dieser bestrittenen Auffassung Genossenschaften dieser Art unter anderen, als den im gedachten Bundesgesetze normirten Voraussetzungen durch Eintragung in ein öffentliches Register zur Entstehung gelangen zu lassen." *)

Der Bericht der ersten Deputation der ersten Kammer vom 8. Januar 1874 (Referent von Criegern)*) kam zu dem Resultat:

> „Im eignen Interesse des Sächsischen Genossenschaftswesens erscheine es dringend rathsam, die weitere Entstehung von Genossenschaften auszuschließen, deren rechtliche Existenz auf partikulargesetzlichen Vorschriften beruht, welche das legislatorische Gebiet des Deutschen Reichs berühren, welchen ein denselben Gegenstand behandelndes Reichsgesetz gegenüber steht und deren Vereinbarkeit mit dem letzteren kontrovers geworden ist."

Das Gesetz wurde in beiden Kammern einstimmig angenommen, in der II. Kammer am 11. Februar 1874 auf mündlichen Bericht des Referenten der ersten Deputation, Vicepräsidenten Streit, der übrigens bekannte, daß es ihm selbst mehr als zweifelhaft sei, ob es nicht im Sinne des Reichsgesetzes gelegen habe, daß alle diejenigen Erwerbs- und Wirthschaftsgenossenschaften,

---

*) Landtags-Akten aus dem Jahre 1873/74. Königl. Dekrete nebst Anfugen. 2 Bd. Dekret Nr. 36 vom 15. Dezbr. 1873. Eingegangen bei der I. Kammer am 16. Dezbr. 1873.

*) Siehe Landtagsakten, Berichte der ersten Kammer Bd. I. S. 103 bis 105.

welche ihrem Charakter nach unter das Reichsgesetz gehören oder gestellt werden könnten, auch wirklich unter dieses gestellt werden müßten.*)

Die Publikation des am 25. März 1874 vollzogenen Gesetzes erfolgte im 3. Stück vom Jahre 1874 des Gesetz- und Verordnungsblattes für das Königreich Sachsen (letzte Absendung am 14. April 1874) Seite 30.

Die ebenfalls am 25. März 1874 vollzogene Verordnung ist in demselben Stück des Gesetz- und Verordnungsblattes Seite 30 bis 32 publizirt worden.

Gesetz und Verordnung sind nachfolgend unter B. und C. abgedruckt.

Die Fassung des Gesetzes ist eine überaus vorsichtige und vom Standpunkte der Sächsischen Regierung aus korrekte; es läßt die zwischen dem Reiche und der Sächsischen Regierung streitige Rechtsfrage vollkommen unentschieden und versucht in loyaler und dabei schonender Weise die Mißstände, die aus der verwirrten Gesetzgebung sich ergeben, baldmöglichst zu beseitigen. Da über die Genossenschaften, deren Folien unbeschadet der rechtlichen Wirkung der früheren Eintragungen zu schließen sind, später noch Zeugnisse ausgestellt werden, da überhaupt in Betreff dieser zur Zeit ziemlich zahlreichen Genossenschaften regelmäßig auf die aufgehobenen Vorschriften des Gesetzes vom 15. Juni 1868 und der Verordnung vom 23. Juni 1868 zurückzugehen ist, so werden dieselben, soweit sie sich auf Erwerbs- und Wirthschaftsgenossenschaften beziehen, nachfolgend unter D. und E. abgedruckt.

Schließlich ist noch zu bemerken, daß die Eintragungen in das Handels- und Genossenschaftsregister in der Leipziger Zeitung veröffentlicht werden, außerdem aber durch Reskript des Justizministers vom 7. Dezember 1874 die Anordnung getroffen worden ist, daß allwöchentlich eine Zusammenstellung der im Laufe der vergangenen Woche erfolgten Eintragungen in die Handelsregister des Königreichs Sachsen im Zentral-Handelsregister für das Deutsche Reich veröffentlicht wird. (Vergl. oben S. 218.)

B. Das Gesetz vom 25. März 1874.

Nr. 25. Gesetz

wegen theilweiser Aufhebung des Gesetzes vom 15. Juni 1868, die juristischen Personen betreffend; vom 25. März 1874.

Wir, **Albert**, von Gottes Gnaden König von Sachsen ꝛc.
verordnen unter Zustimmung Unserer getreuen Stände, was folgt:

Die Bestimmungen des Gesetzes, die juristischen Personen betreffend, vom 15. Juni 1868 (Seite 315, Abth. I des Gesetz- und Verordnuugsblatts vom Jahre 1868), werden, mit Ausnahme der in § 7, § 27 Absatz 1, 4 § 72 Absatz 2 und § 78 Absatz 1 unter 1 enthaltenen, in Ansehung der Aktiengesellschaften und der Genossenschaften von nicht geschlossener Mitgliederzahl, welche die Förderung des Kredits, des Erwerbs oder der Wirthschaft ihrer Mitglieder mittelst gemeinschaftlichen Geschäftsbetriebs bezwecken, auch insoweit, als sie bisher noch in Wirksamkeit bestanden haben, hiermit außer Wirksamkeit gesetzt.

---

*) Vgl. Mittheilungen über die Verhandlungen des ordentlichen Landtags im Königreich Sachsen während der Jahre 1873–1874. I. Kammer I. Band S. 156 ff.; II. Kammer II. Bd. S. 1026.

Urkundlich haben wir dieses Gesetz eigenhändig vollzogen und Unser Königliches Siegel beidrucken lassen.

Gegeben zu Dresden, am 25. März 1874.

(L. S.) **Albert.**

Herrmann von Nostitz-Wallwitz.
Christian Wilhelm Ludwig Abeken.

C. Die Verordnung vom 25. März 1874.

Nr. 26. Verordnung

zur Ausführung des Gesetzes vom 25. März 1874 wegen theilweiser Aufhebung des Gesetzes vom 15. Juni 1868, die juristischen Personen betreffend;

vom 25. März 1874.

Zur Ausführung des vorgedachten Gesetzes wird mit Allerhöchster Genehmigung verordnet, was folgt:

§ 1. Die Eintragung von Genossenschaften von nicht geschlossener Mitgliederzahl, welche die Förderung des Kredits, des Erwerbs oder der Wirthschaft ihrer Mitglieder mittelst gemeinschaftlichen Geschäftsbetrieb bezwecken, in das durch § 70 des Gesetzes, die juristischen Personen betreffend, vom 15. Juni 1868 (Seite 328, Abth. I des Gesetz- und Verordnungsblattes vom Jahre 1868) vorgeschriebene besondere Genossenschaftsregister findet nicht weiter statt.

In das Handelsregister sind dergleichen Genossenschaften fernerhin nur einzutragen, wenn sie den Vorschriften des Reichsgesetzes, betreffend die privatrechtliche Stellung der Erwerbs- und Wirthschaftsgenossenschaften, vom 4. Juli 1868 (Seite 415 des Bundesgesetzblattes vom Jahre 1868) Genüge leisten.

§ 15 der Verordnung zur Ausführung des Gesetzes vom 15. Juni 1868, die juristischen Personen betreffend u. s. w., vom 23. Juli 1868 (Seite 503, Abth. I des Gesetz- und Verordnungsblattes vom Jahre 1868) wird aufgehoben.

§ 2. Da auf die im § 1 gedachten Genossenschaften die Vorschriften des Gesetzes, die juristischen Personen betreffend, vom 15. Juni 1868, soweit solche nicht in dem Eingangs bezeichneten Gesetze vom heutigen Tage ausdrücklich vorbehalten sind, und mithin insbesondere die Vorschriften in § 70, 71, 74 des erstgedachten Gesetzes, demzufolge aber auch die zu deren Ausführung ertheilten Bestimmungen in §§ 8, 9, 10 der erwähnten Verordnung vom 23. Juli 1868 nicht weiter in Anwendung kommen, so kann eine Fortführung der in dem besonderen Genossenschaftsregister für dergleichen Genossenschaften bestehenden Folien nicht stattfinden. Vielmehr sind diese Folien zu schließen.

Der Eintrag, mittelst dessen dieß zu geschehen hat, ist dahin zu fassen, daß die Schließung auf Grund des Gesetzes vom heutigen Tage und der gegenwärtigen Ausführungsverordnung unbeschadet der rechtlichen Wirkung der voranstehenden Einträge erfolge. Dieser Eintrag ist kosten- und stempelfrei zu bewirken.

§ 3. Dafern die Genossenschaften, deren Folien nach Maßgabe des § 2 zu schließen sind, gleiche Bestimmungen, wie die im § 16 Absatz 2 und 3, § 18 Absatz 4, § 19 Absatz 1, § 20 Absatz 2, §§ 31, 32, 33, 34, 36, 71 Absatz 3, §§ 75, 76 des Gesetzes, die juristischen Personen betreffend, vom 15. Juni 1868 enthaltenen Vorschriften und, falls die Mitglieder zu der Gesellschaftskasse unbeschränkt so Viel, als der Genossenschaftszweck erheischt, beizutragen verpflichtet sind, außerdem gleiche Bestimmungen wie die in §§ 66 und 68 desselben Gesetzes enthaltenen Vorschriften, und zwar, was die Vorschriften in §§ 19, 31, 71 Absatz 3 anlangt, mit der Maßgabe in ihre Statuten aufnehmen, daß Dasjenige, was dort von dem Eintrage in das Genossenschaftsregister bestimmt ist, von den im § 16 Absatz 2, 3, § 66 erwähnten Anzeigen bei Gericht zu gelten hat, werden auf Grund der Akten, in denen diese Anzeigen nebst den betreffenden Nachweisungen zu sammeln sind, von dem zuständigen Gerichte Zeugnisse ausgestellt, und sollen diese Zeugnisse, wie, soweit nöthig, auf Grund von § 7 des Gesetzes vom 15. Juni 1868, hiermit bestimmt wird, zur Legitimation der Mitglieder und der Vertreter der Genossenschaft ausreichen.

Die etwa in den Statuten, bezüglich der Form der Ligitimation der Genossenschaftsvertreter zulässiger Weise (vergl. § 14 des Gesetzes vom 15. Juni 1868) getroffenen besonderen Bestimmungen bleiben unberührt.

§ 4. Soweit die im § 1 bezeichneten Genossenschaften ihrem Geschäftsbetriebe nach unter die Begriffsbestimmung im Art. 4 des Handelsgesetzbuchs fallen und demzufolge die Fortführung der gemäß § 5 Absatz 1 der Ausführungsverordnung vom 23. Juli 1868 im Handelregister für sie eröffneten Folien durch die Vorschriften des Handelsgesetzbuchs geboten ist, hat die Fortführung nach Maßgabe der entsprechend anzuwendenden Bestimmungen in §§ 14 bis 28 der Verordnung zur Ausführung des Handelsgesetzbuchs vom 30. December 1861 (Seite 559 des Gesetz- und Verordnungsblattes von 1861), sowie der Verordnung, die Vorlautbarung der kaufmännischen Concurse im Handelsregister betreffend, vom 7. März 1868 (Seite 188 Abth. I des Gesetz- und Verordnungsblattes vom Jahre 1868) zu erfolgen.

Dresden, den 25. März 1874.

Die Ministerien des Innern und der Justiz.
v. Nostitz-Wallwitz. Abeken.

Rosenberg.

D.

Nr. 119. Verordnung

zu Ausführung des Gesetzes vom 15. Juni 1868, die juristischen Personen betreffend, und des Bundesgesetzes vom 4. Juli 1868, betreffend die privatrechtliche Stellung der Erwerbs- und Wirthschaftsgenossenschaften;

vom 23. Juli 1868.

Zu Ausführung des Gesetzes, die juristischen Personen betreffend, vom 15. Juni 1868, (Seite 315 fg. des Gesetz- und Verordnungsblattes von diesem

Jahre), und des Bundesgesetzes, betreffend die privatrechtliche Stellung der Erwerbs- und Wirthschaftsgenossenschaften, vom 4. Juli 1868 (Seite 415 fg. des Bundesgesetzblattes des Norddeutschen Bundes Nr. 24 von diesem Jahre) wird im Einverständnisse der übrigen betheiligten Ministerien mit Allerhöchster Genehmigung verordnet, was folgt:

A.

Zu dem Gesetze vom 15. Juni 1868.

— — — — — — — — — — — — — — — — — —

Zu § 7 des Gesetzes.

§ 2. Die Genehmigung zu den für juristische Personen in Anspruch genommenen Ausnahmen von bestehenden Gesetzen ist von demjenigen Ministerium zu ertheilen, zu dessen Geschäftskreise die durch das von den Ausnahmen betroffene Gesetz geregelten Angelegenheiten gehören.

— — — — — — — — — — — — — — — — — —

Zu § 66 des Gesetzes.

§ 4. Die nach § 66 des Gesetzes bei Gericht einzureichenden Mitgliederverzeichnisse und Anzeigen über beigetretene und ausgeschiedene Mitglieder sind zu den Genossenschaftsacten zu nehmen.

Ein jedes eingereichte Mitgliederverzeichniß ist bis zur nächsten Einreichung eines solchen bei jeder in der Zwischenzeit eingehenden Anzeige über den Beitritt oder den Austritt von Mitgliedern durch die Veränderung anzeigende, mit rother Tinte zu bewirkende Zusätze vom Gerichte zu vervollständigen.

Diese Zusätze sind, soweit sie das Ausscheiden von Mitgliedern betreffen, an den Rand des Mitgliederverzeichnisses unter Angabe des Tages des Ausscheidens und, insoweit sie den Beitritt von neuen Mitgliedern betreffen, an das Ende des Verzeichnisses zu bringen.

Zu §§ 70 fg. des Gesetzes.

§ 5. Genossenschaften, welche zugleich Handelsgesellschaften und daher in das Handelsregister einzutragen sind, werden in das besondere Genossenschaftsregister nicht eingetragen.

Die Verbindung des Genossenschaftsregisters mit dem Handelsregister findet, insoweit solche zu erfolgen hat, in der Weise statt, daß die in ein Folium des Handelsregisters einzuschreibende Genossenschaft in der ersten Rubrik des betreffenden Foliums als Genossenschaft bezeichnet wird.

§ 6. Die in §§ 14 bis 20, 22, 24, 25, 30, 33 und 35 der Verordnung zu Ausführung des allgemeinen Deutschen Handelsgesetzbuchs und des Gesetzes vom 30. October 1861, die Einführung des allgemeinen Deutschen Handelsgesetzbuchs betreffend, vom 30. December 1861 (Seite 559 des Gesetz- und Verordnungsblattes vom Jahre 1861), sowie in der Verordnung, die Verlautbarung der kaufmännischen Concurse im Handelsregister betreffend, vom 7. März 1868 (Seite 188 des Gesetz- und Verordnungsblattes von diesem Jahre) in Betreff der Handelsregister gegebenen Vorschriften sind auf die Genossenschaftsregister analog dergestalt in Anwendung zu bringen, wie es den einschlagenden Bestimmungen des Gesetzes entspricht.

§ 7. Bei Führung der dem Handelsregister einzuverleibenden Folien des Genossenschaftsregisters sind die Vorschriften in §§ 26 bis 28 der im § 6 dieser Verordnung erwähnten Ausführungsverordnung vom 30. December 1861 mit den durch das Gesetz bedingten Modificationen anzuwenden.

Insbesondere ist in die zweite Rubrik solcher Folien, dafern die betreffende Genossenschaft nicht Actiengesellschaft ist,

1. die Angabe, ob die Zahl der Mitglieder und deren Haftpflicht beschränkt oder unbeschränkt ist,
2. dafern das Statut die Aufbringung eines bestimmten Gesellschafts-

capitals vorschreibt, die Höhe des letzteren und, wenn den Mitgliedern im Statute die Bildung von Stammantheilen oder sonstige regelmäßige Geldbeiträge auferlegt sind, eine darauf hinweisende allgemeine Bemerkung

einzutragen.

§ 8. In die erste Rubrik eines jeden Foliums des getrennt vom Handelsregister zu führenden Genossenschaftsregisters, welche die Ueberschrift „Name" erhält, sind der Name der Genossenschaft, deren Statut, spätere Abänderungen des letzteren, die Auflösung der Genossenschaft und der Beschluß, auf die juristische Persönlichkeit zu verzichten, einzutragen.

Bei der Eintragung des Statuts ist in der Weise zu verfahren, daß im Register

1. der Tag der Ausstellung des Statuts und, dafern die Genossenschaft beim Erlasse des Gesetzes die juristische Persönlichkeit bereits erlangt gehabt hat, der Tag der Ausstellung der Bestätigungsurkunde,
2. der Sitz der Genossenschaft,
3. eine allgemeine Bezeichnung des Zweckes der Genossenschaft, dafern derselbe nicht schon durch den Namen der Genossenschaft mit genügender Bestimmtheit angegeben ist,
4. die Dauer der Vereinigung, dafern eine solche im Voraus festgesetzt ist,

angegeben wird.

Bei Abänderungen des Statuts sind im Register

1. der Tag der Ausstellung der betreffenden Urkunde,
2. dafern die Abänderung die im vorigen Absatze unter Nr. 2 und 4 gedachten Verhältnisse betrifft, eine den Gegenstand der abändernden Bestimmungen angebende Bemerkung, in anderen Fällen dagegen nur die Angabe, daß das Statut abgeändert worden sei,

einzutragen.

§ 9. In die zweite Rubrik eines jeden Foliums des getrennt vom Handelsregister zu führenden Genossenschaftsregisters, welche die Ueberschrift „Mitglieder" enthält, sind einzutragen:

a) bei Actiengesellschaften
   1. die allgemeine Bemerkung, daß die Actieninhaber Mitglieder sind,
   2. die Zahl und der Nominalbetrag der Actien oder Actienantheile,
   3. die nach § 41, Absatz 2 des Gesetzes gefaßten Beschlüsse;
b) bei anderen Genossenschaften mit beschränkter Haftpflicht oder bei Genossenschaften mit unbeschränkter Haftpflicht
   1. die Angabe, ob die Zahl der Mitglieder und die Haftpflicht derselben beschränkt oder unbeschränkt ist,
   2. dafern das Statut die Aufbringung eines bestimmten Gesellschaftscapitals vorschreibt, die Höhe des letzteren und, wenn den Mitgliedern im Statute die Bildung von Stammantheilen oder sonstige regelmäßige Geldbeiträge auferlegt sind, eine darauf hinweisende allgemeine Bemerkung;
c) bei Genossenschaften, deren Statut weder die Aufbringung eines Gesellschaftscapitals, noch regelmäßige Mitgliederbeiträge bestimmt, eine darauf bezügliche Bemerkung;
d) bei Genossenschaften aller Arten die Abänderungen des Statuts in Betreff der vorstehend unter a, b und c erwähnten Verhältnisse.

§ 10. In die dritte Rubrik eines jeden Foliums des getrennt vom Handelsregister zu führenden Genossenschaftsregisters, welche die Ueberschrift „Vertreter" erhält, sind

die Namen und der Wohnort der legitimirten Vertreter des Vorstands, die nach § 76 des Gesetzes vom Gerichte einstweilen bestellten Vertreter und die Liquidatoren

einzutragen.

§ 11. Das Gericht, welches das Genossenschaftsregister oder das Handelsregister mit dem Folium für die betreffende Genossenschaft führt, kann vom Vorstande der Genossenschaft jederzeit die Vorlegung der die Bei- und Austrittserklärungen enthaltenden Bücher oder Acten der Genossenschaft verlangen.

§ 12. Als Gebühren sind

a) für die dem Gerichte nach § 72, Absatz 1 des Gesetzes obliegende Prüfung,

b) für jede Eintragung in das Genossenschaftsregister, einschließlich der deshalb zu bewirkenden Benachrichtigungen und öffentlichen Bekanntmachungen,

nach Verhältniß der Mühwaltungen und des Umfangs des betreffenden genossenschaftlichen Unternehmens je 1 bis 5 Thaler zu erheben.

Für alle übrigen Arbeiten, welchen das Gericht auf Grund des Gesetzes sich zu unterziehen hat, sind die Gebühren nach den allgemeinen gesetzlichen Vorschriften in Ansatz zu bringen.

Für die Einträge in das Genossenschaftsregister ist Stempel nicht zu verwenden. Dagegen unterliegen schriftliche Anmeldungen für das Genossenschaftsregister dem Schriftenstempel und hat bei den mit der Führung der Genossenschaftsregister verbundenen amtlichen Geschäften die Stempelverwendung nach den allgemeinen gesetzlichen Vorschriften zu geschehen.

§ 13. Die im § 82, Absatz 2 des Gesetzes vorgeschriebenen Anzeigen sind stempelfrei und die daselbst angeordneten Einträge sind gebührenfrei zu bewerkstelligen.

B.

Zu dem Bundesgesetze vom 4. Juli 1868.

§ 14. Nach dem Inkrafttreten des Bundesgesetzes sind Genossenschaften mit unbeschränkter Haftpflicht der Mitglieder, deren Name oder Firma die zusätzliche Bezeichnung „eingetragene Genossenschaft" enthält, auch dann in das Handelsregister einzutragen, wenn sie nicht gewerbsmäßig Handelsgeschäfte betreiben.

§ 15. Wenn zufolge der Art der Anmeldung einer Genossenschaft mit unbeschränkter Haftpflicht der Mitglieder oder zufolge des Inhalts des bei der Anmeldung eingereichten Statuts oder Gesellschaftsvertrags Zweifel darüber begründet erscheinen, ob die Genossenschaft sich als eine nach dem Bundesgesetze vom 4. Juli 1868 zu beurtheilende „eingetragene Genossenschaft" oder als eine nach dem im Eingange dieser Verordnung gedachten Gesetze vom 15. Juni 1868 zu beurtheilende Genossenschaft angesehen wissen wolle, so ist die Genossenschaft von dem Gerichte, bei welchem die Anmeldung erfolgt ist, da nöthig nach vorgängiger Verständigung, zur Abgabe einer Erklärung hierüber und zu der dieser Erklärung entsprechenden Erläuterung oder Ergänzung des Statuts oder Gesellschaftsvertrags aufzufordern und bis zu dessen Erfolge die weitere Verfügung auf die Anmeldung zu beanstanden.

§ 16. Der Name oder die Firma einer Genossenschaft, deren Statut oder Gesellschaftsvertrag den Bestimmungen des Bundesgesetzes vom 4. Juli 1868 nicht entspricht, darf die zusätzliche Bezeichnung „eingetragene Genossenschaft" nicht enthalten.

Diese Bestimmung tritt mit der Bekanntmachung der gegenwärtigen Verordnung in Kraft.

§ 17. Die Vorschriften in §§ 6 und 7 der gegenwärtigen Verordnung sind bei Führung der für „eingetragene Genossenschaften" bestimmten Folien des Handelsregisters in der Weise analog anzuwenden, wie es den einschlagenden Bestimmungen des Bundesgesetzes vom 4. Juli 1868 entspricht.

§ 18. In Betreff der nach dem Bundesgesetze vom 4. Juli 1868 vom Gerichte zu erlassenden Bekanntmachungen ist den Bestimmungen im § 31 der Verordnung zu Ausführung des allgemeinen Deutschen Handelsgesetzbuchs u. s. w. vom 30. Dezember 1861 nachzugehen.

§ 19. Wenn das Handelsgericht den Vorstand der Genossenschaft oder die Liquidatoren zur Befolgung der im § 66, Absatz 1 des Bundesgesetzes vom 4. Juli 1868 angezogenen Vorschriften durch Ordnungsstrafen anzuhalten hat, so sind dabei die Bestimmungen im § 23 der obenerwähnten Ausführungsverordnung zum allgemeinen Deutschen Handelsgesetzbuche zur Anwendung zu bringen.

Dresden, am 23. Juli 1868.

Ministerium der Justiz.
D. Schneider.
Rosenberg.

E. Gesetz, die juristischen Personen betreffend, vom 15. Juni 1868.

Wir Johann, von Gottes Gnaden König von Sachsen rc. rc. rc.
haben über juristische Personen im Anschlusse an §§ 52 fg. des bürgerlichen Gesetzbuchs nähere Bestimmung zu treffen beschlossen und verordnen deshalb, mit Zustimmung Unserer getreuen Stände, wie folgt:

§ 1. Gegenwärtiges Gesetz leidet Anwendung auf alle juristischen Personen mit Ausnahme der dem öffentlichen Rechte angehörigen oder durch besondere Gesetze bereits geregelten juristischen Personen, z. B. Gemeinden, Kreis- und Provinzialstände, Berggewerkschaften, Innungen, Unterstützungscassen, hinsichtlich deren eine gesetzliche Pflicht zu Beisteuern besteht. Für solche bleiben die darauf bezüglichen besonderen Vorschriften maßgebend.

Inwieweit gegenwärtiges Gesetz auf Handelsactiengesellschaften anzuwenden ist, wird im § 55 bestimmt.

— —

I. Von juristischen Personen im Allgemeinen.

§ 3. Jede juristische Person muß einen bestimmt bezeichneten Zweck haben.

§ 4. Juristische Personen haben ihren ordentlichen Gerichtsstand an dem Orte, an welchem sich der Sitz ihrer Verwaltung befindet.

§ 5. Ob ein Personenverein, eine Anstalt oder Vermögensmasse gegenwärtig bereits die juristische Persönlichkeit besitze, ist in jedem einzelnen Falle nach den bisher geltend gewesenen Grundsätzen zu beurtheilen.

§ 6. Von Beginn der Wirksamkeit des gegenwärtigen Gesetzes an erfolgt die nach § 52 des bürgerlichen Gesetzbuchs erforderliche Staatsanerkennung folgendermaßen:

a) —

b) Personenvereine (Genossenschaften) erlangen die juristische Persönlichkeit durch den Eintrag in das § 70 vorgeschriebene Genossenschaftsregister.

§ 7. Werden für juristische Personen Ausnahmen von bestehenden Gesetzen in Anspruch genommen, so bedarf es hierzu der Genehmigung des competenten Ministeriums. Nach deren Ertheilung sind solche Ausnahmen im Gesetz- und Verordnungsblatte bekannt zu machen.*)

— —

*) Zu diesem in Gültigkeit gebliebenen § 7 wurde bei Berathung des Gesetzes vom 23. März 1874 in der ersten Sächsischen Kammer in dem Deputationsbericht bemerkt, es handle

II. Von Genossenschaften insbesondere.

A. Allgemeine Grundsätze.

§ 10. Personenvereine, welche die Rechte einer juristischen Person erlangen wollen (Genossenschaften), müssen ein schriftliches Statut errichten.

§ 11. Das Statut muß aussprechen, daß die Genossenschaft juristische Persönlichkeit haben soll, auch insbesondere angeben:

1. den Namen (oder die Firma), unter welchem die Genossenschaft die Rechte der juristischen Person ausüben will,

2. einen im Inlande gelegenen Sitz derselben,

3. den Zweck der Genossenschaft,

4. die Bedingungen für die Aufnahme und für das freiwillige Ausscheiden oder die Ausschließung der Mitglieder,

5. die Dauer der Vereinigung, dafern eine solche im Voraus festgesetzt ist,

6. Bestimmung darüber, ob und welche Geldleistungen die Mitglieder für den Zweck der Genossenschaft übernehmen, insbesondere ob die Verpflichtung zu dergleichen Leistungen (Haftpflicht) im Voraus ihrem Umfange nach bestimmt (beschränkt), oder nach dem Bedarfe bemessen (unbeschränkt) sein soll,

7. Bestimmung darüber, ob der Vorstand aus einer oder mehreren Personen bestehen soll und wie er zu bestellen sei,

8. die der Beschlußfassung aller Mitglieder vorbehaltenen Gegenstände und die Art der Beschlußfassung selbst, insoweit solche von der Vorschrift im § 55 des bürgerlichen Gesetzbuchs abweichen soll,

9. die Art der Zusammenberufung der Mitglieder, soweit eine solche stattfindet, und das denselben in dergleichen Versammlungen oder sonst zukommende Stimmrecht,

10. die Art, in welcher die in dem Statute vorgeschriebenen Bekanntmachungen zu erfolgen haben, und in Fällen, wo die Bekanntmachung durch öffentliche Blätter geschehen soll, die Angabe der letzteren,

11. bei Erwerbsgesellschaften die Vorschriften über Aufstellung und Prüfung der jährlichen Bilanz, Berechnung und Vertheilung des Gewinns, ingleichen über die Verwendung, beziehendlich Vertheilung des Vermögens im Falle der Auflösung, soweit hierüber nicht das Gesetz bereits Bestimmungen enthält (§ 25 Abs. 1, §§ 34, 45 und 46).

Die Mitglieder der Genossenschaft sind als solche nur der Letzteren, nicht Dritten gegenüber verpflichtet. Soll aber von denselben außer ihrer Haftpflicht gegen die Genossenschaft (Nr. 6 oben) auch noch eine Verbindlichkeit zu directer Haftung gegen die Gläubiger der Genossenschaft übernommen werden, so muß das Statut auch die nöthigen Bestimmungen über Umfang und Dauer dieser Haftpflicht, sowie über die Voraussetzungen ihres Eintritts enthalten.

§ 12. Der Name der Genossenschaft (§ 11, Nr. 1) darf nicht Namen einzelner Personen enthalten, auch nicht zu Verwechselungen mit anderen Genossenschaften oder Anstalten oder mit bestehenden Handelsfirmen Veranlassung geben.

§ 13. Der gemeinsame Zweck kann, soweit das Statut nicht etwas Anderes bestimmt, nur durch Uebereinstimmung aller Mitglieder geändert werden.

§ 14. Durch das Statut kann auch eine von den gesetzlichen Vorschriften abweichende Form für die Legitimation der Genossenschaftsvertreter vorgeschrieben werden, ohne daß es dazu der § 7 gedachten Genehmigung bedarf.

§ 15. Für Verbindlichkeiten, welche vor Zusammentritt der Genossenschaft oder vor Erlangung der juristischen Persönlichkeit für dieselbe in deren Namen von einzelnen Personen eingegangen worden sind, haben diese Personen, wenn nicht unter den Betheiligten etwas Anderes bestimmt worden, so lange als Selbstschuldner und Gesammtschuldner zu haften, bis die Genossenschaft, als juristische Person, die Haftung übernommen hat.

---

sich „selbstverständlich um Ausnahmegestattungen nicht von Bestimmungen der einschlagenden Reichsgesetze, sondern lediglich um andere dem Gebiet der Partikulargesetzgebung angehörenden Vorschriften." Der Referent von Criegern wiederholte dies in der Sitzung der I. Kammer vom 13. Januar 1874 unter Berufung auf das Einverständniß der Staatsregierung, deren Vertreter Staatsminister Abeken nachher das Wort nahm.

§ 16. Das Statut ist in gehörig vollzogenem Originale bei dem Gerichte (§ 4) einzureichen und dort mindestens eine beglaubigte Abschrift zu Jedermanns Einsicht niederzulegen. Das Gleiche gilt von allen Abänderungen des Statuts.

Ebenso hat jede Genossenschaft die Personen ihrer Vorstandsmitglieder und die bei denselben vorkommenden Veränderungen unter Beifügung der erforderlichen Legitimationen bei dem Gerichte anzuzeigen.

Genossenschaften, deren Zweck in gewerbmäßiger Betreibung von Handelsgeschäften besteht, haben die Niederlegung ihres Statuts und die vorerwähnte Anzeige bei dem Handelsgerichte zu bewerkstelligen.

§ 17. Die Vertheilung eines Mehreren als des reinen Gewinns unter die Mitglieder ist nicht gestattet.

Zinsen von bestimmter Höhe dürfen für dieselben wegen der von ihnen gemachten Einlagen weder bedungen, noch ausgezahlt werden (vergl aber § 47).

§ 18. Die Genossenschaft wird durch ihren Vorstand sowohl gegen die einzelnen Mitglieder, als gegen Dritte gerichtlich und außergerichtlich vertreten.

Von dem Vorstande werden auch die der Genossenschaft obliegenden Eide geleistet.

Die Bestellung des Vorstands ist jederzeit widerruflich, unbeschadet der Entschädigungsverbindlichkeiten aus bestehenden Verträgen.

Die Handlungen der dem Gerichte angezeigten oder nach § 14 legitimirten Vorstandsmitglieder bleiben gültig und für die Genossenschaft verbindlich, wenn sich auch später etwa die Ungültigkeit ihrer Wahl ergeben sollte.

§ 19. Genossenschaften können eine in den Personen des Vorstands vorgekommene Veränderung einem Dritten nur dann entgegensetzen, wenn dieselbe in das Genossenschaftsregister eingetragen (vergl. §§ 16 und 71) und bei Genossenschaften, welche die Legitimation ihres Vorstands durch Bekanntmachung in öffentlichen Blättern bewirken (§ 11, Nr. 10), überdieß die öffentliche Bekanntmachung statutenmäßig erfolgt oder dem Dritten bei Abschluß des Geschäfts die Aenderung bekannt gewesen ist. Ist die Aenderung eingetragen und beziehendlich öffentlich bekannt gemacht worden, so muß jeder Dritte dieselbe gegen sich gelten lassen, sofern nicht durch die Umstände die Annahme begründet ist, daß er die Aenderung bei Abschluß des Geschäfts weder gekannt habe, noch habe kennen müssen.

§ 20. Der Vorstand ist der Genossenschaft gegenüber verpflichtet, die ihm durch das Statut oder durch Beschlüsse der Genossenschaft auferlegten Beschränkungen einzuhalten.

Gegen dritte Personen haben jedoch dergleichen Beschränkungen keine rechtliche Wirkung. Dieß gilt insbesondere für den Fall, daß die Vertretung sich nur auf gewisse Geschäfte oder Arten von Geschäften erstrecken, oder nur unter gewissen Umständen oder für eine gewisse Zeit oder an einzelnen Orten stattfinden soll, oder daß die Zustimmung der Generalversammlung, eines Verwaltungsraths, eines Aufsichtsraths oder eines anderen Organs der Genossenschaft für einzelne Geschäfte erfordert ist.

§ 21. Wenn der Vorstand aus mehreren Mitgliedern besteht, so ist zu bindenden Erklärungen für die Genossenschaft, insoweit das Statut nicht etwas Anderes bestimmt, die Zustimmung sämmtlicher Mitglieder erforderlich.

Zur gültigen Behändigung an die Genossenschaft genügt die Behändigung an ein Vorstandsmitglied.

§ 22. Der Vorstand beruft und leitet die nach dem Statute stattfindenden Versammlungen der Mitglieder, soweit nicht statutarisch oder nach den Gesetzen noch andere Personen dazu ermächtigt sind.

Eine solche Versammlung muß auch dann zusammenberufen werden, wenn der zehnte Theil der Mitglieder, oder bei Actiengesellschaften ein oder mehrere Mitglieder, welche mindestens den zehnten Theil des Gesellschaftscapitals vertreten, darauf antragen. Das Statut kann diese Quote erhöhen oder verringern, oder auch die Berufung einer Generalversammlung auf Antrag einer bestimmten Zahl von Mitgliedern vorschreiben.

§ 23. Die Gegenstände, über welche in einer Versammlung sämmtlicher Mitglieder (Generalversammlung) Beschluß gefaßt werden soll, sind — insofern nicht das Statut hierunter besondere Beschränkungen enthält — bei der Zusammenberufung der Mitglieder mit anzuzeigen. Jedenfalls muß dies geschehen, wenn es sich um Aenderung des Statuts, Auflösung der Genossenschaft oder Beschlüsse der § 53 gedachten Art handelt. Ohne diese Anzeige kann ein gültiger Beschluß nicht gefaßt werden.

Auf blos formelle Beschlüsse, wie die Wahl von begutachtenden Ausschüssen, die Einberufung einer außerordentlichen Versammlung, ingleichen auf Beschlüsse über Gegenstände, welche nach den Statuten von dem Vorstande oder anderen Genossenschaftsorganen erledigt werden können, leidet obige Vorschrift keine Anwendung.

§ 24. In Genossenschaften, bei welchen das Stimmrecht der Mitglieder nicht gleich, sondern nach Verhältniß ihres Einschusses zum Gesellschaftscapitale oder nach der Höhe ihrer Versicherung u. s w. verschieden ist, wird die § 55 des bürgerlichen Gesetzbuchs zu Fassung gültiger Beschlüsse erforderte Hälfte nicht nach der Kopfzahl, sondern nach dem Gesellschaftscapitale u s. w. berechnet.

§ 25. Der Vorstand hat Sorge zu tragen, daß über alle Beschlüsse der § 11, Nr. 8 gedachten Art, sowie des Vorstands selbst, dafern Letzterer aus mehreren Personen besteht, wahrheitsgetreue Niederschriften aufgenommen, auch die zur Uebersicht der Vermögenslage der Genossenschaft erforderlichen Bücher geführt werden. Er muß spätestens in den ersten sechs Monaten jedes Geschäftsjahrs die Rechnung des verflossenen Jahres vorlegen, doch kann diese Frist statutarisch auf ein Jahr verlängert werden.

Die für die Genossenschaft geführten Bücher genügen den Mitgliedern gegenüber zum Beweise einer der Genossenschaft obliegenden Verbindlichkeit, und die in Generalversammlungen aufgenommenen Protocolle haben, wenn sie von dem die Verhandlung leitenden Vorsitzenden und mindestens zwei anderen, bei den Beschlüssen mitwirkenden Personen nach dem Vorlesen unterschrieben sind, gegen die Genossenschaftsmitglieder volle Beweiskraft

Sämmtliche Niederschriften und Bücher sind während zehn Jahren, vom Tage der Aufnahme, beziehentlich des letzten darin geschehenen Eintrags an gerechnet, aufzubewahren. Dasselbe gilt in Betreff der Geschäftsbriefe, Inventuren und Bilanzen.

§ 26. Sobald sich die Unfähigkeit einer Genossenschaft, ihre Schuldverbindlichkeiten ganz zu erfüllen, ergiebt, ist dem Gerichte vom Vorstande Anzeige davon zu machen, auch jede Zahlung zu unterlassen.

§ 27. Der Vorstand hat darüber zu wachen, daß der statutarische Zweck nicht überschritten wird, und ist, wenn gesetzwidrige Zwecke verfolgt oder ohne die § 72, Absatz 2 erforderte Genehmigung öffentliche Angelegenheiten zum Gegenstande der Berathung oder Beschlußfassung gemacht werden, mit einer Geldbuße bis zu zweihundert Thalern zu belegen.

Die Unterlassung der § 26 vorgeschriebenen Anzeige zieht Gefängnißstrafe bis zu drei Monaten nach sich. Uebersteigt die Gefängnißstrafe nicht die Dauer von sechs Wochen, so kann statt derselben auf Geldstrafe bis zu einhundert Thalern erkannt werden.

Jede Unterlassung anderer, dem Vorstande im gegenwärtigen Gesetze vorgeschriebenen Anzeigen ist, ebenso wie jede falsche Anzeige, außer der etwa verwirkten Criminalstrafe, mit einer Geldbuße bis zu zwanzig Thalern zu ahnden.

Diese sämmtlichen Strafen sind von dem Gerichte zuzuerkennen.

Uebrigens werden, so oft der Vorstand gegen die Gesetze oder gegen das Statut handelt, dessen Mitglieder dadurch, soweit nicht einzelne derselben den Beweis führen, daß ihnen dabei keine Verschuldung zur Last fällt, als Gesammtschuldner verpflichtet.

§ 28. Ist nach dem Statute ein Organ zur Ueberwachung des Vorstands oder der Genossenschaftsverwaltung überhaupt (Aufsichtsrath, Ausschuß rc.) bestellt, so kann derselbe sich von dem Gange der Angelegenheiten der Gesellschaft unterrichten, die Bücher und Schriften derselben jederzeit einsehen und den Bestand der Gesellschaftscasse untersuchen. Ihm steht nicht nur gleich dem Vorstande das Recht zu Berufung der Generalversammlung und zu Ernennung des Vorsitzenden in Letzterer zu, sondern es ist dieses Aufsichtsorgan auch ermächtigt, die Genossenschaft gegen den Vorstand gerichtlich und außergerichtlich zu vertreten, erforderlichen Falles den Letzteren bis zur Entscheidung der Genossenschaft (§ 11, Nr. 8) zu suspendiren und wegen einstweiliger Besorgung seiner Geschäfte das Nöthige zu verfügen.

Hinsichtlich der Verantwortlichkeit der Aufsichtsorgane findet die Bestimmung im § 27, Abs. 5 Anwendung.

§ 29. Die juristische Persönlichkeit einer Genossenschaft erlischt außer den im § 56 des bürgerlichen Gesetzbuchs gedachten Fällen auch dann, wenn sämmtliche Mitglieder ausgeschieden sind.

§ 30. Die Auflösung von Genossenschaften findet statt:

a) nach Ablauf der im Statute bestimmten Zeit (§ 11, Nr. 5),
b) wenn die Genossenschaft dieselbe beschließt,
c) wenn das Recht der juristischen Persönlichkeit erloschen ist.

§ 31. Jede Auflösung ist sofort dem § 16 gedachten Gerichte anzuzeigen, auch nach erfolgtem Eintrage in das Genossenschaftsregister (vergl. § 71) von dem Vorstande unverzüglich einmal im Amtsblatte des Gerichts und dreimal in der Leipziger Zeitung bekannt zu machen

Durch diese Bekanntmachungen sind zugleich die Gläubiger aufzufordern, sich bei der Genossenschaft zu melden.

§ 32. Die aus den Büchern ersichtlichen oder in anderer Weise bekannten Gläubiger der Genossenschaft sind hierzu außerdem durch besondere Erlasse aufzufordern. Unterlassen sie die Anmeldung, so ist der Betrag ihrer Forderungen gerichtlich niederzulegen.

Das Letztere muß auch in Ansehung der noch schwebenden Verbindlichkeiten und streitigen Forderungen geschehen, sofern nicht die Vertheilung des Genossenschaftsvermögens bis zu deren Erledigung ausgesetzt bleibt, oder den Gläubigern eine angemessene Sicherstellung gewährt wird.

§ 33. Die Bücher und § 25 erforderten Niederschriften der aufgelösten Genossenschaft sind an einem in Mangel eines Beschlusses der Letzteren von dem competenten Gerichte (§ 16) zu bestimmenden sicheren Orte auf die Dauer von zehn Jahren aufzubewahren und steht den vormaligen Mitgliedern, sowie deren Rechtsnachfolgern, die Einsicht derselben frei.

§ 34. Die Vertheilung des Genossenschaftsvermögens darf in keinem Falle früher stattfinden, als nach Ablauf eines Jahres, von dem Tage an gerechnet, an welchem die § 31 vorgeschriebene Bekanntmachung der Auflösung zum dritten Male abgedruckt worden ist.

Im Falle der Zuwiderhandlung sind die Mitglieder des Vorstands und die sonstigen Genossenschaftsorgane nach Maßgabe von §§ 27 und 28 als Gesammtschuldner zu Erstattung der geschehenen Zahlungen verpflichtet.

§ 35. Auf den Fall, wenn die Auflösung einer Genossenschaft mit der Eröffnung des Concurses zu ihrem Vermögen verbunden ist, leiden die Vorschriften in §§ 31 bis 34 keine Anwendung. Es ist aber den Bestimmungen der Concursgesetzgebung nachzugehen.

§ 36. Der für eine Genossenschaft begründete Gerichtsstand bleibt für dieselbe auch nach der Auflösung oder dem Erlöschen der juristischen Persönlichkeit bis zur Beendigung der Liquidation bestehen.

Ebenso bleiben die Vertreter einer Genossenschaft, wenn nicht durch die Statuten oder durch einen Genossenschaftsbeschluß etwas Anderes bestimmt ist, berechtigt und verpflichtet, die zur Liquidation erforderlichen Geschäfte zu erledigen und insoweit die bisherige juristische Person zu vertreten. Es können auch zu diesem Zwecke später noch Vorstandswahlen vorgenommen werden.

Werden mit der Liquidation besondere Personen (Liquidatoren) beauftragt, so leiden auf sie alle auf den Vorstand bezüglichen Vorschriften Anwendung.

§ 37. Die Vorstandsmitglieder oder sonstigen Liquidatoren sind auch nach dem Auflösungsbeschlusse und überhaupt während der Dauer der Liquidationsgeschäfte zu Erstattung der § 26 vorgeschriebenen Anzeige gehalten.

§ 38. Auf Genossenschaften, welche ausschließlich kirchliche, milde oder gemeinnützige Zwecke verfolgen, leiden die Vorschriften im § 20, Abs. 2, § 22, Abs. 2, § 23, § 25, Abs. 1 und 3, §§ 32 bis 34 keine Anwendung. Doch hat auch hier der Vorstand die zur Uebersicht der Vermögenslage erforderlichen Bücher zu führen und für treue Niederschrift der § 11, Nr 8 gedachten Beschlüsse zu sorgen.

B. Von den Genossenschaften mit beschränkter Haftpflicht.

AA. Von den Actiengesellschaften.

— —

BB. Von anderen Genossenschaften mit beschränkter Haftpflicht.

§ 56. Soll die Haftpflicht der Genossenschaftsmitglieder (§ 11, Nr. 6), ohne die Aufbringung eines bestimmten Gesellschaftscapitals zu bezwecken, dennoch auf die Leistung bestimmter einmaliger oder wiederkehrender Beiträge zu dem Gesellschaftszwecke beschränkt sein (wie z. B. bei den auf Gegenseitigkeit beruhenden Capital-, Renten-, Kranken- oder sonstigen Versicherungscassen), so muß das Statut die Höhe der Beiträge oder die für deren Feststellung maßgebenden Grundsätze enthalten.

§ 57. Genossenschaften dieser Art, wenn sie nicht ausschließlich kirchliche, milde oder gemeinnützige Zwecke verfolgen oder von Anfang an auf bestimmte Personen beschränkt sind, haben die im Statute vorgeschriebenen Bekanntmachungen durch öffentliche Blätter zu bewirken, auch im Falle der Auflösung der Vorschrift im § 51 nachzugehen.

§ 58. Ist nicht nur die Summe der Beiträge, sondern auch die Zahl der Mitglieder im Voraus fest bestimmt, so ist die Genossenschaft, dafern sie nicht blos Versicherungsgeschäfte unter den Mitgliedern (auf Gegenseitigkeit) bezweckt, als Actiengesellschaft zu behandeln und haben die §§ 39 fg. enthaltenen Vorschriften auch für sie analoge Anwendung.

§ 59. Versicherungsgesellschaften, welche auf Gegenseitigkeit der Mitglieder gegründet sind, können nur dann die Rechte einer juristischen Person erlangen, wenn die durch Sachverständige nach den Grundsätzen der Wahrscheinlichkeitsrechnung, soweit möglich, vorzunehmende Prüfung des Statuts kein erhebliches Bedenken dagegen ergiebt, daß die Genossenschaft die gegen ihre Mitglieder übernommenen Verpflichtungen werde erfüllen können. Ebenso darf das im Statute festgesetzte Verhältniß zwischen den Beiträgen der Versicherten und der Leistungen der Genossenschaft nur unter gleicher Voraussetzung geändert werden.

§ 60. Für Begräbniß- oder Kranken-Unterstützungscassen der § 59 gedachten Art kann durch das Statut bestimmt werden, daß die zu gewährenden Unterstützungen nicht mit Beschlag belegt, auch nicht vor der Verfallzeit an andere Personen abgetreten werden dürfen. Eine derartige Bestimmung bedarf nicht der § 7 gedachten Genehmigung.

C. Von den Genossenschaften mit unbeschränkter Haftpflicht.

§ 61. Wenn die Mitglieder einer Genossenschaft zu der Gesellschaftscasse unbeschränkt so viel, als der Gesellschaftszweck erheischt, beizutragen verpflichtet sein sollen, ist in dem Statute zwar zu bestimmen, nach welchem Verhältnisse die Mitglieder zunächst Einschüsse zu leisten haben, es bleibt aber jedes Mitglied zu Deckung des ganzen von den übrigen etwa nicht erlangten Bedarfs verpflichtet.

§ 62. Bei auf Gegenseitigkeit beruhenden Versicherungsgesellschaften kann die Haftpflicht der Mitglieder nicht auf Deckung der den einzelnen Mitgliedern gegen die Genossenschaft zustehenden Ansprüche beschränkt sein, sondern erstreckt sich stets auf alle Verbindlichkeiten der Genossenschaft.

Eine dem zuwiderlaufende Bestimmung des Statuts ist ungültig.

§ 63. Den ohne Bestimmung einer Frist beigetretenen Mitgliedern kann im Statute der Austritt nach vorgängiger Kündigung gestattet werden.

§ 64. Dafern die Mitgliedschaft nicht von Anfang an auf bestimmte Personen beschränkt ist, hat die Genossenschaft die in ihrem Statute vorgeschriebenen Bekanntmachungen durch öffentliche Blätter zu bewirken und im Falle der Auflösung der Vorschrift im § 51 nachzugehen.

§ 65. Genossenschaften mit unbeschränkter Haftpflicht haben dafür Sorge zu tragen, daß die Mitgliedschaft jedes einzelnen Genossen nachgewiesen werden kann, und die in ihrer Hand befindlichen Beweismittel den dabei Interessirten auf Verlangen vorzulegen.

§ 66. Dem Gerichte ist nicht nur mit dem Statute (§ 16), sondern auch, dafern Veränderungen vorgekommen sind, am Ende eines jeden Kalenderjahrs ein genaues, alphabetisch geordnetes Verzeichniß der Mitglieder zu überreichen, ingleichen mindestens am Schlusse jedes Vierteljahrs eine gleiche Anzeige über die beigetretenen oder ausgeschiedenen Mitglieder zu erstatten. Bei Genossenschaften, deren Mitgliedschaft an das Eigenthum bestimmter Grundstücke geknüpft ist, genügt die Ueberreichung eines Verzeichnisses der letzteren und die Anzeige des etwa vorkommenden Abgangs oder Zuwachses.

Diese Verzeichnisse und Anzeigen ist Jeder einzusehen berechtigt.

§ 67. Ausgeschiedene Mitglieder, ingleichen die Erben verstorbener Mitglieder bleiben in Bezug auf alle der Genossenschaft zur Zeit des Ausscheidens eines solchen Mitgliedes obliegenden Verpflichtungen nach § 61 haftbar.

Die Klagen aus dieser Haftpflicht verjähren aber in einem Jahre nach Schluß des Quartals, in welchem die Anzeige des Ausscheidens bei Gericht (§ 66) erfolgt ist. Ist zu dieser Zeit eine Forderung noch nicht klagbar, so ist die nurgedachte Jahresfrist von Eintritt der Klagbarkeit, und wenn letztere noch eine Kündigung voraussetzt, von demjenigen Tage an zu berechnen, an welchem nach Bekanntmachung des Ausscheidens diese Kündigung möglich war und bei deren Erfolg die Klagbarkeit eingetreten sein würde.

Eine Einmischung in die Angelegenheiten der Genossenschaft steht dem ausgetretenen Mitgliede, ingleichen den Erben der gewesenen Mitglieder deshalb nicht zu, doch können sie Einsicht der Jahresrechnungen verlangen.

Ob und welcher Antheil vom Vermögen des Vereins, ingleichen von dem während der oben bemerkten Jahresfrist erwachsenen Geschäftsgewinne ihnen zukommen soll, ist im Statute zu bestimmen.

Wird binnen des gedachten Zeitraums die Liquidation der Genossenschaft nothwendig, oder von der Letzteren beschlossen, so dauert die bemerkte Haftpflicht bis zu Beendigung der Liquidation fort.

§ 68. Sobald die Auflösung beschlossen oder die Liquidation sonst nothwendig wird, ist keinem Mitgliede der Austritt mehr gestattet.

Dasselbe gilt, wenn für die Dauer der Vereinigung ein bestimmter Zeitraum festgesetzt ist (§ 11, Nr. 5), schon während des letzten Jahres dieser Frist.

§ 69. Auf Versicherungsgesellschaften, welche auf Gegenseitigkeit beruhen, leiden die §§ 66 bis 68 keine Anwendung. Auch kann im Statute den auf bestimmte Zeitfrist beigetretenen Mitgliedern dennoch der Austritt gestattet werden.

Dagegen gelten die Bestimmungen in §§ 59 und 60 auch für Versicherungsgesellschaften mit unbeschränkter Haftpflicht.

III. Von dem Verfahren der Behörden.

§ 70. Bei jedem Gerichte (§ 16) ist ein Genossenschaftsregister zu halten, dessen Einsicht Jedem freisteht. Bei den Handelsgerichten ist dasselbe mit dem Handelsregister zu verbinden

§ 71. In dieses Register sind nach Einreichung des Statuts (§ 16) der Name der Genossenschaft und deren Statut, sowie spätere Aenderungen des letzteren, ingleichen die legitimirten Mitglieder des Vorstands, ferner die Auflösung der Genossenschaft (§ 31) und die von derselben nach § 41, Abs. 2 gefaßten Beschlüsse, endlich der Beschluß, auf die juristische Persönlichkeit zu verzichten, einzutragen.

Durch diesen Eintrag erhält der zuletzt gedachte Beschluß die § 56 des bürgerlichen Gesetzbuchs erforderte Genehmigung.

Abänderungen des Statuts erlangen gegen Nichtmitglieder erst mit dem Eintrage rechtliche Wirkung.

§ 72. Vor dem Eintrage hat das Gericht zu prüfen, ob das Statut oder die Statutenänderungen dem gegenwärtigen Gesetze entsprechen und nichts Gesetzwidriges enthalten, nichtminder, ob die einzutragenden Beschlüsse in gültiger Weise gefaßt worden sind.

Personenvereine, deren Zweck sich auf öffentliche Angelegenheiten bezieht, dürfen nur dann in das Genossenschaftsregister eingetragen werden, wenn das Ministerium des Innern hierzu ausdrücklich seine Genehmigung ertheilt hat. Das Gleiche gilt von späteren Abänderungen der Statuten solcher Vereine.

§ 73. Dem Ermessen des Gerichts bleibt es überlassen, für das Statut und Statutenänderungen gerichtliche oder notarielle Beurkundung zu verlangen. Zum Beitritte der einzelnen Mitglieder genügt jede rechtsverbindliche Erklärung (s. aber § 65).

§ 74. Nach dem Eintrage einer neu errichteten Genossenschaft ist auf deren Kosten im Amtsblatte und in der Leipziger Zeitung bekannt zu machen, daß die Genossenschaft als juristische Person eingetragen worden ist.

§ 75. Das Gericht kann juristische Personen und deren Vertreter zu Befolgung der ihnen obliegenden Verpflichtungen durch Ordnungsstrafen bis zum Betrage von 50 Thalern, welche im Falle des Ungehorsams angemessen zu erhöhen sind, anhalten.

Dasselbe ist berechtigt, die bei der Genossenschaft nach § 25 in Verbindung mit § 11, Nr. 8 aufgenommenen Niederschriften jederzeit einzusehen.

§ 76. Wenn und so lange eine juristische Person keine gehörig legitimirten Vertreter haben sollte, kann das § 16 gedachte Gericht solche auf Kosten der Ersteren bestellen. Es ist jedoch dießfalls stets auf baldthunliche Herstellung der statutenmäßigen Vertretung hinzuwirken.

§ 77. Der Vorstand einer Genossenschaft hat, wenn es das Gericht anordnet, eine Genossenschaftsversammlung zu berufen.

Ist kein Vorstand vorhanden oder kommt Letzterer der Anordnung nicht sofort nach, so kann das Gericht auf Kosten der Genossenschaft selbst die Generalversammlung zusammenberufen und mit dem Vorsitze in derselben ein geeignetes Mitglied der Genossenschaft, oder, wenn ein solches nicht sofort zu erlangen, einen Beamten oder Notar beauftragen.

§ 78. Die Entziehung des Rechtes der Persönlichkeit kann durch das Gericht dann erfolgen, wenn

1. eine juristische Person ihre Wirksamkeit auf gesetzwidrige Zwecke oder, ohne die § 72, Abs. 2 erforderte Genehmigung, auf öffentliche Angelegenheiten richtet,

2. wenn sich die Zahlungsunfähigkeit der juristischen Person ergiebt.

Hinsichtlich der Stiftungen bewendet es bei den Bestimmungen im § 60 der Verfassungsurkunde.

§ 79. Gegen die vom Gerichte nach diesem Gesetze gefaßten Entschließungen kann eine Beschwerde zunächst an das Appellationsgericht, als Aufsichtsbehörde, gegen dessen Entschließung weiter an das Ministerium der Justiz eingewendet werden.

§ 80. Jede Entziehung des Rechtes der Persönlichkeit ist auf Kosten der juristischen Person im Amtsblatte des § 16 gedachten Gerichts, in der Leipziger Zeitung und in den durch das Statut etwa bestimmten anderen Blättern bekannt zu machen.

§ 81. Ist für den Fall der Auflösung einer Genossenschaft über die Vertheilung oder sonstige Verwendung ihres Vermögens statutarische Bestimmuug getroffen, so ist derselben auch in den § 78 unter 1 gedachten Fällen nachzugehen und, soweit nöthig, vom Gerichte auf Kosten der Genossenschaft das Erforderliche zu verfügen.

Schlußbestimmung.

§ 82 Auf die bei Erlaß des gegenwärtigen Gesetzes bereits bestehenden juristischen Personen leidet in Bezug auf den von ihnen bereits geführten Namen § 12 keine Anwendung, auch wird die Fortdauer ihrer juristischen Persönlichkeit nicht durch die Befolgung der über deren Erwerb in gegenwärtigem Gesetze enthaltenen Vorschriften bedingt, und treten für sie § 18, Abs. 3, § 20, Abs 2, und § 67 erst ein Jahr nach Beginn der Wirksamkeit des Gesetzes in Kraft.

Genossenschaften dieser Art haben die § 16, Abs. 3, und § 66 vorgeschriebenen Anzeigen zum ersten Male binnen vier Wochen nach Inkrafttreten dieses Gesetzes zu erstatten, auch in derselben Frist der Vorschrift im § 16, Abs 1 nachzukommen, und sind nach dessen Erfolg in das Genossenschaftsregister einzutragen.

Endlich bleiben Abweichungen von § 4 und § 11, Nr. 2, ebenso wie von den Vorschriften im § 42, Satz 2, und § 44 auf Grund eines vor Erlassung gegenwärtigen Gesetzes abgeschlossenen Gesellschaftsvertrages, selbst wenn die Genossenschaft erst später die juristische Persönlichkeit erlangt, so lange in Geltung, bis das Statut in dieser Beziehung geändert wird.

Insoweit in Statuten, welche vor Erlassung dieses Gesetzes errichtet sind, zu Abänderung derselben oder zur Auflösung der Genossenschaft die ausdrückliche Genehmigung der Staatsregierung erfordert wird, ist dennoch auch in dieser Beziebung nur den Vorschriften dieses Gesetzes nachzugehen. Es kann jedoch durch solche Statutenänderung eine der Genossenschaft etwa bewilligte und dem öffentlichen Rechte angehörige Begünstigung z. B. die Ausgabe unzinsbarer Noten, Befreiung von der Stempelsteuer u. s. w., ohne ausdrückliche staatliche Genehmigung weder verlängert noch verändert werden.

Urkundlich haben Wir dieses Gesetz eigenhändig vollzogen und Unser Königliches Siegel beidrucken lassen.

Dresden, am 15. Juni 1868.

(L. S.) Johann.

D. Robert Schneider.
Herrmann von Nostitz-Wallwitz.

IV. Württemberg.

A. Vorbemerkungen.

Die Königliche Verordnung betreffend die Veröffentlichung der zwischen Württemberg, dem Norddeutschen Bunde, Baden und Hessen in Betreff der Gründung eines Deutschen Bundes abgeschlossenen Verträge vom 30. Dezember 1870 befindet sich in Nr. 1 des Regierungsblattes für das Königreich Württemberg, ausgegeben zu Stuttgart am 1. Januar 1871, Blatt 1. In derselben heißt es:

„Zugleich werden nachstehende . . . Beilagen öffentlich bekannt gemacht: — — —

3) diejenigen Gesetze, welche nach Artikel 80 der so eben gedachten Verfassung, vgl. Artikel 2, Ziffer 6 des oben unter Nr. I genannten Vertrags, mit dem 1. Januar 1871 in Württemberg Geltung erlangen."

Unter diesen Gesetzen befindet sich S. 93 bis 110 der Anlage, das Genossenschaftsgesetz vom 4. Juli 1868.

Ausführungsverordnungen der Landesregierung sind nicht erlassen. Dahingegen sind veröffentlicht worden „behufs Vollziehung des Gesetzes in Anwendung des § 72":

1) eine Verfügung des Justizministeriums vom 28. Januar 1871 in der am 7. Februar 1871 zu Stuttgart ausgegebenen Nr. 4 des Regierungsblattes Seite 69 ff.;

2) eine Verfügung des Departements der Justiz und des Innern vom 14. Februar 1871, in der zu Stuttgart am 1. März 1871 ausgegebenen Nr. 5 desselben Blattes Seite 97, letztere „mit höchster Ermächtigung Seiner Königlichen Majestät."

Beide Verfügungen sind nachstehend abgedruckt.

Sachlich ist zunächst hervorzuheben, daß diese Verfügungen das Genossenschaftsregister streng als einen Theil des Handelsregisters behandeln, auch für Prokuristen und Kollektivprokuristen Platz schaffen. Die Berichtigung der Stammrolle (vgl. § 4 des Ges. Seite 209) ist nicht angeordnet, vielmehr eine regelmäßig vierteljährlich stattfindende Ergänzung des letzten im Januar einzureichenden Mitgliederverzeichnisses (§ 25 des Ges.). Dies ist weder zweckentsprechend, noch streng genommen mit dem Gesetze vereinbar, welches die Berichtigung und Vervollständigung der „Liste der Genossenschafter," d. h. der Stammrolle des § 4 verlangt.

Zu loben ist, daß für das Verfahren nach § 35 des Gesetzes Vorsorge getroffen ist, obschon dies nicht ausdrücklich im Gesetze vorgeschrieben war. (III. der Verfügung v. 28. Jan. und Verfügung v. 14. Febr. 1871.)

In Württemberg müssen die Handelsregister-Eintragungen im Württembergischen Staatsanzeiger veröffentlicht werden. Neuerdings ist angeordnet*), daß besonders redigirte Auszüge aus den handelsregisterlichen Bekanntmachungen auch im Zentralhandelsregister des Deutschen Reichsanzeigers veröffentlicht werden.

B. Die Verfügung des Justizministers vom 28. Januar 1873.

Verfügung,

betreffend die Vollziehung des Gesetzes über die privatrechtliche Stellung der Erwerbs- und Wirthschafts-Genossenschaften.

Nachdem das für den Norddeutschen Bund unter dem 4. Juli 1868 erlassene Gesetz, betreffend die privatrechtliche Stellung der Erwerbs- und Wirthschaftsgenossenschaften, zufolge der K. Verordnung vom 30. Dezember 1870 (Reg. Blatt von 1871, S. 1, 2 und Beil. S. 93 ff.) mit dem 1. d. M. in Württemberg Geltung erlangt hat, so werden Behufs der Vollziehung dieses Gesetzes in Anwendung des §. 72 desselben die nachstehenden Vorschriften ertheilt.

1. Das Genossenschaftsregister bildet einen Theil des Handelsregisters und wird von den nach dem Gesetze über die Gerichtsverfassung vom 13. März 1868, Art. 33 mit der Führung des Handelsregisters betrauten Oberamtsgerichten geführt.

2. Auf die Führung des Genossenschaftsregisters und die Behandlung der damit zusammenhängenden Geschäfte findet die Ministerialverfügung vom 31. Oktober 1865, betreffend die Führung des Handelsregisters, insoweit sinngemäße Anwendung, als nicht aus dem Gesetze, betreffend die privatrechtliche Stellung der Erwerbs- und Wirthschaftsgenossenschaften, oder aus den nachfolgenden Vorschriften ein anderes sich ergiebt.

3. Das Genossenschaftsregister bildet als

Register für eingetragene Genossenschaften

eine besondere Abtheilung des Handelsregisters und wird nach dem anliegenden Formular A. geführt. Oberhalb der sämmtlichen 8 Spalten, aus welchen der Eintrag nach Formular A. besteht, wird je eine Nummer einer Genossenschaft nach einer durch alle Bände des Genossenschaftsregisters fortlaufenden Reihenfolge eingetragen.

Die erste Spalte enthält die Ordnungszahl der verschiedenen auf eine Genossenschaft bezüglichen Einträge nach deren Zeitfolge;
die zweite den Tag der erfolgten Eintragung;
die dritte den Wortlaut der Genossenschaftsfirma;
die vierte den Sitz der Genossenschaft und den Ort ihrer etwaigen Zweigniederlassungen, wobei bezüglich der Eintragung von Zweigniederlassungen auf Art. 21, Abs. 3 des Handelsgesetzbuchs aufmerksam gemacht wird;

---

*) Nachdem S. 218 bereits gedruckt war.

die fünfte den Namen der etwa bestellten Prokuristen und im Fall einer Collektivprokura die Bezeichnung dieses Verhältnisses, sowie bei den in Liquidation befindlichen Genossenschaften den Namen der Liquidatoren;

die sechste die sonstigen Rechtsverhältnisse der Genossenschaft, deren Eintragung in das Handelsregister vorgeschrieben ist; hierbei genügt es, wenn von dem Gesellschaftsvertrage und den denselben abändernden Verträgen oder Beschlüssen blos ein Auszug, enthaltend

das Datum des Gesellschaftsvertrages und der etwaigen abändernden Verträge oder Beschlüsse,

den Gegenstand des Unternehmens,

die Zeitdauer der Genossenschaft im Falle solche auf eine bestimmte Zeit beschränkt sein soll,

den Namen und Wohnort der jeweiligen Vorstandsmitglieder,

die Form, in welcher die von der Genossenschaft ausgehenden Bekanntmachungen erfolgen, sowie die öffentlichen Blätter, in welchen solche aufzunehmen sind, endlich

die etwa bestimmte besondere Form, in welcher der Vorstand seine Willenserklärung kund gibt und für die Genossenschaft zeichnet,

nebst einem Hinweis auf die Stelle des zum Genossenschaftsregister gehörigen Beilagenbuchs aufgenommen wird, in welchem die bezeichneten Urkunden ihrem vollen Inhalt nach in beglaubigten Abschriften aufbewahrt werden;

die siebente die Verweisung auf die Registeracten;

die achte alle andern auf die Genossenschaft sich beziehenden Einträge, welche zur Aufnahme in die übrigen Spalten nicht geeignet sind, wohin in's besondere die in den §§ 35—37 des Gesetzes vorgeschriebenen Einträge gehören;

am Schlusse folgt die Unterschrift des Registerführers.

4. Das für das Genossenschaftsregister zu benützende formularmäßige Papier wird den Gerichtsstellen von der Justizministerial-Kasse geliefert werden, welcher dieselben ihren muthmaßlichen Bedarf für die nächste Zeit unverzüglich anzugeben hiemit angewiesen werden.

5. Die nach §. 4, Abs. 1 und §. 25, Abs 1 des Gesetzes von dem Vorstand einer Genossenschaft einzureichenden Mitgliederverzeichnisse sind nach dem anliegenden Formular B. einzurichten.

Die Spalten 1—3 werden von dem Vorstand der Genossenschaft ausgefüllt.

Nach Einlauf der vorgeschriebenen Quartalanzeige hat der registerführende Beamte die Namen der neu hinzutretenden Genossenschafter in Spalte 1—3 nachzutragen und den Tag des Ausscheidens der ausgetretenen oder ausgeschlossenen Genossenschafter in Spalte 4 zu bemerken.

In das letzte Mitgliederverzeichniß wird ein Beilagenbuch aufbewahrt; die vorhergehenden Mitgliederverzeichnisse und die Quartalanzeigen werden, erstere unter Vermerk des Ersatzes durch das neueste Verzeichniß, zu den Registerakten gelegt.

6. Zu den Veröffentlichungen aus dem Genossenschaftsregister (Gesetz §. 4, 6, Abs. 2) sind diejenigen öffentlichen Blätter zu benützen, in welchen die auf das Handelsregister bezüglichen Bekanntmachungen der betreffenden Gerichtsstelle erlassen werden (zu vergl. übrigens §. 36, Abs. 1 des Gesetzes).

7. Da nach §. 69 des Gesetzes die Eintragungen in das Genossenschaftsregister kostenfrei erfolgen, so finden die Ziff. 1—3 des §. 31 der Ministerialverfügung vom 31. Oktober 1865, betreffend die Führung des Handelsregisters, nicht Platz. Im Uebrigen finden die Bestimmungen der §§. 31—35 der gedachten Verfügung, soweit solche zutreffen, auch hier Anwendung.

II. Bezüglich der in dem §. 66, Abs. 1 des Gesetzes bezeichneten Straffälle ist der Art. 34 des Gesetzes über die Gerichtsverfassung vom 13. März 1868 maßgebend.

III. In Fällen des §. 35, Abs. 2 des Gesetzes ist die Civilkammer des Kreisgerichtshofs zuständig, in dessen Sprengel die Genossenschaft ihren Sitz hat, und richtet sich das Verfahren nach Art. 936 der Civilprozeßordnung vom 3. April 1868.

IV. Bezüglich des Konkursverfahrens gegen eine Genossenschaft verbleibt es bei den gesetzlichen Bestimmungen über die Besetzung des Gerichts (Art. 7 des Gesetzes über die Gerichtsverfassung vom 13. März 1868 und Art. 917 der Civilprozeßordnung vom 3. April 1868). Im Uebrigen sind die Gerichte in Fällen der Anwendung des Gesetzes nach Maßgabe des Art. 7, Abs. 3 und Art. 14, Abs. 1 (vergl. auch Art. 33) des Gesetzes über die Gerichtsverfassung vom 13. März 1868 zu besetzen.

In Fällen des §. 53, Satz 2 des Gesetzes wird ein rechtsgelehrtes Mitglied des Oberamtsgerichts durch Collegialbeschluß beauftragt.

Stuttgart, den 28. Januar 1871.

Mittnacht.

Formular A.

Handelsregister

des Oberamtsbezirks Nagold,

geführt

von dem Königlichen Oberamtsgericht Nagold.

Register

für

eingetragene Genossenschaften.

Band I.

1.	2.	3.	4.	5.	6	7.	8.
Fortlaufende Nummer der Einträge.	Datum der Eintragung.	Wortlaut der Firma.	Sitz der Genossenschaft; Ort ihrer etwaigen Zweigniederlassungen.	Prokuristen; Liquidatoren.	Rechtsverhältnisse der Genossenschaft.	Registerakten.	Bemerkungen. Unterschrift des Registerführers.
1.							
2.							

Formular B.

(Firma der Genossenschaft.)

Verzeichniß der Genossenschafter.

1.	2.	3.	4.
Laufende Nummer.	Vor- und Zuname. Stand und Gewerbe.	Wohnort.	Tag des Ausscheidens.

Datum.
Unterschrift des Vorstandes.

C. Die Verfügung der Ministerien der Justiz und des Innern vom 14. Februar 1871.

Verfügung,

betreffend die Vollziehung des Gesetzes über die privatrechtliche Stellung der Erwerbs- und Wirthschafts-Genossenschaften.

Nachdem das für den Norddeutschen Bund unter dem 4. Juli 1868 erlassene Gesetz, betreffend die privatrechtliche Stellung der Erwerbs- und Wirthschaftsgenossenschaften zufolge der Königl. Verordnung vom 30. December 1870 (Reg. Blatt 1871 S. 1, 2. Beil. 93 ff.) mit dem 1. Januar d. J. in Württemberg Geltung erlangt hat, so wird Behufs der Vollziehung dieses Gesetzes und Anwendung des §. 72 desselben mit Höchster Ermächtigung Seiner Königlichen Majestät verfügt, daß die Handhabung der Strafbestimmungen in Absatz 2 des §. 27 des Gesetzes, sowie die Stellung und Betreibung der Anträge auf Auflösung von Genossenschaften nach Maßgabe des §. 35 den Kreisregierungen obliegen soll.

Stuttgart, den 14. Februar 1871.

Mittnacht. Scheurlen.

V. Baden.

A. Einleitung.

Zufolge des Vertrages vom 15. November 1870 (siehe oben S. 403) trat das Norddeutsche Genossenschaftsgesetz vom 4. Juli 1868 in Baden mit dem 1. Januar 1871 in Wirksamkeit. Die Badische Regierung war daher nach § 72 des Genossenschaftsgesetzes verpflichtet:

> die näheren Bestimmuugen Behufs Ausführung desselben im Verordnungswege zu erlassen.

Nach dem Vorgange Preußens begnügte sich die Badische Regierung mit einer Ministerialverordnung, die ohne Betheiligung des Landesherrn erlassen wurde.

Durch diese am 31. Dezbr. 1870 publizirte Verordnung vom selbigen Tage wurde die zum Badischen Genossenschaftsgesetze vom 11. Februar 1870 unterm 4. Mai 1870 erlassene Ausführungsverordnung mit einigen Abänderungen als giltig erklärt für das Reichs-Genossenschaftsgesetz vom 4. Juli 1868.

Als später unter Genossenschaftern und Juristen in Baden Zweifel auftauchten, ob das Badische Genossenschaftsgesetz nicht noch in einzelnen Bestimmungen auch nach Einführung des Norddeutschen Genossenschaftsgesetzes in Kraft bestünde, da es nirgend ausdrücklich aufgehoben sei, so wurde in dem Gesetze vom 3. April 1872 § 3 die Aufhebung noch einmal in aller Form ausgesprochen.

Darnach folgen hier nach der Reihenfolge mit den erforderlichen Erläuterungen:

1) Die Verordnung vom 4. Mai 1870 (abgedruckt in Nr. XXXV des Gesetzes- und Verordnungs-Blattes für das Großherzogthum Baden, ausgegeben Karlsruhe den 16. Mai 1870, Seite 416 bis 422).

2) Die Verordnung vom 31. Decbr. 1870 (abgedruckt in Nr. 74 desselben Blattes vom 31. Dezbr. 1870, Seite 761).

3) Das Gesetz vom 3. April 1872 (Nr. 19 Jahrgang 1872 desselben Blattes).

Die Eintragungen im Handels- und Genossenschaftsregister müssen stets in der Karlsruher Zeitung veröffentlicht werden, mit dem Zentralhandelsregister des Deutschen Reichsanzeigers hat Baden keinerlei Verbindung.

B. Die Verordnung vom 4. Mai 1870.

Verordnung.

Den Vollzug des Gesetzes über die privatrechtliche Stellung der Erwerbs- und Wirthschaftsgenossenschaften betreffend.

Zum Vollzuge des §. 71 des Gesetzes vom 11. Februar 1870, die privatrechtliche Stellung der Erwerbs- und Wirthschaftsgenossenschaften betreffend (Gesetzes- und Verordnungsblatt Nr. XIII.), wird verordnet, wie folgt:

§. 1. Das Genossenschaftsregister bildet die dritte Abtheilung des Handelsregisters (§. 4 Absatz 1 des Gesetzes; §. 7 der die Führung der Handelsregister betreffenden Verordnung vom 3. Oktober 1862, Regierungsblatt Nr. L.) und wird von den mit der Besorgung des letzteren betrauten Beamten der Amtsgerichte geführt.

Es hat den Zweck, die Rechtsverhältnisse der eingetragenen Genossenschaften (§§. 1 und 2 des Gesetzes), welche für deren kaufmännischen Verkehr von erheblichem Interesse sind, in möglichster Vollständigkeit und in zuverlässiger Weise zur öffentlichen Kenntniß zu bringen.

§. 2. In das Genossenschaftsregister werden die Firmen und die nach gesetzlicher Vorschrift des Eintrags bedürftigen Rechtsverhältnisse derjenigen Erwerbs- und Wirthschaftsgenossenschaften eingetragen, welche gewillt sind, sich unter das Gesetz vom 11. Februar 1870*) zu stellen, und zu diesem Behufe ihren Gesellschaftsvertrag einreichen.

Außerdem darf Nichts eingetragen werden.

Die Eintragung erfolgt in dem Register des Amtsgerichtes, in dessen Bezirk die Genossenschaft ihren Sitz oder eine Zweigniederlassung hat, auf Anmeldung.

Die Gerichte, welche die Register führen, haben die Betheiligten in den Fällen des §. 66 des Gesetzes durch Ordnungsstrafen anzuhalten, daß die gebotenen Anmeldungen erfolgen und die formellen Vorschriften erfüllt werden.

Unterläßt eine eingetragene Genossenschaft die Anmeldung der Errichtung oder Aufhebung einer Zweigniederlassung (§. 7 des Gesetzes), so ist gleichfalls nach Maßgabe des §. 66 des Gesetzes einzuschreiten.

§. 3. Das Genossenschaftsregister wird nach dem anliegenden Muster A. in einem besonderen Bande geführt, dessen Seitenzahl auf dem ersten Blatte von dem Gerichte zu beurkunden ist.

Jede Genossenschaft wird auf einer besonderen Seite des Registers ein-

---

*) Heißt jetzt „Gesetz vom 4. Juli 1868“. Siehe unten Verordnung vom 30. Dezember 1870.

getragen. Insoweit eine Seite zu der ersten Eintragung nicht ausreicht, sind die folgenden Seiten in ununterbrochener Reihenfolge zu derselben zu verwenden.

§. 4. Für jede zur Eintragung gelangende Genossenschaft wird ein besonderer, einen Bestandtheil des Registers bildender Beilagenband angelegt, auf dessen Umschlag die Firma der Genossenschaft, die betreffende Ordnungszahl und Seite des Registers zu bemerken ist.

Dieser Beilagenband muß über Alles, was in das Register eingetragen wird, Nachweis geben; es werden in ihm insbesondere die protokollarischen und schriftlichen Anmeldungen, der Gesellschaftsvertrag, die denselben abändernden Verträge und Beschlüsse, die Erklärungen, Zeichnungen nebst zugehörigen Urkunden, die Mitgliederverzeichnisse, die gerichtlichen Verfügungen und die Belegblätter über gerichtliche Insertionen gesammelt.

Ueber Verhandlungen, welche in Anwendung der §§. 66 und 67 des Gesetzes gepflogen werden, sind besondere Acten anzulegen.

§. 5. Die §§. 5, 6, 9, 10, 11, 12, 13 Absatz 3, 14, 17 der Verordnung vom 3. Oktober 1862 sind auch auf das Genossenschaftsregister anwendbar.

Die für die Anmeldung, für die Zeichnung und Einreichung der Zeichnung bestehenden Formvorschriften (§. 8 des Gesetzes, Artikel 18 des Einführungsgesetzes zum Handelsgesetzbuch) gelten auch in Bezug auf die Ueberreichung der den Mitgliederstand betreffenden Listen und Anzeigen (§. 25 des Gesetzes).*)

In der nach §. 25 des Gesetzes zu erstattenden Anzeige muß der Tag des Ausscheidens der ausgetretenen oder ausgeschlossenen Genossenschafter, und — behufs der Erleichterung ihres Auffindens in dem Mitgliederverzeichnisse (§. 4 des Gesetzes) — Quartal und Jahr des Eintritts derselben angegeben sein.**)

Bei der nach §. 12 der Verordnung vom 3. Oktober 1862 vorzunehmenden Prüfung ist insbesondere zu erwägen, ob der Inhalt des Gesellschaftsvertrages nicht gegen gebietende oder verbietende Vorschriften des Gesetzes verstößt.

§. 6. Die Anmeldung der Genossenschaft geht von dem Vorstande derselben aus.

Sie muß die Legitimation des Vorstandes nach den durch Ziffer 7 des §. 3 des Gesetzes bestimmten Formen nachweisen und mit Vorlage des schriftlichen, gemäß §. 3 des Gesetzes abgefaßten, Gesellschaftsvertrages, sowie eines alphabetisch geordneten Verzeichnisses der zur Zeit der Anmeldung zur Genossenschaft gehörenden Mitglieder verbunden sein.***)

---

*) Die Badische Verordnung hat hiernach, der Ansicht von Schulze-Delitzsch entsprechend, Anordnungen getroffen. (Vgl. oben Seite 211 bis 213.)

**) Daß in den Austrittsanzeigen Quartal und Jahr des Eintritts anzugeben sind, — jedenfalls eine recht praktische Vorschrift, — ist im Gesetz nirgends vorgesehen.

***) Auch daß das Mitgliederverzeichniß des § 3 alphabetisch geordnet sein muß, ist im Gesetz nicht vorgesehen. Es ist sehr fraglich, ob diese Vorschrift zu den im Gesetze den Regierungen übertragenen „Bestimmungen Behufs Ausführung" desselben zu rechnen ist. Wenn eine Genossenschaft dem Antrage auf Eintragung ein nicht alphabetisch geordnetes Mitgliederverzeichniß beifügt, so darf aus diesem Grunde die Eintragung in das Genossenschaftsregister nicht versagt werden. Denn eine Landesregierung ist nicht befugt, die Erfordernisse der Eintragung zu vermehren.

Das letztere Verzeichniß ist nach dem beiliegenden Muster B. einzurichten.

§. 7. In das Register wird nicht der ganze Inhalt des Gesellschaftsvertrages, sondern ein Auszug eingetragen, welcher

1. das Datum des Vertrages,
2. die Firma und den Sitz der Genossenschaft, sowie die Orte, wo sie etwaige Zweigniederlassungen hat,
3. den Gegenstand des Unternehmens,
4. die Zeitdauer der Genossenschaft, im Falle dieselbe auf eine bestimmte Zeit beschränkt sein soll,
5. die Form, in welcher die von der Genossenschaft ausgehenden Bekanntmachungen erfolgen, sowie die öffentlichen Blätter, in welche dieselben aufzunehmen sind,
6. die etwaigen Bestimmungen über die Form, in welcher der Vorstand seine Willenserklärungen kundgibt, und für die Genossenschaft zeichnet,

enthält.

Der Gesellschaftsvertrag ist unter Anschluß einer Abschrift oder eines Abdrucks im Original einzureichen; das Original wird dem Vorstande zurückgegeben, die Abschrift oder der Abdruck aber, nach vom Gerichte beigesetzter Beglaubigung, sammt dem Nachweise der Legitimation des Vorstandes und dem Mitgliederverzeichnisse zu dem Beilagenbande genommen.

§. 8. Die in §. 7 bezeichneten Angaben sind, mit Ausnahme der Ziffer 2, in die 4. Spalte einzutragen. Bezüglich der drei ersten und der 5. Spalte gelten die Vorschriften des §. 20 der Verordnung vom 3. Oktober 1862.

§. 9. Die Eintragung eines Beschlusses der Generalversammlung, welcher die Fortsetzung der Genossenschaft oder eine Abänderung der Bestimmungen des Gesellschaftsvertrages zum Gegenstande hat, erfolgt auf Anmeldung des Vorstandes und nach Beibringung des schriftlich abgefaßten Beschlusses, welcher gemäß §. 6 des Gesetzes in zweifacher Abschrift einzureichen ist.

Der Beschluß wird nach Maaßgabe der vorstehenden §§. 7 und 8 in das Register eingetragen, die eine Abschrift zu dem Beilagenbande genommen, die andere dem Vorstande nach darauf bemerkter Bescheinigung des Eintrags zurückgegeben.

§. 10. In die 4. Spalte des Registers sind ferner mittelst kurzen Vermerks einzutragen:

1. die jeweiligen Mitglieder des Vorstandes der Genossenschaft,
2. die Auflösung der Genossenschaft, und wenn dieselbe in Folge der Eröffnung der Gant über die Genossenschaft eingetreten ist, die Eröffnung der Gant. Die Eintragung der Auflösung muß selbst dann geschehen, wenn die Genossenschaft durch Ablauf der Zeit, für welche sie eingegangen war, beendigt wird;
3. die nach der Auflösung kraft Gesetzes eintretenden oder besonders bestellten Liquidatoren, das Austreten eines Liquidators oder das Erlöschen der Vollmacht eines solchen (§§. 40 und 41 des Gesetzes).

§. 11. Der Eintrag der im §. 10 bezeichneten Thatsachen erfolgt, — vorbehaltlich der Bestimmung im letzten Absatze dieses Paragraphen — auf Anmeldung des Vorstandes und auf Grund des etwaigen nach Maaßgabe des

§. 9 dieser Verordnung vorzulegenden und zu behandelnden Beschlusses der Generalversammlung.

Vom Aufsichtsrathe interimistisch ernannte Stellvertreter von Vorstandsmitgliedern (§. 28 des Gesetzes) werden gleichfalls von dem gesammten Vorstande, also von den neu bestellten und von den verbliebenen Mitgliedern, angemeldet. Geht die interimistische, von dem Aufsichtsrathe angeordnete, Stellvertretung in Folge des Wiedereintritts des verhindert gewesenen Vorstandsmitgliedes, oder in Folge einer in der Generalversammlung vorgenommenen Neuwahl zu Ende, so ist die Anzeige hiervon ebenfalls von dem gesammten jeweiligen Vorstande, also unter Mitwirkung des Neugewählten zu machen.

Bezüglich eines jeden Vorstandsmitgliedes ist die Legitimation nachzuweisen.

Vor der Eintragung eines Vorstandsmitglieds oder eines Liquidators haben die Betreffenden ihre Unterschrift persönlich vor dem Gerichte zu zeichnen, oder es ist die Zeichnung in beglaubigter Form einzureichen (§§. 18 und 41 des Gesetzes).

Eine Beschränkung der Vertretungsbefugniß des Vorstandes oder des Umfangs der Geschäftsbefugnisse eines Liquidators ist weder von Amtswegen, noch auf Antrag einzutragen (§§. 21 und 44 des Gesetzes).

Im Falle der Ganteröffnung oder eines nach §. 35 des Gesetzes ergangenen Auflösungsbeschlusses nimmt das Gericht Vormerkung in dem Beilagenbande, besorgt von Amtswegen den Registereintrag (§. 35 Absatz 1,*) §. 37 des Gesetzes) und macht dem Amtsgerichte, in dessen Bezirk sich eine Zweigniederlassung befindet, Mittheilung.

§. 12. Wird der Sitz der Genossenschaft in einen andern Gerichtsbezirk verlegt, oder eine eingetragene Zweigniederlassung aufgehoben, so ist dies auf Anmeldung in der letzten Spalte einzutragen.

Ist die Verlegung des Sitzes nach einem Orte außerhalb des Gerichtsbezirkes eingetragen, und besteht in letzterem auch keine Zweigniederlassnng, so ist die Registerführung bezüglich dieser Genossenschaft erledigt.**)

§. 13. Für die Eintragung einer Genossenschaft in das Register des Gerichts, in dessen Bezirk dieselbe nicht ihren Sitz, sondern eine Zweigniederlassung hat, gelten die vorstehenden Bestimmungen mit der Maaßgabe, daß die Eintragung in das Register der Zweigniederlassung nicht stattfindet, bevor nachgewiesen ist, daß die Eintragung in das Register der Hauptniederlassung geschehen ist (Artikel 21 Absatz 3 des Handelsgesetzbuches).

§. 14. Der Beamte, welcher nach §. 6 der Verordnung vom 3. Oktober 1862 mit der Besorgung der Kanzleigeschäfte betraut ist, hat zu dem Genossenschaftsregister ein nach den Firmen geordnetes alphabetisches Verzeichniß der eingetragenen Genossenschaften unter Verweisung auf die Ordnungszahlen des Registers zu führen.

---

*) An die Stelle des Zitats „§ 35 Absatz 1" muß treten das Zitat: „§ 35 Absatz 3." (V. O. v. 31. Dez. 1870.)

**) Der Fall der Verlegung des Sitzes einer Genossenschaft ist im Genossenschaftsgesetze nicht vorgesehen.

Er berichtigt und vervollständigt gemäß §. 25 Absatz 2 des Gesetzes das übergebene Mitgliederverzeichniß (§. 4 des Gesetzes) in der Weise, daß er jeweils unmittelbar nach Einkunft der im §. 25 Absatz 1 des Gesetzes vorgeschriebenen Anzeige in jenem Verzeichnisse die Namen der neu hinzugetretenen Genossenschafter nachträgt, den Tag des Ausscheidens der ausgetretenen oder ausgeschlossenen Genossenschafter aber in der Spalte 4 bemerkt. Zur Erleichterung des Nachschlagens ist beim Nachtrag der neuen Mitglieder Quartal und Jahr des Beitritts anzugeben.

§ 15. Nach Artikel 13 des Handelsgesetzbuches, in Verbindung mit §. 8 des Gesetzes, ist jede Eintragung ihrem ganzen Inhalte nach bekannt zu machen, sofern nicht im einzelnen Falle ein Anderes ausdrücklich bestimmt ist.

Bezüglich der Bekanntmachung des Auszugs aus dem Gesellschaftsvertrage und aus den Abänderungsbeschlüssen wird auf §§. 4 und 6 des Gesetzes verwiesen.

Die Bekanntmachung des Eintrags über die gegen eine Genossenschaft eröffnete Gant hat nach §. 37 Absatz 2 des Gesetzes zu unterbleiben.*)

Die Veröffentlichungen sind nach erfolgtem Eintrage ohne Verzug zu erlassen; sie erfolgen, gleich der in §. 4 Absatz 3 des Gesetzes erwähnten Bekanntmachung, in den nach Artikel 27 des Einführungsgesetzes zum Handelsgesetzbuch verordneten Blättern, und finden unabhängig von den Bekanntmachungen statt, die von der Genossenschaft ausgehen (§. 3 Absatz 11 des Gesetzes.)

§. 16. Bezüglich der auf den Namen einer Genossenschaft im Grund- und Pfandbuche zu bewirkenden Eintragungen findet neben dem 2. Absatze §. 20 des Gesetzes Artikel 30 Absatz 1 und 2 des Einführungsgesetzes zum Handelsgesetzbuch Anwendung.

Karlsruhe, den 4. Mai 1870.

Großherzogliches Justizministerium.

Obkircher.

Vdt. von Buol.

Muster A.

Handelsregister

des

Großherzoglich Badischen Amtsgerichts Mannheim.

Dritte Abtheilung.

Genossenschaftsregister

Band I.

Gegenwärtiger Band enthält . . . Seiten

Zur Beurkundung: Mannheim, den . . . .

Großherzogliches Amtsgericht.

N.

---

*) Die Worte „nach §. 37 Absatz 2 des Gesetzes“ sind zu streichen (Verordn. v. 31. Dez. 1870 siehe unten.)

Ordn.-Zahl.	Tag der Eintragung.	Firma und Niederlassungsort.	Rechtsverhältnisse der Genossenschaft.	Bemerkungen.

Muster B.

Verzeichniß der Genossenschafter.

1.	2.	3.	4.
Ordn.-Zahl.	Vor- und Zunamen, Stand und Gewerbe.	Wohnort.	Tag des Ausscheidens.

C. Die Verordnung vom 31. Dezember 1870.

Verordnung

den Vollzug des Bundesgesetzes über die privatrechtliche Stellung der Erwerbs- und Wirthschaftsgenossenschaften betreffend.

In Betracht, daß das Bundesgesetz vom 4. Juli 1868 betreffend die privatrechtliche Stellung der Erwerbs- und Wirthschaftsgenossenschaften mit dem 1. Januar 1871 an die Stelle des Genossenschaftsgesetzes vom 11. Februar 1870 tritt, wird zum Vollzug des §. 72 des erstgenannten Gesetzes verordnet wie folgt:

Die §§. 1 bis 16 der Verordnung vom 4. Mai 1870, den Vollzug des Gesetzes vom 11. Februar 1870 betreffend, gelten auch als Vollzugsbestimmungen zum Bundesgesetze vom 4. Juli 1868, jedoch mit folgenden Abänderungen:

1. Unter den in den §§. 1 bis 16 angeführten §§. des Genossenschaftsgesetzes sind diejenigen des Bundesgesetzes vom 4. Juli 1868 zu verstehen.

2. Im ersten Absatze des §. 2 treten an die Stelle der Worte: „Gesetz vom 11. Februar 1870" die Worte „Gesetz vom 4. Juli 1868".

3. In dem letzten Absatze des §. 11 tritt an die Stelle des Citats „§. 35 Absatz 1" das Citat „§. 35 Absatz 3".

4. In dem dritten Absatz des §. 15 werden die Worte „nach §. 37 Abs. 2 des Gesetzes" gestrichen.

Karlsruhe, den 31. Dezember 1870.

Großherzogliches Justizministerium.

Obkircher.

vdt. Loës.

D. Das Gesetz, die Faustpfandverträge der Kredit- und Vorschußvereine betreffend vom 3. April 1872.

Vorbemerkungen.

Das Badische Landrecht enthält hinsichtlich der Form der Faustpfandverträge die allgemeine Regel, daß sie, sofern der Werth des Gegenstandes den Betrag von 75 Gulden erreicht, öffentlich beurkundet, oder, wenn nur in Privaturkunde abgefaßt, in das hierzu bestimmte von den Gerichtsnotarien geführte Buch eingetragen werden muß (Landrecht Satz 2074 Abs. 1). „Der Vertrag muß sicheres Jahr und Tag haben, um dem Gläubiger das Vorzugsrecht an dem Pfandstücke zu gewähren; ohne diese Vorsicht des Gesetzes wäre dem Schuldner ein bequemer Weg geöffnet, seine fahrende Habe im Augenblicke gerichtlichen Zugriffes durch unredliche Vereinbarungen den Ansprüchen der Gläubiger zu entziehen." An einer anderen Stelle bestimmt das bürgerliche Gesetz die Formen, welche der Gläubiger bei der Verfügung über ein Faustpfand zu beobachten hat, und verbietet ihm, durch den Faustpfandvertrag sich ermächtigen zu lassen, im Falle der Säumniß des Schuldners das Pfand sich anzueignen oder über dasselbe ohne Beobachtung jener Formen zu verfügen (L.=R. S. 2078 Abs. 2).

Das Gesetz will verhindern, daß der Gläubiger, dem der bedrängte Schuldner Pfandstücke von höherem Werthe hingiebt, sich auf Kosten des Schuldners bereichere.

Durch diese Bestimmungen war das sogenannte Depotgeschäft (Darlehn gegen Faustpfand von Papieren) für die Vorschußvereine erschwert. Der § 11 Ziffer 3 des Norddeutschen Gesetzes, welcher die Genossenschaften zu Kaufleuten macht, half dem Uebelstande nur in den selteneren Fällen ab, wo der das Darlehn Begehrende ein Kaufmann ist, indem nach den §§ 309—311 des Handelsgesetzbuches bei Faustpfändern die Förmlichkeiten des bürgerlichen Rechts nur dann nicht zu beobachten sind, wenn es sich um beiderseitige Handelsgeschäfte zwischen Kaufleuten handelt.

Dies die Gründe, weshalb auf eine Petition des Mannheimer Vorschuß-vereins an die zweite Kammer im Badischen Gesetz vom 11. Febr. 1870, dem § 11 noch folgender vierte Absatz angehängt wurde:

> **Auf Faustpfandverträge zwischen Vorschuß- und Kreditvereinen und ihren Mitgliedern findet die Vorschrift des L.R. S. 2074 Absatz 1 keine Anwendung; jedoch müssen dieselben mit dem Tage des Abschlusses, mit dem Namen des Entleihers, mit dem Betrage der Schuld, sowie mit der Gattung und Beschaffenheit des Pfandstückes in ein zu diesem Behufe von dem Vereine zu führendes Buch unter fortlaufenden Ordnungszahlen eingetragen und von dem Vorstande des Vereins oder, wenn der Vorstand aus mehreren Mitgliedern besteht, von wenigstens zwei derselben durch Unterschrift beurkundet werden. Gedinge, durch welche der Verein ermächtigt wird, das Faustpfand ohne Beobachtung der Form des L.R. S. 2078 zu veräußern, sind giltig.**

Diese Bestimmung des Badischen Genossenschaftsgesetzes vom 11. Februar 1870 erschien geeignet, auf das ganze Rechtsgebiet des Code Napoléon (vergl. Code civil 2074 u. 2078), also auf Rheinpreußen, Rheinhessen und Rheinbayern ausgedehnt zu werden. Allein auch für Baden wurde sie mit Einführung des Deutschen Genossenschaftsgesetzes vom 4. Juli 1868 wieder aufgehoben. Freilich ward unter den Badischen Genossenschaftern auf deren Verbandstagen 1871, sowie auch sonst unter Badischen Juristen vielfach die Meinung vertreten, daß jene Bestimmung des Badischen Genossenschaftsgesetzes noch in Kraft sei, da die völlige Beseitigung des Landesgesetzes durch das Reichsgesetz weder mit ausdrücklichen Worten verordnet sei, noch aus der Reichsverfassung folge. Die Verschiedenheit der Gesetzesauslegung beunruhigte die Vereine und erzeugte Rechtsunsicherheit. Auf Vorstellung der Badischen Genossenschaften entschloß sich die Badische Regierung, zur Beseitigung der Rechtsunsicherheit den Weg der Gesetzgebung zu beschreiten.

In den Motiven des den Kammern vorgelegten Gesetzentwurfs ist angeführt, daß die Landesgesetzgebung zuständig sei, weil die zu treffende Entscheidung das bürgerliche Recht betreffe, worüber der Reichsgesetzgebung keine ausschließliche Zuständigkeit eingeräumt sei und eine Beziehung dieses bürgerlichen Rechts ergehe, über welche ein Reichsgesetz noch nicht verfügt habe. Das neue Gesetz könne sich nicht auf bloße Wiederholung des Absatzes 4 § 11 im Badischen Genossenschaftsgesetze beschränken. Dort sei mit Recht das Verhältniß dieses Gesetzes zu dem Deutschen Handelsgesetzbuche als dasjenige eines koordinirten Gesetzes aufgefaßt worden. Seit Einführung der Deutschen Reichsverfassung sei aber auch das Handelsgesetzbuch Reichsgesetz geworden und gehe als solches den Landesgesetzen vor. Demzufolge sei jede Fassung des Landesgesetzes zu vermeiden, welche als eine Beschränkung des Reichsgesetzes ausgelegt werden könnte. Der Entwurf sei darum und im Hinblick auf § 11 Abs. 2 des Reichsgenossenschaftsgesetzes, wonach Genossenschaften als „Kaufleute" gelten, so gefaßt worden, daß die Faustpfandverträge, welche Vorschußvereine mit Kaufleuten für Forderungen aus beiderseitigen Handelsgeschäften abschließen, weil unter §§ 309 bis 311 des Handelsgesetzbuchs fallend, von seinen Bestimmungen ausgeschlossen bleiben. Um jedem weiteren Zweifel über das Verhältniß des Reichsgesetzes zum Landesgesetze hinsichtlich des Genossenschaftswesens vorzubeugen, sei es angemessen, das Gesetz vom 11. Febr. 1870 ausdrücklich aufzuheben; ohnehin habe keine der Bestimmungen, welche über den Inhalt des Reichsgesetzes hinaus darin aufgenommen sind, jetzt noch erheblichere praktische Bedeutung.*)

Das Gesetz ist im Gesetzes- und Verordnungsblatt für das Großherzogthum Baden 1872 Nr. 19 Seite 207, ausgegeben den 17. April 1872, enthalten und lautet:

Friedrich, von Gottes Gnaden Großherzog von Baden,
Herzog von Zähringen.

Mit Zustimmung Unserer getreuen Stände verordnen Wir hiermit wie folgt:

§. 1. Die Vorschrift des Landrechtsatzes 2074 Absatz 1, über die Form der Bestellung von Faustpfändern findet keine Anwendung auch auf solche Faustpfandverträge der Kredit- und Vorschußvereine, bei welchen entweder der Pfandbesteller kein Kaufmann ist oder die Schuld nicht aus einem beiderseitigen Handelsgeschäfte herrührt (vergl. Artikel 309 des Deutschen Handelsgesetzbuches).

Jedoch muß der Tag des Abschlusses dieser Verträge, der Name des Entleihers, der Betrag der Schuld, sowie die Gattung und Beschaffenheit des Pfandstückes in ein zu diesem Behufe von dem Verein zu führendes Buch unter fortlaufenden Ordnungszahlen eingetragen und dieser Eintrag von dem Vorstande des Vereins oder, wenn der Vorstand aus mehreren Mitgliedern besteht, von wenigstens zweien derselben durch Unterschrift beurkundet werden.

§. 2. Gedinge, durch welche in Faustpfandverträgen der in §. 1. bezeichneten Art die Vereine ermächtigt werden, das Pfandstück ohne Beobachtung der Formen des Landrechtsatzes 2078 zu veräußern, sind giltig.

§. 3. Das Gesetz vom 11. Februar 1870, die privatrechtliche Stellung der Erwerbs und Wirthschaftsgenossenschaften betreffend (Gesetzes- u. Verordnungsblatt von 1870 Nr. XIII), ist aufgehoben.

Gegeben zu Karlsruhe in Unserem Staatsministerium, den 30. März 1872.

Friedrich.

von Freydorf.

Auf Seiner Königlichen Hoheit Höchsten Befehl: Schreiber.

VI. Hessen.

A. Vorbemerkungen.

In der Einleitung (Seite 104 und 105) ist bereits dargestellt, wie im Großherzogthum Hessen, welches durch den Krieg von 1866 in einen Norddeutschen und einen Süddeutschen Theil zerlegt war, das in der Norddeutschen Hälfte gültige Genossenschaftsgesetz vom 4. Juli 1868 mit sehr geringen Abweichungen als Gesetz vom 4. August 1869 in den südlich des

*) Vgl. die Aufsätze von Dr. Herz-Mannheim in den Blättern für Genoss. 1870 Nr. 17 S. 65, 1871 Nr. 7 u. 8 S. 25 und 1872 Nr. 14 S. 64.

Main belegenen Theilen des Landes am 27. August 1869 in Kraft getreten ist. Dieses Gesetz vom 4. August 1869 ist nun zufolge der Verfassung vom 15. November 1870 mit dem 1. Januar 1871 aufgehoben und durch das Norddeutsche Gesetz vom 4. Juli 1868 ersetzt worden. (Siehe Seite 403.)

Eine Bekanntmachung des „Großherzoglichen Ministeriums des Großherzoglichen Hauses und des Aeußern“ vom 31. Dezember 1870 (Nr. 63 Seite 741 ff. des Großherzoglich Hessischen Regierungsblattes, ausgegeben Darmstadt am 31. Dezember 1870) veröffentlicht, mit Bezug auf die gleichzeitig veröffentlichte Verfassung des Deutsches Bundes die in Gemäßheit des Artikels 80 dieser Verfassung in den nicht zum Norddeutschen Bunde gehörigen Theilen des Großherzogthums einzuführenden Gesetze zur Kenntnißnahme und Nachachtung, darunter und zwar mit dem 1. Januar 1871 in Kraft tretend, das Gesetz vom 4. Juli 1868, abgedruckt in der Anlage Seite 65 ff.

Darnach hätten zwei Regierungsverordnungen zur Ausführung des Genossenschaftsgesetzes ergehen müssen, die eine noch vor dem 1. Januar 1869 für die Norddeutschen, die andere um Neujahr 1871 für die Süddeutschen Landestheile.

Allein eine Regierungsverordnung erging überhaupt nicht. Auch Anordnungen der Behörden über das Genossenschaftsregister ließen lange auf sich warten. Auf dem Vereinstage der Oberhessischen Vereine vom 4. Juli 1869 wurde der Vorort beauftragt, beim Hessischen Ministerium wegen Erlaß eines Ausführungsgesetzes vorstellig zu werden, und sollte dies fruchtlos sein, beim Bundeskanzler Beschwerde zu führen. (Vergl. Genossenschaftsblätter 1869 Seite 157.)

Erst im Jahre 1870 ergingen vom Justizministerium Anweisungen, wie mit der Eintragung der Genossenschaften zu verfahren sei. Da derartige Mittheilungen der Staatsregierung an die Beamten und Behörden im Großherzogthum Hessen in amtlichen öffentlichen Blättern nicht veröffentlicht, vielmehr nur geschrieben oder gedruckt versendet werden, so sind dieselben in authentischer Form schwer zu erlangen. Die nachfolgenden Verfügungen und Instruktionen, welche ich der Güte des Direktors des Starkenburger Genossenschaftsverbandes J. A. Bernhardt zu Darmstadt verdanke, ergeben folgenden Hergang:

1) Das Ministerium der Justiz erließ am 2. April 1870 eine Verfügung, betreffend die Eintragung der Erwerbs- und Wirthschaftsgenossenschaften in ein anzulegendes Genossenschaftsregister, an den Großherzogl. Generalstabsprokurator in Mainz, der die Aufsichtsbehörde für die Handelsgerichte der Provinz Rheinhessen bildet, und sandte an demselben Tage Abschrift dieser Verfügung an die Großherzoglichen Hofgerichte zu Darmstadt und Gießen, als die Aufsichtsbehörden der Stadt- und Landgerichte der Provinzen Starkenburg und Oberhessen.

Unten ist unter B. 1 die mir in Abschrift — jedoch ohne die Anlage — vorliegende Verfügung des Justizministerium an das Hofgericht zu Darmstadt abgedruckt.

2) Dem Auftrage entsprechende Anweisung haben die mit Führung des Handelsregisters betrauten Gerichte in allen drei Provinzen erhalten. Unter B. 2 folgt unten die in dieser Beziehung vom Großherzogl. Hofgericht der

Provinz Starkenburg zu Darmstadt am 11. April 1870 erlassene Verfügung nach dem Abdruck.

3) Das Ministerium der Justiz hat in ähnlicher Weise unter dem 30. Mai 1870 den Aufsichtsbehörden zur Mittheilung an die mit der Führung des Handelsregisters betrauten Gerichte eine Instruktion, betreffend den Eintrag der Genossenschaften in das Handelsregister vom 20. Mai 1870 übersandt.*) Das Reskript vom 30. Mai 1870 kann ich nicht beibringen, doch wird es auf seinen Wortlaut nicht ankommen.

4) Die Instruktion vom 20. Mai ist am 11. Juni vom Großh. Hofgericht der Provinz Oberhessen zu Gießen (Busch, Archiv Bd. 20 1871 Seite 22), und am 14. Juni 1870 vom Großh. Hofgericht der Provinz Starkenburg zu Darmstadt an die Stadt- und Landgerichte dieser Provinzen zur Nachachtung gesendet. Ohne Zweifel ist gleichermaßen in der Provinz Rheinhessen verfahren. Die mir im Abdruck vorliegende Verfügung des Hofgerichts zu Darmstadt vom 14. Juni nebst der Instruktion vom 20. Mai 1870 folgen unter B. 3 und 4.**)

5) Die Entstehungsgeschichte der Instruktion ist nach Bd. 19 und Bd. 20 von Busch's Archiv leicht nachzuweisen. Im Bd. 19 Seite 450 bis 459 befindet sich eine Abhandlung des Hofgerichtsraths Dr. Friedr. Zimmermann in Gießen „über die Ausführung des Genossenschaftsgesetzes", in deren Eingang anmerkungsweise erwähnt ist, daß im Großherzogthum Hessen, in welchem das Bundesgesetz durch Gesetz vom 4. August 1869 auf die Provinzen Starkenburg und Rheinhessen ausgedehnt sei, „vorläufig die Einrichtung des Genossenschaftsregisters als Theil des Handelsregisters angeordnet worden und in der Kürze wol auch eine besondere Ausführungsverordnung zu erwarten sei." In dieser Abhandlung ist zunächst nachgewiesen, daß als Ausführungsverordnung nicht eine bloße Instruktion an die Gerichte genüge, daß vielmehr eine landesherrliche Verordnung erforderlich sei. Sodann sind die in den Ausführungsverordnungen vorzüglich zu behandelnden Punkte durchgenommen und endlich ist der Entwurf einer Ausführungsverordnung mitgetheilt. Dr. Zimmermann's Abhandlung ist zwischen dem 11. April und 20. Mai 1870 veröffentlicht; denn die Instruktion vom 20. Mai 1870 ist, bis auf ein paar auf Hessische Besonderheiten gestützte Zusätze ganz und gar übereinstimmend mit dem Zimmermann'schen Entwurfe. Sei es nun, daß letzterer einem Auftrage des Hessischen Justizministers seine Entstehung verdankt, oder daß dieser die ihm vorliegende Arbeit benutzte, ohne dieselbe hervorgerufen zu haben, — immerhin erscheint es auffällig, daß die Beweise Zimmermanns für die Nothwendigkeit einer landesherrlichen Verordnung im Gegensatze zu einer Ministerial-Instruktion ganz unberücksichtigt geblieben sind.

6) Der Ersatz des Hessischen Gesetzes durch das Deutsche in Rheinhessen und Starkenburg hat bei der fast durchgehenden Uebereinstimmung beider Gesetze zu keinen Ausführungsverordnungen Anlaß gegeben.

*) In der Einleitung Seite 101 ist die Justizministerialverordnung vom 20. Mai 1870 durch ein Versehen unter das Jahr 1869 gestellt.

**) Die Instruktion ist schon in Busch' Archiv Bd. 20 Seite 23 vollständig abgedruckt.

7) Dem Zimmermann'schen Entwurfe war ein Formular für das Genossenschaftsregister beigefügt. Die Verfügung vom 2. April 1870 aber wies die Gerichte an, sich eines Formulars zu bedienen, welches mit dem Preußischen genau übereinkommt.

8) Die Veröffentlichung der Eintragungen in das Handelsregister erfolgt nach einer Verordnung vom 9. Dezember 1862 in der Darmstädter Zeitung. Seit 1. Juli 1875 werden durch die Ministerial-Registratur allmonatlich die in der Darmstädter Zeitung erscheinenden Bekanntmachungen von Einträgen in das Handelsregister ausgezogen und nach Gerichten, in alphabetischer Ordnung der letzteren zusammengestellt, Behufs Publizirung durch den Deutschen Reichsanzeiger.

B. Verfügungen und Instruktion zur Ausführung des Genossenschaftsgesetzes.

1) Verfügung des Justizministers vom 2. April 1870.

Zu Nr. J. M. 2102. Darmstadt, am 2. April 1870.

Betr.: Eintragung der Erwerbs- und Wirthschaftsgenossenschaften.

Das Großherzogliche Ministerium der Justiz
an Großherzogliches Hofgericht dahier.

Die abschriftlich anliegende Verfügung an den Großherzoglichen General-Staatsprokurator in Mainz erhalten Sie zur Nachricht und Nachachtung und um die Ihnen untergeordneten Stadt- und Landgerichte baldigst darnach zu bedeuten.

v. Lindelof.

v. Bechtold.

2) Verfügung des Großherz. Hofgerichts der Prov. Starkenburg zu Darmstadt vom 11. April 1870.

Nr. 6.

Zu Nr. H. G. 2413. Darmstadt, am 11. April 1870.

Das Großherzogliche Hofgericht
der Provinz Starkenburg
an die Großherzoglichen Stadt- und Landgerichte
dieser Provinz.

Betr.: Eintragung der Erwerbs- und Wirthschafts-Genossenschaften.

In Gemäßheit einer Verfügung Großherzoglichen Ministeriums der Justiz vom 2. d. Mts. (zu Nr. J M. 2102) werden Sie angewiesen, zum Behufe der Eintragung der nach dem Gesetze vom 4. August 1869 hierzu geeigneten Erwerbs- und Wirthschafts-Genossenschaften, welche die Rechte einer „eingetragenen Genossenschaft" erwerben wollen und sich deshalb bei Ihnen anmelden, als dritte Abtheilung des bei Ihnen bestehenden Handelsregisters ein Genossenschaftsregister nach dem beifolgenden Formular A. und als Beilage dazu ein Verzeichniß der Genossenschafter nach Formular B.*) einzurichten und zu führen.

Dr. Krug.

Schoedler.

3) Verfügung des Hofgerichts zu Darmstadt vom 14. Juni 1870.

Nr. 10.

Zu Nr. H. G. 3640. Darmstadt, am 14. Juni 1870.

Das Großherzogliche Hofgericht
der Provinz Starkenburg
an die Großherzoglichen Stadt- und Landgerichte dieser Provinz.

Betr.: Eintragung der Erwerbs- und Wirthschaftsgenossenschaften.

In Auftrag Großherzoglichen Ministeriums der Justiz (Rescript vom 30. vor. Mts., zu Nr. J. M. 2838) theilen wir Ihnen die nachstehende Instruktion zur Nachachtung mit, indem wir bemerken, daß die im Eingange der Instruction erwähnte Verfügung Großherzoglichen Ministeriums der Justiz vom 2. April d. J. nebst Formular Ihnen bereits durch unser Ausschreiben Nr. 6. vom 11. April d. J. bekannt gegeben worden ist.

Dr. Trygophorus.

Schoedler.

4) Instruktion des Justizministeriums vom 20. Mai 1870.

Instruction

Betreffend: Den Eintrag der Genossenschaften in das Handelsregister.

§. 1. Jedes Handelsgericht und jedes als Handelsgericht fungirende Civilgericht hat für seinen Bezirk als Theil des Handelsregisters ein nach dem in der am Schlusse der gegenwärtigen Instruction beigefügten Verfügung Großherzoglichen Ministeriums der Justiz vom 2. April 1870 vorgeschriebenen Formulare A. eingerichtetes Genossenschafts-Register zu führen.

§. 2. Für dessen Führung gelten die in der Verordnung vom 9. December 1862, die Führung der Handelsregister betr. enthaltenen Bestimmungen unter nachfolgenden Modificationen.

§. 3 Nur diejenigen Genossenschaften, welche die Rechte einer „eingetragenen Genossenschaft" im Sinne der erwähnten Gesetze erwerben wollen, haben den deßfallsigen Antrag durch ihren zu legitimirenden Vorstand bei dem betreffenden Gerichte zu stellen, und es findet hierbei ein Einschreiten von Amtswegen nicht statt.

§. 4. Genossenschaften, welche sich nicht zur Eintragung in das Genossenschaftsregister angemeldet oder die Eintragung noch nicht erlangt haben,

*) Eines Abdrucks der Formulare bedarf es hier nicht, da sie buchstäblich mit den Seite 426 abgedruckten der Preußischen Ministerialinstruktion übereinstimmen.

können sich nicht der Firma einer „eingetragenen Genossenschaft" oder überhaupt einer Firma bedienen.

§. 5. Der Vorstand hat bei seiner Anmeldung einen nach Art. 3 des Gesetzes abgefaßten Gesellschafts-Vertrag im Original oder in beglaubigter Abschrift, sowie einen nach Art. 4 des Gesetzes daraus gefertigten Auszug nebst einem nach dem in der Verfügung Großherzoglichen Ministeriums der Justiz vom 2. April 1870 unter B. vorgeschriebenen Formulare eingerichteten Verzeichnisse der zur Zeit der Anmeldung zur Genossenschaft gehörenden Genossenschafter zu den Acten einzuliefern.

§. 6. Jede Abänderung des Gesellschafts-Vertrages muß unter Ueberreichung zweier Abschriften des Genossenschaftsbeschlusses angemeldet werden. Die eine Abschrift bleibt bei den Akten, während die zweite mit der Bescheinigung der erfolgten Eintragung der Genossenschaft wieder zurückgestellt wird. Wird die Eintragung verweigert, so sind den Betheiligten die Gründe hierfür anzugeben.

§. 7. Im Falle des Art. 23 des Gesetzes hat der neu bestellte Vorstand und im Falle der Suspension des Vorstandes nach Art. 28 Absatz 2 des Gesetzes der Aufsichtsrath die Anmeldung zur Eintragung vorzunehmen.

§. 8. Zur Untersuchung und Aburtheilung der im Art. 27 des Gesetzes bezeichneten Uebertretungen sind in den Provinzen Starkenburg und Oberhessen die Landgerichte, in der Provinz Rheinhessen die Bezirksgerichte zuständig.

§. 9. In Betreff der im Art. 66 des Gesetzes angeführten Verfehlungen finden die Vorschriften des Art. 7 des Einführungsgesetzes vom 1. August 1862 Anwendung.

Das hierbei einzuhaltende Verfahren richtet sich in der Provinz Rheinhessen nach den Vorschriften des Art. 29. des genannten Einführungsgesetzes zum Handelsgesetzbuch v. 1. Aug. 1862.

In den Provinzen Starkenburg und Oberhessen gelten für das bei der Bestrafung der betreffenden Ordnungswidrigkeiten einzuhaltende Verfahren, die Vorschriften, welche für die übrigen von den Handelsgerichten auszusprechenden Ordnungsstrafen in Uebung sind.

§. 10. Sämmtliche Eingaben und Verfügungen zum Zwecke der Eintragung und deren Abänderungen erfolgen stempel- und gebührenfrei und sind der Einregistrirung nicht unterworfen, ebenso die Verfügungen zu den öffentlichen Bekanntmachungen der Eintragungen. Die Inseratgebühren und die den Betheiligten zu ertheilenden Abschriften, Auszüge und Atteste, sowie alle Verhandlungen, welche als Vorbereitungen des Eintrags erscheinen, sind jedoch von den Interessenten nach den deßfalls bestehenden Bestimmungen zu bezahlen.

§. 11. Alle öffentliche Bekanntmachungen geschehen in den öffentlichen Blättern, welche für die Veröffentlichung der Einträge in das Handels-Register bestimmt sind.

Darmstadt, 20. Mai 1870.

Großherzogliches Ministerium der Justiz.

v. Lindelof. v. Kreß.

Schödler.

VII. Mecklenburg-Schwerin und Mecklenburg-Strelitz.

A. Vorbemerkungen.

Die beiden Regierungen der Mecklenburger Großherzogthümer haben „in hausvertragsmäßiger Kommunikation" und unter Zuziehung ihrer gemeinschaftlichen Ständeversammlung, die solches gar nicht beanspruchen konnte, die Ausführungsverordnungen erlassen. Sie haben dabei, vermuthlich weil die Rücksicht auf die vielen Vorschußvereine zur Eile trieb, das Erscheinen der Preußischen Ausführungsverordnung nicht abgewartet, sondern wie die Lauenburgische Regierung, die Preußischen Ministerialinstruktionen zu dem Preußischen Genossenschaftsgesetze ihrer Arbeit zum Grunde gelegt. Darüber haben sie sich erheblich verspätet und einzelne Mängel nicht vermieden. Anzuerkennen ist aber, daß ein von Schulze-Delitzsch in den Genossenschaftsblättern getadelter direkter Verstoß gegen das Genossenschaftsgesetz schleunig durch eine Nachtragsverordnung korrigirt ist, und daß die Regierungen auch später sich der Pflicht nicht entzogen haben, die Mängel des Verfahrens durch Abänderungsverordnungen zu beseitigen.

So viel im Allgemeinen. Im Einzelnen ist Folgendes hervorzuheben:

1) Was zunächst die eigentlichen Ausführungsverordnungen anlangt, so datiren beide vom 2. Januar 1869, die M.-Schwerin'sche erschien in der am 7. Januar 1869 zu Schwerin ausgegebenen Nr. 2 des Regierungsblatts für das Großherzogthum Mecklenburg-Schwerin Seite 9 ff., die M.-Strelitz'sche in der am 21. desselben Monats zu Neustrelitz ausgegebenen Nr. 2 des Großherzoglich Mecklenburg-Strelitz'schen Offiziellen Anzeigers für Gesetzgebung und Staatsverwaltung. Sie sind nachfolgend unter B. 1 und 2 abgedruckt.

2) Beide Ausführungsverordnungen sind ihrem Inhalte nach identisch; abgesehen vom Eingange und von der Schlußformel ist nur im § 1, wo eine Verweisung auf eine frühere Verordnung nöthig war, eine Verschiedenheit der Fassung zu konstatiren.

3) Dem zum Grunde gelegten Muster entspricht es, daß die Eigenschaft des Genossenschaftsregisters, als eines Theils des Handelsregisters nicht genügend hervorgehoben ist, wenn schon eigentliche Verstöße gegen das Gesetz in dieser Beziehung nicht vorhanden sind.

Von den verschiedenen §§ sind ganz oder im Wesentlichen übereinstimmend mit denen der Preußischen Instruktion zum Deutschen Genossenschaftsgesetze: § 2 mit § 10, § 3 mit § 18 Absatz 1, § 4 mit § 20, § 7 mit § 12 Abs. 1 u. 2, § 10 mit § 15 Abs. 1, § 14 mit § 23 Abs. 1, § 15 mit § 24, § 17 mit § 26, § 18 mit § 27, § 19 mit § 28.

4) Beim § 16 Abs. 2 ist dem Verfasser der Ausführungsverordnung dasselbe Versehen passirt, wie dem der Lauenburgischen Instruktion (vergl. oben Seite 408 und 421); er hat die Bestimmung: „Ist der Vorstand durch den Aufsichtsrath suspendirt, so erfolgt die Anmeldung zur Eintragung durch den Aufsichtsrath" dem § 22 Abs. 1 des Preußischen Genossenschaftsgesetzes entlehnt, obschon § 23 Abs. 1 des Deutschen Genossenschaftsgesetzes die Anmeldung durch den ganz oder theilweise erneuten Vorstand vorschreibt. Schulze's

Tadel in den Genossenschaftsblättern*) und die Beschwerden der Mecklenburgischen Genossenschaften blieben nicht ohne Wirkung. Berichtigende Publikanda des Großherzoglichen Mecklenburgischen Staatsministeriums zu Schwerin vom 5. März 1869, in der am 6. desselben Monats ausgegebenen Nr. 20 (Seite 157 und 158) des Regierungsblattes für Mecklenburg-Schwerin, und der Großherzoglich-Mecklenburgischen Landesregierung zu Neustrelitz vom 9. März 1869 in der am 19. desselben Monats ausgegebenen Nr. 8 (S. 64) des Mecklenburg-Strelitz'schen offiziellen Anzeigers sind nachfolgend unter C. 1. und 2. abgedruckt.

5) Die Ausführungsverordnungen vom 2. Januar 1869 haben die Besonderheit, daß sie keinen Beilageband zum Genossenschaftsregister kennen, sondern für jede Genossenschaft die Anlegung eines besonderen Aktenstückes vorschreiben, zu welchen alle auf dieselbe Bezug habenden Schriftstücke gelangen. Das Gleiche war für die Aktiengesellschaften und Kommanditaktiengesellschaften angeordnet. Dieses ist abgeändert; es sind Beilagenbände zum Register eingeführt durch übereinstimmende Großherzogliche Verordnungen vom 18. April 1874, publizirt in der am 4. Mai 1874 ausgegebenen Nr. 13 des Regierungsblattes für das Großherzogthum Mecklenburg-Schwerin (S. 131 bis 133) und in der am 14. Mai 1874 ausgegebenen Nr. 12 des Strelitzer offiziellen Anzeigers (S. 75). Diese Verordnungen sind unter C. 3) u. 4) abgedruckt.

6) Die Ausführungsverordnungen vom 2. Januar 1869 bestimmten im § 1, daß die auf das Handelsregister bezüglichen Bestimmungen, insbesondere über die öffentliche Bekanntmachung der Einträge in das Handelsregister (§ 13 der Verordnung vom 28. Dezember 1863) auch auf das Genossenschaftsregister anwendbar sein sollten.**) Diese durchaus korrekte Bestimmung ist im vorigen Jahre durch Verordnungen beseitigt worden, die gegen das Genossenschaftsgesetz insofern verstoßen, als sie, gleich der Preußischen und Lauenburgischen Instruktion (siehe oben S. 407, 413) gestatten, auch in anderen Blättern, als in den Handelsregisterblättern, die Eintragungen in das Genossenschaftsregister zu veröffentlchen. Was für Motive vorgelegen haben, plötzlich dem Gesetze zuwider, die Veröffentlichung der Eintragungen in das Genossenschaftsregister und in die übrigen Theile des Handelsregisters verschieden zu behandeln, ist ganz unerfindlich. Die Verordnungen vom 10. Juli 1875 sind publizirt in der am 6. August 1875 ausgegebenen Nr. 21 des Regierungsblattes für

---

*) 1869. Jahrgang der Gen.-Blätter Nr. 7 und 8 Seite 30, abgedruckt mit Schulze's übrigen Aufsätzen über die Ausführungsverordnungen in Schulze's „Die Entwickelung des Genossenschaftswesens in Deutschland" Seite 292 bis Seite 322.

**) Die öffentlichen Bekanntmachungen der Einträge sollten danach „bis auf Weiteres, insbesondere bis dahin, daß etwa ein besonderes Zentralorgan für dieselben geschaffen sein wird, dessen Anordnung" beziehungsweise dem Justizministerium oder der Landesregierung vorbehalten bleiben sollte, für das Großherzogthnm Mecklenburg-Schwerin und das Herzogthum Strelitz durch die Mecklenburg-Schwerin'schen Anzeigen, in Rostock und Wismar durch die dortigen Amtsblätter, für das Fürstenthum Ratzeburg durch die Schönberger Anzeigen und die Lüb'sche Zeitung, „daneben den Umständen nach durch andere Blätter" erfolgen.

das Großherzogthum Mecklenburg-Schwerin (S. 170 und 171) und in der am 12. August 1875 ausgegebenen Nr. 21 des Strelitzer offiziellen Anzeigers (Seite 133). Sie sind unter C. 5) und 6) abgedruckt.

B. Die Ausführungsverordnungen vom 2. Januar 1869: 1) für Mecklenburg-Schwerin, 2) für Mecklenburg-Strelitz.

(Nr. 1.) **Friedrich Franz**, von Gottes Gnaden Großherzog von Mecklenburg, Fürst zu Wenden, Schwerin und Ratzeburg, auch Graf zu Schwerin, der Lande Rostock und Stargard Herr 2c.

Mit Bezug auf den Vorbehalt in den §§. 66 und 72 des in No. 24 des Bundes-Gesetzblattes des Norddeutschen Bundes für das Jahr 1868 publicirten Gesetzes, betreffend die privatrechtliche Stellung der Erwerbs- und Wirthschaftsgenossenschaften, vom 4ten Julius 1868, verordnen Wir, nach hausvertragsmäßiger Communication mit Seiner Königlichen Hoheit dem Großherzoge von Mecklenburg-Strelitz und nach stattgehabter Verhandlung mit Unseren getreuen Ständen, das Nachstehende:

— Strelitz — Ebenso, nur zu Anfang: „Friedrich Wilhelm", und gegen Ende „dem Großherzoge von Mecklenburg-Schwerin."

§. 1.

Diejenigen Gerichte, denen nach den Bestimmungen des §. 1 sub I. der Instruction für die Handelsgerichte zur Führung der Handelsregister in Anlage No. II. der Verordnung zur Publication des Allgemeinen deutschen Handelsgesetzbuches vom 28sten December 1863 — Beilage zum Regierungs-Blatt 1864, No. 4 — die Führung der Handelsregister obliegt, haben das Genossenschaftsregister zu führen.

Rücksichtlich des Letzteren finden gleichfalls die auf die Handelsregister bezüglichen Bestimmungen der gedachten Verordnung §§. 11 und 13, sowie der gedachten Instruction §. 1 sub III. 1, §. 2, 5, sub Nris. 5 bis 8 und 10 und §. 15 sub Nris. I., III. bis VI. Anwendung.*)

— Strelitz — Absatz 1 wie § 1, nur „zur Führung der Handelsregister nach dem Formular in Anlage A. der Instruction für die Handelsgerichte — Beilage zu Nr. 2 des officiellen Anzeigers von 1864 — die Führung" 2c. Absatz 2 wie § 1, nur „der Verordnung zur Publication des Allgemeinen Deutschen Handelsgesetzbuches vom 28. December 1863 in den §§ 11 bis 13" u. s. fort.*)

§. 2.

— Strelitz. —

Zu dem Genossenschaftsregister ist dauerhaftes Papier in Großfolio zu verwenden; es ist mit einem haltbaren Einbande zu versehen und so zu foliiren, daß zwei neben einander stehende Seiten ein Folium bilden.

---

*) Ueber die Abänderung dieser Bestimmungen durch die nachfolgend unter C. 5 und 6 abgedruckten Verordnungen vom 10. Juli 1875 siehe oben Vorbemerkungen zu 6.

Der Secretair hat die Zahl dieser Folien auf dem ersten Blatte des Genossenschaftsregisters unter seiner Unterschrift zu bemerken.

Wächst das Genossenschaftsregister auf mehrere Bände, so ist die in dem ersten Bande begonnene Zählung der Folien in den folgenden Bänden fortzuführen und die Zahl der in jedem späteren Bande enthaltenen Folien ebenfalls auf dem ersten Blatte wie vorstehend in den betreffenden Ziffern zu bemerken. Zugleich ist auf dem ersten Blatte des ersten Bandes die Zahl der Folien jedes folgenden Bandes in gleicher Weise nachzutragen.

§. 3.

— Strelitz. —

Das Genossenschaftsregister wird nach dem beigedruckten Formulare in Anlage A geführt.

§. 4.

— Strelitz. —

Jede Genossenschaft wird auf einem besonderen Folium eingetragen. Insoweit ein Folium zu der ersten Eintragung nicht ausreicht, sind die folgenden Folien in ununterbrochener Reihenfolge zu derselben zu verwenden, auch ist, wenn nachträgliche Eintragungen, welche einen erheblichen Raum in Anspruch nehmen, vorauszusehen sind, hierfür eine genügende Anzahl von Folien freizulassen.

§. 5.

— Strelitz —

Für jede zur Eintragung in das Genossenschaftsregister gelangende Genossenschaft werden besondere Acten gehalten, auf deren Umschlag die Firma der Genossenschaft, die betreffende Nummer und das betreffende Folium des Genossenschaftsregisters zu bemerken sind.

Diese Acten müssen über alles, was in das Genossenschaftsregister eingetragen wird, vollständigen Nachweis geben. Zu ihnen gelangen daher alle auf diese Genossenschaft bezüglichen, das Genossenschaftsregister betreffenden Verfügungen, Verhandlungen, Anmeldungen und dazu gehörenden Urkunden.*)

§. 6.

— Strelitz —

In das Genossenschaftsregister darf nichts eingetragen werden, dessen Eintragung nicht vorher von dem Richter zu den betreffenden Acten (§. 5) decretirt worden ist.

Dieses Decret muß alle wesentlichen Theile der zu beschaffenden Eintragung in solcher Fassung enthalten, daß in der Hauptsache eine vollständige Uebereinstimmung zwischen beiden besteht.

Alle Eintragungen sind durch eine kurze gedrängte Bezeichnung der betreffenden Thatsachen auszuführen.

§. 7.

— Strelitz —

Unter jeder Eintragung in das Genossenschaftsregister ist zu bemerken:

---

*) Siehe Einleitung zu 5) und die unter C. 3 u. 4 abgedruckten Verordnungen vom 18. April 1874, welche den § 5 abändern.

a) der Tag ihrer Decretur,

b) der Tag der Eintragung,

c) die Nummer des Actenstückes, welches die Decretur enthält,

und jede derartige Bemerkung durch die Namensunterschrift des Secretairs unter Hinzufügung seines Amtscharakters zu beglaubigen.

§. 8.

— Strelitz —

Nach erfolgter Eintragung eintretende Veränderungen sind in die Columnen nachzutragen, in welche sie ihrem Gegenstande nach gehören.

§. 9.

— Strelitz —

Ist im Laufe der Zeit der für die Eintragungen einer Genossenschaft gelassene Raum so erschöpft worden, daß er keine weiteren Nachtragungen mehr gestattet, so wird der noch gültige Inhalt der gesammten Eintragungen mit einer neuen Firmennummer unter Verweisung auf das alte Folium, auf ein neues Folium übertragen; daß dies geschehen, unter Verweisung auf das letztere auf dem alten Folium und die neue Nummer in dem von dem Secretair nach Maßgabe des §. 19 zu führenden alphabetischen Verzeichnisse bemerkt und die alte Nummer roth unterstrichen.

§. 10.

— Strelitz —

Ist das Erlöschen einer Genossenschaft in das Genossenschaftsregister einzutragen, so sind alle auf die erloschene Genossenschaft sich beziehenden Eintragungen in das Genossenschaftsregister mit rother Tinte zu unterstreichen. Zugleich ist in dem von dem Secretair nach Maßgabe des §. 19 zu führenden alphabetischen Verzeichnisse die erloschene Firma roth zu unterstreichen.

§. 11.

— Strelitz —

Die Eintragung einer Genossenschaft erfolgt auf Anmeldung des Vorstandes der Genossenschaft und auf Grund des von demselben einzureichenden schriftlichen nach §. 3 des Genossenschaftsgesetzes abgefaßten Gesellschaftsvertrages.

Der Anmeldung hat der Vorstand seine Legitimation und ein Verzeichniß der zur Zeit der Anmeldung zur Genossenschaft gehörenden Genossenschafter nach dem Formulare in Anlage B. beizufügen.

Zur Anmeldung der Eintragung sind die Genossenschaften von Amtswegen nur anzuhalten, wenn sie sich der Firma einer eingetragenen Genossenschaft bedienen wollen. Für das hierbei sowie bei Ausführung des §. 66 Absatz 1 des Genossenschaftsgesetzes zu befolgende Verfahren sind die in §. 12 der Verordnung zur Publication des Allgemeinen deutschen Handelsgesetzbuches vom 28. December 1863 getroffenen Bestimmungen maßgebend.

§. 12.

— Strelitz. —

Die Eintragung der Genossenschaft in das Genossenschaftsregister geschieht durch Aufnahme des Gesellschaftsvertrages im Auszuge.

Dieser Auszug muß enthalten:

1. das Datum des Gesellschaftsvertrages,

2. die Firma und den Sitz der Genossenschaft,
3. den Gegenstand des Unternehmens,
4. die Zeitdauer der Genossenschaft, im Falle dieselbe auf eine bestimmte Zeit beschränkt sein soll,
5. die Namen und den Wohnort der zeitigen Vorstandsmitglieder,
6. die Form, in welcher die von den Genossenschaften ausgehenden Bekanntmachungen erfolgen, sowie die Blätter, in welche sie aufzunehmen sind.

Ist in dem Gesellschaftsvertrage eine Form bestimmt, in welcher der Vorstand seine Willenserklärungen kund giebt und für die Genossenschaft zeichnet, so ist auch diese Bestimmung in das Genossenschaftsregister aufzunehmen.

Der Gesellschaftsvertrag ist in beglaubigter Abschrift oder in einem von dem Secretair beglaubigten Abdrucke zu den Acten zu legen.

§. 13.

— Strelitz. —

Die Firma der Genossenschaft wird in die zweite Columne, der Sitz derselben in die dritte Columne, der übrige Inhalt in die vierte Columne des für die betreffende Genossenschaft bestimmten Foliums eingetragen.

§. 14.

— Strelitz. —

Die Eintragung eines Beschlusses der Generalversammlung, welcher die Fortsetzung der Genossenschaft oder eine Abänderung der Bestimmungen des Gesellschaftsvertrages zum Gegenstande hat, erfolgt auf Grund der Anmeldung des Vorstandes und des schriftlich abgefaßten Beschlusses.

Der Beschluß ist nach Maßgabe des §. 12 in das Genossenschaftsregister im Auszuge, in die Acten vollständig aufzunehmen.

§. 15.

— Strelitz. —

In die vierte Columne sind ferner einzutragen:

1. die jeweiligen Mitglieder des Vorstandes der Genossenschaft; vor der Eintragung eines Mitgliedes des Vorstandes hat dasselbe seine Unterschrift vor Gericht zu zeichnen oder die Zeichnung in beglaubigter Form einzureichen;
2. die Auflösung der Genossenschaft und, falls dieselbe eine Folge der Eröffnung des Concurses über die Genossenschaft ist, die Eröffnung des Concurses;
3. die nach der Auflösung eintretenden Liquidatoren, das Austreten eines Liquidators oder das Erlöschen der Vollmacht eines solchen. Ein Liquidator hat vor der Eintragung seine Unterschrift vor Gericht zu zeichnen oder die Zeichnung in beglaubigter Form einzureichen.

Eine Beschränkung des Umfanges der Geschäftsbefugnisse des Vorstandes oder der Liquidatoren kann nicht eingetragen werden.

§. 16.

— Strelitz. —

Die in §. 15 bezeichneten Eintragungen erfolgen auf Anmeldung des Vorstandes und auf Grund des vorzulegenden Beschlusses der Generalversammlung der Genossenschaft.

Ist der Vorstand durch den Aufsichtsrath suspendirt (Genossenschaftsgesetz §. 28 Abs. 2), so erfolgt die Anmeldung zur Eintragung durch den Aufsichtsrath.*)

Die Eintragung der Concurseröffnung erfolgt von Amtswegen. Von der Eröffnung des Concurses ist zu den die Genossenschaft betreffenden Acten unverzüglich Anzeige zu machen.

Ebenso erfolgt die Eintragung der Auflösung einer Gesellschaft im Falle des §. 35 des Genossenschaftsgesetzes von Amtswegen, sobald das rechtskräftige die Auflösung aussprechende Erkenntniß zu den die Genossenschaft betreffenden Acten mitgetheilt worden ist.

§. 17.

— Strelitz —

Für die Eintragung einer Genossenschaft in das Genossenschaftsregister des Gerichtes, in dessen Bezirk dieselbe nicht ihren Sitz, sondern eine Zweigniederlassung hat, gelten die vorstehenden Bestimmungen mit der Abweichung,

daß die Eintragung in das Genossenschaftsregister des Gerichts der Zweigniederlassung nicht stattfindet, bevor durch ein Attest des Gerichtes am Sitze der Genossenschaft nachgewiesen ist, daß die Eintragung in das Genossenschaftsregister des letzteren Gerichtes erfolgt ist.

§. 18.

— Strelitz —

Ist die Verlegung des Sitzes einer Genossenschaft nach einem Orte außerhalb des Bezirks des Gerichtes in das Genossenschaftsregister eingetragen und besteht im Bezirke des Gerichtes auch keine Zweigniederlassung, so ist in Beziehung auf die Führung des Registers die Genossenschaft als erloschen anzusehen.

§. 19.

— Strelitz —

Der Secretair hat zu dem Genossenschaftsregister ein nach den Firmen geordnetes alphabetisches Verzeichniß der darin eingetragenen Genossenschaften unter Bezugnahme auf die Nummer im Register zu führen und in das Verzeichniß der Genossenschafter die Namen der neu hinzutretenden Genossenschafter nachzutragen und den Tag des Ausscheidens der ausgetretenen oder ausgeschlossenen Genossenschafter in der vierten Columne dieses Verzeichnisses zu bemerken.

§. 20.

— Strelitz —

Im Falle des §. 35 des Genossenschaftsgesetzes, wird die Auflösung der

*) Dieser Absatz 2 ist aufgehoben durch die unter C. 1 und 2 abgedruckten Verordnungen vom 5. März und 9. März 1869. Vergl. auch Einleitung zu 4.

Genossenschaft im Auftrage der Großherzoglichen Landesregierung durch den Regierungsfiscal im Wege einer Klage beantragt. Das auf die Klage von dem competenten Gerichte einzuleitende Verfahren richtet sich nach den für den ordentlichen Civilproceß geltenden Bestimmungen.

§. 21.

— Strelitz —

In den Fällen der §§. 27 Abs. 2 und 67 des Genossenschaftsgesetzes ist nach Maßgabe der Grundsätze des Verfahrens in gerichtlichen bürgerlichen Strafsachen zu verfahren.

§. 22.

— Strelitz —

In Betreff des Erwerbes von Eigenthum und anderen dinglichen Rechten an Grundstücken durch eine Genossenschaft, sowie in Betreff der Eintragungen auf den Namen einer Genossenschaft in die Grund- und Hypothekenbücher normiren die Bestimmungen der Verordnung zur Publication des Allgemeinen deutschen Handelsgesetzbuchs vom 28. December 1863, §. 26 Abs. 1 und 2 und §. 27 Abs. 1 bis 3.

Gegeben durch Unser Staats-Ministerium, Schwerin am 2. Januar 1869.

Friedrich Franz.

J. v. Oertzen. Buchka. Wetzell.

Verordnung
zur
Ausführung des in Nr. 24 des Bundes-Gesetzblattes des Norddeutschen Bundes für das Jahr 1868 publicirten Gesetzes, betreffend die privatrechtliche Stellung der Erwerbs- u. Wirthschafts-Genossenschaften, vom 4. Julius 1868.

— Strelitz:

Urkundlich unter Unserer Höchsteigenhändigen Unterschrift und beigedrucktem Großherzoglichen Regierungs-Insiegel.

Neustrelitz den 2. Januar 1869.

Friedrich Wilhelm, G. H. v. M.

(L. S.) v. Hammerstein.

C. Verordnungen zur Abänderung und Berichtigung der Ausführungsverordnungen vom 2. Januar 1869.

1) und 2) Verordnungen vom 5. und 9. März 1869 zur Berichtigung des § 16 Absatz 2. der Ausführungsverordnungen.

1. Mecklenburg-Schwerin.

Berichtigung des § 16 der Verordnung vom 2. Januar 1869 zur Ausführung des Bundesgesetzes, betreffend die privatrechtliche Stellung der Erwerbs- und Wirthschaftsgenossenschaften vom 4. Julius 1868.

Bei der Redaktion der Verordnung vom 2. Januar d. J. zur Ausführung des Bundesgesetzes, betreffend die privatrechtliche Stellung der Erwerbs- und

Wirthschaftsgenossenschaften vom 4. Julius 1868, sind am Schluß der Bestimmung im §. 16, Abs. 2 die Worte „zur Eintragung durch den Aufsichtsrath" aufgenommen worden, während es statt derselben hätte heißen sollen:

„zur Eintragung durch die vom Aufsichtsrath gewählten interimistischen Vertreter des Vorstandes."

und wird daher unter Abänderung jener unrichtigen Fassung hiermit bestimmt, daß der Absatz 2 §. 16 cit. fortan also lauten soll:

„Ist der Vorstand durch den Aufsichtsrath suspendirt (Genossenschaftsgesetz §. 28, Abs. 2), so erfolgt die Anmeldung zur Eintragung durch die vom Aufsichtsrath gewählten interimistischen Vertreter des Vorstandes".

Schwerin, am 5. März 1869.

Großherzoglich Mecklenburgisches Staats-Ministerium.

v. Müller. Buchka. Wetzell.

2. Mecklenburg-Strelitz.

— Strelitz — Publikandum, betr. den § 16 der Ausführungs-Verordnung zum Genossenschaftsgesetze.

Der Absatz 2 des § 16 der Verordnung vom 2. Januar d. J. zur Ausführung des Bundesgesetzes, betreffend die privatrechtliche Stellung der Erwerbs- und Wirthschaftsgenossenschaften vom 4. Juli 1868 soll also lauten:

„Ist der Vorstand" ... u. s. f. wie oben bis ... „des Vorstandes" — was auf Allerhöchsten Befehl zur Nachachtung hiedurch bekannt gemacht wird.

Neustrelitz, den 9. März 1869.

Großherzoglich Mecklenburgische Landes-Regierung.

v. Hammerstein.

3) und 4) Die Verordnungen vom 18. April 1874, betreffend die Eintragung der Gesellschaftsverträge ꝛc.

3. Mecklenburg-Schwerin.

(Nr. 14.) Verordnung, betreffend die Eintragung der Gesellschaftsverträge und der diese Verträge abändernden Beschlüsse der Kommanditgesellschaften auf Aktien, der Aktiengesellschaften und der Genossenschaften.

Friedrich Franz von Gottes Gnaden, Großherzog von Mecklenburg, Fürst zu Wenden, Schwerin und Ratzeburg, auch Graf zu Schwerin, der Lande Rostock und Stargard Herr u. s. w.

Wir verordnen nach hausvertragsmäßiger Kommunikation mit Sr. Königlichen Hoheit dem Großherzog von Mecklenburg-Strelitz und nach verfassungsmäßiger Verhandlung mit Unsern getreuen Ständen das Nachstehende:

§ 1. Zu dem Handelsregister und zu dem Genossenschaftsregister ist, sobald eine Commanditgesellschaft auf Actien oder eine Actiengesellschaft, beziehungsweise eine Genossenschaft eingetragen werden soll, zur Aufnahme der diese Gesellschaften, beziehungsweise die Genossenschaft betreffenden Gesellschaftsverträge und der dieselben abändernden Beschlüsse ein besonderer als Theil des Registers anzusehender Beilagenband anzulegen. Die Anlegung eines solchen Beilagebandes hat der Secretair auf dem ersten Blatte des Hauptregisters zu bemerken.

§ 2. Die Gesellschaftsverträge und die dieselben abändernden Beschlüsse der in § 1 bezeichneten Gesellschaften und der Genossenschaften sind in das Hauptregister am Orte der Niederlassung und der Zweigniederlassung nach Maßgabe der Instruction zur Führung des Handelsregisters in Anlage 2 der Verordnung vom 28. December 1863 zur Publication des Allgemeinen Deutschen Handelsgesetzbuchs, beziehungsweise nach Maßgabe der Ausführungs-Verordnung vom 2. Januar 1869 zum Bundesgesetz, betreffend die privatrechtliche Stellung der Erwerbs- und Wirthschafts-Genossenschaften vom 4. Juli 1868 einzutragen, dagegen zu dem Beilagenbande des Hauptregisters in einer vom Secretair zu beglaubigenden vollständigen Abschrift oder in einem ebenso zu beglaubigenden vollständigen Abdruck zu nehmen. In dem Hauptregister ist die Stelle des Beilagenbandes zu bezeichnen, wo die Abschrift oder der Abdruck sich findet.

§ 3. Die Bestimmungen der Instructionen zur Führung des Handelsregisters und des Genossenschaftsregisters, nach welchen die Gesellschaftsverträge und die dieselben abändernden Beschlüsse der gedachten Gesellschaften und der Genossenschaften in beglaubigter Abschrift zu den für die einzelnen Gesellschaften und der Genossenschaften geführten Acten zu nehmen sind, werden aufgehoben.

§ 4. Die mit der Führung der Handels- und Genossenschaftsregister beauftragten Gerichte werden angewiesen, die Gesellschaftsverträge und die dieselben abändernden Beschlüsse der noch nicht erloschenen Commanditgesellschaften auf Actien, Actiengesellschaften und Genossenschaften, welche bisher in beglaubigten Abschriften oder Abdrücken zu den für die einzelnen Gesellschaften und Genossenschaften geführten Acten gelegt worden sind, alsbald unter Beobachtung der Vorschriften des § 2 in den Beilageband aufzunehmen.

Urkundlich unter Unserer höchsteigenhändigen Unterschrift und beigedrucktem Großherzoglichen Insiegel.

Gegeben durch Unser Staatsministerium, Schwerin, am 18. April 1874.

Friedrich Franz.

H. Graf zu Bassewitz. v. Müller. Buchka. Wetzell.

4. Mecklenburg-Strelitz.

— Strelitz — Verordnung, betreffend die Eintragung — — u. so fort — — ebenso wie zu 3) nur im Eingange:

„**Friedrich Wilhelm** von Gottes 2c." statt „Friedrich Franz" im 2. Absatz „dem Großherzog von Mecklenburg-Schwerin" statt „Mecklenburg-Strelitz."

Sodann der Schluß:

„Gegeben Neustrelitz", den 15. April 1874.

(L. S.) **Friedrich Wilhelm**, Großherzog von Mecklenburg.

A. Piper.

5) und 6): Die Verordnungen vom 10. Julius 1875 betreffend die Veröffentlichung der Einträge in das Handelsregister und in das Genossenschaftsregister.

5. Mecklenburg-Schwerin.

Verordnung zur Abänderung der Publications-Verordnung zum Allgemeinen Deutschen Handelsgesetzbuche vom 28. Dezember 1863 und der Verordnung vom 2. Januar 1869 zur Ausführung des Reichs-Genossenschaftsgesetzes.

(Nr. 19) **Friedrich Franz** von Gottes Gnaden Großherzog von Mecklenburg, Fürst zu Wenden, Schwerin und Ratzeburg, auch Graf zu Schwerin, der Lande Rostock und Stargard, Herr rc.

Wir verordnen zur Abänderung des § 13 der Verordnung zur Publikation des Allgemeinen Deutschen Handelsgesetzbuchs vom 28. Dezember 1863, sowie zur Abänderung des § 1, Abs. 2 der Verordnung vom 2. Januar 1869 zur Ausführung des Reichs-Genossenschaftsgesetzes vom 4. Julius 1868, nach hausvertragsmäßiger Kommunikation mit Seiner Königlichen Hoheit dem Großherzog von Mecklenburg-Strelitz und nach stattgehabter Berathung mit Unseren getreuen Ständen, was folgt:

Die Einträge in das Handelsregister sollen neben der in § 13 der Verordnung vom 28. Dezember 1863 vorgeschriebenen Bekanntmachung auch durch das in Berlin als besondere Beilage des Deutschen Reichs- und Königlich Preußischen Staatsanzeigers erscheinende Central-Handelsregister für das Deutsche Reich bekannt gemacht werden, und bleibt Unserem Justiz-Ministerium vorbehalten, auch für die Einträge in die Genossenschaftsregister die öffentliche Bekanntmachung durch das Central-Handelsregister vorzuschreiben.

Gegeben durch Unser Staats-Ministerium.

Schwerin am 10. Julius 1875.

Friedrich Franz.

G. Graf v. Bassewitz. Buchka. Wetzell. v. Bülow.

6. Mecklenburg-Strelitz.

— Strelitz — (Nr. 9) Verordnung zur Abänderung . . . u. so fort . . . wie zu 5., nur im Eingange „Friedrich Wilhelm von Gottes Gnaden" rc. statt „Friedrich Franz" und im ersten Absatze „dem Großherzog von Mecklenburg-Schwerin" statt „Mecklenburg-Strelitz" . . . sodann der Schluß:

Urkundlich unter Unserer Höchsteigenhändigen Unterschrift und beigedrucktem Großherzoglichen Insiegel.

Gegeben London den 10. Julius 1875.

Friedrich Wilhelm, Großherzog von Mecklenburg.

A. Piper.

VIII. Sachsen-Weimar und die Schwarzburgischen und Reußischen Fürstenthümer.

A. Vorbemerkungen.

Eine zusammenfassende Besprechung erfordern die Ausführungsverordnungen von fünf Thüringischen Staaten, weil dieselben, nach einem Muster, anscheinend nach voraufgegangener Verständigung gearbeitet, so viel Sonderbares und Befremdliches enthalten, daß eine eingehende Erörterung unvermeidlich ist.

Es sind dies:

a. die Verordnung für das Großherzogthum Sachsen-Weimar-Eisenach vom 25. November 1868, erschienen in der zu Weimar am 16. Dezember 1868 ausgegebenen Nr. 42 des Regierungsblattes (Seite 401—409);

b. die Verordnung für das Fürstenthum Schwarzburg-Sondershausen vom 12. Dezember 1868, erschienen in dem am 24. Dezember 1868 ausgegebenen 28. Stück der Gesetzsammlung für das Fürstenthum Schwarzburg-Sondershausen (Seite 373 bis 378);

c. die Landesherrliche Verordnung für das Fürstenthum Reuß jüngerer Linie vom 15. Dezember 1868, erschienen in der am 23. Dezember 1868 ausgegebenen Nr. 294 der Gesetzsammlung für die Fürstlich Reußischen Lande jüngerer Linie (Seite 361 bis 367);

d. die Verordnung für das Fürstenthum Schwarzburg-Rudolstadt vom 24. Dezember 1868, erschienen in dem am 2. Januar 1869 ausgegebenen ersten Stück der Gesetzsammlung für das Fürstenthum Schwarzburg-Rudolstadt (Seite 1 bis 7);

e. die Verordnung für das Fürstenthum Reuß älterer Linie vom 20. Januar 1869, erschienen in der am 26. Januar 1869 ausgegebenen Nr. 1 der Gesetzsammlung des Fürstenthums Reuß älterer Linie (Seite 5 bis 11).

Die nahe liegende Vermuthung, daß die Regierungen der vier kleinen Thüringischen Fürstenthümer die ältere Ausführungsverordnung der Weimarschen Regierung, ohne Zuthun der letzteren, für die eigene Ausführungsverordnung sich zugestutzt und dabei die selbstständige Prüfung vernachlässigt hätten, wird dadurch zum Theil ausgeschlossen, daß die Verordnung für Schwarzburg-Sondershausen und die landesherrliche Verordnung für Reuß jüngerer Linie von früheren Tagen (12. und 15. Dezember 1868) datiren, als die Weimarische Verordnung verkündet ist (16. Dezember 1868). Die Regierungen dieser drei Staaten mindestens müssen also vor der Publikation der ältesten der 5 Verordnungen mit einander darüber verhandelt haben. Dabei ist nun aber wieder merkwürdig, daß die Schwarzburg-Sondershausen'sche Regierung die gröbsten Fehler der vier übrigen Verordnungen nicht aufgenommen hat.

Man könnte aus dieser Thatsache folgern, daß die große Aehnlichkeit der Sondershausenschen Verordnung mit den übrigen wol nur auf Benutzung eines und desselben Musters zurückzuführen wäre, da es ja fast undenkbar sei, daß die Sondershausensche Regierung den ihr von der Weimarschen Regierung mitgetheilten Entwurf der Ausführungsverordnung von den Verstößen gegen das Reichsgesetz einigermaßen gereinigt haben sollte, ohne jene befreundete Regierung sofort auf die Fehler aufmerksam zu machen und zum Aufschub der Publikation zu veranlassen. Und dennoch muß man letzteres annehmen, da die wesentliche Uebereinstimmung einzelner, nicht dem Sächsischen Muster entlehnten Bestimmungen in der Weimarschen und Sondershausenschen Verordnung (z. B. § 1, namentlich aber § 2 Absatz 1) die Möglichkeit, daß der Sondershausenschen Regierung der Weimarsche Entwurf nicht vorgelegen habe, absolut ausschließt.

Das Muster für die fünf Verordnungen war die Seite 439 bis 443 abgedruckte Verordnung des Königlich Sächsischen Justizministers vom 23. Juli 1868, welche gleichzeitig für das Sächsische Personengesetz vom 15. Juni 1868 und für das Genossenschaftsgesetz vom 4. Juli 1868 erlassen, und durch die Vermischung beider Zwecke völlig ungeeignet war, andern Ausführungsverordnungen zum Muster zu dienen.

So viel im Allgemeinen. Was nun zunächst die Zeit der Publikation der 5 Ausführungsverordnuugen anlangt, so erschienen erst nach dem 1. Jan. 1869, also jedenfalls verspätet, die vom 24. Dezember datirte Schwarzburg-Rudolstädtische — Publikationstag der 2. Januar 1869, — und die vom 20. Januar 1869 datirte Reußische jüngerer Linie — Publikationstag 26. Januar 1869.

Der Inhalt der Verordnungen giebt hier zu folgenden Bemerkungen Anlaß:

1) Der § 2 Absatz 1. der Verordnungen, welcher vorschreibt, daß das Handelsregister, „insoweit als darin nach dem Bundesgesetze zu beurtheilende Genossenschaften und deren Rechtsverhältnisse eingetragen sind, Genossenschaftsregister ist," verstößt gegen § 4 des Gesetzes, insofern dieser das Genossenschaftsregister als einen gesonderten Theil des Handelsregisters einsetzt, also eine so bunte Vermischung, wie jene Verordnungen es gestatten, nicht zuläßt.

2) Dem § 3 (Reuß ält. L. § 2), welcher sich dem Sächsischen § 8 (S. 441) anschließt, ist in der Weimarischen Verordnung ein dritter Absatz beigefügt, der die Eintragung des Rechtes der juristischen Persönlichkeit und der Wiederentziehung desselben anordnet. Dieser Satz verstößt ohne allen Zweifel gegen das Genossenschaftsgesetz, da er die Möglichkeit statuirte, daß eingetragenen Genossenschaften außerdem durch besonderen Akt Korporationsrechte verliehen werden, oder daß Genossenschaften, welche vor dem Erlaß des Sachsen-Weimar'schen Genossenschaftsgesetzes vom 8. März 1868 die Rechte der juristischen Persönlichkeit erhalten haben, sich, ohne auf die Korporationsrechte zu verzichten, unter das Deutsche Genossenschaftsgesetz stellen und in das Genossenschaftsregister eintragen lassen könnten. Keine Gesellschaft kann gleichzeitig Korporation und eingetragene Genossenschaft sein; Beides schließt sich aus.

In hohem Maße auffallen muß es, wenn diesen Absatz die für Reuß älterer Linie erlassene Ausführungsverordnung vom 20. Januar 1869 aufnimmt, obschon in diesem Staate niemals ein Genossenschaftsgesetz bestanden hat und auch keine Korporationsrechte an Genossenschaften verliehen sind. Die Verfasser der Reußischen Verordnung müssen also wirklich die Möglichkeit ins Auge gefaßt haben, daß künftighin Erwerbs- und Wirthschaftsgenossenschaften — eingetragenen oder uneingetragenen — Korporationsrechte verliehen werden könnten.*)

3) Der § 4 der Weimarschen Ausführungsverordnung, der in den beiden Reußischen und in der Rudolstädter Verordnung einfach abgeschrieben ist, muß seiner Seits als eine gedankenlose Nachbildung des § 9 der Sächsischen Ausführungsverordnung angesehen werden. Schulze-Delitzsch bemerkte die wunderbare Bestimmung zuerst in den Ausführungsverordnungen für Reuß jüngerer Linie und für Schwarzburg-Rudolstadt, welche ihm vor der Weimarschen Verordnung zugegangen war. Er entdeckte auch sofort die Quelle in der Sächsischen Ausführungsverordnung: „§ 4 sub 1 ist von dem § 9 sub a 1 u. 2 der Sächsischen Verordnung und § 4 sub 2 von dem § 7 sub 2 der letzteren abgeschrieben und dabei den Reußischen und Schwarzburgischen Staatsmännern nur das Unglück begegnet, zu übersehen, daß §§ 7 und 9 der Sächsischen Verordnung gar nicht auf das Bundesgesetz vom 4. Juli 1868, sondern nur auf das Sächsische Gesetz über juristische Personen Bezug haben. Auch § 4 sub 2 läßt sich mit dem Genossenschaftsgesetz nicht in Einklang bringen; denn er geht davon aus, daß der Gesellschaftsvertrag die Bildung von Stammantheilen der Mitglieder anordnen **kann**, mithin nach Befinden auch davon absehen kann" u. s. w.**)

Dieser Fehler ist von den betheiligten Regierungen unter Vorgang der Rudolstädter, vermuthlich auf Betreiben der zahlreichen Genossenschaften verbessert worden.

Unter C. sind abgedruckt:

a) Die Fürstliche Verordnung für Schwarzburg-Rudolstadt vom 28. Sept. 1869. (Im 19. Stück vom Jahre 1869 der Gesetzsammlung für das Fürstenthum ꝛc. ausgegeben den 9. Oktober 1869 Seite 184);

---

*) In Busch Archiv für Theorie und Praxis des Allg. D.-H.-G.-Buchs Bd. 20 befindet sich Seite 17 ff. eine Vergleichung der Verordnungen von Sachsen-Weimar-Eisenach, Schwarzburg-Sondershausen und Schwarzburg-Rudolstadt. Der Verfasser des Aufsatzes hat das Muster dieser drei Ausführungsverordnungen nicht entdeckt und nimmt an den gerügten Absonderlichkeiten wenig Anstoß. Von dem letzten Absatz des § 3 ist nur bemerkt worden, daß „hierbei auf § 13 dieser Verordnung hingewiesen sei, in welchem die Bestimmung in Art. 59 des unter dem 8. März 1868 . . . erlassenen Gesetzes über das Genossenschaftswesen aufrecht erhalten wird, wonach" ꝛc.

**) Schulze in Genossenschaftsbl. 1869, — abgedruckt in „Die Entwickelung des Genossenschaftswesens in Deutschland" ꝛc. S. 308; siehe ferner daselbst die Besprechung der Ausführungsverordnung von Sachsen-Weimar-Eisenach, dessen Regierung als die eigentlich schuldige scharf getadelt wird (S. 312) und die Besprechung der Schwarzburg-Sondershäuser Verordnung, welche im Vergleich zu der Schwarzburg-Rudolstädter Verordnung mit Recht sehr gelobt wird (Seite 316).

b) die Großherzogliche Verordnung für Sachsen-Weimar-Eisenach vom 2. Novbr. 1869;

c) die landesherrliche Verordnung für Reuß jüngerer Linie vom 15. Novbr. 1869 (Ges.-Samml. für die Fürstl. Reußischen Lande jüngerer Linie Nr. 312 S. 102, ausgegeben 17. Novbr. 1869);

d) die Verordnung für Reuß älterer Linie vom 27. Novbr. 1869 (Ges.-Samml. für das Fürstenthum Reuß älterer Linie Nr. 13, ausgegeben den 9. Dezbr. 1869 Seite 111).

4) Der erste Absatz des § 6 in den Verordnungen von Weimar, Rudolstadt und Reuß jüngerer Linie, und des § 5 in Reuß älterer Linie ist eine um deshalb geradezu sinnlose Umarbeitung des § 14 der Sächsischen Ausführungsverordnung, weil es in keinem der vier Staaten, abgesehen von den Aktiengesellschaften, „Handelsgesellschaften mit beschränkter Haftpflicht ihrer Mitglieder" giebt, die in das Handelsregister eingetragen werden.

5) Im § 8 von Weimar und in den entsprechenden §§ der andern vier Verordnungen ist nicht die Ergänzung und Berichtigung der Stammrolle des § 4 des Gesetzes, sondern des alphabetischen Jahresverzeichnisses im § 25 des Ges. angeordnet. Derselbe Fehler kommt in vielen Ausführungsverordnungen vor und ist z. B. bei Württemberg S. 451 besprochen. Zum Muster hat § 4 der Sächsischen Verordnung gedient.

6) Alle 5 Verordnungen, die Weimarsche im § 12, die übrigen in den entsprechenden §§, haben für den Fall des § 35 des Gesetzes den Strafprozeß statt des Zivilprozesses vorgeschrieben. Daß dieses nicht mit dem Genossenschaftsgesetze vereinbar ist, wurde oben Seite 341 erörtert.

7) In allen fünf Staaten wird der Deutsche Reichsanzeiger zur Veröffentlichung der Eintragungen in das Handelsregister mitbenutzt.

B. Die Ausführungsverordnungen von Sachsen-Weimar-Eisenach, Schwarzburg-Sondershausen, Reuß jüngerer Linie, Schwarzburg-Rudolstadt, und Reuß älterer Linie.

I. Die Verordnung vom 25. November 1868 für das Großherzogthum Sachsen-Weimar-Eisenach.

Verordnung zur Ausführung des Bundesgesetzes vom 4. Juli 1868 betreffend die privatrechliche Stellung der Erwerbs- und Wirthschaftsgenossenschaften.

Wir **Carl Alexander**, von Gottes Gnaden, Großherzog von Sachsen-Weimar-Eisenach, Landgraf in Thüringen, Markgraf zu Meissen, gefürsteter Graf zu Henneberg, Herr zu Blankenhayn, Neustadt und Tautenburg rc. rc.

verordnen zur Ausführung des Bundesgesetzes vom 4. Juli 1868, betreffend die privatrechtliche Stellung der Erwerbs- und Wirthschaftsgenossenschaften (Bundesgesetzblatt des Norddeutschen Bundes S. 415 fg.) auf dem Grunde des § 66 Absatz 2 und des § 72 dieses Gesetzes für das Großherzogthum was folgt:

2. Die Verordnung vom 12. Dezember 1868 für das Fürstenthum Schwarzburg-Sondershausen.

— Schwarzburg-**Sondershausen**. Nr. 77. Verordnung u. s. w. — Vom 12. Dezember 1868.

Wir Günther Friedrich Carl, von Gottes Gnaden Fürst zu Schwarzburg, Graf zu Hohenstein, Herr zu Arnstadt, Sondershausen, Lautenberg und Blankenburg,

verordnen u. s. f. mit Weglassung des gesperrt gedruckten.

3. Die Verordnung vom 15. Dezember 1868 für das Fürstenthum Reuß jüngerer Linie.

— Reuß **jüngerer Linie**. Landesherrliche Verordnung vom 15. Dezember 1868, zur Ausführung u. s. w.

Wir Heinrich der Vierzehnte von Gottes Gnaden jüngerer Linie regierender Fürst Reuß, Graf und Herr von Plauen, Herr zu Greiz, Kranichfeld, Gera, Schleiz und Lobenstein ꝛc. ꝛc.

verordnen u. s. f. nach § 66 Absatz 2 und § 72 des gedachten Gesetzes Folgendes:

4. Die Verordnung vom 24. Dezember 1868 für das Fürstenthum Schwarzburg-Rudolstadt.

— Schwarzburg-**Rudolstadt**. Nr. I. Verordnung u. s. w. (Bundesgesetzblatt S. 415) vom 24. Dezember 1868.

Wir Albert, von Gottes Gnaden Fürst zu Schwarzburg ꝛc.

verordnen u. s. f. auf Grund der §§ 66 und 72 dieses Gesetzes, was folgt:

5. Die Verordnung vom 20. Januar 1869 für das Fürstenthum Reuß älterer Linie.

— **Reuß älterer Linie**. 4. Verordnung ꝛc.

Wir Heinrich der Zwei und Zwanzigste von Gottes Gnaden älterer Linie souveräner Fürst Reuß, Graf und Herr von Plauen, Herr zu Greiz, Kranichfeld, Gera, Schleiz und Lobenstein ꝛc.

verordnen u. s. f. auf Grund des § 66 Absatz 2 und des § 72 dieses Gesetzes für das Fürstenthum, was folgt:

§. 1. (Weimar.)

Wo das Bundesgesetz vom 4. Juli 1868 von dem Handelsgerichte spricht (vergl. §§. 4, 6, 20, 23, 25, 37, 41, 48, 49, 50, 63 und 66 des Bundesgesetzes), tritt bis zur Errichtung besonderer Handelsgerichte das ordentliche Gericht an dessen Stelle (§. 70 des Bundesgesetzes) und zwar nach Maßgabe der Bestimmungen in den §§. 28 bis 32 des Einführungsgesetzes zum allgemeinen deutschen Handelsgesetzbuche vom 18. August 1862, welche analoge Anwendung finden.

— Schw.-Sondershausen. —

§. 1. Wo das Bundesgesetz von dem Handelsgerichte spricht, tritt nach §. 70 desselben das ordentliche Gericht an dessen Stelle. Dies geschieht nach Maßgabe der Bestimmungen in den §§. 28, 29, 30 und 31 des Einführungsgesetzes zum allgemeinen deutschen Handelsgesetzbuche vom 30. Mai 1862 und unter analoger Anwendung dieser Bestimmungen.

— Reuß jüngerer L. — § 1 Eingang und Schluß wie § 1, nur: „nach Maßgabe der Bestimmungen in dem § 30 des Einführungsgesetzes zum allgemeinen deutschen Handelsgesetzbuche vom 23. Februar 1863 und § 28 sub 1, 2 und 3 der Ministerialverordnung zur Ausführung des allgemeinen deutschen Handelsgesetzbuchs und des Gesetzes vom 23. Februar 1863 rc., vom 28. März 1863", welche rc.

— Schw.-Rudolstadt — § 1 wie § 1, nur: „Handelsgesetzbuche vom 13. Mai 1864 (Ges.-S. Seite 95 flg.)," rc.

§. 2. (Weimar.)*)

Die in dem Bundesgesetze vom 4. Juli 1868 vorgeschriebenen Einträge in das Genossenschafts-Register erfolgen in das Handelsregister, welches insoweit als darin nach dem Bundesgesetze zu beurtheilende Genossenschaften und deren Rechtsverhältnisse eingetragen sind, Genossenschafts-Register ist.

Hierbei sind im Allgemeinen die in dem §. 7 des Einführungsgesetzes zum allgemeinen deutschen Handelsgesetzbuche vom 18. August 1862 und in den §§. 4 bis 23 der Ausführungs-Verordnung zum allgemeinen deutschen Handelsgesetzbuche vom 16. Oktober 1862 ertheilten Vorschriften mit den durch die einschlagenden Bestimmungen des Bundesgesetzes vom 4. Juli 1868 und der gegenwärtigen Verordnung bedingten Modifikationen anzuwenden.

— Schw.-Sondershausen. — § 2 Abs. 1 wie § 2, nur hier wie durch die ganze Verordnung hindurch, ist das Datum (4. Juli 1868) beim Bundesgesetz fortgeblieben.

Abs. 2. Hierbei sind die im § 8 des Einführungsgesetzes zum allgemeinen deutschen Handelsgesetzbuche vom 30. Mai 1862 und in den §§ 1 bis 13 der Verordnung, die Form und Führung der Handelsregister rc. betreffend, vom 31. Mai 1862 ertheilten Vorschriften . . . u. s. f.

— Reuß jüngerer L. — § 2 Abs. 1 wie § 2. Abs. 2 wie § 2, nur sind die Bezüge geändert in 23. Februar 1863 (statt 18. August 1862) und 28. März 1863 (statt 16. Oktober 1862) und „Ministerialverordnung" statt Ausführungs-Verordnung.

— Schw.-Rudolstadt. — § 2 Abs. 1 wie § 2. Absatz 2 nur abweichend „Handelsgesetzbuche vom 13. Mai 1864 und in den §§ 1 bis 12 der Verordnung vom 14. Mai 1864, über die Form und Führung der Handelsregister rc. (Ges.-S. Seite 107 flg.)

— Reuß älterer L. — § 1 Abs. 1 wie § 2; Abs. 2 nur abweichend: „Handelsgesetzbuche vom 26. April 1862 und in den §§ 3—20 der Ausführungsverordnung zum allgemeinen deutschen Handelsgesetzbuche vom 28. September 1864 ertheilten rc."

---

*) Siehe die Rüge in den Vorbemerkungen Seite 483.

§. 3. (Weimar.)

Insbesondere ist in die erste, die Ueberschrift „Firma" führende Rubrik des für eine Genossenschaft bestimmten Foliums des Handels- (Genossenschafts-) Registers einzutragen:

1) die Firma — und zwar mit der zusätzlichen Bezeichnung: „eingetragene Genossenschaft" (§. 2 Absatz 2 des Bundes-Gesetzes) — und der Sitz der Genossenschaft;
2) das Datum des Gesellschafts-Vertrags;
3) der Gegenstand des Unternehmens, dafern derselbe nicht schon durch die Firma der Genossenschaft mit genügender Bestimmtheit angegeben ist;
4) die Zeitdauer der Genossenschaft, im Fall dieselbe auf eine bestimmte Zeit beschränkt sein soll;
5) die Form, in welcher die von der Genossenschaft ausgehenden Bekanntmachungen erfolgen, sowie die öffentlichen Blätter, in welche sie aufzunehmen sind,

(§. 4 des Bundesgesetzes)

ferner:

6) bei Abänderungen des Gesellschaftsvertrags (§. 6 des Bundesgesetzes)
   a) das Datum des deßfallsigen Genossenschaftsbeschlusses,
   b) dafern die Abänderung die oben unter 1, 3, 4 und 5 gedachten Verhältnisse betrifft, eine den Gegenstand der abändernden Bestimmung angebende Bemerkung, in anderen Fällen dagegen nur die Angabe, daß der Gesellschaftsvertrag abgeändert worden sei;
7) die Auflösung der Genossenschaft und, falls dieselbe eine Folge der Eröffnung des Konkurses ist, die Eröffnung des Konkurses (§§. 36 und 37 des Bundesgesetzes).

Während im Uebrigen die Eintragung in das Genossenschafts-Register auf Grund erfolgter Anmeldung der einzutragenden Thatsache stattfindet, ist die Eintragung der Konkurseröffnung von Amtswegen zu bewirken; ebenso die Eintragung der Auflösung einer Genossenschaft im Falle des § 35 des Bundesgesetzes, sobald dem mit der Führung des Genossenschafts-Registers betrauten Einzelrichter das rechtskräftige Erkenntniß von dem zuständigen Gerichte zugestellt worden ist.

Besitzt die Genossenschaft das Recht der juristischen Persönlichkeit, so ist auch dies unter Angabe des Datums der desfallsigen Verleihungsurkunde in der ersten Rubrik des Foliums zu bemerken, ebenso die etwaige Wiederentziehung des Rechts der juristischen Persönlichkeit unter Angabe des Datums der desfallsigen behördlichen Verfügung.*)

— Schw.-Sondershausen.

§ 3. In die erste Rubrik des für eine Genossenschaft bestimmten Foliums des Handels- (Genossenschafts-) Registers werden eingetragen

1) die Firma mit der zusätzlichen Bezeichnung „eingetragene Genossen-

---

*) Ueber den gegen das Gesetz verstoßenden dritten Absatz in den Verordnungen für Sachsen-Weimar und für Reuß älterer Linie vergleiche man oben Vorbemerkungen zu 2) Seite 483.

schaft" (§. 2 Alinea 2 des Bundesgesetzes) und der Sitz der Genossenschaft nebst den anderen dahin gehörigen, im §. 4 unter Ziffer 1, 3, 4 und 6 des Bundesgesetzes bemerkten Thatsachen,

2) bei Abänderungen des Gesellschaftsvertrages das Datum des bezüglichen Genossenschaftsbeschlusses mit der Angabe, daß hierdurch der Gesellschaftsvertrag abgeändert sei, wobei eine den Inhalt der Abänderung bezeichnende Bemerkung nur dann nöthig ist, wenn einer der vorstehend unter 1 erwähnten, eingetragenen Punkte abgeändert ist,

3) die Auflösung der Genossenschaft oder die Concurseröffnung nach §§. 35 bis 37 des Bundesgesetzes.

— Reuß jüngerer L. — § 3, Abs. 1 wie § 3, Abs. 2 wie in § 3, nur ist in der letzten Zeile zu lesen: „von dem kompetenten Gerichte (§ 12 dieser Verordnung) zugestellt worden ist." Abs. 3 fehlt.

— Schw.-Rudolstadt — § 3, Abs. 1 Eingang: „In die erste Rubrik des für eine Genossenschaft bestimmten Foliums des Registers mit der Ueberschrift „Firma" ist einzutragen: — sonst wie § 3, Abs. 2 wie § 2 mit den kleinen Aenderungen von Reuß jüngerer L. — Abs. 3 fehlt.

— Reuß älterer L. — § 2, Abs. 1 wie § 3, nur in 6.a „Gesellschaftsbeschlusses." Abs. 2 wie § 3, nur die Schlußworte zu ändern in: „von dem kompetenten Gerichte (§ 10 dieser Verordg.) zugestellt worden ist". — Absatz 3 wie in Weimar.*)

§. 4. (Weimar.) *)

— Reuß jüngerer L. § 4. — Schw.-Rudolstadt § 4. — Reuß älterer L. § 3. —

In die zweite Rubrik des für eine Genossenschaft bestimmten Foliums sind:

1) wenn die betreffende Genossenschaft eine Actiengesellschaft ist,

a. die allgemeine Bemerkung, daß die Actieninhaber Mitglieder der Genossenschaft sind,

b. die Zahl und der Betrag der Actien oder Actien-Antheile;

2) bei einer Genossenschaft, die nicht Actiengesellschaft ist, dafern der Gesellschaftsvertrag die Aufbringung eines bestimmten Gesellschaftskapitals vorschreibt, dessen Höhe, und, wenn den Genossenschaftern im Gesellschaftsvertrage die Bildung von Stammantheilen oder sonstige regelmäßige Geldbeiträge auferlegt sind, eine darauf hinweisende allgemeine Bemerkung;

3) etwaige Abänderungen des Gesellschaftsvertrags hinsichtlich der erwähnten Verhältnisse

einzutragen.

— Schw.-Sondershausen. —

§ 4. In die zweite Rubrik wird eingetragen

1) die allgemeine Bezeichnung der Mitglieder der Genossenschaft als Inhaber der Firma;

---

*) Siehe die abändernden Verordnungen für Weimar, beide Reuß und Rudolstadt unter C. Vergl. auch oben Vorbemerkung zu 3) Seite 483.

2) eine allgemeine Bemerkung über die Art der Bildung der Geschäftsantheile (§. 3 Ziffer 5 des Bundesgesetzes);

3) die etwaige Abänderung des Gesellschaftsvertrags hinsichtlich der vorerwähnten Verhältnisse nebst Datum des betreffenden Genossenschaftsbeschlusses.

§. 5. (Weimar.)

— Reuß jüngerer L. § 5. — Schw.-Rudolstadt § 5. — Reuß älterer L. § 4. —

In die dritte Rubrik des für eine Genossenschaft bestimmten Foliums sind einzutragen:

1) die jeweiligen Mitglieder des Vorstandes der Genossenschaft, ingleichen interimistische Stellvertreter eines oder mehrerer Vorstandsmitglieder (§§. 18, 23, Absatz 1 und 2 des Bundesgesetzes);

2) die nach der Auflösung der Genossenschaft eintretenden Liquidatoren, das Austreten eines Liquidators oder das Erlöschen der Vollmacht eines solchen (§. 41 des Bundesgesetzes).

Ist in dem Gesellschaftsvertrage eine Form bestimmt, in welcher der Vorstand der Genossenschaft seine Willenserklärung kund giebt und für die Genossenschaft zeichnet, so ist auch diese Bestimmung in der dritten Rubrik einzutragen (§. 4, Schlußsatz des Bundesgesetzes).

— Schw.-Sondershausen. —

§ 5. In die dritte Rubrik sind einzutragen: 1) u. 2) ...... wie in § 5; „3) die besondere Form,*) in welcher der Vorstand seine Willenserklärungen kund giebt und für die Genossenschaft zeichnet, sofern der Gesellschaftsvertrag eine solche Form bestimmt (§ 7 Schlußsatz des Bundesgesetzes)."

§. 6. (Weimar.)

— Reuß jüngerer L. § 6. — Schw.-Rudolstadt § 6. — Reuß älterer L. § 5. —

Die Firma einer Genossenschaft, deren Gesellschafts-Vertrag den Bestimmungen des Bundesgesetzes vom 4. Juli 1868 nicht entspricht, darf, auch wenn die Genossenschaft sonst (z. B. als Handelsgesellschaft mit beschränkter Haftpflicht ihrer Mitglieder) in das Handelsregister einzutragen ist, die zusätzliche Bezeichnung: „eingetragene Genossenschaft" nicht erhalten.**)

Wenn Zweifel darüber begründet erscheinen, ob eine zur Eintragung in das Genossenschafts-Register angemeldete Gesellschaft den Voraussetzungen entspricht, unter denen sie nach den Bestimmungen des Bundesgesetzes vom 4. Juli 1868 die in demselben bezeichneten Rechte einer „eingetragenen Genossen-

---

*) Die Aenderung, welche hier Sondershausen an der Weimar'schen Verordnung vorgenommen hat, scheint zu bezwecken, daß die Eintragung in der dritten Rubrik nicht erfolgen soll, wenn der Gesellschaftsvertrag zwar eine Form, in welcher der Vorstand zeichnet, bestimmt, dies aber dieselbe Form ist, die der § 19 des Genossenschaftsgesetzes für den Fall anordnet, daß der Gesellschaftsvertrag darüber keine Vorschrift enthält. Gegen eine solche Bestimmung ist an sich nichts zu erinnern, nur ändert sie nichts an der im Schlußsatz des § 4 des Genossenschaftsgesetzes enthaltenen Verpflichtung. Vergl. Erläuterungen zu § 4, 10) Seite 223.

**) Siehe über den sinnlosen ersten Absatz dieses § 6 oben Vorbemerkungen zu 4 Seite 485.

schaft" erwerben kann, so ist bis zur erfolgten Beseitigung dieser Zweifel die Eintragung zu beanstanden.

— Schw.-Sondershausen. — § 6. — Wenn Zweifel darüber begründet erscheinen, ob eine zur Eintragung angemeldete Genossenschaft den Voraussetzungen entspricht, unter welchen sie nach den Bestimmungen des Bundesgesetzes die Rechte einer „eingetragenen Genossenschaft" erwerben kann, u. s. f. wie im 2. Abs. § 6.

§. 7. (Weimar.)*)

Die in analoger Anwendung des §. 20 der Ausführungs-Verordnung zum allgemeinen deutschen Handelsgesetzbuche zu führenden Akten, welche sämmtliche die Eintragung in das Genossenschafts-Register betreffende Eingaben, Protokolle, Ausfertigungen und Beschlüsse, sowie sämmtliche sonstige Unterlagen und Belege, auf welche die Einträge sich gründen, enthalten müssen, führen die Bezeichnung „Genossenschafts-Akten."

— Reuß jüngerer L. — § 7 wie § 7, nur mit der Aenderung: „§ 20 der Ministerial-Verordnung zu Ausführung des allgemeinen deutschen Handelsgesetzbuchs 2c. vom 28. März 1863 zu führenden".

— Schw.-Rudolstadt. — § 7 wie § 7, nur mit der Aenderung: „des § 3 Absatz 3 der Verordnung vom 14. Mai 1864 (Ges.-S. Seite 107) zu führenden".

§. 8. (Weimar.)

— Reuß jüngerer Linie § 8. —

Die dem Einzelrichter (als dem Handelsgerichte) nach §§. 4 und 25 des Bundesgesetzes vom 4. Juli 1868 einzureichenden alphabetisch geordneten Mitgliederverzeichnisse müssen nach dem unter A beigefügten Formulare aufgestellt sein.

Diese Mitgliederverzeichnisse und ebenso die nach §. 25 des Bundesgesetzes am Schlusse jedes Quartals zu erstattenden schriftlichen Anzeigen über den Eintritt und Austritt von Genossenschaftern sind zu den Genossenschaftsakten zu nehmen.

Ein jedes Mitgliederverzeichniß ist bis zur nächsten Einreichung eines solchen bei jeder in der Zwischenzeit eingehenden Anzeige über den Eintritt oder Austritt von Genossenschaftern durch die Veränderung anzeigende Zusätze von dem Gericht zu vervollständigen.**)

Diese Zusätze sind, soweit sie das Ausscheiden von Mitgliedern betreffen, unter Angabe des Tags des Ausscheidens bei der betreffenden laufenden Nummer in der Kolumne 4 des Mitgliederverzeichnisses zu bewirken, und, insoweit sie den Eintritt von neuen Mitgliedern betreffen, an das Ende des Verzeichnisses zu bringen.

---

*) Nach dem Aufsatze in Busch' Archiv Bd. 20 Seite 191 ist im Fürstenthum Schwarzburg-Sondershausen ein das Gleiche anordnendes Reskript vom Justizministerium an die Justizämter ergangen.

**) Ueber den Fehler in Betreff der Vervollständigung des Mitgliederverzeichnisses vergl. oben Erläuterungen zu 5) Seite 485. Als Muster hat zu diesem § der § 4 der Sächsischen Verordnung gedient.

— Schw.-Sondershausen. — § 7 Abs. 1 „die dem Justizamte (als dem Handelsgerichte)", sonst wie § 8 Abs. 1; Abs. 2 wie § 8 Abs. 2.

Abs. 3. Die Jahresliste der Genossenschafter wird bis zur Einreichung der folgenden nach den inzwischen eingehenden vierteljährigen Anzeigen in der Weise berichtigt und vervollständigt, daß jeder Abgang zu der betreffenden Nummer in der 4. Columne des Formulars A. mit geeignetem Vermerk, z. B. „ausgeschieden den 1. Juli 1869" bezeichnet wird, die Zugänge aber am Ende des Verzeichnisses nachgetragen werden.

— Schw.-Rudolstadt. — § 8 wie § 8, nur in Abs. 1 Eingang „die bei dem Einzelgerichte" und Abs. 4 Eing.: „Diese Vervollständigungen."

— Reuß älterer L. — § 6 wie § 8, nur in Abs. 1 Eingang „die dem Handelsgerichte nach §§ 4" u. s. w.

§. 9. (Weimar.)

Wer

a) den in den §§. 4, 6, 18, 23, 36 und 41 des Bundesgesetzes vom 4. Juli 1868 wegen Anmeldungen behufs der Eintragung in das Genossenschaftsregister u. s. w. sowie den in § 25 des Bundesgesetzes wegen vierteljährlicher Einreichung schriftlicher Anzeigen über den Eintritt oder das Ausscheiden von Genossenschaftern ertheilten Vorschriften innerhalb vier Wochen nach Eintritt des Falls beziehungsweise nach dem Schluß eines Quartals oder

b) den in den §§. 25 und 26 Absatz 2 des Bundesgesetzes wegen alljährlicher Einreichung eines vollständigen alphabetisch geordneten Mitgliederverzeichnisses und wegen Veröffentlichung einer Bilanz des verflossenen Geschäftsjahres 2c. ertheilten Vorschriften

innerhalb der dort bestimmten Zeitfristen

nachzukommen unterläßt und nicht darzuthun vermag, daß ihn hierbei kein Verschulden trifft, verfällt, ohne daß es einer vorhergehenden Androhung bedarf, in eine Individualstrafe von Einem bis Zehn Thalern.

Das Gericht hat bei Erkennung dieser Strafe dem Betheiligten für den Fall, daß er binnen einer zu bestimmenden Frist die vorgeschriebene Handlung nicht ordnungsgemäß nachholt, eine höhere Geldstrafe anzudrohen und damit so lange fortzufahren, bis die gesetzliche Anordnung befolgt, oder deren Voraussetzung weggefallen ist.

Die Geldstrafen können bis zur Höhe von je zweihundert Thalern angedroht und verhängt werden.

Wenn der Vorstand beziehungsweise die Liquidatoren einer Genossenschaft den in §. 31 Absatz 3, §. 33 Absatz 2, §§. 48, 52 bis 59 und 61 des Bundesgesetzes vom 4. Juli 1868 ertheilten Vorschriften pünktlich nachzugehen unterlassen, so hat das Gericht die Betheiligten unter Bestimmung einer entsprechenden Frist durch Androhung von Individualstrafen von Einem bis Zehn Thalern, welche bei fernerer ungerechtfertigter Säumniß im Verhältnisse zu den bereits verwirkten Strafen angemessen — bis zur Höhe von je zweihundert Thalern — zu erhöhen sind, zur Erfüllung ihrer Obliegenheiten anzuhalten.

Uebrigens gilt hinsichtlich der diesfallsigen Verfügungen und Erkenntnisse und ebenso auch hinsichtlich der Verhängung der in §. 67 des Bundesgesetzes vom 4. Juli 1868 erwähnten Geldbußen das im §. 32 des Einführungs-Gesetzes zum allgemeinen deutschen Handelsgesetzbuche vom 18. August 1862 Verordnete.

— Schw.-Sondershausen — § 8 Abs. 1. 2. 3. und 4 wie § 9; Abs. 5 ebenso bis auf den Schluß „das im § 31 des Einführungsgesetzes zum allgemeinen Deutschen Handelsgesetzbuche vom 30. Mai 1862 Verordnete."

— Reuß jüng. Linie — §. 9 Abs. 1 bis 4 wie § 9; Abs. 5 aber lautet im Schluß „das in § 28 sub 3 der Ministerialverordnung zu Ausführung des allg. Deutschen Handelsgesetzbuchs vom 28. März 1863 Verordnete."

— Schw.-Rudolstadt — § 9 Absatz 1 bis 4 wie § 9; nur sind bei den Strafen die Beträge nach Guldenfuß und Thalerfuß aufgeführt, so in Abs. 1 b): „in eine Strafe von 1 Fl. 45 Kr. bis 17 Fl. 30 Kr. = 1 Thlr. bis 10 Thlr.";

Abs. 3: „je 350 Fl. = 200 Thlr."

Abs. 4: „Individualstrafe von 1 Fl. 45 Kr. bis 17 Fl. 30 Kr. = 1 bis 10 Thlr." und sodann: „von je 350 Fl. = 200 Thlr."

Im Abs. 5 lautet der Schluß: „das im § 32 des Einführungsgesetzes zum allg. Deutschen Handelsgesetzbuche vom 13. Mai 1869 Verordnete."

— Reuß älter. L. — § 7 Abs. 1 bis 4 wie § 9 Abs. 1—4, nur steht im Eingang des Abs. 2) u. in der Mitte des Abs. 4 „Handelsgericht" statt „Gericht" und im Abs. 4 „nachzukommen" statt „nachzugehen."

Abs. 5: „Gegen die Zuerkennung der diesfallsigen, sowie der im §. 67 des Bundesgesetzes vom 4. Juli 1868 erwähnten Geldbußen findet binnen 10tägiger Nothfrist eine Berufung an das Kreisgericht als letzte Instanz Statt."

§. 10. (Weimar.)

Erwirbt eine eingetragene Genossenschaft Eigenthum an Grundstücken, Pfandrechte oder sonstige der Eintragung in öffentliche Bücher fähige Rechte, so finden hinsichtlich der Eintragung in diese Bücher (Grund-Hypotheken-Privilegien-Bücher) die Vorschriften in den §§. 12 bis 15 des Einführungs-Gesetzes zum allgemeinen deutschen Handelsgesetzbuche vom 18. August 1862 und der Ausführungs-Verordnung zum allgemeinen deutschen Handelsgesetzbuche vom 16. Oktober 1862, soweit thunlich, analoge Anwendung.

— Schw.-Sondershausen — § 9:

Die Vorschriften der §§. 13 bis 16 des Einführungs-Gesetzes zum allgemeinen deutschen Handelsgesetzbuche vom 30. Mai 1862 in Betreff der zum Vermögen einer Handelsgesellschaft etwa gehörigen Immobilien u. s. w. finden auch auf „eingetragene Genossenschaften" resp. analoge Anwendung.

— Reuß jüngerer L. — § 10:

Erwirbt eine eingetragene Genossenschaft Eigenthum an Grundstücken, Pfandrechte oder sonstige der Eintragung in die Grund- und Hypotheken-Bücher fähige Rechte, so finden hinsichtlich der Eintragung in diese Bücher die Vorschriften in den §§ 12 bis 15 des Einführungsgesetzes zum allgemeinen deutschen Handelsgesetzbuche vom 23. Febr. 1863

und der Ministerial-Verordnung zu Ausführung des allgemeinen deutschen Handelsgesetzbuchs 2c. vom 28. **März** 1863, **soweit thunlich,** analoge **Anwendung.**

— Schw.-Rudolstadt — § 10 wie § **10** unter Veränderung des Zitats in: „in den §§ 12 bis 15 des Einführungsgesetzes zum allg. Deutschen Handelsgesetzbuche vom 13. Mai 1864."

— Reuß älterer L. — § 8:

Erwirbt eine eingetragene Genossenschaft Eigenthum an Grundstücken, Pfandrechte oder sonstige der Eintragung in öffentliche Bücher fähige Rechte, so finden hinsichtlich der Eintragung in diese Bücher die Vorschriften in den Artikeln 12 bis 15 des Einführungsgesetzes zum allgemeinen deutschen Handelsgesetzbuche vom 26. April 1862 und der Ausführungsverordnung zum allgemeinen deutschen Handelsgesetzbuche vom 28. September 1864, soweit thunlich, analoge Anwendung.

§. 11. (Weimar.)*)

— Schw.-Sondershausen § 10. — Reuß jüngerer L. § 11. — Schw.-Rudolstadt § 11. — Reuß älterer L. § 9. —

Das Strafverfahren im Falle des §. 27 des Bundesgesetzes vom 4. Juli 1868 richtet sich nach den Vorschriften über die Untersuchung und Bestrafung von Polizei-Uebertretungen.

§. 12. (Weimar.) **)

In dem Falle des §. 35 des Bundesgesetzes vom 4. Juli 1868, wenn die Auflösung einer Genossenschaft durch gerichtliches Erkenntniß von der höheren Verwaltungsbehörde betrieben wird, richtet sich das gerichtliche Verfahren nach den Vorschriften über Untersuchung und Bestrafung von Vergehen. Die höhere Verwaltungsbehörde, d. h. das Großherzogliche Staatsministerium oder der durch dasselbe beauftragte Direktor desjenigen Verwaltungsbezirks, in welchem die Genossenschaft ihren Sitz hat, stellt die erforderlichen Anträge bei dem zuständigen Staatsanwalt.

— Schwarzb.-Sondershausen — § 11. Erster Satz wie §. 12.

Zweiter Satz: „Die höhere Verwaltungsbehörde, d. h. das Fürstliche Ministerium, Abtheilung des Innern, oder der durch dasselbe beauftragte Fürstliche Landrath stellt die erforderlichen Anträge bei dem zuständigen Staatsanwalte."

— Reuß jüngerer Linie — § 12. Erster Satz wie §. 12.

Zweiter Satz: „Die höhere Verwaltungsbehörde, d. h. das Fürstliche Ministerium oder das von demselben beauftragte Fürstliche Landrathsamt desjenigen Landestheils, in welchem die Genossenschaft ihren Sitz hat, stellt die erforderlichen Anträge bei dem zuständigen Staatsanwalte."

— Schw.-Rudolstadt — § 12. Erster Satz wie §. 12.

Zweiter Satz: „Die höhere Verwaltungsbehörde, d. h. das Fürstliche Ministerium oder der durch dasselbe beauftragte Vorstand desjenigen

---

*) Siehe Busch's Archiv Bd. 20 Seite 22.

**) Ueber den Verstoß, den der erste Satz dieses § gegen das Genossenschaftsgesetz begeht, siehe oben Vorbemerkungen 6) Seite 485.

Landrathsamtes, in dessen Bezirke die Genossenschaft ihren Sitz hat, stellt die erforderlichen Anträge bei dem zuständigen Staatsanwalte."

— Reuß älterer Linie — § 10. Erster Absatz wie erster Satz von §. 12. Zweiter Absatz: „Die höhere Verwaltungsbehörde, d. h. die Fürstliche Landesregierung, stellt die erforderlichen Anträge bei dem Staatsanwalt."

§. 13. (Weimar.) *)

Es behält bei der Bestimmung in Art. 59 des Gesetzes über das Genossenschaftswesen vom 8. März 1868 (Reg.-Bl. S. 121) sein Bewenden, wonach Vereinen der in Art. 1 eben dieses Gesetzes (bezüglich der in §. 1 des Bundesgesetzes vom 4. Juli 1868) bezeichneten Art das ihnen etwa verliehene Recht der juristischen Persönlichkeit nach Ablauf von sechs Monaten nach Publikation des erstgedachten Landesgesetzes durch Verfügung der Staatsregierung wieder entzogen werden kann.

§. 14. (Weimar.)

Die Eintragungen in das Genossenschaftsregister erfolgen sportelfrei (§. 69 des Bundesgesetzes).

Im Uebrigen kommen für den Ansatz der Sporteln, Gebühren und Verläge die Vorschriften des Gesetzes über die Sporteln ꝛc. vom 31. August 1865 und der zu diesem Gesetze erlassenen Nachträge zur Anwendung.

— Schw.-Sondershausen. § 12.

Die Eintragungen in das Genossenschaftsregister einschließlich deren vorgeschriebener Bekanntmachungen, desgleichen die Einreichung der Listen der Genossenschafter und der darauf bezüglichen vierteljährlichen Anzeigen, sowie die Berichtigung und Vervollständigung jener Listen sind sportel- und stempelfrei. Baare Auslagen sind überall zu erstatten. Auch sind im Uebrigen Kosten nach Maßgabe der bestehenden Gesetze, insbesondere auch unter analoger Anwendung der Bestimmungen in der Anmerkung zu Ziffer 3 und unter Ziffern 5 und 6 des §. 36 des Einführungsgesetzes zum allgemeinen deutschen Handelsgesetzbuche vom 30. Mai 1862 zu berechnen und zu entrichten.

— Schw.-Rudolstadt. — § 13. Abs. 1 wie §. 14. Abs. 2: „Im Uebrigen kommen für den Ansatz der Sporteln, Gebühren und Verläge die Vorschriften des Sportelgesetzes vom 4. März 1859 (Ges.-S. S. 27 ff.) und der zu diesem Gesetze erlassenen Nachträge zur Anwendung.

— Reuß älterer Linie. — § 11. Abs. 1 wie §. 14. Abs. 2: „Im Uebrigen kommen für den Ansatz der Sporteln, Gebühren und Verläge die Vorschriften der der Verordnung vom 28. September 1864 sub B. angefügten Gebührentaxe und resp. der allgemeinen Gebührentaxe vom 1. Februar 1853 zur Anwendung.

§. 15. (Weimar.)

Gegenwärtige Verordnung tritt mit dem 1. Januar 1869 in Kraft.

Urkundlich haben Wir diese Verordnung Höchsteigenhändig vollzogen

---

*) Eine ähnliche Bestimmung im Meiningen'schen Genossenschaftsgesetze ist auch in der Meiningen'schen Ausführungsverordnung berücksichtigt; s. unten.

und mit Unserm Großherzoglichen Staatsinsiegel versehen lassen.

So geschehen und gegeben Weimar am 25. November 1868.

(L. S.) **Carl Alexander.**

von Watzdorf. G. Thon. Stichling.

— Schwarzburg-Sondershausen — § 13:

Gegenwärtige Verordnung tritt mit dem 1. Januar 1869 in Kraft.

Urkundlich unter Unserer Unterschrift und Unserem Fürstlichen Siegel.

Sondershausen, den 12. December 1868.

(L. S.) **Günther Friedrich Carl**, F. z. S. S.

contrasignirt: v. Keyser.

— Reuß jüngerer Linie — § 13:

Gegenwärtige Verordnung tritt mit dem 1. Januar 1869 in Kraft.

Urkundlich haben Wir diese Verordnung eigenhändig unterschrieben und Unser landesfürstliches Insiegel beidrucken lassen.

Schloß Osterstein, den 15. Dezember 1868.

(L. S.) **Heinrich XIV.**

v. Harbou. Dr. E. v. Beulwitz.

— Schwarzburg-Rudolstadt — § 14:

Gegenwärtige Verordnung tritt mit dem 1. Januar 1869 in Kraft.

Urkundlich unter Unserer eigenhändigen Unterschrift und beigedrucktem Fürstlichen Insiegel.

So geschehen Rudolstadt, den 24. Dezember 1868.

(L. S.) **Albert**, F. z. S.

v. Bertrab. v. Ketelhodt.

— Reuß älterer Linie — § 12:

Gegenwärtige Verordnung tritt mit dem 1. Februar 1869 in Kraft.

Urkundlich haben Wir diese Verordnung Höchsteigenhändig vollzogen und Unser Fürstliches Insiegel beidrucken lassen.

So geschehen und gegeben Greiz, am 20. Januar 1869.

(L. S.) **Heinrich XXII.**

Dr. Herrmann.

[Bei allen übereinstimmend.]

Anlage **A.**

Verzeichniß
der Mitglieder der eingetragenen Genossenschaft

x x

1.	2.	3.	4.
Laufende Nummer.	Vor- und Zuname. Stand und Gewerbe.	Wohnort.	Tag des Ausscheidens.

C. Nachtragsverordnungen von Schwarzburg-Rudolstadt, Sachsen-Weimar und den beiden Reußischen Fürstenthümern.

1. Die Verordnung vom 28. September 1869 für das Fürstenthum Schwarzburg-Rudolstadt.

Nr. XXXV. Verordnung

vom 28. September 1869, einen Nachtrag zu der Ausführungs-Verordnung vom 24. December 1868 zu dem Bundesgesetze vom 4. Juli 1868 über die privatrechtliche Stellung der Erwerbs- und Wirthschaftsgenossenschaften (Ges.-S. 1869 S. 1) betreffend.

Wir **Albert**, von Gottes Gnaden Fürst zu Schwarzburg 2c. verordnen als Nachtrag zu der Verordnung vom 24. December 1868, zur Ausführung des Bundesgesetzes vom 4. Juli 1868, betreffend die privatrechtliche Stellung der Erwerbs- und Wirthschaftsgenossenschaften (Ges.-S. 1869 S. 1) andurch, was folgt:

Die für „eingetragene Genossenschaften" anzulegenden Folien in dem Handels- (Genossenschafts-) Register erhalten von jetzt ab nur zwei Rubriken.

In die erste, die Ueberschrift „Firma" führende Rubrik werden die in §. 3 der Ausführungs-Verordnung vom 24. December 1868, in die zweite Rubrik, welche die Ueberschrift „Vertreter" erhält, werden die in §. 5 der bezeichneten Ausführungs-Verordnung vorgeschriebenen Eintragungen bewirkt.

Der §. 4, sowie sonstige mit obiger Vorschrift in Widerspruch stehende Bestimmungen der Verordnung vom 24. December 1868 sind aufgehoben.

Urkundlich unter Unserer eigenhändigen Unterschrift und beigedrucktem Fürstl. Insiegel.

So geschehen Schwarzburg, den 28. September 1869.

(L. S.) **Albert**, F. z. S.

v. Bertrab. v. Ketelhodt.

2. Die Verordnung vom 2. November 1869 für das Großherzogthum Sachsen-Weimar-Eisenach.

— Wir Carl Alexander 2c. 2c.

verordnen nachträglich zu der zur Ausführung des Landesgesetzes vom 4. Juli 1868, die privatrechtliche Stellung der Erwerbs- und Wirthschaftsgenossenschaften betreffend, unterm 25. November 1868 erlassenen Verordnung, was folgt:

Die für „eingetragene" . . . u. so fort, wie vorstehend in der Rudolstädtischen Verordnung, nur die Zitate Abs. 3 u. Abs. 4: „Ausführungsverordnung vom 25. November 1868."

Urkundlich haben wir diese Verordnung Höchsteigenhändig vollzogen 2c.

So geschehen und gegeben Weimar, den 2. November 1869.

(L. S.) Carl Alexander.

von Watzdorf. G. Thon. Stichling.

3. Verordnung vom 15. Novbr. 1869 für das Fürstenthum Reuß jüngerer Linie.

Landesherrliche Verordnung vom 15. Novbr. 1869, einen Nachtrag zu der Verordnung vom 15. Dezember 1868 u. s. w. wie zu 1.

Wir Heinrich der Vierzehnte, von Gottes Gnaden jüngerer Linie regierender Fürst zu Reuß, Graf und Herr von Plauen, Herr zu Greiz, Kranichfeld, Gera, Schleiz und Lobenstein u. s. w.

verordnen im Nachtrag zu der zur Ausführung 2c. . . . wie zu 2 . . . unter dem 15. Dezember 1868 erlassenen Verordnuug Folgendes:

Die für „eingetragene Genossenschaften" . . . wörtlich wie zu 1 nur zwei mal „15. Dezember 1868".

Urkundlich 2c.

Schloß Osterstein am 15. November 1869.

(L. S.) Heinrich XIV.

v. Harbou. Dr. E. v. Beulwitz.

4. Verordnung vom 27. November 1869 für das Fürstenthum Reuß älterer Linie.

39. Nachtrag zur Landesherrlichen Verordnung vom 20. Januar d. J. zu Ausführung des Bundesgesetzes 2c.

Wir Heinrich der Zwei und Zwanzigste u. s. f.

verordnen nachträglich zu der in Ausführung des Bundesgesetzes . . u. s. w. wie zu 2, nur zweimal „20. Januar 1869".

So geschehen und gegeben Greiz den 27. Novbr. 1869.

(L. S.) Heinrich XXII.

M. Kunze i. V.

IX. Oldenburg.

Die Ausführungsverordnung vom 11. Mai 1870.*)

Vorbemerkung.

Die Regierung des Großherzogthums Oldenburg ist der ihr durch § 7: des Genossenschaftsgesetzes auferlegten Verpflichtung fast 1½ Jahr zu spä nachgekommen. Die Ausführungsverordnung vom 11. Mai 1870 ist in den am 15. Mai 1870 ausgegebenen 55. Stück XXI. Bandes (Seite 478) des Gesetzblattes für das Herzogthum Oldenburg, — jedenfalls auch gleichzeitig in den Gesetzblättern für die andern Landestheile, die Fürstenthümer Lübeck und Birkenfeld — publizirt worden und ist durch Kürze ausgezeichnet.

Nach Art. 8 des Einführungsgesetzes zum Allg. Deutschen H.-G.-Buch sollen die Eintragungen in das Handelsregister jedenfalls für das Herzogthum Oldenburg durch die Oldenburgischen Anzeigen, für das Fürstenthum Lübeck

*) Seite 101 in der Einleitung ist die Verordnung durch ein Versehen unter das Jahr 1869 gestellt.

durch den dortigen Anzeiger und für das Fürstenthum Birkenfeld durch das dortige Amtsblatt erfolgen; durch einen Erlaß des Justizministers vom 13. November 1874 sind die Amtsgerichte angewiesen, seit 1. Januar 1875 sämmtliche Eintragungen in das Handelsregister außer in jenen amtlichen Blättern auch in dem mit dem Deutschen Reichsanzeiger verbundenen Zentralhandelsregister zu veröffentlichen.

Nr. 103.

Verordnung, betreffend Ausführung des Bundesgesetzes vom 4. Juli 1868, betreffend die privatrechtliche Stellung der Erwerbs- und Wirthschafts-Genossenschaften.

Oldenburg, den 11. Mai 1870.

Wir **Nicolaus Friedrich Peter**, von Gottes Gnaden Großherzog von Oldenburg, Erbe zu Norwegen, Herzog von Schleswig, Holstein, Stormarn, der Dithmarschen und Oldenburg, Fürst von Lübeck und Birkenfeld, Herr von Jever und Kniphausen ꝛc. ꝛc.

verordnen auf Grund der §§ 66 und 72 des Bundesgesetzes vom 4. Juli 1868, betreffend die privatrechtliche Stellung der Erwerbs- nnd Wirthschafts-Genossenschaften, zur Ausführung dieses Gesetzes, was folgt:

Die Bestimmungen des Gesetzes vom 18. April 1864, betreffend die Einführung des allgemeinen Deutschen Handelsgesetzbuchs, und der mit der Ministerial-Bekanntmachung vom 10. September 1864 publicirten Vorschriften über die Führung der Handelsregister finden auch Anwendung auf die Genossenschaftsregister und die eingetragenen Genossenschaften.

Urkundlich Unserer eigenhändigen Namens-Unterschrift und beigedruckten Großherzoglichen Insiegels.

Gegeben auf dem Schlosse zu Oldenburg, den 11. Mai 1870.

Im Auftrage des Großherzogs:

Das Staatsministerium.

(L. S.) von Rössing.

Römer.

X. Braunschweig.

A. Vorbemerkungen.

Die Regierung des Herzogthums Braunschweig hat sich mit dem Erlaß der Ausführungsverordnung nicht überstürzt; sie kam damit einen Monat zu spät. Die Verordnung vom 15. Januar 1869 ist in der Gesetz- und Verordnungssammlung Nr. 7 (datirt Brauschweig den 29. Januar 1869) Seite 47 bis 51 publizirt worden.

Zu bemerken ist dabei Folgendes:

1) Die Formulare A und B sind den für Preußen vorgeschriebenen vollkommen gleich. (Seite 426.)

2) Das im § 3 der Ausführungsverordnung für den Fall der Auflösung der Genossenschaft zufolge § 35 des Genossenschaftsgesetzes vorgeschriebene Verfahren ist ein zivilprozessualisches und giebt zu Bedenken keinerlei Anlaß. —

Es hat nämlich das Braunschweigische Einführungsgesetz zum D. H.-G.-Buche vom 14. Sept. 1863 im § 36 (ähnlich den Bestimmungen des Art. 12 § 5 des Preuß. Einführungsgesetzes vom 24. Juni 1861) die Vorschrift, daß Aktiengesellschaften wegen Zuwiderhandlungen gegen die Landesgesetze oder wesentliche Statutbestimmungen, oder wegen Ausdehnung ihrer Geschäfte auf Unternehmungen, die den Gesellschaftszwecken fremd sind, wenn sie den polizeilichen Aufforderungen wegen Abstellung der Rechtswidrigkeiten nicht nachkommen, durch richterliche Entscheidung aufgelöst werden können. Das Verfahren ist durch § 37 geregelt. Zunächst hat die Herzogliche Kreisdirektion, nach eingeholter Genehmigung des Staatsministeriums, den Vorstand der Gesellschaft bei Ankündigung des beabsichtigten Prozeßverfahrens und der Angabe des Grundes zu demselben, unter Einräumung einer zur Berufung einer Generalversammlung ausreichenden Frist, zu einer Erklärung darüber aufzufordern, ob die Gesellschaft sich freiwillig auflösen wolle. Lehnt die Gesellschaft die Auflösung ab, oder erklärt sie sich nicht rechtzeitig, so kann das Staatsministerium die Staatsanwaltschaft anweisen, im Zivilprozeß-Verfahren wegen Auflösung der Gesellschaft bei dem Handelsgericht zu Braunschweig Klage zu erheben. Dieses erkennt unabhängig von den im Verwaltungswege ergangenen Anordnungen darüber: ob ein gesetzlicher Grund zur Auflösung der Gesellschaft vorliegt. Den Parteien ist die Benutzung der gesetzlichen Rechtsmittel unbenommen. Der Gesellschaftsvorstand ist verpflichtet, dem Staatsanwalte, nachdem er zur Klage ermächtigt worden, und nach angebrachter Klage auch dem Gerichte die Handelsbücher und andere Geschäftspapiere auf Verlangen zur Einsicht vorzulegen.

3) Das Handelsgericht zu Braunschweig führt das Handelsregister für das ganze Land und bestimmt jährlich auf Grund des Art. 14 des H.-G.-Buchs die Publikationsorgane, darunter regelmäßig den Deutschen Reichsanzeiger.

B. Die Ausführungsverordnung vom 15. Januar 1869.

Verordnung, zur Ausführung des Bundesgesetzes vom 4. Juli 1868, betreffend die privatrechtliche Stellung der Erwerbs- und Wirthschaftsgenossenschaften.

d. d. Braunschweig, den 15. Januar 1869.

Von Gottes Gnaden, Wir, **Wilhelm**, Herzog zu Braunschweig und Lüneburg 2c.

verordnen hiedurch zur Ausführung des Bundesgesetzes vom 4. Juli 1868 in Betreff der privatrechtlichen Stellung der Erwerbs- und Wirthschaftsgenossenschaften, was folgt:

§. 1. Bei Ausführung des gedachten Bundesgesetzes sind die betreffenden Vorschriften des Gesetzes vom 14. Sept. 1863, die Einführung des Allgemeinen Deutschen Handelsgesetzbuchs betreffend, sowie der unter demselben Tage publicirten Instruction für Herzogl. Handelsgericht, die Führung der Handelsregister betreffend, zur Anwendung zu bringen.

Insbesondere ist das Genossenschaftsregister, sowie die Liste der Genossenschafter

(cfr. §. 25 des Bundesgesetzes vom 4. Juli v. J.)

für alle Genossenschaften, welche sich dem Gesetze gemäß in Unserm Herzogthume bilden, von dem Handelsgerichte zu Braunschweig zu führen; es können jedoch die vorgeschriebenen Anmeldungen und Zeichnungen außerhalb der Stadt Braunschweig auch vor demjenigen Stadt- oder Amtsgerichte, in dessen Bezirke die Genossenschaft ihren Sitz hat, geschehen, und sind sodann die aufgenommenen Protokolle dem Handelsgerichte zu übersenden.

Im Uebrigen behält es bei den hier gültigen Bestimmungen über die Competenz der Gerichte sein Bewenden, so daß also namentlich für Concurse von Genossenschaften, sowie zur Abgabe der Bestimmung nach §. 50 des Bundesgesetzes vom 4. Juli 1868 das Handelsgericht nur dann competent ist, wenn es sich dabei um eine Genossenschaft handelt, welche im Kreise Braunschweig ihren Sitz hat.

§. 2. Die Staatsbehörde, welcher die Einsicht des Protocollbuchs der Genossenschaften gestattet werden muß,

(§. 33 des Bundesgesetzes vom 4. Juli 1868.)

ist die betreffende Kreisdirection.

§. 3. Soll auf Grund des §. 35 des Bundesgesetzes vom 4. Juli 1868 zur Auflösung der Genossenschaft geschritten werden, so findet das im §. 37 des Gesetzes vom 14. Sept. 1863 vorgeschriebene Verfahren Statt, nur daß als zuständiges Gericht nicht das Handelsgericht, sondern das betreffende Kreisgericht eintritt.

§. 4. Ueber die Strafen, welche nach §. 27 des Bundesgesetzes vom 4. Juli 1868 gegen Mitglieder des Vorstandes zu verhängen sind, erkennt auf Antrag des Staatsanwalts das betreffende Kreisgericht im gesetzlichen Anklageverfahren.

§. 5. Das Gericht, welches nach §. 66 des Bundesgesetzes vom 4. Juli 1868 gegen den Vorstand oder die Liquidatoren nöthigenfalls mit Ordnungsstrafen einzuschreiten hat, ist entweder das Handelsgericht, oder — bei Concursen — das Concursgericht. Das Verfahren hiebei soll dasjenige sein, welches in den §§. 10 bis 18 des Gesetzes vom 14. September 1863 vorgeschrieben ist.

§. 6. Die Geldbußen, welche nach §. 67 des Bundesgesetzes vom 4. Juli 1868 gegen Vorstandsmitglieder wegen unrichtiger Anzeigen oder Angaben verhängt werden können, spricht, jedoch erst nach vorgängigem Gehöre der Vorstandsmitglieder, dasjenige Gericht aus, welchem die unrichtigen Anzeigen oder Angaben gemacht sind. Gegen die Entscheidung findet eine Beschwerde bei Herzoglichem Obergerichte Statt, hinsichtlich welcher nach §. 15 des Gesetzes vom 14. September 1863 zu verfahren ist.

§. 7. Das, einen Theil des Handelsregisters bildende Genossenschaftsregister ist nach dem angehängten Formulare A. anzulegen.

In die 4. Columne ist einzutragen:

1) Datum des Gesellschaftsvertrages,

2) Gegenstand des Unternehmens,

3) **Zeitdauer der Genossenschaft, im Falle dieselbe auf eine bestimmte Zeit beschränkt sein soll,**
4) **Namen und Wohnort der Vorstandsmitglieder,**
5) **Form, in welcher die von der Genossenschaft ausgehenden Bekanntmachungen erfolgen, sowie die öffentlichen Blätter, in welche sie aufzunehmen sind,**
6) Form, in welcher der Vorstand seine Willenserklärung kund giebt und für die Genossenschaft zeichnet, falls darüber im Gesellschaftsvertrage etwas bestimmt ist,
7) Auflösung der Genossenschaft, resp. Eröffnung des Concurses über dieselbe,
8) Eintritt und Austritt der Liquidatoren,
9) Ertheilung und Zurücknahme von Procuren.

Das bei dem Handelsgerichte einzureichende Verzeichniß der Genossenschafter ist nach dem Formulare B. aufzustellen; das Handelsgericht hat dasselbe zu prüfen und dafür zu sorgen, daß die Liste der Genossenschafter vollständig erhalten wird.

Alle, die es angeht, haben sich hiernach zu achten.

Urkundlich Unserer Unterschrift und beigedruckten Herzogl. Geheime-Canzlei-Siegels.

Braunschweig, den 15. Januar 1869.

(L. S.)

Auf Höchsten Spezial-Befehl.

von Campe. W. Schulz. Zimmermann.

XI. Sachsen-Meiningen.

A. Vorbemerkungen.

In der Einleitung ist bereits dargestellt, wie die Regierung des Herzogthums Sachsen-Meiningen sofort nach Erlaß des Preußischen Genossenschaftsgesetzes die Einführung desselben in ihren Staat betrieb und durchsetzte. Das Genossenschaftsgesetz für Meiningen vom 29. Juni 1867, welches bis auf die in den Schlußartikeln enthaltenen Uebergangsbestimmungen mit dem Preußischen Genossenschaftsgesetz vom 27. März 1867 wörtlich übereinstimmte, ist durch das Norddeutsche Genossenschaftsgesetz beseitigt. Nur jene Uebergangsbestimmungen (Art. 58 u. 59) wurden durch die Verordnung zur Ausführung des Bundesgesetzes aufrechterhalten. Diese Verordnung datirt vom 19. Dezember 1868, ist aber erst in dem zu Meiningen am 8. Januar 1869 ausgegebenen Bogen 42 der „Sammlung der landesherrlichen Verordnungen im Herzogthum Sachsen-Meiningen" (Band XVIII. S. 195 bis 200) publizirt worden. Schulze-Delitzsch zollt der Verordnung vom 19. Dezember 1868 große Anerkennung; sie unterscheide sich, sagt er in Nr. 49 S. 194 Jahrgang 1869 der Gen.-Bl., sehr zu ihrem Vortheil von den übrigen mitgetheilten Verordnungen aus den Sächsischen Herzogthümern, daß sie in keinem Punkte den Vorschriften des Gesetzes Gewalt anthue, vielmehr ein wirkliches Verständniß für dasselbe an den Tag lege.

Eine Erläuterung verdienen die Bestimmungen des Art. 15. Das im ersten Absatz desselben beseitigte „Ausschreiben vom 28. Nobr. 1867" ist die zum Meiningenschen Genossenschaftsgesetze vom 29. Juni 1867 erlassene Instruktion. Die analoge Anwendung der Vorschriften der §§ 12 bis 15 des Einführungsgesetzes zum A. D. H.-G.-Buch schrieb Artikel 58 jenes Genossenschaftsgesetzes vor. Der Art. 59 des letzteren, bei welchem es das Bewenden behalten soll, enthält die Bestimmung, daß denjenigen Erwerbs- und Wirthschaftsgenossenschaften, welchen das Recht der juristischen Persönlichkeit verliehen worden ist, dasselbe durch Verfügung der Staatsregierung wieder entzogen werden kann. Der Zweck dieser Vorschrift war wohl ursprünglich nur der, auf die wenigen schon vorher mit Korporationsrechten bedachten Erwerbs- und Wirthschaftsgenossenschaften einen Druck dahin auszuüben, daß sie sich unter Verzicht auf die Koporationsrechte unter das Genossenschaftsgesetz stellen.

Den dritten und letzten Absatz des Artikel 15 erklärt Schulze-Delitzsch mit Rücksicht auf das frühere Meiningensche Genossenschaftsgesetz für sehr zweckmäßig, indem darin ein praktischer Fingerzeig für die schon eingetragenen Genossenschaften liege, ihr Statut nach den Anforderungen des neuen Gesetzes zu revidiren.

Durch eine Herzogliche Verordnung vom 10. März 1875 ist vorgeschrieben, daß für die öffentlichen Bekanntmachungen der Eintragungen in das Handelsregister, neben den schon früher bestimmten beiden Blättern, dem Regierungsblatte und der Hildburghäuser Dorfzeitung, auch der Deutsche Reichsanzeiger zu benutzen sein solle.

B. Die Ausführungsverordnung vom 19. Dezember 1868.

(Nr. 40.) Verordnung vom 19. December 1868, zur Ausführung des Bundesgesetzes vom 4. Juli 1868, betreffend die privatrechtliche Stellung der Erwerbs- und Wirthschaftsgenossenschaften.

Wir **Georg**, von Gottes Gnaden Herzog zu Sachsen-Meiningen rc. verordnen auf Grund des Bundesgesetzes vom 4. Juli 1868, betreffend die privatrechtliche Stellung der Erwerbs- und Wirthschaftsgenossenschaften §. 72, 66 Abs. 2, was folgt:

Art. 1. Die Zuständigkeit der ordentlichen Gerichte, welche nach dem Bundesgesetz vom 4. Juli 1868 §. 70 vorerst an die Stelle der Handelsgerichte treten, bestimmt sich nach dem Gesetz vom 25. Juni 1862, betreffend die Einführung des Allgemeinen Deutschen Handelsgesetzbuch §. 26, 27.

Zur Erkennung der §. 67 des Bundesgesetzes gedrohten Ahndung ist der Richter zuständig, welcher das Genossenschaftsregister führt.

Art. 2. Wenn der Vorstand der Genossenschaft, beziehungsweise die Liquidatoren den Vorschriften in den §. 4, 6, 18, 23, 25, 26 Abs. 2, §. 31 Abs. 3,

§. 33 Abs. 2, §. 36, 41, 48, 52 bis 59, 61 des Bundesgesetzes nicht pünktlich nachkommen (§. 66 das.), so hat der Richter, welcher das Genossenschaftsregister führt, den Vorstand oder die Liquidatoren hiezu unter Bestimmung einer angemessenen Frist und unter Androhung von Geldstrafen, von 1 bis zu 10 Thlr. für die Person aufzufordern. Bleibt die Aufforderung erfolglos, so ist die angedrohte Strafe auszusprechen und die Aufforderung unter Bestimmung einer anderweiten Frist und unter Androhung erhöhter Geldstrafe zu wiederholen. Damit ist fortzufahren, bis die gesetzliche Anordnung befolgt oder die Voraussetzung derselben weggefallen ist. Die Geldstrafe kann bis zur Höhe von 200 Thalern angedroht und verhängt werden.

Wenn der Vorstand oder die Liquidatoren den Vorschriften in §. 52 bis 59, 61 des Bundesgesetzes nicht nachkommen, so kann auch das Concursgericht (§. 52 das.) oder das nach §. 59 das. und Art. 3 zuständige Kreisgericht das vorgedachte Verfahren einleiten oder aber nach §. 60 das. verfahren.

Art. 3. Im Fall des Bundesgesetzes §. 27 tritt die Zuständigkeit des Einzelrichters und das Verfahren bei Uebertretungen,

im Fall des §. 35 und des §. 59 die Zuständigkeit des Kreisgerichts ein.

Für die Hülfsvollstreckung, welche ebenso wie in den Fällen des Art. 1 der Executionsordnung vom 17. Juli 1862 auf Grund des für vollstreckbar erklärten Vergleichsplans (§. 55, 59 das.) erfolgt, ist das Gericht zuständig, welches den Beschluß der Vollstreckbarkeit gefaßt hat.

Art. 4. Das Genossenschaftsregister ist bestimmt, diejenigen Rechtsverhältnisse einer eingetragenen Genossenschaft (Bundesgesetz §. 1, 2), welche für deren kaufmännischen Verkehr von erheblichem Interesse sind, in möglichster Vollständigkeit und in zuverlässiger Weise zur öffentlichen Kenntniß zu bringen.

Genossenschaften, welche sich der Firma einer „eingetragenen Genossenschaft" nicht bedienen, sind nicht einzutragen.

In das Genossenschaftsregister sind insbesondere aufzunehmen:

a. der Gesellschaftsvertrag, Bundesgesetz §. 3, 4 (s. unten Art. 7),
b. die Beschlüsse der Generalversammlung der Genossenschaft, welche Abänderung des Gesellschaftsvertrags über die Fortsetzung der Genossenschaft zum Gegenstande haben, Bundesgesetz §. 6. (s. unten Art. 8),
c. die Namen der jeweiligen Vorstandsmitglieder und jeder Aenderung derselben. Bundesgesetz §. 18, 23, 28 Abs. 2.
d. das Verzeichniß der Genossenschafter, Bundesgesetz §. 25. (s. unten Art. 12),
e. die Auflösung der Genossenschaft, sowie die Concurseröffnung, Bundesgesetz §. 34—37.
f. die Namen der Liquidatoren, das Austreten eines Liquidators oder das Erlöschen der Vollmacht eines solchen, Bundesgesetz §. 41.

Art. 5. Das Genossenschaftsregister bildet einen Theil des Handelsregisters, (Bundesgesetz §. 4) eine angemessene Anzahl aufeinanderfolgender Blätter des Letzteren ist für die eingetragenen Genossenschaften zu bestimmen, und dies auf der ersten Seite unter Unterschrift des Einzelrichters zu bemerken.

Das Verzeichniß, welches zum Handelsregister geführt wird, ist auch auf die Firmen der eingetragenen Genossenschaften unter Bezeichnung der Letzteren als solche zu erstrecken.

Art. 6. Zu dem Genossenschafsregister werden Beilageakten, und zwar für jede Genossenschaft ein besonderer Band gehalten, welche als Bestandtheil des Genossenschaftsregisters zu betrachten sind. Im Rubrum ist die Firma und Nr. und Folium des Genossenschaftsregisters anzugeben. Zu diesen Beilageakten kommen nach der Zeitfolge alle Anmeldungen zu Eintragungen nebst den dazu gehörigen Urkunden, insbesondere

1) diejenigen, welche die Zeichnungen von Unterschriften enthalten,
2) der Gesellschaftsvertrag,
3) die Beschlüsse, welche Abänderungen desselben oder die Fortsetzung der Genossenschaft zum Gegenstand haben,
4) die vom Vorstand einzureichenden Verzeichnisse der Mitglieder bezüglich die Anzeigen über deren Eintritt und Austritt, endlich
5) die auf die Anmeldungen erlassenen Verfügungen und die Nachweisungen über die erfolgten Bekanntmachungen.

Art. 7. Der Gesellschaftsvertrag ist in das Genossenschaftsregister selbst nur im Auszug einzutragen. Dieser enthält die im Bundesgesetz §. 4 unter Ziff. 1—4, 6 und im Schlußsatz bezeichneten Angaben.

Die Angaben unter Ziffer 1, 3, 4, 6 das. werden in Rubrik II., die unter Ziff. 2 in Rubrik I., die übrigen Angaben unter Rubrik III. eingetragen.

Eine vollständige Abschrift oder ein vollständiger Abdruck des Gesellschaftsvertrags, welcher vom Vorstand mit der Anmeldung zu überreichen und vom Gericht zu beglaubigen ist, ist zu den Beilageacten (Art. 6) zu nehmen. Im Register Rubrik II. ist die Stelle der Acten zu bezeichnen, wo diese Abschrift oder dieser Abdruck sich befindet.

Art. 8. Beschlüsse der Generalversammlung der Genossenschaft, welche deren Fortsetzung, oder eine Abänderung des Gesellschafts-Vertrags zum Gegenstand haben, werden nach Maßgabe des Art. 7 in das Genossenschaftsregister im Auszug eingetragen, zu den Beilageacten (Art. 6) jedoch vollständig genommen. Jedenfalls ist im Genossenschaftsregister zu bemerken, daß eine Aenderung des Gesellschaftsvertrags stattgefunden, und das Datum des abändernden Beschlusses zu bemerken.

Art. 9. Die Namen und der Wohnort der zeitigen Vorstandsmitglieder und ihre etwaigen Stellvertreter, sowie jede Aenderung hierin (Bundesgesetz §. 4, Ziff. 5, §. 23, 28, Abs. 2), die Bestellung von Liquidatoren, der Austritt eines Liquidators und das Erlöschen der Vollmacht eines solchen ist in Rubrik III. einzutragen. Vor dem Eintrag eines Mitglieds des Vorstands oder eines Liquidators ist von demselben seine Unterschrift vor Gericht zu zeigen*) oder in beglaubigter Form (Art. 11) einzureichen. (Bundesgesetz §. 18, 19, 41).

Eine Beschränkung des Umfangs der Befugnisse des Vorstands oder eines Liquidators kann nicht eingetragen werden.

Art. 10. Die Concurseröffnung (Bundesgesetz §. 37) oder die Auflösung im Fall des §. 35 daselbst ist von Amtswegen einzutragen; das erkennende Gericht hat das Erkenntniß alsbald nach Eintritt der Rechtskraft mit einem

*) „zeigen" jedenfalls Druckfehler statt „zeichnen".

Attest hierüber demjenigen Gericht mitzutheilen, welches das Genossenschaftsregister führt.

Art. 11. Außerdem erfolgen alle Einträge auf Anmeldung des Vorstands oder nach Auflösung der Gesellschaft, der Liquidatoren.

Die Anmeldung muß entweder persönlich vor dem zuständigen Gericht zu Protokoll erklärt, oder bei demselben in gerichtlich oder notariell beglaubigter Form eingereicht werden.

Mit der Anmeldung ist der Beschluß der Generalversammlung, auf Grund dessen sie erfolgt, vorzulegen, bezüglich abschriftlich (Bundesgesetz §. 6) einzureichen.

Art. 12. Das Verzeichniß der Genossenschafter ist bei Anmeldung der Genossenschaft zum Eintrag und dann alljährlich im Monat Januar (Bundesgesetz §. 25) nach dem Formular A. einzureichen.*) In demselben hat das Gericht nach der am Schlusse jeden Quartals vom Vorstande eingereichten Anzeige die Namen der neu eingetretenen Genossenschafter nachzutragen und den Austritt oder Ausschluß von solchen in Spalte 4 unter Angabe des Tages des Ausscheidens zu bemerken.

Das Verzeichniß der Genossenschafter wird in das Genossenschaftsregister selbst nicht aufgenommen, aber zu den Beilageacten genommen (s. oben Art. 6).

Art. 13. Für Eintragung einer Zweigniederlassung bei demjenigen Gerichte, in dessen Bezirk die Genossenschaft selbst ihren Sitz nicht hat, (Bundesgesetz §. 7) gelten die gleichen Bestimmungen.

Art. 14. Im Uebrigen finden bei Führung des Genossenschaftsregisters und bei der Bekanntmachung der Einträge die Vorschriften in der Verordnung vom 15. August 1862 über die Führung des Handelsregisters und über die Veröffentlichung der in dasselbe geschehenen Eintragungen §. 3, 4, 5 Abs. 3, §. 8—24, 59, 60, 69 Abs. 1, §. 70—73 rechtsähnliche Anwendung.

Art. 15. Das Ausschreiben vom 28. November 1867, betreffend die Führung des Genossenschaftsregisters und die Veröffentlichung der Einträge (Regierungsblatt vom 13. December 1867) wird hiermit aufgehoben.

Bei der analogen Anwendung der Vorschriften in §. 12—15 des Einführungsgesetzes zum Allgemeinen Deutschen Handelsgesetzbuch vom 25. Juni 1862 auf die eingetragenen Genossenschaften, sowie bei der Bestimmung in Art. 59 des eben gedachten Gesetzes vom 29. Juni 1867 behält es das Bewenden.

Auf die nach Maßgabe dieses Gesetzes vom 29. Juni 1867 bereits eingetragenen Genossenschaften findet das Bundesgesetz vom 4. Juli 1868 und die gegenwärtige Verordnung allenthalben Anwendung.

Urkundlich unter Unserer eigenhändigen Unterschrift und dem vorgedruckten Herzoglichen Siegel.

Meiningen, den 19. December 1868.

(L. S.) **Georg.**

v. Krosigk. F. v. Uttenhoven. Giseke. E. Wagner.

*) Das Formular ist dasselbe, wie das Preußische (Seite 426). Nur wird durch die über der Ueberschrift befindlichen Worte „(Angabe der Firma)“ darauf hingewiesen, daß die Genossenschaft ihre Firma angemessener Weise oben hinschreibt.

XII. Sachsen-Altenburg.

A. Vorbemerkungen.

Die Ausführungsverordnung ist im Herzogthum Sachsen-Altenburg am 18. Dezember 1868 erlassen und in dem Stück XX der Herzogl. Sachsen-Altenburgischen Gesetzsammlung, — ausgegeben am 24. Dezember 1868 (Seite 284 bis 288), — publizirt worden.

Der Verfasser dieser Verordnung benutzte zu seiner Arbeit die nächst der Königlich Sächsischen älteste der Ausführungsverordnungen, die für das Herzogthum Anhalt am 17. October 1868 erlassen und schon am 23. desselben Monats publizirt ist. Er ist dabei weit besser gefahren, als der Verfasser der Weimarischen Verordnung, der die Sächsische Verordnung benutzte. Dennoch hätte er bei seiner Arbeit mehr Kritik anwenden müssen.

Im Einzelnen ist Folgendes zu bemerken:

1) Der berechtigte Tadel, den Schulze-Delitzsch gegen die Bestimmungen des §. 5 der Verordnung erhoben hat, ist bereits Seite 215 bis 217 ausführlich erörtert. Zu bemerken ist dabei aber, daß die bezüglichen Bestimmungen des § 5 wörtlich dem § 3 der Anhaltinischen Ausführungsverordnung vom 17. October 1868 entlehnt sind. (Siehe unter XIV Anhalt.)

2) Der § 7 rührt bis auf den neu eingefügten zweiten Absatz ebenfalls aus dem § 4 der Anhaltinischen Verordnung her. Die Bestimmung dieses zweiten Absatzes aber, erklärt Schulze in seiner Besprechung der Ausführungsverordnungen (Genossenschaftsblätter 1869 Seite 53 — „Entwickelung des Genossenschaftswesens" Seite 314) für zweideutig, „insofern dieselbe vorschreibt eine „„beglaubte Abschrift"" des Gesellschaftsvertrages zu den Genossenschaftsakten zu bringen. Daß die Vereine den Original-Gesellschaftsvertrag, wie dort auch offen gelassen ist, zu den Akten einreichen, also völlig aus den Händen geben sollten, daran ist, bei der großen Wichtigkeit dieses Originals für die Genossenschaft, gar nicht zu denken, es würde also immer bei der Beibringung einer „„beglaubten"" Abschrift verbleiben, und es ist fraglich, wie man diese „„Beglaubigung"" zu verstehen hat. Wir nehmen an, daß dieselbe von den betreffenden Gerichtsbeamten erfolgt, der die eingereichte Abschrift mit dem gleichfalls vorgelegten Original verglichen und übereinstimmend gefunden hat, und rathen den dortigen Vereinen, nicht eine schon vorher beglaubigte Abschrift, die zu beschaffen wohl Kosten verursachen würde, dem Gericht einzureichen."

3) Im § 8, welcher dem § 5 der Anhaltinischen Verordnung entlehnt ist, widerspricht die Ergänzung des jährlichen Mitgliederverzeichnisses, im Gegensatz zur Stammrolle, streng genommen dem Gesetz. (Vgl. § 4 des Ges. S. 209 und die Vorbemerkungen zu Württemberg S. 451.)

4) Auch die §§ 9 und 10 sind der Anhaltinischen Verordnung (§§ 6 und 7) entnommen. Nur sind in § 10 bei Aufführung des in dritter Rubrik des Foliums Einzutragenden „die etwaigen Prokuristen" fortgelassen, welche die Anhaltinische Verordnung aufführt. Anzunehmen ist danach nur, daß die

Altenburgische Regierung die Eintragung von Prokuristen an dieser Stelle nicht für gerechtfertigt erachtet.

5) Im § 11 verstößt der erste Absatz, welcher dem § 8 der Anhaltinischen Verordnung entlehnt ist, insofern gegen das Gesetz, als die Veröffentlichung der Eintragungen in das Handelsregister für das ganze Handelsregister in denselben alljährlich bekannt zu machenden Blättern erfolgen muß (Art. 14 des Handelsgesetzbuchs) und das Genossenschaftsregister einen Theil des Handelsregisters bildet. Die Bestimmung wird durch den von der Altenburgischen Regierung eingeschobenen zweiten Absatz in ihren Motiven nicht klarer.

Eine Höchste Verordnung vom 17. April 1875 (Stück VI der Herzoglich Sachsen-Altenburgischen Gesetzsammlung), welche zur weiteren Ausführung des Artikel 14 Abs. 3 des D. H.-G.-Buchs verordnet,

> „daß die mit der Führung des Handelsregisters betrauten Behörden vom 1. Januar 1876 ab das Zentralhandelsregister des Deutschen Reichsanzeigers als eines derjenigen Blätter zu bestimmen haben, in welchen neben der „„durch die Ausführungsverordnung zum H.-G.-Buch vorgeschriebenen Bekanntmachung der Handelsregister-Einträge durch das Altenburgische Amts- und Nachrichtsblatt,““ die Publikation dieser Einträge zu erfolgen hat,“

muß sich auch auf die Eintragungen in das Genossenschaftsregister beziehen, obschon dies vielleicht nicht beabsichtigt ist.

6) Die letzten Worte des dritten Absatzes des § 11 „oder vorausgesetzt“ u. s. w. sind auch eine besondere Altenburgische Erfindung von zweifelhaftem Werthe.

7) Schulze-Delitzsch rügt a. a. O. mit Recht die Vorschrift des § 14 Absatz 3. „Nach § 8 des Gesetzes“, sagt er, „ist das Genossenschaftsregister öffentlich, und gelten dabei die im Allg. Deutsch. Handelsgesetzbuch in Bezug auf das Handelsregister gegebenen Bestimmungen; von letzterem aber bestimmt das Handelsgesetzbuch Art. 12 Al. 2:

> Das Handelsregister ist öffentlich. Die Einsicht desselben ist während der gewöhnlichen Dienststunden einem Jeden gestattet. Auch kann von den Eintragungen gegen Erlegung der Kosten eine Abschrift gefordert werden, die auf Verlangen zu beglaubigen ist.

Dieser Artikel zieht eine bestimmte Grenze, bis zu welcher die Liquidation von Gebühren ausgeschlossen ist. Die Oeffentlichkeit des Handelsregisters soll während der Dienststunden völlig unbeschränkt und auch nicht durch irgend welche Gebühren, die an sich schon als eine Beschränkung der Oeffentlichkeit anzusehen sind, beeinträchtigt sein; erst dann, wenn Jemand eine Abschrift der Eintragungen in's Handelsregister verlangt, soll er dafür auch keine „Gebühr“, sondern nur die „Kosten“ erlegen. Unzweifelhaft findet diese Bestimmung des Art. 12 Al. 2 des Allg. Deutsch. Handelsgesetzbuchs auch auf das Genossenschaftsregister Anwendung, und erscheint demnach §. 14 Al. 3 der Altenburgischen Verordnung gesetzlich unstatthaft“.

Neben diesem von der Altenburgischen Regierung eigens hinzugethanen dritten Absatze verstößt auch der zweite Absatz, welchen Altenburg von Anhalt (§ 11 der Verordnung v. 17. Octbr. 1868) und Anhalt von Preußen, nämlich von § 43 der Preußischen Instruktion zum Preußischen Gesetze entlehnt hat, gegen § 69 des Genossenschaftsgesetzes. (Siehe oben S. 396 u. S. 410).

B. Die Ausführungsverordnung vom 18. Dezember 1868.

64. Ausführungsverordnung

zu dem Bundesgesetz vom 4. Juli 1868, die privatrechtliche Stellung der Erwerbs- und Wirthschaftsgenossenschaften betreffend, vom 18. Dezember 1868.

Wir **Ernst**, von Gottes Gnaden, Herzog zu Sachsen, Jülich, Kleve und Berg, auch Engern und Westphalen ꝛc. ꝛc.

verordnen hiermit in Gemäßheit des §. 72 des Bundesgesetzes vom 4. Juli 1868, betreffend die rechtliche Stellung der Erwerbs- und Wirthschaftsgenossenschaften, zur näheren Ausführung dieses Gesetzes, was folgt:

§. 1. Jede untere Civilgerichtsbehörde hat für ihren Bezirk vom 1. Januar 1869 an ein Genossenschaftsregister zu führen.

§. 2. Als Genossenschaftsregister wird bei diesen Behörden das für deren Gerichtsbezirk bereits eingeführte Handelsregister dergestalt mit benutzt, daß das Genossenschaftsregister eine besondere Abtheilung desselben bildet. Das Gericht hat zu diesem Zwecke von noch unbenutzten Blättern des Handelsregisters eine entsprechende Anzahl für das Genossenschaftsregister abzusondern, das erste dieser Blätter mit der Bezeichnung „Genossenschaftsregister" zu versehen, und auf der Titelseite des Handelsregisters vorzumerken, mit welchem Blatt das Genossenschaftsregister beginnt, und wieviel dasselbe Blätter enthält.

§. 3. Das Genossenschaftsregister hat den Zweck, diejenigen Rechtsverhältnisse einer eingetragenen Genossenschaft, welche für deren kaufmännischen Verkehr von erheblichem Interesse sind, in möglichster Vollständigkeit und in zuverlässiger Weise zur öffentlichen Kenntniß zu bringen.

Außer dem, was zufolge des Gesetzes resp. dieser Ausführungsverordnung in das Genossenschaftsregister eingetragen werden muß, darf in dasselbe nichts eingetragen werden.

§. 4. In freiwilligen Gerichtsbarkeitssachen für Genossenschaften, namentlich in Betreff der Anlegung, Einrichtung und Führung des Genossenschaftsregisters, der Anmeldung von Einträgen in dasselbe, der Ausstellung von Zeugnissen auf Grund desselben, der öffentlichen Bekanntmachung der Einträge, kommen die Bestimmungen des Gesetzes, die Einführung des allgemeinen deutschen Handelsgesetzbuchs betreffend, vom 21. November 1863, und der Verordnung zur Ausführung desselben ꝛc. ꝛc. vom 25. November 1863 analogisch insoweit in Anwendung, als es dem Bundesgesetz vom 4. Juli 1868 und den Bestimmungen gegenwärtiger Ausführungsverordnung entspricht.

§. 5.*) Die Eintragung bereits bestehender oder künftig neu entstehender Genossenschaften setzt voraus, daß deren Statuten den Erfordernissen in §. 1—3 des Bundesgesetzes genügen.

---

*) s. oben S. 507 Vorbemerkungen zu 1.

Ist dieses der Fall, so sind solche Genossenschaften jeder Zeit berechtigt, die Eintragung als „eingetragene Genossenschaften" zu beantragen.

§. 6. Genossenschaften im Sinne des Bundesgesetzes sind nur auf den Antrag der Betheiligten in das Genossenschaftsregister einzutragen. Ein Zwang zur Eintragung findet nur Statt, wenn eine bereits eingetragene Genossenschaft die Anmeldung einer Zweigniederlassung unterläßt, rücksichtlich dieser Eintragung, und außerdem, wenn eine Genossenschaft sich der Firma als „eingetragene Genossenschaft" bedienen will. Ist aber die Eintragung veranlaßt oder geboten, so haben die Gerichtsbehörden, denen die Führung des Genossenschaftsregisters obliegt, nach §. 66 des Bundesgesetzes die Betheiligten durch Ordnungsstrafen dazu anzuhalten, daß die erforderlichen Anmeldungen erfolgen und die formellen Vorschriften befolgt werden. Das Verfahren hierbei und im Fall des §. 67 des Bundesgesetzes richtet sich nach Analogie der Bestimmungen in §§. 8—10 des Gesetzes, die Einführung des allgemeinen deutschen Handelsgesetzbuchs betreffend.

Die Ordnungsstrafen bemessen sich

a) in den Fällen des §. 67 des Bundesgesetzes nach den Bestimmungen dieses Paragraphen,

b) in den übrigen Fällen nach den Bestimmungen des §. 8 des Einführungsgesetzes zum Handelsgesetzbuch.

Die Uebertretungen der Vorschriften in §. 27 Absatz 2 des Bundesgesetzes sind als Polizeivergehen zu behandeln und von der zuständigen Polizeibehörde zu bestrafen.

§. 7. Für jede „eingetragene Genossenschaft" sind besondere „Genossenschaftsakten" nach Analogie der handelsgerichtlichen Firmenakten (§. 30 der Ausführuugsverordnung zum Handelsgesetzbuch), und für sämmtliche eingetragene Genossenschaften ein alphabetisches Verzeichniß derselben in einem besonderen Buche nach Analogie der Bestimmungen in §. 6 der obgedachten Ausführungsverordnung anzulegen und gehörig fortzuführen.

Zu den Genossenschaftsakten ist der Gesellschaftsvertrag im Original oder in beglaubigter Abschrift zu bringen.*)

Von den nach §. 6 des Bundesgesetzes einzureichenden zwei Exemplaren der eine Abänderung des Gesellschaftsvertrags enthaltenden Genossenschaftsbeschlüsse ist das eine Exemplar zu den Genossenschaftsakten zu nehmen, das andere mit einer Bescheinigung über die erfolgte Eintragung an die Genossenschaft zurück zu geben.

§. 8. Die nach §§. 4 und 25 des Bundesgesetzes vom Genossenschaftsvorstande bei dem Gericht einzureichenden Mitglieder-Verzeichnisse müssen vier Spalten mit den Ueberschriften:

1) laufende Nummer,
2) Vor- und Zuname, Stand und Gewerbe,
3) Wohnort,

---

*) Ueber die Einwendungen Schulze-Delitzsch's gegen diesen Absatz siehe oben Vorbemerkungen zu 2).

4) Tag des Ausscheidens

enthalten.

Dieselben sind zu den Genossenschaftsakten zu nehmen.

Das Gericht hat jedes eingereichte Mitglieder-Verzeichniß bis zur nächstjährigen Einreichung eines neuen durch entsprechende, mit rother Tinte zu bewirkende Nachträge nach Maßgabe der vierteljährigen Anzeigen fortzuführen, wobei das Ausscheiden von Mitgliedern in die vierte Spalte unter Angabe des Tages des Ausscheidens und der Beitritt neuer Mitglieder am Ende des Verzeichnisses in den Rubriken 1, 2 und 3 nachzutragen ist.*)

§. 9. Für jede eingetragene Genossenschaft ist ein besonderes Folium mit je 3 Rubriken anzulegen, desgleichen für jede Zweigniederlassung einer solchen, ausgenommen, wenn letztere sich in demselben Gerichtsbezirk, wie die Hauptniederlassung befindet, in welchem Falle nach dem Ermessen des Gerichts ein Eintrag resp. Nachtrag in das Folium der Hauptniederlassung genügt (§§. 12 und 13 der Ausführungsverordnung zum Handelsgesetzbuch).

Vor Eintragung einer Zweigniederlassung ist der Nachweis zu führen, daß die Eintragung der Hauptniederlassung bereits erfolgt ist.

§. 10. In die mit der Ueberschrift „Firma“ versehene erste Rubrik des Foliums ist einzutragen:

Firma und Sitz einer Genossenschaft, das Datum des Gesellschaftsvertrags, der Gegenstand des Unternehmens, die Zeitdauer der Genossenschaft, im Fall dieselbe auf eine bestimmte Zeit beschränkt sein soll, die Form, in welcher, und die öffentlichen Blätter, in welchen die von der Genossenschaft ausgehenden Bekanntmachungen zu erfolgen haben, die Eröffnung und Wiederaufhebung des Konkurses der Genossenschaft, die Auflösung durch die Staatsbehörde (§. 35 des Bundesgesetzes) und das sonstige Erlöschen derselben.

In die zweite Rubrik des Foliums sind unter der Ueberschrift „Genossenschafter“ einzutragen:

die Mitglieder der eingetragenen Genossenschaft, jedoch nur mittelst Verweisung auf das in den betreffenden Genossenschaftsakten befindliche Mitgliederverzeichniß, so wie der statutenmäßige Betrag der Geschäftsantheile der einzelnen Genossenschafter und die Art der Bildung dieser Antheile.

In die mit der Ueberschrift „Vertreter“ versehene dritte Rubrik des Foliums sind unter Angabe des Vor- und Zunamens, Standes und Wohnortes einzutragen:

die etwa gewählten interimistischen Stellvertreter eines oder mehrerer Vorstandsmitglieder (§. 23, alin. 2 des Bundesgesetzes), die Vorstandsmitglieder, und die Liquidatoren, resp. die durch den Aufsichtsrath (§. 28 des Bundesgesetzes) oder das Gericht (§. 60 daselbst) einstweilen bestellten Vertreter, ingleichen die Form, in welcher diese Vertreter für die Genossenschaft nach den Statuten zu zeichnen und Willenserklärungen für dieselbe abzugeben haben (§. 4, letzter Satz des Gesetzes). Etwaige

*) Siehe Vorbemerkungen zu 3).

Beschränkungen des Vorstandes oder der Liquidatoren in der Vertretung der Genossenschaft (§§. 21 und 44 des Gesetzes) sind nicht einzutragen.

Unter den betreffenden Rubriken sind ferner die Veränderungen bezüglich der Gegenstände der Eintragungen auszugsweise nachzutragen.

§. 11.*) Die öffentlichen Bekanntmachungen des Gerichts erfolgen im Amts- und Nachrichtsblatte und in denjenigen öffentlichen Blättern, welche der Genossenschaftsvertrag für die Aufnahme der von der Genossenschaft ausgehenden Bekanntmachungen bestimmt hat. Die Eintragungen sind hierbei als „in das Genossenschafts-Register bewirkt" zu bezeichnen.

Hat das Gericht einmal die öffentlichen Blätter, in welchen die gerichtlichen Bekanntmachungen in Betreff einer eingetragenen Genossenschaft erfolgen sollen, bekannt gemacht, so erfolgt eine erneuerte Bekanntmachung erst dann, wenn Veränderungen hinsichtlich jener Blätter eintreten.

Einträge in das Genossenschaftsregister und deren spätere Abänderungen sind nur insoweit zu veröffentlichen, als das Bundesgesetz die öffentliche Bekanntmachung vorschreibt (cf. §§. 4, 6, 23, 35 und 36 des Bundesgesetzes) oder voraussetzt (cf. §. 42, vergl mit §§. 40 und 41 ebendaselbst).

§. 12. Eigenthum an Grundstücken, Pfandrechte, sowie überhaupt alle der Eintragung in die Grund- und Hypothekenbücher fähigen Rechte, welche zu dem Vermögen der Genossenschaft gehören, werden in den gedachten Büchern auf den Namen der Genossenschaft eingetragen.

Der Eintrag darf erst dann geschehen, wenn die Eintragung der Genossenschaft in das Genossenschaftsregister nachgewiesen ist. Außerdem ist nach den allgemeinen für die Führung der Grund- und Hypothekenbücher geltenden Grundsätzen durch öffentliche Urkunden der Nachweis zu liefern, daß gerade für die Genossenschaft erworben und diese die Berechtigte zur Erlangung des bürgerlichen Eigenthums, der Hypothek oder der anderen dinglichen Rechte geworden sei. (§. 20 des Gesetzes.)

In dem Eintrage ist die Firma der Genossenschaft und der Ort, wo sie ihren Sitz hat, und, falls die Sache zu einer Zweigniederlassung der Genossenschaft gehört, auch der Ort, wo diese Zweigniederlassung ihren Sitz hat, anzugeben.

Spätere Aenderungen in Bezug auf die Firma oder den Sitz der Genossenschaft oder der Zweigniederlassung werden, wenn sie in das Genossenschaftsregister eingetragen sind, auf Antrag der Gesellschaft auch in dem Grund- und Hypothekenbuche vermerkt.

Die Namen der Genossenschafter, der Vorstandsmitglieder, der Liquidatoren und sonstigen Vertreter der Genossenschaft werden in das Grund- und Hypothekenbuch nicht eingetragen.

Im Uebrigen sind hierbei die Bestimmungen des Hypothekengesetzes vom 14. Oktober 1852 zu beobachten.

§. 13. Unter dem im Bundesgesetze vorkommenden Ausdrucke „Landesgesetze" ist das im Herzogthum Sachsen-Altenburg geltende Recht zu verstehen.

---

*) Siehe Vorbemerkungen zu 5) über Verstöße wider das Gesetz.

§. 14.*) Die Eintragungen in das Genossenschaftsregister und die Zurückweisung der Eintragungsgesuche erfolgen gebührenfrei.

Für die Benachrichtigung der Betheiligten von der Eintragung oder der Zurückweisung des Eintragsgesuchs sind 2 Ngr. 5 Pf. Schreibegebühren für jeden angefangenen Bogen anzusetzen.

Für die Gestattung der Einsicht des Genossenschaftsregisters und der Genossenschaftsakten ist eine Gebühr von je 3 Ngr. zu erheben.

Im Uebrigen kommen hinsichtlich der Geschäfte, welche auf die Führung des Genossenschaftsregisters sich beziehen, oder in Folge der Einführung des Bundesgesetzes vorkommen, die Vorschriften und Gebührenansätze des Sportelgesetzes vom 22. Mai 1841 und die sonst geltenden einschlagenden Sportelvorschriften zur Anwendung.

§. 15. Gegenwärtige Verordnung tritt mit dem 1. Januar 1869 in Kraft.

Urkundlich mittelst Unserer eigenhändigen Unterschrift und Unseres beigedruckten Herzogl. Insiegels.

Gegeben Altenburg, den 18. Dezember 1868.

(L. S.) **Ernst**, Herzog von Sachsen-Altenburg.

v. Gerstenberg-Zech. Lorentz. Hugo Müller. Sonnenkalb.

XIII. Sachsen-Coburg-Gotha.

A. Vorbemerkungen.

Das Herzogthum Sachsen-Coburg-Gotha besteht, streng genommen, aus zwei souveränen Staaten, welche nicht einmal das Genossenschaftswesen gemeinschaftlich behandeln. Die Ausführungsverordnungen des Genossenschaftsgesetzes sind nicht vom Herzog, sondern nur von den Ministerien und in sehr verschiedenen Zeiten erlassen:

a) Die Ausführungsverordnung für Gotha vom 9. Dezember 1868 ist rechtzeitig verkündet, in der Gesetzsammlung für das Herzogthum Gotha Bd. XIV. Nr. 973, ausgegeben mit dem 305. Stück des Regierungsblattes den 30. Dezember 1868 (S. 1199—1204).

b) Die Ausführungsverordnung für Coburg ist um fast 5 Monat verspätet. Sie datirt vom 13. Mai 1869 und ist veröffentlicht in Nr. 678 Seite 113—117 der Gesetzsammlung für das Herzogthum Coburg, publizirt und ausgegeben mit dem 21. Stück des Regierungsblattes, vom 22. Mai 1869.

Bei der großen Aehnlichkeit beider Verordnungen werden wir sie in einer Zusammenstellung bringen.

Bei beiden Verordnungen haben die Sächsische oder die Weimarische Aus-

*) Vgl. Vorbemerkung zu 6), wo die Ungesetzlichkeit der Bestimmungen der Absätze 2) u. 3) behandelt ist.

führungsverordnung zum Muster gedient; auch ist die Preußische zum Preußischen Genossenschaftsgesetz benutzt.

Im Einzelnen ist folgendes zu bemerken:

1) Im § 5 der Gothaischen Verordnung ist der alte Fehler, den wir bei Lauenburg und Mecklenburg (S. 408, 421, 471.) zu tadeln hatten, der Verstoß gegen § 23 Abs. 1 des Genossenschaftsgesetzes wieder da. Während aber die Mecklenburgischen Regierungen sich beeilten, den Fehler durch Nachtragsverordnungen schleunig zu korrigiren, hat die Gothaische Regierung den ungesetzlichen Absatz 3 ihres § 5 unverändert bestehen lassen, — trotzdem die Coburgische Regierung einsichtig genug gewesen war, ihn in ihre Verordnung nicht aufzunehmen.

2) Der § 6 der Gothaischen Verordnung scheint hier einen Druckfehler zu haben, den die Coburgische Regierung korrigirte; letztere substituirt die „nach § 4 und § 25" einzureichenden alphabetisch geordneten Mitgliederverzeichnisse. Beide Verordnungen berücksichtigen nicht, daß das Verzeichniß des § 4 nicht alphabetisch zu sein braucht. (Vgl. oben Baden S. 458 Anmkg.*** zu § 6.) Das Formular A. stimmt mit dem Preußischen B. S. 426 überein.

3) Beide Verordnungen haben wie die Weimarische, die Reußischen und Schwarzburgischen Verordnungen, unzulässiger Weise für den Fall des § 35 den Strafprozeß statt des Zivilprozesses angeordnet. (Siehe oben S. 341.)

4) Daß keine Landesherrlichen Verordnungen, sondern nur Ministerialverordnungen erlassen sind, entspricht nicht den §§ 66 u. 72 des Genossenschaftsgesetzes. (Vgl. S. 400 u. 409.)

5) Das Herzoglich Sächsische Staatsministerium zu Gotha hat am 21. Februar 1874 eine Verordnung erlassen, wonach die in Art. 13 des D. H.-G.-Buchs vorgeschriebene Veröffentlichung der Eintragungen in das Handelsregister „so weit sich dieselben auf Handelsgesellschaften jeder Art beziehen," von Seiten der das Handelsregister führenden Gerichte — außer durch das Gothaische Regierungsblatt auch durch die Beilage zum Staatsanzeiger zu erfolgen hat. Die Genossenschaften sind davon nicht betroffen. Die ganze Verordnung verletzt aber Art. 14 des Handelsgesetzbuchs, welcher eine Trennung dergestalt, daß einzelne Handelsregister-Eintragungen in andere Blätter veröffentlicht werden, als die übrigen, durchaus nicht zuläßt.

B. Die Ausführungsverordnungen vom 9. Decbr. 1868 und 13. Mai 1869.

Verordnung,

zur Ausführung des Bundesgesetzes vom 4. Juli 1868 über die privatrechtliche Stellung der Erwerbs- und Wirthschafts-Genossenschaften.

Auf Grund des §. 66 Absatz 2 und des §. 72 des Bundesgesetzes vom 4. Juli 1868 die privatrechtliche Stellung der Erwerbs- und Wirthschafts-Genossenschaften betreffend (Nr. 134) wird auf höchsten Befehl hierdurch verordnet, was folgt:

§. 1.

— Gotha und Coburg —

Nur diejenigen Genossenschaften, welche in das Genossenschaftsregister eingetragen sind, sind befugt, sich in der Firma der zusätzlichen Bezeichnung „eingetragenen Genossenschaft“ zu bedienen.

Nur solche Genossenschaften dürfen in das Genossenschaftsregister eingetragen werden, deren Gesellschaftsvertrag den Bestimmungen des Bundesgesetzes vom 4. Juli 1868 entspricht.

§. 2.

— Coburg —

Wo das Bundesgesetz vom 4. Juli 1868 vom Handelsgerichte spricht, ist darunter das zuständige bürgerliche Gericht in der Eigenschaft als Handelsgericht nach Maaßgabe des Gesetzes vom 19. Februar 1862, Nr. 406 der Gesetzsammlung zu verstehen, so jedoch, daß das Kreisgericht in Coburg das Genossenschaftsregister zu führen und die hierauf bezüglichen Geschäfte, einschließlich derjenigen nach §. 26, §. 31 Abs. 3, §. 33 Abs. 2, §. 48 im Eingang und §. 50 des Bundesgesetzes zu besorgen und die innerhalb dieses Geschäftskreises verwirkten Strafen (§§. 66 und 67 des Bundesgesetzes) zu erkennen hat.

§. 2.

— Gotha. —

Das Genossenschaftsregister wird nach Maßgabe der über Anlegung des Handelsregisters in §. 3 ff. der Verordnung vom 10. September 1862 — Nr. 709. der Gesetzsammlung — getroffenen Bestimmungen angelegt.

In die erste, die Ueberschrift „Firma“ führende Rubrik des Genossenschaftsregisters ist einzutragen:

1) die Firma — und zwar mit der zusätzlichen Bezeichnung „eingetragene Genossenschaft“ — und der Sitz der Genossenschaft,
2) das Datum des Gesellschaftsvertrags,
3) der Gegenstand des Unternehmens, dafern derselbe nicht schon durch die Firma mit genügender Bestimmtheit angegeben ist,
4) die Zeitdauer der Genossenschaft, falls dieselbe auf eine bestimmte Zeit beschränkt sein soll,
5) die Form, in welcher die von der Genossenschaft ausgehenden Bekanntmachungen erfolgen, sowie die öffentlichen Blätter, in welche sie aufzunehmen sind,
6) bei Abänderungen des Gesellschaftsvertrags
   a. das Datum des desfallsigen Genossenschaftsbeschlusses,
   b. dafern die Abänderung die oben unter 1. 3. 4. und 5. gedachten Verhältnisse betrifft, eine den Gegenstand der abändernden Bestimmung angebende Bemerkung, in anderen Fällen dagegen nur die Angabe, daß der Gesellschaftsvertrag abgeändert worden sei,
7) die Auflösung der Genossenschaft oder die Eröffnung des Concurses.

— Coburg. — § 3 Absatz 1: „Das Genossenschaftsregister wird nach Maßgabe der über die Form und Führung des Handelsregisters in §. 1 ff. der Verordnung vom 10. Juni 1862 (Nr. 418 der Gesetzsammlung) getroffenen Bestimmungen angelegt und geführt.“

§ 3. Abs. 2: „Insbesondere ist in die erste, die Ueberschrift „Firma“ führende Abtheilung des“ u. s. fort wörtlich wie Absatz 2 § 2.

§. 3.

— Gotha. —

In die zweite Rubrik sind

1) Bemerkungen über die im Gesellschaftsvertrage enthaltenen Bestimmungen über den Betrag der Geschäftsantheile der einzelnen Genossenschafter und die Art der Bildung dieser Antheile,

2) etwaige Abänderungen des Gesellschaftsvertrags hinsichtlich der erwähnten Verhältnisse

einzutragen.

— Coburg. — § 4 genau wie § 3, nur „Abtheilung“ statt „Rubrik.“

§. 4.

— Gotha. —

In die dritte Rubrik sind einzutragen:

1) die jeweiligen Mitglieder des Vorstandes der Genossenschaft, ingleichen interimistische Stellvertreter eines oder mehrerer Vorstandsmitglieder,

3) die nach der Auflösung einer Genossenschaft eintretenden Liquidatoren, das Austreten eines Liquidators oder das Erlöschen der Vollmacht eines solchen.

Ist in dem Gesellschaftsvertrage eine Form bestimmt, in welcher der Vorstand der Genossenschaft seine Willenserklärung kund giebt und für die Genossenschaft zeichnet, so ist auch diese Bestimmung in die dritte Rubrik einzutragen.

— Coburg. — § 5 genau wie § 4, nur in der ersten Zeile „Abtheilung“ statt „Rubrik“, während in der letzten Zeile „Rubrik“ stehen blieb.

§. 5.

— Gotha —

Außerdem finden die Bestimmungen der Art. 7. 8. und 12. des Einführungsgesetzes zum Handelsgesetzbuche — Nr. 703. der Gesetzsammlung —, ingleichen der §§. 17. 18. Abs. 1. 19. und 20. der Verordnung Nr. 709. der Gesetzsammlung auf das Genossenschaftsregister analoge Anwendung. Die Acten, auf welche in den Einträgen Bezug zu nehmen ist, führen die Bezeichnung „Genossenschaftsacten“.

Die Eintragung einer Concurseröffnung und der Auflösung einer Genossenschaft im Falle des §. 35., wovon der erkennende Richter (§. 8.) dem Handelsgerichte Mittheilung zu machen hat, erfolgt von Amtswegen.

Ist der gesammte Vorstand durch den Aufsichtsrath suspendirt, so erfolgt die Anmeldung zu Eintragungen durch den Aufsichtsrath.*)

— Coburg — §. 6: Absatz 1 lautet:

Außerdem finden die Bestimmungen der Art. 7 (vergleiche jedoch §. 2 Abs. 4 des Bundesgesetzes) 8, 12 des Einführungsgesetzes zum allge-

---

*) Ueber die Ungesetzlichkeit des dritten Absatzes siehe oben Vorbemerkungen zu 1).

meinen deutschen Handelsgesetzbuche vom 19. Februar 1862 (405 der Gesetzsammlung) ingleichen der §§. 18, 19, 20 der Verordnung vom 10. Juni 1862 (Nr. 418 der Gesetzsammlung) auf das Genossenschaftsregister analoge Anwendung.

Dann folgt Absatz 2 wie der zweite Satz des Absatz 1) in §. 5.

Endlich zum Schluß Absatz 3 wörtlich wie Absatz 2 von §. 5, nur unter Fortlassung der Hinweisung „(§. 8)".

§. 6.

— Gotha —

Die nach §. 4. des Bundesgesetzes vom 4. Juli 1868 einzureichenden alphabetisch geordneten Mitgliederverzeichnisse sind nach dem unter A. beigefügten Formulare aufzustellen. Dieselben sind ebenso wie die am Schlusse jeden Quartals einzureichenden Anzeigen über den Eintritt und Austritt von Genossenschaftern zu den Genossenschaftsacten zu nehmen.*)

— Coburg — §. 7 ebenso wie §. 6, nur lautet der Anfang „Die nach §. 4 und §. 25." 2c.

§. 7.

— Gotha. —

In denjenigen Fällen, in welchen der Vorstand einer Genossenschaft, resp. Liquidatoren von Amtswegen durch Ordnungsstrafen zur Befolgung der Vorschriften des Gesetzes (§. 66.) anzuhalten sind, finden die Bestimmungen des Art. 8. des Einführungsgesetzes zum Handelsgesetzbuche — Nr. 703. der Gesetzsammlung — analoge Anwendung.

— Coburg — §. 8 etwas abweichend:

Auch in sonstigen nicht das Genossenschaftsregister betreffenden Fällen, in welchen der Vorstand einer Genossenschaft resp. Liquidatoren von Amtswegen durch Ordnungsstrafen zur Befolgung der Vorschriften des Bundesgesetzes vom 4. Juli 1868 (vergl. §. 66 dieses Gesetzes) anzuhalten sind, finden die Bestimmungen des Art. 8. des Einführungsgesetzes zum Handelsgesetzbuche (Nr. 405 der Gesetzsammlung) analoge Anwendung.

§. 8.

— Gotha. —

Das Strafverfahren im Falle des §. 27. des Bundesgesetzes vom 4. Juli 1868 richtet sich nach den Vorschriften über die Untersuchung und Bestrafung von Polizei-Uebertretungen.

Sofern nach §. 35. des angeführten Gesetzes Antrag auf Auflösung einer Genossenschaft gestellt wird, so richtet sich das Verfahren nach den Vorschriften über Untersuchuug und Bestrafung von Vergehen.**)

---

*) Vgl. Vorbemerkungen zu 2). Die Abweichung beider Verordnungen dürfte auf einen Druckfehler der Gothaer Verordnung zurückzuführen sein.

**) Siehe oben Erläuterungen zu 3).

Als die höhere Verwaltungsbehörde, welche einen solchen Antrag zu stellen befugt ist, wird hiermit das Staatsministerium bezeichnet.

Gotha, den 9. Dezember 1868.

Herzogl. Sächs. Staatsministerium.

In Vertretung:

R. Brückner.

— Coburg — § 9 ebenso wie § 8, nur im ersten Absatz lies „Polizeivergehen" statt „Polizei-Uebertretungen."

Coburg, den 13. Mai 1869.

Herzogl. S. Staats-Ministerium.

v. Schwendler.

XIV. Anhalt.

A. Vorbemerkungen.

Im Herzogthum Anhalt ist bereits in der am 23. Oktober 1868 ausgegebenen Nr. 177 des XV. Bandes der Gesetzsammlung (Seite 1251 bis 1256) die vom 17. Oktober 1868 datirende Ausführungsverordnung erlassen. Der Inhalt derselben giebt zu folgenden Bemerkungen Anlaß:

1) Das Wohlwollen, welches die Anhaltinische Regierung der Genossenschaftsbewegung schon frühzeitig bewiesen hat, bethätigte sie bei dieser Ausführungsverordnung durch die Bestimmungen in den §§ 3 Absatz 3 und 12, nach denen die Eintragung in das Genossenschaftsregister provisorisch schon vor dem 1. Januar 1869 und sogar einer in Liquidation sich befindenden Genossenschaft gestattet war. Die Veranlassung zu letzterer Bestimmung bot das Liquidationsverfahren bei dem Zerbster Darlehnskassenvereine, der durch den Betrug eines Vorstandsmitgliedes schon einige Jahre zuvor zusammengebrochen war. Klagen, die von Gläubigern gegen einzelne Mitglieder aus der Solidarhaft angestellt waren, hatten eine große Verwirrung unter den vormaligen Mitgliedern verursacht. Die Anhaltinische Regierung bot denselben ein Mittel dar, die privatrechtlichen Verhältnisse des Darlehnskassenvereins schneller zu ordnen und für Klagen von Gläubigern einen Aufschub zu gewinnen.*) (Vergl. Blätter für Genoss.-Wesen 1869 Nr. 9, S. 33 den Aufsatz von Schulze-Delitzsch.)

2) Möglicherweise war die Rücksichtnahme auf die Ausnahmezustände des Zerbster Vereins auch die Veranlassung zu den Vorschriften der ersten beiden Absätze des § 3, nach welchen jede Genossenschaft, deren Statuten den Erfordernissen der §§ 1 bis 3 des Genossenschaftsgesetzes entsprechen, ein Recht auf Eintragung in das Genossenschaftsregister besitzt, auch dann, wenn andere Paragraphen des Genossenschaftsgesetzes mit den Statuten in Widerspruch

---

*) Wenn ich recht unterrichtet bin, haben die vormaligen Mitglieder des Zerbster Darlehnskassenvereins von dem Mittel keinen Gebrauch gemacht.

stehen. Diese mit dem Gesetz nicht in Einklang stehende Vorschrift ging in die Sachsen-Altenburgische Ausführungsverordnung vom 18. Dezember 1868 über und ist bereits Seite 215 bis 217 eingehend erörtert.

3) Die im § 5 angeordnete Fortführung des alljährlichen Mitgliederverzeichnisses, anstatt der Stammrolle, widerspricht streng genommen dem Gesetz. (Siehe bei § 4 des Ges. Seite 209 und die Vorbemerkungen zu Württemberg Seite 484).

4) Die Gesetzwidrigkeit der Bestimmung des Absatz 1) des § 8 ist bei der Sachsen-Altenburgischen Verordnung, welche in ihrem § 11 den Absatz aufnahm, (s. oben Seite 508) erörtert worden. Inzwischen ist diese Bestimmung durch die Verordnung vom 13. September 1875 abgeändert worden, welche in der am 18. September 1875 ausgegebenen Nr. 389 der Gesetzsammlung für das Herzogthum Anhalt (S. 237 u. 238) öffentlich bekannt gemacht und unter C. nachfolgend abgedruckt ist.

5) Die Bestimmung, daß für die Benachrichtigungen von der Eintragung oder der Zurückweisung des Eintrageantrages Schreibegebühren zu zahlen sind, ist entlehnt dem § 43 der Preußischen Instruktion vom 2. Mai 1867 zum Preußischen Genossenschaftsgesetze vom 27. März 1867, und verstößt gegen § 69 des Gesetzes. (Siehe oben Seite 396 und 410.)

B. Ausführungsverordnung vom 17. Oktober 1868.

Verordnung,

die Ausführung des Bundesgesetzes vom 4. Juli 1868 über die rechtliche Stellung der Erwerbs- und Wirthschaftsgenossenschaften betreffend.

Wir, **Leopold Friedrich**, von Gottes Gnaden Herzog von Anhalt, Herzog zu Sachsen, Engern und Westphalen, Graf zu Askanien, Herr zu Zerbst, Bernburg und Gröbzig, 2c. 2c. 2c.,

verordnen hiermit in Gemäßheit des §. 72. des Bundesgesetzes vom 4. Juli 1868, betreffend die rechtliche Stellung der Erwerbs- und Wirthschaftsgenossenschaften, zur näheren Ausführung dieses Gesetzes, was folgt:

§. 1. Jedes der fünf Herzoglichen Kreisgerichte hat für seinen weiteren Bezirk vom 1. Januar 1869 an ein Genossenschafts-Register zu führen.

Die Eintragungen in dieses Register, die Anlegung und Führung der Genossenschafts-Akten, der Erlaß von Strafbefehlen und öffentlichen Bekanntmachungen, die Kostenrechnungen und überhaupt die Handhabung der freiwilligen Gerichtsbarkeit in Genossenschaftssachen wird bei jedem Kreisgerichte durch den für die freiwilligen Handelsgerichtsbarkeitssachen bestellten Handelsrichter unter Mitwirkung des Handelsregistrators besorgt, und sind im ganzen Herzogthum in freiwilligen Gerichtsbarkeitssachen für Genossenschaften die einschlagenden Bestimmungen der Anhalt-Dessau-Köthenschen Gesetze und Verordnungen vom 1. Oktober 1863 Nr. 625., Einführungsgesetz zum allgemeinen deutschen Handelsgesetzbuche, Nr. 627., Verordnung über die in Handelssachen anzusetzenden Sporteln und Gebühren, Nr. 628., Verordnung über die Führung der Handelsregister und was dahin gehörig, analogisch dergestalt in Anwendung zu bringen, wie es dem Bundesgesetze vom 4. Juli 1868 und den Bestimmungen gegenwärtiger Ausführungs-Verordnung entspricht.

§. 2. Als Genossenschafts-Register wird bei sämmtlichen Kreisgerichten das für deren betreffende Sprengel durch die gedachte Verordnung Nr. 628. resp. durch das Ministerial-Reskript vom 13. August 1864 eingeführte, aus Folien von je drei Rubriken bestehende Handelsregister dergestalt mit benutzt, daß das Genossenschafts-Register eine besondere Abtheilung desselben bildet, zu welcher zuvörderst die leeren Seiten des Registerbandes zu benutzen sind, welche in Folge der Bestimmung des §. 4. al. 4. der Verordnung vom 10. Oktober 1863 (Nr. 628 der Anhalt-Dessauischen Gesetz-Sammlung) offen gehalten sind.

Die Eintragungen in dieser Abtheilung erfolgen nach der Reihenfolge der Anmeldung.

§. 3. Die Eintragung bereits bestehender oder künftig neu entstehender Genossenschaften setzt voraus, daß deren Statuten den Erfordernissen in §§. 1. bis 3. des Bundesgesetzes entsprechen.

Ist dieses der Fall, so sind solche Genossenschaften jederzeit berechtigt, die Eintragung als „eingetragene Genossenschaften" zu beantragen.

Vor dem Eintritt der Wirksamkeit des Bundesgesetzes schon bestandene, in der Liquidation sich befindende Genossenschaften sollen unter den obigen Voraussetzungen zu diesem Antrage ebenfalls berechtigt sein.*)

§. 4. Für jede „eingetragene Genossenschaft" sind besondere „Genossenschaftsakten" nach Analogie der handelsgerichtlichen „Firmenakten", und für sämmtliche eingetragene Genossenschaften ein alphabetisches Verzeichniß derselben in einem besonderen Buche nach Analogie des in der Verordnung Nr. 628. §. 22. für die Handelsfirmen vorgeschriebenen anzulegen und gehörig fortzuführen.

Von den nach §. 6. des Bundesgesetzes beim Handelsgerichte einzureichenden zwei Exemplaren der, eine Abänderung des Gesellschaftsvertrages enthaltenden Genossenschaftsbeschlüsse ist das eine Exemplar zu den Genossenschaftsakten zu nehmen, das zweite vom eintragenden Handelsrichter mit einer Bescheinigung über die erfolgte Eintragung zu versehen und an die Genossenschaft zurück zu geben.

§. 5. Die nach §. 4. und 25. des Bundesgesetzes alljährlich vom Genossenschafts-Vorstande beim Gerichte einzureichenden Mitglieder-Verzeichnisse sind zu den Genossenschaftsakten zu nehmen und müssen vier Spalten (Columnen) mit den Ueberschriften:

1. laufende Nummer,
2. Vor- und Zunamen, Stand und Gewerbe,
3. Wohnort,
4. Tag des Ausscheidens

enthalten.

Der Handelsregistrator hat jedes eingereichte Mitglieder-Verzeichniß bis zur nächstjährigen Einreichung eines neuen durch entsprechende, mit rother

*) Siehe Vorbemerkungen zu 1) und 2).

Tinte zu bewirkende Nachträge nach Maßgabe der vierteljährigen Anzeigen fortzuführen, wobei das Ausscheiden von Mitgliedern in die vierte Spalte unter Angabe des Tages des Ausscheidens und der Beitritt neuer Mitglieder am Ende des Verzeichnisses in die Rubriken 1. 2. und 3. nachzutragen ist.*)

§. 6. Für jede „eingetragene Genossenschaft" ist ein besonderes Folium anzulegen, desgleichen für jede Zweigniederlassung, ausgenommen wenn letztere sich in demselben Gerichtsbezirke, wie die Hauptniederlassung, befindet, in welchem Falle nach dem Ermessen des Handelsrichters ein Eintrag resp. Nachtrag in das Folium der Hauptniederlassung genügt.

Vor Eintragung einer Zweigniederlassung ist der Nachweis zu führen, daß die Eintragung der Hauptniederlassung bereits erfolgt ist.

§. 7. In die mit der Ueberschrift „Firma" versehene erste Rubrik des Foliums ist einzutragen:

> Firma und Sitz der Genossenschaft unter der zusätzlichen Bezeichnung derselben als einer „eingetragenen Genossenschaft", das Datum des zu den Genossenschaftsakten zu nehmenden Vertrags (Statuts), der Gegenstand des Unternehmens, die Zeitdauer der Genossenschaft, im Falle dieselbe auf eine bestimmte Zeit beschränkt sein soll, die Form, in welcher, und die öffentlichen Blätter, in welchen die von der Genossenschaft ausgehenden Bekanntmachungen zu erfolgen haben, die Eröffnung und Wiederaufhebung des Konkurses der Genossenschaft, die Auflösung durch die Staatsbehörde (§. 35. des Bundesgesetzes) und das sonstige Erlöschen derselben.

In die zweite Rubrik des Foliums sind unter der Ueberschrift „Genossenschafter" einzutragen:

> Die Inhaber der eingetragenen Genossenschaft mittelst Verweisung auf die betreffenden Genossenschaftsakten, so wie der statutenmäßige Betrag der Geschäftsantheile der einzelnen Genossenschafter und die Art der Bildung dieser Antheile.

In die mit der Ueberschrift „Vertreter" versehene dritte Rubrik des Foliums sind unter Angabe des Vor- und Zunamens, Standes und Wohnortes einzutragen:

> Die Vorstandsmitglieder und Liquidatoren, resp. die durch den Aufsichtsrath (§. 28.) oder das Gericht (§. 60.) einstweilen bestellten Vertreter, so wie die etwaigen Prokuristen (nicht aber die sonstigen Bevollmächtigten) der eingetragenen Genossenschaft, ingleichen die Form, in welcher diese Vertreter für die Genossenschaft nach den Statuten zu zeichnen und Willenserklärungen für dieselbe abzugeben haben. Etwaige Beschränkungen des Vorstandes oder der Liquidatoren in der Vertretung der Genossenschaft (§. 21. und 44.) sind nicht einzutragen.

Unter den betreffenden Rubriken sind ferner die Veränderungen bezüglich der Gegenstände der Eintragungen auszugsweise nachzutragen und unter jedem

---

*) Siehe oben Vorbemerkung zu 3).

Eintrag die Blätter der nach Buchstabe und Nummer zu bezeichnenden Genossenschaftsakten anzugeben, aus welchen sich das auszugsweise Eingetragene ergiebt.

§. 8. Die öffentlichen Bekanntmachungen des Handelsrichters erfolgen im Anhaltischen Staats-Anzeiger und in denjenigen öffentlichen Blättern, welche der Genossenschaftsvertrag für die Aufnahme der von der Genossenschaft ausgehenden Bekanntmachungen bestimmt hat.*)

Die Eintragungen müssen hierbei ausdrücklich als „in das Genossenschafts-Register" bewirkt, bezeichnet werden.

Die Bekanntmachungen haben ausschließlich rücksichtlich derjenigen Einträge und deren späteren Abänderungen, bezüglich deren das Bundesgesetz die öffentliche Bekanntmachung vorgeschrieben hat, (cfr. §§. 4., 6., 35., 36. des Bundesgesetzes) zu erfolgen.

§. 9. Ein Zwang zur Eintragung findet, außer den Fällen des §. 66. des Bundesgesetzes, nur statt, wenn eine bereits eingetragene Genossenschaft eine Zweigniederlassung anzumelden unterläßt, rücksichtlich dieser Eintragung (cfr. §. 6. dieser Verordnung).

Sobald hiernach mit Ordnungsstrafen eingeschritten werden muß, spricht der Handelsrichter dieselben durch bedingte oder unbedingte Strafmandate aus.

Im Weiteren richtet sich das Verfahren nach Analogie der Bestimmungen in §. 31. der Verordnung Nr. 625. und in §. 23. der Verordnung Nr. 628. der Anhalt-Dessauischen Gesetz-Sammlung.

Die Ordnungsstrafen bemessen sich

a. in den Fällen des §. 67. des Bundesgesetzes nach den Bestimmungen dieses Paragraphen;

b. wegen Verstoßes gegen die Vorschriften des §. 48. des Bundesgesetzes nach Analogie der Bestimmungen des §. 20. der Verordnung Nr. 625.;

c. in den übrigen Fällen des §. 66. des Bundesgesetzes nach Analogie der Bestimmungen in §. 9. der Verordnung Nr. 625.

Die Uebertretungen der Vorschriften in §. 27. Absatz 2. des Bundesgesetzes sind nicht vom Handelsrichter, sondern von der zuständigen Polizeibehörde nach Analogie der Bestimmungen des Gesetzes vom 26. Dezember 1850, wegen der Versammlungen und Vereine (Nr. 322. der Anhalt-Dessauischen Gesetz-Sammlung) und resp. in Art. 49. des Polizei-Strafgesetzbuchs im Polizeiverfahren (Art. 257. ff. des Polizei-Strafgesetzbuchs) zu bestrafen.

§. 10. Unter dem im Bundesgesetze vorkommenden Ausdrucke „die Landesgesetze" ist das in Anhalt geltende Recht zu verstehen.

§. 11. Die Eintragungen in das Genossenschaftsregister erfolgen gebühren- und stempelfrei (§. 69.); indessen sind für die Benachrichtigung der Betheiligten von der Eintragung oder der Zurückweisung des Eintragsgesuchs $2^1/_2$ Sgr. Schreibegebühren für jeden angefangenen Bogen anzusetzen.**)

---

*) Aufgehoben durch die Verordnung vom 13. Sept. 1875. Vergl. Vorbemerkung zu 4).

**) Ueber die Unzulässigkeit dieser Bestimmung vergl. Vorbemerk. zu 5).

Im Uebrigen kommen für den Ansatz der sonstigen Kosten die Vorschriften in den §§. 3., 5., 6. und 10. der Verordnung Nr. 627 analog zur Anwendung.

§. 12. Gegenwärtige Verordnung tritt mit dem Tage ihrer Veröffentlichung in Kraft; da jedoch das Bundesgesetz vom 4. Juli 1868 erst mit dem 1. Januar 1869 in Wirksamkeit tritt (§. 73.), so haben die Eintragungen bis dahin nur einen provisorischen Charakter und gelten sämmtlich erst als am 1. Januar 1869 bewirkt. Ihr Datum ist daher vorläufig noch offen zu lassen und erst am 1. Januar 1869 nachzutragen.*)

Gegeben unter Unserer Höchsteigenhändigen Unterschrift und beigedrucktem Herzoglichen Insiegel.

Dessau, den 17. Oktober 1868.

Leopold Friedrich,
Herzog von Anhalt. (L. S.)
v. Larisch.

C. Verordnung vom 13. September 1875.

Verordnung die handelsrichterlichen Bekanntmachungen betreffend.

§. 1. Zu allen handelsrichterlichen Bekanntmachungen ist vom 1. Januar 1876 ab außer dem Anhaltischen Staats-Anzeiger das als besondere Beilage zu dem „Deutschen Reichs- und Königlich Preußischen Staats-Anzeiger" erscheinende Central-Handelsregister für das Deutsche Reich zu benutzen.

§. 2. Die handelsrichterlichen Bekanntmachungen können vom 1. Januar 1876 ab außer den in §. 1. genannten öffentlichen Blättern nach Ermessen des Handelsrichters noch in anderen Anhaltischen Zeitungen und in einer sonstigen Deutschen Zeitung erfolgen, falls die Betheiligten sich dieses oder das Eine oder das Andere nicht ausdrücklich verbitten.

§. 3. Die Auswahl derjenigen Anhaltischen Zeitungen, durch welche neben dem Anhaltischen Staats-Anzeiger die Veröffentlichungen im nächsten Jahre erfolgen können, geschieht durch jeden einzelnen Handelsrichter für sich; die Auswahl derjenigen Deutschen Zeitung, durch welche neben dem Central-Handelsregister für das Deutsche Reich die Veröffentlichungen im nächsten Jahre erfolgen können, durch die fünf Handelsrichter, welche sich darüber bis zum 1. Dezember des vorhergehenden Jahres zu einigen haben.

Können dieselben sich nicht einigen, so haben sie in der ersten Woche des Dezember an das Herzogliche Oberlandesgericht zu berichten, welches darüber bis zum 15. Dezember endgültigen Beschluß faßt.

§. 4. Die getroffene Auswahl ist im Anhaltischen Staats-Anzeiger, im Central-Handelsregister für das Deutsche Reich und in den von den Handelsrichtern ausgewählten Blättern im Laufe des Monat Dezember bekannt zu machen.

§. 5. Alle entgegenstehenden Bestimmungen werden hierdurch aufgehoben.

Dessau den 13. September 1875.

Herzoglich Anhaltisches Staats-Ministerium.
v. Krosigk.

---

*) Vergl. § 3 der Verordnung und Vorbemerkung zu 1).

XV. Waldeck.

Im Fürstenthum Waldeck hat das Allgemeine Deutsche Handelsgesetzbuch laut des am 1. April 1862 publizirten Einführungsgesetzes vom 11. Februar 1862, seit dem 1. Oktober desselben Jahres Gesetzeskraft erlangt. Als das Genossenschaftsgesetz vom 4. Juli 1868 erlassen wurde, stand das Fürstenthum Waldeck zufolge des am 18. Juli 1867 geschlossenen Akzessionsvertrages in Preußischer Verwaltung.

Die Preußische Regierung, als Verwalterin von Waldeck, ist die einzige in Deutschland, welche die ausdrückliche Vorschrift der §§ 66 und 72 des Reichsgesetzes vom 4. Juli 1868 gänzlich unbeachtet gelassen und sich um eine Ausführungsverordnung gar nicht gekümmert hat, obschon in ihrem Staatsgebiete Erwerbs- und Wirthschaftsgenossenschaften mehrfach vorhanden waren und noch vorhanden sind. Ein besonderer Schaden ist dadurch freilich bisher nicht erwachsen. Denn das Kreisgericht zu Arolsen, welchem die Führung der Handelsregister obliegt, hat dem Reichsgesetze gemäß die Genossenschaften auf ihren Antrag in das einen Theil des Handelsregisters bildende Genossenschaftsregister ordnungsmäßig eingetragen.

XVI. Schaumburg-Lippe.

Das Genossenschaftsgesetz vom 4. Juli 1868 fand im Fürstenthum Schaumburg-Lippe einen Deutschen Staat vor, in welchen das Deutsche Handelsgesetzbuch noch nicht eingeführt war. Wegen Schaumburg-Lippe und Lauenburg waren mehrere Bestimmungen im Genossenschaftsgesetze nothwendig, welche da, wo ein Handelsregister existirte, überflüssig waren. In Lauenburg fanden nun das H.-G.-Buch und das Genossenschaftsgesetz gleichzeitig (am 1. Januar 1869) Eingang und so war Schaumburg-Lippe der einzige Deutsche Staat, in welchem das Genossenschaftsgesetz vor dem Handelsgesetzbuche zur Geltung gelangte. Man hätte hiernach annehmen sollen, die Regierung des Ländchens würde sich um so mehr beeilt haben, die Ausführungsverordnung zum Genossenschaftsgesetze zu erlassen. Statt dessen unterließ sie dies ganz und gar.

Das Deutsche Handelsgesetzbuch fand endlich durch das Bundesgesetz vom 5. Juni 1869 mit dem 1. Januar 1870 Eingang in dies Fürstenthum, und die Regierung konnte sich der Nothwendigkeit nicht entziehen, eine Ausführungsverordnung zu erlassen, welche vor allem ein Handelsregister schuf. Die „Verordnung die Ausführung des Allgemeinen Deutschen Handelsgesetzbuches betreffend" vom 11. Dezember 1869, ausgegeben den 18. Dezember 1869, befindet sich in Nr. 13 Jahrgang 1869 des zehnten Bandes der Schaumburg-Lippeschen Landesverordnungen Seite 567 bis 574. Diese Verordnung erwähnt der Genossenschaften in einem einzigen Paragraphen:

§. 4.

Das Handelsregister ist nur für die in dem Handelsgesetzbuche und in dem Bundesgesetze vom 4. Juli 1868, betreffend die privatrechtliche Stellung der Erwerbs- und Wirthschaftsgenossenschaften, vorgeschriebenen Eintragungen bestimmt.

Von den übrigen Bestimmungen der Verordnung vom 11. Dezember 1869 ist folgendes zu erwähnen:

Bei jedem Amte und Stadtgerichte ist Ein Handelsregister zu führen (§ 3). In dem Handelsregister ist für eine jede Firma ein besonderes Folium anzulegen, auf welches alle die Firma betreffenden, nach dem § 4 zur Eintragung bestimmten Thatsachen unter fortlaufenden Nummern in die bezüglichen Spalten einzutragen. Wird eine Firma geändert, so erhält sie ein neues Folium. (§ 6.)

Für eine jede in das Handelsregister eingetragene Firma ist eine besondere Akte — Firmenakte — anzulegen. In diese Akte gehören: 1) die den Eintragungen in Betreff der Firma zum Grunde liegenden Urkunden (Gesellschaftsverträge 2c.), — 2) die in Betreff der Firma von den Handelsgerichten erlassenen Verfügungen, und zwar im Originale (§ 11). Die Kosten der nach Art. 13 des Handelsgesetzbuchs erforderlichen Bekanntmachungen sind auf Verlangen des Gerichts von dem Antragsteller vorzuschießen (§ 14).

Die im Art. 14 Abs. 1 des Handelsgesetzbuches vorgeschriebene Veröffentlichung erfolgt im Amtsblatte der Regierung (§ 17). Das Handelsregister enthält neun Kolumnen, die folgendermaßen überschrieben sind:

1. Fortlaufende Nummer.
2. Ort der Niederlassung.
3. Firmen-Inhaber (Vorstand der Gesellschaft).
4. Rechtsverhältnisse.
5. Prokuristen.
6. Liquidatoren.
7. Erlöschen der Firma.
8. Bemerkungen.
9. Tag der Eintragung und Unterschrift.

Darnach würde das Genossenschaftsregister keinen besonderen Theil des Handelsregisters bilden.

Uebrigens existirt, so weit bei der Anwaltschaft der Deutschen Genossenschaften bekannt geworden ist, in dem Fürstenthum Schaumburg-Lippe mit seinen Städten Bückeburg und Stadthagen bis heute keine einzige Erwerbs- und Wirthschaftsgenossenschaft.

XVII. Lippe.

A. Vorbemerkungen.

Die Gesetzsammlung für das Fürstenthum Lippe Nr. 2 Jahrgang 1869, ausgegeben Detmold den 9. Januar 1869, enthält Seite 159 bis 164 die Ausführungsverordnung vom 23. Dezember 1868, welche nach § 14 zugleich mit dem Bundesgesetze am 1. Januar 1869 in Kraft treten sollte, — was freilich die Staatsangehörigen in Folge der verspäteten Publikation erst später erfuhren.

Die Verordnung hat sich im Wesentlichen die schon am 23. Oktober 1868 verkündete Anhaltinische Verordnung vom 17. Oktober 1868 (s. oben zu XIV.) zum Muster genommen, auch deren Fehler nicht vermieden.

Im Einzelnen ist folgendes hervorzuheben:

1) Ueber die Vervollständigung des alljährlichen Mitgliederverzeichnisses statt der Stammrolle vgl. oben Seite 209 und die Vorbemerkung zu Württemberg S. 481.

2) Der Absatz 1 des § 8, entlehnt dem gleichen § 8 der Anhaltinischen Verordnung, widerspricht dem Gesetze wie zu § 11 der Sachsen-Altenburgischen Verordnung Seite 508 näher erörtert ist. Inzwischen ist diese Bestimmung durch die Bekanntmachung vom 6. April 1874 (Ges.-Sammlung für das Fürstenthum Lippe Nr. 6 Jahrgangs 1874, ausgegeben Detmold 18. April 1874, Seite 242) abgeändert, welche unter C. abgedruckt ist.

3) Der § 13 der Verordnung, die Kostenfreiheit der Eintragungen anlangend, darf nur so verstanden werden, daß für die Benachrichtigungen über Eintragungen oder über Zurückweisung von Anträgen weder Schreib-, noch Insinuations- noch sonstige Gebühren zu zahlen sind.

B. Die Ausführungsverordnung vom 23. Decbr. 1868.

(Nr. 3.) Verordnung

die Ausführung des Bundesgesetzes vom 4. Juli 1868 über die privatrechtliche Stellung der Erwerbs- und Wirthschaftsgenossenschaften betr., vom 23. December 1868.

Von Gottes Gnaden Wir **Paul Friedrich Emil Leopold**, regierender Fürst zur Lippe, Edler Herr und Graf zu Schwalenberg und Sternberg 2c. 2c.

Verordnen in Gemäßheit des §. 72 des Bundesgesetzes vom 4. Juli 1868, betreffend die privatrechtliche Stellung der Erwerbs- und Wirthschafts-Genossenschaften, zur Ausführung dieses Gesetzes, was folgt:

§. 1. Die Führung der Genossenschafts-Register wird von denselben gerichtlichen Behörden wie die der Handelsregister und unter analoger Anwendung der für diese erlassenen Bestimmungen wahrgenommen (§. 3. des Einführungsgesetzes zum Allgemeinen Deutschen Handels-Gesetzbuche vom 20. April 1864 und Instruction über die Führung der Handelsregister vom 31. Mai 1864. — L. V. XIII. S. 208. S. 511 ff.)

§. 2. Das Genossenschafts-Register bildet eine vierte Abtheilung der Handelsregister und ist in der §. 6. näher angegebenen Weise einzurichten.

§. 3. Die Eintragung einer Genossenschaft in das dafür bestimmte Register setzt voraus, daß deren Statuten den für eine „eingetragene Genossenschaft“ in §. 1.—3. des Bundesgesetzes angegebenen Bedingungen entsprechen.

§. 4. Für jede „eingetragene Genossenschaft“ sind besondere „Genossenschaftsacten“ nach Analogie der Firmenacten anzulegen.

Von den nach §. 6. des Bundesgesetzes beim Handelsgerichte oder dem an dessen Stelle tretenden Gerichte einzureichenden zwei Exemplaren der eine Abänderung des Gesellschaftsvertrages enthaltenden Genossenschaftsbeschlüsse ist das eine Exemplar zu den Genossenschaftsacten zu nehmen, das zweite vom Gerichte mit einer Bescheinigung über die erfolgte Eintragung zu versehen und an die Genossenschaft zurückzugeben.

§. 5. Die nach §§. 4 und 25 des Bundesgesetzes alljährlich vom Genossenschafts-Vorstande beim Gerichte einzureichenden Mitglieder-Verzeichnisse sind zu den Genossenschaftsacten zu nehmen und müssen vier Columnen mit den Ueberschriften:

1., laufende Nummer,
2., Vor- und Zunamen, Stand und Gewerbe,
3., Wohnort,
4., Tag des Ausscheidens,

enthalten.

Das Gericht hat jedes eingereichte Mitglieder-Verzeichniß bis zur nächstjährigen Einreichung eines neuen durch entsprechende Nachträge nach Maßgabe der vierteljährlichen Anzeigen fortzuführen.*)

§. 6. Für jede „eingetragene Genossenschaft" ist ein besonderes Folium mit drei Rubriken anzulegen, desgleichen für jede Zweigniederlassung, ausgenommen wenn letztere sich in demselben Gerichtsbezirke wie die Hauptniederlassung befindet, in welchem Falle nach dem Ermessen des Gerichts ein Eintrag bzw. Nachtrag in das Folium der Hauptniederlassung genügt.

Vor Eintragung der Zweigniederlassung ist der Nachweis zu führen, daß die Eintragung der Hauptniederlassung bereits erfolgt ist.

In die erste Rubrik des Foliums mit der Ueberschrift „Firma" ist einzutragen:

> Firma und Sitz der Genossenschaft unter der zusätzlichen Beziehung derselben als einer „eingetragenen Genossenschaft" das Datum des zu den Genossenschaftsacten zu nehmenden Vertrages (Statuts), der Gegenstand des Unternehmens, die Zeitdauer der Gesellschaft, im Falle dieselbe auf eine bestimmte Zeit beschränkt sein soll, die Form, in welcher, und die öffentlichen Blätter, in welchen die von der Genossenschaft ausgehenden Bekanntmachungen zu erfolgen haben, die Eröffnung und Wiederaufhebung des Concurses der Genossenschaft, die Auflösung durch die Staatsbehörde (§. 35 des Bundesgesetzes) und das sonstige Erlöschen derselben.

In die zweite Rubrik sind unter der Ueberschrift „Genossenschafter" einzutragen:

> Die Inhaber der eingetragenen Genossenschaften mittelst Verweisung auf die betreffenden Genossenschaftsacten, sowie der statutenmäßige Betrag der Geschäftsantheile der einzelnen Genossenschafter und die Art der Bildung dieser Antheile.

*) Siehe oben Vorbemerkungen zu 1).

In die dritte Rubrik mit der Ueberschrift „Vertreter" sind unter Angabe des Vor- und Zunamens, Standes und Wohnorts einzutragen:

Die Vorstandsmitglieder und Liquidatoren, bzw. die durch den Aufsichtsrath (§. 28.) oder das Gericht (§. 60.) einstweilen bestellten Vertreter, ingleichen die Form, in welcher diese Vertreter nach den Statuten zu zeichnen und Willenserklärungen für dieselbe abzugeben haben. Etwaige Beschränkungen des Vorstandes oder der Liquidatoren in der Vertretung der Genossenschaft (§§. 21 und 44) sind nicht einzutragen.

§. 7. Unter den betreffenden Rubriken sind auch die Veränderungen bezüglich der Gegenstände der Eintragungen auszugsweise nachzutragen und unter jedem Eintrag die Blätter der bezüglichen Genossenschaftsacten anzugeben, aus welchen sich das auszugsweise Eingetragene ergiebt.

§. 8. Die öffentlichen Bekanntmachungen des für die Führung eines Genossenschaftsregisters zuständigen Gerichts erfolgen durch das Lippische Regierungs- und Anzeigeblatt und durch diejenigen öffentlichen Blätter, welche der Genossenschaftsvertrag für die Aufnahme der von der Genossenschaft ausgehenden Bekanntmachungen bestimmt hat.*)

Die Eintragungen müssen hierbei ausdrücklich als „in das Genossenschafts-Register" bewirkt bezeichnet werden.

Die Bekanntmachungen beschränken sich auf diejenigen Einträge und deren spätere Abänderungen, bezüglich deren das Bundesgesetz in §§. 4. 6. 35. 36. die öffentliche Bekanntmachung vorgeschrieben hat.

§. 9. Ein Zwang zur Eintragung findet, außer den Fällen des §. 66 des Bundesgesetzes, nur dann statt, wenn eine bereits eingetragene Gesellschaft eine Zweigniederlassung anzumelden unterläßt, rücksichtlich dieser Eintragung.

§. 10. Die „höhere Verwaltungsbehörde", von der nach §. 35 des Bundesgesetzes die Auflösung einer Genossenschaft beantragt werden kann, ist für hiesiges Land die Regierung.

§. 11. Für das Verfahren bei Eröffnung des Concurses einer Genossenschaft (§. 51) kommen die Bestimmungen der hiesigen Concurs-Ordnung von 1779 (L. V. II. S. 688. ff.) zur Anwendung.

§. 12. Wenn das Gericht in den §. 66 bezeichneten Fällen mit Ordnungsstrafen einzuschreiten hat, so spricht es dieselben durch bedingte oder unbedingte Mandate aus.

Für die Ordnungsstrafen sind die Bestimmungen in §. 4 des Einführungsgesetzes zum Allgemeinen Deutschen Handelsgesetzbuche vom 20. April 1864 (L. V. XIII. S. 209) maßgebend.

§. 13. Die Eintragungen in das Genossenschafts-Register erfolgen kostenfrei (§. 69). Nur die Schreib-, Insinuations- und sonstigen Gebühren sind nach den für Acte der freiwilligen Gerichtsbarkeit geltenden Taxen anzusetzen.**)

---

*) Aufgehoben durch die Bekanntmachung vom 6. April 1874, nachstehend unter C. Vgl. oben Vorbemerkungen zu 2).

**) Siehe Vorbemerkungen zu 3).

§. 14. Die gegenwärtige Verordnung tritt zugleich mit dem bezüglichen Bundesgesetze am 1. Januar 1869 in Kraft.

Gegeben Detmold, den 23. December 1868.

Leopold, Fürst zu Lippe.

Heldman.

C. Die Bekanntmachung vom 10. April 1874.

Nr. 8. Bekanntmachung. Die mit der Führung des Handelsregisters beauftragten Behörden des Landes werden mit Bezugnahme auf § 3 des Einführungsgesetzes zum Deutschen Handelsgesetzbuche vom 20. April 1864 und in Ergänzung des § 13 der Instruktion über die Führung der Handelsregister vom 31. Mai 1864 angewiesen, sich bei der Publikation von Eintragungen in die von ihnen geführten Handelsregister in solchen Fällen, wo nach Lage der Sache die Bekanntmachung des betreffenden Eintrags noch durch ein anderes Blatt als das Regierungsblatt nothwendig oder empfehlenswerth erscheint, dieserhalb des seit dem 1. Januar d. Js. als Beilage zum Deutschen Reichs- und Preußischen Staats-Anzeigers erscheinenden Central-Handelsregisters für das Deutsche Reich (Inseraten-Expedition: Berlin S.W. Wilhelmsstraße 32) zu bedienen.

Detmold, 10. April 1874.

Fürstliches Kabinets-Ministerium.

In Vertretung: B. Meyer.

XVIII. Lübeck.

Die Ausführungs-Verordnung vom 4. Nov. 1868 nebst Vorbemerkung.

Die freie und Hansestadt Lübeck ist der den Regierungen der Einzelstaaten auferlegten Verpflichtung pünktlich nachgekommen. Die durch Kürze ausgezeichnete Ausführungsverordnung vom 4. November 1868 befindet sich in der vom 6. Novbr. 1868 datirten Nr. 82 der Sammlung der Lübeckischen Verordnungen und Bekanntmachungen und lautet folgendermaßen:

Ausführungs-Verordnung
zu dem Bundesgesetze vom 4. Juli 1868, die privatrechtliche Stellung der Erwerbs- und Wirthschafts-Genossenschaften betreffend.

(Publicirt am 6. November 1868.)

In Ausführung des, mit dem 1. Januar 1869 in Kraft tretenden Bundesgesetzes vom 4. Juli 1868, die privatrechtliche Stellung der Erwerbs- und Wirthschafts-Genossenschaften betreffend, abgedruckt im hiesigen Amtsblatte vom 23. Juli d. Js., verordnet der Senat hiedurch:

Für das Verfahren in Bezug auf die nach § 66. des ebengedachten Bundesgesetzes von dem Handelsgerichte zu erkennenden Ordnungsstrafen kommen die Vorschriften der §§. 1. bis 7. im Art. 6. des Gesetzes vom 26. October 1863, die Einführung des allgemeinen Deutschen Handelsgesetzbuches im Lübeckischen Freistaate betreffend, zur Anwendung. Es hat jedoch das Gericht im Falle der Erkennung einer Ordnungsstrafe die Kosten des Verfahrens, in welche der Betheiligte allemal gleichzeitig zu verurtheilen ist, in eine Urtheilsgebühr von 5 bis 50 Mark zusammenzufassen.

Gegeben Lübeck, in der Versammlung des Senates, am 4. Nov. 1868.

C. Th. Overbeck Dr.,
Secretarius.

XIX. Bremen.

Die Ausführungsverordnung vom 30. November 1868 nebst Vorbemerkung.

Die Ausführungsverordnung des Genossenschaftsgesetzes für Bremen ist vom Senat rechtzeitig erlassen. Sie ist am 30. November 1868 publizirt, und befindet sich im Gesetzblatt der freien Hansestadt Bremen Jahrgang 1868 Seite 78.

Schulze-Delitzsch hebt von ihr hervor, sie zeichne sich dadurch aus, daß sie über die Ausführung der Strafparagraphen 27. Absatz 2 und 35 des Gesetzes gar nichts enthalte. Der Bremer Senat meine wol mit Recht, von den Genossenschaften keine Gefährdung des Gemeinwohls fürchten zu müssen. (Entwickelung des Genossenschaftswesens S. 305.)

Die Verordnung lautet:

Nr. XXXVIII. Obrigkeitliche Verordnung, die Ausführung des Bundesgesetzes über die privatrechtliche Stellung der Erwerbs- und Wirthschaftsgenossenschaften betreffend.

Publicirt am 30. November 1868.

Da nach §. 72 des Bundesgesetzes vom 4. Juli 1868 in Betreff der privatrechtlichen Stellung der Erwerbs- und Wirthschaftsgenossenschaften die näheren Bestimmungen Behufs Ausführung des Gesetzes von den Regierungen der einzelnen Bundesstaaten zu erlassen sind, so verordnet der Senat demgemäß das Folgende:

§. 1. Für die Eröffnung des Concurses über das Vermögen einer Genossenschaft und für das Concursverfahren kommen, so weit das Genossenschaftsgesetz keine abweichende Bestimmung enthält, die in Betreff des Concurses in der Verordnung für Debit- und Nachlaßsachen enthaltenen Vorschriften zur Anwendung.

Die Eröffnung des Concurses geschieht vom Obergericht. Erfolgt der Antrag auf Eröffnung des Concurses in Gemäßheit des § 48 des Genossenschaftsgesetzes durch die Liquidatoren beim Handelsgericht, so hat dieses unter Mittheilung des Antrags sofort dem Obergericht zu berichten und das Obergericht, beziehungsweise der Präsident desselben das Erforderliche wegen Eröffnung des Concurses und der Behörde*) für die Leitung des Verfahrens zu verfügen.

§. 2. Der Vorstand der Genossenschaft, sobald er hinsichtlich der ihm nach dem Genossenschaftsgesetz (§§. 4, 6, 18, 23, 25, 36 und 41) obliegenden Anzeigen und Eingaben für das Genossenschaftsregister sich im Verzuge befindet, ist durch Androhung von Geldstrafen, erforderlichen Falls nach vorgängiger Vernehmung, zur Erfüllung seiner gesetzlichen Obliegenheiten in Gemäßheit der Vorschriften vom §. 9 der Einführungsverordnung des Allg. Deutschen Handelsgesetzbuchs anzuhalten.

§. 3. In gleicher Weise, jedoch ohne daß dabei die anzudrohende Geldstrafe auf 5 Thaler beschränkt wird, ist zu verfahren, wenn dem Handelsgericht zur Kunde kommt, daß der Vorstand der Genossenschaft den Vorschriften der §§. 26 Satz 2, 31, Absatz 3, 33, Absatz 2, oder die Liquidatoren den Vorschriften des §. 48 des Genossenschaftsgesetzes nicht nachgekommen sind.

§. 4. Dasselbe gilt, wenn nach Eröffnung des Concurses über das Vermögen der Genossenschaft oder nachdem dasselbe, ohne daß die Eröffnung des Concurses erfolgen kann, zur Befriedigung der Gläubiger sich als unzureichend erwiesen hat, der Vorstand oder die Liquidatoren (§. 61) der Genossenschaft sich in Betreff der ihnen nach §§. 52—58 des Genossenschaftsgesetzes obliegenden Pflichten eine Verzögerung zu Schulden kommen lassen.

§. 5. Das Concursgericht und im Falle des §. 59 des Genossenschaftsgesetzes das Gericht, welches an dessen Stelle tritt, hat dem Handelsgericht jede Vernachlässigung der Vorschriften der §§. 52—58 von Seiten des Vorstandes oder der Liquidatoren der Genossenschaft unverzüglich zur Anzeige zu bringen.

Beschlossen Bremen in der Versammlung des Senats am 25. und publicirt am 30. November 1868.

XX. Hamburg.

A. Vorbemerkungen.

Der Senat von Hamburg hat die Ausführungsverordnung zum Genossenschaftsgesetze rechtzeitig erlassen. Sie datirt vom 30. November 1868 und ist in der Hamburger Gesetzsammlung 1868 I. Abtheilung Nr. 44, ausgegeben an demselben Tage, verkündet worden. Wir haben über sie Folgendes zu bemerken:

1) Schulze-Delitzsch lobt an dieser Ausführungsverordnung, daß sie gleich der der freien Stadt Bremen über die Ausführung der Strafparagraphen 27 und 35 gar nichts enthält. (Blätter für Genossenschaftswesen 1869 S. 193,

*) „Wegen Eröffnung des Concurses und der Behörde" . . . soll jedenfalls heißen „und wegen der Behörde".

abgedruckt in „Die Entwickelung des Genossenschaftswesens in Deutschland" ꝛc. S. 321.) Außerdem sagt er von ihr, sie „ist besonders deshalb von Interesse, weil sie in ihrem § 2 den Fall berücksichtigt, daß die Genossenschaften schon vor Erlaß des Genossenschaftsgesetzes als Handelsgesellschaften in das Handelsregister eingetragen waren. . . . . In Hamburg hat man die Genossenschaften, ohne ihnen Schwierigkeiten zu machen, in's Handelsregister eingetragen, wobei uns freilich nicht klar ist, wie man über die unzweideutige Vorschrift des Art. 88 des Allg. D. H.=G.=Buchs, welches vorschreibt, daß bei jedem Wechsel im Mitgliederbestande einer „„offenen Handelsgesellschaft"" — und doch nur als solche konnten die Genossenschaften mit solidarer Haft aller Mitglieder eingetragen werden — sämmtliche Gesellschafter persönlich dem Handelsgericht davon Anzeige machen müssen. Da nun aber einmal Genossenschaften als Handelsgesellschaften eingetragen worden sind, so war es gewiß zweckmäßig, darauf in der Ausführungsverordnung Rücksicht zu nehmen."

Wir stimmen Schulze=Delitzsch bei, müssen aber aufmerksam machen auf die Gesetzwidrigkeit derjenigen Bestimmung des § 2 im Absatz 1, wonach die Eintragung einer in das Handelsregister eingetragen gewesenen Genossenschaft in das Genossenschaftsregister für den Fall, daß eine Veröffentlichung der Eintragung in das Handelsregister stattgefunden hat, nur in dem in § 6 des Reichsgesetzes angegebenen Umfang zu veröffentlichen ist. Das Recht zu einer solchen Beschränkung der Veröffentlichung hat keine Bundesregierung; die frühere Eintragung in das Handelsregister hatte durchaus andere rechtliche Folgen, als die Eintragung in das Genossenschaftsregister, die Veröffentlichung der ersteren Eintragung somit auch einen ganz andern Zweck, kann also nimmermehr die durch das Reichsgesetz ausnahmslos vorgeschriebene Veröffentlichung der Eintragung in das Genossenschaftsregister in dem im § 4 bestimmten Umfange ganz oder theilweise ersetzen.

2) Aus dem zweiten Absatze des § 2 müßte man vermuthen, daß eine bisher in das Handelsregister eingetragene Genossenschaft, die sich nicht in das Genossenschaftsregister eintragen lassen will, im Handelsregister gelöscht werden muß, — ebenso nach § 3, wenn eine solche Genossenschaft durch ihre Versäumniß die Vermuthung begründet, sie wolle „in Zukunft als nicht eingetragene Genossenschaft bestehen." Allein ausgesprochen ist dies nirgends. Die Schlußworte des § 3, daß im gegebenen Falle „demgemäß verfahren" werden solle, lassen indeß auch andere Deutungen zu.

B. Die Ausführungsverordnung vom 30. November 1868.

Nr. 44. Ausführungs=Verordnung

zum Norddeutschen Bundesgesetz, betreffend die privatrechtliche Stellung der Erwerbs= und Wirthschafts=Genossenschaften vom 4. Juli 1868.

Der Senat bringt die nachstehenden Bestimmungen Behufs Ausführung des in der diesjährigen Nr. 24 des Bundes=Gesetzblattes des Norddeutschen Bundes publicirten und mit dem 1. Januar 1869 in Kraft tretenden Bundesgesetzes vom 4. Juli 1868, betreffend die privatrechtliche Stellung der Erwerbs=

und Wirthschafts-Genossenschaften, und zwar hinsichtlich der im § 5 dieser Verordnung enthaltenen Aenderungen der §§ 16 und 17 des Gesetzes wegen des Firmen- und Procurenwesens vom 28. December 1835 in Uebereinstimmung mit der Bürgerschaft zur öffentlichen Kunde.

§. 1. Neben dem jetzt bestehenden Protocoll für Handlungs-Societäten u. w. d. a. wird das Handelsgericht besondere Protocollbücher für die sich anmeldenden Genossenschaften einrichten und zu diesen Büchern ein eigenes Register führen.

§. 2. Jede Gesellschaft, welche zufolge des Bundesgesetzes als Genossenschaft zu betrachten ist, hat, insofern sie in das vom Handelsgericht geführte Handelsregister eingetragen ist, auf Anfordern des Handelsgerichts in einer angemessenen Frist sich darüber zu erklären, ob sie die Eintragung in das Genossenschaftsregister beantragen wolle, und, falls sie sich für die Eintragung entscheidet, nachzuweisen, daß sie ihre Statuten, soweit dieselben von den Vorschriften des Bundesgesetzes abweichen, mit denselben in Einklang gebracht habe. Die alsdann erfolgende Eintragung in das Genossenschaftsregister ist, falls früher eine Veröffentlichung der Eintragung in das Handelsregister stattgefunden hat, nur in dem in § 6 des Bundesgesetzes angegebenen Umfang zu veröffentlichen. Hinsichtlich ihrer Firma haben auch diese, bereits in das Handelsregister eingetragenen Genossenschaften den im § 2 des Bundesgesetzes enthaltenen Bestimmungen zu genügen.*)

Erklärt eine bereits in das Handelsregister eingetragene Genossenschaft, daß sie in Zukunft als nicht eingetragene Genossenschaft fortbestehen wolle, so ist die Erklärung dem über die Eintragung aufgenommenen Protocoll hinzuzufügen, und falls die Eintragung früher veröffentlicht wurde, zu veröffentlichen.

§. 3. Versäumt eine, bereits in das Handelsregister eingetragene, Genossenschaft innerhalb der bestimmten Frist ihre Erklärung abzugeben, oder, nachdem sie sich für die Eintragung in Genossenschaftsregister erklärt hat, ihre Statuten mit den Vorschriften des Bundesgesetzes in Einklang zu bringen, so wird angenommen, daß sie in Zukunft als nicht eingetragene Genossenschaft bestehen wolle, und demgemäß verfahren.**)

§. 4. Die Eintragungen in das Genossenschaftsregister erfolgen kostenfrei. Die Kosten der in dem Bundesgesetz vorgeschriebenen Veröffentlichungen sind jedoch von der betheiligten Genossenschaft zu tragen.

§. 5. Bei der Verfügung von Ordnungsstrafen gegen den Vorstand, beziehungsweise die Liquidatoren einer Genossenschaft, so wie bei Beschwerden über solche Verfügungen sind die Vorschriften des Gesetzes vom 28. December 1835 (§§ 16—18) zu beobachten.

Es werden jedoch die §§ 16 und 17 dieses Gesetzes dahin abgeändert, daß das Handelsgericht in Uebertretungsfällen (vorbehältlich der Bestimmungen des § 27 des Einführungsgesetzes zum Allgemeinen Deutschen Handelsgesetz-

---

*) Vgl. Vorbemerkungen zu 1).
**) Vgl. Vorbemerkungen zu 2).

buch) Geldstrafen bis zu Mark Crt. 100 verfügen kann, der Börsenanschlag auch in den Fällen, in welchen derselbe nach dem § 16 geschehen soll, wegfällt, und das Handelsgericht erforderlichenfalls vor Abgabe der Strafverfügung die competente Strafbehörde zur Einleitung einer Untersuchung veranlassen kann.

§. 6. Wo in den obigen Bestimmungen des Handelsgerichts Erwähnung geschieht, tritt für das Amt Ritzebüttel der Amtsrichter daselbst an dessen Stelle.

Diese Verordnung tritt gleichzeitig mit dem Bundesgesetze mit dem 1. Januar 1869 in Kraft.

Gegeben in der Versammlung des Senats,
Hamburg, den 30. November 1868.

XXI. Elsaß-Lothringen.

A. Vorbemerkungen.

Nachdem die Wirksamkeit des Deutschen Genossenschaftsgesetzes durch das Gesetz vom 12. Juli 1872 (siehe oben S. 404) vom 1. Oktober 1872 an auf Elsaß-Lothringen ausgedehnt worden war, hatte die Reichsregierung, da das Gesetz vom 12. Juli 1872 gar nichts über die Ausführung enthielt, die Verpflichtung überkommen, „die näheren Bestimmungen Behufs Ausführung" des Genossenschaftsgesetzes auf Grund des §. 72 desselben rechtszeitig „im Verordnungswege zu erlassen."

Die Reichsregierung hat zur Erfüllung dieser Verpflichtung die Verordnung vom 28. Sept. 1872 erlassen. Dieselbe kam

1) verspätet, insofern sie erst in der am 7. Oktober 1872 ausgegebenen Nr. 24 des Gesetzblatts für Elsaß-Lothringen, unmittelbar vor der unter demselben Datum ergangenen Instruktion betreffend die Führung des Handelsregisters veröffentlicht wurde.

2) Sodann wurde sie nicht von der Regierung erlassen, wie es das Genossenschaftsgesetz vom 4. Juli 1868 ausdrücklich verlangt. Vom Kaiser, der nach dem Reichsgesetze vom 9. Juni 1872 (Reichsgesetzblatt 1871 S. 212) die Staatsgewalt in Elsaß-Lothringen ausübt, hätte die Ausführungsverordnung unter Gegenzeichnung des verantwortlichen Reichskanzlers vollzogen werden müssen. Statt dessen ist sie allein vom Reichskanzler vollzogen. Ohne die Folgen dieses Fehlers einer weiteren Untersuchung zu unterwerfen, bringen wir nachfolgend in wörtlichem Abdruck sowohl die Ausführungsverordnung vom 28. Sept. 1872, als auch die Instruktion vom selben Tage, letztere soweit sie auf Erwerbs- und Wirthschaftsgenossenschaften anwendbar ist.

Noch einen Verstoß gegen das Genossenschaftsgesetz haben wir dabei zu rügen. Wenn die Eintragungen in das Genossenschaftsregister laut § 69 des Genossenschaftsgesetzes kostenfrei erfolgen, so muß auch die Benachrichtigung der Betheiligten von einer Eintragung in jenes Register kostenfrei erfolgen, da sie ebenso wie die vorbereitenden Handlungen als ein Theil der Ausführung erscheint. Die Vorschrift, daß der Handelsgerichts-Sekretär für jene Benachrichtigung 30 Centimes Schreibgebühren für jede auch nur angefangene Rolle erhält, ist also wider das Gesetz.

B. Die Ausführungsverordnung vom 28. September 1872.

(Nr. 110.) Verordnung zur Ausführung des Reichsgesetzes vom 4. Juli 1868, betreffend die privatrechtliche Stellung der Erwerbs- und Wirthschaftsgenossenschaften. Vom 28. September 1872.

Auf Grund des §. 72. des durch Gesetz vom 12. Juli 1872 in Elsaß-Lothringen eingeführten Reichsgesetzes vom 4. Juli 1868, betreffend die privatrechtliche Stellung der Erwerbs- und Wirthschafts-Genossenschaften (Gesetzblatt für Elsaß-Lothringen S. 511), wird hiermit Folgendes bestimmt:

§. 1.

Auf das Verfahren bei Festsetzung der Ordnungsstrafen, welche im §. 66 des Gesetzes vom 4. Juli 1868, betreffend die privatrechtliche Stellung der Erwerbs- und Wirthschafts-Genossenschaften, angedroht sind, finden die §§. 19 bis 26 des Gesetzes vom 19. Juni 1872, betreffend die Einführung der allgemeinen Deutschen Wechselordnung und des allgemeinen Deutschen Handelsgesetzbuchs in Elsaß-Lothringen (Gesetzblatt für Elsaß-Lothringen S. 213), entsprechende Anwendung.

§. 2.

Hinsichtlich der Gebühren für die Geschäfte, welche sich auf die Führung des Genossenschaftsregisters beziehen, kommen die Bestimmungen der Verordnung vom 12. Juli 1872 zur Ausführung des §. 34 des Gesetzes vom 19. Juni 1872, betreffend die Einführung der allgemeinen Deutschen Wechselordnung und des allgemeinen Deutschen Handelsgesetzbuchs in Elsaß-Lothringen (Gesetzblatt für Elsaß-Lothringen S. 563), mit der Maßgabe*) zur Anwendung, daß die Eintragungen in das Genossenschaftsregister kostenfrei erfolgen, der Handelsgerichts-Sekretair dagegen für die Benachrichtigung der Betheiligten von einer Eintragung in jenes Register 30 Centimes Schreibgebühren für jede auch nur angefangene Rolle erhält.

Berlin den 28. September 1872.

Der Reichskanzler.
In Vertretung:
Delbrück.

---

*) Da dies Beispiel der Reichsregierung in fiskalischen Angelegenheiten den Regierungen der einzelnen Staaten leicht als nachahmenswerthes Muster erscheinen könnte, soll hier aus der angezogenen Verordnung vom 12. Juli 1872 der § 2, soweit er bei Genossenschaften Anwendung finden könnte, mitgetheilt werden:

„Der Handelsgerichts-Sekretair erhält folgende Gebühren:

C. Die Instruktion vom 28. September 1872.

(Nr. 111.) Instruktion, betreffend die Führung des Handelsregisters. Vom 28. September 1872.

Auf Grund des §. 18 des Gesetzes vom 19. Juni 1872, betreffend die Einführung der allgemeinen Deutschen Wechselordnung und des allgemeinen Deutschen Handelsgesetzbuchs in Elsaß-Lothringen (Gesetzblatt für Elsaß-Lothringen S. 213),*) und des §. 72 des durch Gesetz vom 12. Juli 1872, in Elsaß-Lothringen eingeführten Reichsgesetzes vom 4. Juli 1868, betreffend die privatrechtliche Stellung der Erwerbs- und Wirthschafts-Genossenschaften (Gesetzblatt für Elsaß-Lothringen S. 511), wird über die Führung des Handels- und Genossenschaftsregisters Folgendes bestimmt:

I. Allgemeine Bestimmungen.

§. 1.

Das Handelsregister besteht aus drei Abtheilungen:

1) Firmenregister.
2) Gesellschaftsregister.
3) Genossenschaftsregister.

---

1) für jede Eintragung in das Handelsregister, einschließlich der Benachrichtigung der Betheiligten . . . . 3 Franks;
2) für die Ertheilung einer einfachen Abschrift aus dem Handelsregister oder dessen Beilagen . . . . 30 Centimes für jede auch nur angefangene Rolle;
3) für die Ertheilung eines Attestes oder einer beglaubigten Abschrift aus dem Handelsregister . . . . 2 Franks und wenn die Abschrift mehr als zwei Rollen beträgt, für jede weitere auch nur angefangene Rolle . . . . 30 Centimes;
4) für die Aufnahme oder Entgegennahme eines Gesuchs um Eintragung in das Handelsregister, falls dasselbe zurückgewiesen wird . . . . 2 Franks.

. . . . Baare Auslagen für Bekanntmachungen und Porto sind demselben zu erstatten."

Von diesen Gebührensätzen tritt statt Nr. 1) der im §. 2. der Verordnung vom 28. September 1872 erwähnte Satz ein. Die Gebührensätze Nr. 2) u. 3) werden auch von Genossenschaften zu zahlen sein. Dagegen würde es durchaus ungerechtfertigt sein, wenn der Satz 4) von Genossenschaften gefordert würde. Ist die Eintragung in das Genossenschaftsregister laut §. 69 des Gesetzes vom 4. Juli 1868 kostenfrei, so sind es folgerichtig auch die Aufnahmen und Entgegennahmen der Gesuche um Eintragung, als vorbereitende Handlungen, und kann es keinen Unterschied machen, ob die Gesuche bewilligt oder zurückgewiesen werden.

*) Zur Ertheilung der Instruktion, soweit sie sich auf § 18 des Gesetzes vom 19. Juni 1872 gründet, war allerdings der Reichskanzler befugt. Denn der betreffende dritte Absatz des § 18 lautet: „Die näheren geschäftlichen Anordnungen über die Führung des Handelsregisters bleiben einer von dem Reichskanzler zu ertheilenden Instruktion vorbehalten." Da nun das Genossenschaftsregister nach § 4 des Genossenschaftsgesetzes nur ein Theil des Handelsregisters ist, so erstreckt sich jener durch das Gesetz vom 19. Juni 1872 dem Reichskanzler ertheilte Auftrag auch auf das Genossenschaftsregister.

Für jede Abtheilung ist ein besonderer Band bestimmt, dessen Seitenzahl auf dem ersten Blatte vom Sekretair zu beurkunden ist.

Die Eintragungen geschehen nach der Zeitfolge der Anmeldungen.

Das Genossenschaftsregister wird auf stempelfreiem Papier (§. 69 des Genossenschaftsgesetzes vom 4. Juli 1868) geführt; für das Firmen- und Gesellschaftsregister kommt Stempelpapier großen Registerformats (feuille de grand registre) zur Verwendung. Die desfallsigen Auslagen sind auf die einzelnen Eintragungen nach Verhältniß des zu denselben verwandten oder freigelassenen Raumes zu vertheilen.

— — — (§. 2 bezieht sich nicht auf Genossenschaften.)

§. 3.

Die Führung des Handelsregisters und die Besorgung aller darauf bezüglichen Kanzleigeschäfte erfolgt unter Aufsicht des Präsidenten oder eines von demselben beauftragten Richters durch den Sekretair des Handelsgerichts.

Derselbe entscheidet über die Statthaftigkeit der Anmeldungen. Gegen die Ablehnung, welche mit Gründen zu versehen ist, kann der Betheiligte mittelst schriftlicher Eingabe die Entscheidung des Handelsgerichts nachsuchen; diese erfolgt durch Rathskammerbeschluß und unterliegt der Berufung an das Appellationsgericht. Die Berufung ist an eine Frist nicht gebunden; sie ist durch Anwaltsgesuch anzubringen und ebenso zu behandeln, wie die Berufung gegen Rathskammerbeschlüsse der Landgerichte. Weitere Rechtsmittel finden nicht statt.

Der Handelsgerichts-Sekretair ist befugt, außer den im Artikel 12 des Deutschen Handelsgesetzbuchs erwähnten Abschriften, auch Zeugniß darüber zu ertheilen, ob eine bestimmte Thatsache in das Handelsregister eingetragen ist oder nicht.

§. 4.

Zu jeder Abtheilung des Handelsregisters werden Beilageakten gesammelt.

Zu denselben gelangen nach der Zeitfolge alle die Eintragungen betreffenden Anmeldungen, Verhandlungen und Verfügungen nebst den dazu gehörigen Belagstücken.

Besondere Akten sind anzulegen für Aktiengesellschaften und Kommanditgesellschaften auf Aktien, sowie für solche Einzelfirmen, über welche umfangreiche Verhandlungen in Aussicht stehen.

§. 5.

Bei jeder Eintragung ist der Tag der Erledigung, sowie die Stelle der Akten, wo die betreffende Anmeldung sich findet, im Register zu vermerken. Der Sekretair hat diesen Vermerk zu unterschreiben, auf der protokollarischen oder schriftlichen Anmeldung (§. 18 des Gesetzes vom 19. Juni 1872, betreffend die Einführung des deutschen Handelsrechts) das Datum der Eintragung beizusetzen.

Die eingetragenen Firmen, Gesellschaften und Genossenschaften erhalten laufende Nummern, welche mit jedem neuen Bande der betreffenden Abtheilung neu anfangen.

Wenn nach Erschöpfung des für eine Firma, Gesellschaft oder Genossenschaft vorgesehenen Raumes weitere Eintragungen zu machen sind, so werden diese unter neuer Nummer mit dem Zusatz: „Fortsetzung aus Nummer .... Band ....“ bewirkt; hiervon wird am Schlusse der älteren Eintragung Erwähnung gethan.

§. 6.

Die Eintragungen sind unverzüglich und zwar regelmäßig ihrem ganzen Inhalte nach (Artikel 13 des Deutschen Handelsgesetzbuchs), jedoch hinsichtlich der Gesellschaftsverträge bei

Kommanditgesellschaften auf Aktien (Artikel 176, 198 des Deutschen Handelsgesetzbuchs),

Aktiengesellschaften (Artikel 210, 214 daselbst),

Genossenschaften (§. 4 des Genossenschaftsgesetzes vom 4. Juli 1868),

nur im Auszuge zu veröffentlichen.

Gleichartige Eintragungen, welche am nämlichen Tage erfolgt sind, können in eine gemeinschaftliche Bekanntmachung zusammengefaßt werden, deren Kosten auf die einzelnen Fälle zu vertheilen sind.

Die Bekanntmachung unterbleibt:

1) bei Kommanditgesellschaften, soviel die Bezeichnung der Kommanditisten und die Angaben des Betrags ihrer Einlagen anlangt (Artikel 151, 156, 171 des Deutschen Handelsgesetzbuchs),

2) bei denjenigen Handelsgesellschaften, deren Errichtung schon nach Vorschrift des Artikels 56 des Gesetzes vom 24. Juli 1867 veröffentlicht worden ist (§. 31 al. 3 des Gesetzes vom 19. Juni 1872, betreffend die Einführung des deutschen Handelsrechts).

§. 7.

Zu jeder Abtheilung des Handelsregisters ist ein alphabetisches Verzeichniß der darin eingetragenen Firmen unter Bezugnahme auf die Nummern des Registers zu führen.

— — — — — — — — — — — — — — — — — —

Der II. Abschnitt „Von dem Firmenregister“ und der III. Abschnitt „Von dem Gesellschaftsregister“ haben auf Genossenschaften keinen Bezug. Zu erwähnen ist nur, daß nach Inhalt derselben die Prokuristen des Einzelkaufmanns in das Firmenregister und die der Handelsgesellschaften in das Gesellschaftsregister eingetragen werden und daß die Nichterwähnung von Prokuristen der Genossenschaft die Annahme rechtfertigt: der Reichskanzler halte dafür, daß Genossenschaften keine Prokuristen bestellen können.

— — — — — — — — — — — — — — — — — —

IV. Von dem Genossenschaftsregister.

§. 18.

Der Eintragung in das Genossenschaftsregister sind nur diejenigen Genossenschaften unterworfen, welche sich der Firma einer „eingetragenen Genossenschaft“ bedienen wollen.

Die Eintragung der Genossenschaft geschieht auf Anmeldung des Vorstandes und auf Grund des von demselben einzureichenden Gesellschaftsvertrages, welcher nur in einem, den Erfordernissen des §. 4 (Ziffer 1—6 und

Schlußsatz) des Genossenschaftsgesetzes vom 4. Juli 1868 entsprechenden Auszug in das Register eingeschrieben, dagegen in vollständiger Abschrift oder in vollständigem Abdruck zu den Beilageakten genommen wird.

§. 19.

Die Anmeldung muß entweder persönlich vor dem Handelsgerichts-Sekretair erklärt oder in beglaubigter Form bei demselben eingereicht werden.

Geschieht die Anmeldung durch einen Bevollmächtigten, so hat dieser eine authentische, je nach den Gesetzen des Ausstellungsortes vor Notar oder Gericht aufgenommene Vollmacht beizubringen (vergl. §. 18 des Gesetzes vom 19. Juni 1872, betreffend die Einführung des deutschen Handelsrechts).

Dieselben Formvorschriften gelten in Bezug auf die Zeichnung oder Einreichung einer Unterschrift.

Die Veröffentlichung der Eintragungen erfolgt in den nach Artikel 14 des Deutschen Handelsgesetzbuchs bestimmten Blättern.

§. 20.

Das Genossenschaftsregister wird nach dem Muster in Anlage C. geführt. Für jede Genossenschaft wird mindestens eine ganze Seite bestimmt und, insofern erhebliche Nachträge vorauszusehen sind, auch hierfür eine genügende Seitenzahl in ununterbrochener Reihenfolge freigelassen.

Eine Abänderung der Firma oder des Sitzes der Genossenschaft ist in der zweiten Kolonne, der übrige Inhalt der Eintragungen in der dritten Kolonne zu vermerken. In letztere werden auch die Namen der jeweiligen Vorstandsmitglieder oder Liquidatoren eingeschrieben, sobald diese den Vorschriften der §§. 18 und 41 des Genossenschaftsgesetzes vom 4. Juli 1868 über die Zeichnung oder Einreichung ihrer Unterschriften Genüge geleistet haben.

§. 21.

Der Anmeldung ist das Verzeichniß der zeitigen Genossenschafter nach dem Muster in Anlage D. beizufügen.

Die Fortführung dieses Verzeichnisses liegt dem Sekretair ob, der jeden neu eintretenden Genossenschafter nachzutragen und den Tag des Ausscheidens der ausgetretenen oder ausgeschlossenen Mitglieder in Kolonne 4 zu vermerken hat.

§. 22.

Die Eintragung von Beschlüssen der Generalversammlung, welche die Fortsetzung oder Auflösung der Genossenschaft oder Abänderungen des Gesellschaftsvertrages zum Gegenstande haben, erfolgt auf Anmeldung des Vorstandes, beziehungsweise im Falle der Suspension sämmtlicher Vorstandsmitglieder (§. 28 Absatz 2 des Genossenschaftsgesetzes vom 4. Juli 1868) auf Anmeldung des Aufsichtsraths, und auf Grund des betreffenden Beschlusses, welcher demnächst nach Anleitung des §. 20 dieser Instruktion in das Hauptregister im Auszuge, in das Beilageheft vollständig aufzunehmen ist.

§. 23.

Auf Betreiben der nämlichen Personen wird die Auflösung der Genossenschaft durch Ablauf der im Gesellschaftsvertrage bestimmten Zeit im Register vermerkt.

Die Eintragung der Auflösung geschieht von Amtswegen, wenn dieselbe Folge der Eröffnung des Falliments über die Genossenschaft oder nach §. 35 des Genossenschaftsgesetzes vom 4. Juli 1868 durch gerichtliches Erkenntniß ausgesprochen ist, letzteren Falles jedoch nicht eher, als bis dem Handelsgerichte das mit dem Atteste der Rechtskraft versehene Urtheil von dem zuständigen Gerichte mitgetheilt ist.

§. 24.

Für die Eintragung einer Genossenschaft in das Register desjenigen Handelsgerichts, in dessen Bezirk dieselbe nicht ihren Sitz, sondern nur eine Zweigniederlassung hat, gelten die vorstehenden Bestimmungen mit der Maßgabe, daß die Eintragung beim Gerichte der Zweigniederlassung nicht stattfindet, bevor nachgewiesen ist, daß die Eintragung beim Gerichte der Hauptniederlassung geschehen ist.

§. 25.

Die Eintragungen in das Genossenschaftsregister erfolgen gebühren- und stempelfrei (vergl. §. 69 des Genossenschaftsgesetzes vom 4. Juli 1868 und §. 1 dieser Instruktion).

Im Uebrigen ist für den Ansatz von Kosten der §. 2 der unterm heutigen Tage erlassenen Verordnung zur Ausführung des Genossenschaftsgesetzes vom 4. Juli 1868 maßgebend.

Berlin, den 28. September 1872.

Der Reichskanzler.
In Vertretung:
Delbrück.

Anlage C.

[Erste Seite]

Handelsregister

des

Kaiserlichen Handelsgerichts Colmar.

Dritte Abtheilung:

Genossenschaftsregister.

Band I.

Gegenwärtiger Band enthält zweihundert Seiten.

Zur Beurkundung:

Colmar, den .. ten .... 18 ..

Der Handelsgerichts-Sekretair.
N. N.

[Zweite Seite.]

Laufende Nummer.	Firma und Sitz der Genossenschaft.	Rechtsverhältnisse der Genossenschaft.

Anlage D.

Verzeichniß der Genossenschafter.

Laufende Nr.	Vor- und Zunamen, Stand und Gewerbe.	Wohnort.	Tag des Ausscheidens.

Anhang.

Das Oesterreichische Genossenschaftsgesetz
nebst
der Ausführungsverordnung.

A. Gesetz vom 9. April 1873,

über Erwerbs- und Wirthschaftsgenossenschaften.

(Enthalten in dem am 17. Mai 1873 ausgegebenen Reichsgesetzblatte für die im Reichsrathe vertretenen Königreiche und Länder, XXV. Stück, Nr. 70.)

Mit Zustimmung beider Häuser des Reichsrathes finde Ich anzuordnen, wie folgt:

I. Hauptstück.

Allgemeine Bestimmungen.

Erster Abschnitt.

Von der Errichtung der Genossenschaften und dem Rechtsverhältnisse ihrer Mitglieder.

§. 1.

Die Bestimmungen dieses Gesetzes haben Anwendung zu finden auf Vereine von nicht geschlossener Mitgliederzahl, welche die Förderung des Erwerbes oder der Wirthschaft ihrer Mitglieder mittelst gemeinschaftlichen Geschäftsbetriebes oder mittelst Creditgewährung bezwecken (Erwerbs- und Wirthschaftsgenossenschaften), wie auf

Vorschuß- und Creditvereine,
Rohstoff- und Magazinvereine,
Productivgenossenschaften,
Consumvereine und
Wohnungsgenossenschaften u. dgl.

(Deutsches Gesetz §. 1.)

§. 2.

Erwerbs- und Wirthschaftsgenossenschaften können entweder mit unbeschränkter oder mit beschränkter Haftung ihrer Mitglieder errichtet werden.

Im ersten Falle haftet jeder Genossenschafter für die Verbindlichkeiten der Genossenschaft solidarisch mit seinem ganzen Vermögen, im zweiten Falle nur bis zu einem bestimmten, im Voraus festgesetzten Betrage.

§. 3.

Zur Gründung der Genossenschaft ist erforderlich:

1. die Annahme einer Genossenschaftsfirma;
2. die schriftliche Abfassung des Genossenschaftsvertrages (Statuts);
3. die Eintragung dieses Vertrages in das Genossenschaftsregister.

Der Beitritt der einzelnen Genossenschafter geschieht durch schriftliche Erklärung.

(Deutsches Gesetz §. 2.)

§. 4.

Die Genossenschaftsfirma muß vom Gegenstande der Unternehmung entlehnt sein, die Bezeichnung „registrirte Genossenschaft", und je nach Beschaffenheit der Haftung (§. 2) den Beisatz: „mit unbeschränkter Haftung" oder: „mit beschränkter Haftung" enthalten.

Der Name von Genossenschaftern oder anderen Personen darf in der Firma nicht aufgenommen werden. Jede neue Firma muß sich von allen an demselben Orte oder in derselben Gemeinde bereits bestehenden Firmen registrirter Genossenschaften deutlich unterscheiden.

(Deutsches Gesetz §. 2.)

§. 5.

Der Genossenschaftsvertrag muß enthalten:

1. die Firma und den Sitz der Genossenschaft;
2. den Gegenstand des Unternehmens;
3. die Zeitdauer der Genossenschaft, im Falle dieselbe auf eine bestimmte Zeit beschränkt sein soll;
4. die Bedingungen des Eintrittes der Genossenschafter, sowie die allfälligen besonderen Bestimmungen über das Ausscheiden (Austritt, Tod oder Ausschließung) derselben;
5. den Betrag der Geschäftsantheile der einzelnen Genossenschafter und die Art der Bildung dieser Antheile;
6. die Grundsätze, nach welchen die Bilanz aufzunehmen und der Gewinn zu berechnen ist, die Art und Weise, wie die Prüfung der Bilanz erfolgt, sowie die Bestimmung über die Vertheilung des Gewinnes und Verlustes unter die einzelnen Genossenschafter;
7. die Art der Wahl und Zusammensetzung des Vorstandes und die Formen für die Legitimation der Mitglieder des Vorstandes, sowie der Stellvertreter derselben und der Beamten der Genossenschaft;
8. die Form, in welcher die Zusammenberufung der Genossenschafter geschieht;
9. die Bedingungen des Stimmrechtes der Genossenschafter und die Form, in welcher dasselbe ausgeübt wird;
10. die Gegenstände, über welche nicht schon durch einfache Stimmenmehrheit der auf Zusammenberufung erschienenen Genossenschafter, sondern nur durch eine größere Stimmenmehrheit oder nach anderen Erfordernissen Beschluß gefaßt werden kann;
11. die Art und Weise, in welcher die von der Genossenschaft ausgehenden Bekanntmachungen erfolgen;
12. die Angabe, ob die Haftung der Genossenschafter für die Verbindlichkeiten der Genossenschaft eine unbeschränkte oder eine beschränkte ist, und wenn im letzteren Falle die Haftung über das im Gesetze bestimmte Maß (§. 76) ausgedehnt wird, die Angabe des Umfanges dieser Haftung;

13. die Benennung der Mitglieder des ersten Vorstandes oder derjenigen Personen, welche die Registrirung der Genossenschaft zu erwirken haben.

(Deutsches Gesetz §. 3.)

§. 6.

Der in das Genossenschaftsregister eingetragene (registrirte) Genossenschaftsvertrag muß im Auszuge veröffentlicht werden.

Der Auszug muß enthalten:

1. das Datum des Genossenschaftsvertrages;
2. die Firma und den Sitz der Genossenschaft;
3. den Gegenstand des Unternehmens;
4. die Zeitdauer der Genossenschaft, im Falle dieselbe auf eine bestimmte Zeit beschränkt sein soll;
5. die Namen und den Wohnort der Mitglieder des Vorstandes, falls ein solcher schon in dem Genossenschaftsvertrage bestellt ist;
6. die Art und Weise, in welcher die von der Genossenschaft ausgehenden Bekanntmachungen erfolgen;
7. die Angabe, ob die Haftung der Genossenschafter für die Verbindlichkeiten der Genossenschaft eine unbeschränkte oder eine beschränkte ist, und wenn im letzteren Falle die Haftung über das im Gesetze bestimmte Maß (§. 76) ausgedehnt wird, die Angabe des Umfanges dieser Haftung.

Ist in dem Genossenschaftsvertrage eine Form bestimmt, in welcher der Vorstand seine Willenserklärungen kund gibt und für die Genossenschaft zeichnet, so ist auch diese Bestimmung zu veröffentlichen.

(Deutsches Gesetz §. 4.)

§. 7.

Bei jedem Handelsgerichte ist ein Genossenschaftsregister über diejenigen Genossenschaften zu führen, welche in dem Sprengel desselben ihren Sitz haben.

Hinsichtlich dieses Registers gelten die im Handelsgesetzbuche in Bezug auf das Handelsregister gegebenen Bestimmungen.

(Deutsches Gesetz §. 4.)

§. 8.

Vor erfolgter Eintragung in das Genossenschaftsregister besteht die Genossenschaft als solche nicht. Wenn vor erfolgter Eintragung im Namen der Genossenschaft gehandelt wird, so haften die Handelnden persönlich und solidarisch.

(Deutsches Gesetz §. 5.)

§. 9.

Jede Abänderung des Genossenschaftsvertrages muß schriftlich erfolgen und dem Handelsgerichte unter Beilegung einer Abschrift des Genossenschaftsbeschlusses angemeldet werden.

Mit dem Abänderungsbeschlusse wird in gleicher Weise wie mit dem ursprünglichen Vertrage verfahren. Eine Veröffentlichung desselben findet nur insoweit statt, als sich dadurch die in den früheren Bekanntmachungen enthaltenen Bestimmungen ändern.

Der Beschluß hat keine rechtliche Wirkung, bevor derselbe bei dem Handelsgerichte, in dessen Bezirk die Genossenschaft ihren Sitz hat, in das Genossenschaftsregister eingetragen ist.

(Deutsches Gesetz § 6.)

§. 10

Bei jedem Handelsgerichte, in dessen Bezirk die Genossenschaft eine Zweigniederlassung hat, muß diese behufs der Eintragung in das Genossenschaftsregister angemeldet werden, und ist dabei Alles zu beobachten, was die §§. 6 und 9 für das Hauptgeschäft vorschreiben.

(Deutsches Gesetz §. 7.)

§. 11.

Das Rechtsverhältniß der Genossenschafter unter einander richtet sich zunächst nach dem Genossenschaftsvertrage. Letzterer darf von den Bestimmungen dieses Gesetzes nur in denjenigen Punkten abweichen, bei welchen dieß ausdrücklich für zulässig erklärt ist.

(Deutsches Gesetz §. 9.)

§. 12.

Die Genossenschaft kann unter ihrer Firma Rechte erwerben und Verbindlichkeiten eingehen, Eigenthum und andere dingliche Rechte auch an Grundstücken erwerben, vor Gericht klagen und geklagt werden.

Ihr ordentlicher Gerichtsstand ist bei dem Gerichte, in dessen Bezirk sie ihren Sitz hat.

(Deutsches Gesetz §. 11.)

§. 13.

Für Genossenschaften, deren Unternehmen ganz oder theilweise Handelsgeschäfte zum Gegenstande hat, gelten, insoweit dieses Gesetz keine abweichenden Vorschriften enthält, die in Betreff der Kaufleute gegebenen Bestimmungen des Handelsgesetzbuches.

(Deutsches Gesetz §. 11.)

§. 14.

Am Sitze der Genossenschaft und einer jeden Zweigniederlassung derselben ist ein Register zu führen, in welches der Vor- und Zuname und Stand eines jeden Genossenschafters, der Tag seines Eintrittes in die Genossenschaft und seines Ausscheidens aus derselben, die Anzahl der einem Jeden gehörigen Geschäftsantheile, sowie die Kündigung eines oder mehrerer Geschäftsantheile einzutragen ist.

Die Einsicht dieses Registers, sowie des Genossenschaftsvertrages und seiner allfälligen Abänderungen muß Jedermann gestattet werden.

(Deutsches Gesetz §. 25.)

Zweiter Abschnitt.

Von dem Vorstande, dem Aufsichtsrathe und der Generalversammlung.

§. 15.

Jede Genossenschaft muß einen aus des Zahl der Genossenschafter zu wählenden Vorstand haben. Sie wird durch denselben gerichtlich und außergerichtlich vertreten.

Der Vorstand kann aus einem oder mehreren Mitgliedern bestehen, diese können besoldet oder unbesoldet sein. Ihre Bestellung ist zu jeder Zeit widerruflich, unbeschadet der Entschädigungsansprüche aus bestehenden Verträgen.

(Deutsches Gesetz §. 17.)

§. 16.

Die jeweiligen Mitglieder des Vorstandes müssen alsbald nach ihrer Bestellung zur Eintragung in das Genossenschaftsregister angemeldet werden. Der Anmeldung ist ihre Legitimation beizufügen. Die Mitglieder des Vorstandes haben ihre Unterschrift vor dem Handelsgerichte zu zeichnen oder die Zeichnung in beglaubigter Form einzureichen.

In gleicher Weise muß bei jeder Aenderung der Mitglieder des Vorstandes, beziehungsweise bei Bestellung von Stellvertretern vorgegangen werden.

Ist die Aenderung nicht in das Genossenschaftsregister eingetragen und öffentlich bekannt gemacht, so kann sie die Genossenschaft einem Dritten nur dann entgegensetzen, wenn sie beweist, daß die Aenderung Letzterem beim Abschlusse des Geschäftes bekannt war.

Ist die Eintragung und Bekanntmachung geschehen, so muß ein Dritter die Aenderung gegen sich gelten lassen, soferne nicht durch die Umstände die Annahme begründet wird, daß er die Aenderung beim Abschlusse des Geschäftes weder gekannt habe, noch habe kennen müssen.

(Deutsches Gesetz §. 17. u. §. 23.)

§. 17.

Der Vorstand hat in der durch den Genossenschaftsvertrag bestimmten Form seine Willenserklärung kund zu geben und für die Genossenschaft zu zeichnen. Ist nichts darüber bestimmt, so ist die Zeichnung durch sämmtliche Mitglieder des Vorstandes erforderlich. Die Zeichnung geschieht in der Weise, daß die Zeichnenden zu der Firma der Genossenschaft oder zu der Benennung des Vorstandes ihre Unterschrift hinzufügen.

(Deutsches Gesetz §. 19.)

§. 18.

Die Genossenschaft wird durch die vom Vorstande in ihrem Namen geschlossenen Rechtsgeschäfte berechtigt und verpflichtet. Es ist gleichgiltig, ob das Geschäft ausdrücklich im Namen der Genossenschaft geschlossen worden ist, oder ob die Umstände ergeben, daß es nach dem Willen der Contrahenten für die Genossenschaft geschlossen werden sollte.

Die Befugniß des Vorstandes zur Vertretung der Genossenschaft erstreckt sich auch auf alle Geschäfte, zu welchen nach dem allgemeinen bürgerlichen Rechte eine besondere, auf die Gattung des Geschäftes lautende Vollmacht erforderlich ist.

(Deutsches Gesetz §. 20.)

§. 19.

Der Vorstand ist der Genossenschaft gegenüber verpflichtet, die Beschränkungen einzuhalten, welche in dem Genossenschaftsvertrage oder durch Beschlüsse der Generalversammlung für den Umfang seiner Befugniß, die Genossenschaft zu vertreten, festgesetzt sind. Gegen dritte Personen hat jedoch eine Beschränkung des Vorstandes, die Genossenschaft zu vertreten, keine rechtliche Wirkung. Dieß gilt insbesondere für den Fall, daß die Vertretung sich nur auf gewisse Geschäfte oder Arten von Geschäften erstrecken, oder nur unter gewissen Umständen, oder für eine gewisse Zeit oder an einzelnen Orten stattfinden soll, oder daß die Zustimmung der Generalversammlung, eines Aufsichtsrathes oder eines anderen Organes der Genossenschaft für einzelne Geschäfte erfordert wird.

(Deutsches Gesetz §. 21.)

§. 20.

Eide Namens der Genossenschaft werden durch den Vorstand geleistet.

(Deutsches Gesetz §. 22.)

§. 21.

Zur Behändigung von Vorladungen und anderen Zustellungen an die Genossenschaft genügt es, wenn dieselbe an ein Mitglied des Vorstandes, welches zu zeichnen oder mitzuzeichnen befugt ist, oder an einen Beamten, der Genossenschaft, welcher dieselbe vor Gericht zu vertreten berechtigt ist, geschieht.

(Deutsches Gesetz §. 24.)

§. 22.

Der Vorstand ist verpflichtet, Sorge zu tragen, daß die erforderlichen Bücher der Genossenschaft geführt werden.

Denselben kommt, insoferne sie nach Vorschrift des Handelsgesetzbuches geführt sind, zur Nachweisung der Forderung der Genossenschaft aus den ihr gesetzlich gestatteten Geschäften das den Handelsbüchern durch Artikel 34 des Handelsgesetzbuches und nach den §§. 19, 20, 21 und 22 des Einführungsgesetzes zu diesem Handelsgesetze (R. G. Bl. vom Jahre 1863, Nr. 1) eingeräumte Maß der Beweiskraft zu.

Der Vorstand muß spätestens in den ersten sechs Monaten jedes Geschäftsjahres einen Rechnungsabschluß des verflossenen Geschäftsjahres nebst der Bilanz bekannt machen. In dieser Bekanntmachung ist insbesondere auch die Zahl der Mitglieder, welche zur Zeit des Bilanzabschlusses der Genossenschaft angehört haben, dann der im Laufe des Bilanzjahres eingetretenen und ausgeschiedenen Mitglieder, sowie die Zahl der beim Bilanzabschlusse bestandenen und der im Laufe des Bilanzjahres zugewachsenen gekündigten oder rückgezahlten Geschäftsantheile anzugeben.

(Deutsches Gesetz §. 26.)

§. 23.

Mitglieder des Vorstandes, welche in dieser ihrer Eigenschaft außer den Grenzen ihres Auftrages oder den Vorschriften dieses Gesetzes oder des Genossenschaftsvertrages entgegen handeln, haften persönlich und solidarisch für den dadurch entstandenen Schaden.

(Deutsches Gesetz §. 27.)

§. 24.

Der Genossenschaftsvertrag kann dem Vorstande einen Aufsichtsrath, welcher von den Genossenschaftern aus ihrer Mitte, mit Ausschluß der Vorstandsmitglieder, gewählt wird, und dessen Bestellung zu jeder Zeit widerruflich ist, an die Seite setzen.

Ist ein Aufsichtsrath bestellt, so überwacht derselbe die Geschäftsführung der Genossenschaft in allen Zweigen der Verwaltung, er kann sich von dem Gange der Angelegenheiten der Genossenschaft unterrichten, die Bücher und Schriften derselben jederzeit einsehen und den Bestand der Genossenschaftscasse untersuchen. Er kann, sobald es ihm nothwendig erscheint, Vorstandsmitglieder und Beamte vorläufig, und zwar bis zur Entscheidung der demnächst zu berufenden Generalversammlung, von ihren Befugnissen entbinden und wegen einstweiliger Fortführung der Geschäfte die nöthigen Anstalten treffen.

Er hat die Rechnungen über die einzelnen Geschäftsperioden, insbesondere die Jahresrechnungen, die Bilanzen und die Vorschläge zur Gewinnvertheilung zu prüfen und darüber alljährlich der Generalversammlung Bericht zu erstatten.

Er hat eine Generalversammlung zu berufen, wenn dieß im Interesse der Genossenschaft erforderlich ist.

Die Mitglieder des Aufsichtsrathes haften für den Schaden, welchen sie durch die Nichterfüllung ihrer Obliegenheiten verursachen.

(Deutsches Gesetz §. 28.)

§. 25.

Der Aufsichtsrath ist ermächtigt, gegen die Vorstandsmitglieder die Processe zu führen, welche die Generalversammlung beschließt.

Wenn die Genossenschaft gegen die Mitglieder des Aufsichtsrathes einen Proceß zu führen hat, so wird sie durch Bevollmächtigte vertreten, welche in der Generalversammlung gewählt werden.

Jeder Genossenschafter ist befugt, als Intervenient in die vorerwähnten Processe auf seine Kosten einzutreten.

(Deutsches Gesetz §. 29.)

§. 26.

Der Betrieb von Geschäften der Genossenschaft, sowie die Vertretung der Genossenschaft in Beziehung auf diesen Geschäftsbetrieb kann auch Beamten der Genossenschaft oder anderen Personen als Bevollmächtigten der Genossenschaft zugewiesen werden. In diesem Falle bestimmt sich die Befugniß derselben nach der ihnen ertheilten Vollmacht, sie erstreckt sich im Zweifel auf alle Rechtshandlungen, welche die Ausführung derartiger Geschäfte gewöhnlich mit sich bringt.

(Deutsches Gesetz §. 30.)

§. 27.

Die Rechte, welche den Genossenschaftern in Angelegenheiten der Genossenschaft, insbesondere in Beziehung auf die Führung der Geschäfte, die Einsicht und Prüfung der Bilanz und die Bestimmung der Gewinnvertheilung zustehen, werden von der Gesammtheit der Genossenschafter in der Generalversammlung ausgeübt.

Jeder Genossenschafter hat hiebei Eine Stimme, wenn nicht der Genossenschaftsvertrag etwas Anderes festsetzt.

(Deutsches Gesetz §. 10.)

§. 28.

Die Generalversammlung der Genossenschafter wird durch den Vorstand berufen, soweit nicht nach dem Genossenschaftsvertrage oder nach diesem Gesetze auch andere Personen dazu befugt sind.

(Deutsches Gesetz §. 31.)

§. 29.

Eine Generalversammlung der Genossenschafter ist außer den im Genossenschaftsvertrage ausdrücklich bestimmten Fällen zu berufen, wenn dieß im Interesse der Genossenschaft erforderlich erscheint.

Die Generalversammlung muß sofort berufen werden, wenn mindestens der zehnte Theil der Mitglieder der Genossenschaft in einer von ihnen unterzeichneten Eingabe unter Anführung des Zweckes und der Gründe darauf anträgt. Ist in dem Genossenschaftsvertrage das Recht, die Berufung einer Generalversammlung zu verlangen, einer größeren oder geringeren Zahl von Genossenschaftern beigelegt, so hat es dabei sein Bewenden.

Die zur Einberufung der Generalversammlung Verpflichteten sind hiezu erforderlichen Falles auf Begehren der Antragsteller von dem Handelsgerichte durch Geldstrafen bis zu 300 fl. österr. Währung zu verhalten.

(Deutsches Gesetz §. 31.)

§. 30.

Die Berufung der Generalversammlung hat in der durch den Genossenschaftsvertrag bestimmten Weise zu erfolgen.

Der Zweck der Generalversammlung muß jederzeit bei der Berufung bekannt gemacht werden. Ueber Gegenstände, deren Verhandlung nicht in dieser Weise angekündigt ist, können Beschlüsse nicht gefaßt werden; hiervon ist jedoch der Beschluß über den in einer Generalversammlung gestellten Antrag auf Berufung einer außerordentlichen Generalversammlung ausgenommen.

Zur Stellung von Anträgen und zu Verhandlungen ohne Beschlußfassung bedarf es der Ankündigung nicht.

(Deutsches Gesetz §. 32.)

§. 31.

Zur Beschlußfähigkeit der Generalversammlung ist, insoferne der Genossenschaftsvertrag nichts Anderes bestimmt, erforderlich, daß in derselben wenigstens der zehnte Theil der Mitglieder anwesend oder vertreten ist.

§. 32.

Im Falle der Beschlußunfähigkeit einer Generalversammlung ist, wenn der Genossenschaftsvertrag nichts Anderes bestimmt, eine zweite Versammlung einzuberufen, welche ohne Rücksicht auf die Zahl der anwesenden oder vertretenen Mitglieder beschlußfähig ist.

Die zweite Generalversammlung ist auf die Verhandlung jener Gegenstände beschränkt, für welche die vereitelte Versammlung einberufen war.

§. 33.

Wenn der Genossenschaftsvertrag über die Art der Beschlußfassung nichts Anderes bestimmt, werden die Beschlüsse der Generalversammlung mit absoluter

Stimmenmehrheit gefaßt; der Vorsitzende nimmt an der Abstimmung Theil und bei Stimmengleichheit gilt jene Meinung als Beschluß, welcher der Vorsitzende beigetreten ist.

Eine Abänderung des Genossenschaftsvertrages, sowie die Auflösung der Genossenschaft kann, vorbehaltlich einer abweichenden Bestimmung des Genossenschaftsvertrages, nur mit einer Mehrheit von wenigstens zwei Dritteln der abgegebenen Stimmen beschlossen werden.

§. 34.

Der Vorstand ist zur Beobachtung und Ausführung aller Bestimmungen des Genossenschaftsvertrages und der in Gemäßheit desselben von der Generalversammlung giltig gefaßten Beschlüsse verpflichtet und dafür der Genossenschaft verantwortlich.

Die Beschlüsse der Generalversammlung sind in ein Protokollbuch einzutragen, dessen Einsicht jedem Genossenschafter und der Verwaltungsbehörde freisteht.

(Deutsches Gesetz §. 33.)

§. 35.

Der Vorstand ist verpflichtet, jedem Genossenschafter auf Verlangen eine Abschrift (Abdruck) des Genossenschaftsvertrages mit den allfälligen Aenderungen und Ergänzungen desselben, dann eine Abschrift der genehmigten Rechnungsabschlüsse und Bilanzen gegen Ersatz der Kosten zu erfolgen und diese Schriftstücke auf Begehren mit seiner Unterschrift zu versehen.

Der Vorstand hat außerdem eine Abschrift (einen Abdruck) des Genossenschaftsvertrages, sowie jede Aenderung desselben binnen acht Tagen nach erfolgter Registrirung, und eine Abschrift der genehmigten Rechnungsabschlüsse und Bilanzen binnen acht Tagen nach erfolgter Genehmigung der Landesstelle im Wege der politischen Bezirksbehörde vorzulegen. Die Mitglieder des Vorstandes sind hiezu von den politischen Behörden, nöthigenfalls mittelst Geldstrafen bis zu 100 fl., zu verhalten.

(Deutsches Gesetz § 27.)

Dritter Abschnitt.

Von der Auflösung der Genossenschaft.

§. 36.

Die Genossenschaft wird aufgelöst:

1. durch Ablauf der im Genossenschaftsvertrage bestimmten Zeit;
2. durch einen Beschluß der Genossenschaft;
3. durch Eröffnung des Concurses;
4. durch eine Verfügung der Verwaltungsbehörde (§ 37).

(Deutsches Gesetz § 34.)

§. 37.

Die Auflösung einer Genossenschaft kann von der Verwaltungsbehörde verfügt werden, wenn aus Anlaß der Thätigkeit oder der Verhandlungen der Genossenschaft ein rechtskräftiges Straferkenntniß in Gemäßheit des §. 88 dieses Gesetzes erfolgt ist.

Die Strafgerichte haben derartige Erkenntnisse sogleich, nachdem sie in Rechtskraft erwachsen sind, der politischen Landesstelle mitzutheilen.

(Deutsches Gesetz § 35.)

§. 38.

Das Auflösungserkenntniß steht der politischen Landesstelle zu, in deren Gebiet die Genossenschaft ihren Sitz hat, und wenn sich die Wirksamkeit der Genossenschaft durch Zweigniederlassungen auf mehrere Länder erstreckt, jener politischen Landesstelle, in deren Gebiet sich das Hauptgeschäft befindet. Gegen das Auflösungserkenntniß kann binnen vier Wochen der Recurs an das Ministerium des Innern ergriffen werden.

Die Befugniß der politischen Landesstelle, die Auflösung einer Genossenschaft auf Grund eines strafgerichtlichen Erkenntnisses (§. 37) zu verfügen, erlischt mit Ablauf von drei Monaten, nachdem dieses Erkenntniß in Rechtskraft erwachsen ist.

§. 39.

Die von der Verwaltungsbehörde rechtskräftig verfügte Auflösung ist von Amtswegen dem Handelsgerichte zur Eintragung in das Genossenschaftsregister und Bekanntmachung mitzutheilen.

(Deutsches Gesetz § 35.)

§. 40.

Die Auflösung der Genossenschaft muß, wenn sie nicht eine Folge des eröffneten Concurses oder nicht von der Verwaltungsbehörde verfügt ist, durch den Vorstand zur Eintragung in das Genossenschaftsregister angemeldet und zu drei verschiedenen Malen durch die für die Bekanntmachung solcher Eintragungen bestimmten Blätter verlautbart werden.

Durch diese Bekanntmachung müssen die Gläubiger zugleich aufgefordert werden, sich bei der Genossenschaft zu melden.

(Deutsches Gesetz § 36.)

Vierter Abschnitt.

Von der Liquidation der Genossenschaft.

§. 41.

Nach Auflösung der Genossenschaft außer dem Falle des Concurses erfolgt die Liquidation durch den Vorstand, wenn nicht dieselbe durch den Genossenschaftsvertrag oder einen Beschluß der Genossenschaft an andere Personen übertragen wird. Die Bestellung der Liquidatoren ist jederzeit widerruflich.

(Deutsches Gesetz § 40)

§. 42.

Die Liquidatoren sind von dem Vorstande beim Handelsgerichte zur Eintragung in das Genossenschaftsregister anzumelden; sie haben ihre Unterschrift persönlich vor dieser Behörde zu zeichnen oder die Zeichnungen in beglaubigter Form einzureichen.

Das Austreten eines Liquidators oder das Erlöschen der Vollmacht eines solchen ist gleichfalls zur Eintragung in das Genossenschaftsregister anzumelden.

(Deutsches Gesetz §. 41.)

§. 43.

Dritten Personen kann die Ernennung von Liquidatoren, sowie das Austreten eines Liquidators oder das Erlöschen der Vollmacht eines solchen nur unter denselben Voraussetzungen entgegengesetzt werden, unter welchen einem Dritten nach §. 16 eine Aenderung der Vorstandsmitglieder entgegengesetzt werden kann.

Sind mehrere Liquidatoren vorhanden, so können sie die zur Liquidation gehörenden Handlungen mit rechtlicher Wirkung nur in Gemeinschaft vornehmen, sofern nicht ausdrücklich bestimmt ist, daß sie einzeln handeln können.

(Deutsches Gesetz §. 42.)

§. 44.

Die Liquidatoren haben die laufenden Geschäfte zu beendigen die Verpflichtungen der aufgelösten Genossenschaft zu erfüllen, die Forderungen derselben einzuziehen und das Vermögen der Genossenschaft in Geld umzusetzen; sie haben die Genossenschaft gerichtlich und außergerichtlich zu vertreten, sie können für dieselbe Vergleiche schließen und Compromisse eingehen. Neue Geschäfte können die Liquidatoren nur zur Beendigung schwebender Geschäfte eingehen.

Die Veräußerung von unbeweglichen Sachen kann durch die Liquidatoren, sofern nicht der Genossenschaftsvertrag oder ein Beschluß der Genossenschaft anders bestimmt, nur durch öffentliche Versteigerung bewirkt werden.

(Deutsches Gesetz §. 43)

§. 45.

Eine Beschränkung des Umfanges der Geschäftsbefugnisse der Liquidatoren (§. 44) hat gegen dritte Personen keine rechtliche Wirkung.

(Deutsches Gesetz §. 44.)

§ 46.

Die Liquidatoren haben ihre Unterschrift in der Weise abzugeben, daß sie der bisherigen, nunmehr als Liquidationsfirma zu bezeichnenden Firma ihre Namen beifügen.

(Deutsches Gesetz §. 45.)

§. 47.

Die Liquidatoren haben der Genossenschaft gegenüber bei der Geschäftsführung den von der Generalversammlung gefaßten Beschlüssen Folge zu geben, widrigenfalls sie der Genossenschaft für den durch ihr Entgegenhandeln erwachsenen Schaden persönlich und solidarisch haften.

(Deutsches Gesetz §. 46.)

§. 48.

Die bei Auflösung der Genossenschaft vorhandenen und die während der Liquidation eingehenden Gelder, werden, wie folgt, verwendet:

1. Es werden zunächst die Gläubiger der Genossenschaft je nach der Fälligkeit ihrer Forderungen befriedigt, und die zur Deckung noch nicht fälliger Forderungen nöthigen Summen zurückbehalten;

2. aus den verbleibenden Ueberschüssen werden die auf die Geschäftsantheile eingezahlten Beträge an die Genossenschafter zurückgezahlt. Reicht der Bestand zur vollständigen Deckung nicht aus, so erfolgt die Vertheilung desselben nach Verhältniß der Höhe der einzelnen Guthaben, wenn in dem Genossenschaftsvertrage nichts Anderes bestimmt ist;

3. der nach Deckung der Schulden der Genossenschaft, sowie der Geschäftsantheile der Genossenschafter noch vorhandene Ueberschuß wird, nach den Bestimmungen des Genossenschaftsvertrages über die Gewinnstvertheilung (§. 5, Absatz 6 unter die Genossenschafter vertheilt.

(Deutsches Gesetz §. 47.)

§. 49.

Die Liquidatoren haben sofort beim Beginne der Liquidation eine Bilanz aufzustellen. Ergibt diese oder eine später aufgestellte Bilanz, daß die Activen der Genossenschaft einschließlich des Reservefondes und der Geschäftsantheile der Genossenschafter zur Deckung der Schulden der Genossenschaft nicht hinreichen, so haben die Liquidatoren bei eigener Verantwortlichkeit sofort die Eröffnung des Concurses über das Vermögen der Genossenschaft zu beantragen und hiervon einer gleichzeitig zu berufenden Generalversammlung die Mittheilung zu machen.

(Deutsches Gesetz §. 48.)

§. 50.

Ungeachtet der Auflösung der Genossenschaft kommen bis zur Beendigung der Liquidation im Uebrigen in Bezug auf die Rechtsverhältnisse der bisherigen Genossenschafter untereinander, sowie zu dritten Personen die Anordnungen des ersten und zweiten Abschnittes zur Anwendung, soweit sich aus den Bestimmungen des gegenwärtigen Abschnittes und aus dem Wesen der Liquidation nicht ein Anderes ergibt.

Der Gerichtsstand, welchen die Genossenschaft zur Zeit ihrer Auflösung hatte, bleibt bis zur Beendigung der Liquidation für die aufgelöste Genossenschaft bestehen. Zustellungen an die Genossenschaft geschehen mit rechtlicher Wirkung an einen der Liquidatoren.

(Deutsches Gesetz §. 49.)

§. 51.

Nach Beendigung der Liquidation werden die Bücher und Schriften der aufgelösten Genossenschaft einem der gewesenen Genossenschafter oder einem Dritten in Verwahrung gegeben. Der Genossenschafter oder der Dritte wird in Ermanglung einer gütlichen Uebereinkunft durch das Handelsgericht bestimmt.

Die Genossenschafter und deren Rechtsnachfolger behalten das Recht auf Einsicht und Benützung der Bücher und Papiere.

(Deutsches Gesetz §. 50.)

§. 52.

Inwieferne über das Vermögen der Genossenschaft außer dem im §. 49 bezeichneten Falle der Concurs zu eröffnen ist, wird durch die Concursordnung bestimmt.

Ein Zwangsausgleich findet nicht statt.

(Deutsches Gesetz §. 51.)

II. Hauptstück.

Besondere Bestimmungen für Genossenschaften mit unbeschränkter Haftung.

§. 53.

Die Mitglieder einer mit unbeschränkter Haftung errichteten Genossenschaft haften für alle Verbindlichkeiten der Genossenschaft, insoferne zur Deckung derselben im Falle der Liquidation oder des Concurses die Activen der Genossenschaft nicht ausreichen, solidarisch mit ihrem ganzen Vermögen.

Wer in eine bestehende Genossenschaft eintritt, haftet gleich den anderen Genossenschaftern für alle von der Genossenschaft vor seinem Eintritte eingegangenen Verbindlichkeiten.

Ein entgegenstehender Vertrag ist gegen Dritte ohne rechtliche Wirkung.

(Deutsches Gesetz §. 12.)

§. 54.

Jeder Genossenschafter hat das Recht, aus der Genossenschaft auszutreten, auch wenn der Genossenschaftsvertrag auf bestimmte Zeit geschlossen ist.

Ist über die Kündigungsfrist und den Zeitpunkt des Austrittes im Genossenschaftsvertrage nichts festgesetzt, so findet der Austritt nur mit dem Schlusse des Geschäftsjahres nach vorheriger mindestens vierwöchentlicher Kündigung statt. Ferner erlischt die Mitgliedschaft durch den Tod, sofern der Genossenschaftsvertrag keine entgegengesetzten Bestimmungen enthält.

(Deutsches Gesetz §. 38.)

§. 55.

Die aus der Genossenschaft ausgeschiedenen Mitglieder, sowie ihre Erben bleiben den Gläubigern der Genossenschaft innerhalb der Verjährungsfrist für alle bis zum Ausscheiden von der Genossenschaft eingegangenen Verbindlichkeiten in Haftung.

Wenn der Genossenschaftsvertrag nichts Anderes bestimmt, haben sie an den Reservefond und an das sonst vorhandene Vermögen der Genossenschaft keinen Anspruch, sie sind nur berechtigt zu verlangen, daß ihnen ihr Geschäftsantheil, wie er sich nach dem Rechnungsabschlusse für das Jahr, in welchem der Genossenschafter ausgeschieden ist, dargestellt, einen Monat nach Feststellung dieses Rechnungsabschlusses ausgezahlt werde, insoferne nicht bis dahin die Auflösung der Genossenschaft beschlossen oder verfügt ist.

(Deutsches Gesetz §. 39.)

§. 56.

Die Privatgläubiger eines Genossenschafters sind nicht befugt, die zum Genossenschaftsvermögen gehörigen Sachen, Forderungen oder Rechte, oder einen Antheil an denselben zum Behufe ihrer Befriedigung oder Sicherstellung in Anspruch zu nehmen. Gegenstand der Execution oder des Verbotes kann für sie nur Dasjenige sein, was der Genossenschafter selbst an Zinsen und an Gewinnantheilen zu fordern berechtigt ist, und was ihm im Falle der Auflösung der Genossenschaft oder des Ausscheidens aus derselben bei der Auseinandersetzung zukommt.

(Deutsches Gesetz §. 13.)

§. 57.

Die Bestimmung des vorigen Paragraphen gilt auch in Betreff der Privatgläubiger, zu deren Gunsten ein Pfandrecht an dem Vermögen eines Genossenschafters besteht. Ihr Pfandrecht erstreckt sich nicht auf die zum Genossenschaftsvermögen gehörigen Sachen, Forderungen und Rechte oder auf einen Antheil an denselben, sondern nur auf Dasjenige, was in dem letzten Satze des vorigen Paragraphen bezeichnet ist.

Jedoch werden die Rechte, welche an dem von einem Genossenschafter in das Vermögen der Genossenschaft eingebrachten Gegenstande bereits zur Zeit des Einbringens bestanden, durch die vorstehenden Bestimmungen nicht berührt.

(Deutsches Gesetz §. 14.)

§. 58.

Eine Compensation zwischen Forderungen der Genossenschaft und Privatforderungen des Genossenschaftsschuldners gegen einen Genossenschafter findet während der Dauer der Genossenschaft weder ganz noch theilweise statt. Nach Auflösung der Genossenschaft ist sie zulässig, wenn und soweit die Genossenschaftsforderung dem Genossenschafter bei der Auseinandersetzung überwiesen ist.

(Deutsches Gesetz §. 15.)

§. 59.

Hat ein Privatgläubiger eines Genossenschafters nach fruchtlos vollstreckter Execution in dessen Privatvermögen die Execution in das demselben für den Fall seines Ausscheidens aus der Genossenschaft zukommende Guthaben erwirkt, so ist er berechtigt, die Genossenschaft mag auf bestimmte oder unbestimmte Zeit eingegangen sein, behufs seiner Befriedigung nach vorher von ihm geschehener Kündigung das Ausscheiden jenes Genossenschafters zu verlangen.

Die Kündigung muß mindestens sechs Monate vor Ablauf des Geschäftsjahres der Genossenschaft geschehen.

(Deutsches Gesetz §. 16.)

§. 60.

Die Eröffnung des Concurses über das Genossenschaftsvermögen zieht den Concurs über das Privatvermögen der einzelnen Genossenschafter nicht nach sich.

Der Beschluß über die Eröffnung des Concurses hat die Namen der solidarisch haftenden Genossenschafter nicht zu enthalten.

Dem Vorstande, rücksichtlich den Liquidatoren kommt im Concursverfahren die rechtliche Stellung zu, welche die Concursordnung dem Gemeinschuldner einräumt.

Sobald der Concurs beendet ist, sind die Gläubiger berechtigt, wegen des Ausfalles an ihren Forderungen, jedoch nur wenn solche bei dem Concursverfahren angemeldet und als richtig festgestellt sind, einschließlich Zinsen und Kosten, die einzelnen, ihnen solidarisch haftenden Genossenschafter in Anspruch zu nehmen.

Wegen Forderungen, welche im Concurse der Genossenschaft als richtig festgestellt und auch von dem Vorstande, beziehungsweise den Liquidatoren nicht bestritten worden sind, kann gegen den Genossenschafter, ohne daß es der Einleitung eines neuerlichen rechtlichen Verfahrens bedarf, die Execution erwirkt werden.

(Deutsches Gesetz §. 51.)

§. 61.

Nachdem das Concursverfahren soweit gediehen ist, daß der Schlußvertheilungsentwurf feststeht, liegt dem Vorstande ob, eine Berechnung (Beitragsberechnung) anzufertigen, aus welcher sich ergibt, wie viel jeder Genossenschafter nach den Bestimmungen des Genossenschaftsvertrages (§. 5, Absatz 6) zur Befriedigung der Gläubiger wegen der in dem Concurse erlittenen Ausfälle beizutragen hat.

Wird die Zahlung der Beiträge verweigert oder verzögert, so ist die Beitragsberechnung in zweifacher Ausfertigung von dem Vorstande dem Concursgerichte zur gerichtlichen Bestätigung vorzulegen.

Der Eingabe ist eine Abschrift des Genossenschaftsvertrages und ein Verzeichniß der Ausfälle der Gläubiger, sowie der nach der Beitragsberechnung zu einem Beitrage verpflichteten Genossenschafter beizufügen.

(Deutsches Gesetz §. 52.)

§. 62.

Der Concurscommissär hat allen Genossenschaftern durch besondere Verständigung und mittelst Anschlages bei Gericht bekannt zu geben, daß sie von der Beitragsberechnung bei ihm oder bei dem Vorstande Einsicht und Abschrift nehmen können und daß es ihnen freistehe, gegen dieselbe bei der unter Einem anzuordnenden Tagfahrt ihre allfälligen Erinnerungen einzubringen.

Von der Tagfahrt ist auch der Vorstand unter Zustellung einer Ausfertigung der Vertheilungsberechnung in Kenntniß zu setzen.

Die rechtlichen Folgen der Verständigung aller Genossenschafter treten schon durch den Anschlag bei Gericht ein, wenn etwa die Zustellung in Ansehung Einzelner unterblieben ist.

(Deutsches Gesetz §. 53.)

§. 63.

Werden bei der Tagfahrt Erinnerungen gemacht, so ist das betreffende Sach- und Rechtsverhältniß insoweit aufzuklären, als es zur vorläufigen Beurtheilung der Erheblichkeit der Erinnerungen erforderlich ist.

Ueber die wesentlichen Ergebnisse der Tagfahrt ist ein Protokoll aufzunehmen.

Sollte die Verhandlung an Einem Tage nicht zu Ende geführt werden können, so hat der Concurscommissär die Fortsetzung derselben für einen der nächsten Tage anzuordnen und dieß den anwesenden Betheiligten bei Unterbrechung der Verhandlung bekannt zu geben, sowie daß es geschehen, in dem Protokolle anzumerken.

Einer neuen Vorladung der Betheiligten bedarf es nicht.

(Deutsches Gesetz §. 53 und §. 54.)

§. 64.

Das Gericht hat die Beitragsberechnung nach Beschlußfassung über die allfälligen Erinnerungen und nach entsprechender Berichtigung zu bestätigen.

Gegen die Bestätigung ist ein Rechtsmittel nicht zulässig.

Die gerichtlich bestätigte Beitragsberechnung ist binnen vierzehn Tagen vom Tage des Anschlages des Bestätigungsbeschlusses executionsfähig.

(Deutsches Gesetz §. 54.)

§. 65.

Eine Ausfertigung der mit der gerichtlichen Bestätigung versehenen Beitragsberechnung ist mittelst Bescheides dem Vorstande mitzutheilen.

Die zweite ist bei Gericht zur Einsicht der Genossenschafter aufzubehalten.

Der Beschluß über die Bestätigung ist den Genossenschaftern mittelst Anschlages bei Gericht bekannt zu geben.

Der Vorstand ist befugt und im Falle der Weigerung oder Zögerung verpflichtet, auf Grund der gerichtlich bestätigten Beitragsberechnung die Beiträge, welche von den einzelnen Genossenschaftern zu zahlen sind, mittelst Execution einzubringen.

Die Execution ist bei dem Concursgerichte anzusuchen und nach den Bestimmungen über das summarische Verfahren durchzuführen.

(Deutsches Gesetz §. 55)

§. 66.

Jeder Genossenschafter ist berechtigt, die gerichtlich bestätigte Beitragsberechnung, soweit sie ihn betrifft, im Wege der Klage anzufechten; diese Klage ist bei dem ordentlichen Gerichtsstande der Genossenschaft gegen den Vorstand derselben zu überreichen, welcher in diesem Processe die übrigen betheiligten Genossenschafter zu vertreten hat.

Durch die Erhebung der Klage wird die Execution nicht gehemmt.

(Deutsches Gesetz §. 56.)

§. 67.

Können die Beiträge von einzelnen Genossenschaftern ganz oder theilweise nicht eingebracht werden, so hat der Vorstand in Ansehung dieses Ausfalls eine neue Beitragsberechnung anzufertigen, in welcher der Ausfall auf die übrigen Genossenschafter vertheilt wird.

Das weitere Verfahren bestimmen die §§. 61 bis 66.

(Deutsches Gesetz §. 57.)

§. 68.

Der Vorstand ist befugt, die von den Genossenschaftern zu entrichtenden Beiträge in Empfang zu nehmen und verpflichtet, dieselben ihrer Bestimmung zuzuführen.

(Deutsches Gesetz §. 58)

§. 69.

Die Bestimmungen der vorstehenden §§. 61 bis 68 kommen auch dann zur Anwendung, wenn zwar das Vermögen der Genossenschaft zur Befriedigung der Gläubiger nicht ausreicht, aber dennoch der Concurs aus den im §. 66 der Concursordnung aufgeführten Gründen nicht eröffnet wird.

An Stelle des Concursgerichtes tritt in diesem Falle jenes Gericht, bei welchem die Genossenschaft ihren ordentlichen Gerichtsstand hat.

(Deutsches Gesetz §. 59.)

§. 70.

Wenn der Vorstand die ihm nach §§. 61 bis 69 obliegenden Verpflichtungen nicht erfüllt, so kann das Gericht auf Antrag eines betheiligten Genossenschafters einen oder mehrere Genossenschafter oder auch andere Personen zur Besorgung der Geschäfte des Vorstandes bestellen.

(Deutsches Gesetz §. 60.)

§. 71.

Die für den Vorstand gegebenen Bestimmungen (§§. 61 bis 70) gelten auch für die an seine Stelle tretenden Liquidatoren.

(Deutsches Gesetz §. 61.)

§. 72.

Durch das in den §§. 61 bis 71 angeordnete Verfahren werden die Genossenschaftsgläubiger nicht gehindert, ihre Rechte aus der solidarischen

Haftung der Genossenschafter gegen dieselben selbständig wegen der an ihren Forderungen erlittenen Ausfälle geltend zu machen.

(Deutsches Gesetz §. 62.)

§. 73.

Die Klagen gegen einen Genossenschafter aus Ansprüchen gegen die Genossenschaft verjähren in zwei Jahren nach Auflösung der Genossenschaft oder nach seinem Ausscheiden aus derselben, sofern nicht nach Beschaffenheit der Forderung eine kürzere Verjährungsfrist gesetzlich eintritt.

Die Verjährung beginnt mit dem Tage, an welchem die Auflösung der Genossenschaft in das Genossenschaftsregister oder das Ausscheiden des Genossenschafters in das bei der Genossenschaft zu führende Register der Mitglieder (§. 14) eingetragen ist. Wird die Forderung erst nach diesem Zeitpunkte fällig, so beginnt die Verjährung mit dem Zeitpunkte der Fälligkeit; bei nicht fälligen, jedoch kündbaren Forderungen hingegen ohne Rücksicht auf den Zeitpunkt der Fälligkeit mit dem Ausgange der für die Forderung bestehenden Kündigungsfrist.

Ist noch ungetheiltes Genossenschaftsvermögen vorhanden, so kann dem Gläubiger die zweijährige Verjährung nicht entgegengesetzt werden, soferne er seine Befriedigung nur aus dem Genossenschaftsvermögen sucht.

(Deutsches Gesetz §. 63.)

§. 74.

Die Verjährung der Klagen gegen einen Genossenschafter aus Ansprüchen gegen die Genossenschaft wird nicht durch Rechtshandlungen gegen einen anderen Genossenschafter, wohl aber durch Rechtshandlungen gegen die fortbestehende Genossenschaft und im Falle der Auflösung oder des Concurses durch Rechtshandlungen gegen die Liquidatoren, beziehungsweise gegen die Concursmasse unterbrochen.

(Deutsches Gesetz §. 64.)

§. 75.

Die Verjährung läuft in gleicher Weise auch gegen minderjährige und pflegebefohlene Personen, sowie gegen Körperschaften mit Vorbehalt des Regresses gegen die Vormünder und Verwalter.

(Deutsches Gesetz §. 65.)

III. Hauptstück.

Besondere Bestimmungen für die Genossenschaften mit beschränkter Haftung.

§. 76.

Jedes Mitglied einer mit beschränkter Haftung errichteten Genossenschaft haftet im Falle des Concurses oder der Liquidation für deren Verbindlichkeiten, insoferne der Gesellschaftsvertrag nicht einen höheren Haftungsbetrag festsetzt, nicht nur mit seinen Geschäftsantheilen, sondern auch noch mit einem weiteren Betrage in der Höhe derselben.

§. 77.

Der Austritt eines Genossenschafters darf nicht vor Ablauf des Geschäftsjahres und nur nach vorausgegangener, mindestens vierwöchentlicher Kündigung geschehen.

Ebenso wird die Kündigung eines oder mehrerer Geschäftsantheile, ohne gleichzeitigen Austritt eines Genossenschafters, welcher mit anderen Geschäftsantheilen in der Genossenschaft verbleibt, nicht vor Ablauf des Geschäftsjahres wirksam und muß mindestens vier Wochen vorher erfolgen.

Jede Kündigung ist sogleich in das nach §. 14 zu führende Register der Mitglieder einzutragen.

§. 78.

Die Haftung eines ausgeschiedenen Genossenschafters oder seiner Erben dauert noch durch Ein Jahr nach Ablauf des Geschäftsjahres, in welchem das Ausscheiden des Genossenschafters erfolgt ist, insoferne nicht durch den Genossenschaftsvertrag eine längere Dauer der Haftung festgesetzt ist, und erstreckt sich auf alle Verbindlichkeiten, welche von der Genossenschaft bis zur Ausscheidung des Genossenschafters eingegangen waren.

§. 79.

Der Geschäftsantheil des ausgeschiedenen Genossenschafters und das sonst demselben auf Grund des Genossenschaftsverhältnisses gebührende Guthaben darf erst nach dem Erlöschen der im §. 78 erwähnten Haftung ausbezahlt werden.

An den Reservefond und an das sonst vorhandene Vermögen der Genossenschaft hat der ausgeschiedene Genossenschafter keinen Anspruch, wenn nicht in dem Genossenschaftsvertrage etwas Anderes bestimmt ist.

§. 80.

Die Bestimmungen der §§. 78 und 79 haben auch in Beziehung auf die Fortdauer der Haftung des Genossenschafters aus gekündigten Geschäftsantheilen (§. 77, Absatz 2) und in Beziehung auf deren Rückzahlung zur Anwendung zu kommen.

§. 81.

Im Falle der Auflösung der Genossenschaft darf die Zurückzahlung der eingezahlten Geschäftsantheile, sowie die Vertheilung des Ueberschusses an die Genossenschafter (§. 48, Z. 2 und 3) nicht eher stattfinden, als nach Ablauf eines Jahres, von dem Tage an gerechnet, an welchem die Bekanntmachung in den hiezu bestimmten öffentlichen Blättern (§. 40) zum dritten Male erfolgt ist.

Diese Bestimmung hat auch für jene Geschäftsantheile zu gelten, welche zur Zeit des Auflösungsbeschlusses bereits gekündigt waren.

§. 82.

Mitglieder des Vorstandes und Liquidatoren, welche den Vorschriften der §§. 79 bis 81 entgegenhandeln, sind persönlich und solidarisch zur Erstattung der geleisteten Zahlungen verpflichtet.

§. 83.

Die Geschäftsantheile und sonstigen auf Grund des Genossenschaftsverhältnisses zugeschriebenen Guthaben der Genossenschafter können mit Bewilligung des Vorstandes an andere übertragen werden, wenn nicht der Genossenschaftsvertrag etwas Anderes bestimmt.

Auch in diesem Falle bleibt jedoch der übertragende Genossenschafter subsidiarisch nach den Bestimmungen der §§. 78 und 80 in Haftung.

§. 84.

Ergibt sich aus der Bilanz, daß die Hälfte des auf die Geschäftsantheile eingezahlten Betrages verloren gegangen ist, so hat der Vorstand unverzüglich eine Generalversammlung zu berufen und ihr von der Lage der Genossenschaft die Anzeige zu machen.

Sobald das Vermögen der Genossenschaft nicht mehr die Schulden deckt, muß der Vorstand bei eigener Verantwortlichkeit die Eröffnung des Concurses über das Vermögen der Genossenschaft bei Gericht beantragen.

§. 85.

In dem Concurse über das Vermögen einer Genossenschaft mit beschränkter Haftung ist der Masseverwalter berechtigt, eine Berechnung jener Beiträge, welche die einzelnen Genossenschafter an die Genossenschaft schulden, und für welche sie nach §. 76 haften (Beitragsberechnung) anzufertigen, und dieselbe, wenn die Genossenschafter die Zahlung der rückständigen Beiträge verweigern oder verzögern, dem Concursgerichte zur gerichtlichen Bestätigung vorzulegen.

Der Eingabe ist eine doppelte Ausfertigung der Beitragsberechnung, sowie eine Abschrift des Genossenschaftsvertrages, und ein Verzeichniß der zu einem Beitrage verpflichteten Genossenschafter beizufügen.

In Ansehung dieser Beitragsberechnung haben die §§. 62 bis 65 mit der Maßgabe zur Anwendung zu kommen, daß an die Stelle des Vorstandes der Masseverwalter zu treten hat.

§. 86.

Jeder Genossenschafter ist berechtigt, die gerichtlich bestätigte Beitragsberechnung, soweit sie ihn betrifft, im Wege der Klage anzufechten. Diese Klage ist gegen die Concursmasse zu richten. Durch die Erhebung der Klage wird die Execution nicht gehemmt.

IV. Hauptstück.

Strafbestimmungen.

§. 87.

Die Unterlassung der den Genossenschaften obliegenden Anmeldungen zum Genossenschaftsregister ist an den hiezu Verpflichteten nach den im Handelsgesetzbuche für die Unterlassung der Anmeldungen zum Handelsregister enthaltenen Bestimmungen mit Ordnungsstrafen zu ahnden. Die Nichtbefolgung der in den §§. 14, 22 (3. Absatz) 34 (2. Absatz), 35 (1. Absatz), 49, 61 bis 69, 71 und 77 (3. Absatz) dieses Gesetzes enthaltenen Vorschriften, sowie Unrichtigkeiten in den durch dieses Gesetz angeordneten Nachweisungen und Mittheilungen sind von dem Handelsgerichte an den Mitgliedern des Vorstandes und Aufsichtsrathes, beziehungsweise den Liquidatoren mit Ordnungsstrafen bis zu 100 fl. ö. W. zu ahnden. Auch diese Ordnungsstrafen gleichwie die im §. 29 und im §. 35 (2. Absatz) erwähnten Geldstrafen, fließen in den Armenfond des Ortes, an welchem die Genossenschaft ihren Sitz hat und können nicht in Arreststrafen umgeändert werden.

(Deutsches Gesetz § 66.)

§. 88.

Wenn eine Genossenschaft ihre Thätigkeit oder ihre Verhandlungen auf andere als die im §. 1 dieses Gesetzes bezeichneten Gegenstände ausdehnt, sind die betheiligten Genossenschafter, insoferne sie nach dem allgemeinen Strafgesetze nicht einer strengeren Behandlung unterliegen, eines Vergehens schuldig und mit Geld bis zu 300 fl. zu bestrafen.

(Deutsches Gesetz §. 35.)

§. 89.

Mitglieder des Vorstandes und des Aufsichtsrathes, ferner Liquidatoren und sonstige Beauftragte der Genossenschaft, welche in den Generalversammlungsprotokollen, in den Rechnungsabschlüssen, Bilanzen und Geschäftsberichten, in dem Register der Mitglieder (§. 14), sowie in den, durch §. 35 angeordneten Mittheilungen wissentlich falsche Angaben machen oder bestätigen, sind, insoferne sie nach den allgemeinen Strafgesetzen nicht einer strengeren Behandlung unterliegen, eines Vergehens schuldig und mit Arrest bis zu drei Monaten zu bestrafen.

(Deutsches Gesetz §§ 67 u. 68.)

V. Hauptstück.

Schlußbestimmungen.

§. 90.

Auf die in Gemäßheit dieses Gesetzes errichteten Erwerbs- und Wirthschaftsgenossenschaften findet das Vereinsgesetz vom 26. November 1852 (R. G. Bl. Nr. 253) keine Anwendung.

§. 91.

Auch die vor Beginn der Wirksamkeit dieses Gesetzes errichteten Vereine, welche die im §. 1 bezeichneten Zwecke verfolgen, sind, wenn ihre Statuten dem gegenwärtigen Gesetze entsprechen, oder mit demselben auf statutenmäßigem Wege in Uebereinstimmung gesetzt worden sind, auf ihr Ansuchen in das Genossenschaftsregister einzutragen und sohin als Genossenschaften nach diesem Gesetze zu behandeln.

Aenderungen der Statuten von solchen Vereinen sind nur zu dem Zwecke zulässig, um dieselben mit dem gegenwärtigen Gesetze in Uebereinstimmung zu setzen und bedürfen keiner staatlichen Genehmigung.

§. 92.

Wenn eine Genossenschaft Unternehmungen betreiben will, zu welchen eine staatliche Bewilligung (Concession) gesetzlich erforderlich ist, bleibt sie bis zur Erwirkung dieser Bewilligung nach den bestehenden Vorschriften verpflichtet.

§. 93.

Die staatliche Bewilligung ist insbesondere zur Ausgabe von Pfandbriefen, von Schuldverschreibungen, die auf Inhaber lauten, und von verzinslichen Casseanweisungen, sowie zum Betriebe von Versicherungsgeschäften erforderlich.

Die Bewilligung zu diesen Unternehmungen wird vom Ministerium des Innern im Einvernehmen mit den anderen betheiligten Ministerien ertheilt.

§. 94.

Früher errichtete Vereine, welche eine Concession zu den im §. 93 bezeichneten Geschäften besitzen, haben im Falle der Aenderung ihrer gegenwärtigen Statuten (§. 91 Absatz 2) die Ausstellung einer abgesonderten Urkunde über die Bedingungen für den Betrieb der concessionirten Unternehmung (Concessionsurkunde) bei sonstigem Erlöschen der Concession zu erwirken.

§. 95.

In Ansehung des Betriebes von concessionspflichtigen Unternehmungen unterstehen die Genossenschaften der Staatsaufsicht nach den Bestimmungen, welche für die der staatlichen Genehmigung unterliegenden Vereine gelten.

Der Handelsminister, der Minister des Innern und der Justizminister sind mit dem Vollzuge dieses Gesetzes beauftragt.

Wien, am 9. April 1874.

Franz Joseph m. p.

Auersperg m. p. Lasser m. p. Banhans m. p. Glaser m. p.

B. Die Ausführungs-Verordnung vom 14. Mai 1873.

Verordnung der Ministerien der Justiz, des Innern und des Handels im Einvernehmen mit dem Finanzministerium, vom 14. Mai 1873,

womit in Vollziehung des Gesetzes vom 9. April 1873 (R. G. Bl. Nr. 70) über Erwerbs- und Wirthschaftsgenossenschaften die erforderlichen Bestimmungen in Betreff der Anlegung und Führung des Genossenschafts-Registers erlassen werden.

(Enthalten in dem am 17. Mai 1873 ausgegebenen Reichsblatte für die im Reichsrathe vertretenen Königreiche und Länder, XXV. Stück Nr. 71.)

Zur Vollziehung des Gesetzes vom 9. April 1873 (R. G. Bl. Nr. 70) über Erwerbs- und Wirthschaftsgenossenschaften wird über die Anlegung und Führung des Genossenschaftsregisters und über die Behandlung der sich darauf beziehenden Geschäfte die nachstehende Vorschrift erlassen:

§. 1. Bei jedem Handelsgerichte und bei jedem anderen zur Ausübung der Handelsgerichtsbarkeit bestimmten Gerichtshofe, in dessen Sprengel Erwerbs-

oder Wirthschaftsgenossenschaften ihren Sitz haben, ist für den Umfang dieses Sprengels ein Genossenschaftsregister zu führen, in welches die in dem Gesetze über Erwerbs- und Wirthschaftsgenossenschaften vorgeschriebenen Eintragungen aufzunehmen sind.

§. 2. Alle in dem erwähnten Gesetze vorgeschriebenen Anmeldungen zur Eintragung in das Genossenschaftsregister müssen bei dem Handelsgerichte entweder persönlich zu Protokoll gegeben oder in gerichtlich oder notariell beglaubigter Form eingereicht werden.

Bevollmächtigte haben sich durch eine in gleicher Art beglaubigte Vollmacht auszuweisen.

§. 3. Die Handelsgerichte haben die Beobachtung der Anmeldungsvorschriften von Amtswegen zu überwachen.

Solchen Anmeldungen, welche den gesetzlichen Vorschriften, insbesondere den Bestimmungen des §. 4 des Gesetzes über Erwerbs- und Wirthschaftsgenossenschaften nicht entsprechen, ist die Eintragung zu versagen.

Alle Gerichte, namentlich die Abhandlungs- und Concursbehörden, dann die Gewerbebehörden, die Handels- und Gewerbekammern und die Notare, haben, wenn sie in der Ausübung ihres Amtes von Uebertretungen der Anmeldungsvorschriften Kenntniß erlangen, hievon ohne Verzug dem Handelsgerichte die Anzeige zu machen.

§. 4. Die zufolge des §. 87 des Gesetzes über Erwerbs- und Wirthschaftsgenossenschaften wegen Unterlassung der Anmeldungen zu verhängenden Ordnungsstrafen bestehen in Geldstrafen von 10 bis 300 fl., welche in Arreststrafen nicht umgewandelt werden können und in den Armenfond des Ortes fließen, an welchem das Handelsgericht seinen Sitz hat.

Der Verfällung in die Geldstrafe hat eine Aufforderung vorherzugehen, den Anmeldungsvorschriften binnen einer bestimmten Frist Folge zu leisten.

Diese Ordnungsstrafen sind ohne Rücksicht auf ihr etwaiges Zusammentreffen mit den von der Gewerbebehörde wegen Uebertretung der Gewerbevorschriften verhängten Strafen zu vollziehen.

§ 5. Die Auflösung einer Genossenschaft durch Eröffnung des Concurses oder durch Verfügung der Verwaltungsbehörde ist von Amtswegen in das Genossenschaftsregister einzutragen. Zu diesem Ende haben die Gerichte, bei welchen der Concurs über das Vermögen einer Genossenschaft eröffnet wird, hievon dem Handelsgerichte, welches das Register führt, unverzüglich die Mittheilung zu machen.

Einer öffentlichen Bekanntmachung dieser Eintragung bedarf es im Falle der Auflösung durch Concurseröffnung nicht.

§. 6. Die Eintragung bei dem Handelsgerichte einer Zweigniederlassung findet nicht statt, wenn nicht nachgewiesen ist, daß die Eintragung bei dem Handelsgerichte der Hauptniederlassung erfolgt ist.

Wenn eine Genossenschaft eine Zweigniederlassung an einem Orte oder in einer Gemeinde errichtet, wo bereits eine gleichlautende Genossenschaftsfirma besteht, so muß der Firma der Zweigniederlassung ein Zusatz beigefügt werden, durch welchen sich dieselbe von jeder an diesem Orte oder in dieser Gemeinde bereits vorhandenen Genossenschaftsfirma unterscheidet.

§. 7. Für die Recurse gegen Verfügungen der Handelsgerichte in Betreff der Eintragungen in das Genossenschaftsregister und in Betreff der Führung dieses Registers gelten in allen Instanzen die Bestimmungen des Gesetzes über das gerichtliche Verfahren außer Streitsachen.

§. 8. Das Genossenschaftsregister wird nach dem Formulare A angelegt.

Jedes Blatt, zu welchem je zwei einander gegenüberliegende Seiten gehören, wird in acht senkrechte Spalten getheilt.

Die erste Spalte enthält die von Anfang bis zu Ende des Bandes fortlaufende Einlagsnummer der Genossenschaftsfirma und bei jeder Eintragung die Subnummer, unter welcher dieselbe in der Einlage erscheint;

die zweite den Tag, an welchem die Eintragung erfolgt ist;

die dritte den Wortlaut der Genossenschaftsfirma;

die vierte den Ort, an welchem die Hauptniederlassung und die allfälligen Zweigniederlassungen der Genossenschaft sich befinden;

die fünfte den Namen der Liquidatoren, wenn die Genossenschaft sich in Liquidation befindet, sowie bei Genossenschaften, deren Unternehmen ganz oder theilweise Handelsgeschäfte zum Gegenstande hat, den Namen der etwa bestellten Procuristen, und wenn es sich um eine Collectivprocura handelt, die Bezeichnung dieses Verhältnisses;

die sechste alle sonstigen Rechtsverhältnisse der Genossenschaft, deren Eintragung in das Genossenschaftsregister vorgeschrieben ist, nach Anweisung des §. 9 dieser Verordnung;

die siebente die Berufung auf die Registeracten;

die achte alle anderen auf die Genossenschaft sich beziehenden Eintragungen, welche zur Aufnahme in die übrigen Spalten nicht geeignet sind, namentlich auch die Verlegung des Sitzes in einen anderen handelsgerichtlichen Sprengel, die Eröffnung des Concurses und die sonstige Art der Auflösung der Genossenschaft.

§. 9. Es genügt, wenn von dem Genossenschaftsvertrage und von den denselben abändernden Beschlüssen in die sechste Spalte, unbeschadet der in andere Spalten gehörigen Angaben, bloß ein Auszug mit der Anmerkung aufgenommen wird, in welchem Bande des Beilagenbuches (§. 10) und unter welcher Zahl diese Urkunden ihrem vollen Inhalte nach zu finden sind.

Dieser Auszug hat zu enthalten:

1. das Datum des Genossenschaftsvertrages und der abändernden Beschlüsse;
2. den Gegenstand des Unternehmens;
3. die Zeitdauer der Genossenschaft, im Falle dieselbe auf eine bestimmte Zeit beschränkt sein soll;
4. den Namen, Vornamen, Stand, Wohnort der Mitglieder des Vorstandes und die von der gesetzlichen Regel etwa abweichende Form, in welcher der Vorstand seine Willenserklärung kundgibt und für die Genossenschaft zeichnet;
5. den Betrag eines Geschäftsantheiles und die Art der Bildung desselben, sowie bei Genossenschaften mit beschränkter Haftung, wenn diese über das im Gesetze bestimmte Maß ausgedehnt wird, die Angabe des Betrages, bis zu welchem sich diese Haftung zu erstrecken hat;
6. die Art und Weise, in welcher die von der Genossenschaft ausgehenden Bekanntmachungen erfolgen.

§. 10. Der Genossenschaftsvertrag und die denselben abändernden Beschlüsse sind, falls sie nicht vollinhaltlich in die sechste Spalte des Registers eingetragen wurden, in einer vollständigen Abschrift oder einem vollständigen Abdrucke, in einem Beilagenbuche zu sammeln.

Die Abschrift oder der Abdruck, deren Uebereinstimmung mit der Urschrift gerichtlich oder notariell beglaubigt sein muß, ist von der Partei beizubringen.

Der Inhalt des Beilagenbuches bildet einen ergänzenden Bestandtheil des Genossenschaftsregisters.

§. 11. Für eine Zweigniederlassung ist eine selbstständige Einlage in dem Genossenschaftsregister nur dann zu eröffnen, wenn die Hauptniederlassung in einem anderen handelsgerichtlichen Sprengel sich befindet.

In diesem Falle ist in der vierten Spalte des Registers, in welchem die Zweigniederlassung eine selbstständige Einlage hat, ersichtlich zu machen, daß es sich nur um eine Zweigniederlassung handelt und es ist in der letzten Spalte auf die Einlage des Registers der Hauptniederlassung hinzuweisen.

In allen anderen Fällen genügt es, wenn bei der Einlage der Hauptniederlassung die Errichtung der Zweigniederlassung in die vierte Spalte und die den Zusatz enthaltende Firma der Zweigniederlassung in die dritte Spalte eingetragen wird.

§. 12. Bei der Führung des Genossenschaftsregisters und bei der Sammlung und Behandlung des Beilagenbuches haben die Gerichte unter sinngemäßer Anwendung der Bestimmungen der §§. 4, 5, 6, 10 und 12 bis 16 der Verordnung vom 9. März 1863 (R. G. Bl. Nr. 27) mit der Maßgabe vorzugehen, daß jeder Band des Registers mit der Aufschrift: „Genossenschaftsregister" zu versehen ist.

§. 13. Das Genossenschaftsregister, das Beilagenbuch und das Nachschlageregister werden unter Aufsicht der zur Führung dieser Bücher bestimmten Beamten in einer Amtslokalität verwahrt, und es ist während der gewöhnlichen Dienststunden Jedermann auf Verlangen die Einsicht in dieselben zu gestatten.

§. 14. Amtliche Abschriften und Zeugnisse aus dem Genossenschaftsregister sind auf mündliche Anmeldungen bei dem Registerführer und unter Beobachtung der Vorschriften wegen Beibringung des Stempels und Papiers Jedermann zu ertheilen.

Amtlich beglaubigte Abschriften können ertheilt werden entweder von dem vollständigen Inhalte einer Einlage oder von einzelnen, in derselben enthaltenen Eintragungen, soferne diese noch unverändert bestehen, oder endlich vollinhaltlich oder auszugsweise von den in dem Beilagenbuche aufbewahrten Urkunden.

Mittelst amtlicher Zeugnisse kann bestätigt werden, daß eine bestimmte Genossenschaft oder in Ansehung derselben eine bestimmte Eintragung in dem Genossenschaftsregister nicht vorkomme.

Beglaubigte Abschriften und Zeugnisse sind von dem Referenten und von dem Registerführer zu unterschreiben, und mit dem Amtssiegel zu versehen.

§. 15. Von den bei den Registerakten aufbewahrten Eingaben, Urkunden und Protokollen, auf welchen eine Eintragung in das Genossenschaftsregister beruht, ist während der gewöhnlichen Amtsstunden Jedermann auf Verlangen die Einsichtnahme und unter Beobachtung der Vorschriften wegen Beibringung des Stempels und Papiers, die Erhebung von Abschriften zu gestatten.

Von den übrigen Registerakten steht den Betheiligten, die sich als solche bei dem Referenten ausweisen, frei, unter denselben Voraussetzungen Einsicht und Abschriften zu nehmen, unter welchen dies in Ansehung anderer Registratursakten zulässig ist.

§. 16. Für die Bekanntmachung der Eintragungen in das Genossenschaftsregister, soferne eine solche überhaupt erforderlich ist (§. 5 dieser Verordnung), genügt in allen Fällen, in welchen das Gesetz über Erwerbs- und Wirthschaftsgenossenschaften nicht ausdrücklich ein Anderes bestimmt, die einmalige Einschaltung in dasjenige öffentliche Blatt, welches von dem Chef der politischen Landesstelle, nach Rücksprache mit dem Handelsgerichte für die Aufnahme solcher Bekanntmachungen bestimmt wird.

Diese Bestimmung ist das erste Mal für die Zeit vom Eintritte der Wirksamkeit des Gesetzes über Erwerbs- und Wirthschaftsgenossenschaften bis zum Schlusse des Jahres 1874, sohin mit Ablauf jedes Solarjahres, für das nächstfolgende Jahr zu treffen.

§. 17. Die §§. 10 bis 18 des Einführungsgesetzes zum Handelsgesetzbuche haben auf Erwerbs- und Wirthschaftsgenossenschaften keine Anwendung.

§. 18. Bei der inneren Behandlung der das Genossenschaftsregister betreffenden Geschäfte sind diejenigen Bestimmungen sinngemäß anzuwenden, welche in den §§. 18 bis einschließlich 24, dann im §. 26 der Verordnung vom 9. März 1863 (R. G. Bl. Nr. 27) hinsichtlich der das Handelsregister betreffenden Geschäfte enthalten sind.

Lasser m. p. Glaser m. p. Banhans m. p.

Formulare A.

Genossenschafts-Register bei dem k. k. Handelsgerichte in Wien.

Band I.

1. Fortlaufende Zahl der Firma und Subnummer	2. Tag der Eintragung	3. Wortlaut der Firma der Hauptniederlassung und der im Gerichtssprengel bestehenden Zweigniederlassungen	4. Ort der Hauptniederlassung und der Zweigniederlassungen	5. Procuristen und Liquidatoren	6. Rechtsverhältnisse der Genossenschaft	7. Registeracten.	8. Bemerkungen
1/1	1. August 1873	Darlehnsgenossenschaft zu Hietzing bei Wien. Registrirte Genossenschaft mit unbeschränkter Haftung	Hietzing		Das Unternehmen beruht auf dem am 20. Juli 1873 zu Hietzing errichteten Genossenschaftsvertrage (siehe Beilagenbuch I, Nr. 1). Der Gegenstand derselben besteht in der Gewährung von Darlehen an Genossenschafter bis zum Betrage von 1000 fl. Den Vorstand bilden: Spängler Franz, Kaufmann in Hietzing, Tomanetz Johann, Privat in Hietzing, Dr. Stelzer Anton, Advocat in Hietzing. Die Firma der Genossenschaft wird giltig von zwei Vorstandsmitgliedern gezeichnet. Ein Geschäftsantheil ist auf 100 fl. festgesetzt; derselbe wird durch monatliche Bareinlagen von mindestens 10 fl. gebildet. Kein Genossenschafter darf mehr als 20 Geschäftsantheile haben. Die Bekanntmachungen der Genossenschaft erfolgen durch Anschlag an dem Gemeindehause in Hietzing.		

Nachträge und Berichtigungen.

I. Ergänzendes.

Zu Seite 7 Anmerkung***). In Nr. 1, 2 und 3 der Genossenschaftsblätter Jahrgang 1876 bringt Dr. Schneider ein systematisch geordnetes Verzeichniß der in den Jahrgängen 1870 bis 1875 derselben Wochenschrift enthaltenen wichtigeren Aufsätze uud Mittheilungen in gleicher Eintheilung wie das Sammelwerk „Die Entwickelung des Genossenschaftswesens in Deutschland."

Zu Seite 26. Der Direktor der Deutschen Genossenschaftsbank, der Begründer des Giroverbandes der Deutschen Genossenschaften Alwin Sörgel ist (nach dem Druck jenes Bogens) in der Nacht vom 15. bis 16. November 1875 im 61sten Lebensjahre gestorben. Biographisches über diesen, um die Deutsche Genossenschaftsbewegung, vor allem um die Vorschuß- und Kreditvereine hochverdienten Mann findet sich in Aufsätzen von Schulze-Delitzsch und von mir in Nr. 49 der Blätter für Genossenschaftswesen vom 15. Dezember 1875.

Zu Seite 36 Anmerkung*). Die oben ausgesprochenen Befürchtungen in Ansehung der von den Süddeutschen Konsumvereinen gestifteten Großhandlung, der Waareneinkaufsgesellschaft zu Mannheim, hat sich leider bestätigt. Die außerordentliche Generalversammlung der Aktionäre der Gesellschaft hat am 7. November 1875 die Auflösung derselben mit sehr großer Mehrheit beschlossen. Ueber die Verhandlung befinden sich Mittheilungen Seite 223 Nr. 47 der Blätter für Genossenschaftswesen Jahrgang 1875.

Zu Seite 62. In der Bayrischen Provinz Oberfranken gab es 1875 39 Zuchtstiergenossenschaften, hervorgegangen aus den landwirthschaftlichen Vereinen daselbst. Von jenen Genossenschaften ist die älteste 1871 gegründet, 5: 1873, 9: 1874, 17: 1875. Ueber Einrichtungen und Erfolge der, übrigens nicht in das Genossenschaftsregister eingetragenen Oberfränkischen Zuchtstiergenossenschaften siehe den Aufsatz Dr. Schneider's in Nr. 45 und 46 der Blätter für Genossenschaftswesen.

Zusatz zu Erläuterung 6) zu § 4 Seite 217.

In der Nr. 10 Jahrgang 1876 (Seite 49) der Blätter für Genossenschaftswesen hat Schulze-Delitzsch die einschlagenden Fragen in einem Aufsatze mit der Ueberschrift „Eine seltsame Eintragung" behandelt. Es heißt darin: „Die Frage, wie weit das Handelsgericht in die Prüfung der Statuten derjenigen Genossenschaften einzugehen hat, die bei ihm zur Eintragung ins Genossenschaftsregister angemeldet werden, ist von den Gerichten erfahrungsmäßig sehr verschieden beantwortet worden. Einzelne Gerichte, namentlich im Königreiche Sachsen, haben die Prüfung der Statuten bis auf deren materielle Vorschriften ausgedehnt und wenn sie aus ihnen triftig erscheinenden Gründen die Eintragung ins Genossenschaftsregister beanstandeten, dabei bisweilen auch Bedenken geltend gemacht, die lediglich redaktionelle Verbesserungen des Statuts betrafen. In Sachsen war diese übertriebene Sorgfalt zum Theil vielleicht eine Folge davon, daß man für Prüfung der Statuten nach dem bei anderen Gesellschaften geltenden Tarif zwei Mark Gebühren liquidirte, die freilich auf deshalb erhobene Beschwerde wieder zurückerstattet werden mußten; aber in der irrigen Voraussetzung, daß diese Statutenprüfung dem Staat besonders bezahlt werde, konnten sich manche Gerichtsämter zu einer um so größeren Sorgfalt dabei verpflichtet halten. — Andere Gerichte beschränkten sich mehr oder weniger darauf festzustellen, ob dem § 3 des Genossenschaftsgesetzes in allen Punkten genügt sei, und sich nicht sonst auffallende Verstöße gegen das Gesetz im Statut zeigten. Nach der größeren oder geringeren Vertrautheit der Handelsrichter mit dem Genossenschaftsgesetz waren dann die gegen das Statut eines Vereines erhobenen Bedenken mehr oder weniger wol begründet; bisweilen auch wurde die Eintragung ins Genossenschaftsregister ohne Widerspruch verfügt, obgleich man bei sorgfältigerer Prüfung in einzelnen Punkten eine Verletzung des Genossenschaftsgesetzes nachweisen konnte. Daß jedoch die Eintragung ins Genossenschaftsregister auch ohne irgend welche Durchsicht des Statuts verfügt worden sei, dafür hatte die Anwaltschaft bisher noch keinen Beweis gehabt. Erst neuerdings ist ihr das Statut eines eingetragenen Vorschußvereins vorgelegt worden, welches in der That den Beweis liefert, daß auch das bei uns möglich sei. Wir geben den Wortlaut des in Rede stehenden Statuts mit unbedeutenden Abweichungen genau wieder, wenn wir auf das Musterstatut des Anwalts in der dritten, 1862 erschienenen Auflage seines Buchs: „Vorschuß- und Kreditvereine als Volksbanken" hinweisen, nur daß auf dem Titelblatt des Statuts die Worte „Eingetragene Genossenschaft" hinter „Vorschußverein zu . . . . ." hinzugefügt sind u. s. w. Schulze weist nach, daß dieses Statut unter anderen gegen § 3 Nr. 1, 6, 8, 9 u. 11, gegen § 28, § 39 u. § 63 direkt verstoße und zieht die Schlußfolgerung, daß der Richter sich zur Prüfung des Statuts überhaupt nicht für verpflichtet gehalten haben könne.

Zu Seite 218. Nach dem Druck jener Seite ist, wie schon Seite 452 mitgetheilt war, in Württemberg die Anordnung getroffen, daß redigirte Auszüge aus den handelsregisterlichen Bekanntmachungen im Zentralhandelsregister des Deutschen Reichsanzeigers veröffentlicht werden.

Zusatz zu Erläuterung 2) zu §. 17 Seite 282 bis 286 und zu Erläuterung 1) zu §. 30 Seite 326.

Die Württembergische Justiz-Ministerialverfügung vom 28. Januar 1871 § 3 hat die Eintragnng von Prokuristen und Kollektiv-Prokuristen in die fünfte Spalte des Registers für eingetragene Genossenschaften, und die Anhaltinische Ausführungsverordnung vom 17. Oktober 1868 § 7 die Eintragung „etwaiger Prokuristen" und der Form, in welcher sie „für die Genossenschaft nach den Statuten zu zeichnen und Willenserklärungen für dieselben abzugeben haben", in die zweite Rubrik des Foliums jeder eingetragenen Genossenschaft vorgesehen (Vgl. oben Seite 453 u. 521).

Zu Seite 293, § 20 des Genossenschaftsgesetzes:

Der erste Senat des Reichsoberhandelsgerichts hat in einem Prozeß des Schneidermeister R., welcher Mitglied des Vorstandes der Magazinassoziation vereinigter Schneider, Eing. Genoss. zu Magdeburg gewesen, und von den beiden übrigen Vorstandsmitgliedern als Verkäufer, Reisender und Geschäftsrepräsentant gegen Monatsgehalt mit sechswöchentlicher Kündigungsfrist engagirt worden war, wider die genannte eingetragene Genossenschaft am 18. Januar 1876 nach Zeitungsmittheilungen folgende Rechtsgrundsätze ausgesprochen: „1) Der Vorstand einer Genossenschaft ist, wenn nicht die Statuten derselben eine Gegenbestimmung enthalten, befugt, Geschäftsgehülfen, Reisende rc. zu engagiren, ohne dabei an eine Mitwirkung des Verwaltungsrathes gebunden zu sein. 2) Das Engagement des Vorstandsmitgliedes einer Genossenschaft zu Funktionen, welche der Regel nach dem Vorstande einer Genossenschaft übertragen zu werden pflegen (Verkäufer, Reisender, Geschäftsrepräsentant) dauert nur so lange, als der Engagirte Mitglied des Vorstandes bleibt oder überhaupt ein Vorstand noch funktionirt. Verfällt daher die Genossenschaft in Concurs, so ist am Tage der Concurseröffnung der Engagementsvertrag, mit dem bezüglichen Vorstandsmitgliede aufgehoben. Die etwa im Vertrage enthaltenen Bestimmungen über die der Entlassung vorangehende Kündigung werden hinfällig."

Zusatz zu Erläuterung 3 zu § 35 S. 341 und 342.

Gegen das Erkenntniß des Bezirkgerichts München l./J. vom 9. Juni 1875 hatten die Vorsteher der zur Auflösung verurtheilten I. Münchener Genossenschaftsbuchdruckerei appellirt. Das mir gütigst mitgetheilte Erkenntniß des Königl. Appellationsgerichts in München vom 27. Dezember 1875 hat das Urtel in Betreff jener eingetragenen Genossenschaft und deren Vorsteher bestätigt, während es in andern Punkten dieses großen Strafprozesses das Urtel des Vorderrichters reformirt hat. Ein Einwand gegen das gesetzwidrige Strafprozeßverfahren ist nicht erhoben; das Appellationsgericht scheint auch keinen Verdacht der Inkompetenz erhegt zu haben. Die Begründung des Urtels zweiter Instanz kann ich, vom juristischen Standpunkte aus, ebenfalls nicht loben. Es heißt darin: „Daß es der am 5. Oktober 1874 .... angemeldeten und sofort in das Genossenschaftsregister .... eingetragenen .... Genossenschaft, als deren Zweck im § 2 ihrer Statuten der Betrieb einer Buchdruckerei verbunden mit Buchhandel angegeben ist, eigentlich nicht um diesen Zweck und überhaupt nicht um geschäftliche Zwecke im Sinne von § 1 des ... Gesetzes vom 4. Juli 1868 zu thun gewesen ist, geht aus den obwaltenden Umständen und den Persönlichkeiten eines Theils der Vorstands- und Aufsichtsrathsmitglieder (H. O., F. E. u. M. J.) unzweideutig hervor. Eine derartige Erwerbsgenossenschaft erfordert die zu ihrem Zwecke nothwendigen Mittel und als solche können die nach §§ 10 mit 11 und 8 der Statuten von den Genossenschaften zu zahlenden Beträge nicht angesehen werden, wenn in Betracht gezogen wird, daß sich die Zahl der Genossenschafter zur Zeit der Anmeldung nur auf 33, und am 10. März nur auf 72 Mitglieder belaufen hat. In dem von dem Aufsichtsrathe und dem Vorstande dieser Genossenschaft in der Beilage zum Zeitgeiste Nr. 254 erlassenen Aufrufe an die Gesinnungsgenossen und Freunde*) d. d. München Anfangs November 1874 ist als leitender Beweggrund bei Gründung der Genossenschaft in erster Linie der eigene Druck und Selbstverlag des Organes des arbeitenden Volks „Der Zeitgeist", wodurch diese Unternehmung von materiellen Hindernissen unabhängig gemacht werden soll, angegeben und hiernach kann es keinem Zweifel unterliegen, daß der eigentliche Zweck der Genossenschaft auf Erhaltung und Unterstützung des sozialistischen Blattes „Der Zeitgeist" und auf Förderung der von demselben vertretenen Ideen gerichtet, mithin ein politischer war, worauf auch die in § 27 der Statuten getroffene Wahl der zu den öffentlichen Bekanntmachungen zu verwendenden Blätter hindeutet (!!). Hierüber war sich, wenn auch vielleicht einzelne Mitglieder an geschäftliche Zwecke geglaubt haben mögen, doch die Genossenschaft als solche und vor Allem deren Vorstand vollkommen im Klaren, und es muß daher als feststehend angenommen werden, daß die I. Münchener Genossenschaftsbuchdruckerei in der Wirklichkeit nicht nur andere als die im § 2 ihrer Statuten, sondern auch andere als die im § 1 des Gesetzes 2c. bezeichneten Zwecke verfolgt hat, und daß die Handlungen der Mitglieder ihres Vorstandes, nämlich des M. E., des A. K. und des H. O. auf andere und zwar wesentlich politische Zwecke gerichtet waren. Hierdurch haben sich die genannten drei Vorstandsmitglieder einer .... strafbaren Verfehlung gegen Artikel (?) 27 Abs. 2 obigen Gesetzes vom 4. Juli 1868 schuldig gemacht und es erscheint, da nach dem Angeführten die besagte Genossenschaft unter dem Scheine eines geschäftlichen Unternehmens vorherrschend andere und zwar politische Zwecke in sozialistischer Richtung verfolgt hat, gemäß § 35 desselben Gesetzes, ferner auch der .... Ausspruch auf Auflösung gerechtfertigt" .... „Daß die Genossenschaft, wie aus den polizeilichen Protokollen vom 13. u. 15. l. Monats und der zeugschaftlichen Aussage des F. B. erhellt, nunmehr seit dem 10. l. Mts. im Besitze einer Buchdruckerei-Einrichtung sich befindet, welche sie übrigens gewiß nicht blos mit paraten eigenen Mitteln erworben haben wird, dann daß der „Zeitgeist" nach den zeugschaftlichen Aussagen des F. B. und des E. R. aus der Genossenschaftskasse — von Inseraten abgesehen — keine Unterstützung erhalten hat, ist für das oben beregte Verschulden der Vorstandsmitglieder und für die von der Genossenschaft verfolgten Zwecke nicht von Belang und nicht geeignet, an der rechtlichen Beurtheilung der hierdurch nicht alterirten Sachlage etwas zu ändern."

Einem solchen Urtel eines Gerichtshofes zweiter Instanz gegenüber wage ich keine juristische Kritik. Wenn alle Gerichtshöfe des Deutschen Reiches so den § 35 des Gesetzes auslegten, dann würde jede Genossenschaft gefährdet sein, sobald ein Mann von der Anschauung des Oberpräsidenten a. D.

*) „Gesinnungsgenossen" ist im Urtel unterstrichen, „und Freunde" nicht.

von Kleist-Retzow von maßgebendem Einfluß wäre, welcher im Preußischen Herrenhause bei Berathung des Preußischen Genossenschaftsgesetzes am 4. Febr. 1867 erklärte: „Die Genossenschaften sind eine Organisation eines Staates im Staate unter einem Führer, welcher der Staatsregierung wie der Kirche entschieden feindlich ist!"

Zur Frage der Raiffeisenschen Darlehnskassenvereine und der Neuwieder Gründungen. (Ergänzung zu Einleitung Seite 58 bis 65; zu Erläuterung 6 zu § 3 Seite 190; zu Erläuterung 11, XII zu § 11 Seite 267 bis 270; zu Erläuterung 1 zu § 17 Seite 280 Text und Anmerkung*).

Die Veröffentlichung des Berichts der durch das Schreiben des Ministers für die landwirthschaftlichen Angelegenheiten vom 5. Dezember 1874 berufenen Enquêtekommission über die Raiffeisenschen Darlehnskassenvereine nebst den sogleich daran gehängten lobenden Bemerkungen der „Deutschen landwirthschaftlichen Generalbank, Eingetragene Genossenschaft" *) hat die Frage der Raiffeisenschen Darlehnskassenvereine in ein neues Stadium geführt. Der Bericht zeigt, daß zu der Enquête drei Männer ausgesucht sind, die der ihnen gestellten schwierigen Aufgabe:

> „die bisherige Entwickelung der Raiffeisenschen Darlehnskassenvereine zu prüfen, insbesondere zu untersuchen, ob die Geschäftsführung derselben eine gesunde und den Verhältnissen entsprechende sei, wie sich demnach ihre gegenwärtige und zukünftig zu erwartende Solvenz stelle",

nicht im entferntesten gewachsen waren, und dabei ihre eigene Leistungsfähigkeit in einem staunenswerthen Grade überschätzten **). Obschon die drei Herren Professor Nasse — Bonn, Reichstagsabgeordneter und Bankdirektor Siemens — Berlin und Rentner H. Schmidt — Frankfurt, zu einem günstigen Schlußurtheil gelangen, so haben sie doch im Fluge eine große Menge thatsächliches Material aufgerafft und veröffentlicht, welches für jeden sachverständigen Unpartheiischen den vollen Beweis liefert, wie unbedingt richtig Schulze's Verlangen nach einer Reorganisation der Kassen und seine Verurtheilung des in den Neuwieder Gründungen geschaffenen „genossenschaftlichen Rattenkönigs" ist. Uebrigens scheint sich der Zweck der Enquête in das Gegentheil zu verkehren. Freilich liest man in den Blättern und Zeitungen, welche Gönner

---

*) Unterzeichnet Capaun-Karlowa, S. W. Raiffeisen, Carl Aickelin, W. Ernst, Dr. Hapertz.

**) „Nach dem Berichte der Kommission wurden an 3 Tagen je 3 Vereine, sodann an einem Tage ein Verein, ferner an 2 Tagen durch 2 Mitglieder der Kommission im Ganzen 4 Vereine und schließlich wiederum an 2 Tagen durch Ein Mitglied der Kommission 11, sage elf Vereine besucht, darunter 2 Vereine zum zweiten Male. Wie es möglich war, in so kurzer Zeit eine so große Anzahl Vereine mit einiger Gründlichkeit zu untersuchen und dabei auch Meilen Entfernung zurückzulegen, ist mir wenigstens geradezu räthselhaft". So spricht sich Regierungsrath F. Nöll zu Coblenz in seiner scharfen aber völlig objektiven Kritik aus, die er in der Broschüre „Zum Bericht der Enquête-Kommission" rc. (Köln 1870) niederlegte. Vergl. auch Schulze-Delitzsch Aufsatz in Nr. 47 Seite 220 Jahrgang 1875 der Genossenschafts-Blätter.

der Raiffeisenschen Vereine sind, noch immer die albernsten Vertheidigungsgründe für die Vereinigungen, in welchen sie „die Reinheit des Genossenschaftsprinzips durchgeführt sehen".*) Aber die Neuwieder Gründungen sind, allem Anscheine nach, in der öffentlichen Meinung gerichtet.

Jedenfalls hat Schulze's Interpellation vom 2. Dezember 1875 und deren Verhandlung in der Reichstagssitzung vom 19. Januar 1876 ihre Wirkung gethan. Nach Nr. 8 der Blätter für Genossenschaftswesen vom 18. Februar 1868 hat der Königliche Justizsenat von Ehrenbreitstein am 30. Januar d. Js. Schulze-Delitzsch auf seine an den Justizminister ergangene Beschwerde benachrichtigt, daß die beiden von ihm aufgestellten Rügen über das Verfahren des Kreisgerichts zu Neuwied — „als thatsächlich und rechtlich begründet anerkannt und dem entsprechend das vom Kreisgericht zu Neuwied beobachtete Verfahren reprobirt und die Kreisgerichte des Departements des Justizsenats zu Ehrenbreitstein mit angemessener Weisung für die Zukunft versehen". — Schulze bemerkt dazu, es werde nun in der Folge die Eintragung 1) von Genossenschaften ohne Geschäftsantheile und 2) von Vorständen der Genossenschaften, welche nicht Mitglieder derselben sind, in die Genossenschaftsregister in jenem Bezirk nicht mehr möglich sein. Demgemäß würden jedenfalls auch die schon eingetragenen Genossenschaften, welche in dem einen oder andern dieser Punkte dem Gesetze nicht entsprächen, jetzt von den Gerichten angehalten werden, ihre Einrichtungen mit dem Gesetz in Einklang zu bringen. Schulze erwartet, daß dadurch dem Uebel wenigstens an dem Hauptsitze desselben Abhilfe gesichert sei, und daß auch anderwärts sich die Gerichte mehr und mehr „von der Unzulässigkeit jener angeblichen Vorzüge des Raiffeisenschen Systems" überzeugen werden.

II. Druckfehler und Schreibfehler.

Seite 93 Zeile 7 lies „**1866**" statt „1869".

Seite 100 Zeile 23 von oben lies „17. Oktober" statt „11. Oktober".

Seite 101 sind die Verordnungen für Oldenburg Zeile 15 und 16 und für Hessen Zeile 19 hinter Schaumburg-Lippe, also hinter Zeile 23 zu stellen, und zwar mit Voranstellung des Jahreszahl 1870, indem die 4 zuletzt aufgeführten Ausführungsverordnungen dem Alter nach folgendermaßen rangiren:

1869: 13. Mai — Coburg,
11. Dezember — Schaumburg-Lippe.
1870: 11. Mai — Oldenburg,
20. Mai — Hessen.

Seite 128 Anmerkung **) Zeile 7 von unten lies „Nassauischen" statt „Norddeutschen".

Seite 196 Zeile 17 lies „c" statt „e".

Seite 410 Zeile 14 und Zeile 18 lies „§ 69" statt „§ 72".

*) Vergl. Blätter für Genossenschaftswesen Nr. 51 1875 Seite 244 den Auszug aus einem Aufsatze der Hessen-Darmstädtischen Mainzeitung.

Seite 439 Zeile 9 von unten fehlt die Ueberschrift:
„D. Die Ausführungsverordnung vom 23. Juli 1868".
Seite 452 Zeile 5 lies „1871" (vom 28. Januar 1871) statt „1873".
Seite 456 Zeile 11 und Zeile 2 von unten lies „30. März 1872" statt „3. April 1872"; in der vorletzten und letzten Zeile ist auch die Klammer zu berichtigen, dergestalt, daß beide Zeilen lauten:

„3) Das Gesetz vom 30. März 1872 (Nr. 19 desselben Blattes vom 17. April 1872 Seite 207)".

Seite 458 Anmerkung ***) Zeile 8 von unten lies „§ 4" statt „§ 3".
Seite 463 ist a) in der Seitenüberschrift, b) in der Ueberschrift D Zeile 15 und Seite 464 in der Seitenüberschrift zu lesen:

„30. März 1872" statt „3. April 1872".

Seite 530 in der Ueberschrift (Zeile 12) lies „25. November" statt „30. November" und
in Zeile 15 ist hinter „rechtzeitig" einzuschalten
„nämlich am 25. November 1868".

Sachregister.

Die Zahl hinter einem Paragraphenzeichen bezeichnet den Paragraphen des Genossenschaftsgesetzes vom 4. Juli 1868. — Die Zahl ohne Paragraphenzeichen bezeichnet die Seite.

A.

B.

H.

J.

W.

Z.

Druck von Troitzsch & Ostertag in Berlin.

In demselben Verlage erschien:

Die Patentgesetzgebung aller Länder nebst den Gesetzen über Musterschutz und Markenschutz. Systematisch und vergleichend dargestellt von Dr. **R. Klostermann**, Geh. Bergrath u. Prof. der Rechte. Mit einem **Anhang**: Die **Reichsgesetze** über das **Urheberrecht** an **Mustern** und **Modellen** vom 11. Januar 1876 und über den **Markenschutz** vom 30. Nov. 1874. Zweite umgearbeitete Auflage. 1876. 10 Mark.

Seit dem Erscheinen der ersten Auflage des vorliegenden Werkes (1869) und zum Theil durch dasselbe hervorgerufen, hat in Deutschland eine lebhafte Erörterung der Frage des Patentschutzes stattgefunden. Die frühere Antipatentbewegung ist gegenüber einer eingehenden Prüfung fast zum Stillstande gekommen. Dagegen haben die Vorschläge des Verfassers zu einer Verbesserung der Patentgesetzgebung in zahlreichen Schriften und Aufsätzen sowie in den Resolutionen des Deutschen Ingenieurvereins (1871), des internationalen Patentcongresses zu Wien (1873) und des Deutschen Patentschutzvereins (seit 1874) theils Zustimmung, theils weitere Entwickelung und Fortbildung gefunden.

Die Patentgesetzgebung ist in den Vereinigten Staaten vollständig erneuert worden (1870), während in England eine durchgreifende Verbesserung im Sinne der Wiener Beschlüsse in Angriff genommen ist.

Der Verfasser hat in der vorliegenden umgearbeiteten Auflage die Resultate der neueren Gesetzgebung und der wissenschaftlichen Forschung eingehend benutzt. Er ist bemüht gewesen, der auch für Deutschland endlich bevorstehenden einheitlichen Patentgesetzgebung durch vollständige Sammlung und kritische Bearbeitung des Materials vorzuarbeiten. Zugleich ist die Darstellung der innerhalb und außerhalb Deutschlands geltenden Patentgesetze nach den neuesten Quellen ergänzt und berichtigt worden.

Der Musterschutz und der Markenschutz ist durch die Reichsgesetzgebung der letzten Jahre als gemeines Recht in Deutschland eingeführt und nach übereinstimmenden Normen geregelt. Der zweite Abschnitt des Buches hat mit Rücksicht auf diese Reichsgesetze und auf die in England und in den Vereinigten Staaten ergangenen neueren Gesetze eine vollständig neue Bearbeitung erfahren, so daß das Werk in seiner erneuerten Gestalt sowohl dem Gewerbtreibenden als dem Erfinder als Rathgeber bei der Wahrnehmung ihrer Interessen im Inlande und im Auslande zu dienen bestimmt ist.

Haftpflichtgesetz.

Die Haftpflicht der Eisenbahnen, Bergwerke &c. für die bei deren Betriebe herbeigeführten Tödtungen und Körperverletzungen. Erläuterungen des Reichsgesetzes vom 7. Juni 1871 von **Dr. W. Endemann**, ord. Professor an der Universität Bonn. gr. 8°. 2. Aufl. 1876. 2 Mark.

Handelsgesetzbuch.

Das allgemeine Deutsche Handelsgesetzbuch herausgegeben mit Kommentar in Anmerkungen von **H. Makower**, Rechtsanwalt und Notar. 6. Aufl. 1875. 15 Mark, gebunden Mark 16,25.

Personenstandsgesetz.

Das Reichsgesetz über die Beurkundung des Personenstandes und die Eheschließung vom 6. Februar 1875. Mit Kommentar in Anmerkungen herausgegeben von **Dr. P. Hinschius**, ord. Professor der Rechte an der Universität Berlin, Mitglied des Reichstags. Octav. 1875. 240 Seiten. Cartonnirt 3 Mark.

Preßgesetz.

Das Reichsgesetz über die Presse vom 7. Mai 1874. Mit Einleitung und Kommentar von **Dr. H. Marquardsen,** ord. Professor der Rechte in Erlangen, Mitglied des Reichstags. Octav. 1875. Cartonnirt 5 Mark.

Stempelgesetzgebung.

Die Preußische Stempelgesetzgebung für die alten und neuen Landestheile. Kommentar für den praktischen Gebrauch von **Hoyer,** Regierungsrath u. Provinzial-Stempelfiskal. Zweite, umgearbeitete Auflage. 1875. Preis 15 Mark.

Expropriationsgesetz.

Das Gesetz über die Enteignung von Grundeigenthum vom 11. Juni 1874. Aus den Materialien und der Rechtslehre erläutert von **A. Dalcke,** Ober-Staatsanwalt. Octav. 1874. Cartonnirt Mark 2,40.

Kirchengesetze.

Die Preußischen Kirchengesetze der Jahre 1874 und 1875 nebst dem Reichsgesetze vom 4. Mai 1874 herausgegeben mit Einleitung und Kommentar von **Dr. P. Hinschius,** ord. Professor des Kirchenrechts an der Universität Berlin. Preis 5 Mark.

Die Preußischen Kirchengesetze des Jahres 1873 herausgegeben mit Einleitung und Kommentar von **Dr. P. Hinschius.** Preis Mark 5,50.

Grundbuchrecht.

Die Preuß. Gesetze über Grundeigenthum und Hypothekenrecht vom 5. Mai 1872 herausgegeben mit Kommentar in Anmerkungen von **Alex. Achilles,** Stadtgerichts-Rath in Berlin. Zweite, verb. u. vermehrte Ausgabe. 1873. Lex.-Octav. 6 Mark, gebunden 7 Mark.

[mit kommentirtem Einführungsgesetz für die Provinzen Hannover, Schleswig-Holstein oder den Bezirk des Appellationsgerichts zu Kassel 60 Pfg. mehr.]

Erläuterungen zur Grundbuch-Ordnung vom 5. Mai 1872 für das mit Grundbuchsachen befaßte Publikum. Von **W. Neubauer,** Kreisger.-Rath. 1874. Octav. 1 M.

Sammlung von Erörterungen über das Preuß. Grundbuchrecht:

Nr. 1.: **John,** Kreisgerichts-Rath, **Erörterung einiger praktischen Fragen.** 1873. M. 1,80.

Nr. 2.: **Neubauer,** Kreisgerichts-Rath, **Controversen aus dem Preuß. Grundbuchrecht.** 1874. M. 1,50.

Nr. 3.: **Die Grundbuchordnung im Lichte und Dunkel der Praxis.** Griesgrämliche Herzensergießungen eines alten Praktikers. 1874. M. 1,20.

Nr. 4.: **Loebell,** Kreisgerichts-Rath, **Studien zur Grundbuch-Ordnung.** 1875. 1 M.

Bergrecht.

Das allgemeine Berggesetz für die Preußischen Staaten nebst Einleitung und Kommentar von **Dr. R. Klostermann,** Geh. Bergrath und Professor in Bonn. Dritte vermehrte und verbesserte Auflage. 1874. gr. Octav. 9 Mark.

Lehrbuch des Preußischen Bergrechtes mit Berücksichtigung der übrigen Deutschen Bergrechte. Von **Dr. R. Klostermann,** Geh. Bergrath und Professor in Bonn. 1871. gr. Octav. 8 Mark.

FSC
www.fsc.org
MIX
Papier | Fördert
gute Waldnutzung
FSC® C083411

Kolibri 360 GmbH
Ferdinand-Jühlke-Straße 7
99095 Erfurt, Deutschland
produktsicherheit@kolibri360.de